『十三五』国家重点出版物出版规划项目

长江三峡工程文物保护项目报告

乙种第三十六号

忠县中坝

二

重庆市文物局 重庆市水利局 编

科学出版社

内 容 简 介

本书全面系统地介绍了重庆市忠县中坝遗址不同历史时期的文化遗存。书中分别就该遗址新石器时代、夏商、周代、汉代、两晋南朝、隋唐、宋元及明清时期遗存进行归纳、总结与研究，内容涉及考古学、历史学、人类学、地理学、地质学及生物学等学科，重点总结了三峡渝东地区古代文化的发展历程及各阶段的文化特点，是配合三峡水利枢纽工程建设最重要的综合性考古发掘报告之一。

本书可供考古学、历史学、人类学、地理学、地质学、生物学等学科的科研、教学人员及关心三峡工程建设的人员阅读、参考。

图书在版编目（CIP）数据

忠县中坝：全4册 / 重庆市文物局，重庆市水利局编. —北京：科学出版社，2020.11
（长江三峡工程文物保护项目报告. 乙种第三十六号）
“十三五”国家重点出版物出版规划项目
ISBN 978-7-03-066495-2

Ⅰ. ①忠…　Ⅱ. ①重…　②重…　Ⅲ. ①水利工程-文化遗址-发掘报告-忠县　Ⅳ. ①K878.45

中国版本图书馆CIP数据核字（2020）第204598号

责任编辑：王光明 / 责任校对：邹慧卿
责任印制：肖　兴 / 封面设计：陈　敬

科学出版社 出版
北京东黄城根北街16号
邮政编码：100717
http://www.sciencep.com
中国科学院印刷厂 印刷
科学出版社发行　各地新华书店经销
*
2020年11月第　一　版　开本：A4（880×1230）
2020年11月第一次印刷　印张：122 1/2　插页：108
字数：3 917 000

定价：2168.00元（全四册）

（如有印装质量问题，我社负责调换）

"13th Five-Year Plan" National Key Publications Publishing and Planning Project

Reports on the Cultural Relics Conservation
in the Three Gorges Dam Project
B(site report) Vol.36

The Zhongba Site in Zhongxian County, Chongqing City

II

Cultural Relics and Heritage Bureau of Chongqing
&
Chongqing Water Resources Bureau

Science Press

长江三峡工程文物保护项目报告

重 庆 库 区 编 委 会

刘　旗　吴盛海　幸　军　彭　亮　卢　峰　王川平
程武彦　刘豫川

重庆市人民政府三峡文物保护专家顾问组

张　柏　谢辰生　吕济民　黄景略　黄克忠　苏东海
徐光冀　刘曙光　夏正楷　庄孔韶　王川平　李　季
张　威　高　星

长江三峡工程文物保护项目报告

乙种第三十六号

《忠县中坝》

主　编

孙智彬

编　委（以姓氏笔画为序）

马春梅　尹　茜　孔庆友　田晓四　付罗文

朱　诚　朱光耀　朱继平　关　勇　汤伟戈

吴小红　宋建民　陈伯桢　罗　泰　罗龙洪

郑朝贵　赵志军　袁　靖　徐伟峰　席　凯

唐领余　唐德兵　黄林燕

项目承担单位

四川省文物考古研究院

目　录

插图目录

插表目录

第四章　三星堆文化渝东类型——夏商遗存

第一节　概　　述

夏商时期遗存在1998、1999、2000、2002四个年度的发掘中有发现，分别为98ⅡT0301⑫A、⑫B、⑫C，98ⅡT0409⑧、⑨，98ⅡT0509⑧、⑨；99DT0202㊾B、㊿、52B；00DT0604㉙～㉟，00DT0605㉚～㉟，00DT0705㉖、㉗，00DT0706㉗、㉘，00DT0707 58，00DT0805㉒、㉔；02CT0101㊲，02DT0101㉗～㉙，DT0102㊸～㊼。

出土的遗迹和遗物与该遗址先秦时期其他时段相比都相对较少，遗迹只发现有房址1座、灰坑3个和窑址1座（仅残剩底部），遗物仍然以陶器最多，石器和骨器次之，也发现了一些动物骨骼。

一、陶　　器

（一）概述

出土陶器较本遗址其他时段相对较少，完整和复原陶器不多。陶质以夹细砂陶最多，泥质陶很少。陶色以红陶和红褐陶为主，灰褐陶较多，黑陶、灰陶、褐陶较少。器表颜色大多不匀，局部有其他颜色混杂。陶胎多为红色，少量灰色、黑色，部分器物胎中心部位呈灰黄色，似未烧透而成。纹饰以绳纹为主，多饰于器物的口外沿与肩及上腹部，多呈组状，大多较细（图三九二）；由绳纹与戳印纹、弦纹、划纹组成的复合纹（图三九三）、弦纹、划纹、戳印纹、方格纹、篦点纹、辫绳纹等（图三九四）较少，素面陶也占一定比例。制法以轮制为主，兼用手制，或经慢轮修整，火候普遍不高，部分较高。陶器种类主要有缸、瓮、罐、豆、尊形器、鬶、盉、杯、器盖、纺轮、网坠等。

（二）分类

将有型式变化，能够反映分期意义的器类介绍如下：

敛口鼓肩瓮　以沿的有无分二型。

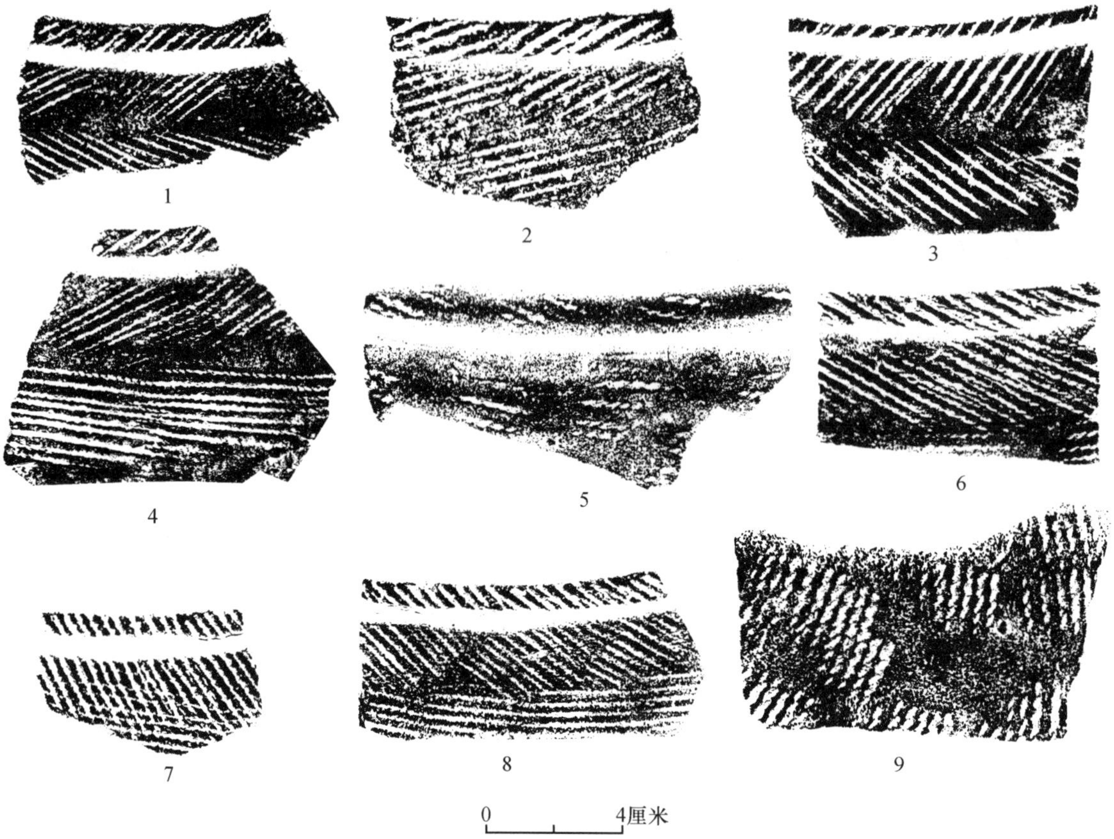

图三九二 三星堆文化渝东类型陶器绳纹

1. 00DT0604㉜：196 2. 00DT0604㉜：197 3. 00DT0604㉜：199 4. 00DT0604㉜：214 5. 00DT0604㉜：202 6. 00DT0604㉜：203 7. 00DT0604㉜：204 8. 00DT0604㉜：205 9. 00DT0604㉜：206

A型 有沿。以唇上有无凹槽分二亚型。

Aa型 唇上无凹槽。以沿由矮到高的变化分二式。

Ⅰ式：矮沿。

Ⅱ式：沿变高。

Ab型 唇上有凹槽。以沿由矮到高的变化分二式。

Ⅰ式：矮沿。

Ⅱ式：沿变高。

B型 无沿。

凹沿瓮 以领部差别分二型。

A型 有领。以唇部差别分三亚型。

Aa型 方唇。以口内凹平差别分二式。

Ⅰ式：内凹。

Ⅱ式：较平。

Ab型 尖唇。以口内凹平差别分二式。

Ⅰ式：内凹。

Ⅱ式：较平。

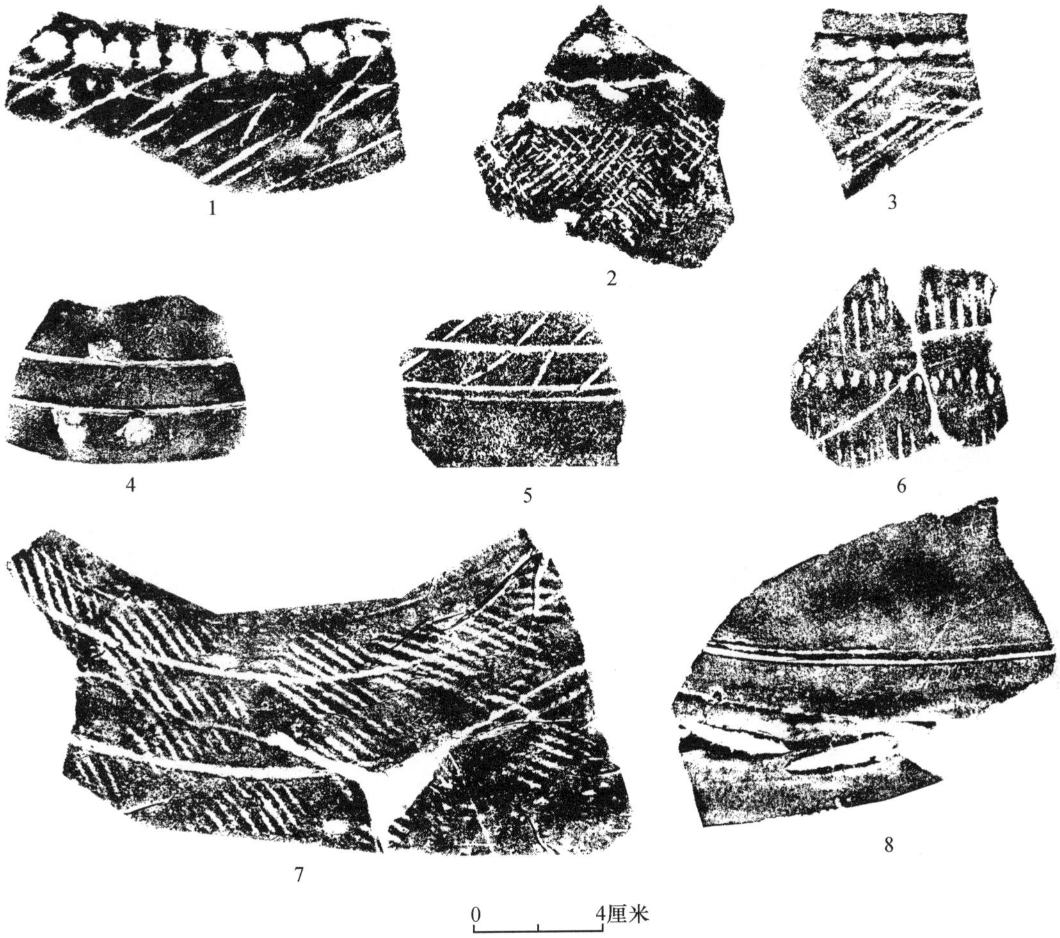

图三九三　三星堆文化渝东类型陶器复合纹

1. 00DT0604㉜：208　2. 00DT0604㉜：209　3. 00DT0604㉜：210　4. 00DT0604㉜：207　5. 00DT0604㉜：200　6. 00DT0604㉜：211　7. 00DT0604㉜：215　8. 00DT0605㉝B：31

Ac型　圆唇。以口内凹平差别分二式。

Ⅰ式：内凹。

Ⅱ式：较平。

B型　无领。以唇部差别分三亚型。

Ba型　方唇。以口内凹平差别分二式。

Ⅰ式：内凹。

Ⅱ式：较平。

Bb型　尖唇。以口内凹平差别分二式。

Ⅰ式：内凹。

Ⅱ式：较平。

Bc型　圆唇。以口内凹平差别分二式。

Ⅰ式：内凹。

Ⅱ式：较平。

子母口瓮　以有无领的差别分二型。

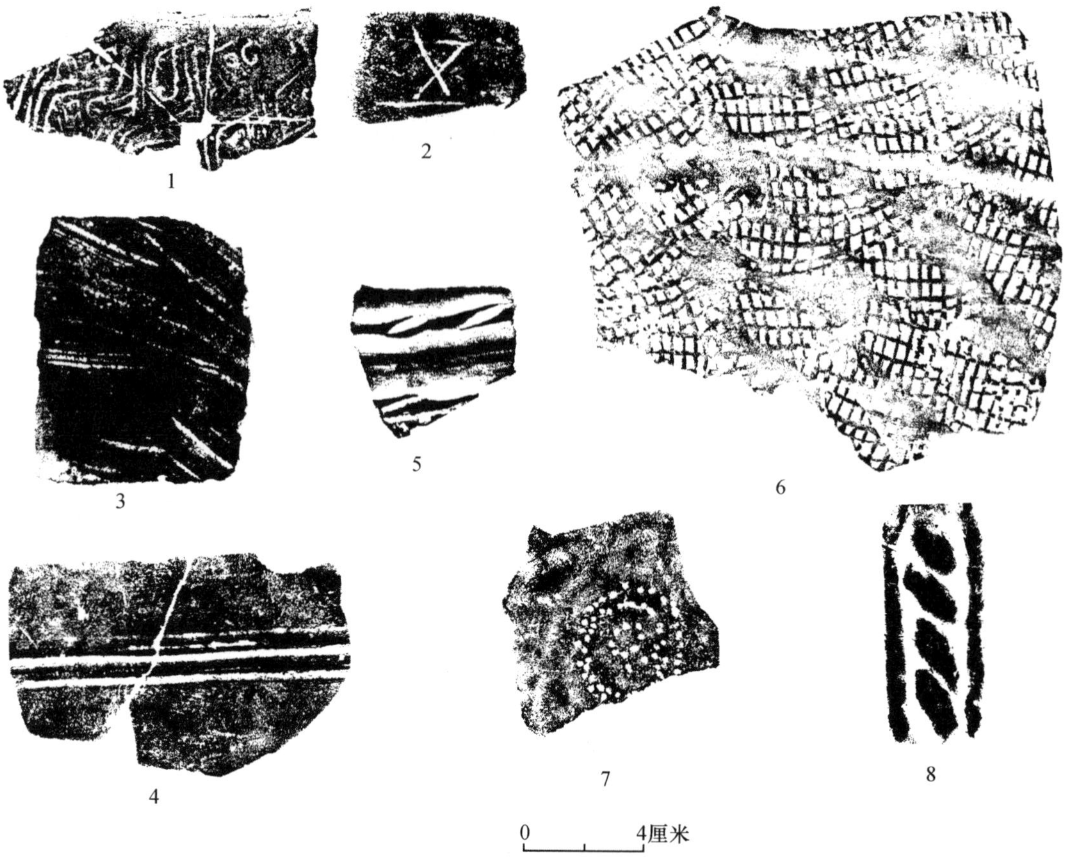

图三九四　三星堆文化渝东类型陶器纹饰

1～3. 划纹（00DT0604㉜：198、00DT0604㉞：14、00DT0604㉙：4）　4. 弦纹（00DT0706㉕：1）
5. 戳印纹（00DT0807㉘：17）　6. 方格纹（99DT0202㊿：150）　7. 篦点纹（00DT0807㉞：15）　8. 辫绳纹（00DT0706㉘：18）

A型　有领。以唇部差别分二亚型。

Aa型　尖唇。以口内凹平差别分二式。

Ⅰ式：内凹。

Ⅱ式：较平。

Ab型　圆唇。

B型　无领。以唇部差别分二亚型。

Ba型　尖唇。以口内凹平差别分二式。

Ⅰ式：内凹。

Ⅱ式：较平。

Bb型　圆唇。以口内凹平差别分二式。

Ⅰ式：内凹。

Ⅱ式：较平。

大口瓮　以口内凹平差别分二式。

Ⅰ式：内凹。

Ⅱ式：较平。

高领瓮　以有无沿的差别分二型。

A型　有沿。以沿宽窄差别分二亚型。

Aa型　窄沿。领部有凹弦纹。以沿部差别分二式。

Ⅰ式：沿外下斜或平沿。

Ⅱ式：沿外上斜。

Ab型　沿较宽。领部无凹弦纹。以沿部差别分二式。

Ⅰ式：沿外下斜或平沿。

Ⅱ式：沿外上斜。

B型　无沿。

喇叭口瓮　以领由高到矮的变化分三式。

Ⅰ式：高领。

Ⅱ式：中领。

Ⅲ式：矮领。

矮沿瓮　以唇内有无凹槽分二式。

Ⅰ式：唇内无凹槽。

Ⅱ式：唇内有凹槽。

矮领瓮　以唇沿差别分二型。

A型　唇沿饰花边。

B型　唇沿无花边（素沿）。

按唇瓮　以唇部按窝由浅到深不同分三式。

Ⅰ式：微有按窝。

Ⅱ式：按窝较浅。

Ⅲ式：按窝较深。

缸　以有无沿分二型。

A型　无沿。

B型　有沿。

按唇缸　以唇部按窝由浅到深不同分三式。

Ⅰ式：微有按窝。

Ⅱ式：按窝较浅。

Ⅲ式：按窝较深。

小平底罐　以唇部差异分二型。

A型　圆唇。以唇内有无凹槽分二亚型。

Aa型　唇内无凹槽。以肩部差异分二式。

Ⅰ式：鼓肩。

Ⅱ式：圆（溜）肩。

Ab型　唇内有凹槽。以肩部差异分二式。

Ⅰ式：鼓肩。

Ⅱ式：圆（溜）肩。

B型　斜方唇。以唇内有无凹槽分二亚型。

Ba型　唇内无凹槽。以肩部差异分二式。

Ⅰ式：鼓肩。

Ⅱ式：圆（溜）肩。

Bb型　唇内有凹槽。以肩部差异分二式。

Ⅰ式：鼓肩。

Ⅱ式：圆（溜）肩。

敛口鼓肩罐　以有无沿分二型。

A型　有沿。以唇内有无凹槽差别分二亚型。

Aa型　唇内无凹槽。以沿的差别分三式。

Ⅰ式：沿不明显。

Ⅱ式：有沿。

Ⅲ式：沿较高。

Ab型　唇内有凹槽。以沿的差别分三式。

Ⅰ式：沿不明显。

Ⅱ式：有沿。

Ⅲ式：沿较高。

B型　无沿。

卷沿深腹罐　以个体大小差别分二型。

A型　个体较大。以肩部和整体瘦胖差别分二亚型。

Aa型　溜肩，体显瘦高。以唇部差别分二式。

Ⅰ式：方唇。

Ⅱ式：圆唇。

Ab型　体略显矮胖。以唇部差别分二式。

Ⅰ式：方唇。

Ⅱ式：圆唇。

B型　个体较小。

深腹罐　以腹径部位差别分二型。

A型　最大腹径靠上。以沿外下缘下垂与否分二亚型。

Aa型　斜方唇，沿外下缘下垂。

Ab型　方唇，无垂沿。

B型　最大腹径下移。以唇部差别分二亚型。

Ba型　尖唇，沿下垂。以垂沿程度不同分二式。

Ⅰ式：明显。

Ⅱ式：微下垂。

Bb型　圆唇，无垂沿。以腹部差别分二式。

Ⅰ式：鼓腹。

Ⅱ式：斜腹。

敛口罐　以敛口差别分二型。

A型　沿凹内卷。

B型　沿平内折。

折沿罐　以唇部差别分二型。

A型　唇部较平。

B型　唇上有凹痕。

荷叶边口罐　以荷叶边口高矮差别分二式。

Ⅰ式：矮，荷叶边不明显。

Ⅱ式：高，荷叶边明显。

束颈罐　以唇上有无凹槽分二型。

A型　唇上无凹槽。以唇部差别分二式。

Ⅰ式：圆唇。

Ⅱ式：斜方唇。

B型　唇上有凹槽。以唇部差别分二式。

Ⅰ式：圆唇。

Ⅱ式：斜方唇。

束领罐　以沿部差别分二型。

A型　卷沿。以领部差别分三亚型。

Aa型　高束领。

Ab型　领较高。

Ac型　领较斜直。

B型　卷沿外下卷。

立沿罐　以沿的差别分二型。

A型　明显。

B型　不明显。

卷沿罐　以外沿夹角大小分二型。

A型　外下沿夹角较大。以唇部差别分二式。

Ⅰ式：斜方唇。

Ⅱ式：圆唇。

B型　外下沿夹角较小。以唇部凹槽差别分二亚型。

Ba型　唇面内凹。以唇部差别分二式。

Ⅰ式：方唇。

Ⅱ式：圆唇。

Bb型　唇面平。以肩部差别分二式。

Ⅰ式：溜肩。

Ⅱ式：斜肩。

溜肩罐　以沿部差别分二型。

A型　卷沿。

B型　折沿。

高领罐　以沿部差别分二型。

A型　卷沿。以唇部差别分三亚型。

Aa型　尖唇。

Ab型　圆唇。

Ac型　方唇。

B型　折沿。

矮领罐　以领部差别分二式。

Ⅰ式：领稍高。

Ⅱ式：矮领。

直领罐　以领部差别分二型。

A型　领呈倒“八”字形。

B型　领呈“八”字形。

按唇罐　以唇部按窝由浅到深变化分三式。

Ⅰ式：微有按窝。

Ⅱ式：按窝较浅。

Ⅲ式：按窝较深。

罐形釜　以器表是否饰纹分二型。

A型　饰纹。以肩、腹差别分三亚型。

Aa型　溜肩。

Ab型　鼓腹。

Ac型　鼓上腹。

B型　无纹。以肩、腹差别分三亚型。

Ba型　鼓上腹。

Bb型　鼓腹。

Bc型　有肩。

子母口壶　以外沿凸棱差别分二型。

A型　外沿凸棱明显。

B型　外沿凸棱不明显。

豆形器　以口部差别分二型。

A型　敞口。

B型　喇叭口。

盆　以盆沿差别分三型。

A型　平折沿。

B型　沿外下折。

C型　沿外上折。

尖底罐　以底部差别分二式。

Ⅰ式：小底平。

Ⅱ式：底尖。

尖底杯　以整体形态差别分二型。

A型　体矮胖，内沿有凹槽。

B型　体矮瘦。

器盖　以盖口外沿差别分三型。

A型　口外沿近平。

B型　口外沿有凹槽。

C型　口外沿有凸棱。

纺轮　以截面和整体形态差别分四型。

A型　截面梯形。以腰部有无棱的差别分二亚型。

Aa型　腰无棱。

Ab型　腰有棱。

B型　截面近三角形。

C型　截面算珠形。以腰部有无棱的差别分二亚型。

Ca型　腰无棱。

Cb型　腰有棱。

D型　扁薄形。以中有无穿的差别分二亚型。

Da型　中有穿。

Db型　中无穿。

网坠　以整体形态差别分二型。

A型　长条形（腰较直）。

B型　橄榄形（鼓腰）。

二、石　　器

（一）概述

出土石器很少，器类主要有斧、锛、凿、镞等。

（二）分类

斧　以总体特征分二型。

A型　长体。以厚薄差异分二亚型。

Aa型　厚体。以顶部区别分二式。

Ⅰ式：弧顶。

Ⅱ式：平顶。

Ab型　薄体。以顶部区别分二式。

Ⅰ式：弧顶。

Ⅱ式：平顶。

B型　短体。以斧身厚薄差异分二亚型。

Ba型　厚体。

Bb型　薄体。

锛　以平面形态差异分二型。

A型　梯形。以顶部区别分三亚型。

Aa型　弧顶。

Ab型　斜顶。

Ac型　平顶。

B型　长方形。以顶部区别分三亚型。

Ba型　弧顶。

Bb型　斜顶。

Bc型　平顶。

凿　以总体形态差异分四型。

A型　扁薄。以顶部区别分二亚型。

Aa型　弧顶。

Ab型　平顶。

B型　窄厚。

C型　扁厚长条形。

D型　扁厚短条形。

三、骨　器

出土骨器数量较少，多以动物骨骼加工、磨制而成，器类多为骨质工具，少量为生活用品。

第二节　遗　迹

发现的遗迹很少，仅房址1座、灰坑3个、窑址1座，分别介绍如下：

一、房　　址

1座。

F355

位置：位于02DT0101北中部，部分压在北隔梁下，房面距地表深约480～490厘米。层位关系：㉘—F355→㉙。

形制：从暴露部分观察，平面形状呈不规则长方形，中部有不规则圆形柱洞5个，直径10～15、深8～20厘米。南北残长约450、东西宽200～260厘米（图三九五）。

房面为灰土，夹红烧土粒、炭粒，厚5～10厘米。

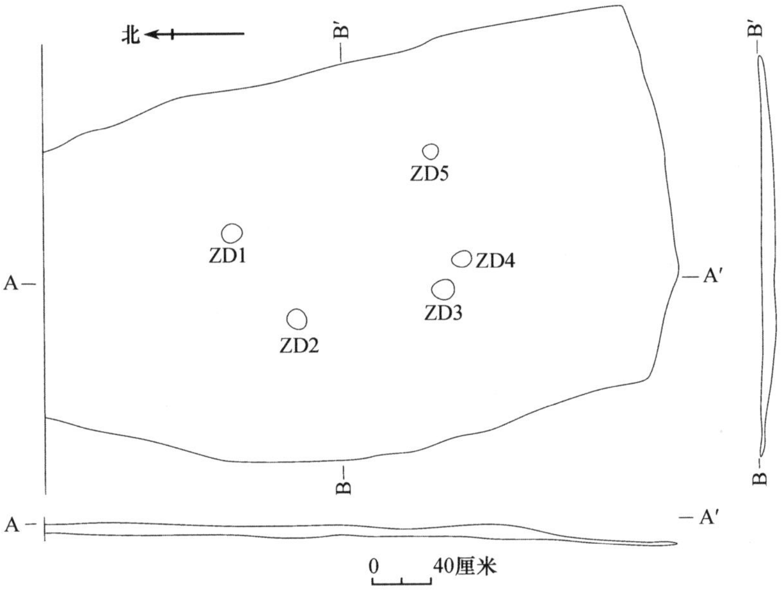

图三九五　F355平、剖面图

二、灰　　坑

3个。

H749

位置：位于02CT0101北中部，部分压于北隔梁下，坑口深距地表深675厘米。层位关系：㊲—H749→㊳。

形制：从暴露部分观察，坑口平面呈圆形，坑壁斜直，圜底，坑壁无加工痕迹，坑口直径60、深40厘米（图三九六）。

坑内堆积与包含物：坑内堆积均为浅灰土。包含陶片10余件与残石器1件。

出土遗物：出土陶器较少，石器仅1件。

陶器　共计出土11件。陶质全为夹砂。陶色以褐、灰陶为主，各占36.36%，次为黑陶，占18.18%，红陶最少，占9.09%。器表以素面为主，占54.55%，纹面较多，占45.45%。纹饰全为

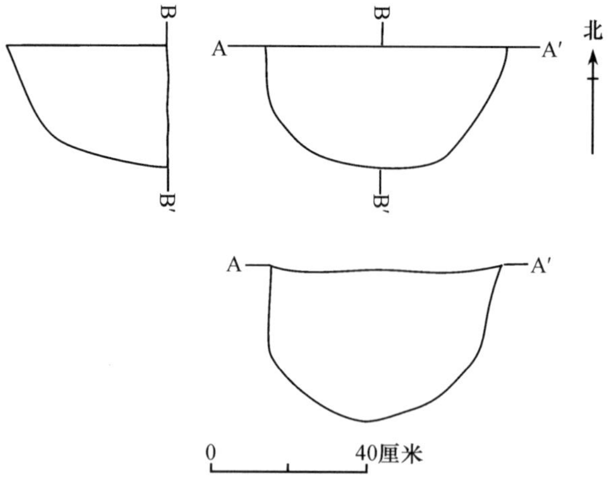

图三九六　H749平、剖面图

绳纹。器类单一，全为罐，另有45.46%的腹片不辨器形。

参加分类排队的陶器7件，挑选标本3件。

立沿罐　1件。B型。

标本H749：1，夹砂红褐陶，局部黑。上腹饰组状绳纹。侈口，卷立沿，圆唇，鼓腹，残。手制，火候较高。残宽12.4、残高7.4厘米（图三九七，1）。

小平底罐　1件。Ba型Ⅰ式。

标本H749：2，夹砂黑陶，红褐胎。素面。侈口，卷沿，斜方唇，圆肩，残。轮制，火候较高。残宽7.4、残高2.6厘米（图三九七，2）。

器底　1件。

标本H749：3，夹砂红褐陶，局部黑。素面。下腹斜收，平底。轮制，火候较高。底径12.4、残高10厘米（图三九七，3）。

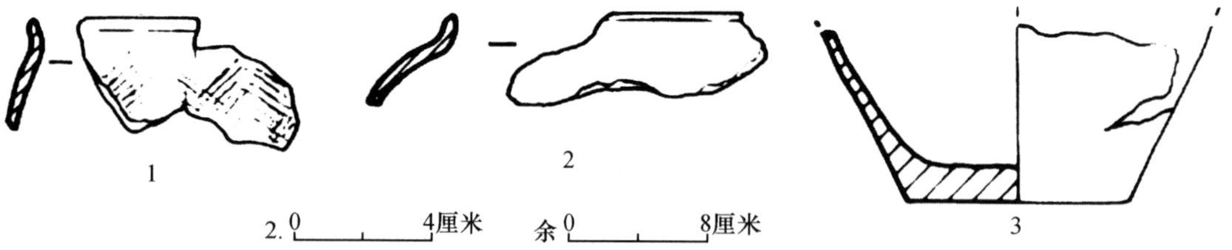

图三九七　H749出土陶器

1. B型立沿罐（H749：1）　2. Ba型Ⅰ式小平底罐（H749：2）　3. 器底（H749：3）

石器　仅发现残石器1件，难辨器形。

H756

位置：位于02DTT0101北部，北边距北隔梁10厘米，其南侧320厘米处为H757。层位关系：㉙—H756→㉚。

形制：略呈袋形坑，坑口平面不规则，口略小，壁不规整、下部略外弧，底不平。坑壁上部已塌，下部至底抹有2厘米厚黏土。口长90、底径75、深50厘米（图三九八）。

坑内堆积与包含物：坑内填灰色土，质疏松，夹烧土块。出土陶片较多，可辨器形有盆、

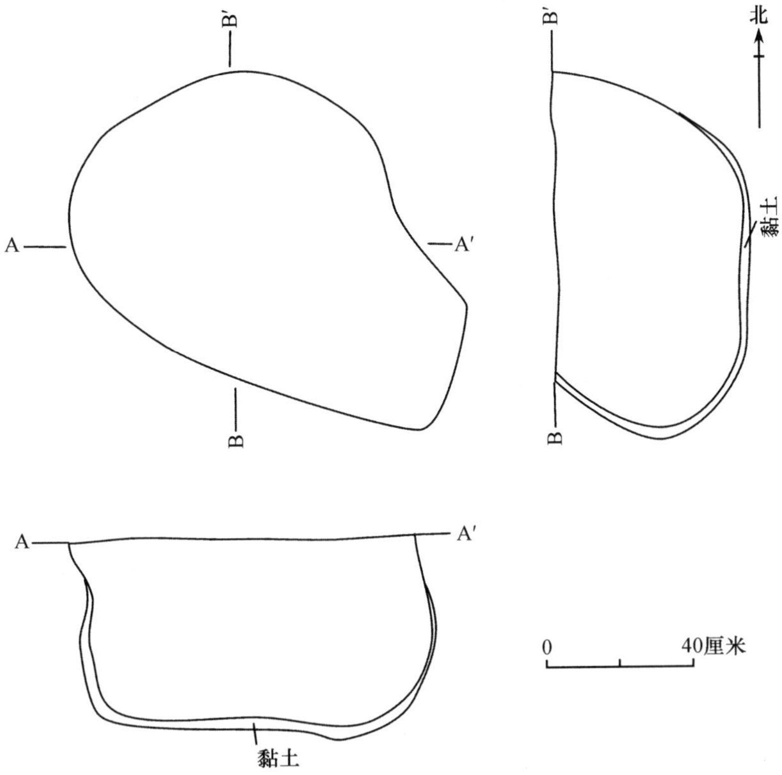

图三九八　H756平、剖面图

罐等。另出土1件残石凿。

出土遗物：较多残陶片和1件残石凿。

陶器　共120件。陶质全为夹砂。陶色以褐、灰陶为主，各占37.50%，次为红陶，占21.67%，红褐、黑陶最少，各占1.67%。器表以素面为主，占84.17%，纹面较少，占15.83%。纹饰以绳纹为主，占15.00%，凹弦纹很少，仅占0.83%。器类以罐为主，占83.34%，次为瓮，占11.67%，豆形器、圈足等很少（表一五四）。

表一五四　H756出土陶器统计表

陶质	夹砂					合计	%
陶色	灰	红	黑	褐	红褐		
纹饰/器类							
绳纹	11	4	1		2	18	15.00
凹弦纹	1					1	0.83
素面	33	22	1	45		101	84.17
合计	45	26	2	45	2	120	100
%	37.50	21.67	1.67	37.50	1.67	100	
罐	4		1			5	4.17
侈口罐		2			1	3	2.50
罐腹片	26	21		45		92	76.67
敛口瓮	6	2				8	6.67
瓮	5		1			6	5.00

续表

陶质	夹砂					合计	%
陶色	灰	红	黑	褐	红褐		
纹饰/器类							
豆形器	1					1	0.83
圈足	1	1				2	1.67
器底	2				1	3	2.50

参加分类排队的陶器22件，挑选标本18件。

敛口鼓肩瓮　7件。A型。

Aa型　3件。

Ⅰ式：1件。

标本H756：4，夹砂黑陶，红褐胎。沿面、肩饰斜绳纹，其下饰横绳纹。敛口，微有沿，方唇，圆肩，残。轮制，火候较高。残宽20.6、残高9.4厘米（图三九九，1）。

Ⅱ式：2件。

标本H756：5，夹砂黑陶，胎红褐夹灰。唇面、肩饰斜绳纹，其下饰横绳纹。敛口，微有卷沿，圆肩，残。轮制，火候较高。残宽11.6、残高6.4厘米（图三九九，2）。

Ab型　4件。

Ⅰ式：3件。

标本H756：6，夹砂黑陶，胎红褐夹灰。沿面、肩饰斜细绳纹。敛口，唇面内凹，圆肩，残。轮制，火候较高。残宽13.6、残高4厘米（图三九九，3）。标本H756：7，夹砂红陶，局部黑。沿面、肩饰细绳纹。敛口，唇面微凹，圆肩，残。轮制，火候较高。残宽10、残高5厘米（图三九九，4）。

Ⅱ式：1件。

标本H756：8，夹砂灰褐陶，局部褐、红，黑胎。唇面、肩饰斜绳纹。敛口，内沿微凹，圆肩，残。轮制，火候较高。残宽10.4、残高7.2厘米（图三九九，5）。

矮沿瓮　2件。Ⅰ式。

标本H756：9，夹砂红褐陶，局部灰褐。唇部、肩饰斜绳纹。侈口，矮卷沿，圆肩，残。轮制，火候较高。残宽8.4、残高5.4厘米（图三九九，6）。标本H756：10，夹砂红陶，局部黑、灰褐。肩饰组状斜绳纹。侈口，矮卷沿，圆唇，溜肩，鼓腹，残。轮制，火候较高。残宽12、残高7.2厘米（图三九九，7）。

矮领瓮　2件。

A型　1件。

标本H756：13，夹砂黑陶，局部灰褐。唇部刮抹略呈波浪形。侈口，外沿微凹，矮领，溜肩，鼓腹，残。轮制，火候较高。残宽24.4、残高10.2厘米（图三九九，8）。

B型　1件。

标本H756：14，夹砂黑陶，红褐胎。领下部饰划纹。侈口，外沿较窄、沿面微凹，矮

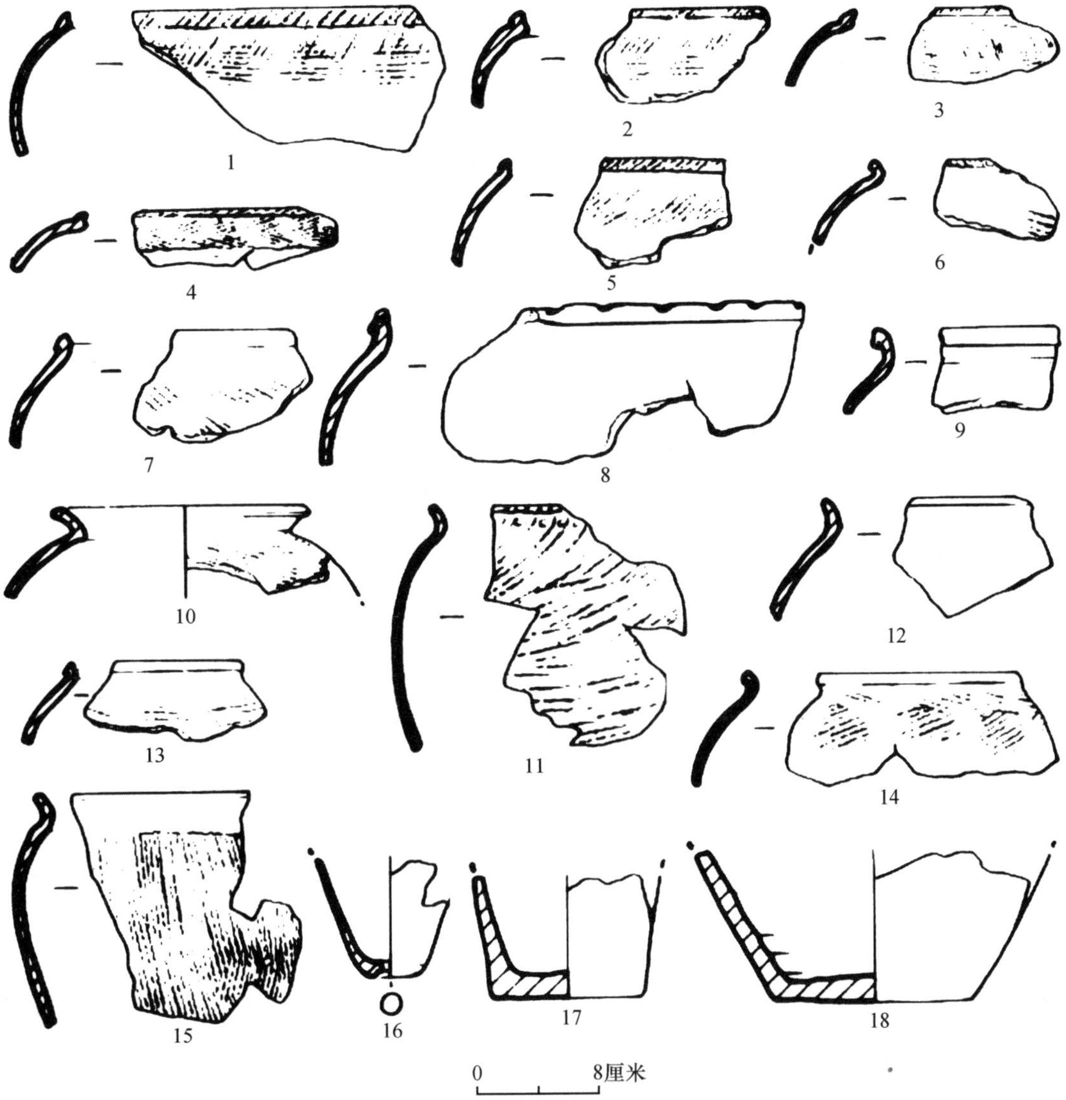

图三九九　H756出土陶器

1. Aa型Ⅰ式敛口鼓肩瓮（H756：4）　2. Aa型Ⅱ式敛口鼓肩瓮（H756：5）　3、4. Ab型Ⅰ式敛口鼓肩瓮（H756：6、H756：7）　5. Ab型Ⅱ式敛口鼓肩瓮（H756：8）　6、7. Ⅰ式矮沿瓮（H756：9、H756：10）　8. A型矮领瓮（H756：13）　9. B型矮领瓮（H756：14）　10. Ⅲ式喇叭口瓮（H756：15）　11、12. Ab型Ⅱ式卷沿深腹罐（H756：1、H756：2）　13. Ab型Ⅲ式敛口鼓肩罐（H756：3）　14. Bb型Ⅱ式卷沿罐（H756：11）　15. 侈口罐（H756：12）　16. 豆形器（H756：16）　17. 尊形器（底）（H756：18）　18. 器底（H756：17）

领，溜肩，残。轮制，火候较高。残宽8.4、残高5.6厘米（图三九九，9）。

喇叭口瓮　1件。Ⅲ式。

标本H756：15，夹砂黑陶，局部橙黄、灰褐，胎红褐夹灰。肩饰斜绳纹。喇叭口，圆唇，矮斜领，圆肩，残。轮制，火候较高。口径17、残高6厘米（图三九九，10；图版四二，4）。

卷沿深腹罐　4件。Ab型Ⅱ式。

标本H756：1，夹砂黑陶，局部红褐。唇部饰戳印纹，外沿根部饰按窝，器表饰绳纹。侈口，卷沿，圆肩，鼓腹，残。手制，火候较高。残宽13.2、残高16厘米（图三九九，11）。标本H756：2，夹砂红陶，局部褐。素面。侈口，卷沿，圆唇，圆肩，残。手制，火候较高。残宽10.4、残高8厘米（图三九九，12）。

敛口鼓肩罐　1件。Ab型Ⅲ式。

标本H756：3，夹砂灰褐陶，局部、里黑。肩饰组状斜细绳纹。侈口，卷沿，内沿凹，方唇，溜肩，鼓腹，残。轮制，火候较高。残宽12、残高5.2厘米（图三九九，13）。

卷沿罐　1件。Bb型Ⅱ式。

标本H756：11，夹砂黑陶，局部灰褐。肩饰组状细绳纹，局部交错。侈口，卷沿，圆唇，圆肩，残。轮制，火候较高。残宽18.4、残高7.4厘米（图三九九，14）。

侈口罐　1件。

标本H756：12，夹砂黑陶，局部红褐。器表饰竖划纹，局部交错。侈口，卷沿，圆唇，鼓肩，下腹弧收，残。手制轮修，火候一般。残宽15.2、残高15.2厘米（图三九九，15）。

豆形器　1件。

标本H756：16，夹砂灰黑陶，胎红褐夹灰。素面。杯形口，底部中空，残。轮制，火候较高。残宽9、残高7.6厘米（图三九九，16）。

尊形器（底）　1件。

标本H756：18，夹砂灰黑陶，胎红褐夹灰。素面。下腹较斜直，平底，残。轮制，火候较高。底径10、残高8厘米（图三九九，17）。

器底　1件。

标本H756：17，夹砂黑陶，灰胎。素面。下腹斜收，平底微圜，残。盘筑，火候较高。底径13.2、残高10厘米（图三九九，18）。

H757

位置：位于02DTT0101南部偏西，南部压在出土梯子下。层位关系：㉙—H757→㉚。

形制：从暴露部分观察，坑口平面形状略呈椭圆形，壁微弧，底不平，坑壁、底部无明显加工痕迹。口径85、底径50、深35厘米（图四〇〇）。

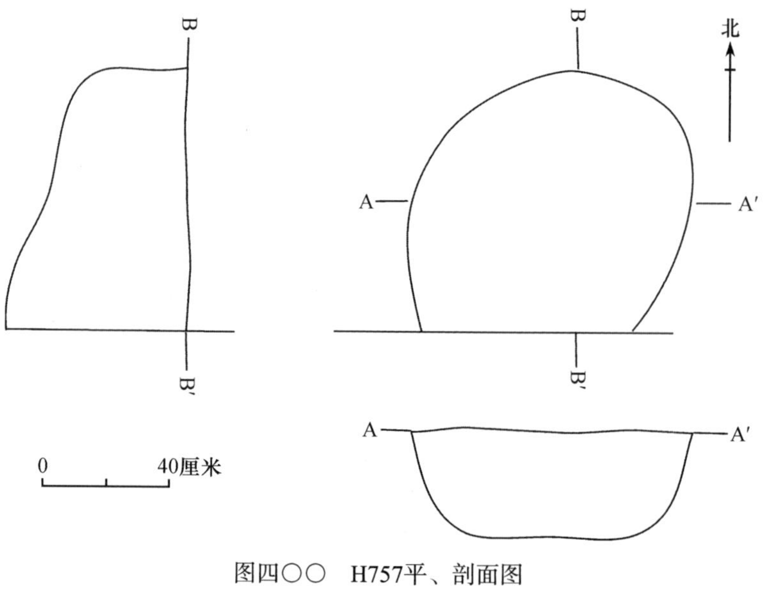

图四〇〇　H757平、剖面图

坑内堆积与包含物：坑内填灰色土，质疏松，含有红烧土粒。包含陶片较多，可认器形有瓮、罐等。

出土遗物：全为陶器，共103件。陶质全为夹砂。陶色以灰、褐、红陶为主，各占31.07%、30.09%和29.13%，黑陶最少，占9.71%。器表以素面为主，占79.61%，部分纹面，占20.38%。纹饰以绳纹为主，占11.65%，细绳纹、凹弦纹、复合纹较少。器类以罐为主，占26.23%，次为瓮，占18.44%，盉、豆柄、盖纽等很少，有45.63%的腹片不辨器形（表一五五）。

表一五五　H757出土陶器统计表

陶质	夹砂				合计	%
陶色	灰	红	黑	褐		
纹饰/器类						
绳纹	6	2	1	3	12	11.65
细绳纹	2	1		2	5	4.85
凹弦纹		2			2	1.94
复合纹		1		1	2	1.94
素面	24	24	9	25	82	79.61
合计	32	30	10	31	103	100
%	31.07	29.13	9.71	30.09	100	
罐	6	6	1	5	18	17.48
小平底罐	2	2	1	4	9	8.75
敛口瓮	2	2		1	5	4.85
高领瓮		1		1	2	1.94
瓮	12				12	11.65
盉			2		2	1.94
豆柄			2		2	1.94
盖纽			1		1	0.97
器底	1	3		1	5	4.85
不明腹片	9	16	3	19	47	45.63

参加分类排队的陶器33件，挑选标本26件。

凹沿瓮　10件。

A型　2件。

Aa型　1件。Ⅱ式。

标本H757：1，夹砂红褐陶，局部灰黑。素面。侈口，卷沿，外沿内凹，圆唇，鼓腹，残。轮制，火候较高。残宽9.2、残高7.6厘米（图四〇一，1）。

Ac型　1件。Ⅰ式。

标本H757：2，夹砂黑陶，胎局部褐。素面。侈口，卷沿外翻，内外沿内凹，鼓腹，残。轮制，火候较高。残宽10.2、残高6厘米（图四〇一，2）。

B型　8件。

Ba型　1件。Ⅱ式。

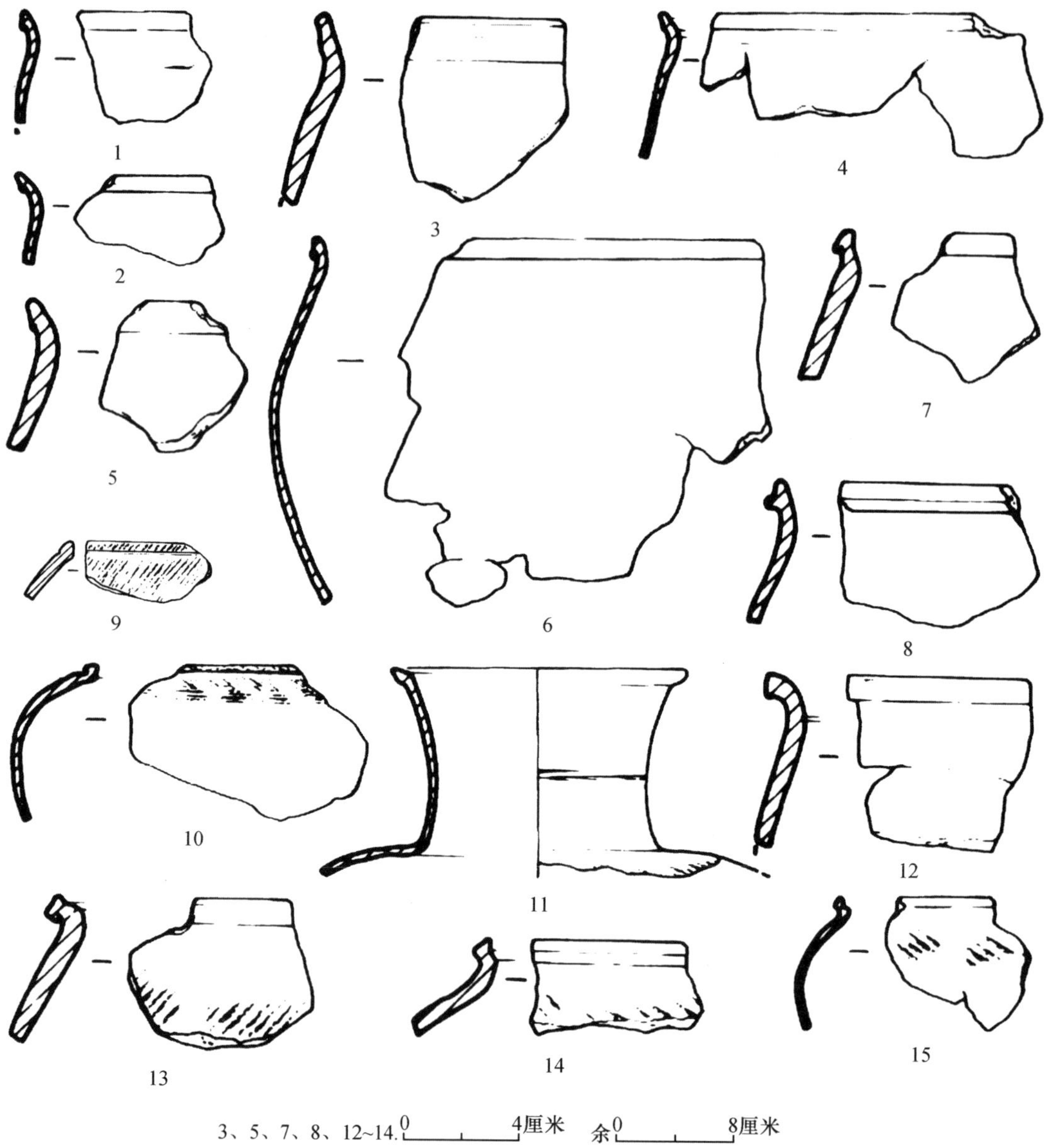

图四〇一　H757出土陶器

1. Aa型Ⅱ式凹沿瓮（H757：1） 2. Ac型Ⅰ式凹沿瓮（H757：2） 3. Ba型Ⅱ式凹沿瓮（H757：3）
4、5. Bc型Ⅰ式凹沿瓮（H757：4、H757：6） 6. Bc型Ⅱ式凹沿瓮（H757：5） 7. Ba型Ⅰ式子母口瓮（H757：10）
8. Bb型Ⅱ式子母口瓮（H757：11） 9. Aa型Ⅰ式敛口鼓肩瓮（H757：17） 10. Aa型Ⅱ式敛口鼓肩瓮（H757：18）
11. Ab型Ⅱ式高领瓮（H757：12） 12. Ⅱ式大口瓮（H757：13） 13. Ⅱ式矮沿瓮（H757：14）
14、15. Ab型Ⅲ式敛口鼓肩罐（H757：15、H757：16）

标本H757：3，夹砂红褐陶，局部灰褐。素面。侈口，卷沿外斜，外沿微凹，方唇，鼓腹，残。轮制，火候较高。残宽5.6、残高6.4厘米（图四〇一，3）。

Bc型　7件。

Ⅰ式：2件。

标本H757：4，夹砂黑陶，局部红褐，胎外褐里黑。上腹饰细凹弦纹。侈口，卷沿，外沿内凹，圆唇，鼓腹，残。轮制，火候较高。残宽23.2、残高9.6厘米（图四〇一，4）。标本H757：6，夹砂红陶。素面。侈口，卷沿，外沿起凸棱，鼓腹，残。轮制，火候较高。残宽5、残高5.1厘米（图四〇一，5）。

Ⅱ式：5件。

标本H757：5，夹砂灰褐陶，局部橙黄、红褐，胎外褐里灰。素面。侈口，卷沿，外沿内凹，鼓腹，残。轮制，火候较高。残宽26、残高24.4厘米（图四〇一，6）。

子母口瓮　2件。B型。

Ba型　1件。Ⅰ式。

标本H757：10，夹砂黑陶。素面。侈口，唇面微凹，唇缘外凸，鼓腹，残。轮制，火候较高。残宽5、残高5厘米（图四〇一，7）。

Bb型　1件。Ⅱ式。

标本H757：11，夹砂黑陶，局部褐、红。素面。子母口，圆唇，鼓腹，残。轮制，火候较高。残宽6.8、残高4.8厘米（图四〇一，8）。

敛口鼓肩瓮　4件。Aa型。

Ⅰ式：1件。

标本H757：17，夹砂红陶。外沿、肩饰斜绳纹。敛口，微有外沿，圆唇，圆肩，残。轮制，火候较高。残宽8.6、残高4厘米（图四〇一，9）。

Ⅱ式：3件。

标本H757：18，夹砂灰褐陶，局部黑。外沿、肩饰交错细绳纹。敛口，外沿下有凹槽一周，方唇，圆肩，腹弧收，残。轮制，火候较高。残宽16.4、残高 10.4厘米（图四〇一，10）。

高领瓮　1件。Ab型Ⅱ式。

标本H757：12，夹砂褐陶，胎红夹灰。领中部饰凹弦纹，肩饰斜细绳纹。侈口，窄斜折沿，圆唇，高束领，圆广肩，残。轮制，火候较高。口径20、残高14厘米（图四〇一，11）。

大口瓮　1件。Ⅱ式。

标本H757：13，夹砂红陶。素面。侈口，卷沿，圆唇，鼓腹，残。轮制，火候较高。残宽6.2、残高5.8厘米（图四〇一，12）。

矮沿瓮　1件。Ⅱ式。

标本H757：14，夹砂黑陶，胎红夹灰。肩饰斜绳纹。侈口，卷沿，沿面微凹，唇面微凹，溜肩，残。轮制，火候较高。残宽6.4、残高5厘米（图四〇一，13）。

敛口鼓肩罐　2件。Ab型Ⅲ式。

标本H757：15，夹砂灰褐陶，局部黑。肩饰斜绳纹。敛口，卷沿较高、沿面内凹，方唇，圆肩，残。轮制，火候较高。残宽5.8、残高3.2厘米（图四〇一，14）。标本H757：16，夹砂红陶，局部橙黄。肩饰组状斜绳纹。侈口，卷沿较高，沿面内凹，方唇，圆肩，腹弧内收，残。轮制，火候较高。残宽10、残高8.8厘米（图四〇一，15）。

深腹罐　3件。Bb型。

Ⅰ式：2件。

标本H757：7，夹砂灰黑陶，红褐胎。肩饰组状斜绳纹。侈口，卷沿，外沿下凸，圆唇，溜肩，鼓腹，残。轮制，火候较高。残宽29.2、残高11厘米（图四〇二，1）。标本H757：9，夹砂灰黑陶，胎褐夹灰褐。肩饰组状细绳纹，局部交错。侈口，卷沿，外沿较窄，圆唇，溜

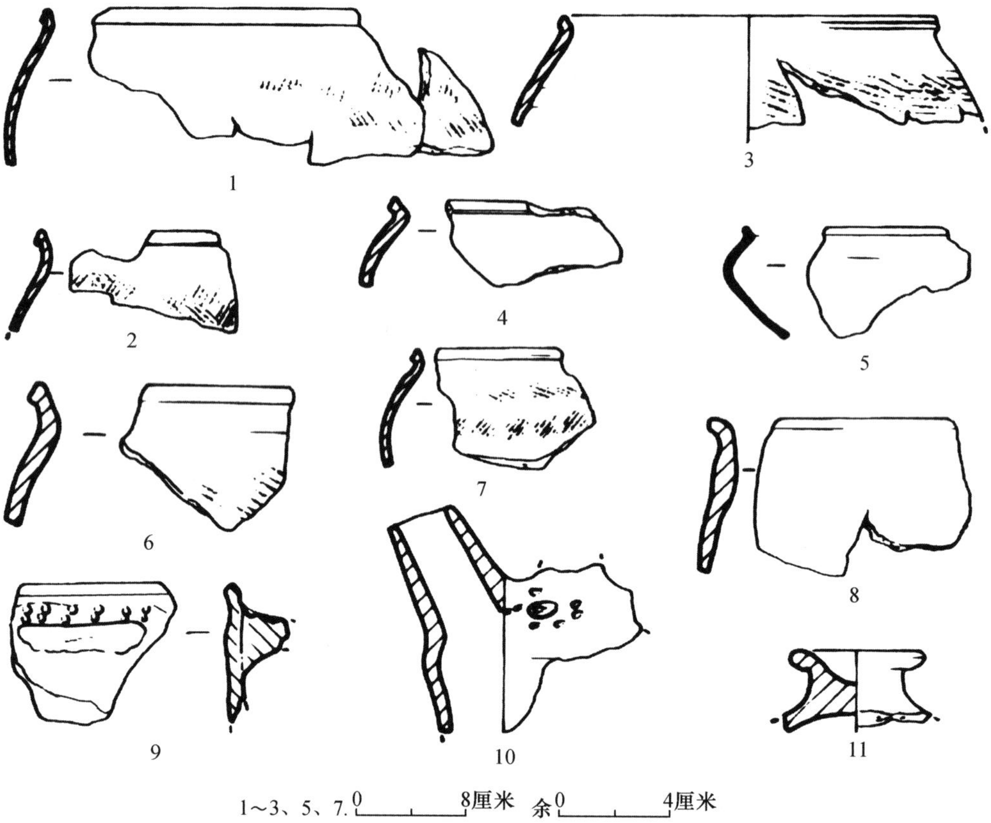

图四〇二　H757出土陶器

1、2. Bb型Ⅰ式深腹罐（H757：7、H757：9） 3. Bb型Ⅱ式深腹罐（H757：8） 4. Ba型Ⅰ式小平底罐（H757：19） 5. Bb型Ⅰ式小平底罐（H757：20） 6. A型Ⅰ式卷沿罐（H757：22） 7. Bb型Ⅰ式卷沿罐（H757：23） 8. Aa型Ⅰ式卷沿深腹罐（H757：24） 9、10. 盉（H757：25、H757：26） 11. 盖纽（H757：21）

肩，残。轮制，火候较高。残宽12.2、残高7.2厘米（图四〇二，2）。

Ⅱ式：1件。

标本H757：8，夹砂红褐陶，局部黑、橙黄。唇面饰细凹弦纹一周，肩饰组状绳纹。侈口，卷沿，唇面微凹，溜肩，残。轮制，火候较高。口径26.8、残高8厘米（图四〇二，3）。

小平底罐　2件。B型。

Ba型　1件。Ⅰ式。

标本H757：19，夹砂红陶，局部黑褐。素面。侈口，卷沿，方唇，鼓肩，残。轮制，火候较高。残宽6.2、残高3.1厘米（图四〇二，4）。

Bb型　1件。Ⅰ式。

标本H757：20，夹砂黑陶，局部灰，胎红夹灰。素面。侈口，卷沿，沿面微凹，方唇，鼓肩，下腹斜弧急收，残。轮制，火候较高。残宽11.6、残高7.6厘米（图四〇二，5）。

卷沿罐　3件。

A型　1件。Ⅰ式。

标本H757：22，夹砂黑陶，局部灰褐，红胎。肩饰组状斜细绳纹。侈口，卷沿，圆唇，溜肩，残。轮制，火候较高。残宽6.3、残高5.1厘米（图四〇二，6）。

B型　2件。Bb型Ⅰ式。

标本H757∶23，夹砂红陶，局部、里黑。肩饰组状细绳纹。侈口，卷沿，唇面微凹，圆肩，腹弧收，残。轮制，火候较高。残宽11.2、残高8.4厘米（图四〇二，7）。

卷沿深腹罐　1件。Aa型Ⅰ式。

标本H757∶24，夹砂黑陶，局部灰褐。素面。侈口，微有卷沿，圆唇，鼓腹，残。轮制，火候较高。残宽7.8、残高5.4厘米（图四〇二，8）。

盉　2件。

标本H757∶25，夹砂黑陶，红褐胎。鋬上部饰椭圆戳印纹。敛口，斜方唇，外沿下附加宽带形竖鋬，残。轮制，火候较高。残宽6、残高2.5厘米（图四〇二，9）。标本H757∶26，夹砂黑陶，局部灰，红褐胎。盖顶对称饰近圆形、椭圆形戳印纹，在其中部附加圆泥饼，在圆饼上饰一戳印纹。斜直圆柱形短流，中空，顶部大部分封口，上腹内束，残。分制，火候较高。残宽9、残高8厘米（图四〇二，10）。

盖纽　1件。

标本H757∶21，夹砂黑陶，局部红褐。素面。圈足形纽，圆唇，矮柄，盖壁外弧，残。轮制，火候较高。纽径4.8、残高2.8厘米（图四〇二，11）。

三、窑　　址

1座。

Y25

位置：位于00DT0604中部偏东处。表面距地表深610～630厘米，北方略高。层位关系：㉝—Y25→㉞。

形制：仅残存底部一片红烧土，平面略呈椭圆形，烧土面分布略呈四角形，较平，层面残存卵石三块和一片陶片。长径约170、短径约138厘米。窑底可分两层，第1层夹大量烧土块，疏松，第2层为表面较硬的红烧土、红褐烧结土，第1、2层间有一薄层较硬红烧面。窑底周围略高，中间稍低一些，周围较高部分宽10～30、高约1～3厘米，应为窑壁。窑周围为第34层的黄红黏土，极硬，紧密，不见踩踏面，窑周围零散地分布着一些烧土团、灰烬等物（图四〇三）。

窑内堆积与包含物：Y25底部中间略低，除有一层厚约4厘米的黄褐土，含大量褐色烧土块，松软，夹炭，其下为窑底红烧面，极薄，约0.5厘米，再下为红褐色烧结土，较软，由上到下由红变黄。出土一片陶片，器形难辨。

从窑底红烧面较薄，红烧面下地层土也烧得不是特别硬来看，Y25很可能是一次性堆烧陶器。

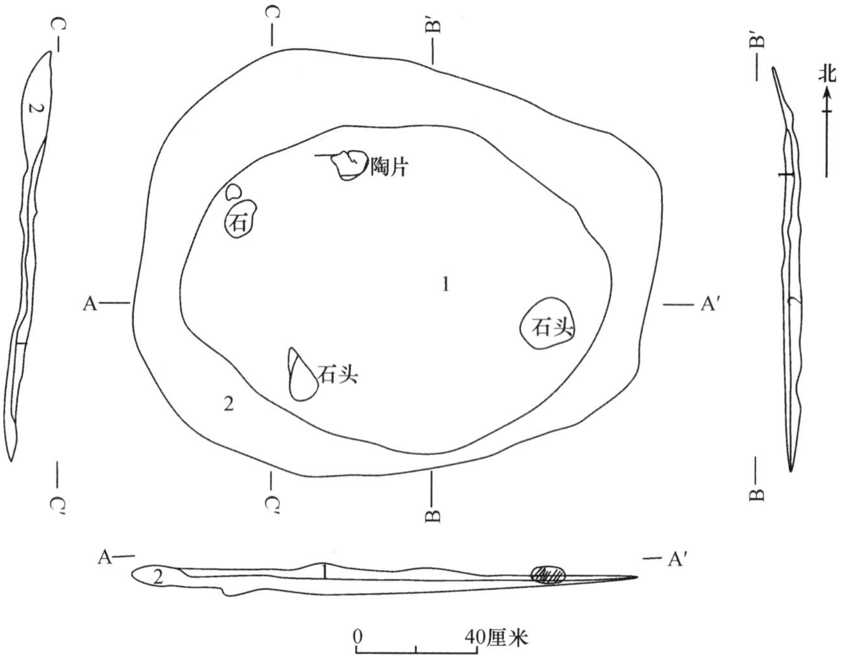

图四〇三　Y25平、剖面图

第三节　文　化　层

夏商时期遗存主要是文化层堆积及其包含的遗物，少者1层，多者约7层，厚度5~230厘米不等。出土遗物主要为陶器、石器、骨器等。根据地层叠压关系和包含遗物（主要是陶器）形制特征的变化，可分为一、二两期，其中一期可分为3组，二期只有1组，现分别介绍如下：

一、一　期

除99DT0202㊿、㊾B外，都属一期遗存。本期出土遗物主要根据陶器的器物组合与形制特征的变化，分3组。

（一）第1组

遗存单位主要有00DT0604㉟、㉞，00DT0605㉞B。出土遗物较少，其中陶器较多，石器较少。

1. 陶器

共出陶器63件。

（1）陶系

以00DT0605㉞B为代表。出土陶器53件。陶质以夹砂为主，占92.45%，泥质陶很少，占

7.55%。陶色以褐陶为主，占43.39%，可细分为褐、灰褐、黄褐色，次为黑陶，占30.19%，灰、红陶较少，各占15.09%和11.32%。器表以纹面为主，占69.81%，素面较多，占30.19%。纹饰以绳纹为主，占50.94%，次为细绳纹，占15.09%，附加堆纹较少，占3.77%。器类以罐为主，占56.60%，次为瓮，占35.86%，器盖等很少，还有5.66%的腹片不辨器形（表一五六）。

表一五六　00DT0605㉞B出土陶器统计表

陶质	夹砂					泥质		合计	%
陶色	灰	红	黑	灰褐	黄褐	灰	褐		
纹饰/器类									
绳纹	4	1	12	5	5			27	50.94
细绳纹				8				8	15.09
附加堆纹						2		2	3.77
素面	2	5	4		3		2	16	30.19
合计	6	6	16	13	8	2	2	53	100
%	11.32	11.32	30.19	24.53	15.09	3.77	3.77	100	
卷沿罐				2				2	3.77
矮领罐			2	1				3	5.66
罐腹片	2	3	10	4	4			23	43.40
罐底			2					2	3.77
瓮		1						1	1.89
敛口瓮						2	1	3	5.66
平沿瓮			1					1	1.89
瓮腹片	2	1	1	6	3			13	24.53
瓮底					1			1	1.89
器盖		1						1	1.89
不明腹片	2						1	3	5.66

（2）器类

参加分类排队的陶器19件，挑选标本7件。

敛口瓮　2件。

标本00DT0605㉞B：1，泥质灰褐陶，红褐胎。肩部饰附加凸弦纹一道。敛口，圆唇，斜肩，残。轮制，火候较高。残宽6.6、残高7厘米（图四〇四，1）。标本00DT0605㉞B：2，泥质灰褐陶，胎红褐夹灰。肩部饰附加凸弦纹一道。敛口，圆唇，斜肩，残。轮制，火候高。残宽5.7、残高2.9厘米（图四〇四，2）。

敛口鼓肩瓮　1件。Aa型Ⅰ式。标本碎小。

卷沿深腹罐　3件。A型。

Aa型　2件。

Ⅰ式：1件。

标本00DT0604㉞：1，夹细砂红陶，局部红褐。唇面饰绳切纹，器表饰斜绳纹，沿下微有按窝。侈口，斜折沿，圆唇，鼓腹，残。手制，火候一般。残宽7、残高7.4厘米（图

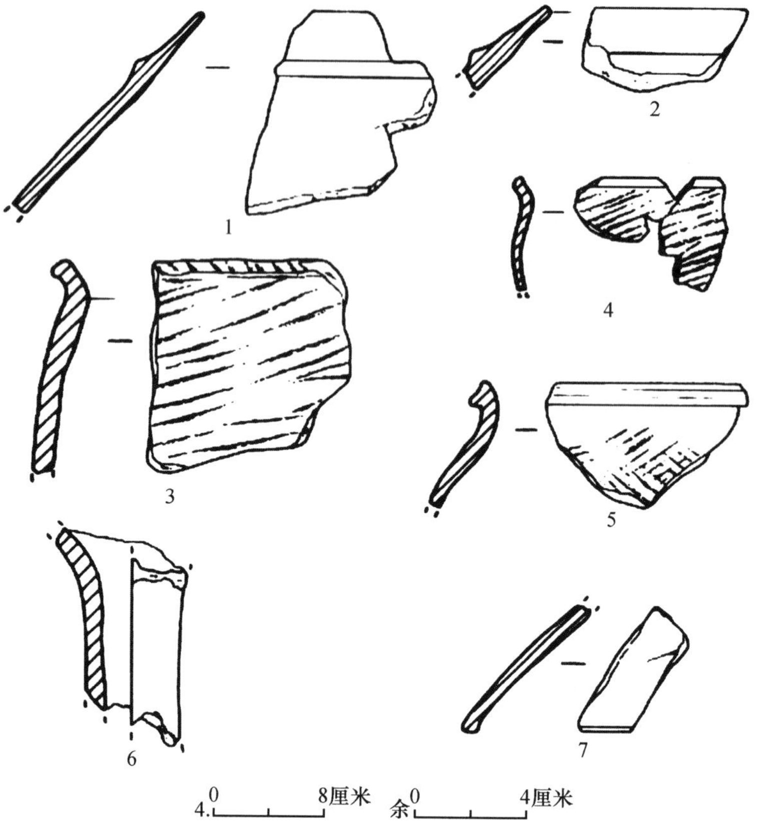

图四〇四　三星堆文化渝东类型第1组陶器

1、2. 敛口瓮（00DT0605㉞B：1、00DT0605㉞B：2）　3. Aa型Ⅰ式卷沿深腹罐（00DT0604㉞：1）　4. Aa型Ⅱ式卷沿深腹罐（00DT0604㉞：2）　5. Ba型Ⅰ式卷沿罐（00DT0605㉞B：3）　6. 豆形器（00DT0605㉟：2）　7. A型器盖（00DT0604㉟：1）

四〇四，3）。

Ⅱ式：1件。

标本00DT0604㉞：2，夹细砂红陶，局部灰、褐。器表饰斜绳纹。侈口，卷沿，圆唇，鼓腹，残。手制，火候较高。残宽10.6、残高8厘米（图四〇四，4）。

Ab型　1件。Ⅰ式。标本碎小。

卷沿罐　1件。Ba型Ⅰ式。

标本00DT0605㉞B：3，夹细砂黑陶。肩部饰交错绳纹。侈口，卷沿，唇面内凹，溜肩，残。轮制，火候较高。残宽7、残高4.3厘米（图四〇四，5）。

荷叶边口罐　1件。Ⅰ式。标本碎小。

立沿罐　1件。A型。标本碎小。

深腹罐　1件。A型。标本碎小。

豆形器　1件。

标本00DT0604㉟：2，夹细砂黑陶，紫红胎。素面。圆柱形柄，座外撇，中空，残。手制，火候一般。残高7.5厘米（图四〇四，6）。

器盖　2件。

A型　1件。

标本00DT0604㉟：1，泥质黑陶，胎红褐夹灰。器表饰零星细划纹。壁微弧，敞口，尖唇，残。手制轮修，火候一般。残宽3.8、残高4.4厘米（图四〇四，7）。

C型　1件。标本碎小。

器底　6件。标本碎小。

2. 石器

仅1件。

矛　1件。B型。

标本00DT0605㉞B：4，黑色泥岩，有灰白色纹理。桃尖形，刃锋利，微残。磨制。长7.4、宽3.8、厚0.6厘米。

（二）第2组

遗存单位较第1组稍多，主要有00DT0604㉝、㉜，00DT0605㉞A、㉝B。出土遗物也主要是陶器、石器。

1. 陶器

出土陶器数量和种类较第1组增加很多，共有1339件。

（1）陶系

以00DT0604㉜为代表。共出陶器884件。陶质以夹砂为主，占95.81%，泥质陶很少，占4.19%。陶色以褐陶为主，占47.74%，次为灰陶，占22.28%，红陶较少，占17.94%，黑陶最少，占11.99%。器表以素面为主，占63.01%，纹面较多，占39.99%。纹饰以绳纹为主，占26.02%，复合纹、凹弦纹较少，附加堆纹、篮纹、划纹、戳印纹、镂孔等很少。器类以罐为主，占72.85%，次为瓮，占15.04%，壶、豆、盆、盉、鬶等很少（表一五七）。

表一五七　00DT0604㉜出土陶器统计表

陶质	夹砂				泥质				合计	%
陶色	灰	红	黑	褐	灰	红	黑	褐		
纹饰/器类										
绳纹	50	45	16	119					230	26.02
篮纹			1	1					2	0.23
凸弦纹				1	5				6	0.68
凹弦纹	11	2		7			1	1	22	2.49
划纹	1	1	2		1				5	0.57
戳印纹		3		2					5	0.57
附加堆纹	1			2	6				9	1.02
镂孔	1	1		2					4	0.45
复合纹	10	20	2	11					43	4.86

续表

陶质	夹砂				泥质				合计	%
陶色	灰	红	黑	褐	灰	红	黑	褐		
纹饰/器类										
云雷纹			1						1	0.11
素面	110	85	75	264	1	2	8	12	557	63.01
合计	184	157	97	409	13	2	9	13	884	100
%	20.81	17.71	10.97	46.27	1.47	0.23	1.02	1.47	100	
小平底罐	40	18	9	66			1		134	15.16
敛口罐	17	7	5	45					74	8.37
凹沿罐	33	58	54	137					282	31.90
卷沿鼓腹罐	8	34	7	37					86	9.73
高领罐	23	1		4			3		31	3.51
荷叶边口罐	1		1	2					4	0.45
矮领罐	1	2		7				1	11	1.24
罐底	11			11					22	2.49
敛口瓮	21	26	10	49					106	11.99
瓮底	9			18					27	3.05
?	3	1	2	2					8	0.90
壶	2			1					3	0.34
豆	5	1	1	1	6		3		17	1.92
鬶	1	1	1	2					5	0.57
盆	3	1		1					5	0.57
盖	3	3	4	6					16	1.81
器耳				1			1		2	0.23
盉?	2		1	5					8	0.90
圈足	1	3	1	5					10	1.13
不明腹片		1	1	9	7	2	1	12	33	3.73

（2）器类

参加分类排队的陶器共1049件，挑选标本974件。

敛口鼓肩瓮　122件。

A型　116件。

Aa型　64件。

Ⅰ式：29件。

标本00DT0604㉜：49，夹细砂灰陶。唇面与上肩部饰绳纹，外沿下有一道凹痕。敛口，方圆唇，微有沿，内沿面微内凹，肩以下残。轮制，火候一般。口径34、肩径40、残高8厘米（图四〇五，1）。标本00DT0604㉜：72，夹细砂黑陶，胎红夹灰。肩饰斜绳纹，敛口，唇面微凹，斜肩，残。轮制，火候较高。残宽13.8、残高3.5厘米（图四〇五，2）。

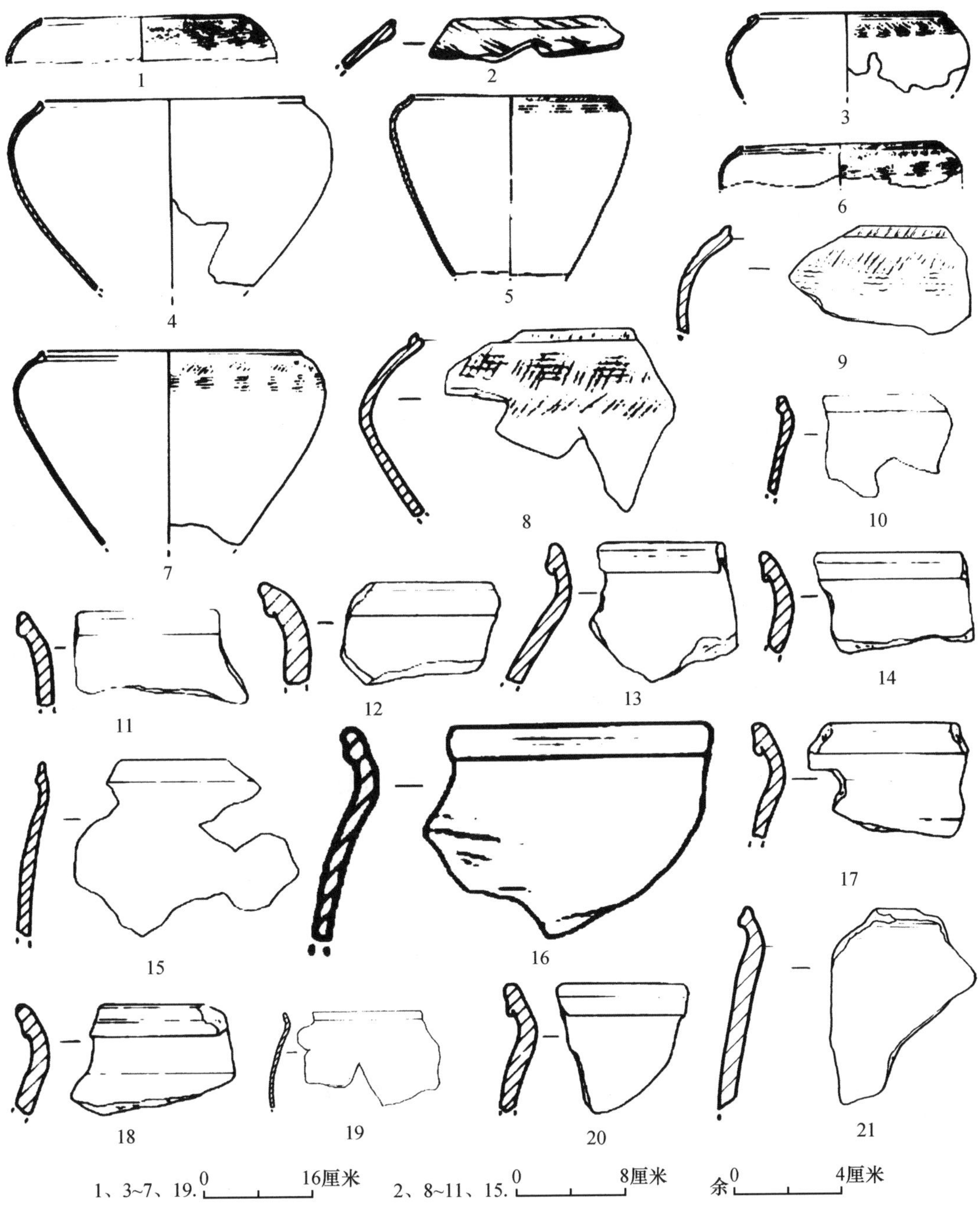

图四〇五 三星堆文化渝东类型第2组陶器

1、2. Aa型Ⅰ式敛口鼓肩瓮（00DT0604㉜：49、00DT0604㉜：72） 3、4. Aa型Ⅱ式敛口鼓肩瓮（00DT0604㉜：73、00DT0604㉜：74） 5、6. Ab型Ⅰ式敛口鼓肩瓮（00DT0604㉜：14、00DT0604㉜：53） 7、8. Ab型Ⅱ式敛口鼓肩瓮（00DT0604㉜：76、00DT0605㉝B：11） 9. B型敛口鼓肩瓮（02DT0102㊾：14） 10. Aa型Ⅰ式凹沿瓮（00DT0604㉜：155） 11. Aa型Ⅱ式凹沿瓮（00DT0604㉜：156） 12. Ab型Ⅰ式凹沿瓮（00DT0604㉜：158） 13、14. Ab型Ⅱ式凹沿瓮（00DT0604㉜：157、00DT0604㉜：159） 15、16. Ac型Ⅰ式凹沿瓮（00DT0604㉜：160、00DT0605㉝B：18） 17、18. Ac型Ⅱ式凹沿瓮（00DT0604㉜：161、00DT0604㉜：162） 19. Ba型Ⅰ式凹沿瓮（00DT0604㉜：46） 20、21. Bb型Ⅰ式凹沿瓮（00DT0604㉜： 163、02DT0102㊽：37）

Ⅱ式：35件。

标本00DT0604㉜：73，夹细砂红褐陶，肩部灰褐，胎红夹灰。外沿、肩饰斜绳纹、横绳纹。敛口，圆唇，微有外沿，圆肩，弧腹，残。轮制，火候较高。口径28.8、残高11.6厘米

（图四〇五，3）。标本00DT0604㉜：74，夹粗砂浅黄褐陶，部分黑、红褐，灰胎。素面。敛口，微有折沿，圆唇，圆肩，弧腹，残。手制轮修，火候较高。口径38.4、残高27.2厘米（图四〇五，4）。

Ab型　52件。

Ⅰ式：28件。

标本00DT0604㉜：14，夹细砂灰陶，局部褐色。唇面饰斜绳纹，肩上部饰横绳纹。圆唇，鼓肩，腹微弧，底残。手制轮修，火候较高。口径29.2、肩径35.2、残高25.6厘米（图四〇五，5；图版四二，2）。标本00DT0604㉜：53，夹细砂红陶。唇面与肩上部斜饰绳纹，肩部横饰组状绳纹，沿外根部内凹，内沿面饰凹弦纹两道。敛口，斜折沿，尖圆唇，肩以下残。手制轮修，火候一般。口径28.8、肩径35、残高4.8厘米（图四〇五，6）。

Ⅱ式：24件。

标本00DT0604㉜：76，夹粗砂灰褐陶，红褐胎。唇面饰斜绳纹，肩部饰组状斜绳纹、横绳纹。敛口，矮斜折沿，沿面内凹，圆唇，鼓肩，腹微弧斜收，残。轮制，火候较高。口径37.4、残高26厘米（图四〇五，7）。标本00DT0605㉝B：11，夹粗砂红陶，口、肩部黑。唇面饰斜绳纹后按抹，肩部饰交错绳纹。敛口，有明显斜折沿，沿面内凹，圆唇，圆肩，斜弧腹，残。轮制，火候较高。残宽16.6、残高13.2厘米（图四〇五，8）。

B型　6件。

标本02DT0102㊾：14，夹砂灰黑陶，红褐胎。肩饰斜绳纹、横绳纹。敛口，方唇，鼓肩，残。轮制，火候较高。残宽13.4、残高8厘米（图四〇五，9）。

凹沿瓮　117件。

A型　24件。

Aa型　5件。

Ⅰ式：2件。

标本00DT0604㉜：155，夹细砂红陶，胎红夹灰。素面。侈口，卷沿，外沿有凸棱，方唇，鼓腹，残。轮制，火候较高。残宽9.4、残高7.2厘米（图四〇五，10）。

Ⅱ式：3件。

标本00DT0604㉜：156，夹细砂红陶，灰胎。素面。侈口，卷沿，外沿有凸棱，残。轮制，火候较高。残宽6.2、残高3.3厘米（图四〇五，11）。

Ab型　7件。

Ⅰ式：2件。

标本00DT0604㉜：158，夹粗砂灰褐陶，灰胎，里黑。素面。侈口，卷沿，尖圆唇，外沿有凸棱，残。轮制，火候较高。残宽5.7、残高3.6厘米（图四〇五，12）。

Ⅱ式：5件。

标本00DT0604㉜：157，夹细砂红陶，局部、里浅黄，黑胎。素面。侈口，卷沿，外沿内凹，下部呈凸棱，溜肩，残。轮制，火候较高。残宽5.4、残高5.1厘米（图四〇五，13）。标本00DT0604㉜：159，夹细砂红陶，局部、胎、里灰。素面。侈口，卷沿，圆唇，外沿内凹，残宽5.8、残高3.6厘米（图四〇五，14）。

Ac型　12件。

Ⅰ式：5件。

标本00DT0604㉜：160，夹细砂黑陶，局部灰，胎红褐、灰。素面。侈口，卷沿，外沿有凸棱，圆唇，鼓腹，残。手制轮修，火候一般。残宽16.2、残高12.5厘米（图四〇五，15）。标本00DT0605㉝B：18，夹粗砂褐陶，局部红、灰。器表饰划纹。侈口，卷沿，外沿内凹成槽，鼓腹，残。轮制，火候较高。残宽10.4、残高7.6厘米（图四〇五，16）。

Ⅱ式：7件。

标本00DT0604㉜：161，夹细砂红陶，局部、胎黑。腹饰划纹。侈口，卷沿，外沿有凸棱，圆唇，鼓腹，残。轮制，火候较高。残宽5.8、残高4.2厘米（图四〇五，17）。标本00DT0604㉜：162，夹细砂红褐陶。素面，颈下有折棱。侈口，卷沿，外沿微凹，圆唇，颈微束，鼓腹，残。轮制，火候较高。残宽5.9、残高4厘米（图四〇五，18）。

B型　93件。

Ba型　1件。Ⅰ式。

标本00DT0604㉜：46，夹砂黑陶，部分灰，局部灰褐，灰胎，里红。素面。侈口，卷沿内外沿微凹，圆唇，鼓腹，残。手制轮修，火候较高。残宽20.6、残高13.6厘米（图四〇五，19）。

Bb型　27件。

Ⅰ式：8件。

标本00DT0604㉜：163，夹细砂红陶，局部浅黄。素面。侈口，卷沿，内外沿面微凹，圆唇，鼓腹，残。轮制，火候一般。残宽4.8、残高4.6厘米（图四〇五，20）。标本02DT0102㊽：37，夹砂灰褐陶。素面。侈口，卷沿，方唇，鼓腹，残。轮制，火候较高。残宽5.4、残高7.2厘米（图四〇五，21）。

Ⅱ式：19件。

标本00DT0604㉜：165，夹粗砂黑陶，局部红，胎红夹灰。素面。侈口，卷沿，外沿微凹，鼓腹，残。手制轮修，火候较高。残宽19.6、残高9.2厘米（图四〇六，1）。

Bc型　65件。

Ⅰ式：14件。

标本00DT0604㉜：166，夹粗砂灰陶。素面。侈口，卷沿，内沿微凹，外沿有凸棱，鼓腹，残。手制轮修，火候一般。残宽15.2、残高12.2厘米（图四〇六，2）。标本00DT0604㉜：167，夹细砂黑陶，褐胎，上腹饰圆形按窝。里灰。侈口，卷沿，内沿微凹，外沿有凸棱，圆唇，鼓腹，残。轮制，火候一般。残宽10.2、残高5.6厘米（图四〇六，3）。

Ⅱ式：51件。

标本00DT0604㉜：168，夹细砂灰白陶，局部黑，胎红夹灰。素面。侈口，卷沿，外沿内凹，圆唇，溜肩，残。轮制，火候一般。残宽14.2、残高7厘米（图四〇六，4）。标本00DT0605㉝B：20，夹细砂灰陶，局部灰黑。外沿饰粗凹弦纹一道。侈口，圆唇，外沿内凹呈槽状，鼓腹，残。轮制，火候较高。口径28、残高11.6厘米（图四〇六，5）。

子母口瓮　104件。

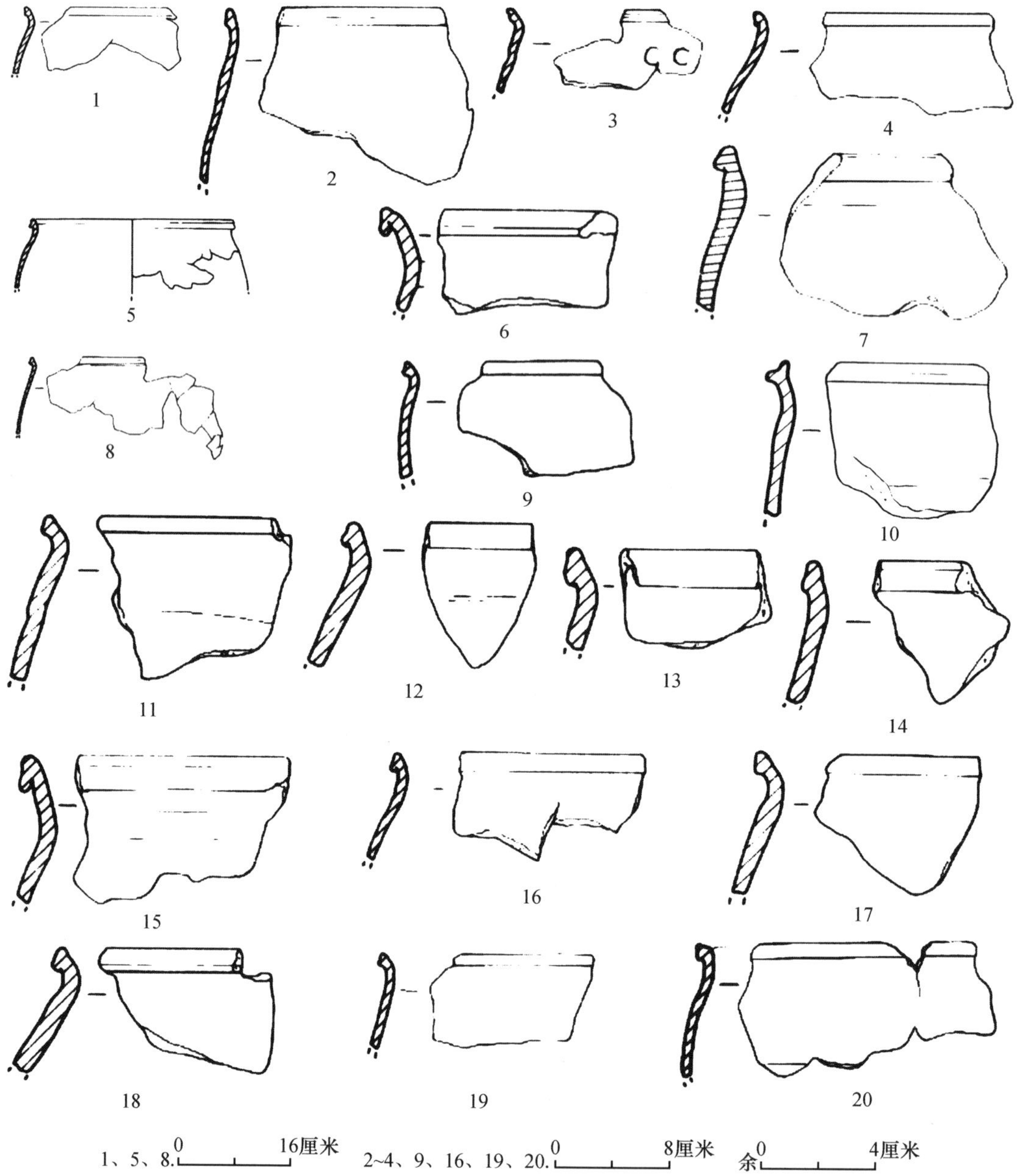

图四〇六 三星堆文化渝东类型第2组陶器

1. Bb型Ⅱ式凹沿瓮（00DT0604㉜：165） 2、3. Bc型Ⅰ式凹沿瓮（00DT0604㉜：166、00DT0604㉜：167） 4、5. Bc型Ⅱ式凹沿瓮（00DT0604㉜：168、00DT0605㉝B：20） 6. Aa型Ⅰ式子母口瓮（00DT0604㉜：172） 7. Aa型Ⅱ式子母口瓮（00DT0604㉜：173） 8. Ab型子母口瓮（00DT0604㉜：174） 9、10. Ba型Ⅰ式子母口瓮（00DT0605㉝B：15、02DT0102㊽：40） 11、12. Ba型Ⅱ式子母口瓮（00DT0604㉝：7、00DT0604㉜：176） 13、14. Bb型Ⅰ式子母口瓮（00DT0604㉜：177、00DT0604㉝：5） 15、16. Bb型Ⅱ式子母口瓮（00DT0604㉜：178、00DT0604㉜：179） 17、18. Ⅰ式大口瓮（00DT0604㉝：6、00DT0604㉜：169） 19、20. Ⅱ式大口瓮（00DT0604㉜：171、00DT0605㉝B：17）

A型 11件。

Aa型 6件。

Ⅰ式：3件。

标本00DT0604㉜：172，夹细砂红陶，局部、里灰。素面。侈口，窄斜折沿，外沿有凸棱，外斜领，斜肩，残。轮制，火候较高。残宽6.4、残高3.6厘米（图四〇六，6）。

Ⅱ式：3件。

标本00DT0604㉜：173，夹细砂黑陶，唇部红，胎红夹灰。沿下饰凹弦纹。敞口，卷沿微折，外沿下凸，弧腹，残。轮制，火候较高。残宽8、残高5.6厘米（图四〇六，7）。

Ab型　5件。

标本00DT0604㉜：174，夹细砂红陶，部分浅黄，局部、胎灰。唇面饰凹弦纹一道。侈口，微折斜沿，唇面凹，鼓腹，残。手制轮修，火候较高。残宽24.8、残高14厘米（图四〇六，8）。

B型　93件。

Ba型　57件。

Ⅰ式：27件。

标本00DT0605㉝B：15，夹粗砂灰褐陶，局部红、浅黄，里黑。素面。侈口，卷沿，沿面微凹，唇面微凹，微鼓腹，残。轮制，火候较高。残宽12.4、残高8.2厘米（图四〇六，9）。标本02DT0102㊽：40，夹砂红陶。素面。口微侈，卷沿，唇面内凹，微鼓腹，残。轮制，火候较高。残宽6.1、残高5.4厘米（图四〇六，10）。

Ⅱ式：30件。

标本00DT0604㉝：7，夹细砂灰黑陶，局部褐，胎褐夹灰。素面，器表有印痕。侈口，卷沿，唇面微凹，鼓腹，残。轮制，火候一般。残宽6.8、残高5.6厘米（图四〇六，11）。标本00DT0604㉜：176，夹细砂黑陶，局部灰褐，胎红夹灰。侈口，卷沿，内沿微凹，外沿凸棱，斜肩，残。轮制，火候较高。残宽4、残高5.8厘米（图四〇六，12）。

Bb型　36件。

Ⅰ式：5件。

标本00DT0604㉜：177，夹细砂红陶，局部褐。素面。侈口，卷沿，内沿微凹，外沿附加较宽凸棱，鼓腹，残。轮制，火候较高。残宽5.3、残高3.5厘米（图四〇六，13）。标本00DT0604㉝：5，夹细砂黑陶，灰胎，里灰褐。侈口，卷沿，沿面微凹，圆唇，外沿有凸棱一道，残。轮制，火候较高。残宽4.8、残高4.8厘米（图四〇六，14）。

Ⅱ式：31件。

标本00DT0604㉜：178，夹细砂黑陶，局部、胎红。素面。侈口，卷沿，外沿外凸，圆唇，矮领外斜，斜肩，残。轮制，火候不高。残宽7.6、残高5.2厘米（图四〇六，15）。标本00DT0604㉜：179，夹粗砂红陶，局部灰。侈口，卷沿，外沿外凸，溜肩，残。轮制，火候一般。残宽13.6、残高7.6厘米（图四〇六，16）。

大口瓮　21件。

Ⅰ式：9件。

标本00DT0604㉝：6，夹细砂灰褐陶，局部灰黑。素面。侈口，卷沿，圆唇，鼓腹，残。轮制，火候较高。残宽5.8、残高4.8厘米（图四〇六，17）。标本00DT0604㉜：169，夹细砂红褐陶，局部浅黄，胎红夹灰。素面。侈口，卷沿，沿面微凹，方唇，斜肩，残。轮制，火候较高。残宽6.2、残高4.3厘米（图四〇六，18）。

Ⅱ式：12件。

标本00DT0604㉜：171，夹粗砂红褐陶，局部浅黄、黑。素面，内沿饰凹弦纹。侈口，卷沿，唇面微凹，上腹外斜，残。手制轮修，火候较高。残宽11.6、残高6.6厘米（图四〇六，19）。标本00DT0605㉝B：17，夹粗砂黑陶，褐胎。素面。侈口，微有斜折沿，沿面微凹。方唇，鼓腹，残。手制轮修，火候较高。残宽18、残高9.2厘米（图四〇六，20）。

矮沿瓮　15件。

Ⅰ式：8件。

标本00DT0604㉜：77，夹细砂红陶，局部黑。唇面饰斜绳纹，肩饰凸弦纹、斜绳纹。侈口，斜折沿，圆肩，残。轮制，火候一般。残宽21.6、残高6厘米（图四〇七，1）。标本00DT0604㉜：78，夹细砂红褐陶，局部褐。唇、肩饰绳纹，肩饰凸弦纹一道。敛口，斜折沿，圆肩，残。轮制，火候较高。残宽10、残高8.4厘米（图四〇七，2）。

Ⅱ式：7件。

标本00DT0604㉜：153，夹粗砂灰褐陶，肩部饰组状斜绳纹。口近直，圆唇，矮领，溜肩，残。盘筑轮修，火候较高。残宽16.8、残高16.2厘米（图四〇七，3）。

喇叭口瓮　8件。

Ⅰ式：5件。

标本00DT0604㉜：147，夹粗砂灰褐陶，灰胎。素面。喇叭口，微有外卷沿，圆唇，高领外斜，圆肩，残。轮制，火候较高。口径38.4、残高22厘米（图四〇七，5）。标本00DT0604㉜：191，夹粗砂灰褐陶，局部黑、红，里灰黑。肩、腹饰组状斜绳纹。喇叭口，微有卷沿，圆唇，溜肩，鼓腹，残。盘筑轮修，火候较高。口径33.6、残高41.2厘米（图四〇七，6；图版四二，3）。标本00DT0605㉝B：24，夹粗砂灰陶，局部红黄。素面。喇叭口，卷沿，圆唇，高领，残。泥条盘筑，火候较高。口径30.2、残高8.8厘米（图四〇七，7）。

Ⅲ式：3件。

标本00DT0605㉞A：5，夹粗砂灰黑陶，局部红，褐胎。素面。喇叭口，圆唇，外斜矮领，有肩，残。轮制，火候一般。残宽15.2、残高5厘米（图四〇七，4）。

高领瓮　29件。

A型　26件。

Aa型　15件。Ⅰ式。

标本00DT0604㉜：148，夹细砂红褐陶，胎红褐夹灰。领中部饰横划纹三道。侈口，窄沿微外下折，沿面微凹，圆唇，高束领，残。轮制，火候较高。口径20.4、残高12.4厘米（图四〇七，8；图版四二，1）。标本00DT0604㉜：149，夹粗砂灰陶。领中部饰凹弦纹两道。侈口，窄折平沿，沿面微凹，圆唇，高领内束，广肩，残。轮制，火候较高。口径16、残高12厘米（图四〇七，9）。标本00DT0604㉜：150，夹细砂灰陶，局部褐，胎红褐。领中部饰凹弦纹三道。侈口，窄沿微外下折，沿面微凹，圆唇，高束领，残。轮制，火候较高。口径21.8、残高11.2厘米（图四〇七，10）。

Ab型　11件。Ⅰ式。

标本00DT0604㉜：151，夹细砂灰褐陶，胎红褐。侈口，卷沿，圆唇，高束领，残。轮

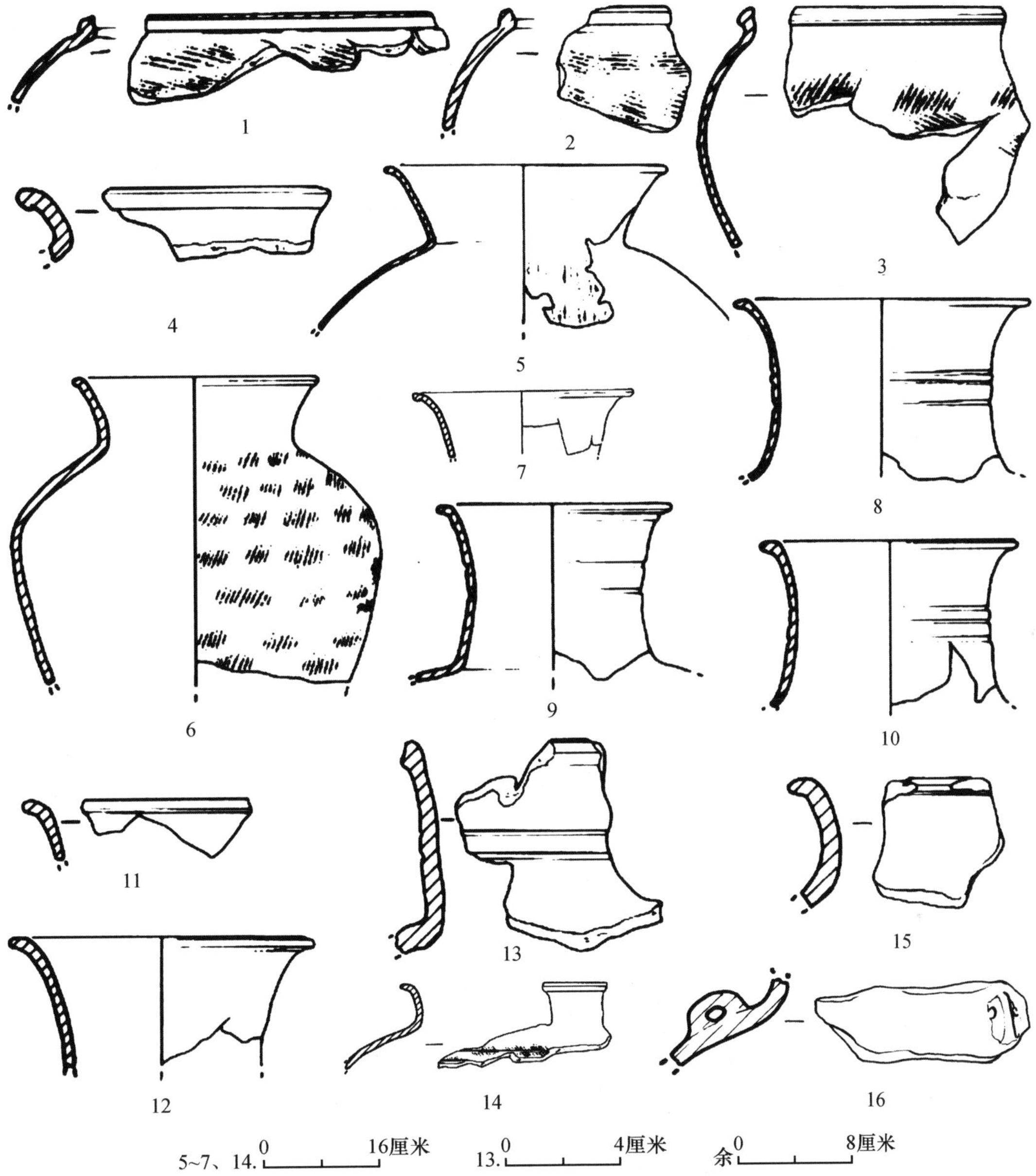

图四〇七　三星堆文化渝东类型第2组陶器

1、2. Ⅰ式矮沿瓮（00DT0604㉜：77、00DT0604㉜：78）　3. Ⅱ式矮沿瓮（00DT0604㉜：153）　4. Ⅲ式喇叭口瓮（00DT0605㉞A：5）　5~7. Ⅰ式喇叭口瓮（00DT0604㉜：147、00DT0604㉜：191、00DT0605㉝B：24）　8~10. Aa型Ⅰ式高领瓮（00DT0604㉜：148、00DT0604㉜：149、00DT0604㉜：150）　11、12. Ab型Ⅰ式高领瓮（00DT0604㉜：151、00DT0604㉜：194）　13. B型高领瓮（00DT0604㉜：152）　14、15. 中领瓮（00DT0604㉜：131、00DT0604㉜：132）　16. 带耳瓮（02DT0102㊽：55）

制，火候较高。残宽11.6、残高4厘米（图四〇七，11）。标本00DT0604㉜：194，夹细砂灰褐陶，红褐胎。素面。侈口，沿微外下卷，圆唇，高束领，残。轮制，火候较高。口径20.8、残高8.8厘米（图四〇七，12）。

B型　3件。

标本00DT0604㉜：152，泥质黑皮陶，胎红夹灰褐。口外部有凸棱一道，领中部饰凹弦纹两道。侈口，圆唇，领较斜直，有肩，残。轮制，火候不高。残宽7、残高7.1厘米（图四〇七，13）。

中领瓮　5件。

标本00DT0604㉜：131，夹粗砂灰陶，局部灰褐。肩饰组状斜细绳纹、凹弦纹。侈口，卷沿，圆唇，中领微外斜，广肩，残。盘筑轮修，火候较高。残宽23.6、残高11.6厘米（图四〇七，14）。标本00DT0604㉜：132，夹细砂褐陶，局部红褐，灰黑胎。素面。侈口，卷沿外下斜，圆唇，束领，残。轮制，火候较高。残宽9.2、残高8.8厘米（图四〇七，15）。

带耳瓮　2件。

标本02DT0102㊽：55，夹砂灰褐陶，局部、里黑。素面。广肩，肩部附加竖耳，近壁处有圆形穿孔，残。轮制，火候较高。残宽15、残高5.6厘米（图四〇七，16）。

卷沿深腹罐　39件。

A型　36件。

Aa型　27件。

Ⅰ式：10件。标本碎小。

Ⅱ式：17件。

标本00DT0604㉜：10，夹细砂红褐陶，局部灰黑。唇沿及器表饰绳纹，上腹与肩部斜饰，下腹横饰，上腹与肩部绳纹稍稀，下腹较密，颈部戳印按窝。卷沿，圆唇，上腹微鼓，下腹微弧，平底。手制，火候一般。口径19.2、腹径23.6、底径8.4、高26.4厘米（图四〇八，1；图版四二，5）。标本00DT0604㉜：79，夹细砂红陶，局部灰褐，胎局部红夹灰。腹饰篮纹。侈口，卷沿微折，圆唇，鼓腹，残。手制轮修，火候一般。残宽13.6、残高12.4厘米（图四〇八，2）。

Ab型　9件。

Ⅰ式：4件。

标本00DT0604㉜：80，夹细砂红陶，局部浅黄褐、灰褐，胎红夹灰。唇面饰绳切纹，沿下饰按窝，腹饰划纹。侈口，卷沿微折，方唇，鼓腹，残。手制轮修，火候较高。口径23.2、残高13厘米（图四〇八，3）。

Ⅱ式：5件。

标本00DT0604㉜：9，夹细砂红褐陶，局部灰、黑。唇面饰戳印纹，腹部斜饰稀疏绳纹。卷沿，圆唇，鼓腹，平底。手制，火候一般。口径18、腹径26、底径6.8、高25.2厘米（图四〇八，4；图版四二，6）。标本00DT0604㉝：11，夹细砂红陶，局部褐。肩饰斜绳纹。侈口，卷沿，圆唇，溜肩，残。轮制，火候一般。残宽5.7、残高4.5厘米（图四〇八，5）。

B型　3件。

标本00DT0604㉜：81，夹细砂红陶，局部浅黄。沿下饰按窝。侈口，卷沿，圆唇，鼓上腹，残。手制，火候一般。残宽12.6、残高6.2厘米（图四〇八，6）。

敛口鼓肩罐　115件。

A型　113件。

Aa型　13件。

Ⅰ式：4件。

标本02DT0102㊽：6，夹砂红褐陶，局部黑褐。肩饰饰状斜绳纹。敛口，微有沿，圆唇，

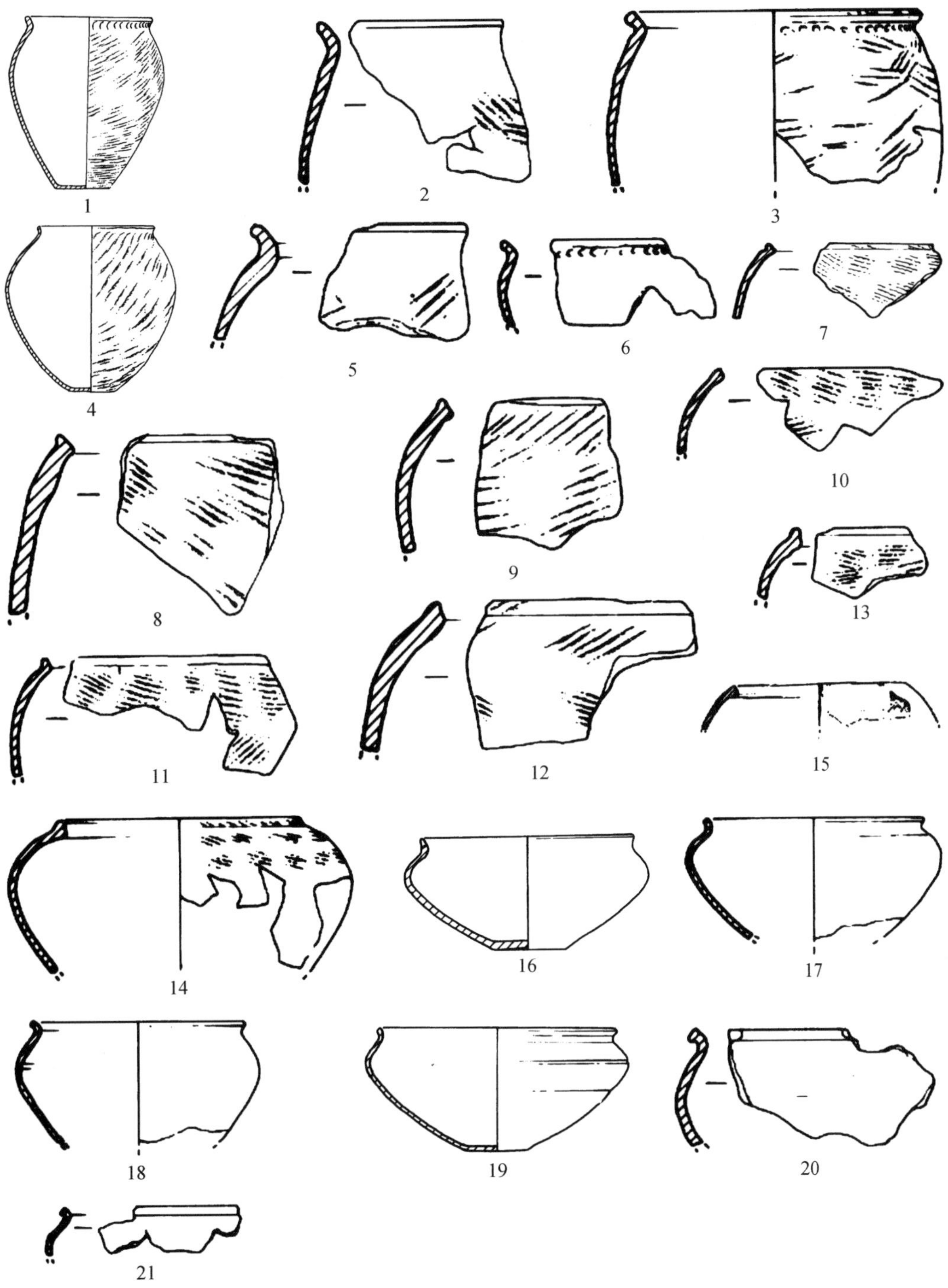

图四〇八　三星堆文化渝东类型第2组陶器

1、2. Aa型Ⅱ式卷沿深腹罐（00DT0604㉜：10、00DT0604㉜：79）　3. Ab型Ⅰ式卷沿深腹罐（00DT0604㉜：80）　4、5. Ab型Ⅱ式卷沿深腹罐（00DT0604㉜：9、00DT0604㉝：11）　6. B型卷沿深腹罐（00DT0604㉜：81）　7. Aa型Ⅰ式敛口鼓肩罐（02DT0102㊽：6）　8. Aa型Ⅱ式敛口鼓肩罐（00DT0604㉜：192）　9、10. Ab型Ⅰ式敛口鼓肩罐（00DT0604㉜：63、00DT0604㉜：66）　11、12. Ab型Ⅱ式敛口鼓肩罐（00DT0604㉜：64、00DT0604㉜：69）　13、14. Ab型Ⅲ式敛口鼓肩罐（00DT0604㉜：68、00DT0604㉜：70）　15. B型敛口鼓肩罐（00DT0604㉜：61）　16、17. Aa型Ⅰ式小平底罐（00DT0604㉜：12、00DT0604㉜：83）　18. Aa型Ⅱ式小平底罐（00DT0604㉜：82）　19. Ba型Ⅰ式小平底罐（00DT0604㉜：11）　20、21. Bb型Ⅰ式小平底罐（00DT0604㉜：85、00DT0604㉜：86）

溜肩，残。轮制，火候较高。残宽10、残高5.6厘米（图四〇八，7）。

Ⅱ式：9件。

标本00DT0604㉜：192，夹细砂黑陶，局部、胎灰褐。肩部饰斜细绳纹。敛口，斜折沿明显，溜肩，残。手制，火候较高。残宽6.3、残高6.8厘米（图四〇八，8）。

Ab型 100件。

Ⅰ式：6件。

标本00DT0604㉜：63，夹细砂灰褐陶，局部黑、红，灰胎。唇、肩饰斜绳纹，腹饰组状绳纹。敛口，方唇，外唇缘微凸，圆肩，残。轮制，火候较高。残宽5.6、残高5.8厘米（图四〇八，9）。标本00DT0604㉜：66，夹细砂灰黑陶。肩部饰斜细绳纹。敛口，唇面内凹，圆肩，残。手制轮修，火候不高。残宽14.4、残高6.4厘米（图四〇八，10）。

Ⅱ式：30件。

标本00DT0604㉜：64，夹粗砂红褐陶，局部灰褐、红。肩饰组状斜绳纹。敛口，斜折沿，圆唇，圆肩，残。手制轮修，火候较高。残宽17.8、残高10厘米（图四〇八，11）。标本00DT0604㉜：69，夹细砂红陶，局部灰褐、黑，灰胎，里黑。肩饰组状斜细绳纹。敛口，斜折沿，沿面内凹，圆肩，残。手制轮修，火候较高。残宽8.8、残高5.6厘米（图四〇八，12）。

Ⅲ式：64件。

标本00DT0604㉜：68，夹粗砂灰褐陶，局部红褐。肩饰组状细绳纹。敛口，斜折沿较高，内沿面微凹，圆肩，残。手制轮修，火候较高。残宽8.8、残高5.4厘米（图四〇八，13）。标本00DT0604㉜：70，夹粗砂灰陶。唇、肩饰组状斜绳纹。敛口，斜折沿较高，沿面内凹，圆唇，圆肩，残。手制轮修，火候较高。口径18.6、残高11.6厘米（图四〇八，14）。

B型 2件。

标本00DT0604㉜：61，夹细砂灰褐陶，局部红褐、黑。器表饰绳纹，局部交错。方唇，溜肩，肩下残。手制轮修，火候一般。口径26.4、残高8厘米（图四〇八，15；图版四三，1）。

小平底罐 89件，1件不明型别。

A型 25件。

Aa型 24件。

Ⅰ式：23件。

标本00DT0604㉜：12，夹细砂灰陶，底部红褐。素面。侈口，卷沿，圆唇，鼓肩，弧腹，平底微内凹，修复。手制轮修，火候较高。口径16.2、肩径18.4、底径5.2、高8.8厘米（图四〇八，16；图版四三，2）。标本00DT0604㉜：83，夹细砂灰褐陶，局部红胎。素面。侈口，卷沿，圆唇，鼓肩，弧腹，残。轮制，火候较高。口径17、残高8.8厘米（图四〇八，17）。

Ⅱ式：1件。

标本00DT0604㉜：82，夹细砂灰褐陶，下部灰黑。素面。侈口，卷沿，圆唇，溜肩，残。轮制，火候较高。口径16.8、残高9厘米（图四〇八，18）。

Ab型 1件。Ⅰ式。标本碎小。

B型 63件。

Ba型 45件。

Ⅰ式：44件。

标本00DT0604㉜：11，夹细砂黑陶。肩与上腹饰凹弦纹两道。侈口，卷沿，方唇，唇面微内凹，鼓肩，弧腹，平底，修复。手制轮修，火候较高。口径18、肩径20、底径4.4、高9.8厘米（图四〇八，19；图版四三，3）。

Ⅱ式：1件。标本碎小。

Bb型 18件。Ⅰ式。

标本00DT0604㉜：85，夹细砂灰陶，局部灰黑，红、褐胎。素面，肩部微有旋棱。侈口，卷沿，方唇，唇面微凹，溜肩，残。轮制，火候较高。残宽8、残高4.4厘米（图四〇八，20）。标本00DT0604㉜：86，夹粗砂红陶，局部浅黄。素面。侈口，卷沿，斜方唇，溜肩，残。轮制，火候一般。残宽10.8、残高3.6厘米（图四〇八，21）。

荷叶边口罐 6件。

Ⅰ式：2件。

标本00DT0604㉜：118，夹细砂黑陶。唇缘外按呈波浪形。侈口，卷沿，溜肩，残。轮制，火候较高。残宽13.4、残高6.8厘米（图四〇九，1）。标本00DT0604㉜：119，夹细砂红褐陶，灰胎。唇戳按略呈波浪形。侈口，卷沿，溜肩，残。轮制，火候较高。残宽6.8、残高4.8厘米（图四〇九，2）。

Ⅱ式：4件。

标本00DT0605㉞A：3，夹粗砂红陶，局部灰、黑，胎局部红夹黑。沿外按呈波浪形，肩、腹饰竖绳纹，肩饰凹弦纹两道。侈口，卷沿，圆肩，鼓腹，残。手制轮修，火候不高。残宽21.6、残高11.2厘米（图四〇九，3）。

卷沿罐 28件。

A型 10件。

Ⅰ式：7件。

标本00DT0604㉜：87，夹细砂灰褐陶，局部、里红。肩部饰组状斜细绳纹，腹饰竖细绳纹。侈口，卷沿，圆唇，溜肩，残。轮制，火候较高。残宽5.7、残高6.2厘米（图四〇九，4）。

Ⅱ式：3件。

标本00DT0604㉜：88，夹细砂黑陶，红褐胎。肩部饰组状斜纹、凹弦纹。侈口，卷沿，溜肩，弧腹，残。轮制，火候较高。口径17.2、残高12.4厘米（图四〇九，5）。标本00DT0604㉜：89，夹粗砂灰褐陶，局部浅黄、褐，里黑。肩部饰组状斜绳纹。侈口，卷沿，圆唇，微有领，斜肩，残。轮制，火候较高。残宽18.2、残高6.4厘米（图四〇九，6）。

B型 18件。

Ba型 10件。

Ⅰ式：7件。

标本00DT0604㉜：90，夹细砂红陶。肩部饰交错细绳纹，内壁饰粗凹弦纹一道。

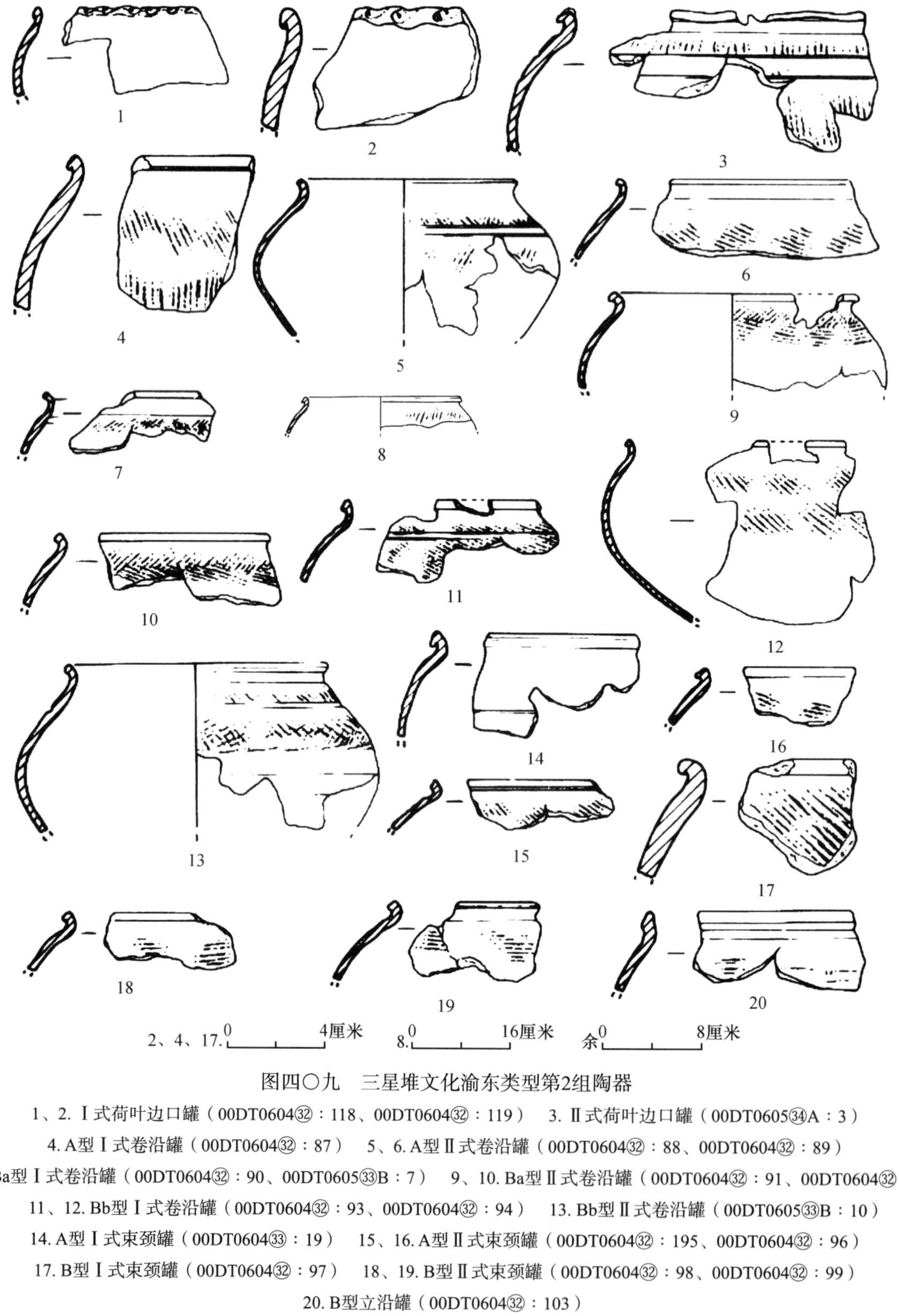

图四〇九　三星堆文化渝东类型第2组陶器

1、2. Ⅰ式荷叶边口罐（00DT0604㉜：118、00DT0604㉜：119）　3. Ⅱ式荷叶边口罐（00DT0605㉞A：3）
4. A型Ⅰ式卷沿罐（00DT0604㉜：87）　5、6. A型Ⅱ式卷沿罐（00DT0604㉜：88、00DT0604㉜：89）
7、8. Ba型Ⅰ式卷沿罐（00DT0604㉜：90、00DT0605㉝B：7）　9、10. Ba型Ⅱ式卷沿罐（00DT0604㉜：91、00DT0604㉜：92）
11、12. Bb型Ⅰ式卷沿罐（00DT0604㉜：93、00DT0604㉜：94）　13. Bb型Ⅱ式卷沿罐（00DT0605㉝B：10）
14. A型Ⅰ式束颈罐（00DT0604㉝：19）　15、16. A型Ⅱ式束颈罐（00DT0604㉜：195、00DT0604㉜：96）
17. B型Ⅰ式束颈罐（00DT0604㉜：97）　18、19. B型Ⅱ式束颈罐（00DT0604㉜：98、00DT0604㉜：99）
20. B型立沿罐（00DT0604㉜：103）

侈口，卷沿，沿面微凹，方唇，溜肩，残。轮制，火候较高。残宽11.6、残高5.2厘米（图四〇九，7）。标本00DT0605㉝B：7，夹粗砂灰褐陶，局部红，胎红夹灰。肩部饰组状斜绳纹。侈口，卷沿，唇面微凹，溜肩，残。轮制，火候一般。口径25、残高5.8厘米（图四〇九，8）。

Ⅱ式：3件。

标本00DT0604㉜：91，夹细砂黑陶，局部灰褐。肩部饰交错绳纹、斜绳纹。侈口，卷沿，沿面微凹，圆唇，溜肩，残。轮制，火候较高。口径20、残高7.6厘米（图四〇九，9）。标本00DT0604㉜：92，夹细砂灰陶，局部灰褐，胎红褐夹灰。肩部饰交错绳纹、斜绳纹。侈口，卷沿，沿面微凹，圆唇，溜肩，残。轮制，火候较高。残宽14.8、残高5.6厘米（图四〇九，10）。

Bb型　8件。

Ⅰ式：5件。

标本00DT0604㉜：93，夹粗砂红陶，局部浅黄、灰褐。肩部饰斜绳纹、凹弦纹。侈口，卷沿，圆唇，溜肩，残。轮制，火候较高。残宽14.8、残高6.8厘米（图四〇九，11）。标本00DT0604㉜：94，夹细砂黑陶，局部红，灰胎。肩部饰组状斜细绳纹，腹多细划痕。侈口，卷沿，方唇，圆肩，弧腹，残。轮制，火候较高。残宽13.6、残高14.6厘米（图四〇九，12）。

Ⅱ式：3件。

标本00DT0605㉝B：10，夹粗砂灰陶，局部灰黑、红。肩部饰斜绳纹、凹弦纹、交错绳纹。侈口，卷沿，圆唇，斜肩，鼓腹，残。轮制，火候较高。口径21.2、残高13.2厘米（图四〇九，13）。

束颈罐　26件。

A型　10件。

Ⅰ式：2件。

标本00DT0604㉝：19，夹细砂黑陶，局部红。腹饰横划纹。侈口，卷沿，圆唇，微有束颈，溜肩，鼓腹，残。轮制，火候一般。残宽13.2、残高8.2厘米（图四〇九，14）。

Ⅱ式：8件。

标本00DT0604㉜：195，夹细砂黑陶，红褐胎。肩部饰组状斜绳纹。侈口，卷沿，唇面微凹，沿下微束，斜弧肩，残。轮制，火候较高。残宽11.8、残高4厘米（图四〇九，15）。标本00DT0604㉜：96，夹粗砂灰陶，胎灰夹黑褐。肩部饰组状斜绳纹。侈口，卷沿，唇面微凹，微有束颈，溜肩，残。轮制，火候较高。残宽9、残高4.6厘米（图四〇九，16）。

B型　16件。

Ⅰ式：2件。

标本00DT0604㉜：97，夹粗砂黑陶，胎红夹褐。肩部饰斜绳纹。侈口，卷沿，圆唇，溜肩，残。轮制，火候较高。残宽4.7、残高4.6厘米（图四〇九，17）。

Ⅱ式：14件。

标本00DT0604㉜：98，夹粗砂灰黑陶，局部红褐、浅黄，红胎。肩部饰组状横绳纹。侈口，卷沿，圆方唇，溜肩，残。轮制，火候较高。残宽10.8、残高4.6厘米（图四〇九，18）。标本00DT0604㉜：99，夹粗砂红陶。肩部饰组状细横绳纹。侈口，卷沿，圆方唇，溜肩，残。轮制，火候较高。残宽10.4、残高6.2厘米（图四〇九，19）。

立沿罐　11件。

A型　4件。标本碎小。

B型　7件。

标本00DT0604㉜：103，夹粗砂红陶，局部浅黄、灰、黑。肩饰细划纹。侈口，卷沿微外斜，内沿、唇面微凹，溜肩，残。轮制，火候较高。残宽13.8、残高6.4厘米（图四〇九，20）。

深腹罐　32件。

A型　4件。

标本00DT0604㉜：181，夹细砂灰黑陶，黑胎。肩部饰组状斜绳纹。侈口，沿外下折，圆唇，溜肩，鼓腹残。手制轮修，火候一般。残宽14、残高17厘米（图四一〇，1）。标本00DT0604㉝：8，夹细砂灰陶，里黑。腹饰斜绳纹。侈口，沿外下折，圆唇，鼓腹，残。轮制，火候较高。残宽6.7、残高4.9厘米（图四一〇，2）。

B型　28件。

Ba型　2件。标本碎小。

Bb型　26件。

Ⅰ式：1件。

标本00DT0604㉜：182，夹细砂黑陶，局部褐，红胎。肩部饰交错绳纹。微侈口，沿外下折，圆唇，斜肩，鼓腹，残。手制轮修，火候较高。残宽17.6、残高16厘米（图四一〇，3）。

Ⅱ式：25件。

标本00DT0604㉜：183，夹细砂灰褐陶，局部红，胎褐夹灰。素面。侈口，卷沿，圆唇，上腹外斜，残。轮制，火候较高。残宽9、残高7.2厘米（图四一〇，4）。标本00DT0604㉜：184，夹细砂灰绿陶，胎芯灰。素面。微侈口，卷沿，圆唇，上腹外斜，残。轮制，火候高。残宽7.5、残高4.9厘米（图四一〇，5）。

中领罐　2件。

标本00DT0604㉜：113，夹细砂红陶，局部红褐。器表饰组状斜细绳纹。侈口，窄折沿，圆唇，直领，残。轮制，火候较高。残宽12、残高7.2厘米（图四一〇，6）。标本00DT0605㉝B：14，夹细砂黑陶，紫红胎。素面。侈口，卷沿，尖圆唇，领微束，残。轮制，火候较高。口径10.8、残高4.1厘米（图四一〇，7）。

矮领罐　6件。

Ⅰ式：3件。

标本00DT0604㉜：104，泥质黑衣陶，胎红夹灰。素面。口微侈，圆唇，矮领，溜肩，残。轮制，火候较高。残宽7.4、残高4.1厘米（图四一〇，8）。

Ⅱ式：3件。

标本00DT0604㉜：105，夹细砂黑陶，局部灰褐。素面。侈口，卷斜沿，方唇，鼓肩，弧腹，残。轮制，火候较高。口径15.6、残高9.2厘米（图四一〇，9）。标本00DT0604㉜：106，夹粗砂灰陶，部分灰黑。素面。口微侈，矮沿，圆唇，鼓肩，斜弧腹，圜底，复原。轮制，火候不高。口径12.8、高9.6厘米（图四一〇，10）。

溜肩罐　4件。

A型　2件。

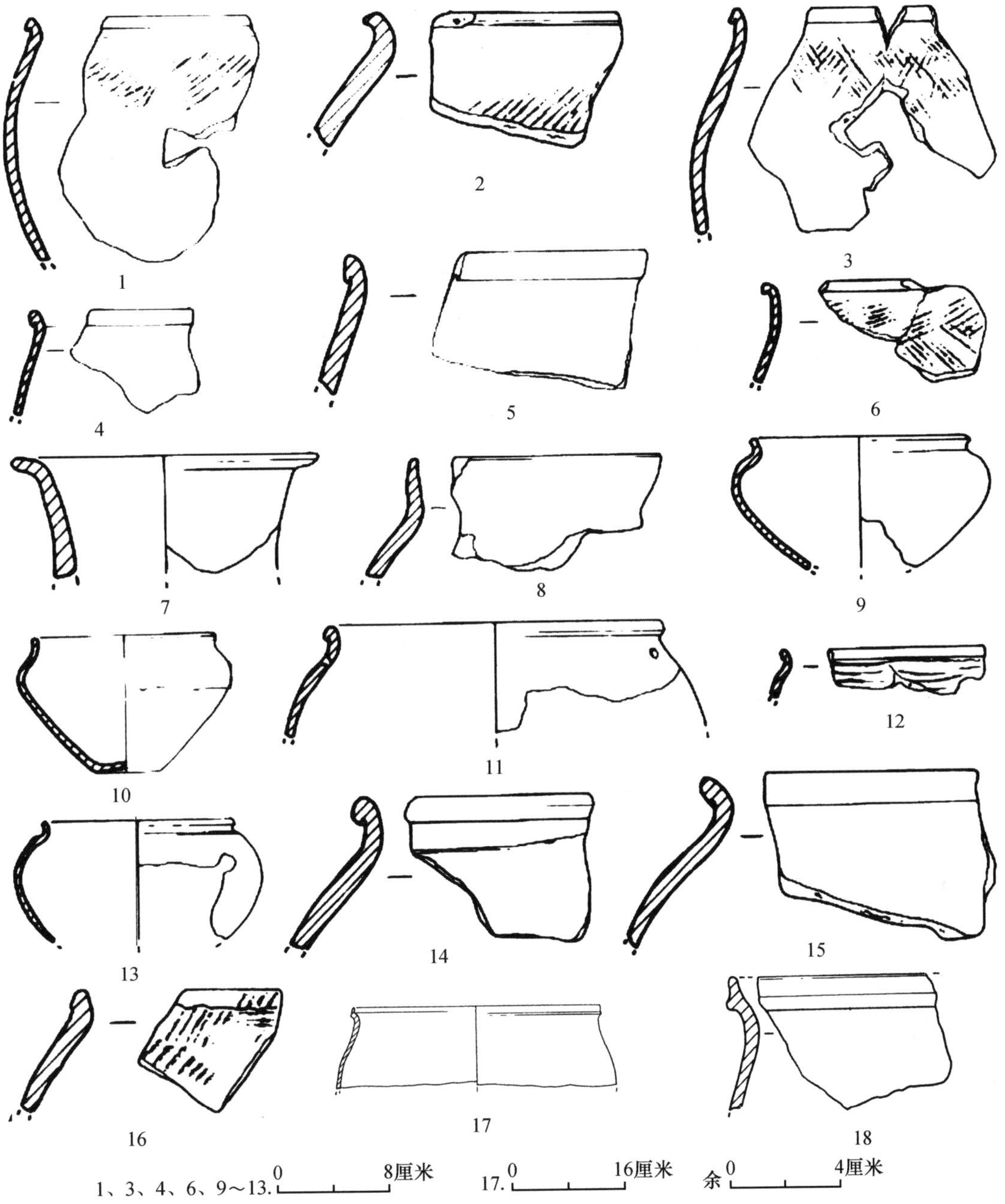

图四一〇　三星堆文化渝东类型第2组陶器

1、2. A型深腹罐（00DT0604㉜：181、00DT0604㉝：8）　3. Bb型Ⅰ式深腹罐（00DT0604㉜：182）　4、5. Bb型Ⅱ式深腹罐（00DT0604㉜：183、00DT0604㉜：184）　6、7. 中领罐（00DT0604㉜：113、00DT0605㉝B：14）　8. Ⅰ式矮领罐（00DT0604㉜：104）　9、10. Ⅱ式矮领罐（00DT0604㉜：105、00DT0604㉜：106）　11. A型溜肩罐（00DT0604㉜：115）　12、13. B型溜肩罐（00DT0604㉜：116、00DT0604㉜：117）　14、15. 有领罐（00DT0604㉜：108、00DT0604㉜：109）　16. 侈口罐（00DT0604㉜：110）　17、18. 盘口罐（00DT0604㉜：54、00DT0604㉜：37）

标本00DT0604㉜：115，夹细砂灰褐陶，口部红，胎红夹灰。肩上部饰圆形镂孔。侈口，卷沿，圆唇，溜肩，残。轮制，火候较高。口径23.8、残高7.8厘米（图四一〇，11）。

B型　2件。

标本00DT0604㉜：116，夹细砂黑陶，局部红、灰。肩饰划纹。侈口，卷沿，圆唇，溜肩，残。轮制，火候较高。残宽11.2、残高3.4厘米（图四一〇，12）。标本

00DT0604㉜：117，夹细砂红陶，局部、里黑。侈口，折沿，圆尖唇，圆肩，弧腹，残。轮制，火候一般。口径13.6、残高8.4厘米（图四一〇，13）。

有领罐　3件。

标本00DT0604㉜：108，夹细砂褐陶，局部灰褐。颈下饰划纹。侈口，卷沿，圆唇，微有束颈，溜肩，残。轮制，火候较高。残宽6.6、残高5.2厘米（图四一〇，14）。标本00DT0604㉜：109，夹细砂（少量云母片）红陶。素面。侈口，卷沿，圆唇，微束颈，溜肩，残。轮制，火候较高。残宽8.2、残高6厘米（图四一〇，15）。

侈口罐　2件。

标本00DT0604㉜：110，夹粗砂灰黑陶，局部、胎灰。器表饰斜绳纹。口微侈，卷沿，圆唇，斜肩，残。盘筑轮修，火候较高。残宽5.1、残高4.4厘米（图四一〇，16）。

盘口罐　2件。

标本00DT0604㉜：54，夹细砂灰褐陶。素面。盘口较浅，圆唇，外下缘有凸棱一周，鼓腹，下部残。手制、轮修，火候一般。口径35.2、残高11.2厘米（图四一〇，17）。标本00DT0604㉜：37，夹细砂黄褐陶。素面。浅盘口，外沿面内凹，外下缘有凸棱一道，圆唇，鼓腹，下部残。轮制，火候一般。残宽6.8、残高4.7厘米（图四一〇，18）。

敛口罐　3件。B型。

标本00DT00604㉝：13，夹粗砂灰褐陶。局部、里红。肩饰交错绳纹。敛口，圆唇，溜肩，残。手制轮修，火候较高。残宽5.8、残高4厘米（图四一一，1）。

折沿罐　1件。

标本00DT0604㉝：9，夹细砂灰黑陶，胎红夹灰。肩饰凹弦纹、斜绳纹。侈口，折沿，方唇，溜肩，残。轮制，火候高。残宽4.4、残高4.7厘米（图四一一，2）。

子母口罐　2件。

标本00DT0604㉜：39，夹细砂灰褐陶。素面。卷沿，圆唇，鼓腹，残。轮制，火候一般。残宽7.5、残高5.8厘米（图四一一，3）。标本00DT0604㉜：57，夹细砂灰褐陶，素面。子母口，圆唇，唇沿与肩相交处有附耳，溜肩，残。手制轮修，火候一般。口径20、残高7.6厘米（图四一一，4；图版四三，4）。

小罐　1件。

标本00DT0604㉜：112，夹粗砂红陶。素面。敛口，窄外下折沿，圆唇，矮内斜领，溜肩，残。轮制，火候一般。残宽6、残高4.2厘米（图四一一，5）。

尊形器　1件。

标本00DT0604㉜：196，夹细砂灰褐陶，局部红褐。素面。下腹内弧，近底部斜直，小平底，残。轮制，火候较高。底径4、残高12.6厘米（图四一一，6）。

子母口壶　4件，1件不明型别。

A型　2件。

标本00DT0604㉜：34，泥质灰黑陶。素面。直口，尖唇，口外下有凸棱一周，残。手制轮修，火候一般。口径11.6、残高7厘米（图四一一，7；图版四三，5）。

B型　1件。

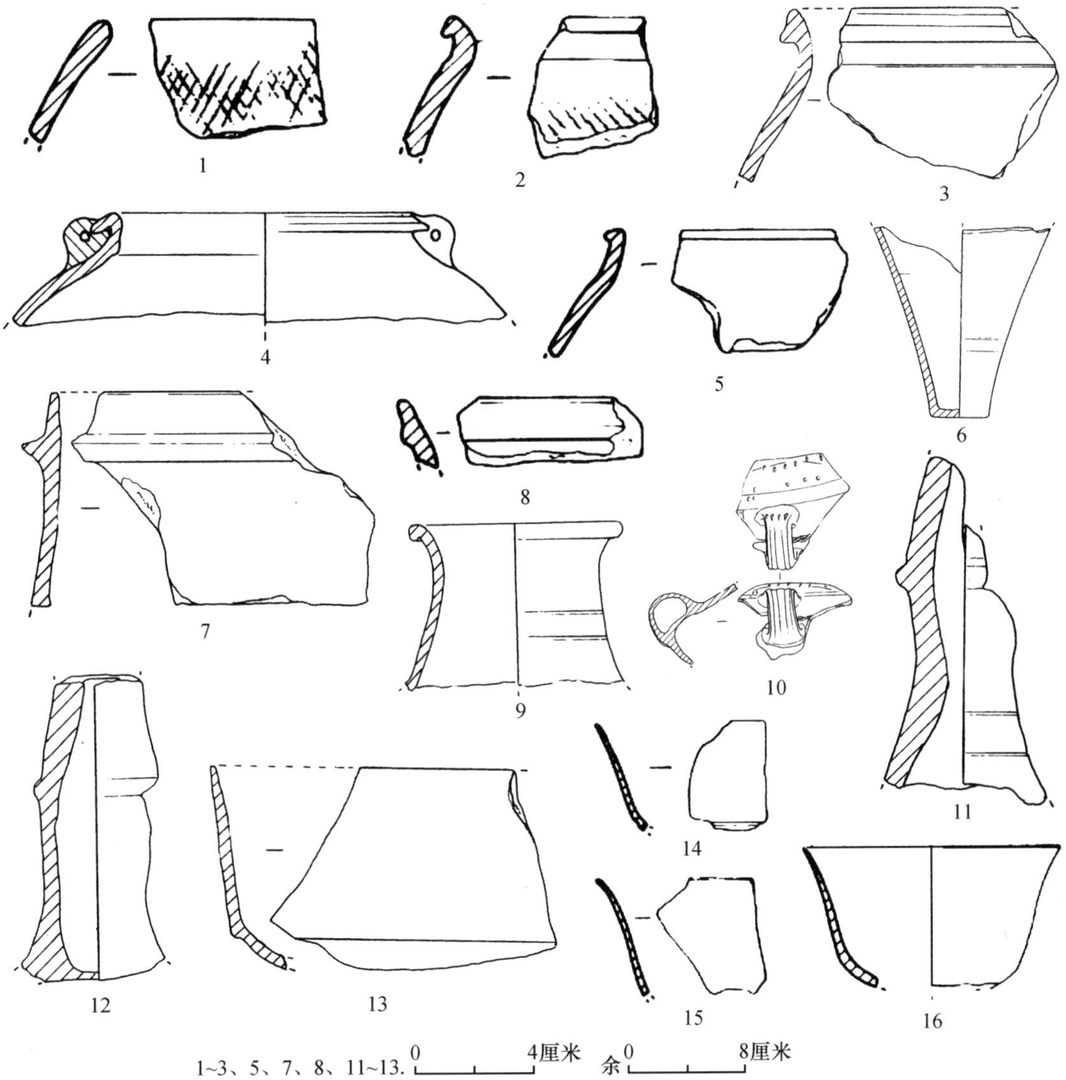

图四一一　三星堆文化渝东类型第2组陶器

1. B型敛口罐（00DT0604㉝：13）　2. 折沿罐（00DT0604㉝：9）　3、4. 子母口罐（00DT0604㉜：39、00DT0604㉜：57）　5. 小罐（00DT0604㉜：112）　6. 尊形器（00DT0604㉜：196）　7. A型子母口壶（00DT0604㉜：34）　8. B型子母口壶（00DT0604㉜：138）　9、10. 壶（00DT0604㉜：44、00DT0604㉜：29）　11、12. 豆柄（00DT0604㉜：24、00DT0604㉜：25）　13、14. A型豆形器（00DT0604㉜：28、00DT0604㉜：146）　15、16. B型豆形器（00DT0604㉜：144、00DT0604㉜：145）

标本00DT0604㉜：138，夹粗砂红陶。喇叭口，圆唇，口外下有凸棱一周。残。轮制，火候较高。残宽6.1、残高2.3厘米（图四一一，8）。

壶　2件。

标本00DT0604㉜：44，泥质灰陶。颈部饰凹弦纹两道。侈口，卷沿，圆唇，颈微束，残。手制轮修，火候较低。口径14、残高11厘米（图四一一，9）。标本00DT0604㉜：29，泥质灰褐陶，器表饰黑色陶衣。上腹饰戳印纹和凹弦纹两道，附耳上饰戳印纹和划纹。残剩腹部。手制轮修，火候较低。残宽7.6、残高5.2厘米（图四一一，10；图版四三，6）。

豆　5件。

豆盘　1件。标本碎小。

豆柄　4件。

标本00DT0604㉜：24，夹细砂红褐陶。柄中部饰凸棱一道，下部饰凹弦两道。竹节状，残。手制轮修，火候一般。柄径约3.2、残高11.7厘米（图四一一，11；图版四四，1）。标本00DT0604㉜：25，夹细砂灰褐陶。柄中部饰凸棱一道。竹节状，残。手制轮修，火候一般。柄径约3.5、残高10.2厘米（图四一一，12；图版四四，2）。

豆形器 6件。

A型 2件。

标本00DT0604㉜：28，泥质灰陶。素面。敞口，圆唇，折腹，残。轮制，火候一般。残宽9.3、残高6.8厘米（图四一一，13；图版四四，3）。标本00DT0604㉜：146，泥质灰陶，胎褐夹灰。下腹部饰凸弦纹一道。敞口，尖唇，腹较直，下腹弧收，残。轮制，火候高。残宽5.4、残高7.2厘米（图四一一，14）。

B型 4件。

标本00DT0604㉜：144，泥质灰褐陶，胎褐夹灰。素面。喇叭口，圆尖唇，残。轮制，火候高。残宽7.6、残高7.8厘米（图四一一，15）。标本00DT0604㉜：145，泥质灰褐陶，局部黑衣，胎褐夹灰。素面。喇叭口，圆尖唇，腹微束，下腹圆弧收，残。轮制，火候高。口径17.2、残高9.4厘米（图四一一，16）。

鬶 4件。

鬶口 3件。

标本00DT0604㉜：26，夹细砂灰褐陶，素面。口微侈，斜方唇。残。手制、轮修，火候一般。口径10.8、残高7.6厘米（图四一二，1；图版四四，4）。标本00DT0604㉜：139，夹细砂灰陶，褐胎。下部饰凹弦纹。敞口，斜折沿，圆唇，上腹较斜直，残。手制轮修，火候较高。残宽5.9、残高7厘米（图四一二，2）。标本00DT0604㉜：140，夹细砂红陶，局部褐，胎红夹灰。素面。喇叭口，圆唇，上腹微束，残。手制，火候较高。残宽11.2、残高8.2厘米（图四一二，3）。

鬶足？ 1件。

标本00DT0604㉜：27，夹细砂灰褐陶，足底部红。素面。实足跟较高，残。手制，火候一般。残高5.8厘米（图四一二，4）。

盉 5件。

盉裆 1件。

标本00DT0604㉜：141，夹细砂灰褐陶，胎、里红褐。素面。管状足，裆部附加泥条固定，残。分制，火候较高。残高4厘米（图四一二，5）。

盉足 4件。

标本00DT0604㉜：21，夹细砂灰褐陶。素面。实足跟较高，残。轮制，火候一般。残高8.4厘米（图四一二，6；图版四四，5）。

鋬 3件。

标本00DT0604㉜：22，夹细砂灰褐陶。器表饰划纹。鋬呈宽带状，残。手制，火候一般。宽5.3、残长4.6厘米（图四一二，7；图版四四，6）。标本00DT0604㉜：23，夹细砂红陶。鋬中部饰辫状纹。半圆形。手制，火候一般。宽3.6、残长8.8厘米（图四一二，8；图版

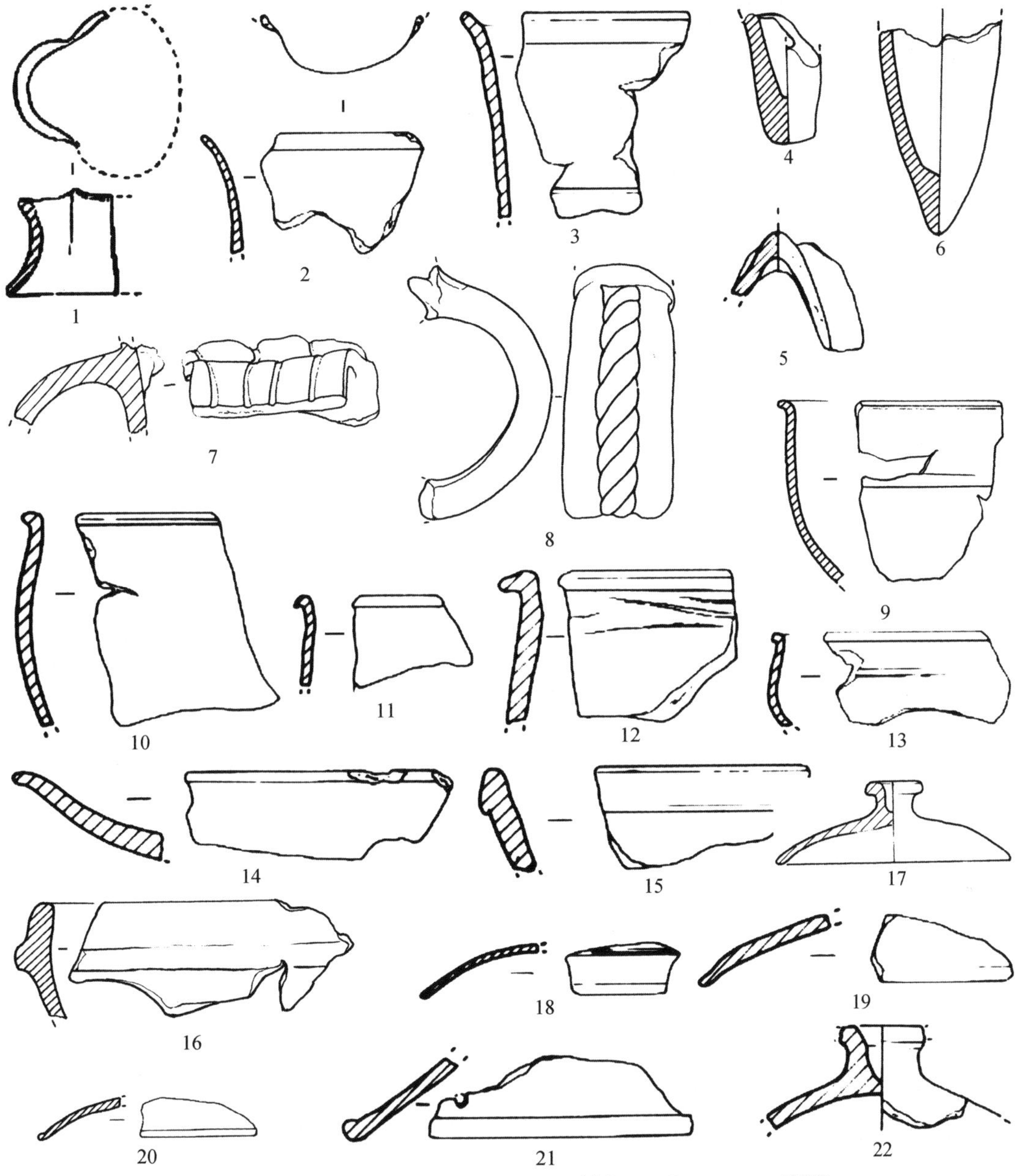

1、2、9~11、13、17、18、20. 0 8厘米　余 0 4厘米

图四一二　三星堆文化渝东类型第2组陶器

1~3. 鬶口（00DT0604㉜：26、00DT0604㉜：139、00DT0604㉜：140）　4. 鬶足?（00DT0604㉜：27）　5. 盉裆（00DT0604㉜：141）　6. 盉足（00DT0604㉜：21）　7、8. 鋬（00DT0604㉜：22、00DT0604㉜：23）　9、10. A型盆（00DT0604㉜：133、00DT0604㉜：134）　11、12. B型盆（00DT0604㉜：135、00DT0604㉜：136）　13. C型盆（00DT0604㉜：137）　14. 盘（00DT0604㉜：120）　15、16. 钵（00DT0604㉜：127、00DT0604㉜：33）　17、18. A型器盖（00DT0604㉜：13、00DT0604㉜：121）　19、20. B型器盖（00DT0604㉜：123、00DT0604㉜：124）　21. C型器盖（00DT0604㉜：125）　22. 盖纽（00DT0604㉜：126）

四六，5）。

盆　5件。

A型　2件。

标本00DT0604㉜：133，夹细砂黑陶，胎紫红夹灰。沿面饰凹弦纹两道，腹饰横划纹。

口近直，窄平折沿，沿面微凹，上腹弧，下腹内弧收，残。轮制，火候较高。残宽11.2、残高13.6厘米（图四一二，9）。标本00DT0604㉜：134，夹粗砂黑陶，胎、里黄褐。素面。口微敛，窄平折沿，圆唇，鼓腹，残。轮制，火候较高。残宽14、残高14.6厘米（图四一二，10）。

B型 2件。

标本00DT0604㉜：135，夹细砂灰陶，胎灰夹红褐。素面。微侈口，外下折沿，圆唇，上腹微内收，残。手制轮修，火候较高。残宽8.4、残高6厘米（图四一二，11）。标本00DT0604㉜：136，夹细砂红陶。外沿下饰戳印纹、划纹。微侈口，沿外下折，沿面微凹，圆唇，上腹微收，残。轮制，火候较高。残宽6.2、残高5.2厘米（图四一二，12）。

C型 1件。

标本00DT0604㉜：137，夹细砂红陶。腹饰凹弦纹。敛口，窄斜折沿，圆唇，上腹内收，下腹鼓，残。轮制，火候一般。残宽13、残高6.4厘米（图四一二，13）。

盘 1件。

标本00DT0604㉜：120，夹细砂红陶，局部灰褐，局部黑胎。素面。敞口，窄沿微外下卷，圆唇，弧腹，浅盘，残。手制轮修，火候高。残宽9.2、残高3厘米（图四一二，14）。

钵 2件。

标本00DT0604㉜：127，夹细砂红陶，局部灰褐，灰白胎。素面。敞口，圆唇，外沿微凸，上腹微弧收，残。轮制，火候较高。残宽7.4、残高3.5厘米（图四一二，15）。标本00DT0604㉜：33，夹细砂灰褐陶。素面。敛口，圆唇，口外下有凸棱一周，残。轮制，火候一般。口径31.4、残高4.7厘米（图四一二，16；图版四六，6）。

器盖 8件。

A型 4件。

标本00DT0604㉜：13，夹细砂灰褐陶。素面。覆盘状，方圆唇，圆纽。手制轮修，火候较高。口径16.2、纽径4.1、高5.6厘米（图四一二，17；图版四五，1）。标本00DT0604㉜：121，泥质灰陶，局部黑。器表饰细线纹。弧壁，敞口，圆唇，残。轮制，火候一般。残宽7.8、残高7.6厘米（图四一二，18）。

B型 2件。

标本00DT0604㉜：123，夹细砂红褐陶，局部、胎、里灰。素面。弧壁，近唇处微凹，敞口，圆唇。轮制，火候较高。残宽4.8、残高2.4厘米（图四一二，19）。标本00DT0604㉜：124，夹细砂灰褐陶，局部灰、红，胎红褐夹灰。素面。弧壁，近唇处内凹，敞口，圆唇，残。轮制，火候较高。残宽8、残高2.8厘米（图四一二，20）。

C型 2件。

标本00DT0604㉜：125，夹细砂黑陶。素面。饰圆形镂孔。喇叭口，外卷沿，圆唇。手制，火候较高。残宽9、残高2.8厘米（图四一二，21）。

盖纽 2件。

标本00DT0604㉜：126，夹细砂灰褐陶。素面。圆圈形捉手，矮柄，盖壁弧，残。轮制，火候较高。残高3.6厘米（图四一二，22）。

器耳　1件。

标本00DT0604㉜：142，泥质黑衣陶，紫红胎。卷鼻形，中有圆形穿孔，残。手制，火候一般。残宽3.1、残高3.8厘米（图四一三，1）。

圈足　8件。

A型　5件。

标本00DT0605㉝B：23，泥质灰陶，里浅黄。素面。喇叭形圈足较高，残。轮制，火候一般。残宽4.1、残高5.2厘米（图四一三，2）。

B型　3件。

标本00DT0604㉜：130，夹细砂红陶，胎黄褐。素面。下腹斜收，矮圈足外撇，残。手制，火候一般。足径9.8、残高4.6厘米（图四一三，3）。

器底　184件。

标本00DT0604㉜：185，夹粗砂浅黄陶，局部、胎黑，里红。素面。下腹斜收，平底略圜，残。轮制，火候较高。底径10、残高9.8厘米（图四一三，4）。标本00DT0604㉜：188，夹细砂

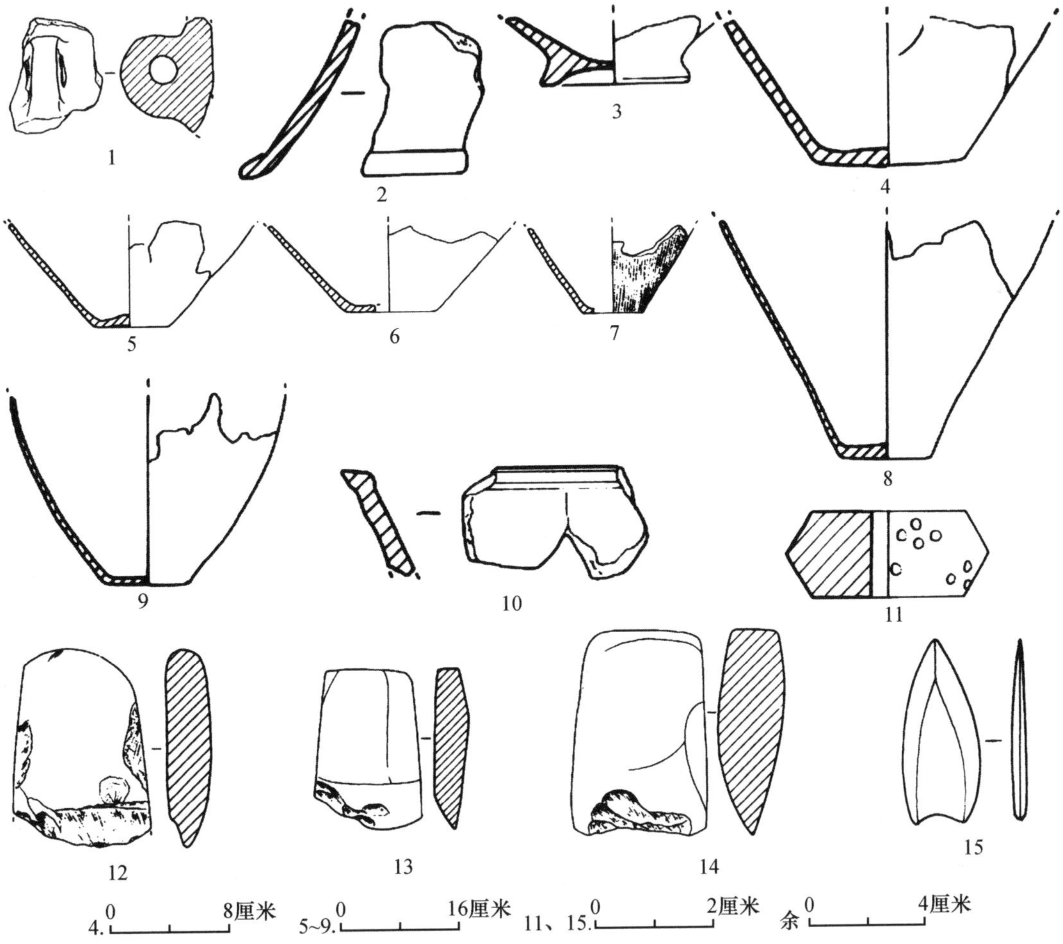

图四一三　三星堆文化渝东类型第2组器物

1. 陶器耳（00DT0604㉜：142）　2. A型陶圈足（00DT0605㉝B：23）　3. B型陶圈足（00DT0604㉜：130）　4~9. 陶器底（00DT0604㉜：185、00DT0604㉜：188、00DT0604㉜：186、00DT0604㉜：190、00DT0604㉜：196、00DT0605㉝B：28）　10. 陶不明器（00DT0604㉜：143）　11. Cb型陶纺轮（00DT0604㉜：4）　12、13. Aa型石锛（00DT0604㉜：6、00DT0604㉜：8）　14. Ac型石锛（00DT0604㉜：3）　15. 石镞（00DT0604 ㉜：2）

红陶，局部浅黄、黑。素面。下腹斜收，底微凹，残。手制，火候较高。底径10、残高13.6厘米（图四一三，5）。标本00DT0604㉜：186，夹粗砂褐陶，局部灰褐，灰胎。素面。下腹斜收，平底，残。手制，火候较高。底径12、残高11.4厘米（图四一三，6）。标本00DT0604㉜：190，夹粗砂红褐陶，局部红，胎、里黑。腹饰竖绳纹。下腹斜收，小平底，残。手制，火候一般。底径8、残高11.6厘米（图四一三，7）。标本00DT0604㉜：196，夹砂红陶，局部黑。素面。鼓腹，下腹斜收，平底，残。手制轮修，火候较高。底径12、残高31.8厘米（图四一三，8）。标本00DT0605㉝B：28，夹粗砂红陶，局部、里黑。鼓腹，下腹弧内收，平底，残。手制，火候较高。底径11.2、残高25.2厘米（图四一三，9；图版四五，2）。

不明器　12件。

标本00DT0604㉜：143，泥质红陶，局部浅黄褐。素面。敞口，窄平折沿，沿面微凹，壁斜直收，残。轮制，火候不高。残宽6.2、残高3.7厘米（图四一三，10）。

纺轮　1件。Cb型。

标本00DT0604㉜：4，泥质黑陶，局部红褐。腰部饰组状小圆戳印纹。圆台形，腰部外折，中有小圆孔，完整。轮制，火候较高。顶、底径2.7、腰径3.4、高1.4厘米（图四一三，11）。

2. 石器

本组出土石器很少，仅6件，器类主要为斧、锛、镞。

斧　1件。不明型式。

标本00DT0604㉜：1，黑色砾石。弧刃，偏锋，刃部多崩疤，残。磨制。残长9、宽7.2、厚4.1厘米。

锛　4件。A型。

Aa型　3件。

标本00DT0604㉜：6，青绿色砾石，表面多麻点。平面略呈梯形，圆顶，刃部残。磨制。残长6.5、残宽4.5、厚1.4厘米（图四一三，12）。标本00DT0604㉜：8，紫红色砾石，局部灰。平面呈梯形，顶微弧，弧刃，偏锋，刃部多崩疤，刃部残。磨制。长5.25、残宽3.6、厚1.15厘米（图四一三，13）。

Ac型　1件。

标本00DT0604㉜：3，灰黑色角岩，多浅黄色纹理。平面略呈梯形，圆角平顶，弧刃，偏锋，刃部有崩疤，刃部残。磨制。残长6.8、宽4.35、厚2.1厘米（图四一三，14）。

镞　1件。

标本00DT0604㉜：2，青色浅变质粉砂泥岩。柳叶形，刃锋利，端部内弧，完整。磨制。长3.05、宽1.3、厚0.3厘米（图四一三，15）。

（三）第3组

本组地层单位最多，主要有99DT0202㊾B；00DT0604㉛～㉙，00DT0605㉝A～㉛，

00DT0705㉗、㉖，00DT0706㉘、㉗，00DT0707㊳，00DT0805㉔、㉒；02CT0101㊲，02DT0101㉙～㉗，02DT0102㊼～㊸。出土遗物仍然主要是陶器、石器。

1. 陶器

共出陶器3592件。

（1）陶系

以00DT0604㉛、02DT0102㊼为典型单位介绍如下：

00DT0604㉛

共出陶器426件。陶质以夹砂为主，占96.24%，泥质较少，占3.76%。陶色以褐陶为主，占60.33%，次为红、黑陶，占17.61%和13.85%，灰陶最少，占8.21%。器表以素面为主，占59.15%，纹面较多，占40.85%。纹饰以绳纹为主，占39.67%，凹弦纹、附加堆纹等很少。器类以罐为主，占9.62%，次为瓮，占3.29%，豆、盆、器盖等很少，有81.92%的腹片不辨器形（表一五八）。

表一五八　00DT0604㉛出土陶器统计表

陶质	夹砂				泥质			合计	%
陶色	灰	红	黑	褐	灰	红	黑		
纹饰/器类									
绳纹	10	33	30	96				169	39.67
凹弦纹					2		1	3	0.70
附加堆纹				1				1	0.23
辫索纹？		1						1	0.23
素面	14	38	27	160	9	3	1	252	59.15
合计	24	72	57	257	11	3	2	426	100
%	5.63	16.90	13.38	60.33	2.58	0.70	0.47	100	
小平底罐	2		1	5				8	1.88
敛口罐		10	1	9	1			21	4.93
凹沿罐	1		1	1				3	0.70
矮领罐	1	1	1	1				4	0.94
卷沿深腹罐			2	3				5	1.17
敛口瓮	4	1	2	5				12	2.82
瓮				2				2	0.47
豆					2			2	0.47
盆	1	1	1	7				10	2.35
器盖				1	2			3	0.70
器耳		2						2	0.47
平底				5				5	1.17
不明腹片	15	57	48	218	6	3	2	349	81.92

02DT0102㊼

共出陶器1482件。陶质全为夹砂。陶色以灰陶为主，占52.83%，次为红、褐陶，各占24.09%和17.47%，黑陶较少，占5.60%。器表以素面为主，占73.82%，纹面较少，占26.18%。纹饰以绳纹为主，占17.88%，细绳纹较少，占7.22%，粗绳纹、方格纹、凹弦纹、划纹、戳印纹、复合纹等很少。器类以罐为主，占77.73%，次为瓮，占9.37%，缸、豆、盘、盆、杯、器盖等很少，混入少量新石器时代晚器的尖底缸等遗物（表一五九）。

表一五九 02DT0102㊼出土陶器统计表

陶质	夹砂					合计	%
陶色	灰	红	黑	褐	红褐		
纹饰/器类							
粗绳纹		1				1	0.07
绳纹	33	224		8		265	17.88
细绳纹	80	21			6	107	7.22
方格纹	1	3				4	0.27
凹弦纹	4				1	5	0.34
划纹				1		1	0.07
戳印纹	1					1	0.07
复合纹	4					4	0.27
素面	660	108	83	240	3	1094	73.82
合计	783	357	83	249	10	1482	100
%	52.83	24.09	5.60	16.80	0.67	100	
罐		16				16	1.08
小罐	10	1	9			20	1.35
敛口罐	77	9			6	92	6.21
花边罐	1					1	0.07
小平底罐		98				98	6.61
束颈罐	10					10	0.67
高领罐	3	1				4	0.27
卷沿罐	15		2			17	1.15
广肩罐	4					4	0.27
折沿罐	1					1	0.07
贴边罐	1	1				2	0.13
罐腹片	473	128	63	223		887	59.85
瓮	2				1	3	0.20
高领瓮	4					4	0.27
瓮腹	130					130	8.77
瓮底		2				2	0.13
缸		2				2	0.13
尖底缸	5	3				8	0.54
缸腹		68				68	4.59

续表

陶质	夹砂					合计	%
陶色	灰	红	黑	褐	红褐		
纹饰/器类							
缸底	1	2				3	0.20
豆盘	1					1	0.07
豆柄	1		2			3	0.20
豆形器	1					1	0.07
盆		2				2	0.13
盘	2					2	0.13
杯	1		1			2	0.13
尖底杯	2	9				11	0.74
角杯		1				1	0.07
器盖	5	2				7	0.47
盖纽	2					2	0.13
鋬	3					3	0.20
器座	1					1	0.07
圈足			2			2	0.13
平底	22	11	4	26	2	65	4.39
不明器	5	1			1	7	0.47

（2）器类

参加分类排队的陶器834件，挑选标本367件。

敛口鼓肩瓮　42件，其中2件不明型别。

A型　39件。

Aa型　17件，1件不明式别。

Ⅰ式：4件。

标本02DT0102㊼：10，夹砂灰褐陶。沿面、肩饰斜绳纹、横绳纹。敛口，微有外沿，圆唇，溜肩，残。轮制，火候较高。残宽15.2、残高5.4厘米（图四一四，1）。标本02DT0102㊼：11，夹砂红陶。沿面、肩饰斜绳纹、横绳纹。敛口，微有外沿，圆唇，圆肩，残。轮制，火候较高。残宽7.1、残高6.4厘米（图四一四，2）。

Ⅱ式：12件。

标本00DT0605㉝A：16，夹细砂灰褐陶，红褐胎。唇面、肩部饰组状绳纹。敛口，有明显斜折沿，圆肩，残。轮制，火候一般。残宽12、残高5.6厘米（图四一四，3）。标本00DT0706㉗：2，夹细砂黑陶，胎红夹灰。唇面饰斜绳纹，肩饰斜、横绳纹。敛口，有斜折沿，内沿面微凸，溜肩，鼓腹，残。轮制，火候较高。残宽7.4、残高4.8厘米（图四一四，4）。

Ab型　22件。

Ⅰ式：16件。

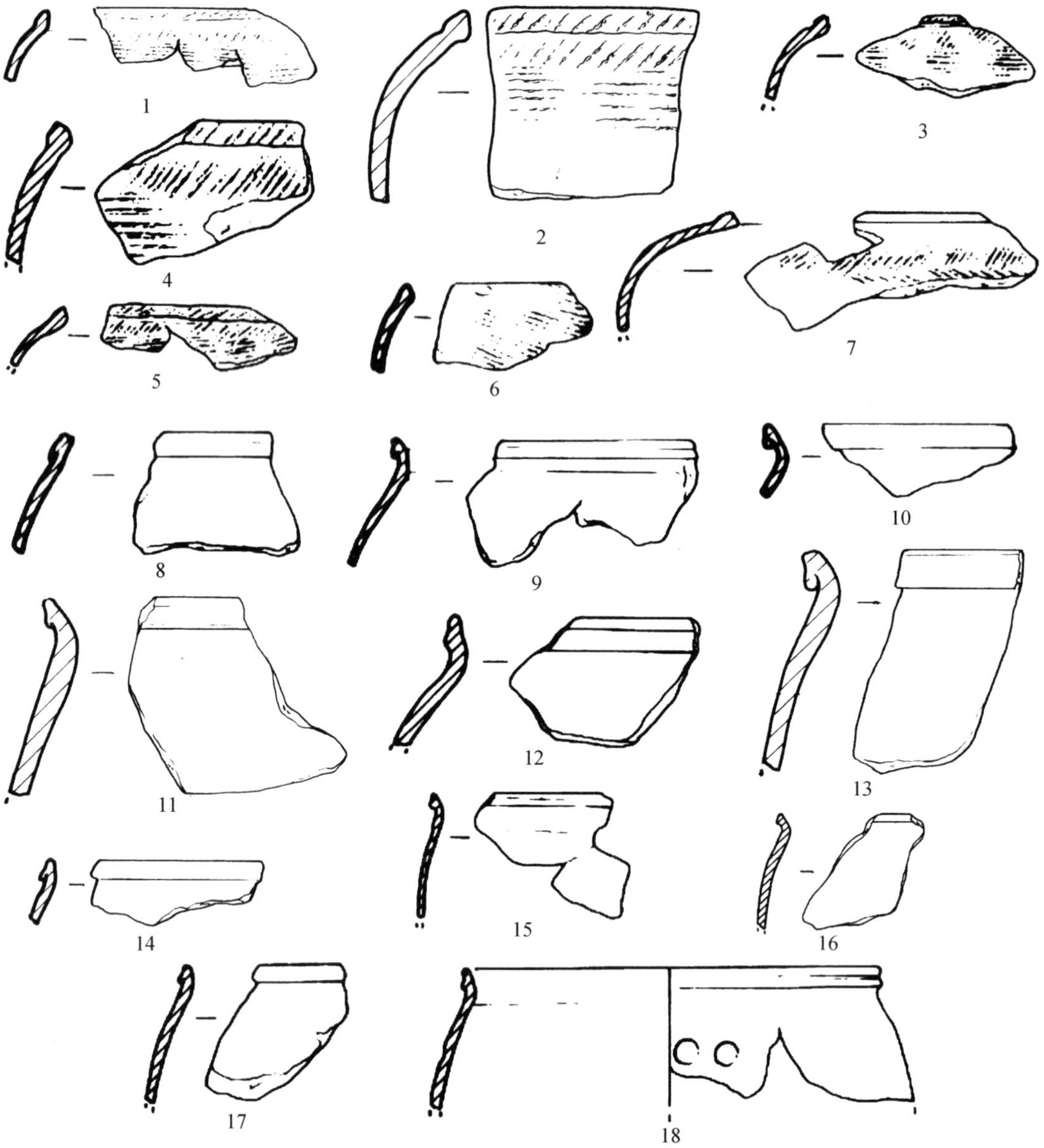

2、4、11~13. 0 4厘米 余 0 8厘米

图四一四 三星堆文化渝东类型第3组陶器

1、2. Aa型Ⅰ式敛口鼓肩瓮（02DT0102㊼：10、02DT0102㊼：11） 3、4. Aa型Ⅱ式敛口鼓肩瓮（00DT0605㉝A：16、00DT0706㉗：2） 5、6. Ab型Ⅰ式敛口鼓肩瓮（00DT0605㉝A：17、02DT0101㉙：34） 7、8. Ab型Ⅱ式敛口鼓肩瓮（00DT0605㉝A：18、02DT0101㉙：36） 9、10. Ac型Ⅱ式凹沿瓮（02DT0101㉗：9、02DT0101㉙：4） 11、12. Ba型Ⅰ式凹沿瓮（02DT0102㊼：36、00DT0604㉛：1） 13、14. Ba型Ⅱ式凹沿瓮（02DT0102㊼：34、02DT0102㊼：35） 15、16. Bb型Ⅰ式凹沿瓮（00DT0605㉝A：29、00DT0605㉝A：30） 17、18. Bb型Ⅱ式凹沿瓮（00DT0706㉘：1、00DT0706㉘：2）

标本00DT0605㉝A：17，夹粗砂黑陶，局部灰。唇面、肩部饰斜绳纹。敛口，微有斜折沿，沿面微凹，圆肩，残。轮制，火候一般。残宽15.4、残高4.5厘米（图四一四，5）。标本02DT0101㉙：34，夹砂红褐，局部灰褐。外沿、肩饰组状斜细绳纹。敛口，微有外沿，唇面微凹，溜肩，残。轮制，火候一般。残宽10.8、残高6.2厘米（图四一四，6）。

Ⅱ式：6件。

标本00DT0605㉝A：18，夹细砂灰褐陶，局部灰，胎褐夹灰。肩部饰组状绳纹。敛口，有明显斜折沿，沿面内凹，鼓肩，残。轮制，火候一般。残宽19.6、残高8厘米（图四一四，7）。标本02DT0101㉙：36，夹粗砂黑陶。素面。敛口，外沿较宽，唇面内凹，溜肩，残。轮制，火候较高。残宽11.4、残高8厘米（图四一四，8）。

B型　1件。标本碎小。

凹沿瓮　53件。

A型　6件。Ac型。

Ⅰ式：2件。标本碎小。

Ⅱ式：4件。

标本02DT0101㉗：9，夹砂红陶，局部褐、黑。素面。侈口，卷沿，圆唇，外沿有凹槽一周，溜肩，残。轮制，火候较高。残宽15.6、残高8.4厘米（图四一四，9）。标本02DT0101㉙：4，夹砂褐陶，局部灰褐，里黑。素面。侈口，卷沿，外沿内凹，圆唇，斜肩，残。轮制，火候较高。残宽13.2、残高5厘米（图四一四，10）。

B型　47件。

Ba型　5件。

Ⅰ式：3件。

标本02DT0102㊼：36，夹砂褐陶，局部灰。素面。侈口，卷沿，外沿内凹，圆唇，上腹外斜，残。轮制，火候较高。残宽7.4、残高6.6厘米（图四一四，11）。标本00DT0604㉛：1，夹细砂黑陶，口部红、灰，灰胎。素面。侈口，卷沿，沿面微凹，外沿下有凸棱一周，溜肩，残。轮制，火候较高。残宽6.4、残高4.3厘米（图四一四，12）。

Ⅱ式：2件。

标本02DT0102㊼：34，夹砂灰褐陶。素面。侈口，卷沿，外沿内凹，圆唇，鼓腹，残。轮制，火候较高。残宽5.6、残高7.4厘米（图四一四，13）。标本02DT0102㊼：35，夹砂灰褐陶，灰胎。素面。口微侈，外沿内凹，方唇，鼓腹，残。轮制，火候较高。残宽11.8、残高4.4厘米（图四一四，14）。

Bb型　10件。

Ⅰ式：4件。

标本00DT0605㉝A：29，夹粗砂红陶，局部灰，黑胎，里褐。素面。侈口，卷沿，沿面微凹，唇面微凹略呈浅槽，鼓腹，残。轮制，火候较高。残宽10.4、残高8.4厘米（图四一四，15）。标本00DT0605㉝A：30，夹粗砂红陶，局部、里灰。侈口，卷沿，沿面微凹，唇部面微凹，鼓腹，残。轮制，火候较高。残宽8、残高7.6厘米（图四一四，16）。

Ⅱ式：6件。

标本00DT0706㉘：1，夹粗砂黑陶，褐胎。素面。侈口，卷沿，圆唇，外沿微凹，鼓腹，残。手制轮修，火候一般。残宽9.8、残高9.2厘米（图四一四，17）。标本00DT0706㉘：2，夹粗砂灰陶，局部灰褐、红。上腹饰圆按窝纹两处。侈口，卷沿，圆唇，外沿微凹，鼓腹，残。手制轮修，火候一般。口径27.8、残高9.2厘米（图四一四，18）。

Bc型　32件。

Ⅰ式：10件。

标本00DT0605㉝A：34，夹细砂红陶，口部黑。素面，内沿有划纹一道。侈口，卷沿，外沿内凹成槽，圆唇，鼓腹，残。轮制，火候较高。残宽14.4、残高8.2厘米（图四一五，1）。标本00DT0605㉝A：35，夹细砂灰褐陶，局部红、黑。素面。侈口，卷沿，沿面微凹，外沿内凹成槽，鼓腹，残。轮制，火候较高。残宽13、残高5.6厘米（图四一五，2）。

Ⅱ式：22件。

标本00DT0605㉝A：32，夹粗砂红褐陶，局部、胎、里灰。素面。侈口，卷沿，外沿微凹略呈浅槽，圆唇，鼓腹，残。轮制，火候较高。口径26.4、残高8.8厘米（图四一五，3）。标本00DT0605㉝A：33，夹粗砂灰褐陶，灰黑胎，里灰白。素面。侈口，卷沿，外沿内凹成槽，圆唇，鼓腹，残。轮制，火候较高。残宽17.6、残高8.4厘米（图四一五，4）。

子母口瓮　24件。

A型　2件。Ab型。

标本00DT0605㉝A：26，夹细砂黑陶，灰黑胎。素面。侈口，圆唇，外沿下有凸棱一道，残。轮制，火候较高。残宽6.2、残高3.3厘米（图四一五，5）。标本02DT0102㊼：29，夹砂红陶，局部橙黄。素面。侈口，外沿有凸棱一周，微束颈，残。轮制，火候较高。残宽7、残高4.4厘米（图四一五，6）。

B型　22件。

Ba型　15件。

Ⅰ式：6件。

标本00DT0605㉝A：27，夹粗砂黑陶，里褐。素面。侈口，卷沿，唇面微凹，唇缘外凸，鼓腹，残。轮制，火候较高。残宽9.2、残高7.6厘米（图四一五，7）。标本02DT0102㊼：30，夹砂灰黑陶，局部红褐。素面。侈口，卷沿近折，唇面微凹，上腹外斜，残。轮制，火候较高。残宽8.2、残高6厘米（图四一五，8）。

Ⅱ式：9件。

标本02DT0101㉙：3，夹砂黑陶，局部褐、红。素面。侈口，卷沿，唇面内凹，鼓腹，残。轮制，火候较高。残宽11.2、残高9.4厘米（图四一五，9）。标本00DT0604㉛：5，夹细砂黑陶，局部褐。素面。侈口，卷沿，沿面微凹，唇面微凹，鼓腹，残。轮制，火候较高。残宽4.4、残高4.6厘米（图四一五，10）。

Bb型　7件。

Ⅰ式：2件。标本碎小。

Ⅱ式：5件。

标本00DT0604㉛：4，夹细砂红陶，局部浅黄、褐。素面。侈口，卷沿，沿面微凹，唇面内凹，上腹微弧，残。轮制，火候较高。残宽5.9、残高4.6厘米（图四一五，11）。

大口瓮　17件。

Ⅰ式：6件。

标本00DT0604㉚：1，夹细砂灰黑陶，胎红夹灰。素面。侈口，卷沿、沿面微凹，唇面微凹，鼓腹，残。轮制，火候较高。残宽5.5、残高6.8厘米（图四一五，12）。标本02DT0102㊼：38，夹砂黑陶，局部褐。素面。侈口，卷沿，圆唇，上腹外斜，残。轮制，火候较高。残宽10.6、

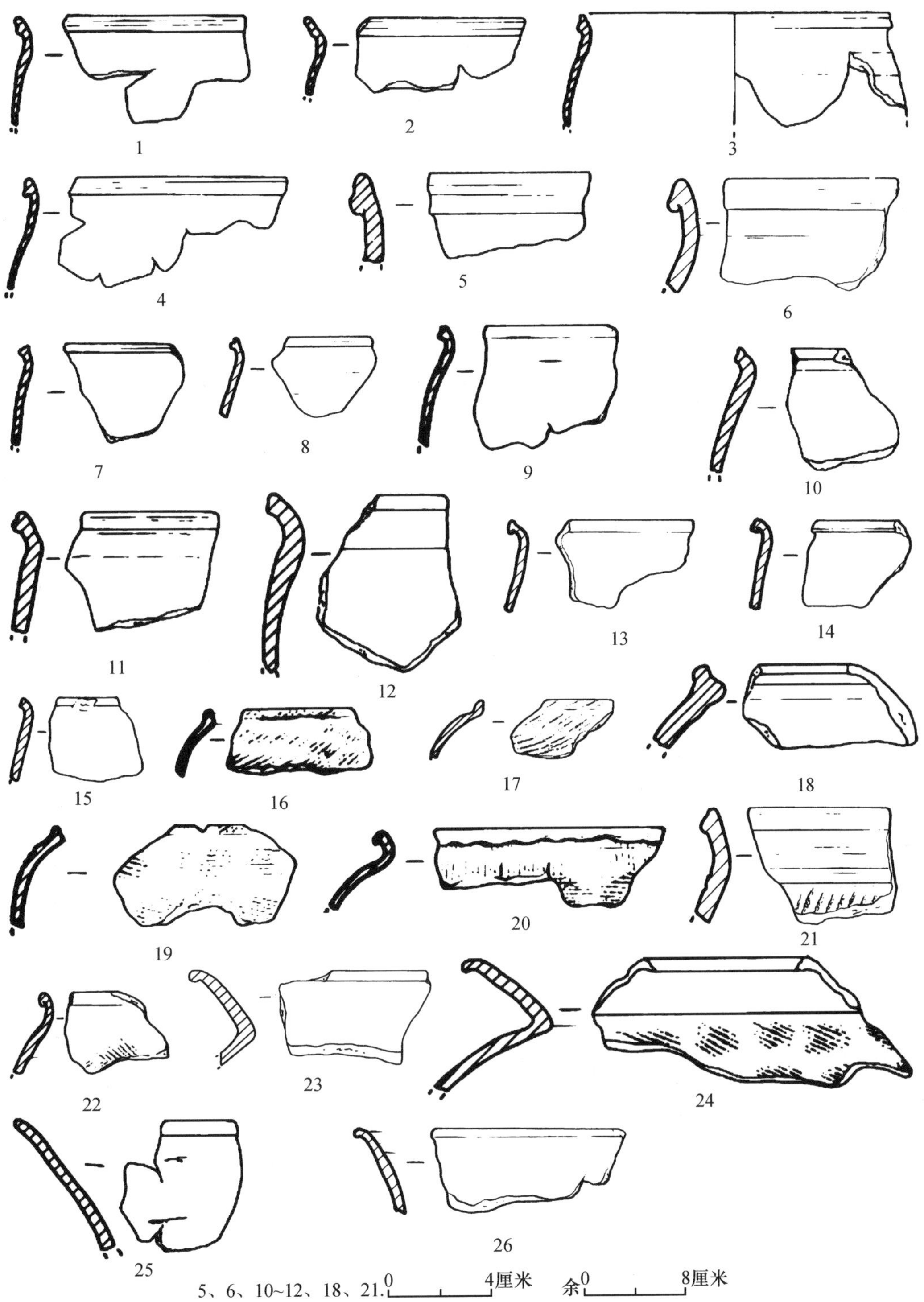

图四一五　三星堆文化渝东类型第3组陶器

1、2. Bc型Ⅰ式凹沿瓮（00DT0605㉝A：34、00DT0605㉝A：35）　3、4. Bc型Ⅱ式凹沿瓮（00DT0605㉝A：32、00DT0605㉝A：33）　5、6. Ab型子母口瓮（00DT0605㉝A：26、02DT0102㊼：29）　7、8. Ba型Ⅰ式子母口瓮（00DT0605㉝A：27、02DT0102㊼：30）　9、10. Ba型Ⅱ式子母口瓮（02DT0101㉙：3、00DT0604㉛：5）　11. Bb型Ⅱ式子母口瓮（00DT0604㉛：4）　12、13. Ⅰ式大口瓮（00DT0604㉚：1、02DT0102㊼：38）　14、15. Ⅱ式大口瓮（02DT0102㊼：39、02DT0101㉙：10）　16、17. Ⅰ式矮沿瓮（02DT0101㉙：40、02DT0101㉙：41）　18、19. Ⅱ式矮沿瓮（00DT0705㉖：10、02DT0101㉙：42）　20. A型矮领瓮（02DT0101㉙：43）　21、22. B型矮领瓮（02DT0102㊼：41、02DT0101㉗：11）　23、24. Ⅱ式喇叭口瓮（99DT0202㊾B：122、00DT0604㉚：3）　25、26. Ⅰ式喇叭口瓮（00DT0604㉛：14、02DT0102㊼：67）

残高6.8厘米（图四一五，13）。

Ⅱ式：11件。

标本02DT0102㊼：39，夹砂褐陶，局部灰褐。素面。侈口，卷沿，方唇微凹，上腹外弧，残。轮制，火候较高。残宽8.6、残高6.8厘米（图四一五，14）。标本02DT0101㉙：10，夹砂红陶。素面。侈口，卷沿，斜方唇，鼓腹，残。轮制，火候较高。残宽7.2、残高6.4厘米（图四一五，15）。

矮沿瓮　7件。

Ⅰ式：4件。

标本02DT0101㉙：40，夹砂灰黑陶，红褐胎。沿面、肩饰斜绳纹。侈口，斜折矮沿，圆唇，圆肩，残。轮制，火候较高。残宽11.2、残高5厘米（图四一五，16）。标本02DT0101㉙：41，夹砂灰黑陶，胎褐夹灰。外沿、肩饰斜绳纹。口近直，矮沿，圆肩，残。轮制，火候较高。残宽8、残高4.5厘米（图四一五，17）。

Ⅱ式：3件。

标本00DT0705㉖：10，夹粗砂红褐陶，红胎，里灰黑。素面。敛口，斜卷沿，沿面内凹，圆唇，溜肩，残。轮制，火候较高。残宽6.7、残高3.1厘米（图四一五，18）。标本02DT0101㉙：42，夹砂红陶，局部橙黄。唇面、肩饰斜绳纹。敛口，斜折沿，内沿微凹，圆肩，残。轮制，火候较高。残宽13.8、残高7.6厘米（图四一五，19）。

矮领瓮　9件，5件不明型别。

A型　2件。

标本02DT0101㉙：43，夹砂红陶，局部灰褐。沿下向上戳按略呈波浪形，领、肩饰组状细绳纹，局部交错。侈口，沿外下斜，矮领外斜，圆肩，残。轮制，火候较高。残宽17.6、残高6厘米（图四一五，20）。

B型　2件。

标本02DT0102㊼：41，夹砂黑陶，红胎。领下部饰凹弦纹，肩饰斜绳纹。侈口，圆唇，领外斜，斜肩，残。轮制，火候较高。残宽5.8、残高4.4厘米（图四一五，21）。标本02DT0101㉗：11，夹砂黑陶，局部红，胎红褐夹黑。肩饰组状绳纹。侈口，卷沿，微有窄外沿，圆唇，溜肩，残。轮制，火候较高。残宽7.9、残高6.2厘米（图四一五，22）。

喇叭口瓮　9件。

Ⅰ式：3件。

标本00DT0604㉛：14，夹粗砂灰褐陶，胎褐夹灰。器表饰零星划纹。喇叭口，圆唇，残。轮制，火候不高。残宽9.4、残高10厘米（图四一五，25）。标本02DT0102㊼：67，夹砂黑陶，胎灰褐夹黑。素面。喇叭口，卷沿，圆唇，束领，残。轮制，火候较高。残宽15、残高6.4厘米（图四一五，26）。

Ⅱ式：6件。

标本99DT0202㊿B：122，夹粗砂灰陶。素面。喇叭口，卷沿，圆唇，领外斜，有肩，残。轮制，火候高。残宽11.6、残高7.5厘米（图四一五，23）。标本00DT0604㉚：3，夹粗砂灰陶，部分红、浅黄。肩部饰组状斜绳纹。喇叭口，沿微外下卷，圆唇，外斜领，广肩，残。

轮制，火候较高。残宽24.6、残高10.2厘米（图四一五，24）。

高领瓮　14件。A型。

Aa型　6件。Ⅱ式。

标本02DT0101㉙：44，夹砂灰黑陶。素面。敞口，窄沿微斜，沿面微凹，圆唇，领斜直，残。轮制，火候高。残宽6.8、残高4厘米（图四一六，1）。标本02DT0102㊼：44，夹砂黑陶。领中部饰凹弦纹。侈口，卷沿，沿面微凹，圆唇，束领，残。轮制，火候较高。残宽

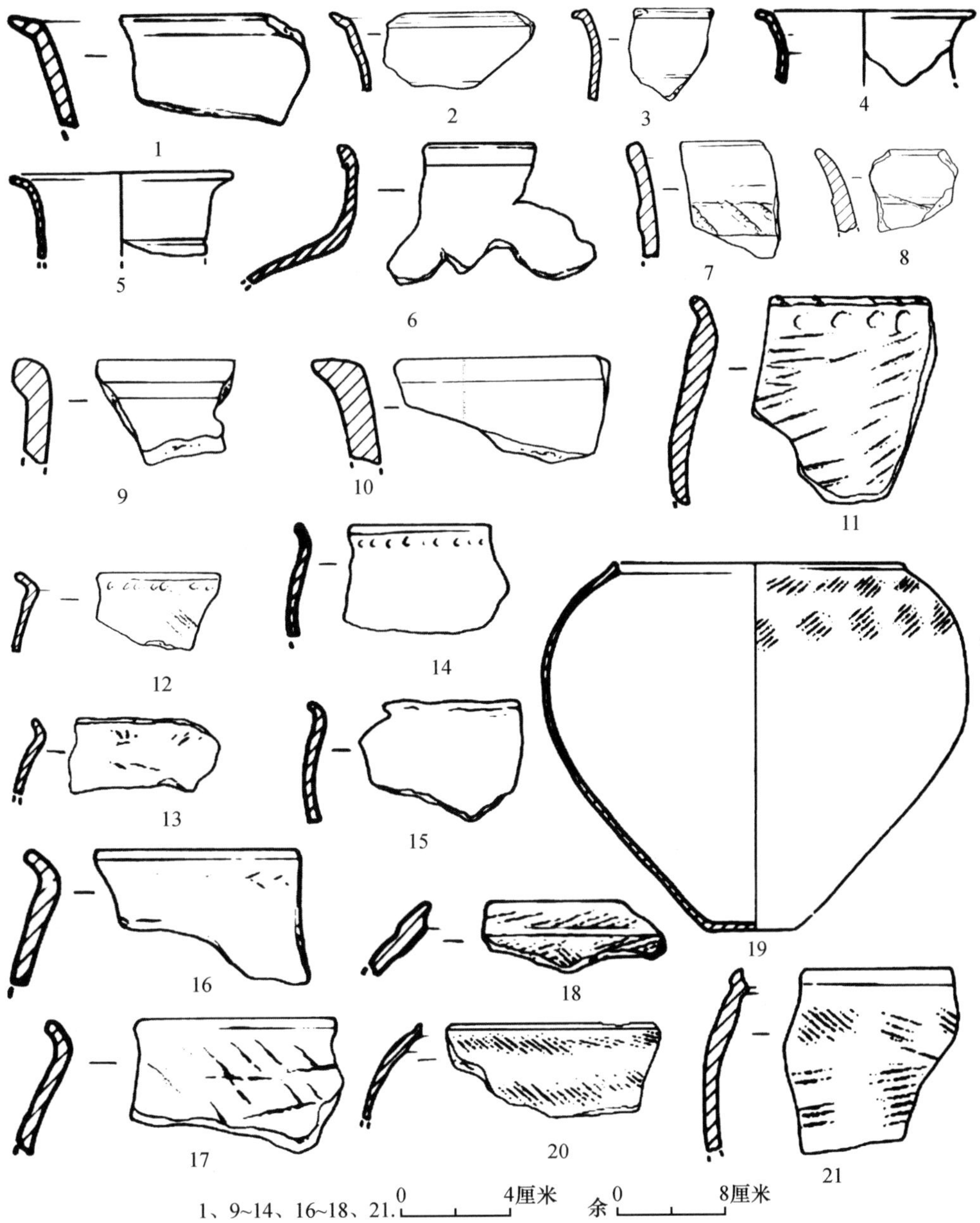

图四一六　三星堆文化渝东类型第3组陶器

1、2. Aa型Ⅱ式高领瓮（02DT0101㉙：44、02DT0102㊼：44）　3、4. Ab型Ⅰ式高领瓮（02DT0101㉗：13、02DT0102㊹：4）　5、6. Ab型Ⅱ式高领瓮（00DT0706㉘：9、00DT0605㉝A：25）　7、8. A型缸（02DT0102㊼：48、02DT0102㊼：49）　9、10. B型缸（99DT0202㊾B：124、99DT0202㊾B：141）　11. Aa型Ⅱ式卷沿深腹罐（00DT0605㉝A：6）　12、13. Ab型Ⅰ式卷沿深腹罐（02DT0102㊼：14、00DT0604㉛：16）　14、15. Ab型Ⅱ式卷沿深腹罐（02DT0102㊺：1、02DT0101㉗：17）　16、17. B型卷沿深腹罐（02DT0101㉙：22、02DT0101㉙：23）　18. Aa型Ⅰ式敛口鼓肩罐（02DT0102㊹：1）　19、20. Aa型Ⅱ式敛口鼓肩罐（00DT0805㉔：1、00DT0605㉜：2）　21. Aa型Ⅲ式敛口鼓肩罐（00DT0605㉜：3）

11、残高5.6厘米（图四一六，2）。

Ab型 8件。

Ⅰ式：3件。

标本02DT0101㉗：13，夹砂灰褐陶。领中部饰粗凹弦纹一周。侈口，沿外下折，圆唇，束领，残。轮制，火候高。残宽6.4、残高6.6厘米（图四一六，3）。标本02DT0102㊹：4，夹砂黑陶，红褐胎。沿下饰细凹弦纹一周。侈口，卷沿近平，圆唇，束领，残。轮制，火候较高。口径16、残高5.2厘米（图四一六，4）。

Ⅱ式：5件。

标本00DT0706㉘：9，夹细砂灰陶。领中部饰凹弦纹。侈口，卷沿，沿面微凹，圆唇，领微束，残。轮制，火候一般。口径16、残高6厘米（图四一六，5）。标本00DT0605㉝A：25，夹细砂灰褐陶，局部灰黑，胎褐夹灰。素面。微侈口，卷沿，圆唇，领微斜，广肩，残。轮制，火候较高。残宽15.2、残高10.2厘米（图四一六，6）。

缸 4件。

A型 2件。

标本02DT0102㊼：48，夹粗砂红陶。上腹饰粗带状附加堆纹，在堆纹上饰斜粗绳压纹。敞口，方唇，腹较直，残。轮制，火候较高。残宽7.4、残高8.4厘米（图四一六，7）。标本02DT0102㊼：49，夹砂红陶。上腹饰附加堆纹，在堆纹上饰斜绳压纹。敞口，圆唇，上腹斜收，残。轮制，火候较高。残宽6.4、残高6厘米（图四一六，8）。

B型 2件。

标本99DT0202㊾B：124，夹细砂陶，胎褐夹灰黑。素面。微侈口，卷沿，圆唇，残。轮制，火候较高。残宽5、残高3.7厘米（图四一六，9）。标本99DT0202㊾B：141，夹粗砂灰陶，沿面、里红。素面，表皮脱落。敞口，微折平沿，圆尖唇，壁斜直，残。轮制，火候高。残宽7.7、残高3.7厘米（图四一六，10）。

卷沿深腹罐 32件。

A型 26件。

Aa型 9件。Ⅱ式。

标本00DT0605㉝A：6，夹细砂红陶，局部黑褐。唇部略饰绳切纹，外沿下饰按窝，腹饰绳纹。侈口，卷沿，圆唇，鼓腹，残。手制轮修，火候较高。残宽6.7、残高7.4厘米（图四一六，11）。

Ab型 17件。

Ⅰ式：6件。

标本02DT0102㊼：14，夹砂红陶。沿下微有按窝和戳印纹。侈口，卷沿，圆唇，鼓腹，残。手制，火候较高。残宽10、残高5.6厘米（图四一六，12）。标本00DT0604㉛：16，夹细砂红陶，局部黑褐。器表有绳纹痕。侈口，卷沿，圆唇，弧肩，残。手制轮修，火候一般。残宽10.8、残高5.3厘米（图四一六，13）。

Ⅱ式：11件。

标本02DT0102㊺：1，夹砂红陶。沿下微有按窝。侈口，卷沿，圆唇，鼓腹，残。手制，火候较高。残宽12、残高8厘米（图四一六，14）。标本02DT0101㉗：17，夹砂红陶，黑胎。沿下微有按窝纹。侈口，卷沿，圆唇，鼓上腹，残。手制，火候较高。残宽11.6、残高8.4厘米（图四一六，15）。

B型　6件。

标本02DT0101㉙：22，夹砂褐陶，局部黑、红，胎褐夹灰，里红。外沿根部饰指甲形戳印纹。侈口，卷沿，圆唇，鼓腹，残。手制，火候较高。残宽7.6、残高4.8厘米（图四一六，16）。标本02DT0101㉙：23，夹砂红陶，局部褐。上腹饰斜绳纹，局部按抹。侈口，卷沿，圆唇，鼓腹，残。手制，火候较高。残宽7.6、残高4.8厘米（图四一六，17）。

敛口鼓肩罐　223件。

A型　221件。

Aa型　32件，其中7件不明式别。

Ⅰ式：1件。

标本02DT0102㊹：1，夹砂褐陶，局部、里黑。肩饰细绳纹。敛口，微有沿，溜肩，残。轮制，火候较高。残宽6.6、残高2.6厘米（图四一六，18）。

Ⅱ式：11件。

标本00DT0805㉔：1，夹细砂红陶，局部灰、黑。肩部饰组状斜绳纹。敛口，斜折沿明显，圆肩，鼓腹，小平底，修复。手制轮修，火候较高。口径21.6、底径6.4、高26厘米（图四一六，19；图版四五，3）。标本00DT0605㉜：2，夹粗砂红陶，局部灰、褐。肩、上腹饰斜绳纹。敛口，沿面微凹，尖唇，溜肩，鼓腹，残。泥条盘筑，火候较高。残宽15.2、残高6.8厘米（图四一六，20）。

Ⅲ式　13件。

标本00DT0605㉜：3，夹细砂红褐陶，局部、里黑。肩部饰细绳纹、绳纹。敛口，斜折沿，沿面内凹，溜肩，鼓腹，残。轮制，火候较高。残宽6.4、残高6.6厘米（图四一六，21）。标本00DT0605㉜：4，夹细砂红陶，局部褐，胎局部灰。唇面饰斜绳纹，肩、上腹饰组状斜绳纹。敛口，斜折沿，沿面内凹，圆唇，溜肩，鼓腹，残。轮制，火候一般。残宽6.4、残高7.2厘米（图四一七，1）。

Ab型　189件。

Ⅰ式：33件。

标本00DT0705㉖：1，夹粗砂红陶，局部灰、褐，里黑。肩部饰斜绳纹。敛口，斜折沿，沿面微凹，圆唇，溜肩，鼓腹，残。轮制，火候较高。残宽6、残高7.4厘米（图四一七，2）。标本02DT0101㉙：28，夹砂灰褐陶，局部褐。肩饰斜细绳纹。敛口，微有斜折沿，沿面微凹，溜肩，残。轮制，火候较高。残宽7.4、残高6.1厘米（图四一七，3）。

Ⅱ式：72件。

标本02DT0101㉗：20，夹砂灰褐陶，局部红、黑。肩饰组状斜绳纹。敛口，有沿，圆唇，圆肩，残。手制轮修，火候较高。残宽10.4、残高6.4厘米（图四一七，4）。标本02DT0101㉙：30，夹砂灰褐陶，局部红褐，胎外红里灰褐。唇面、肩饰斜细绳纹，上腹饰按窝纹。敛口，折沿，沿面内凹，圆肩，鼓腹，残。轮制，火候较高。残宽10.4、残高8.4厘米

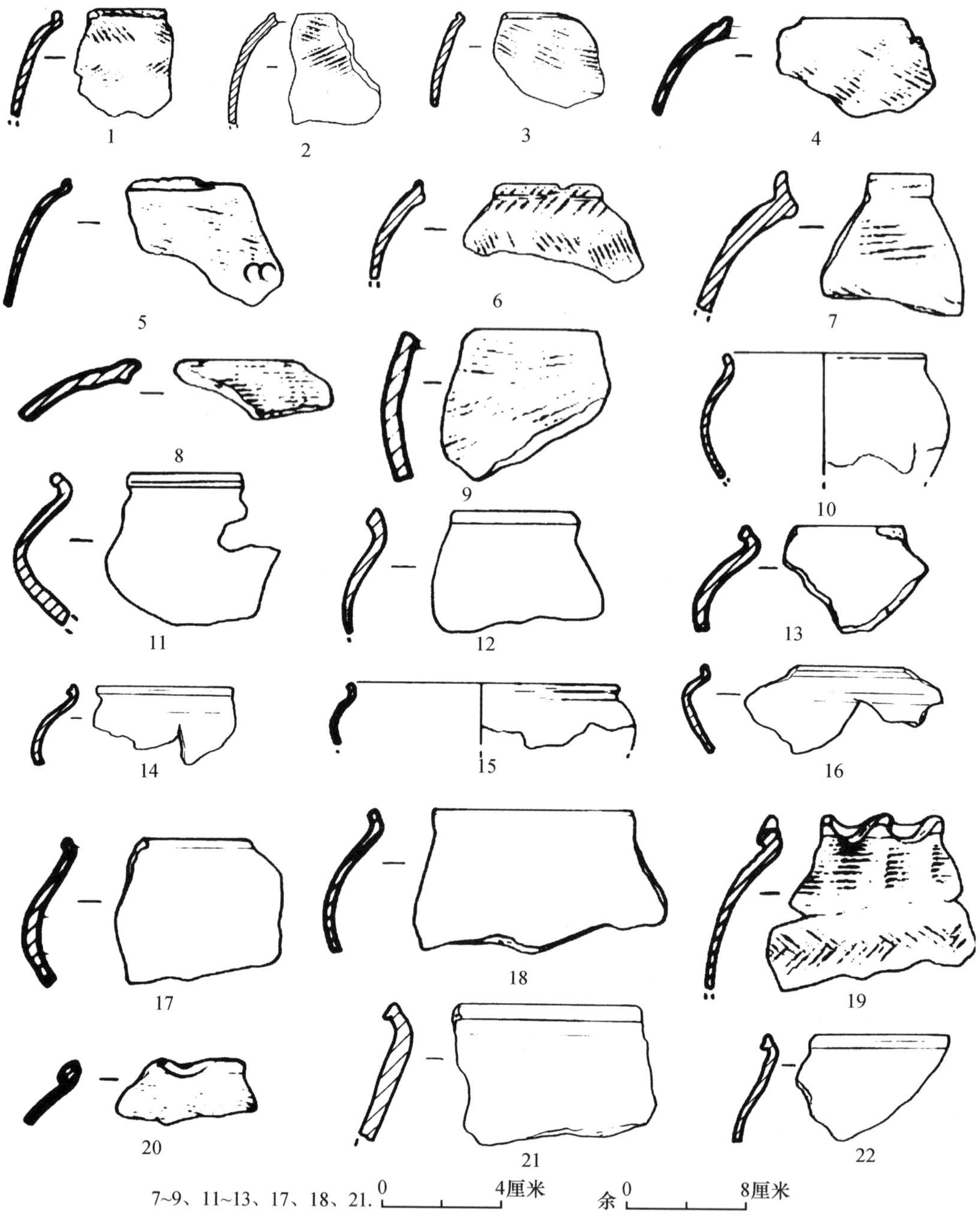

图四一七　三星堆文化渝东类型第3组陶器

1. Aa型Ⅲ式敛口鼓肩罐（00DT0605㉜：4）　2、3. Ab型Ⅰ式敛口鼓肩罐（00DT0705㉖：1、02DT0101㉙：28）　4、5. Ab型Ⅱ式敛口鼓肩罐（02DT0101㉗：20、02DT0101㉙：30）　6、7. Ab型Ⅲ式敛口鼓肩罐（00DT0604㉛：13、00DT0605㉝A：5）　8、9. B型敛口鼓肩罐（02DT0101㉙：31、02DT0101㉙：32）　10. Aa型Ⅱ式小平底罐（00DT0605㉜：14）　11、12. Ba型Ⅰ式小平底罐（00DT0605㉜：7、99DT0202㉜B：105）　13、14. Ba型Ⅱ式小平底罐（02DT0101㉗：23、02DT0102㊼：25）　15、16. Bb型Ⅰ式小平底罐（00DT0605㉝A：24、02DT0102㊼：26）　17、18. Bb型Ⅱ式小平底罐（02DT0101㉗：22、02DT0101㉙：13）　19、20. Ⅱ式荷叶边口罐（00DT0706㉗：1、02DT0101㉙：24）　21、22. A型Ⅰ式卷沿罐（02DT0102㊼：17、02DT0102㊼：18）

（图四一七，5）。

Ⅲ式：84件。

标本00DT0604㉛：13，夹细砂灰陶，局部灰褐，里红。唇面、肩饰组状斜绳纹。敛口，斜折沿较高，圆唇，圆肩，残。轮制，火候较高。残宽12、残高6.4厘米（图四一七，6）。标本00DT0605㉝A：5，夹细砂灰褐陶，红胎。肩部饰组状绳纹。敛口，斜折沿较高，圆唇，圆肩，残。轮制，火候较高。残宽4.7、残高4.5厘米（图四一七，7）。

B型　2件。

标本02DT0101㉙：31，夹砂灰褐陶，局部褐，灰胎。肩饰斜细绳纹。敛口，唇面内凹，圆肩，残。轮制，火候较高。残宽5.2、残高2厘米（图四一七，8）。标本02DT0101㉙：32，夹砂红陶，局部、里黑。肩饰斜细绳纹。敛口，方唇，鼓上腹，残。轮制，火候较高。残宽5.5、残高5厘米（图四一七，9）。

小平底罐　53件。

A型　15件，11件不明亚型。

Aa型　3件。

Ⅰ式：2件。标本碎小。

Ⅱ式：1件。

标本00DT0605㉜：14，夹细砂褐陶，局部、胎、里灰黑。素面。侈口，卷沿，圆唇，溜肩，鼓腹，残。轮制，火候较高。口径13.4、残高8.2厘米（图四一七，10）。

Ab型　1件。Ⅱ式。标本碎小。

B型　38件。

Ba型　18件。

Ⅰ式：12件。

标本00DT0605㉜：7，夹细砂灰褐陶，胎红褐夹灰。素面。侈口，卷沿，圆唇，溜肩，弧腹，残。轮制，火候较高。残宽5.8、残高5厘米（图四一七，11）。标本99DT0202㊾B：105，夹细砂黑陶，褐胎。素面。侈口，卷沿，方唇，鼓肩，残。轮制，火候高。残宽5.7、残高4厘米（图四一七，12）。

Ⅱ式：6件。

标本02DT0101㉗：23，夹砂灰黑陶，灰褐胎。素面。侈口，卷沿，唇面微凹，鼓肩，残。轮制，火候较高。残宽4.6、残高3.5厘米（图四一七，13）。标本02DT0102㊼：25，夹砂灰褐陶，局部、里黑，红褐胎。素面。侈口，卷沿，唇面微凹，圆肩，残。轮制，火候较高。残宽9.6、残高5.2厘米（图四一七，14）。

Bb型　20件，2件不明式别。

Ⅰ式：12件。

标本00DT0605㉝A：24，夹细砂灰褐陶，褐胎。素面。侈口，卷沿，圆唇，鼓肩，残。轮制，火候较高。口径18、残高4.2厘米（图四一七，15）。标本02DT0102㊼：26，夹砂黑陶，局部、胎褐。素面。侈口，卷沿，圆唇，鼓肩，残。轮制，火候较高。残宽12.8、残高5.8厘米（图四一七，16）。

Ⅱ式：6件。

标本02DT0101㉗：22，夹砂黑陶。素面。侈口，卷沿，内沿微凹，圆唇，鼓肩，残。轮制，火候较高。残宽5.6、残高4.8厘米（图四一七，17）。标本02DT0101㉙：13，夹砂黑陶，局部红。素面。侈口，卷沿，方唇，圆肩，残。轮制，火候较高。残宽8.4、残高4.6厘米（图四一七，18）。

荷叶边口罐 10件，1件不明式别。

Ⅱ式：9件。

标本00DT0706㉗：1，夹细砂红陶，局部灰、黑，灰胎，里褐。口沿外按呈波浪形，肩饰横绳纹，腹饰交错绳纹。侈口，卷沿，溜肩，鼓腹，残。手制轮修，火候较高。残宽13.6、残高11.6厘米（图四一七，19；图版四五，4）。标本02DT0101㉙：24，夹砂黑陶，局部、里灰褐，灰胎。肩饰组状斜绳纹。侈口，沿外按呈荷叶边形，唇面内凹，斜肩，残。轮制，火候较高。残宽9.4、残高4.4厘米（图四一七，20）。

卷沿罐 24件。

A型 7件。

Ⅰ式：4件。

标本02DT0102㊼：17，夹砂灰褐陶，局部红褐。素面。侈口，卷沿，唇面微凹，上腹外斜，残。轮制，火候较高。残宽6.8、残高4.6厘米（图四一七，21）。标本02DT0102㊼：18，夹砂黑陶，局部、胎褐。素面。侈口，卷沿，唇面微凹，斜肩，鼓腹，残。轮制，火候较高。残宽10.2、残高7厘米（图四一七，22）。

Ⅱ式：3件。

标本02DT0101㉗：15，夹砂黄褐陶，红胎。肩饰组状细绳纹。侈口，卷沿外下折，沿面微凹，圆唇，圆肩，残。轮制，火候较高。残宽8.3、残高5厘米（图四一八，1）。标本02DT0101㉙：16，夹粗砂黑陶，胎黑夹红褐。唇上缘按抹，肩饰斜绳纹、凹弦纹。侈口，斜折沿，唇缘外凸，圆肩，残。轮制，火候高。残宽8.2、残高6.6厘米（图四一八，2）。

B型 17件。

Ba型 7件。

Ⅰ式：6件。

标本00DT0605㉝A：24，夹细砂灰褐陶，褐胎。素面。侈口，卷沿，圆唇，鼓肩，残。轮制，火候较高。口径18、残高4.2厘米（图四一八，3）。标本00DT0706㉗：7，夹细砂灰黑陶，局部褐，红褐胎。肩饰横划纹。侈口，卷沿，沿面微凹，唇面微凹，溜肩，鼓腹，残。轮制，火候较高。残宽9.2、残高7.2厘米（图四一八，4）。

Ⅱ式：1件。标本碎小。

Bb型 10件。

Ⅰ式：4件。

标本02DT0101㉙：17，夹砂黑陶，胎局部红褐。肩上部饰斜绳纹。侈口，卷沿，方唇，圆肩，残。轮制，火候较高。口径19.4、残高5.2厘米（图四一八，5）。标本02DT0102㊼：19，夹砂黑陶，红褐胎。肩饰组状绳纹。侈口，卷沿，唇面微凹，圆肩，残。轮制，火候较高。残宽12.8、残高6厘米（图四一八，6）。

Ⅱ式：6件。

标本00DT0604㉛：17，夹细砂黑陶，红褐胎。肩饰戳划状绳纹、凹弦纹。侈口，卷

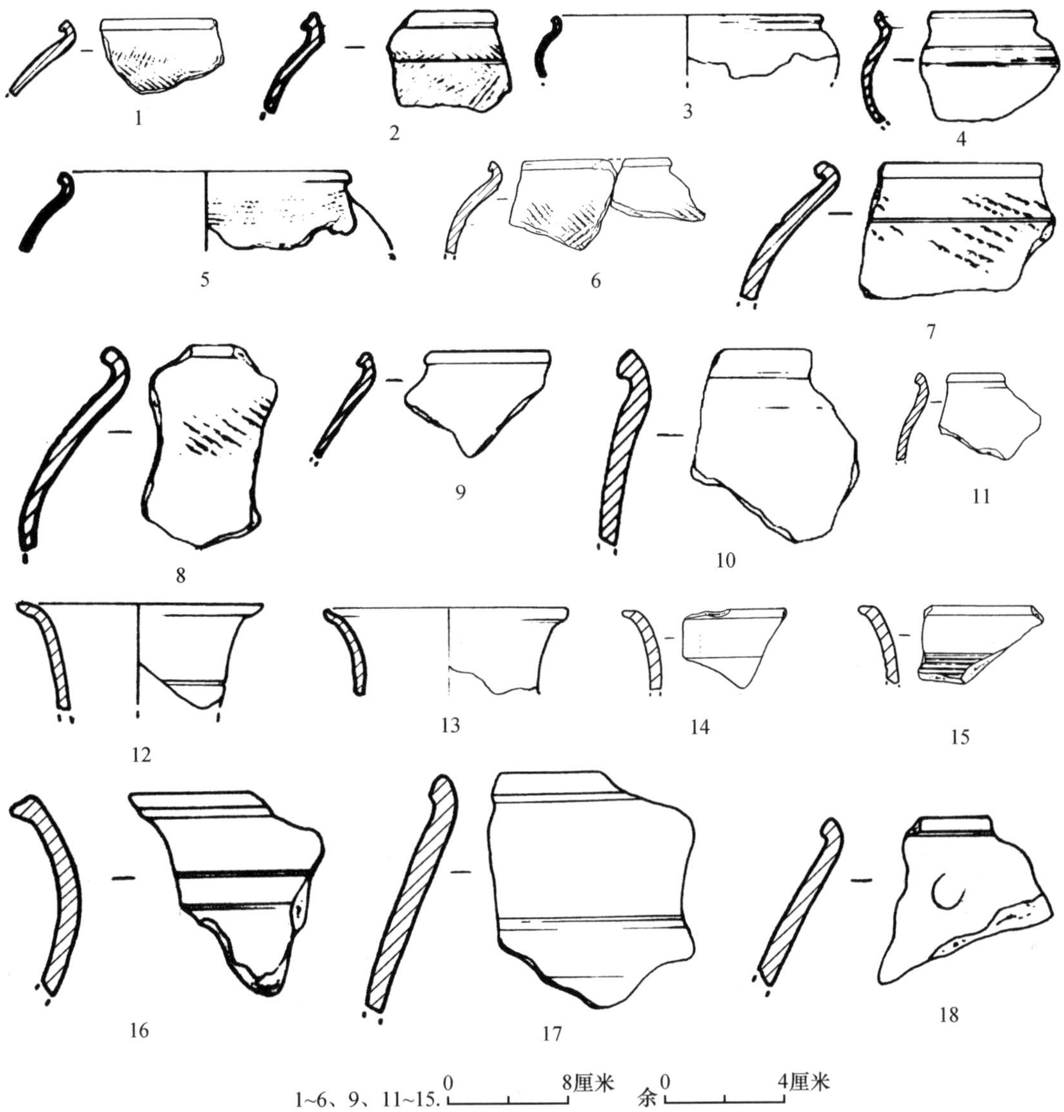

图四一八　三星堆文化渝东类型第3组陶器

1、2. A型Ⅱ式卷沿罐（02DT0101㉗：15、02DT0101㉙：16）　3、4. Ba型Ⅰ式卷沿罐（00DT0605㉝A：24、00DT0706㉗：7）　5、6. Bb型Ⅰ式卷沿罐（02DT0101㉙：17、02DT0102㊼：19）　7、8. Bb型Ⅱ式卷沿罐（00DT0604㉛：17、02DT0101㉗：16）　9. A型Ⅱ式束颈罐（00DT0605㉜：15）　10. B型Ⅰ式束颈罐（00DT0605㉝A：14）　11. B型Ⅱ式束颈罐（00DT0706㉗：5）　12、13. Aa型高领罐（99DT0202㊾B：119、02DT0102㊼：47）　14、15. Ab型高领罐（99DT0202㊾B：117、99DT0202㊾B：121）　16. B型高领罐（99DT0202㊾B：118）　17、18. 斜肩罐（99DT0202㊾B：115、99DT0202㊾B：116）

沿，圆唇，溜肩，残。轮制，火候较高。残宽6.6、残高4.5厘米（图四一八，7）。标本02DT0101㉗：16，夹砂黑陶，红褐胎。肩饰斜绳纹。侈口，卷沿，圆唇，圆肩，鼓腹，残。轮制，火候较高。残宽4.6、残高6.6厘米（图四一八，8）。

束颈罐　13件。

A型　6件。Ⅱ式。

标本00DT0605㉜：15，夹粗砂黑陶，局部红褐。胎外红里灰。素面。侈口，卷沿微折，唇面微凹，斜肩，残。轮制，火候较高。残宽9.6、残高7厘米（图四一八，9）。

B型　7件。

Ⅰ式：3件。

标本00DT0605㉝A：14，夹细砂黑陶，灰胎。素面。侈口，卷沿，圆唇，沿下微束，微鼓腹，残。轮制，火候较高。残宽5.6、残高6.4厘米（图四一八，10）。

Ⅱ式：4件。

标本00DT0706㉗：5，夹粗砂灰黑陶，红胎。素面。侈口，卷沿，沿面微凹，圆唇，鼓腹，残。轮制，火候较高。残宽6.8、残高5.7厘米（图四一八，11）。

高领罐　22件。

A型　20件。

Aa型　8件。

标本99DT0202㊾B：119，夹细砂灰陶，黑胎。领下部饰凹弦纹。敞口，微折平沿，圆唇，领较斜直，残。手制轮修，火候高。口径16.2、残高6.8厘米（图四一八，12）。标本02DT0102㊼：47，夹砂灰黑陶，灰胎。素面。侈口，圆唇，束领，残。轮制，火候高。口径16.2、残高5.6厘米（图四一八，13）。

Ab型　12件。

标本99DT0202㊾B：117，夹细砂灰褐陶，红褐胎。领中部饰细凸弦纹。侈口，平折沿，沿面微凹，圆唇，束领，残。轮制，火候高。残宽7、残高5.2厘米（图四一八，14）。标本99DT0202㊾B：121，泥质黑陶，胎褐夹灰。领中部饰凹弦纹。侈口，平折沿，沿面内凹，圆唇，束领，残。轮制，火候高。残宽8.4、残高5.1厘米（图四一八，15）。

B型　2件。

标本99DT0202㊾B：118，夹细砂灰黑陶，褐胎。领中部饰划纹。侈口，沿外下折，沿面微凹，圆尖唇，束领，残。手制轮修，火候高。残宽6.4、残高6.6厘米（图四一八，16）。

斜肩罐　4件。

标本99DT0202㊾B：115，夹细砂灰陶，局部红。器表饰划纹。侈口，微有卷沿，斜方唇，斜肩，残。手制轮修，火候较高。残宽6.8、残高7.8厘米（图四一八，17）。标本99DT0202㊾B：116，夹细砂黑陶，灰、褐胎。肩部饰圆按窝纹。侈口，微有卷沿，方唇，斜肩，残。手制轮修，火候较高。残宽5.8、残高5.4厘米（图四一八，18）。

立沿罐　5件。

A型　1件。标本碎小。

B型　4件。

标本00DT0605㉝A：19，夹细砂黑陶，胎红夹灰。素面。侈口，卷沿，外下沿微凸，圆唇，鼓腹，残。轮制，火候较高。残宽8.4、残高8.4厘米（图四一九，1）。标本00DT0605㉝A：39，夹细砂红陶，局部褐，胎红夹褐。肩部饰斜绳纹。侈口，卷沿，方唇，溜肩，残。手制轮修，火候不高。口径21.4、残高11.4厘米（图四一九，2）。

敛口罐　3件。B型。标本碎小。

矮领罐　6件，其中1件不明式别。

Ⅰ式：3件。

标本00DT0604㉚：2，夹细砂褐陶，局部黑。素面。侈口，圆唇，矮领微外斜，鼓腹，平

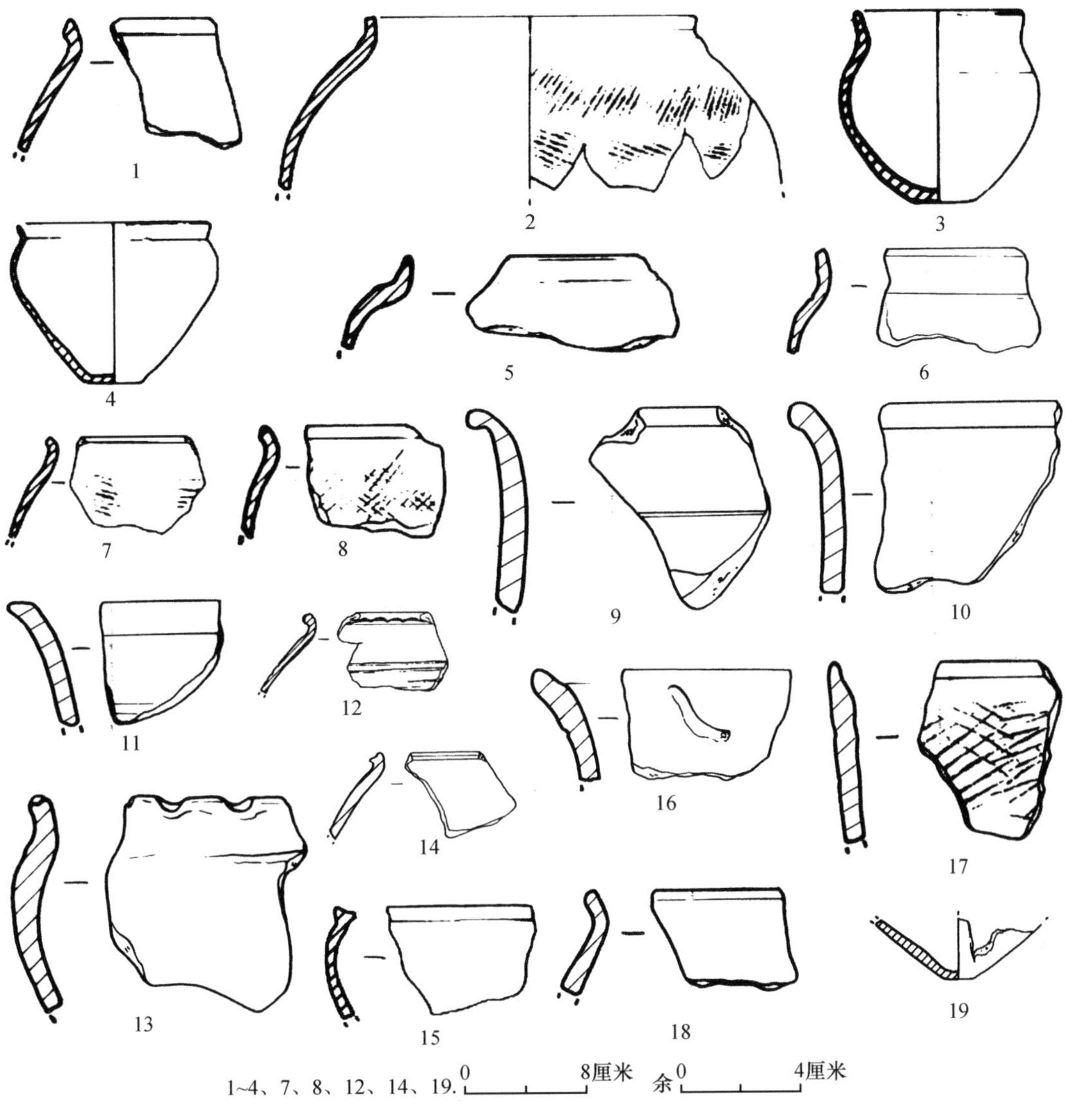

图四一九　三星堆文化渝东类型第3组陶器

1、2. B型立沿罐（00DT0605㉝A：19、00DT0605㉝A：39）　3、4. Ⅰ式矮领罐（00DT0604㉚：2、00DT0605㉜：11）　5、6. Ⅱ式矮领罐（02DT0101㉙：37、02DT0102㊼：22）　7.Bb型Ⅰ式深腹罐（00DT0605㉝A：28）　8. Bb型Ⅱ式深腹罐（02CT0101㊲：3）　9、10. A型直领罐（99DT0202㊾B：110、99DT0202㊾B：111）　11. B型直领罐（99DT0202㊾B：109）　12、13. 波浪唇罐（00DT0605㉝A：9、02DT0102㊼：27）　14、15. 子母口罐（99DT0202㊾B：108、00DT0706㉗：6）　16. 盘口罐（02DT0102㊼：40）　17. 直腹罐（99DT0202㊾B：90）　18. 小罐（99DT0202㊾B：88）　19. Ⅰ式尖底罐（00DT0605㉜：12）

底，修复。轮制，火候较高。口径11.2、底径3.8、高12.4厘米（图四一九，3；图版四五，5）。标本00DT0605㉜：11，泥质灰褐陶，局部黑。腹饰细线划纹。侈口，斜折沿，圆唇，圆肩，腹微弧斜收，小平底，复原。轮制，火候高。口径12.6、底径3.6、高10.4厘米（图四一九，4）。

Ⅱ式：2件。

标本02DT0101㉙：37，夹砂黑陶，局部、里红。素面。口微侈，矮领，方唇，窄折肩，鼓上腹，残。轮制，火候较高。残宽7、残高6厘米（图四一九，5）。标本02DT0102㊼：22，夹砂褐陶，黑胎。肩饰细凹弦纹一周。口微侈，圆唇，溜肩，鼓腹，残。轮制，火候较高。残宽5.3、残高3.4厘米（图四一九，6）。

深腹罐 2件。Bb型。

Ⅰ式：1件。

标本00DT0605㉝A：28，夹粗砂灰黑陶。肩部饰组状绳纹。侈口，卷沿，圆唇，溜肩，残。手制轮修，火候一般。残宽8.8、残高6.4厘米（图四一九，7）。

Ⅱ式：1件。

标本02CT0101㊲：3，夹砂黑陶，局部红。上腹饰交错划纹。侈口，卷沿，圆唇，鼓腹，残。轮制，火候较高。残宽9.2、残高7.2厘米（图四一九，8）。

中领罐 1件。标本碎小。

直领罐 4件。

A型 3件。

标本99DT0202㊾B：110，夹细砂灰陶，褐胎。领部饰凹弦纹、划纹。侈口，卷沿，圆唇，领较直，残。轮制，火候较高。残宽5.9、残高6.5厘米（图四一九，9）。标本99DT0202㊾B：111，夹细砂黑陶。素面，外壁磨光。侈口，卷沿，圆唇，领较直，残。手制轮修，火候高。残宽6、残高6.1厘米（图四一九，10）。

B型 1件。

标本99DT0202㊾B：109，夹细砂灰陶。器表饰划纹。敞口，微有折平沿，圆唇，（领）壁较斜直内收，残。轮制，火候高。残宽4、残高4厘米（图四一九，11）。

波浪唇罐 2件。

标本00DT0605㉝A：9，夹细砂黑陶，口局部红。外唇缘按压呈波浪形花边，肩部饰划纹。侈口，卷沿，斜肩，残。轮制，火候较高。残宽7.2、残高5.2厘米（图四一九，12）。标本02DT0102㊼：27，夹砂灰褐陶，局部红褐。素面。唇部戳按略呈波浪形。侈口，卷沿，鼓肩，残。手制，火候较高。残宽6.6、残高7厘米（图四一九，13）。

子母口罐 11件。

标本99DT0202㊾B：108，夹细砂灰陶。素面。微侈口，卷沿，唇面内凹呈子母口，斜肩，残。手制轮修，火候较高。残宽7.1、残高5.6厘米（图四一九，14）。标本00DT0706㉗：6，夹细砂灰褐陶，局部红褐。素面。敛口，沿斜折内凹成母口，尖唇，鼓肩，弧腹，残。轮制，火候一般。残宽4.8、残高3.6厘米（图四一九，15）。

盘口罐 1件。

标本02DT0102㊼：40，夹砂黑陶。器表有粗划痕。侈口，内沿微凹呈盘状，圆唇，束领，残。轮制，火候较高。残宽5.6、残高3.6厘米（图四一九，16）。

直腹罐 1件。

标本99DT0202㊾B：90，夹细砂红褐陶。器表饰小菱形绳纹。敞口，圆尖唇，上腹斜直，残。手制轮修，火候较高。残宽4.7、残高5.7厘米（图四一九，17）。

小罐 4件。

标本99DT0202㊾B：88，夹细砂灰褐陶。素面。侈口，卷沿，沿面微凹，圆唇，鼓腹，残。轮制，火候较高。残宽4.8、残高3.4厘米（图四一九，18）。

尖底罐 2件。Ⅰ式。

标本00DT0605㉜：12，夹细砂红陶，局部浅黄、灰黑。素面。残剩下腹与底部，下腹斜弧收，小平底，残。轮制，火候不高。底径1.8、残高3.9厘米（图四一九，19）。

尊形器 1件。标本碎小。

子母口壶 1件。A型。

标本00DT0605㉝A：23，泥质灰黑陶，胎红夹灰。附耳下部饰凹弦纹一道，附耳饰圆形镂孔。口微侈，圆唇，口外下有窄沿一周，沿唇与凹弦纹间附耳，颈微束，残。轮制，火候一般。口径10、残高8厘米（图四二〇，1）。

豆 7件。

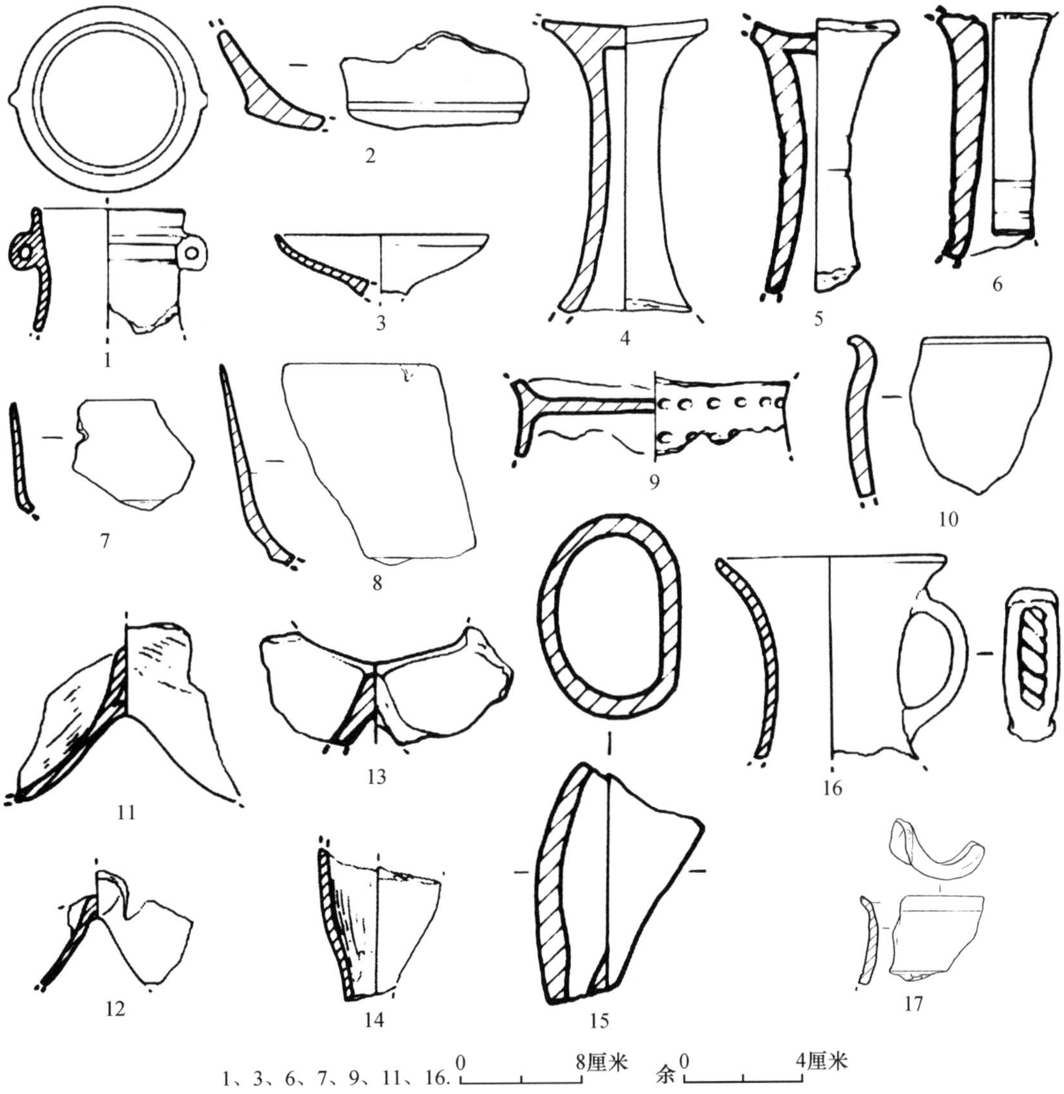

图四二〇 三星堆文化渝东类型第3组陶器

1. A型子母口壶（00DT0605㉝A：23） 2、3. 豆盘（99DT0202㊾B：133、00DT0604㉛：21） 4～6. 豆柄（99DT0202㊾B：134、02DT0101㉙：47、02DT0102㊺：6） 7、8. A型豆形器（02DT0102㊼：59、02DT0102㊼：60） 9. 簋（02DT0101㉙：45） 10. 盉口？（99DT0202㊾B：125） 11～13. 盉裆（00DT0605㉝A：21、00DT0706㉘：16、02DT0101㉙：48） 14、15. 盉足（00DT0605㉝A：22、02CT0101㊲：6） 16、17. 鬶（00DT0706㉘：14、02DT0102㊼：62）

豆盘　2件。

标本99DT0202㉜B：133，泥质黑皮陶，红胎。素面，外壁磨光。上、下腹间有凸棱，上腹较斜直，下腹弧，残。轮制，火候较高。残宽6.2、残高3.1厘米（图四二〇，2）。标本00DT0604㉛：21，夹细砂黑陶，局部褐、红。素面。敞口，沿微上折，圆尖唇，弧腹，残。轮制，火候较高。口径14、残高4厘米（图四二〇，3）。

豆柄　5件。

标本99DT0202㉜B：134，泥质灰陶，灰黑胎。素面，外壁磨光。盘底微圜，细柄，喇叭形座，残。轮制，火候高。残宽5.4、残高9.5厘米（图四二〇，4）。标本02DT0101㉙：47，泥质黑皮陶，红胎。柄中部饰凹弦纹两道，内底、器表磨光。圆柱形柄，中部内收，中空，残。轮制，火候较高。残宽4.8、残高8.8厘米（图四二〇，5）。标本02DT0102㊺：6，泥质黑陶，红胎。柄中部饰凹弦纹，器表磨光。细圆柱形柄，中空，残。轮制，火候较高。残高7.8厘米（图四二〇，6）。

豆形器　3件。A型。

标本02DT0102㊼：59，泥质灰褐陶，红褐胎。盘底缘饰凸弦纹一周，口沿、外壁磨光。敞口，圆尖唇，腹较斜直，下部近底处急收，残。轮制，火候较高。残宽8、残高7.2厘米（图四二〇，7）。标本02DT0102㊼：60，泥质黑陶，灰胎。盘底缘饰凸弦纹一周，内外壁磨光。敞口，圆尖唇，腹较斜直，下部急收，残。轮制，火候较高。残宽6.4、残高6.5厘米（图四二〇，8；图版四六，1）。

簋　1件。

标本02DT0101㉙：45，夹砂黑陶，胎褐夹灰褐。圈足上部饰圆圈形戳印纹两周。微有下腹，圈足较高，斜壁，残。分制，火候较高。残宽18.2、残高5厘米（图四二〇，9）。

盉　8件。

盉口？　1件。

标本99DT0202㉜B：125，夹细砂红褐陶，灰胎。素面。侈口，卷沿，尖圆唇，鼓腹，残。手制轮修，火候较高。残宽4.7、残高5.1厘米（图四二〇，10）。

盉裆　4件。

标本00DT0605㉝A：21，夹细砂红陶，灰黑胎。素面，内壁多刮抹痕。袋足，残。分制，火候较高。残高5.5厘米（图四二〇，11）。标本00DT0706㉘：16，夹细砂红陶，局部褐。素面。管状足，残。三足分制，裆部附加泥条固定。残高7.2厘米（图四二〇，12）。标本02DT0101㉙：48，夹砂黑褐陶，褐胎。素面。残剩裆部，附加泥条加固。分制，火候高。残宽8.2、残高3.8厘米（图四二〇，13）。

盉足　3件。

标本00DT0605㉝A：22，夹细砂红陶，局部黑、灰。素面，内壁多刮抹痕。尖管状形，残。手制，火候较高。残高5.2厘米（图四二〇，14）。标本02CT0101㊲：6，夹砂黑陶，胎褐夹黑。素面。扁圆尖形，中空，残。手制，火候较高。残宽6、残高8厘米（图四二〇，15）。

鬶　2件。

标本00DT0706㉘：14，夹细砂红陶，局部黑、灰，红褐胎。耳上饰辫绳纹。喇叭口，圆唇，附竖桥耳，残。手制，火候较高。口径约15.2、残高13厘米（图四二〇，16）。标本02DT0102㊼：62，夹砂红陶，灰褐胎。腹饰凹弦纹。侈口，微有外沿，圆唇，腹微束，残。轮制，火候较高。残宽6.4、残高5.6厘米（图四二〇，17；图版四六，2）。

鋬　6件。

标本99DT0202㊾B：86，夹细砂灰陶，局部灰黑。素面。平顶，近窄桥形，中部内凹，残。手制，火候较高。残宽3、残高5.8厘米（图四二一，1）。标本00DT0604㉙：3，夹细砂红陶，灰、黑胎。鋬中部麻花形纹。桥形鋬，残。手制，火候较高。残宽3.6、残高

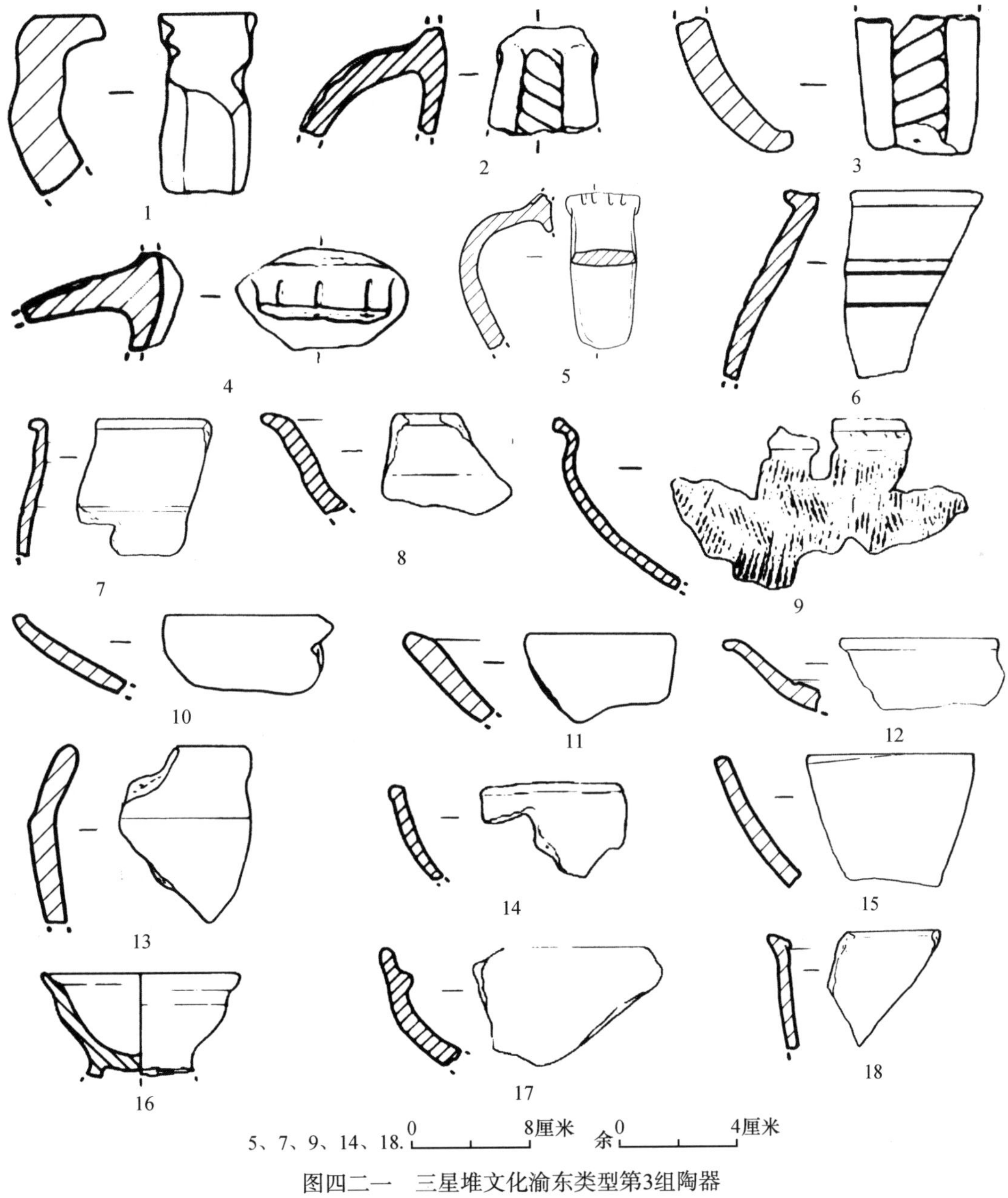

图四二一　三星堆文化渝东类型第3组陶器

1～5. 鋬（99DT0202㊾B：86、00DT0604㉙：3、00DT0604㉛：22、02DT0101㉙：49、02DT0102㊼：63）　6、7. A型盆（00DT0604㉛：19、02DT0102㊼：52）　8、9. C型盆（00DT0605㉝A：20、00DT0605㉝A：10）　10～12. 盘（99DT0202㊾B：126、99DT0202㊾B：127、02DT0102㊼：57）　13～15. 钵（99DT0202㊾B：128、00DT0705㉖：9、02DT0102㊼：58）　16. 圈足杯？（00DT0604㉚：5）　17. 盒？（00DT0705㉖：6）　18. 器座？（02DT0102㊼：61）

3.6厘米（图四二一，2）。标本00DT0604㉛：22，夹细砂红陶，局部、胎灰。中部麻花形纹。桥形，端部略窄，残。手制，火候较高。残宽4.1、残高5.4厘米（图四二一，3）。标本02DT0101㉙：49，夹砂灰陶，胎红夹灰。鋬饰竖粗划纹三道。上腹微束，附加宽带形竖鋬，残。手制，火候高。残宽5、残高3.5厘米（图四二一，4）。标本02DT0102㊼：63，夹砂红褐陶，灰胎。鋬上部饰戳印纹。扁平竖耳形鋬，残。手制，火候较高。宽4.4、残高10.2、厚0.6厘米（图四二一，5；图版四六，3）。

盆　6件。

A型　2件。

标本00DT0604㉛：19，泥质灰黑陶，灰白胎。上腹饰凹弦纹。敛口，窄平折沿，沿面内凹，圆尖唇，鼓下腹，残。轮制，火候高。残宽4.6、残高6.2厘米（图四二一，6）。标本02DT0102㊼：52，夹砂褐陶，局部、胎红。腹饰粗凹弦纹。口近直，沿微外下斜，沿面微凹，圆唇，上腹较直，下腹微鼓，残。轮制，火候较高。残宽8.8、残高9厘米（图四二一，7）。

B型　1件。标本碎小。

C型　3件。

标本00DT0605㉝A：20，夹细砂黑陶，胎红夹灰。腹饰横划纹。敞口，斜折沿，圆唇，腹微折，残。轮制，火候较高。残宽4.4、残高3.4厘米（图四二一，8）。标本00DT0605㉝A：10，夹粗砂黑陶，局部红，里灰褐。外沿、器表饰交错绳纹。侈口，斜卷沿，方唇，弧腹，残。手制轮修，火候一般。残宽19.8、残高11.2厘米（图四二一，9）。

盘　6件。

标本99DT0202㊾B：126，夹细砂黑陶，红褐胎。素面。敞口，方唇，弧腹，残。轮制，火候较高。残宽5.6、残高2.6厘米（图四二一，10）。标本99DT0202㊾B：127，夹细砂红陶，褐黄胎。素面。敞口，内沿斜折，圆唇，弧腹，残。轮制，火候较高。残宽5、残高3.9厘米（图四二一，11）。标本02DT0102㊼：57，夹砂黑陶，红褐胎。素面。敞口，卷沿，圆唇，弧腹，内下腹有折棱一周，残。轮制，火候较高。残宽5.5、残高2.4厘米（图四二一，12）。

钵　3件。

标本99DT0202㊾B：128，夹细砂红陶，灰黑胎。素面。敛口，圆唇，折腹，残。轮制，火候较高。残宽4.3、残高5.8厘米（图四二一，13）。标本00DT0705㉖：9，夹细砂红陶，胎红夹黑。素面。敞口，方圆唇，弧腹，残。手制，火候较高。残宽9.6、残高6.4厘米（图四二一，14；图版四六，4）。标本02DT0102㊼：58，泥质灰褐陶。素面。敞口，圆唇，弧腹，残。轮制，火候高。残宽5.8、残高4.4厘米（图四二一，15）。

圈足杯？　1件。

标本00DT0604㉚：5，夹细砂红陶，局部红褐，灰胎。素面。敞口，沿微外折有上卷，尖圆唇，弧腹，圈足残。轮制，火候较高。口径6.5、残高3.4厘米（图四二一，16）。

盒？　1件。

标本00DT0705㉖：6，夹细砂红陶，局部褐。素面。敞口，口内下外凸成内沿，圆唇，弧腹，上腹微束，残。轮制，火候较高。残宽6.2、残高4厘米（图四二一，17）。

器座？　1件。

标本02DT0102㊼：61，夹砂黑陶，胎褐夹黑。素面。敞口，卷沿，圆唇，弧腹，残。轮制，火候较高。残宽7.6、残高7.6厘米（图四二一，18）。

器盖　13件。

A型　8件。

标本99DT0202㊾B：129，夹细砂黑陶，红褐胎。素面，内外壁磨光。覆盘状，敞口，圆唇，弧壁，残。手制，火候高。残宽6.6、残高3.2厘米（图四二二，1）。标本02DT0101㉙：46，泥质黑皮陶，灰胎。壁上部饰细凹弦纹和戳印纹一周，器表磨光。弧壁，敞口，圆唇，纽残。轮制，火候较高。口径12、残高3.2厘米（图四二二，2）。

B型　1件。

标本02DT0102㊼：55，泥质灰褐陶，局部、胎红。素面，内外壁磨光。弧壁，敞口，卷沿，圆唇，残。轮制，火候较高。残宽8.2、残高2.2厘米（图四二二，3）。

C型　4件。

标本02DT0102㊼：56，夹砂灰黑陶，红胎。素面。弧壁，敞口，卷沿，圆唇，残。轮制，火候较高。残宽7、残高4.4厘米（图四二二，4）。标本00DT0604㉚：4，夹细砂黑陶，局部红褐、灰褐。素面。斜壁，喇叭口，方唇，残。手制轮修，火候一般。残宽6.2、残高2.2厘米（图四二二，5）。

盖纽　8件。

标本00DT0604㉛：20，泥质灰陶。素面。喇叭形捉手，盖底乳凸，残。手制轮修，火候高。残高5.2厘米（图四二二，6）。标本00DT0605㉜：19，夹粗砂红黄陶，局部灰、褐，灰白胎，里浅黄。顶、器表拍印方格纹。矮柱状捉手，弧顶，弧壁，残。分制，残。捉手径5.2、残高6.2厘米（图四二二，7）。标本00DT0605㉜：20，夹细砂灰黑陶，局部黑、红。素面。圆圈形捉手，沿微外下卷，圆唇，矮柱状柄；盖壁弧，残。轮制，火候一般。捉手径4.2、残高5厘米（图四二二，8）。标本02DT0102㊼：65，夹砂黑陶，灰褐胎。素面。圆圈形纽，残。轮制，火候较高。纽径5.1、残高1.6厘米（图四二二，9）。标本02DT0102㊼：66，夹砂黑陶。素面，器表磨光。圆圈形纽，沿外下卷，圆唇，矮柱，残。轮制，火候较高。纽径6.2、残高3.6厘米（图四二二，10）。

圈足　13件。

A型　11件。

标本99DT0202㊾B：106，夹细砂红陶，灰胎。素面。敞口，沿微外折，圆唇，上腹内收，残。轮制，火候较高。残宽3.6、残高4厘米（图四二二，11）。标本99DT0202㊾B：142，夹细砂红陶，灰胎。圈足中上部饰镂孔。喇叭形，圈足较高，残。轮制，火候较高。残宽3.8、残高3.4厘米（图四二二，12）。

B型　2件。

标本02CT0101㊲：5，夹砂灰褐陶，灰胎。素面。圈足较高，外弧，残。轮制，火候较高。残宽8.8、残高5.6厘米（图四二二，13）。

不明器　12件。

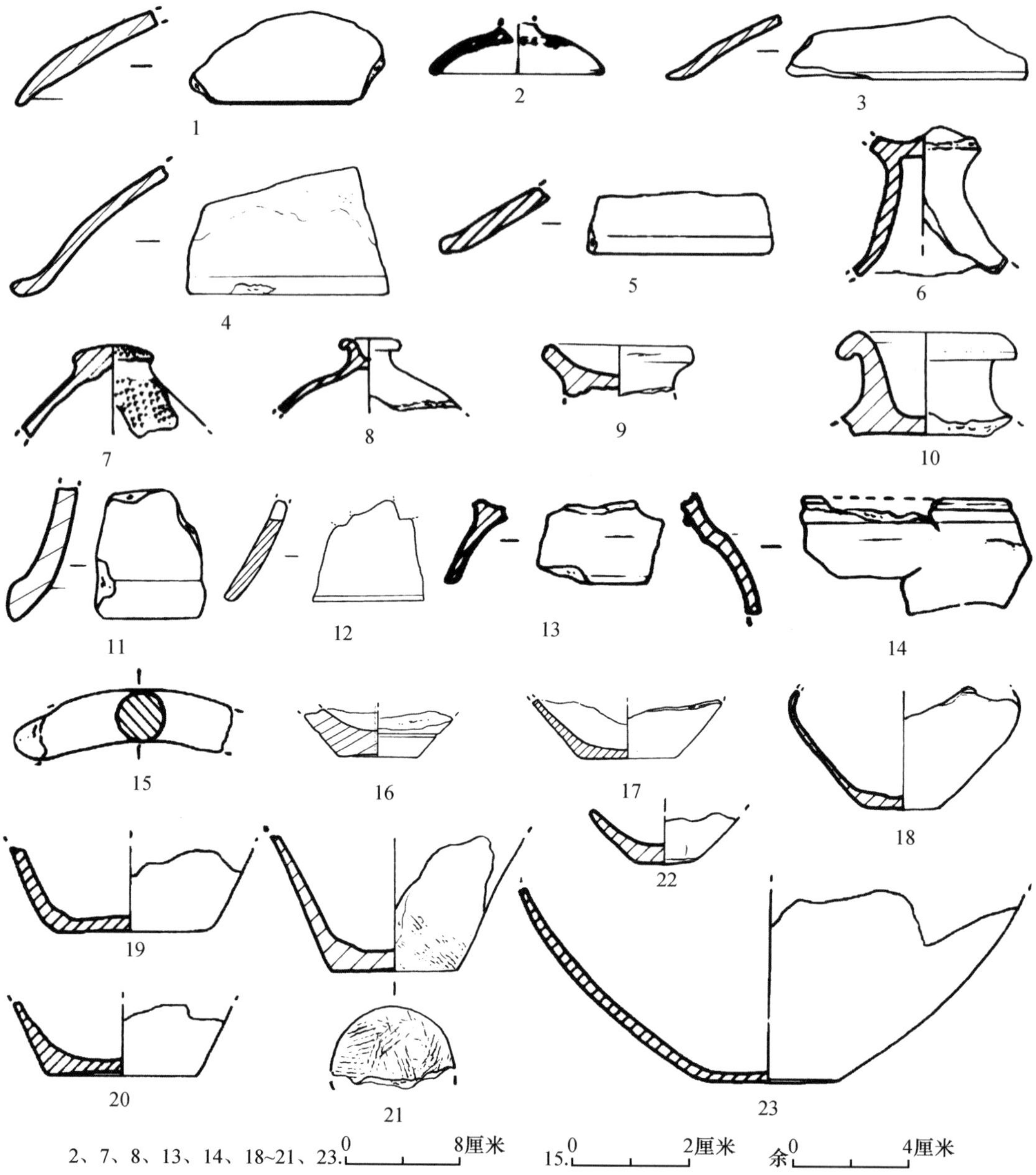

图四二二　三星堆文化渝东类型第3组陶器

1、2. A型器盖（99DT0202㊾B：129、02DT0101㉙：46）　3. B型器盖（02DT0102㊼：55）　4、5. C型器盖（02DT0102㊼：56、00DT0604㉚：4）　6～10. 盖纽（00DT0604㉛：20、00DT0605㉜：19、00DT0605㉜：20、02DT0102㊼：65、02DT0102㊼：66）　11、12. A型圈足（99DT0202㊾B：106、99DT0202㊾B：142）　13. B型圈足（02CT0101㊲：5）　14. 不明器（02DT0102㊹：5）　15. 环？（00DT0604㉛：24）　16～23. 器底（99DT0202㊾B：135、99DT0202㊾B：136、02DT0102㊼：68、00DT0705㉗：4、00DT0605㉝A：36、02DT0102㊼：69、02DT0102㊼：71、00DT0805㉒：1）

标本02DT0102㊹：5，夹砂黑陶，胎、里灰白。外沿有凸棱两周。侈口，内沿内凹略呈盘状，束领，残。轮制，火候较高。残宽15.6、残高7.8厘米（图四二二，14）。

环？　1件。

标本00DT0604㉛：24，夹细砂红陶。素面。圆环形，残。手制，火候较高。弧长3.7、径约0.8厘米（图四二二，15）。

器底　138件。

标本99DT0202㉜B：135，夹细砂红褐陶，黑胎。底外壁饰划纹一周。微有下腹，小底微内圜，残。轮制，火候高。底径2.8、残高1.6厘米（图四二二，16）。标本99DT0202㉜B：136，夹细砂黑陶，红褐胎。素面，内外壁磨光。下腹较斜直，小平底，残。轮制，火候高。底径3.2、残高2厘米（图四二二，17）。标本02DT0102㊼：68，夹砂褐陶，局部红褐。肩饰凹弦纹。鼓肩，腹微弧收，平底，残。轮制，火候较高。底径5.2、残高8厘米（图四二二，18）。标本00DT0705㉗：4，夹粗砂黑衣陶，胎红夹灰，里红。素面，内底饰长方形戳印纹。下腹斜收，平底，残。轮制，火候一般。底径10.8、残高5.6厘米（图四二二，19）。标本00DT0605㉝A：36，夹细砂灰黑陶，局部浅黄。胎灰黑夹红褐。素面。下腹斜收，底微凹，残。轮制，火候较高。底径10.4、残高4.8厘米（图四二二，20）。标本02DT0102㊼：69，夹粗砂灰陶，局部黑。下腹近底处、外底饰绳纹。下腹斜收，平底微凹，残。轮制，火候较高。底径8.8、残高9.2厘米（图四二二，21）。标本02DT0102㊼：71，夹砂灰褐陶，局部红褐。素面，多刮削痕。下腹弧收，圜底，残。手制，火候较高。残高3.4厘米（图四二二，22）。标本00DT0805㉒：1，夹细砂灰褐陶，灰胎，里红。素面。下腹弧收，底略圜，残。泥条盘筑，火候较高。残高13.2厘米（图四二二，23）。

2. 石（玉）器

本组出土石（玉）器也很少，仅10件，器类主要是斧、锛、凿、刮削器。

玉器？　1件。标本碎小。

斧　2件。

Aa型　1件。Ⅰ式。

标本02DT0102㊼：4，绿色砾石。平面近长方形，顶部较窄，圆顶，刃部崩残。两侧、刃部磨制，余自然面。残长14.4、残宽7.2、厚3.6厘米（图四二三，1）。

Ba型　1件。

标本02DT0102㊼：2，青绿色砾石。平面近长方形，顶部略窄，圆顶，刃部崩残。大部分磨制。残长6.8、残宽3.7、厚2.1厘米（图四二三，2）。

锛　5件，其中1件不明型别。

Aa型　2件。

标本02DT0102㊻A：1，黑色砾石。平面近梯形，顶部略窄，弧顶，刃部崩残，偏锋。磨制。残长7.6、残宽4.2、厚1.6厘米（图四二三，3）。标本02DT0102㊼：3，暗褐色砾石。平面近梯形，圆顶，弧刃多崩疤，偏锋，微残。磨制。残长6.2、宽5.1、厚2厘米（图四二三，4）。

Bb型　2件。

标本00DT0605㉝A：1，青灰色砾石，多黑色斑点。平面近长方形，斜顶，弧刃，刃部有崩疤，偏锋，微残。磨制。长7.1、宽5.2、厚2厘米（图四二三，5）。

凿　1件。残甚，可辨为Aa型。

刮削器　1件。

标本00DT0805㉔：6，青灰色砾石。薄片近圆形，周边多打制痕。泥岩，打制。长径5.1、厚0.7厘米（图四二三，6）。

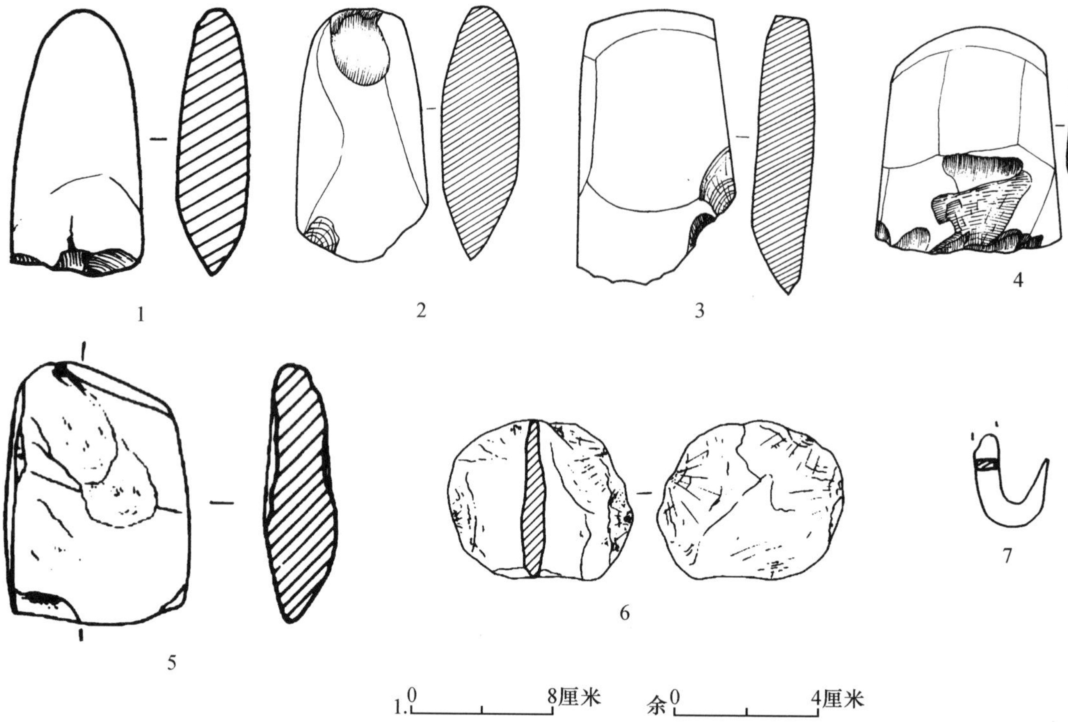

图四二三 三星堆文化渝东类型第3组器物

1. Aa型Ⅰ式石斧（02DT0102㊼：4） 2. Ba型石斧（02DT0102㊼：2） 3、4. Aa型石锛（02DT0102㊻A：1、02DT0102㊼：3） 5. Bb型石锛（00DT0605㉝A：1） 6. 石刮削器（00DT0805㉔：6） 7. 骨鱼钩（99DT0202㊾B：37）

3. 骨器

发现很少，仅鱼钩1件。

标本99DT0202㊾B：37，褐色，局部灰白色。钩身扁平，残。磨制。残长1.3、宽1厘米（图四二三，7）。

二、二 期

仅一组，第4组。

本组地层最少，仅99DT0202㊿、㊾B。出土遗物也主要是陶器、石器等。本组从出土器物群看，还可以细分早、晚两段，早段与第3组接近，晚段出土西周时期常见的按窝类器物，更接近西周早期。

1. 陶器

共出陶器5962件。

（1）陶系

早段陶器与第3组基本相同，晚段与西周早期基本相同。

（2）器类

敛口鼓肩瓮 7件。

A型　6件。

Aa型　5件。Ⅱ式。

标本99DT0202㊿：80，夹细砂灰黑陶，灰胎。外沿面、肩部饰绳纹。敛口，微有沿，圆唇，鼓肩，残。轮制，火候较高。残宽7.7、残高4.1厘米（图四二四，1）。

Ab型　1件。Ⅱ式。

标本99DT0202㊿：82，夹粗砂黑陶，灰胎。外沿面、肩部饰绳纹。敛口，内沿面微凹，尖圆唇，圆肩，残。轮制，火候较高。残宽5.3、残高3.2厘米（图四二四，2）。

B型　1件。

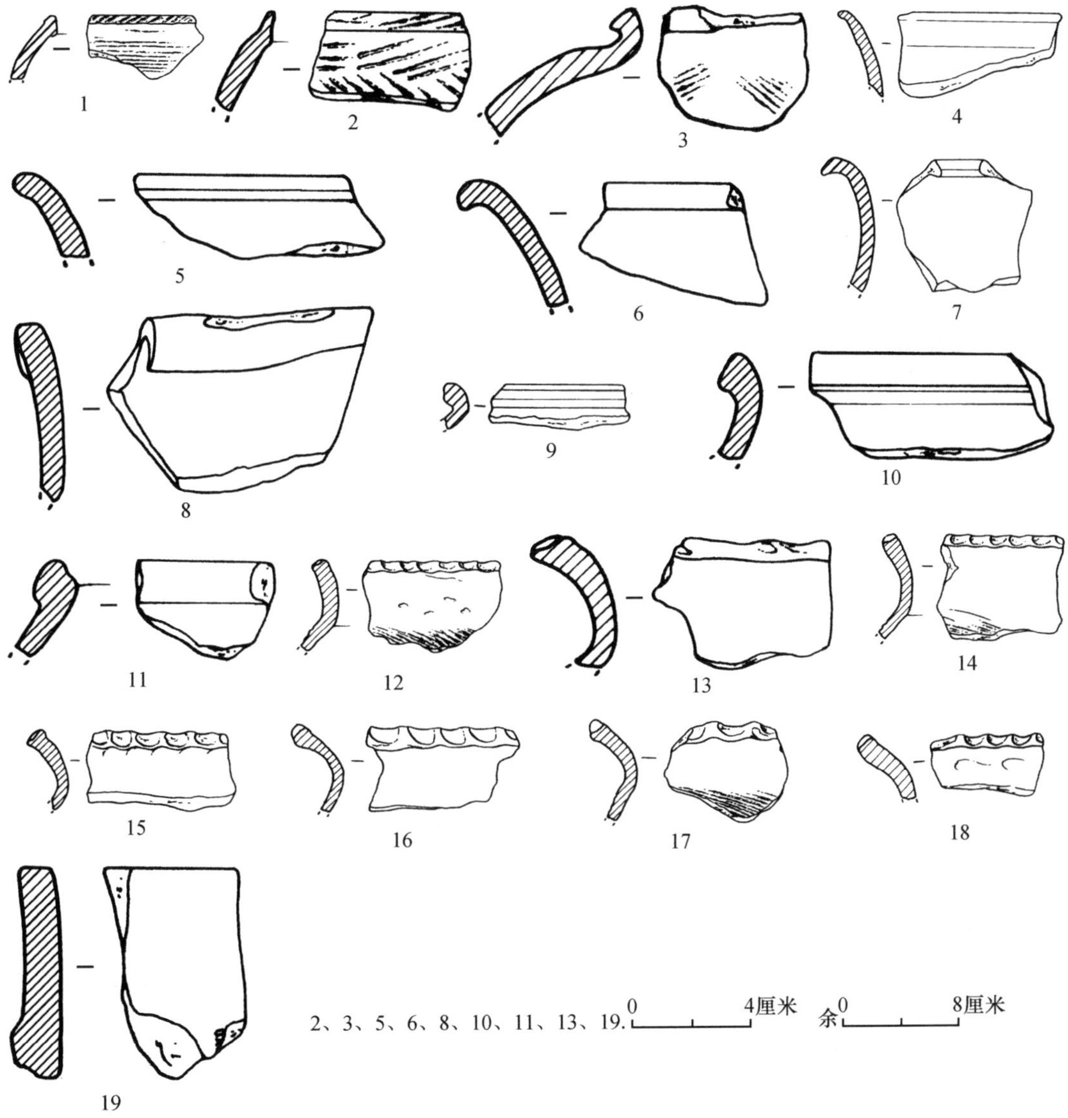

图四二四　三星堆文化渝东类型第4组陶器

1. Aa型Ⅱ式敛口鼓肩瓮（99DT0202㊿：80）　2. Ab型Ⅱ式敛口鼓肩瓮（99DT0202㊿：82）　3. B型敛口鼓肩瓮（99DT0202㊾B：171）　4、5. Aa型Ⅱ式高领瓮（99DT0202㊾B：154、99DT0202㊿：134）　6、7. Ab型Ⅰ式高领瓮（99DT0202㊿：133、99DT0202㊿：135）　8. B型高领瓮（99DT0202㊿：91）　9、10. B型矮领瓮（99DT0202㊿：136、99DT0202㊿：137）　11. 敛口瓮（99DT0202㊿：138）　12、13. Ⅰ式按唇瓮（99DT0202㊾B：155、99DT0202㊾B：156）　14、15. Ⅱ式按唇瓮（99DT0202㊾B：157、99DT0202㊾B：158）　16、17. Ⅲ式按唇瓮（99DT0202㊾B：159、99DT0202㊾B：160）　18. Ⅲ式按唇缸（99DT0202㊾B：162）　19. A型缸（99DT0202㊿：139）

标本99DT0202㊾B：171，夹粗砂黑陶，红褐胎。肩部饰绳纹。侈口，卷沿，方唇，圆肩，残。轮制，火候较高。残宽5、残高4厘米（图四二四，3）。

高领瓮　20件。

A型　11件。

Aa型　7件。Ⅱ式。

标本99DT0202㊾B：154，泥质黑陶，灰胎。领部饰划纹。侈口，微外下折沿，圆唇，束领，残。轮制，火候高。残宽10.8、残高5.6厘米（图四二四，4）。标本99DT0202㊿：134，夹细砂黑陶，灰胎。素面。喇叭口，卷沿，圆唇，残。轮制，火候高。残宽8.2、残高2.6厘米（图四二四，5）。

Ab型　4件。Ⅰ式。

标本99DT0202㊿：133，夹细砂灰黑陶。素面。喇叭口，沿外下卷，圆唇，残。轮制，火候较高。残宽6.3、残高4厘米（图四二四，6）。标本99DT0202㊿：135，夹细砂灰黑陶。素面。侈口，沿外下折，圆唇，束领，残。轮制，火候高。残宽9、残高8.6厘米（图四二四，7）。

B型　9件。

标本99DT0202㊿：91，夹粗砂黑陶。素面，器表多刮抹痕。微侈口，沿外卷贴，方唇，上部微弧，残。手制，火候较高。残宽8.8、残高4.8厘米（图四二四，8）。

矮领瓮　3件。B型。

标本99DT0202㊿：136，夹粗砂灰黑陶，胎褐夹灰。唇面饰凹槽一周。侈口，卷沿，唇面内凹，有肩，残。轮制，火候高。残宽9.3、残高2.9厘米（图四二四，9）。标本99DT0202㊿：137，夹细砂灰陶，红褐胎。素面。侈口，卷沿，沿面微凹，方唇，残。轮制，火候高。残宽8.2、残高3.4厘米（图四二四，10）。

敛口瓮　1件。

标本99DT0202㊿：138，夹细砂黑陶。素面。敛口，沿面内凹，圆唇，斜肩，残。轮制，火候较高。残宽4.5、残高3.1厘米（图四二四，11）。

按唇瓮　18件。

Ⅰ式：8件。

标本99DT0202㊾B：155，夹细砂红陶，口部灰褐。唇部按压浅指纹，外沿饰戳印纹，肩部饰绳纹。侈口，卷沿，有肩，残。手制，火候较高。残宽9.1、残高6厘米（图四二四，12）。标本99DT0202㊾B：156，夹细砂红陶，口部黑褐，里红褐。唇部按压浅指纹。侈口，卷沿，残。手制，火候较高。残宽4.9、残高4.2厘米（图四二四，13）。

Ⅱ式：7件。

标本99DT0202㊾B：157，夹细砂红陶，口部灰，内沿红褐。唇部按窝较深，肩部饰绳纹，内壁多按抹痕。侈口，卷沿，有肩，残。手制，火候一般。残宽8.2、残高6.8厘米（图四二四，14）。标本99DT0202㊾B：158，夹细砂浅黄褐陶，口、里灰黑。唇部按窝较浅，内、外沿也饰按窝纹，内壁多按抹痕。侈口，卷沿，有肩，残。手制，火候较高。残宽9.8、残高5.2厘米（图四二四，15）。

Ⅲ式：3件。

标本99DT0202㊾B：159，夹细砂黑褐陶，灰胎，器表粘有朱砂。唇部按窝较深，内壁有按抹痕。侈口，卷沿，残。手制，火候较高。残宽10、残高5.6厘米（图四二四，16）。标本99DT0202㊾B：160，夹细砂灰黑陶，红胎。唇部按压呈波浪形，肩部饰绳纹，内壁多按抹痕。侈口，卷沿，有肩，残。手制，火候较低。残宽8.1、残高6.5厘米（图四二四，17）。

按唇缸　2件。Ⅲ式。

标本99DT0202㊾B：162，夹细砂黄褐陶，红胎。唇部按窝较深，外下沿有按窝纹，内壁多按抹痕。侈口，卷沿，沿面内凹，残。手制，火候较高。残宽7.4、残高4.2厘米（图四二四，18）。

缸　1件。A型。

标本99DT0202㊿：139，夹粗砂红陶，胎较厚。素面，唇面磨光。口微侈，方唇，上腹有折棱，残。轮制，火候高。残宽4.7、残高6.8厘米（图四二四，19）。

敛口鼓肩罐　17件。A型。

Aa型　8件。

Ⅰ式：1件。

标本99DT0202㊿：78，夹细砂红褐陶，胎灰，里灰黑。肩部饰组状斜细绳纹。敛口，沿内凹，圆唇，唇下有细凹槽一周，圆肩，残。轮制，火候较高。残宽4.2、残高3.6厘米（图四二五，1）。

Ⅲ式：7件。

标本99DT0202㊿：79，夹细砂红陶，里黑。外沿面、肩部饰组状斜细绳纹。敛口，沿内上卷，沿面内凹，圆唇，外沿下有细凹槽一周，溜肩，残。手制轮修，火候较高。残宽4.1、残高5厘米（图四二五，2）。

Ab型　9件。Ⅰ式。

标本99DT0202㊿：81，夹细砂灰陶，局部、里黑。肩部饰细绳纹。敛口，微有凸沿，圆尖唇，圆肩，残。手制轮修，火候较高。残宽5.7、残高3.9厘米（图四二五，3）。

小平底罐　11件。

A型　4件。Aa型。

Ⅰ式：2件。

标本99DT0202㊿：64，夹粗砂黑陶，局部黑褐。素面。侈口，卷沿，沿面内凹，唇面内凹，圆肩，残。轮制，火候较高。残宽6.6、残高5.9厘米（图四二五，4）。

Ⅱ式：2件。

标本99DT0202㊿：60，夹细砂黑陶。素面。侈口，卷沿，沿面微凹，方唇，圆肩，残。轮制，火候较高。残宽5.3、残高3.8厘米（图四二五，5）。标本99DT0202㊿：65，夹细砂黑陶，红褐胎。素面。侈口，卷沿，方唇微凹，斜肩，残。轮制，火候较高。残宽7、残高4.4厘米（图四二五，6）。

B型　7件。

Ba型　5件。

Ⅰ式：3件。

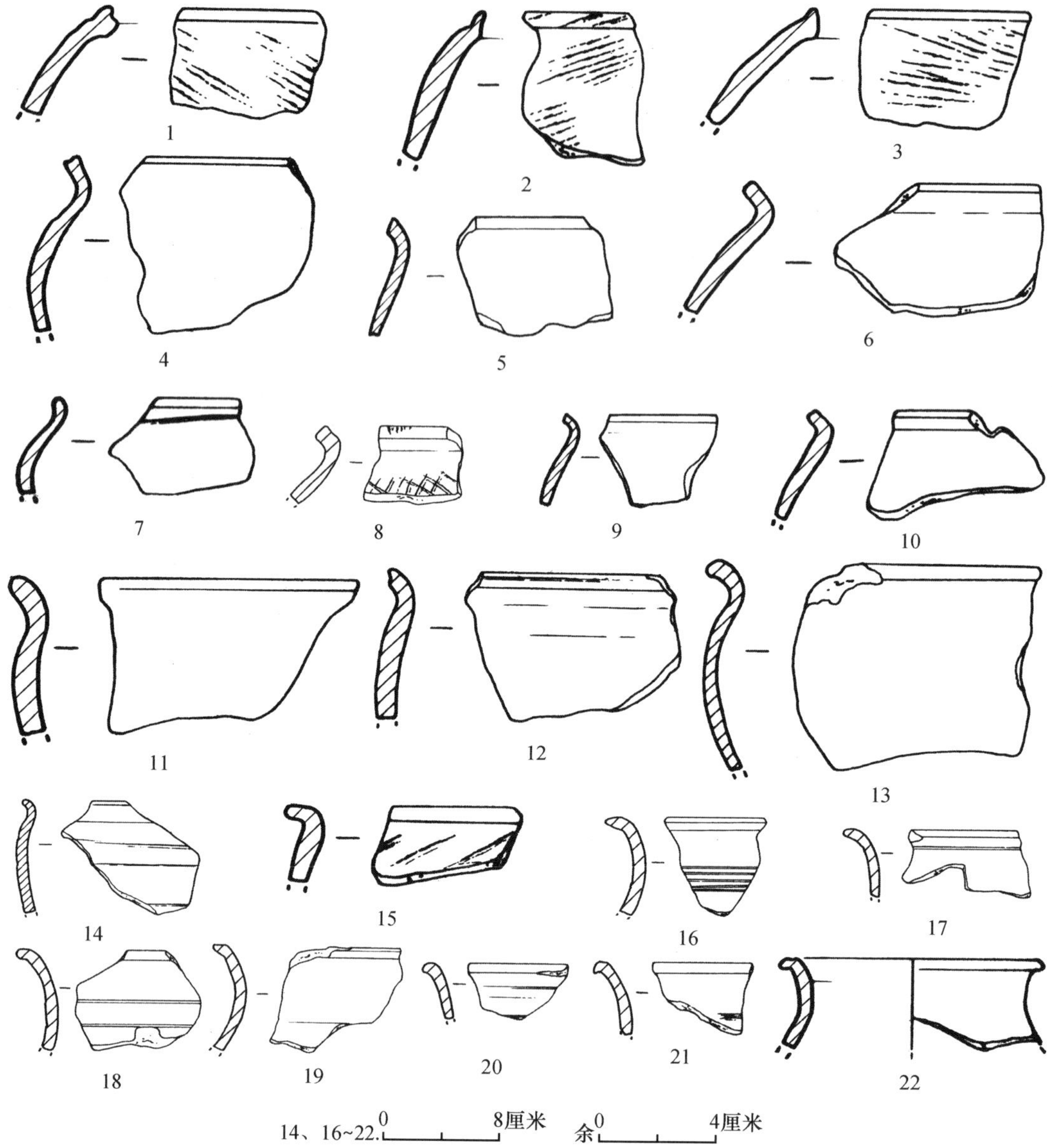

图四二五　三星堆文化渝东类型第4组陶器

1. Aa型Ⅰ式敛口鼓肩罐（99DT0202㊿：78）　2. Aa型Ⅲ式敛口鼓肩罐（99DT0202㊿：79）　3. Ab型Ⅰ式敛口鼓肩罐（99DT0202㊿：81）　4. Aa型Ⅰ式小平底罐（99DT0202㊿：64）　5、6. Aa型Ⅱ式小平底罐（99DT0202㊿：60、99DT0202㊿：65）　7. Ba型Ⅰ式小平底罐（99DT0202㊿：63）　8. Ba型Ⅱ式小平底罐（99DT0202㊿：62）　9、10. Bb型Ⅱ式小平底罐（99DT0202㊿：61、99DT0202㊿：66）　11. A型Ⅱ式卷沿罐（99DT0202㊿：76）　12. Ba型Ⅱ式卷沿罐（99DT0202㊾B：101）　13. Bb型Ⅰ式卷沿罐（99DT0202㊾B：100）　14. Bb型Ⅱ式卷沿罐（99DT0202㊾B：102）　15. Bb型Ⅱ式深腹罐（99DT0202㊿：77）　16、17. Aa型束领罐（99DT0202㊿：72、99DT0202㊿：74）　18、19. Ab型束领罐（99DT0202㊿：69、99DT0202㊿：73）　20. Ac型束领罐（99DT0202㊿：71）　21、22. B型束领罐（99DT0202㊿：68、99DT0202㊿：70）

标本99DT0202㊿：63，夹细砂灰褐陶，红褐胎。肩上部饰划纹。侈口，卷沿，圆唇，鼓肩，残。轮制，火候较高。残宽5、残高3.4厘米（图四二五，7）。

Ⅱ式：2件。

标本99DT0202㊿：62，夹细砂黄红陶。肩部饰交错绳纹。侈口，卷沿，方唇，有肩，残。轮制，火候高。残宽3.4、残高2.6厘米（图四二五，8）。

Bb型　2件。Ⅱ式。

标本99DT0202㊿：61，夹细砂灰陶。素面。侈口，卷沿，方唇，鼓肩，残。轮制，火候较高。残宽4、残高3.1厘米（图四二五，9）。标本99DT0202㊿：66，夹细砂灰黑陶。素面。侈口，卷沿，沿面微凹，方唇，有肩，残。轮制，火候较高。残宽6、残高3.5厘米（图四二五，10）。

卷沿罐　16件。

A型　6件。Ⅱ式。

标本99DT0202㊿：76，夹细砂灰陶，器表多黑褐色斑块。素面。侈口，卷沿，上腹微鼓，残。轮制，火候较高。残宽8.8、残高5.2厘米（图四二五，11）。

B型　10件。

Ba型　7件。Ⅱ式。

标本99DT0202㊾B：101，夹细砂灰陶。唇面、上腹饰凹弦纹。侈口，卷沿，唇面微凹，鼓腹，残。轮制，火候高。残宽7.2、残高7厘米（图四二五，12）。

Bb型　3件。

Ⅰ式：1件。

标本99DT0202㊾B：100，夹细砂灰陶。素面，下腹磨光。侈口，卷沿，圆唇，鼓上腹，残。轮制，火候高。残宽8.2、残高7厘米（图四二五，13）。

Ⅱ式：2件。

标本99DT0202㊾B：102，夹细砂灰黑陶，局部红。器表饰划纹。侈口，卷沿，圆唇，上腹微鼓，残。轮制，火候高。残宽9.4、残高7.5厘米（图四二五，14）。

深腹罐　2件。Bb型。

Ⅰ式：1件。标本碎小。

Ⅱ式：1件。

标本99DT0202㊿：77，夹细砂红褐陶。外沿下饰按窝，器表饰斜绳纹。侈口，卷沿外翻，圆唇，残。轮制，火候较高。残宽5、残高2.5厘米（图四二五，15）。

束领罐　80件。

A型　65件。

Aa型　7件。

标本99DT0202㊿：72，夹细砂黑陶。领部饰凹弦纹。侈口，沿微外下卷，尖圆唇，高束领，残。轮制，火候高。残宽6.8、残高6.5厘米（图四二五，16）。标本99DT0202㊿：74，泥质灰褐陶。素面。侈口，沿外下卷，尖圆唇，高束领，残。轮制，火候较高。残宽8.6、残高4.5厘米（图四二五，17）。

Ab型　54件。

标本99DT0202㊿：69，夹细砂灰黑陶。领部饰凹弦纹。侈口，卷沿，圆唇，束领高，残。轮制，火候较高。残宽8.5、残高6.7厘米（图四二五，18）。标本99DT0202㊿：73，泥质黑陶，红褐胎。领部饰细划纹。侈口，微折沿，沿面微凹，束领较高，残。轮制，火候较高。残宽9、残高7厘米（图四二五，19）。

Ac型　4件。

标本99DT0202⑩：71，夹细砂黑陶，红褐胎。领部饰凹弦纹。敞口，卷沿，圆唇，领较斜直，残。轮制，火候较高。残宽6.8、残高3.7厘米（图四二五，20）。

B型 15件。

标本99DT0202⑩：68，夹细砂褐黄陶，胎红褐夹灰。领下部饰细划纹。侈口，沿外下卷，尖圆唇，高束领，残。轮制，火候高。残宽6.7、残高4.8厘米（图四二五，21）。标本99DT0202⑩：70，夹细砂灰黑陶。领上部饰细凸弦纹。侈口，沿外下折，沿面微凹，圆唇，中束领，残。轮制，火候高。口径17.6、残高6厘米（图四二五，22）。

直领罐 41件。

A型 25件。

标本99DT0202⑩：90，夹细砂灰陶。领部饰细凸弦纹、细划纹。侈口，领内上壁有浅凹槽两道，沿外下折，沿面微凹，圆唇，领外斜，广肩，残。轮制，火候高。口径16.2、残高6.5厘米（图四二六，1）。标本99DT0202⑩：93，夹细砂黑陶。沿面饰凹弦纹。敞口，微有折沿，沿面微凹，尖唇，壁斜直内收，残。轮制，火候高。残宽9.7、残高3.4厘米（图四二六，2）。

B型 16件。

标本99DT0202⑩：92，夹细砂灰褐陶，局部灰黑，褐胎。领部饰凹弦纹、细划纹。侈口，斜折沿，沿面内凹，圆尖唇，领斜直内收，残。手制，火候较高。残宽10.4、残高8厘米（图四二六，3）。标本99DT0202㊾B：118，夹细砂灰陶。领中部饰粗划纹。侈口，卷沿，圆尖唇，领中部较斜直，有肩，残。手制轮修，火候高。口径15.2、残高8.2厘米（图四二六，4）。

侈口罐 21件。

A型 18件。

Aa型 8件。

标本99DT0202⑩：87，夹粗砂褐陶，胎褐夹灰。颈部饰划纹。侈口，卷沿，圆唇，溜肩，残。轮制，火候较高。口径16、残高9.2厘米（图四二六，5）。标本99DT0202⑩：83，夹细砂灰黑陶，局部浅黄褐。素面，器表多旋痕。侈口，卷沿，圆唇，鼓腹，残。轮制，火候较高。残宽7.5、残高6.3厘米（图四二六，6）。

Ab型 9件。

标本99DT0202⑩：86，夹细砂灰黑陶，局部灰。器表饰细划纹。侈口，卷沿，圆唇，鼓腹，残。轮制，火候较高。残宽9.2、残高5.1厘米（图四二六，7）。标本99DT0202⑩：88，夹细砂灰陶，局部灰黑，褐胎。器表饰细划纹。侈口，卷沿，沿面刮抹较平，圆唇，溜肩，残。轮制，火候高。残宽8.4、残高5.2厘米（图四二六，8）。

Ac型 1件。

标本99DT0202⑩：85，夹细砂灰陶。素面。侈口，卷沿，圆尖唇，束颈，残。轮制，火候高。残宽6.6、残高4.5厘米（图四二六，9）。

B型 3件。

标本99DT0202⑩：84，夹细砂灰黑陶，褐胎。器表饰细划纹。侈口，卷沿，沿面微凹，圆唇，残。轮制，火候较高。残宽7、残高3.4厘米（图四二六，10）。

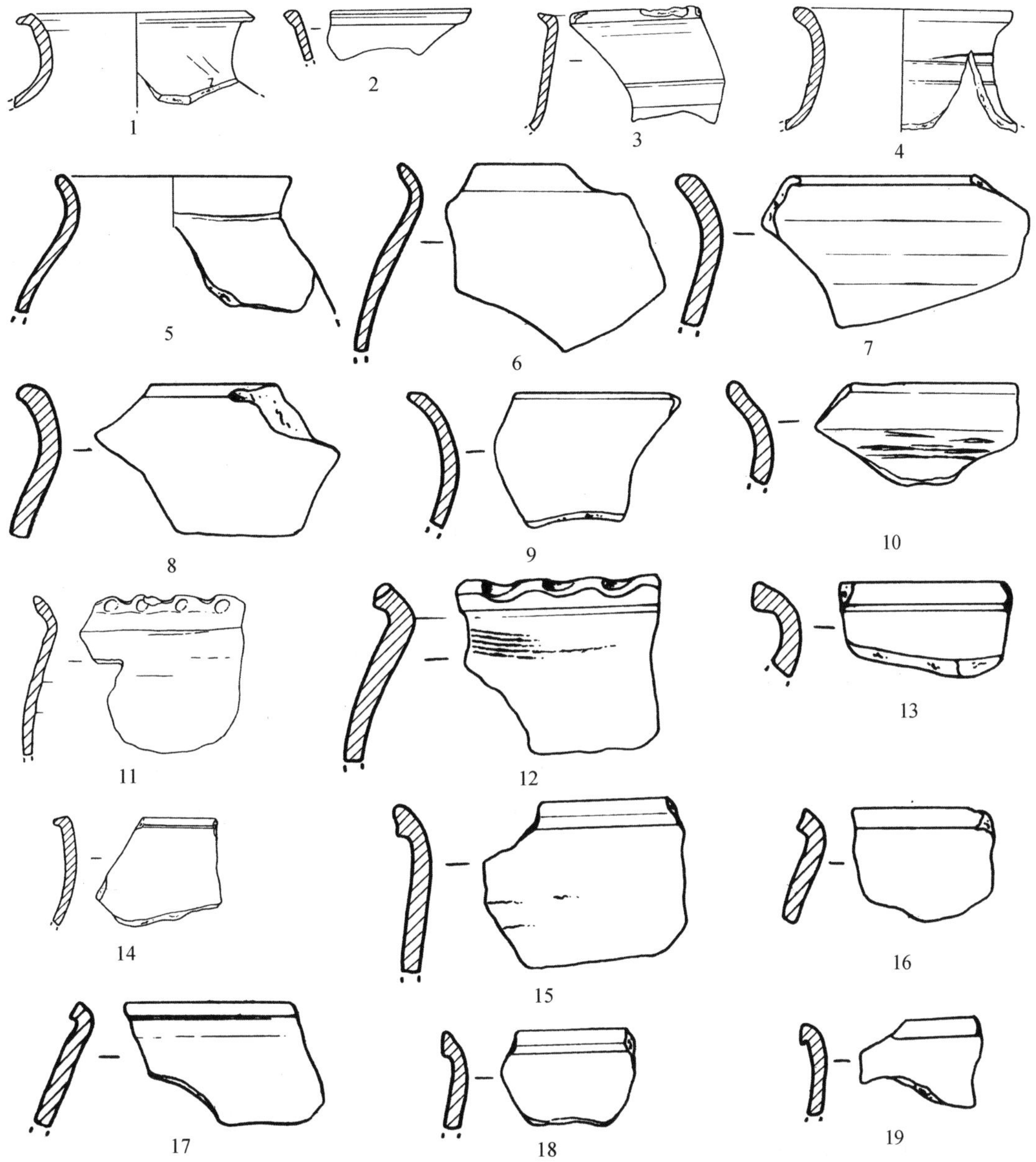

图四二六　三星堆文化渝东类型第4组陶器

1、2. A型直领罐（99DT0202⑩：90、99DT0202⑩：93）　3、4. B型直领罐（99DT0202⑩：92、99DT0202㊾B：118）　5、6. Aa型侈口罐（99DT0202⑩：87、99DT0202⑩：83）　7、8. Ab型侈口罐（99DT0202⑩：86、99DT0202⑩：88）　9. Ac型侈口罐（99DT0202⑩：85）　10. B型侈口罐（99DT0202⑩：84）　11、12. 波浪唇罐（99DT0202⑩：103、99DT0202⑩：104）　13. 矮领罐（99DT0202⑩：67）　14. Ac型高领罐（99DT0202㊾B：120）　15、16. Aa型垂腹罐（99DT0202⑩：97、99DT0202㊾B：106）　17. Ab型垂腹罐（99DT0202㊾B：107）　18、19. B型垂腹罐（99DT0202⑩：96、99DT0202⑩：98）

波浪唇罐　24件。

标本99DT0202⑩：103，夹细砂红陶，局部灰黑。唇部饰戳印纹，外沿有按窝纹，器表多刮抹、细划痕。侈口，卷沿，波浪唇，溜肩，鼓腹，残。盘筑手制，火候较高。残宽11.3、残高10.7厘米（图四二六，11）。标本99DT0202⑩：104，夹细砂灰黑陶，灰胎，里褐。唇部压印呈波浪形，器表饰细划纹。侈口，微折沿，溜肩，残。盘筑，火候较高。残宽7.5、残高6厘米（图四二六，12）。

矮领罐　4件。

标本99DT0202㊿：67，夹细砂黑陶，胎红褐夹灰黑。素面。侈口，卷沿，唇面微凹，残。轮制，火候较高。残宽6、残高3.2厘米（图四二六，13）。

高领罐　1件。Ac型。

标本99DT0202㊾B：120，夹细砂黑陶。素面。侈口，沿外下折，领微束，残。轮制，火候高。残宽8.6、残高7.4厘米（图四二六，14）。

垂腹罐　5件。

A型　3件。

Aa型　2件。

标本99DT0202㊿：97，夹粗砂黑陶，里灰，胎褐夹灰。器表饰细绳纹。侈口，卷沿，圆唇，外沿内凹，下有凸棱，残。轮制，火候较高。残宽6.9、残高5.6厘米（图四二六，15）。标本99DT0202㊾B：106，夹细砂黑陶，胎褐夹灰黑。素面。侈口，卷沿，唇面内凹，下缘有凸棱，鼓腹，残。轮制，火候较高。残宽5、残高4.1厘米（图四二六，16）。

Ab型　1件。

标本99DT0202㊾B：107，夹细砂灰黑陶，灰胎。素面。侈口，微有卷沿，方唇，溜肩，残。轮制，火候高。残宽6.9、残高4.3厘米（图四二六，17）。

B型　2件。

标本99DT0202㊿：96，夹细砂灰褐陶，局部灰黑。外面饰细凹弦纹。侈口，卷沿，沿面微凹，尖圆唇，鼓腹，残。轮制，火候较高。残宽4.6、残高3.3厘米（图四二六，18）。标本99DT0202㊿：98，夹粗砂红陶。素面。侈口，卷沿，方唇，唇缘下垂，残。轮制，火候较高。残宽4.3、残高3.1厘米（图四二六，19）。

大口罐　4件。

标本99DT0202㊿：100，夹细砂灰褐陶，褐胎。沿面饰划纹。微侈口，卷沿，圆唇，腹微鼓，残。轮制，火候较高。残宽7.5、残高5.4厘米（图四二七，1）。标本99DT0202㊾B：104，夹细砂灰褐陶，褐胎。上部饰凹弦纹。喇叭口，卷沿，圆唇，残。轮制，火候较高。残宽4.8、残高4.4厘米（图四二七，2）。标本99DT0202㊾B：105，泥质黑陶，红褐胎。外下沿、上腹饰凹弦纹。微侈口，卷沿，圆尖唇，腹微鼓，残。轮制，火候较高。残宽6.1、残高4.2厘米（图四二七，3）。

折沿罐　4件，1件不明型别。

A型　1件。

标本99DT0202㊾B：108，夹细砂褐陶，灰褐胎。素面。喇叭口，平折沿，圆尖唇，残。轮制，火候较高。残宽5.6、残高2.6厘米（图四二七，4）。

B型　2件。

标本99DT0202㊿：118，夹细砂灰陶，里红。素面。敛口，卷平折沿，圆唇，壁外斜，残。轮制，火候较高。残宽5.6、残高3.8厘米（图四二七，5）。标本99DT0202㊾B：103，夹细砂灰陶，胎灰夹红。上腹微有凸棱。侈口，斜折沿，圆唇，鼓腹，残。轮制，火候高。残宽

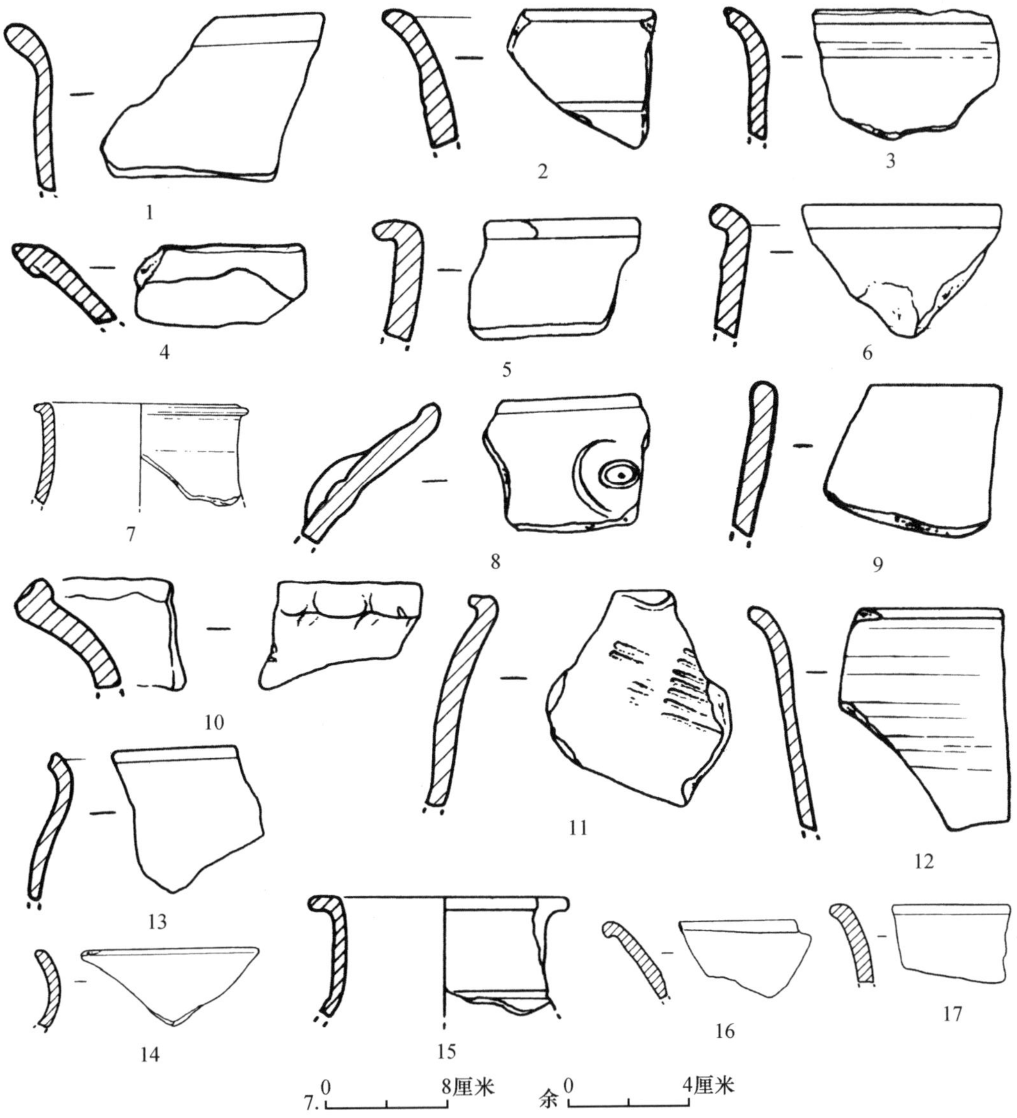

图四二七　三星堆文化渝东类型第4组陶器

1～3. 大口罐（99DT0202⑤⓪：100、99DT0202㊾B：104、99DT0202㊾B：105）　4. A型折沿罐（99DT0202㊾B：108）　5、6. B型折沿罐（99DT0202⑤⓪：118、99DT0202㊾B：103）　7. 子母口罐（99DT0202㊾B：119）　8. A型敛口罐（99DT0202⑤⓪：94）　9. B型敛口罐（99DT0202⑤⓪：125）　10. Ⅱ式按唇罐（99DT0202㊾B：124）　11. Ⅱ式荷叶边口罐（99DT0202⑤⓪：106）　12. 直腹罐（99DT0202⑤⓪：89）　13、14. A型小罐（99DT0202⑤⓪：99、99DT0202㊾B：92）　15. Ba型小罐（99DT0202㊾B：93）　16、17. Bb型小罐（99DT0202㊾B：95、99DT0202㊾B：96）

6.6、残高4.3厘米（图四二七，6）。

子母口罐　2件。

标本99DT0202㊾B：119，泥质灰陶。领部饰细划纹。口微侈，沿微外下卷，沿面微凹略呈子母口，领较直，残。轮制，火候高。口径14、残高6.6厘米（图四二七，7）。

敛口罐　2件。

A型　1件。

标本99DT0202⑤⓪：94，夹粗砂灰陶。肩部贴圆形、月形泥塑。敛口，微有凸沿，圆唇，圆肩，残。轮制，火候较高。残宽5.4、残高4.3厘米（图四二七，8）。

B型　1件。

标本99DT0202㊿：125，夹细砂黑陶。肩部饰凸弦纹。外壁磨光。敛口，圆唇，斜肩，微鼓腹，残。轮制，火候高。残宽5.8、残高3.6厘米（图四二七，9）。

按唇罐　2件。

Ⅰ式：1件。标本碎小。

Ⅱ式：1件。

标本99DT0202㊾B：124，夹细砂黑陶。唇部按窝较浅，器表多按抹痕。侈口，卷沿，残。手制，火候较高。残宽5.2、残高3.5厘米（图四二七，10）。

荷叶边口罐　1件。Ⅱ式。

标本99DT0202㊿：106，夹细砂红褐陶，胎、里灰褐。唇沿按压呈荷叶边形，肩部饰戳划纹。侈口，折沿，溜肩，残。手制，火候较高。残宽6、残高6.8厘米（图四二七，11）。

直腹罐　1件。

标本99DT0202㊿：89，夹细砂灰陶。器表饰划纹。敞口，卷沿，圆唇，腹斜直，残。轮制，火候高。残宽5.7、残高7.2厘米（图四二七，12）。

小罐　15件。

A型　10件。

标本99DT0202㊿：99，夹细砂灰黑陶。素面。侈口，卷沿，唇微上凸，圆尖唇，外下沿有凸棱，圆肩，残。轮制，火候较高。残宽4.8、残高4.7厘米（图四二七，13）。标本99DT0202㊾B：92，夹细砂浅黄褐陶。素面。侈口，卷沿，圆唇，束颈，残。轮制，火候较高。残宽5.8、残高2.5厘米（图四二七，14）。

B型　5件。

Ba型　2件。

标本99DT0202㊾B：93，夹细砂灰褐陶。颈下部饰凹弦纹。口微侈，平折沿，圆唇，颈较直，残。轮制，火候高。口径8.4、残高3.8厘米（图四二七，15）。

Bb型　3件。

标本99DT0202㊾B：95，夹细砂灰褐陶，红褐胎。素面。喇叭口，卷沿，圆唇，残。轮制，火候较高。残宽4.4、残高2.5厘米（图四二七，16）。标本99DT0202㊾B：96，夹细砂灰黑陶。素面。敞口，卷沿，圆唇，残。轮制，火候高。残宽3.9、残高2.5厘米（图四二七，17）。

罐形釜　40件。

A型　12件。

Aa型　2件。

标本99DT0202㊿：108，夹细砂黑陶。外下沿、器表饰细绳纹。侈口，卷沿，圆唇，溜肩，残。轮制，火候较高。残宽5.2、残高5厘米（图四二八，1）。标本99DT0202㊿：116，夹细砂黑陶，灰胎。领部饰细凹弦纹，器表多刮抹痕。口微侈，矮领，圆唇，鼓腹，残。手制轮修，火候较高。残宽7.1、残高5.1厘米（图四二八，2）。

Ab型　3件。

标本99DT0202㊿：111，夹细砂灰陶，局部灰黑，红胎。上腹饰划纹。侈口，卷沿，

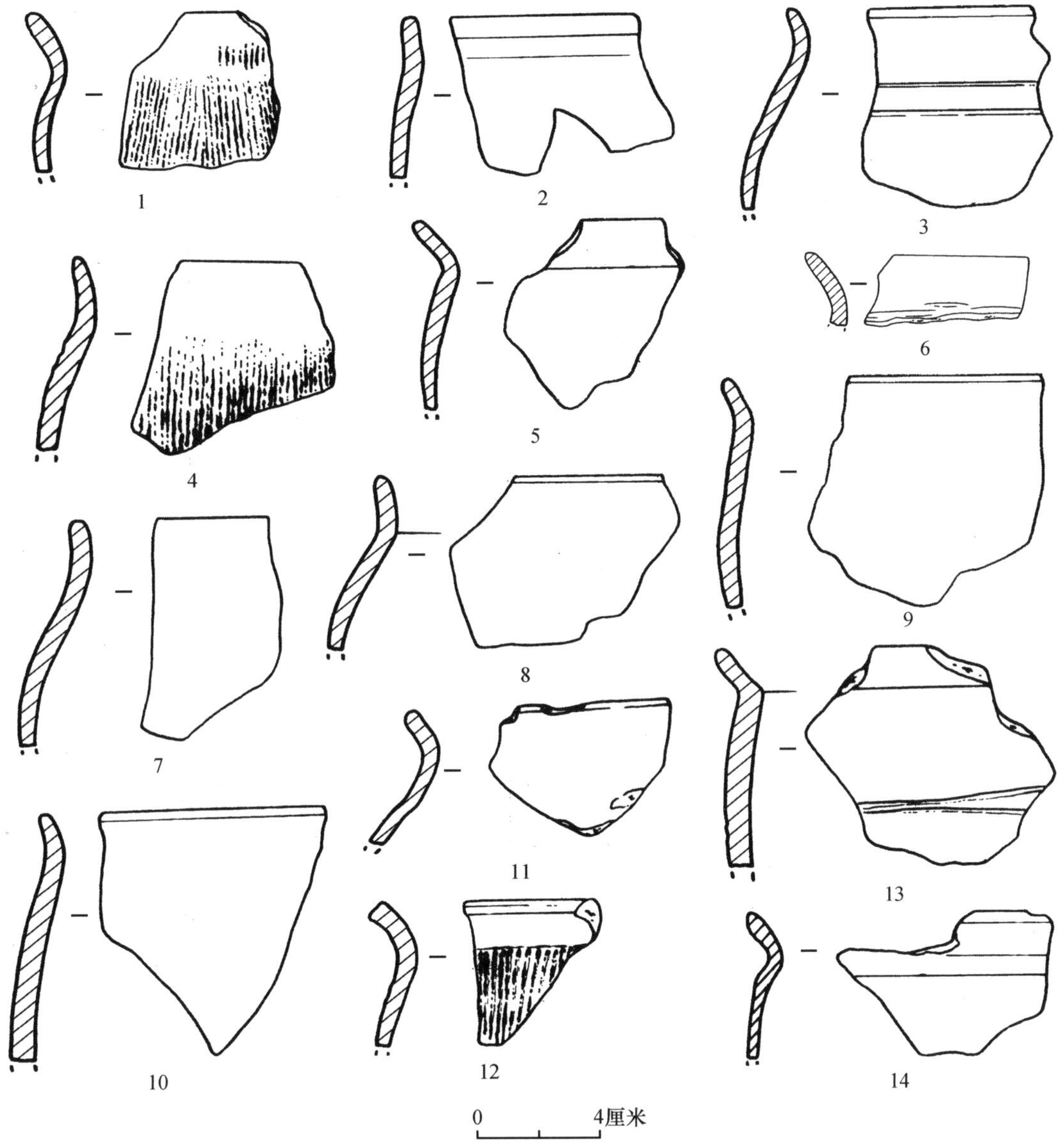

图四二八　三星堆文化渝东类型第4组陶器

1、2. Aa型罐形釜（99DT0202㊿：108、99DT0202㊿：116）　3、4. Ab型罐形釜（99DT0202㊿：111、99DT0202㊾B：128）
5、6. Ac型罐形釜（99DT0202㊿：110、99DT0202㊾B：129）　7、8. Ba型罐形釜（99DT0202㊿：109、99DT0202㊿：114）
9、10. Bb型罐形釜（99DT0202㊿：112、99DT0202㊿：113）　11. Bc型罐形釜（99DT0202㊿：107）
12～14. 盆形釜（99DT0202㊿：115、99DT0202㊿：117、99DT0202㊾B：134）

尖圆唇，鼓腹，残。轮制，火候较高。残宽6.2、残高6.4厘米（图四二八，3）。标本99DT0202㊾B：128，夹细砂灰陶。腹饰竖细绳纹。侈口，卷沿，圆唇，鼓腹，残。手制，火候较高。残宽6.5、残高6.2厘米（图四二八，4）。

Ac型　7件。

标本99DT0202㊿：110，夹细砂褐陶，口部红褐。素面。侈口，卷沿，圆唇，鼓上腹，残。轮制，火候较高。残宽5.7、残高6厘米（图四二八，5）。标本99DT0202㊾B：129，夹细砂灰褐陶。上腹饰粗划纹。侈口，卷沿，圆唇，残。轮制，火候较高。残宽5.3、残高2.3厘米（图四二八，6）。

B型　28件。

Ba型　4件。

标本99DT0202⑩：109，夹细砂灰陶。素面。口微侈，圆唇，鼓腹，残。轮制，火候较高。残宽4.5、残高7.1厘米（图四二八，7）。标本99DT0202⑩：114，夹粗砂黑陶。素面。侈口，卷沿，圆唇，圆肩，残。轮制，火候较高。残宽7.4、残高5.6厘米（图四二八，8）。

Bb型　6件。

标本99DT0202⑩：112，夹粗砂灰陶。素面，器表多刮抹痕。侈口，卷沿，圆唇，鼓腹，上腹较斜直，残。手制轮修，火候较高。残宽7.7、残高7.4厘米（图四二八，9）。标本99DT0202⑩：113，夹细砂黑陶，灰黑胎。素面。侈口，卷沿，圆唇，鼓腹，残。轮制，火候较高。残宽7.4、残高7.9厘米（图四二八，10）。

Bc型　18件。

标本99DT0202⑩：107，夹细砂黑陶，褐胎。素面。侈口，卷沿，圆唇，有肩，残。轮制，火候较高。残宽6、残高4.2厘米（图四二八，11）。

盆形釜　3件。

标本99DT0202⑩：115，夹细砂褐陶，口、里黑。腹饰竖细绳纹。侈口，卷沿，唇面微凹，鼓腹，残。轮制，火候较高。残宽4.4、残高4.6厘米（图四二八，12）。标本99DT0202⑩：117，夹细砂灰陶。腹饰划纹。侈口，斜折沿，圆唇，鼓腹，残。手制轮修，火候高。残宽8、残高7厘米（图四二八，13）。标本99DT0202㊾B：134，夹细砂黑陶，褐胎。素面。侈口，沿外斜卷，圆唇，微折肩，鼓腹，残。手制轮修，火候不高。残宽7、残高4.6厘米（图四二八，14）。

尖底罐　55件。

尖底罐口沿　53件。

标本99DT0202⑩：123，夹细砂黑陶，下部、胎红。素面，下部磨光，器表有磨痕，内壁有旋痕。敞口，圆唇，上腹较斜直，鼓下腹，残。轮制，火候较高。口径10、残高7厘米（图四二九，1）。标本99DT0202㊾B：144，泥质黑陶。素面。敞口，尖唇，曲腹，残。轮制，火候高。残宽7.6、残高5.3厘米（图四二九，2）。

尖底罐罐底　2件。Ⅰ式。

标本99DT0202㊾B：145，夹细砂灰陶。器表多细划痕，内壁略有瓦棱。下腹弧收，小平底，残。轮制，火候高。残宽5.6、残高6.4厘米（图四二九，3）。标本99DT0202㊾B：146，夹细砂红褐陶。下腹近底处有四个对称印痕。下腹微弧，急收至小平底，残。轮制，火候高。底径2.2、残高3.5厘米（图四二九，4）。

壶　5件。

标本99DT0202⑩：130，泥质黑陶，红褐胎。饰凹弦纹。敞口，内沿面微凹，圆唇上凸，微显盘状，外下沿有凸棱，束颈，残。轮制，火候高。残宽9.9、残高3.9厘米（图四二九，5）。标本99DT0202㊾B：138，夹细砂黑陶。颈部饰细划纹、凹弦纹。敞口，圆唇，浅盘，外下沿有凸棱，束颈，有肩，残。轮制，火候高。口径16.8、残高5.6厘米（图四二九，6）。

敞口器　7件。

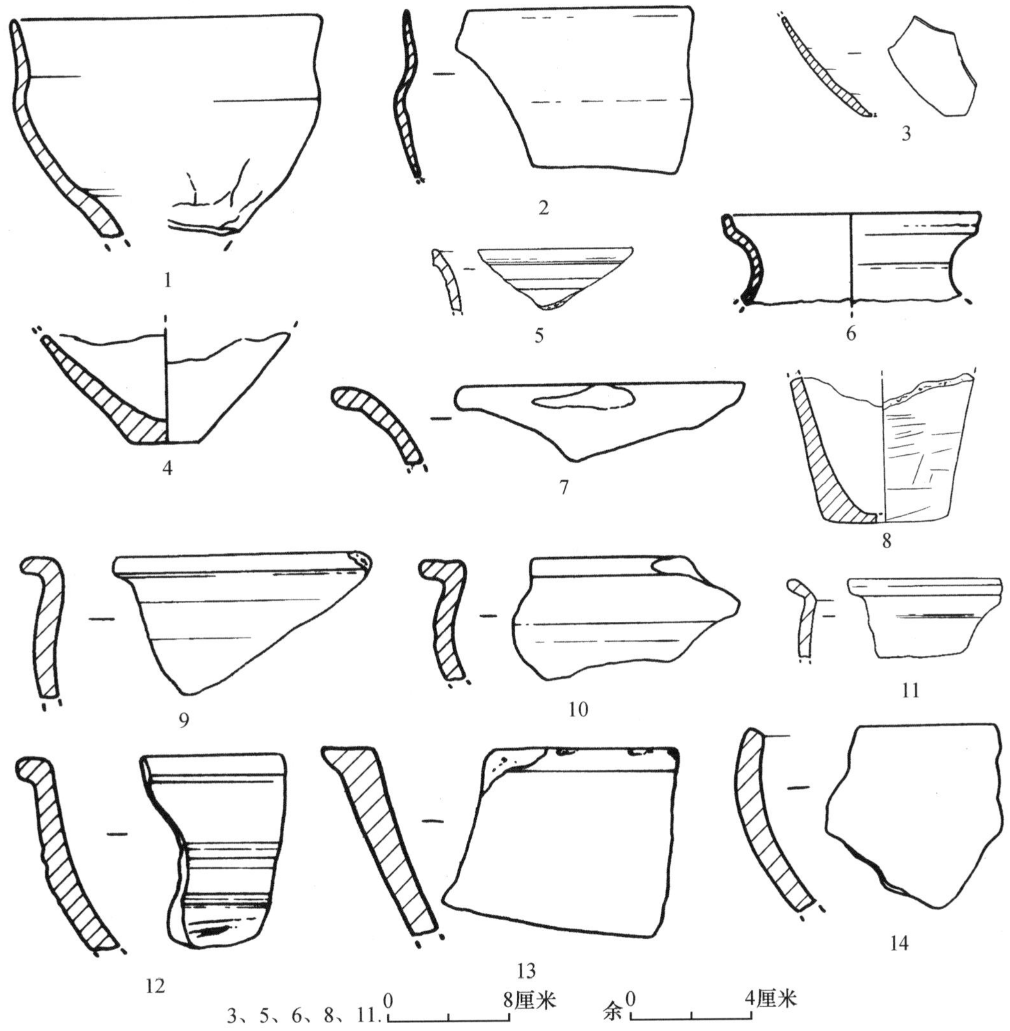

图四二九　三星堆文化渝东类型第4组陶器

1、2. 尖底罐口沿（99DT0202㊿：123、99DT0202㊾B：144）　3、4. Ⅰ式尖底罐罐底（99DT0202㊾B：145、99DT0202㊾B：146）　5、6. 壶（99DT0202㊿：130、99DT0202㊾B：138）　7. 敞口器（99DT0202㊾B：136）　8. 尊形器（99DT0202㊾B：169）　9、10、12、13. A型盆（99DT0202㊿：119、99DT0202㊾B：139、99DT0202㊿：140、99DT0202㊾B：140）　11. C型盆（99DT0202㊿：120）　14. Ⅱ式钵（99DT0202㊿：126）

标本99DT0202㊾B：136，夹细砂浅黄褐陶，褐胎。素面。喇叭口，卷沿，圆唇，残。轮制，火候高。残宽7.3、残高2.4厘米（图四二九，7）。

尊形器　1件。

标本99DT0202㊾B：169，泥质黑皮陶，红胎。器表饰细划纹。下腹斜直，平底略圜，残。手制，火候较高。底径8.4、残高9.4厘米（图四二九，8）。

豆柄　1件。

标本99DT0202㊾B：151，泥质黑皮陶，胎红夹灰黑。柄中部饰横划纹，器表磨光。空心圆柱形柄，喇叭形座，残。手制，火候高。残宽4.9、残高7.9厘米（图版四五，6）。

豆形器　1件。标本碎小。

盆　7件，5件可分型。

A型　4件。

标本99DT0202⑤⓪：119，夹细砂灰陶，红褐胎。素面，器表有旋痕。口微侈，折平沿，圆唇，弧腹，残。轮制，火候较高。残宽8.4、残高4.5厘米（图四二九，9）。标本99DT0202④⑨B：139，夹粗砂灰陶，灰黑胎。上腹饰粗凹弦纹。敛口，折平沿，沿面微凹，上腹鼓，残。轮制，火候高。残宽7.3、残高3.9厘米（图四二九，10）。标本99DT0202⑤⓪：140，夹粗砂红陶，灰胎。素面。敞口，折平沿，尖圆唇，腹微弧内收，残。轮制，火候高。残宽7.5、残高6厘米（图四二九，12）。标本99DT0202④⑨B：140，夹细砂灰褐陶。腹饰凹弦纹。敞口，卷平沿，圆唇，弧腹内收，残。轮制，火候高。残宽7.4、残高6.1厘米（图四二九，13）。

C型 1件。

标本99DT0202⑤⓪：120，夹细砂灰黑陶，局部灰，褐胎。器表饰细划纹。侈口，斜折沿，圆唇，弧腹，残。轮制，火候较高。残宽10.2、残高5厘米（图四二九，11）。

钵 1件。Ⅱ式。

标本99DT0202⑤⓪：126，夹细砂红陶，黑胎。素面。敛口，方唇，鼓上腹，残。手制轮修，火候高。残宽5.7、残高5.9厘米（图四二九，14）。

尖底盏 7件。标本碎小。

炮弹形杯 3件。

标本99DT0202④⑨B：149，泥质灰陶，里黑。素面。敛口，圆尖唇，鼓腹，残。轮制，火候高。残宽4.3、残高4.5厘米（图四三〇，1）。标本99DT0202④⑨B：147，夹细砂黑陶。素面。下腹弧收，尖底，残。手制轮修，火候高。残高6.4厘米（图四三〇，2）。标本99DT0202④⑨B：148，夹细砂灰黑陶，局部褐，灰胎。素面。下腹弧收，近底处有折棱，尖底，残。轮制，火候高。残高3.8厘米（图四三〇，3）。

敞口杯 1件。

标本99DT0202⑤⓪：124，泥质黑陶，灰胎。素面，内外壁磨光。敞口，卷沿，圆唇，腹较斜，残。轮制，火候较高。残宽7.6、残高5.1厘米（图四三〇，4）。

尖底杯 5320件。

A型 502件。

标本99DT0202⑤⓪下“洞”：1，夹细砂红陶，局部灰褐。素面。口微敛，圆唇，内下沿有凹槽一周，弧腹，下腹内折，尖底，完整。轮制，火候较高。口径7.3、高5.6厘米（图四三〇，5）。标本99DT0202⑤⓪：8，夹细砂灰陶，局部褐、浅黄。素面，内上腹有浅凹槽。口微敛，圆唇，折腹，上腹弧、下腹微内弧，尖底，复原。轮制，火候较高。口径6.4、高6厘米（图四三〇，6）。标本99DT0202⑤⓪：2，夹细砂灰陶，局部褐。素面。口微敛，圆唇，内下沿有凹槽一周，弧腹，下腹内折，尖底，修复。轮制，火候较高。口径7.1、高5.2厘米（图版四七，1）。

B型 4818件。

标本99DT0202④⑨B：7，泥质红陶。素面，内壁多轮制痕迹。敞口，尖唇，腹微曲，修复。轮制，火候较高。口径5.9、高6.3厘米（图四三〇，7）。标本99DT0202④⑨B：10，泥质红陶。素面，内壁轮制痕迹明显。敞口，圆尖唇，下腹有折棱，修复。轮制，火候较高。口径5.3、高6.5厘米（图四三〇，8）。标本99DT0202⑤⓪：20，夹细砂红陶。素面，少有划痕。敞口，尖唇，上腹微束，下腹折内收，尖底，修复。轮制，火候较高。口径5.6、高6.4厘米（图版四七，2）。

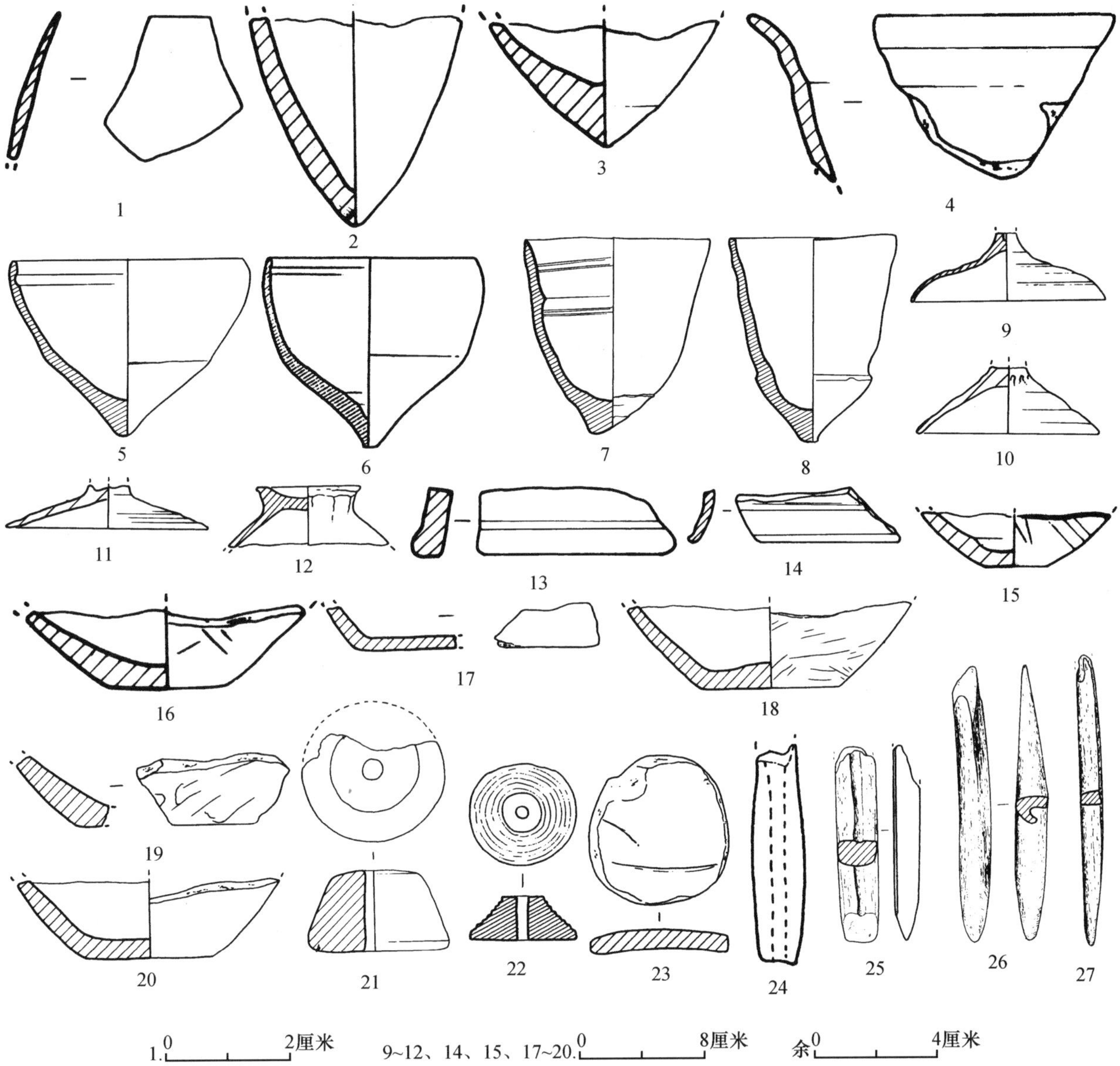

图四三〇　三星堆文化渝东类型第4组器物

1～3. 陶炮弹形杯（99DT0202㊾B：149、99DT0202㊾B：147、99DT0202㊾B：148）　4. 陶敞口杯（99DT0202㊿：124）　5、6. A型陶尖底杯（99DT0202㊿下“洞”：1、99DT0202㊿：8）　7、8. B型陶尖底杯（99DT0202㊾B：7、99DT0202㊾B：10）　9. A型器盖（99DT0202㊾B：141）　10～12. B型陶器盖（99DT0202㊿：127、99DT0202㊿：128、99DT0202㊾B：142）　13、14. 陶圈足（99DT0202㊿：147、99DT0202㊿：149）　15～20. 陶器底（99DT0202(52)：142、99DT0202㊾B：163、99DT0202㊾B：165、99DT0202㊾B：166、99DT0202㊾B：167、99DT0202㊾B：168）　21. Aa型陶纺轮（99DT0202㊿下“洞”：14）　22. Ab型陶纺轮（99DT0202㊾B：1）　23. Db型陶纺轮（99DT0202㊾B：6）　24. A型陶网坠（99DT0202㊿：7）　25. 骨凿（99DT0202㊿下“洞”：38）　26. 骨锥（99DT0202㊿下“洞”：35）　27. 骨笄（99DT0202㊿下“洞”：137）

漏勺　1件。

标本99DT0202㊾B：150，泥质红陶，局部红褐。底前半部饰四个两两对称里向外单穿圆形镂孔。椭圆形，尖唇，圜底，残。手制，火候较高。残长径4.6、短径2.9、高1.6厘米。

器盖　17件。

A型　14件。

标本99DT0202㊾B：141，夹细砂灰陶。器表饰细凹弦纹。覆碗形，敞口，圆唇，曲腹，捉手柄细圆柱形，中空，残。盖（轮制）、纽（手制）分制，火候高。口径12.4、残高4.2厘米（图四三〇，9）。

B型 3件。

标本99DT0202㊿：127，夹细砂黑陶，灰胎。器表多细划纹。覆钵形，敞口，圆唇，壁较斜，残。盖、纽分制，火候较高。口径11.6、残高4.1厘米（图四三〇，10）。标本99DT0202㊿：128，夹细砂灰陶，局部灰黑。器表饰粗凹弦纹。覆盘形，敞口，圆唇，壁斜直，残。盖（轮制）、纽（手制）分制，火候较高。口径12.8、残高2.6厘米（图四三〇，11）。标本99DT0202㊾B：142，夹细砂黑陶，灰胎。素面，器表多刮抹、按捏痕。圆圈形捉手，壁外敞，圆唇；盖壁微弧外敞，残。分制，火候较高。捉手径6.4、残高3.7厘米（图四三〇，12）。

圈足 7件。

标本99DT0202㊿：147，泥质黑陶，局部灰褐。素面，外壁磨光。圈足较直外撇，足沿外卷，圆唇，残。轮制，火候高。残宽6.3、残高2.1厘米（图四三〇，13）。标本99DT0202㊿：149，夹细砂灰褐陶，红胎。器表饰细划纹，有刮抹痕。喇叭形，足沿外卷，圆唇，残。轮制，火候高。残宽10.4、残高3.4厘米（图四三〇，14）。

器底 40件。

标本99DT0202㊿：142，泥质黑陶，红胎。下腹饰细划纹，外壁磨光。下腹弧，平底，残。手制，火候高。底径3.6、残高3.3厘米（图四三〇，15）。标本99DT0202㊾B：163，泥质灰陶，局部灰黑。下腹饰细划纹，器表多刮削痕。下腹斜直，小平底，残。手制轮修，火候高。底径3.6、残高2.5厘米（图四三〇，16）。标本99DT0202㊾B：165，夹细砂灰陶。素面，器表多刮抹痕。下腹较斜直，平底，残。手制，火候高。残宽6.6、残高2.7厘米（图四三〇，17）。标本99DT0202㊾B：166，夹粗砂灰褐陶，胎、里灰。器表饰细划纹，内壁多刮抹痕。下腹微弧，平底，残。手制轮修，火候较高。底径8.8、残高5.2厘米（图四三〇，18）。标本99DT0202㊾B：167，夹细砂灰黑陶，胎灰夹褐。素面，器表多刮抹痕。下腹微弧，平底，残。手制，火候高。残宽9.6、残高4.4厘米（图四三〇，19）。标本99DT0202㊾B：168，夹细砂灰陶，局部灰黑。素面，内底多划纹。下腹微弧，平底，残。手制，火候高。底径7.6、残高4.9厘米（图四三〇，20）。

纺轮 3件。

A型 2件。

Aa型 1件。

标本99DT0202㊿下“洞”：14，夹细砂黑陶，局部褐。圆台形，截面梯形，顶微弧，中有穿孔，残。手制，火候较高。顶径2.7、底径4.4、高2.5厘米（图四三〇，21）。

Ab型 1件。

标本99DT0202㊾B：1，夹细砂黑陶。腰部饰凹弦纹。圆台形，截面梯形，顶部微凸，平底，完整。顶径1.3、底径3.4、高1.4厘米（图四三〇，22）。

D型 1件。Db型。

标本99DT0202㊾B：6，夹细砂灰黑陶，红褐胎。器表饰凹弦纹、细划纹。圆形，弧壁。

用陶片周边磨圆而成，火候较高。直径4.4、厚0.6厘米（图四三〇，23）。

网坠　1件。A型。

标本99DT0202㊿：7，夹细砂红陶，局部黄褐，黑胎。素面。管状，中部微鼓，残。手制，火候较高。残长3.5、最大径0.8厘米（图四三〇，24）。

2. 骨器

出土骨器很少，器类主要有凿、锥、笄、卜骨残片等。

凿　1件。

标本99DT0202㊿下“洞”：38，浅黄色。刃微弧，正锋，残。磨制。残长6.1、宽1.3、厚0.8厘米（图四三〇，25）。

锥　1件。

标本99DT0202㊿下“洞”：35，浅黄色。用股骨一端磨尖而成，残。残长8.6厘米（图四三〇，26）。

笄　1件。

标本99DT0202㊿下“洞”：137，浅黄褐色。身略呈扁四棱长条形，残。磨制。残长9.1、最宽0.7、厚0.4厘米（图四三〇，27）。

卜骨　11块。筛选出来的标本都很碎小，少量可见钻凿痕。

第四节　动植物考古

从本期遗存开展的动物考古结果看，共发现动物骨骼4156块，其中鱼2170块、哺乳动物1598块、爬行类动物195块、鸟类193块。由于开展的植物考古检测中没有本期的单位，所以，此期出土的植物情况不明。

第五节　分期与年代

夏商遗存的遗迹、地层单位和出土遗物都较少，多表现为地层堆积的方式，根据地层叠压关系和相邻探方间的地层对应关系与出土遗物（主要是陶器）组合和型式的变化，我们对这一时代进行了分期方面的尝试。

一、典型地层叠压关系

（1）00DT0604

㉙—㉚—㉛—㉜—㉝—Y25→㉞—㉟。

（2）00DT0605

㉛—㉜—㉝A—㉝B—㉞A—㉞B。

（3）99DT0202

㊾B—㊿—52B。

（4）02DT0102

㊸—㊹—㊺—㊻A—㊼—㊽—㊾—53。

（5）02DT0101

㉗—㉘—㉙—┌H756
└H757

二、分　　期

根据地层叠压和对应关系以及出土陶器种类与型式的变化，列表一六〇。从表中我们可以看出，此时期出土的陶器共有瓮、缸、罐、尊、壶、豆、豆形器、簋、釜、盉、鬶、盆、盘、钵、杯、器盖16类54种器物，其中具有型式变化等分期意义的陶器约30种，观察该表典型器物种类和型式的变化（图四三一），我们可以发现：

第1组：出土器物种类较少，只有AaⅠ式敛口鼓肩瓮，敛口瓮，AaⅠ、AaⅡ、AbⅠ式卷沿深腹罐，Ⅰ式荷叶边口罐，BaⅠ式卷沿罐，A型立沿罐，A型深腹罐，豆形器，A、C型器盖等。

第2组：出土器物种类和数量大量增加，除继续沿用第1组的器物种类和型式外，新出现AaⅡ、AbⅠ、AbⅡ式、B型敛口鼓肩瓮，AaⅠ、AaⅡ、AbⅠ、AbⅡ、AcⅠ、AcⅡ、BaⅠ、BaⅡ、BbⅠ、BbⅡ、BcⅠ、BcⅡ式凹沿瓮，AaⅠ、AaⅡ、Ab、BaⅠ、BaⅡ、BbⅠ、BbⅡ式子母口瓮，Ⅰ、Ⅱ式大口瓮，Ⅰ、Ⅱ式矮沿瓮，Ⅰ、Ⅲ式喇叭口瓮，AaⅠ、AbⅠ式、B型高领瓮，中领瓮，带耳瓮，AaⅠ、AaⅡ、AbⅠ、AbⅡ式、B型卷沿深腹罐，AaⅠ、AaⅡ、AbⅠ、AbⅡ、AbⅢ式和B型敛口鼓肩罐，AaⅠ、AaⅡ、AbⅠ、BaⅠ、BaⅡ、BbⅠ式小平底罐，Ⅱ式荷叶边口罐，AⅠ、AⅡ、BaⅠ、BaⅡ、BbⅠ、BbⅡ式卷沿罐，AⅠ、AⅡ、BⅠ、BⅡ式束颈罐，B型立沿罐，A、B型溜肩罐，B型敛口罐，Ⅰ、Ⅱ式矮领罐，A、Ba型、BbⅠ、BbⅡ式深腹罐，中领罐，侈口罐，子母口罐，盘口罐，小罐，尊形器，A、B型子母口壶，壶，豆，A、B型豆形器，盉，鬶，盆，盘，钵，B型器盖等。

第3组：基本沿用第2组的器物种类，但在型式上有所减少，多为各种器物的Ⅱ、Ⅲ式，有的器物Ⅰ式消失，有的即使仍有Ⅰ式，数量也大为减少。本组器物种类和型式主要有：AaⅡ、AbⅠ、AbⅡ式敛口鼓肩瓮，AcⅡ、BaⅠ、BaⅡ、BbⅠ、BbⅡ、BcⅠ、BcⅡ式凹沿瓮，Ab、BaⅠ、BaⅡ、BbⅡ式子母口瓮，Ⅰ、Ⅱ式大口瓮，Ⅰ、Ⅱ式喇叭口瓮，AaⅡ、AbⅠ、AbⅡ式高领瓮，AaⅡ、AbⅠ、AbⅡ、B型卷沿深腹罐，AaⅡ、AaⅢ、AbⅠ、AbⅡ、AbⅢ式敛口鼓肩罐，AaⅠ、AaⅡ、AbⅡ、BaⅠ、BaⅡ、BbⅠ、BbⅡ式小平底罐，Ⅱ式荷叶边口罐，AⅠ、AⅡ、BaⅠ、BaⅡ、BbⅠ、BbⅡ式卷沿罐，AⅡ、BⅠ、BⅡ式束颈罐，A、B型立沿罐，B型敛口罐，Ⅱ式矮领罐，BbⅠ、BbⅡ式深腹罐，Aa、Ab、B型高领罐，A、B型直领罐，小罐，Ⅰ式尖底罐，豆，A型豆形器，盉，鬶，盆，盘，钵，A、B型器盖；新出现A、B型矮领瓮，Aa、Ab、B型束领罐，斜肩罐，波浪唇罐，直腹罐，簋，圈足杯等。消失的器物种类有中领瓮、带耳瓮，部分器物型式消失。

第4组：器物种类和型式较第3组明显减少，除沿用部分第3组器物种类和型式外，凹沿瓮、子母口瓮、大口瓮、矮沿瓮、喇叭口瓮、卷沿深腹罐、束颈罐、斜肩罐、立沿罐、溜肩罐、中领罐、盘口罐等消失，新出现按唇瓮，按唇缸，按唇罐，Ac型束领罐，Aa、Ab型垂腹罐，大口罐，A、B型折沿罐，敞口器，Ⅰ式尖底罐，罐形釜，尖底杯，炮弹形杯，侈（敞）口杯等。而且尖底杯的出土数量非常大。

从表一六〇还可以看出：第1组出土陶器虽然最少，但与第2、3组同类器物只存在型式上的差别和变化，可归入第一期；而第4组虽然沿用了比较多的第3组的器物种类和型式，但其消失和增加的器类也不少，特别是出现了西周常见的按唇瓮、按唇缸、按唇罐、罐形釜、尖底杯、炮弹形杯、尖底罐等器类，应另外划分为第二期。

在第一期中，第2、3组增减的器物种类和型式都很多，是本期最繁荣的阶段，所以，可以将第一期分为早、晚两段，第1组为早段，第2、3组为晚段。

三、年　　代

目前，渝东峡江地区夏商时代的测年数据也没见发表。因为我们发现的夏商时代的地层较少，我们检测的^{14}C数据也相对较少，在我们多批送检的数据中，这一时段的共有6个，根据地层叠压关系和出土遗物分类排队的情况，将检测数据从早到晚列表一六一。

表一六一　三星堆文化渝东类型^{14}C检测数据

实验室编号	品质	单位	田野编号	检测年代（BP）	树轮校正后年代（BC）95.4%置信度
BK2002047	木炭	99DT0202㊿	FCN2658	3210 ± 120	1900 ~ 1100
BA01435	骨头	99DT0202㊿	FCN2675	3240 ± 100	1750 ~ 1260
BA01382	骨头	99DT0202㊾B	FCN2613-1	3100 ± 60	1520 ~ 1210
BA01384	骨头	99DT0202㊾B	FCN2613-3	3110 ± 100	1650 ~ 1050
BA04422	木炭	02DT0102㊹-2		3285 ± 40BP	1690 ~ 1450
BA04423	木炭	02DT0102㊾-2		3225 ± 20BP	1525 ~ 1435

从上表可以看出，我们检测的6个数据，样品品质分为3个木炭、3个骨头，同层的木炭、骨头有一组。从检测数据看，同层位（99DT0202㊿）的一组木炭、骨头样品测年为1750 ~ 1260BC和1900 ~ 1100BC，两者数据重合度较大，多在夏商纪年范围内。晚于该层的99DT0202㊾B有2个检测样品，测年为1520 ~ 1210BC和1650 ~ 1050BC，两者重合度也较大，约当商代晚期到西周初期。02DT0102㊹-2测年为1690 ~ 1450BC，约在夏代晚期至商代早期，而在地层叠压关系上要早于该层的02DT0102㊾-2测得的年代却比它晚，测年为1525 ~ 1435BC，年代约当商代早期。

我们认为本遗址三星堆文化渝东类型遗存，一期为夏代晚期到商代早期，二期为商代晚期到西周初期。从这6个检测样品所测年代数据上看，大多都在夏商的纪年范围内，与我们分期排队的认识是比较一致的。

第五章　瘖井沟文化——周代遗存

第一节　概　　述

中坝遗址周代遗存是本遗址发掘最重要的收获之一，在遗址三个发掘区都有发现，以Ⅰ区最为丰富，在发掘的绝大部分探方中都有发现；Ⅱ、Ⅲ区很少，仅在部分探方中有发现。本时期发现的遗迹种类最多，有房址、灰坑、灰沟、卤水槽、地面（活动面）、路、墓葬、窑址、堡坎墙、灶、“洞”类遗迹等；出土的遗物也最多，主要为陶器，次有石器、骨器、铜器等，还发现了数量很多的动物骨骼。

一、陶　　器

（一）总体特征

陶质以夹砂为主，可细分为夹粗砂、细砂两种，在不同时期夹砂粗、细略有变化，泥质陶很少。陶色以红陶和红褐陶为主，次为灰陶和灰褐陶，褐陶、黑陶也占一定比例，在稍大型的器物上，陶色不匀的现象较常见；陶胎主要为黑、红、灰色。纹饰以绳纹为主，可细分为细、中粗、粗绳纹3种（图四三二），复合纹（图四三三、图四三四）、划纹（图四三五）、暗纹、戳印纹、印纹、文字？（图四三六）、雷纹、蟠螭纹？、篮纹、几何纹（图四三七）等较少，素面陶也占一定比例。制法以轮制、手制和慢轮修整为主，兼有分制、模制等。火候一般较高，部分较低。器类主要有缸、瓮、罐、釜、豆、甗、甑、尊形器、敞口器、喇叭口器、盂、盆、盘、钵、盏、杯、匜、勺、器盖、器座、纺轮、网坠等。

（二）分类

以探方文化层和遗迹为单位进行陶系的分类统计后，我们以探方地层和遗迹单位间的叠压打破关系为序，将挑选出来的陶器标本进行了分类排队。虽然此时代出土和修复的陶器数量比较多，但器物种类单一，多为圜底罐和尖底杯、角杯，大量的也还是口沿，所以，我们分类的标准比较多地选择在口、唇、领（颈）、肩这几个部位，少数选在腹部。下面介绍有型式变化的陶器种类。

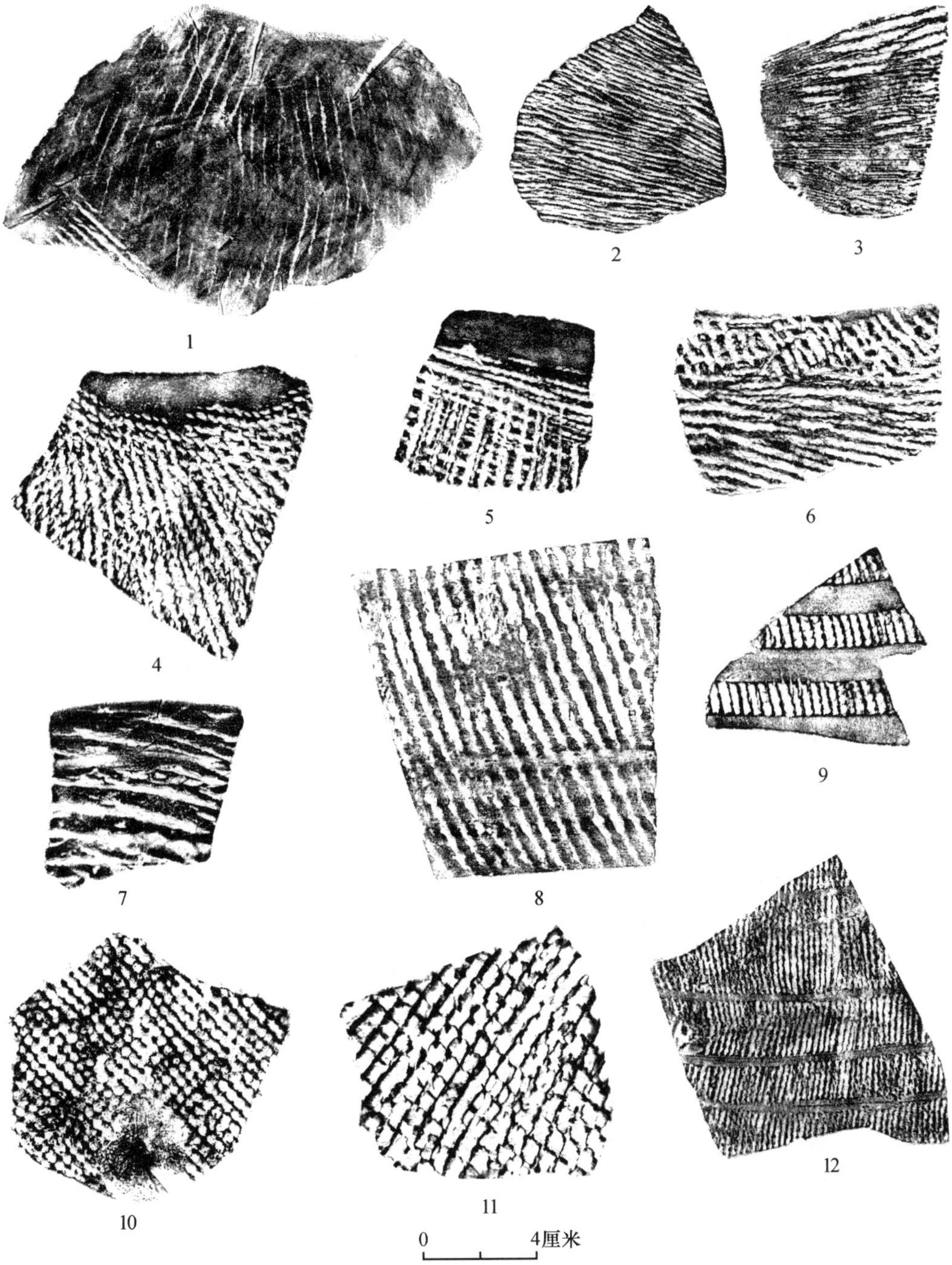

图四三二　脊井沟文化陶器绳纹

1. 02AT0101㉘：14　2. F122：45　3. 99DT0201㉞：41　4. 98AT0103㉞：51　5. 98AT0103㉞：52　6. 99DT0201㊲：9　7. 99DT0202⑱：50　8. 99DT0201⑳：46　9. 98BT0603⑯B：15　10. F168：17　11. 02AT0101⑬B：6　12. 99DT0201㊱：57

缸类：以口、唇部的特征差异，分如下几种。

按唇缸　唇部饰按窝形装饰。以按窝深浅差别分三式。

Ⅰ式：按窝浅。

Ⅱ式：按窝较浅。

Ⅲ式：按窝较深。

辫唇缸　唇部加工呈辫绳状。以领部有无镂孔差异分二型。

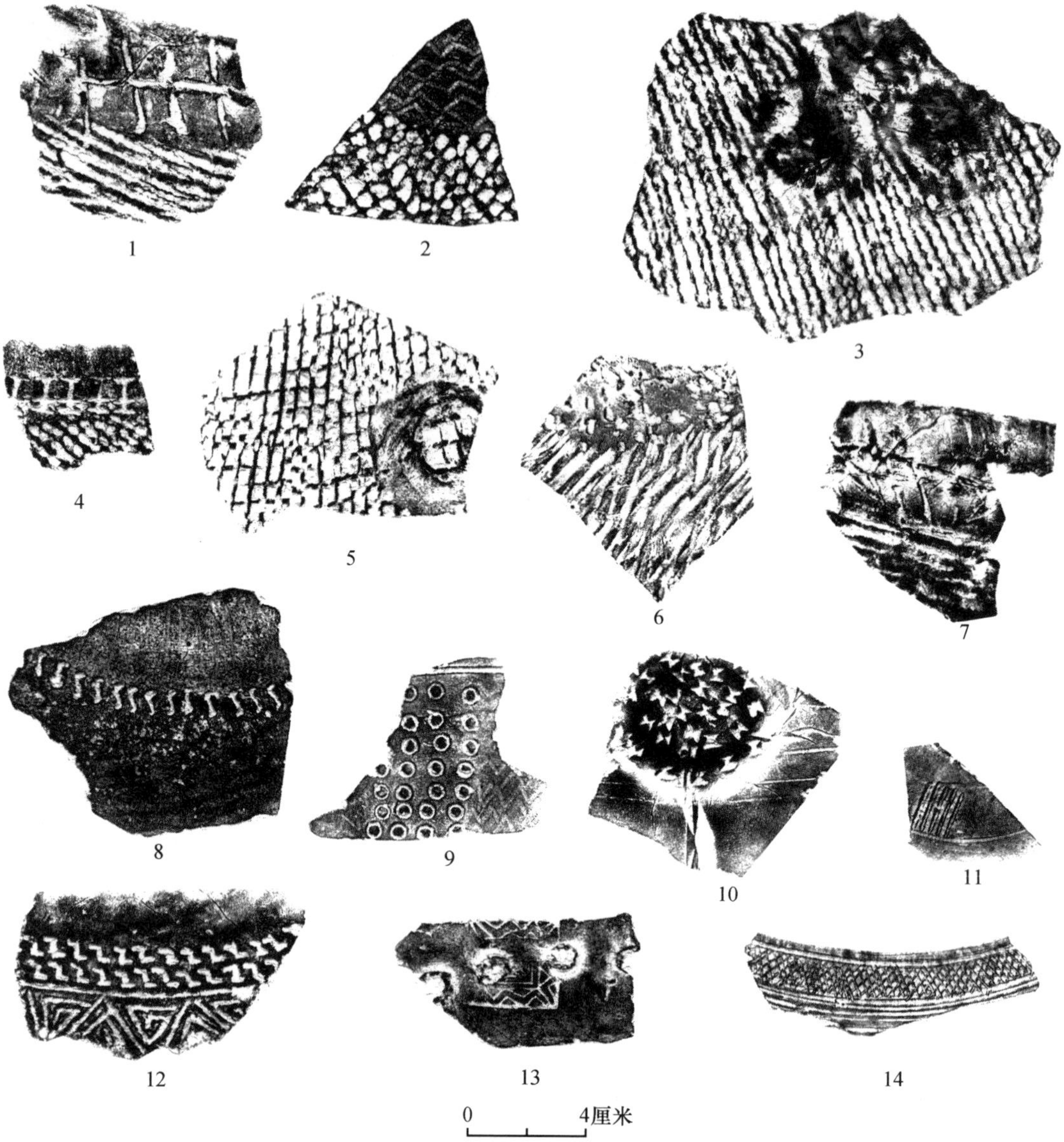

图四三三　獠井沟文化陶器复合纹

1. 98BT0505㉓：11　2. 98BT0501㉖：41　3. 98BT0605⑳：30　4. 99AT0301㉑：34　5. 99AT0301㉑：35　6. 02AT0101㉚：22　7. 98BT0505㉓：20　8. 99DT0301⑱：30　9. 99DT0201㉓：101　10. 02BT0201⑭：11　11. 99DT0202㉚：20　12. 02DT0101⑪：13　13. 99DT0202㉞：20　14. 99DT0202㉝：34

A型　领部无镂孔。以辫状唇纹痕差别分二式。

Ⅰ式：纹痕规整、清楚。

Ⅱ式：纹痕不规整、简化。

B型　领部饰镂孔。

齿唇缸　唇部加工呈锯齿状。以质地差异分二型。

A型　夹细砂。以齿痕深浅差别分二式。

Ⅰ式：齿痕较浅。

Ⅱ式：齿痕较深。

B型　夹粗砂。以领部区别分二亚型。

图四三四　耷井沟文化陶器复合纹

1. 98BT0603⑲：12　2. 99DT0201㉜：36　3. 98AT0103㉝：19　4. F77：14　5. 99DT0202㉒：124　6. 99DT0301㉒：65　7. 02DT0201㉒：22　8. 99DT0201⑲：26　9. H234：19　10. 02CT0101⑰：26　11. 02AT0101⑬：24　12. 98AT0103㉝：42　13. F201：21　14. 98AT0103⑳：18　15. 02DT0102㉓：153

Ba型　微束领。以口部不同分二式。

Ⅰ式：敞口。

Ⅱ式：侈口。

Bb型　束领。

喇叭口缸　以有无外垂沿分二型。

A型　外沿下垂。以垂沿长短差别分三式。

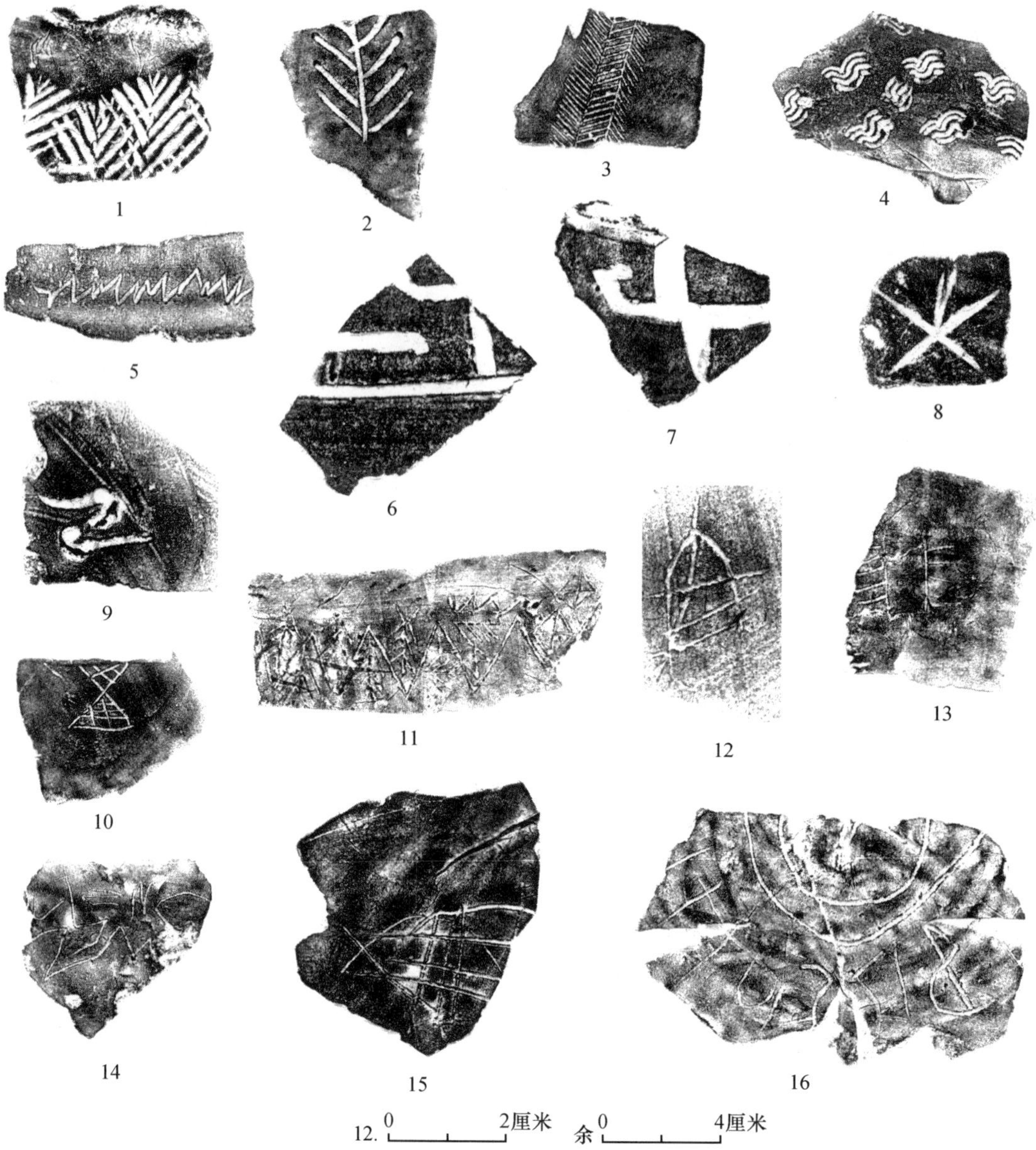

图四三五 瓮井沟文化陶器划纹

1. 98BT0304㉚：21 2. G11：8 3. 99AT0201㊲B：23 4. 99AT0301㉚：41 5. 99DT0201㊱：5 6. 98BT0604㉑：55 7. 99DT0202㊲：31 8. 99DT0202㊸：75 9. G11：19 10. 98BT0505㉕：30 11. 99AT0101㉙：24 12. 98BT0605㉕：34 13. 98BT0504⑲：14 14. 1498BT0505㉕：29 15. 99AT0201㊲B：22 16. H250：10

Ⅰ式：垂沿较长。

Ⅱ式：垂沿变短。

Ⅲ式：垂沿几近消失。

B型 无垂沿。

瓮类：以口、唇、领部的差异分如下几种。

按唇瓮 分类标准同按唇缸。

辫唇瓮 以口部大小差别分二型。

A型 大口。以辫唇纹痕区别分三式。

图四三六　砻井沟文化陶器纹饰

1～5. 戳印纹（98BT0501㉑：17、99DT0201㊶：49、99DT0301㉝：33、99AT0301㉑：33、99AT0201㉒：2）
6～8. 暗纹（H234：18、99DT0201㉛：50、99DT0202㉚：29）　9、10. 印纹（02DT0101㉖：7、99DT0301㊳：27）
11. 云纹（99DT0301㉒：3）　12～14. 文字？（99DT0202㊶：1、M96：3、F261：30）

Ⅰ式：纹痕规整、清楚、较深。

Ⅱ式：纹痕较规整、清楚、较浅。

Ⅲ式：纹痕不规整、简化，仅留辫状痕迹。

B型　小口。

齿唇瓮　唇部加工呈锯齿状。以质地差别分二型。

A型　夹细砂。以齿痕深浅差别分二式。

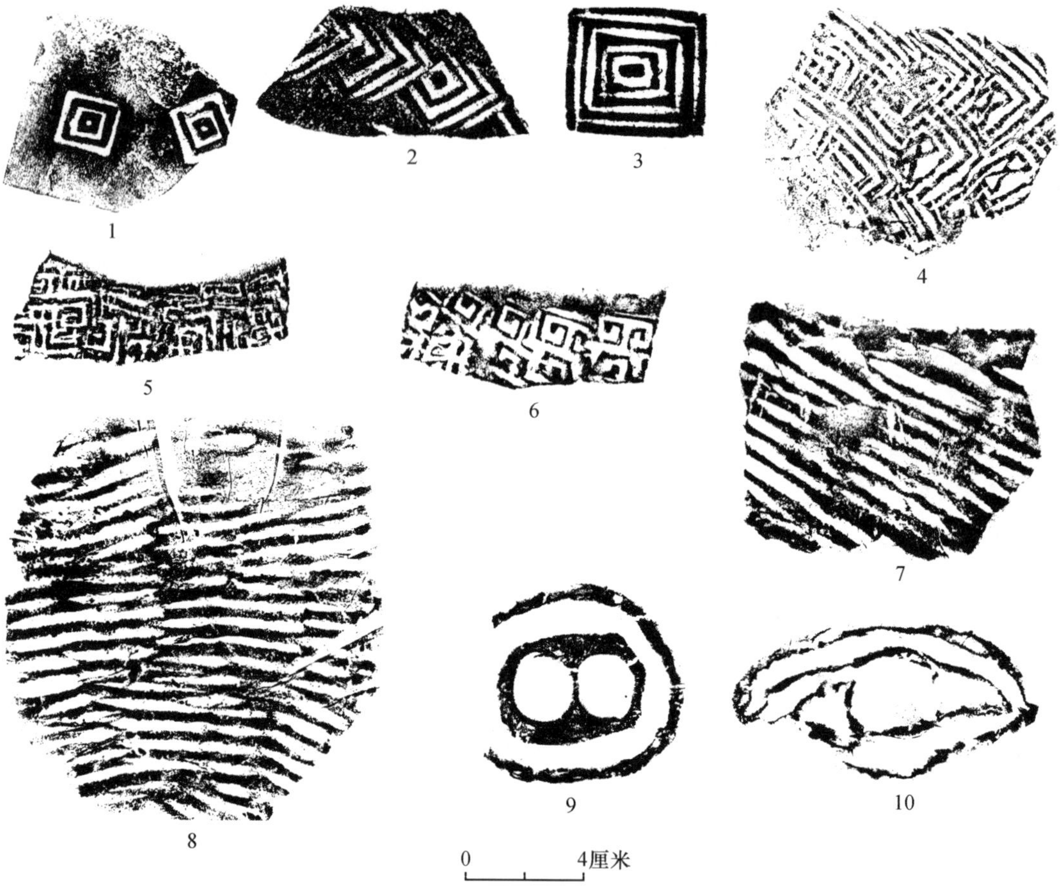

图四三七　瓮井沟文化陶器纹饰

1～4. 雷纹（99AT0301㉝：17、99AT0301㊾：79、02BT0201⑰：15、99DT0202㉚：8）　5、6. 蟠螭纹？（99DT0202㊶：18、98BT0304㉚：6）　7、8. 篮纹（99DT0201⑱：25、99DT0202⑱：27）　9、10. 几何纹（F260：24、F260：25）

Ⅰ式：齿痕较深。

Ⅱ式：齿痕较浅。

B型　夹粗砂。以领部区别分三亚型。

Ba型　微束领。以口部不同分二式。

Ⅰ式：敞口。

Ⅱ式：侈口。

Bb型　束领。

Bc型　斜直领，翻沿。

高领瓮　以沿部差异分三式。

Ⅰ式：沿部外凸不明显。

Ⅱ式：沿部微凸。

Ⅲ式：沿部外凸。

矮领瓮　以沿部差异分二型。

A型　卷沿。以唇部差别分二亚型。

Aa型　圆唇。

Ab型　方唇。以外下缘是否下垂分二式。

Ⅰ式：外下缘下垂。

Ⅱ式：外下缘不下垂。

B型　立沿。以立沿厚薄不同分二式。

Ⅰ式：立沿较厚。

Ⅱ式：立沿较薄。

中领瓮　以沿部差异分二型。

A型　外沿较宽。

B型　外沿较窄。

敛口瓮　口内敛。以有无沿差别分二型。

A型　有沿。以沿高低不同分二式。

Ⅰ式：沿略高。

Ⅱ式：沿略矮。

B型　无沿。

盘口瓮　沿外折后上卷呈浅盘口。以盘口差异分二式。

Ⅰ式：盘口不明显。

Ⅱ式：盘口明显。

平沿瓮　沿较平。以沿部差别分二型。

A型　折沿。

B型　卷沿。

罐类：以唇、口、领、肩部特征分如下几种。

按唇罐　唇部饰按窝装饰。以按窝深浅差异分三式。

Ⅰ式：按窝浅。

Ⅱ式：按窝较深。

Ⅲ式：按窝深。

辫唇罐　唇部加工呈辫绳状。以辫唇纹痕不同分三式。

Ⅰ式：纹痕规整、清楚、较深。

Ⅱ式：纹痕较规整、清楚、变浅。

Ⅲ式：纹痕不规整、简化，仅留痕迹。

齿唇罐　唇部加工呈锯齿状。以质地差异分二型。

A型　夹细砂。以领部差别分三亚型。

Aa型　领斜直。

Ab型　无领，卷沿。

Ac型　束领。

B型　夹粗砂。以领部差别分二亚型。

Ba型　领微束。以沿部不同分二式。

Ⅰ式：沿部不外翻。

Ⅱ式：沿外翻。

Bb型　束领。

花边圜底罐　唇部加工呈花边状。以纹饰差异分三型。

A型　饰绳纹。以颈部差别分二亚型。

Aa型　束颈。以口径与腹径对比的不同分三式。

Ⅰ式：口径小于腹径。以花边形态差异分二亚式。

Ⅰa式：花边扭曲，略呈辫绳状。

Ⅰb式：花边不扭曲。

Ⅱ式：口径与腹径略同。

Ⅲ式：口径大于腹径。

Ab型　颈部不明显。

B型　饰粗绳纹（有中粗和特粗的区别）。以颈部差别分三亚型。

Ba型　颈部无纹。以口径与腹径对比的不同分二式。

Ⅰ式：口、腹径略相同。

Ⅱ式：口径大于腹径。

Bb型　颈部饰纹。

Bc型　颈部不明显。

C型　饰方格纹。

束颈圜底罐　以外沿下棱的有无分二型。

A型　外沿下有棱。以口部形态差别分三式。

Ⅰ式：敛口。

Ⅱ式：近直口。

Ⅲ式：侈口。

B型　外沿下无棱。以口部形态差别分二式。

Ⅰ式：敛口。

Ⅱ式：近直口。

敛口圜底罐　以饰纹差异分二型。

A型　饰绳纹。以形体大小差别分二式。

Ⅰ式：形体较小，略显矮胖。

Ⅱ式：形体较大，略显瘦高。

B型　饰划纹或篮纹。

敛口罐　以沿明显程度分二型。

A型　微有斜折沿。以有无肩的差别分二式。

Ⅰ式：无肩，鼓腹。

Ⅱ式：窄斜肩。

B型　沿外折。

束领罐　以沿部差别分二型。

A型　卷沿。以外沿差异分二亚型。

Aa型　外沿较宽。

Ab型　外沿较窄。

B型　折沿。

中领罐　以唇部差别分三式。

Ⅰ式：方唇。

Ⅱ式：尖唇。

Ⅲ式：圆唇。

矮领罐　以肩部差异分三型。

A型　溜肩。

B型　广肩。

C型　折肩。

圈足罐　以器身形态差别分二式。

Ⅰ式：体瘦高。

Ⅱ式：体矮胖。

立沿罐　以外下缘差别分二式。

Ⅰ式：外下缘折。

Ⅱ式：外下缘弧。

齿状唇筒腹罐　以口部差别分三式。

Ⅰ式：侈口。

Ⅱ式：微侈口。

Ⅲ式：敛口。

尖底罐　以底部差别分二式。

Ⅰ式：略呈小平底。

Ⅱ式：尖底。

釜类：以形态差异分三种。

罐形釜　以有无纹饰分二型。

A型　饰纹。以颈部差别分二亚型。

Aa型　束颈。以纹饰不同分四式。

Ⅰ式：饰细绳纹。

Ⅱ式：饰绳纹。

Ⅲ式：饰粗绳纹。

Ⅳ式：饰方格纹。

Ab型　斜直颈。分二式。

Ⅰ式：颈较高。

Ⅱ式：颈矮。

B型　素面。

盆形釜　以有无纹饰差异分二型。

A型　饰纹。以沿宽窄差别分二亚型。

Aa型　窄沿。

Ab型　宽沿。

B型　素面。

钵形釜　以口部差别分二式。

Ⅰ式：敛口。

Ⅱ式：侈口。

豆　以豆座差异分二型。

A型　豆座略呈覆盘状。以豆盘腹部差别分二式。

Ⅰ式：盘腹斜直。

Ⅱ式：盘腹弧。

B型　豆座呈喇叭形。以豆盘腹部差别分二式。

Ⅰ式：盘腹斜直。

Ⅱ式：盘腹弧。

豆盘　以有无沿差别分二型。

A型　微有沿。以口部差异分二亚型。

Aa型　敛口。

Ab型　侈口。

B型　无沿。以口部差异分三亚型。

Ba型　敛口。

Bb型　直口。

Bc型　敞口。

豆柄　以形态差异分三型。

A型　圆柱形细柄。

B型　粗（矮）柄。

C型　竹节形柄。

甗　以上、下腹夹角大小不同分二型。

A型　夹角较小。

B型　夹角较大。

尊形器　以有无垂沿分二型。

A型　有垂沿。以内沿差别分三式。

Ⅰ式：内沿微凸。

Ⅱ式：内沿较平。

Ⅲ式：内沿微凹。

B型　无垂沿。

敞口器　以外下缘有无凹棱分二型。

A型　有凹棱。

B型　无凹棱。

喇叭口器　以有无垂沿分二式。

Ⅰ式：有垂沿。

Ⅱ式：无垂沿。

盆　以沿部差别分三式。

Ⅰ式：沿外下卷。

Ⅱ式：平沿。

Ⅲ式：沿上斜。

盘　以唇部差别分二型。

A型　尖唇。以腹深浅不同分二式。

Ⅰ式：腹较深，上腹内卷。

Ⅱ式：腹较浅。

B型　方唇。

圜底钵　以唇部差异分二型。

A型　圆唇。以口部差别分三式。

Ⅰ式：敛口。

Ⅱ式：口近直。

Ⅲ式：敞口。

B型　方唇。

平底钵　以腹部差异分二型。

A型　折腹。

B型　弧腹。

尖底盏　以腹部差异分三型。

A型　弧腹。以口部差别分三式。

Ⅰ式：敛口。

Ⅱ式：直口。

Ⅲ式：敞口。

B型　折腹。以口部差别分二式。

Ⅰ式：口近直。

Ⅱ式：敞口。

C型　腹斜直。

尖底杯　以近底部有无折棱分二型。

A型　无折棱。

B型　有折棱。

角杯　以近底部有无折棱分二型。

A型　有折棱。

B型　无折棱。以尖底厚薄分二亚型。

Ba型　尖底薄。

Bb型　尖底厚。

炮弹形杯　以底部差别分二式。

Ⅰ式：极小平底。

Ⅱ式：尖底。

器盖　以有无沿的差异分二型。

A型　无沿。

B型　有沿。以外壁近唇处有无棱的差别分二式。

Ⅰ式：有棱。

Ⅱ式：无棱。

器座　以有无面的差别分二型。

A型　两端无面。

B型　一端有面。

器足　以形态差异分二型。

A型　扁圆形。

B型　圆形。

拍　以拍面差别分二型。

A型　拍面较平。

B型　拍面外凸。

纺轮　以形态差异分五型。

A型　截面呈梯形。以腰部差别分二亚型。

Aa型　较直。

Ab型　微束。

B型　截面呈凸形。

C型　算珠形。以腰部差别分二亚型。

Ca型　弧腰。

Cb型　鼓腰。

D型　圆台束腰形。

E型　扁薄陶片。以中部有无穿孔分二亚型。

Ea型　有穿孔。

Eb型　无穿孔。

网坠　以形态差异分二型。

A型　中空圆柱形，腰身较平直。

B型　略呈橄榄形，鼓腰。

二、石　器

（一）总体特征

石器明显减少。石材多为砾石，极少砂岩、泥岩，主要有斧、锛、凿、铲、镞、矛、球、圆柱形器和范等。

（二）分类

斧　以器身长短差异分二型。

A型　身长。以厚薄差别分二亚型。

Aa型　厚体。以顶部不同分二式。

Ⅰ式：弧顶。

Ⅱ式：平顶。

Ab型　薄体。以顶部不同分二式。

Ⅰ式：弧顶。

Ⅱ式：平顶。

B型　身短。以厚薄差别分二亚型。

Ba型　体厚。以顶部不同分二式。

Ⅰ式：弧顶。

Ⅱ式：平顶。

Bb型　薄体。以顶部不同分二式。

Ⅰ式：弧顶。

Ⅱ式：平顶。

锛　以平面形态差异分二型。

A型　略呈梯形。以顶部差别分三亚型。

Aa型　弧顶。

Ab型　斜顶。

Ac型　平顶。

B型　略呈长方形。以顶部差别分三亚型。

Ba型　弧顶。

Bb型　斜顶。

Bc型　平顶。

凿　以总体形态差异分四型。

A型　器身扁薄。以顶部差别分二亚型。

Aa型　弧顶。

Ab型　平顶。

B型　器身窄厚。

C型　器身厚长条形。

D型　器身短条形。

镞　以有无铤分二型。

A型　无铤。以镞身有无凹槽分二式。

Ⅰ式：有凹槽。

Ⅱ式：无凹槽。

B型　有铤。

矛　以形态差异分二型。

A型　长叶形。以矛身有无凹槽分二亚型。

Aa型　无凹槽。

Ab型　有凹槽。

B型　宽叶形。

柱形器　以整体形态差别分二型。

A型　圆柱形。以上、下端差异分二亚型。

Aa型　上端小，下端大。

Ab型　上、下端约同大。

B型　棱柱形。

玦　以孔径大小差别分三型。

A型　孔大肉小。

B型　孔、肉约同大。

C型　孔小肉大。

三、骨　　器

出土较多，主要有针、簪、锥、雕刻器、卜骨、骨料等。

四、铜　　器

（一）总体特征

出土铜器数量较多，多为兵器与工具，以镞数量最多，少有钺、剑、削、鱼钩、铃、环等。

（二）分类

镞　以镞身形态差异分三型。

A型　略呈三角形。以刃部差别分二式。

Ⅰ式：弧刃。

Ⅱ式：直刃。

B型　柳叶形。以翼部差别分三亚型。

Ba型　翼尖内收。

Bb型　直翼。

Bc型　翼外张。

C型　三棱形。

第二节　遗　　迹

在发现的房址、灰坑、灰沟、卤水槽、地面（活动面）、路、墓葬、窑址、堡坎墙、灶、“洞”等遗迹中，以灰坑、房址的数量最多，卤水槽、灰沟次之，地面、路、墓葬、窑址、堡坎墙、灶、“洞”等较少（图四三八）。

一、房　　址

299座。这些房址从西周早期延续至战国晚期，大多有一定的分布范围，绝大部分平面为长方形或不规则长方形，极少为近方形，部分房址由于破坏或位于发掘区边缘没有完全揭露，平面形状不明。房址多有别于文化层的地面，比较纯净，无包含物，但在发现的地面中，很难有全地面范围内平整一致的，它们大都四周略高，中间略低，有部分甚至分布在斜坡上呈倾斜状，这种地面随时间推移逐渐变硬，至战国时，变得硬如岩石。在地面范围内，也发现有“洞”，数量多寡不一，这些“洞”排列都没有规律，局部看似成一直线，但至今未发现一例封闭呈一定形状的，而且，在部分地方很密集，人在其中，活动不便。在房址范围内，大多都发现有用火痕迹，但这些痕迹都有别于灶或火塘。这些房址与国内其他遗址发现的居住类房址存在明显的差别，我们认为是用于盐业生产的作坊。

根据房址平面形状的不同，可分为四型。

A型　长方形或不规则长方形。

B型　方形。

C型　不规则形。

D型　平面形状不明。

分期分型介绍如下：

（一）第一期

38座。可分为早、晚两段。

1. 早段

23座。

（1）A型

6座。

F134

位置：位于98AT0103、99AT0101北部和99AT0201西北部。层位关系：F133→F134→㉟。

形制：F134平面为长方形，西北—东南向，其西北部被F133打破，残长865、宽约335厘米（图四三九）。

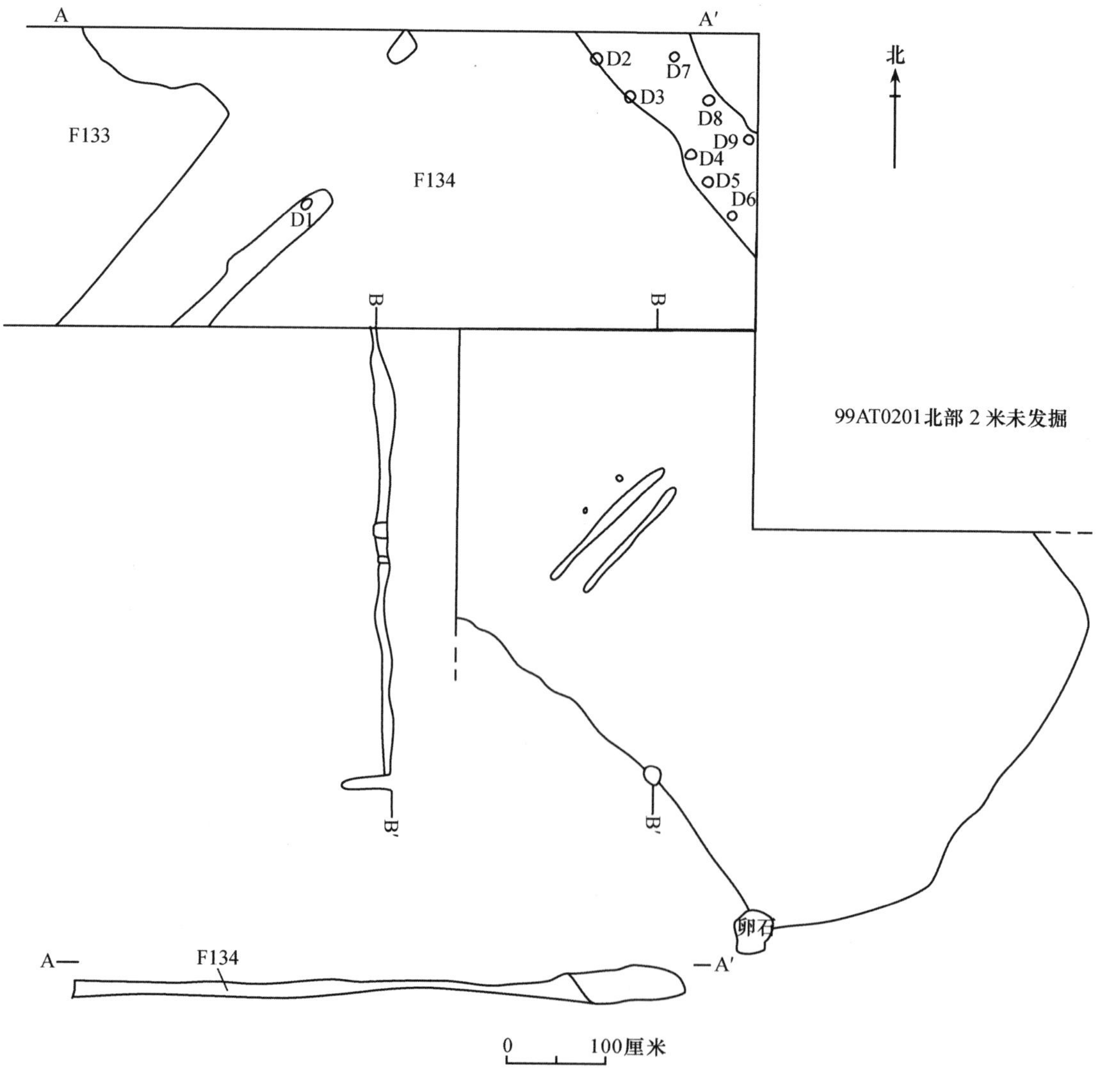

图四三九　F134平、剖面图

房面：以红沙土做成，局部极紧、硬，较平，但保存极差，厚0~3厘米。面下为灰褐黏土垫层，含陶片。

98AT0103探方东北该房面有一宽约80厘米的小沟，沟两边分布“洞”8个；在99AT0101西北部有两条小沟，呈东北—西南向，暴露部分分别长150和100、宽10~15厘米，两沟平行分布，相距约20厘米。

“洞”：发现9个，D1位于小沟北端，D2~D6和D7~D9排为两条平行线，均位于98AT0103东北小沟两侧。洞径及洞深如下：

D1：直径12、深24厘米。

D2：直径10、深20厘米。

D3：直径10、深14厘米。

D4：直径10、深27厘米。

D5：直径10、深25厘米。

D6：直径12、深30厘米。

D7：直径13、深40厘米。

D8：直径12、深25厘米。

D9：直径10、深31厘米。

出土遗物：共出陶器109件。陶质以夹砂陶为主，占98.17%，泥质陶极少，仅占1.83%。陶色以红陶为主，占37.61%，次为灰、褐陶，各占30.27%和26.61%，黑陶很少，占5.50%。器表以纹饰为主，占69.83%，部分素面，占30.28%。纹饰以绳纹为主，占64.22%，细绳纹、戳印纹很少。器类以罐为主，占55.96%，次为杯，占26.61%，缸、瓮、钵、盏、器盖等很少（表一六二）。

表一六二　F134出土陶器统计表

陶质	夹砂				泥质	合计	%
陶色	灰	红	黑	褐	灰		
纹饰/器类							
绳纹	17	33	2	18		70	64.22
细绳纹		2		3		5	4.59
戳印纹				1		1	0.92
素面	14	6	4	7	2	33	30.28
合计	31	41	6	29	2	109	100
%	28.44	37.61	5.50	26.61	1.83	100	
罐	15	28	1	17		61	55.96
缸	1	1		1		3	2.75
瓮		4				4	3.67
钵	2					2	1.83
盏			3			3	2.75
杯	9	7	2	10	1	29	26.61
器盖	1					1	0.92

续表

陶质	夹砂				泥质	合计	%
陶色	灰	红	黑	褐	灰		
纹饰/器类							
饼	1					1	0.92
圈足	1					1	0.92
器底	1	1		1		3	2.75
不明器					1	1	0.92

参加分类排队的陶器93件，挑选标本47件。

按唇缸　6件。

Ⅰ式：3件。

标本98F134∶22，夹细砂灰陶，口、里红褐，黑胎。唇部按窝稍深，器表多按抹痕。侈口，卷沿，唇缘外凸，束颈，残。手制轮修，火候较高。残宽8.8、残高5.2厘米（图四四〇，1）。标本99F134∶13，夹砂红褐陶，局部、胎、里黑。唇部微有按窝。侈口，卷沿外翻，残。手制，火候较高。残宽6.1、残高3.7厘米（图四四〇，2）。

Ⅱ式：2件。

标本99F134∶9，夹砂红褐陶，局部、里黑。唇部按窝较深。侈口，卷沿，残。手制，火候较高。残宽8.7、残高4.7厘米（图四四〇，3）。

Ⅲ式：1件。

标本98F134∶2，夹细砂灰褐陶，局部红，灰胎，里红色。唇面饰按压和戳印较深按窝。侈口，束领较矮，残。手制轮修，火候较高。残宽10.2、残高5.6厘米（图四四〇，4）。

按唇瓮　7件。

Ⅰ式：1件。

标本99F134∶10，夹砂黑陶，局部灰褐，红褐胎。唇部按窝较深。侈口，卷沿，残。手制，火候较高。残宽8.3、残高5厘米（图四四〇，5）。

Ⅱ式：2件。

标本99F134∶12，夹砂红陶，胎红夹灰。唇部按窝较浅。侈口，唇缘内凸，残。手制，火候较高。残宽4.5、残高4.9厘米（图四四〇，6）。

Ⅲ式：4件。

标本99F134∶5，夹砂黑陶，局部、胎灰。唇部按窝较浅。侈口，卷沿外翻，残。手制，火候较高。残宽6.9、残高5.2厘米（图四四〇，7）。标本99F134∶6，夹砂红陶，灰褐胎，里黑。唇部、外沿按窝较浅。侈口，卷沿，残。手制，火候较高。残宽8.2、残高4.2厘米（图四四〇，8）。

辫唇瓮　8件。A型。

Ⅰ式：1件。

标本98F134∶1，夹细砂红陶，灰胎。唇部按抹呈辫绳形，颈部饰划纹，肩部饰绳纹，

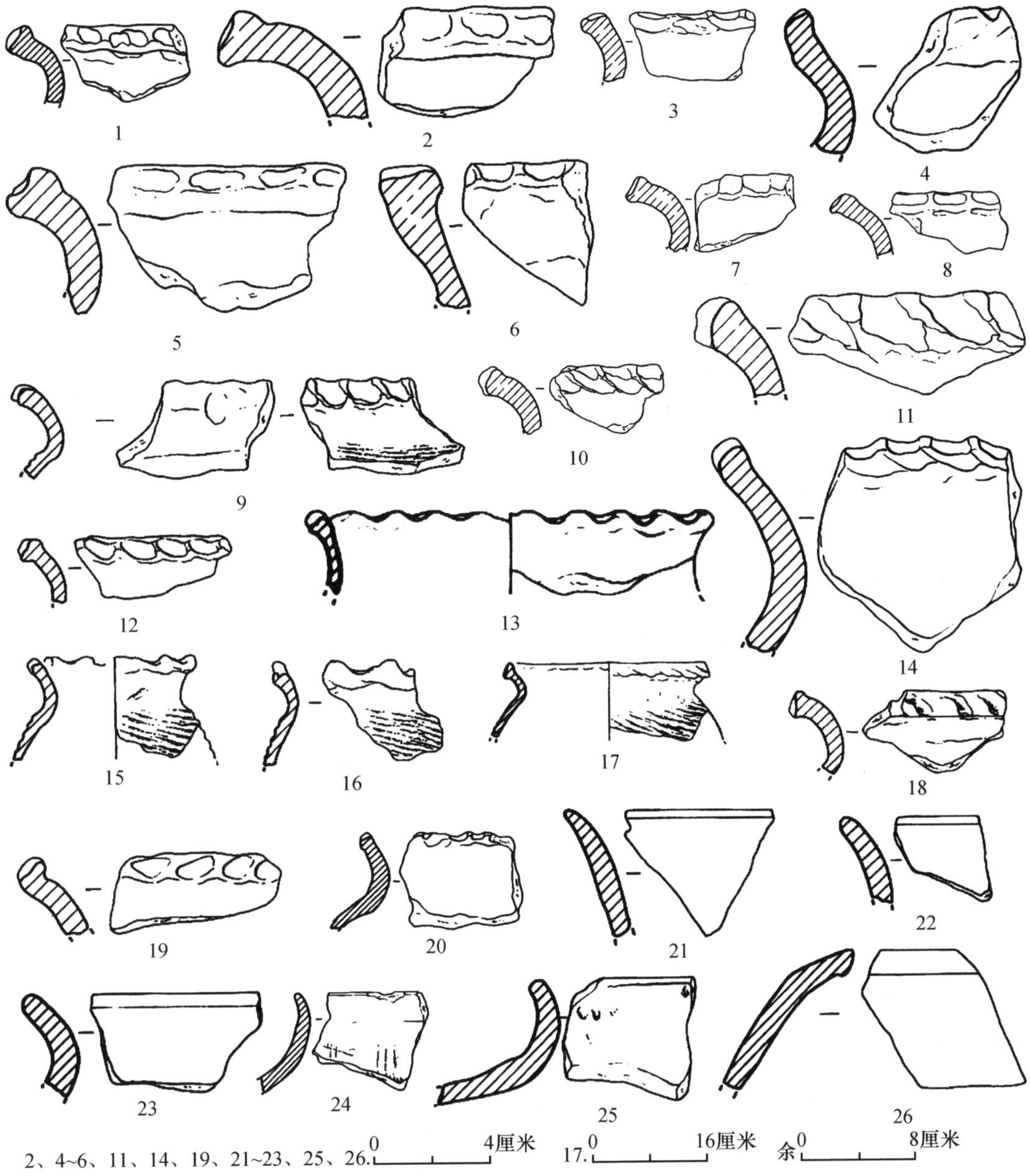

图四四〇　F134出土陶器

1、2. Ⅰ式按唇缸（98F134：22、99F134：13）　3. Ⅱ式按唇缸（99F134：9）　4. Ⅲ式按唇缸（98F134：2）
5. Ⅰ式按唇瓮（99F134：10）　6. Ⅱ式按唇瓮（99F134：12）　7、8. Ⅲ式按唇瓮（99F134：5、99F134：6）
9. A型Ⅰ式辫唇瓮（98F134：1）　10、11. A型Ⅱ式辫唇瓮（99F134：4、99F134：8）　12. A型Ⅲ式辫唇瓮（99F134：7）
13、14. B型齿唇瓮（98F134：7、98F134：8）　15、16. Aa型Ⅰb式花边圜底罐（98F134：2、98F134：3）
17. Ⅱ式辫唇罐（98F134：21）　18. Ⅲ式辫唇罐（98F134：31）　19. Ⅲ式按唇罐（99F134：11）
20. 齿唇罐（98F134：20）　21、22. 敞口罐（98F134：9、98F134：13）　23. 侈口罐（98F134：12）
24. Ⅱ式中领罐（98F134：14）　25. Ⅲ式中领罐（98F134：15）　26. A型Ⅰ式敛口罐（98F134：16）

内壁多按抹痕。侈口，卷沿，束颈，有肩，残。手制轮修，火候较高。残宽4.4、残高5.3厘米（图四四〇，9）。

Ⅱ式：4件。

标本99F134：4，夹砂红陶。唇部按抹呈辫绳波浪形。侈口，卷沿，残。手制，火候较高。残宽7.8、残高4.6厘米（图四四○，10）。标本99F134：8，夹砂红陶，胎红夹灰。唇部按抹略呈辫绳波浪形。侈口，卷沿，残。手制，火候较高。残宽8.1、残高3.4厘米（图四四○，11）。

Ⅲ式：3件。

标本99F134：7，夹砂红陶，灰褐胎，里黑。唇部按抹略呈辫绳波浪形。侈口，卷沿，残。手制，火候较高。残宽10.8、残高4.4厘米（图四四○，12）。

齿唇瓮　3件。B型。

标本98F134：7，夹细砂红褐陶，灰褐胎。表皮脱落。唇部按抹呈较深波浪形，唇下内沿有按窝纹。侈口，卷沿，束颈，残。手制轮修，火候不高。口径27.8、残高5.6厘米（图四四○，13）。标本98F134：8，夹细砂红褐陶，胎、里灰。唇部按抹呈浅波浪形齿，唇下内外沿饰按窝纹，壁多按抹痕。侈口，卷沿，束颈，残。手制轮修，火候较高。残宽7.1、残高7.3厘米（图四四○，14）。

花边圜底罐　15件。Aa型。

Ⅰa式：4件。标本碎小。

Ⅰb式：11件。

标本98F134：2，夹砂红褐陶，灰褐胎，里黑。唇部戳刮、外沿刮抹呈波浪形，腹饰绳纹。侈口，束颈，鼓腹，残。手制，火候较高。口径11.6、残高7厘米（图四四○，15）。标本98F134：3，夹砂红陶，局部灰褐。唇部戳刮、外沿刮抹呈波浪形，腹饰绳纹。侈口，束颈，鼓腹，残。手制，火候较高。残宽8.1、残高7厘米（图四四○，16）。

辫唇罐　3件。

Ⅱ式：2件。

标本98F134：21，夹细砂红陶，灰胎，里口部灰，腹褐。唇部饰浅按窝纹，颈部饰零星细划纹，肩部饰绳纹，内壁多按抹痕。侈口，卷沿，唇缘外凸，束颈，溜肩，残。手制轮修，火候较高。口径28、残高10厘米（图四四○，17）。

Ⅲ式：1件。

标本98F134：31，夹细砂红褐陶。唇部刮抹略带辫绳形，唇下内外沿有按窝，内壁多按抹痕。侈口，卷沿，束颈，残。手制轮修，火候较高。残宽10、残高5.6厘米（图四四○，18）。

按唇罐　2件。Ⅲ式。

标本99F134：11，夹砂红褐陶，局部黑。唇部按窝较深。侈口，残。手制，火候较高。残宽5.9、残高2.7厘米（图四四○，19）。

齿唇罐　3件。

标本98F134：20，夹细砂红陶。唇部按压较深呈齿状，肩部饰绳纹，内壁多按抹痕。侈口，卷沿，束颈，有肩，残。手制轮修，火候较高。残宽8.3、残高6.6厘米（图四四○，20）。

敞口罐　2件。

标本98F134：9，夹细砂灰陶。素面。敞口，卷沿，圆唇，腹较斜直，残。轮制，火候较高。残宽4.9、残高4.3厘米（图四四〇，21）。标本98F134：13，夹细砂灰黑陶，外下沿饰浅细凹弦纹。敞口，圆唇，残。轮制，火候较高。残宽3.4、残高3厘米（图四四〇，22）。

侈口罐　2件。

标本98F134：12，夹细砂灰陶。颈部饰划纹。侈口，卷沿，圆唇，束颈，残。轮制，火候较高。残宽5.8、残高3.4厘米（图四四〇，23）。

中领罐　2件。

Ⅱ式：1件。

标本98F134：14，夹粗砂灰陶，局部、里黑。领上部饰细划纹，下部饰绳纹，内壁有按抹痕。侈口，卷沿，圆唇，领微束，残。手制轮修，火候较高。残宽7.7、残高6.5厘米（图四四〇，24）。

Ⅲ式：1件。

标本98F134：15，夹细砂灰陶，口、里灰黑。领部饰戳印纹。侈口，卷沿，方圆唇，中领较矮微束，有肩，残。手制轮修，火候较高。残宽4.6、残高4.3厘米（图四四〇，25）。

敛口罐　1件。A型Ⅰ式。

标本98F134：16，夹粗砂灰陶。素面。敛口，圆唇，折肩，鼓腹，残。轮制，火候高。残宽5.7、残高4.7厘米（图四四〇，26）。

罐形釜　1件。

标本98F134：11，夹细砂灰陶。素面，器表有旋痕。侈口，卷沿，圆唇，束颈，残。轮制，火候较高。残宽2.7、残高3.5厘米（图四四一，1）。

圜底钵　1件。A型Ⅰ式。

标本98F134：17，泥质灰褐陶。素面。口微敛，圆尖唇，弧腹，残。轮制，火候较高。残宽3.2、残高2.6厘米（图四四一，2）。

尖底盏　3件。A型Ⅰ式。

标本98F134：10，夹细砂灰黑陶。素面。敛口，圆尖唇，沿内卷微折，下腹斜弧，残。轮制，火候较高。残宽3.9、残高2.1厘米（图四四一，3）。

角杯　29件。B型。

标本98F134：23，夹细砂灰褐陶，局部浅黄褐，灰黑胎。素面，器表有按抹、戳、刮痕，内壁有旋痕。腹较斜直，尖底，残。手制，火候较高。残宽4.8、残高9.5厘米（图四四一，4）。标本98F134：24，夹细砂红黄陶，灰胎。素面，器表多按抹痕。腹较斜直，尖底，残。手制，火候较高。残宽4.2、残高9.4厘米（图四四一，5）。标本98F134：29，夹细砂红褐陶，局部灰胎。素面，器表有按抹痕，口内壁有旋痕。敞口，尖唇，腹较斜直，残。手制轮修，火候较高。口径6、残高5.3厘米（图四四一，6）。标本98F134：30，夹细砂红陶。素面，器表多按抹痕。敞口，尖唇，腹较斜直，残。手制，火候较高。口径5.5、残高6.4厘米（图四四一，7）。

器座　1件。A型。

标本98F134：16，夹砂灰褐陶，局部黑，里红褐。器表饰划纹。敛口，方唇，壁外斜，残。手制，火候较高。口径14.4、残高7.8厘米（图四四一，8）。

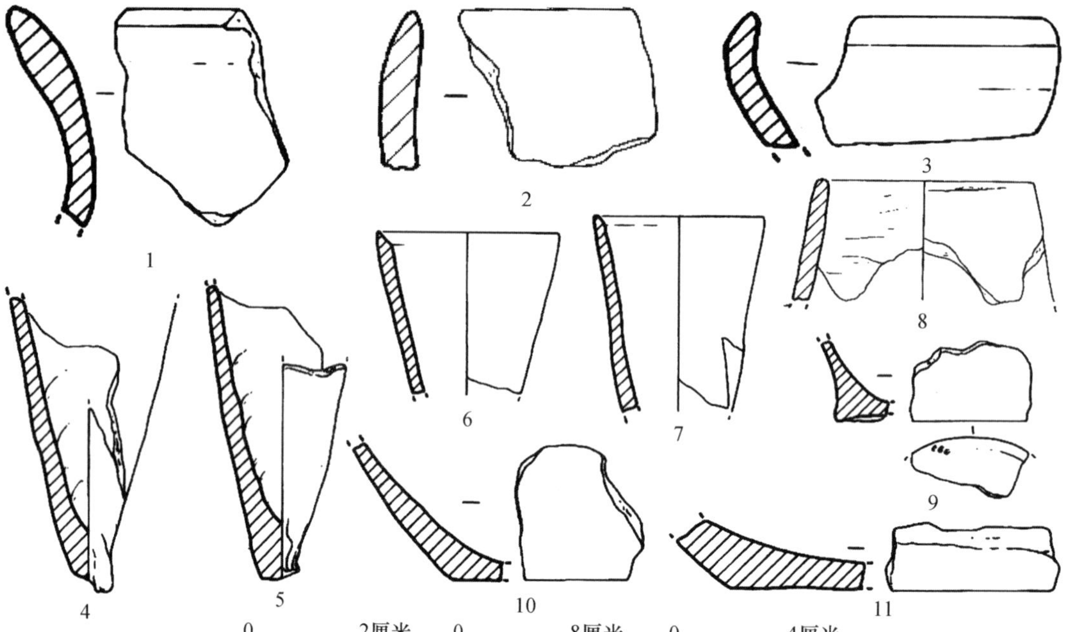

图四四一 F134出土陶器

1. 罐形釜（98F134：11） 2. A型Ⅰ式圜底钵（98F134：17） 3. A型Ⅰ式尖底盏（98F134：10）
4～7. B型角杯（98F134：23、98F134：24、98F134：29、98F134：30） 8. A型器座（98F134：16）
9. 圈足（98F134：19） 10、11. 器底（98F134：17、98F134：18）

圈足 1件。

标本98F134：19，夹细砂灰陶，里黑。素面，外底饰篦点纹。下腹较斜直，矮圈足外撇，残。手制，火候较高。残宽4、残高2.6厘米（图四四一，9）。

器底 3件。

标本98F134：17，夹细砂黑褐陶，局部红褐。素面，内壁有瓦棱痕。下腹斜弧，平底，残。手制轮修，火候较高。残宽4.2、残高4.4厘米（图四四一，10）。标本98F134：18，夹细砂灰陶，里红褐，器表有黑褐色附着物。素面，内底有按抹痕。下腹斜直，平底，残。手制，火候较高。残宽5.7、残高2.3厘米（图四四一，11）。

F349

位置：位于02AT0101中部，地面距地表深560厘米。层位关系：㉘—F349→㉙A。

形制：F349从揭露部分观察，平面为窄长方形，西北—东南向，仅存房面和较多“洞”。房面使用黄灰色黏土杂较多碎陶片颗粒铺垫而成，然后夯实，质地较硬，局部光滑，残长720、宽270、厚0～15厘米（图四四二；图版四八，1）。

发现“洞”175个，分布密集，在平面上无明显排列规律，大小不等，主要为圆形和椭圆形。“洞”内填土为灰褐土及黑灰土，结构疏松，个别“洞”内杂炭灰颗粒。“洞”大者直径15～30、小者直径5～10厘米、深10～30厘米左右。内含少量花边口圜底碎片及兽骨。

出土遗物：共出陶器32件，参加分类排队的20件，挑选标本8件。

辫唇瓮 6件。A型。

Ⅱ式：2件。

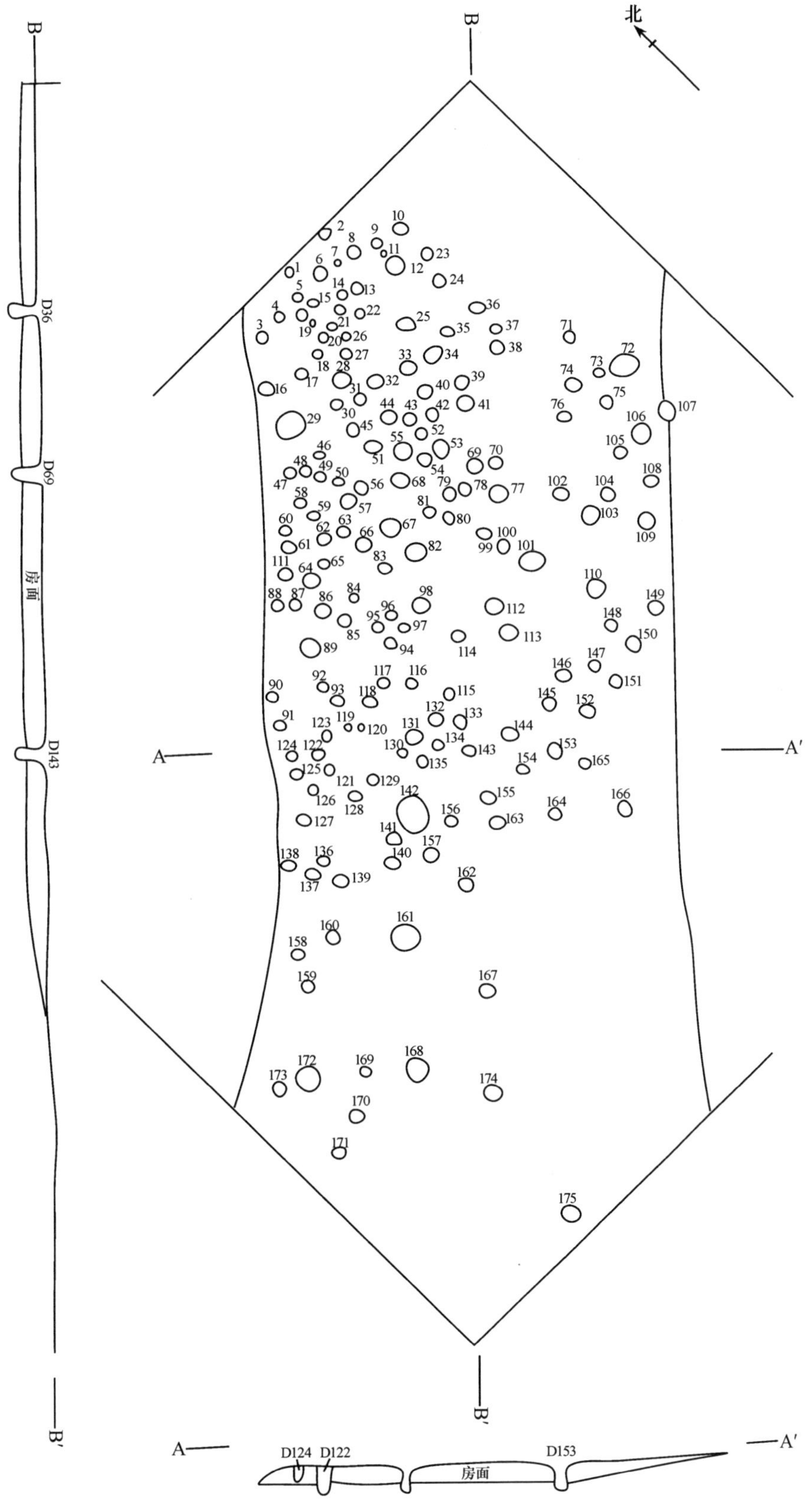

注：因版面有限，平面图中“洞”编号前的代码“D”省略，后同。

0　100厘米

图四四二　F349平、剖面图

标本F349：1，夹砂红褐陶，黑胎。唇部按抹呈辫绳波浪形，肩饰斜绳纹。侈口，卷沿，微有肩，残。手制，火候较高。残宽8.4、残高5.3厘米（图四四三，1）。

Ⅲ式：4件。

标本F349：2，夹砂红陶，胎、里灰褐。唇部按抹略呈辫绳波浪形，肩饰斜绳纹。侈口，卷沿，圆肩，残。手制，火候较高。残宽8.8、残高6.6厘米（图四四三，2）。

高领瓮　1件。Ⅰ式。

标本F349：8，夹砂灰褐陶，里褐。素面。侈口，卷沿，圆唇，高束领，残。轮制，火候高。残宽7.4、残高6.6厘米（图四四三，3）。

按唇罐　2件。Ⅰ式。

标本F349：3，夹砂灰褐陶，局部黄褐，里黑。唇部按窝较浅，肩饰斜绳纹。侈口，卷沿外翻，圆肩，残。手制，火候较高。残宽11、残高8.6厘米（图四四三，4）。

花边圜底罐　5件。Aa型Ⅰb式。

标本F349：4，夹砂红褐陶，红胎。唇部戳刮、外沿内抹呈波浪形，腹饰斜绳纹。侈口，束颈，鼓腹，残。手制，火候较高。残宽7.2、残高7.4厘米（图四四三，5）。标本F349：5，夹砂灰褐陶，局部红。唇部刮抹略呈辫绳波浪形，腹饰斜绳纹。侈口，卷沿，鼓腹，残。手制，火候较高。残宽7、残高7厘米（图四四三，6）。

罐形釜　1件。Aa型Ⅱ式。

标本F349：7，夹砂黑褐陶，局部红，灰胎。外沿饰戳印纹，腹饰斜绳纹。侈口，卷沿外翻，圆唇，鼓腹，残。手制轮修，火候较高。残宽8、残高6.4厘米（图四四三，7）。

尊形器　1件。A型Ⅰ式。标本碎小。

炮弹形杯　1件。Ⅰ式。

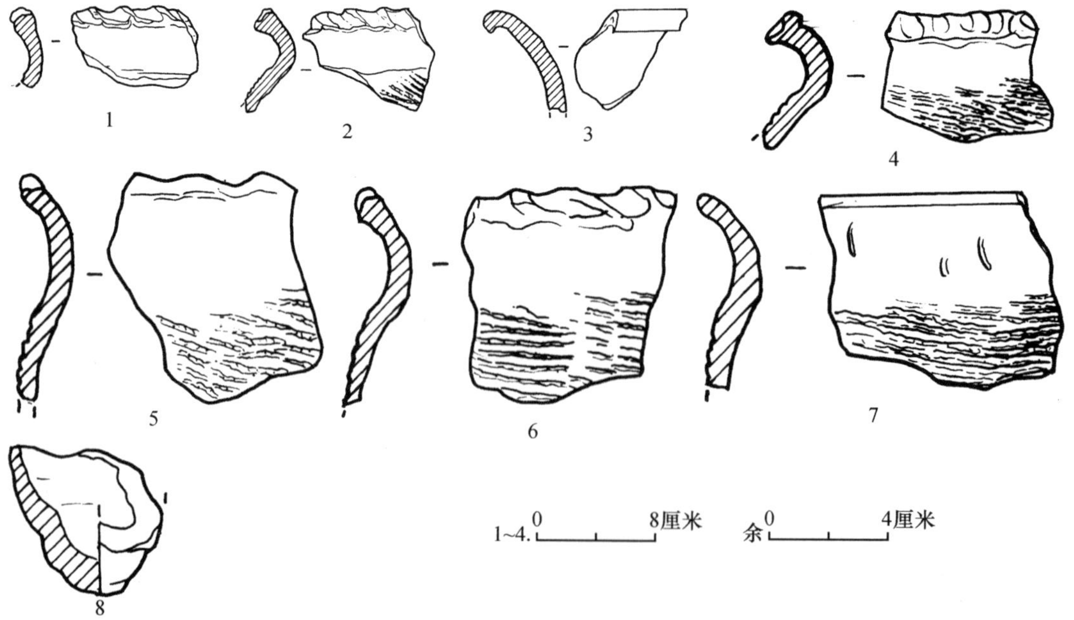

图四四三　F349出土陶器

1. A型Ⅱ式辫唇瓮（F349：1）　2. A型Ⅲ式辫唇瓮（F349：2）　3. Ⅰ式高领瓮（F349：8）　4. Ⅰ式按唇罐（F349：3）　5、6. Aa型Ⅰb式花边圜底罐（F349：4、F349：5）　7. Aa型Ⅱ式罐形釜（F349：7）　8. Ⅰ式炮弹形杯（F349：6）

标本F349：6，泥质黑陶。下腹饰戳印纹。下腹弧收，尖底，残。轮制，火候高。残高4.8厘米（图四四三，8）。

角杯　2件。B型。标本碎小。

圈足　1件。标本碎小。

（2）B型

1座。

F133

位置：位于98AT0103西部，打破同层下的F134。层位关系：㉞—F133→F134。

形制：从方内暴露部分观察，平面可能为方形，残长270、宽108厘米（图四四四）。

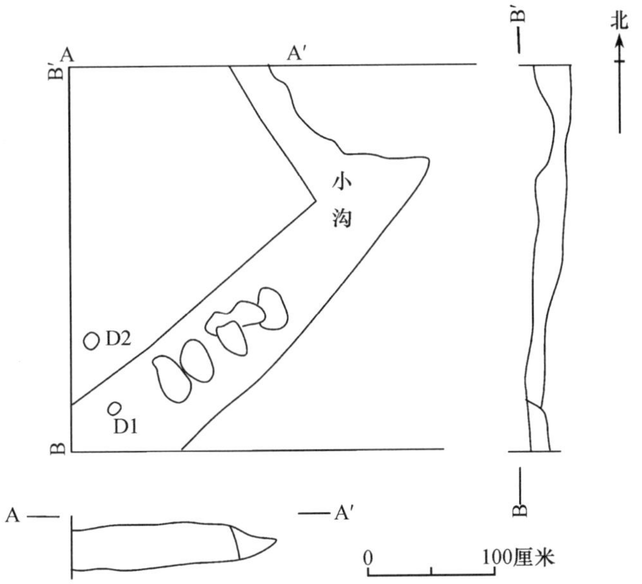

图四四四　F133平、剖面图

房面：分两层：上层为灰褐色沙灰土面，极薄；下层为黄沙面，厚3～5厘米。均较硬，较平，但保存极差。其下为黑褐色垫土层，较紧，含陶片，厚10～16厘米。房面外侧发现有宽约50～80厘米的小沟，填黑褐色沙土，底置卵石数块。

"洞"：仅发现2个，分布无规律，直径均约16、深20厘米。

出土遗物：出土较多陶器与极少石器。

陶器　陶质、陶色、纹饰和器类与F134大致相同，挑选标本50件。

按唇瓮　8件。

Ⅰ式：3件。

标本F133：29，夹细砂灰陶，口部、里黑，灰胎。唇部饰浅按窝，腹饰绳纹，唇内下沿有按窝，内壁有按抹痕。侈口，卷沿，唇缘外凸，束颈，残。手制轮修，火候较高。残宽8.4、残高6.5厘米（图四四五，1）。标本F133：31，夹细砂黄褐陶，局部、胎灰，里黑，局部黄褐。唇部、唇下内外沿饰浅按窝，内壁有按抹痕。侈口，卷沿，唇缘外凸，束颈，残。手制轮修，火候不高。残宽23.4、残高5.6厘米（图四四五，2）。

Ⅱ式：2件。

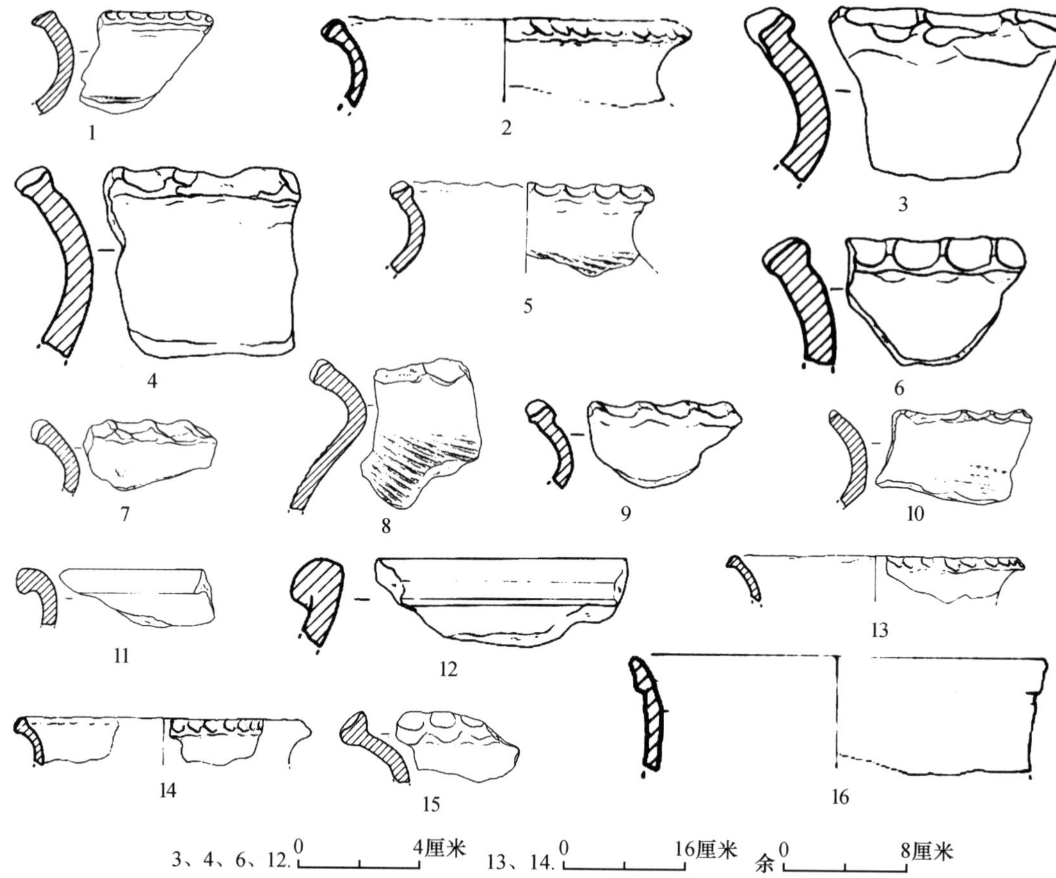

图四四五　F133出土陶器

1、2. Ⅰ式按唇瓮（F133：29、F133：31）　3、4. Ⅱ式按唇瓮（F133：30、F133：32）　5、6. Ⅲ式按唇瓮（F133：34、F133：35）　7. Ⅰ式辫唇瓮（F133：3）　8、9. Ⅱ式辫唇瓮（F133：4、F133：2）　10. B型齿唇瓮（F133：8）　11. Ⅰ式高领瓮？（F133：14）　12. A型Ⅰ式敛口瓮？（F133：15）　13、14. Ⅰ式按唇缸（F133：37、F133：38）　15. Ⅱ式按唇缸（F133：36）　16. B型喇叭口缸（F133：24）

标本F133：30，夹细砂红褐陶。唇部按抹略呈波浪形，唇下内外沿有按窝，颈部有划痕，内壁有按抹痕。侈口，卷沿，唇沿外凸，束颈，残。手制轮修，火候较高。残宽7.6、残高5.4厘米（图四四五，3）。标本F133：32，夹细砂红褐陶，灰黑胎。唇部按窝稍深，唇下内外沿有按窝，颈部有按、划痕，内壁有按抹痕。侈口，卷沿，唇缘外凸，束颈，残。手制轮修，火候较高。残宽6.4、残高5.9厘米（图四四五，4）。

Ⅲ式：3件。

标本F133：34，夹细砂红陶，灰胎。唇部按窝较密、深，颈部有按抹痕，腹饰绳纹，内壁有按、刮抹痕。侈口，卷沿，唇缘外凸，束颈，残。手制轮修，火候较高。口径16.8、残高5.8厘米（图四四五，5）。标本F133：35，夹细砂灰陶，唇部、里黑。唇部按窝较密、深，唇下内外沿有按窝，内壁有按抹痕。侈口，卷沿，唇缘外凸，束颈，残。手制轮修，火候高。残宽5.5、残高4厘米（图四四五，6）。

辫唇瓮　6件。

Ⅰ式：4件。

标本F133：3，夹细砂红陶，里局部灰褐。唇部按抹呈辫绳状，颈部饰圆形戳印纹，内壁有按抹痕。侈口，卷沿，束颈，残。手制轮修，火候较高。残宽8.4、残高4.3厘米（图四四五，7）。

Ⅱ式：2件。

标本F133：4，夹粗砂红褐陶，局部黑，口部、里朱红。唇部按抹略呈辫绳状，肩部饰粗绳纹，内壁有按抹痕，大部表皮脱落。侈口，卷沿，束颈较甚，沿下角变小，溜肩，残。手制轮修，火候不高。残宽7.7、残高9.5厘米（图四四五，8）。标本F133：2，夹细砂红陶，局部褐，灰黑胎，里褐。唇部按抹略呈辫绳状，器表有按抹痕，唇内下沿有按窝纹一排。侈口，卷沿，束颈，残。手制轮修，火候较高。残宽9.6、残高5.4厘米（图四四五，9）。

齿唇瓮　1件。B型。

标本F133：8，夹细砂红褐陶，红胎。唇部刮抹呈浅齿状，颈上部饰划纹，下部饰绳纹，内壁有按抹、刮削痕。侈口，卷沿，束领，残。手制，火候较高。残宽9.6、残高6.1厘米（图四四五，10）。

高领瓮？　1件。Ⅰ式。

标本F133：14，夹细砂黑陶，灰胎。素面，器表有旋痕。侈口，卷沿，圆唇，领微束，残。轮制，火候高。残宽9.8、残高3.6厘米（图四四五，11）。

敛口瓮？　1件。A型Ⅰ式。

标本F133：15，夹粗砂黑陶，灰胎。下唇面饰凹弦纹。敛口，折沿外卷，圆唇，残。轮制，火候高。残宽7.9、残高2.75厘米（图四四五，12）。

按唇缸　8件。

Ⅰ式：5件。

标本F133：37，夹细砂黑陶，灰胎。唇部按窝较浅，唇下沿有按抹痕，内壁有刮抹痕。敞口，沿面近唇处微凹，残。手制轮修，火候较高。口径37.6、残高5.6厘米（图四四五，13）。标本F133：38，夹细砂黑陶，局部灰。唇部按窝较浅，唇下内外沿有浅按窝，内壁有刮抹痕。微侈口，卷沿，唇缘上翘，束领，残。手制轮修，火候较高。口径38、残高5.8厘米（图四四五，14）。

Ⅱ式：3件。

标本F133：36，夹细砂灰陶，局部灰黑，里红褐。唇部按窝稍深，唇外下沿有按窝，内壁有刮抹痕。唇缘外凸，残。手制轮修，火候较高。残宽7.8、残高4.4厘米（图四四五，15）。

喇叭口缸　1件。B型。

标本F133：24，夹细砂红陶。外沿饰凹弦纹，内上壁有凹槽两道。敞口，圆尖唇，上腹较直，轮制，火候较高。口径26.4、残高7厘米（图四四五，16）。

按唇罐　4件。

Ⅰ式：2件。

标本F133：33，夹细砂黑陶。唇部按窝较浅，唇下内外沿有按窝，腹饰绳纹，内壁有按抹痕。侈口，卷沿，唇缘外凸，束颈，鼓腹，残。手制轮修，火候较高。残宽9.4、残高6厘米（图四四六，1）。

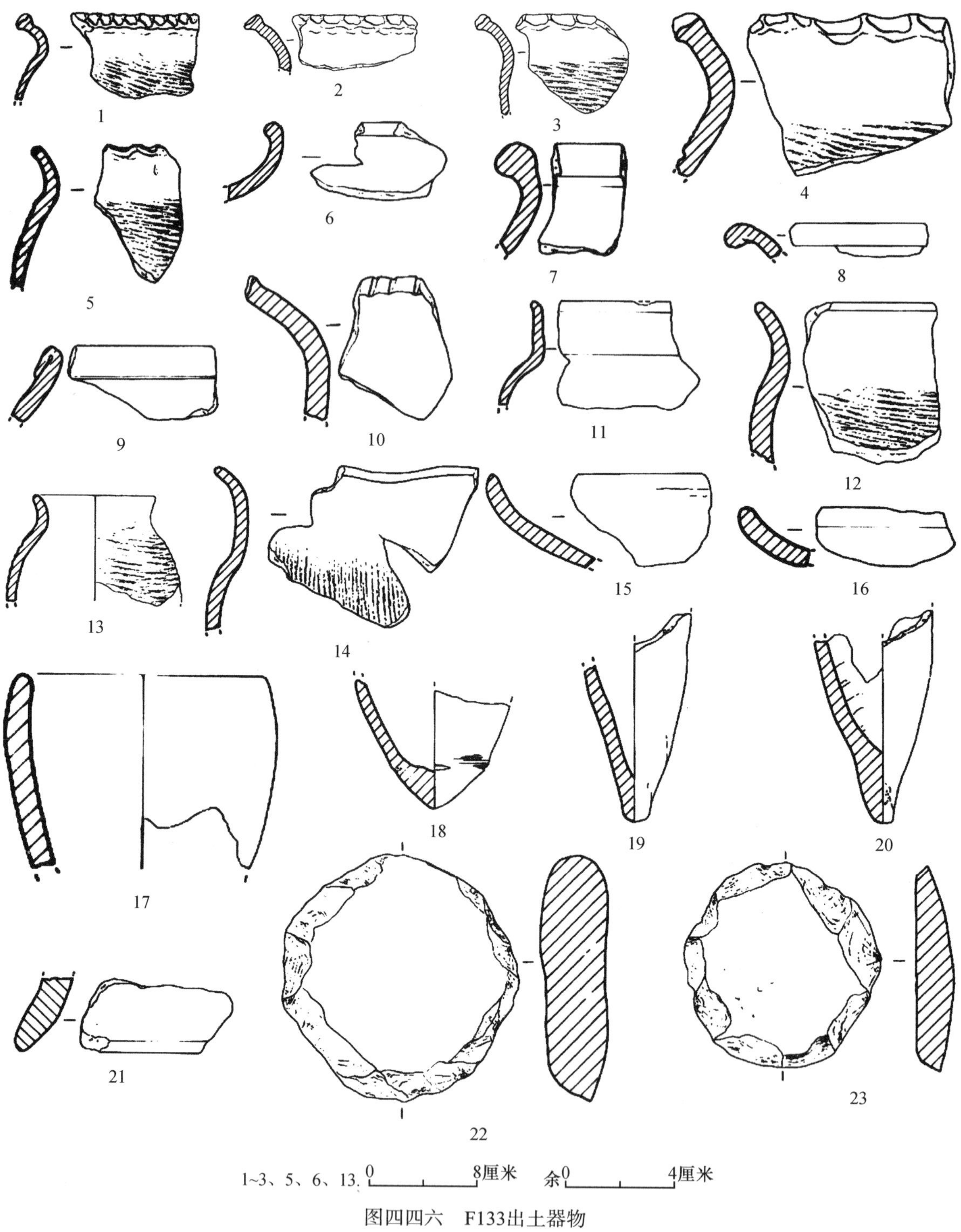

图四四六　F133出土器物

1. Ⅰ式陶按唇罐（F133：33）　2、3. Ⅱ式陶按唇罐（F133：27、F133：28）　4、5. Aa型陶齿唇罐（F133：26、F133：6）　6、7. B型陶矮领罐（F133：19、F133：20）　8. 陶高领罐？（F133：17）　9. A型Ⅰ式陶敛口罐（F133：16）　10. 陶侈口罐（F133：5）　11. 陶壶？（F133：22）　12、13. Aa型Ⅰ式陶釜（F133：11、F133：12）　14. Ab型Ⅰ式陶釜（F133：13）　15. A型Ⅰ式陶盘（F133：10）　16. A型Ⅱ式陶盘（F133：9）　17. 陶尖底杯（F133：23）　18. B型陶尖底杯（F133：40）　19、20. B型陶角杯（F133：41、F133：42）　21. 陶圈足（F133：21）　22、23. 石盘状器（F133：43、F133：44）

Ⅱ式：2件。

标本F133：27，夹细砂灰褐陶，胎、里红。唇部饰较浅按窝，唇下内外沿也饰按窝。侈口，卷沿外翻，唇缘外凸，束颈，残。手制轮修，火候不高。残宽8.9、残高4.1厘米（图四四六，2）。标本F133：28，夹细砂灰陶，局部黑，灰胎，里红，器表蘸泥浆，大部脱落。唇部按压略呈齿状，腹饰中粗绳纹，内壁有按抹痕。侈口，卷沿外翻，束颈，鼓腹，残。手制轮修，火候一般。残宽8.2、残高7.2厘米（图四四六，3）。

齿唇罐　2件。Aa型。

标本F133：26，夹细砂褐陶，灰胎，里红。唇部按压呈齿状，外沿有不规则泥片贴附，腹饰中粗绳纹，唇内下沿有按窝，内壁有按抹痕。侈口，卷沿，束颈，鼓腹，残。手制轮修，火候较高。残宽7.6、残高5.9厘米（图四四六，4）。标本F133：6，夹细砂黑陶，灰胎，里褐。唇部戳印呈齿状，颈饰指甲形戳印纹，腹饰绳纹，内壁有按抹痕。侈口，卷沿，束颈，鼓腹，最大径靠下，残。手制轮修，火候较高。残宽6.5、残高9.9厘米（图四四六，5）。

矮领罐　2件。B型。

标本F133：19，夹细砂灰黑陶，灰胎。素面。微侈口，微有卷沿，圆唇，矮领，广肩，残。轮制，火候较高。残宽10、残高5.6厘米（图四四六，6）。标本F133：20，夹细砂褐陶，灰胎。素面。微侈口，外卷沿，圆唇，内沿面微凹，有肩，残。轮制，火候高。残宽3.2、残高4厘米（图四四六，7）。

高领罐？　2件。

标本F133：17，夹细砂灰陶。素面。喇叭口，沿外下卷，圆唇，残。轮制，火候较高。残宽5、残高1.3厘米（图四四六，8）。

敛口罐　1件。A型Ⅰ式。

标本F133：16，夹粗砂黑陶，褐胎。素面，器表有旋痕。敛口，沿外卷贴，方圆唇，残。轮制，火候较高。残宽5.4、残高2.7厘米（图四四六，9）。

侈口罐　1件。

标本F133：5，夹细砂黑陶。唇面横饰戳印纹，内壁磨光。侈口，卷沿，唇内下沿微凹，鼓腹，残。轮制，火候较高。残宽4.2、残高5.2厘米（图四四六，10）。

壶？　1件。

标本F133：22，夹粗砂黑陶。素面。敞口，沿微外折，圆唇，颈较直，溜肩，鼓腹，残。轮制，火候较高。残宽5.1、残高3.9厘米（图四四六，11）。

釜　3件。A型。

Aa型　2件。Ⅰ式。

标本F133：11，夹细砂黑陶。腹饰细绳纹。侈口，圆唇，卷沿，束颈，鼓腹，残。轮制，火候较高。残宽4.9、残高5.7厘米（图四四六，12）。标本F133：12，夹细砂灰黑陶，胎灰黑、红褐。腹饰细绳纹，内壁有刮抹痕。侈口，卷沿，圆唇，鼓腹，残。手制轮修，火候较高。口径9、残高7.8厘米（图四四六，13）。

Ab型　1件。Ⅰ式。

标本F133：13，夹细砂灰陶，局部黑。腹饰竖向细绳纹，口部变形。侈口，卷沿，圆唇，鼓腹，残。轮制，火候较高。残宽7.7、残高5.8厘米（图四四六，14）。

盘 3件。A型。

Ⅰ式：2件。

标本F133：10，夹细砂黑陶，局部灰，灰黑胎，里褐。素面，器表有按抹痕、划痕。敞口，圆唇，弧腹，残。手制轮修，火候较高。残宽5、残高3.3厘米（图四四六，15）。

Ⅱ式：1件。

标本F133：9，夹细砂灰陶，里黄褐。器表饰细绳纹。敞口，圆唇，腹腹，残。手制轮修，火候较高。残宽5.1、残高2.1厘米（图四四六，16）。

尖底杯 2件，1件不明型别。

标本F133：23，夹细砂灰陶。素面，器表有按抹痕。敛口，圆唇，上腹微鼓，残。手制轮修，火候较高。口径9、残高7厘米（图四四六，17）。

B型 1件。

标本F133：40，泥质黑陶。下腹折棱下有两两对称戳印纹，器表、内壁有旋痕。弧腹，下腹折收，残。轮制，火候高。残高4.6厘米（图四四六，18）。

角杯 2件。B型。

标本F133：41，夹细砂灰陶。素面，器表有按抹痕。腹弧，尖底，实足跟稍高，残。手制，火候较高。残高7.5厘米（图四四六，19）。标本F133：42，夹细砂灰陶。素面，器表有按抹痕。弧腹，尖底，实足跟较高。手制，火候较高。残高7.7厘米（图四四六，20）。

圈足 1件。

标本F133：21，夹粗砂黑褐陶，里黑。素面。圈足外撇，残。手制，火候较高。残宽5.6、残高2.6厘米（图四四六，21）。

石器 出土很少。

盘状器 2件。

标本F133：43，砂岩，灰色，局部黄褐色。平面圆形，选择较平石料周边打制而成。直径约7.9、厚2.5厘米（图四四六，22）。标本F133：44，砾石，黄、褐色，表面有大小不等坑、点。平面圆形，利用较平石料周边打制而成。直径约7.1、厚1.4厘米（图四四六，23）。

（3）C型

1座。

F337

位置：位于02BT0101西南部，距地表深6.2～6.8米。层位关系：㉘—F337→F340。

形制：未完全暴露，从已揭露部分看呈不规则形。房面为灰色，呈多层状，质较细腻，较紧密，残长810、残宽500、厚15～25厘米。发现一团烧土和“洞”9个（图四四七）。

烧土：位于F337之西北部，范围大约1.8米×1.5米，与地面相连而不能截然断开，烧结面大都呈暗红色，局部呈白色。

“洞”：共发现9个，集中分布在烧土周围，平面均呈圆形，平底、尖底或圜底，各“洞”情况如下：

D3：口径8、底径约2、深7厘米。填灰黑土，疏松，斜直壁，平底。

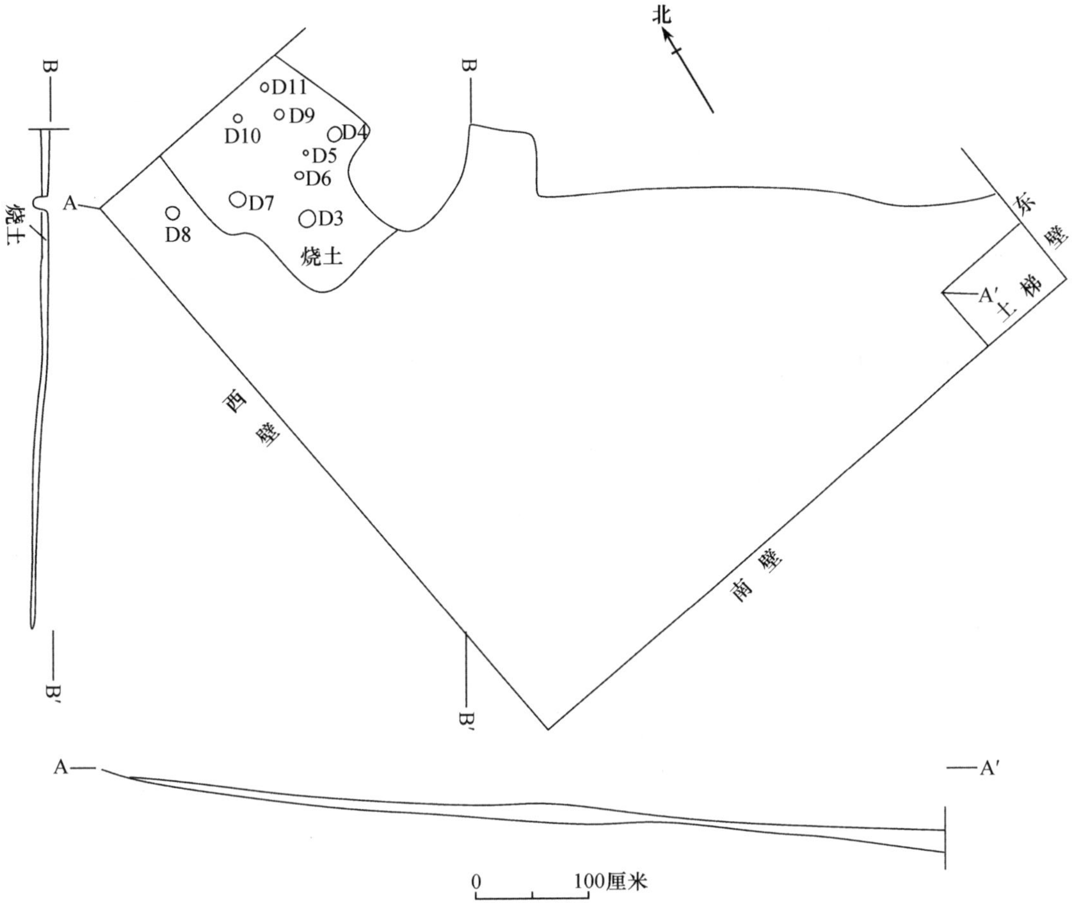

图四四七　F337平、剖面图

D4：口径11、底径9、深7厘米。填灰土，疏松，斜直壁，平底。

D5：口径5、深8厘米。填灰土，疏松，斜直壁，尖底。

D6：口径12、底径10、深25厘米。填灰土，疏松，直壁，平底。

D7：口径10、深10厘米。填灰土，疏松，斜直壁，圜底。

D8：口径10、深15厘米。填灰土，疏松，斜直壁，圜底。

D9：口径11、深16厘米。填灰土，疏松，斜直壁，圜底。

D10：口径8、深14厘米。填灰土，疏松，斜直壁，圜底。

D11：口径10、底径10、深10厘米。填灰土，疏松，直壁，平底。

出土遗物：在房面内夹部分陶片，还出土石斧、石锛各1件。

陶器　参加分类排队的陶器72件，挑选标本32件。

按唇瓮　7件。

Ⅱ式：4件。

标本F337：6，夹砂红陶，局部褐、黑。唇部按窝较浅。侈口，卷沿外斜，有肩，残。手制，火候较高。残宽8.8、残高5.6厘米（图四四八，1）。标本F337：7，夹砂褐陶，灰褐胎。唇部按窝较浅。侈口，卷沿外翻，有肩，残。手制，火候较高。残宽6、残高6.4厘米（图四四八，2）。

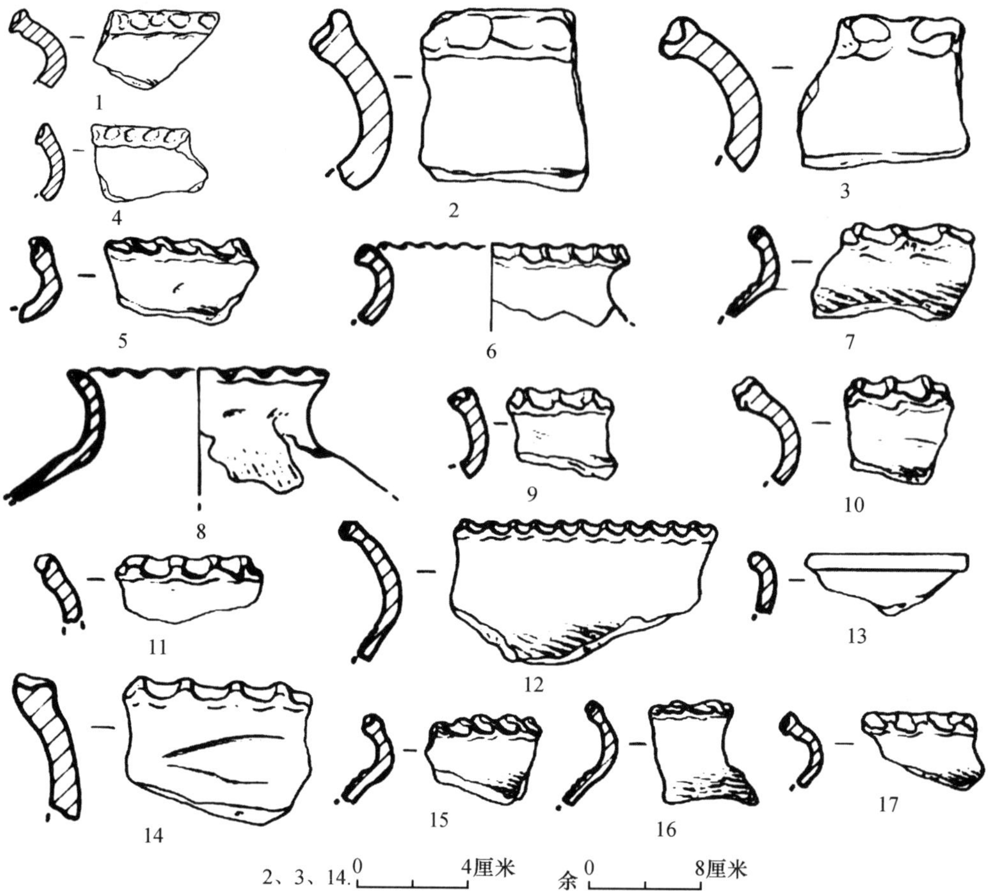

图四四八　F337出土陶器

1、2. Ⅱ式按唇瓮（F337：6、F337：7）　3、4. Ⅲ式按唇瓮（F337：8、F337：9）　5、6. A型Ⅱ式辫唇瓮（F337：14、F337：15）　7、8. A型Ⅲ式辫唇瓮（F337：16、F337：17）　9. Ⅲ式按唇缸？（F337：10）　10. A型Ⅰ式辫唇缸？（F337：18）　11. A型Ⅱ式辫唇缸？（F337：19）　12. A型Ⅱ式齿唇瓮（F337：21）　13. Aa型矮领瓮（F337：30）　14. Ⅲ式按唇罐（F337：4）　15. Ⅱ式辫唇罐（F337：11）　16、17. Ⅲ式辫唇罐（F337：12、F337：13）

Ⅲ式：3件。

标本F337：8，夹砂红陶，灰黑胎，里褐。唇部按窝较深。侈口，卷沿外翻，残。手制，火候较高。残宽6、残高5.4厘米（图四四八，3）。标本F337：9，夹砂红陶，局部、里黑。唇部按窝较深。侈口，卷沿，残。手制，火候较高。残宽8.4、残高5.4厘米（图四四八，4）。

辫唇瓮　16件。A型。

Ⅱ式：8件。

标本F337：14，夹砂红陶，局部灰黑。唇部按抹呈辫绳波浪形，肩饰斜绳纹。侈口，卷斜沿，有肩，残。手制，火候较高。残宽11.2、残高6厘米（图四四八，5）。标本F337：15，夹砂红陶，胎红夹灰。唇部按抹呈辫绳波浪形。侈口，卷沿外翻，有肩，残。手制，火候较高。口径19.6、残高6厘米（图四四八，6）。

Ⅲ式：8件。

标本F337：16，夹砂褐陶，局部红。唇部按抹略呈辫绳波浪形，外沿饰戳印纹，肩饰斜粗绳纹。侈口，卷斜沿，斜肩，残。手制，火候较高。残宽11.6、残高6.8厘米（图四四八，

7）。标本F337：17，夹粗砂红褐陶，局部灰褐，胎红夹灰褐，里红。唇部按抹略呈辫绳波浪形，领饰零星戳印纹，肩饰竖绳纹后按抹呈细线。侈口，矮领，圆肩，残。手制，火候较高。口径18.8、残高9.2厘米（图四四八，8）。

按唇缸？　1件。Ⅲ式。

标本F337：10，夹砂褐陶，局部、胎黑，里红褐。唇部戳按较深。侈口，卷沿，有肩，残。手制，火候较高。残宽8、残高6.4厘米（图四四八，9）。

辫唇缸？　3件。A型。

Ⅰ式：2件。

标本F337：18，夹砂褐陶，红胎。唇部按抹呈辫绳波浪形，外沿饰细划纹，肩饰斜绳纹。侈口，卷沿外翻，有肩，残。手制，火候较高。残宽7.6、残高7.6厘米（图四四八，10）。

Ⅱ式：1件。

标本F337：19，夹砂红陶，局部灰褐，胎局部红夹黑。唇部按抹呈辫绳波浪形。侈口，卷沿，残。手制，火候较高。残宽10.4、残高4.8厘米（图四四八，11）。

齿唇瓮　1件。A型Ⅱ式。

标本F337：21，夹砂黑陶，局部褐、红。唇部戳按呈波浪形齿，肩饰斜绳纹。侈口，领外翻，斜肩，残。手制，火候较高。残宽18.8、残高10厘米（图四四八，12）。

矮领瓮　2件。A型。

Aa型　1件。

标本F337：30，夹砂灰黑陶，胎、里黑。素面。侈口，卷沿，圆唇，领微束，残。轮制，火候高。残宽11.6、残高4.2厘米（图四四八，13）。

Ab型　1件。Ⅱ式。标本碎小。

按唇罐　2件。Ⅲ式。

标本F337：4，夹砂红陶，局部灰褐。唇部戳按呈波浪形，外沿饰细划纹。侈口，卷沿，残。手制，火候较高。残宽6.8、残高5厘米（图四四八，14）。

辫唇罐　8件。

Ⅱ式：3件。

标本F337：11，夹砂褐陶，局部红褐，里黑。唇部按抹呈辫绳波浪形，肩饰斜绳纹。侈口，卷沿，圆肩，残。手制，火候较高。残宽8、残高6.4厘米（图四四八，15）。

Ⅲ式：5件。

标本F337：12，夹砂红陶，胎红夹灰。唇部按抹略呈波浪形，肩饰斜中粗绳纹。侈口，卷沿，圆肩，残。手制，火候较高。残宽7.8、残高7.2厘米（图四四八，16）。标本F337：13，夹砂红陶，胎红夹灰。唇部按抹略呈波浪形，肩饰斜绳纹。侈口，卷沿外翻，有肩，残。手制，火候较高。残宽8.4、残高5.2厘米（图四四八，17）。

齿唇罐　1件。Ac型。

标本F337：20，夹砂灰褐陶，局部、胎灰黑。唇部戳按呈齿状，外沿饰竖划纹，肩饰斜中粗绳纹。侈口，卷沿，圆肩，残。手制，火候较高。残宽9.2、残高6.6厘米（图四四九，1）。

矮领罐　1件。A型。

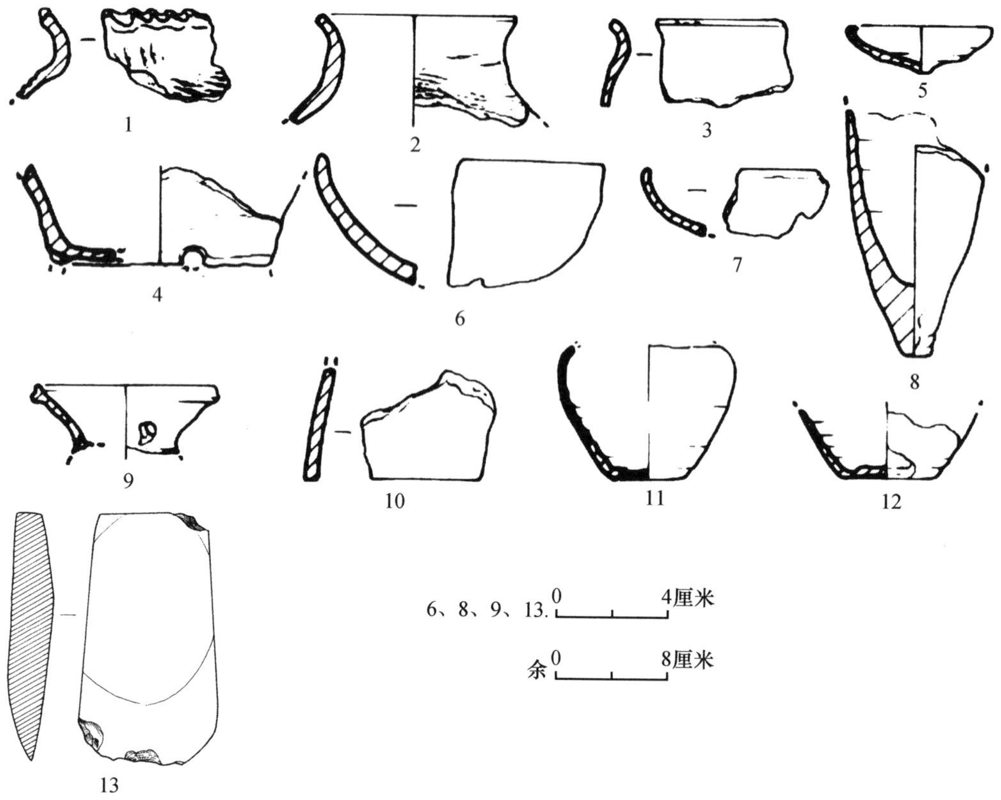

图四四九 F337出土器物

1. Ac型陶齿唇罐（F337：20） 2. A型陶矮领罐（F337：26） 3. 陶卷沿罐（F337：27） 4. 陶簋？（F337：31） 5. C型陶尖底盏（F337：22） 6、7. A型Ⅰ式陶盘（F337：23、F337：24） 8. B型陶角杯（F337：3） 9. 陶盖纽（F337：25） 10. A型陶器座（F337：29） 11、12. 陶器底（F337：28、F337：32） 13. Bc型石锛（F337：1）

标本F337：26，夹砂红陶，局部褐，胎红夹黑。领饰细划纹、戳印纹，肩饰绳纹后按抹呈细线。侈口，方唇，领较斜直，斜肩，残。手制轮修，火候较高。口径14.4、残高8厘米（图四四九，2）。

卷沿罐 1件。

标本F337：27，夹砂黑陶，局部、里褐。唇部饰零星戳印纹。侈口，卷沿，圆唇，鼓腹，残。手制轮修，火候较高。残宽9.6、残高6.2厘米（图四四九，3）。

簋？ 1件。

标本F337：31，夹砂红陶，局部褐、黑。腹底与圈足相接处饰圆形镂孔，内壁有薄层灰白色钙化物。下腹斜收，残。分制，火候一般。残宽18.8、残高7.2厘米（图四四九，4）。

尖底盏 2件，1件残剩底部，1件C型。

标本F337：22，泥质黑陶，局部红，胎红夹黑。下腹饰细凹弦纹。敛口，沿内卷，圆尖唇，弧腹，尖底，复原。轮制，火候较高。口径10.4、高3.4厘米（图四四九，5）。

盘 3件。A型Ⅰ式。

标本F337：23，夹砂灰褐陶，局部、里褐，胎褐夹灰。素面。口微敞，圆唇，弧腹，残。手制轮修，火候较高。残宽5.3、残高4.4厘米（图四四九，6）。标本F337：24，夹砂黑陶，局部灰黑。素面。敛口，沿微内卷，圆唇，弧腹，残。手制轮修，火候一般。残宽7.6、残高4.8

厘米（图四四九，7）。

炮弹形杯 2件。标本碎小。

角杯 17件。B型。

标本F337∶3，泥质灰褐陶，局部、胎红。素面。腹斜弧收，尖底，残。手制轮修，火候较高。残高8.6厘米（图四四九，8）。

盖纽 1件。

标本F337∶25，泥质灰褐陶，局部灰。下部饰半圆形镂孔一个。圈足形纽，微有内斜折沿，方唇，残。轮制，火候较高。纽径6.8、残高2.4厘米（图四四九，9）。

器座 1件。A型。

标本F337∶29，夹砂黑陶，局部褐。素面。壁外斜微弧，残。手制，火候较高。残宽9.6、残高3.8厘米（图四四九，10）。

器底 2件。

标本F337∶28，夹砂黑陶，红褐胎。腹部微有瓦棱纹。敛口，鼓肩，弧腹，小平底，残。轮制，火候较高。底径4.8、残高9.4厘米（图四四九，11）。标本F337∶32，夹砂黑陶，褐胎。素面，内壁瓦棱纹。下腹微弧收，底微凹，残。轮制，火候较高。底径6.6、残高4.8厘米（图四四九，12）。

石器 发现很少，仅斧、锛各1件。

锛 1件。Bc型。

标本F337∶1，平面近长方形，平顶，弧刃，偏锋，顶、刃部残。磨制。长9.1、宽5、厚1.5厘米（图四四九，13）。

（4）D型

15座。

F354

位置：位于02CT0101西南角，距地表深7.8～8.5米。层位关系：㉝—F354→㉞。

形制：仅暴露探方西南角一小部分，平面形状不明，表面由东北向西南倾斜。地表有一层极薄的踩踏面，地面用黄沙土加工，其下用黄灰土铺垫。地面沙土纯净，垫层土内夹残陶片。东西残长312、南北残宽285、厚5～15厘米（图四五〇）。

出土遗物：参加分类排队的陶器23件，挑选标本16件。

按唇瓮 5件。

Ⅰ式：1件。

标本F354∶9，夹砂灰褐陶，里黑。唇部微有按窝，肩饰斜绳纹。侈口，卷沿，溜肩，残。手制，火候较高。残宽9.6、残高8.2厘米（图四五一，1）。

Ⅱ式：2件。

标本F354∶10，夹砂红褐陶，黑胎。唇部按窝较浅。侈口，卷沿外翻，残。手制，火候较高。残宽10、残高5.6厘米（图四五一，2）。

Ⅲ式：2件。

标本F354∶11，夹砂褐陶，红褐胎。唇部按窝较深。侈口，卷沿外翻，残。手制，火候较

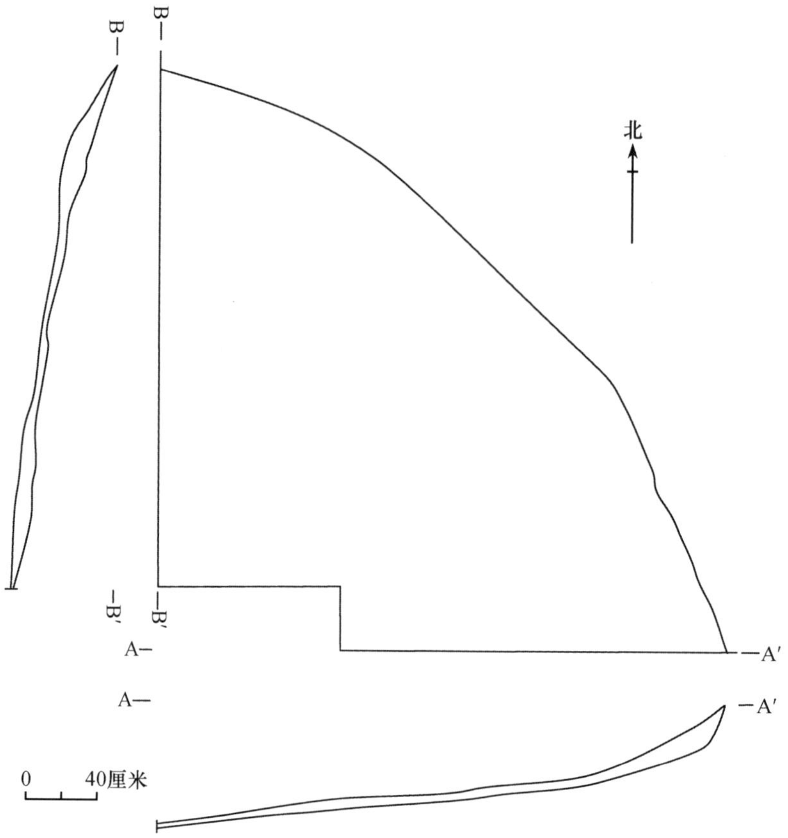

图四五〇 F354平、剖面图

高。残宽8.4、残高6厘米（图四五一，3）。

辫唇瓮 3件。A型。

Ⅰ式：1件。

标本F354：4，夹砂褐陶，灰胎，里黑。唇部按抹呈辫绳波浪形。侈口，卷沿，残。手制，火候较高。残宽10.8、残高5.2厘米（图四五一，4）。

Ⅱ式：2件。

标本F354：5，夹砂红褐陶，胎、里红。唇部按抹呈辫绳波浪形，肩饰斜绳纹。侈口，卷沿，溜肩，残。手制，火候较高。残宽7.6、残高8.4厘米（图四五一，5）。

矮领瓮 1件。Ab型Ⅱ式。

标本F354：14，夹砂灰褐陶，局部褐，胎红夹灰。素面。侈口，圆唇，束领，溜肩，残。轮制，火候较高。口径21.6、残高10.4厘米（图四五一，6）。

辫唇缸 3件。A型。

Ⅰ式：2件。

标本F354：6，夹砂灰褐陶，红褐胎。唇部按抹呈辫波浪形。侈口，卷沿，残。手制，火候较高。残宽8、残高5.6厘米（图四五一，7）。

Ⅱ式：1件。

标本F354：7，夹砂红褐陶，灰黑胎。唇部按抹略呈辫绳波浪形，外沿饰划纹。侈口，卷沿，残。手制，火候较高。残宽5.2、残高5.4厘米（图四五一，8）。

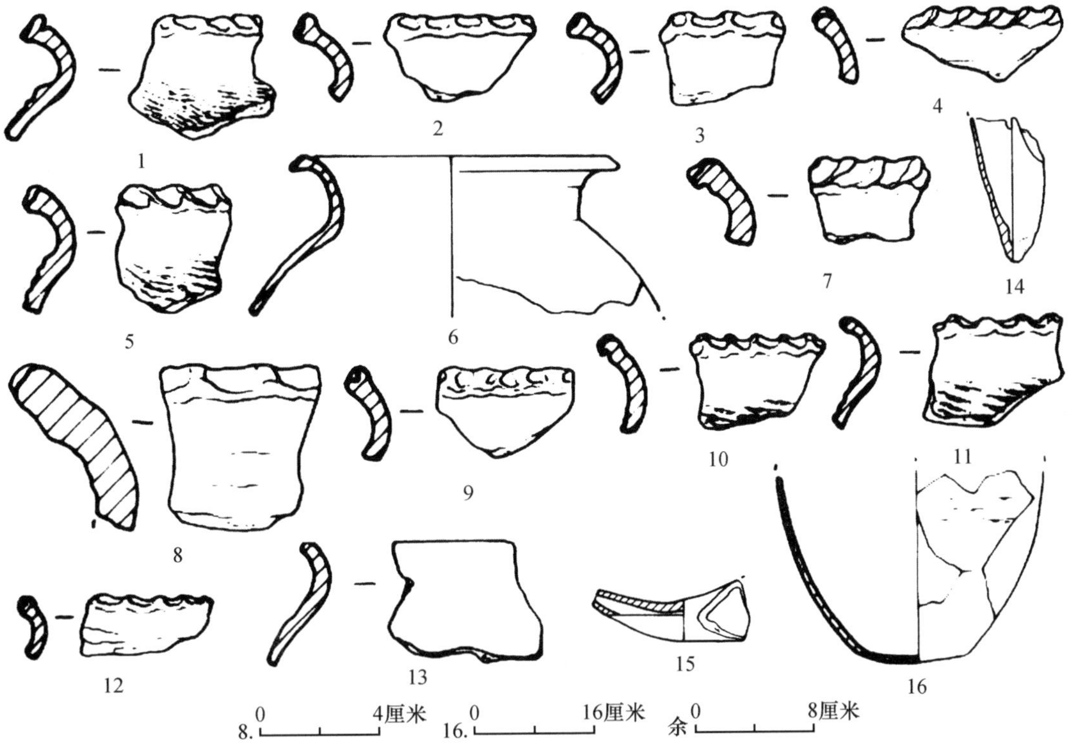

图四五一　F354出土陶器

1. Ⅰ式按唇瓮（F354：9）　2. Ⅱ式按唇瓮（F354：10）　3. Ⅲ式按唇瓮（F354：11）　4. A型Ⅰ式辫唇瓮（F354：4）　5. A型Ⅱ式辫唇瓮（F354：5）　6. Ab型Ⅱ式矮领瓮（F354：14）　7. A型Ⅰ式辫唇缸（F354：6）　8. A型Ⅱ式辫唇缸（F354：7）　9. Ⅰ式按唇缸（F354：12）　10、11. Ⅲ式辫唇罐（F354：2、F354：3）　12. Ⅰ式按唇罐（F354：8）　13. 侈口罐（F354：13）　14. B型角杯（F354：1）　15. 器流（F354：15）　16. 器底（F354：16）

按唇缸　1件。Ⅰ式。

标本F354：12，夹砂灰褐陶，胎褐夹灰，里黑。唇部按窝较浅。侈口，卷沿，残。手制，火候较高。残宽8.8、残高6厘米（图四五一，9）。

辫唇罐　3件。Ⅲ式。

标本F354：2，夹砂灰褐陶，局部红褐。唇部按抹略呈辫绳波浪形，腹饰斜绳纹。侈口，卷沿，残。手制，火候较高。残宽10、残高6.4厘米（图四五一，10）。标本F354：3，夹砂红褐陶，里黑。唇部戳刮呈波浪形，肩饰斜粗绳纹。侈口，卷沿外翻，溜肩，残。手制，火候较高。残宽9.2、残高7.4厘米（图四五一，11）。

按唇罐　1件。Ⅰ式。

标本F354：8，夹砂红褐陶，胎、里黑。唇部微有按窝。侈口，卷沿，残。手制，火候较高。残宽8.8、残高4厘米（图四五一，12）。

侈口罐　1件。

标本F354：13，夹砂红褐陶。素面，多刮抹痕。侈口，卷沿，圆唇，溜肩，残。手制，火候较高。残宽10、残高8厘米（图四五一，13）。

角杯　3件。B型。

标本F354：1，泥质红陶，局部灰。素面，内壁多旋痕。腹斜弧收，尖底，残。盘筑轮修，火候较高。残高9.4厘米（图四五一，14）。

器流　1件。

标本F354：15，夹砂灰黑陶，胎褐夹灰。素面。角状，中空，残。手制，火候高。残长10.4、最大径4厘米（图四五一，15）。

器底　1件。

标本F354：16，夹细砂黑陶，胎褐夹黑；内壁有薄层灰白色钙化物。腹饰凹弦纹，多旋痕。鼓腹，圜底，残。轮制，火候较高。残高24.8厘米（图四五一，16）。

2. 晚段

15座。

（1）A型

3座。

F129

位置：位于98BT0104南部，距地表深376～391厘米。层位关系：㉛—F129→㉜。

形制：仅暴露部分一小部分，可能为不规则长方形，边不规整，残长280、残宽0～76厘米。房面为加工较规整的青灰、黄土面，质稍硬，厚0～32厘米（图四五二）。

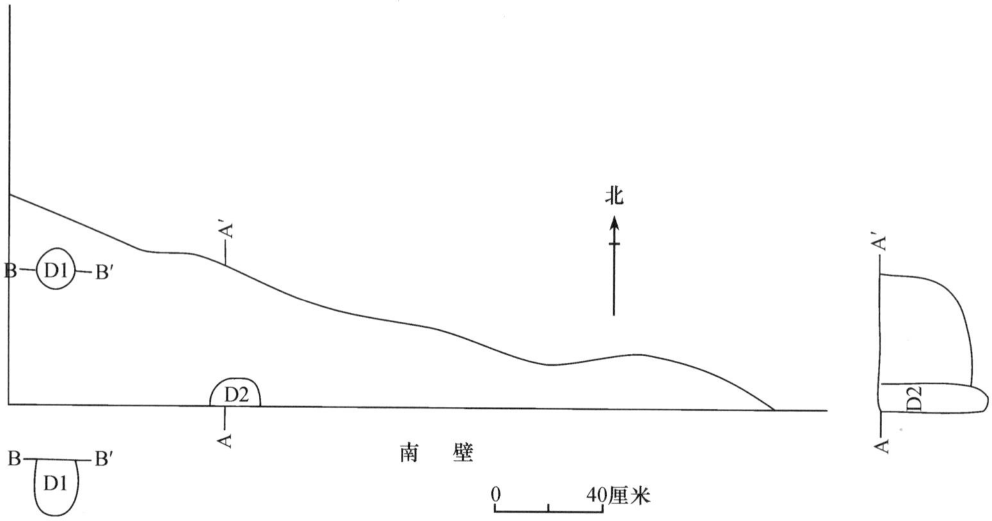

图四五二　F129平、剖面图

在房面发现2个“洞”：

D1：圆形，直径0.14、深0.21米，内弧壁，圜底，壁基本规整，填土为灰土，质松，较纯。

D2：仅暴露出一部分，填土为灰土，呈颗粒，深0.4米，填土质松，较纯。

出土遗物：出土少量陶器，参加分类排队的19件，挑选标本14件。

辫唇瓮　5件。A型。

Ⅱ式：1件。

标本F129：3，夹砂红褐陶，红胎，里灰褐。唇部按抹呈辫绳波浪形，肩饰绳纹。侈口，卷沿，斜肩，残。手制，火候较高。残宽6.4、残高7厘米（图四五三，1）。

Ⅲ式：4件。

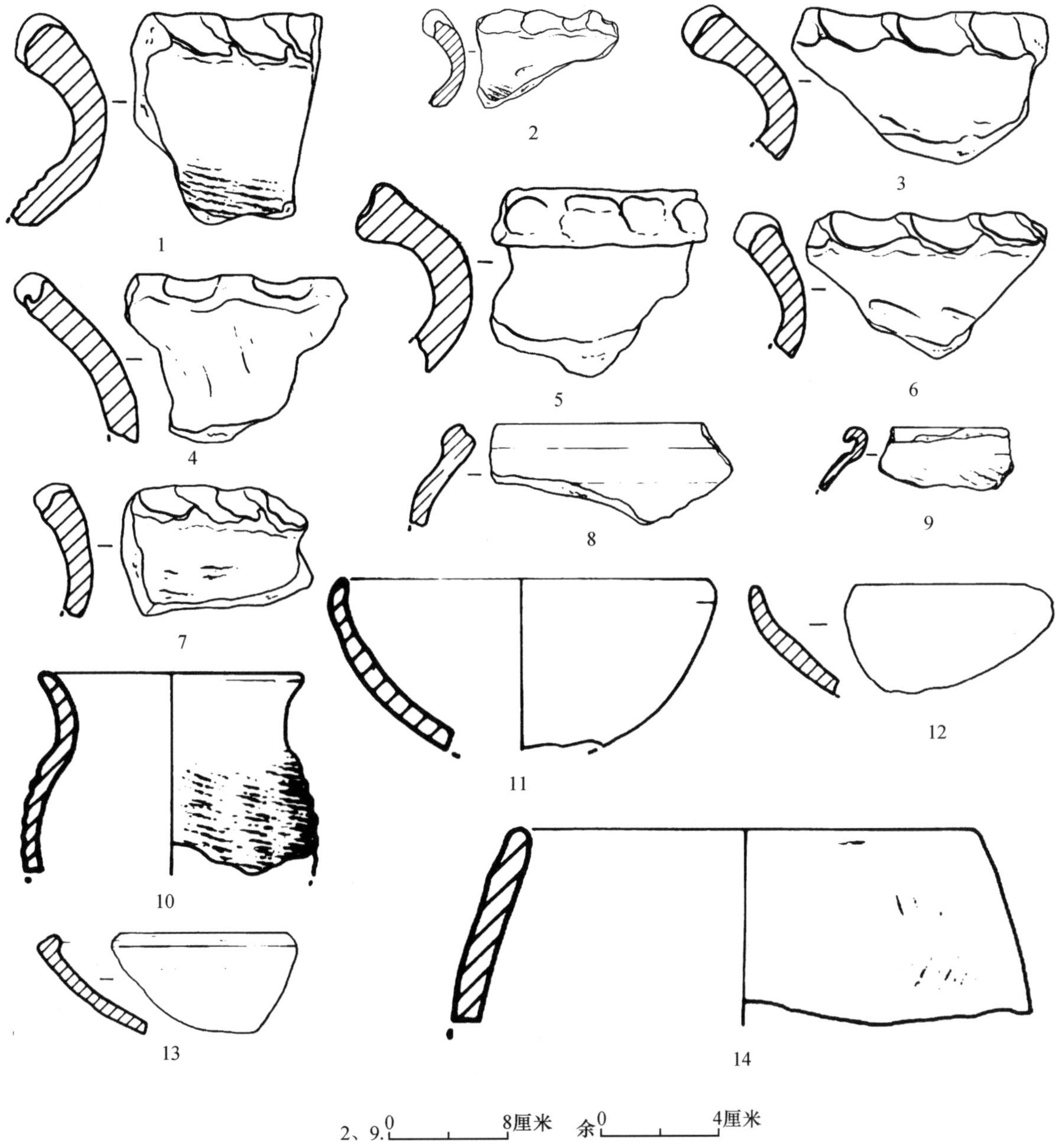

图四五三　F129出土陶器

1. A型Ⅱ式辫唇瓮（F129：3）　2、3. A型Ⅲ式辫唇瓮（F129：4、F129：5）　4. A型Ⅱ式齿唇瓮（F129：6）　5. Ⅱ式按唇罐（F129：7）　6、7. Ⅲ式辫唇罐（F129：1、F129：2）　8. A型Ⅱ式敛口罐（F129：8）　9. A型矮领罐（F129：9）　10. A型Ⅱ式釜（F129：10）　11. A型Ⅰ式钵（F129：11）　12. A型Ⅱ式钵（F129：12）　13. B型钵（F129：13）　14. A型器座（F129：14）

标本F129：4，夹砂灰褐陶，灰胎。唇部戳刮呈波浪形，肩饰绳纹。侈口，卷沿，有肩，残。手制，火候较高。残宽9.3、残高6.5厘米（图四五三，2）。标本F129：5，夹砂红陶，灰黑胎。唇部按抹略呈辫绳波浪形。侈口，卷沿外翻，残。手制，火候较高。残宽8.6、残高5厘米（图四五三，3）。

齿唇瓮　1件。A型Ⅱ式。

标本F129：6，夹砂红陶，局部褐，灰胎。唇部戳印略呈波浪形，器表多刮抹痕。侈口，束领，残。手制，火候较高。残宽7.4、残高5.5厘米（图四五三，4）。

按唇罐　1件。Ⅱ式。

标本F129：7，夹砂褐陶，灰胎。唇部按窝较浅。侈口，卷沿外翻，残。手制，火候较高。残宽7.1、残高6.2厘米（图四五三，5）。

辫唇罐　5件。Ⅲ式。

标本F129：1，夹砂灰褐陶，局部红褐，里黑。唇部按抹略呈辫绳波浪形，外沿下部饰戳印纹。侈口，卷沿，残。手制，火候较高。残宽8、残高4.8厘米（图四五三，6）。标本F129：2，夹砂红陶，灰胎。唇部按抹略呈辫绳波浪形，外沿下部饰划纹。侈口，卷沿，残。手制，火候较高。残宽6.3、残高3.3厘米（图四五三，7）。

敛口罐　1件。A型Ⅱ式。

标本F129：8，夹砂黑陶，褐胎。素面。敛口，微有斜立沿，圆唇，窄斜肩，鼓腹，残。轮制，火候较高。残宽8、残高3.3厘米（图四五三，8）。

矮领罐　1件。A型。

标本F129：9，夹砂黑陶，胎红褐夹灰。肩饰中粗绳纹，局部表皮脱落。侈口，沿外下卷，圆唇，矮领斜直，溜肩，残。轮制，火候较高。残宽9、残高4.2厘米（图四五三，9）。

釜　1件。A型Ⅱ式。

标本F129：10，夹砂红褐陶，局部灰、黑，灰胎。腹饰细绳纹。侈口，圆唇，束颈，鼓腹，残。手制轮修，火候较高。口径8.6、残高6.6厘米（图四五三，10）。

钵　3件。

A型　2件。

Ⅰ式：1件。

标本F129：11，夹砂黑陶，局部灰。素面。口微敛，沿微内卷，圆尖唇，弧腹，残。手制轮修，火候较高。口径12.2、残高5.6厘米（图四五三，11）。

Ⅱ式：1件。

标本F129：12，夹砂褐陶，局部、里红。素面。敞口，圆唇，弧腹，残。手制，火候较高。残宽7.1、残高3.6厘米（图四五三，12）。

B型　1件。

标本F129：13，夹砂黑陶，灰黑胎。器表饰瓦棱纹。敛口，沿内折，圆唇，弧腹，残。轮制，火候较高。残宽6.2、残高3.3厘米（图四五三，13）。

器座　1件。A型。

标本F129：14，夹砂红褐陶，胎、里灰褐。素面。敛口，圆唇，壁外弧，残。手制，火候较高。口径15.6、残高6.4厘米（图四五三，14）。

F252

位置：位于99AT0201东北部，局部暴露，距地表深420厘米。层位关系：㊱—F252→㊴。

形制：从暴露部分观察，平面为长方形，呈东南—西北向，房面用一种灰褐色沙黏土加工，质密，细腻，较纯净，含炭粒，较平整。残长640、残宽290、厚5厘米（图四五四）。

出土遗物：少量碎陶片和铜器。

铜器　2件。

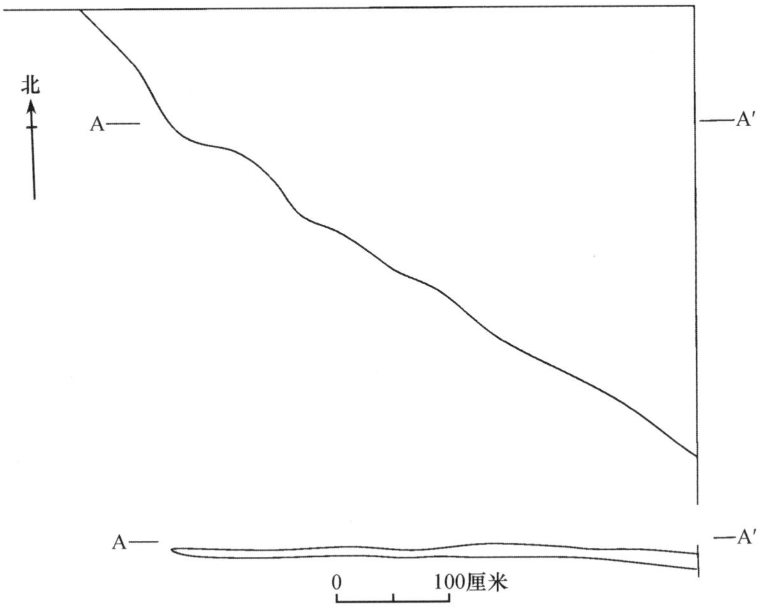

图四五四　F252平、剖面图

镞　1件。B型。

标本F252：1，青铜，锈蚀。柳叶形，身中部起脊，四棱节状铤，翼残。模制。长5.4厘米（图四五五，1）。

鱼钩　1件。

标本F252：2，青铜，锈蚀。扁四棱弯钩形，钩尖有倒须，尾残。残高2.1、宽0.3厘米（图四五五，2）。

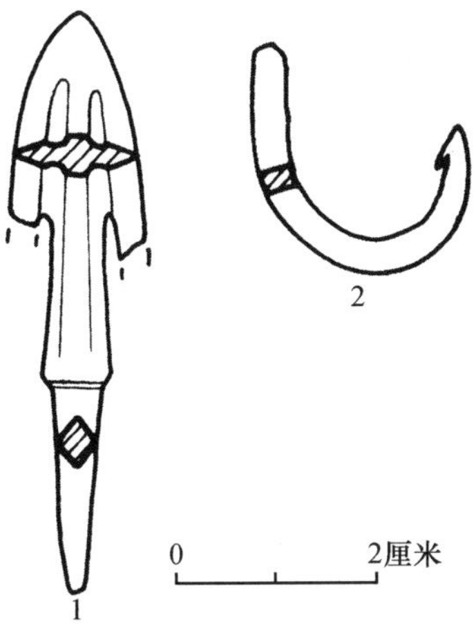

图四五五　F252出土铜器

1. B型镞（F252：1）　2. 鱼钩（F252：2）

（2）D型

12座。

F331

位置：位于02BT0101内。层位关系：H734、H740→F331→㉘。

形制：F331在探方发掘部分都有分布（6米×6米），因未完全揭露，其平面形状不不明，地表由东北向西南倾斜，推测为东北—西南向。地面厚5～20厘米，为灰黑色土，夹较多草木灰烬，呈多层状，质较紧密，较纯净（图四五六）。

在西北角发现“洞”3个，平面均呈圆形，内填灰土，质疏松，纯净，各“洞”尺寸如下：

D1：口径13、底径10、深5厘米。

D2：口径14～17、底径10～13、深9厘米。

D3：口径18、底径16、深7厘米。

出土遗物：出土少量陶器与兽骨。参加分类排队的陶器24件，挑选标本17件。

辫唇瓮　5件。

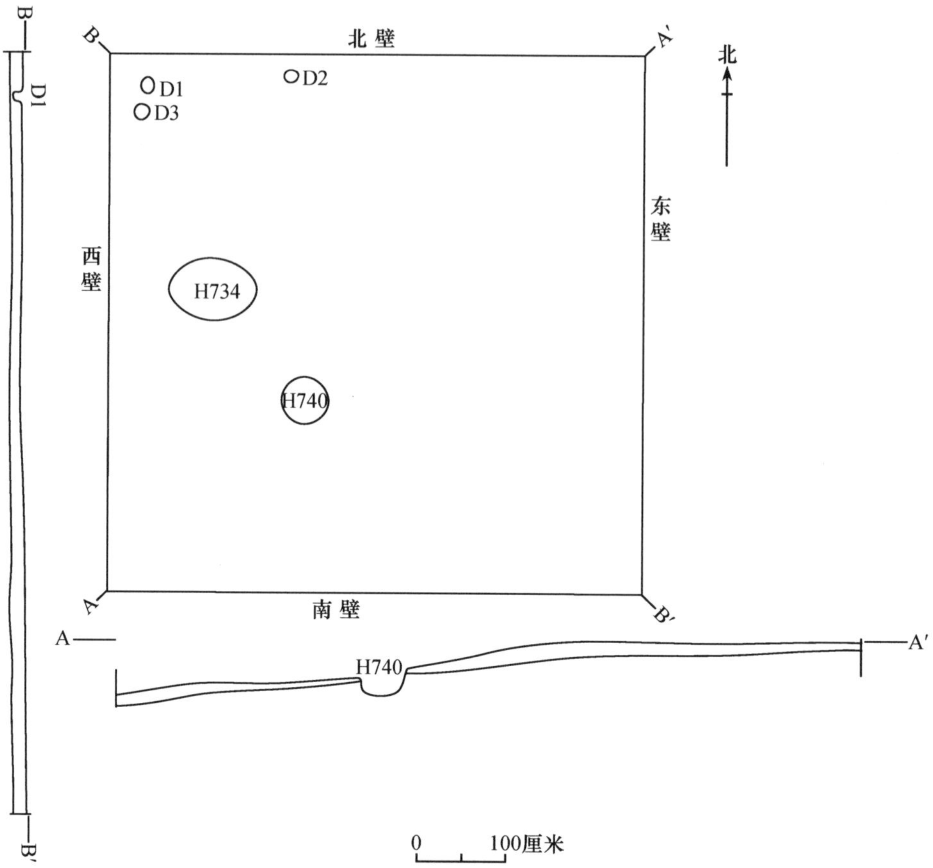

图四五六　F331平、剖面图

A型　4件。Ⅱ式。

标本F331：7，夹砂红褐陶，里黑。唇部按抹略呈辫绳波浪形，肩饰斜粗绳纹。侈口，卷沿，斜肩，残。手制，火候较高。残宽8.8、残高6.4厘米（图四五七，1）。标本F331：8，夹砂红陶，局部、胎灰褐。唇部按抹呈辫绳波浪形，肩饰斜绳纹。侈口，卷沿，有肩，残。手制，火候较高。残宽10.8、残高6厘米（图四五七，2）。

B型　1件。

标本F331：9，夹砂褐陶，局部、里红。唇部戳刮、外沿刮抹呈波浪形，肩饰绳纹后抹成细线。侈口，卷斜沿，斜肩，残。手制，火候较高。口径17.2、残高6.8厘米（图四五七，3）。

按唇瓮　1件。Ⅱ式。

标本F331：14，夹砂黑陶，局部褐。唇部按窝较浅，肩饰绳纹。侈口，卷沿外翻，有肩，残。手制，火候较高。残宽10.6、残高5.6厘米（图四五七，4）。

辫唇缸　2件。A型Ⅰ式。

标本F331：10，夹砂红陶，局部、胎灰褐，里黑。唇部按抹呈辫绳波浪形，肩饰斜绳纹。侈口，领外翻，有肩，残。手制，火候较高。残宽11.4、残高11.2米（图四五七，5）。标本F331：11，夹红陶，胎红夹灰黑。唇部按抹呈辫绳波浪形。侈口，领外翻，有肩，残。手制，火候较高。残宽12、残高6.8厘米（图四五七，6）。

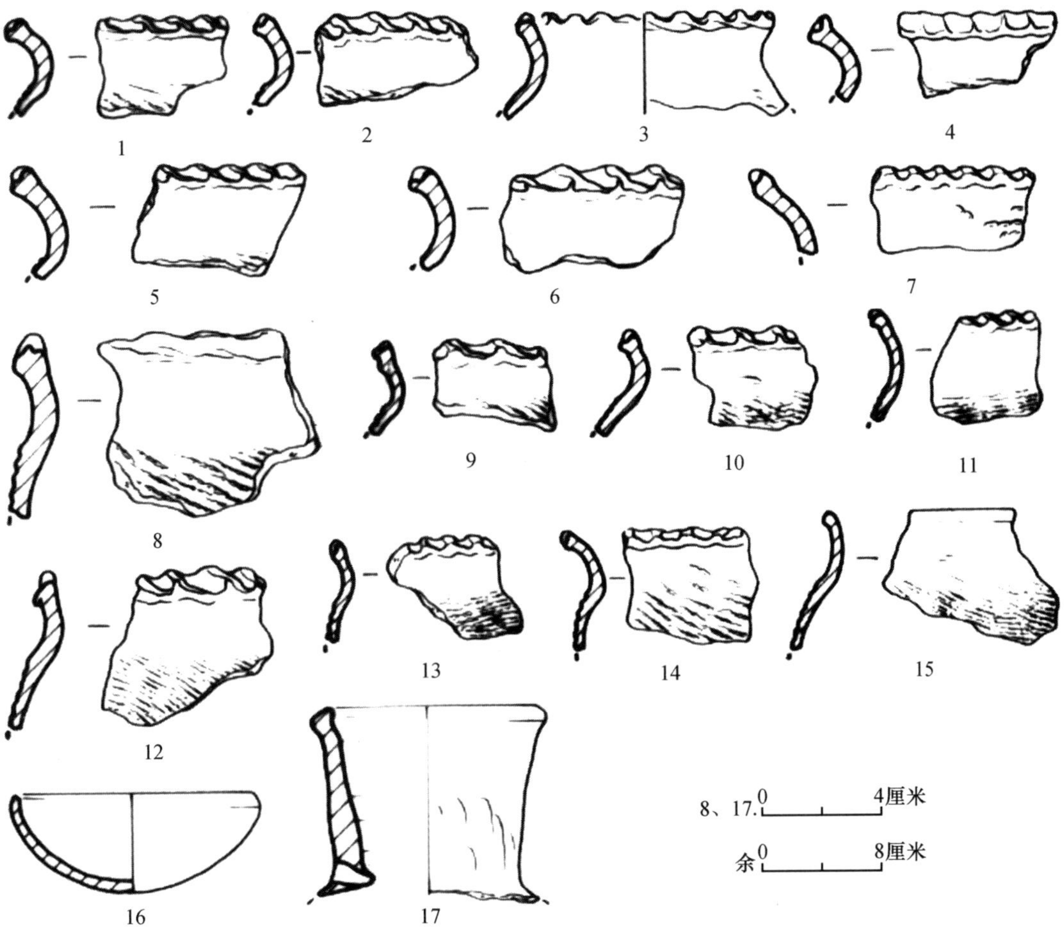

图四五七　F331出土陶器

1、2. A型Ⅱ式辫唇瓮（F331：7、F331：8）　3. B型辫唇瓮（F331：9）　4. Ⅱ式按唇瓮（F331：14）　5、6. A型Ⅰ式辫唇缸（F331：10、F331：11）　7. A型Ⅱ式齿唇缸（F331：13）　8. Aa型Ⅰb式花边圜底罐（F331：1）　9、10. Ⅱ式辫唇罐（F331：3、F331：4）　11、12. Ⅲ式辫唇罐（F331：5、F331：6）　13. Ac型齿唇罐（F331：12）　14. 波浪唇罐（F331：15）　15. Ab型Ⅱ式罐形釜（F331：17）　16. A型Ⅱ式钵（F331：16）　17. 盖纽（F331：18）

齿唇缸　1件。A型Ⅱ式。

标本F331：13，夹砂灰褐陶，局部红褐；器表多灰白色附着物。唇部戳按呈波浪形齿，领饰戳印纹。侈口，领外翻，残。手制，火候较高。残宽11、残高5.6厘米（图四五七，7）。

花边圜底罐　2件。Aa型Ⅰb式。

标本F331：1，夹砂红陶，局部、胎黑褐。唇部戳刮、外沿刮抹略呈波浪形，腹饰斜绳纹。侈口，束颈，鼓腹，残。手制，火候较高。残宽7.2、残高6厘米（图四五七，8）。

辫唇罐　6件。

Ⅱ式：2件。

标本F331：3，夹砂红陶，局部灰褐。唇部按抹呈辫绳波浪形，肩饰斜中粗绳纹。侈口，卷沿，斜肩，残。手制，火候较高。残宽8.2、残高6厘米（图四五七，9）。标本F331：4，夹砂红陶，里黑。唇部按抹呈辫绳波浪形，肩饰斜绳纹。侈口，卷沿，溜肩，残。手制，火候较高。残宽8.4、残高6.8厘米（图四五七，10）。

Ⅲ式：4件。

标本F331：5，夹砂灰黑陶，局部灰褐。唇部戳刮、外沿刮抹略呈辫绳波浪形，肩饰斜绳纹。侈口，卷沿，溜肩，残。手制，火候较高。残宽7.6、残高7.2厘米（图四五七，11）。标本F331：6，夹砂灰陶，局部、里红褐。唇部按抹略呈辫绳波浪形，腹饰斜绳纹。侈口，卷沿，鼓腹，残。手制，火候较高。残宽11、残高10.2厘米（图四五七，12）。

齿唇罐　1件。Ac型。

标本F331：12，夹砂红陶，黑胎。唇部戳按呈齿状，肩饰斜绳纹。侈口，卷沿，溜肩，残。手制，火候较高。残宽8.8、残高6.8厘米（图四五七，13）。

波浪唇罐　1件。

标本F331：15，夹砂黑褐陶，局部红，里黑。唇部戳按略呈波浪形，沿下部、肩饰斜粗绳纹。侈口，卷沿外翻，鼓肩，残。手制，火候较高。残宽8.8、残高7.6厘米（图四五七，14）。

罐形釜　2件。Ab型Ⅱ式。

标本F331：17，夹砂灰褐陶，局部红褐，黑胎。肩饰斜绳纹。侈口，卷沿，微有外沿，圆唇，颈较斜直，溜肩，残。轮制，火候较高。残宽11.6、残高8.8厘米（图四五七，15）。

钵　1件。A型Ⅱ式。

标本F331：16，夹砂红褐陶，局部、里黑。素面。口近直，圆唇，弧腹，圜底，复原。手制轮修，火候较高。口径16.4、高6.4厘米（图四五七，16）。

盖纽　2件。

标本F331：18，夹砂褐陶，局部灰黑。纽下部饰镂孔一个，多刮抹痕。圈足形纽，沿内斜折，方唇，壁较斜直，残。手制轮修，火候较高。纽径7.7、残高6.4厘米（图四五七，17）。

（二）第二期

79座。可分为早、晚两段。

1. 早段

36座。

（1）A型

12座。

F127

位置：位于98AT0103中部和东部、99AT0101北部、99AT0201西北部。层位关系：㉜—F127→㉝，被H253、H257打破。

形制：F127平面为长方形，西北—东南向。残长815、宽495厘米（图四五八；图版四八，2）。

房面：可分两层，上层以黄沙土经硬化处理而成，较硬，较平，厚3～15厘米。下层为灰褐沙土，经打实而成，厚10～20厘米。两层面之间夹杂有一层厚约3厘米的含陶片灰黑土垫层。

“洞”：发现10个，D1～D7沿房址边线在房内排成一直线，D7和D8线则与D1～D7线

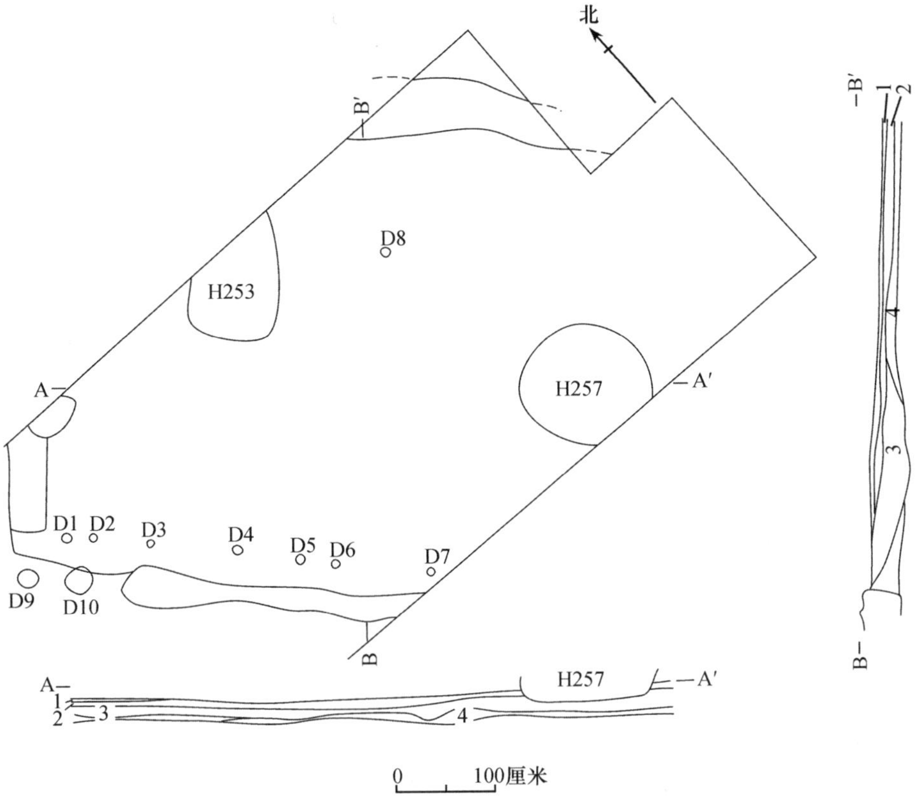

图四五八　F127平、剖面图

近于垂直，房址西墙沟与D7、D8相距398厘米，D9、D10则分布在屋面外与房址南墙沟连成一线。

D1～D8洞径都在10厘米左右，深21～25厘米。D9、D10洞径较大，D9径20、深42厘米，D10径25、深23厘米。

房址两侧及西北端有宽10～50厘米的小沟，填黄褐土，沟深19～32厘米。

出土遗物：垫层出土较多陶器，参加分类排队的157件，挑选标本48件。

辫唇瓮　4件。A型。

Ⅰ式：1件。

标本F127：9，夹细砂红褐陶，局部灰褐。唇部按抹呈辫绳状，肩部饰中粗绳纹，内壁有按抹痕。侈口，卷沿，束颈，有肩，残。手制，火候较高。残宽12、残高6.3厘米（图四五九，1）。

Ⅱ式：1件。

标本F127：11，夹粗砂红陶。唇部按抹呈辫绳状，肩部饰中粗绳纹，内壁有按抹痕。侈口，卷沿，微束颈，溜肩，残。手制，火候不高。残宽8.3、残高6.8厘米（图四五九，2）。

Ⅲ式：2件。

标本F127：7，夹细砂黑陶。唇部按抹呈辫绳状，肩部饰中粗绳纹，内壁有刮抹、按抹痕。侈口，卷沿，斜肩，残。手制，火候一般。残宽12、残高5.8厘米（图四五九，3）。

按唇瓮　3件。

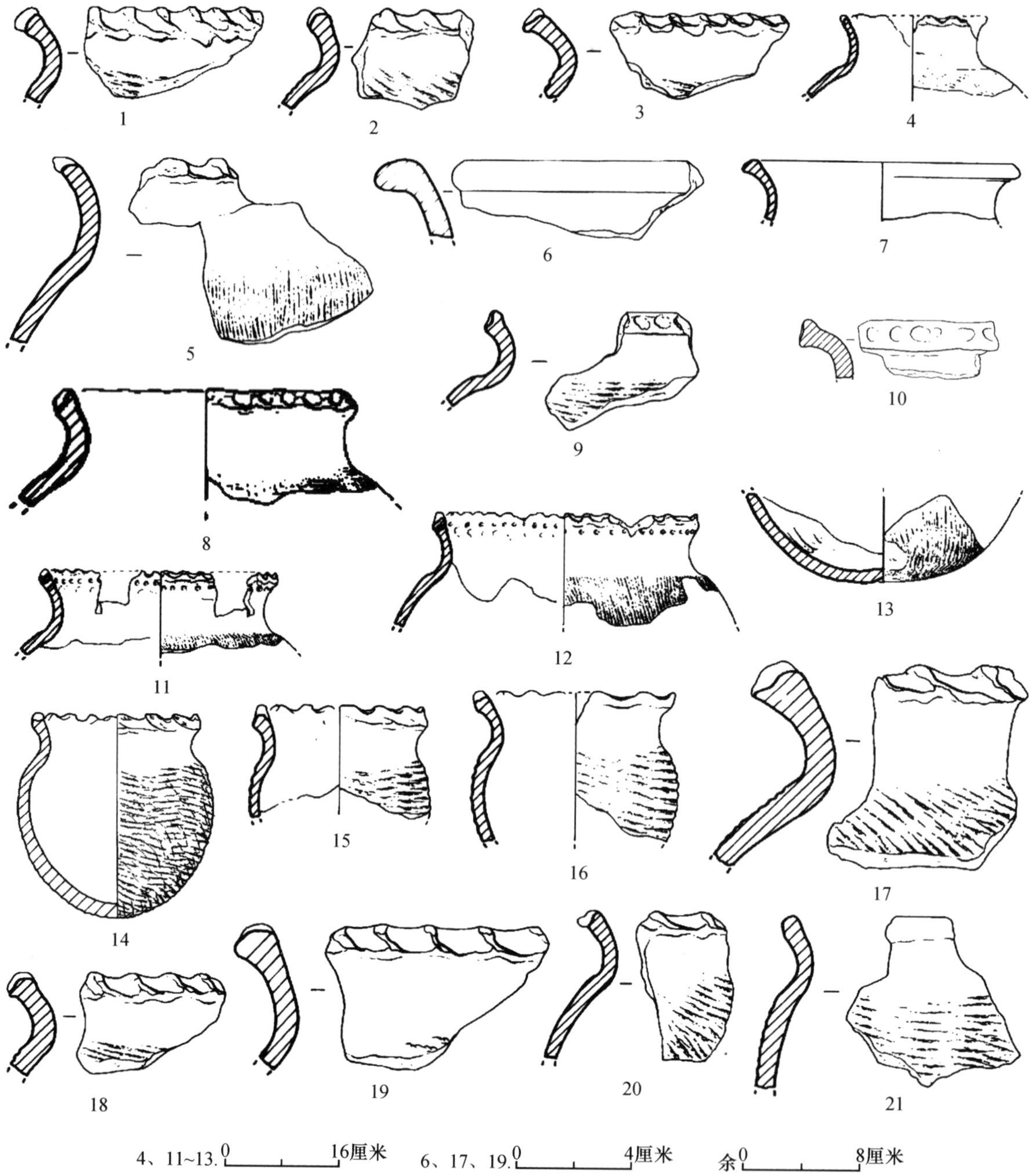

图四五九　F127出土陶器

1. A型Ⅰ式辫唇瓮（F127：9）　2. A型Ⅱ式辫唇瓮（F127：11）　3. A型Ⅲ式辫唇瓮（F127：7）
4、5. A型Ⅱ式齿唇瓮（F127：6、F127：8）　6. A型Ⅰ式瓮（F127：34）　7. B型瓮（F127：39）　8. Ⅰ式按唇缸（F127：12）
9、10. Ⅱ式按唇缸（F127：19、F127：33）　11～13. 花边缸（F127：3、F127：4、F127：5）
14、15. Aa型Ⅰa式花边圜底罐（F127：2、F127：10）　16. Aa型Ⅰb式花边圜底罐（F127：20）
17、18. Ⅰ式辫唇罐（F127：15、F127：18）　19、20. Ⅱ式辫唇罐（F127：13、F127：16）　21. Ab型齿唇罐（F127：17）

Ⅰ式：1件。标本碎小。

Ⅲ式：2件。标本碎小。

齿唇瓮　2件。A型Ⅱ式。

标本F127：6，夹粗砂红褐陶，局部黑，灰胎，里红，器表蘸抹泥浆。唇部按抹微呈波浪形，颈下部饰粗划纹，肩部饰绳纹后按抹成细线纹，内壁有按抹痕。侈口，卷沿，束颈，溜肩，残。手制，火候不高。口径20.6、残高11厘米（图四五九，4）。标本F127：8，夹粗砂红褐陶，领局部红、灰，灰胎，里红，局部灰褐。唇部刮抹呈波浪形，肩部饰竖中粗绳纹，内壁有按抹痕。侈口，领外卷微束，溜肩，残。手制，火候不高。残宽16.8、残高12.5厘米（图四五九，5）。

瓮　2件。

A型　1件。Ⅰ式。

标本F127：34，夹粗砂黑陶，红褐胎。素面。喇叭口，沿外下卷，圆唇，残。轮制，火候高。残宽8.6、残高2.7厘米（图四五九，6）。

B型　1件。

标本F127：39，夹粗砂红褐陶，局部黑。素面，局部器表脱落。侈口，卷沿，圆唇，束领，残。轮制，火候高。口径18.8、残高4厘米（图四五九，7）。

按唇缸　4件。

Ⅰ式：1件。

标本F127：12，夹粗砂红陶，灰黑胎，器表蘸泥浆，局部脱落。唇部、下唇沿饰较浅按窝，肩部饰竖细划纹，内壁有按抹痕。侈口，卷沿，束颈，溜肩，残。手制，火候不高。口径20.8、残高7.3厘米（图四五九，8）。

Ⅱ式：3件。

标本F127：19，夹粗砂红褐陶。唇部按窝较深，肩部饰粗绳纹，内上沿有按窝，内壁有按抹痕，局部表皮脱落。侈口，卷沿，束颈，广肩，残。手制，火候不高。残宽10.4、残高8.1厘米（图四五九，9）。标本F127：33，夹细砂红褐陶，灰黑胎。唇部按窝较深，内壁有刮抹痕。侈口，卷沿外翻，束颈，残。手制，火候较高。残宽9.6、残高4厘米（图四五九，10）。

花边缸　3件。

标本F127：3，夹粗砂红陶，局部褐，灰褐胎、里，口部、里局部黑。唇部按抹呈波浪形，按窝较深，上领部饰外向里单穿小镂孔一排，局部两小镂孔紧邻（应是两小镂孔穿后扩大所致），领局部饰划纹，肩部斜饰中粗绳纹，领内壁镂孔下有按窝一排，余多按抹痕。侈口，领外卷微束，溜肩，残。手制，火候较高。口径32.8、残高11.4厘米（图四五九，11）。标本F127：4，夹粗砂红褐陶，局部红，胎、里灰褐，口部、里局部黑。唇部按抹呈波浪形，按窝较深，上领部饰镂孔一排，局部两小镂孔紧邻（应是两小镂孔穿后扩大所致），肩部饰中粗绳纹，领内壁镂孔下有按窝一排，余多按抹痕。侈口，领外卷微束，溜肩，残。手制，火候较高。口径35.8、残高15.2厘米（图四五九，12）。标本F127：5，夹粗砂红陶，局部红褐、灰褐，灰褐胎，里黑。器表饰中粗绳纹，外底、内壁有按抹痕。弧下腹，圜底，残。残高12厘米（图四五九，13）。

花边圜底罐　111件。Aa型。

Ⅰa式：110件。

标本F127：2，夹砂红陶，局部褐，胎红夹灰。唇部戳刮、外沿刮抹呈波浪形，腹、底饰斜绳纹。侈口，卷沿，圆鼓腹，圜底，复原。手制，火候较高。口径11.2、高13.8厘米（图四五九，14）。标本F127：10，夹细砂灰褐陶，局部、里褐。唇部刮抹呈波浪形，外沿内抹微显辫绳，腹饰中粗绳纹，内壁有按抹痕。侈口，卷沿，束颈，鼓腹，最大径为中腹，残。手制，火候较高。口径11.4、残高7.5厘米（图四五九，15）。

Ⅰb式：1件。

标本F127：20，夹细砂红陶，局部灰、黑，灰黑胎。唇部刮抹呈波浪形，外沿微内抹，腹部拍印绳纹，内壁有按抹、划痕。侈口，卷沿，束颈，鼓腹，最大径为中腹，残。口径14、残高10.4厘米（图四五九，16）。

辫唇罐　4件。

Ⅰ式：2件。

标本F127：15，夹细砂红陶，灰黑胎、里。唇部按抹呈辫绳状，肩部饰中粗绳纹，内壁有按抹痕。侈口，卷沿，有肩，残。手制轮修，火候较高。残宽6.75、残高6.9厘米（图四五九，17）。标本F127：18，夹细砂红陶，局部褐，灰褐胎。唇部按抹呈辫绳状，肩部饰中粗绳纹，内沿有按窝，内壁有按抹痕。侈口，卷沿，有肩，残。手制，火候不高。残宽10.2、残高6.9厘米（图四五九，18）。

Ⅱ式：2件。

标本F127：13，夹细砂浅黄陶，灰褐胎、里。唇部按抹呈辫绳状，肩部饰绳纹，内壁有按抹痕。侈口，卷沿，束颈，有肩，残。手制，火候较高。残宽7.6、残高4.9厘米（图四五九，19）。标本F127：16，夹细砂红陶。唇部按抹呈辫绳状，肩部饰中粗绳纹，内壁有按抹痕。侈口，卷沿，溜肩，残。手制，火候不高。残宽6.6、残高10.1厘米（图四五九，20）。

齿唇罐　1件。Ab型。

标本F127：17，夹细砂黑陶，局部灰，胎灰，里褐。腹饰粗绳纹，唇部刮抹，内壁有按抹痕。侈口，卷沿，束颈，鼓腹，残。手制，火候较高。残宽11.8、残高11.6厘米（图四五九，21）。

高领罐　1件。

标本F127：43，夹细砂灰褐陶，灰黑胎。素面，器表有按抹痕。侈口，卷沿，圆唇，高领微束，残。手制，火候高。残宽7.4、残高7.2厘米（图四六〇，1）。

中领罐　1件。Ⅲ式。

标本F127：22，夹粗砂红陶，灰黑胎。素面，器表有刮抹、旋痕。侈口，卷沿，圆唇，束颈，有肩，残。轮制，火候较高。口径13.6、残高4.7厘米（图四六〇，2）。

尊形器　1件。A型Ⅱ式。

标本F127：23，夹细砂黑陶，红褐胎。素面，壁略呈瓦棱状。喇叭口，沿外卷贴，圆唇，残。泥条盘筑，火候较高。残宽8.8、残高8.7厘米（图四六〇，3）。

罐形釜　1件。Aa型Ⅱ式。

标本F127：37，夹细砂红褐陶，局部灰，灰黑胎。腹饰绳纹，内壁有按抹痕。侈口，卷沿，圆唇，鼓腹，残。手制轮修，火候较高。残宽8.4、残高6.9厘米（图四六〇，4）。

钵　6件。A型。

Ⅰ式：1件。

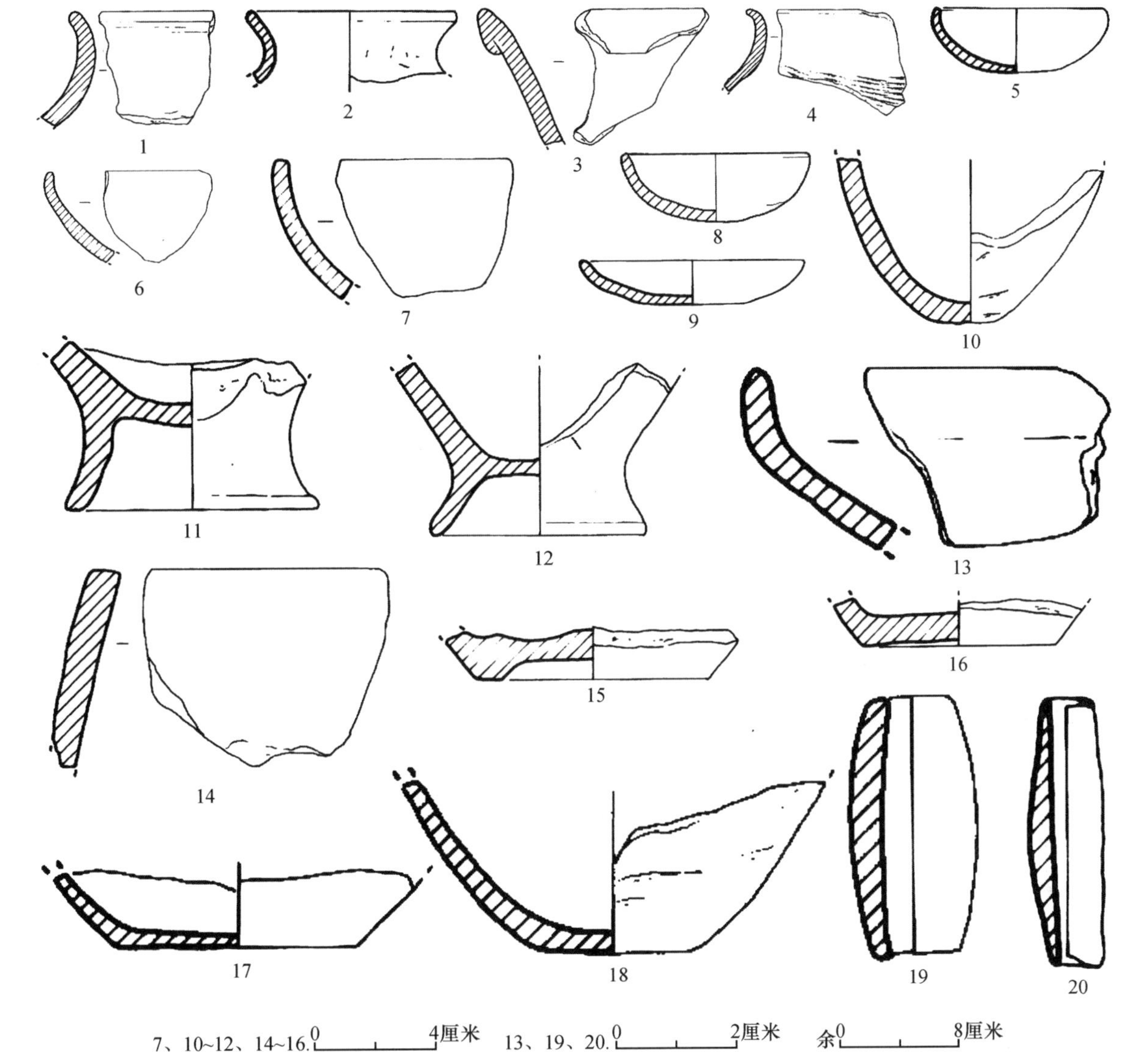

图四六〇　F127出土陶器

1. 高领罐（F127：43）　2. Ⅲ式中领罐（F127：22）　3. A型Ⅱ式尊形器（F127：23）　4. Aa型Ⅱ式罐形釜（F127：37）　5. A型Ⅰ式钵（F127：29）　6、7. A型Ⅱ式钵（F127：26、F127：30）　8、9. A型Ⅲ式钵（F127：1、F127：32）　10. A型尖底杯（F127：21）　11、12. 圈足杯（F127：24、F127：25）　13. B型Ⅱ式尖底盏（F127：31）　14. A型器座（F127：28）　15. 圈足（F127：41）　16～18. 器底（F127：40、F127：35、F127：36）　19、20. B型网坠（F127：38、F127：42）

标本F127：29，夹细砂黑陶，局部红褐。素面，器表多按抹痕，外底有疵点，有白色附着物。口微敛，弧腹，圜底微凹，残。手制，火候不高。口径11.1、残高4.2厘米（图四六〇，5）。

Ⅱ式：2件。

标本F127：26，夹粗砂褐陶，灰胎，里红。素面，器表有按抹痕，内壁有粗划纹一道，口部略变形。微敛口，圆唇，上腹内卷，下腹弧，残。手制轮修，火候较高。残宽7、残高5.9厘米（图四六〇，6）。标本F127：30，夹细砂红褐陶，局部黑褐。素面，器表有按抹痕。近直口，方圆唇，弧腹，残。手制，火候不高。残宽5.7、残高4.5厘米（图四六〇，7）。

Ⅲ式：3件。

标本F127：1，夹砂红陶，局部灰褐。素面。敞口，圆唇，弧腹，圜底，复原。手制，火候较高。口径12.8、高5.6厘米（图四六〇，8；图版七四，1）。标本F127：32，夹粗砂红陶，灰黑胎、里。素面，器表有按抹痕。敞口，圆唇，腹微曲，圜底，残。手制，火候较高。口径14.7、残高3厘米（图四六〇，9）。

尖底杯　1件。A型。

标本F127：21，夹细砂灰黑陶，红褐胎。器表近底部有戳印纹，器表有刮抹痕。敞口，圆唇，弧腹，尖底，残。手制，火候不高。残高5.4厘米（图四六〇，10）。

圈足杯　2件。

标本F127：24，夹细砂红陶，灰胎。素面，器表有刮抹痕。下腹较斜，内底圜，喇叭形圈足，残。足径8.2、残高5.4厘米（图四六〇，11）。标本F127：25，夹细砂黑陶，里褐。素面，器表有按抹痕。下腹较斜直，内底较平，圈足外撇，残。手制，火候较高。足径7、残高5.6厘米（图四六〇，12）。

尖底盏　1件。B型Ⅱ式。

标本F127：31，夹粗砂灰黑陶，红褐胎。素面。口微敞，圆尖唇，弧腹，残。轮制，火候较高。残宽4、残高2.7厘米（图四六〇，13）。

器座　3件。A型。

标本F127：28，夹粗砂红陶，胎、里灰黑。素面，器表有按抹痕。截面梯形，壁较斜直，方唇，残。手制，火候较高。残宽8、残高6.4厘米（图四六〇，14）。

圈足　1件。

标本F127：41，夹细砂红褐陶，里灰黑。下腹斜直，内底中部上凸，矮圈足，残。轮制，火候高。足径7.7、残高1.6厘米（图四六〇，15）。

器底　3件。

标本F127：40，夹细砂红陶，里灰黑。素面，器表脱落，内底有旋痕。下腹较斜直，凹圜底，残。轮制，火候不高。底径6.3、残高1.5厘米（图四六〇，16）。标本F127：35，夹细砂黑陶，局部红褐，灰黑胎。素面，器表粗磨。下腹较斜直，平底微凹，残。轮制，火候较高。底径15.2、残高5厘米（图四六〇，17）。标本F127：36，夹细砂黑衣陶，红褐胎。下腹饰划纹，器表粗磨，内壁有按抹痕。下腹斜弧，平底，残。手制，火候较高。底径10.4、残高10.6厘米（图四六〇，18）。

网坠　2件。B型。

标本F127：38，夹细砂黑陶。素面。腰鼓形，中空。手制，火候较高。长4.1、最大径2厘米（图四六〇，19）。标本F127：42，泥质褐陶，局部黑。素面，器表磨光。细管状，中部略大，微残。手制，火候较高。长4.4、最大径1.2厘米（图四六〇，20）。

F250

位置：位于99DT0301南部，西部一部分压于西壁下，南部一部分压于南壁下，距地表深450厘米。层位关系：㉟—F250→㊱。

形制：房址平面呈长方形，西北—东南向，房面表层较为平整，多经火烧过，形成烧结面，质地较硬，土色灰褐杂红沙，长820、宽580、厚4～12厘米。西北部边缘有一宽25～50、东北部边缘有一宽25～45厘米的条状黏土堆积于F250西北角相交；西南部边缘有一条沟槽，由西北向东南由宽变窄，宽15～50厘米（图四六一）。

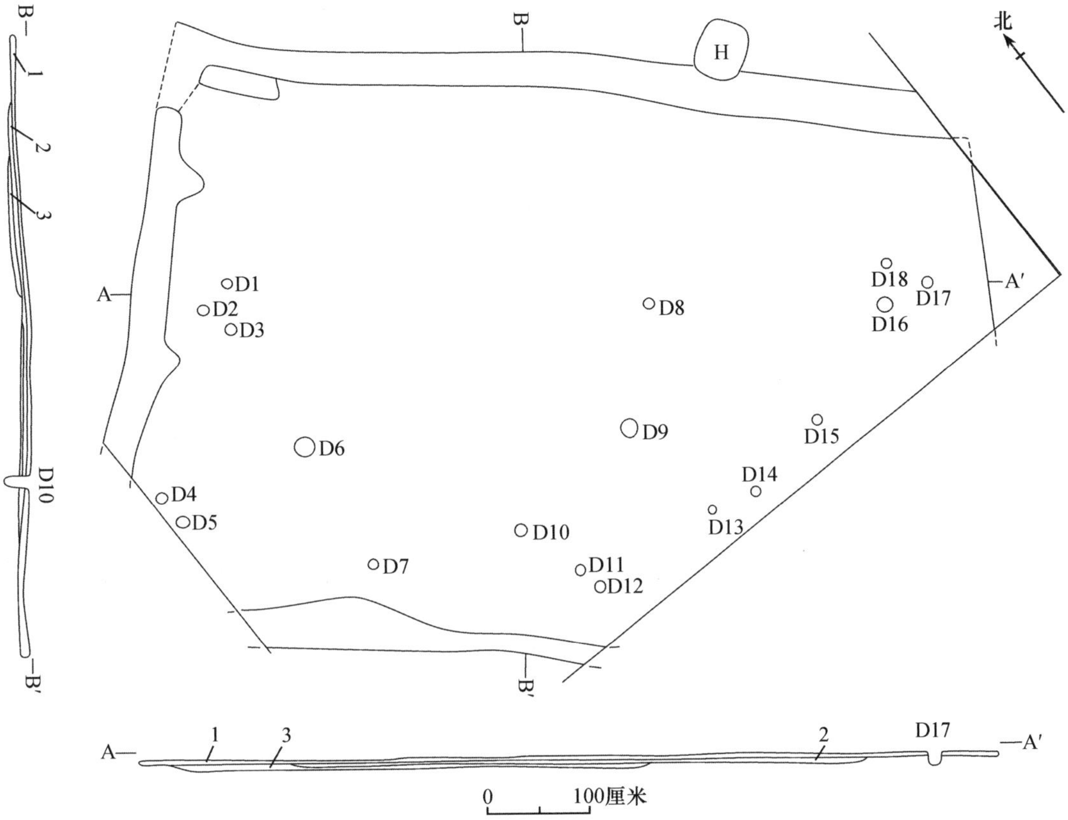

图四六一　F250平、剖面图

房面：整个房面分3层。

第1层：烧土及红沙层，质硬，厚2～5厘米。

第2层：灰黄及青灰层，质较硬，含碎陶片，厚2～4厘米。

第3层：红沙杂黏土层，仅分布在房子中间部位，厚2～5厘米。

墙：主要分布在F250西北侧边缘及东北侧边缘，红黏土堆积，稍高于房面，西北侧长420、宽25～50、厚10～15厘米，东北侧长750、宽25～45、厚10～25厘米，主要用红黏土筑成，较硬。

沟槽：分布在F250西南侧，西北—东南向，西宽东窄，西端压于西壁下，东端压于南壁下，现残长320、宽15～50、深15～30厘米。沟内填土土质疏松，土色灰，出土少量陶片。

“洞”：共有“洞”18个，分布较散乱，无规律可循。D1、D2、D3、D4、D8、D18口径均为10厘米，壁规整，除D18内填红沙土外，其余均填深灰土；D3、D4有陶片，其余均无陶片。

D13、D14、D15口径8～9厘米，D13内填红黏土，D14内填浅灰土，D15内填红黏土，壁规整，无陶片。

D5、D7、D10、D11、D12、D17口径12～13厘米，内填深灰土，壁规整；除D10、D17有陶片外，其余均无陶片。

D6、D9、D16口径16～20、深20～30厘米，内填深灰土，壁规整；D6有陶片，余无陶片。

出土遗物：有陶器、石器及兽骨等。石器出土残磨制石片及残不明器各1件。陶器以夹砂陶为主，少量磨光陶；陶色以红陶为主，少量灰陶；纹饰有绳纹、弦纹、素面等；器形有花边罐、釜、钵、盏等。参加分类排队的陶器42件，挑选标本15件。

辫唇瓮　3件。A型。

Ⅱ式：1件。

标本F250“洞”：14，夹粗砂灰褐陶，局部、里褐。唇部刮抹呈波浪形，肩饰斜中粗绳纹。侈口，领外翻，圆肩，残。手制，火候较高。残宽14.8、残高11.6厘米（图四六二，1）。

Ⅲ式：2件。

标本F250“洞”：12，夹砂红陶，胎红夹灰黑。唇部戳刮、外沿刮抹呈波浪形，肩饰斜绳纹。侈口，领外翻，溜肩，残。手制，火候较高。残宽11.6、残高8.4厘米（图四六二，2）。标本F250“洞”：13，夹砂红陶，胎红夹灰褐。唇部戳刮、外沿刮抹略呈辫绳波浪形，肩饰斜绳纹。侈口，束领，溜肩，残。手制，火候较高。残宽14.2、残高9.6厘米（图四六二，3）。

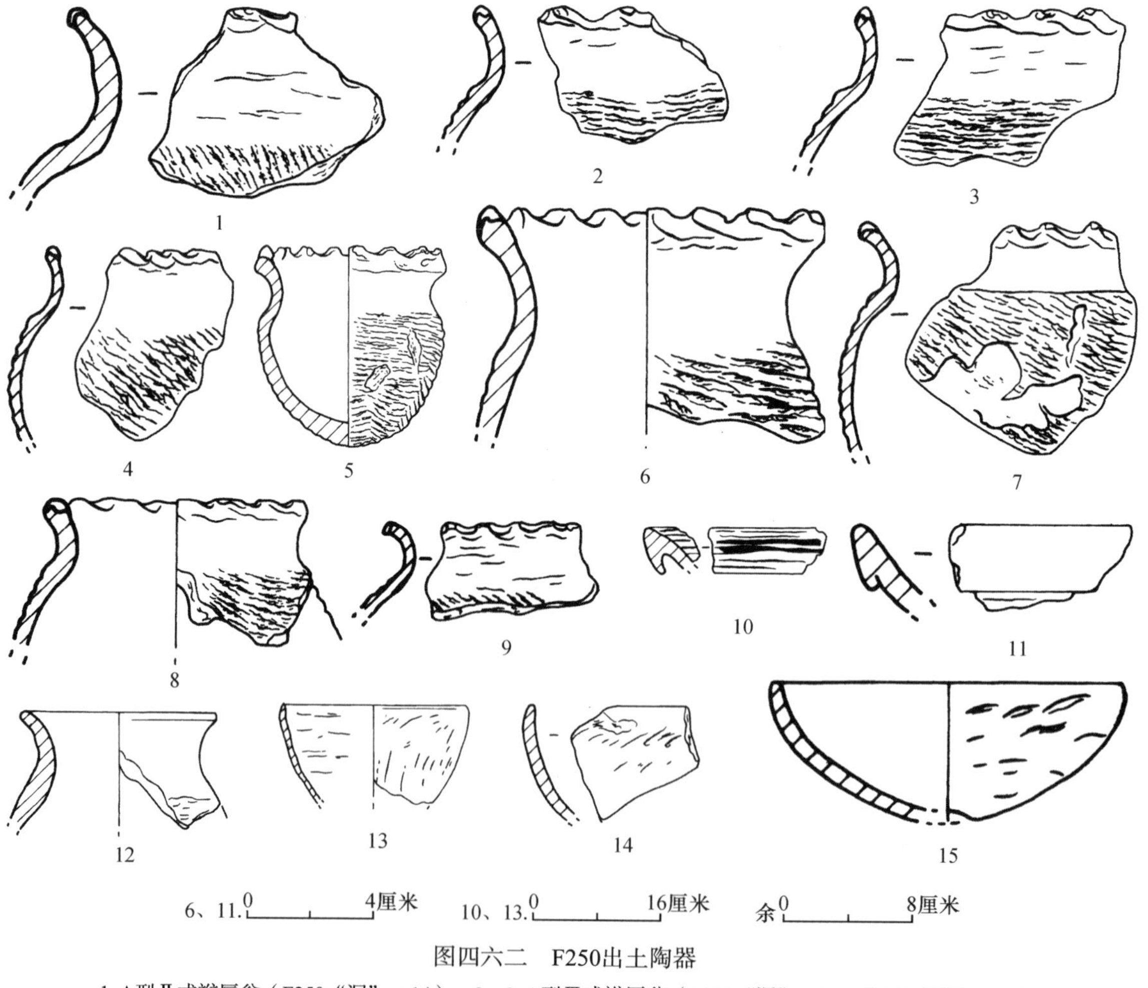

图四六二　F250出土陶器

1. A型Ⅱ式辫唇瓮（F250“洞”：14）　2、3. A型Ⅲ式辫唇瓮（F250“洞”：12、F250“洞”：13）
4. Aa型Ⅰb式花边圜底罐（F250“洞”：11）　5、6. Aa型Ⅱ式花边圜底罐（F250“洞”：2、F250“洞”：3）
7、8. Ⅲ式辫唇罐（F250“洞”：4、F250“洞”：5）　9. Ac型齿唇罐（F250“洞”：6）
10. A型Ⅱ式尊形器（F250“洞”：15）　11. Ⅱ式喇叭口器（F250“洞”：1）　12. Aa型Ⅱ式罐形釜（F250“洞”：7）
13. Ⅰ式钵形釜?（F250“洞”：8）　14. A型Ⅱ式钵（F250“洞”：9）　15. B型钵（F250“洞”：10）

花边圜底罐　26件。Aa型，其中12件不明式别。

Ⅰb式：7件。

标本F250“洞”：11，夹砂红褐陶，局部、里红，灰胎。唇部戳刮、外沿刮抹呈波浪形，腹饰斜绳纹。侈口，束颈，鼓腹，残。手制，火候较高。残宽10、残高12厘米（图四六二，4）。

Ⅱ式：7件。

标本F250“洞”：2，夹砂红陶，局部黑。唇部戳刮、外沿刮抹呈波浪形，腹、底饰斜绳纹，多按抹痕。侈口，束颈，鼓腹，圜底，复原。手制，火候较高。口径11、高12.4厘米（图四六二，5）。标本F250“洞”：3，夹砂红陶，胎红夹褐。唇部戳刮、外沿内抹呈波浪形，上腹饰斜绳纹。侈口，束颈，鼓腹，残。手制，火候较高。口径10.6、残高7.2厘米（图四六二，6）。

辫唇罐　5件。Ⅲ式。

标本F250“洞”：4，夹粗砂红褐陶，局部黑、灰褐，胎红夹黑。唇部戳刮、外沿刮抹略呈辫绳波浪形，肩、腹饰斜绳纹，局部刮抹。侈口，卷沿外翻，圆肩，腹弧收，残。手制，火候较高。残宽14.4、残高14.4厘米（图四六二，7）。标本F250“洞”：5，夹砂灰黑陶，局部、里红，胎红夹灰黑。唇部戳刮、外沿内抹略呈波浪形，上腹饰斜绳纹。侈口，卷沿，鼓腹，残。手制，火候较高。口径16、残高9.2厘米（图四六二，8）。

齿唇罐　1件。Ac型。

标本F250“洞”：6，夹砂褐陶，黑胎。唇部戳刮略呈波浪形，肩饰斜绳纹。侈口，卷沿外翻，斜肩，残。手制，火候较高。残宽10.8、残高6厘米（图四六二，9）。

尊形器　1件。A型Ⅱ式。

标本F250“洞”：15，夹红陶，胎红夹灰黑。内、外沿饰横暗纹。喇叭口，外沿较宽，圆唇，残。轮制，火候较高。残宽14.4、残高5.6厘米（图四六二，10）。

喇叭口器　1件。Ⅱ式。

标本F250“洞”：1，夹砂红陶，局部黑。素面。钵形口，外沿较窄，圆唇，残。轮制，火候较高。残宽5.6、残高2.6厘米（图四六二，11）。

罐形釜　1件。Aa型Ⅱ式。

标本F250“洞”：7，夹砂红褐陶，黑胎，里褐。素面。侈口，圆唇，束颈，鼓腹，残。手制，火候较高。口径12.2、残高7.2厘米（图四六二，12）。

钵形釜？　1件。Ⅰ式。

标本F250“洞”：8，夹砂黑陶，胎褐夹黑，里褐。素面，多刮抹痕。口近直，圆唇，弧腹，残。手制轮修，火候较高。口径22.8、残高12厘米（图四六二，13）。

钵　3件。

A型　1件。Ⅱ式。

标本F250“洞”：9，夹砂黑陶，局部、胎褐。素面，多刮抹痕。口近直，圆唇，弧腹，残。手制，火候较高。残宽8、残高7厘米（图四六二，14）。

B型　2件。

标本F250“洞”：10，夹砂红陶，局部灰黑，胎红夹灰褐。素面，多刮抹痕。敞口，方唇，弧腹，圜底，残。手制，火候较高。口径22、残高8.4厘米（图四六二，15）。

F261

位置：位于99DT0301西北部，距地表深475厘米。层位关系：㊲—F261→㊳。

形制：从暴露部分观察，平面形状应为长方形，仅存房面及分布较密集的“洞”，西北—东南向。暴露部分残长640、残宽500、厚6～16厘米（图四六三）。

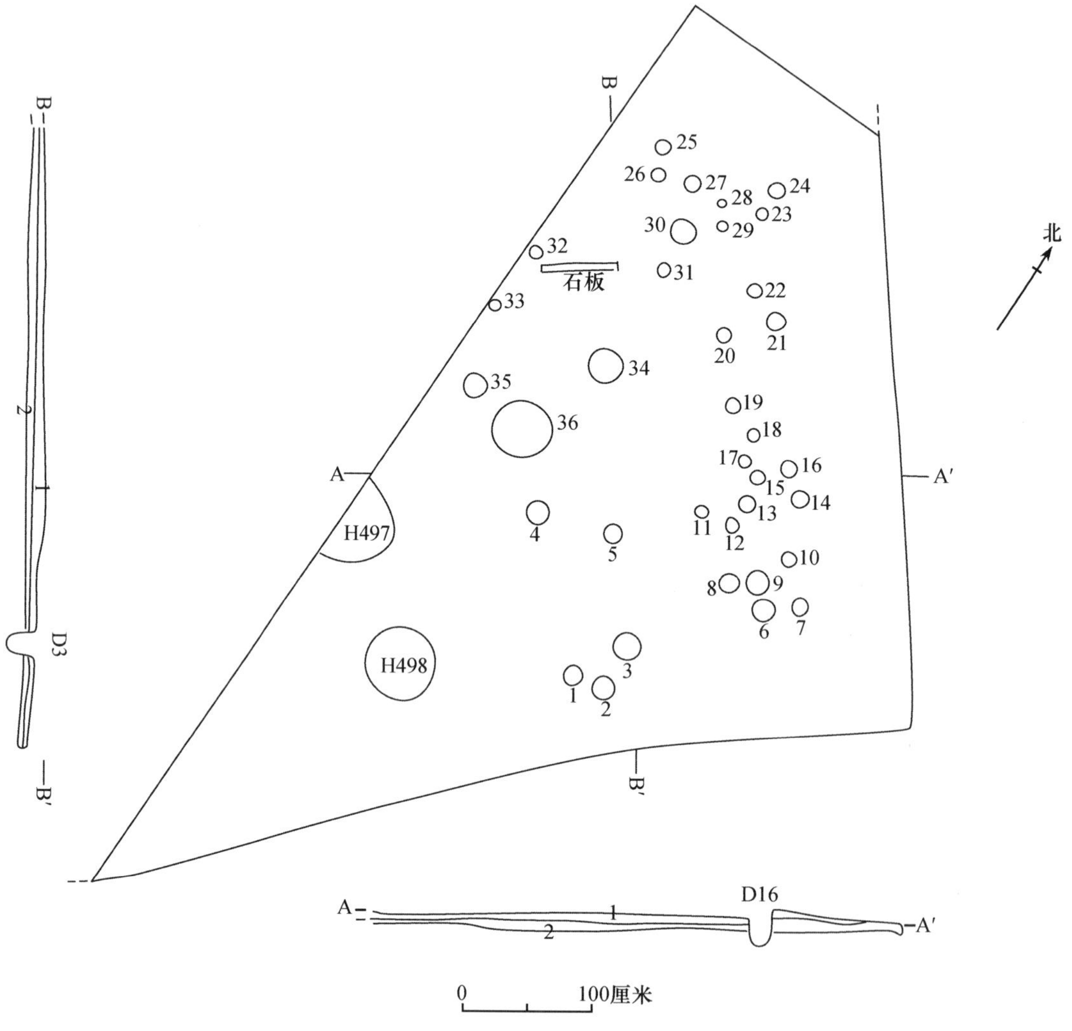

图四六三　F261平、剖面图

房面：分两层，第1层为灰色土，较硬，局部形成烧结面；第2层为黄灰土，土质松散，厚2～12厘米。

“洞”：共有36个，分布较散乱，没有规律，东北部分布较为密集，均为圆形洞，洞内填土土质疏松，土色以深灰为主，仅D5、D11填土为红沙土，D12、D13、D36填土为浅灰土。“洞”口径大小不一，深浅不同，口径最大44（D36）、最小8（D17、D28、D29）、最深（D34）43厘米。

F261东北侧边缘有一条西北—东南向沙层堆积，自西北向东南沿F261、F260东北边缘延伸，宽50～70、厚10～15厘米，应是F261、F260外的路，内含碎陶片较多。

出土遗物：屋内出土铜雕刻器1件、石板1块、陶纺轮1件，另有网坠和动物牙齿等。西北部靠西壁处有1块石板，竖立于房面内。

陶器　参加分类排队的陶器71件，挑选标本32件。

辫唇瓮　11件。A型。

Ⅱ式：6件。

标本F261：27，夹砂红陶，局部褐，胎红夹灰。唇部刮抹呈辫绳波浪形，肩饰斜中粗绳纹。侈口，领外翻，有肩，残。手制，火候较高。口径20、残高5.2厘米（图四六四，1）。

Ⅲ式：5件。标本碎小。

齿唇瓮　1件。Bb型。

标本F261：26，夹粗砂红陶，黑胎。唇部戳按呈波浪形齿。侈口，领外翻，残。手制，火候较高。残宽9.6、残高5.6厘米（图四六四，2）。

敛口缸　2件。

标本F261：28，夹砂灰褐陶，局部黑。素面。敛口，圆唇，上腹微外弧，残。轮制，火候高。残宽8.8、残高6.2厘米（图四六四，3）。标本F261：29，夹砂红褐陶，胎、里灰。素面。敛口，内卷沿，圆唇，上腹微外弧，残。轮制，火候高。残宽8、残高6.6厘米（图

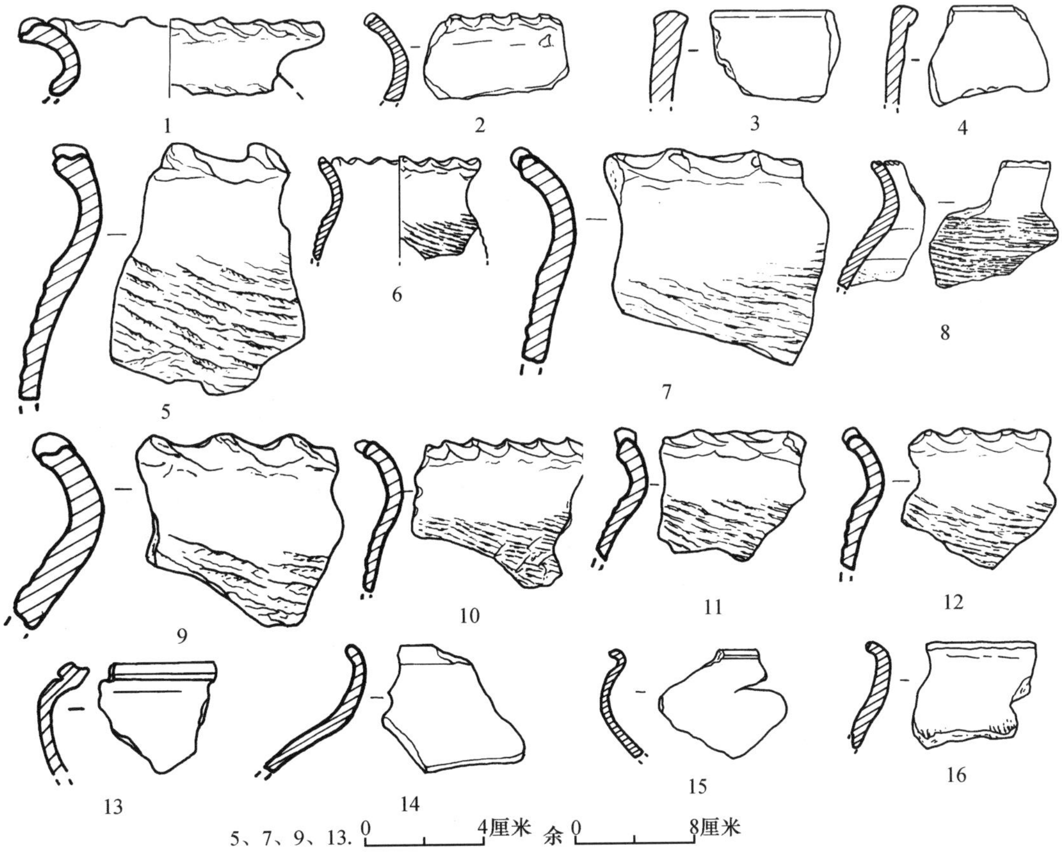

图四六四　F261出土陶器

1. A型Ⅱ式辫唇瓮（F261：27）　2. Bb型齿唇瓮（F261：26）　3、4. 敛口缸（F261：28、F261：29）　5. Aa型Ⅰb式花边圜底罐（F261：7）　6. Aa型Ⅱ式花边圜底罐（F261：8）　7. Aa型Ⅲ式花边圜底罐（F261：9）　8. Ba型Ⅰ式齿唇罐（F261：18）　9、10. Ⅱ式辫唇罐（F261：11、F261：13）　11、12. Ⅲ式辫唇罐（F261：12、F261：14）　13. B型敛口罐（F261：15）　14. B型矮领罐（F261：16）　15. 小罐（F261：17）　16. Aa型Ⅱ式罐形釜（F261：10）

四六四，4）。

花边圜底罐　24件。Aa型，其中21件不明式别。

Ⅰb式：1件。

标本F261：7，夹砂红褐陶，局部红。唇部戳刮、外沿刮抹呈波浪形，腹饰斜绳纹。侈口，束颈，鼓腹，残。手制，火候较高。残宽6.4、残高8.4厘米（图四六四，5）。

Ⅱ式：1件。

标本F261：8，夹砂红陶，局部褐。唇部戳刮、外沿刮抹呈波浪形，腹饰斜绳纹。侈口，束颈，鼓腹，残。手制，火候较高。口径10.8、残高6.7厘米（图四六四，6）。

Ⅲ式：1件。

标本F261：9，夹砂红陶，局部褐，胎红夹褐。唇部刮抹呈波浪形，腹饰斜绳纹。侈口，卷沿外翻，鼓腹，残。手制，火候较高。残宽7.6、残高7.1厘米（图四六四，7）。

齿唇罐　2件。

A型　1件。Ac型。标本碎小。

B型　1件。Ba型Ⅰ式。

标本F261：18，夹砂红褐陶，局部黑、褐，黑胎，里灰褐。唇饰戳印纹，肩饰斜绳纹。侈口，领外斜，溜肩，残。轮制，火候高。残宽8.7、残高8.4厘米（图四六四，8）。

辫唇罐　13件。

Ⅱ式：6件。

标本F261：11，夹砂红陶，胎红夹灰。唇部刮抹呈辫绳波浪形，肩饰斜中粗绳纹。侈口，沿外斜，圆肩，残。手制，火候较高。残宽6.8、残高6.3厘米（图四六四，9）。标本F261：13，夹砂红陶，局部黄褐，胎红夹灰。唇部按抹呈辫绳波浪形，肩饰斜绳纹、戳印纹。侈口，卷沿外翻，溜肩，残。手制，火候较高。残宽11.4、残高10厘米（图四六四，10）。

Ⅲ式：7件。

标本F261：12，夹砂褐陶，局部红，胎红夹灰。唇部刮抹略呈辫绳波浪形，肩饰斜中粗绳纹。侈口，卷沿，溜肩，残。手制，火候较高。残宽10、残高8.6厘米（图四六四，11）。标本F261：14，夹砂红陶，局部灰褐，胎红夹灰。唇部戳刮、外沿刮抹略呈辫绳波浪形，腹饰斜中粗绳纹。侈口，卷沿外翻，鼓腹，残。手制，火候较高。残宽10.4、残高9.2厘米（图四六四，12）。

敛口罐　1件。B型。

标本F261：15，夹砂黑陶，红褐胎。素面。敛口，矮斜折沿，沿面内凹，圆唇，鼓肩，腹弧内收，残。轮制，火候较高。残宽3.9、残高3.8厘米（图四六四，13）。

矮领罐　1件。B型。

标本F261：16，夹砂红褐陶，局部、胎、里黑。素面。侈口，卷沿，圆唇，领斜直，广肩，残。手制轮修，火候较高。残宽9.2、残高8.4厘米（图四六四，14）。

小罐　1件。

标本F261：17，夹砂黑陶，红褐胎。素面。侈口，卷沿近平，圆唇，圆肩，腹弧内收，残。轮制，火候较高。残宽8.6、残高7.2厘米（图四六四，15）。

罐形釜　1件。Aa型Ⅱ式。

标本F261：10，夹粗砂红褐陶，局部红，胎、里黑。唇部饰戳印纹，腹饰斜绳纹。侈口，卷沿，领斜直，鼓腹，残。手制，火候较高。残宽8.4、残高7厘米（图四六四，16）。

盘　5件。

A型　4件。Ⅰ式。

标本F261：19，夹砂褐陶，胎红夹褐，里黑。上腹饰斜凹弦纹一周，下腹饰戳划纹。敛口，沿内卷，圆唇，弧腹，残。手制轮修，火候较高。残宽6、残高4厘米（图四六五，1）。标本F261：20，夹砂褐陶，局部红。素面。敛口，沿内卷，圆唇，弧腹，残。轮制，火候较高。残宽6.8、残高4.2厘米（图四六五，2）。

B型　1件。

标本F261：21，夹砂黑陶，红褐胎。素面。敛口，沿内折，圆唇，弧腹，残。轮制，火候较高。残宽5.2、残高3.2厘米（图四六五，3）。

圜底钵　6件。

A型　5件。

Ⅰ式：4件。

标本F261：24，夹砂黑陶，局部、里灰褐。腹饰瓦棱纹。敛口，沿内卷，圆唇，腹微弧收，残。轮制，火候较高。口径16、残高4.4厘米（图四六五，4）。

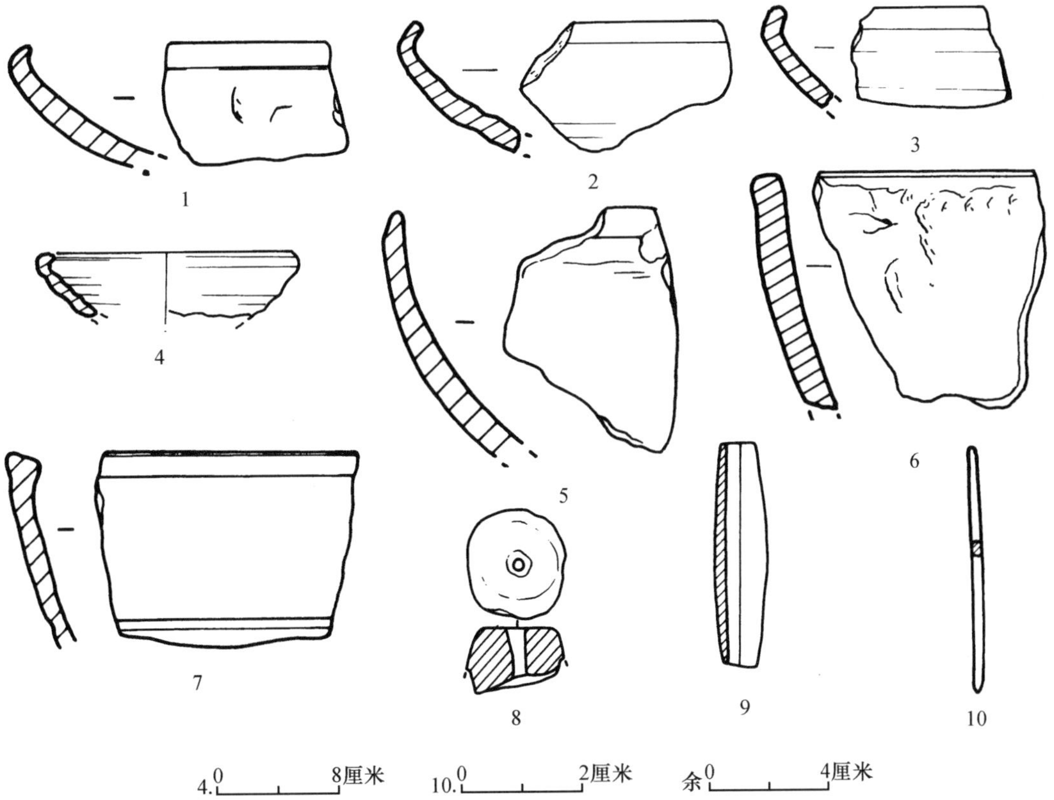

图四六五　F261出土器物

1、2. A型Ⅰ式陶盘（F261：19、F261：20）　3. B型陶盘（F261：21）　4. A型Ⅰ式陶圜底钵（F261：24）　5. A型Ⅱ式陶圜底钵（F261：22）　6. B型陶圜底钵（F261：23）　7. 陶盆（F261：25）　8. Aa型陶纺轮（F261：3）　9. A型陶网坠（F261：5）　10. 铜雕刻器（F261：1）

Ⅱ式：1件。

标本F261：22，夹砂黑陶，局部、胎灰褐。素面。口近直，圆唇，弧腹，残。手制轮修，火候较高。残宽5.6、残高8厘米（图四六五，5）。

B型　1件。

标本F261：23，夹砂红陶，局部灰，胎局部黑，里部分褐。腹饰戳印纹。敞口，方唇，弧腹，残。手制，火候较高。残宽7.6、残高7.6厘米（图四六五，6）。

盆　1件。

标本F261：25，夹砂黑褐陶，胎红夹褐。腹饰凹弦纹一周。敛口，微有斜折沿，沿面微凹，圆唇，弧腹，残。轮制，火候较高。残宽8.5、残高6.4厘米（图四六五，7）。

纺轮　1件。Aa型。

标本F261：3，泥质黑陶，胎红夹灰。素面。平顶，斜腰，中部圆穿，残。手制，火候一般。顶径2.3、残高1.8厘米（图四六五，8）。

网坠　1件。A型。

标本F261：5，夹砂褐陶，局部、胎黑。素面。管形，中部略粗，微残。手制，火候较高。长7.3、最大径1.7厘米（图四六五，9；图版六九，1）。

铜器　仅发现1件。

雕刻器　1件。

标本F261：1，青铜，锈蚀。四棱柱形，尖刃，微残。残长3.9、宽0.2厘米（图四六五，10）。

（2）C型

1座。

F238

位置：F238位于99AT0201、99AT0101、99DT0201、99DT0101四个探方内，距地表深380～385厘米。层位关系：㉞—F238→㉟。

形制：该房平面呈不规则形，西南—东北向，残长1120、宽650厘米，暴露面积约10平方米（图四六六）。

房面：可分为三层。

第1层：青灰沙面，纯净，质细腻，分布于该房大部分区域，厚0～5厘米。

第2层：炭灰层，为纯炭灰，灰黑，质松，房内局部分布，厚0～2厘米。

第3层：青灰软沙面，泛黑，质细腻，较纯净，为主体房面，厚2～8厘米。

“洞”：共9个，其中D6、D5、D4、D9在北侧纵向排列，D7、D8在中部纵向排列，D1、D2、D9在东部横向排列。各“洞”情况如下：

D1：直径10、深15厘米，内填黄褐土，洞壁规整。

D2：直径10、深25厘米，内填黑褐土，洞壁规整。

D3：直径10、深16厘米，内填黑褐土，洞壁规整。

D4：直径11、深16厘米，内填黑褐土，洞壁规整。

D5：直径10、深8厘米，内填黑褐土，洞壁规整。

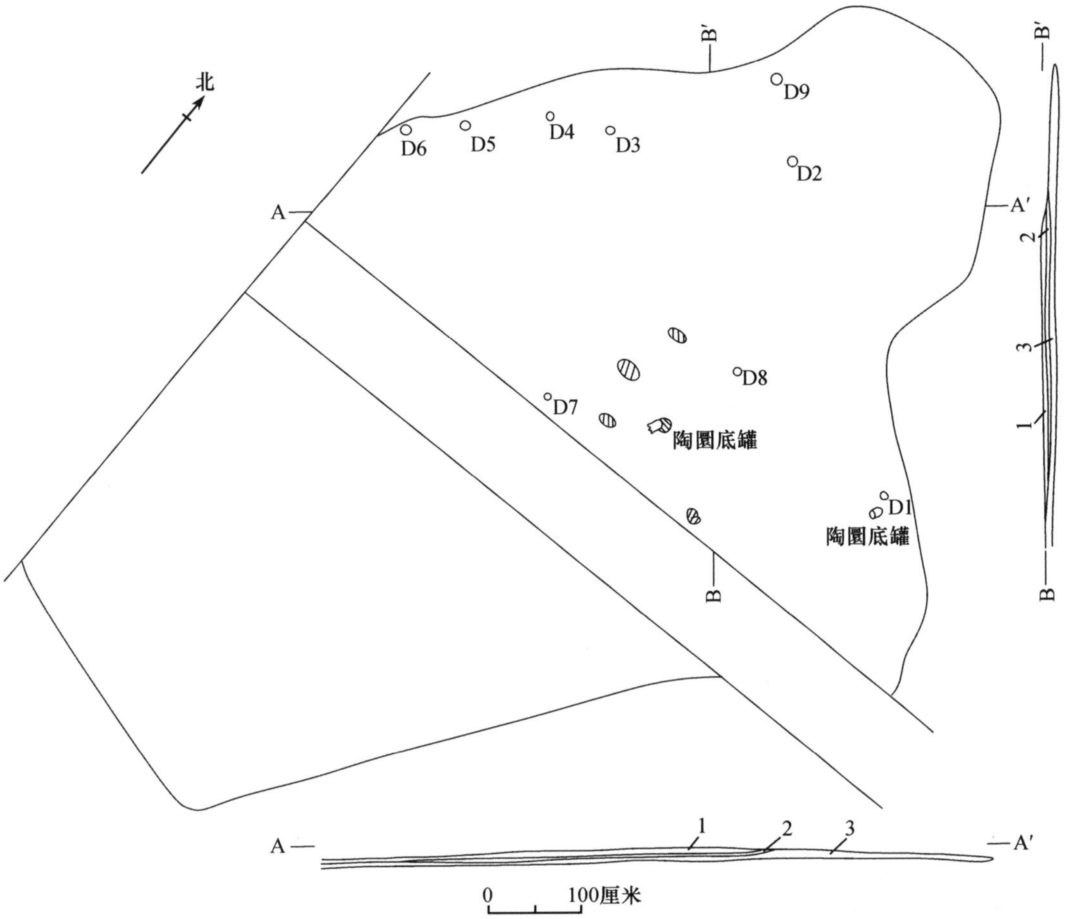

图四六六　F238平、剖面图

D6：直径13、深18厘米，内填黑褐土，洞壁规整。

D7：直径10、深23厘米，内填黄褐土，洞壁规整。

D8：直径10、深24厘米，内填灰褐土，洞壁规整。

D9：直径12、深24厘米，内填黑褐土，洞壁规整。

出土遗物：在房内发现少量的黄黏土块和圜底罐残腹片及锈蚀严重的铜镞1件，黄黏土块可能与放置圜底罐有关。

（3）D型

23座。

F119

位置：位于98BT0104东部，距地表深350厘米。层位关系：㉙—F119→㉚，被开口第27层下的G11打破。

形制：由于暴露部分太小和被G11打破，平面形状不明。暴露残长200、宽40厘米，有2个“洞”。房面青灰色，起层，较厚，质极硬，东高西低，西薄东厚，房周边呈坑状斜坡堆积，四周向中部倾斜，中部最深达60厘米（图四六七）。

出土遗物：出土少量陶器。参加分类排队的陶器31件，挑选标本13件。

齿唇瓮　1件。A型Ⅱ式。

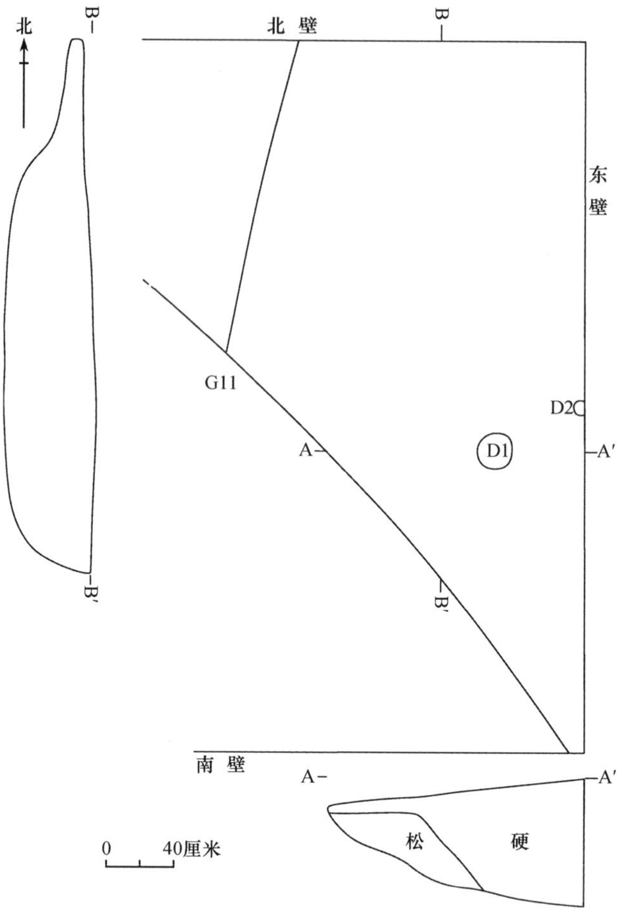

图四六七 F119平、剖面图

标本F119：10，夹砂褐陶，胎、里灰黑。唇部戳按呈波浪形齿。侈口，卷沿，残。手制，火候一般。残宽9.3、残高5.5厘米（图四六八，1）。

辫唇瓮 1件。A型Ⅲ式。

标本F119：7，夹砂灰褐陶，局部灰黑。唇部按抹略呈辫绳波浪形，颈饰戳印纹。侈口，束颈，残。手制，火候较高。残宽6.1、残高4.5厘米（图四六八，2）。

瓮 1件。A型Ⅱ式。

标本F119：11，夹砂褐陶，局部、胎、里黑。素面，领多竖抹痕。喇叭口，沿外卷贴后外侈，圆唇，束领，残。手制轮修，火候较高。残宽10.8、残高5.8厘米（图四六八，3）。

花边圜底罐 21件。Aa型。

Ⅰb式：12件。

标本F119：2，夹砂红陶，局部灰黑，胎红夹灰。唇部戳刮、外沿内抹呈波浪形，腹饰绳纹。侈口，束颈，溜肩，鼓腹，残。手制，火候较高。口径11、残高8.3厘米（图四六八，4）。标本F119：4，夹砂灰黑陶，局部红褐，里红。唇部戳刮、外沿刮抹略呈辫绳波浪形，腹饰绳纹，内壁多按抹痕。侈口，束颈，溜肩，鼓腹，残。手制，火候较高。口径10.6、残高7.8

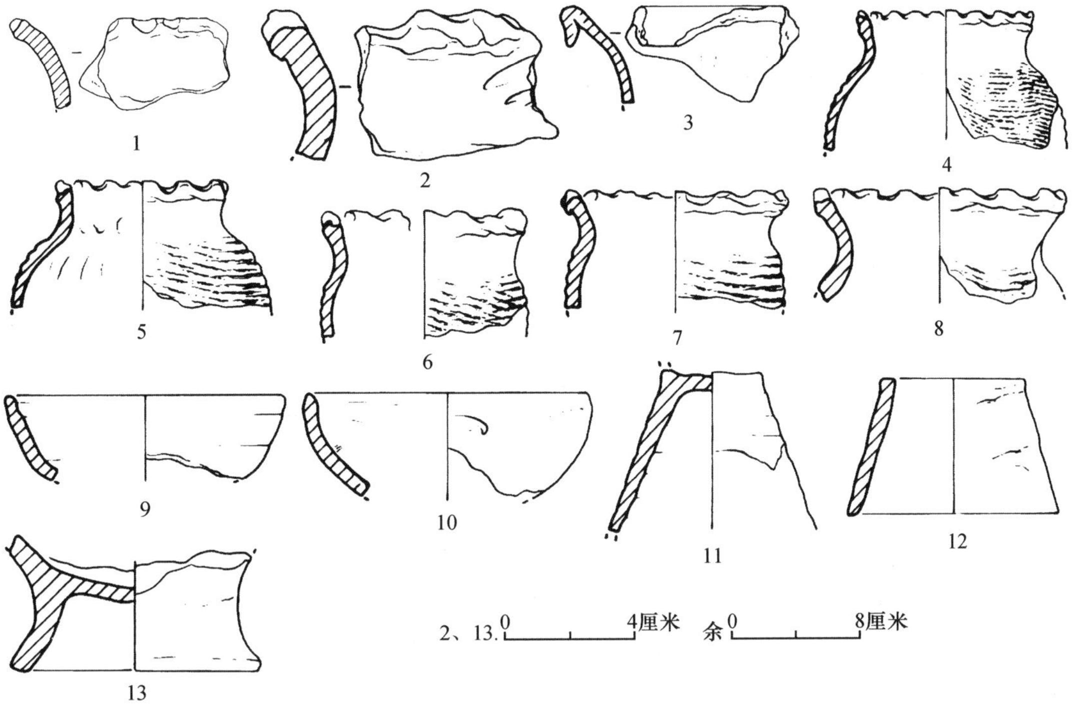

图四六八 F119出土陶器

1. A型Ⅱ式齿唇瓮（F119：10） 2. A型Ⅲ式辫唇瓮（F119：7） 3. A型Ⅱ式瓮（F119：11） 4、5. Aa型Ⅰb式花边圜底罐（F119：2、F119：4） 6. Aa型Ⅱ式花边圜底罐（F119：5） 7. Aa型Ⅲ式花边圜底罐（F119：6） 8. Ba型Ⅰ式齿唇罐（F119：8） 9、10. A型Ⅱ式圜底钵（F119：12、F119：13） 11. Ⅰ式圈足罐（F119：14） 12. A型器座（F119：16） 13. 圈足（F119：15）

厘米（图四六八，5）。

Ⅱ式：8件。

标本F119：5，夹砂红陶，灰胎。唇部戳刮、外沿刮抹呈波浪形，腹饰绳纹。侈口，束颈，鼓腹，残。手制，火候较高。口径12、残高7.6厘米（图四六八，6）。

Ⅲ式：1件。

标本F119：6，夹砂红陶，灰胎。唇部戳刮呈波浪形，腹饰绳纹。侈口，束颈，鼓腹，残。手制，火候较高。口径13.2、残高7厘米（图四六八，7）。

齿唇罐 1件。Ba型Ⅰ式。

标本F119：8，夹砂红陶。唇部戳刮、外沿刮抹呈波浪形齿，肩饰绳纹。侈口，卷沿，溜肩，残。手制，火候较高。口径17.8、残高6.8厘米（图四六八，8）。

圜底钵 3件。A型Ⅱ式。

标本F119：12，夹砂褐陶，局部红、黑。素面，内沿饰粗凹弦纹一周。敞口，圆唇，弧腹，残。手制轮修，火候较高。口径17.2、残高5厘米（图四六八，9）。标本F119：13，夹砂红陶，局部黑，灰胎。上腹饰划纹，内壁多按抹痕。敞口，圆尖唇，弧腹，残。手制，火候较高。口径17.2、残高6.1厘米（图四六八，10）。

圈足罐 1件。Ⅰ式。

标本F119：14，夹砂灰褐陶，表皮脱落。内壁饰瓦棱纹。下腹斜收，圈足残。轮制，火候较高。残宽11、残高9.7厘米（图四六八，11）。

器座 1件。A型。

标本F119：16，夹砂红陶，局部灰褐。素面，有划痕。圆圈形，敛口，方唇，壁外斜直，修复。手制，火候较高。口径9、足径13.2、高8.2厘米（图四六八，12）。

圈足 1件。

标本F119：15，夹砂红陶，局部黑，胎局部灰。素面。下腹弧收，圈足较高外撇，残。手制，火候较高。足径7.6、残高4.1厘米（图四六八，13）。

2. 晚段

43座。

（1）A型

12座。

F217

位置：位于99DT0301中部和东南部，向北延伸至北隔梁，向东延伸至东隔梁，南跨南壁。层位关系：F216—F217→G23，被H402、H432、H435打破。

形制：从暴露部分观察，平面呈长方形，仅发现屋面、沟槽，暴露部分南北长916、东西宽875厘米（图四六九）。

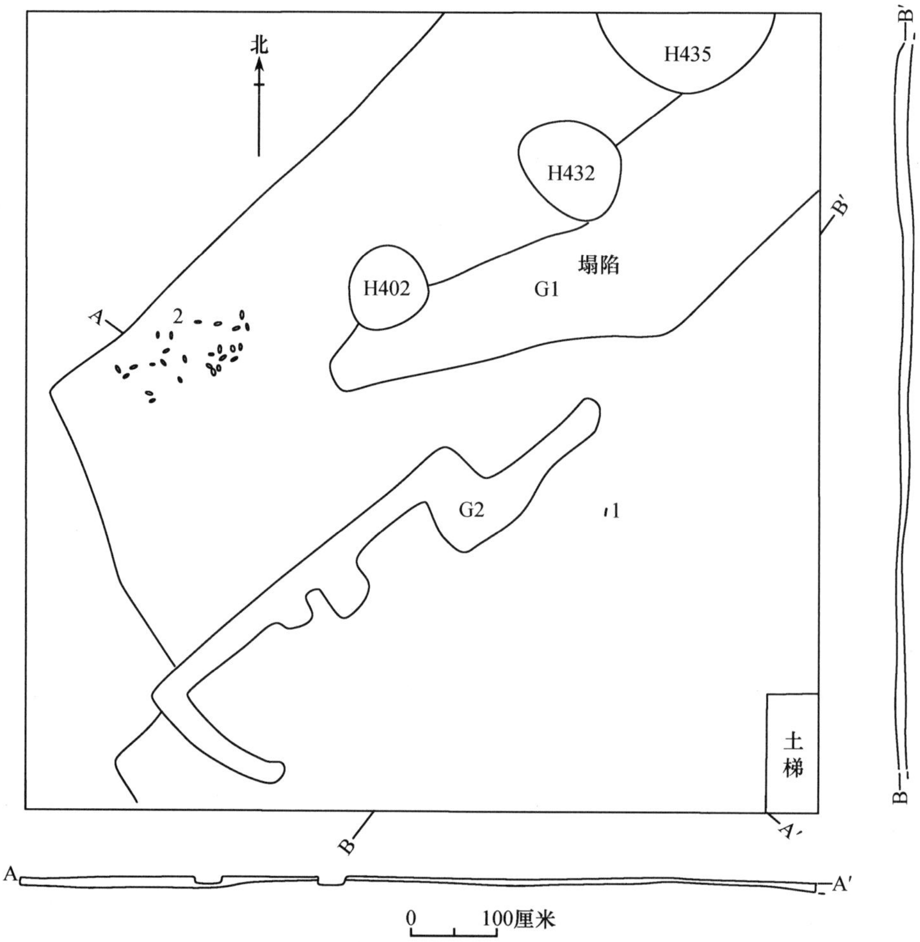

图四六九 F217平、剖面图
1. 陶罐 2. 陶网坠

房面：房面由西北向东南稍倾斜，由青灰色土铺成，因其下地表不平整，各处厚度不一，西北和东北部分较厚，最厚12厘米，东南部较薄，最薄处2厘米。因F217东北部下有G23，沟中土质疏松，造成该部位房面有塌陷现象。

沟槽：共2条，均位于房址中部，其形状不规整，均打破屋面。G1呈条形，长300、宽27～45、深8厘米；G2略呈矩形，宽30～80、深10厘米。2条沟内填土均为灰土夹红黏土，无陶片，估计为修补屋面的痕迹。

出土遗物：在屋面西北角上出土陶网坠25件，分布成一堆，形状略呈圆形分布；房址中部出土一花边圜底陶罐，直立嵌于屋面之中；另还发现少量花边圜底罐、陶罐等陶器残片。

参加分类排队的陶器25件，挑选标本8件。

缸　1件。A型Ⅱ式。

标本F217：10，夹砂黑陶，胎红夹灰。素面。喇叭口，沿外下卷，圆唇，残。轮制，火候较高。残宽11、残高4.6厘米（图四七〇，1）。

矮领瓮　1件。Aa型。

标本F217：8，夹砂红陶，局部、胎黑，里灰褐。肩饰方格纹。侈口，圆唇，束领，斜肩，残。手制，火候较高。口径18.6、残高8.4厘米（图四七〇，2）。

花边圜底罐　21件。Aa型，2件不明式别。

Ⅰb式：5件。

标本F217：6，夹砂灰褐陶，局部红褐、灰黑。唇部戳刮、外沿刮抹呈波浪形，腹、底饰斜绳纹。侈口，束颈，鼓腹，尖圜底，复原。手制，火候较高。口径9.2、高12.4厘米（图四七〇，3）。

Ⅱ式：12件。

标本F217：1，夹砂红陶，局部灰、黑褐，灰胎。唇部戳刮、外沿刮抹呈波浪形，腹、底饰斜中粗绳纹。侈口，束颈，鼓腹，圜尖底，复原。手制，火候较高。口径10.8、高12.6厘米

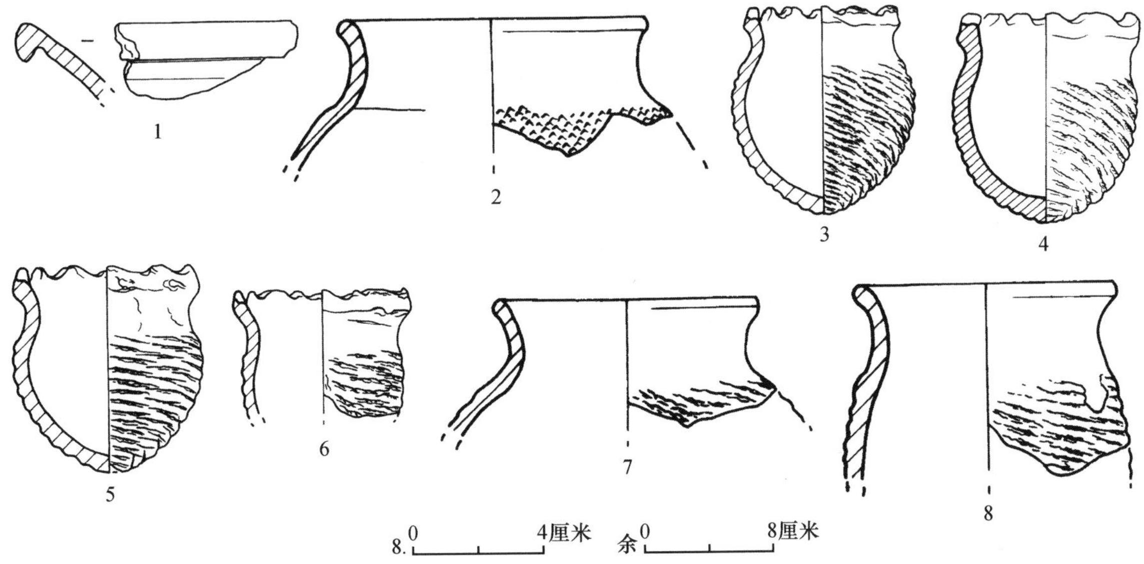

图四七〇　F217出土陶器

1. A型Ⅱ式缸（F217：10）　2. Aa型矮领瓮（F217：8）　3. Aa型Ⅰb式花边圜底罐（F217：6）　4、5. Aa型Ⅱ式花边圜底罐（F217：1、F217：4）　6. Aa型Ⅲ式花边圜底罐（F217：3）　7. B型矮领罐（F217：9）　8. Aa型Ⅱ式罐形釜（F217：7）

（图四七〇，4）。标本F217：4，夹砂褐陶，局部红、灰褐，灰胎；器表多灰白色附着物。唇部戳刮、外沿刮抹呈波浪形，腹、底饰斜绳纹。侈口，束颈，鼓腹，尖圜底，复原。手制，火候较高。口径10.4、高12.4厘米（图四七〇，5）。

Ⅲ式：2件。

标本F217：3，夹砂褐陶，局部、里红，胎局部红夹灰。唇部戳刮、外沿刮抹呈波浪形，腹饰斜绳纹。侈口，束颈，鼓腹，残。手制，火候较高。口径10.4、残高7.6厘米（图四七〇，6）。

矮领罐　1件。B型。

标本F217：9，夹砂红陶，局部灰褐。肩饰斜粗绳纹。侈口，圆唇，领外翻，溜肩，残。手制，火候较高。口径16、残高8厘米（图四七〇，7）。

罐形釜　1件。Aa型Ⅱ式。

标本F217：7，夹砂红陶，局部灰黑，胎红夹灰。腹饰斜绳纹。侈口，圆唇，束颈，鼓腹，残。手制，火候较高。口径8.1、残高5.8厘米（图四七〇，8）。

F248

位置：位于99DT0201东部、99DT0301西北部，向南延伸进99DT0202北隔梁。层位关系：㉝—F248→㉞。

形制：该房址破坏严重，平面形状长方形，东北—西南向。残长1075、宽400厘米（图四七一）。

房面：可分为两层：第1层为灰褐土硬面，自北向南倾斜，分布整个房面，厚5～7厘米；第2层为黄烧土，土质坚硬，部分地方有分布，厚2～3厘米。

“洞”：共发现55个，西侧活动面上有11个，但分布无规律，洞口为圆形，口径、深度不均，口径大致可分为大、中、小三个类型，大径15～22、中径10～15、小径7～10厘米；深度分两类，一类20～35、二类10～20厘米。洞壁规整，但没有经过特殊加工，填土为褐灰土，土质疏松，含有炭灰粒，出土陶片以花边圜底罐碎片为主。

F248西侧有一层黄沙土面，与F248相连，可能为房外活动面，此活动面的北部有11个“洞”，分布无规律。

F248西侧有一条西北—东南向黄沙沟，F248西侧活动面上有一条东北—西南向黄沙沟，可能与F248使用有关系。

G1（活动面上）：现长600厘米，向北伸进隔梁内，宽40～50厘米，深自北向南15～20厘米，沟底近平，填土为褐灰土，底部有1厘米的黄沙，出土花边圜底罐碎片。

G2：现长350厘米，向东伸进东隔梁内，宽50～70厘米，深自西向东8～10厘米，沟边清楚，底部近平，填土为褐土，底部有0.5～1.2厘米的黄沙，土质疏松，出土花边圜底罐碎片。

出土遗物：F248内堆积有一层薄厚不均的灰烬，出土有少量花边圜底罐等碎片，并有残陶纺轮、残铜镞等。

参加分类排队的陶器78件，挑选标本12件。

辫唇瓮　2件。A型Ⅲ式。

标本F248：5，夹粗砂黄褐陶，局部、胎灰黑。唇部戳刮、外沿刮抹略呈辫绳波浪形，肩饰

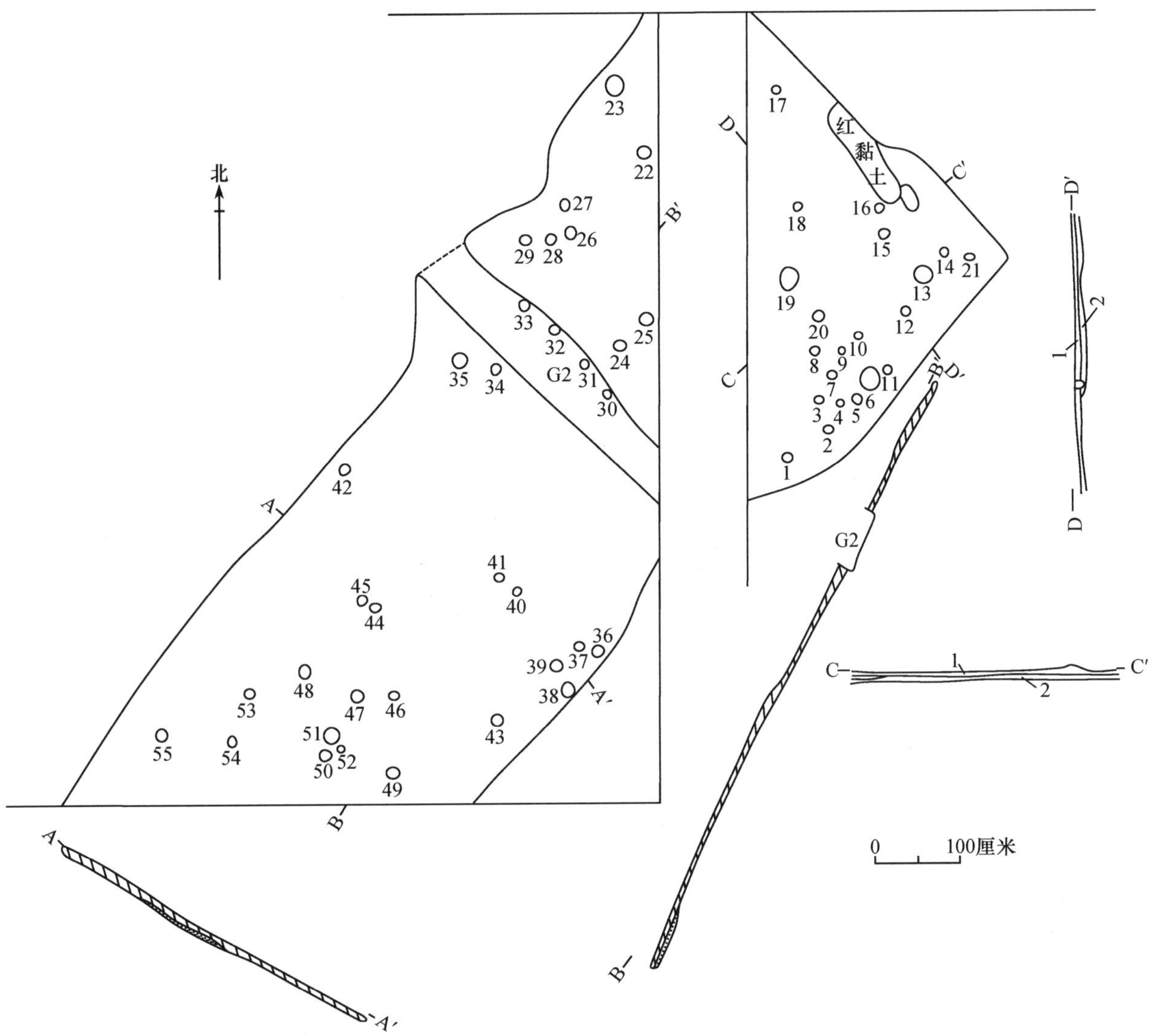

图四七一　F248平、剖面图

竖绳纹。侈口，束领，有肩，残。手制，火候较高。残宽9、残高6.7厘米（图四七二，1）。

缸　1件。A型。

标本F248：6，泥质褐陶，局部红褐。素面。侈口，卷沿，外沿较窄，圆唇，高束领，残。轮制，火候较高。口径37.6、残高5.6厘米（图四七二，2）。

花边圜底罐　64件。

A型　61件。Aa型，44件不明式别。

Ⅰa式：1件。

标本F248“洞”：1，夹砂红陶，胎红夹灰黑。唇部刮抹略呈波浪形，腹饰斜绳纹。侈口，卷沿，鼓上腹，残。手制，火候较高。残宽7.2、残高8厘米（图四七二，3）。

Ⅰb式：5件。

标本F248：1，夹砂褐陶，灰胎。唇部戳刮、外沿刮抹呈波浪形，腹饰斜绳纹，局部擦抹。侈口，束颈，鼓腹，残。手制，火候较高。残宽7.2、残高8.4厘米（图四七二，4）。

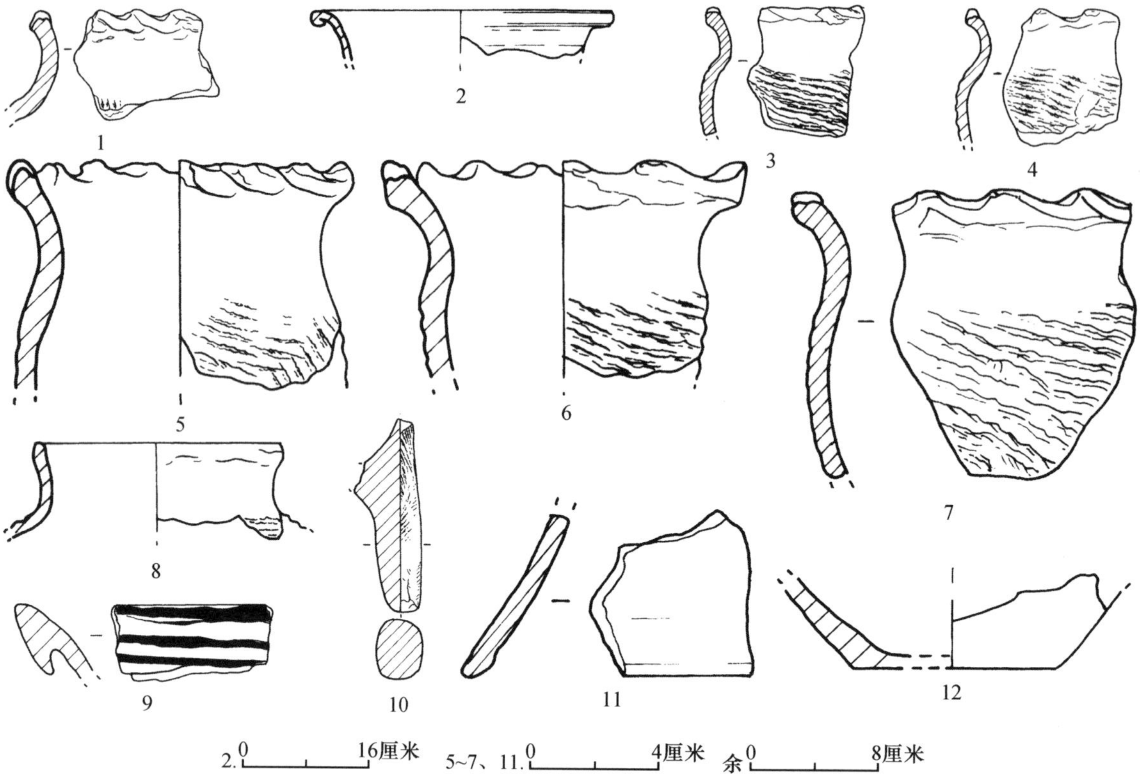

图四七二　F248出土陶器

1. A型Ⅲ式辫唇瓮（F248：5）　2. A型缸（F248：6）　3. Aa型Ⅰa式花边圜底罐（F248“洞”：1）　4. Aa型Ⅰb式花边圜底罐（F248：1）　5. Aa型Ⅱ式花边圜底罐（F248：2）　6. Aa型Ⅲ式花边圜底罐（F248：3）　7. Ba型Ⅰ式花边圜底罐（F248“洞”：2）　8. A型矮领罐（F248：4）　9. A型Ⅱ式尊形器（F248：7）　10. 甗足（F248：8）　11. B型Ⅰ式器盖（F248“洞”：3）　12. 瓮底（F248：9）

Ⅱ式：8件。

标本F248：2，夹砂红陶，局部褐，胎局部灰褐。唇部戳刮、外沿刮抹呈波浪形，腹饰斜绳纹。侈口，束颈，鼓腹，残。手制，火候较高。口径10.6、残高7厘米（图四七二，5）。

Ⅲ式：3件。

标本F248：3，夹砂红褐陶，胎红夹灰，里红。唇部戳刮、外沿刮抹呈波浪形，腹饰斜绳纹。侈口，束颈，鼓腹，残。手制，火候较高。口径11.2、残高6.6厘米（图四七二，6）。

B型　3件。Ba型Ⅰ式。

标本F248“洞”：2，夹砂红陶，局部、胎灰褐。唇部戳刮、外沿刮抹呈波浪形，腹饰斜粗绳纹，局部擦抹。侈口，束颈，鼓腹，残。手制，火候较高。残宽7.6、残高8.8厘米（图四七二，7）。

矮领罐　1件。A型。

标本F248：4，夹砂红陶，局部褐，胎局部红夹灰、黑。肩饰斜绳纹。侈口，圆唇，领微外斜，斜肩，残。手制，火候较高。口径15.2、残高6厘米（图四七二，8）。

尊形器　2件。A型Ⅱ式。

标本F248：7，夹砂黄褐陶，局部红，灰褐胎。外沿饰横暗纹，内沿磨光。喇叭口，外沿较宽，圆唇，残。轮制，火候较高。残宽10、残高4.6厘米（图四七二，9）。

甗足　1件。

标本F248：8，夹砂红褐陶，局部、胎灰黑。器表饰斜绳纹。近扁圆形足，外侧刮削较平，残。手制，火候较高。中部长径3.8、短径2.9、残高11.8厘米（图四七二，10）。

器盖　2件。B型Ⅰ式。

标本F248“洞”：3，夹砂红褐陶，局部褐，灰黑胎。素面。壁微弧，喇叭口，微有内折沿，圆唇，残。轮制，火候高。残宽5、残高5.1厘米（图四七二，11）。

瓮底　5件。

标本F248：9，夹砂黑陶，褐胎。素面。下腹斜收，平底，残。轮制，火候较高。底径12.8、残高5.6厘米（图四七二，12）。

（2）B型

1座。

F242

位置：位于99DT0301西南部，西部有一小部分压于西壁下，屋面距地表深430厘米。层位关系：㉝—F242→㉞。

形制：平面略呈不规则方形，残存房面、“洞”，房面较平，西南—东北向。长580、宽440厘米（图四七三）。

房面：表层层面较硬，黄灰色，杂有灰色掺和料，屋面较平整，加工明显，厚2～14厘米。房面层下有一椭圆形红烧土堆积，可能为火塘处。表层下有分层堆积，共三层：第2层主要分布在F242西北，为一层经火烧过的碎陶片堆积，厚3～7厘米；第3层为青灰土，土质细腻，厚4～10厘米；第4层为红沙层，疏松，厚2～4厘米。

“洞”：共20个，西北侧口径大于15厘米的D1、D2、D3、D4、D5纵列成一排，分布较有规律，余者口径一般小于10厘米，分布较散乱。

出土遗物：出土少量陶器，参加分类排队的35件，挑选标本10件。

盘口瓮　1件。Ⅱ式。

标本F242：10，夹砂黑陶，局部灰黑。素面。沿外折后上卷呈浅盘口，圆唇，束领，残。轮制，火候高。残宽7.8、残高6厘米（图四七四，1）。

花边圜底罐　29件。

A型　25件。Aa型，其中11件不明式别。

Ⅰb式：5件。

标本F242：1，夹砂红陶，局部灰褐。唇部戳刮、外沿内抹呈波浪形，腹饰斜绳纹，局部擦抹。侈口，束颈，鼓腹，残。手制，火候较高。口径9、残高12.8厘米（图四七四，2）。标本F242：5，夹砂红陶，局部褐，黑胎；器表多灰白色附着物。唇部戳刮、外沿内抹呈波浪形，腹饰斜绳纹、戳印纹。侈口，束颈，鼓腹，残。手制，火候较高。口径10.6、残高10.2厘米（图四七四，3）。

Ⅱ式：5件。

标本F242：2，夹砂黑陶，局部褐。唇部戳刮、外沿刮抹呈波浪形，腹饰斜绳纹。侈口，束颈，鼓腹，残。手制，火候较高。口径9.8、残高10厘米（图四七四，4）。

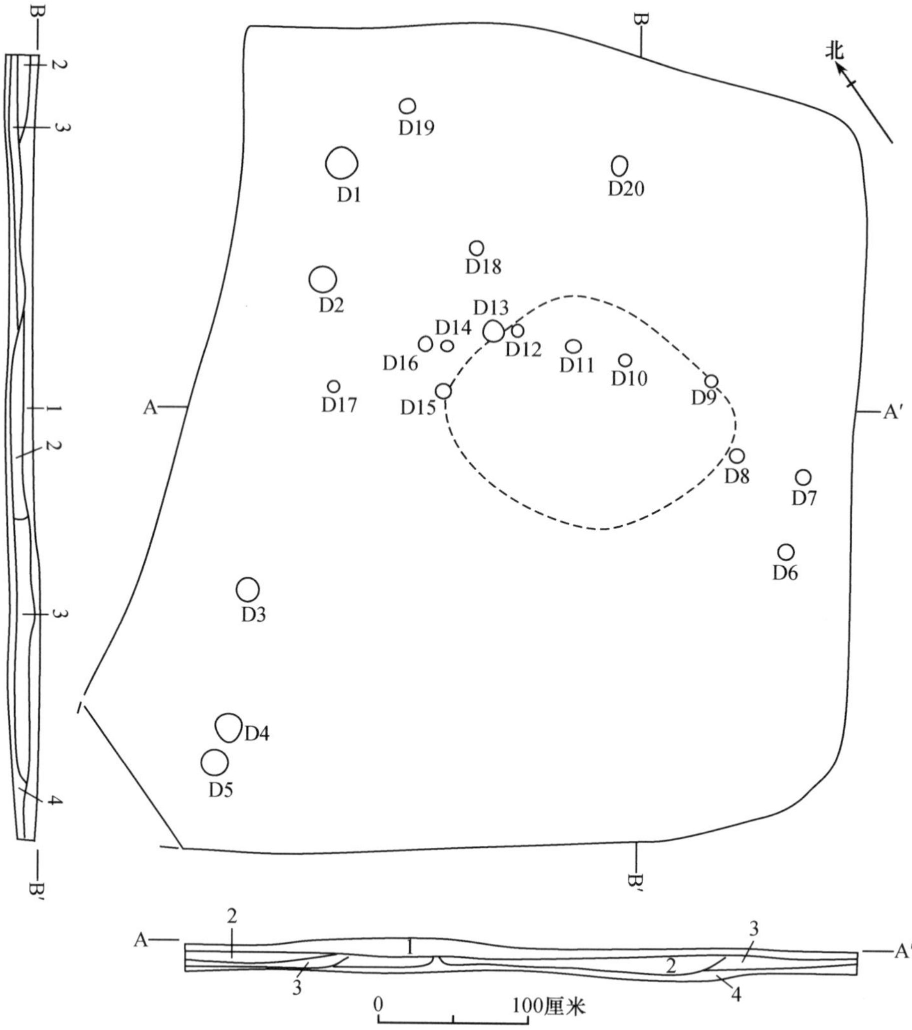

图四七三　F242平、剖面图

Ⅲ式：4件。

标本F242：3，夹砂褐陶，局部红、黑褐，灰黑胎；器表多灰白色附着物。唇部戳刮、外沿内抹呈波浪形，腹饰斜绳纹。侈口，束颈，鼓腹，残。手制，火候较高。口径10.8、残高8.4厘米（图四七四，5）。

B型　4件。Ba型Ⅱ式。

标本F242：4，夹砂红褐陶，灰胎，里灰褐。唇部戳刮、外沿内抹呈波浪形，腹饰斜粗绳纹。侈口，束颈，鼓腹，残。手制，火候较高。残宽8.4、残高7.8厘米（图四七四，6）。

辫唇罐　3件。Ⅲ式。

标本F242：6，夹砂红陶，局部、里褐。唇部刮抹略呈辫绳波浪形，上腹饰斜绳纹。侈口，卷沿，鼓腹，残。手制，火候较高。残宽9.6、残高7.2厘米（图四七四，7）。标本F242：7，夹砂红陶，胎红夹灰。唇部戳刮呈波浪形，肩、腹饰斜中粗绳纹。口微侈，矮领较直，溜肩，鼓腹，残。手制，火候较高。残宽10.6、残高11厘米（图四七四，8）。

素沿圜底罐　1件。

标本F242：8，夹砂红褐陶。腹饰斜绳纹。侈口，束颈，鼓腹，残。手制，火候较高。口

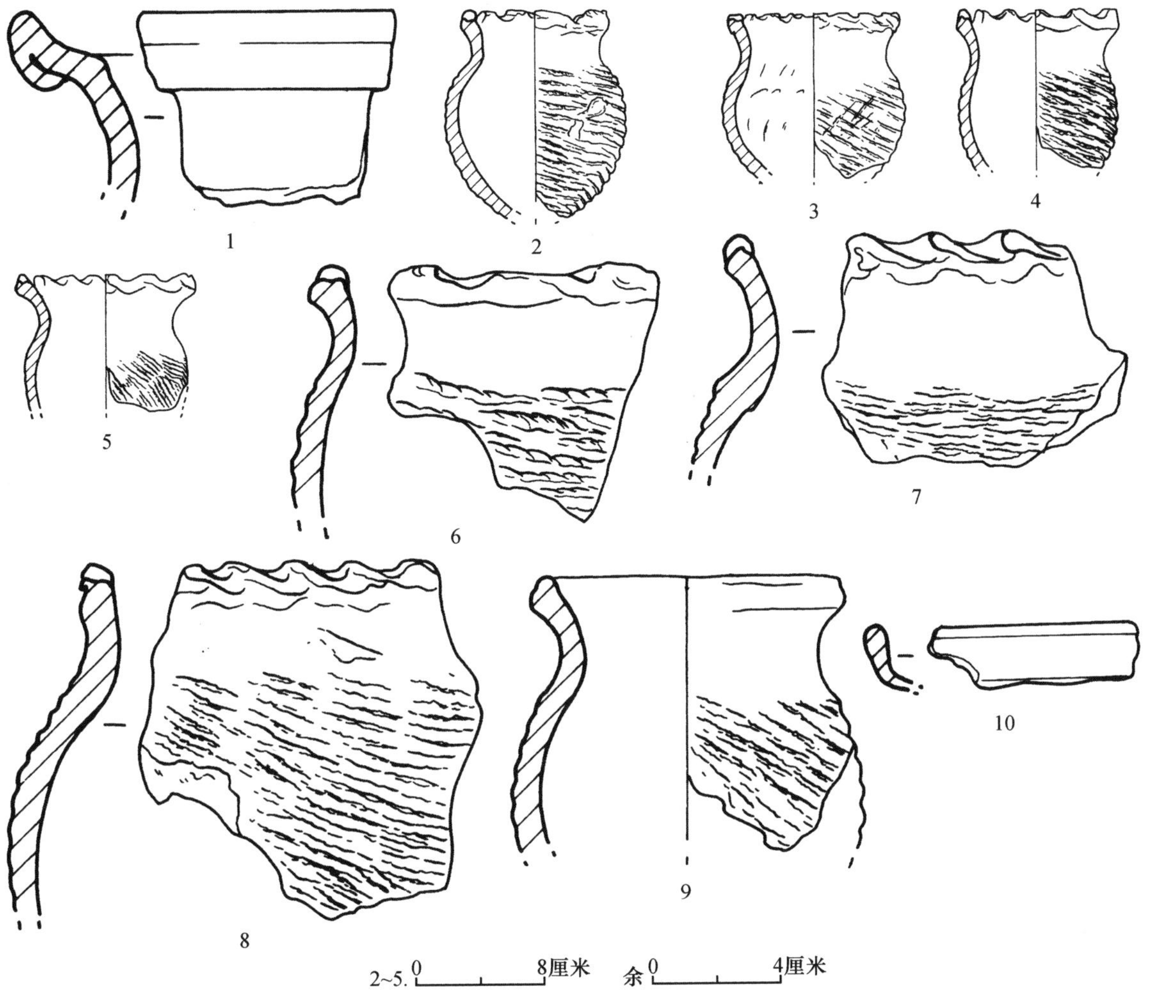

图四七四　F242出土陶器

1. Ⅱ式盘口瓮（F242：10）　2、3. Aa型Ⅰb式花边圜底罐（F242：1、F242：5）　4. Aa型Ⅱ式花边圜底罐（F242：2）　5. Aa型Ⅲ式花边圜底罐（F242：3）　6. Ba型Ⅱ式花边圜底罐（F242：4）　7、8. Ⅲ式辫唇罐（F242：6、F242：7）　9. 素沿圜底罐（F242：8）　10. B型Ⅰ式尖底盏（F242：9）

径9.4、残高8.4厘米（图四七四，9）。

尖底盏　1件。B型Ⅰ式。

标本F242：9，夹砂红褐陶，胎局部黑。素面。敞口，圆唇，折腹，残。轮制，火候较高。残宽6.6、残高2厘米（图四七四，10）。

（3）C型

4座。

F234

位置：位于99DT0301南部，南端部分压于南壁下，屋面距地表深420厘米。层位关系：㉜—F234→㉝。

形制：平面形状不规则，暴露部分西南—东北580、西北—东南500厘米（图四七五）。

房面：较平整，局部有黏土及烧结面。房面厚薄均匀，约16厘米，分层结构明显，共分三层。第1层，土质较硬，土色灰黄，局部有烧结面，厚约2～6厘米；第2层，青灰土，土质

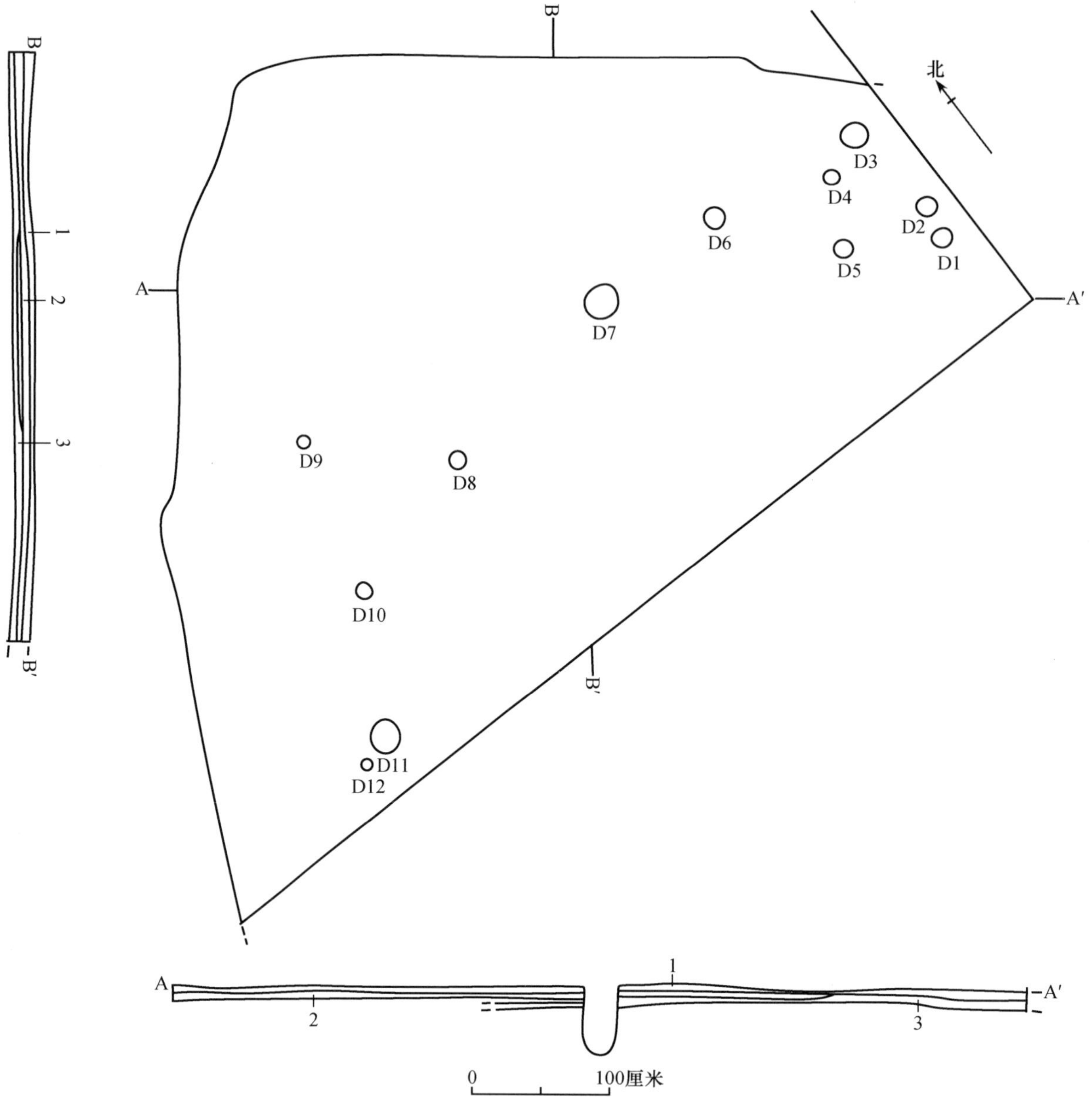

图四七五　F234平、剖面图

细腻，厚3～8厘米；第3层，土色红褐，夹有黏土，烧结痕及红沙，此层经火烧过的碎陶片较多，可能是修建时有意识进行的防潮处理，厚4～8厘米。

“洞”：共有12个，平面分布无规律，洞口基本上呈圆形，直径一般超过10厘米。各“洞”情况如下：

D1：口径13、底径10、深16厘米，土质疏松，土色深灰，含炭灰，壁规整，有陶片，均为花边圜底罐腹片。

D2：口径13、底径6、深20厘米，土质疏松，土色黄灰，壁规整，无陶片。

D3：口径20、底径10、深28厘米，土质疏松，土色黄灰，壁规整，有陶片，以花边圜底罐为主，另有壶等。

D4：口径10、底径4、深10厘米，壁规整，土质疏松，深灰土，有碎陶片。

D5：口径13、底径4、深28厘米，黄灰土，疏松，壁规整，无陶片。

D6：口径18、底径4、深48厘米，炭灰土，疏松，壁规整，有碎陶片。

D7：口径22、底径14、深40厘米，灰土，疏松，壁规整，有陶片和兽骨。

D8：口径6、底径4、深20厘米，炭灰土，疏松，壁规整，有花边圜底罐腹片。

D9：口径10、底径4、深14厘米，炭灰土，疏松，壁规整，有花边圜底罐腹片。

D10：口径13、底径4、深13厘米，深灰土，疏松，壁规整，无陶片。

D11：口径16、底径10、深36厘米，深灰土，疏松，壁规整，有花边圜底罐陶片。

D12：口径9、底径6、深18厘米，红黏土，较硬，壁规整，无陶片。

出土遗物：较少，主要为夹砂花边圜底罐陶片。参加分类排队的陶器27件，挑选标本7件。

齿唇瓮　1件。Ba型Ⅰ式。

标本F234：1，夹粗砂黑陶，局部褐。唇部戳按呈齿状，腹饰竖中粗绳纹。侈口，领外斜，腹微弧，残。手制，火候较高。残宽10.8、残高12厘米（图四七六，1）。

花边圜底罐　25件。Aa型，其中9件不明式别。

Ⅰb式：7件。

标本F234：2，夹砂红褐陶，局部、里褐，灰褐胎。唇部戳刮、外沿刮抹呈波浪形，腹饰斜绳纹、戳印纹。侈口，束颈，鼓腹，残。手制，火候较高。残宽8.6、残高10厘米（图

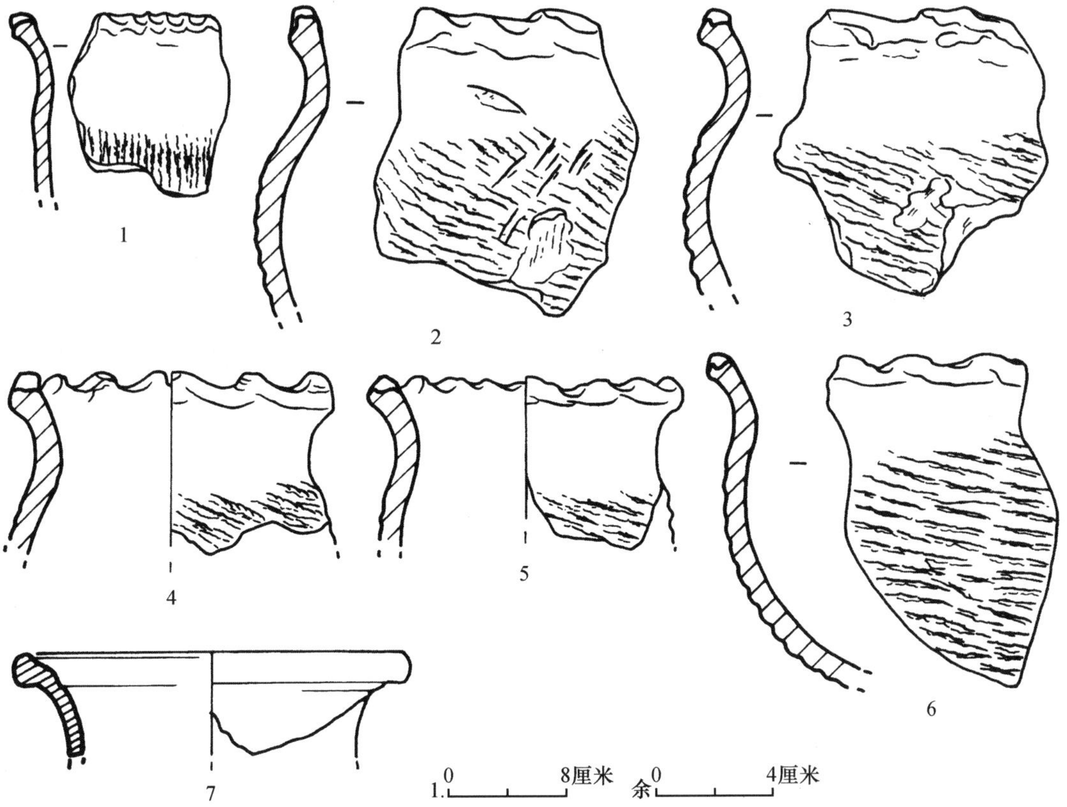

图四七六　F234出土陶器

1. Ba型Ⅰ式齿唇瓮（F234：1）　2、3. Aa型Ⅰb式花边圜底罐（F234：2、F234：5）　4. Aa型Ⅱ式花边圜底罐（F234：3）
5、6. Aa型Ⅲ式花边圜底罐（F234：4、F234：6）　7. 盘口罐？（F234“洞”：1）

四七六，2）。标本F234：5，夹砂黑陶，局部红，灰胎，里褐。唇部戳刮、外沿刮抹呈波浪形，腹饰斜绳纹，局部擦抹。侈口，束颈，鼓腹，残。手制，火候较高。残宽9.2、残高9.4厘米（图四七六，3）。

Ⅱ式：5件。

标本F234：3，夹砂红陶，局部、胎灰。唇部戳刮、外沿刮抹呈波浪形，腹饰斜绳纹。侈口，束颈，鼓腹，残。手制，火候较高。口径10.3、残高6厘米（图四七六，4）。

Ⅲ式：4件。

标本F234：4，夹粗砂黑陶，局部、里红；器表多灰白色附着物。唇部戳刮、外沿刮抹呈波浪形，腹饰斜绳纹。侈口，束颈，鼓腹，残。手制，火候较高。口径10.4、残高5.6厘米（图四七六，5）。标本F234：6，夹砂红陶，局部褐。唇部戳刮、外沿刮抹呈波浪形，腹饰斜绳纹。侈口，卷沿，鼓腹，残。手制，火候较高。残宽7.8、残高11厘米（图四七六，6）。

盘口罐？　1件。

标本F234“洞”：1，夹砂褐陶，红胎。素面。侈口，沿面微凹，圆唇，束领，残。轮制，火候较高。口径13.2、残高3.4厘米（图四七六，7）。

（4）D型

26座。

F229

位置：位于99DT0301东北部。层位关系：H451→F229→㉛。

形制：平面形状不明，西北—东南向。现显露部分西北边缘长200、西南边缘长650厘米（图四七七）。

房面：房面堆积分两层，表层土质太硬，土色深灰，夹有炭灰，厚2～6厘米；第2层土质较硬，土色青灰，厚10～18厘米。房面堆积中间较薄，由中部向外逐渐增厚，中间厚度约4～9、边缘最厚处25厘米。

出土遗物：房面中部出土一尖底盏，口上底下嵌立地表（F229：2），屋内堆积层内出残铜块1件（F229：1）；房面堆积层内夹少量碎陶片，另出有少量兽骨、鱼骨等。参加分类排队的陶器21件，挑选标本9件。

盘口瓮　1件。Ⅱ式。

标本F229：10，夹砂黑陶，紫红胎。素面。沿外折后上卷呈浅盘口，圆唇，束领，残。手制，火候较高。残宽6.5、残高4.8厘米（图四七八，1）。

花边圜底罐　17件。Aa型，其中6件不明式别。

Ⅰb式：1件。

标本F229：3，夹砂红陶，局部、胎褐。唇部戳刮、外沿刮抹呈波浪形，腹饰斜绳纹，内颈多按抹痕。侈口，束颈，鼓腹，残。手制，火候较高。口径9.4、残高10.2厘米（图四七八，2）。

Ⅱ式：7件。

标本F229：5，夹砂红陶，胎红夹灰黑。唇部戳刮、外沿刮抹呈波浪形，腹饰斜绳纹。口近直，束颈，鼓腹，残。手制，火候较高。残宽6.6、残高6.2厘米（图四七八，3）。标本

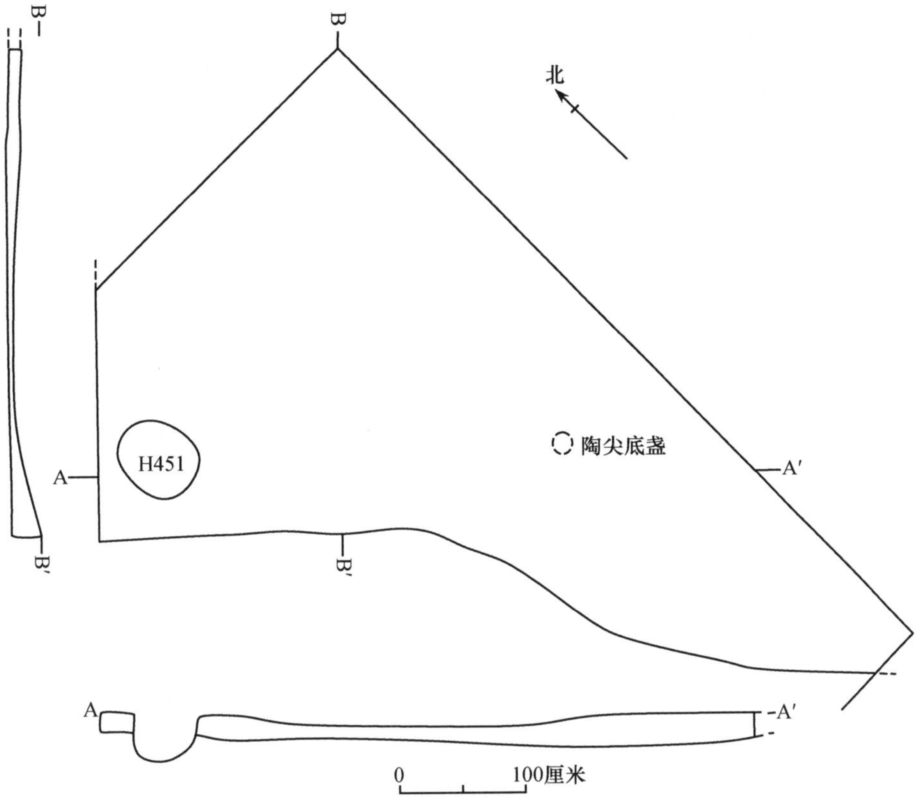

图四七七　F229平、剖面图

F229：7，夹砂黑陶，局部、里褐。唇部戳刮、外沿刮抹呈波浪形，上腹饰圆形戳印纹，腹饰斜绳纹，局部擦抹。侈口，束颈，鼓腹，残。手制，火候较高。残宽7.8、残高7.8厘米（图四七八，4）。

Ⅲ式：3件。

标本F229：4，夹砂红陶，胎红夹灰褐。唇部戳刮、外沿刮抹呈波浪形，颈饰竖划纹，腹饰斜绳纹，内颈多按窝。侈口，束颈，鼓腹，残。手制，火候较高。口径10.2、残高9.4厘米（图四七八，5）。标本F229：6，夹砂褐陶，局部、胎、里灰。唇部戳刮、外沿刮抹呈波浪形，腹饰斜绳纹。侈口，束颈，鼓腹，残。手制，火候较高。口径10.6、残高9厘米（图四七八，6）。

素沿圜底罐　1件。

标本F229：8，夹砂红陶，灰胎。腹饰斜绳纹。侈口，圆唇，束颈，鼓腹，残。手制，火候较高。口径10.6、残高7厘米（图四七八，7）。

圜底钵　1件。A型Ⅱ式。

标本F229：9，夹砂红褐陶。素面，多按抹痕。口近直，圆唇，弧腹，残。手制，火候较高。残宽7.6、残高9.8厘米（图四七八，8）。

尖底盏　1件。A型Ⅱ式。

标本F229：2，夹细砂灰黑陶，局部黑。素面，下腹部多轮制形成的凹凸旋痕。敞口，圆唇，曲腹，尖底，复圆。轮制，火候较高。口径13、高4.3厘米（图四七八，9）。

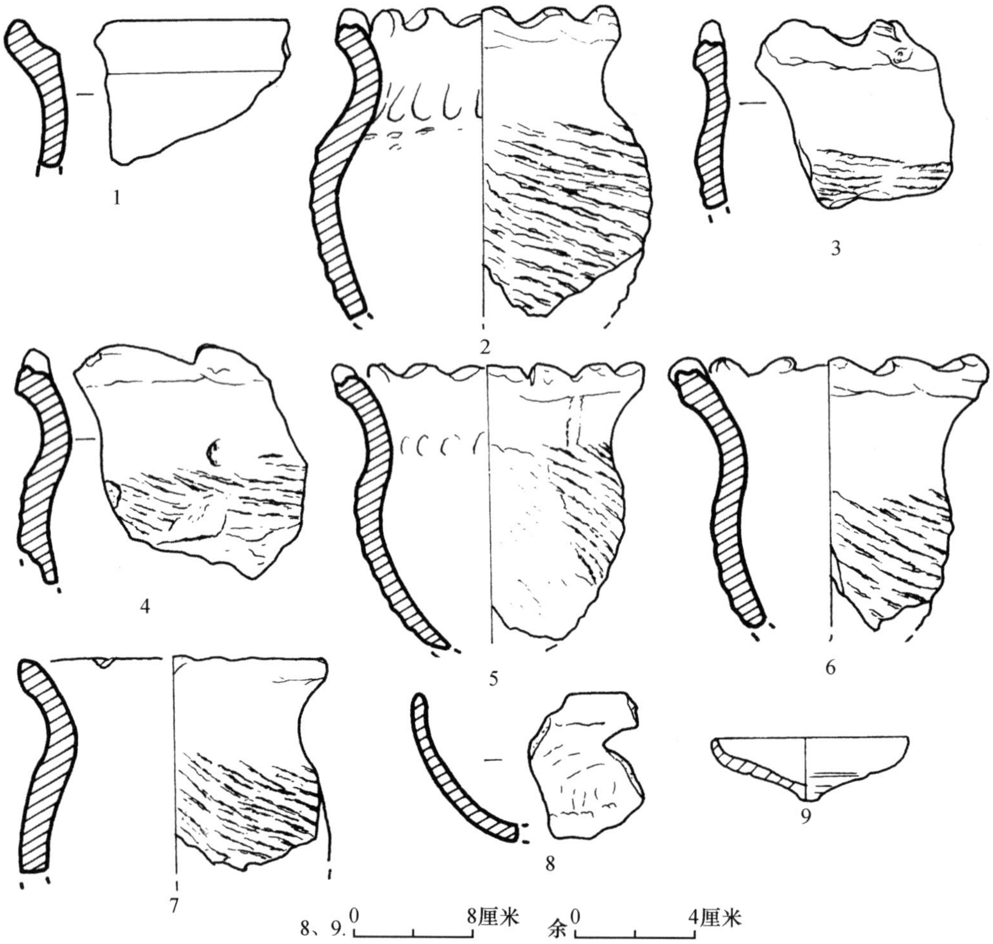

图四七八　F229出土陶器

1. Ⅱ式盘口瓮（F229：10） 2. Aa型Ⅰb式花边圜底罐（F229：3） 3、4. Aa型Ⅱ式花边圜底罐（F229：5、F229：7） 5、6. Aa型Ⅲ式花边圜底罐（F229：4、F229：6） 7. 素沿圜底罐（F229：8） 8. A型Ⅱ式圜底钵（F229：9） 9. A型Ⅱ式尖底盏（F229：2）

（三）第三期

182座。可分为早、中、晚三段。

1. 早段

68座。

（1）A型

33座。

F173

位置：位于99AT0201东南、99DT0301西北角、99DT0201东北角。层位关系：㉓B—F173→㉔。

形制：平面呈不规则长方形，西北—东南向。长976、宽310厘米（图四七九；图版四九，1）。房址可分三层。

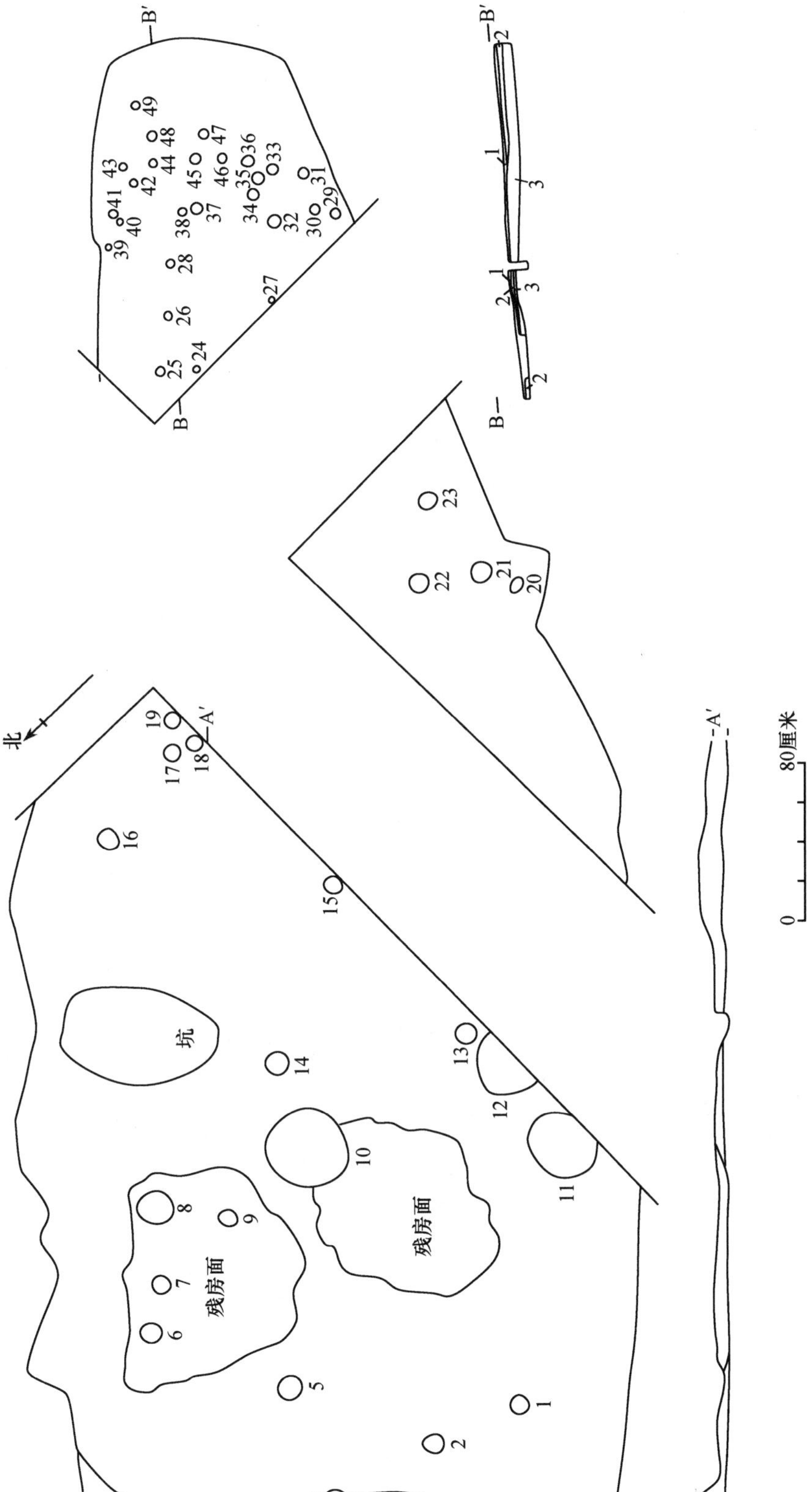

图四七九　F173平、剖面图

第1层：房面，黄色硬面。

第2层：灰土，颗粒较细，质软，含少量陶片，局部有分布，厚3～4厘米。

第3层：黑土，颗粒较粗，夹较多的大块红黏土，水分重，包含有大量陶片。

“洞”：发现“洞”49个，分布无规律，洞口圆形，直径大小不等。

出土遗物：主要是陶器，参加分类排队的共136件，挑选标本28件。

F173“洞”：参加分类排队的陶器12件，挑选标本3件。

花边圜底罐　10件。B型。

Ba型　6件，其中3件不明式别。

Ⅰ式：3件。

标本F173“洞”：1，夹砂褐陶，局部灰褐，里红。唇部戳刮、外沿内抹呈波浪形，腹饰斜粗绳纹。侈口，束颈，鼓腹，残。手制，火候较高。残宽6.4、残高8.8厘米（图四八〇，1）。

Bc型　4件。

标本F173“洞”：2，夹砂褐陶，局部灰黑。唇部刮抹，腹饰斜粗绳纹。口微敛，微束

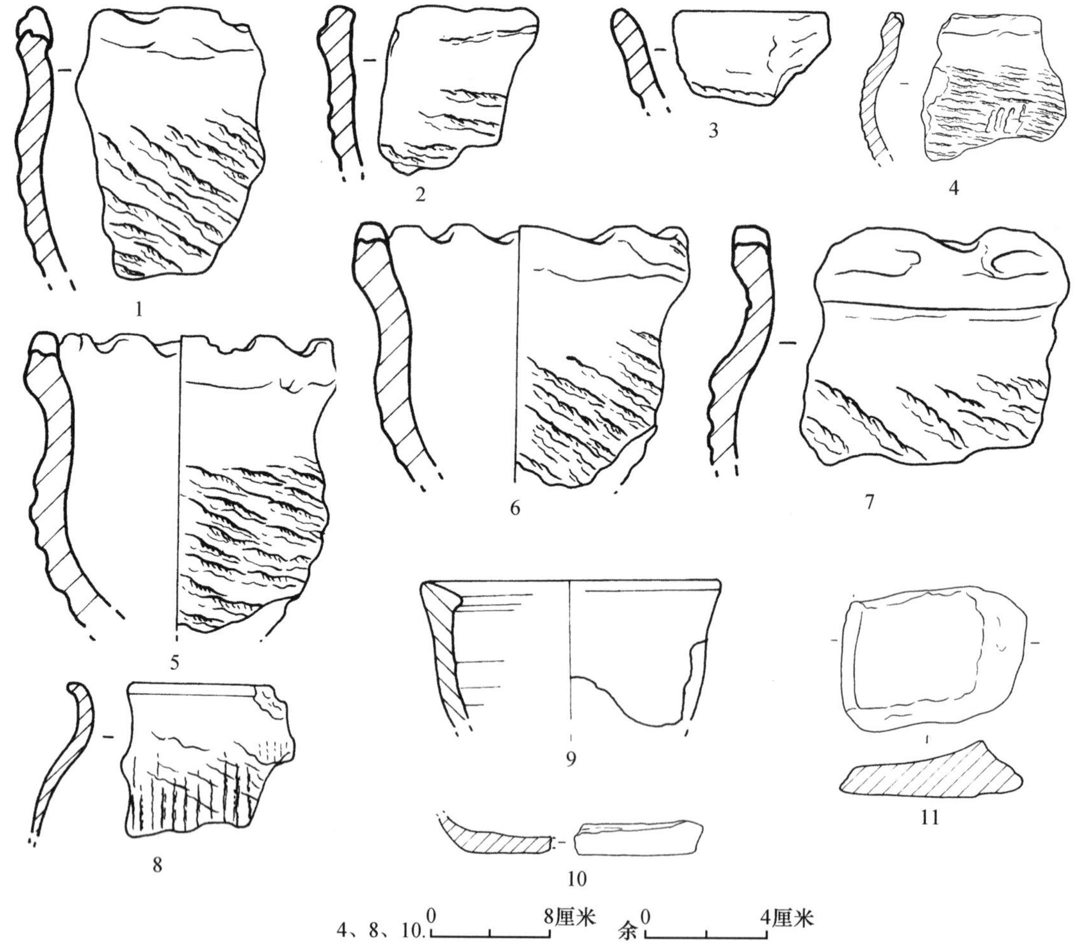

图四八〇　F173出土陶器

1、5. Ba型Ⅰ式花边圜底罐（F173“洞”：1、F173②：4）　2. Bc型花边圜底罐（F173“洞”：2）　3. Ⅱ式钵形釜（F173“洞”：3）　4. Aa型Ⅰb式花边圜底罐（F173②：1）　6. Ba型Ⅱ式花边圜底罐（F173②：2）　7. Bb型花边圜底罐（F173②：3）　8. Aa型Ⅲ式罐形釜（甗）（F173②：5）　9. B型器座（F173②：7）　10. 器底（F173②：8）　11. A型拍（F173②：6）

颈，鼓腹，残。手制，火候较高。残宽5.2、残高5.4厘米（图四八〇，2）。

钵形釜　1件。Ⅱ式。

标本F173“洞”：3，夹砂褐陶，局部红褐，里黑。腹饰斜粗绳纹。敞口，圆唇，腹微弧，残。手制，火候较高。残宽5.2、残高3厘米（图四八〇，3）。

尖底盏　1件。A型Ⅰ式。标本碎小。

第2层：参加分类排队的陶器21件，挑选标本8件。

花边圜底罐　16件。

A型　1件。Aa型Ⅰb式。

标本F173②：1，夹砂红陶，局部灰褐，灰胎。唇部戳刮、外沿内抹呈波浪形，腹饰斜绳纹，局部擦抹。敛口，束颈，鼓上腹，残。手制，火候较高。残宽9.6、残高9.6厘米（图四八〇，4）。

B型　15件。

Ba型　10件。

Ⅰ式：9件。

标本F173②：4，夹粗砂褐陶，局部灰黑、红，灰胎，里红；器表多灰白色附着物。唇部戳刮、外沿内抹呈波浪形，腹饰斜粗绳纹。侈口，束颈，鼓腹，残。手制，火候较高。口径10、残高9.6厘米（图四八〇，5）。

Ⅱ式：1件。

标本F173②：2，夹砂红陶，局部灰褐、黑，胎红夹灰。唇部戳刮、外沿刮抹呈波浪形，腹饰斜中粗绳纹。侈口，束颈，鼓腹，残。手制，火候较高。口径10.8、残高8.4厘米（图四八〇，6）。

Bb型　5件。

标本F173②：3，夹砂红陶，局部褐、黑，灰胎，里黑；器表多灰白色附着物。唇部戳刮、外沿内抹呈波浪形，颈饰横粗划纹，腹饰斜粗绳纹。微侈口，束颈，鼓上腹，残。手制，火候较高。残宽8.8、残高7.7厘米（图四八〇，7）。

罐形釜（甗）　1件。Aa型Ⅲ式。

标本F173②：5，夹砂红褐陶，胎红夹灰；器表多灰白色附着物。肩饰竖粗绳纹，局部交错。侈口，卷沿，圆唇，溜肩，残。轮制，火候较高。残宽11.6、残高10厘米（图四八〇，8）。

器座　2件。B型。

标本F173②：7，夹砂黑陶，红褐胎。素面。侈口，微有内斜沿，圆唇，上腹弧收，残。轮制，火候较高。口径10、残高4.8厘米（图四八〇，9）。

器底　1件。

标本F173②：8，夹砂红陶，黑胎，里黄褐。素面。下腹弧收，底微凹，残。手制，火候较高。残宽8.4、残高2.3厘米（图四八〇，10）。

拍　1件。A型。

标本F173②：6，夹砂灰褐陶，局部红褐，黑胎。素面。圆饼形，近方唇，拍面较平，背面中部凸，残。手制，火候较高。残宽5.9、厚1.8厘米（图四八〇，11）。

第3层：参加分类排队的陶器103件，挑选标本15件。

齿唇瓮　4件。

A型　1件。Ⅱ式。

标本F173③：4，夹砂黄褐陶，局部、胎红。唇部戳按略呈波浪形齿，腹饰斜中粗绳纹。侈口，领外翻，鼓腹，残。手制，火候较高。口径16.4、残高7.6厘米（图四八一，1）。

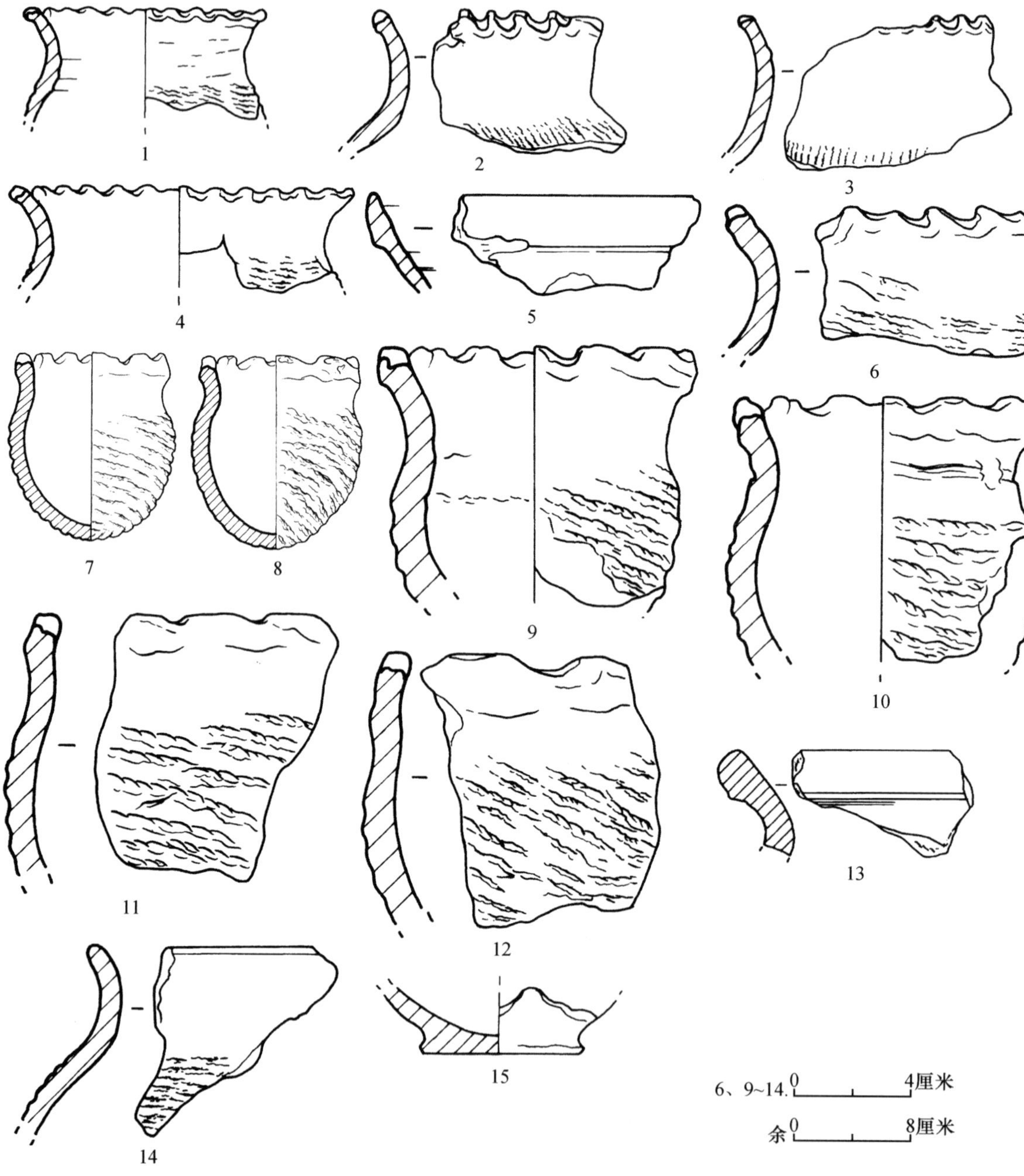

图四八一　F173出土陶器

1. A型Ⅱ式齿唇瓮（F173③：4）　2、3. Ba型Ⅱ式齿唇瓮（F173③：5、F173③：6）　4. Bb型齿唇瓮（F173③：7）　5. Ⅲ式高领瓮（F173③：15）　6. Ⅲ式辫唇罐（F173③：3）　7、8. Ba型Ⅰ式花边圜底罐（F173③：1、F173③：2）　9. Ba型Ⅱ式花边圜底罐（F173③：10）　10. Bb型花边圜底罐（F173③：11）　11、12. Bc型花边圜底罐（F173③：12、F173③：13）　13. Ⅱ式立沿罐（F173③：17）　14. Aa型Ⅱ式罐形釜（F173③：14）　15. 器底（F173③：16）

B型　3件。

Ba型　2件。Ⅱ式。

标本F173③：5，夹粗砂红褐陶，局部、胎黑。唇部戳按呈齿状，肩饰斜中粗绳纹。侈口，领外斜，斜肩，残。手制，火候较高。残宽13.2、残高9.6厘米（图四八一，2）。标本F173③：6，夹粗砂黑陶，局部、里红。唇部戳按呈齿状，肩饰斜中粗绳纹。侈口，束领，有肩，残。手制，火候较高。残宽15.2、残高10.4厘米（图四八一，3）。

Bb型　1件。

标本F173③：7，夹粗砂红陶，黑胎；内壁多灰白色附着物。唇部戳按呈齿状，肩饰斜绳纹。侈口，领外翻，有肩，残。手制，火候较高。口径23.6、残高7厘米（图四八一，4）。

高领瓮　1件。Ⅲ式。

标本F173③：15，夹砂黑陶，紫红胎。素面，内壁瓦棱纹。盆形口，外沿较宽，圆唇，领上部内弧，残。轮制，火候较高。残宽16.8、残高6.8厘米（图四八一，5）。

辫唇罐　1件。Ⅲ式。

标本F173③：3，夹砂灰褐陶，局部灰黑，红胎。唇部戳按呈齿状，外沿下部饰戳印纹，肩饰斜细绳纹。侈口，卷沿外翻，有肩，残。手制，火候较高。残宽7.6、残高5厘米（图四八一，6）。

花边圜底罐　93件。B型。

Ba型　84件。

Ⅰ式：83件。

标本F173③：1，夹砂红陶，局部灰、黑；内外壁多灰白色附着物。唇部戳刮、外沿刮抹呈波浪形，腹、底饰粗绳纹。侈口，束颈，鼓腹，圜底，完整。手制，火候较高。口径10、高12.6厘米（图四八一，7）。标本F173③：2，夹砂红褐陶，局部、胎黑。唇部戳刮、外沿刮抹呈波浪形，腹、底饰粗绳纹。侈口，束颈，鼓腹，圜底，完整。手制，火候较高。口径10.6、高13厘米（图四八一，8）。

Ⅱ式：1件。

标本F173③：10，夹砂褐陶，局部红，黑胎。唇部戳刮、外沿内抹呈波浪形，腹饰粗绳纹。侈口，束颈，鼓腹，残。手制，火候较高。口径10.6、残高8.6厘米（图四八一，9）。

Bb型　5件。

标本F173③：11，夹砂红陶，局部红褐，黑胎，里褐。唇部戳刮、外沿内抹呈波浪形，颈饰横划纹，腹饰粗绳纹。侈口，束颈，鼓腹，残。手制，火候较高。口径10.2、残高9厘米（图四八一，10）。

Bc型　4件。

标本F173③：12，夹砂灰褐陶，胎灰、红相间；器表多灰白色附着物。唇部戳刮、外沿内抹呈波浪形，腹饰粗绳纹。口微敛，束颈，鼓腹，残。手制，火候较高。残宽8.4、残高9厘米（图四八一，11）。标本F173③：13，夹砂灰黑陶，局部灰褐，灰胎，里红。唇部戳刮、外沿内抹呈波浪形，腹饰粗绳纹。口微敛，束颈，鼓腹，残。手制，火候较高。残宽8.2、残高9.2厘米（图四八一，12）。

立沿罐　1件。Ⅱ式。

标本F173③：17，夹细砂黑陶，胎红褐、灰。外沿下有凸棱一周，凸棱下有细划纹。侈口，卷沿外斜，沿面较平，圆唇，残。轮制，火候较高。残宽6.1、残高3.5厘米（图四八一，13）。

罐形釜　2件。Aa型Ⅱ式。

标本F173③：14，夹砂红陶，局部、里灰褐，黑胎。肩饰斜中粗绳纹。侈口，卷沿，圆唇，圆肩，残。轮制，火候较高。残宽6.8、残高6.4厘米（图四八一，14）。

器底　1件。

标本F173③：16，夹粗砂黑陶，局部、里红褐。素面。下腹弧收，假圈足，底较平，残。手制，火候较高。底径11.2、残高4.4厘米（图四八一，15）。

F201

位置：位于99AT0201东南、99AT0301西南、99DT0201东北和99DT0301西北部，房面距地表深315～320厘米。层位关系：㉖—F201→㉗，被H429、H355和M69打破。

形制：房址平面呈不规则长方形，保存不甚完整，西北区域破坏严重，在该区域有较多大石块，像是有意放置。西北—东南向，长1110、宽550厘米，面积约40平方米（图四八二）。

房面：黄褐色沙黏土，质细、密，多薄层，较纯净，厚5～10厘米。

"洞"：22个，洞口圆形，直径大小不等。其中，D1、D2、D3、D4与该房呈横向排列，

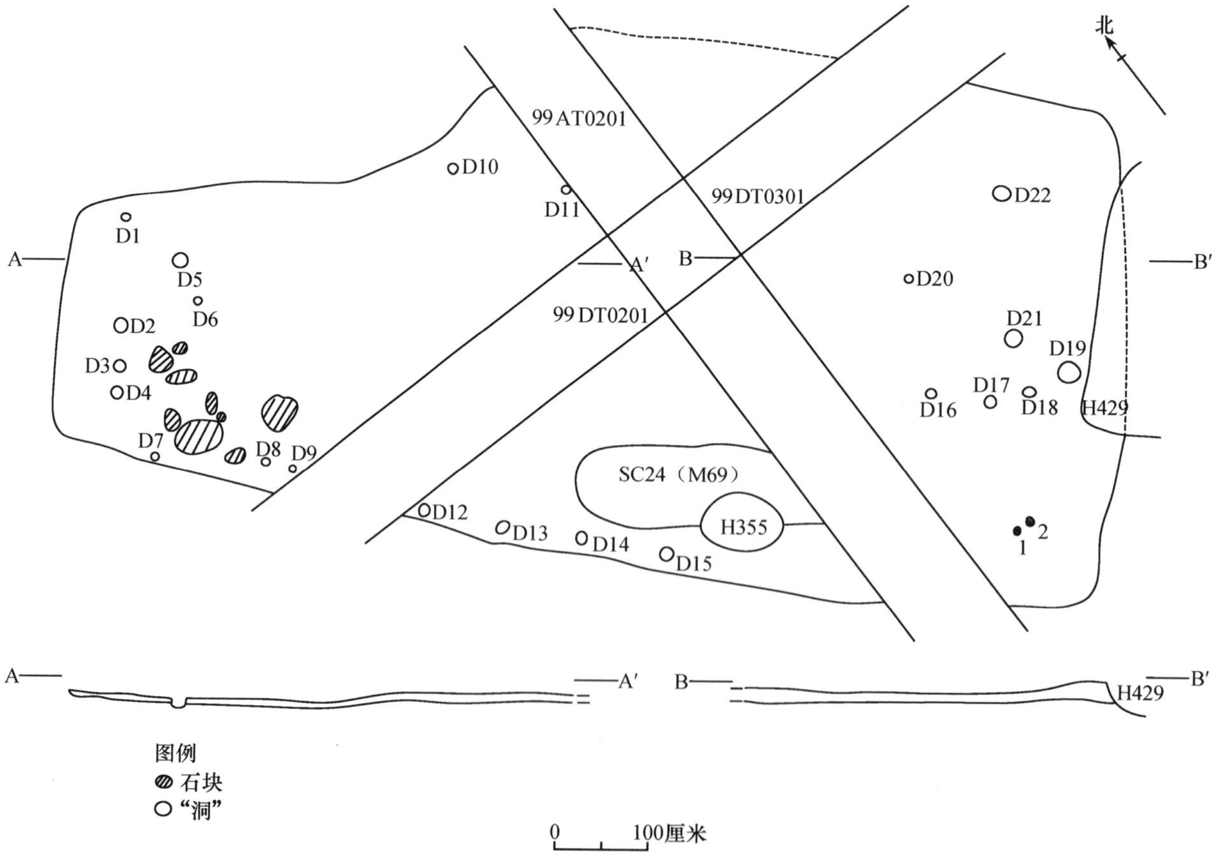

图四八二　F201平、剖面图

1、2. 陶花边圜底罐

D7、D8、D9、D12、D13、D14、D15与该房呈纵向排列，这两组柱洞可能与墙体有关。柱洞内基本为灰褐土。

出土遗物：包含物较少，主要为陶器，还出土骨锥、石斧残片以及动物骨骼等。出土陶器29件，参加分类排队的21件，挑选标本17件。

齿唇瓮 1件。Bb型。

标本F201：17，夹粗砂红褐陶，里红。唇部戳按呈波浪形，腹饰竖绳纹，外沿多按抹痕。侈口，卷沿，鼓腹，残。手制，火候较高。残宽11、残高8.6厘米（图四八三，1）。

盘口瓮 2件。Ⅰ式。

标本F201：19，夹砂黑陶，局部褐，灰胎。领多划纹。盘口，圆唇，沿外折后上卷呈浅盘，束领，残。轮制，火候较高。口径17.2、残高6.8厘米（图四八三，2）。标本F201：20，夹粗砂黑陶，局部灰。素面。盘口，圆唇，沿外折后上卷呈浅盘，束领，中部微鼓，残。轮制，火候较高。残宽9.8、残高6.8厘米（图四八三，3）。

辫唇罐 2件。Ⅲ式。

标本F201：16，夹砂褐陶，灰褐胎；器表多灰白色附着物。唇部戳刮、外沿内抹呈波浪形，肩饰绳纹。侈口，卷沿外斜，溜肩，残。手制，火候较高。残宽7.9、残高8.6厘米（图四八三，4）。

花边圜底罐 14件。

A型 6件，其中1件不明亚型。

Aa型 4件。

Ⅰb式：2件。

标本F201：6，夹砂褐陶，局部红褐，胎灰。唇部戳刮、外沿内抹呈波浪形，腹饰绳纹。侈口，束颈，鼓腹，残。手制，火候较高。口径10.8、残高7厘米（图四八三，5）。标本F201：7，夹砂红陶，灰胎。唇部戳刮、外沿内抹呈波浪形，腹饰绳纹，下部有戳印纹。侈口，束颈，鼓腹，残。手制，火候较高。残宽8、残高10.8厘米（图四八三，6）。

Ⅱ式：2件。

标本F201：2，夹砂黑陶，局部红、褐；器表多灰白色附着物。唇部戳刮、外沿刮抹呈波浪形，腹、底饰绳纹。微侈口，微束颈，鼓腹，圜底，完整。手制，火候较高。口径10、高11.4厘米（图四八三，7）。标本F201：8，夹砂红陶，灰褐胎。唇部戳刮、外沿内抹呈波浪形，腹饰绳纹。侈口，束颈，鼓腹，残。手制，火候较高。口径9.2、残高7.7厘米（图四八三，8）。

Ab型 1件。

标本F201：3，夹砂灰陶，局部褐。唇部戳刮、外沿刮抹呈波浪形，腹饰斜绳纹。口近直，束颈，鼓腹，残。手制，火候较高。残宽7.8、残高9.5厘米（图四八三，9）。

B型 8件。

Ba型 6件。

Ⅰ式：4件。

标本F201：1，夹砂红陶，部分黑。唇部戳刮、外沿刮抹呈波浪形，腹、底饰粗绳纹。

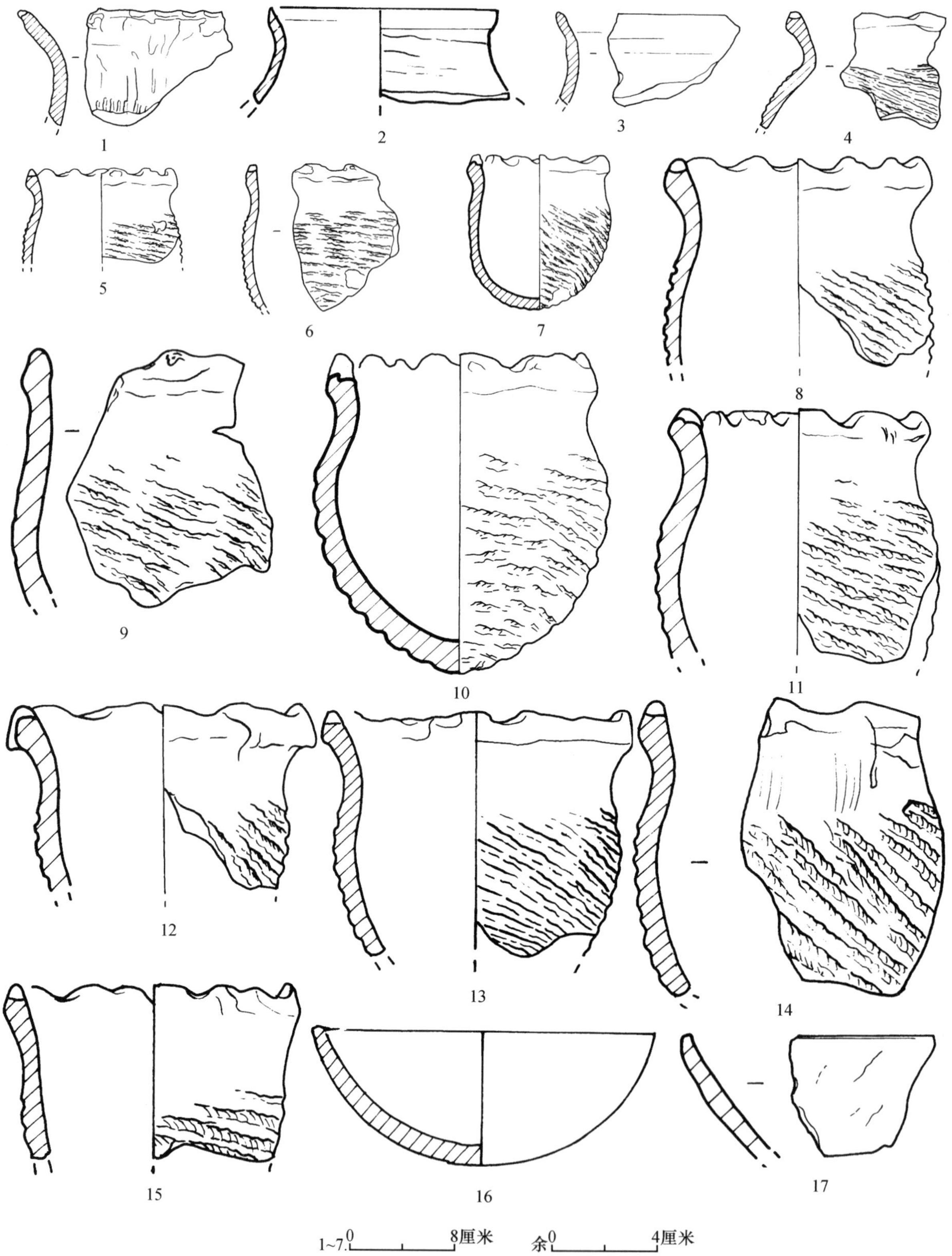

图四八三　F201出土陶器

1. Bb型齿唇瓮（F201：17）　2、3. Ⅰ式盘口瓮（F201：19、F201：20）　4. Ⅲ式辫唇罐（F201：16）　5、6. Aa型Ⅰb式花边圜底罐（F201：6、F201：7）　7、8. Aa型Ⅱ式花边圜底罐（F201：2、F201：8）　9. Ab型花边圜底罐（F201：3）　10、11. Ba型Ⅰ式花边圜底罐（F201：1、F201：4）　12、13. Ba型Ⅱ式花边圜底罐（F201：11、F201：12）　14. Bb型花边圜底罐（F201：13）　15. Bc型花边圜底罐（F201：15）　16. A型Ⅲ式钵（F201：18）　17. B型钵（F201：5）

微侈口，束颈，鼓腹，圜尖底，完整。手制，火候较高。口径9.4、高11.8厘米（图四八三，10）。标本F201：4，夹砂褐陶，局部灰褐，胎、里灰黑；器表多灰白色附着物。唇部戳刮、外沿内抹呈波浪形，腹饰斜粗绳纹。侈口，束颈，鼓腹，残。手制，火候较高。口径9.2、残高9.4厘米（图四八三，11）。

Ⅱ式：2件。

标本F201：11，夹粗砂褐陶，灰胎。唇部戳刮、外沿内抹呈波浪形，腹饰粗绳纹。侈口，束颈，鼓腹，残。手制，火候较高。口径10.8、残高6.8厘米（图四八三，12）。标本F201：12，夹粗砂灰褐陶，局部灰黑、红，灰胎，里红。唇部戳刮、外沿内抹略呈波浪形，腹饰粗绳纹。侈口，束颈，鼓腹，残。手制，火候较高。口径11.2、残高9.1厘米（图四八三，13）。

Bb型　1件。

标本F201：13，夹砂红褐陶，局部、里褐，灰胎。唇部戳刮、外沿内抹呈波浪形，颈饰竖划纹，腹饰粗绳纹。侈口，束颈，鼓腹，残。手制，火候较高。残宽7.5、残高10.9厘米（图四八三，14）。

Bc型　1件。

标本F201：15，夹砂灰褐陶，局部黑褐、红，灰胎。唇部戳刮、外沿内抹略呈波浪形，腹饰粗绳纹。敞口，微束颈，鼓腹，残。手制，火候较高。口径10.4、残高6.5厘米（图四八三，15）。

钵　2件。

A型　1件。Ⅲ式。

标本F201：18，夹砂黑陶，局部红褐，灰黑胎，里褐。素面。敞口，圆唇，弧腹，圜底，修复。手制，火候较高。口径12.8、残高5厘米（图四八三，16）。

B型　1件。

标本F201：5，夹砂红陶，胎红夹灰。素面，多按抹痕。敞口，方唇，弧腹，残。手制，火候较高。残宽5.4、残高4.6厘米（图四八三，17）。

F221

位置：位于99DT0201东南部、F199东侧，距地表385～400厘米。层位关系：㉘—F221→㉙。

形制：从暴露情况观察，F221平面形状为长方形，东北—西南向，房面破坏严重，残长800、最宽500、厚10～15厘米（图四八四）。

房面：分三层。

第1层：黄褐土，土质紧密，并含有炭灰和少量的陶片和残铜镞。

第2层：沙土，带黏性，在房址部分地方分布，厚约5厘米。

第3层：褐土，主要分布在房面中部和北部，质紧密。

“洞”：在房面上共发现“柱”洞61个，其中排列规律的有东北—西南向三排，西北—东南向有两排。

东北—西南向三排柱洞，从西向东编为1～3排。

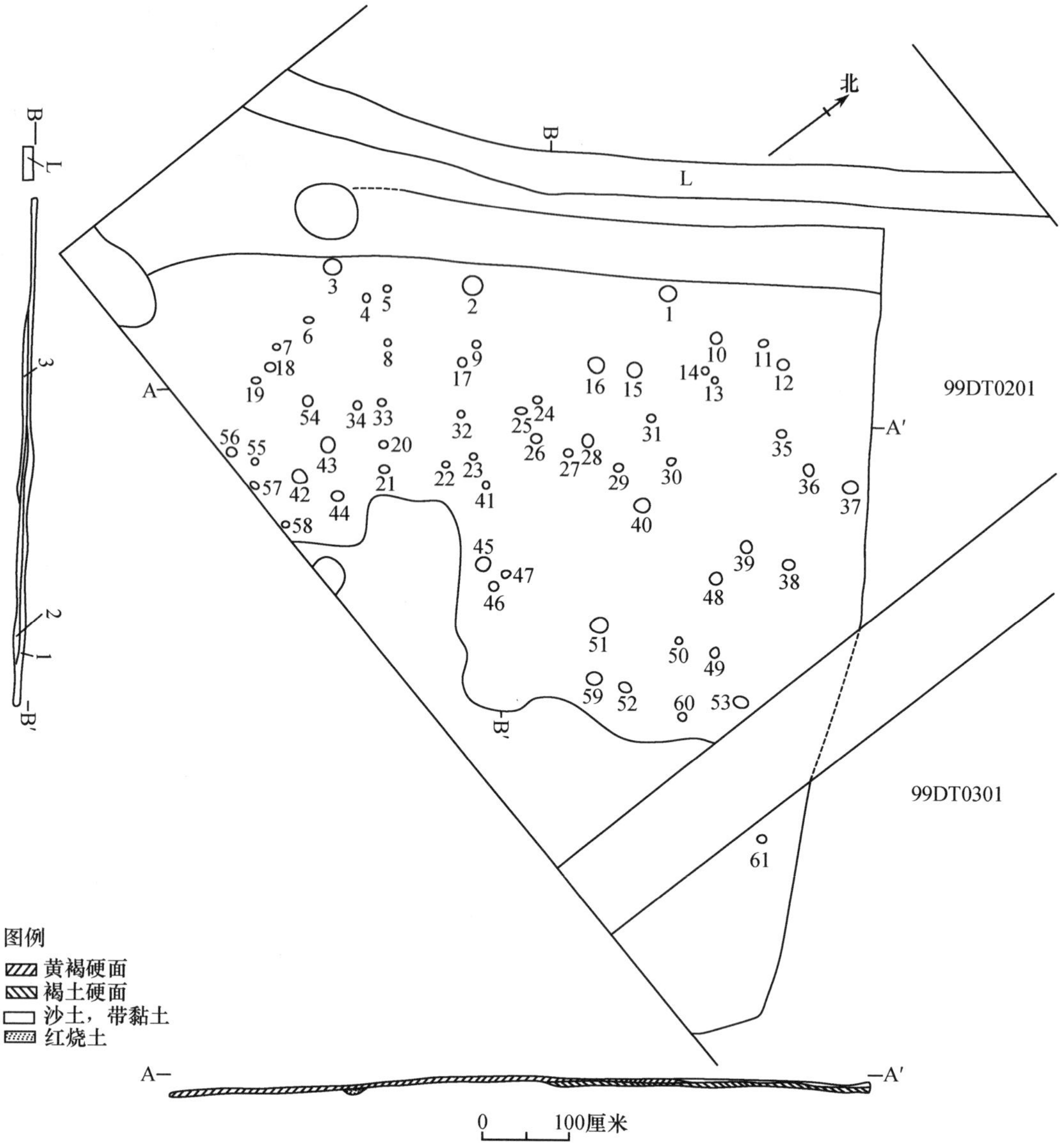

图四八四　F221平、剖面图

第1排：D1、D2、D3直径为20、深分别为20、60、50厘米。

第2排：D31、D32、D54直径分别为15、15、20、深分别为48、22、42厘米。

第3排：D37、D40、D41、D42直径分别为13、13、18、15、深分别为34、26、27、18厘米。

西北—东南向两排柱洞从北向南编为1、2排。

第1排：D1、D31、D40直径分别为20、15、13、深分别为20、48、26厘米。

第2排：D3、D54直径分别为20、20、深分别为50、42厘米。

其余的“洞”大小不均匀，分布也没有规律，并在D51洞内发现一件花边圜底罐。

F221西侧有一条东北—西南向碎陶片掺沙土铺成的路（L），该路的方向与F221的方向一致，宽40～50、厚10～12厘米。

出土遗物：出土部分陶器、残铜镞与兽骨。参加分类排队的陶器60件，挑选标本15件。

辫唇瓮　1件。A型Ⅲ式。

标本F221②：2，夹砂红陶，灰胎。唇部戳刮、外沿刮抹呈波浪形。侈口，卷沿外翻，残。手制，火候较高。残宽10.4、残高5.1厘米（图四八五，1）。

辫唇罐　1件。Ⅲ式。

标本F221②：1，夹砂灰黑陶，局部黑、红，灰胎。唇部戳刮、外沿刮抹呈波浪形，腹饰绳纹。侈口，卷沿，鼓腹，残。手制，火候较高。残宽11.7、残高6厘米（图四八五，2）。

花边圜底罐　56件。

A型　32件。

Aa型　31件，其中9件不明式别。

Ⅰb式：2件。

标本F221③：1，夹砂红陶，局部黑褐、黄，灰胎；器表多灰白色附着物。唇部戳刮、外沿内抹呈波浪形，腹饰斜绳纹。微侈口，束颈，鼓上腹，残。手制，火候较高。口径10.2、残高8厘米（图四八五，3）。标本F221③：4，夹砂红褐陶，局部褐，黑胎，里红；器表多灰白色附着物。唇部戳刮、外沿刮抹呈波浪形，腹饰斜中粗绳纹。微侈口，束颈，鼓腹，残。手制，火候较高。残宽8、残高9.2厘米（图四八五，4）。

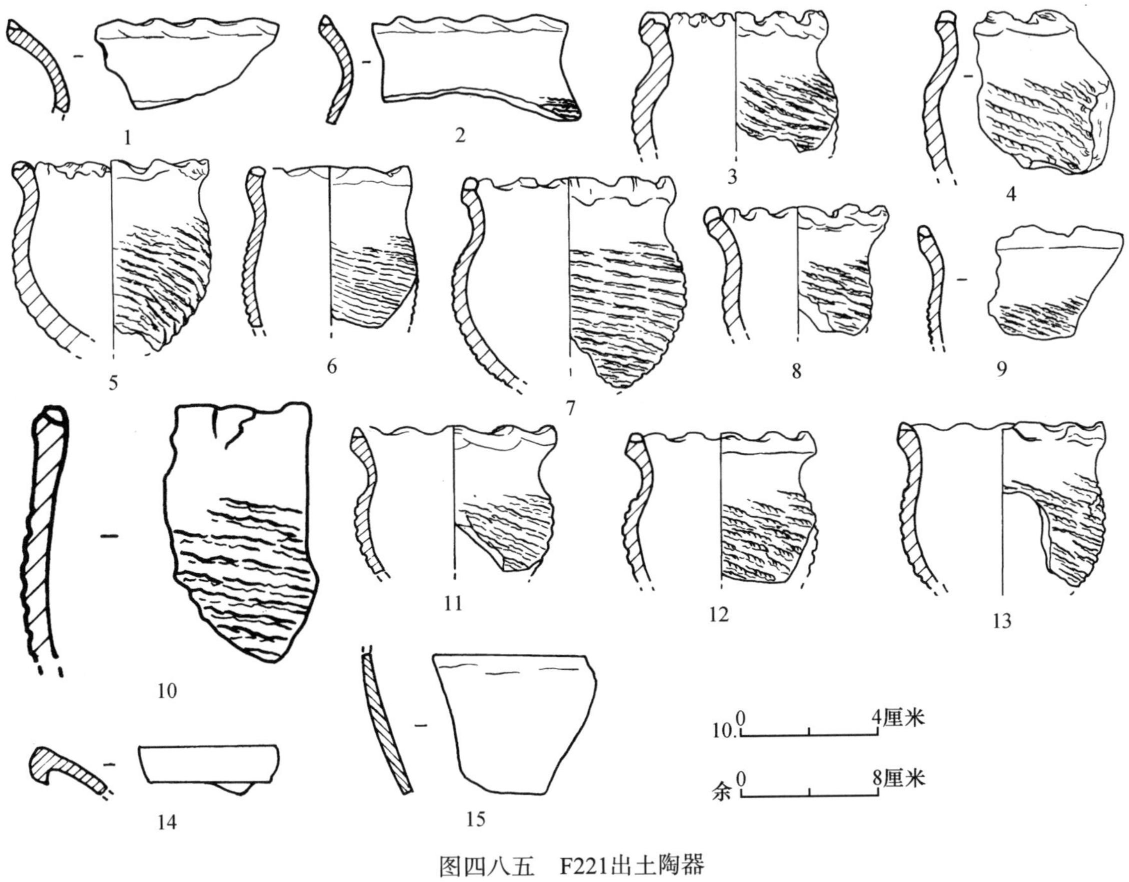

图四八五　F221出土陶器

1. A型Ⅲ式辫唇瓮（F221②：2）　2. Ⅲ式辫唇罐（F221②：1）　3、4. Aa型Ⅰb式花边圜底罐（F221③：1、F221③：4）　5～7. Aa型Ⅱ式花边圜底罐（F221③：2、F221②：3、F221“洞”：2）　8、9. Aa型Ⅲ式花边圜底罐（F221③：3、F221“洞”：3）　10. Ab型花边圜底罐（F221“洞”：4）　11、12. Ba型Ⅰ式花边圜底罐（F221②：7、F221“洞”：6）　13. Ba型Ⅱ式花边圜底罐（F221“洞”：7）　14. Ⅰ式喇叭口器（F221②：8）　15. 圈足杯（F221②：9）

Ⅱ式：14件。

标本F221③：2，夹砂黑陶，局部、里红，胎红夹灰。唇部戳刮、外沿刮抹呈波浪形，腹饰斜绳纹。侈口，束颈，鼓腹，残。手制，火候较高。口径11.2、残高10.8厘米（图四八五，5）。标本F221②：3，夹砂褐陶，局部黑，胎、里红。唇部戳刮、外沿内抹呈波浪形，腹饰绳纹。口微敛，束颈，鼓腹，残。手制，火候较高。口径9.2、残高9厘米（图四八五，6）。标本F221“洞”：2，夹砂灰褐陶，局部灰黑。唇部戳刮、外沿内抹呈波浪形，外沿饰短细划纹，腹饰绳纹。侈口，束颈，鼓腹，残。手制，火候较高。口径11.6、残高11.8厘米（图四八五，7）。

Ⅲ式：6件。

标本F221③：3，夹砂红陶，胎红夹灰黑。唇部戳刮、外沿刮抹呈波浪形，腹饰斜绳纹。侈口，束颈，鼓腹，残。手制，火候较高。口径10.6、残高7.3厘米（图四八五，8）。标本F221“洞”：3，夹砂褐陶，局部黑、红，灰胎，里红褐。唇部戳刮、外沿刮抹呈波浪形，腹饰绳纹。侈口，束颈，鼓腹，残。手制，火候较高。残宽7.8、残高6.6厘米（图四八五，9）。

Ab型 1件。

标本F221“洞”：4，夹砂褐陶，灰褐胎，里红。唇部戳刮略呈波浪形，腹饰绳纹。口微侈，微束颈，鼓腹，残。手制，火候较高。残宽4.4、残高7.2厘米（图四八五，10）。

B型 24件。Ba型，其中6件不明式别。

Ⅰ式：15件。

标本F221②：7，夹砂红陶，灰胎，里褐。唇部戳刮、外沿内抹呈波浪形，腹饰中粗绳纹。侈口，束颈，鼓腹，残。手制，火候较高。口径11.2、残高8.3厘米（图四八五，11）。标本F221“洞”：6，夹砂灰褐陶，局部黑，灰胎。唇部戳刮、外沿内抹呈波浪形，腹饰粗绳纹。侈口，束颈，鼓腹，残。手制，火候较高。口径10、残高8.4厘米（图四八五，12）。

Ⅱ式：3件。

标本F221“洞”：7，夹砂黑陶，灰胎。唇部戳刮、外沿内抹呈波浪形，腹饰中粗绳纹。侈口，束颈，鼓腹，残。手制，火候较高。口径11.6、残高9.2厘米（图四八五，13）。

喇叭口器 1件。Ⅰ式。

标本F221②：8，夹砂黑陶，褐胎，局部夹灰。素面。喇叭口，外沿较窄，圆唇，残。轮制，火候高。残宽8、残高2.7厘米（图四八五，14）。

圈足杯 1件。

标本F221②：9，夹砂红陶，胎红夹灰黑。素面。敞口，方唇、局部圆，弧腹，残。手制，火候较高。残宽9.2、残高7.9厘米（图四八五，15）。

（2）C型

5座。

F311

位置：位于02BT0101西南部，房面距地表深550～575厘米。层位关系：㉑—F311→㉒。

形制：平面形状不规则，屋面从东北向西南倾斜，高差达60厘米，暴露部分残长约530、宽425厘米（图四八六）。

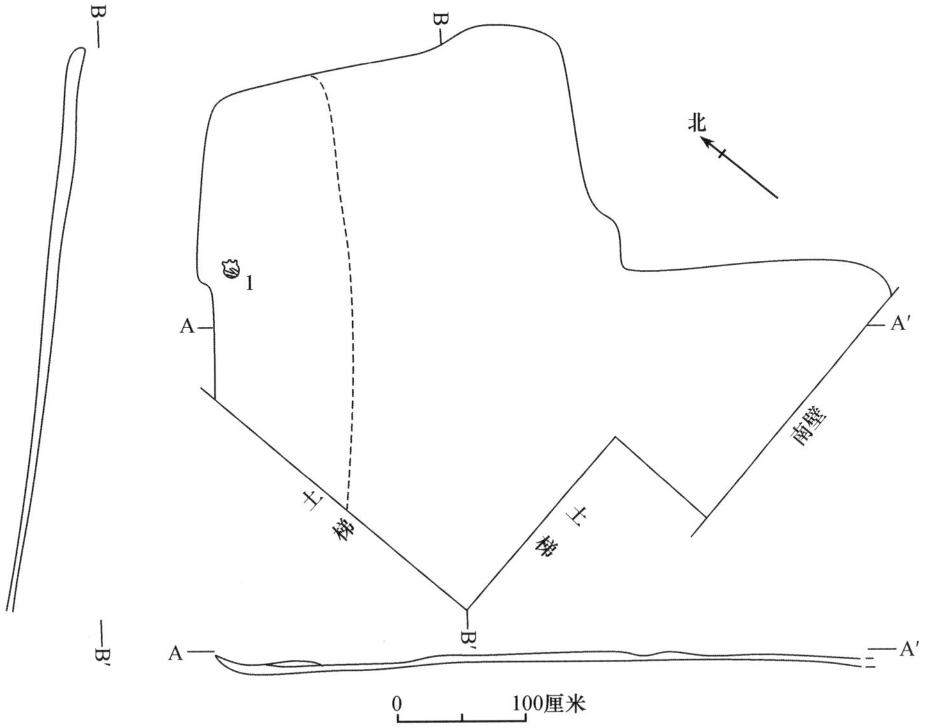

图四八六　F311平、剖面图
1. 陶花边圜底罐

房面：大部呈青灰色，质较紧密，呈多层状，较纯净。北边高出房面约20厘米，颜色较其余地方偏黄，质较硬，中间有木板拍打屋面形成的痕迹，屋面之北部边缘处呈红色，当系过火痕迹。有1件完整花边圜底罐平置于其中间靠北屋面上，口部朝东北，底朝西南。

出土遗物：出土部分陶器残片和网坠。参加分类排队的陶器112件，挑选标本14件。

花边圜底罐　102件。B型。

Ba型　100件，其中48件不明式别。

Ⅰ式：52件。

标本F311：9，夹砂黑陶，灰褐胎，里红；器表多灰白色附着物。唇部戳刮、外沿内抹呈波浪形，腹、底饰斜粗绳纹。侈口，束颈，鼓腹，圜底，复原。手制，火候较高。口径10.2、高11.2厘米（图四八七，1）。

Bb型　2件。

标本F311：10，夹砂红陶，局部灰褐，灰胎。唇部戳刮、外沿内抹呈波浪形，颈饰横划纹，腹饰斜粗绳纹。敛口，束颈，鼓腹，残。手制，火候较高。残宽9.6、残高11.6厘米（图四八七，2）。

罐形釜　1件。Aa型Ⅱ式。

标本F311：13，夹粗砂红陶，局部灰褐。肩饰斜绳纹。侈口，卷沿，圆唇，斜肩，残。手制，火候较高。残宽9、残高5.2厘米（图四八七，3）。

盆　1件。Ⅱ式。

标本F311：12，夹砂黑陶，褐胎。内、外腹饰竖暗纹，沿面饰横暗纹。口微敛，卷平沿，

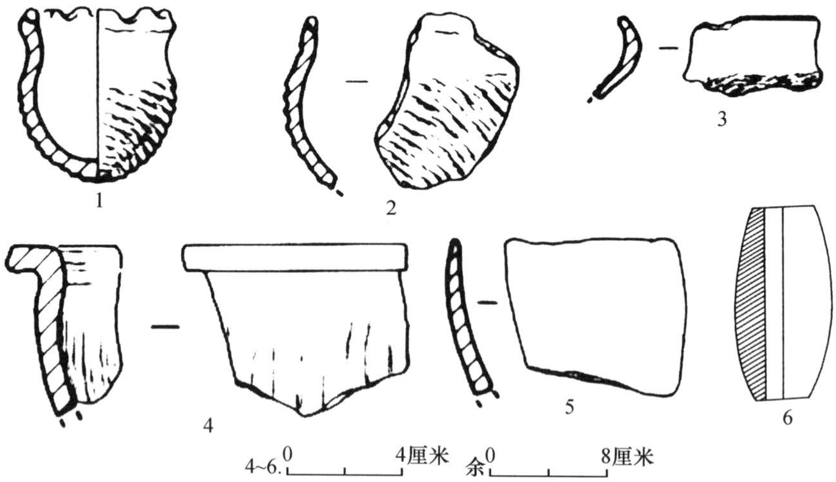

图四八七　F311出土陶器

1. Ba型Ⅰ式花边圜底罐（F311：9）　2. Bb型花边圜底罐（F311：10）　3. Aa型Ⅱ式釜（F311：13）
4. Ⅱ式盆（F311：12）　5. A型Ⅱ式钵（F311：11）　6. B型网坠（F311：5-1）

圆唇，弧腹，残。轮制，火候高。残宽7.6、残高5.7厘米（图四八七，4）。

钵　1件。A型Ⅱ式。

标本F311：11，夹砂红陶，胎、里灰褐。素面。口近直，圆唇，弧腹，残。手制，火候较高。残宽6、残高5.2厘米（图四八七，5）。

网坠　7件。B型。

标本F311：5-1，泥质灰陶，局部褐。素面。腰鼓形，中空，完整。手制，火候较高。长6.5、最大径3.4厘米（图四八七，6；图版六九，2）。

（3）D型

30座。

F185

位置：位于99DT0301东北，部分压在北、东隔梁下。层位关系：㉓B—F185→㉔，被H402、H403、H415、H418打破。

形制：因暴露不全和多处被打破与破坏，平面形状不明。残存房面、“洞”和圆形坑。残长570、残宽415厘米（图四八八；图版四九，2）。

房面：呈黄褐色，夹炭粒，厚4～30厘米。

“洞”：发现52个，均圆形，直壁，平底，洞内填灰或黑土，均疏松。口径6～20、多在8～12厘米之间，底径3～11、多在7～10厘米之间，深6～30、多在10～18厘米之间。多数“洞”内夹有碎陶片。

圆形坑：位于F185中部，直径320～345、深30厘米。坑底屋面较薄，厚4～8米，坑边缘与屋面相接，屋面最厚，硬度高，且其剖面呈层状，最厚达30厘米，坑外有数个“洞”，推测与圆形坑有关。

出土遗物：出土部分陶器，参加分类排队的102件，挑选标本18件。

齿唇缸　1件。Ba型Ⅱ式。

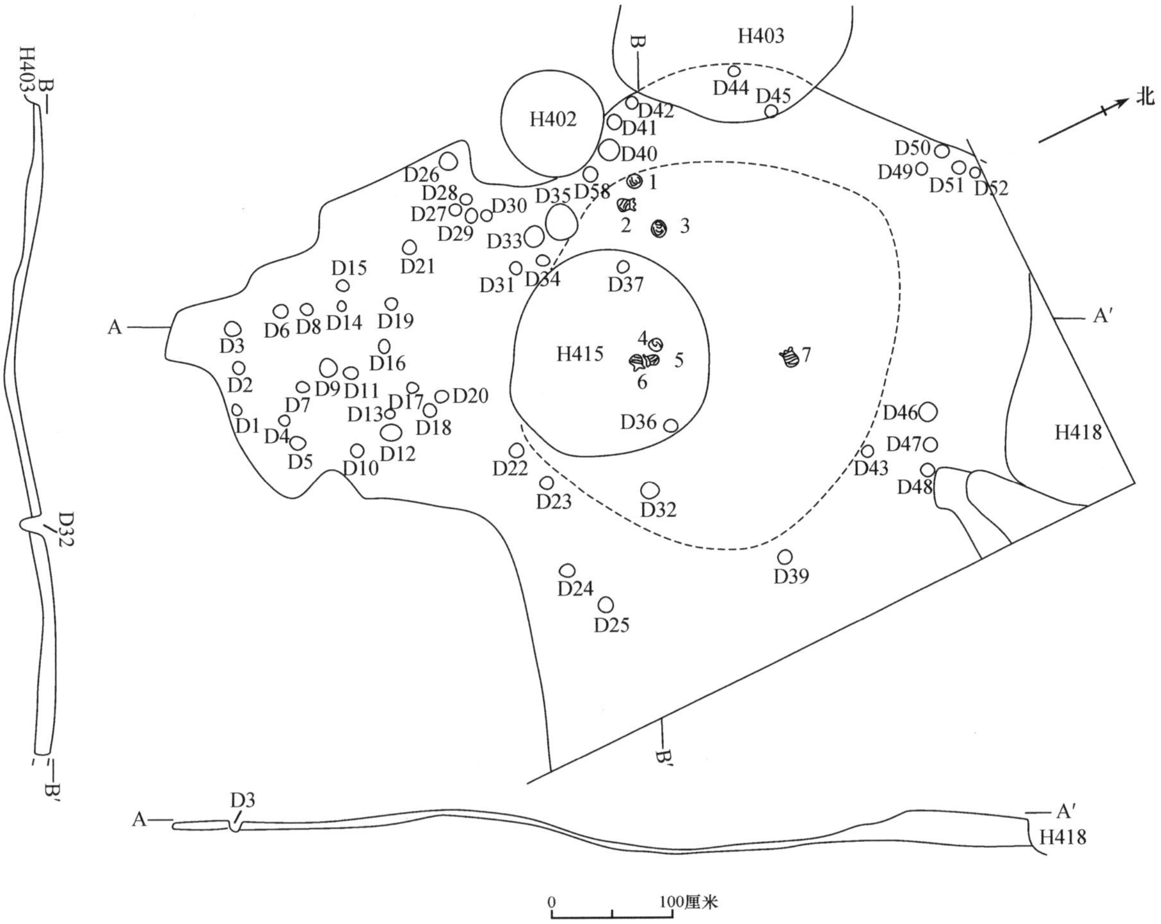

图四八八　F185平、剖面图

1～7. 陶花边圜底罐

标本F185：14，夹粗砂红褐陶，局部、胎黑。唇部戳按呈齿状，领上部饰圆形镂孔。侈口，领外斜，残。手制，火候较高。残宽9、残高4.9厘米（图四八九，1）。

齿唇罐　1件。Ac型。

标本F185“洞”：3，夹砂灰褐陶，局部红褐，黑胎。唇部戳按呈浅齿状，领饰零星戳印纹。侈口，微束领，残。手制，火候较高。残宽5.2、残高5.8厘米（图四八九，2）。

花边圜底罐　97件。

A型　1件。Aa型Ⅰb式。标本碎小。

B型　96件。

Ba型　84件。

Ⅰ式：81件。

标本F185：1，夹砂红褐陶，胎红夹黑；器表多灰白色附着物。唇部戳刮、外沿内抹呈波浪形，腹饰斜粗绳纹，残。手制，火候较高。口径9.7、高11.2厘米（图四八九，3）。标本F185：10，夹砂红陶，局部灰褐、黑，胎红夹灰黑。唇部戳刮、外沿内抹呈波浪形，腹、底饰斜粗绳纹。侈口，束颈，鼓腹，圜底，复原。手制，火候较高。口径9、高11.4厘米（图四八九，4）。

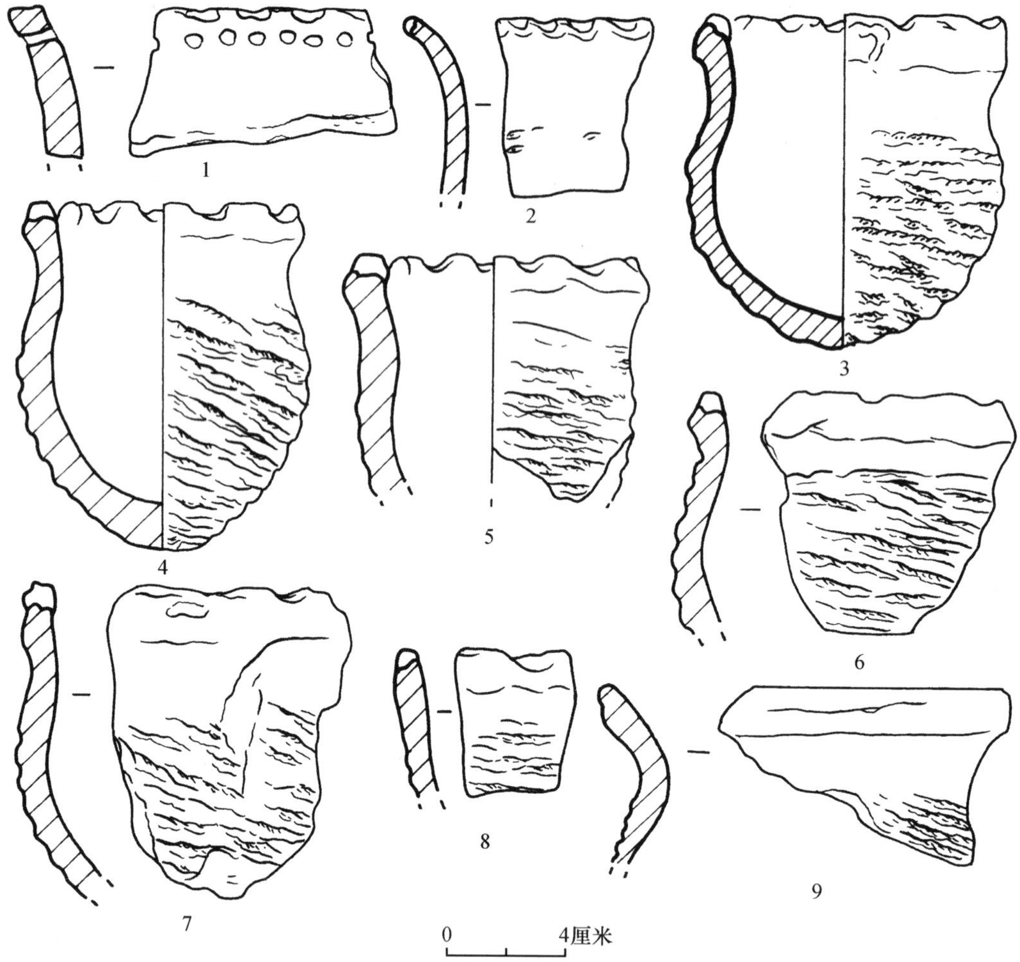

图四八九　F185出土陶器

1. Ba型Ⅱ式齿唇缸（F185：14）　2. Ac型齿唇罐（F185“洞”：3）　3、4. Ba型Ⅰ式花边圜底罐（F185：1、F185：10）　5.Ba型Ⅱ式花边圜底罐（F185：15）　6. Bb型花边圜底罐（F185：11）　7、8. Bc型花边圜底罐（F185：12、F185“洞”：2）　9. 素沿圜底罐（F185：13）

Ⅱ式：3件。

标本F185：15，夹砂红陶，局部灰，胎红夹灰黑。唇部戳刮、外沿内抹呈波浪形，腹饰斜粗绳纹。口微敛，微束颈，微鼓腹，残。手制，火候较高。口径9.2、残高8.2厘米（图四八九，5）。

Bb型　2件。

标本F185：11，夹砂褐陶，局部黑，灰胎。唇部戳刮、外沿内抹呈波浪形，颈饰横粗划纹，腹饰斜粗绳纹。侈口，束颈，鼓腹，残。手制，火候较高。残宽8.4、残高8厘米（图四八九，6）。

Bc型　10件。

标本F185：12，夹砂红陶，胎红夹灰。唇部戳刮、外沿内抹呈波浪形，腹饰斜粗绳纹，局部擦抹。口近直，束颈，鼓腹，残。手制，火候较高。残宽8.2、残高10.2厘米（图四八九，7）。标本F185“洞”：2，夹砂灰褐陶。唇部戳刮、外沿内抹呈波浪形，腹饰横粗绳纹。敞口，弧腹，残。手制，火候较高。残宽4、残高4.8厘米（图四八九，8）。

素沿圜底罐　1件。

标本F185：13，夹砂红陶，胎红夹褐。上腹饰斜中粗绳纹。侈口，卷沿外斜，圆唇，鼓腹，残。手制，火候较高。残宽9.6、残高5.8厘米（图四八九，9）。

尖底盏　2件。A型Ⅲ式。标本碎小。

2. 中段

63座。

（1）A型

14座。

F172

位置：位于99AT0201中部偏东北处，其西为F161，房面距地表深260厘米。层位关系：㉓A—F172→㉔，被开口第23A层下的SC15（M60）、SC17（M62）、SC18（M63）等打破。

形制：房址平面呈不规则长方形，东南—西北向，由房面、“洞”组成，残长440、宽310厘米（图四九〇）。

房面：可分四层。

第1层：灰褐色硬面，厚约1厘米，保存较差，大部分被破坏。

第2层：棕红色软面，含沙较重，较纯净，厚3～6厘米，保存稍好。

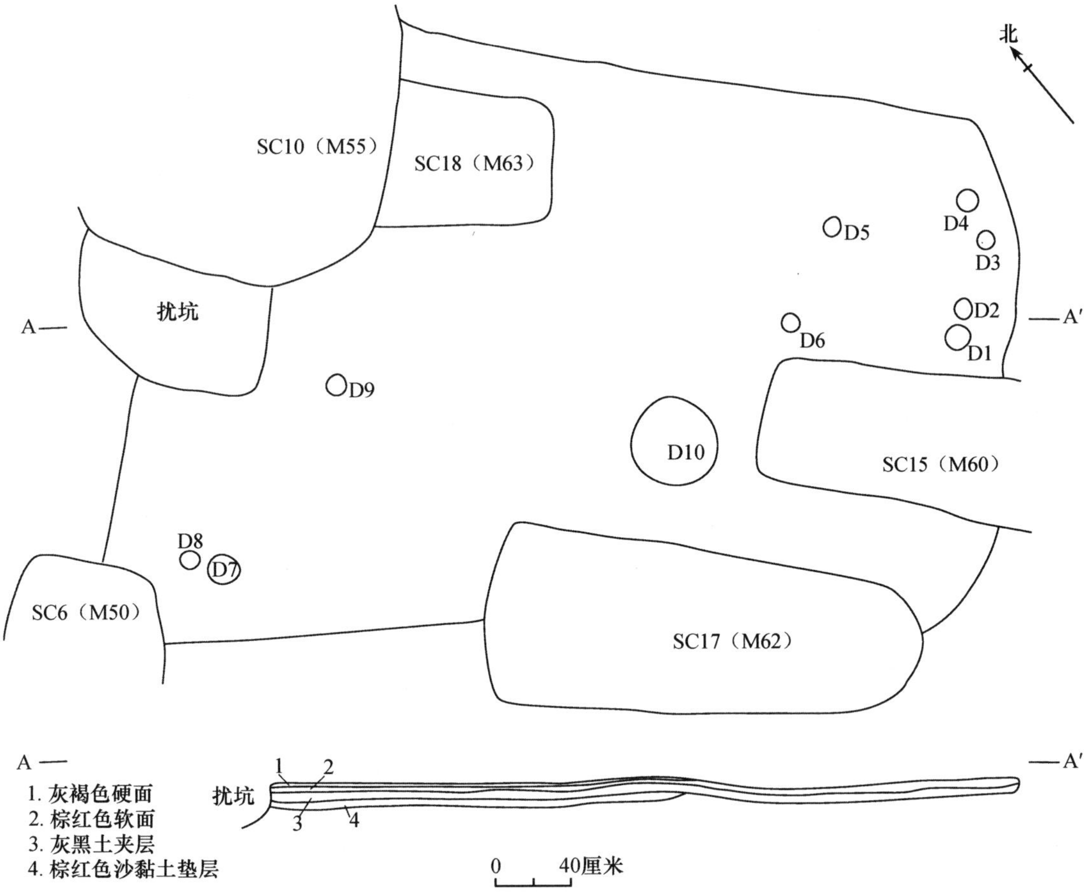

图四九〇　F172平、剖面图

第3层：灰黑土夹层，含少许陶片及杂质，局部分布。

第4层：棕红色沙黏土垫层，局部分布。

“洞”：共发现10个，直径在9～16厘米，大部分在10厘米左右，深度在12～33厘米，大都超过20厘米，略显杂乱，排列无规律。

出土遗物：出有少量陶片，多为束颈浅花边圜底罐残片，以及釜、钵、子母口罐残片。

F324

位置：位于02DT0102西南部，局部伸入02CT0102东隔梁，距地表深470厘米，被开口第18层下的H732打破。层位关系：H732→F324→⑲。

形制：房址平面呈圆角长方形，西北—东南向，暴露部分长300、宽200、厚2～16厘米（图四九一；图版五〇，1）。

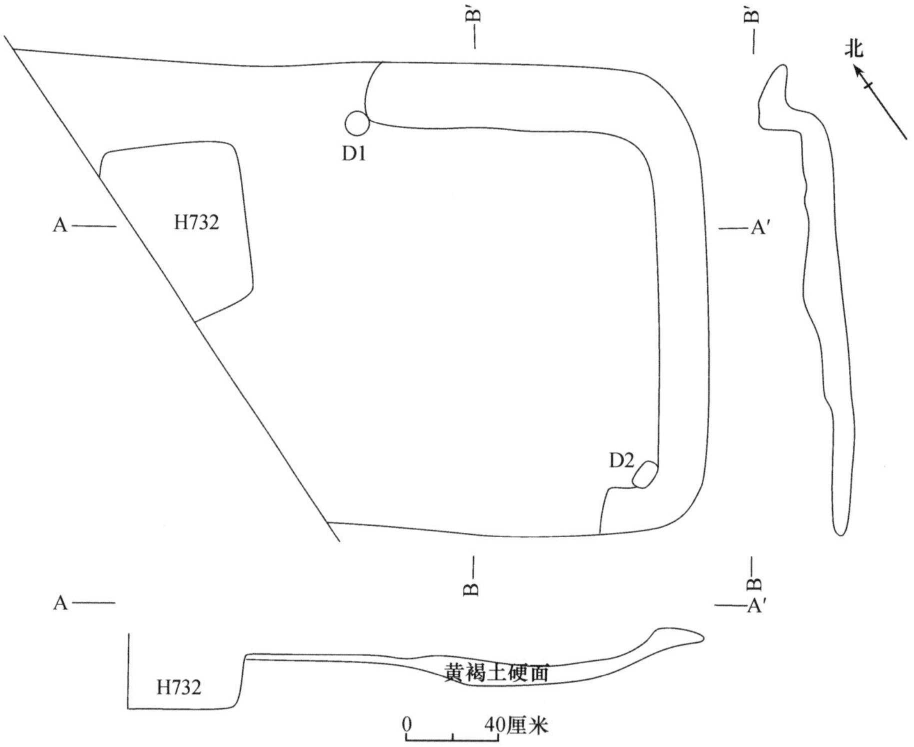

图四九一 F324平、剖面图

房面：黄褐土，质极硬，颗粒较粗，夹少量炭粒。房面西部薄，较平，东部厚，低凹不平，东南端残剩厚约20、残高18厘米的边。

“洞”：在房面中只发现2个“洞”，洞壁规整，圜底，直径10、深30厘米。

出土遗物：出土极少花边圜底罐碎片。

（2）C型

6座。

F158

位置：位于99DT0201西南部、99DT0101东南部，距地表深285～290厘米。层位关系：H365→F158→㉒。

形制：房址平面呈不规则形，现存房面和“洞”，西南—东北向，最长690、最宽295厘米（图四九二；图版五〇，2下）。

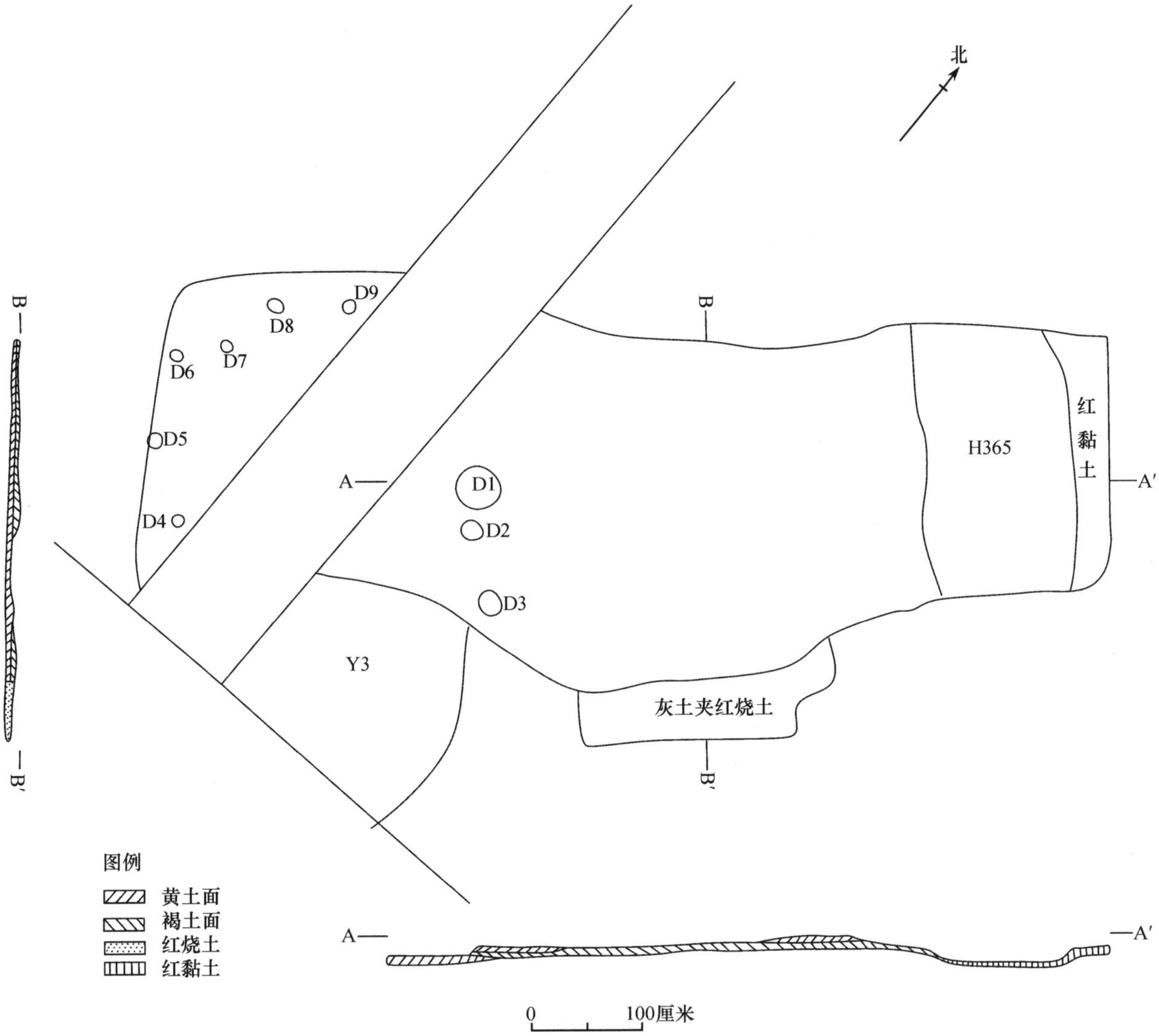

图四九二　F158平、剖面图

房面：质地为黄土夹沙和木炭形成的硬面，局部为红烧土、红黏土分布，可分为两层。

第1层：黄土面，质紧密，基本分布在整个房面，厚3～5厘米。

第2层：褐土面，质地比第1层疏松，分布在整个房面，厚5～7厘米。

“洞”：9个，分布无规律，D1、D2、D3略呈东西排列，D4～D9沿房面边缘分布。

D1：口径33、底径20、深42厘米，壁规整，出土束颈花边圜底罐残片。

D2：口径16、底径10、深20厘米，壁规壁，出土束颈圜底罐口沿残片。

D3：口径20、底径10、深30厘米，壁规整，出土束颈圜底罐残片。

H365与F158可能有一定关系，开口第21层下，打破F158，口长225、宽165、深15厘米，坑的北壁用厚30厘米红黏土加工，在坑内发现一块长30、宽、厚各为12厘米的黄土做成的土坯。填土为黄灰土，土质疏松。

出土遗物：出土部分陶器，器类以束颈花边圜底罐为主，还有尖底盏、垂沿缸、平底罐、釜残片。参加分类排队的陶器97件，挑选标本27件。

齿唇瓮 3件。

A型 1件。Ⅰ式。标本碎小。

B型 2件。

Ba型 1件。Ⅱ式。

标本F158②：9，夹砂红褐陶，红胎。唇部戳按呈波浪形齿，领多竖抹痕。侈口，束领，残。手制，火候较高。残宽9、残高6.1厘米（图四九三，1）。

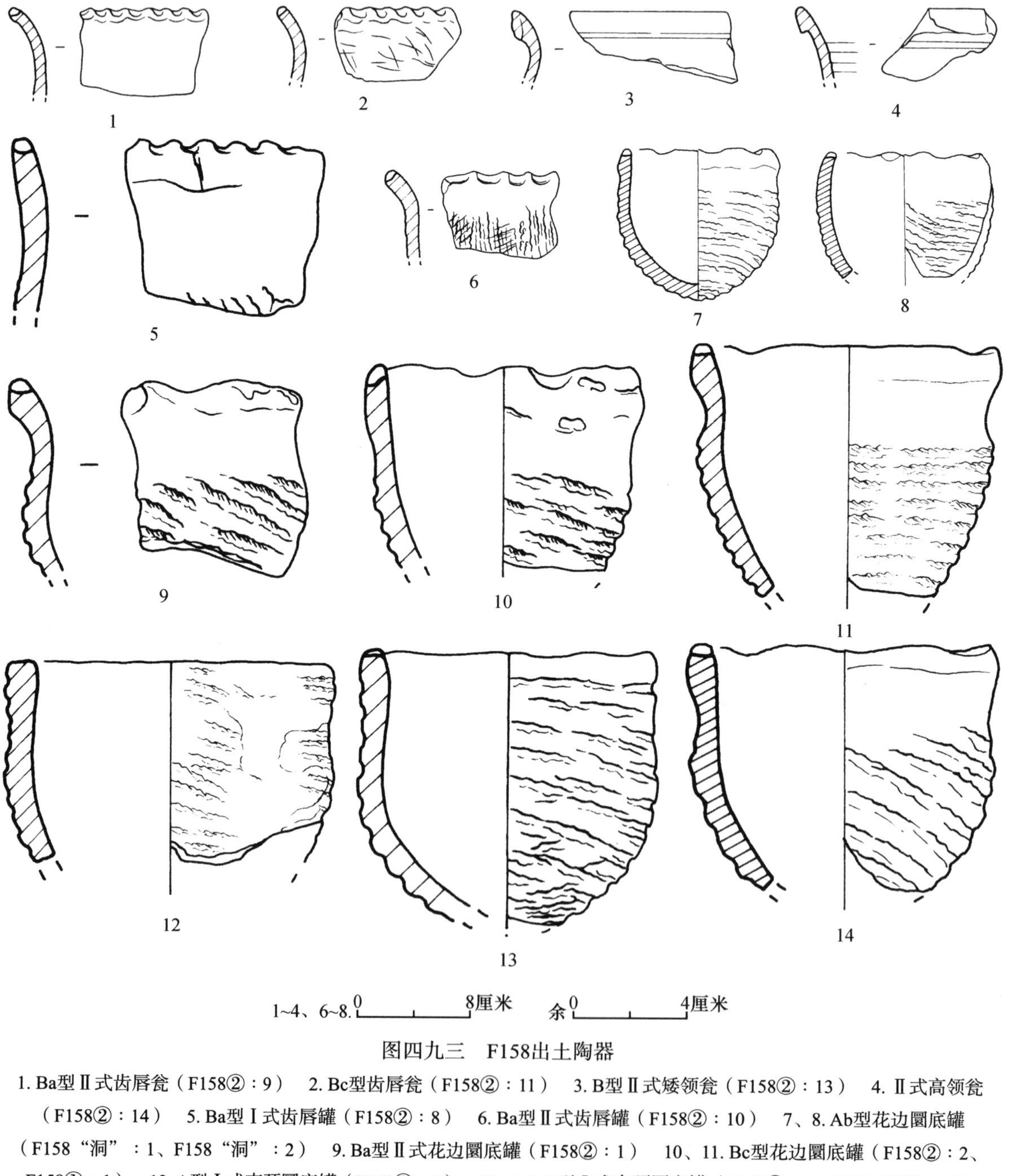

图四九三 F158出土陶器

1. Ba型Ⅱ式齿唇瓮（F158②：9） 2. Bc型齿唇瓮（F158②：11） 3. B型Ⅱ式矮领瓮（F158②：13） 4. Ⅱ式高领瓮（F158②：14） 5. Ba型Ⅰ式齿唇罐（F158②：8） 6. Ba型Ⅱ式齿唇罐（F158②：10） 7、8. Ab型花边圜底罐（F158“洞”：1、F158“洞”：2） 9. Ba型Ⅱ式花边圜底罐（F158②：1） 10、11. Bc型花边圜底罐（F158②：2、F158①：1） 12. A型Ⅰ式束颈圜底罐（F158①：2） 13、14. B型Ⅰ式束颈圜底罐（F158②：4、F158“洞”：4）

Bc型　1件。

标本F158②：11，夹砂红褐陶，胎、里红。唇部戳按呈波浪形齿，颈饰细划纹。侈口，卷沿，残。手制，火候较高。残宽8.8、残高5.2厘米（图四九三，2）。

矮领瓮　1件。B型Ⅱ式。

标本F158②：13，夹砂褐陶，里红褐。素面。侈口，卷沿，圆唇，残。轮制，火候较高。残宽11.7、残高5厘米（图四九三，3）。

高领瓮　1件。Ⅱ式。

标本F158②：14，夹砂灰黑陶，胎褐夹灰。领上部饰粗凹弦纹，内壁微有瓦棱纹。喇叭口，圆唇，束领，残。轮制，火候较高。残宽8、残高5厘米（图四九三，4）。

齿唇罐　2件。Ba型。

Ⅰ式：1件。

标本F158②：8，夹粗砂褐陶，局部黑，灰胎。唇部戳按呈浅波浪齿，腹饰绳纹。侈口，微束领，残。手制，火候较高。残宽7、残高6厘米（图四九三，5）。

Ⅱ式：1件。

标本F158②：10，夹粗砂红陶，局部褐，灰胎。唇部戳按呈波浪形，腹饰交错绳纹。侈口，卷沿外翻，上腹较直，残。手制，火候较高。残宽8.2、残高6厘米（图四九三，6）。

花边圜底罐　36件。

A型　2件。Ab型。

标本F158“洞”：1，夹砂灰褐陶，局部、里红；器表多灰白色附着物。唇部戳刮、外沿内抹呈波浪形，腹饰绳纹。口近直，鼓腹，圜底，修复。手制，火候较高。口径10.4、高10.6厘米（图四九三，7）。标本F158“洞”：2，夹砂灰褐陶，局部褐、灰黑，里褐。唇部戳刮略呈波浪形，腹饰绳纹。敛口，鼓腹，残。手制，火候较高。口径10.8、残高8.6厘米（图四九三，8）。

B型　34件，其中不明亚型3件。

Ba型　2件。Ⅱ式。

标本F158②：1，夹砂灰黑陶，灰胎，里部分橙黄。唇部戳刮、外沿内抹略呈波浪形，腹饰粗绳纹。侈口，束颈，鼓腹，残。手制，火候高。残宽6.6、残高6.8厘米（图四九三，9）。

Bc型　29件。

标本F158②：2，夹砂灰黑陶，灰胎；器表多灰白色附着物。唇部戳刮略呈波浪形，腹饰粗绳纹。敞口，微束颈，鼓腹，残。手制，火候较高。口径9.2、残高7厘米（图四九三，10）。标本F158①：1，夹细砂红陶，局部褐。唇部刮抹、外沿内抹略呈波浪形，腹部饰粗绳纹，器表多灰白色附着物。侈口，卷沿，束颈，弧腹，残。手制，火候较高。口径10.6、残高8.7厘米（图四九三，11）。

束颈圜底罐　22件。

A型　4件。Ⅰ式。

标本F158①：2，夹细砂红陶。唇部刮抹，外沿内抹，器表饰中粗绳纹，多灰白色附着物。口近直，束颈，鼓腹，残。手制，火候一般。口径11.6、残高7厘米（图四九三，12）。

B型　18件。Ⅰ式。

标本F158②：4，夹砂灰褐陶，局部、胎、里红、褐；器表多灰白色附着物。颈、腹饰粗绳纹。口微侈，微束颈，鼓腹，残。手制，火候较高。口径10.2、残高9.4厘米（图四九三，13）。标本F158“洞”：4，夹粗砂红褐陶，局部黑、灰，里红。腹饰粗绳纹。口微敞，束颈，鼓腹，残。手制，火候较高。口径10.4、残高8.4厘米（图四九三，14）。

敛口圜底罐　20件。A型Ⅰ式。

标本F158“洞”：5，夹砂灰褐陶；器表多灰白色附着物。腹饰中粗绳纹。敛口，鼓腹，圜尖底，修复。手制，火候较高。口径10、残高10.7厘米（图四九四，1）。标本F158②：6，夹砂灰褐陶，灰胎，里褐；器表多灰白色附着物。腹饰粗绳纹，局部有擦抹痕。敛口，微鼓腹，残。手制，火候较高。残宽7.2、残高8.2厘米（图四九四，2）。

罐形釜　1件。Aa型Ⅲ式。

标本F158②：12，夹砂红陶。肩饰斜绳纹，颈多竖抹痕。侈口，圆唇，束颈，斜肩，残。轮制，火候较高。残宽10.4、残高7.2厘米（图四九四，3）。

盆形釜　1件。标本碎小。

甗　1件。B型。

标本F158①：5，夹粗砂红陶，黑胎。器表饰粗绳纹。残剩腰部，附加泥条加固，残。分制，火候较高。残宽9.2、残高5.2厘米（图四九四，4）。

尖底盏　5件。A型，其中2件为底部。

Ⅱ式：1件。

标本F158②：15，夹砂灰褐陶，红胎。下腹饰凹弦纹，内下腹有瓦棱纹。直口，圆唇，弧

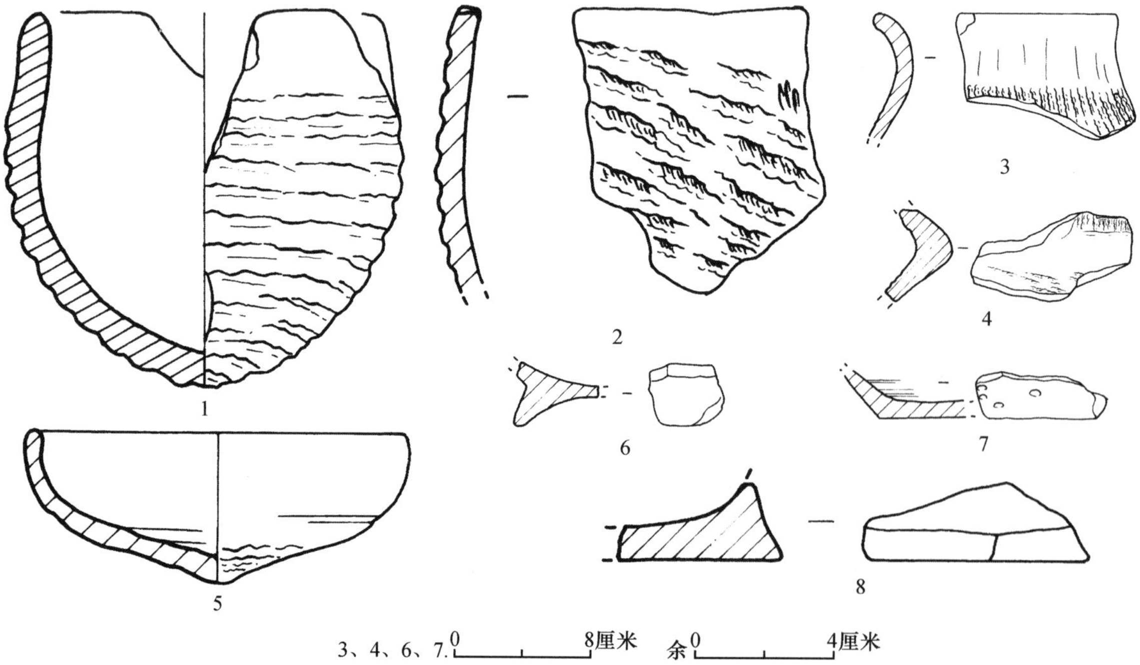

图四九四　F158出土陶器

1、2. A型Ⅰ式敛口圜底罐（F158“洞”：5、F158②：6）　3. Aa型Ⅲ式罐形釜（F158②：12）　4. B型甗（F158①：5）　5. Ⅱ式尖底盏（F158②：15）　6. 圈足（F158②：17）　7. 器底（F158②：16）　8. A型拍（F158①：4）

腹，尖底，修复。轮制，火候较高。口径11.2、高4.3厘米（图四九四，5）。

Ⅲ式：2件。标本碎小。

圈足 1件。

标本F158②：17，夹砂黑陶，红胎。素面，内外壁磨光。微有下腹，内底圜，矮圈足外撇，残。手制，火候不高。残宽4.2、残高3.6厘米（图四九四，6）。

器底 2件。

标本F158②：16，夹砂黑陶，褐胎。下腹饰戳印纹，内壁饰凹弦纹。下腹斜收，平底，残。轮制，火候高。残宽7.5、残高2.7厘米（图四九四，7）。

拍 1件。A型。

标本F158①：4，夹细砂灰陶，局部黑。素面。拍面微凹，残。手制，火候较高。残宽6.4、残高2.2厘米（图四九四，8）。

F180

位置：位于99DT0201南部、F173南侧、F176东侧，房面距地表深325厘米。层位关系：㉓—F180→㉔。

形制：房址平面形不规则，东北—西南向，残存房面、凹槽、“洞”、土坯等。残长490、宽340厘米（图四九五；图版五一，1）。

房面：可分3层。

第1层：黄土含炭灰较多，土质疏松，分布整个房面，厚5～10厘米。出土陶片较少。

第2层：黄土面，土质紧密，分布整个房面，厚5～11厘米。含有少量陶片，以花边圜底罐残片为主，在540厘米×180厘米-335厘米处，出土一件花边圜底罐，倒置，编号73；540厘米×190厘米-335厘米处出土一件花边圜底罐，口向下放置，编号74。

第3层：红黏土，质细腻，分布在F180南部，厚2～3厘米。没有包含物。

工作台？：位于房面的中部，可看出有6块残土坯，西南—东北向排列，残长20～30、厚8厘米。在土坯面上有宽0.5、深0.3厘米的凹槽。

在F180屋面中部偏西发现东北—西南向排列的西北—东南向凹槽9个（图版五一，2）。

1号凹槽位于房面的东北部，残长60、宽30、深12厘米。底较规整，有灰白色钙化硬面。

2、3号凹槽被破坏。2号凹槽位于1号凹槽西南部，残长62、宽48、深8厘米。底部情况同1号。

3号凹槽位于2号凹槽西南部，残长50、宽47、深8厘米。底部情况同1号。

4号凹槽位于1号凹槽西南部130厘米处，残长48、残宽22～28、深10厘米。底部情况同1号。

5号凹槽位于4号凹槽的西南侧，中间夹有宽5、高10厘米的隔墙，残长48、宽34～40、深13厘米。底部情况同前，凹槽内发现直径10、深24厘米“洞”，洞壁为白色钙化物。

6号凹槽位于5号凹槽的西南侧，中间夹有宽11、高12厘米的隔墙，残长49、宽20、深12ç米。底部情况同上，在凹槽的西部靠隔墙处有直径10、深25厘米“洞”，洞壁情况同上。

7号凹槽位于6号凹槽的西南侧，中间夹有宽10、高12厘米的隔墙，残长48、宽28、深5～12厘米。底部情况同上，在凹槽西部有直径10、深24厘米“洞”，洞壁情况同上。

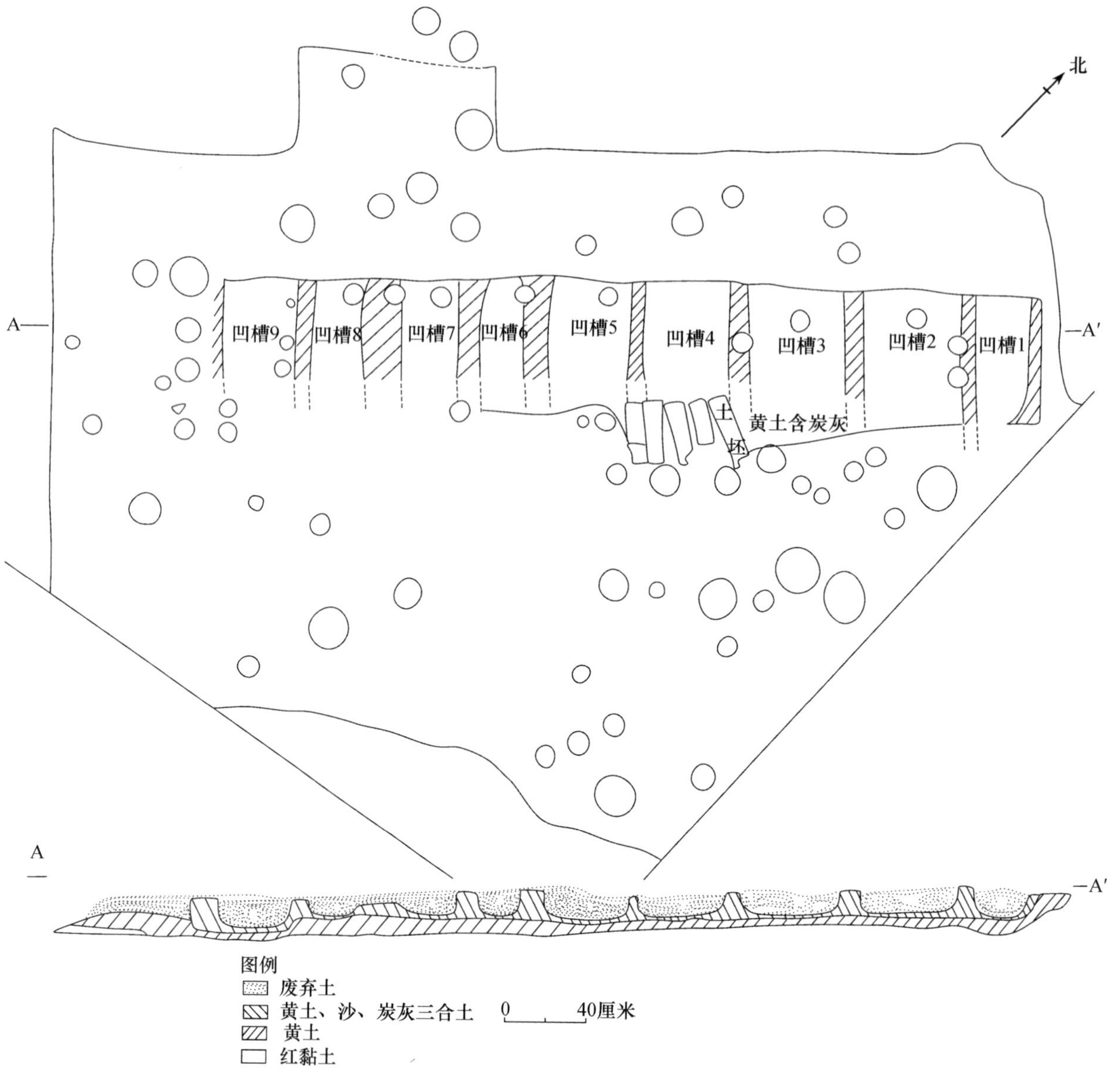

图四九五 F180平、剖面图

8号凹槽位于7号凹槽西南侧，中间夹有宽18、高5厘米的隔墙，残长48、宽25、深5～7厘米。底部同上，在凹槽西部有直径10、深24厘米"洞"，洞壁情况同上。

9号凹槽位于8号凹槽西南侧，中间夹有宽9、高13厘米的隔墙，残长48、宽36厘米。底部情况同上，在凹槽内北部有东西排列三个小洞，从东向西分别为直径8、深12厘米；直径7、深12厘米；直径5、深10厘米。洞壁同上。

"洞"：F180共发现70个"洞"（包括凹槽内），排列顺序较乱，从直径和深度上看可以分为三类。

第一类：10个，该类"洞"直径较大，壁较为规整。直径16～20、深18～54厘米。出土陶片以花边圜底罐为主。

第二类：16个，壁较为规整，直径11～15、深8～32厘米。出土陶片以花边圜底罐为主。

第三类：44个，壁规整，直径5～10、深10～34厘米。出土陶片以花边圜底罐为主。

F180与F173和F176开口在同一层位下，而且F180和F176为西南—东北向，而F173为东南—西北向，跨越99DT0201、99DT0301和99AT0201三个探方，F180和F176距F173距离基本相同又是垂直方向，F173、F180、F176应为一组。

出土遗物：较少，参加分类排队的陶器38件，挑选标本24件。

缸　1件。A型Ⅲ式。

标本F180：11，夹砂黑陶，胎红夹灰黑。素面。喇叭口，圆唇，内领微凹，残。轮制，火候高。残宽8.5、残高4厘米（图四九六，1）。

喇叭口器　1件。Ⅰ式。

标本F180：12，夹砂红陶，局部黑。素面。喇叭口，内沿微凹，圆唇，残。轮制，火候较高。残宽9、残高3.6厘米（图四九六，2）。

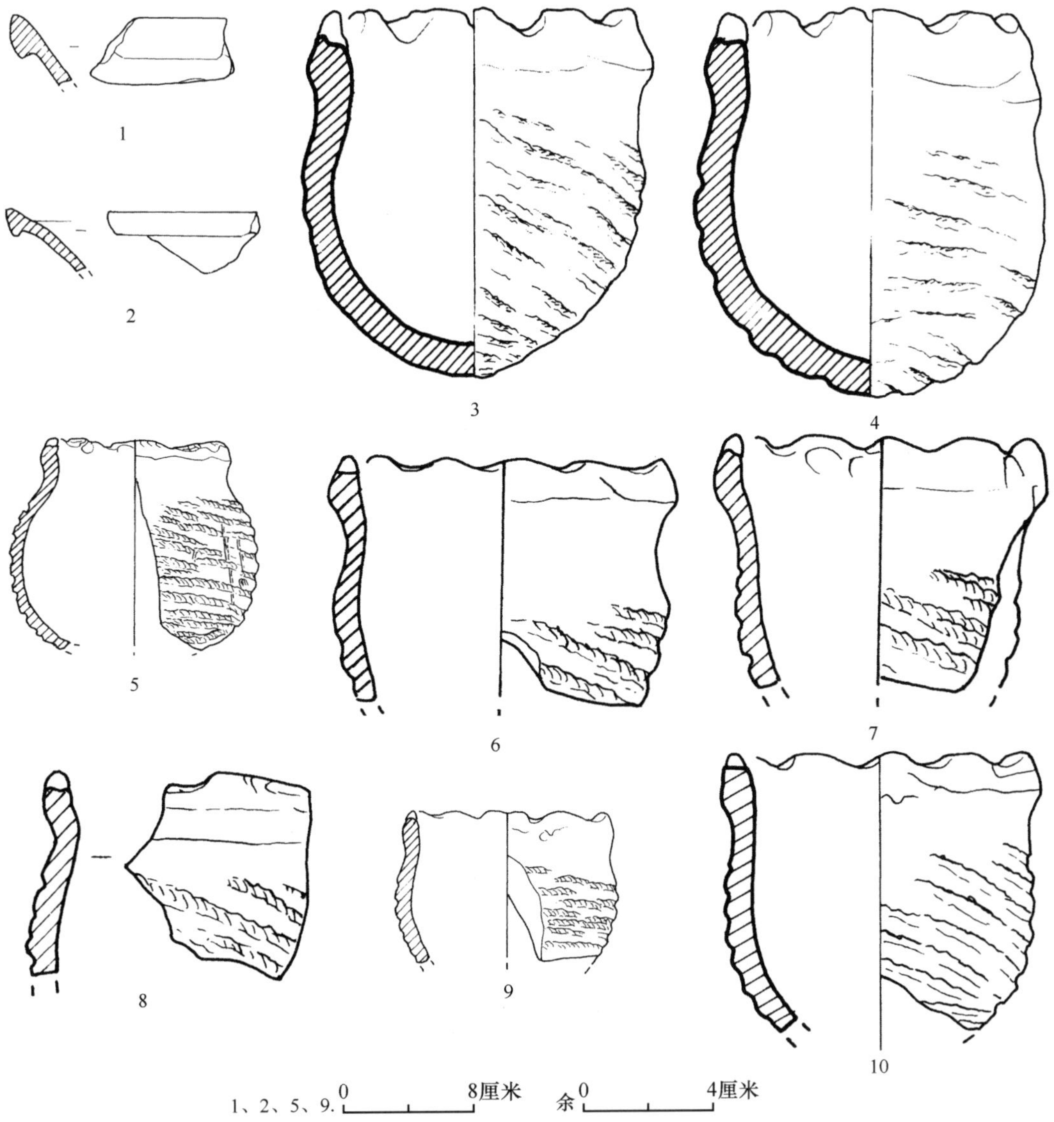

图四九六　F180出土陶器

1. A型Ⅲ式缸（F180：11）　2. Ⅰ式喇叭口器（F180：12）　3～5. Ba型Ⅰ式花边圜底罐（F180：2、F180：3、F180：4）　6、7. Ba型Ⅱ式花边圜底罐（F180：6、F180：7）　8. Bb型花边圜底罐（F180：8）　9、10. Bc型花边圜底罐（F180：10、F180“洞”：3）

花边圜底罐　33件。B型，其中3件不明亚型。

Ba型　12件。

Ⅰ式：5件。

标本F180：2，夹砂灰黑陶，局部、里红；内外壁多灰白色附着物。唇部戳刮、外沿刮抹呈波浪形，腹、底饰斜粗绳纹。微侈口，束颈，鼓腹，圜尖底，完整。手制，火候较高。口径9、高10.8厘米（图四九六，3）。标本F180：3，夹砂红褐陶，局部灰黑；内外壁多灰白色附着物。唇部戳刮、外沿刮抹呈波浪形，腹、底饰斜粗绳纹，局部擦抹。口近直，束颈，鼓腹，圜底，完整。手制，火候较高。口径8.8、高11.4厘米（图四九六，4）。标本F180：4，夹砂红陶，灰胎。唇部戳刮、外沿内抹呈波浪形，腹饰粗绳纹、竖划纹。口微侈，束颈，鼓腹，残。手制，火候较高。口径10.4、残高12.4厘米（图四九六，5）。

Ⅱ式：7件。

标本F180：6，夹砂黑陶，局部褐，胎、里红。唇部戳刮、外沿内抹呈波浪形，腹饰粗绳纹。侈口，束颈，鼓腹，残。手制，火候较高。口径9.6、残高7.2厘米（图四九六，6）。标本F180：7，夹砂褐陶，黑胎。唇部戳刮、外沿内抹呈波浪形，腹饰粗绳纹。侈口，微束颈，鼓腹，残。手制，火候较高。口径9.2、残高7.5厘米（图四九六，7）。

Bb型　1件。

标本F180：8，夹砂红陶，灰胎。唇部戳刮、外沿内抹呈波浪形，颈饰横划纹，腹饰粗绳纹。侈口，束颈，鼓腹，残。手制，火候高。残宽5.4、残高6厘米（图四九六，8）。

Bc型　17件。

标本F180：10，夹砂黑陶，灰褐胎；器表多灰白色附着物。唇部戳刮、外沿内抹呈波浪形，腹饰粗绳纹。口微侈，束颈，鼓腹，残。手制，火候较高。口径11.6、残高8.9厘米（图四九六，9）。标本F180“洞”：3，夹砂褐陶，局部、胎灰黑；器表多灰白色附着物。唇部戳刮、外沿内抹呈波浪形，腹饰斜粗绳纹。侈口，束颈，鼓腹，残。手制，火候较高。口径9.2、残高8.2厘米（图四九六，10）。

还出土罐形釜、尖底盏、瓮底残碎片各1件。

（3）D型

43座。

F163

位置：位于99AT0201中部偏北处，其南有F160，房面距地表深240厘米，被开口同层下的SC15（M60）、SC16（M61）、SC17（M62）、SC18（M63）和上面地层下开口的SC6（M50）、SC10（M55）与H343打破。层位关系：SC16（M61）→F163→㉓A。

形制：由于破坏严重，平面形状不明，残存房面、“洞”等，西南—东北向，残长630、残宽290厘米（图四九七）。

房面：可分三层。

第1层：石灰质黄褐硬面，平整，厚0～2厘米。

第2层：黄黏土软面，厚2～7厘米，部分区域夹杂质。

第3层：灰褐色沙面，质较细密，较为纯净，厚3～10厘米，一般厚度在4～5厘米。

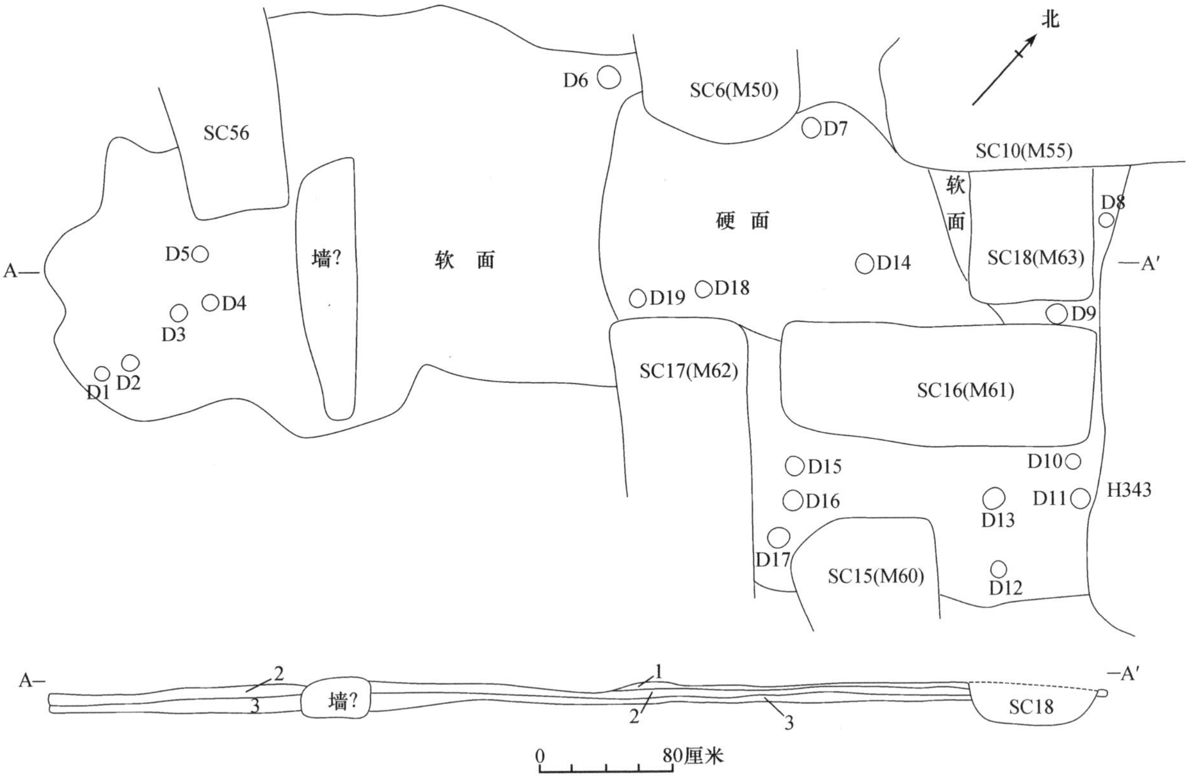

图四九七　F163平、剖面图

墙？：位于该房西部，残长15、宽20～35厘米，为灰白石灰质，夹沙，质硬，含杂质，呈块状。

“洞”：共19个，直径8～14、深12～32厘米，大部分柱洞直径10、深20厘米左右，排列无规律，比较杂乱。

出土遗物：出土陶器14件，参加分类排队的陶器9件，挑选标本3件。

齿唇缸　1件。Ba型Ⅱ式。

标本F163：3，夹粗砂褐陶，口局部、胎灰黑色。唇部戳印呈浅齿状，领部有刮抹痕。敞口，高领微束，残。手制轮修，火候较高。残宽10.2、残高7.3厘米（图四九八，1）。

齿唇瓮　2件。Ba型Ⅱ式。

标本F163：4，唇面戳印呈齿状，领部有刮抹痕。侈口，领微束较高，残。手制轮修，火候较高。残宽12、残高5.6厘米（图四九八，2）。

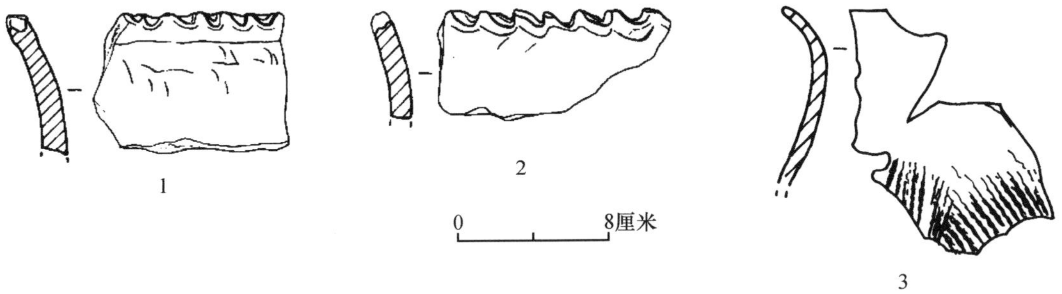

图四九八　F163出土陶器

1. Ba型Ⅱ式齿唇缸（F163：3）　2. Ba型Ⅱ式齿唇瓮（F163：4）　3. Ab型Ⅱ式罐形釜（F163：2）

罐形釜　3件。

A型　1件。Ab型Ⅱ式。

标本F163：2，夹粗砂褐陶。上腹饰斜绳纹。侈口，卷沿，圆唇，残。轮制，火候较高。残宽10.9、残高12.7厘米（图四九八，3）。

B型　2件。标本碎小。

钵　2件。

A型　1件。Ⅱ式。标本碎小。

B型　1件。标本碎小。

网坠　1件。标本碎小。

F303

位置：位于02BT0101除西北角外的探方部分，房面距地表深450～560厘米，被开口同层位下的H698、H699、H700、H701打破，叠压F310、G75、H721等单位。层位关系：⑱—F303→⑲。

形制：因暴露不全，房址平面形状不明，残存房面和“洞”。残长840、残宽580厘米（图四九九）。

房面：呈浅黄色，质较紧密，房面东北高西南低，高差达110厘米，厚5～22厘米。

“洞”：共发现108个，在房面上无规律分布，主要集中分布于F303地势较高的房面上。“洞”大部分为圆形，少量为椭圆形，口径近40、深约10～30厘米。“洞”填土均为灰黑土，质疏松，多夹数块花边圜底罐碎片。

出土遗物：在房面与“洞”内出部分陶器，参加分类排队的计65件，挑选标本31件。

缸　2件。B型。

标本F303：30，夹粗砂灰黑陶，局部、里红。肩饰斜绳纹。侈口，圆唇，领微束，斜肩，残。盘筑，火候较高。残宽12.4、残高10.4厘米（图五〇〇，1）。标本F303：31，夹粗砂红陶，黑胎。素面。侈口，圆唇，束领，残。手制，火候一般。残宽16.4、残高7.6厘米（图五〇〇，2）。

齿唇瓮　11件。B型。

Ba型　8件。

Ⅰ式：4件。

标本F303：12，夹粗砂红陶，局部褐。唇部戳按呈波浪形齿，领外多竖抹痕。侈口，斜领，残。手制，火候较高。口径21.8、残高7.6厘米（图五〇〇，3）。

Ⅱ式：4件。

标本F303：13，夹粗砂灰黑陶，局部、里红，灰褐胎。唇部戳按呈齿状，外沿有按窝，肩饰斜中粗绳纹。侈口，斜领，圆肩，残。手制，火候较高。残宽17.2、残高11.6厘米（图五〇〇，4）。

Bb型　3件。

标本F303：14，夹粗砂灰黑陶，局部红，里红褐。唇部戳按呈齿状，肩饰竖绳纹。侈口，领微束，有肩，残。手制，火候较高。残宽10.4、残高10厘米（图五〇〇，5）。

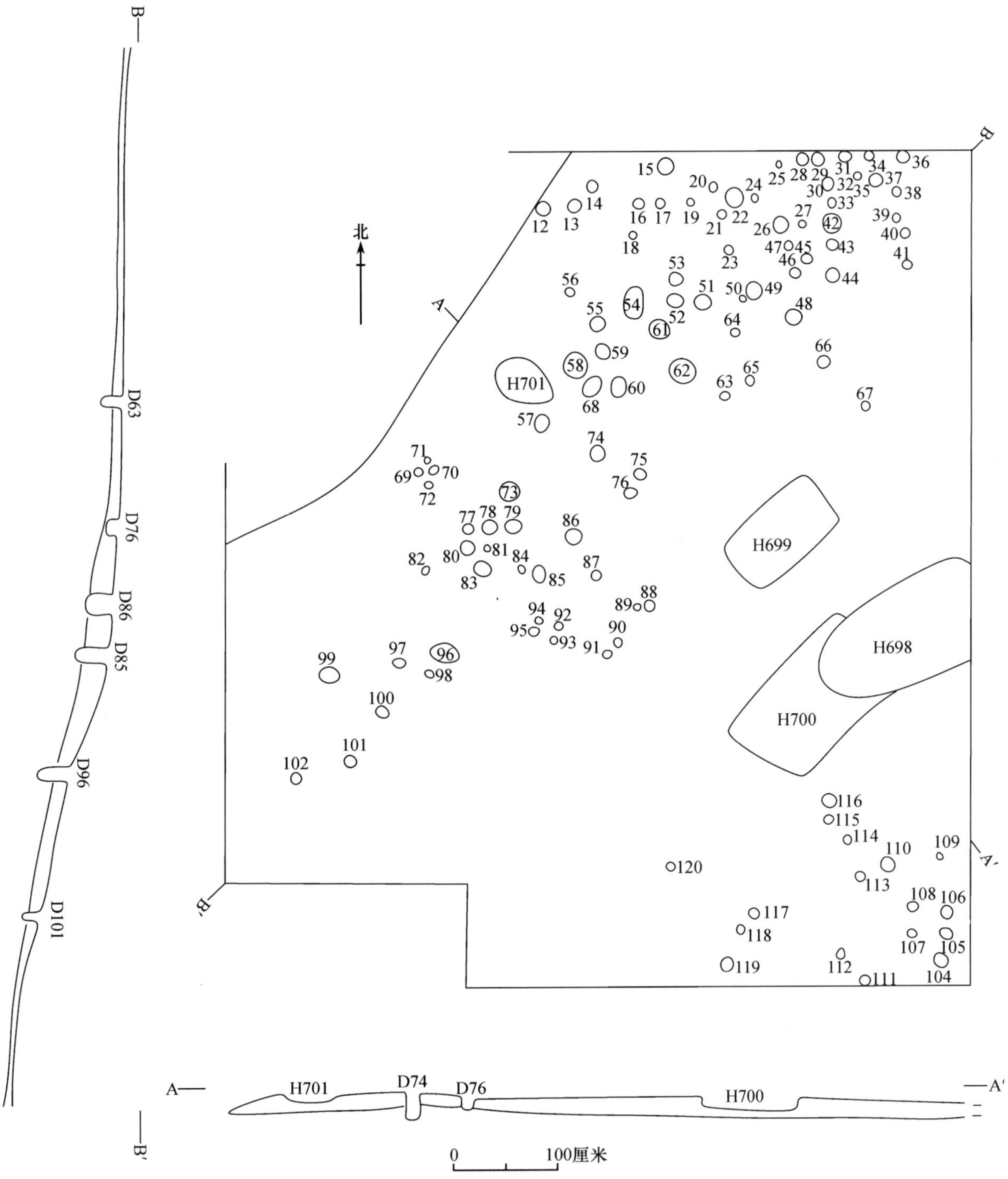

图四九九　F303平、剖面图

齿唇罐　5件。

A型　1件。Ac型。

标本F303：9，夹砂褐陶，局部、里红，胎红夹灰。唇部戳按呈波浪形齿，腹饰斜绳纹。侈口，卷沿外翻，鼓腹，残。手制，火候较高。残宽7.2、残高7.8厘米（图五〇〇，6）。

B型　4件。

Ba型　3件。

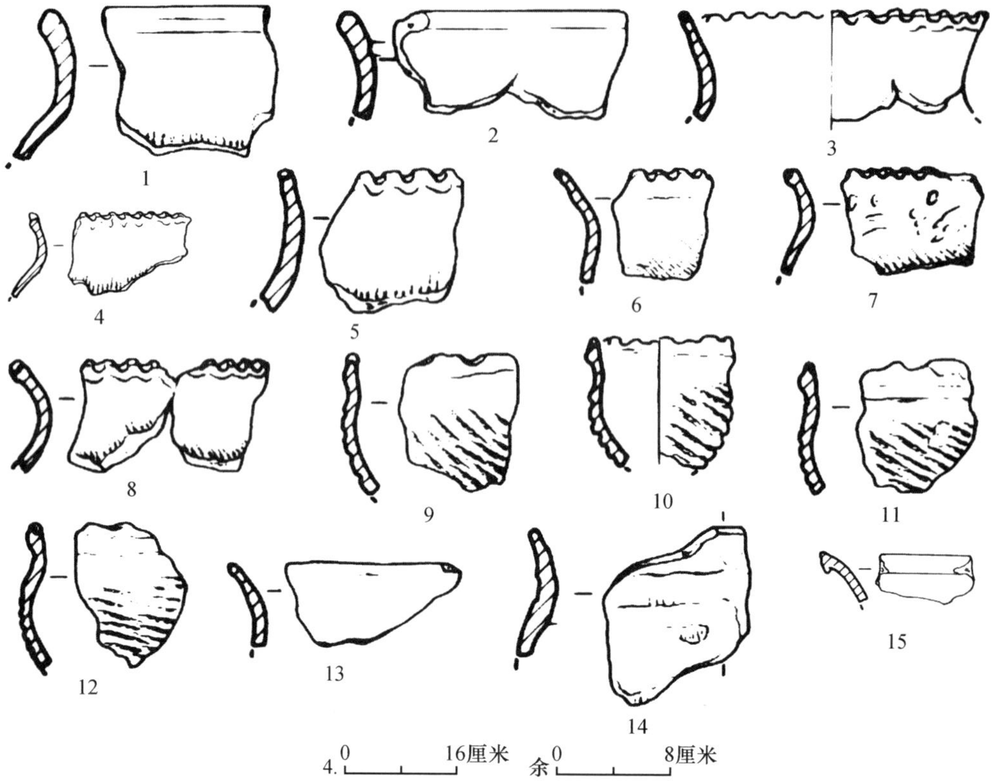

图五〇〇　F303出土陶器

1、2. B型缸（F303：30、F303：31）　3. Ba型Ⅰ式齿唇瓮（F303：12）　4. Ba型Ⅱ式齿唇瓮（F303：13）　5. Bb型齿唇瓮（F303：14）　6. Ac型齿唇罐（F303：9）　7、8. Ba型Ⅰ式齿唇罐（F303：10、F303：11）　9、10. Ba型Ⅰ式花边圜底罐（F303：5、F303：6）　11、12. Bb型花边圜底罐（F303：7、F303：8）　13. A型矮领罐（F303：19）　14. 甗口？（F303：29）　15. Ⅱ式喇叭口器（F303：28）

Ⅰ式：2件。

标本F303：10，夹粗砂红陶，局部灰褐。唇部戳按呈波浪形齿，外沿饰戳印纹，肩饰斜绳纹。侈口，卷沿，溜肩，残。手制，火候较高。残宽10、残高7.2厘米（图五〇〇，7）。标本F303：11，夹粗砂黑陶，局部、里红褐。唇部戳按呈波浪形齿，肩饰斜绳纹。侈口，卷沿外翻，有肩，残。手制，火候较高。残宽14.2、残高7.8厘米（图五〇〇，8）。

Ⅱ式：1件。标本碎小。

Bb型　1件。标本碎小。

花边圜底罐　21件。B型。

Ba型　18件。Ⅰ式。

标本F303：5，夹砂灰褐陶，局部灰黑；器表多灰白色附着物。唇部戳刮、外沿内抹呈波浪形，腹饰斜粗绳纹。口近直，束颈，鼓腹，残。手制，火候较高。残宽8.4、残高9.6厘米（图五〇〇，9）。标本F303：6，夹砂灰褐陶，局部、里红。唇部戳刮、外沿内抹呈波浪形，腹饰斜粗绳纹。侈口，束颈，鼓腹，残。手制，火候较高。口径10、残高8.8厘米（图五〇〇，10）。

Bb型　3件。

标本F303：7，夹粗砂红陶，胎红夹灰。唇部戳刮、外沿内抹呈波浪形，颈饰横划纹，腹饰斜粗绳纹。微侈口，束颈，鼓腹，残。手制，火候较高。残宽8.4、残高9.2厘米（图五〇〇，11）。标本F303：8，夹砂红陶，局部灰黑，胎红夹灰。唇部戳刮、外沿内抹呈波浪形，颈饰横划纹，腹饰斜粗绳纹。微侈口，束颈，鼓腹，残。手制，火候较高。残宽8、残高10厘米（图五〇〇，12）。

束颈圜底罐　3件。标本碎小。

矮领罐　1件。A型。

标本F303：19，夹粗砂黑陶，局部、胎灰褐。素面。侈口，圆唇，束领，残。手制轮修，火候较高。残宽12.4、残高5.8厘米（图五〇〇，13）。

甗口？　1件。

标本F303：29，夹粗砂红陶，胎红夹黑。肩饰斜绳纹。侈口，方唇，领外卷，溜肩，残。手制，火候较高。残宽10.4、残高12.4厘米（图五〇〇，14）。

喇叭口器　2件。Ⅱ式。

标本F303：28，夹砂红陶，局部黑。素面。喇叭口，外沿较窄，圆唇，残。轮制，火候高。残宽6.8、残高3.4厘米（图五〇〇，15）。

高领罐　2件。

标本F303：18，夹粗砂灰褐陶，局部灰黑。领外多划纹。侈口，微有平折沿，圆唇，微束领，有肩，残。手制，火候较高。残宽12.4、残高8.2厘米（图五〇一，1）。

罐形釜　4件。Aa型。

Ⅱ式：1件。

标本F303：15，夹砂红陶，局部褐、灰黑。腹饰斜绳纹。侈口，圆唇，束颈，鼓腹，残。手制轮修，火候较高。残宽6、残高6.6厘米（图五〇一，2）。

Ⅲ式：3件。

标本F303：17，夹粗砂黑陶，局部、里灰褐。侈口，卷沿，圆唇，鼓腹，残。轮制，火候较高。残宽10、残高7.2厘米（图五〇一，3）。

盆形釜　3件。A型。

Aa型　1件。

标本F303：20，夹砂灰褐陶，局部红褐。腹饰斜粗绳纹。侈口，卷沿，圆唇，弧腹，残。手制，火候较高。残宽5、残高6厘米（图五〇一，4）。

Ab型　2件。

标本F303：21，夹砂褐陶，局部黑。下腹饰斜绳纹。侈口，卷沿，圆唇，斜肩，鼓腹，残。轮制，火候较高。残宽6.2、残高3.2厘米（图五〇一，5）。标本F303：22，夹砂灰褐陶，红褐胎。肩饰斜绳纹。侈口，斜折沿，方唇，溜肩，残。轮制，火候较高。残宽6.4、残高6厘米（图五〇一，6）。

豆（盘）　1件。A型Ⅱ式。

标本F303：25，泥质黑陶，褐胎。素面。口微敛，斜方唇，弧腹，残。轮制，火候高。残宽5.6、残高2.5厘米（图五〇一，7）。

圜底钵　4件。A型Ⅱ式。

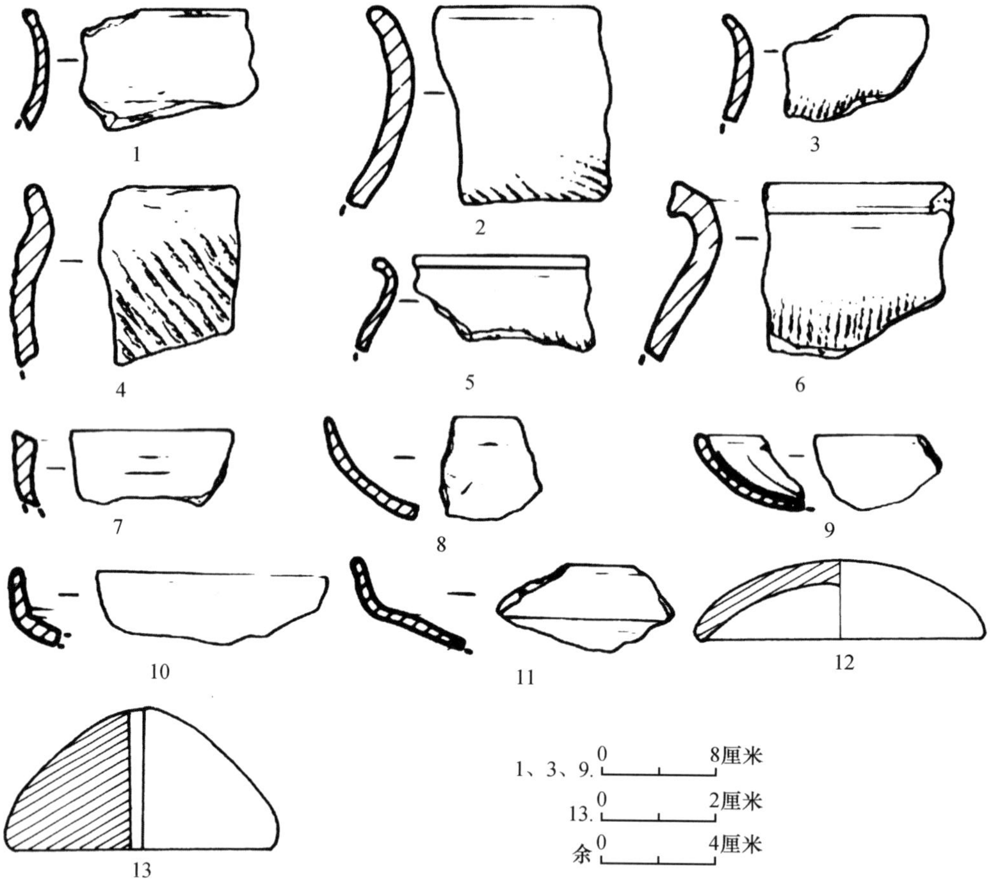

图五〇一 F303出土陶器

1. 高领罐（F303：18） 2. Aa型Ⅱ式罐形釜（F303：15） 3. Aa型Ⅲ式罐形釜（F303：17） 4. Aa型盆形釜（F303：20） 5、6. Ab型盆形釜（F303：21、F303：22） 7. A型Ⅱ式豆（盘）（F303：25） 8、9. A型Ⅱ式圜底钵（F303：26、F303：27） 10. A型Ⅱ式尖底盏（F303：23） 11. B型Ⅱ式尖底盏（F303：24） 12. B型Ⅱ式器盖（F303：1） 13. B型纺轮（F303：4）

标本F303：26，夹砂灰褐陶，局部褐。腹饰划纹。敞口，圆唇，弧腹，圜底，残。手制，火候较高。残宽6.8、残高7厘米（图五〇一，8）。标本F303：27，夹砂褐陶，局部灰黑。素面，内壁饰放射状划纹。敞口，圆唇，弧腹，圜底，残。手制，火候较高。残宽8.8、残高5.3厘米（图五〇一，9）。

尖底盏 2件。

A型 1件。Ⅱ式。

标本F303：23，泥质灰褐陶，黑胎。素面。敞口，圆唇，弧腹，上腹较斜直，下腹弧收，内腹折，残。轮制，火候高。残宽8、残高2.4厘米（图五〇一，10）。

B型 1件。Ⅱ式。

标本F303：24，夹砂黑陶，红褐胎。下腹饰细划纹。敞口，圆唇，折腹，上腹斜直，下腹弧收，残。轮制，火候较高。残宽6.2、残高 3厘米（图五〇一，11）。

器盖 2件。B型Ⅱ式。

标本F303：1，夹砂红陶，局部灰褐。素面。覆钵形，敞口，圆唇，口微残。手制，火候较高。口径9.8、高3.6厘米（图五〇一，12）。

纺轮　1件。B型。

标本F303：4，泥质灰褐陶，局部褐。素面。截面圆包形，中有圆形穿孔，完整。手制，火候较高。底径4.5、高2.4厘米（图五〇一，13）。

3. 晚段

51座。

（1）A型

25座。

F15

位置：主体位于97DT0501内，被开口第12A层下的H32、H48和第17层下的H106、H148打破。层位关系：⑰—F15→⑱。

形制：平面呈长方形，东北—西南向，长820、宽450厘米。在房面东中部残留有隔墙？两段，均残长120米、残宽15～20、残高2～10厘米。在靠上部隔墙端置三鹅卵石（图五〇二；图版五一，3）。

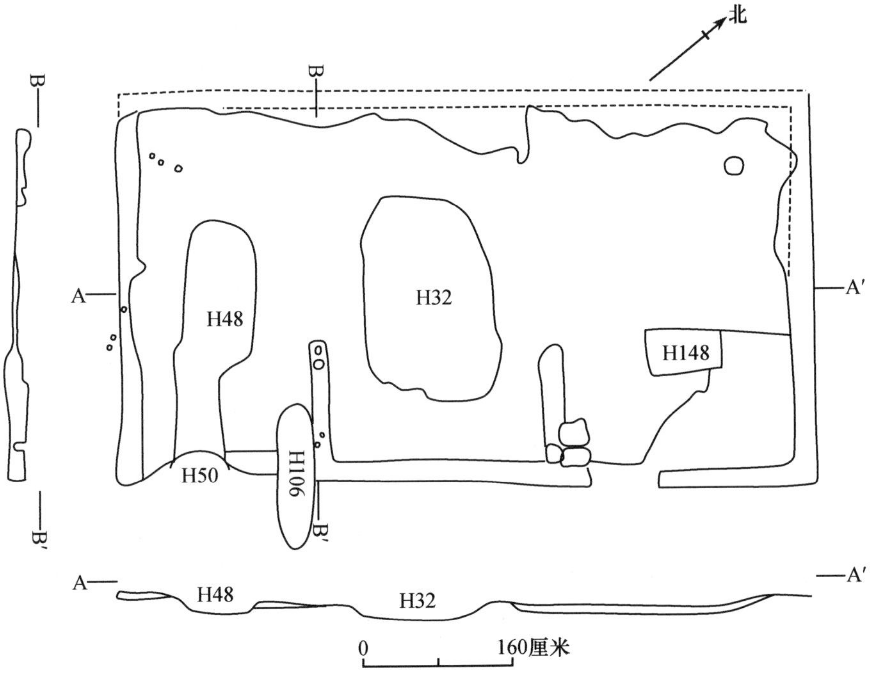

图五〇二　F15平、剖面图

房面：可分为2层。

第1层：青灰色，较纯，夹小白点，凹凸不平，坚硬如石，分布西部宽25～100厘米范围，厚2～8厘米。

第2层：灰褐色，比第1层略软，夹炭和细碎陶片，整个房面均有分布，厚2～8厘米。

在房面下铺垫四层夹碎陶片、沙土的垫土层。

其与东北相距4.2、西北相距6.5米的F19、F39同为第17层下遗迹，三房之间为碎陶片铺成的活动面。

F40

位置：位于99DT0301、99DT0201、99DT0202内，被H182、H354、H355、H374打破。层位关系：⑲—F40→⑳。

形制：房址平面呈不规则长方形，残存房面、墙、“洞”、灶？、门及门道等，东北—西南向，长约1225、宽480厘米（图五〇三；图版五〇，2上）。

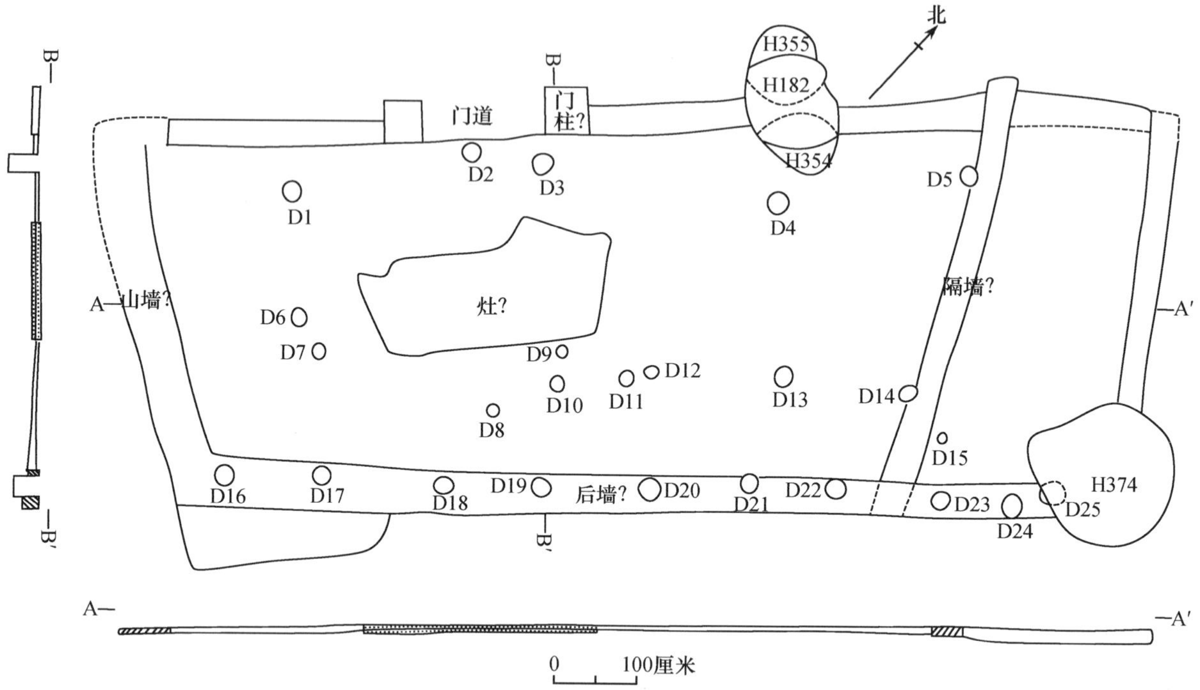

图五〇三　F40平、剖面图

房面：可分2层。

第1层：夹沙褐土，其上踩踏面局部有纯净黄红色沙泥，踩踏面极薄，厚约0.05米，夹细碎陶片。

第2层：在房内分布各处情况略不同，左侧前半部主要为红烧土，质地较硬，纯净；左侧后半部和中部主要是黄沙泥，纯净；右侧为褐土垫层，质较疏软，夹细碎陶片。厚2～10厘米。

灶？：位于房子中部与门道相对，平面呈不规则形，最长3、最宽1.5、厚0.1米，为红烧土堆积，系直接在屋面上烧火而形成。

隔墙？：位于F40右侧，长5.1、宽0.35、残高0.1米。仅残余与房面相水平的基槽？，填黄沙泥。

墙？：分前、后墙及山墙。

前墙：残长9.65、宽0.25米，仅留下黄沙泥痕迹。

后墙：残长10.5、宽0.45～0.65、残高0.02～0.07米，褐土夹大量烧土，系经火烧处理。

山墙：仅保留房子左侧部分，长4、宽0.55米，褐土夹黄黏泥，仅留痕迹。

门及门道：位于前墙中部偏西南处，宽1.5米，门向西北（315°）。门柱（？）部位为黄沙泥，残高0.15米。门道宽1.5米，面平，有踩踏面。

“洞”：发现“洞”25个。这25个“洞”大致可以看出横列三排，前、后墙各一排，房中一排；纵列四排，隔墙中一排，房中三排。各“洞”情况如下：

D1：口径22、底径10、深10厘米。壁较为规整，出土细碎陶片，为花边圜底罐和直口圜底罐碎片。

D2：口径24、深35、底径12厘米。壁规整，填土含炭粒较多，出土直口圜底罐残片，底部平整。

D3：口径24、底径10、深32厘米。壁规整，填土含炭粒多，出土陶片，以直口圜底罐为主，少量束颈圜底罐。

D4：口径20、底径10、深20厘米。壁规整，出土陶片，有花边和直口圜底罐。

D5：口径24、底径13、深24厘米。壁未经修整，出土束颈、直口圜底罐和釜腹片等残片。

D6：口径20、底径12、深22厘米 。壁规整，无陶片，底部有一层细沙。

D7：口径15、底径12、深18厘米 。壁未修整。

D8：口径20、底径6、深44厘米 。壁未修整。

D9：口径15、底径12、深15厘米 。壁未修整，出陶片，有盘口器口沿。

D10：口径20、底径20、深44厘米 。壁规整，出束颈圜底罐碎片。

D11：口径20、底径12、深22厘米 。壁规整，无陶片。

D12：口径24、底径18、深20厘米 。壁规整，出直口、束颈圜底罐残片。

D13：口径20、底径13、深20厘米 。壁未修整。

D14：口径26、底径20、深46厘米 。壁规整，出直口、束颈圜底罐残片。

D15：口径22、底径15、深50厘米 。壁规整，出直口、束颈圜底罐残片。

D16：口径26、底径20、深52厘米 。壁规整，出直口、束颈圜底罐残片。

D17：口径22、底径20、深30厘米 。壁规整，出直口、束颈圜底罐残片。

D18：口径26、底径20、深56厘米 。壁规整，出束颈、直口圜底罐残片。

D19：口径26厘米。壁规整。

D20：口径26厘米。壁规整。

D21：口径22厘米。壁规整。

D23：口径20、底径20、深36厘米 。壁规整。

D24：口径25、底径25、深40厘米 。壁规整。

D25：口径26、底径25厘米。被H374打破，壁规整。

活动面：于F40屋后发现一块长5.5、宽0.8米的由碎陶片铺成的较平整的活动面。

出土遗物：参加分类排队的陶器198件，挑选标本42件。

齿唇瓮　3件。B型。

Ba型　1件。Ⅱ式。

标本99DT0301F40②：6，夹粗砂褐陶，局部红、灰，黑胎。唇部戳按略呈齿状，领下部饰戳印纹。侈口，领上部外斜，下部微外弧，有肩，残。手制，火候较高。残宽14、残高8厘米（图五〇四，1）。

Bb型　2件。

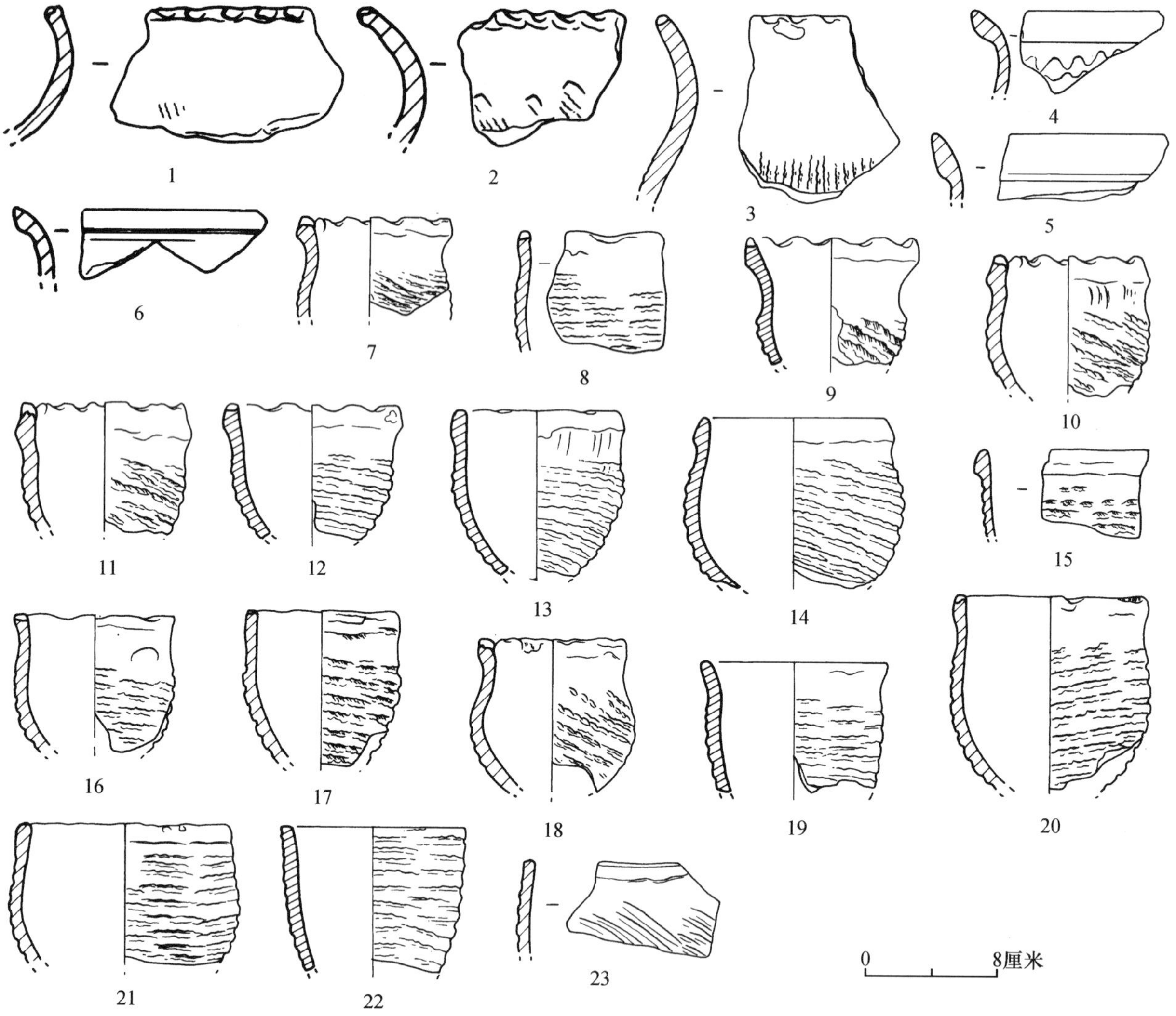

图五〇四　F40出土陶器

1. Ba型Ⅱ式齿唇瓮（99DT0301F40②：6）　2、3. Bb型齿唇瓮（99DT0301F40②：5、99DT0201F40②：1）　4、5. B型Ⅱ式矮领瓮（99DT0301F40②：8、99DT0201F40②：11）　6. B型中领瓮（99DT0301F40②：7）　7. Aa型Ⅱ式花边圜底罐（99DT0301F40②：1）　8. Ab型花边圜底罐（99DT0201F40②：2）　9. Ba型Ⅱ式花边圜底罐（99DT0201F40（内）：1）　10. Bb型花边圜底罐（99DT0301F40②：2）　11、12. Bc型花边圜底罐（99DT0301F40②：4、99DT0201F40（内）：4）　13、14. A型Ⅰ式束颈圜底罐（99DT0201F40（内）：5、99DT0201F40（内）：6）　15. A型Ⅱ式束颈圜底罐（99DT0201F40②：4）　16、17. B型Ⅰ式束颈圜底罐（99DT0201F40②：5、99DT0201F40②：6）　18、19. B型Ⅱ式束颈圜底罐（99DT0301F40②：3、99DT0201F40（内）：9）　20～22. A型Ⅰ式敛口圜底罐（99DT0201F40②：7、99DT0201F40②：8、99DT0201F40（内）：10）　23. B型敛口圜底罐（99DT0201F40②：10）

标本99DT0301F40②：5，夹粗砂黑陶，局部灰，里红。唇部戳刮、外沿刮抹呈波浪形齿，领下部饰戳印纹，上腹饰斜绳纹。侈口，束领外翻，残。手制，火候较高。残宽10、残高8厘米（图五〇四，2）。标本99DT0201F40②：1，夹粗砂红陶，局部灰褐。唇部戳按呈浅波浪形齿，腹饰竖中粗绳纹。侈口，束领，鼓腹，残。手制，火候较高。残宽9.6、残高11.2厘米（图五〇四，3）。

矮领瓮　2件。B型Ⅱ式。

标本99DT0301F40②：8，夹砂黑陶，胎褐夹黑。领饰尖折波浪形暗纹两周。侈口，外沿较宽，圆唇，束领，残。轮制，火候高。残宽8.6、残高4.9厘米（图五〇四，4）。标本99DT0201F40②：11，夹砂黑陶。素面。侈口，圆唇，微束领，残。轮制，火候较高。残宽10.2、残高4厘米（图五〇四，5）。

中领瓮 1件。B型。

标本99DT0301F40②：7，泥质黑陶，灰褐胎。素面。侈口，外沿较窄，圆唇，束领，残。轮制，火候高。残宽11.2、残高4.2厘米（图五〇四，6）。

花边圜底罐 91件。

A型 3件。

Aa型 2件。Ⅱ式。

标本99DT0301F40②：1，夹砂红陶，局部黑，灰胎。唇部戳刮、外沿刮抹呈波浪形，腹饰斜绳纹。侈口，束颈，鼓腹，残。手制，火候高。口径9.2、残高6厘米（图五〇四，7）。

Ab型 1件。

标本99DT0201F40②：2，夹砂褐陶；器表多灰白色附着物。唇部刮抹略呈波浪形，腹饰中粗绳纹。口微侈，束颈，鼓腹，残。手制，火候较高。残宽7.1、残高7.2厘米（图五〇四，8）。

B型 88件。

Ba型 28件，其中22件不明式别。

Ⅰ式：5件。标本碎小。

Ⅱ式：1件。

标本99DT0201F40（内）：1，夹粗砂红陶，灰胎。唇部戳刮、外沿内抹呈波浪形，腹饰斜粗绳纹。侈口，束颈，鼓腹，残。手制，火候较高。口径10、残高7.6厘米（图五〇四，9）。

Bb型 2件。

标本99DT0301F40②：2，夹砂灰褐陶，灰胎，里黑；器表多灰白色附着物。唇部戳刮、外沿刮抹呈波浪形，颈饰竖划纹，腹饰斜粗绳纹。口微敛，束颈，鼓腹，残。手制，火候高。口径9、残高8.4厘米（图五〇四，10）。

Bc型 58件。

标本99DT0301F40②：4，夹砂红陶，局部灰褐、黑；器表多灰白色附着物。唇部戳刮、外沿内抹呈波浪形，腹饰斜粗绳纹。口微敛，微束颈，微鼓腹，残。手制，火候高。口径9.8、残高7.8厘米（图五〇四，11）。标本99DT0201F40（内）：4，夹砂褐陶，局部灰、黑；器表多灰白色附着物。唇部戳刮、外沿内抹呈波浪形，腹饰粗绳纹。口微敞，微束颈，鼓腹，残。手制，火候较高。口径10.4、残高8厘米（图五〇四，12）。

束颈圜底罐 48件。

A型 10件。

Ⅰ式：8件。

标本99DT0201F40（内）：5，夹砂灰黑陶，局部、里褐；器表多灰白色附着物。颈饰竖斜划纹，腹饰中粗绳纹。口近直，微束颈，鼓腹，残。手制，火候较高。口径10、残高9.8

厘米（图五〇四，13）。标本99DT0201F40（内）：6，夹砂红陶，里红褐；器表多灰白色附着物。唇部、外沿刮抹，腹饰斜粗绳纹。口微敛，束颈，鼓腹，残。手制，火候较高。口径11.2、残高10.2厘米（图五〇四，14）。

Ⅱ式：2件。

标本99DT0201F40②：4，夹砂灰褐陶；器表多灰白色附着物。腹饰粗绳纹。敞口，圆唇，上腹斜直，残。手制，火候较高。残宽6.4、残高5.3厘米（图五〇四，15）。

B型　38件。

Ⅰ式：34件。

标本99DT0201F40②：5，夹砂褐陶，胎、里红。唇部刮抹略呈波浪形，腹饰粗绳纹。口微侈，微束颈，鼓腹，残。手制，火候较高。口径9.6、残高8.2厘米（图五〇四，16）。标本99DT0201F40②：6，夹砂灰陶，胎、里灰褐；器表多灰白色附着物。腹饰粗绳纹。口近直，微束颈，鼓腹，残。手制，火候较高。口径9.2、残高9.2厘米（图五〇四，17）。

Ⅱ式：4件。

标本99DT0301F40②：3，夹砂黑陶，局部、胎灰；器表多灰白色附着物。唇部戳刮、外沿内抹略呈波浪形，颈、腹饰斜粗绳纹。口近直，束颈，鼓腹，残。手制，火候高。口径9、残高9.2厘米（图五〇四，18）。标本99DT0201F40（内）：9，夹砂红褐陶，局部灰；器表多灰白色附着物。腹饰绳纹。侈口，卷沿，鼓腹，残。手制，火候较高。口径11.2、残高7.8厘米（图五〇四，19）。

敛口圜底罐　40件。

A型　39件。

Ⅰ式：38件。

标本99DT0201F40②：7，夹砂红陶，局部褐；器表多灰白色附着物。腹饰中粗绳纹。口近直，微束颈，鼓腹，残。手制，火候较高。口径11.6、残高11.5厘米（图五〇四，20）。标本99DT0201F40②：8，夹砂红褐陶，局部灰褐，红胎；器表多灰白色附着物。腹饰中粗绳纹。敛口，鼓腹，残。手制，火候较高。口径12.8、残高6.4厘米（图五〇四，21）。标本99DT0201F40（内）：10，夹砂灰褐陶，局部灰，里红褐；器表多灰白色附着物。口微敞，方唇，局部圆，弧腹，残。手制，火候较高。口径11.2、残高8.6厘米（图五〇四，22）。

Ⅱ式：1件。标本碎小。

B型　1件。

标本99DT0201F40②：10，夹砂灰陶，局部红、黑，里红。腹饰印纹。口微敛，鼓腹，残。手制，火候较高。残宽9.2、残高5.6厘米（图五〇四，23）。

甗　3件。B型。

标本99DT0301F40②：11，夹砂黑陶，胎、里灰黑。器表饰斜中粗绳纹。下腹弧收，斜肩，腰部附加泥条加固，残。分制，火候较高。残宽15.2、残高6.2厘米（图五〇五，1）。标本99DT0201F40“洞”：6，夹粗砂黑陶，局部褐。器表饰斜粗绳纹。甑下腹弧收置于鬲颈部，腰部附加泥条加固，残。分制，火候较高。残高9.6厘米（图五〇五，2）。

尊形器　1件。A型Ⅱ式。

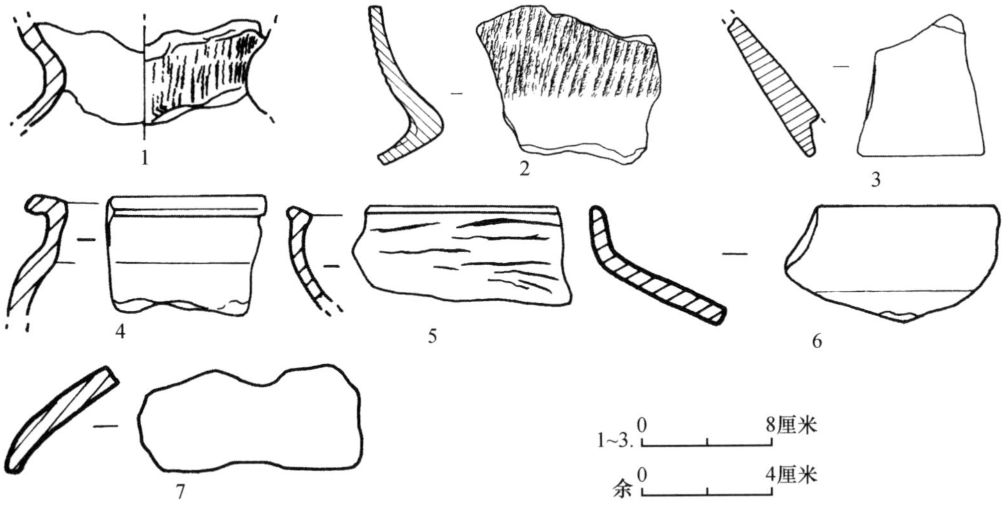

图五〇五　F40出土陶器

1、2. B型甗（99DT0301F40②：11、99DT0201F40“洞”：6）　3. A型Ⅱ式尊形器（99DT0201F40（内）：13）
4. B型盆形釜（99DT0301F40②：9）　5. A型豆（盘）（99DT0301F40②：10）
6. A型Ⅲ式尖底盏（99DT0201F40（内）：12）　7. B型Ⅱ式器盖（99DT0201F40“洞”：5）

标本99DT0201F40（内）：13，喇叭口，内沿微凹，外沿宽，残。轮制，火候较高。残宽7.7、残高8.5厘米（图五〇五，3）。

盆形釜　1件。B型。

标本99DT0301F40②：9，夹砂黑陶，局部红。素面。侈口，折沿微斜，圆唇，矮领，斜肩，鼓腹，残。轮制，火候较高。残宽4.8、残高3.6厘米（图五〇五，4）。

豆（盘）　1件。A型。

标本99DT0301F40②：10，夹砂灰褐陶。腹饰横暗纹。敛口，方唇，上腹微鼓，下腹弧收，残。轮制，火候较高。残宽6.6、残高3厘米（图五〇五，5）。

尖底盏　5件，其中2件仅剩底部。A型Ⅲ式。

标本99DT0201F40（内）：12，夹砂黑陶，局部、胎红褐。下腹微有瓦棱纹。口微敞，圆唇，弧腹，残。轮制，火候较高。残宽6.6、残高3.5厘米（图五〇五，6）。

器盖　2件。

A型　1件。标本碎小。

B型　1件。Ⅱ式。

标本99DT0201F40“洞”：5，夹细砂红褐陶。素面。弧壁，敞口，圆唇，残。手制，火候较高。残宽6.8、残高3.1厘米（图五〇五，7）。

F153

位置：位于99DT0201西部和北部，F40西侧，房面距地表深275厘米。H361位于F153范围内。层位关系：H355→F153→㉑。

形制：房址平面呈长方形，东北—西南向，残存房面、“洞”、门、灶？等，残长1100、宽450厘米（图五〇六）。

房面：可以分为3层。

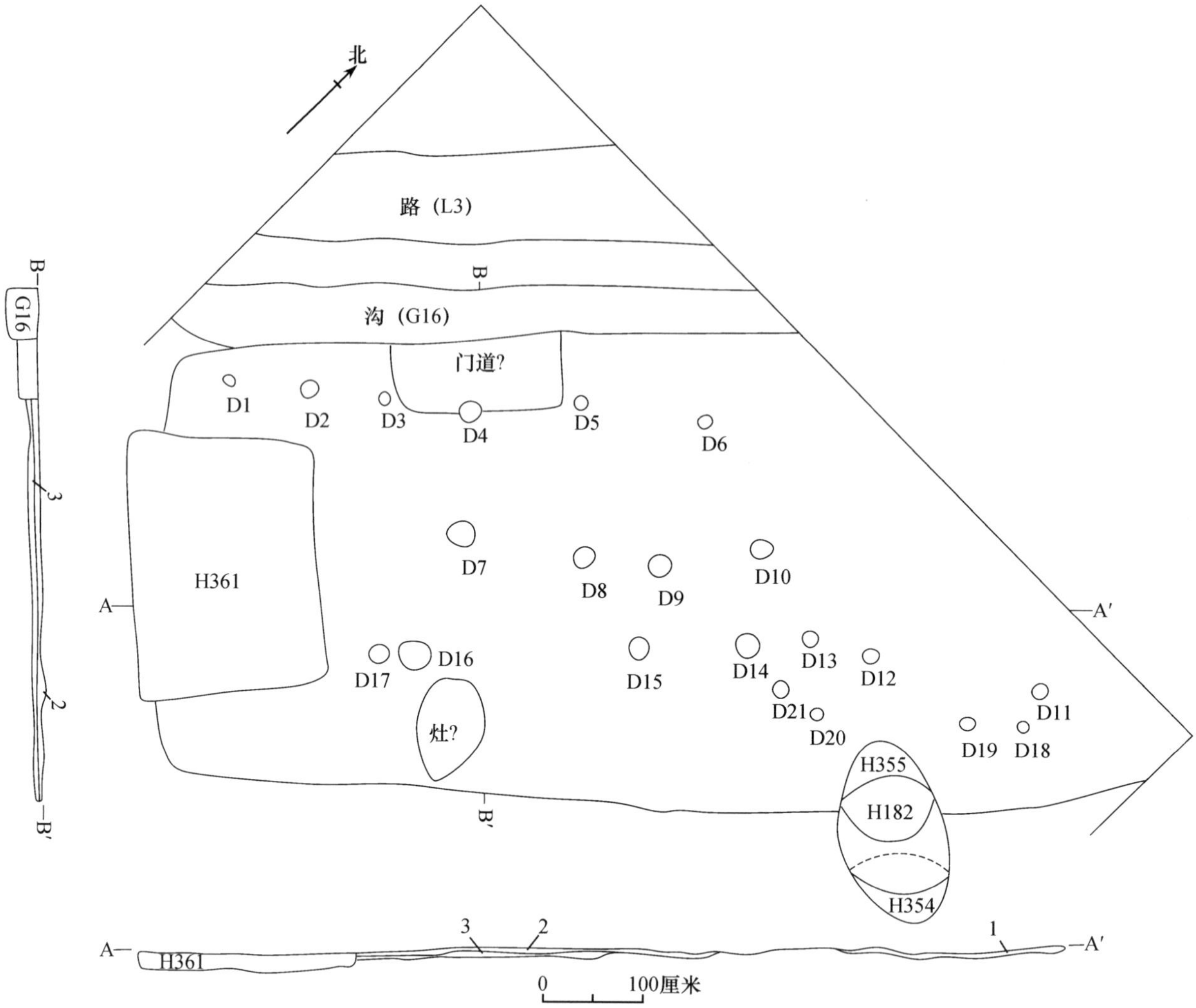

图五〇六 F153平、剖面图

第1层：棕红软土，分布在房面北部，厚5～7厘米。

第2层：黄褐土硬面，分布在整个房面。在门道内侧长120、宽100厘米处厚8厘米，其余部分硬面厚3～5厘米。

第3层：红黏土，分布在部分房面下，厚1～2厘米，但与房面东部黄褐硬面下红烧土相连，说明F153起码经过两次以上的修补使用。

“洞”：发现21个，大致可以看出从西向东四排。

第1排：D1～D6，壁规整。口径12～20、深10～28厘米。

第2排：D7～D10，壁规整。口径20～22、深30～50厘米。

第3排：D11～D17，壁规整。口径16～24、深10～43厘米。

第4排：D18～D20，壁规整。口径10～18、深10～20厘米。

“洞”填土疏松，出土束颈、敛口圜底罐碎陶片。

灶？：在房面东南部发现不规则椭圆形红烧土痕迹，径65～100、厚8～10厘米，应为当时用火后留下的痕迹。

门：位于房面的西侧偏南部，宽165、深70厘米，门向西北（325°），门道外侧为台阶，残留2级，台阶高20厘米。

沟：位于F153的西侧靠近房面，东北—西南向，残长约1200、宽40～50、深30厘米。沟内填黄灰土，疏松，局部形成空洞，夹有炭灰和兽骨。出土部分陶器残片。

路：位于沟的西侧，中间相隔40厘米，与F153走向一致，长约1500、宽80～100厘米，用碎陶片掺沙铺成，碎陶片以圜底罐为主，厚5～8厘米。

H361位于F153房内，开口在同一地层下，并且房面与坑壁相连，坑底经火烧过，在坑内填土中发现有红色和青灰色土，在坑的北侧房面上也发现有红色和青灰色土，因此，H361与F153应有一定关系。此外，F40与F153开口层位相同，且邻近，应该是同时成组使用的房址。

出土遗物：参加分类排队的陶器220件，挑选标本49件。

高领瓮 2件。Ⅱ式。

标本F153②：19，夹砂黑陶，灰褐胎，大部分表皮脱落。素面，内壁饰暗纹。喇叭口，圆尖唇，内沿微弧，残。轮制，火候较高。残宽8、残高4.8厘米（图五〇七，1）。标本F153②：20，夹砂黑陶，红褐胎。素面。喇叭口，圆唇，残。轮制，火候高。残宽7.2、残高3.4厘米（图五〇七，2）。

矮领瓮 3件。B型。

Ⅰ式：1件。

标本F153②：22，夹砂黑陶，灰胎。素面。侈口，卷沿外翻，圆唇，束领，残。轮制，火候高。残宽4.8、残高3厘米（图五〇七，3）。

Ⅱ式：2件。

标本F153②：23，夹砂灰褐陶，红胎。素面。侈口，卷沿外翻，圆唇，微束领，残。轮制，火候高。残宽5.1、残高4.6厘米（图五〇七，4）。

敛口瓮 1件。B型。

标本F153②：21，夹砂黑陶，灰褐胎。器表脱落。敛口，圆唇，溜肩，残。轮制，火候高。残宽7.6、残高6.1厘米（图五〇七，5）。

缸 2件。B型。

标本F153③：15，夹砂黑陶，胎红夹灰。素面。喇叭口，圆唇，残。轮制，火候高。残宽6、残高4厘米（图五〇七，6）。标本F153③：16，夹砂褐陶，局部黑，胎褐夹灰。素面。喇叭口，内沿微凹，圆唇，残。轮制，火候较高。残宽5.6、残高3.8厘米（图五〇七，7）。

齿唇罐 1件。Ac型。

标本F153②：28，夹砂黑陶，胎红夹灰，里红。唇部戳按呈浅波浪形齿，腹饰戳划形绳纹。侈口，卷沿外翻，鼓腹，残。手制轮修，火候较高。残宽5.8、残高6.4厘米（图五〇七，8）。

花边圜底罐 54件。

A型 2件。Ab型。

标本F153③：7，夹砂褐陶，里黑。唇部按抹略呈波浪形，腹饰绳纹，局部按抹呈细线。敞口，弧腹内收，残。手制，火候较高。残宽7.6、残高7.4厘米（图五〇七，9）。标本F153③：8，夹砂灰褐陶，胎灰黑；器表多灰白色附着物。唇部刮抹略呈波浪形，腹饰绳纹。

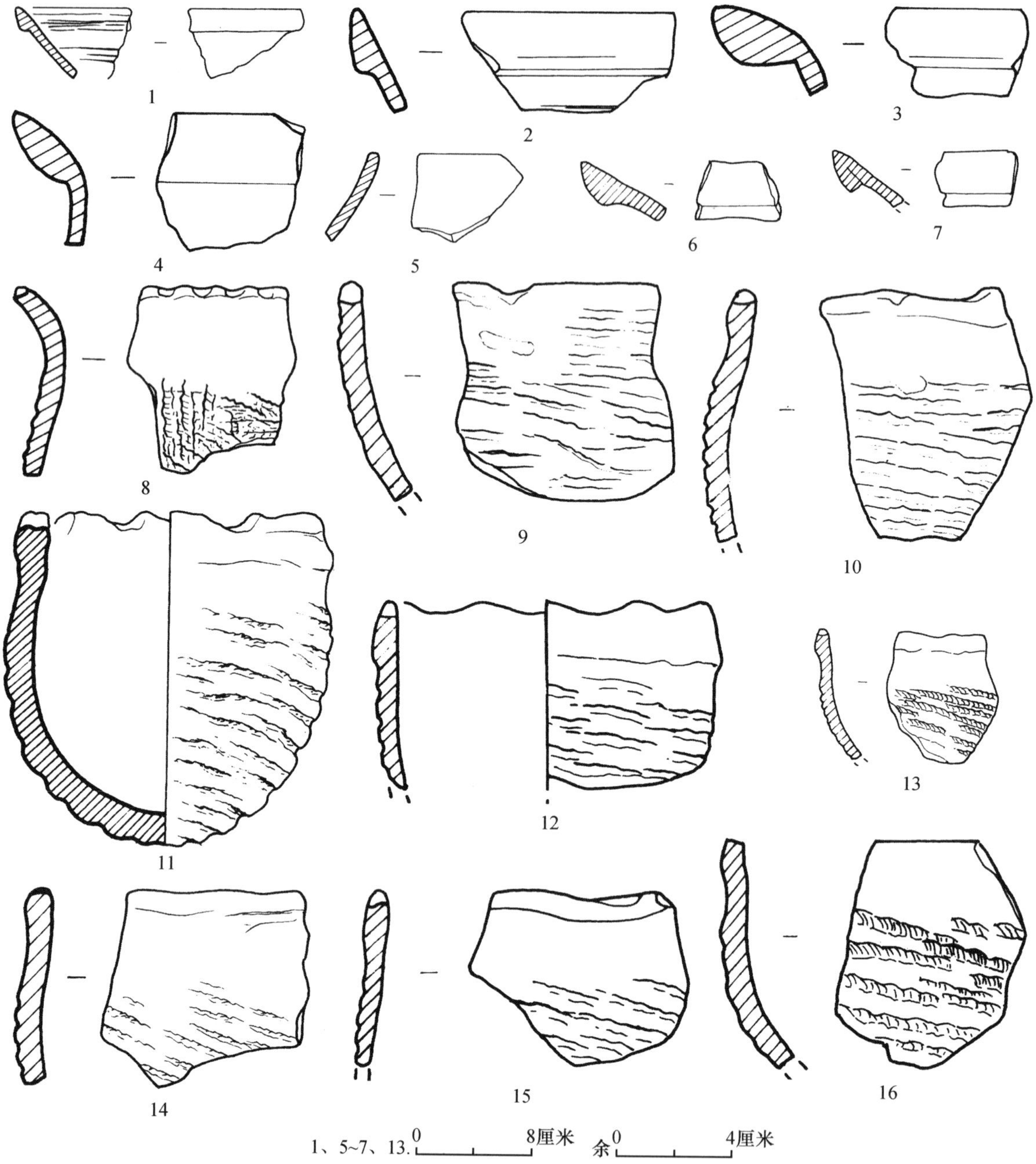

图五〇七　F153出土陶器

1、2. Ⅱ式高领瓮（F153②：19、F153②：20）　3.B型Ⅰ式矮领瓮（F153②：22）　4. B型Ⅱ式矮领瓮（F153②：23）　5. B型敛口瓮（F153②：21）　6、7. B型缸（F153③：15、F153③：16）　8. Ac型齿唇罐（F153②：28）　9、10. Ab型花边圜底罐（F153③：7、F153③：8）　11、12. Bc型花边圜底罐（F153③：5、F153③：10）　13、14. A型Ⅰ式束颈圜底罐（F153③：18、F153“洞”：2）　15、16. B型Ⅰ式束颈圜底罐（F153③：9、F153①：2）

口微敛，束颈，鼓腹，残。手制，火候较高。残宽7.2、残高8.6厘米（图五〇七，10）。

B型　52件。Bc型。

标本F153③：5，夹砂褐陶，局部灰，里红褐；内外壁多灰白色附着物。唇部戳刮、外沿刮抹呈波浪形，腹、底饰斜粗绳纹。口近直，局部微敛，微束颈，鼓腹，圜尖底，复原。手制，火候较高。口径10.2、高11.4厘米（图五〇七，11）。标本F153③：10，夹砂红陶；器表多灰白色附着物。唇部刮抹呈波浪形，腹饰粗绳纹。直口，弧腹，残。手制，火候较高。口径11.2、残高6.4厘米（图五〇七，12）。

束颈圜底罐　27件。

A型　20件。Ⅰ式。

标本F153③：18，夹粗砂黑陶，里红。腹饰粗绳纹。口微敞，微束颈，鼓腹，残。手制，火候较高。残宽7.6、残高8.8厘米（图五〇七，13）。标本F153“洞”：2，夹细砂灰陶，局部褐；器表多灰白色附着物。唇部刮抹，腹部饰中粗绳纹。口近直，束颈，鼓腹，残。手制，火候较高。残宽7.2、残高6.7厘米（图五〇七，14）。

B型　7件。

Ⅰ式：6件。

标本F153③：9，夹砂灰褐陶，局部黑。唇部刮抹略呈波浪形，腹饰中粗绳纹。敛口，微束颈，鼓腹，残。手制，火候较高。残宽7.5、残高6厘米（图五〇七，15）。标本F153①：2，夹砂褐陶，局部、里红；器表多灰白色附着物。腹饰粗绳纹。口近直，束颈，鼓腹，残。手制，火候较高。残宽6.5、残高7.8厘米（图五〇七，16）。

Ⅱ式：1件。标本碎小。

敛口圜底罐　86件。A型。

Ⅰ式：82件。

标本F153③：12，夹砂褐陶，红胎；器表多灰白色附着物。器表饰粗绳纹。口微敛，微鼓腹，残。手制，火候较高。口径9.6、残高9.8厘米（图五〇八，1）。标本F153②：5，夹砂灰褐陶，里红褐；器表多灰白色附着物。腹饰中粗绳纹、短竖划纹。口微敛，鼓腹，残。手制，火候较高。残宽8.4、残高9.2厘米（图五〇八，2）。

Ⅱ式：4件。

标本F153②：6，夹砂红褐陶，局部灰；器表多灰白色附着物。器表饰斜中粗绳纹。敛口，微鼓腹，残。手制，火候较高。残宽9.4、残高9.8厘米（图五〇八，3）。

高领罐　1件。

标本F153②：12，夹砂红陶。器表饰绳纹，局部按抹。侈口，圆唇，束领，残。手制，火候较高。口径11.2、残高5.5厘米（图五〇八，4）。

立沿罐?　1件。Ⅰ式。

标本F153②：13，夹砂黑陶，红褐胎。领饰竖暗纹，内沿饰横暗纹，内外壁磨光。喇叭口，圆唇，束领，残。轮制，火候高。残宽8、残高2.4厘米（图五〇八，5）。

圈足罐　1件。Ⅱ式。

标本F153②：14，夹砂黑陶，灰胎。素面。圈足较粗，残。轮制，火候高。残高2.1厘米（图五〇八，6）。

盂　1件。

标本F153②：11，夹砂黑陶，紫红胎。上饰凹弦纹。侈口，卷沿，圆唇，鼓腹，残。轮制，火候较高。残宽5、残高4.8厘米（图五〇八，7）。

罐形釜　3件。Aa型，2件不明式别。

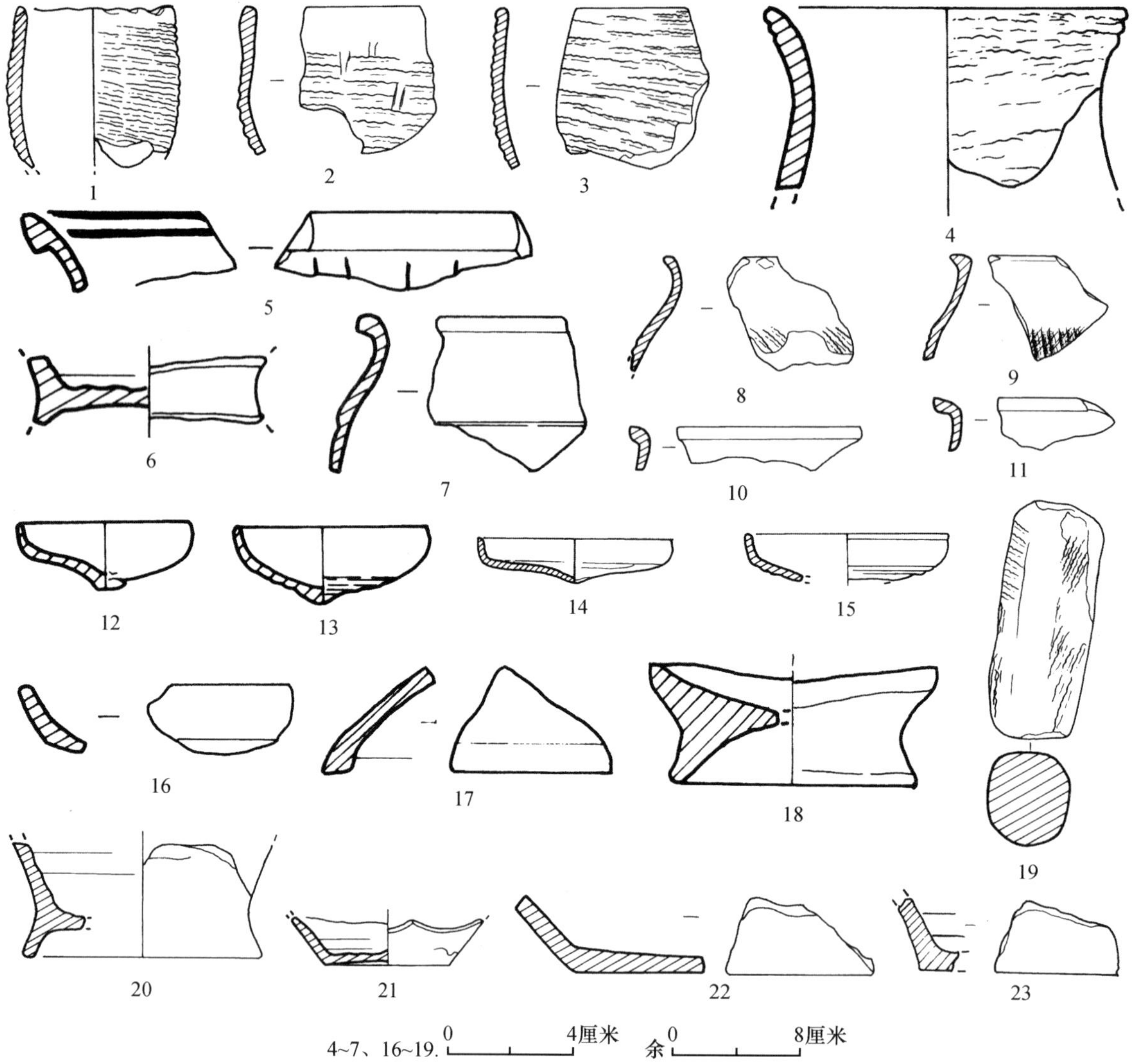

图五〇八　F153出土陶器

1、2. A型Ⅰ式敛口圜底罐（F153③：12、F153②：5）　3. A型Ⅱ式敛口圜底罐（F153②：6）　4. 高领罐（F153②：12）　5. Ⅰ式立沿罐?（F153②：13）　6. Ⅱ式圈足罐（F153②：14）　7. 盂（F153②：11）　8. Aa型Ⅲ式罐形釜（F153②：15）　9、10. Aa型盆形釜（F153“洞”：4、F153②：17）　11. Ab型盆形釜（F153②：18）　12、13. A型Ⅱ式尖底盏（F153②：1、F153②：3）　14、15. A型Ⅲ式尖底盏（F153①：4、F153②：9）　16. B型Ⅰ式尖底盏（F153②：10）　17. B型Ⅱ式器盖（F153①：5）　18. 圈足杯（F153①：6）　19. 甗足（F153②：25）　20. 圈足（F153②：24）　21～23. 器底（F153②：26、F153②：27、F153③：17）

Ⅲ式：1件。

标本F153②：15，夹砂黑褐陶，里红。腹饰斜绳纹。侈口，卷沿，圆唇，鼓腹，残。轮制，火候较高。残宽7.7、残高7厘米（图五〇八，8）。

盆形釜　3件。A型。

Aa型　2件。

标本F153“洞”：4，夹细砂黑陶，褐胎。腹部饰竖向交错绳纹。侈口，斜折沿，圆唇，上腹内束，下腹鼓，残。轮制，火候较高。残宽7.4、残高6.4厘米（图五〇八，9）。标本F153②：17，夹砂黑陶，红胎。素面。侈口，卷沿，圆唇，鼓腹，残。轮制，火候较高。残宽

11.3、残高2.7厘米（图五〇八，10）。

Ab型　1件。

标本F153②：18，夹砂黑陶，红胎。素面。侈口，卷沿外翻，圆唇，鼓腹，残。轮制，火候高。残宽7.2、残高5.2厘米（图五〇八，11）。

尖底盏　24件，其中底部11件。

A型　12件。

Ⅱ式：5件。

标本F153②：1，夹砂红褐陶，局部灰黑。素面。口近直，圆唇，上腹圆弧，下腹微束，尖底，复原。轮制，火候较高。口径10.8、高4厘米（图五〇八，12）。标本F153②：3，夹砂红褐陶，局部黑。素面。口近直，圆唇，圆弧腹，尖底，复原。轮制，火候较高。口径12、高4.8厘米（图五〇八，13）。

Ⅲ式：7件。

标本F153①：4，夹砂黑陶，局部、胎红褐。素面。口微敞，圆唇，弧浅腹，尖底，修复。轮制，火候较高。口径12、高2.7厘米（图五〇八，14）。标本F153②：9，夹砂灰褐陶。腹饰凹弦纹。敞口，圆唇，弧腹，残。轮制，火候较高。口径12.6、残高2.9厘米（图五〇八，15）。

B型　1件。Ⅰ式。

标本F153②：10，夹砂灰褐陶，局部黑。素面。敞口，圆唇，折腹，残。轮制，火候较高。残宽4.6、残高2.1厘米（图五〇八，16）。

器盖　2件。B型。

Ⅰ式：1件。标本碎小。

Ⅱ式：1件。

标本F153①：5，夹砂黑陶，红褐胎。素面。壁微折，敞口，圆唇，残。轮制，火候较高。残宽5、残高3.2厘米（图五〇八，17）。

圈足杯　1件。

标本F153①：6，夹砂红陶。素面。内外壁磨光。下腹斜收，圈足较矮外撇，残。手制，火候一般。足径7.6、残高3.7厘米（图五〇八，18）。

甗足　1件。

标本F153②：25，夹砂红陶，局部褐。器表饰绳纹。扁圆柱形足，根部残。手制，火候较高。长径2.9、短径2.4、残高7.3厘米（图五〇八，19）。

圈足　3件。

标本F153②：24，夹砂黑陶，胎红褐夹灰。素面，内壁多瓦棱纹。下腹斜收，圈足较矮外撇，残。轮制，火候高。足径15、残高7厘米（图五〇八，20）。

器底　3件。

标本F153②：26，夹砂黑陶，红胎。素面，内壁饰瓦棱纹。下腹斜收，底微凹。轮制，火候较高。底径8、残高2.9厘米（图五〇八，21）。标本F153②：27，夹粗砂黑陶，红褐胎。素面。下腹斜收，平底，残。轮制，火候高。残宽9、残高4.7厘米（图五〇八，22）。标本

F153③：17，夹砂红褐陶，灰胎。素面，内壁饰瓦棱纹。下腹斜收，平底，残。轮制，火候较高。残宽7.6、残高4.4厘米（图五〇八，23）。

（2）B型

2座。

F16

位置：位于97DT0701中部，被H38、H83、H84、H86、H129、H130打破。层位关系：⑱—F16→⑲。

形制：房址平面略呈方形，残存房面、墙基？。宽400～430厘米（图五〇九）。

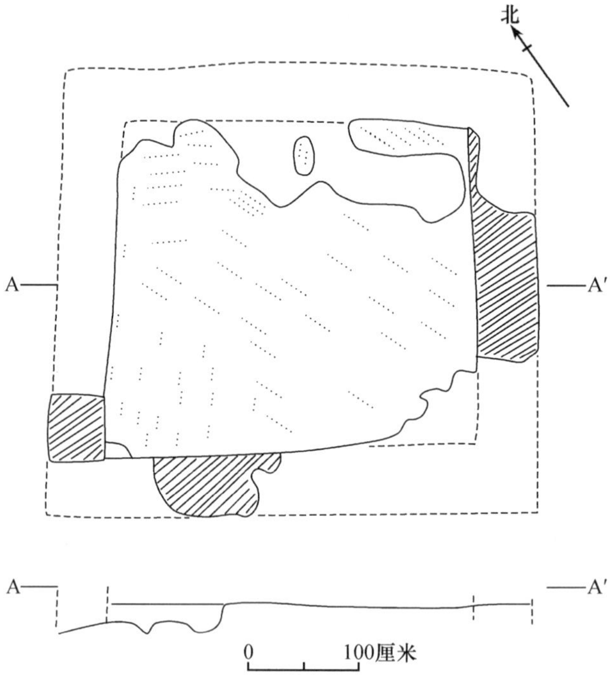

图五〇九　F16平、剖面图

房面：灰黄色硬面，呈层状，坚硬，未解剖，厚度不明。

墙基？：泥体，宽约50厘米。

出土遗物：出土少量敛口圜底罐碎片。

（3）C型

1座。

F308

位置：位于02DT0101东南部，房面距地表深350厘米，被G71、G72、G73打破。层位关系：⑬—F308→⑭。

形制：房址平面呈不规则形，残存房面、“洞”。长350、宽340厘米（图五一〇）。

房面：黄褐色硬面，结构紧密，质坚硬，保存较好的部分表面光滑，厚5～10厘米。

“洞”：5个，位于房面北部，排列无规律，洞壁较直，口径10～15、深10～15厘米。内填灰褐色土，土质疏松，夹灰烬。

出土遗物：无。

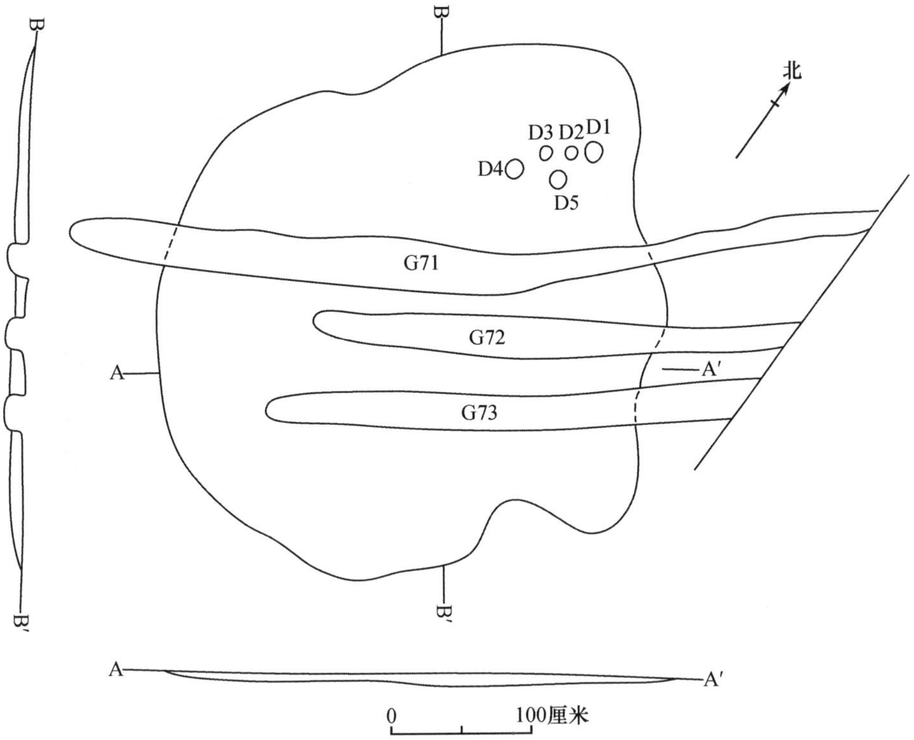

图五一〇　F308平、剖面图

（4）D型

23座。

F152

位置：位于99AT0201东北角，探方内暴露很少部分，房面距地表深210厘米，西南部被H343打破。层位关系：H343→F152→⑲。

形制：房址平面形状不明，残存房面由东北向西南倾斜，表面光滑，紧硬，不平，可分三层，各层厚6～10厘米。残长280、宽210厘米（图五一一）。

出土遗物：出土5件陶束颈圜底罐碎片。

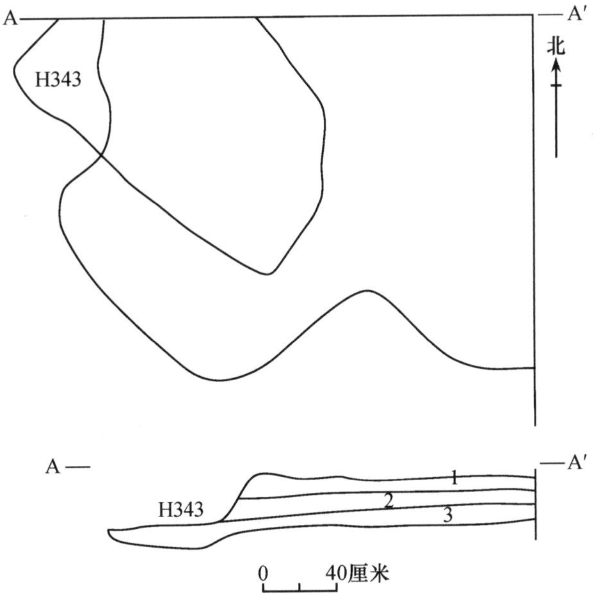

图五一一　F152平、剖面图

F155

位置：位于99AT0201西北部，房面距地表深200厘米，被SC6（M50）、SC7（M51）打破。层位关系：⑲—F155→⑳。

形制：因暴露面积小，又被遗迹打破，房址平面形状不明，房面用棕红色黏土加工，厚5～15厘米，质密，较纯净。残长257、残宽127厘米（图五一二）。

出土遗物：出土极少陶圜底罐碎片。

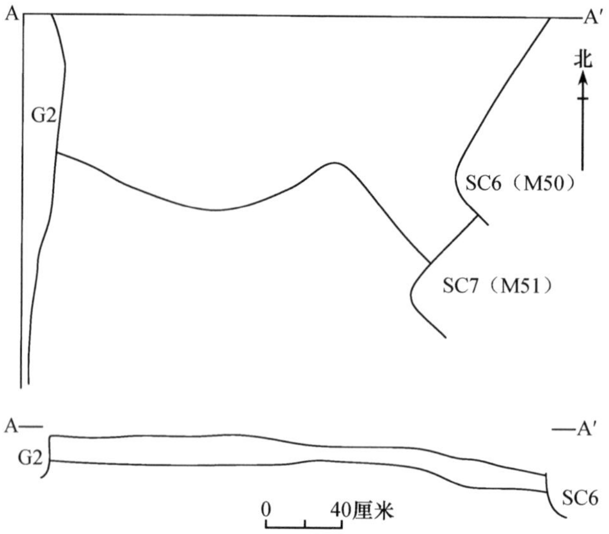

图五一二　F155平、剖面图

二、灰　坑

本遗址共发现瀶井沟文化时期的灰坑344个，部分由于被破坏或位于发掘区边缘未全部揭露，年代从西周早期延续至战国晚期、秦。

根据灰坑的加工情况分两类。

甲类：坑壁、底用黏土或黄沙、卵石等加工。瀶井沟文化一期时多，瀶井沟文化二期后很少。

乙类：无特殊加工。

根据坑口平面形状的不同分五型。

A型　圆形或不规则圆形。

B型　椭圆形或不规则椭圆形。

C型　长方形（包括圆角长方形和不规则长方形）。

D型　方形（包括圆角方形或不规则方形）。

E型　不规则形。

根据坑壁形态分五亚型。

a亚型　弧壁。

b亚型　直壁。

c亚型　斜壁。

d亚型　异形壁（包括上斜下直或弧、左右壁不对称等）。

e亚型　壁外弧或斜（袋形）。

（一）第一期

73个。可分为早、晚两段。

1. 早段

34个，其中2个无资料。

（1）甲类

10个。

1）A型

8个，其中1个不明亚型。

①Aa型

5个。

H287

位置：位于98BT0304西北角，大部分出露于探方内，局部位于99BT0404东隔梁内。层位关系：㉟—H287→㊲。

形制：从暴露的大部分形状看，平面呈圆形，弧壁，圜底，坑壁用黄黏土涂抹加工，相当光滑、规整。口径60、深30厘米（图五一三）。

坑内堆积与包含物：坑内填松软的黑色草木灰，潮湿。包含少量夹砂红陶绳纹圜底罐残片。

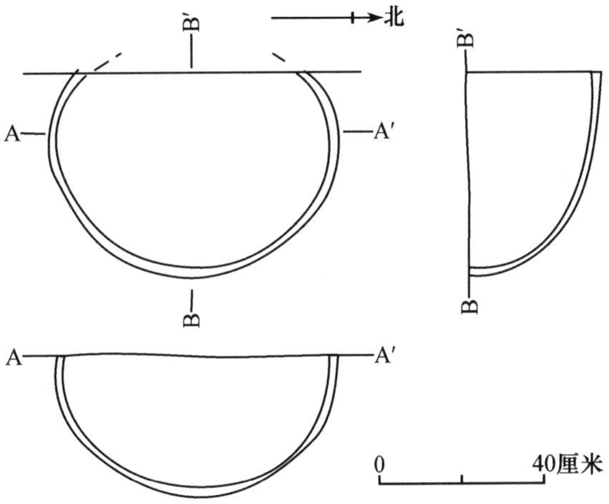

图五一三　H287平、剖面图

②Ab型

1个。

H743

位置：位于02DT0101东南部，南距H742约10厘米，西北有H749。层位关系：㉔—H743→㉕。

形制：坑口平面呈圆形，壁近直，底较平，坑壁无加工痕迹，坑底垫有沙层，沙层下一层红色黏土为底。口径75、底径60、深54厘米（图五一四；图版五二，1）。

坑内堆积与包含物：坑内堆积分3层。

第1层：灰土，质疏松，含有陶片、兽骨等，厚40厘米。

第2层：黄沙，纯净，无包含物，厚10厘米。

第3层：红黏土，纯净，厚3厘米。

出土遗物：出土少量陶器，参加分类排队的11件，挑选标本4件。

辫唇罐　5件。

Ⅱ式：1件。

标本H743∶2，夹砂灰褐陶，灰胎，里灰黑。唇部戳刮、外沿刮抹呈辫状波浪形，腹饰斜中绳纹。侈口，卷沿，溜肩，鼓腹，残。手制，火候较高。残宽9.8、残高9.6厘米（图五一五，1）。

Ⅲ式：4件。

标本H743∶3，夹砂红陶。唇外沿戳按略呈波浪形，肩、腹饰斜绳纹。侈口，卷沿，溜

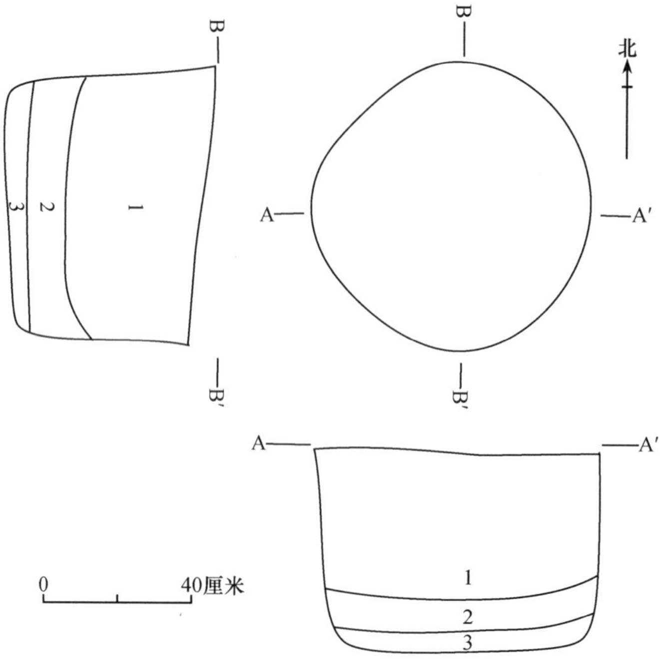

图五一四　H743平、剖面图

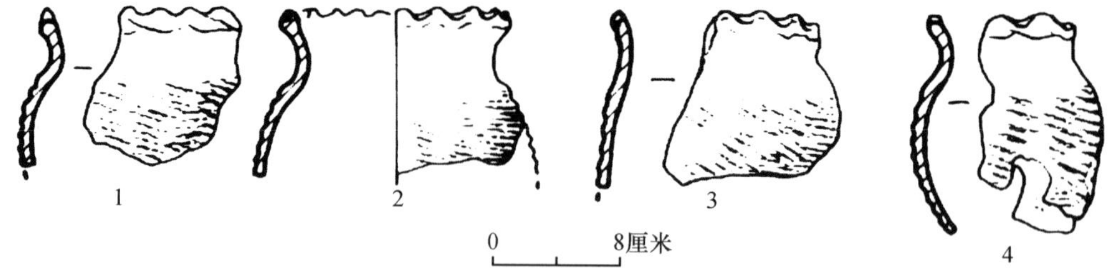

图五一五　H743出土陶器

1. Ⅱ式辫唇罐（H743：2）　2、3. Ⅲ式辫唇罐（H743：3、H743：4）　4. Aa型Ⅰb式花边圜底罐（H743：1）

肩，鼓腹，残。手制，火候较高。口径14.4、残高10厘米（图五一五，2）。标本H743：4，夹砂红陶，局部褐。唇部按抹呈波浪形，腹饰斜中粗绳纹。口微侈，领微束，弧腹较直，残。手制，火候较高。残宽10.6、残高10.6厘米（图五一五，3）。

花边圜底罐　6件。Aa型Ⅰb式。

标本H743：1，夹砂红陶，局部红褐、灰黑。唇部戳刮、外沿刮抹呈波浪形，腹饰斜中粗绳纹。侈口，卷沿，鼓腹，残。手制，火候较高。残宽8、残高13.2厘米（图五一五，4）。

③Ac型

1个。

H538

位置：位于99DT0201西南部，H536西侧，坑口距地表深510厘米。层位关系：㊶—H538→㊷。

形制：坑口平面呈圆形，斜壁，底近平，坑壁黄土加工。口径60、底径40、深36～40厘米（图五一六）。

坑内堆积与包含物：坑内填灰土，质疏松，夹炭灰，厚36～40厘米。包含少量碎陶片。

2）C型

1个。Ca型。

H620

位置：位于99DT0202中部偏西北处，被H618打破，本坑可能与F283或F284有关。层位关系：H618→H620→㊸。

形制：坑口平面呈部不规则圆角长方形，弧壁，底较平，壁、底用黏土加工。口长88、宽56、底长80、宽48、深22厘米（图五一七）。

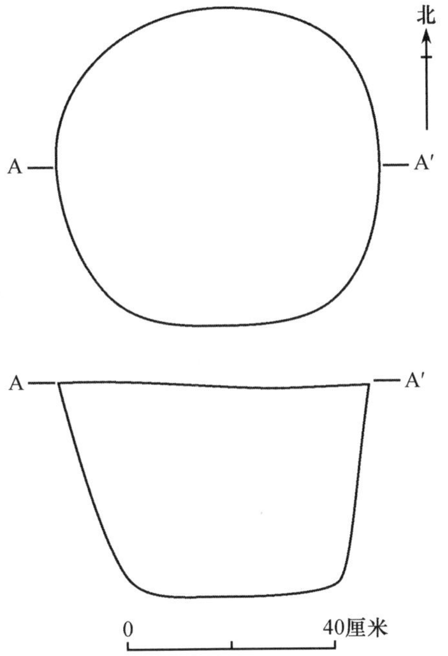

图五一六　H538平、剖面图

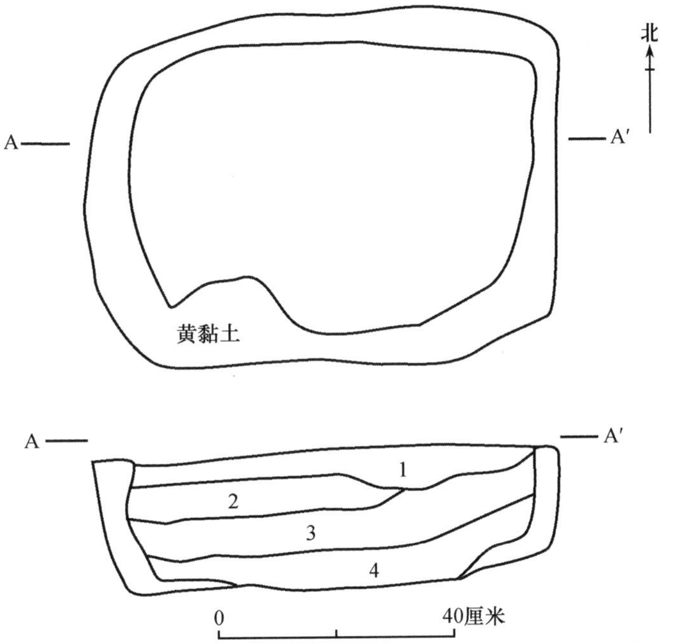

图五一七　H620平、剖面图

坑内堆积与包含物：本坑可分为四层。

第1层：褐色土，厚度约3～6厘米。包含少量碎陶片及一些石块。

第2层：褐色土，局部堆积。无陶片。

第3层：黑灰土，厚约8～10厘米。夹炭渣。

第4层：土质土色与第2层相同，厚4～10厘米。

出土遗物：参加分类排队的陶器8件，挑选标本1件。

辫唇罐　1件。Ⅱ式。标本碎小。

花边圜底罐　7件。A型。

Ⅰa式：4件。标本碎小。

Ⅰb式：3件。

标本H620：1，夹细砂褐陶，局部黑，灰胎。唇部戳刮、外沿内抹呈波浪形，腹斜绳纹，局部有擦痕。侈口，束颈，鼓腹，残。手制，火候较高。口径12.2、残高8.2厘米（图五一八）。

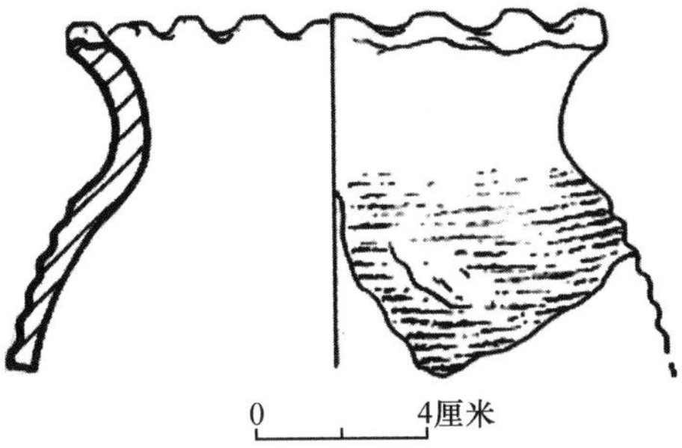

图五一八　H620出土A型Ⅰb式花边圜底罐（H620：1）

3）E型

1个。Ea型。

H618

位置：位于99DT0202内，打破H620。层位关系：F282→H618→H620。

形制：坑口平面呈不规则形，弧壁，圜底，壁、底用褐色黏土加工，底部部分无黏土，厚5～10厘米。口径约50、底径40、深26厘米（图五一九）。

坑内堆积与包含物：坑内堆积可分为3层。

第1层：褐色土，厚约6～18厘米。包含少量碎陶片及石块。

第2层：灰褐色沙土，厚6～10厘米。

第3层：红褐色土，厚2～4厘米。在坑的最底部还可见一非常暗灰的薄灰土层。本坑可能与F283或F284有关系。

出土遗物：陶器数量少，可辨器形有花边圜底罐、圜底钵、器盖等。

（2）乙类

22个，其中2个不明型别。

1）A型

12个。

①Aa型

10个。

H492

位置：位于99AT0301中部偏北，距地表深4.9米。层位关系：⑤B—H492→Y14。

形制：平面呈圆形，弧壁，底略圜，较规整。口径80、深40厘米（图五二〇）。

坑内堆积与包含物：坑内填灰土，质松。包含较少碎陶片，可辨器形有矮领罐、尖底杯、角杯等。

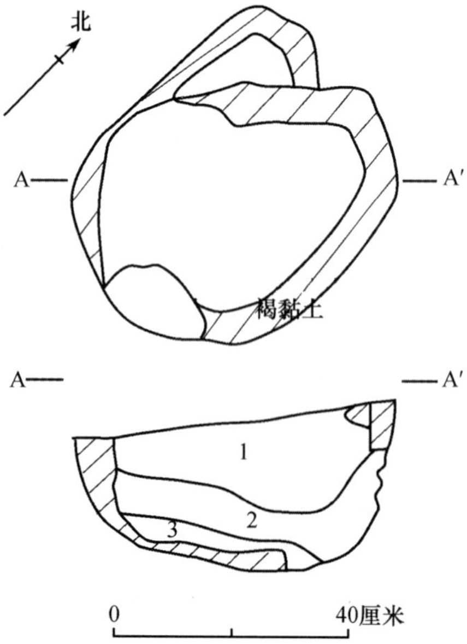

图五一九　H618平、剖面图

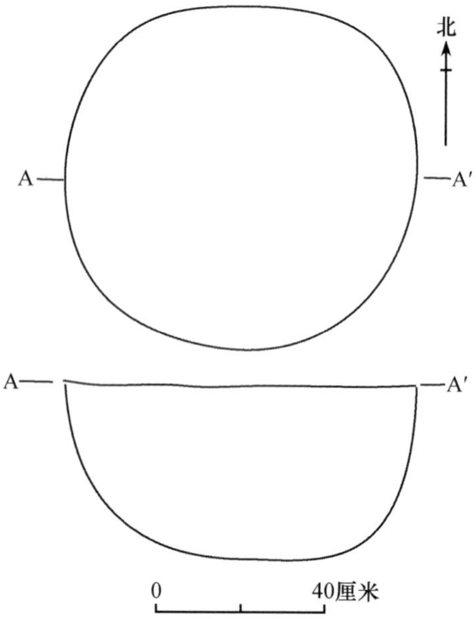

图五二〇　H492平、剖面图

H539

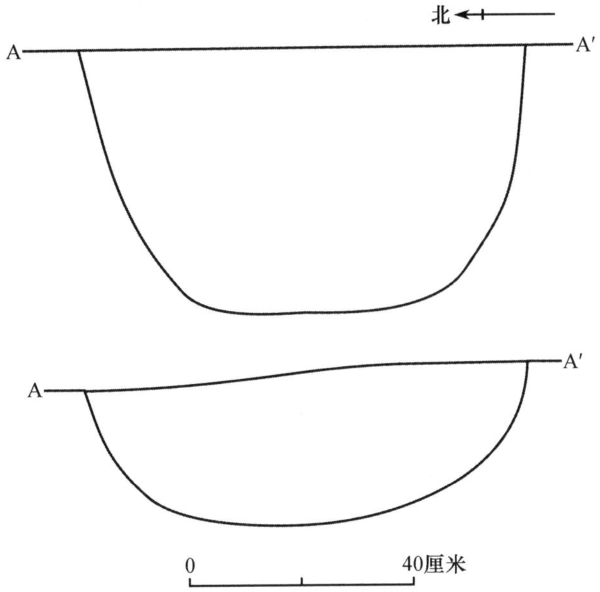

图五二一　H539平、剖面图

位置：位于99DT0301东南部，部分揭露，距地表深5.25米。层位关系：㊵—H539→㊶。

形制：从暴露部分观察平面近圆形，坑壁略弧、不规整，底部不平。口径76、深28厘米（图五二一）。

坑内堆积与包含物：坑内填浅灰色土，质疏松，内掺杂有红黏土。包含有陶片、兽骨等

出土遗物：参加分类排队的陶器12件，挑选标本3件。

辫唇缸　1件。A型Ⅰ式。

标本H539：3，夹砂灰褐陶，局部红、黑，胎外红里黑。唇部按抹呈辫绳波浪形，腹饰斜粗绳纹。侈口，领外翻，残。手制，火候较高。残宽19.2、残高9.2厘米（图五二二，1）。

辫唇瓮　1件。A型Ⅱ式。标本碎小。

花边圜底罐　10件。Aa型。

Ⅰa式：3件。标本碎小。

Ⅰb式：7件。

标本H539：1，夹砂红陶，局部褐，灰胎。唇部戳刮、外沿刮抹呈波浪形，腹饰斜绳纹。侈口，卷沿，鼓腹，残。手制，火候较高。口径11、残高7厘米（图五二二，2）。标本H539：2，夹砂红褐陶，灰胎。唇部戳刮、外沿刮抹呈波浪形，腹饰斜绳纹。侈口，束颈，鼓腹，残。手制，火候较高。残宽7.2、残高4.6厘米（图五二二，3）。

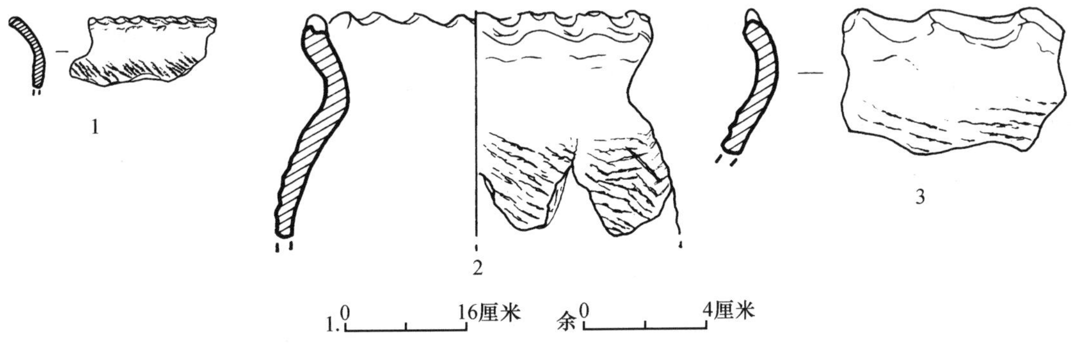

图五二二　H539出土陶器

1. A型Ⅰ式辫唇缸（H539：3）　2、3. Aa型Ⅰb式花边圜底罐（H539：1、H539：2）

H744

位置：位于02DT0101西北部，东南侧为H743。层位关系：㉔—H744→㉕。

形制：平面形状为圆形，坑壁、坑底为器物腹部与底部。口径70、底径10、深30厘米（图

五二三；图版五二，2）。

坑内堆积与包含物：坑内填灰色土，质疏松，夹烧土粒。包含有极少陶片、骨头等。

②Ab型

2个。

H510

位置：位于99AT0201东北部，开口距地表深450厘米。层位关系：㊸—H510→㊺。

形制：平面形状呈不规则圆形，坑壁较直，坑底略小于坑口，较平，坑壁、底均未经加工。口径45、深40厘米（图五二四）。

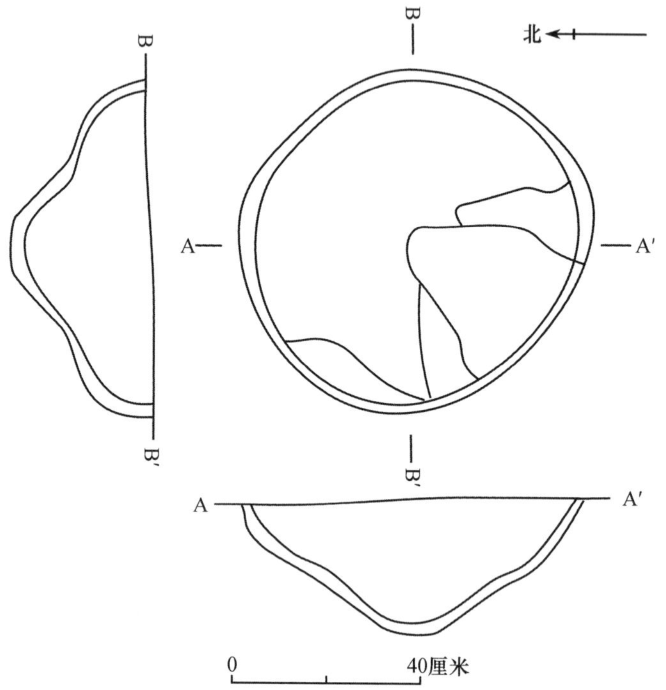

图五二三　H744平、剖面图

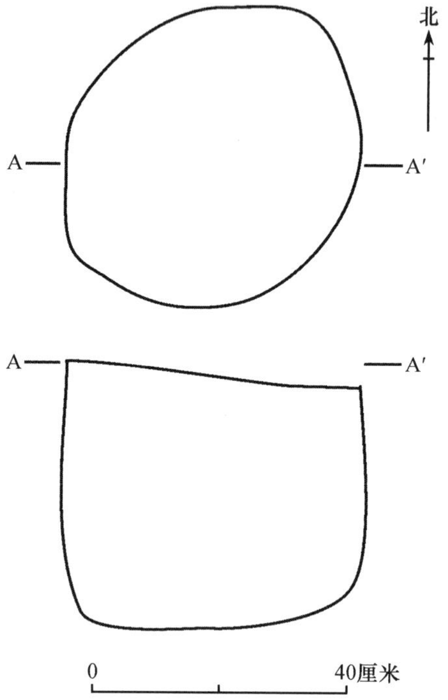

图五二四　H510平、剖面图

坑内堆积与包含物：坑内填灰褐土，质松，夹较多杂质。包含物不丰富，有陶器、铜器等。

陶器　共出14件，参加分类排队的陶器4件，挑选标本3件。

按唇罐　2件。Ⅱ式。

标本H510：4，夹砂红褐陶。素面，唇部按压。侈口，卷沿，圆唇，残。轮制，火候较高。残宽6.5、残高4.8厘米（图五二五，1）。

卷沿罐　1件。

标本H510：3，夹粗砂红陶。素面。侈口，卷沿，圆唇，残。轮制，火候较高。残宽5、残高4.4厘米（图五二五，2）。

侈口罐　1件。

标本H510：5，夹细砂红陶，灰胎，里黑色。素面。卷沿，圆唇，束领，残。轮制，火候较高。残宽3.4、残高3.8厘米（图五二五，3）。

铜器　2件。

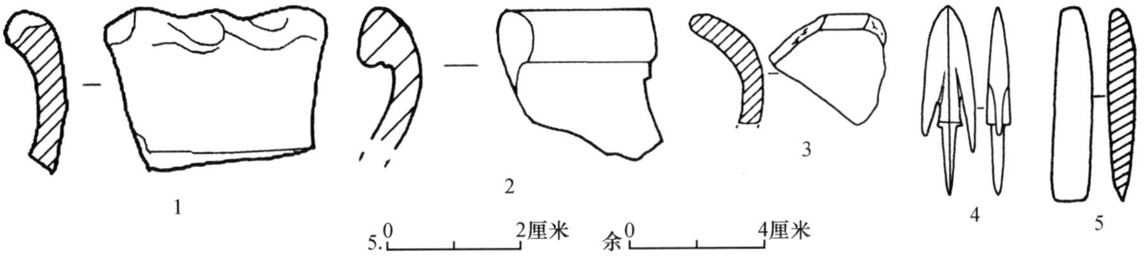

图五二五 H510出土器物

1. Ⅱ式陶按唇罐（H510：4） 2. 陶卷沿罐（H510：3） 3. 陶侈口罐（H510：5） 4. Ba型铜镞（H510：1）
5. 铜凿？（H510：2）

镞 1件。Ba型。

标本H510：1，青铜，锈蚀。柳叶形，中部起脊，长翼，节状四棱铤，微残。模制。长5.5厘米（图五二五，4）。

凿？ 1件。

标本H510：2，青铜，锈蚀。窄条形，弧刃，正锋，顶部微残。残长2.8、宽0.5、厚0.4厘米（图五二五，5）。

2）B型

4个。

①Ba型

2个。

H448

位置：位于99DT0101中部靠东壁处，局部暴露。层位关系：㉜—H448→㉝。

形制：从暴露部分观察，平面呈椭圆形，弧壁，圜底。残长径195、残短径45、深36厘米（图五二六）。

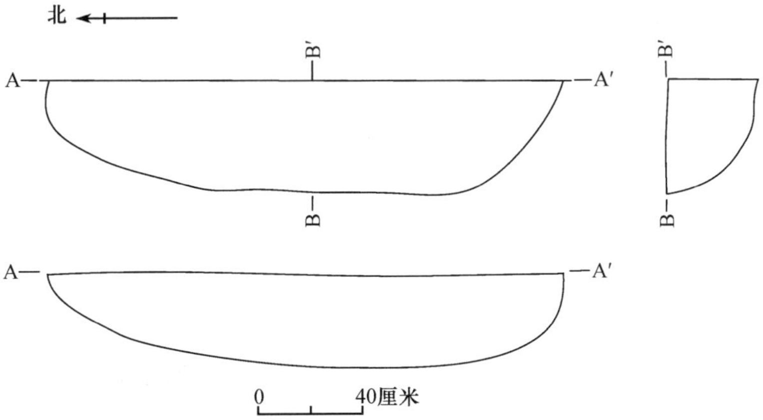

图五二六 H448平、剖面图

坑内堆积与包含物：坑内堆积黄黏土，纯净。无包含物。

②Bb型

1个。

H493

位置：位于99AT0301中部偏北，开口距地表深4.9米。层位关系：㊿B—H493→Y14。

形制：平面呈不规则椭圆形，近直壁，圜底，壁面不规整。长径1、短径0.8、深0.6米（图五二七）。

坑内堆积与包含物：坑内填浅灰土，质松。包含很少碎陶片，可辨器形有尖底杯、角杯等。

③Bc型

1个。

H508

位置：位于99AT0201西北部，开口距地表深440厘米。层位关系：F134→H508→㊺。

形制：平面呈不规则椭圆形，坑壁稍斜，坑底略小于坑口，底、壁均未发现加工痕迹。长径154、短径78、深16～24厘米（图五二八）。

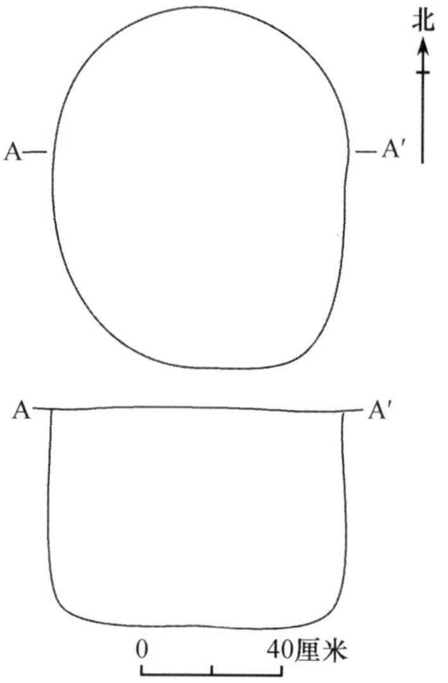

图五二七　H493平、剖面图

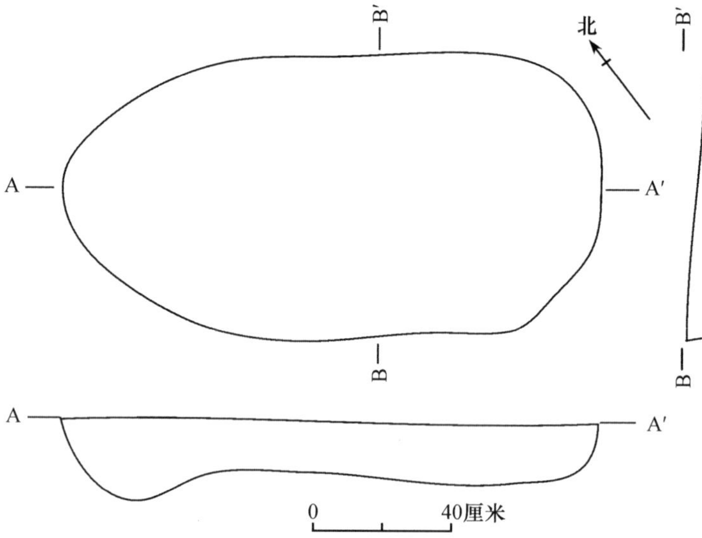

图五二八　H508平、剖面图

坑内堆积与包含物：坑内填土呈灰褐色，质较松，稍密，含有中小颗粒及少量杂质。包含物很少，主要为碎陶片及少量动物骨骼，可辨器形有角杯、钵、假圈足器等。

3）E型

4个。Ea型。

H610

位置：位于00DT0604北部略偏东，开口距地表深468厘米。层位关系：㉔—H610→㉕。

形制：坑口平面形状不规则，弧壁，圜底，壁、底无加工痕迹。口部最长311、最宽206、深36厘米（图五二九；图版五三，1）。

坑内堆积与包含物：坑内填黄褐色沙黏土，松软。内含大量圜底罐残片、数十个有序排列的完整花边圜底罐、少量尖底杯残片及石斧。

出土遗物：主要为陶器，极少石器。

陶器　参加分类排队的陶器116件，挑选标本11件。

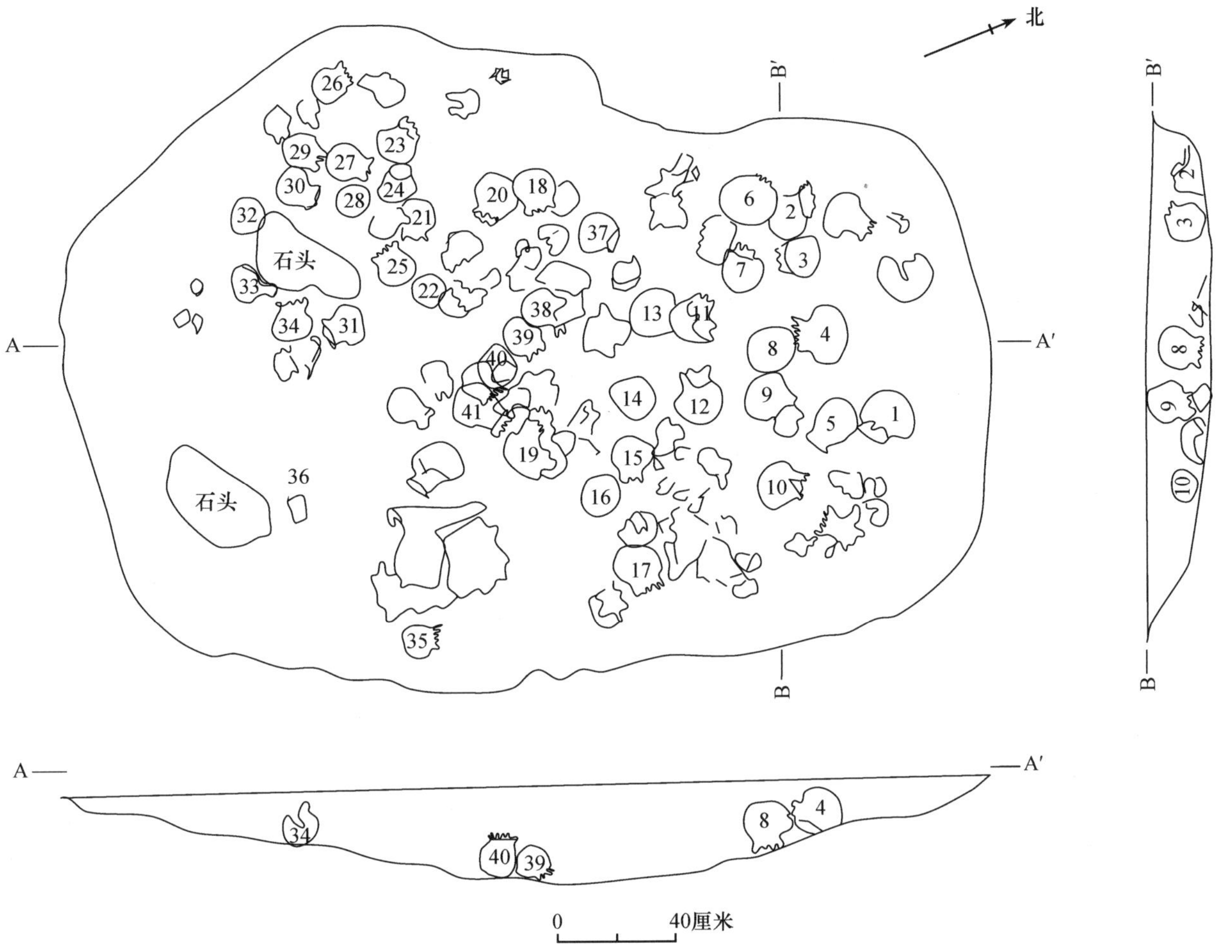

图五二九　H610平、剖面图

1～35、37～41. 陶花边圜底罐　36. 石斧

辫唇瓮　1件。A型Ⅲ式。

标本H610：48，夹细砂红陶，胎红夹灰。唇部戳刮、外沿刮抹略呈辫绳波浪形，肩部饰绳纹后按抹。侈口，卷沿，有肩，残。手制，火候较高。残宽10.4、残高6.6厘米（图五三〇，1）。

辫唇罐　5件。Ⅲ式。

标本H610：6，夹粗砂红陶，局部灰、黑。唇部戳刮呈辫绳形，腹、底饰中粗绳纹。侈口，束颈，鼓腹，圜底，修复。手制，火候较高。口径14、高15.6厘米（图五三〇，2；图版六八，3）。标本H610：19，夹粗砂红陶，胎红夹灰褐。唇部戳刮、外沿刮抹略呈辫绳波浪形，腹、底饰中粗绳纹。侈口，束颈，鼓腹，圜底，修复。手制，火候较高。口径14.4、高17.2厘米（图五三〇，3）。

齿唇罐　1件。Ba型Ⅰ式。

标本H610：49，夹粗砂灰陶，局部红褐。唇部按压呈波浪形齿，腹饰中粗绳纹。侈口，卷沿，鼓腹，残。手制，火候较高。残宽9.2、残高7.6厘米（图五三〇，4）。

花边圜底罐　108件。

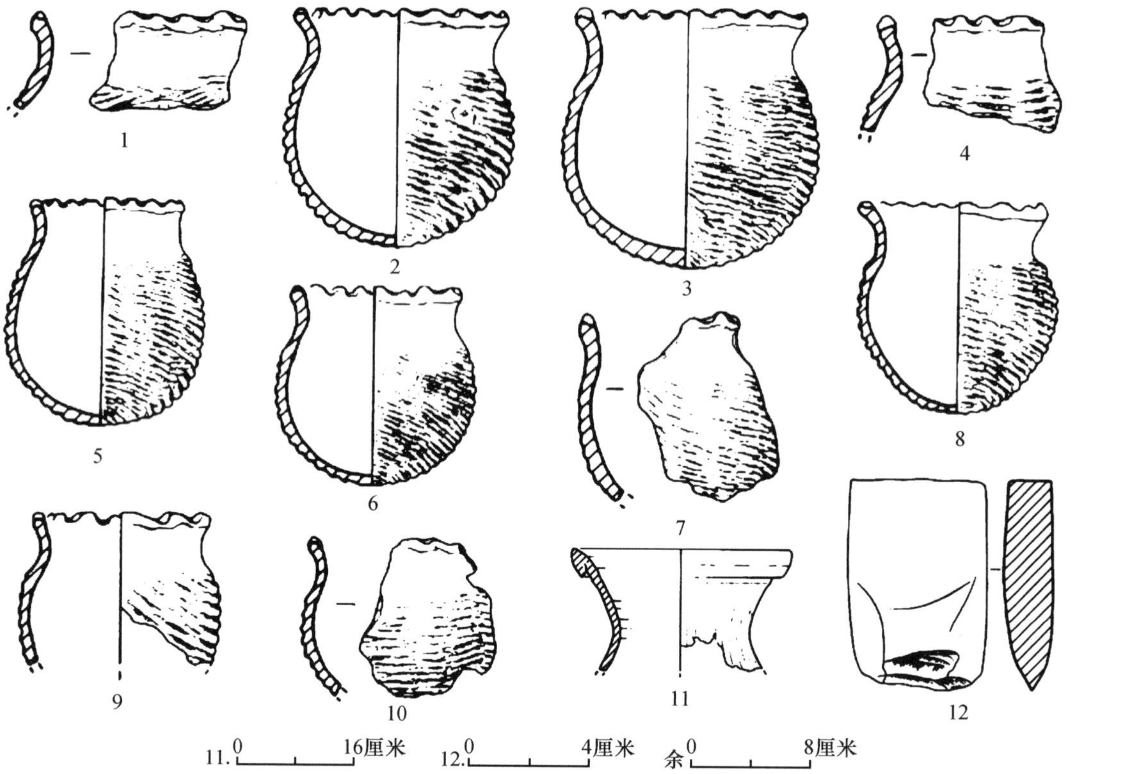

图五三〇 H610出土器物

1. A型Ⅲ式陶辫唇瓮（H610：48） 2、3. Ⅲ式陶辫唇罐（H610：6、H610：19） 4. Ba型Ⅰ式陶齿唇罐（H610：49） 5、6. Aa型Ⅰb式陶花边圜底罐（H610：12、H610：42） 7. Ab型陶花边圜底罐（H610：43） 8、9. Ba型Ⅰ式陶花边圜底罐（H610：38、H610：44） 10. Bc型陶花边圜底罐（H610：46） 11. A型Ⅱ式陶尊形器（H610：50） 12. 石斧（H610：36）

A型 59件。

Aa型 56件，其中4件不明式别。

Ⅰb式 49件。

标本H610：12，夹粗砂红褐陶，局部灰褐。唇部戳刮、外沿内抹呈波浪形，腹、底饰绳纹。侈口，束颈，鼓腹，圜底，修复。手制，火候较高。口径10、残高15厘米（图五三〇，5；图版六八，4）。标本H610：42，夹细砂红陶，口、颈部灰。唇部戳刮、外沿内抹呈波浪形，腹、底饰中粗绳纹。侈口，束颈，鼓腹，圜底，口、颈部部分残。手制，火候较高。口径11.2、高13.2厘米（图五三〇，6）。

Ⅱ式：3件。标本碎小。

Ab型 3件。

标本H610：43，夹粗砂灰陶，灰黑胎，里褐。唇部戳刮呈波浪形，腹饰绳纹。侈口，束颈，鼓腹，残。手制，火候一般。残宽9.2、残高12.4厘米（图五三〇，7）。

B型 49件。

Ba型 48件。Ⅰ式。

标本H610：38，夹粗砂红陶，局部灰。唇部戳刮、外沿内抹呈波浪形，腹、底饰中粗绳纹。侈口，束颈，鼓腹，圜底，口微残。手制，火候较高。口径12.2、高14厘米（图五三〇，8；图版六八，5）。标本H610：44，夹粗砂红陶，局部褐，灰胎，里灰黑。唇部戳刮、外沿内抹呈波浪形，腹饰粗绳纹。侈口，束颈，鼓腹，残。手制，火候较高。口径12、残高10厘米（图五三〇，9）。

Bc型　1件。

标本H610：46，夹粗砂红褐陶，局部红。唇部戳刮、外沿内抹呈波浪形，腹饰绳纹。侈口，束颈，鼓腹，残。手制，火候不高。残宽9、残高10.2厘米（图五三〇，10）。

尊形器　1件。A型Ⅱ式。

标本H610：50，夹细砂黑陶，胎红夹灰。领部饰竖暗纹。喇叭口，外贴沿，圆尖唇，残。轮制，火候较高。口径29.2、残高15.8厘米（图五三〇，11）。

石器　极少。

斧　1件。

标本H610：36，青绿色砾石。长方形，弧刃，正锋，刃部有崩疤，残。磨制。残长6.8、宽4.5、厚1.65厘米（图五三〇，12）。

2. 晚段

39个，其中2个无资料。

（1）甲类

23个，其中1个不明型别。

1）A型

15个。

①Aa型

9个。

H262

位置：位于98BT0104东北角，H263东北部，距地表深1米。层位关系：㉛—H262→㉜。

形制：坑口平面呈圆形，弧壁，圜底，壁、底用红黏土加工，厚0～40厘米。口径40、深36厘米（图五三一）。

坑内堆积与包含物：坑内堆积可分五5层。

第1层：灰烬土，疏松，较纯，厚12～30厘米。

第2层：沙土，纯净，厚0～3厘米。

第3层：红黏土，厚4～6厘米。

第4层：青灰土，质硬，纯净，厚2～5厘米。

第5层：沙土，纯净，厚0～5厘米。

坑壁为厚约1～4厘米的黏土。无包含物。

H268

位置：位于98AT0103西北部，开口距地表深415厘米。层位关系：㉝—H268→㉞。

形制：平面呈不规则圆形，北部尖圆，南半部呈圆形，弧壁，圜底，壁、底均以黄黏土加工。长60、宽50、深25厘米（图五三二）。

坑内堆积与包含物：坑内填黑灰土，坑壁、底黄黏土厚4～20厘米。无包含物。

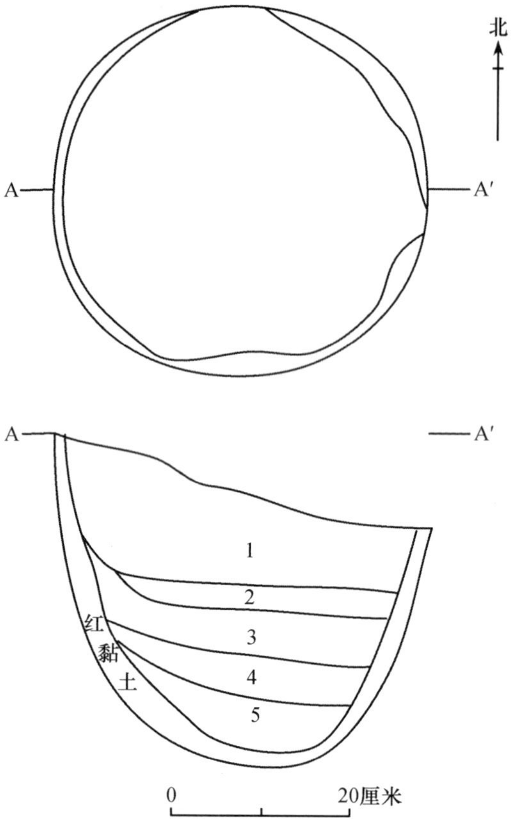

图五三一　H262平、剖面图

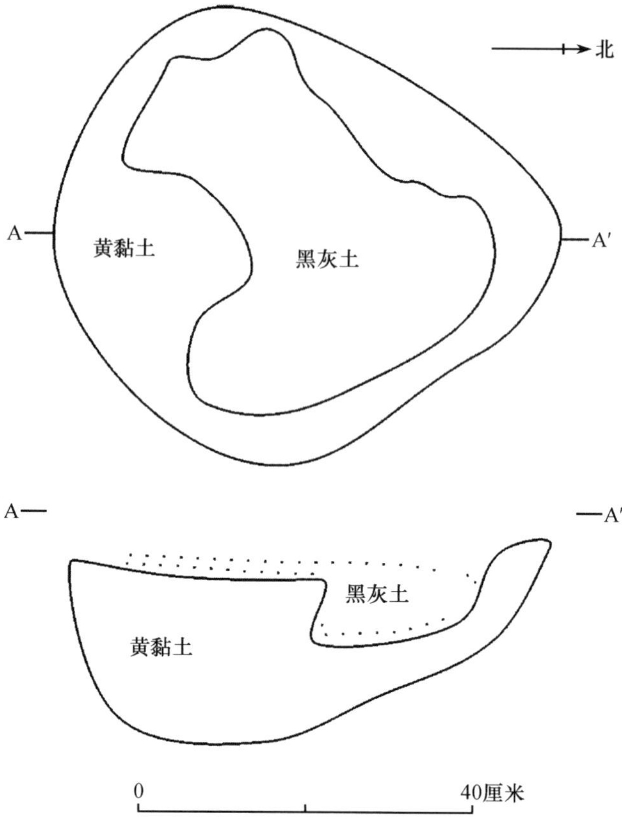

图五三二　H268平、剖面图

H742

位置：位于02DT0101东南部，北距H743约10厘米。层位关系：㉔—H742→F342。

形制：平面呈圆形，弧壁，底较平，坑壁、底用红黏土加工，坑底黏土下垫有黄沙层。口径64、底径40、深50厘米（图五三三；图版五三，2）。

坑内堆积与包含物：坑内堆积可分3层。

第1层：以圜底罐陶片为主，厚40厘米。

第2层：红色黏土，与壁相连，纯净，厚3厘米。

第3层：黄沙土，纯沙，无包含物，厚3厘米。

出土遗物：参加分类排队的陶器38件，挑选标本9件。

辫唇瓮　4件。A型Ⅲ式。

标本H742：8，夹砂红陶，灰褐胎。唇部戳刮、外沿刮抹略呈辫绳波浪形，肩饰斜绳纹。侈口，卷沿，溜肩，残。手制，火候较高。残宽11、残高8.4厘米（图五三四，1）。

齿唇缸　4件。A型Ⅱ式。

标本H742：4，夹砂红陶，局部褐、黑，胎、里灰褐。唇部戳按呈波浪形齿，夹饰竖中粗绳纹。侈口，领外翻，鼓腹，残。手制，火候较高。残宽16、残高13.4厘米（图五三四，2）。标本H742：5，夹砂红陶，局部灰黑，胎、里灰褐。唇部戳按呈波浪形齿，腹饰竖中粗绳纹。侈口，领外翻，鼓腹，残。手制，火候较高。残宽16.4、残高10厘米（图五三四，3）。

辫唇罐　6件。Ⅲ式。

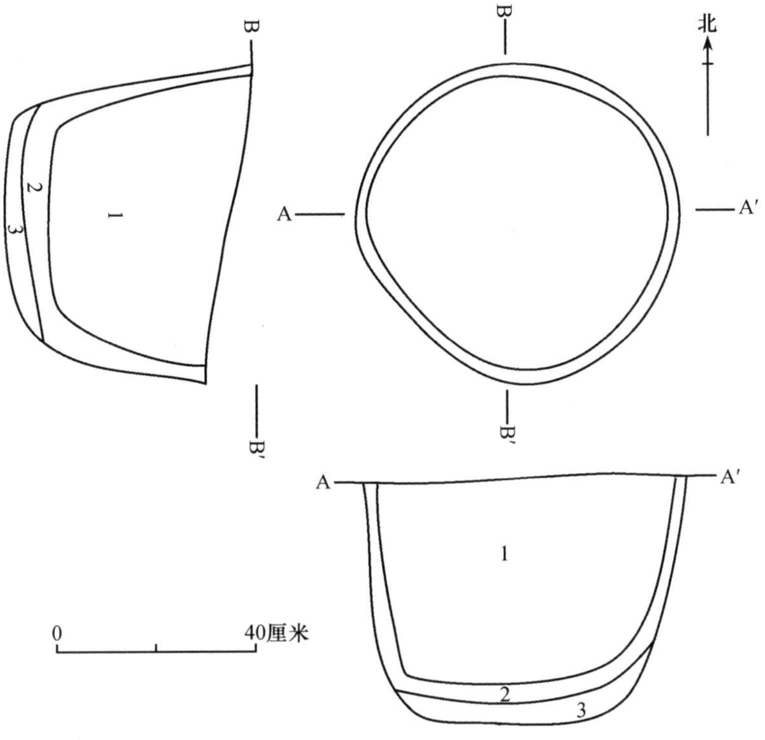

图五三三　H742平、剖面图

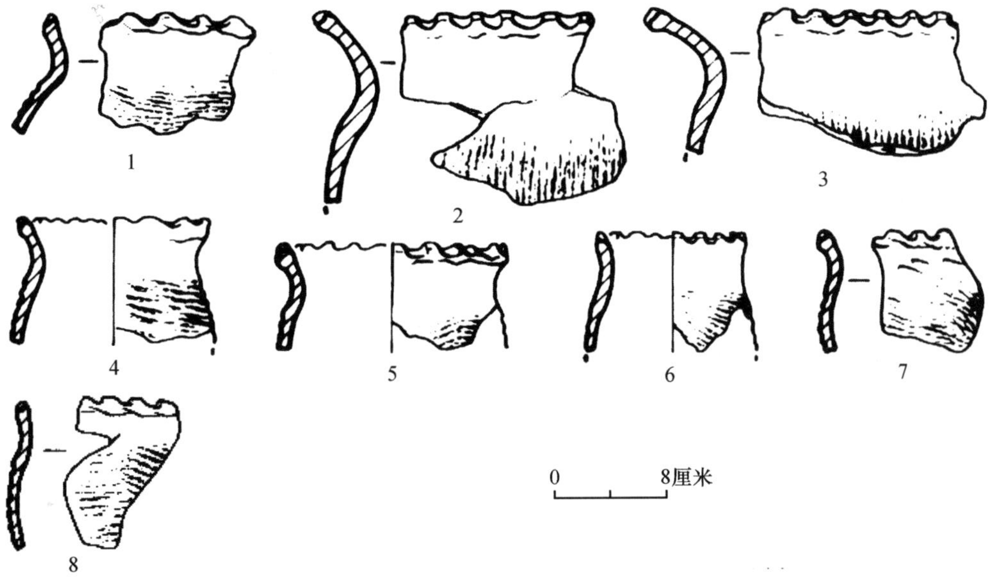

图五三四　H742出土陶器

1. A型Ⅲ式辫唇瓮（H742：8）　2、3. A型Ⅱ式齿唇缸（H742：4、H742：5）　4、5. Ⅲ式辫唇罐（H742：7、H742：9）　6. Ba型Ⅰ式齿唇罐（H742：3）　7、8. Aa型Ⅰb式花边圜底罐（H742：1、H742：2）

标本H742：7，夹砂黑陶，局部红褐。唇部戳刮呈波浪形，腹饰斜中粗绳纹。侈口，卷沿，鼓腹，残。手制，火候较高。口径13.6、残高8.8厘米（图五三四，4）。标本H742：9，夹砂红陶，胎红夹灰褐、灰黑。唇部戳刮、外沿刮抹略呈辫绳波浪形，腹饰斜绳纹。侈口，卷沿，鼓腹，残。手制，火候较高。口径16.4、残高7.6厘米（图五三四，5）。

齿唇罐　1件。Ba型Ⅰ式。

标本H742：3，夹砂红陶，胎局部灰褐。唇部戳刮呈波浪形齿，腹饰斜绳纹。侈口，微束颈，鼓腹，残。手制，火候较高。口径10.4、残高8.4厘米（图五三四，6）。

花边圜底罐　23件。Aa型。

Ⅰa式：1件。标本碎小。

Ⅰb式：22件。

标本H742：1，夹砂红陶，局部褐，胎外灰里黑。唇部戳刮、外沿刮抹呈波浪形，颈饰戳印纹，腹饰斜绳纹。侈口，束颈，鼓腹，残。手制，火候较高。残宽8、残高8.8厘米（图五三四，7）。标本H742：2，夹砂灰褐陶，局部、胎、里红。唇部戳刮、外沿刮抹呈波浪形，腹饰斜绳纹。侈口，束颈，鼓腹，残。手制，火候较高。残宽8、残高10.6厘米（图五三四，8）。

②Ac型

5个。

H264

位置：位于98BT0104中部偏南，H263南部，开口距地表深3.68米。层位关系：㉛—H264→㉜。

形制：平面呈圆形，斜壁，圜底，四周有不规则的黏土层。口径46、深40厘米（图五三五）。

坑内堆积与包含物：坑内填灰烬，疏松，纯净，四周为不均的黏土，厚2.5～9厘米。未发现出土遗物。

H531

位置：位于99DT0301东北部，H530北侧，H532东南侧，开口距地表深5.25米。层位关系：H530→H531→H532。

形制：平面呈不规则圆形，斜壁，底较平，较规整。坑南壁被H530打破，其他地方用红黏土加工，厚2～4厘米。口径74～66、深36厘米（图五三六）。

坑内堆积与包含物：坑内堆积分2层。

第1层：灰色土，质疏松，坑内所出遗物均出自该层，厚19厘米。

第2层：黄沙层，较纯，无包含物，厚11厘米。该层下为黏土筑成的坑底，厚6厘米。

出土遗物：全为陶器，参加分类排队的共22件，挑选标本3件。

辫唇罐　7件。

Ⅱ式：5件。标本碎小。

Ⅲ式：2件。

标本H531：1，夹砂红陶，局部褐、黑。唇部戳刮、外沿刮抹略呈辫绳波浪形，外沿饰竖细划纹、戳印纹，肩、腹饰斜绳纹。侈口，卷沿，溜肩，腹弧内收，残。手制，火候较高。口径10.8、残高10厘米（图五三七，1）。

花边圜底罐　14件。Aa型，其中11件不明式别。

Ⅰb式：3件。

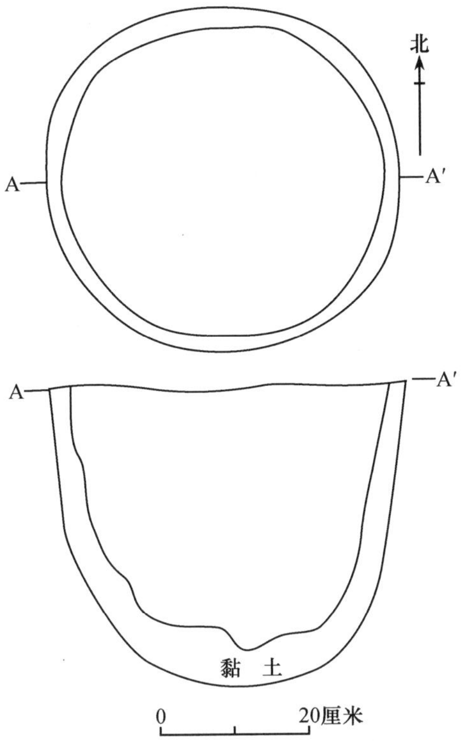

图五三五　H264平、剖面图

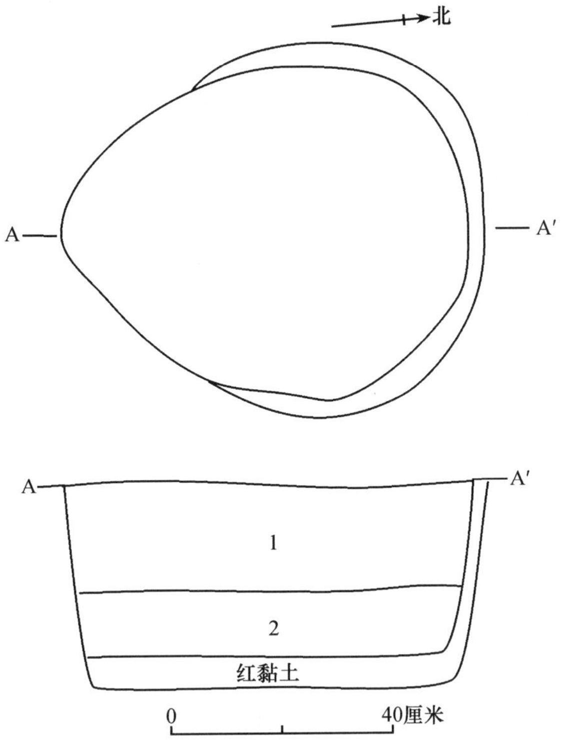

图五三六　H531平、剖面图

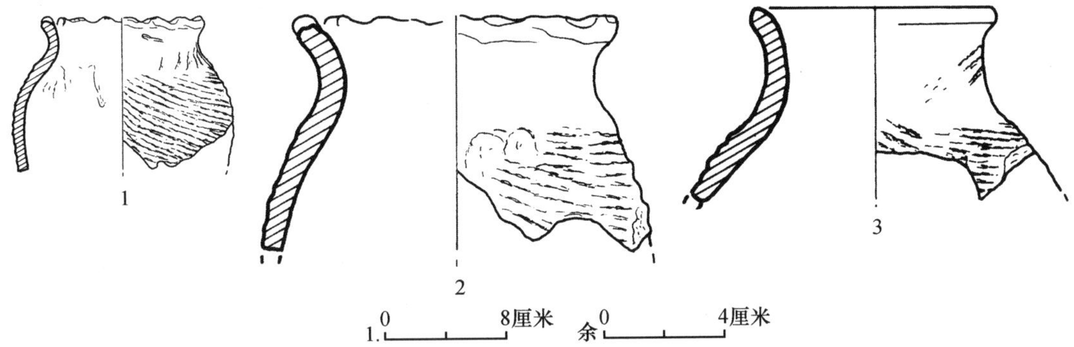

图五三七　H531出土陶器

1. Ⅲ式辫唇罐（H531：1）　2. Aa型Ⅰb式花边圜底罐（H531：2）　3. 素沿圜底罐（H531：3）

标本H531：2，夹砂褐陶，局部红，胎、里灰褐。唇部戳刮、外沿刮抹呈波浪形，腹饰斜绳纹，局部擦抹。侈口，束颈，鼓腹，残。手制，火候较高。口径10.4、残高7.6厘米（图五三七，2）。

素沿圜底罐　1件。

标本H531：3，夹砂红陶，胎红夹褐。肩饰斜绳纹。侈口，圆唇，束颈，溜肩，残。手制轮修，火候较高。口径8、残高6.3厘米（图五三七，3）。

③Ad型

1个。

H746

位置：位于02AT0101西南部，开口距地表深560厘米，层位关系：㉖B—H746→㉗。

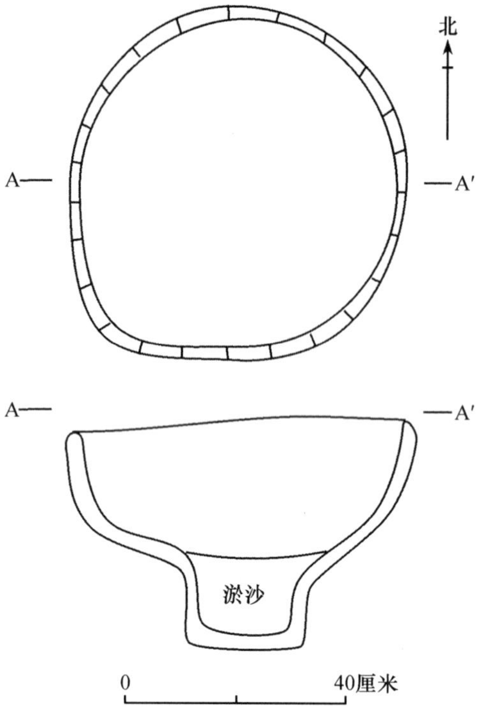

图五三八　H746平、剖面图

形制：使用残陶尊形器倒置而成，平面呈近圆形，坑壁上弧下直，底较平。口径55、底径20、深35厘米（图五三八；图版五四，1）。

坑内堆积与包含物：陶瓮内填黄褐淤沙土，疏松，底部铺垫黄沙，厚15厘米。包含少量兽骨。

尊形器　1件。A型Ⅱ式。

标本H746：1，夹细砂黑皮陶，胎红褐夹灰。外沿横暗纹，颈和上腹饰竖暗纹，内壁有灰白色钙化层。喇叭口，沿外下卷垂，较窄，束颈，溜肩，鼓腹，残。轮制，火候较高。口径38.4、残高41.6厘米（图版六九，5）。

2）B型

6个。

①Ba型

2个。

H739

位置：位于02DT0101西北部，西部被H738打破，西南侧有H737。层位关系：H738→H739→㉔。

形制：平面呈不规则椭圆形，弧壁，圜底。长径50、残短径24、深30厘米（图五三九）。

坑内堆积与包含物：坑内堆积红色黏土，结构紧密，纯净。无包含物。

②Bc型

4个。

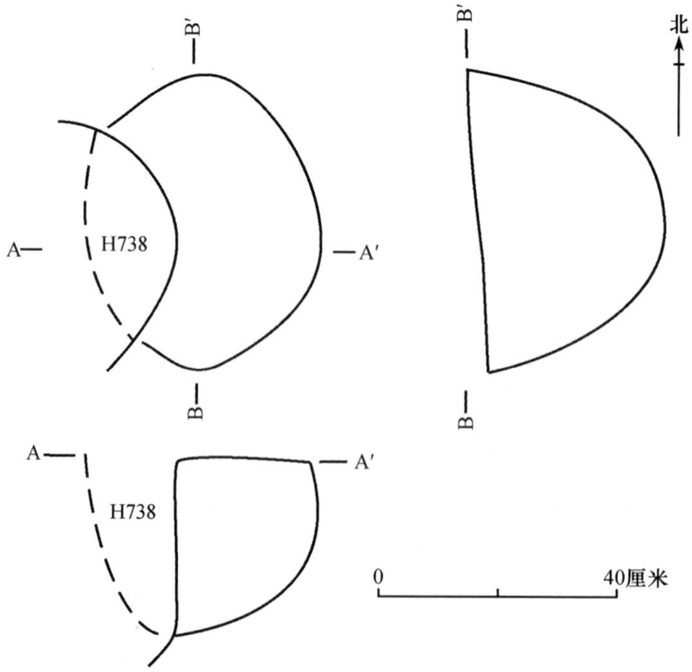

图五三九　H739平、剖面图

H516

位置：位于99DT0301北偏中部，H515西南侧，H517西北侧，开口距地表深5.05米。层位关系：㊳—H516→㊴。

形制：平面呈椭圆形，斜壁，不规整，底较平，灰坑东北部边缘残留有宽约10、厚约14厘米的灰白色黏土。长径90、短径70、深103厘米（图五四〇）。

坑内堆积与包含物：内填浅灰土，杂灰白黏土，质疏松；瓮腹内填灰白黏土。包含物有少量陶器、兽骨等。

出土遗物：参加分类排队的陶器7件，挑选标本1件。

花边圜底罐　7件。Aa型Ⅰb式。

标本H516：1，夹砂红陶，局部褐、黑。唇部戳刮、外沿刮抹呈波浪形，腹饰斜绳纹。侈口，束颈，鼓上腹，残。手制，火候较高。残宽8.6、残高9.8厘米（图五四一）。

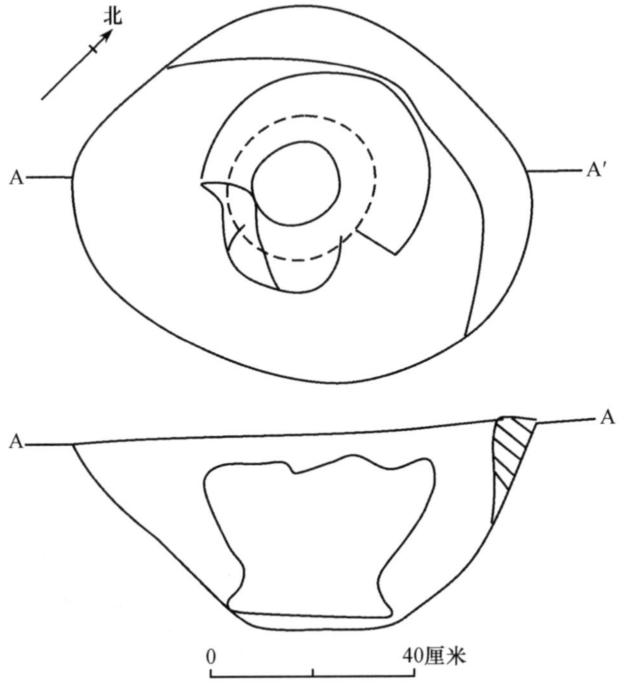

图五四〇　H516平、剖面图

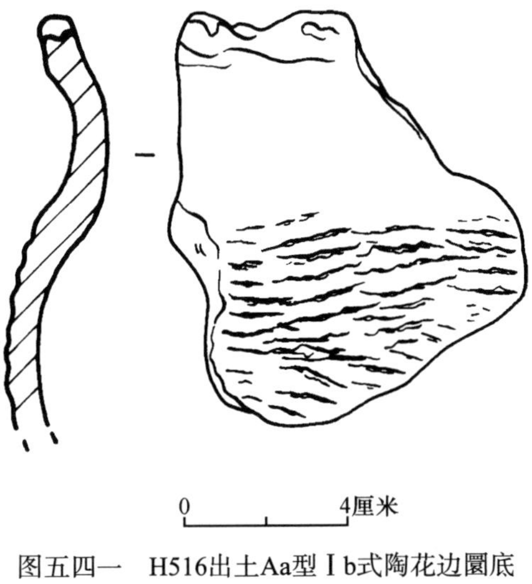

图五四一　H516出土Aa型Ⅰb式陶花边圜底罐（H516：1）

H532

位置：位于99DT0301东北部，H514东侧，H531西侧，开口距地表深5.25米。层位关系：H531→H532→㊵。

形制：平面呈不规则椭圆形，斜壁，较规整，底略圜，坑壁、底用红黏土加工，厚2～16厘米。残长径70、短径66、深54厘米（图五四二）。

坑内堆积与包含物：坑内堆积共分3层。

第1层：灰土，质疏松，坑内所出遗物均出自此层，厚26厘米。

第2层：青灰土，质细腻，纯净，无包含物，厚3～6厘米。

第3层：黄褐沙，质疏松，纯净，无包含物，厚4～10厘米。沙层下为黏土筑成的坑底，厚

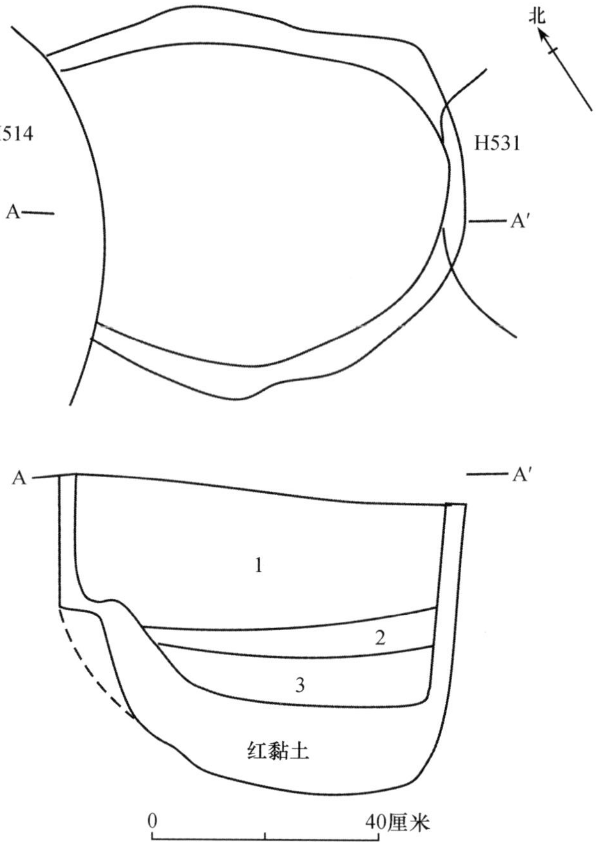

图五四二　H532平、剖面图

16厘米。

出土遗物：有少量陶器和兽骨等。参加分类排队的陶器9件，挑选标本6件。

辫唇罐　2件。Ⅲ式。

标本H532：2，夹砂红陶，灰褐胎。唇部戳刮、外沿刮抹呈波浪形，肩饰斜中粗绳纹。侈口，卷沿，溜肩，残。手制，火候较高。残宽8.4、残高7厘米（图五四三，1）。标本H532：3，夹砂红陶，局部、胎灰褐。唇部戳刮、外沿刮抹略呈辫唇波浪形，肩饰斜绳纹。侈口，卷沿，溜肩，残。手制，火候较高。残宽8.4、残高6.4厘米（图五四三，2）。

齿唇罐　3件。Ba型Ⅰ式。

标本H532：4，夹砂黑陶，局部、胎灰褐。唇部戳按呈齿状，腹饰斜中粗绳纹，局部擦抹。侈口，卷沿外翻，鼓腹，残。手制，火候较高。口径11.6、残高7厘米（图五四三，3）。标本H532：5，夹砂红陶，局部红褐，胎红夹灰。唇部戳按呈齿状，上腹饰斜绳纹。侈口，卷沿外翻，鼓腹，残。手制，火候较高。残宽10.6、残高5.4厘米（图五四三，4）。

花边圜底罐　3件。Aa型Ⅰb式。

标本H532：1，夹砂黑陶，灰胎。唇部戳刮呈波浪形，上腹饰斜绳纹。侈口，束颈，鼓腹，残。手制，火候高。口径8.2、残高5.8厘米（图五四三，5）。

瓮底　1件。

标本H532：6，夹砂红陶，局部黑褐，胎局部灰黑。素面，器表粗磨。下腹微束，平底，

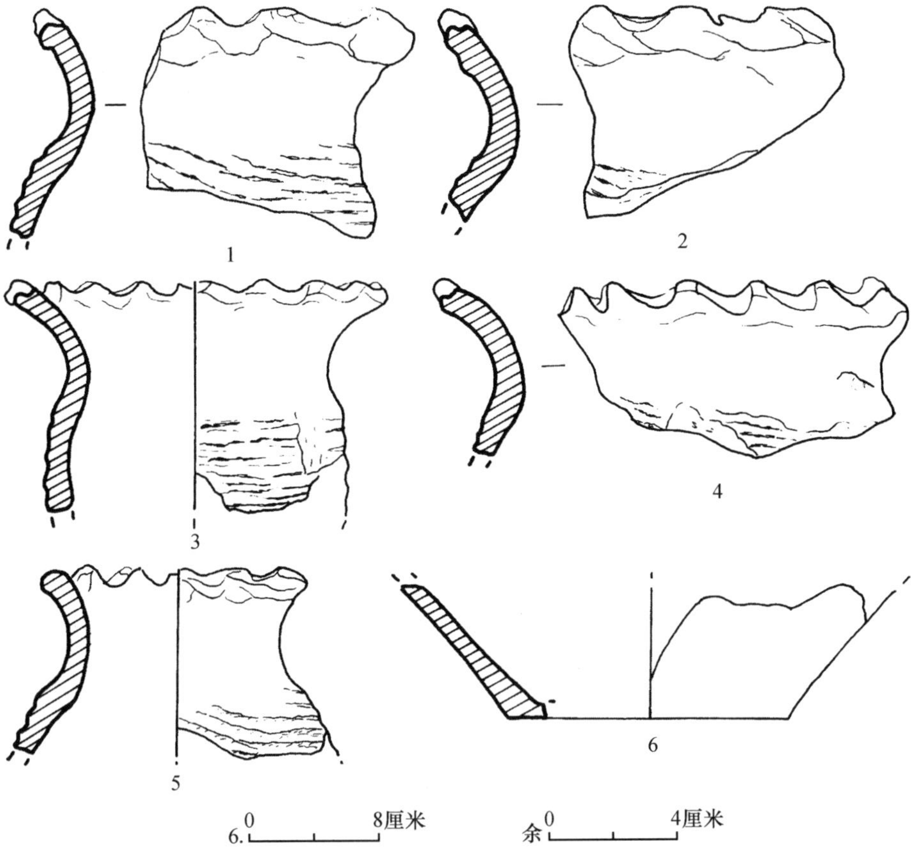

图五四三　H532出土陶器

1、2. Ⅲ式辫唇罐（H532：2、H532：3）　3、4. Ba型Ⅰ式齿唇罐（H532：4、H532：5）
5. Aa型Ⅰb式花边圜底罐（H532：1）　6. 瓮底（H532：6）

残。轮制，火候较高。底径17.2、残高8厘米（图五四三，6）。

3）E型

1个。Ea型。

H470

位置：位于99AT0201东南部，南为H469，北为H471、H472，西为H473，开口距地表深415厘米。层位关系：F246→H470→㊲。

形制：平面呈不规则形，弧壁，圜底，坑底、壁均用黄黏土加工。长60、宽52、深20厘米（图五四四）。

坑内堆积与包含物：坑内堆积为黄沙土，纯净，厚3～5厘米，壁、底黄黏土。内夹少量碎陶片，可辨器形有圜底罐、钵、高领罐等。

（2）乙类

16个，其中3个无资料。

1）A型

8个。

①Aa型

6个。

H425

位置：位于99AT0101南部，同层下F127南侧，开口距地表深423厘米。层位关系：㉙—H425→㉚。

形制：平面呈不规则圆形，弧壁，底较平。口径66～76、深25厘米（图五四五；图版五四，2）。

坑内堆积与包含物：坑内满填黄绿色黏土，仅出1件按唇罐碎陶片。

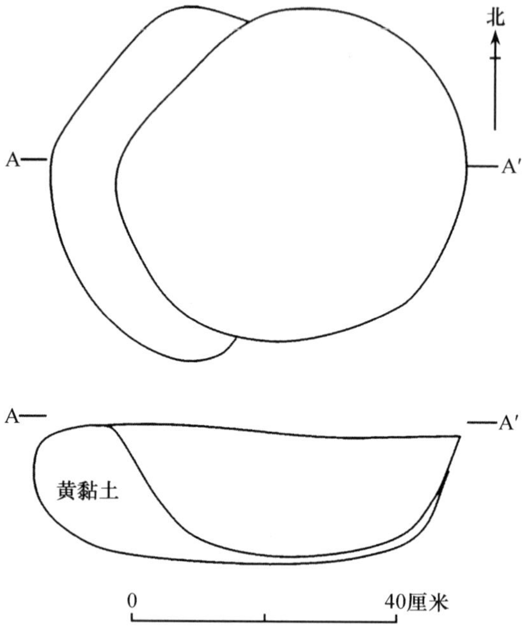

图五四四　H470平、剖面图

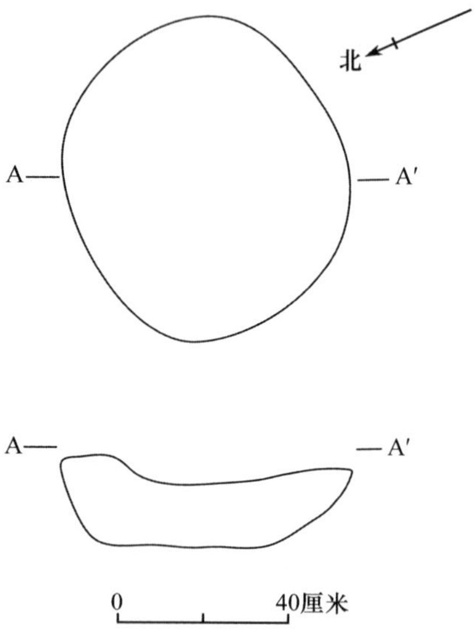

图五四五　H425平、剖面图

H734

位置：位于02BT0101西部，H733西北，开口距地表深约5.95米。层位关系：㉗—H734→F331。

形制：平面为不规则圆形，斜弧壁，圜底。直径60～70、深38厘米（图五四六；图版五五，1）。

坑内堆积与包含物：坑内堆积可分2层。

第1层：灰土，质疏松，厚约15厘米。包含极少陶片和兽骨。

第2层：红色黏土夹少量灰土，纯净，厚23～38厘米。

出土遗物：参加分类排队的陶器2件，挑选标本2件。

罐形釜　1件。Aa型Ⅱ式。

标本H734：2，夹砂灰褐陶，局部、里红。腹饰斜绳纹。侈口，圆唇，束颈，鼓腹，残。轮制，火候较高。残宽8.8、残高7.8厘米（图五四七，1）。

钵　1件。A型Ⅰ式。

标本H734：1，夹砂褐陶，灰褐胎。素面。敛口，沿内卷，圆尖唇，弧腹，残。手制轮修，火候较高。残宽10.2、残高4.8厘米（图五四七，2）。

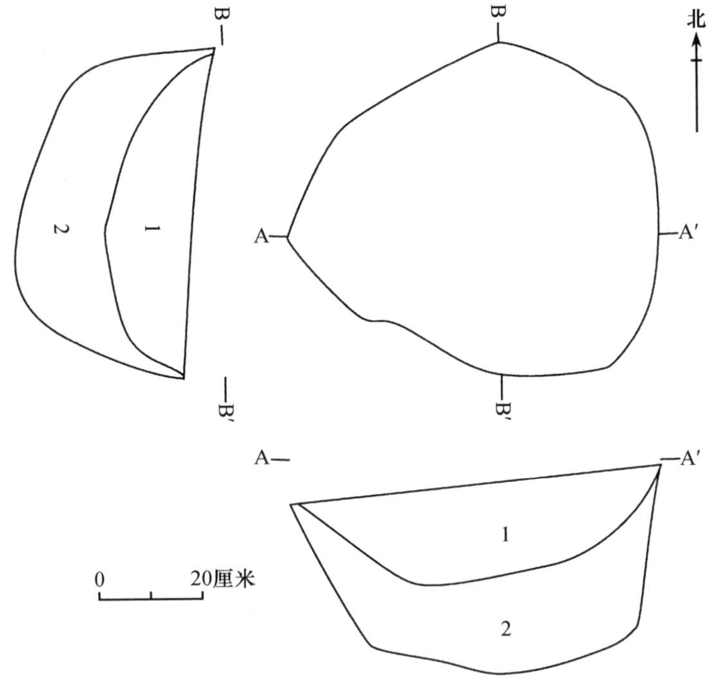

图五四六　H734平、剖面图

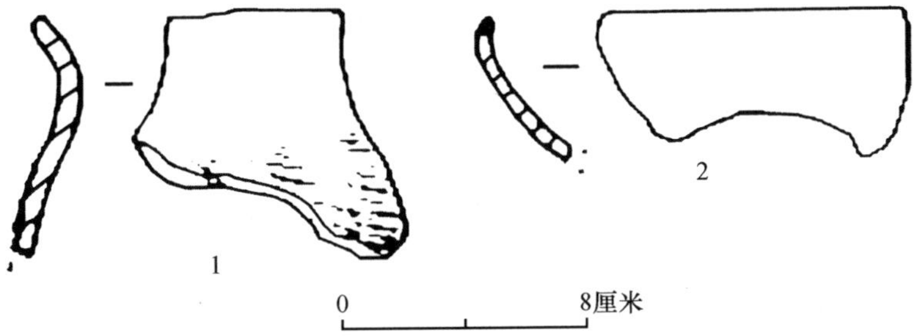

图五四七　H734出土陶器

1. Aa型Ⅱ式罐形釜（H734：2）　2. A型Ⅰ式钵（H734：1）

②Ab型

1个。

H527

位置：位于99DT0301东部偏中，H526西南侧，开口距地表深5.15米。层位关系：㊴—H527→㊵。

形制：平面呈圆形，直壁，规整，坑底较平。口径56、深44厘米（图五四八）。

坑内堆积与包含物：坑内填灰白色土，杂有红烧土及炭粒，土质疏松。包含遗物较多，主要为陶器、兽骨等。

出土遗物：参加分类排队的陶器52件，挑选标本9件。

辫唇罐　40件。Ⅲ式。

标本H527：2，夹砂黑陶，局部、里红。唇部戳刮、外沿刮抹略呈辫绳波浪形，腹饰斜绳纹。侈口，卷沿外翻，鼓腹，残。手制，火候较高。口径14.4、残高11.8厘米（图五四九，

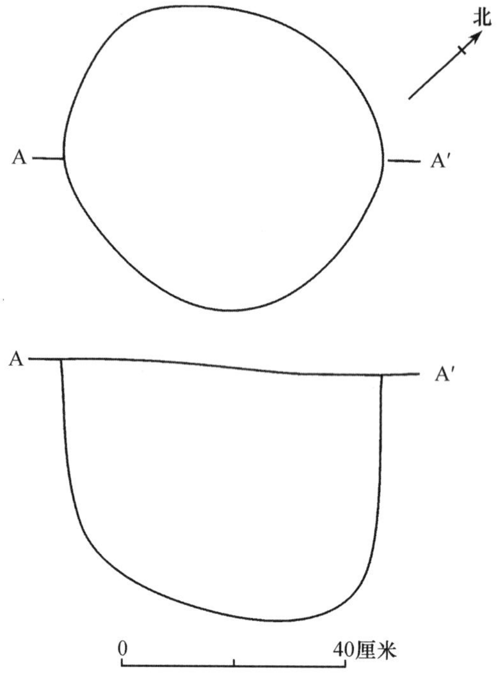

图五四八　H527平、剖面图

1）。标本H527：5，夹砂黑陶，局部、胎灰。唇部戳刮、外沿刮抹略呈辫绳波浪形，腹饰斜绳纹。侈口，卷沿，鼓腹，残。手制，火候较高。口径15.2、残高11.6厘米（图五四九，2）。

按唇罐　1件。Ⅲ式。

标本H527：12，夹砂红陶，胎红夹褐。唇部戳按略呈波浪形齿，肩饰斜中粗绳纹。侈口，领外斜，斜肩，残。手制，火候较高。口径11.8、残高5厘米（图五四九，3）。

花边圜底罐　8件。

A型　7件。Aa型，5件不明式别。

Ⅰb式：2件。

标本H527：6，夹砂红陶，局部褐，胎、里灰。唇部戳刮、外沿刮抹呈波浪形，腹饰斜绳纹。侈口，束颈，鼓腹，残。手制，火候较高。口径10.8、残高7.4厘米（图五四九，4）。标本H527：7，夹砂灰褐陶，局部黑，灰胎，里红。唇部戳刮、外沿内抹呈波浪形，腹饰斜中粗绳纹。侈口，束颈，鼓腹，残，手制，火候较高。口径12.2、残高5.8厘米（图五四九，5）。

C型　1件。

标本H527：8，夹砂红陶，灰胎。唇部戳刮、外沿内抹呈波浪形，腹饰云雷纹。侈口，束颈，鼓腹，残，手制，火候较高。口径10.6、残高6.8厘米（图五四九，6）。

尖底盏　1件。A型Ⅲ式。

标本H527：9，夹砂黑陶，褐胎。上腹饰粗凹弦纹一周，下腹饰瓦棱纹。敞口，圆唇，弧腹，尖底，残。轮制，火候较高。口径15.6、残高3.2厘米（图五四九，7）。

圈足　1件。

标本H527：10，夹砂褐陶，局部、胎黑。素面，有按抹痕。圈足较矮外撇，残。手制，火候较高。残宽4.8、残高2.6厘米（图五四九，8）。

器底　1件。

标本H527：11，夹砂红陶，局部、里黑。腹饰瓦棱纹。下腹斜收，底微凹，残。轮制，火候较高。底径5.4、残高4厘米（图五四九，9）。

③Ad型

1个。

H271

位置：位于98AT0103中部，开口距地表深417厘米。层位关系：F127→H271→M39。

形制：平面呈不规则圆形，东南部坑口下去10厘米左右一台阶，上垫一卵石，向下坑形变圆，坑壁直，底较平，坑壁、底无加工痕迹。口径80、底径55、深40厘米（图五五〇）。

坑内堆积与包含物：坑内填黄褐色灰土，较松。包含物以陶器为主。

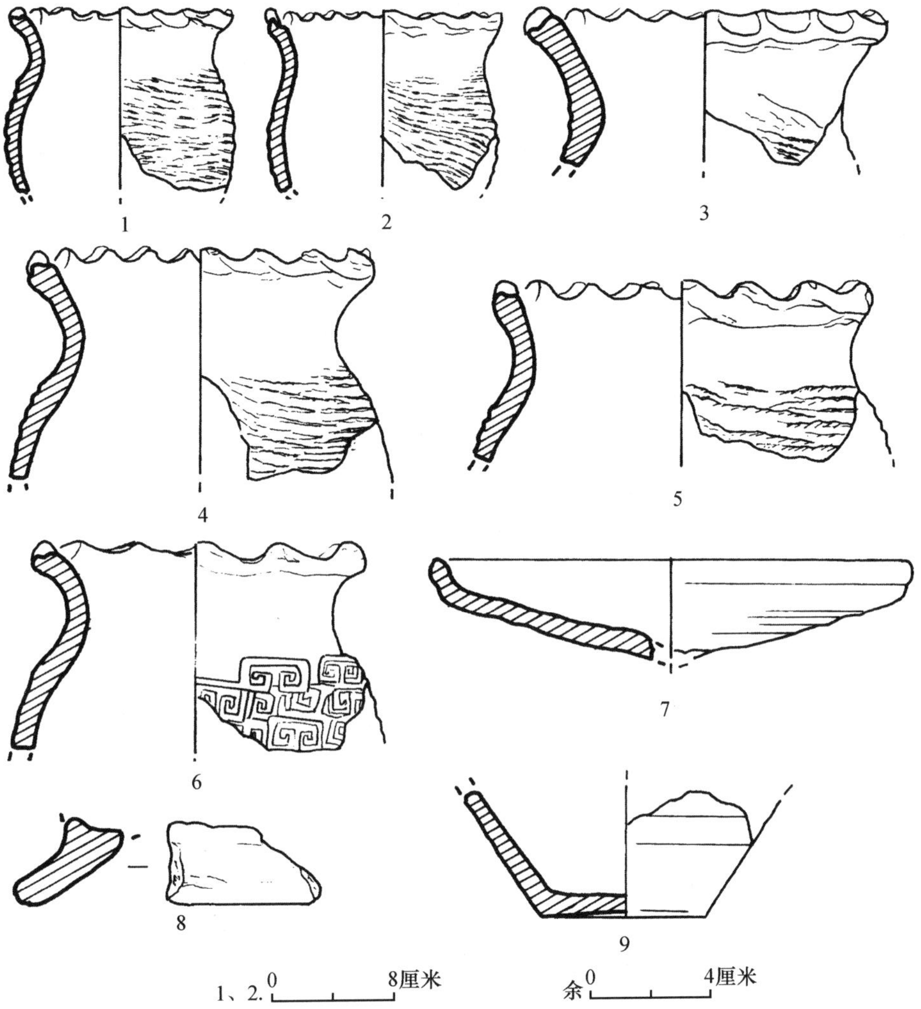

图五四九　H527出土陶器

1、2. Ⅲ式辫唇罐（H527：2、H527：5）　3. Ⅲ式按唇罐（H527：12）　4、5. Aa型Ⅰb式花边圜底罐（H527：6、H527：7）　6. C型花边圜底罐（H527：8）　7. A型Ⅲ式尖底盏（H527：9）　8. 圈足（H527：10）　9. 器底（H527：11）

出土遗物：参加分类排队的陶器69件，挑选标本12件。

辫唇瓮　3件。A型。

Ⅰ式：1件。

标本H271：5，夹细砂黑陶，口、里红褐。唇部按抹呈辫绳状，外唇下饰戳印纹。侈口，卷沿，束领，残。轮制，火候较高。残宽6.2、残高3.8厘米（图五五一，1）。

Ⅱ式：1件。

标本H271：1，夹细砂红陶，黑胎。唇部按抹略呈辫绳状，唇下内外沿有按窝纹。侈口，卷沿，束领，残。手制轮修，火候较高。残宽5.1、残高3.8厘米（图五五一，2）。

Ⅲ式：1件。

标本H271：2，夹细砂红褐陶，里红。唇部按抹略呈辫绳状，腹饰绳纹，外下沿有按抹痕，内壁有刮抹痕。侈口，卷沿，束领，残。手制，火候不高。残宽7.1、残高6厘米（图五五一，3）。

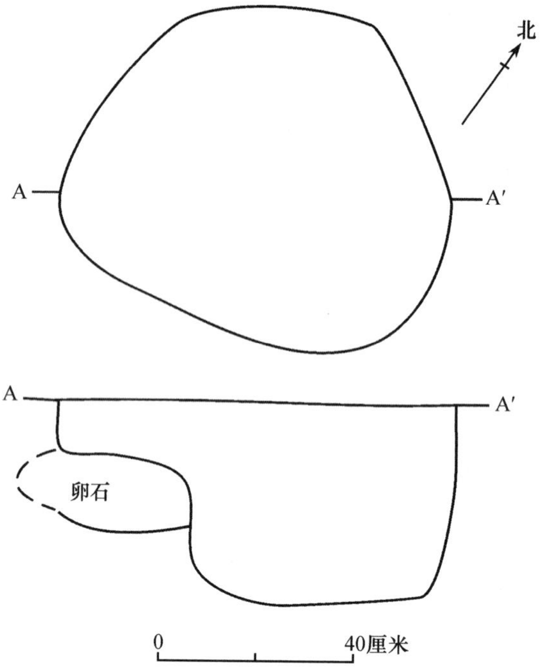

图五五〇　H271平、剖面图

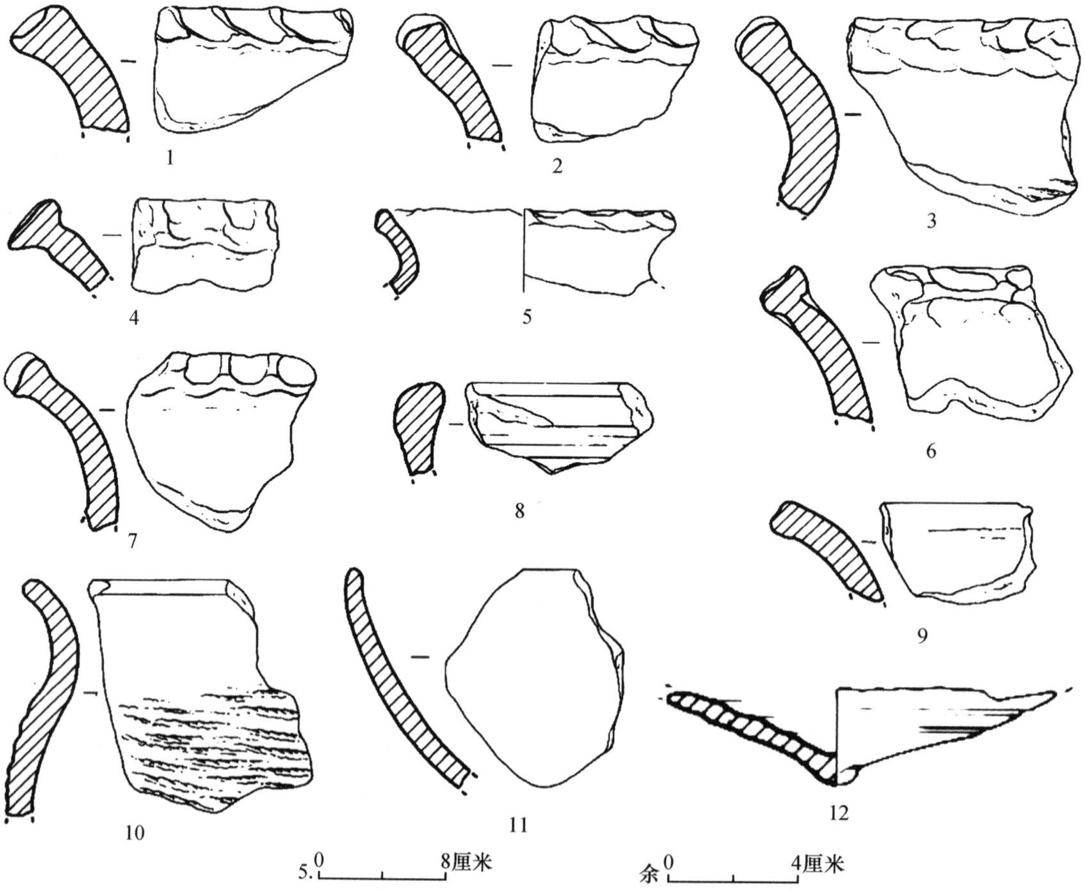

图五五一　H271出土陶器

1. A型Ⅰ式辫唇瓮（H271：5）　2. A型Ⅱ式辫唇瓮（H271：1）　3. A型Ⅲ式辫唇瓮（H271：2）　4. Ⅰ式按唇瓮（H271：3）　5. Ⅲ式辫唇罐（H271：10）　6. Ⅰ式按唇罐（H271：7）　7. Ⅲ式按唇罐（H271：4）　8. A型Ⅰ式敛口罐（H271：6）　9. 高领罐（H271：12）　10. Aa型Ⅲ式釜（H271：9）　11. A型Ⅰ式圜底钵（H271：8）　12. A型尖底盏（H271：11）

按唇瓮　1件。Ⅰ式。

标本H271：3，夹细砂灰陶，口、里红。唇部微有按窝纹，外唇下有戳按纹，内唇下有按窝纹。侈口，唇缘外凸较甚，残。手制，火候较高。残宽4.5、残高2.8厘米（图五五一，4）。

辫唇罐　1件。Ⅲ式。

标本H271：10，夹细砂红陶，黑胎，里褐；器表有黑色附着物。唇部按抹略呈辫绳状，内壁有按抹痕。侈口，卷沿，沿面微凹，束颈，残。手制轮修，火候较高。口径18.6、残高5.2厘米（图五五一，5）。

花边圜底罐　57件。A型Ⅰ式。标本碎小。

按唇罐　2件。

Ⅰ式：1件。

标本H271：7，夹细砂红褐陶，胎、里黑。唇部按窝较浅，外下沿饰按窝纹，内壁有按抹痕。侈口，卷沿，唇缘外凸较甚，束颈，残。手制，火候较高。残宽6.2、残高4.7厘米（图五五一，6）。

Ⅲ式：1件。标本H271：4，夹细砂红褐陶，局部黑，里褐。唇部按窝较深，唇下内沿饰按窝纹，器表有按抹痕。侈口，卷沿，唇缘外凸，束颈，残。手制，火候较高。残宽5.8、残高5.4厘米（图五五一，7）。

敛口罐　1件。A型Ⅰ式。

标本H271：6，夹细砂灰黑陶，里灰褐。唇外面有粗划纹，沿下饰凸弦纹。敛口，圆唇，残。轮制，火候高。残宽5.7、残高2.8厘米（图五五一，8）。

高领罐　1件。

标本H271：12，夹粗砂红陶。素面。喇叭口，方唇，残。手制轮修，火候高。残宽4.7、残高3.1厘米（图五五一，9）。

釜　1件。Aa型Ⅲ式。

标本H271：9，夹细砂红褐陶。腹饰粗绳纹。侈口，卷沿，圆唇，鼓腹，残。轮制，火候较高。残宽6.9、残高7.1厘米（图五五一，10）。

圜底钵　1件。A型Ⅰ式。

标本H271：8，夹细砂黑陶。素面，器表近底部有戳印纹、按抹痕、细划痕。口微敛，圆唇，弧腹，残。手制，火候较高。残宽5.5、残高8.7厘米（图五五一，11）。

尖底盏　1件。A型。

标本H271：11，夹细砂黑陶，胎红褐、灰相间。器内外壁有轮制形成的瓦棱纹，下腹较斜直，尖底，残。轮制，火候较高。残宽11.6、残高2.8厘米（图五五一，12）。

2）B型

5个。

①Ba型

1个。

H614

位置：位于99DT0202西北部。层位关系：㊵—H614→㊶。

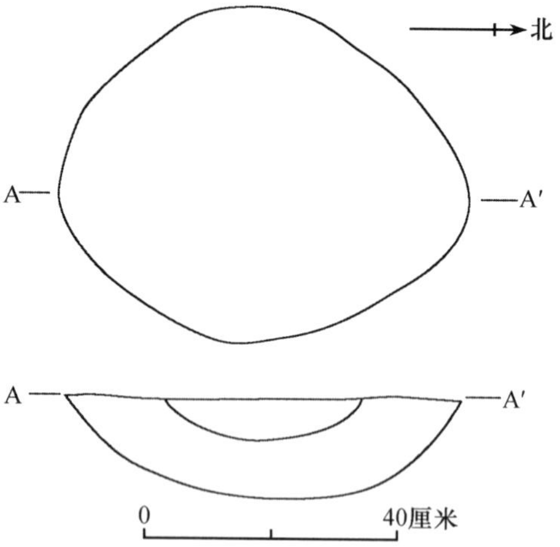

图五五二　H614平、剖面图

形制：平面呈不规则椭圆形，弧壁，圜底。口径长径60、短径52、深约15厘米（图五五二）。

坑内堆积与包含物：坑内上部填暗灰褐色土，下部填黑色灰烬。包含少量陶片、兽骨等。

出土遗物：参加分类排队的陶器10件，挑选标本2件。

花边圜底罐　3件。Aa型。

Ⅰa式：2件。

标本H614：1，夹细砂红陶，局部褐。唇部戳刮、外沿内抹呈波浪形，颈部、内沿饰按窝，腹饰斜中粗绳纹。侈口，束颈，鼓腹，残。手制，火候较高。口径10.1、残高6.9厘米（图五五三，1）。

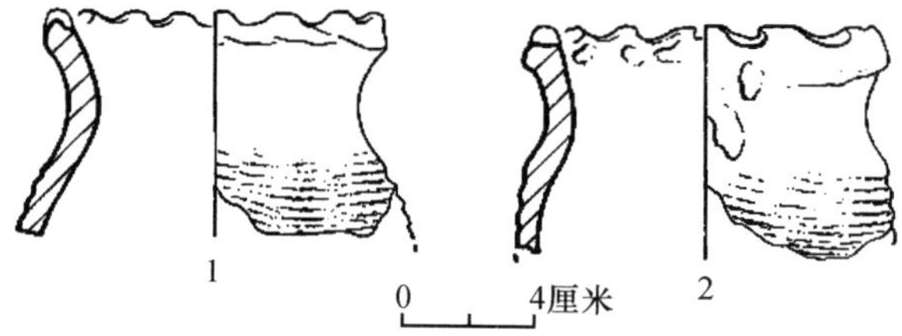

图五五三　H614出土陶器

1. Aa型Ⅰa式花边圜底罐（H614：1）　2. Aa型Ⅰb式花边圜底罐（H614：2）

Ⅰb式：1件。

标本H614：2，夹细砂红褐陶，局部褐，胎红夹灰。唇部戳刮、外沿内抹呈波浪形，腹饰斜中粗绳纹。侈口，束颈，鼓腹，残。手制，火候较高。口径10、残高6.7厘米（图五五三，2）。

矮领罐　4件。A型。标本碎小。

素沿圜底罐　1件。标本碎小。

立沿瓮　1件。标本碎小。

器底　1件。标本碎小。

②Bc型

3个。

H521

位置：位于99DT0301东北部，H514、H515东部偏南，开口距地表深5.1米。层位关系：㊳—H521→㊴。

形制：平面呈椭圆形，斜壁，较规整，坑底略圜。长径100、短径75、深18厘米（图五五四）。

坑内堆积与包含物：坑内填杂土，有黄褐、浅

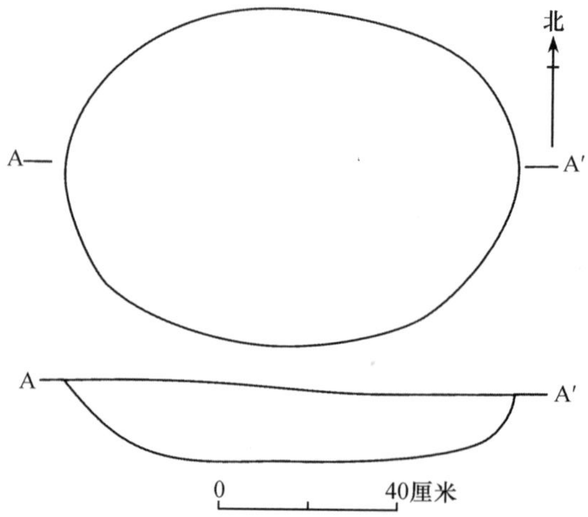

图五五四　H521平、剖面图

灰土，并掺杂有红沙，质疏松。包含物主要有陶器和兽骨等。

出土遗物：参加分类排队的陶器45件，挑选标本7件。

齿唇缸　1件。A型Ⅱ式。

标本H521：3，夹砂红褐陶，局部、里黑，灰胎。唇部戳按呈齿状，领上部饰圆形镂孔一排。侈口，微束领，残。手制，火候较高。残宽8.6、残高5.7厘米（图五五五，1）。

辫唇缸　2件。标本碎小。

辫唇罐　7件。Ⅲ式。

标本H521：1，夹砂灰褐陶，局部、里褐。唇部戳刮、外沿刮抹略呈辫绳波浪形，肩饰斜中粗绳纹。侈口，卷沿外斜，溜肩，残。手制，火候较高。口径16、残高7.6厘米（图五五五，2）。标本H521：2，夹砂红褐陶，局部黄褐，灰褐胎。唇部刮抹略呈辫绳波浪形，上腹饰斜绳纹。侈口，卷沿外翻，鼓腹，残。手制，火候较高。口径15.6、残高7厘米（图五五五，3）。

花边圜底罐　33件。Aa型，28件不明式别。

Ⅰb式：5件。

标本H521：4，夹砂红陶，胎红夹灰。唇部戳刮、外沿刮抹呈波浪形，腹饰斜绳纹。侈口，束颈，鼓腹，残。手制，火候较高。口径10、残高8.5厘米（图五五五，4）。标本H521：5，夹砂红陶，胎红夹灰。唇部戳刮、外沿刮抹呈波浪形，腹饰斜绳纹。侈口，束颈，鼓腹，残。手制，火候较高。残宽9.4、残高9厘米（图五五五，5）。

圜底钵　2件。

A型　1件。Ⅲ式。

标本H521：6，夹砂红陶，局部褐，胎外红里灰。素面。敞口，圆唇，弧腹，残。手制，火候较高。残宽5.8、残高3.8厘米（图五五五，6）。

B型　1件。

标本H521：7，夹砂红褐陶，局部、胎灰黑。上腹饰横粗划纹一道。敛口，唇面内凹，

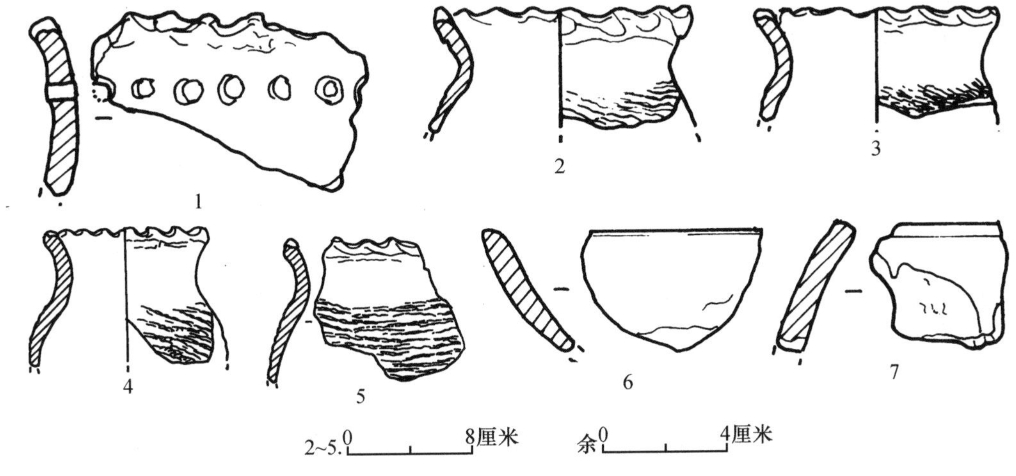

图五五五　H521出土陶器

1. A型Ⅱ式齿唇缸（H521：3）　2、3. Ⅲ式辫唇罐（H521：1、H521：2）　4、5. Aa型Ⅰb式花边圜底罐（H521：4、H521：5）　6. A型Ⅲ式圜底钵（H521：6）　7. B型圜底钵（H521：7）

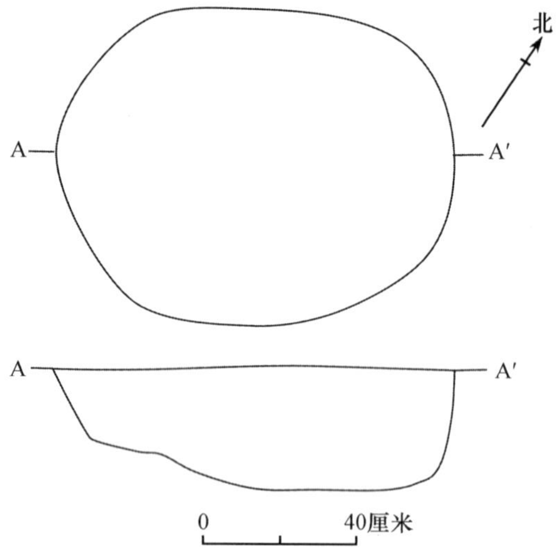

图五五六 H535平、剖面图

鼓腹，残。手制，火候较高。残宽4.4、残高4厘米（图五五五，7）。

③Bd型

1个。

H535

位置：位于99DT0301北部，H516和H529西侧，开口距地表深5.15米。层位关系：㊴—H535→㊵。

形制：平面呈不规则椭圆形，坑壁不规整，西南侧向底部斜收，东北侧较直，底不平。长径110、短径70、深31厘米（图五五六）。

坑内堆积与包含物：坑内填深灰土，质疏松。包含物有陶器、兽骨等。

出土遗物：参加分类排队的陶器41件，挑选标本9件。

辫唇瓮 8件。

A型 6件。

Ⅱ式：2件。标本碎小。

Ⅲ式：4件。

标本H535：3，夹砂灰褐陶，局部黑褐。唇部戳刮、外沿刮抹略呈辫绳波浪形，肩饰斜中粗绳纹。侈口，领外翻，圆肩，残。手制，火候较高。残宽11.2、残高6厘米（图五五七，1）。

B型 2件。

标本H535：4，夹砂红陶，胎局部灰褐。唇部戳刮、外沿刮抹呈波浪形，肩饰斜绳纹。侈口，束领，广肩，残。手制，火候较高。残宽11.2、残高7.2厘米（图五五七，2）。

齿唇瓮 1件。Ba型Ⅰ式。

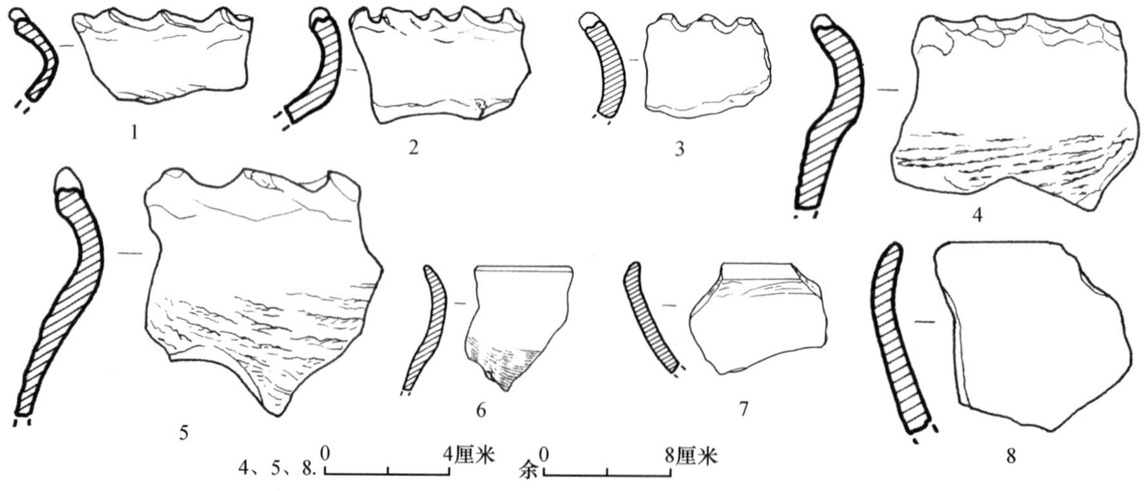

图五五七 H535出土陶器

1. A型Ⅲ式辫唇瓮（H535：3） 2. B型辫唇瓮（H535：4） 3. Ba型Ⅰ式齿唇瓮（H535：5） 4. Ⅲ式辫唇罐（H535：2） 5. Aa型Ⅰb式花边圜底罐（H535：6） 6. Aa型Ⅰ式罐形釜（H535：9） 7、8. A型Ⅰ式圜底钵（H535：7、H535：8）

标本H535：5，夹粗砂灰黑陶，局部、胎黑。唇部戳按呈齿状。侈口，领外翻，残。手制，火候较高。残宽7.8、残高6.4厘米（图五五七，3）。

矮领瓮　1件。Aa型。标本碎小。

辫唇罐　8件。Ⅲ式。

标本H535：2，夹砂黑陶，局部灰褐。唇部按抹略呈辫绳波浪形，腹饰斜绳纹。侈口，卷沿，鼓腹，残。手制，火候较高。残宽7.6、残高6厘米（图五五七，4）。

花边圜底罐　18件。Aa型，15件不明式别。

Ⅰb式：3件。

标本H535：6，夹砂红陶，局部褐。唇部戳刮、外沿刮抹呈波浪形，腹饰斜中粗绳纹。侈口，卷沿，鼓腹，残。手制，火候较高。残宽7.4、残高7.6厘米（图五五七，5）。

罐形釜　1件。Aa型Ⅰ式。

标本H535：9，夹砂黑陶，局部红褐，灰胎。腹饰斜细绳纹。侈口，圆唇，束颈，鼓腹，残。手制轮修，火候较高。残宽6.6、残高7.6厘米（图五五七，6）。

圜底钵　4件。A型Ⅰ式。

标本H535：7，夹砂红陶，局部黄褐，里局部灰。素面，多戳刮、按抹痕。敛口，沿内卷，圆唇，弧腹，残。手制轮修，火候较高。残宽8.5、残高6.8厘米（图五五七，7）。标本H535：8，夹砂灰陶，局部红褐。素面。敛口，沿内卷，圆唇，弧腹，残。手制轮修，火候较高。残宽6、残高5.8厘米（图五五七，8）。

（二）第二期

88个。可分为早、晚两段。

1. 早段

62个。

（1）甲类

38个，其中1个资料不全，不明型别。

1）A型

21个。

①Aa型

15个。

H258

位置：位于98BT0405东南部，局部被东壁所压。层位关系：㉕—H258→㉖。

形制：平面呈不规则圆形，弧壁，底较斜平，坑壁、底用厚1～2厘米的黄黏土加工，壁较平滑。口径70、深20厘米（图五五八）。

坑内堆积与包含物：坑内填青灰色沙土，较硬，纯净。无包含物。

H753

位置：位于02DT0102东部，西北侧为H752、H751、H750，开口距地表深582厘米。层位关系：㉘—H753→㉙。

形制：残存底部，平面呈圆形，弧壁，圜底，坑壁、底均用黄黏土加工，黏土厚4厘米左右。残口径46、残深12厘米（图五五九）。

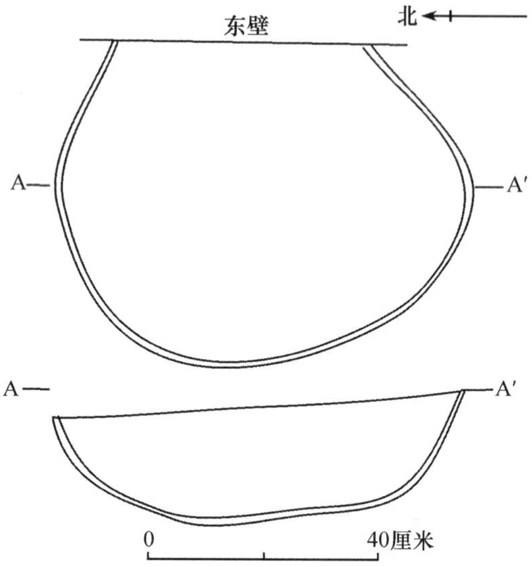

图五五八　H258平、剖面图

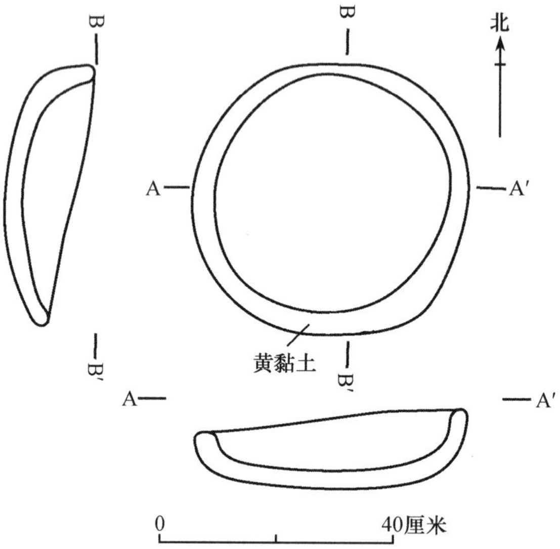

图五五九　H753平、剖面图

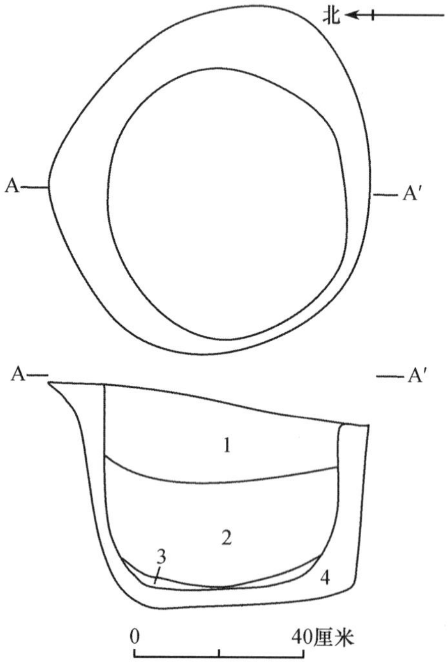

图五六〇　H502平、剖面图

坑内堆积与包含物：内填黄沙，质较密，纯净。无包含物。

②Ab型

2个。

H502

位置：位于探方99DT0301西南部，H501北侧，开口距地表深4.7米。层位关系：F256→H502→㊲。

形制：平面呈不规则圆形，壁近直，规整，底略圜，壁、底用红色黏土加工。口径55～75、深40～50厘米（图五六〇）。

坑内堆积与包含物：坑内堆积共分4层。

第1层：F256的垫层，土质较硬，多为经火烧过的碎陶片，厚10～18厘米。

第2层：灰土，质疏松，包含陶片等，厚约25厘米。

第3层：黄褐沙，厚2～4厘米。

第4层：黏土层，与坑壁黏土相接，厚4～6厘米。

出土遗物：少量陶器，参加分类排队的14件，挑选标本3件。

辫唇瓮　1件。B型。

标本H502：2，夹粗砂黑陶，胎褐夹灰黑。唇部戳刮呈波浪形，肩饰绳纹后按抹呈细线。侈口，卷沿，束颈，广肩，手制，火候较高。口径15、残高10厘米（图五六一，1）。

辫唇缸　1件。B型。

标本H502：3，夹粗砂红褐陶，局部红、黑，灰褐胎，里黑褐。唇部戳刮呈波浪形，领上部饰圆形镂孔，肩饰斜绳纹。侈口，领外翻，有肩，残。手制，火候较高。残宽13.6、残高8.8厘米（图五六一，2）。

齿唇缸　2件。Ba型Ⅰ式。标本碎小。

花边圜底罐　10件。Aa型，其中7件不明式别。

Ⅰb式：3件。

标本H502：1，夹砂红褐陶，局部红。唇部戳刮、外沿刮抹呈波浪形，腹饰斜绳纹。侈口，束颈，鼓腹，残。手制，火候较高。口径10.4、残高6厘米（图五六一，3）。

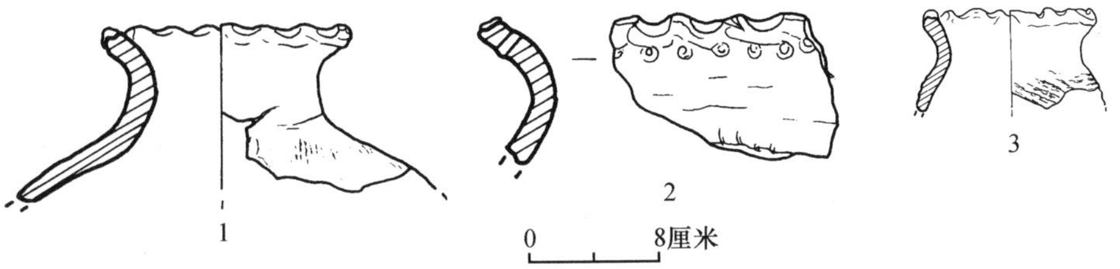

图五六一　H502出土陶器

1. B型辫唇瓮（H502：2）　2. B型辫唇缸（H502：3）　3. Aa型Ⅰb式花边圜底罐（H502：1）

③Ac型

2个。

H509

位置：位于99DT0201东部，F259北侧，H505西侧，开口距地表深455厘米。层位关系：㊱—H509→㊳。

形制：平面呈圆形，斜壁，底部略圜，坑壁、坑底用厚2～3厘米的黄黏土加工。口径56、底径20、深46厘米（图五六二）。

坑内堆积与包含物：坑内堆积可分为2层。

第1层：褐灰土，质疏松，内含有炭灰、碎陶片和兽骨，厚40厘米。

第2层：细沙，较纯净，较硬，厚4厘米。

出土遗物：出土少量碎陶片，可辨器形有圜底罐等。

④Ad型

2个。

H490

位置：位于99DT0201东北部，H489北侧，H491南侧。坑口距地表深445厘米。层位关系：㉟—H490→㊱。

形制：平面呈圆形，东壁近直，西壁斜，底部近平，坑壁用厚2～6、底部用厚10～12厘米的黄黏土加工。口径80、底径30、深40厘米（图五六三）。

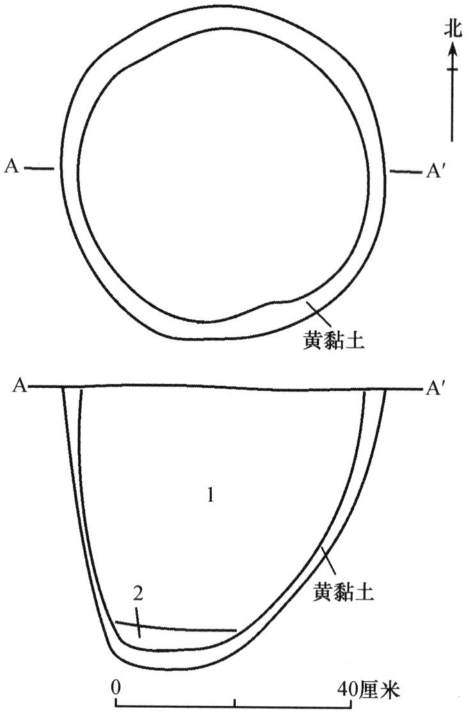

图五六二　H509平、剖面图

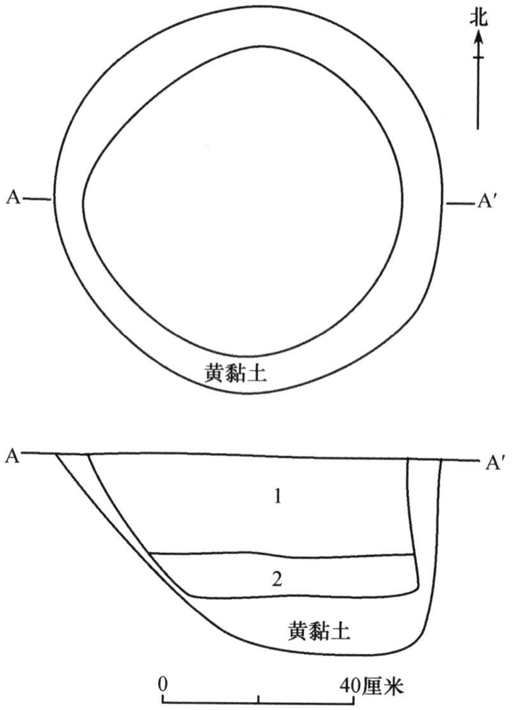

图五六三　H490平、剖面图

坑内堆积与包含物：坑内堆积可分为2层。

第1层：黄褐土，质紧密，内含炭灰粒，厚20厘米。包含少量碎陶片、兽骨等。

第2层：细沙，较硬，夹杂质较少，厚8～10厘米。

2）B型

13个。

①Ba型

4个。

H467

位置：位于99AT0201东部偏北处，探方内暴露大部分，部分压在东隔梁下，坑口距地表深370～380厘米。层位关系：F230→H467→㉞。

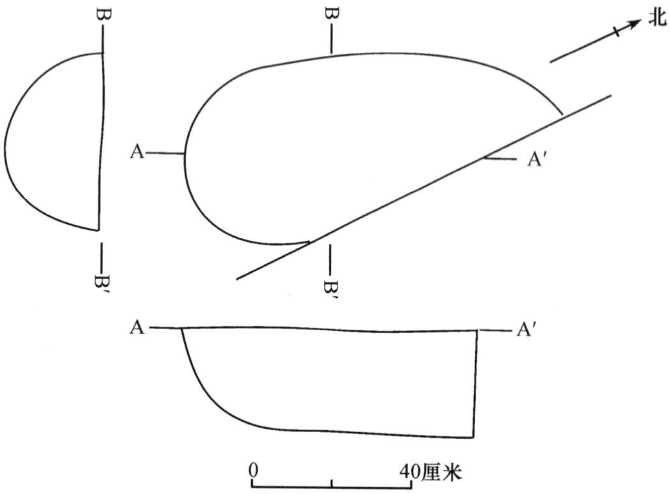

图五六四　H467平、剖面图

形制：平面呈椭圆形，弧壁，圜底，坑底、壁均用黄黏土加工。长径90、短径45、深26厘米（图五六四；图版五五，2）。

坑内堆积与包含物：坑内填灰褐土，质较松，含较多杂质。包含物较为丰富，多为陶圜底罐残片。

出土遗物：参加分类排队的陶器46件，挑选标本4件。

瓣唇瓮　6件。

A型　5件。Ⅱ式4件，Ⅲ式1件。标本碎小。

B型　1件。

标本H467：4，夹粗砂红陶，灰胎。唇部戳印略呈浅齿状，肩部饰绳纹后抹压呈细绳纹，腹饰绳纹。侈口，矮领内束，圆肩，残。手制轮修，火候一般。口径16.4、残高16.2厘米（图五六五，1）。

瓣唇罐　1件。Ⅲ式。

标本H467：3，夹砂红褐陶，局部、胎、里灰黑。唇部刮抹略呈辫绳波浪形，腹饰斜绳纹。侈口，卷沿，鼓上腹，残。手制轮修，火候较高。残宽10.8、残高8.7厘米（图五六五，3）。

矮领罐　1件。C型。

标本H467：2，夹砂红褐陶，局部灰黑。腹饰斜绳纹。侈口，圆唇，矮领微斜，窄折肩，鼓下腹，残。轮制，火候较高。口径14、残高19.9厘米（图五六五，4；图版六八，2）。

罐形釜　1件。Ab型Ⅱ式。

标本H467：1，夹砂黑陶，局部褐。腹、底饰斜细绳纹，颈部多按抹痕。侈口，卷沿，圆唇，颈较斜直，鼓腹，圜底，复原。轮制，火候较高。口径10.6、高16.2厘米（图五六五，2；图版七三，3）。

花边圜底罐　36件。A型。不明亚型17件，Aa型19件。

Aa型　19件。Ⅰa式17件，Ⅰb式2件。标本碎小。

圜底钵　1件。A型Ⅰ式。标本碎小。

H752

位置：位于02DT0102中东部，西北侧为H750、H751，东南侧为H753，开口距地表深583厘米。层位关系：㉘—H752→㉙。

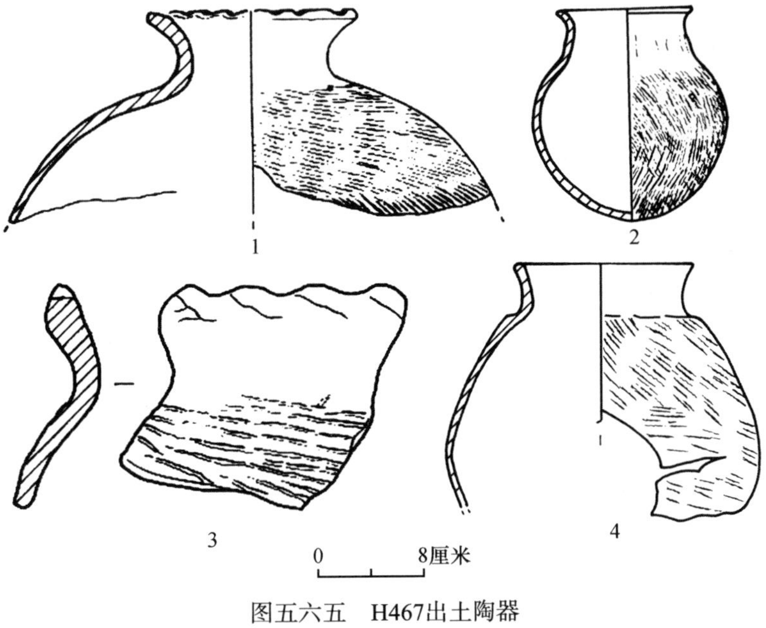

图五六五　H467出土陶器

1. B型瓣唇瓮（H467：4）　2. Ab型Ⅱ式罐形釜（H467：1）　3. Ⅲ式瓣唇罐（H467：3）　4. C型矮领罐（H467：2）

形制：平面呈椭圆形，弧壁，圜底，坑壁、底均用黄黏土加工，黏土厚约4厘米。长径60、短径40、残深12厘米（图五六六）。

坑内堆积与包含物：内填黄沙，质较密，纯净。无包含物。

②Bb型

4个。

H515

位置：位于99DT0301东北部，H514南侧，H516东侧偏北，开口距地表深5.1米。层位关系：㊳—H515→㊴。

形制：平面呈椭圆形，坑壁规整，近直，坑底略平，坑壁、坑底均用2～6厘米厚红黏土加工，坑底黏土上部铺垫黄褐沙层。长径60、短径50、深43厘米（图五六七）。

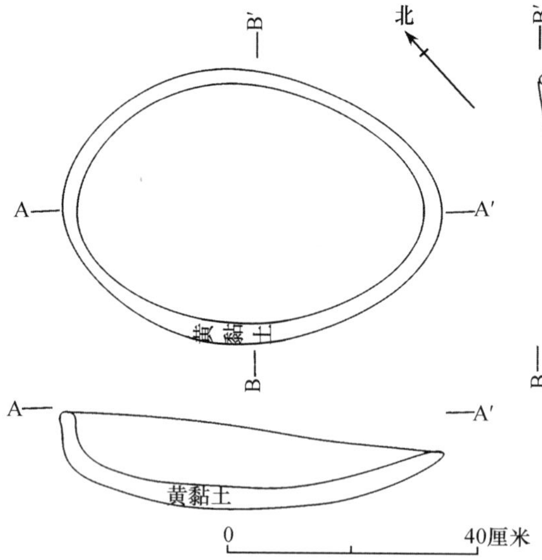

图五六六　H752平、剖面图

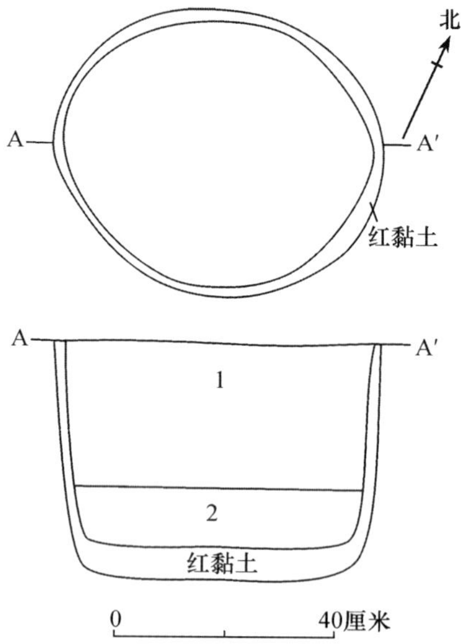

图五六七　H515平、剖面图

坑内堆积与包含物：坑内堆积分2层。

第1层：灰土，质疏松，含陶片等，厚26厘米。

第2层：黄褐沙土，颗粒较粗，纯净，无包含物，厚10厘米。该层下为黏土坑底。

出土遗物：参加分类排队的陶器25件，挑选标本6件。

辫唇缸　2件。B型。

标本H515：1，夹砂灰褐陶，局部红、里。唇部戳刮、外沿刮抹呈波浪形，领饰圆形镂孔。侈口，领外斜，残。手制，火候较高。残宽8.9、残高7.6厘米（图五六八，1）。标本H515：2，夹砂褐陶，局部红，胎、里黑。唇部戳刮、外沿刮抹略呈辫绳波浪形，领饰圆形镂孔。口微侈，领微束，残。手制，火候较高。残宽8、残高5.7厘米（图五六八，2）。

辫唇瓮　1件。标本碎小。

花边圜底罐　19件。Aa型，其中13件不明式别。

Ⅰb式：2件。

标本H515：3，夹砂红陶，局部灰褐。唇部戳刮、外沿刮抹呈波浪形，腹饰斜绳纹。侈

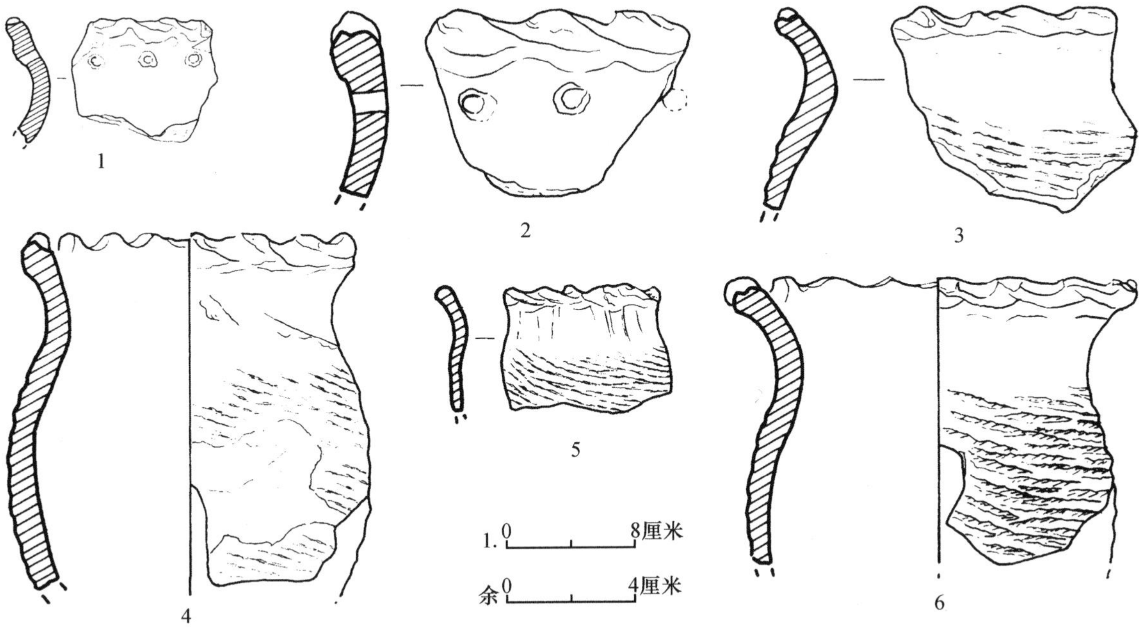

图五六八　H515出土陶器

1、2. B型辫唇缸（H515：1、H515：2）　3. Aa型Ⅰb式花边圜底罐（H515：3）　4. Aa型Ⅱ式花边圜底罐（H515：4）
5、6. Aa型Ⅲ式花边圜底罐（H515：5、H515：6）

口，束颈，鼓腹，残。手制，火候较高。残宽7.6、残高6.2厘米（图五六八，3）。

Ⅱ式：2件。

标本H515：4，夹砂红陶；器表多灰白色附着物。唇部戳刮、外沿刮抹呈波浪形，颈饰零星戳印纹，腹饰斜绳纹，局部擦抹。侈口，束颈，鼓腹，残。手制，火候较高。口径10、残高10.8厘米（图五六八，4）。

Ⅲ式：2件。

标本H515：5，夹砂褐陶，局部红、黑，胎、里灰。唇部戳刮、外沿刮抹呈波浪形，颈饰竖划纹，腹饰斜绳纹。侈口，束颈，鼓腹，残。手制，火候较高。残宽10.4、残高9.6厘米（图五六八，5）。标本H515：6，夹砂红陶，胎红夹灰；器表多灰白色附着物。唇部戳刮、外沿刮抹呈波浪形，腹饰斜中粗绳纹。侈口，束颈，鼓腹，残。手制，火候较高。口径12.8、残高8.7厘米（图五六八，6）。

辫唇罐　3件。Ⅱ式1件，Ⅲ式2件。标本碎小。

③Bc型

5个。

H514

位置：位于99DT0301东北部，开口距地表深5.1米。层位关系：㊳—H514→㊴。

形制：平面呈不规则椭圆形，斜壁，底略圜，坑壁及坑底用红色黏土加工，坑壁厚薄不均，不十分规整，坑底黏土较厚。长径120、短径75、深38厘米（图五六九）。

坑内堆积与包含物：坑内填土分4层。

第1层：浅灰土，质疏松，厚14～18厘米。包含少量陶片、兽骨等。

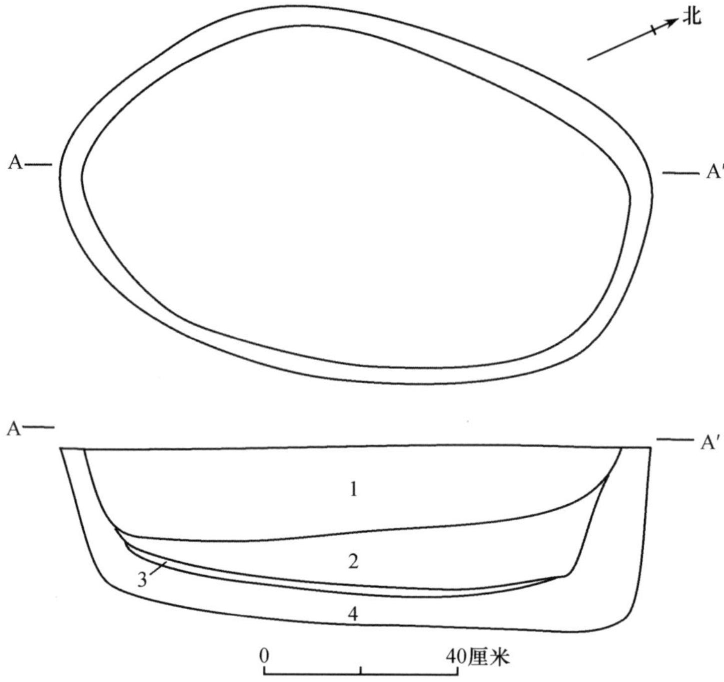

图五六九　H514平、剖面图

第2层：红黏土，厚4～14厘米。

第3层：较薄的炭灰层，厚约0.05～1厘米。

第4层：坑壁黏土，厚约8厘米。

出土遗物：参加分类排队的陶器23件，挑选标本7件。

辫唇瓮　1件。A型Ⅲ式。

标本H514：5，夹砂红陶，胎黑褐夹红。唇部戳刮、外沿刮抹略呈辫绳波浪形。侈口，束领，残。手制，火候较高。残宽8.8、残高6厘米（图五七〇，1）。

齿唇瓮　1件。A型Ⅱ式。

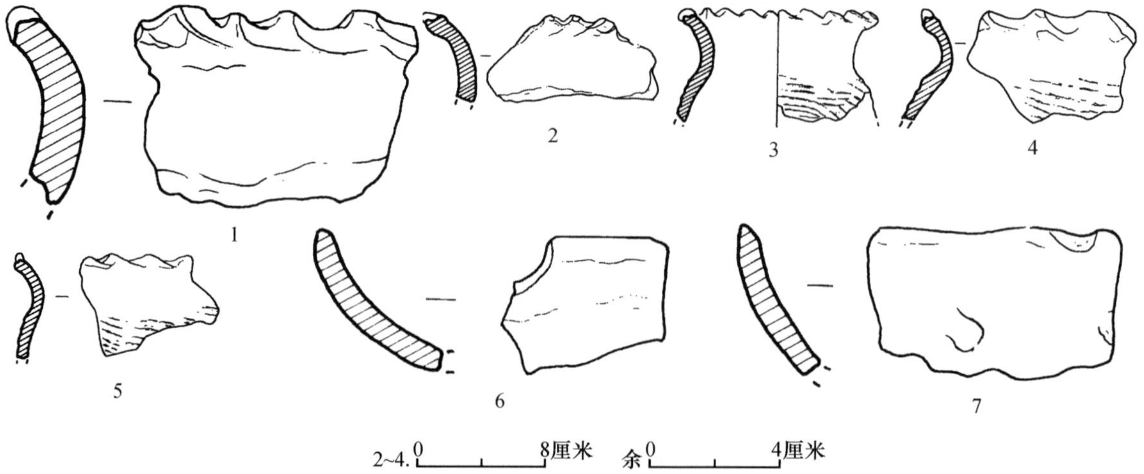

图五七〇　H514出土陶器

1. A型Ⅲ式辫唇瓮（H514：5）　2. A型Ⅱ式齿唇瓮（H514：4）　3、4. Ⅲ式辫唇罐（H514：1、H514：3）
5. Aa型Ⅲ式花边圜底罐（H514：2）　6、7. A型Ⅲ式钵（H514：6、H514：7）

标本H514：4，夹砂灰褐陶，局部、里红褐，黑胎。唇部戳刮呈齿状。侈口，领外翻，残。手制，火候较高。残宽10.6、残高5.4厘米（图五七〇，2）。

辫唇罐　8件。Ⅲ式。

标本H514：1，夹砂红褐陶，局部、胎、里灰黑。唇部刮抹呈辫绳波浪形，腹饰斜绳纹。侈口，卷沿外翻，鼓腹，残。手制，火候较高。口径12、残高6.8厘米（图五七〇，3）。标本H514：3，夹砂红陶，里局部灰褐。唇部戳刮、外沿刮抹略呈辫绳波浪形，肩饰斜绳纹。侈口，卷沿外翻，溜肩，残。手制，火候较高。残宽10.4、残高6.8厘米（图五七〇，4）。

花边圜底罐　11件。Aa型，8件不明式别。

Ⅲ式：3件。

标本H514：2，夹砂红褐陶，黑胎。唇部刮抹呈波浪形，腹饰斜绳纹。侈口，卷沿，鼓腹，残。手制，火候较高。残宽8.6、残高6.3厘米（图五七〇，5）。

钵　2件。A型Ⅲ式。

标本H514：6，夹砂灰黑陶，局部、里红。素面。敞口，圆唇，弧腹，残。手制，火候较高。残宽5、残高4.2厘米（图五七〇，6）。标本H514：7，夹砂红陶，局部黑，胎红夹灰褐。素面，有按抹痕。敞口，圆尖唇，弧腹，残。手制，火候较高。残宽7.6、残高4.6厘米（图五七〇，7）。

3）C型

2个。

①Ca型

1个。

H452

位置：位于99AT0201东南角，坑口距地表深370厘米。层位关系：㉚—H452→㉛。

形制：平面呈不规则圆角长方形，弧壁，圜底，坑壁、底用黄黏土加工，黏土厚5厘米左右。口长150、宽85、深20厘米（图五七一）。

坑内堆积与包含物：坑内填黄褐土，质疏松，含杂质较多。包含碎陶片、兽骨等。

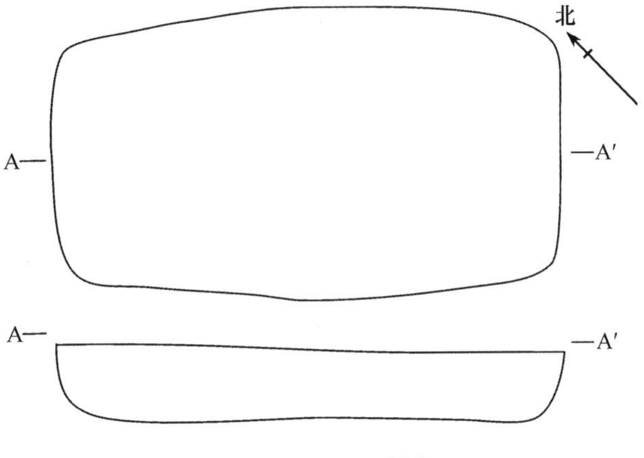

图五七一　H452平、剖面图

②Cb型

1个。

H501

位置：位于99DT0301西南部，H502西南侧。坑口距地表深4.7米。层位关系：F256→H501→㊲。

形制：平面呈不规则圆角长方形，直壁，平底，坑壁、底用红黏土加工。口长75、宽55、深42厘米（图五七二）。

坑内堆积与包含物：坑内堆积分4层。

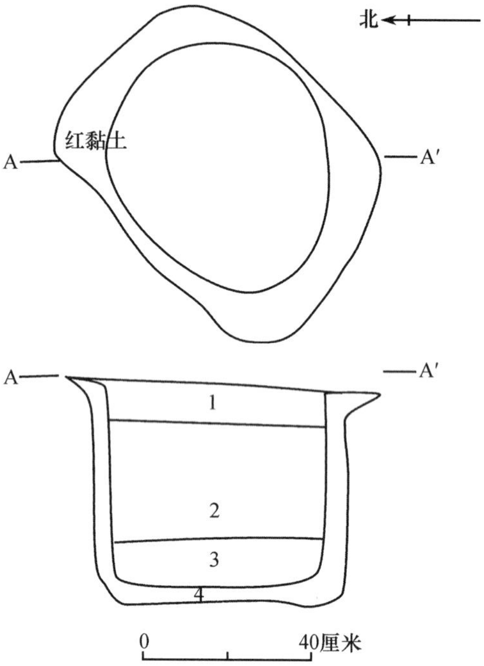

图五七二　H501平、剖面图

第1层：F256的垫层，多为经烧过的红色陶片，较碎小。

第2层：灰土，质疏松，厚26～28厘米。包含部分陶片。

第3层：黄褐色沙土，厚10厘米。

第4层：坑壁红黏土，厚约4厘米。

出土遗物：参加分类排队的陶器31件，挑选标本4件。

辫唇罐　1件。Ⅲ式。

标本H501：3，夹砂红陶，局部褐、黑，胎红夹褐。唇部戳刮、外刮抹呈波浪形，肩饰斜中粗绳纹。侈口，束颈，有肩，残。手制，火候较高。口径15.6、残高6厘米（图五七三，1）。

波浪唇罐　1件。

标本H501：1，夹砂红陶，局部黑，胎红夹褐。唇部戳刮、外沿刮抹呈波浪形，腹饰斜绳纹。侈口，束颈，溜肩，残。手制，火候较高。残宽8、残高6.4厘米（图五七三，2）。

花边圜底罐　29件。Aa型，其中18件不明式别。

Ⅰb式：7件。

标本H501：2，夹砂黑陶，局部褐、红，灰褐胎。唇部戳刮、外沿刮抹呈波浪形，腹饰斜绳纹。侈口，束颈，鼓腹，残。手制，火候高。口径11、残高10厘米（图五七三，3）。

Ⅱ式：1件。

标本H501：4，夹砂黑褐陶，局部红褐，灰胎。唇部戳刮、外沿刮抹呈波浪形，腹饰斜绳纹。侈口，束颈，鼓腹，残。手制，火候较高。残宽7.8、残高5.8厘米（图五七三，4）。

Ⅲ式：3件。标本碎小。

4）D型

1个。Da型。

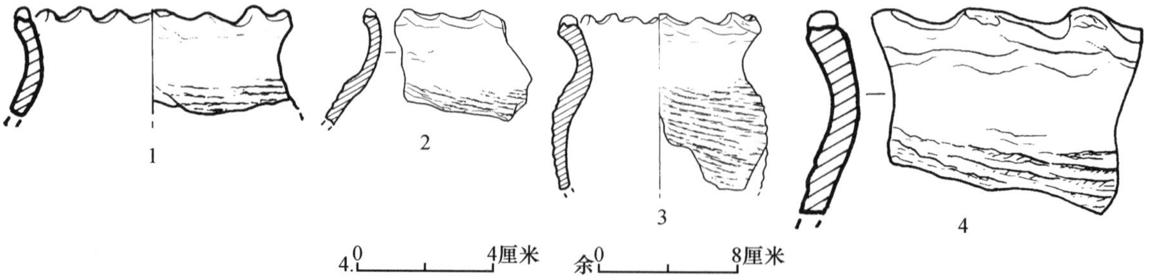

图五七三　H501出土陶器

1. Ⅲ式辫唇罐（H501：3）　2. 波浪唇罐（H501：1）　3. Aa型Ⅰb式花边圜底罐（H501：2）

4. Aa型Ⅱ式花边圜底罐（H501：4）

H751

位置：位于02DT0102中部微偏北，西北侧为H750，东南侧为H752、H753，开口距地表深585厘米。层位关系：㉘—H751→㉙。

形制：平面略呈圆角方形，微弧壁，平底，坑壁、底均用黄黏土加工，黏土厚4～10厘米。口长72、底长46、深35厘米（图五七四）。

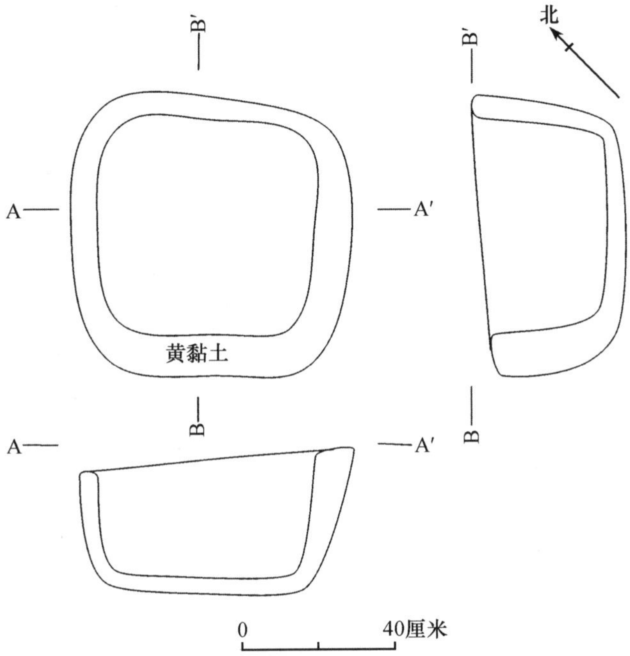

图五七四　H751平、剖面图

坑内堆积与包含物：坑内堆积以陶片为主，少量黄沙土，质疏松。

出土遗物：参加分类排队的陶器23件，挑选标本7件。

辫唇罐　9件。Ⅲ式。

标本H751：4，夹砂红陶，局部灰褐、黑，胎红夹灰褐。唇部戳刮、外沿内抹呈波浪形，腹饰方格纹。侈口，束颈，鼓腹，残。手制，火候较高。口径13、残高8.4厘米（图五七五，1）。标本H751：5，夹砂红陶，局部红褐，胎、里灰褐。唇部戳刮、外沿内抹呈波浪形，腹饰方格纹。侈口，束颈，鼓腹，残。手制，火候较高。口径13.2、残高10厘米（图五七五，2）。

齿唇罐　1件。Ab型。

标本H751：6，夹砂红陶，局部、胎灰褐。唇部戳按呈波浪形齿，腹饰斜绳纹，颈多按抹痕。侈口，卷沿，鼓腹，残。手制，火候较高。口径11.6、残高10.2厘米（图五七五，3）。

齿唇缸　1件。A型Ⅱ式。

标本H751：7，夹砂黑陶，局部褐，灰褐胎。唇部戳按呈波浪形齿，腹饰竖粗绳纹。口微侈，腹较直，残。手制，火候较高。残宽11.4、残高6.2厘米（图五七五，4）。

花边圜底罐　12件。

A型　7件。Aa型Ⅰb式。

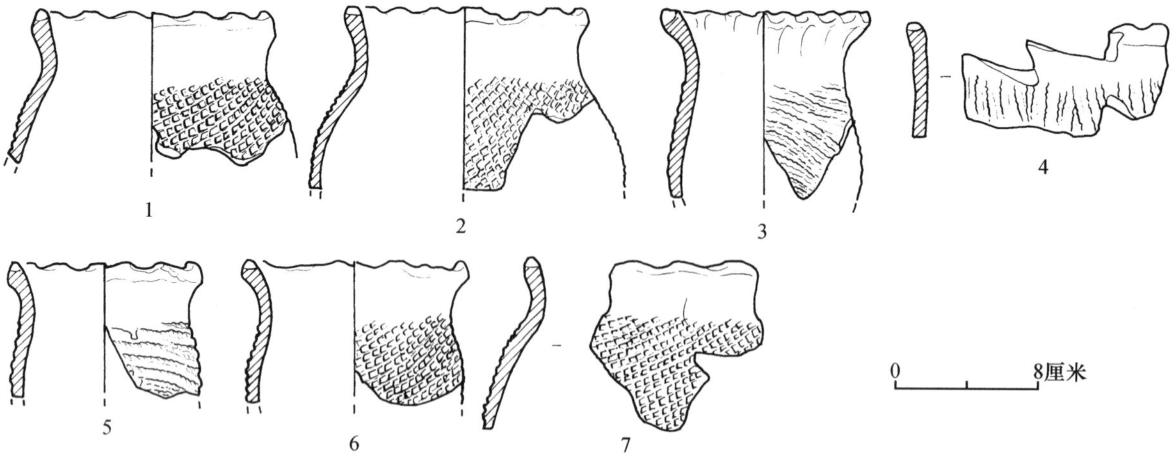

图五七五　H751出土陶器

1、2. Ⅲ式辫唇罐（H751：4、H751：5）　3. Ab型齿唇罐（H751：6）　4. A型Ⅱ式齿唇缸（H751：7）
5. Aa型Ⅰb式花边圜底罐（H751：1）　6、7. C型花边圜底罐（H751：2、H751：3）

标本H751：1，夹砂红陶。唇部戳刮、外沿刮抹呈波浪形，腹饰斜中粗绳纹。侈口，束颈，鼓腹，残。手制，火候较高。口径10、残高7.4厘米（图五七五，5）。

C型　5件。

标本H751：2，夹砂褐陶，局部、里红褐，胎褐夹灰褐。唇部戳刮、外沿内抹呈波浪形，腹饰方格纹。侈口，束颈，鼓腹，残。手制，火候较高。口径12.4、残高7.8厘米（图五七五，6）。标本H751：3，夹砂红褐陶，局部灰褐。唇部戳刮、外沿内抹呈波浪形，腹饰方格纹。侈口，束颈，鼓腹，残。手制，火候较高。残宽9.5、残高9.4厘米（图五七五，7）。

（2）乙类

24个，其中2个无资料，5个资料不全，不明型别。

1）A型

10个。

①Aa型

4个。

H256

位置：位于98AT0103中部，坑口距地表深378厘米。

层位关系：㉛—H256→F122。

形制：平面呈圆形，弧壁，圜底，壁、底无加工痕迹。口径50、深35厘米（图五七六）。

坑内堆积与包含物：坑内填黄褐色灰土，极松。包含极多花边绳纹圜底罐陶片。

出土遗物：参加分类排队的陶器57件，挑选标本4件。

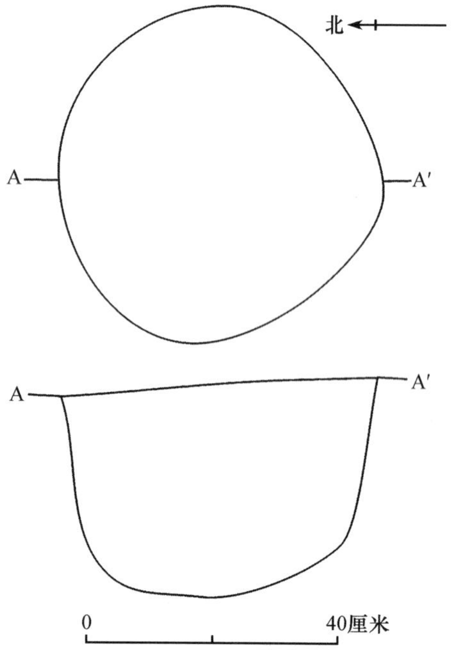

图五七六　H256平、剖面图

花边圜底罐　51件。Aa型。

Ⅰa式：47件。

标本H256：2，夹细砂红陶，灰胎，里口部红褐，下部黑。唇部刮抹呈辫绳状，颈部有不规则细线纹，腹饰绳纹，局部刮抹略呈竖堆纹状，内壁多按抹痕。侈口，卷沿，束颈，鼓腹，残。手制，火候较高。口径10.8、残高8.4厘米（图五七七，1）。

Ⅰb式：1件。

标本H256：4，夹细砂红陶，灰胎。唇部按抹呈深波浪形，外沿下抹紧贴，腹饰拍印绳纹，内壁多按抹痕。侈口，束颈，鼓腹，残。手制，火候较高。口径9.4、残高6.6厘米（图五七七，2）。

Ⅱ式：3件。

标本H256：1，夹细砂灰褐陶，局部红褐。唇部刮抹呈波浪形，略带辫绳状，颈部有按抹形成的弧线，腹饰拍印绳纹，内壁多按抹痕。侈口，束颈，鼓腹，中腹径最大，残。手制，火候较高。口径10、残高8.2厘米（图五七七，3）。标本H256：3，夹细砂红陶，局部灰黑，胎灰。唇部刮抹略呈波浪形，腹饰拍印绳纹，颈部有疵痕，内壁多按抹痕。侈口，卷沿，束颈，鼓腹，残。手制，火候一般。残宽4.8、残高7.5厘米（图五七七，4）。

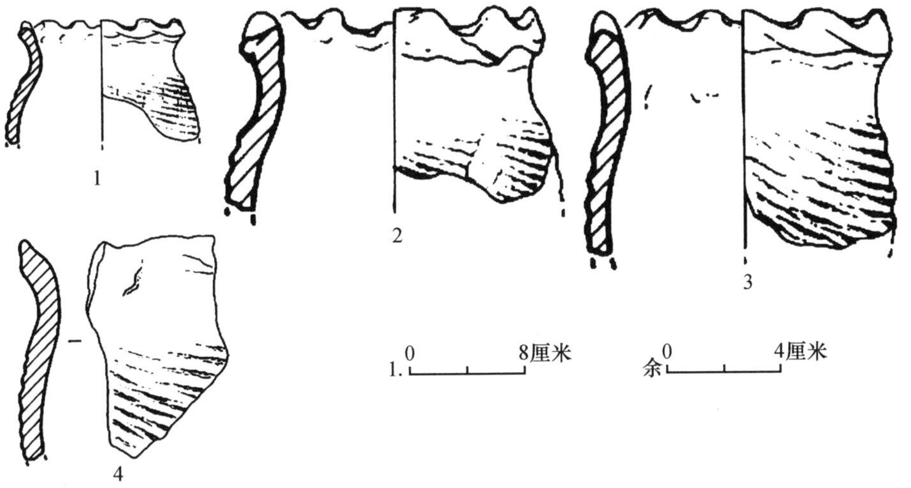

图五七七　H256出土陶器

1. Aa型Ⅰa式花边圜底罐（H256：2）　2. Aa型Ⅰb式花边圜底罐（H256：4）
3、4. Aa型Ⅱ式花边圜底罐（H256：1、H256：3）

齿唇罐　2件。标本碎小。

罐形釜　2件。A型Ⅱ式。标本碎小。

圈足罐　1件。Ⅰ式。标本碎小。

圜底钵　1件。A型Ⅲ式。标本碎小。

②Ac型

4个。

H733

位置：位于02BT0101西部，坑口距地表深6.1米。层位关系：㉕—H733→F329。

形制：平面呈圆形，壁斜直，平底。口径1.05、底径0.65、深0.73米（图五七八）。

坑内堆积与包含物：坑内填土分4层。

第1层：红烧土，质疏松，厚约20厘米。

第2层：灰土，疏松，厚约8厘米。

第3层：黑色草木灰烬，疏松，厚约6厘米。

第4层：灰黑土，质疏松，含少量碎陶片，厚约34厘米。

③Ad型

1个。

H257

位置：位于98AT0103东南部，局部压在探方南壁下，坑口距地表深380厘米。层位关系：㉛—H257→F122。

形制：平面呈不规则圆形，坑壁东直西弧，圜底，壁、底不见加工痕迹。口径136、深42厘米（图五七九）。

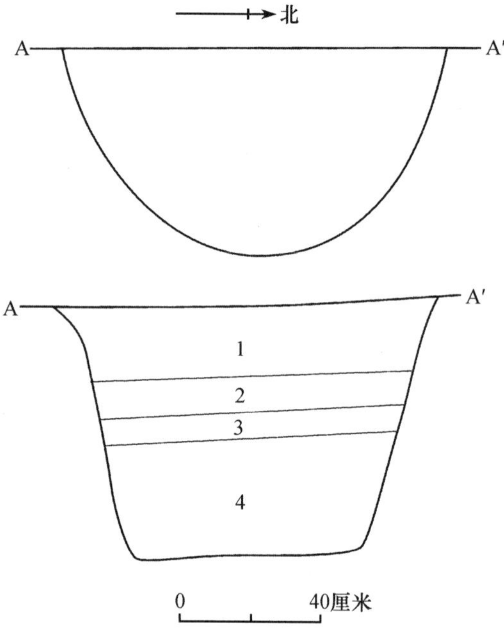

图五七八　H733平、剖面图

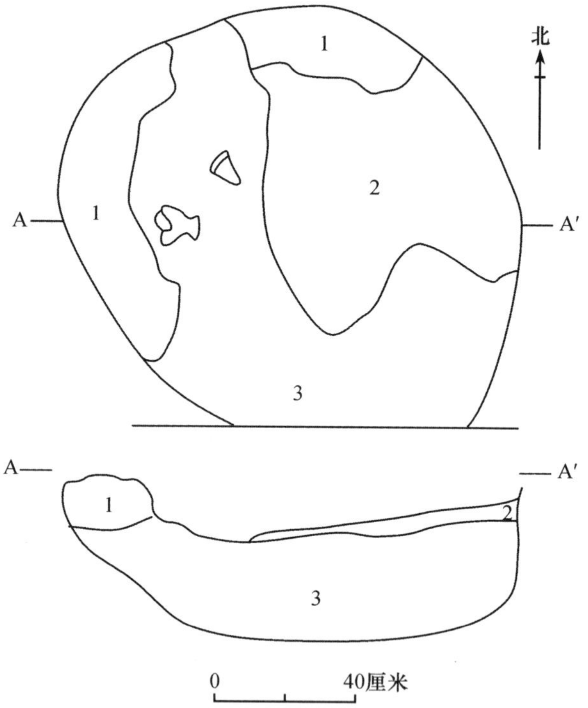

图五七九　H257平、剖面图

坑内堆积与包含物：坑内堆积可分3层。

第1层：黏土块。两块条状黏土块，较紧、硬，分布坑北、西部。

第2层：红烧土面，极松，易碎，分布于灰坑西北部。

第3层：黑灰土，极松。包含较多陶片与极少残石器。

出土遗物：参加分类排队的陶器65件，挑选标本14件。

中领瓮　1件。A型。

标本H257∶3，夹细砂黑陶，局部红褐。素面，颈、肩部略呈瓦棱。侈口，卷沿，圆唇，束颈，溜肩，残。轮制，火候较高。口径16.4、残高10.2厘米（图五八〇，1）。

矮领瓮　2件。Aa型。

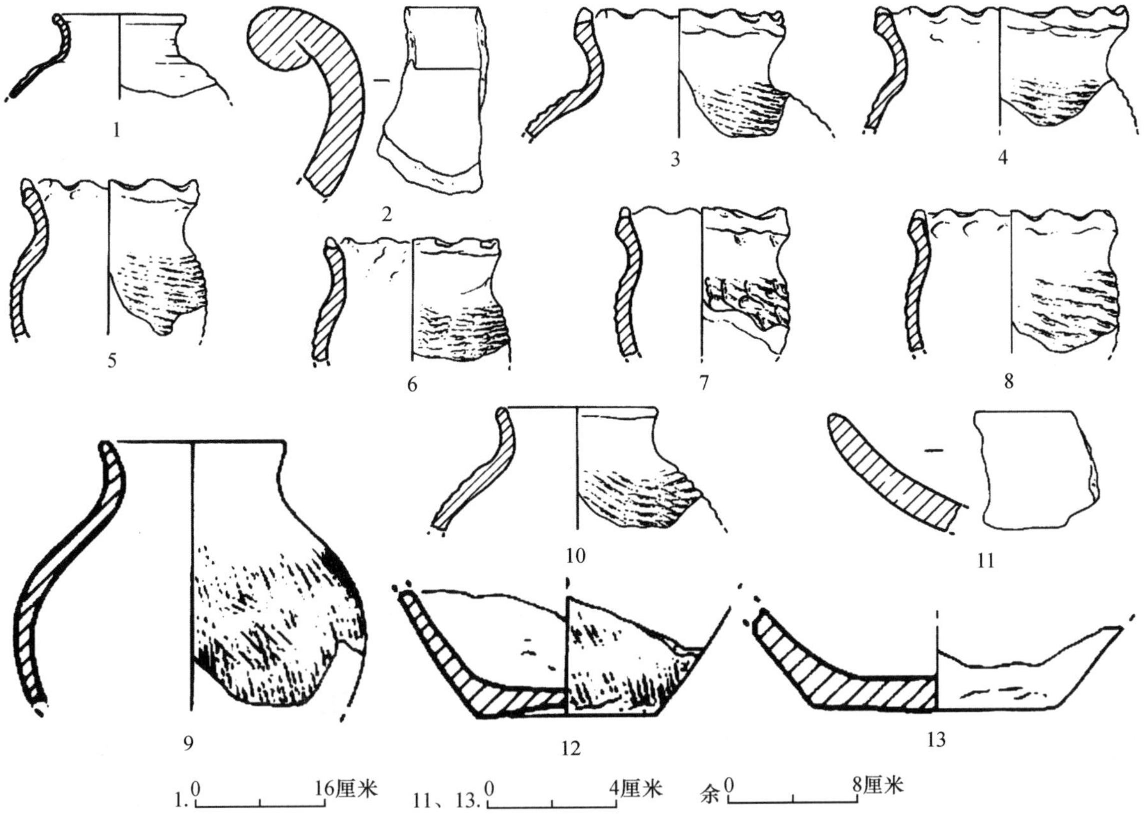

图五八〇　H257出土陶器

1. A型中领瓮（H257：3）　2. Aa型矮领瓮（H257：14）　3、4. Bb型齿唇罐（H257：5、H257：8）　5、6. Aa型Ⅰb式花边圜底罐（H257：10、H257：9）　7、8. Ba型Ⅰ式花边圜底罐（H257：11、H257：12）　9、10. Aa型Ⅱ式罐形釜（H257：4、H257：6）　11. A型Ⅲ式钵（H257：7）　12、13. 器底（H257：2、H257：13）

标本H257：14，夹粗砂灰陶。素面。侈口，卷沿外贴，圆唇，束颈，残。轮制，火候较高。残宽3.4、残高5.6厘米（图五八〇，2）。

齿唇罐　4件。Bb型。

标本H257：5，夹粗砂红陶，局部黑。唇部刮削成波浪形，略有辫形遗风，肩部饰粗绳纹。侈口，束颈，圆肩，残。手制轮修，火候不高。口径12、残高7.7厘米（图五八〇，3）。标本H257：8，夹粗砂灰褐陶。唇部刮削成波浪形，外沿向内刮抹，腹饰绳纹。侈口，束颈，鼓腹，残。手制，火候较高。口径15.2、残高7.1厘米（图五八〇，4）。

花边圜底罐　47件。

A型　44件。Aa型Ⅰb式。

标本H257：10，夹细砂黑陶，里褐。唇部刮削成波浪形，外沿内抹，腹饰绳纹。侈口，束颈，鼓腹，口小于腹，残。手制，火候较高。口径10.6、残高9.4厘米（图五八〇，5）。标本H257：9，夹粗砂红褐陶，灰胎，里褐。唇部刮削略成花边，腹饰绳纹，侈口，束颈，鼓腹，口小于腹，残。手制，火候较高。口径10.4、残高7.4厘米（图五八〇，6）。

B型　3件。Ba型Ⅰ式。

标本H257：11，夹粗砂红褐陶，灰胎，里黑。唇部刮削略成花边，外沿内抹，腹饰交错粗绳和戳印纹。侈口，束颈，鼓腹，残。口径9.6、残高8.8厘米（图五八〇，7）。标本

H257：12，夹粗砂红陶。唇部刮削成花边，外沿内抹，腹饰粗绳纹，内沿有凹窝。侈口，束颈，鼓腹，残。手制，火候较高。口径12、残高8.8厘米（图五八〇，8）。

圈足罐　1件。标本碎小。

罐形釜　4件。Aa型Ⅱ式。

标本H257：4，夹细砂红陶，局部灰，黑胎。腹饰交错绳纹。侈口，圆唇，束颈，鼓腹，残。手制轮修，火候不高。口径11.2、残高16厘米（图五八〇，9）。标本H257：6，夹粗砂红陶。腹饰绳纹。侈口，圆唇，微束颈，鼓腹，残。手制，火候不高。口径9.8、残高7.4厘米（图五八〇，10）。

尖底盏　3件。B型Ⅱ式。标本碎小。

钵　1件。A型Ⅲ式。

标本H257：7，夹粗砂红陶。素面，器表有疵点、划痕。敞口，尖圆唇，弧腹，残。手制，火候较高。残宽3.7、残高3.5厘米（图五八〇，11）。

器底　2件。

标本H257：2，夹粗砂红陶。器表饰绳纹后抹压成细线纹。下腹微弧，底内凹，残。手制，火候较高。底径11、残高7.3厘米（图五八〇，12）。标本H257：13，夹粗砂黑陶，胎、里红褐。素面，器表有抹痕。下腹较斜直，平底微圜，残。手制，火候较高。底径7.5、残高2.9厘米（图五八〇，13）。

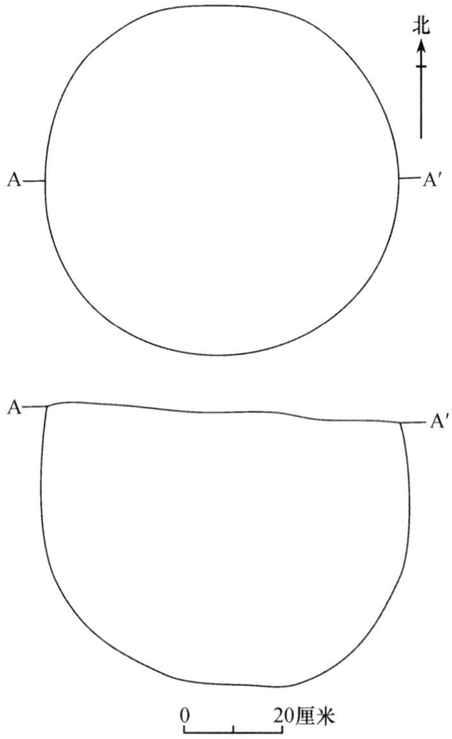

图五八一　H252平、剖面图

④Ae型

1个。

H252

位置：位于98BT0104中部，F119西部，坑口距地表深1米。层位关系：F119→H252→㉚。

形制：平面呈圆形，坑壁基本规整，稍外弧略呈袋状，圜底。直径70、深50厘米（图五八一）。

坑内堆积与包含物：坑内填灰土，质松。包含大量陶片。

出土遗物：参加分类排队的陶器14件，挑选标本9件。

花边圜底罐　8件。

A型　4件。Aa型。

Ⅰb式：2件。

标本H252：2，夹砂褐陶，局部灰黑；器表多灰白色附着物。唇部戳刮、外沿刮抹呈波浪形，腹、底饰斜绳纹。侈口，束颈，鼓腹，尖圜底，完整。手制，火候较高。口径11.6、高13.6厘米（图五八二，1）。标本H252：4，夹砂红褐陶，灰胎，里红。唇部戳刮、外沿刮抹呈波浪形，颈上部多戳印纹，腹饰绳纹。侈口，束颈，鼓腹，残。手制，火候较高。口径10、残高9.4厘米（图五八二，2）。

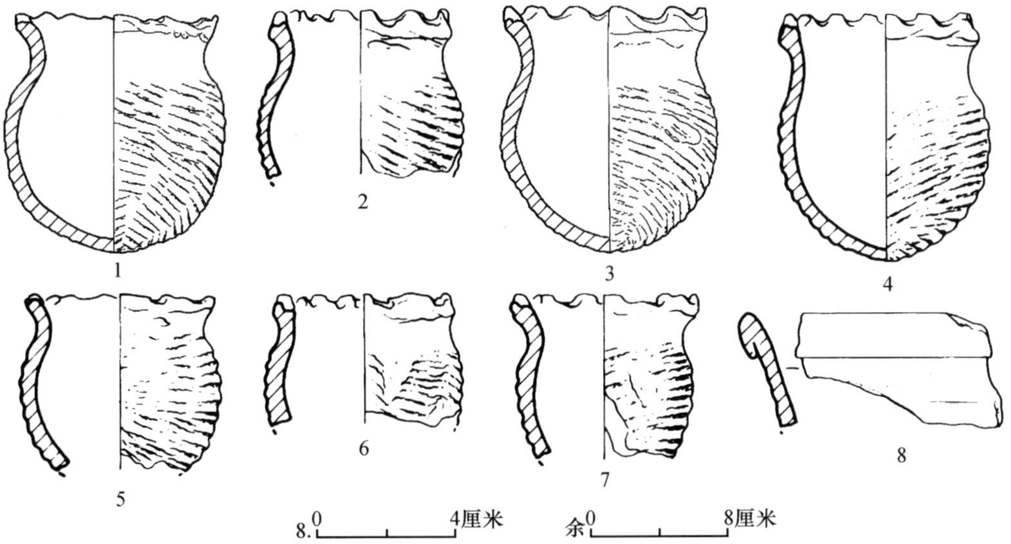

图五八二　H252出土陶器

1、2. Aa型Ⅰb式花边圜底罐（H252：2、H252：4）　3、4. Aa型Ⅱ式花边圜底罐（H252：1、H252：3）
5、6. Ba型Ⅰ式花边圜底罐（H252：7、H252：8）　7. Ba型Ⅱ式花边圜底罐（H252：6）　8. Ⅰ式喇叭口器（H252：9）

Ⅱ式：2件。

标本H252：1，夹砂红褐陶，局部灰褐、灰黑。唇部戳刮、外沿刮抹呈波浪形，腹、底饰斜绳纹，局部擦抹。侈口，束颈，鼓腹，圜底，完整。手制，火候较高。口径11.6、高14厘米（图五八二，3）。标本H252：3，夹砂红陶，局部橙黄，灰胎。唇部戳刮、外沿刮抹呈波浪形，腹饰绳纹。侈口，束颈，鼓腹，圜底，修复。手制，火候较高。口径10.8、高14厘米（图五八二，4）。

B型　4件。Ba型。

Ⅰ式：3件。

标本H252：7，夹砂灰褐陶，局部、里红，灰胎。唇部戳刮、外沿内抹呈波浪形，腹饰中粗绳纹。侈口，卷沿，鼓腹，残。手制，火候较高。口径10.8、残高10厘米（图五八二，5）。标本H252：8，夹砂红陶，胎局部灰褐。唇部戳刮呈波浪形，腹饰绳纹，局部有擦痕。口微侈，束颈，鼓腹，残。手制，火候较高。口径8.8、残高7.4厘米（图五八二，6）。

Ⅱ式：1件。

标本H252：6，夹粗砂灰黑陶，里红。唇部戳刮、外沿内抹呈波浪形，腹饰中粗绳纹，局部有擦痕。侈口，束颈，鼓腹，残。手制，火候较高。口径10.6、残高9.2厘米（图五八二，7）。

喇叭口器　1件。Ⅰ式。

标本H252：9，夹砂黑陶，灰胎。领部多瓦棱纹。喇叭口，窄外沿，圆唇，残。轮制，火候较高。残宽6、残高3.2厘米（图五八二，8）。

还出土辫唇罐1件，Ⅲ式；齿唇罐3件；齿唇瓮1件，Aa型，皆标本碎小。

2）B型

2个。

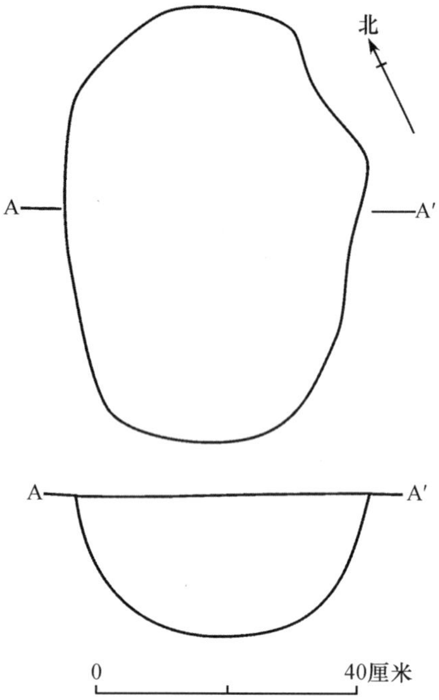

图五八三　H741平、剖面图

①Ba型

1个。

H741

位置：位于02AT0101北部，坑口距地表深3.9米。层位关系：F339→H741→㉘。

形制：平面呈不规则椭圆形，弧壁，圜底。长径65、短径40、深20厘米（图五八三）。

坑内堆积与包含物：坑内填浅灰土，质疏松，夹炭灰。包含少量陶片。

出土遗物：参加分类排队的陶器8件，挑选标本3件。

辫唇瓮　1件。A型Ⅱ式。

标本H741：3，夹砂红陶，局部灰褐。唇部按抹略呈辫绳波浪形。侈口，领外斜，有肩，残。手制，火候较高。残宽10.4、残高7厘米（图五八四，1）。

波浪唇罐　1件。

标本H741：2，夹砂灰褐陶，局部褐。唇部刮抹、外沿斜抹略呈辫绳波浪形，腹饰斜绳纹。侈口，卷沿外翻，鼓腹，残。手制，火候较高。残宽7.6、残高7.4厘米（图五八四，2）。

花边圜底罐　6件。Aa型。

Ⅰb式：4件。标本碎小。

Ⅱ式：2件。

标本H741：1，夹砂红陶，局部灰。唇部戳刮、外沿刮抹呈波浪形，腹饰斜绳纹。侈口，束颈，鼓腹，残。手制，火候较高。口径10.4、残高10厘米（图五八四，3）。

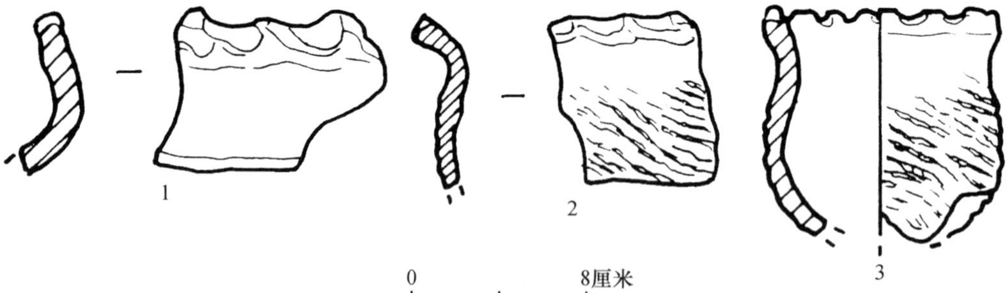

图五八四　H741出土陶器

1. A型Ⅱ式辫唇瓮（H741：3）　2. 波浪唇罐（H741：2）　3. Aa型Ⅱ式花边圜底罐（H741：1）

②Bb型

1个。

H254

位置：位于98AT0103北部，H251东南侧，相距13厘米，坑口距地表深375厘米。层位关系：㉛—H254→F122。

形制：平面呈长椭圆，直壁，平底，壁、底不见加工痕迹。长径162、短径76、深28厘米（图五八五）。

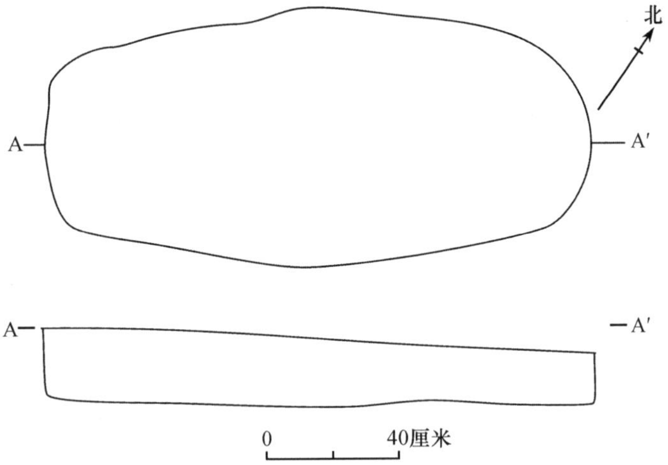

图五八五　H254平、剖面图

坑内堆积与包含物：坑内填青灰色灰土，含灰烬，局部泛黄。包含部分陶片。

出土遗物：参加分类排队的陶器16件，挑选标本6件。

辫唇瓮　1件。B型。

标本H254：1，夹粗砂褐陶，口局部灰黑。唇部刮削成波浪形，口下饰单向穿镂孔，内沿有按窝，外壁粗磨。侈口，束领，残。手制轮修，火候较高。残宽8.7、残高8厘米（图五八六，1）。

花边圜底罐　14件。Aa型。

Ⅰb式：8件。

标本H254：3，夹粗砂黑陶，局部红褐，灰黑胎，里黄。唇部刮削成波浪形花边，外沿内抹，颈饰细划纹，腹饰斜绳纹。侈口，束颈，鼓腹，最大腹径靠下，残。手制，火候较高。口

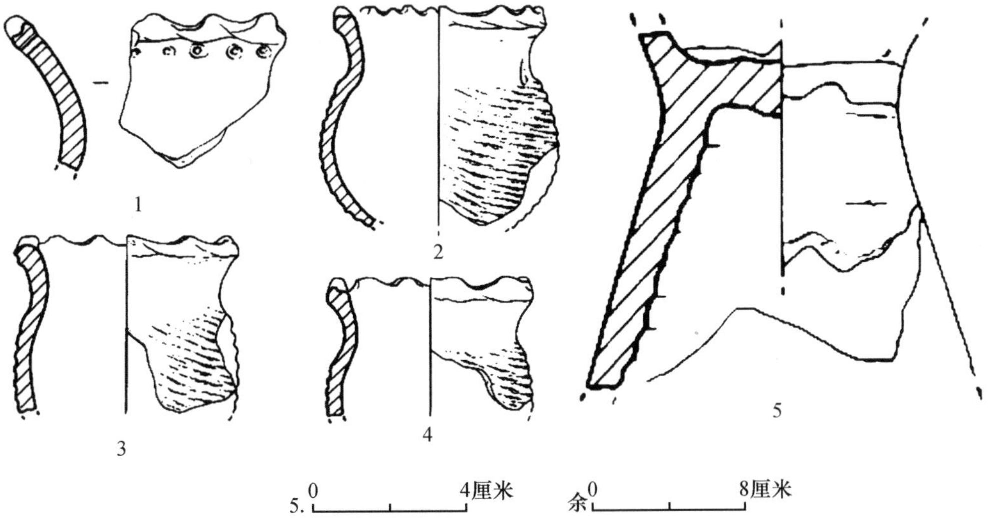

图五八六　H254出土陶器

1. B型辫唇瓮（H254：1）　2. Aa型Ⅰb式花边圜底罐（H254：3）
3、4. Aa型Ⅱ式花边圜底罐（H254：4、H254：6）　5. Ⅰ式圈足罐（H254：2）

径10.4、残高11.3厘米（图五八六，2）。

Ⅱ式：6件。

标本H254：4，夹粗砂红褐陶，灰黑胎。唇部刮削成波浪形花边，颈饰细划纹，腹饰斜绳纹，外沿内抹。侈口，束颈，微鼓腹，残。手制，火候一般。口径10.5、残高9厘米（图五八六，3）。标本H254：6，夹粗砂黑陶。唇部刮削成波浪形，腹饰斜绳纹，外沿内抹。侈口，束颈，鼓腹，残。手制，火候较高。口径9.8、残高7厘米（图五八六，4）。

圈足罐　1件。Ⅰ式。

标本H254：2，夹粗砂褐陶，局部灰黑。素面，器表有旋痕、疵点，内壁呈瓦棱形。圈足较高，壁斜直，残。轮制，火候较高。残宽6、残高9.2厘米（图五八六，5）。

3）C型

3个。

①Cb型

2个。

H253

位置：位于98AT0103北部，局部压在北隔梁下，坑口距地表深375厘米。层位关系：㉛—H253→F122。

形制：平面呈不规则圆角长方形，直壁，底较平，壁、底无加工痕迹。残长104、宽62、深28厘米（图五八七）。

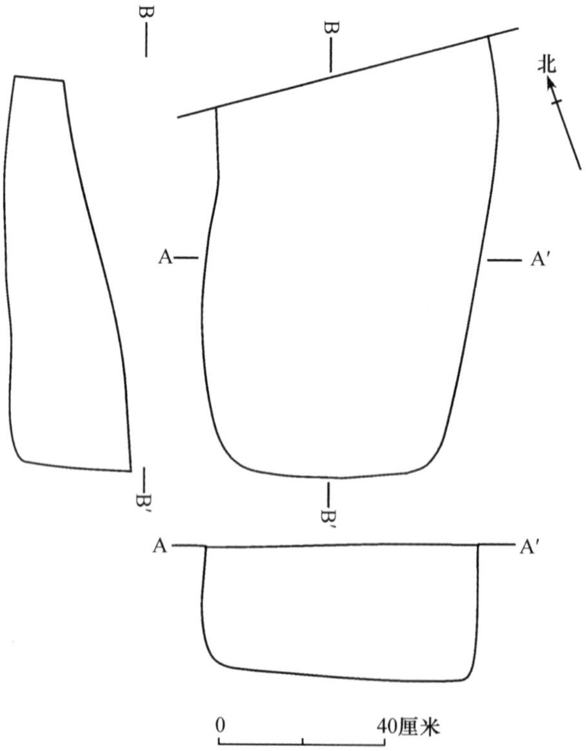

图五八七　H253平、剖面图

坑内堆积与包含物：坑内填青灰色灰土，极松软。包含较多花边圜底罐陶片。

出土遗物：参加分类排队的陶器34件，挑选标本5件。

辫唇瓮　1件。B型。

标本H253：5，夹粗砂褐陶，灰胎，里黑。唇部戳按呈波浪形，领上部饰里向外单穿镂孔一排，领部饰竖划纹，局部按抹，内壁多按抹痕。侈口，卷沿，束领，残。手制，火候较高。口径27.2、残高8.4厘米（图五八八，1）。

辫唇罐　1件。Ⅲ式。

标本H253：3，夹细砂褐陶，局部、里黑，灰胎。唇部刮抹呈波浪形，略带辫绳状，肩部饰中粗绳纹，内沿有按窝纹，内壁多按抹痕。侈口，卷沿，束颈，圆肩，残。手制轮修，火候较高。口径16、残高7.4厘米（图五八八，2）。

花边圜底罐　32件。Aa型。

Ⅰb式：9件。

标本H253：4，夹细砂红陶。唇部刮抹呈波浪形，外沿内抹略带辫绳状，腹饰中粗拍印绳纹，颈部按抹，内壁多按抹痕。侈口，卷沿，束颈，鼓腹，中腹径最大，残。手制，火候较高。口径10.4、残高7.8厘米（图五八八，3）。

Ⅱ式：23件。

标本H253：1，夹细砂灰褐陶，里黄褐。唇部刮抹呈波浪形，外沿内抹，略有辫绳遗风，颈部饰戳印纹，腹饰拍印绳纹，内壁有按抹痕。侈口，卷沿，束颈，鼓腹，中腹径最大，残。口径11、残高10.4厘米（图五八八，4）。标本H253：2，夹细砂红褐陶，灰胎，里红。唇部刮抹略呈波浪形，外沿内抹，颈部饰竖划纹，腹饰拍印绳纹，内壁有按抹痕。侈口，卷沿，束颈，鼓腹，上腹径最大，残。手制，火候较高。口径11.8、残高9.2厘米（图五八八，5）。

②Cc型

1个。

H439

位置：位于99AT0201西南角，F207西南侧，局部压在南、西壁下，坑口距地表深335厘

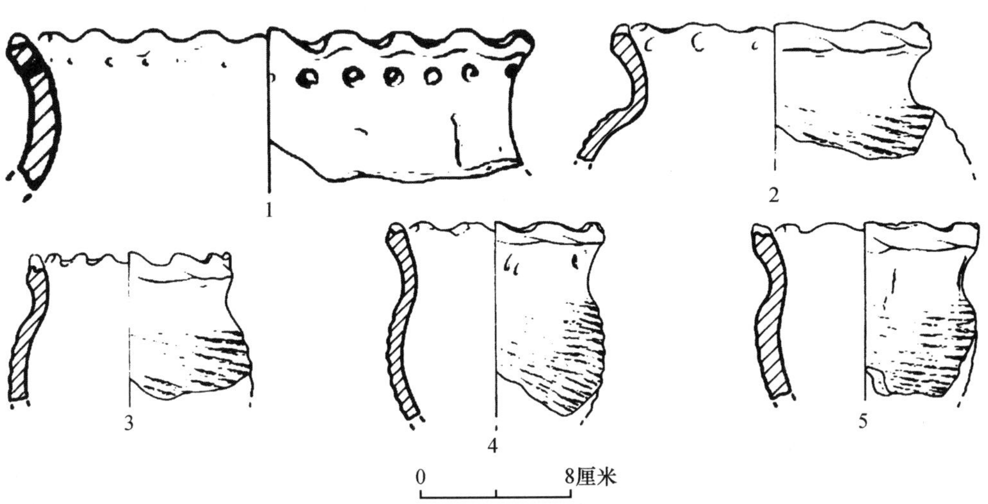

图五八八　H253出土陶器

1. B型辫唇瓮（H253：5）　2. Ⅲ式辫唇罐（H253：3）　3. Aa型Ⅰb式花边圜底罐（H253：4）
4、5. Aa型Ⅱ式花边圜底罐（H253：1、H253：2）

米。层位关系：F205→H439→㉙A。

形制：平面呈圆角长方形，斜壁，底较平，口长410、宽140、底长395、宽110、深20～30厘米（图五八九；图版五六，1）。

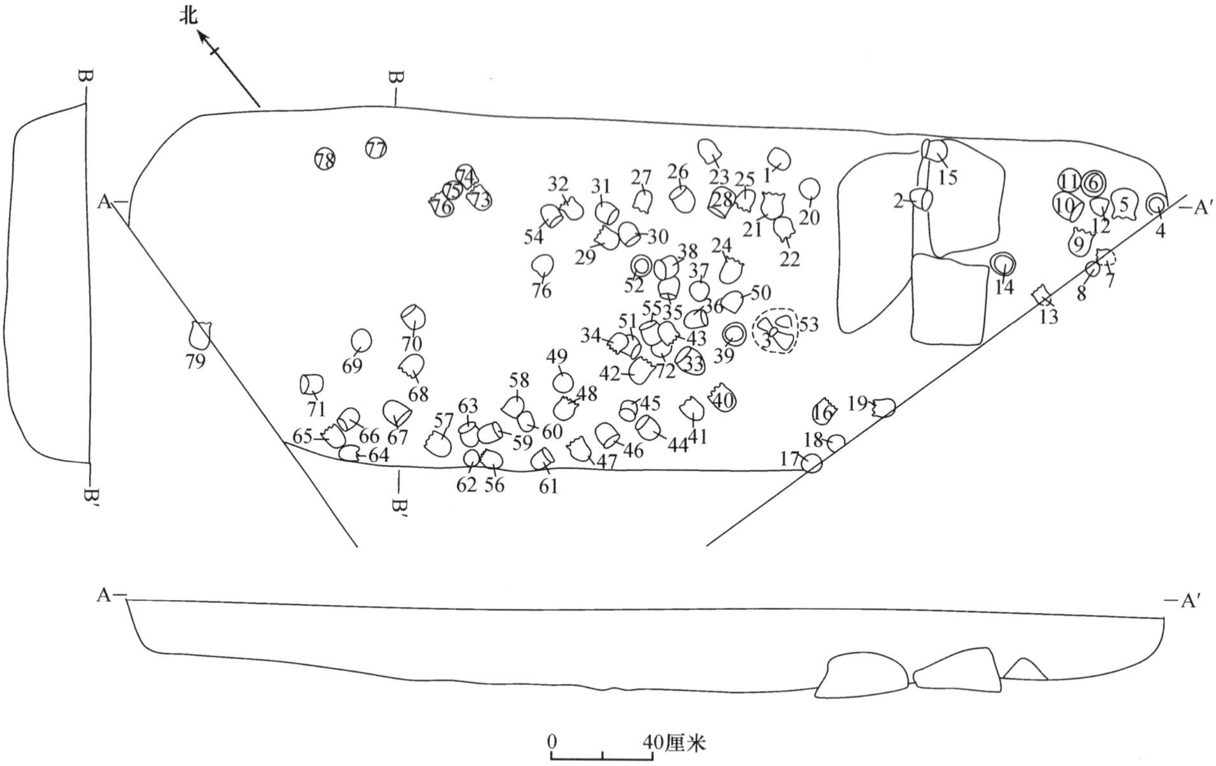

图五八九　H439平、剖面图

1～79. 陶花边圜底罐

坑内堆积与包含物：H439以圜底罐残片堆积为主，少量灰褐土，质疏松，夹杂质较多；在坑底靠近南侧发现有烧土，并有少量炭灰。该坑南部放3块大石头和几块小石头，看其位置应为有意放置，但用途不明。

出土遗物：较多陶器，参加分类排队的425件，挑选标本8件。

齿唇瓮　1件。Ba型Ⅰ式。

标本H439：80，夹粗砂褐陶，灰胎，里黑。唇部戳按呈波浪形齿，领下饰斜绳纹。侈口，领外斜，残。手制，火候较高。残宽9、残高8厘米（图五九〇，1）。

辫唇瓮　1件。A型Ⅲ式。标本碎小。

花边圜底罐　410件。

A型　5件。Aa型Ⅱ式。标本碎小。

B型　405件。

Ba型　401件。Ⅱ式。

标本H439：34，夹砂红陶，局部褐；外壁多灰白色附着物。唇部戳刮、外沿刮抹呈波浪形，腹、底饰斜粗绳纹。侈口，束颈，鼓腹，圜底，完整。手制，火候较高。口径9.6、高12厘米（图五九〇，2；图版七三，4）。

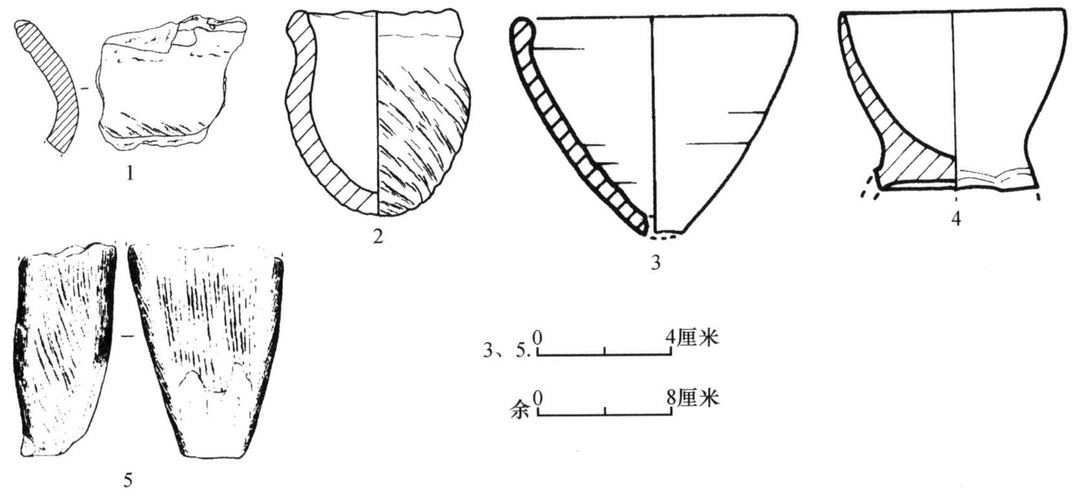

图五九〇　H439出土陶器

1. Ba型Ⅰ式齿唇瓮（H439：80）　2. Ba型Ⅱ式花边圜底罐（H439：34）　3. 尖底罐（H439：83）　4. 圈足杯（H439：85）　5. 鼎足（H439：84）

Bb型　4件。标本碎小。

矮领罐　5件。

A型　4件。

B型　1件。标本碎小。

立沿罐　2件。Ⅰ式。标本碎小。

尖底罐　1件。

标本H439：83，夹砂黑陶，局部灰褐。素面，内外壁有旋痕。微敛口，圆唇，弧腹，底微残。轮制，火候较高。口径8.3、残高6.5厘米（图五九〇，3）。

罐形釜　2件。Aa型Ⅱ式1件、Ⅲ式1件。标本碎小。

钵　1件。A型Ⅱ式。标本碎小。

圈足杯　1件。

标本H439：85，夹砂红褐陶，局部灰褐。素面。口微敞，圆尖唇，弧腹，圈足残。手制，火候较高。口径13.2、残高10.8厘米（图五九〇，4）。

鼎足　1件。

标本H439：84，夹砂红褐陶，局部灰黑。足外壁饰竖、斜绳纹。扁截锥形，残。手制，火候较高。残宽4.5、残高6.5厘米（图五九〇，5）。

4）E型

2个。Ec型。

H436

位置：位于99DT0101南部，局部暴露，部分压在南壁下。层位关系：㉙—H436→㉚。

形制：平面呈不规则形，斜壁，圜底。残长54、宽24、深36厘米（图五九一）。

坑内堆积与包含物：坑内填黑灰土。包含大量的花边圜底罐残片。

出土遗物：参加分类排队的陶器43件，挑选标本6件。

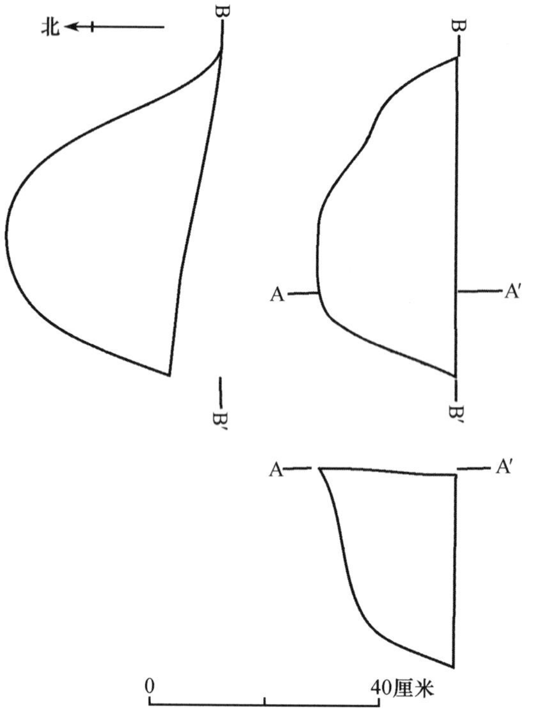

图五九一　H436平、剖面图

花边圜底罐　42件。Aa型。

Ⅰa式：15件。

标本H436：1，夹粗砂黑褐陶，胎、里灰色。唇部戳刮、外沿内抹呈波浪形，腹部拍印中粗绳纹。口微侈，束颈，鼓腹，残。手制，火候较高。残宽10.2、残高11.8厘米（图五九二，1）。标本H436：3，夹粗砂红陶，灰胎。唇部戳刮、外沿刮抹呈波浪形，腹部拍印绳纹。侈口，束颈，鼓腹，残。手制，火候较高。口径10.8、残高6.7厘米（图五九二，2）。

Ⅱ式：26件。

标本H436：2，夹粗砂红陶，灰胎。唇部戳刮、外沿内抹呈波浪形，腹部拍印中粗绳纹。侈口，卷沿，束颈，鼓腹，残。手制，火候较高。口径13.2、残高8.9厘米（图五九二，3）。标本H436：4，夹粗砂灰黑陶，胎、里灰色。唇部戳刮、外沿内抹呈波浪形，腹部拍印中粗绳纹。侈口，卷沿，鼓腹，残。手制，火候较高。口径11.6、残高9.1厘米（图五九二，4）。

Ⅲ式：1件。

标本H436：5，夹细砂灰黑陶，局部红褐，灰胎。唇部戳刮、外沿内抹呈波浪形，腹部拍印中粗绳纹。侈口，卷沿，鼓腹，残。手制，火候较高。口径12.2、残高8.3厘米（图五九二，5）。

缸（瓮）底　1件。

标本H436：6，夹细砂黑陶，局部灰、褐。器表多细划纹，局部磨光。下腹微弧内收，平

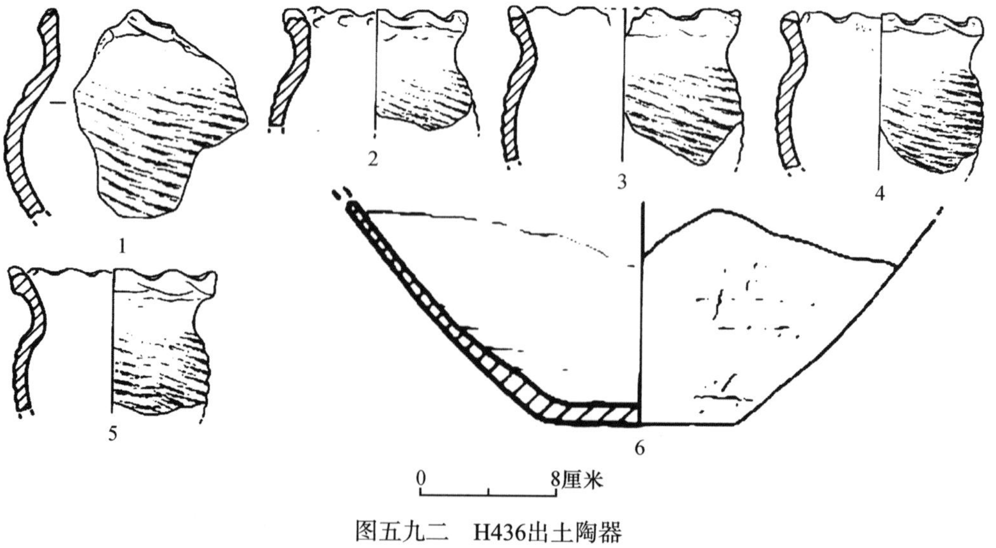

图五九二　H436出土陶器

1、2. Aa型Ⅰa式花边圜底罐（H436：1、H436：3）　3、4. Aa型Ⅱ式花边圜底罐（H436：2、H436：4）
5. Aa型Ⅲ式花边圜底罐（H436：5）　6. 缸（瓮）底（H436：6）

底，残。轮制，火候较高。底径11.2、残高12.6厘米（图五九二，6）。

2. 晚段

26个。

（1）甲类

4个。

1）A型

1个。Aa型。

H437

位置：位于99DT0101南端的中部。层位关系：F218→H437→㉚。

形制：平面呈不规则圆形，弧壁，圜底，坑壁、底用黄黏土加工，比较光滑。口径约60、深21厘米（图五九三）。

坑内堆积与包含物：坑内填大量松软的黑灰土，包含部分陶片等。

出土陶器：参加分类排队的陶器42件，挑选标本5件。

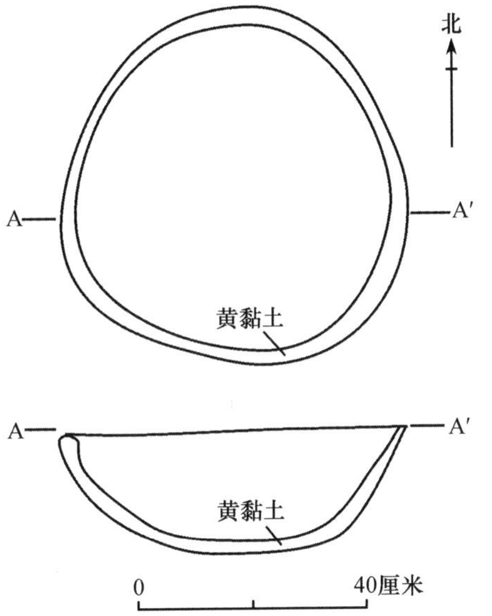

图五九三　H437平、剖面图

辫唇罐　1件。Ⅲ式。

标本H437：4，夹粗砂红陶，灰褐胎。唇部戳刮、外沿刮抹略呈辫绳状波浪形，肩部拍印中粗绳纹。侈口，卷沿，有肩，残。手制，火候较高。残宽6.6、残高6.8厘米（图五九四，1）。

花边圜底罐　41件。Aa型。

Ⅰb式：28件。

标本H437：2，夹粗砂灰黑陶，局部褐。唇部戳刮、外沿内抹呈波浪形，腹部拍印中粗绳纹。侈口，卷沿，鼓腹，残。手制，火候较高。口径11.6、残高6厘米（图五九四，2）。标本H437：5，夹细砂灰黑陶，灰胎。唇部戳刮、外沿内抹呈波浪形，腹部拍印中粗绳纹。侈口，卷沿，束颈，鼓腹，残。手制，火候较高。口径10.6、残高5.8厘米（图五九四，3）。

Ⅱ式：13件。

标本H437：3，夹细砂红陶，灰胎，里黑色。唇部戳刮、外沿内抹略呈波浪形，腹部拍印中粗绳纹。侈口，卷沿，鼓腹，残。手制，火候较高。口径9.2、残高9厘米（图五九四，4）。

2）B型

2个。Ba型。

H455

位置：位于99AT0301中部偏北，坑口距地表深4.1米。层位关系：F228→H455→㊶。

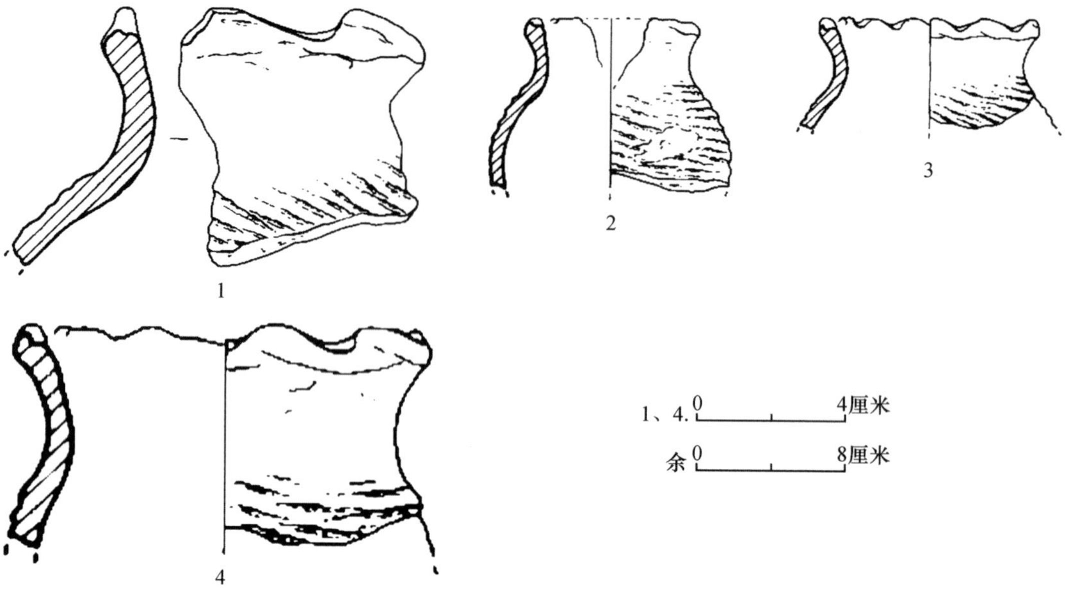

图五九四　H437出土陶器

1. Ⅲ式瓣唇罐（H437：4）　2、3. Aa型Ⅰb式花边圜底罐（H437：2、H437：5）
4. Aa型Ⅱ式花边圜底罐（H437：3）

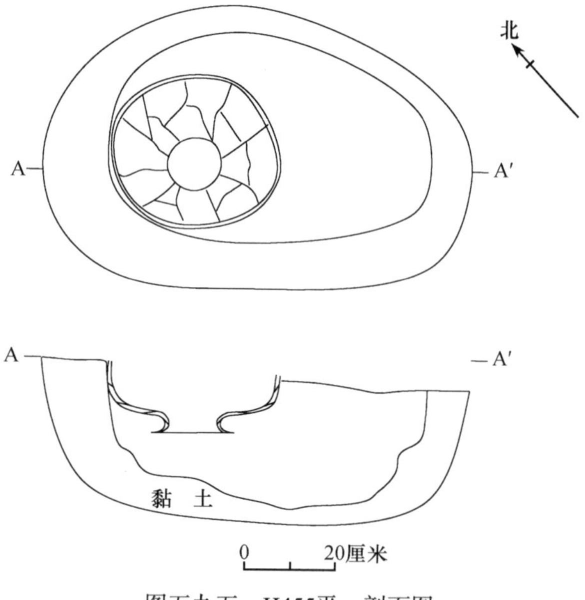

图五九五　H455平、剖面图

形制：平面呈椭圆形，弧壁，圜底，略规整。长径90、短径60、残深30厘米（图五九五）。

坑内堆积与包含物：坑内填黏土及灰土，局部灰褐，中部有一残陶瓮，瓮内填黏土。出土少量圜底罐碎片。

出土遗物：参加分类排队的陶器6件，挑选标本3件。

花边圜底罐　2件。Aa型Ⅰb式。

标本H455：1，夹砂黑陶，局部、里红。唇部刮抹呈波浪形，腹、底饰斜绳纹。侈口，束颈，鼓腹，残。手制，火候较高。口径13.8、残高9.8厘米（图五九六，1）。

矮领瓮　1件。Aa型。

标本H455：3，夹砂灰黑陶。外沿下饰凹弦纹。侈口，卷沿，圆唇，领外斜，残。轮制，火候较高。残宽5.2、残高4.1厘米（图五九六，2）。

高领罐　1件。标本碎小。

罐形釜　1件。Aa型Ⅱ式。

标本H455：2，夹砂灰黑陶，局部灰褐。腹饰斜绳纹。侈口，卷沿，圆唇，束颈，鼓腹，残。手制轮修，火候较高。残宽8.3、残高6.7厘米（图五九六，3）。

圜底钵　1件。标本碎小。

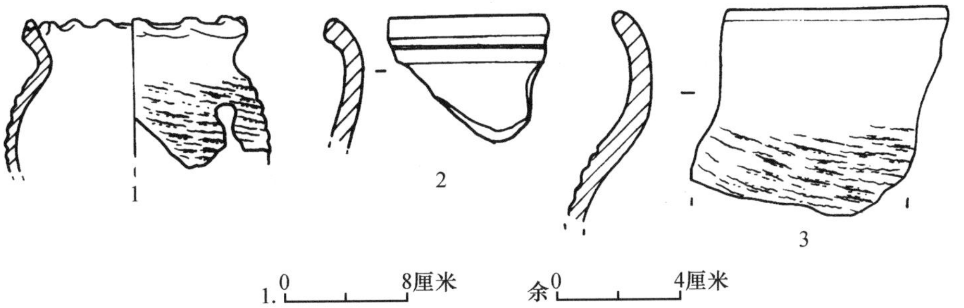

图五九六　H455出土陶器

1. Aa型Ⅰb式花边圜底罐（H455：1）　2. Aa型矮领瓮（H455：3）　3. Aa型Ⅱ式罐形釜（H455：2）

H457

位置：位于99AT0201西中部，99AT0101东中部，坑口距地表深380厘米。层位关系：㉜—H457→F122。

形制：平面呈椭圆形，弧壁，圜底，坑壁部分用黄黏土加工。长径160、短径75、深75厘米（图五九七）。

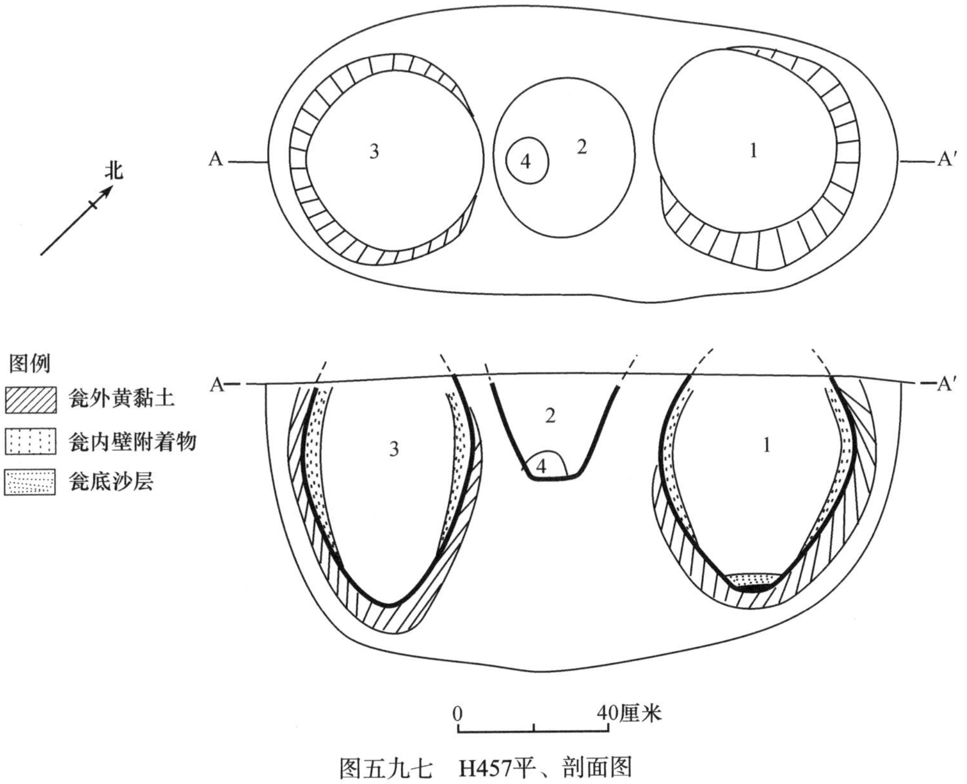

图五九七　H457平、剖面图

1～3. 陶瓮　4. 陶钵

坑内堆积与包含物：坑内填黑褐土，质松，含较多杂质、碎陶片等。坑内并排3件残陶瓮，瓮内壁多灰白色钙化物，其中2号瓮内还出土1件陶钵，瓮内填土较为杂乱。包含物较丰富。

出土遗物：参加分类排队的陶器58件，挑选标本4件。

花边圜底罐　53件，型别不明者12件。

Aa型　41件。

Ⅰb式：38件。

标本H457：5，夹砂黑陶，局部、里红，灰胎。唇部戳刮、外沿刮抹呈波浪形，腹、底饰斜绳纹。侈口，束颈，鼓腹，圜底，复原。手制，火候较高。口径11.8、高14.4厘米（图五九八，1）。

Ⅱ式：3件。标本碎小。

罐形釜　3件。

A型　2件。Aa型Ⅰ式1件、Ⅱ式1件。标本碎小。

B型　1件。

标本H457：6，夹细砂黑陶。素面。侈口，卷沿，圆唇，束领较矮，领、腹相交处微折，残。手制轮修，火候较高。残宽8.4、残高6厘米（图五九八，2）。

圜底钵　1件。A型Ⅱ式。

标本H457：4，夹砂红陶，局部灰黑、褐。素面。口近直，圆唇，圆弧腹，圜底，微残。手制，火候较高。口径13、残高6厘米（图五九八，3；图版七五，1）。

平底钵　1件。A型。

标本H457：7，夹粗砂灰褐陶，局部黑，红褐胎。素面，有盘筑痕。敛口，沿内斜折，腹微弧，平底，复原。盘筑轮修，火候较高。口径17.6、底径6.6、高9.2厘米（图五九八，4）。

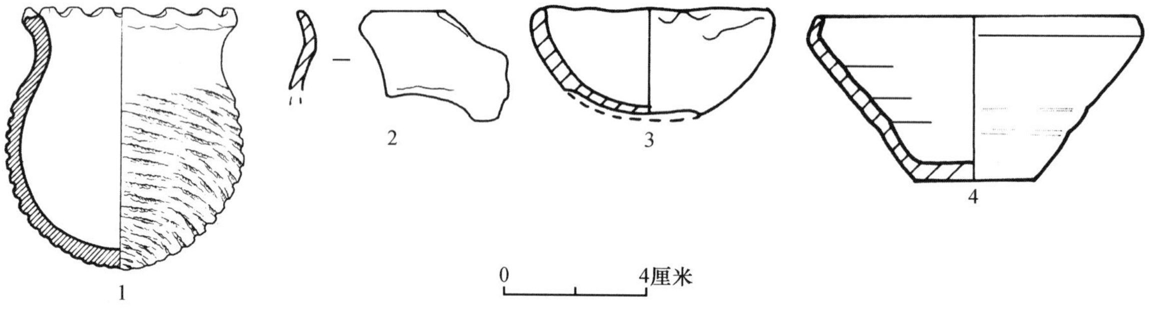

图五九八　H457出土陶器

1. Aa型Ⅰb式花边圜底罐（H457：5）　2. B型罐形釜（H457：6）　3. A型Ⅱ式圜底钵（H457：4）　4. A型平底钵（H457：7）

3）C型

1个。Ca型。

H446

位置：位于99AT0301南中部，局部压在南壁下，坑口距地表深4.15米。层位关系：F222→H446→F228。

形制：平面呈长方形，弧壁，底较平，壁边有一层厚薄不均的黏土。长206、宽150、残深35厘米（图五九九）。

坑内堆积与包含物：坑内填灰土及红黏土块，质松。包含陶片较多。

出土遗物：参加分类排队的陶器50件，挑选标本14件。

瓣唇缸　1件。A型Ⅱ式。

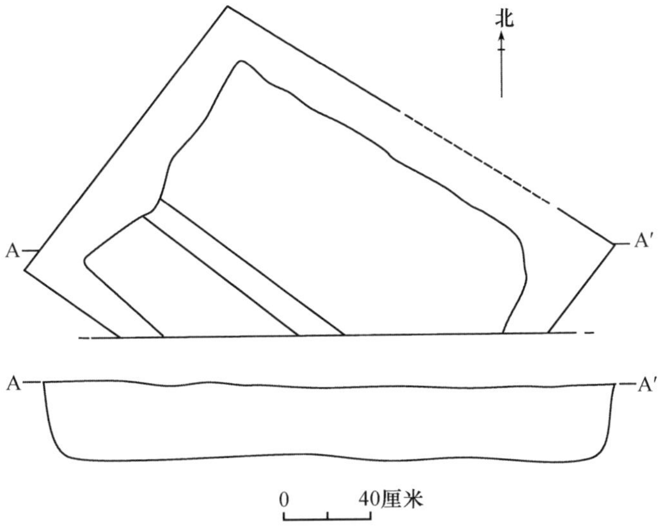

图五九九　H446平、剖面图

标本H446：4，夹砂红褐陶，灰褐胎，里黑。唇部刮抹略呈辫绳波浪形。侈口，领外斜，残。手制，火候较高。残宽11、残高5.4厘米（图六〇〇，1）。

辫唇罐　11件。Ⅲ式。

标本H446：1，夹砂红陶，胎红夹灰。唇部按抹略呈辫绳波浪形，上腹饰斜绳纹。侈口，卷沿外翻，鼓腹，残。手制，火候较高。残宽10.6、残高8厘米（图六〇〇，2）。标本H446：2，夹砂红陶，局部褐。唇部戳刮、外沿刮抹略呈辫绳波浪形，外沿、上腹饰斜绳纹。侈口，卷沿，鼓腹，残。手制，火候较高。口径11.6、残高8.2厘米（图六〇〇，3）。

齿唇罐　3件。Bb型。

标本H446：5，夹砂褐陶，局部灰褐，灰胎。唇部戳刮呈波浪形，腹饰斜绳纹。侈口，卷沿，鼓腹，残。手制，火候较高。残宽10.8、残高10.6厘米（图六〇〇，4）。

花边圜底罐　31件。A型。

Aa型　30件，其中1件不明式别。

Ⅰb式：8件。

标本H446：8，夹砂灰黑陶，局部灰褐、红，里灰褐。唇部戳刮、外沿刮抹呈波浪形，腹饰斜绳纹。侈口，束颈，溜肩，鼓腹，残。手制，火候较高。口径10.8、残高7.8厘米（图六〇〇，5）。

Ⅱ式：17件。

标本H446：9，夹砂红陶，局部褐，胎红夹灰。唇部戳刮、外沿刮抹呈波浪形，腹饰斜绳纹。侈口，束颈，鼓腹，残。手制，火候较高。口径10.2、残高8.4厘米（图六〇〇，6）。标本H446：10，夹砂红陶，胎红夹灰。唇部戳刮、外沿刮抹呈波浪形，腹饰斜绳纹。侈口，束颈，鼓腹，残。手制，火候较高。口径10.2、残高8.3厘米（图六〇〇，7）。

Ⅲ式：4件。

标本H446：11，夹砂红陶，局部褐。唇部戳刮、外沿刮抹呈波浪形，腹饰斜中粗绳纹。侈口，束颈，鼓腹，残。手制，火候较高。口径9.6、残高6.7厘米（图六〇〇，8）。标本

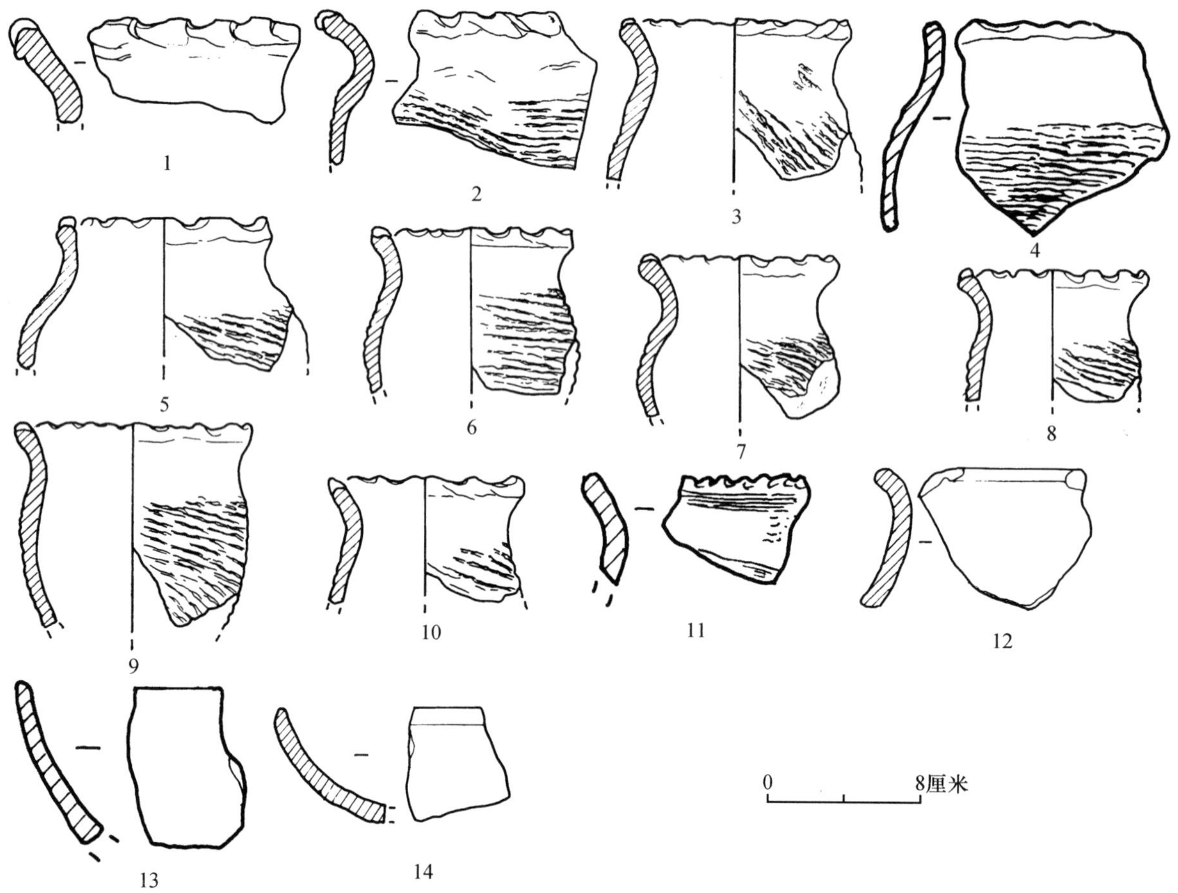

图六〇〇　H446出土陶器

1. A型Ⅱ式辫唇缸（H446：4）　2、3. Ⅲ式辫唇罐（H446：1、H446：2）　4. Bb型齿唇罐（H446：5）
5. Aa型Ⅰb式花边圜底罐（H446：8）　6、7. Aa型Ⅱ式花边圜底罐（H446：9、H446：10）
8、9. Aa型Ⅲ式花边圜底罐（H446：11、H446：12）　10. Ab型花边圜底罐（H446：13）
11、12. A型矮领罐（H446：6、H446：7）　13. A型Ⅱ式钵（H446：14）　14. A型Ⅱ式盘（H446：3）

H446：12，夹砂灰褐陶，口、里黑，灰褐胎。唇部戳刮、外沿刮抹呈波浪形，腹饰斜绳纹。侈口，束颈，鼓腹，残。手制，火候较高。口径12.2、残高10.5厘米（图六〇〇，9）。

Ab型　1件。

标本H446：13，夹砂红陶，局部灰褐。唇部戳刮、外沿刮抹呈波浪形，腹饰斜中粗绳纹。侈口，鼓腹，残。手制，火候较高。口径10.2、残高6.4厘米（图六〇〇，10）。

矮领罐　2件。A型。

标本H446：6，夹砂红陶，局部褐，黑胎。唇部饰戳印纹，外沿饰细划纹。侈口，束领，残。手制轮修，火候较高。残宽7.6、残高5.2厘米（图六〇〇，11）。标本H446：7，夹砂黑陶，局部红，胎红夹黑。素面。侈口，卷沿，领较斜直，有肩，残。手制轮修，火候高。残宽8.9、残高7厘米（图六〇〇，12）。

钵　1件。A型Ⅱ式。

标本H446：14，夹砂灰褐陶，局部灰黑、红，灰胎。素面。敞口，圆唇，弧腹，残。手制，火候高。残宽6、残高8厘米（图六〇〇，13）。

盘　1件。A型Ⅱ式。

标本H446：3，夹砂红褐陶，下腹黑，红胎。素面。敞口，圆唇，弧腹，残。手制轮修，火候较高。残宽5.4、残高4.8厘米（图六〇〇，14）。

（2）乙类

22个，其中2个不明型别。

1）A型

8个。

①Aa型

4个。

H475

位置：位于99DT0201北部，F207范围内，坑口距地表深415厘米。层位关系：㉜—H475→F207。

形制：平面呈圆形，弧壁，底略圜，无加工痕迹。口径55、底径34、深30厘米（图六〇一）。

坑内堆积与包含物：坑内填黄灰土，质疏松，含炭灰粒，厚27厘米。包含少量陶器，内置残陶釜1件。

出土遗物：参加分类排队的陶器8件，挑选标本2件。

花边圜底罐　8件。

A型　4件。Aa型，其中1件不明式别。

Ⅰb式：1件。

标本H475：1，夹砂红陶，局部黑，胎局部红夹灰。唇部戳刮呈波浪形，腹饰绳纹。侈口，束颈，鼓腹，残。手制，火候较高。口径12.4、残高5.9厘米（图六〇二，1）。

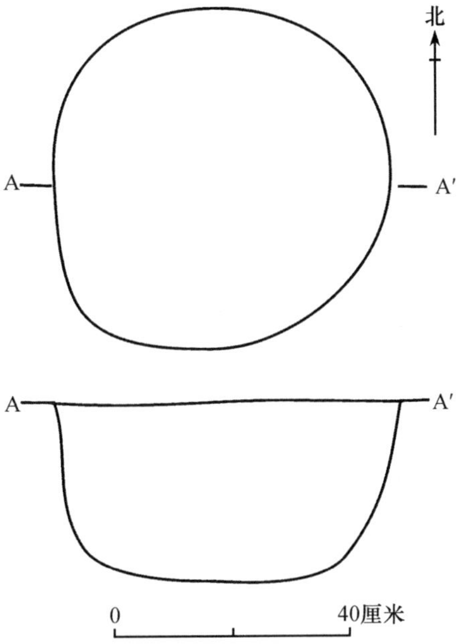

图六〇一　H475平、剖面图

Ⅱ式：2件。标本碎小。

B型　4件。Ba型。

Ⅰ式：3件。标本碎小。

Ⅱ式：1件。

标本H475：2，夹砂红陶，局部灰。唇部戳刮、外沿刮抹呈波浪形，腹饰粗绳纹。侈口，

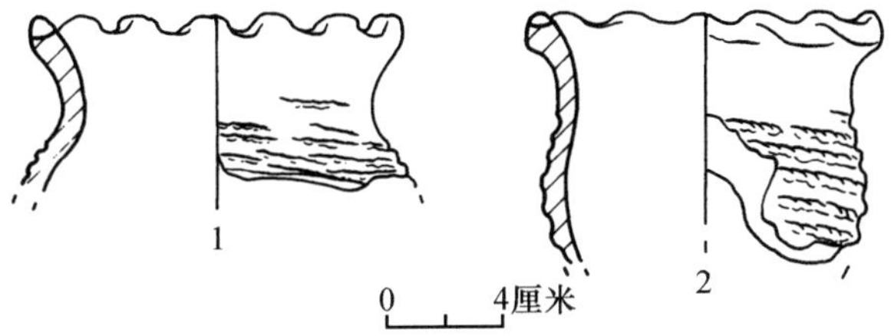

图六〇二　H475出土陶器

1. Aa型Ⅰb式花边圜底罐（H475：1）　2. Ba型Ⅱ式花边圜底罐（H475：2）

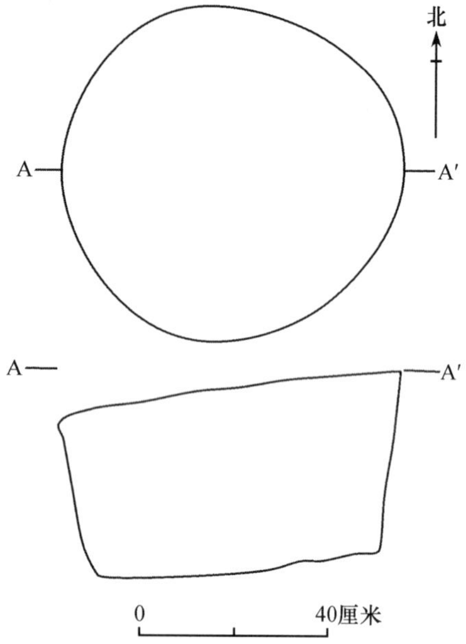

图六〇三 H476平、剖面图

束颈，鼓腹，残。手制，火候较高。口径11.6、残高8.4厘米（图六〇二，2）。

②Ac型

3个。

H476

位置：位于99DT0201西北部，F238内，坑口距地表深430厘米。层位关系：㉝—H476→F238。

形制：平面呈圆形，口部西侧低，东侧高，坑壁斜直，底部略斜，无加工痕迹。口径70、底径60、深32～38厘米（图六〇三）。

坑内堆积与包含物：坑内堆积以碎陶片为主，较疏松，厚32～38厘米。

出土遗物：参加分类排队的陶器34件，挑选标本8件。

花边圜底罐 34件。

A型 15件。

Aa型 14件，其中1件不明式别。

Ⅰb式：4件。

标本H476：1，夹砂灰黑陶，灰胎，里浅黄。唇部戳刮、外沿内抹呈波浪形，腹饰绳纹。侈口，束颈，鼓腹，残。手制，火候较高。口径10、残高6.6厘米（图六〇四，1）。

Ⅱ式：6件。

标本H476：2，夹砂红褐陶，灰胎，里浅黄。唇部戳刮、外沿内抹呈波浪形，腹饰绳纹。侈口，束颈，鼓腹，残。手制，火候较高。口径12.8、残高8.6厘米（图六〇四，2）。

Ⅲ式：3件。

标本H476：3，夹砂灰褐陶，灰胎，里红。唇部戳刮、外沿刮抹呈波浪形，腹饰绳

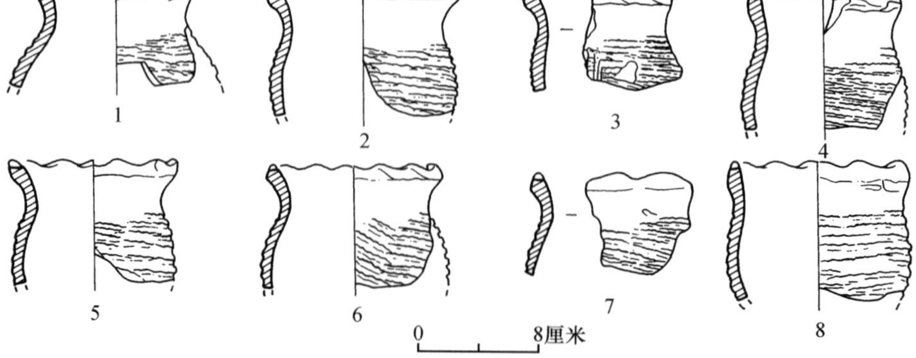

图六〇四 H476出土陶器

1. Aa型Ⅰb式花边圜底罐（H476：1） 2. Aa型Ⅱ式花边圜底罐（H476：2） 3. Aa型Ⅲ式花边圜底罐（H476：3） 4. Ab型花边圜底罐（H476：4） 5、6. Ba型Ⅰ式花边圜底罐（H476：5、H476：6） 7. Ba型Ⅱ式花边圜底罐（H476：7） 8. Bc型花边圜底罐（H476：8）

纹，局部有擦抹痕。侈口，束颈，鼓腹，残。手制，火候较高。口径6.4、残高6.8厘米（图六〇四，3）。

Ab型　1件。

标本H476：4，夹砂灰褐陶，灰胎。唇部戳刮呈波浪形，腹饰绳纹。侈口，微束颈，鼓腹，残。手制，火候较高。口径9.6、残高9厘米（图六〇四，4）。

B型　19件。

Ba型　18件，其中3件不明式别。

Ⅰ式：13件。

标本H476：5，夹砂红陶，胎局部黑、褐。唇部戳刮、外沿内抹呈波浪形，腹饰粗绳纹。侈口，束颈，鼓腹，残。手制，火候较高。口径11.2、残高8厘米（图六〇四，5）。标本H476：6，夹砂灰褐陶，局部、胎灰黑，里红。唇部戳刮、外沿刮抹呈波浪形，腹饰粗绳纹。侈口，束颈，鼓腹，残。手制，火候较高。口径11.2、残高8厘米（图六〇四，6）。

Ⅱ式：2件。

标本H476：7，夹砂褐陶，灰胎，里红。唇部戳刮、外沿内抹呈波浪形，腹饰粗绳纹。侈口，卷沿，鼓腹，残。手制，火候较高。残宽7、残高6.6厘米（图六〇四，7）。

Bc型　1件。

标本H476：8，夹砂红褐陶，局部、里褐，灰胎。唇部戳刮、外沿内抹呈波浪形，腹饰中粗绳纹。侈口，束颈，鼓腹，残。手制，火候较高。口径11.2、残高9厘米（图六〇四，8）。

③Ae型

1个。

H420

位置：位于99AT0101西北部，小部分未揭露，坑口距地表深415厘米。层位关系：F122→H420→㉙。

形制：平面近圆形，壁外斜成袋状坑，底不平，壁、底不见特殊加工痕迹。口径76、底径88、深50厘米（图六〇五）。

坑内堆积与包含物：坑内填灰褐沙土，松软，上部夹炭较多，含较多陶片，下部则较纯。

出土遗物：陶片多为花边圜底罐，共48件，其中5件完整Aa型Ⅰa式花边圜底罐。

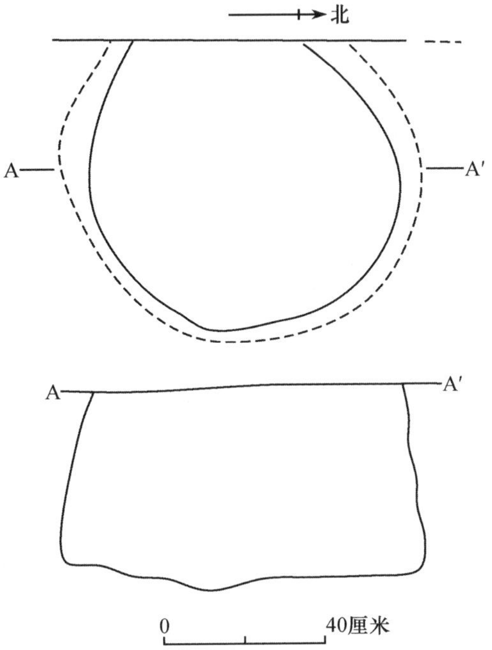

图六〇五　H420平、剖面图

2）B型

6个。

①Ba型

4个。

H430

位置：位于99AT0301西中部，坑口距地表深3.5米。层位关系：F204→H430→F208。

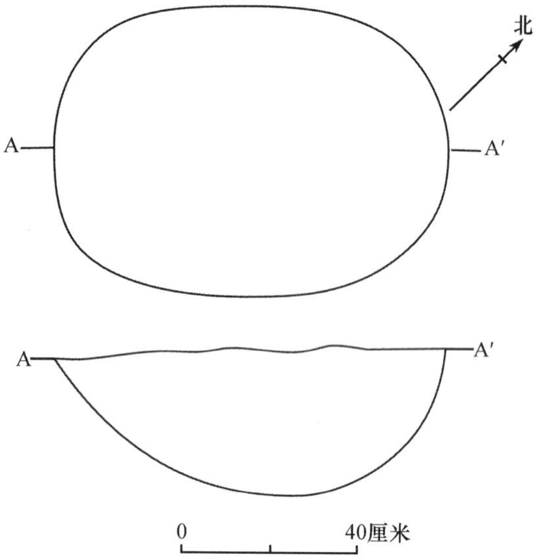

图六〇六　H430平、剖面图

形制：平面呈椭圆形，弧壁，圜底，壁、底不太规整。长径86、短径64、深30厘米（图六〇六）。

坑内堆积与包含物：坑内填灰土，质松。包含大量陶片。

出土遗物：参加分类排队的陶器51件，挑选标本12件。

花边圜底罐　48件。

A型　42件。

Aa型　41件，其中9件不明式别。

Ⅰb式：6件。

标本H430：1，夹砂红陶，局部灰黑；内外壁多灰白色附着物。唇部戳刮、外沿刮抹呈波浪形，腹、底饰斜绳纹。侈口，束颈，鼓腹，圜底，完整。手制，火候较高。口径10.5、高12.4厘米（图六〇七，1）。标本H430：12，夹砂红陶，局部褐，胎红夹灰。唇部戳刮、外沿刮抹呈波浪形，腹饰斜细绳纹。侈口，束颈，鼓腹，残。手制，火候较高。口径8.4、残高10.5厘米（图六〇七，2）。

Ⅱ式：22件。

标本H430：2，夹砂红陶，局部灰。唇部戳刮、外沿刮抹呈波浪形，腹、底饰斜绳纹。侈口，束颈，鼓腹，圜底，完整。手制，火候较高。口径10.6、高12.2厘米（图六〇七，3）。标本H430：13，夹粗砂灰褐陶，局部黑、红褐，灰胎。唇部戳刮、外沿刮抹呈波浪形，腹饰斜绳纹。侈口，束颈，鼓腹，残。手制，火候较高。口径9.8、残高10.6厘米（图六〇七，4）。

Ⅲ式：4件。

标本H430：3，夹砂红陶。唇部戳刮、外沿刮抹呈波浪形，腹饰斜绳纹。侈口，束颈，鼓腹，残。手制，火候较高。口径9.6、残高7.2厘米（图六〇七，5）。标本H430：4，夹砂黑陶，局部褐。唇部戳刮、外沿刮抹呈波浪形，腹饰斜绳纹。侈口，束颈，鼓腹，残。手制，火候较高。残宽7.6、残高7厘米（图六〇七，6）。

Ab型　1件。

标本H430：5，夹砂褐陶，局部、里红，灰胎。唇部按抹略呈波浪形，腹饰斜绳纹。口微侈，束颈，鼓腹，残。手制，火候较高。残宽6.2、残高8.7厘米（图六〇七，7）。

B型　5件。

Ba型　2件。Ⅱ式。

标本H430：7，夹砂灰黑陶，局部、里褐。唇部戳刮、外沿刮抹呈波浪形，腹饰斜中粗绳纹。侈口，束颈，鼓腹，残。手制，火候较高。口径9.8、残高7.2厘米（图六〇七，8）。

Bc型　3件。标本碎小。

C型　1件。

标本H430：8，夹砂红陶，局部灰褐，灰胎，里黑。唇部戳刮、外沿刮抹呈波浪形，腹饰

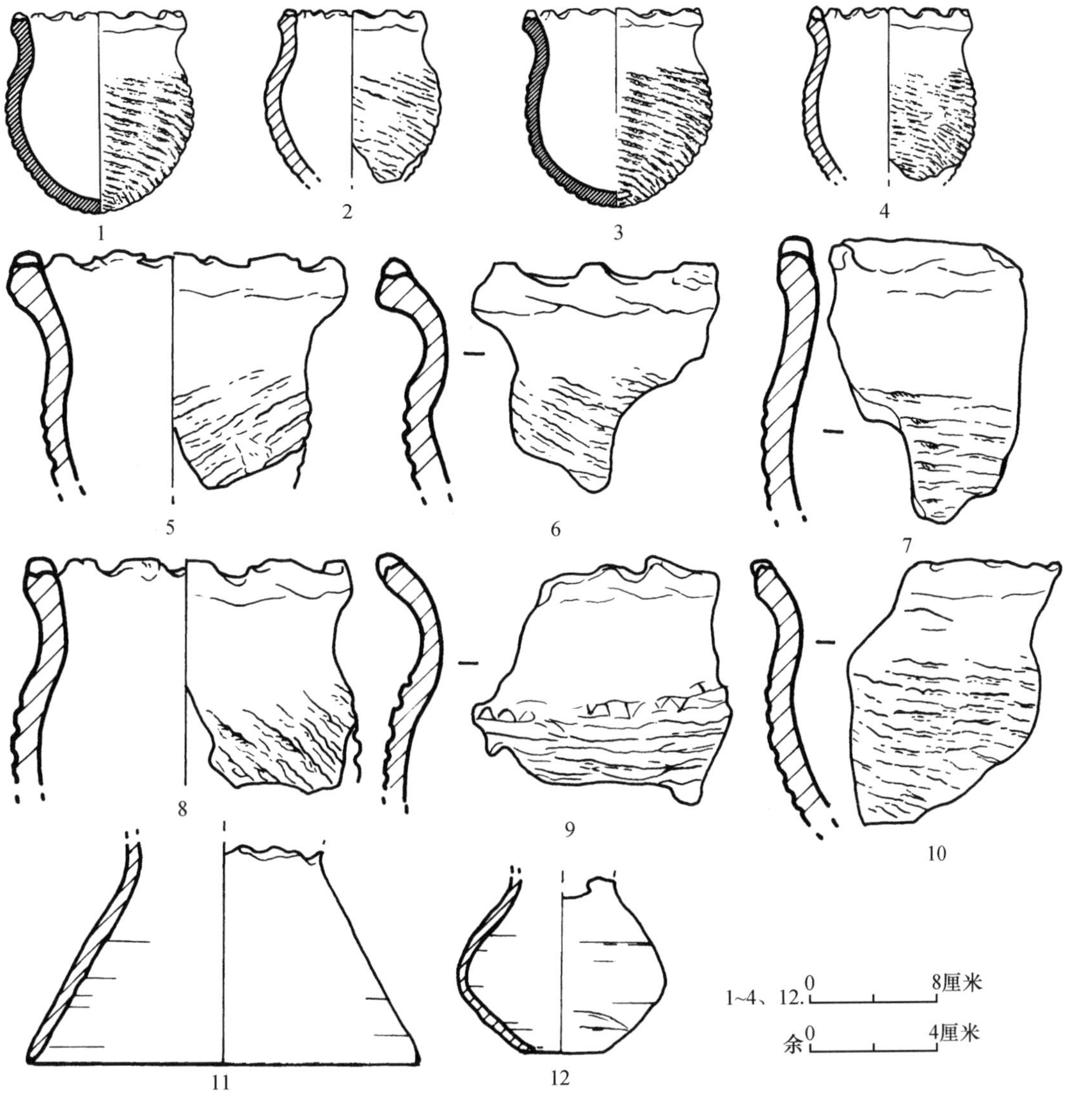

图六〇七　H430出土陶器

1、2. Aa型Ⅰb式花边圜底罐（H430：1、H430：12）　3、4. Aa型Ⅱ式花边圜底罐（H430：2、H430：13）　5、6. Aa型Ⅲ式花边圜底罐（H430：3、H430：4）　7. Ab型花边圜底罐（H430：5）　8. Ba型Ⅱ式花边圜底罐（H430：7）　9. C型花边圜底罐（H430：8）　10. 素沿圜底罐（H430：9）　11. 圈足（H430：10）　12. 器底（小罐）（H430：11）

粗印纹。侈口，束颈，鼓腹，残。手制，火候较高。残宽8、残高7.6厘米（图六〇七，9）。

素沿圜底罐　1件。

标本H430：9，夹砂红褐陶，胎红夹灰。唇部按抹略呈波浪形，腹饰斜绳纹。侈口，束颈，鼓腹，残。手制，火候较高。残宽6.6、残高8厘米（图六〇七，10）。

圈足　1件。

标本H430：10，夹砂黑陶，红褐胎。素面，内壁微有瓦棱纹。喇叭形高圈足，残。轮制，火候较高。足径12.1、残高6.4厘米（图六〇七，11）。

器底（小罐）　1件。

标本H430：11，夹砂黑陶，红褐胎。下腹饰暗纹。鼓下腹，平底，残。轮制，火候较高。底径4.8、残高10.8厘米（图六〇七，12）。

H432

位置：位于99DT0301东北部，坑口距地表深3.7米。层位关系：㉕—H432→㉖。

形制：平面近椭圆形，弧壁，较规整，底较平。长径157、短径106、深12～25厘米（图六〇八）。

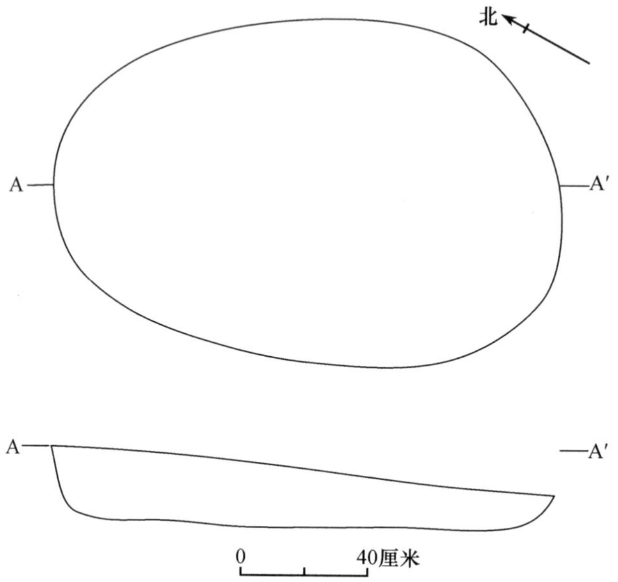

图六〇八 H432平、剖面图

坑内堆积与包含物：内填浅灰色土，质疏松。包含物均为陶器残片。

出土遗物：参加分类排队的陶器26件，挑选标本2件。

辫唇瓮 1件。A型Ⅲ式。标本碎小。

花边圜底罐 24件。Ba型Ⅰ式。

标本H432∶1，夹砂灰褐陶，局部、里红，灰胎。唇部戳刮、外沿刮抹呈波浪形，颈饰零星戳印纹，腹饰斜中粗绳纹。侈口，束颈，鼓腹，残。手制，火候较高。口径10.8、残高9厘米（图六〇九，1）。

尖底盏？ 1件。B型Ⅱ式。

标本H432∶2，夹砂灰褐陶，局部灰黑，胎红夹灰。素面。敞口，圆唇，折腹，上

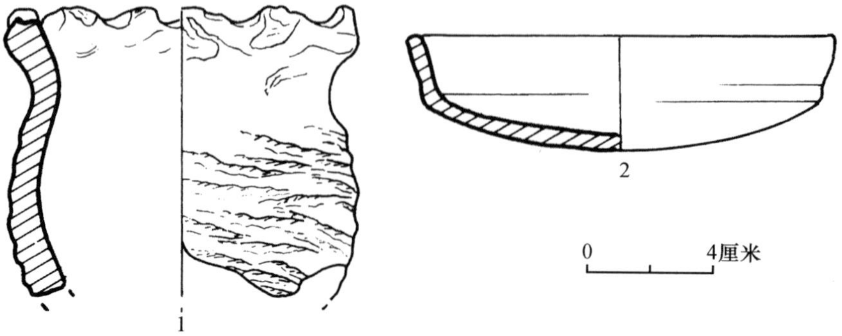

图六〇九 H432出土陶器

1. Ba型Ⅰ式花边圜底罐（H432∶1） 2. B型Ⅱ式尖底盏？（H432∶2）

腹下部微束，下腹弧收，圜底，复原。手制轮修，火候较高。口径13.2、高3.6厘米（图六〇九，2）。

②Bb型

1个。

H456

位置：位于99AT0301北部偏东，部分压在北壁下，坑口距地表深4.1米。层位关系：㊶—H456→㊹。

形制：从暴露部分观察，平面呈椭圆形，壁近直，斜底。残长径90、短径70、深40～60厘米（图六一〇）。

坑内堆积与包含物：坑内填黏土及黑灰土，黏土占比例较大。包含较多陶片。

出土遗物：参加分类排队的陶器44件，挑选标本7件。

辫唇瓮　1件。A型Ⅲ式。

标本H456：1，夹砂褐陶，灰褐胎。唇部戳刮、外沿刮抹略呈辫绳波浪形，领外饰戳印纹，肩饰斜中粗绳纹。侈口，领外翻，溜肩，残。手制，火候较高。残宽10.4、残高8.4厘米（图六一一，1）。

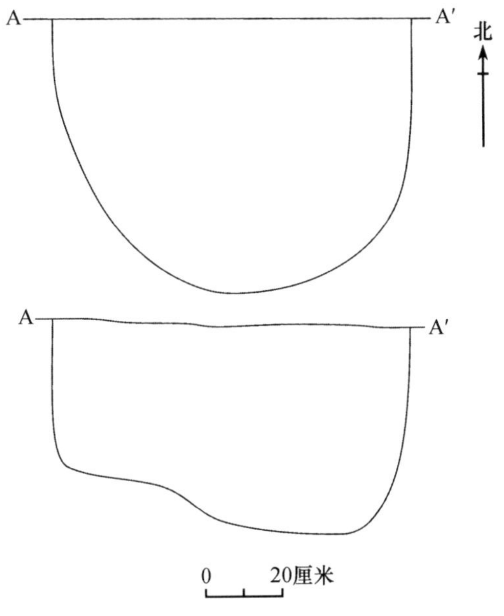

图六一〇　H456平、剖面图

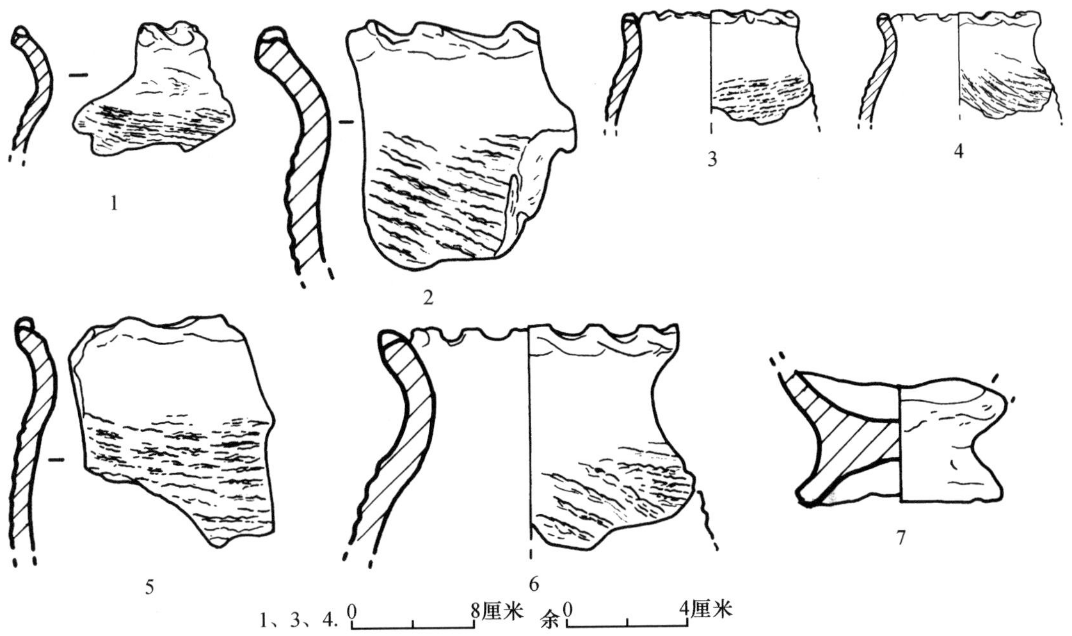

图六一一　H456出土陶器

1. A型Ⅲ式辫唇瓮（H456：1）　2. Ⅲ式辫唇罐（H456：2）　3、4. Aa型Ⅰb式花边圜底罐（H456：3、H456：4）
5. Aa型Ⅱ式花边圜底罐（H456：5）　6. Ba型Ⅰ式花边圜底罐（H456：6）　7. 圈足杯（H456：7）

辫唇罐　1件。Ⅲ式。

标本H456：2，夹砂红褐陶，局部灰褐，灰胎，里黑。唇部戳刮、外沿刮抹略呈辫绳波浪形，腹饰斜中粗绳纹。侈口，卷沿外翻，鼓腹，残。手制，火候较高。残宽7.4、残高8厘米（图六一一，2）。

花边圜底罐　41件。

A型　38件。Aa型，其中20件不明式别。

Ⅰb式：4件。

标本H456：3，夹砂红陶，胎红夹灰。内唇戳按、外沿刮抹略呈波浪形，腹饰斜中粗绳纹。口微侈，束颈，鼓腹，残。手制，火候较高。口径11.2、残高7.4厘米（图六一一，3）。标本H456：4，夹砂褐陶，局部黑褐。灰黑胎。唇部戳刮、外沿刮抹呈波浪形，腹饰斜绳纹。侈口，束颈，鼓腹，残。手制，火候较高。口径10.8、残高6.8厘米（图六一一，4）。

Ⅱ式：14件。

标本H456：5，夹砂红陶，局部褐。唇部戳刮、外沿刮抹呈波浪形，腹饰斜绳纹。侈口，束颈，鼓腹，残。手制，火候较高。残宽6.6、残高7.6厘米（图六一一，5）。

B型　3件。Ba型Ⅰ式。

标本H456：6，夹砂红陶，胎红夹灰。唇部戳刮、外沿刮抹呈波浪形，腹饰斜粗绳纹。侈口，束颈，鼓腹，残。手制，火候较高。口径9.8、残高7.2厘米（图六一一，6）。

圈足杯　1件。

标本H456：7，夹砂红陶，局部灰褐。素面。下腹弧收，矮圈足外撇，残。手制，火候较高。足径6.8、残高4.4厘米（图六一一，7）。

③Bd型　1个。

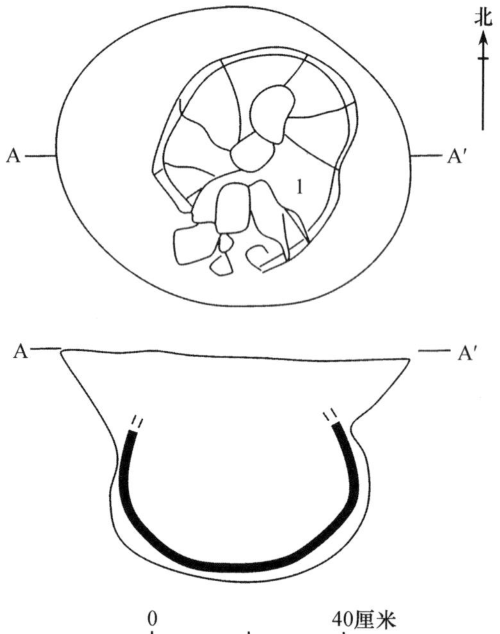

图六一二　H433平、剖面图
1. 陶花边圜底罐

H433

位置：位于99AT0301东南角，坑口距地表深3.6米。层位关系：F208→H433→㉞。

形制：平面略呈椭圆形，壁上斜下外弧，圜底。长径70、短径60、深48厘米（图六一二；图版五六，2）。

坑内堆积与包含物：坑内填灰土，质松，内置一残陶花边圜底罐。包含少量陶片。

出土遗物：参加分类排队的陶器13件，挑选标本3件。

辫唇瓮　1件。A型Ⅲ式。

标本H433：3，夹粗砂红褐陶，局部褐、灰黑。唇部刮抹略呈辫绳波浪纹，肩、腹、底饰绳纹。侈口，卷沿略外翻，溜肩，弧腹，圜底，修复。手制，火候较高。口径33.2、高54.2厘米（图版七五，2）。

花边圜底罐　11件。Ba型，其中8件不明式别。

Ⅰ式：3件。

标本H433：1，夹砂红陶。唇部戳刮、外沿刮抹呈波浪形，腹饰斜中粗绳纹。侈口，束颈，鼓腹，残。手制，火候较高。残宽9、残高9厘米（图六一三，1）。

尖底盏　1件。B型Ⅱ式。

标本H433：2，夹砂黑陶，褐胎。素面。敞口，圆唇，折腹，尖底，修复。轮制，火候较高。口径13.1、高4.6厘米（图六一三，2；图版六八，1）。

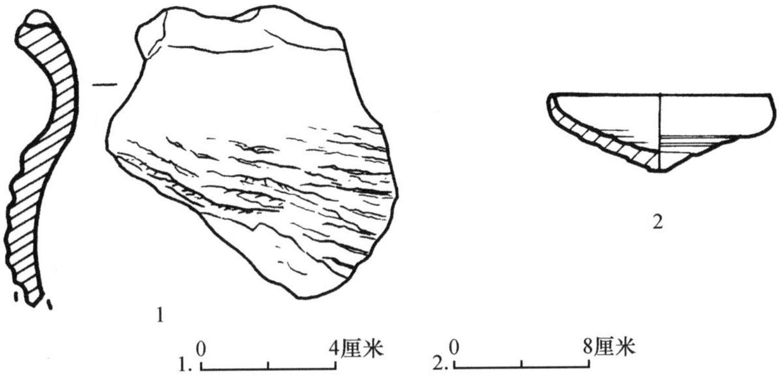

图六一三　H433出土陶器

1. Ba型Ⅰ式花边圜底罐（H433：1）　2. B型Ⅱ式尖底盏（H433：2）

3）C型

3个。

①Ca型

1个。

H449

位置：位于99AT0301东北部，坑口距地表深4.15米。层位关系：㊵—H449→F228。

形制：平面呈圆角长方形，壁微弧，底较平，壁、底规整。长1.1、宽0.7、深0.25米（图六一四）。

坑内堆积与包含物：坑内填黏土及深灰土，黏土块的占有量较大。包含陶片较少。

出土遗物：参加分类排队的陶器7件，挑选标本2件。

辫唇罐　1件。Ⅲ式。

标本H449：1，夹砂灰陶。唇部戳

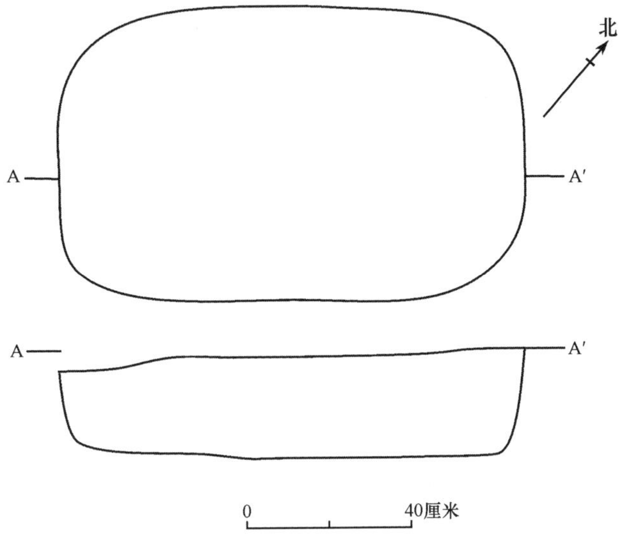

图六一四　H449平、剖面图

刮、外沿刮抹呈波浪形，腹饰斜绳纹。侈口，束颈，鼓腹，残。手制，火候较高。残宽9、残高6厘米（图六一五，1）。

花边圜底罐　6件。Aa型，其中5件不明式别。

Ⅱ式：1件。

标本H449：2，夹砂红陶。唇部戳刮、外沿刮抹略呈辫绳波浪形，腹饰斜细绳纹。侈口，卷沿，溜肩，鼓腹，残。手制，火候较高。残宽8.2、残高8.4厘米（图六一五，2）。

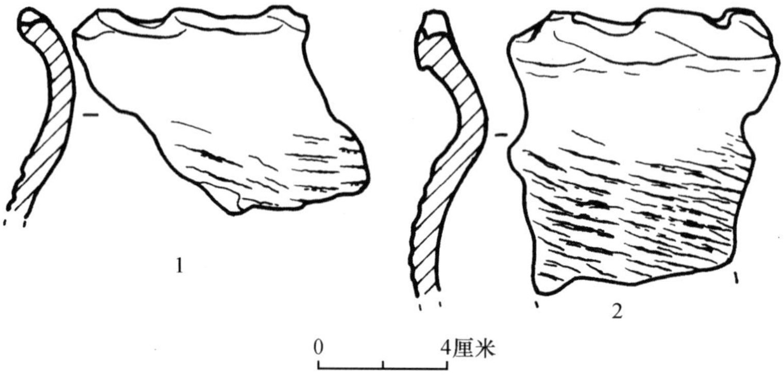

图六一五　H449出土陶器

1. Ⅲ式辫唇罐（H449：1）　2. Aa型Ⅱ式花边圜底罐（H449：2）

②Cb型

1个。

H246

位置：位于98AT0103北部，在同层下F95内，坑口距地表深332厘米。层位关系：㉗—H246→F95。

形制：平面呈圆角长方形，坑壁垂直、规整，平底。坑口长72、宽43、深13厘米（图六一六）。

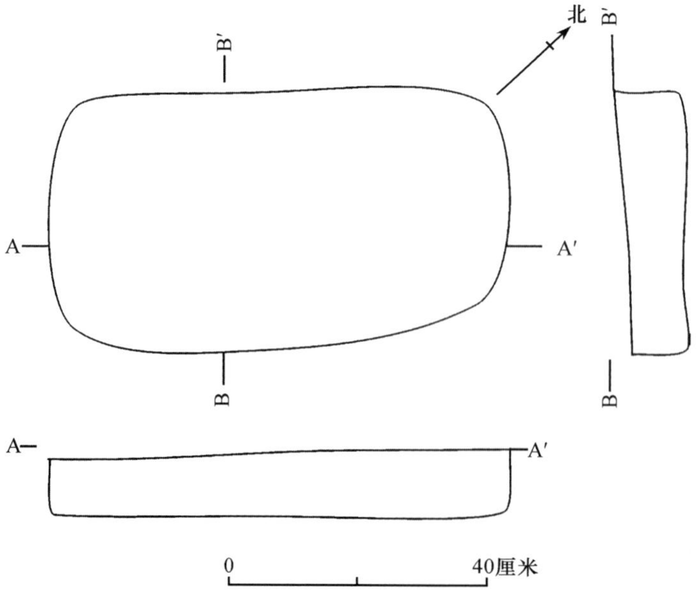

图六一六　H246平、剖面图

坑内堆积与包含物：坑内填黄褐色沙土，极松。包含少量极碎的花边圜底罐残片。

③Cd型

1个。

H735

位置：位于02DT0101西北角。层位关系：F332→H735→㉒。

形制：平面呈圆角长方形，坑壁、坑底不规则，东壁上部直，下部内收后略弧，西壁微弧，底尖圜。口残长123、宽65、深40～80厘米（图六一七）。

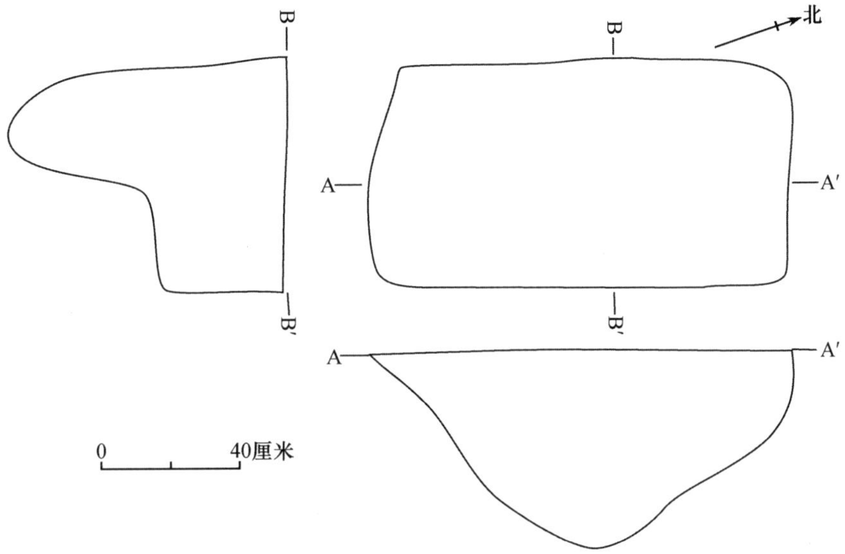

图六一七　H735平、剖面图

坑内堆积与包含物：坑内填灰土，夹有烧土粒，土质疏松。包含少量陶片。

出土遗物：参加分类排队的陶器仅1件。

辫唇瓮　1件。A型Ⅲ式。

标本H735：1，夹粗砂红陶，局部褐，胎红夹灰。唇部戳刮、外沿刮抹呈波浪形，肩饰斜粗绳纹。侈口，卷沿，溜肩，残。手制，火候较高。残宽13、残高9.2厘米（图六一八）。

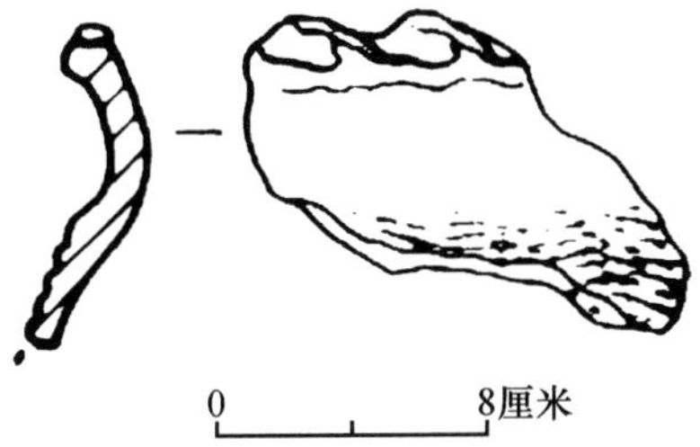

图六一八　H735出土A型Ⅲ式辫唇瓮（H735：1）

4）E型

3个。

①Ea型

2个。

H447

位置：位于99DT0301西北部，坑口距地表深3.9米。层位关系：㉙—H447→F225。

形制：平面略呈不规则长条形，壁微弧，坑底微凸。长200、宽35～62、深6～12厘米（图六一九）。

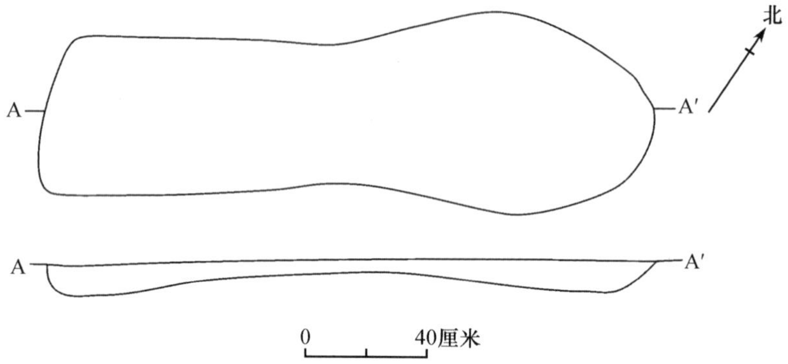

图六一九　H447平、剖面图

坑内堆积与包含物：坑内填深灰土，质疏松。包含陶片较多。

出土遗物：参加分类排队的陶器26件，挑选标本5件。

花边圜底罐　24件。

A型　20件。Aa型，其中10件不明式别。

Ⅰb式：7件。

标本H447：1，夹砂红陶，胎红夹灰黑；器表多灰白色附着物。唇部戳刮、外沿刮抹呈波浪形，腹饰斜绳纹。侈口，束颈，鼓腹，残。手制，火候较高。口径9.4、残高9厘米（图六二〇，1）。

Ⅱ式：2件。

标本H447：2，夹砂褐陶，局部、里红，灰胎；器表多灰白色附着物。唇部戳刮、外沿刮抹呈波浪形，腹饰斜中粗绳纹。侈口，束颈，鼓腹，残。手制，火候较高。残宽6.8、残高7.4厘米（图六二〇，2）。

Ⅲ式：1件。

标本H447：3，夹砂红陶，灰褐胎，里黑。唇部戳刮、外沿刮抹呈波浪形，腹饰斜绳纹。侈口，束颈，鼓腹，残。手制，火候较高。残宽7.2、残高6厘米（图六二〇，3）。

B型　4件。Ba型，其中3件不明式别。

Ⅰ式：1件。

标本H447：4，夹砂黑陶，局部褐，灰胎，里红。唇部戳刮、外沿刮抹呈波浪形，腹饰斜粗绳纹。侈口，束颈，鼓腹，残。手制，火候较高。口径10.6、残高6厘米（图六二〇，4）。

罐形釜　1件。Aa型Ⅱ式。

标本H447：5，夹砂黑陶，局部红褐。上腹饰交错绳纹。侈口，圆唇，束颈，鼓腹，残。手制轮修，火候较高。口径10.8、残高7.7厘米（图六二〇，5）。

尖底盏　1件。A型Ⅱ式。标本碎小。

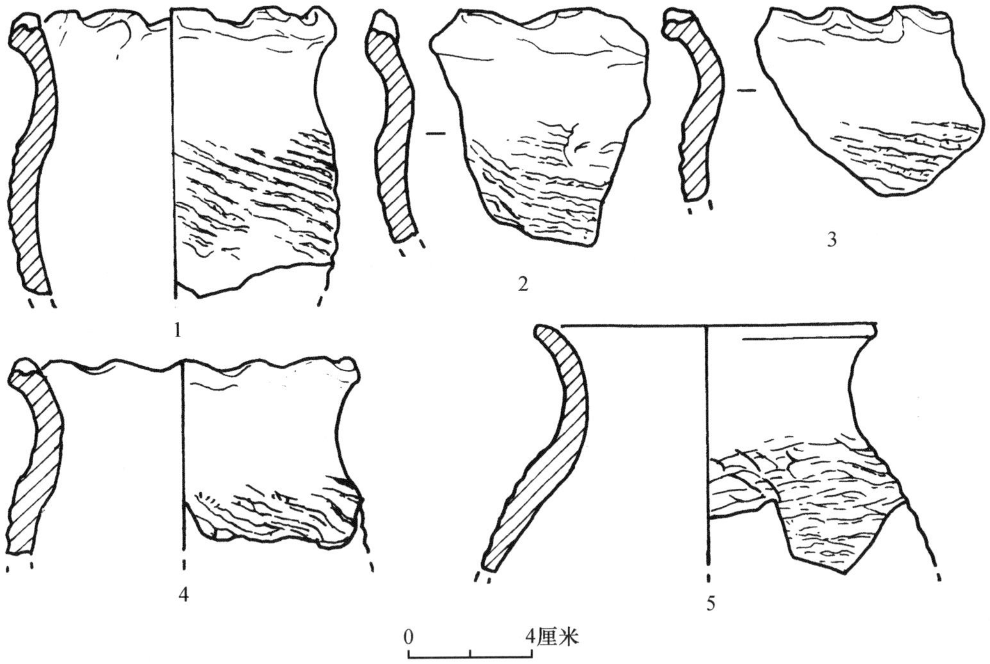

图六二〇　H447出土陶器

1. Aa型Ⅰb式花边圜底罐（H447：1）　2. Aa型Ⅱ式花边圜底罐（H447：2）　3. Aa型Ⅲ式花边圜底罐（H447：3）
4. Ba型Ⅰ式花边圜底罐（H447：4）　5. Aa型Ⅱ式罐形釜（H447：5）

②Ed型

1个。

H474

位置：位于99DT0301中部偏北，F249西南侧，坑口距地表深4.3米。层位关系：㉞—H474→F249。

形制：平面呈不规则长条形，坑壁不规整，一端近直，另一端斜弧，底部不平，东南部较浅，向西北渐深。长455、宽90～156、深9～26厘米（图六二一）。

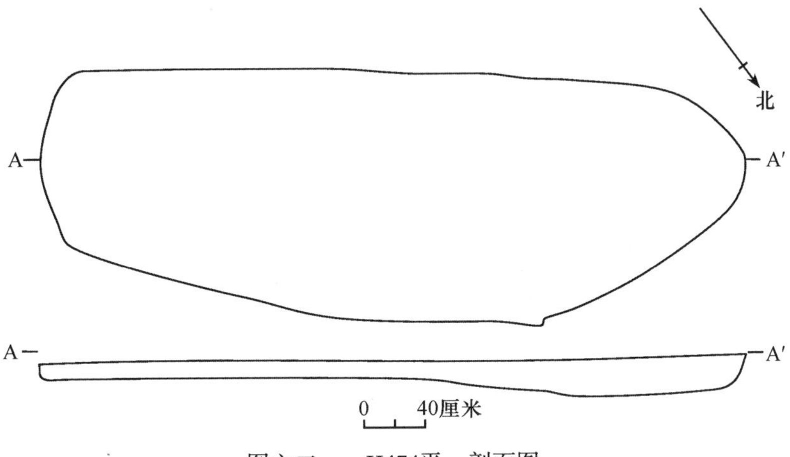

图六二一　H474平、剖面图

坑内堆积与包含物：坑内填深灰土，质疏松，含炭灰较多。出土较多碎陶片、兽骨等。

出土遗物：参加分类排队的陶器55件，挑选标本10件。

花边圜底罐　55件。

A型　52件。Aa型，其中8件不明式别。

Ⅰb式：14件。

标本H474：1，夹砂红陶，局部灰。唇部戳刮、外沿刮抹呈波浪形，腹、底饰斜绳纹。侈口，束颈，鼓腹，圜底，复原。手制，火候较高。口径10.8、高13厘米（图六二二，1）。标本H474：3，夹砂灰褐陶，局部褐、红，灰胎。唇部戳刮、外沿刮抹呈波浪形，腹饰斜绳纹，局部擦抹，内壁多刮抹痕。侈口，束颈，鼓腹，残。手制，火候较高。口径9.4、残高12.2厘米（图六二二，2）。

Ⅱ式：25件。

标本H474：5，夹砂褐陶，局部、胎、里灰。唇部戳刮、外沿刮抹呈波浪形，腹饰斜中粗

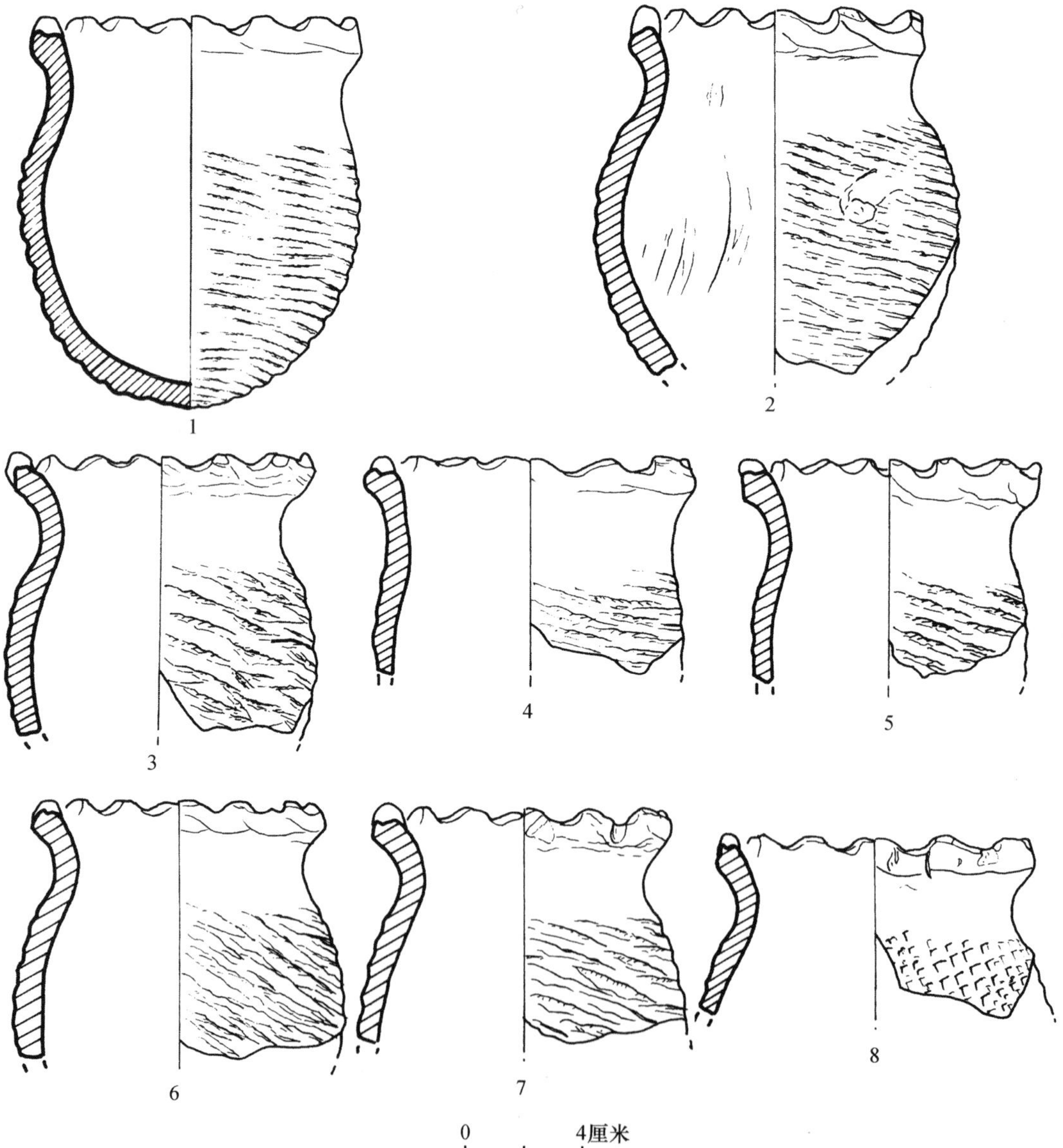

图六二二　H474出土陶器

1、2. Aa型Ⅰb式花边圜底罐（H474：1、H474：3）　3. Aa型Ⅱ式花边圜底罐（H474：5）　4、5. Aa型Ⅲ式花边圜底罐（H474：6、H474：7）　6～8. C型花边圜底罐（H474：8、H474：10、H474：9）

绳纹。侈口，束颈，鼓腹，残。手制，火候较高。口径10.4、残高9.4厘米（图六二二，3）。

Ⅲ式：5件。

标本H474：6，夹砂红陶，局部褐。唇部戳刮、外沿刮抹呈波浪形，腹饰斜绳纹。侈口，束颈，鼓腹，残。手制，火候较高。口径10.6、残高7.3厘米（图六二二，4）。标本H474：7，夹砂黑陶，局部灰褐。唇部戳刮、外沿刮抹呈波浪形，腹饰斜绳纹。侈口，束颈，鼓腹，残。手制，火候高。口径10、残高7.2厘米（图六二二，5）。

C型　3件。

标本H474：8，夹砂红陶，局部褐，胎红夹灰。唇部戳刮、外沿刮抹呈波浪形，腹饰斜粗印纹。侈口，束颈，鼓腹，残。手制，火候较高。口径9.6、残高8.6厘米（图六二二，6）。标本H474：10，夹砂红陶，局部褐、黑。唇部戳刮、外沿刮抹呈波浪形，外沿饰戳印纹，腹饰斜粗印纹。侈口，束颈，鼓腹，残。手制，火候较高。口径9.8、残高7.8厘米（图六二二，7）。标本H474：9，夹砂红陶，胎、里灰。唇部戳刮、外沿刮抹呈波浪形，外沿饰戳印纹，腹饰方格纹。侈口，束颈，鼓腹，残。手制，火候较高。口径10.4、残高6厘米（图六二二，8）。

（三）第三期

183个。可分为早、中、晚、末四段。

1. 早段

24个。全为乙类，其中5个不明型别。

1）A型

5个。

①Aa型

1个。

H247

位置：位于98BT0304西南角，部分压于99BT0404东隔梁内。层位关系：F91→H247→F105。

形制：从暴露部分观察，平面呈圆形，弧壁，圜底。口径75、深35厘米（图六二三）。

坑内堆积与包含物：坑内填黄褐色灰土，较松软。包含少量陶圜底罐碎片。

②Ab型

1个。

H438

位置：位于99DT0201西南部，F211范围之内，坑口距地表深390厘米。层位关系：㉖—H438→F211。

形制：平面呈圆形，坑壁近直，较规整，平底。口径60、底径50、深28厘米（图六二四）。

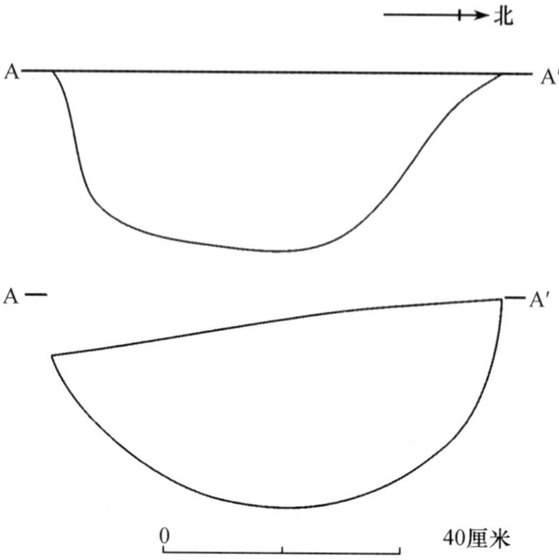

图六二三　H247平、剖面图

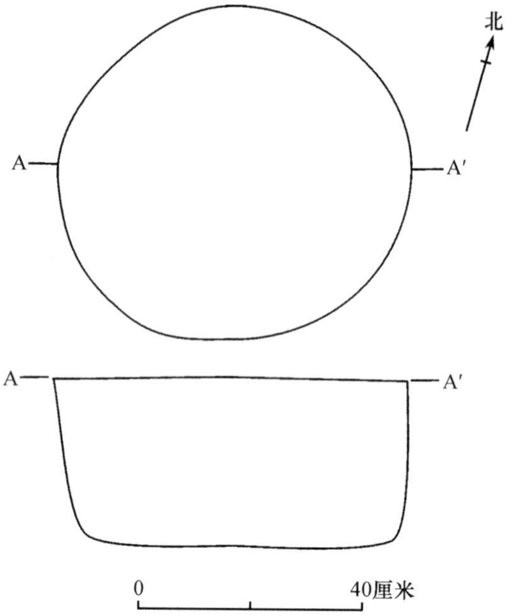

图六二四　H438平、剖面图

坑内堆积与包含物：坑内填黄褐土，夹有较多的炭灰和石块，土质疏松。包含部分陶片和少量兽骨等。

出土遗物：参加分类排队的陶器35件，挑选标本6件。

花边圜底罐　33件。

A型　1件。Aa型Ⅱ式。

标本H438：1，夹砂红陶，局部、胎灰褐。唇部戳刮、外沿刮抹呈波浪形，外沿、颈下部饰戳印纹，腹饰绳纹。侈口，束颈，鼓腹，残。手制，火候较高。口径13.2、残高6.3厘米（图六二五，1）。

B型　32件。

Ba型　31件，其中7件不明式别。

Ⅰ式：18件。

标本H438：2，夹砂红陶，局部褐，灰胎。唇部戳刮、外沿内抹呈波浪形，腹饰中粗绳纹。侈口，束颈，鼓腹，残。手制，火候较高。口径10.4、残高12.4厘米（图六二五，2）。标本H438：3，夹砂红陶，局部褐，灰胎。唇部戳刮、外沿内抹呈波浪形，腹饰粗绳纹。侈口，束颈，鼓腹，残。手制，火候较高。口径10.4、残高8.8厘米（图六二五，3）。

Ⅱ式：6件。

标本H438：4，夹砂红褐陶，局部褐、黑，灰胎。唇部戳刮、外沿内抹呈波浪形，腹饰粗绳纹。敞口，束颈，鼓腹，残。手制，火候较高。口径10.4、残高8.8厘米（图六二五，4）。

Bc型　1件。

标本H438：5，夹砂红陶，局部褐。唇部戳刮、外沿内抹呈波浪形，腹饰粗绳纹。侈口，微束颈，鼓腹，残。手制，火候较高。口径10.4、残高5.7厘米（图六二五，5）。

罐形釜　1件。标本碎小。

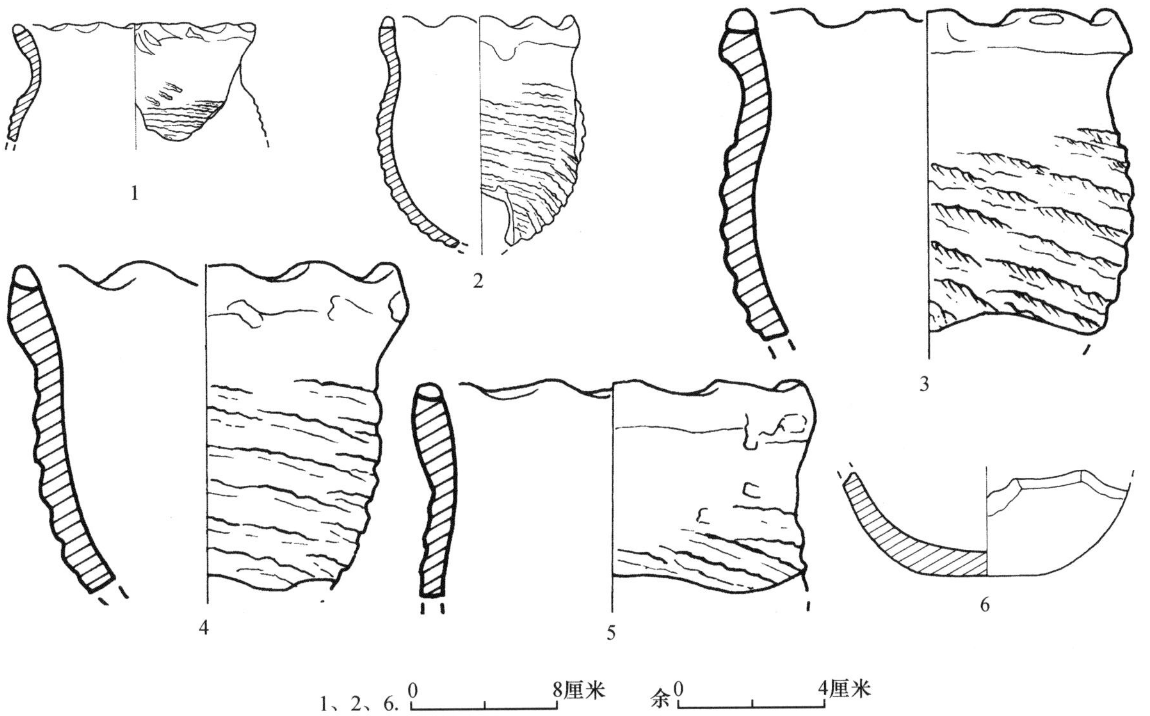

图六二五　H438出土陶器

1. Aa型Ⅱ式花边圜底罐（H438：1）　2、3. Ba型Ⅰ式花边圜底罐（H438：2、H438：3）　4. Ba型Ⅱ式花边圜底罐（H438：4）　5. Bc型花边圜底罐（H438：5）　6. 器底（H438：6）

器底　1件。

标本H438：6，夹砂红陶，胎红夹灰。素面。下腹弧收，圜平底，残。手制，火候较高。残高5.7厘米（图六二五，6）。

③Ac型

1个。

H388

位置：位于99AT0101东北部，坑口距地表深305厘米，局部被开口第22层下的H387打破。层位关系：㉓—H388→F87。

形制：平面近圆形，斜直壁，平底。口径66、底径48、深19厘米（图六二六）。

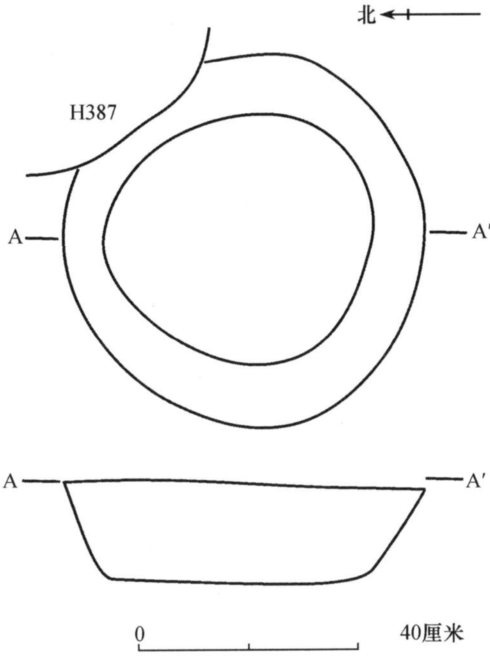

图六二六　H388平、剖面图

坑内堆积与包含物：填灰褐沙土，较松。包含少量陶片。

出土遗物：参加分类排队的陶器15件，挑选标本6件。

花边圜底罐　15件。

A型　2件。Aa型。

Ⅰb式：1件。

标本H388：1，夹砂红陶，胎红夹灰；器表多灰白色附着物。唇部戳刮、外沿内抹呈波浪形，腹饰中粗绳纹。口微侈，束颈，鼓腹，残。手制，火候较高。口径10、残高9.8厘米（图六二七，1）。

Ⅲ式：1件。

标本H388：5，夹砂红陶，灰黑胎。唇部戳刮、外沿内抹呈波浪形，腹饰绳纹。侈口，束颈，鼓腹，残。手制，火候较高。残宽6、残高7.4厘米（图六二七，2）。

B型　13件。

Ba型　12件。

Ⅰ式：9件。

标本H388：4，夹砂灰褐陶，局部灰黑；器表多灰白色附着物。唇部按抹呈辫绳波浪形，腹饰粗绳纹。侈口，束颈，鼓腹，残。手制，火候较高。口径9.4、残高6.6厘米（图六二七，3）。

Ⅱ式：3件。

标本H388：2，夹砂红陶，局部、胎红夹灰。唇部戳刮、外沿内抹呈波浪形，腹饰斜粗绳纹。口近直，束颈，鼓腹，残。手制，火候较高。残宽6.8、残高6.6厘米（图六二七，4）。标本H388：3，夹砂灰褐陶，灰胎，里红褐；器表多灰白色附着物。唇部戳刮、外沿内抹呈波浪形，腹饰斜粗绳纹。口近直，束颈，鼓腹，残。手制，火候较高。口径8.6、残高8.4厘米（图六二七，5）。

Bb型　1件。

标本H388：6，夹砂红褐陶，局部、胎灰褐。唇部戳刮、外沿内抹呈波浪形，颈饰横划纹，腹饰粗绳纹。口近直，束颈，残。手制，火候较高。残宽4.8、残高4.7厘米（图六二七，6）。

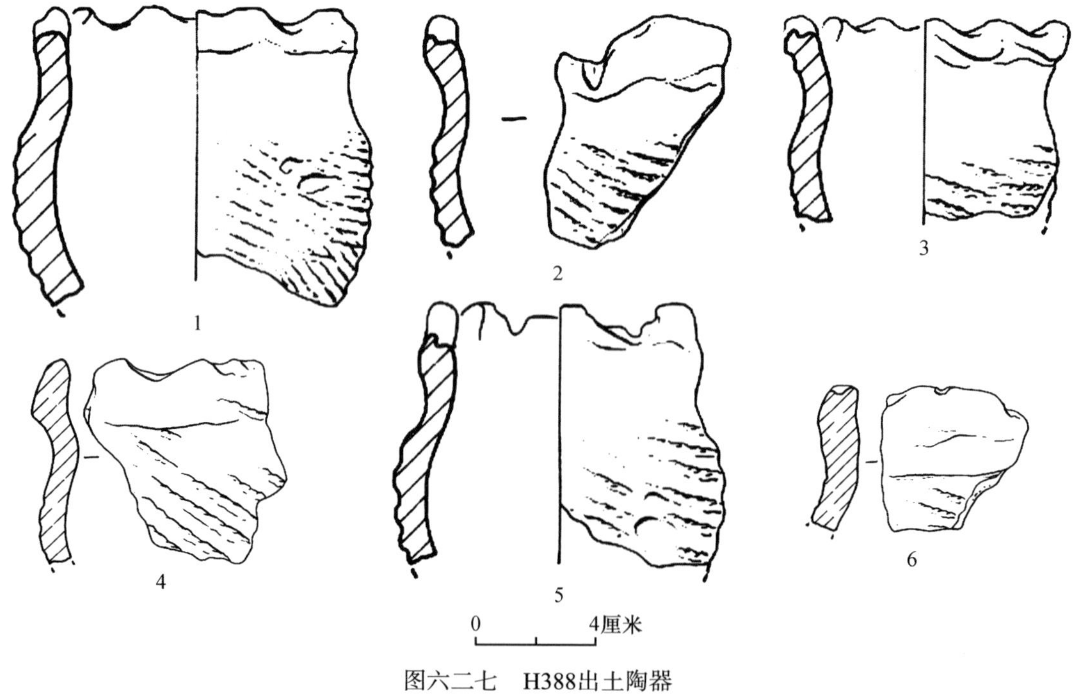

图六二七　H388出土陶器

1. Aa型Ⅰb式花边圜底罐（H388：1）　2. Aa型Ⅲ式花边圜底罐（H388：5）　3. Ba型Ⅰ式花边圜底罐（H388：4）　4、5. Ba型Ⅱ式花边圜底罐（H388：2、H388：3）　6. Bb型花边圜底罐（H388：6）

④Ad型

2个。

H415

位置：位于99DT0301中部偏东，H402东侧，开口距地表深3.15米。层位关系：SC25（M70）→H415→㉓B。

形制：平面近圆形，坑壁不规整，北壁斜直，南壁呈缓坡状，平底。直径166、深30厘米（图六二八）。

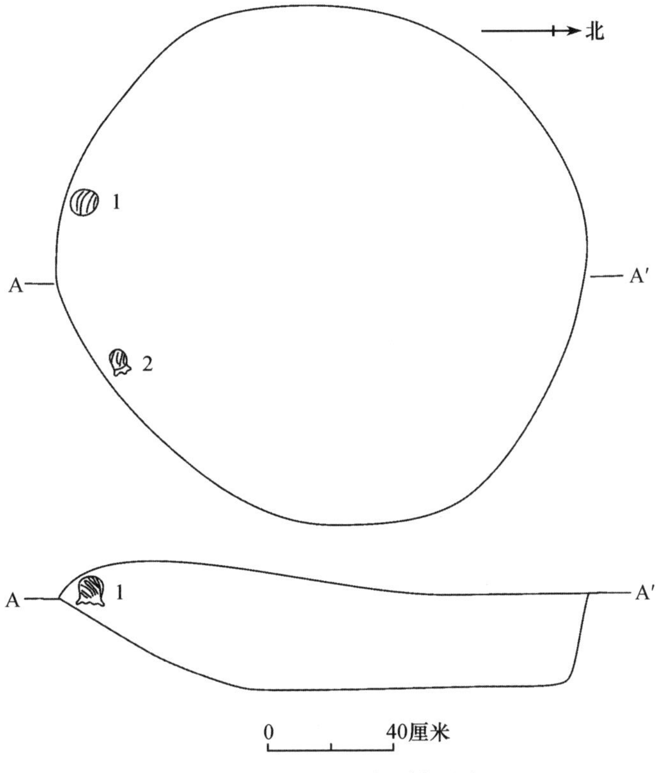

图六二八　H415平、剖面图

1、2. 陶花边圜底罐

坑内堆积与包含物：坑内填杂土，多黄、灰土，质疏松。包含少量陶片和兽骨。

出土遗物：参加分类排队的陶器11件，挑选标本7件。

辫唇罐　1件。Ⅲ式。

标本H415：3，夹砂红陶，灰胎，里黑。唇部戳刮、外沿刮抹略呈辫绳波浪形，外沿下部饰戳印纹，腹饰斜绳纹。侈口，卷沿，鼓腹，残。手制，火候较高。残宽9.7、残高6.6厘米（图六二九，1）。

侈口罐　1件。

标本H415：4，夹砂黑陶，局部、里红，灰褐胎。外沿饰戳印纹，上腹饰斜绳纹后按抹呈细线。侈口，卷沿外翻，圆唇，鼓腹，残。手制，火候较高。残宽8.4、残高4.4厘米（图六二九，2）。

花边圜底罐　9件。B型。

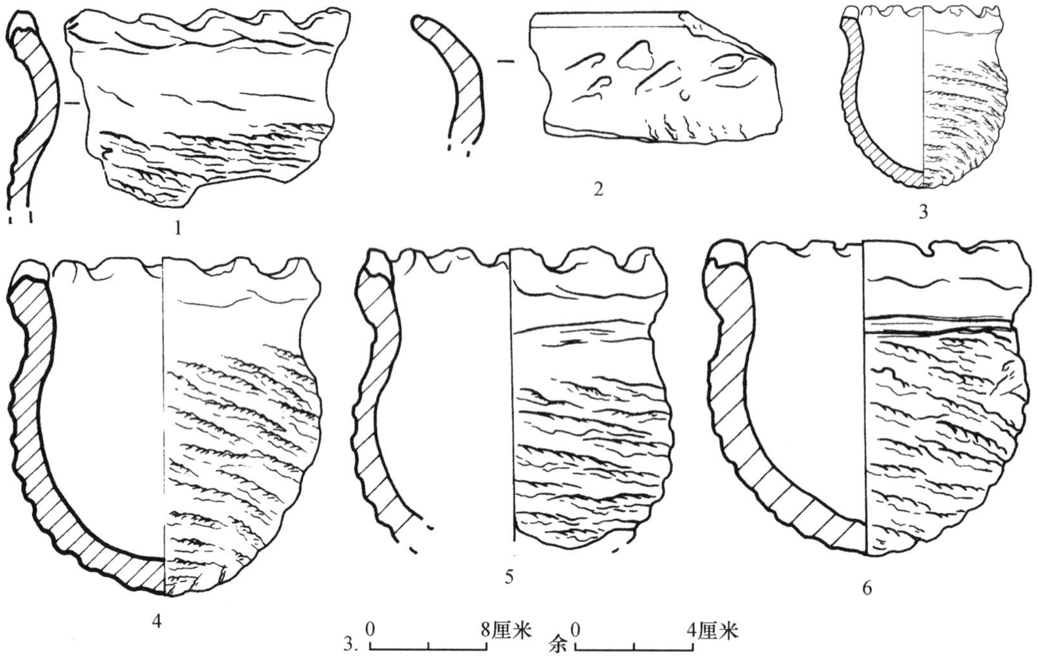

图六二九　H415出土陶器

1. Ⅲ式辫唇罐（H415：3）　2. 侈口罐（H415：4）　3、4. Ba型Ⅰ式花边圜底罐（H415：1、H415：2）
5、6. Bb型花边圜底罐（H415：5、H415：7）

Ba型　7件。Ⅰ式。

标本H415：1，夹砂红陶，局部褐、黑；内壁多灰白色附着物。唇部戳刮、外沿刮抹呈波浪形，腹、底饰粗绳纹。侈口，束颈，鼓腹，圜底，完整。手制，火候较高。口径10.2、高12.2厘米（图六二九，3）。标本H415：2，夹砂褐陶，局部黑、红，灰胎。唇部戳刮、外沿刮抹呈波浪形，腹、底饰粗绳纹。侈口，束颈，鼓腹，圜底，复原。手制，火候较高。口径9.6、高11.2厘米（图六二九，4）。

Bb型　2件。

标本H415：5，夹砂黑陶，局部红，里褐。唇部戳刮、外沿内抹呈波浪形，颈饰横划纹，腹饰斜绳纹。侈口，束颈，鼓腹，残。手制，火候较高。口径9.6、残高10厘米（图六二九，5）。标本H415：7，夹砂灰褐陶，局部黑、红，灰胎，里黑。唇部戳刮、外沿内抹呈波浪形，颈饰横划纹，腹饰斜绳纹。侈口，束颈，鼓腹，圜尖底，复原。手制，火候较高。口径10.2、高10.5厘米（图六二九，6）。

2）B型

6个。

①Ba型

4个。

H426

位置：位于99DT0301西南部，坑口距地表深3.45米。层位关系：F194→H426→F202。

形制：平面呈椭圆形，弧壁，不规整，底部略圜，未修整。长径92、短径55、深20厘米（图六三〇）。

坑内堆积与包含物：坑内填浅灰土，质疏松。包含部分陶器和兽骨等。

出土遗物：参加分类排队的陶器43件，挑选标本10件。

齿唇瓮　1件。A型Ⅱ式。标本碎小。

花边圜底罐　40件。B型。

Ba型　38件，其中8件不明式别。

Ⅰ式：29件。

标本H426：1，夹砂红陶，局部红褐、黑；器表多灰白色附着物。唇部戳刮、外沿刮抹呈波浪形，腹、底饰中粗绳纹。侈口，束颈，鼓腹，圜尖底，完整。手制，火候较高。口径10、高12.8厘米（图六三一，1）。标本H426：2，夹砂红褐陶，局部红、黑。唇部戳刮、外沿刮抹呈波浪形，腹、底饰中粗绳纹。侈口，束颈，鼓腹，圜尖底，完整。手制，火候较高。口径10、高12.6厘米（图六三一，2）。

Ⅱ式：1件。

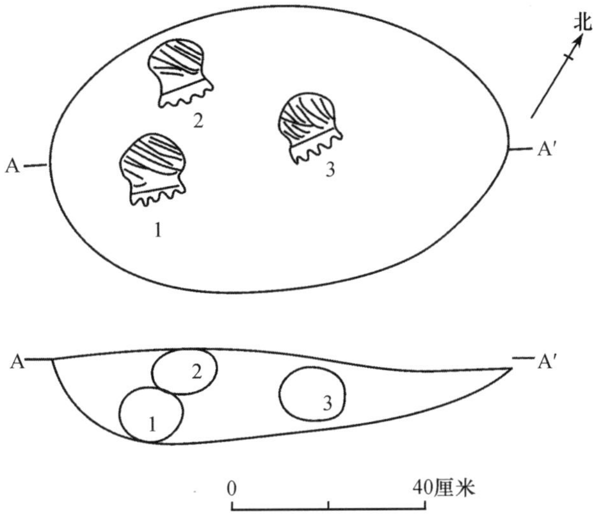

图六三〇　H426平、剖面图
1～3. 陶花边圜底罐

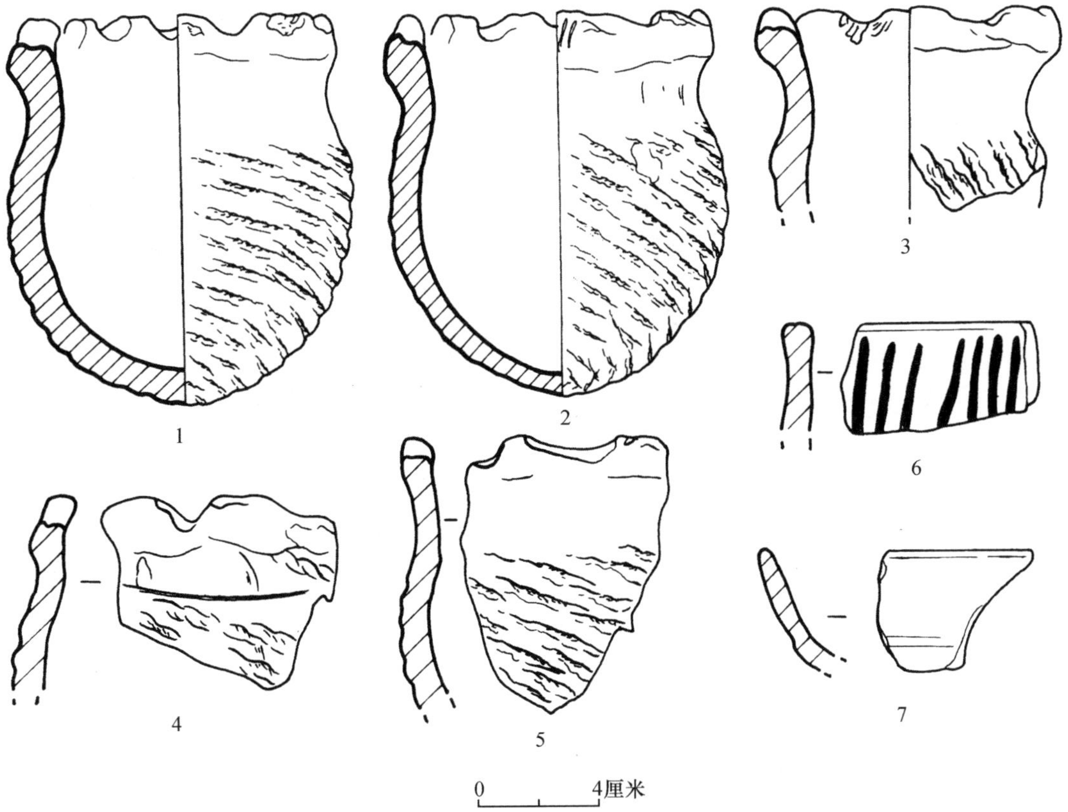

图六三一　H426出土陶器
1、2. Ba型Ⅰ式花边圜底罐（H426：1、H426：2）　3. Ba型Ⅱ式花边圜底罐（H426：6）　4. Bb型花边圜底罐（H426：7）　5. Bc型花边圜底罐（H426：8）　6. 直口罐（H426：9）　7. B型Ⅰ式尖底盏（H426：10）

标本H426∶6，夹砂黑陶，局部灰褐，灰胎，里红；器表多灰白色附着物。唇部戳刮、外沿内抹呈波浪形，腹饰斜粗绳纹。侈口，束颈，鼓腹，残。手制，火候较高。口径9.6、残高6.6厘米（图六三一，3）。

Bb型 1件。

标本H426∶7，夹砂红褐陶，局部红，灰黑胎。唇部戳刮、外沿刮抹呈波浪形，颈饰交错划纹，颈、腹饰斜粗绳纹。微敛口，束颈，鼓腹，残。手制，火候较高。残宽7.8、残高6.4厘米（图六三一，4）。

Bc型 1件。

标本H426∶8，夹砂黑陶，局部红褐，灰胎，里红。唇部戳刮、外沿内抹呈波浪形，腹饰斜粗绳纹。微侈口，束颈，鼓腹，残。手制，火候较高。残宽6.8、残高9厘米（图六三一，5）。

直口罐 1件。

标本H426∶9，夹砂黑陶，红褐胎。领饰竖暗纹。直口，唇面微凹，领微束，残。轮制，火候较高。残宽6.6、残高3.2厘米（图六三一，6）。

尖底盏 1件。B型Ⅰ式。

标本H426∶10，夹砂黑陶，局部灰黑。素面。敞口，圆唇，折腹，残。轮制，火候较高。残宽5.2、残高4厘米（图六三一，7）。

②Bc型 1个。

H399

位置：位于99AT0301中部偏南，坑口距地表深260厘米。层位关系：㉕—H399→F170。

形制：平面呈较规则的椭圆形，斜直壁，近平底，坑壁、坑底无加工痕迹。长径75、短径60、深30厘米（图六三二）。

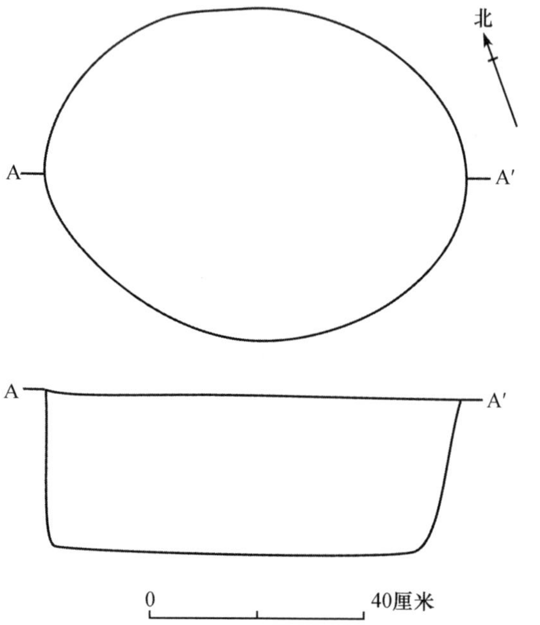

图六三二 H399平、剖面图

坑内堆积与包含物：坑内填灰土，较松软。包含部分陶片与极少石器。

出土遗物：以陶器为主，石器仅柱形器1件。

陶器 参加分类排队的陶器21件，挑选标本10件。

花边圜底罐 14件。

A型 1件。Aa型Ⅲ式。

标本H399∶11，夹砂灰褐陶，局部褐，灰胎；器表多灰白色附着物。唇部戳刮、外沿内抹呈波浪形，腹饰斜绳纹。侈口，束颈，鼓腹，残。手制，火候较高。口径10、残高8厘米（图六三三，1）。

B型 13件。

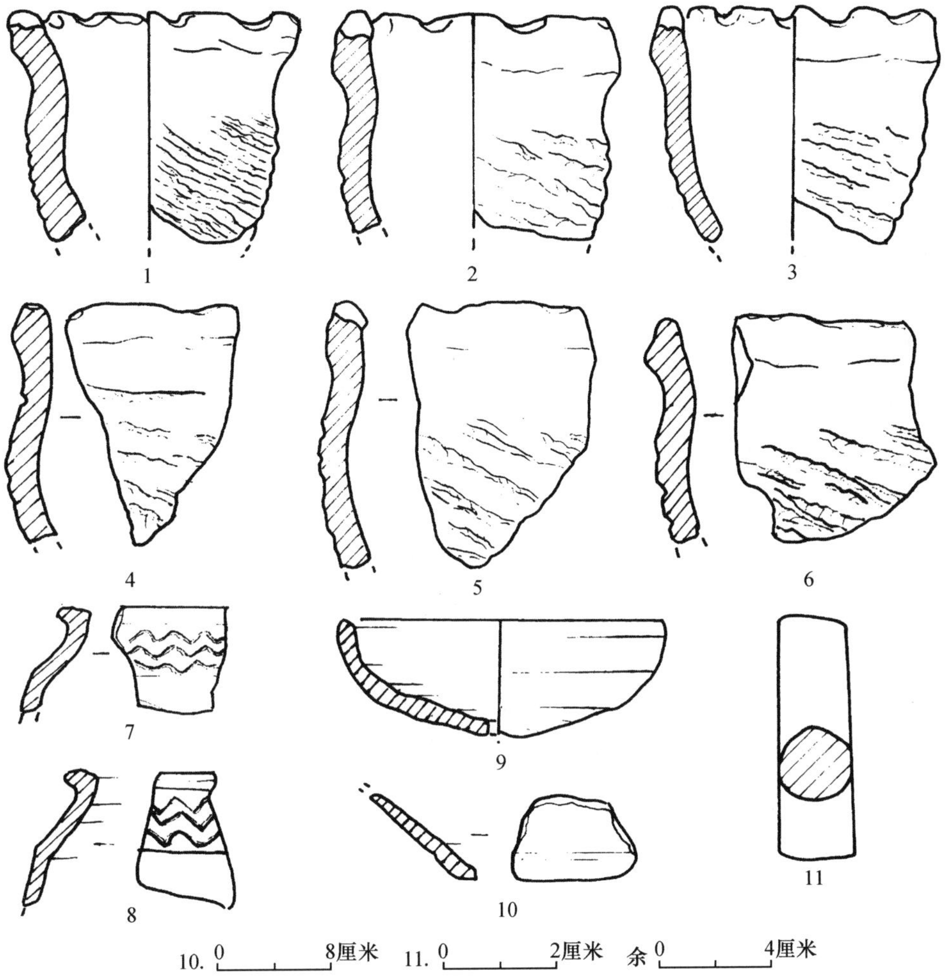

图六三三　H399出土器物

1. Aa型Ⅲ式陶花边圜底罐（H399：11）　2. Ba型Ⅰ式陶花边圜底罐（H399：2）　3. Ba型Ⅱ式陶花边圜底罐（H399：3）　4. Bb型陶花边圜底罐（H399：4）　5. Bc型陶花边圜底罐（H399：5）　6. A型Ⅲ式陶束颈圜底罐（H399：6）　7、8. 陶盂（H399：8、H399：9）　9. A型Ⅲ式陶尖底盏（H399：7）　10. 陶器底（H399：10）　11. Ab型石柱形器（H399：1）

Ba型　8件，其中5件不明式别。

Ⅰ式：1件。

标本H399：2，夹砂黑褐陶，灰胎；器表多灰白色附着物。唇部戳刮、外沿内抹呈波浪形，腹饰斜粗绳纹。侈口，束颈，鼓腹，残。手制，火候较高。口径9、残高7.6厘米（图六三三，2）。

Ⅱ式：2件。

标本H399：3，夹砂红陶。唇部戳刮、外沿内抹呈波浪形，腹饰斜粗绳纹。侈口，束颈，鼓腹，残。手制，火候一般。口径9.6、残高8厘米（图六三三，3）。

Bb型　1件。

标本H399：4，夹砂红褐陶，灰胎，里红。唇部戳刮、外沿内抹呈波浪形，颈饰粗划纹，腹饰斜粗绳纹。侈口，束颈，鼓腹，残。手制，火候较高。残宽6、残高8.5厘米（图六三三，4）。

Bc型　4件。

标本H399：5，夹砂灰褐陶，局部褐，灰胎，里红。唇部戳刮、外沿内抹呈波浪形，腹饰斜粗绳纹。口微敛，束颈，鼓腹，残。手制，火候较高。残宽6.6、残高9.2厘米（图六三三，5）。

束颈圜底罐　1件。A型Ⅲ式。

标本H399：6，夹砂褐陶，灰褐胎。外沿刮抹，腹饰粗绳纹。侈口，束颈，鼓腹，残。手制，火候高。残宽7.3、残高7.8厘米（图六三三，6）。

盂　2件。

标本H399：8，夹砂灰褐陶，灰胎。肩饰波浪形暗纹三道，沿面、器表磨光。侈口，折沿微斜，沿面微凸，圆尖唇，溜折肩，鼓腹，残。轮制，火候高。残宽4、残高3.6厘米（图六三三，7）。标本H399：9，夹砂黑褐陶，胎黑夹红褐。肩饰波浪形暗纹三道，沿面、器表磨光。侈口，折沿微斜，沿面微凸，圆唇，斜折肩，鼓腹，残。轮制，火候高。残宽3.4、残高4.6厘米（图六三三，8）。

尖底盏　2件。A型Ⅲ式。

标本H399：7，夹砂红褐陶，局部黑。器表、内壁饰瓦棱纹。敞口，圆唇，弧腹微折，尖底，残。轮制，火候较高。口径11.2、残高4厘米（图六三三，9）。

器底　2件。

标本H399：10，夹砂黑陶，局部、胎红。素面。下腹斜收，微呈假圈足，平底，残。轮制，火候高。残宽8.4、残高6厘米（图六三三，10）。

石器　1件。

柱形器　1件。Ab型。

标本H399：1，灰黑泥岩。圆柱形，完整。磨制。长4.2、直径1.3厘米（图六三三，11；图版八八，3）。

③Bd型

1个。

H385

位置：位于99AT0101西部，部分未发掘，坑口距地表深285厘米。层位关系：F161→H385→㉓。

形制：从暴露部分观察，平面呈长椭圆形，壁不规整，北壁近斜直，南壁弧，底不平。口残长径108、短径62、深39厘米（图六三四）。

坑内堆积与包含物：坑内填黄褐沙土，极松。包含大量碎陶片。

出土遗物：参加分类排队的陶器102件，挑选标本18件。

齿唇瓮　1件。Ba型Ⅱ式。

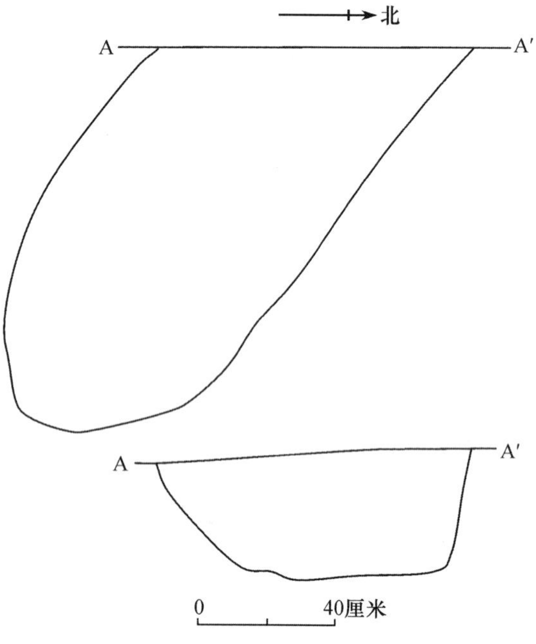

图六三四　H385平、剖面图

标本H385：2，夹粗砂红陶，局部、胎黑。唇部戳按呈波浪形齿。侈口，领外斜，残。手制，火候较高。口径24.8、残高8.8厘米（图六三五，1）。

花边圜底罐　92件。B型。

Ba型　71件。

Ⅰ式：41件。

标本H385：8，夹砂红陶，灰胎。唇部戳刮、外沿内抹呈波浪形，腹饰粗绳纹。侈口，束颈，鼓腹，残。手制，火候较高。口径9.4、残高8厘米（图六三五，2）。标本H385：10，夹砂红褐陶，局部、胎灰。唇部戳刮、外沿内抹呈波浪形，腹饰斜粗绳纹。侈口，束颈，鼓腹，残。手制，火候较高。口径9.6、残高8.8厘米（图六三五，3）。

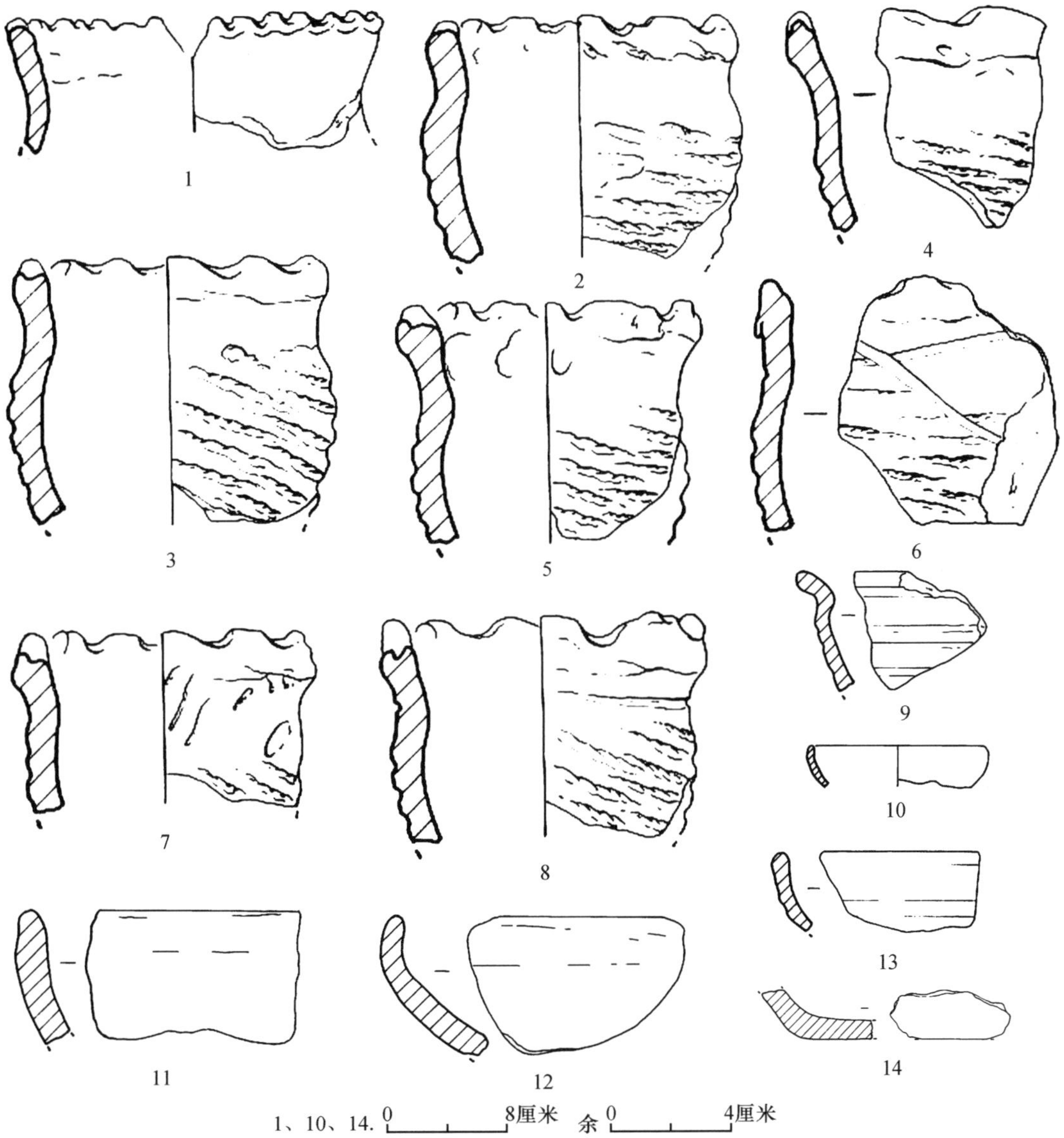

图六三五　H385出土陶器

1. Ba型Ⅱ式齿唇瓮（H385：2）　2、3. Ba型Ⅰ式花边圜底罐（H385：8、H385：10）
4、5. Ba型Ⅱ式花边圜底罐（H385：5、H385：12）　6～8. Bb型花边圜底罐（H385：6、H385：7、H385：9）
9. Ⅲ式盆？（H385：17）　10. A型Ⅱ式圜底钵（H385：15）　11. A型Ⅲ式圜底钵（H385：13）
12. A型Ⅰ式尖底盏（H385：16）　13. B型Ⅱ式尖底盏（H385：14）　14. 器底（H385：18）

Ⅱ式：30件。

标本H385：5，夹砂黑陶，灰胎，里红褐。唇部戳刮、外沿内抹呈波浪形，腹饰斜中粗绳纹。侈口，束颈，鼓腹，残。手制，火候较高。残宽5.6、残高7.2厘米（图六三五，4）。标本H385：12，夹砂黑褐陶，灰胎。唇部戳刮、外沿内抹呈波浪形，腹饰斜粗绳纹，内沿多按窝。侈口，束颈，鼓腹，残。手制，火候较高。口径9.8、残高7.8厘米（图六三五，5）。

Bb型　21件。

标本H385：6，夹砂红陶，胎红夹灰；器表多灰白色附着物。唇部戳刮、外沿内抹呈波浪形，颈饰交叉划纹，腹饰斜粗绳纹。口微侈，束颈，鼓腹，残。手制，火候较高。残宽7.2、残高8.2厘米（图六三五，6）。标本H385：7，夹砂灰黑陶，里红。唇部戳刮、外沿内抹呈波浪形，颈饰斜划纹、戳印纹，腹饰斜粗绳纹。口微侈，微束颈，鼓腹，残。手制，火候较高。口径9.2、残高5.8厘米（图六三五，7）。标本H385：9，夹砂红褐陶，局部黑褐，灰胎；器表多灰白色附着物。唇部戳刮、外沿内抹呈波浪形，颈饰横粗划纹，腹饰斜粗绳纹。侈口，束颈，鼓腹，残。手制，火候较高。口径10.4、残高7.2厘米（图六三五，8）。

盆？　1件。Ⅲ式。

标本H385：17，夹砂黑陶，褐胎。腹饰瓦棱纹，外壁磨光。侈口，窄外沿，圆唇，腹较弧收，残。轮制，火候较高。残宽4.4、残高3.8厘米（图六三五，9）。

圜底钵　2件。A型。

Ⅱ式：1件。

标本H385：15，泥质黑陶，灰褐胎。素面。口近直，圆唇，弧腹，残。轮制，火候高。口径11.8、残高2.7厘米（图六三五，10）。

Ⅲ式：1件。

标本H385：13，夹砂黑陶。素面，器表多按抹痕。敞口，圆唇，弧腹，残。手制，火候较高。残宽6.9、残高4.3厘米（图六三五，11）。

尖底盏　5件，其中1件为底部。

A型　3件。Ⅰ式。

标本H385：16，夹砂黑陶。上腹饰细划纹。口微敛，沿微内卷，圆唇，弧腹，残。手制轮修，火候较高。残宽7.1、残高4.5厘米（图六三五，12）。

B型　1件。Ⅱ式。

标本H385：14，夹砂灰褐陶。下腹饰粗凹弦纹。敞口，圆唇，下腹微折，残。轮制，火候较高。残宽5.4、残高2.6厘米（图六三五，13）。

器底　1件。

标本H385：18，夹砂红褐陶，胎、里黑。素面。下腹斜收，平底，残。手制，火候高。残宽8、残高3.2厘米（图六三五，14）。

3）C型

4个。

①Ca型

1个。

H379

位置：位于99AT0101西北部，大部分未发掘，坑口距地表深298厘米。层位关系：F72→H379→㉓。

形制：从暴露部分观察，平面呈长方形（或方形），弧壁，底不平，壁、底不规整。残长77、宽82、深15厘米（图六三六）。

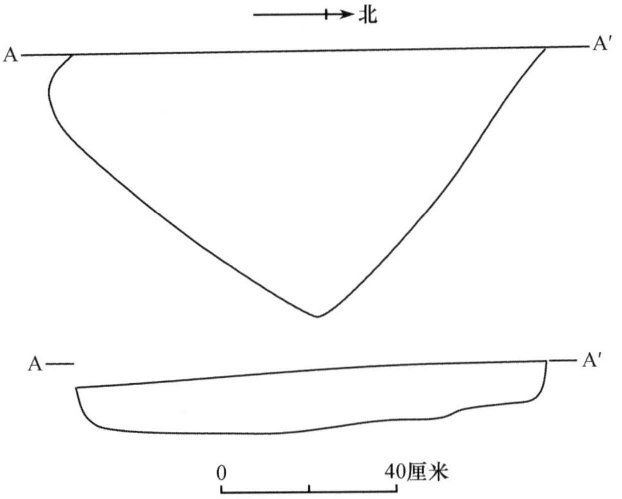

图六三六　H379平、剖面图

坑内堆积与包含物：坑内填黑色灰土，夹木炭极多，极松。包含部分残陶片。

出土遗物：参加分类排队的陶器19件，挑选标本11件。

齿唇缸　1件。Ba型Ⅱ式。

标本H379：4，夹砂灰褐陶，局部、里红褐。唇部戳按呈波浪形齿，外沿按窝较深。侈口，残。手制，火候较高。残宽9.6、残高5.3厘米（图六三七，1）。

辫唇瓮　2件。A型Ⅲ式。

标本H379：1，夹砂灰黑陶，局部灰褐、红，灰胎，里红。唇部刮抹略呈辫绳波浪形，腹饰斜中粗绳纹。侈口，卷沿，鼓腹，残。手制，火候较高。口径20.4、残高6.8厘米（图六三七，2）。标本H379：2，夹砂褐陶，局部红。唇部戳刮、外沿刮抹略呈辫绳波浪形，肩饰斜中粗绳纹。侈口，卷沿，溜肩，残。手制，火候较高。残宽11、残高7.6厘米（图六三七，3）。

齿唇罐　1件。Bb型。

标本H379：3，夹砂红褐陶，灰胎。唇部戳按呈波浪形齿，腹饰斜绳纹。侈口，卷沿外斜，鼓腹，残。手制，火候较高。残宽8.8、残高7.2厘米（图六三七，4）。

辫唇罐　6件。

Ⅱ式：2件。

标本H379：6，夹砂红陶，灰胎。唇部戳刮、外沿刮抹呈波浪形，腹饰中粗绳纹。侈口，束颈，鼓腹。残宽5.8、残高5.4厘米（图六三七，5）。

Ⅲ式：4件。

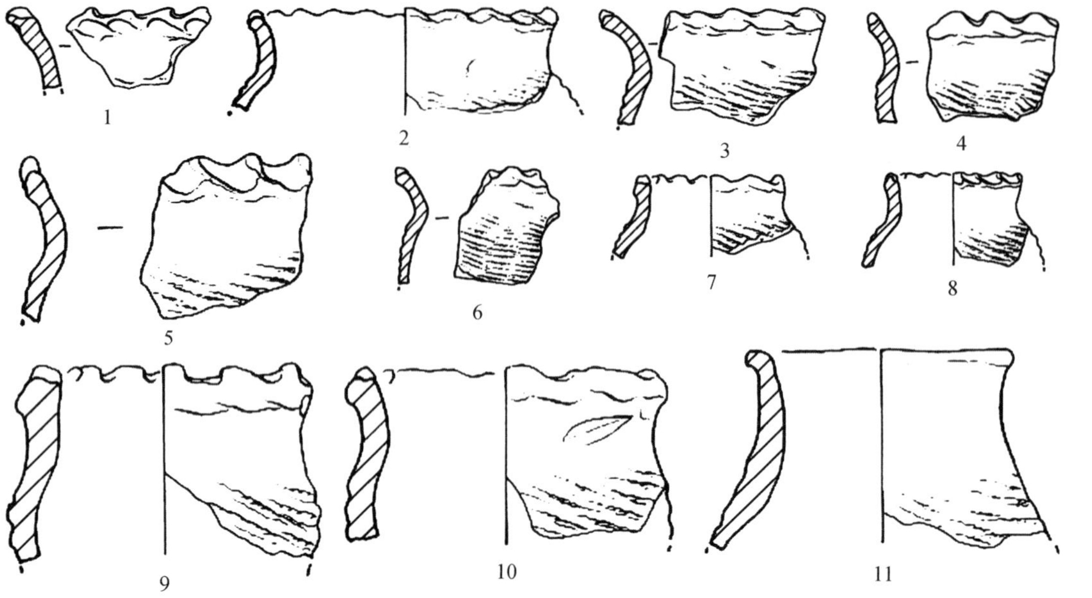

图六三七　H379出土陶器

1. Ba型Ⅱ式齿唇缸（H379：4）　2、3. A型Ⅲ式辫唇瓮（H379：1、H379：2）　4. Bb型齿唇罐（H379：3）
5. Ⅱ式辫唇罐（H379：6）　6. Ⅲ式辫唇罐（H379：7）　7、8. Aa型Ⅰb式花边圜底罐（H379：8、H379：9）
9、10. Ba型Ⅰ式花边圜底罐（H379：5、H379：10）　11. Ab型Ⅰ式罐形釜（H379：11）

标本H379：7，夹砂灰褐陶。唇部戳刮、外沿刮抹呈波浪形，腹饰绳纹。侈口，卷沿，鼓腹，残。手制，火候较高。残宽7、残高7.6厘米（图六三七，6）。

花边圜底罐　8件。

A型　4件。Aa型Ⅰb式。

标本H379：8，夹砂红陶，胎、里灰褐。唇部戳刮、外沿内抹呈波浪形，腹饰绳纹。侈口，束颈，鼓腹，残。手制，火候较高。口近直，束颈，鼓腹，残。手制，火候较高。口径9.6、残高5.3厘米（图六三七，7）。标本H379：9，夹砂灰褐陶，局部红。唇部刮抹呈波浪形，腹饰绳纹。口微侈，束颈，鼓腹，残。手制，火候较高。口径9、残高6.2厘米（图六三七，8）。

B型　4件。Ba型Ⅰ式。

标本H379：5，夹砂红陶，局部、胎灰；器表多灰白色附着物。唇部戳刮、外沿内抹呈波浪形，腹饰粗绳纹。口近直，束颈，鼓腹，残。手制，火候较高。口径9、残高6.4厘米（图六三七，9）。标本H379：10，夹砂红褐陶，局部、胎灰褐。唇部戳刮、外沿刮抹呈波浪形，颈饰戳印纹，腹饰粗绳纹。侈口，束颈，鼓腹，残。手制，火候较高。口径10、残高5.8厘米（图六三七，10）。

罐形釜　1件。Ab型Ⅰ式。

标本H379：11，夹砂灰褐陶，局部红褐。腹饰绳纹，局部按抹呈细线。侈口，卷沿，圆唇，颈较直，鼓腹，残。手制，火候较高。口径9、残高6.6厘米（图六三七，11）。

②Cb型

2个。

H401

位置：位于99AT0101中部，北侧有F90。层位关系：㉕—H401→F264。

形制：从暴露部分观察，平面呈圆角长方形，壁较直，底较口略小，底较平，由东南略向西北倾斜，壁、底无加工痕迹，但均较平滑。残长216、宽124、深66厘米（图六三八）。

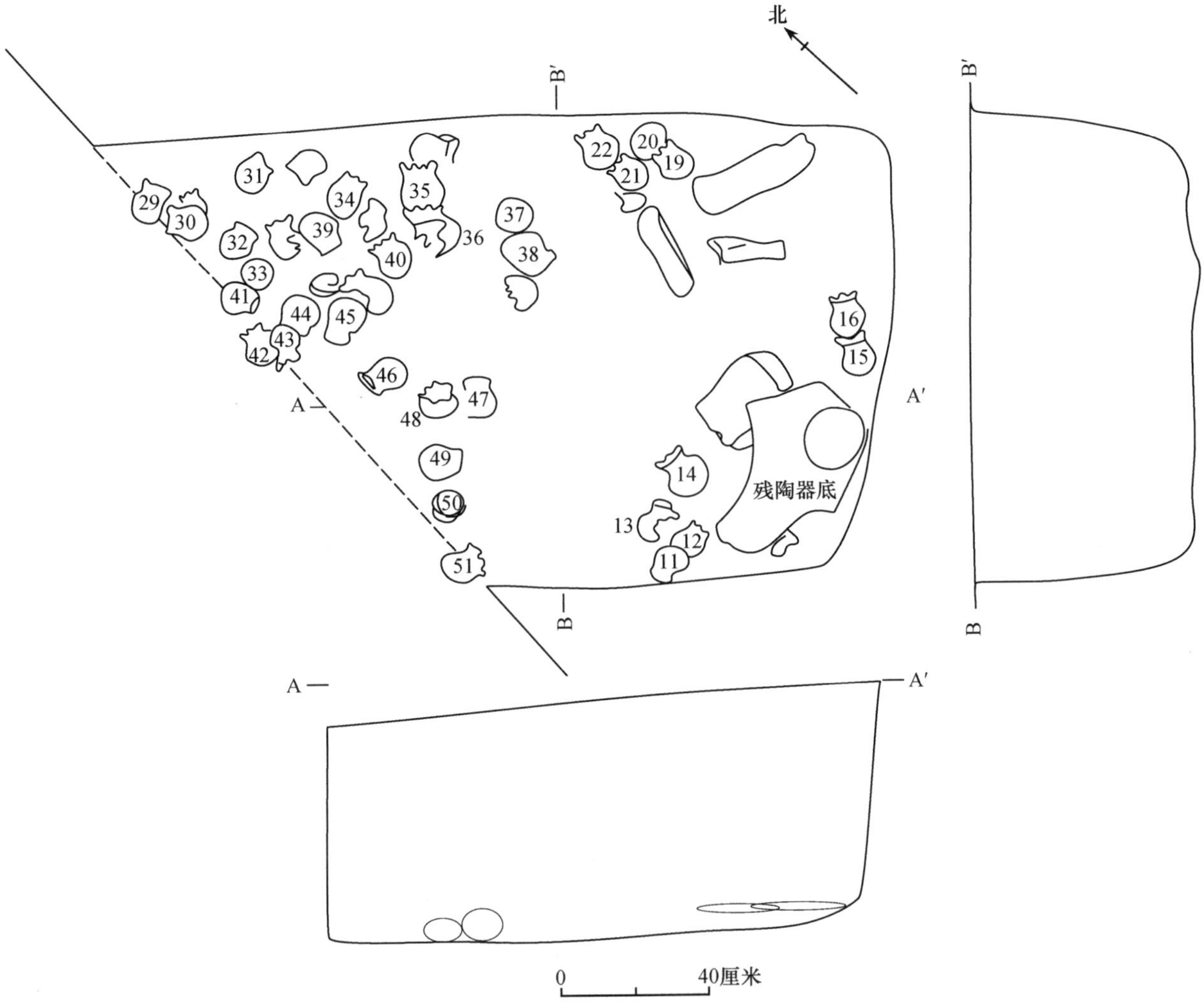

图六三八　H401平、剖面图

11～16、19～22、29～51. 陶花边圜底罐（部分编号的陶花边圜底罐位于上层已取出，52～55号在下层，图中未表现）

坑内堆积与包含物：坑内填灰黑沙土，含炭，极松，夹杂较多房面材料废块。堆积以陶片为主，坑下部置放大量完整圜底罐（多数碎片亦为完整器破碎后形成），出土完整和可复原圜底罐55件，坑底靠东边、北边放置有数块卵石、石头。

出土遗物：参加分类排队的陶器282件，挑选标本74件。

齿唇瓮　1件。Bb型。

标本H401：70，夹砂红褐陶，胎、里红。唇部戳按呈尖齿形，肩饰竖中粗绳纹。侈口，束领，溜肩，残。手制，火候较高。残宽13、残高10厘米（图六三九，1）。

齿唇罐　4件。B型。

Ba型　2件。Ⅰ式。

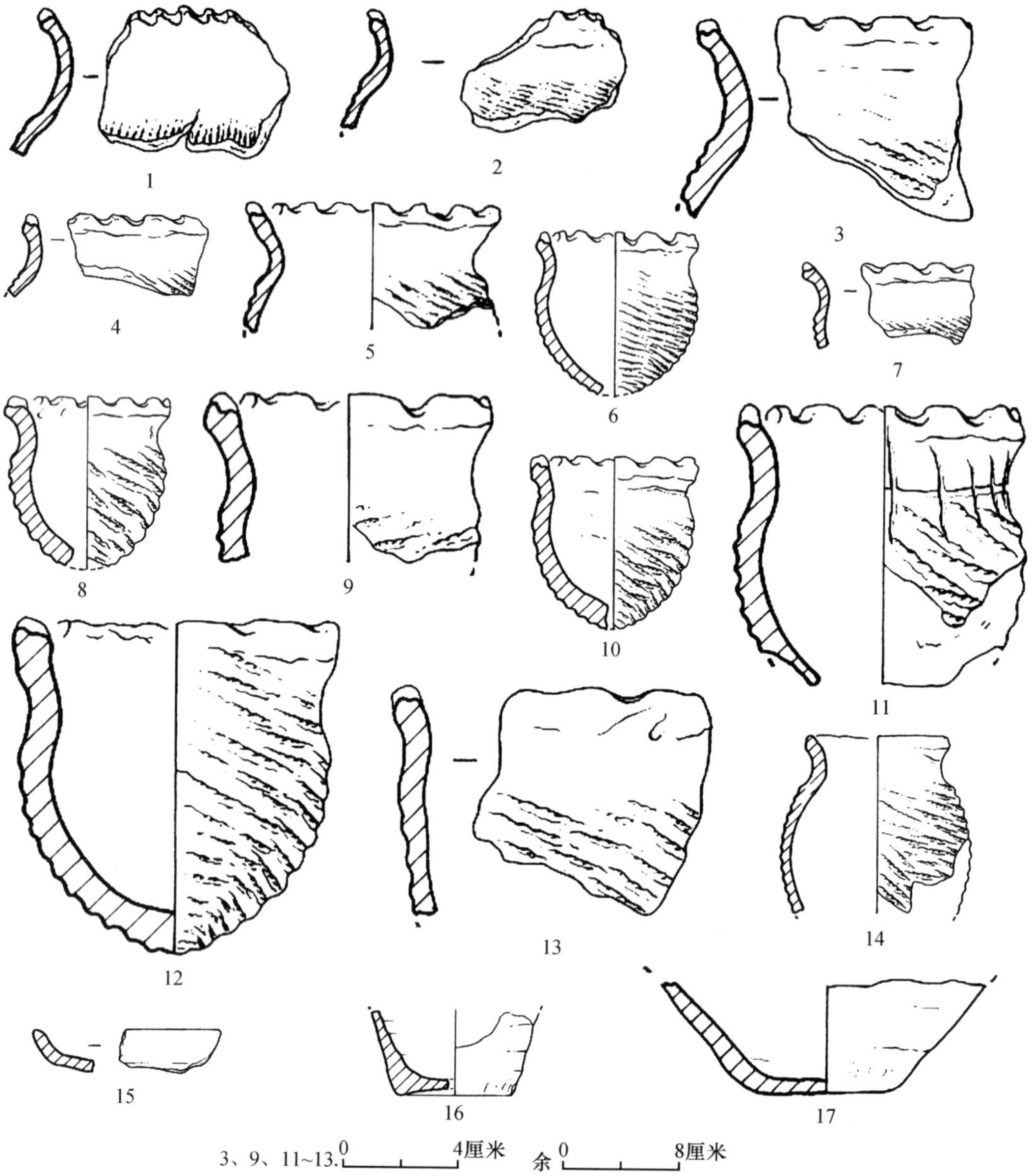

图六三九 H401出土陶器

1. Bb型齿唇瓮（H401：70） 2、3. Ba型Ⅰ式齿唇罐（H401：66、H401：67） 4、5. Bb型齿唇罐（H401：68、H401：69） 6. Aa型Ⅱ式花边圜底罐（H401：57） 7. Aa型Ⅲ式花边圜底罐（H401：74） 8. Ba型Ⅰ式花边圜底罐（H401：60） 9. Ba型Ⅱ式花边圜底罐（H401：58） 10、11. Bb型花边圜底罐（H401：61、H401：62） 12、13. Bc型花边圜底罐（H401：59、H401：65） 14. 素沿圜底罐（H401：63） 15. B型Ⅰ式尖底盏（H401：71） 16、17. 器底（H401：72、H401：73）

标本H401：66，夹砂黑褐陶，局部红褐。唇部戳刮呈波浪形齿，肩饰中粗绳纹。侈口，卷沿，溜肩，残。手制，火候较高。残宽11.4、残高8厘米（图六三九，2）。标本H401：67，夹砂红陶，局部、胎灰黑。唇部戳刮略呈波浪形齿，肩饰中粗绳纹。侈口，卷沿，溜肩，残。手制，火候较高。残宽6.8、残高6.8厘米（图六三九，3）。

Bb型 2件。

标本H401：68，夹砂红陶，黑胎。唇部戳刮呈波浪形齿，肩饰中粗绳纹。侈口，卷沿，有肩，残。手制，火候较高。残宽9.6、残高5.4厘米（图六三九，4）。标本H401：69，夹砂褐陶，局部、胎黑。唇部戳刮呈波浪形齿，腹饰粗绳纹。侈口，卷沿，鼓腹，残。手制，火候较高。口径17.6、残高8.6厘米（图六三九，5）。

花边圜底罐　271件。

A型　26件。Aa型。

Ⅱ式：23件。

标本H401：57，夹砂黑陶，灰胎。唇部戳刮、外沿内抹呈波浪形，腹饰绳纹。侈口，束颈，鼓腹，残。手制，火候较高。口径10.6、残高11厘米（图六三九，6）。

Ⅲ式：3件。

标本H401：74，夹砂红陶。唇部戳刮、外沿内抹呈波浪形，腹饰绳纹。侈口，束颈，鼓腹，残。手制，火候较高。残宽7.8、残高5.8厘米（图六三九，7）。

B型　245件。

Ba型　207件。

Ⅰ式：205件。

标本H401：60，夹砂黑陶，局部红褐；器表多灰白色附着物。唇部戳刮、外沿内抹呈波浪形，腹饰粗绳纹。侈口，束颈，鼓腹，残。手制，火候较高。口径11、残高11.4厘米（图六三九，8）。

Ⅱ式：2件。

标本H401：58，夹砂红褐陶，局部、胎灰。唇部戳刮、外沿内抹呈波浪形，腹饰中粗绳纹。侈口，束颈，鼓腹，残。手制，火候较高。口径9.4、残高5.6厘米（图六三九，9）。

Bb型　36件。

标本H401：61，夹砂红陶，胎红夹黑。唇部戳刮、外沿内抹呈波浪形，颈饰横划纹，腹饰粗绳纹。侈口，束颈，鼓腹，圜尖底，残。手制，火候较高。口径10.8、残高11.6厘米（图六三九，10）。标本H401：62，夹砂红陶，局部、胎红夹灰黑；器表多灰白色附着物。唇部戳刮、外沿内抹呈波浪形，颈饰交错划纹，腹饰粗绳纹。侈口，束颈，鼓腹，残。手制，火候较高。口径9.4、残高9.5厘米（图六三九，11）。

Bc型　2件。

标本H401：59，夹砂红褐陶，局部、胎灰黑。唇部刮抹，颈、腹、底饰中粗绳纹。侈口，束颈，鼓腹，圜尖底，复原。手制，火候较高。口径11.2、高11.2厘米（图六三九，12）。标本H401：65，夹砂红陶。唇部戳刮略呈波浪形，腹饰粗绳纹。侈口，微束颈，上腹较直，残。手制，火候较高。残宽8.1、残高7.6厘米（图六三九，13）。

素沿圜底罐　3件。

标本H401：63，夹砂红陶，胎红夹灰黑。腹饰粗绳纹。侈口，圆唇，卷沿，鼓腹，残。手制，火候较高。口径9.8、残高12厘米（图六三九，14）。

尖底盏　1件。B型Ⅰ式。

标本H401：71，夹砂灰黑陶。素面。敞口，圆唇，折腹，残。轮制，火候较高。残宽7、残高2.8厘米（图六三九，15）。

器底　2件。

标本H401：72，夹砂灰褐陶，红褐胎。素面。下腹斜收，底内凹，残。轮制，火候较高。底径8、残高5.7厘米（图六三九，16）。标本H401：73，夹砂黑陶，胎、里灰褐。素面，外壁粗磨。下腹斜收，平底，残。分制，腹轮制、底手制，火候较高。底径9.5、残高7.6厘米（图六三九，17）。

③Cd型

1个。

H445

位置：位于99DT0201东南部，F211范围内，坑口距地表深390厘米。层位关系：㉗—H445→F221。

形制：平面形状呈窄长方形，壁一侧稍直，一侧微弧，底微斜，无加工痕迹。口残长160、宽60～94、底残长150、宽55～80、深20～23厘米（图六四〇；图版五七，1）。

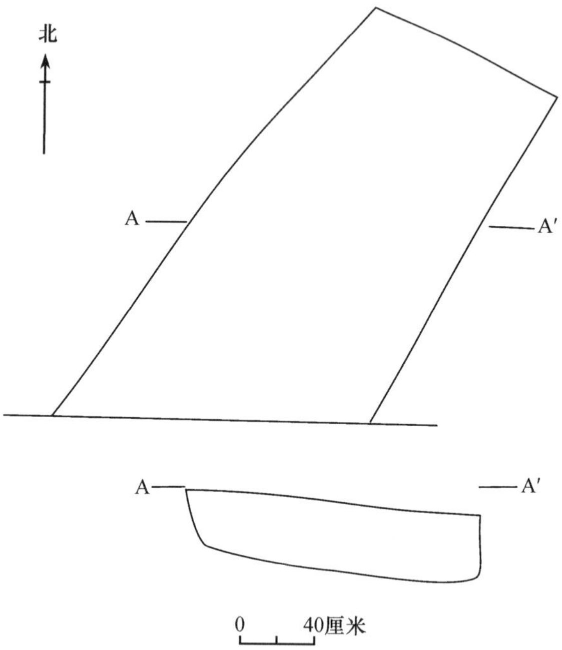

图六四〇　H445平、剖面图

坑内堆积与包含物：坑内堆积黄灰土，质疏松，含炭灰。包含较多碎陶片及兽骨。

出土遗物：参加分类排队的陶器29件，挑选标本9件。

矮领瓮　1件。Aa型。

标本H445：2，夹砂红褐陶，局部灰。肩部饰绳纹。侈口，圆唇，矮束领，广肩，残。轮制，火候较高。口径19.1、残高8.5厘米（图六四一，1）。

花边圜底罐　27件。

A型　9件。Aa型。

Ⅰb式：3件。

标本H445：3，夹砂红陶，局部、胎灰黑。唇部戳刮、外沿内抹呈波浪形，腹饰绳纹。侈口，束颈，鼓腹，残。手制，火候较高。口径10、残高11.6厘米（图六四一，2）。

Ⅱ式：4件。

标本H445：4，夹砂灰陶，底部、里红。唇部戳刮、外沿内抹呈波浪形，腹饰绳纹。侈口，束颈，鼓腹，修复。手制，火候较高。口径10.8、残高12厘米（图六四一，3）。

Ⅲ式：2件。

标本H445：5，夹砂灰褐陶，局部浅黄，灰胎。唇部戳刮、外沿内抹呈波浪形，腹饰绳纹。侈口，束颈，鼓腹，残。手制，火候较高。口径10.4、残高9.8厘米（图六四一，4）。

B型　18件。Ba型。

Ⅰ式：15件。

标本H445：7，夹砂灰黑陶，局部灰褐、褐。唇部戳刮、外沿内抹呈波浪形，腹饰中粗绳

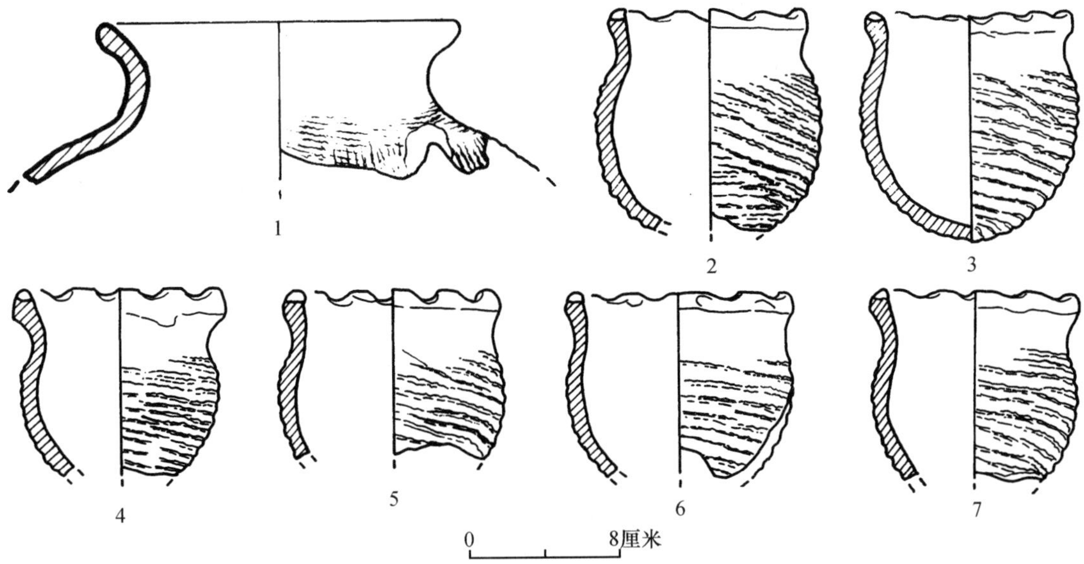

图六四一　H445出土陶器

1. Aa型矮领瓮（H445：2）　2. Aa型Ⅰb式花边圜底罐（H445：3）　3. Aa型Ⅱ式花边圜底罐（H445：4）　4. Aa型Ⅲ式花边圜底罐（H445：5）　5、6. Ba型Ⅰ式花边圜底罐（H445：7、H445：8）　7. Ba型Ⅱ式花边圜底罐（H445：9）

纹。侈口，束颈，鼓腹，残。手制，火候较高。口径10.8、残高8.8厘米（图六四一，5）。标本H445：8，夹砂红陶，局部、胎灰。唇部戳刮、外沿内抹呈波浪形，腹饰中粗绳纹。侈口，束颈，鼓腹，残。手制，火候较高。口径11.6、残高9.6厘米（图六四一，6）。

Ⅱ式：3件。

标本H445：9，夹砂灰黑陶，局部褐。唇部戳刮、外沿内抹呈波浪形，腹饰中粗绳纹。侈口，束颈，鼓腹，残。手制，火候较高。口径10.8、残高10厘米（图六四一，7）。

器底　1件。标本碎小。

4）D型

2个。

①Db型

1个。

H384

位置：位于99AT0101中部偏北，坑口距地表深280厘米。层位关系：F72→H384→㉓。

形制：平面呈不规则圆角方形，壁较直，底不平。口长58、宽50、深15厘米（图六四二）。

坑内堆积与包含物：坑内填黄褐沙土，质松，含灰烬，坑底中部平置一表面平整的椭圆形卵石。包含少量花边圜底罐残片。

出土遗物：参加分类排队的陶器4件，挑选标本1件。

花边圜底罐　3件。B型。

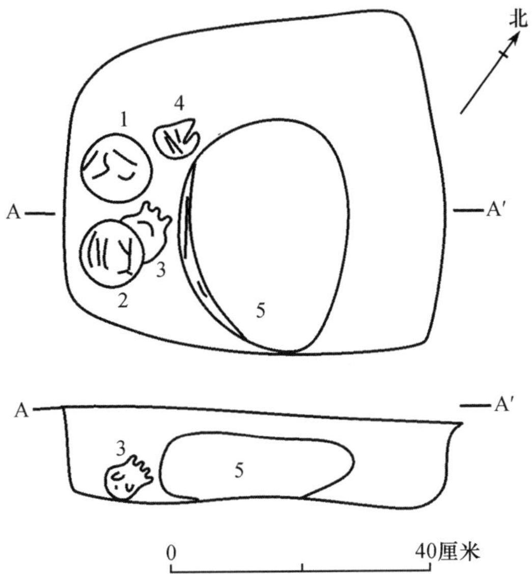

图六四二　H384平、剖面图

1～3. 陶花边圜底罐　4. 陶圜底钵　5. 卵石

Ba型　2件。Ⅰ式。

标本H384：1，夹砂红陶，局部褐；器表多灰白色附着物。唇部戳刮、外沿刮抹呈波浪形，腹、底饰斜粗绳纹。口微敛，束颈，鼓腹，圜底，完整。手制，火候较高。口径9.8、高11.4厘米。标本H384：2，夹砂褐陶，局部灰褐。唇部戳刮、外沿刮抹呈波浪形，腹、底饰斜粗绳纹。侈口，束颈，鼓腹，圜底，完整。手制，火候较高。口径9.6、高11.6厘米。

Bb型　1件。

标本H384：3，夹砂红陶，局部黑。唇部戳刮、外沿刮抹呈波浪形，颈饰横划纹，腹、底饰斜粗绳纹。敛口，束颈，鼓腹，圜底，完整。手制，火候较高。口径9、高11.3厘米。

圜底钵　1件。A型Ⅲ式。

标本H384：4，夹砂灰黑陶，局部黑。上腹饰横划纹。敞口，圆唇，内腹折，圜底，复原。手制轮修，火候较高。口径12.6、高4.2厘米（图六四三）。

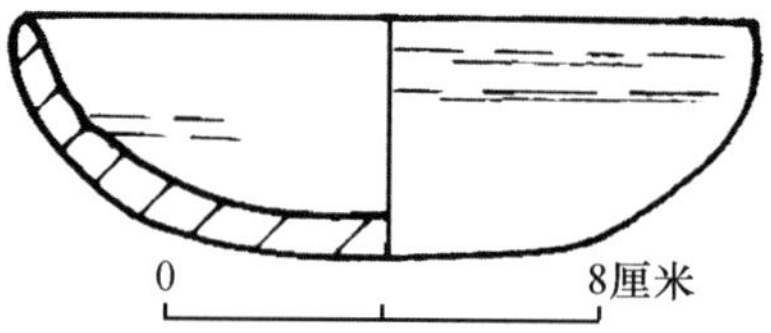

图六四三　H384出土A型Ⅲ式陶圜底钵（H384：4）

②Dc型

1个。

H237

位置：位于98AT0103东南部，坑口距地表深300厘米。层位关系：㉕—H237→F87。

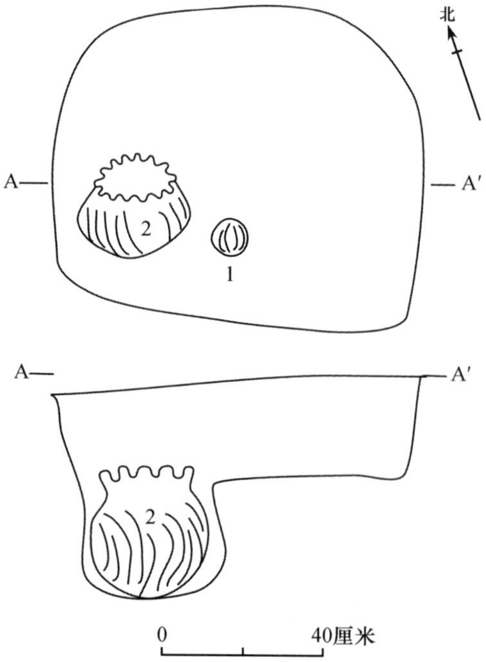

图六四四　H237平、剖面图
1. 陶花边圜底罐　2. 陶齿唇瓮

形制：平面呈不规则圆角方形，壁斜直，底不平，在坑底西侧向下挖一直径32、深36厘米的小圆坑。H237：1为陶花边圜底罐，倒置于坑底西南部，小坑东侧。H237：2为一红褐陶齿唇瓮，直立于小坑之中，下腹部垫有一些小陶片以使瓮直立。口边长约80、底边长宽73、深25厘米（图六四四）。

坑内堆积与包含物：坑内填黄褐色土，极松软。包含少量圜底罐碎片。

出土遗物：出土陶器2件，挑选标本1件。

花边圜底罐　1件。Ba型Ⅰ式。

标本H237：1，夹砂红陶，局部褐。唇部戳刮、外沿刮抹呈波浪形，腹、底饰斜粗绳纹，下腹有凹窝。口微侈，束颈，鼓腹，圜尖底，完整。手制，火候较高。口径10.2、高11.4厘米（图六四五）。

5）E型

2个。

①Ea型

1个。

H429

位置：位于99DT0301中部稍偏西北，F201东部边缘，坑口距地表深3.65米。层位关系：㉔—H429→F201。

形制：平面形状不规则，弧壁，不规整，底部较平。长420、宽56～206、深12～26厘米（图六四六；图版五七，2）。

坑内堆积与包含物：坑内填深灰色土，质疏松。包含物有较多陶器和少量兽骨，出完整陶花边圜底罐12件。

出土遗物：参加分类排队的陶器54件，挑选标本17件。

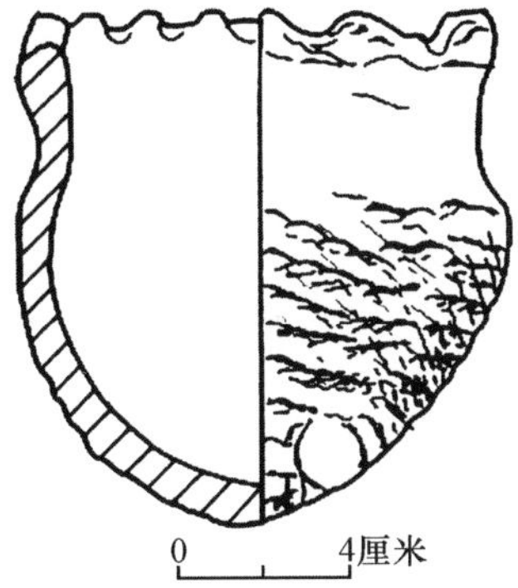

图六四五　H237出土Ba型Ⅰ式陶花边圜底罐（H237：1）

花边圜底罐　54件。

A型　6件。Aa型。

Ⅱ式：5件。

标本H429：2，夹砂褐陶，局部灰、黑。唇部戳刮、外沿刮抹呈波浪形，腹、底饰中粗绳纹。侈口，束颈，鼓腹，圜尖底，完整。手制，火候较高。口径10.2、高12.2厘米（图六四七，1）。标本H429：9，夹砂红陶，局部黑。唇部戳刮、外沿刮抹呈波浪形，腹、底饰绳纹。侈口，束颈，鼓腹，圜尖底，完整。手制，火候较高。口径10.4、高12.2厘米（图六四七，2）。

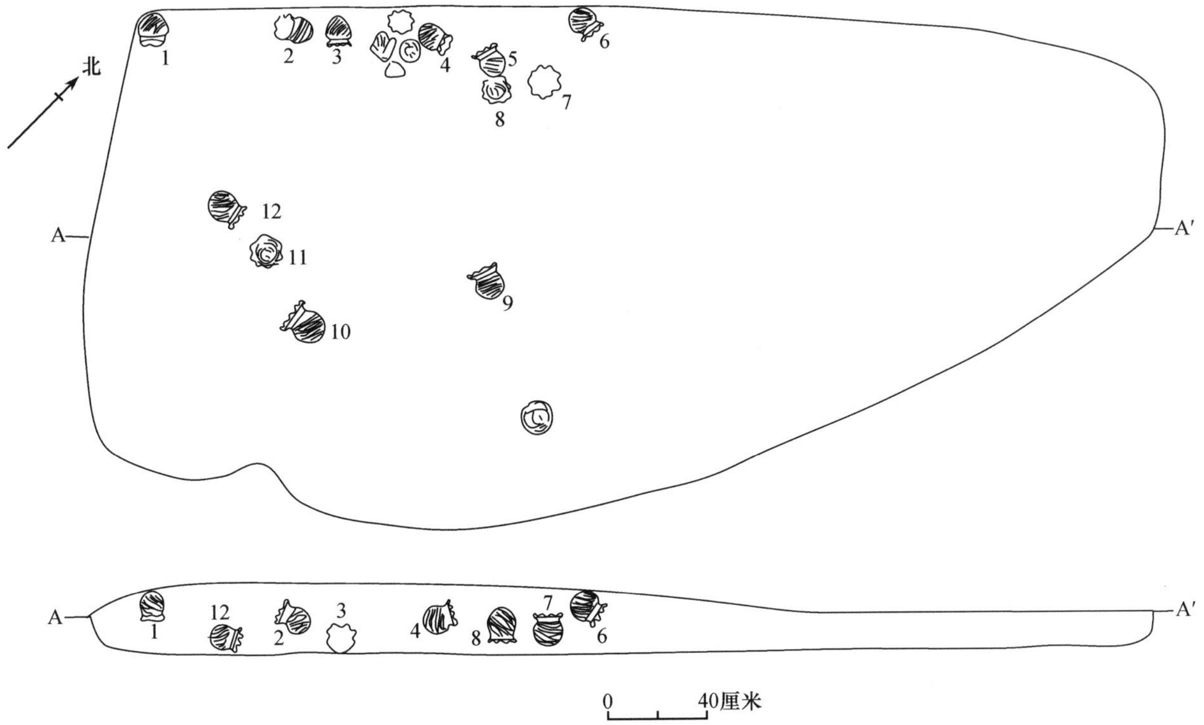

图六四六　H429平、剖面图

1～12. 陶花边圜底罐

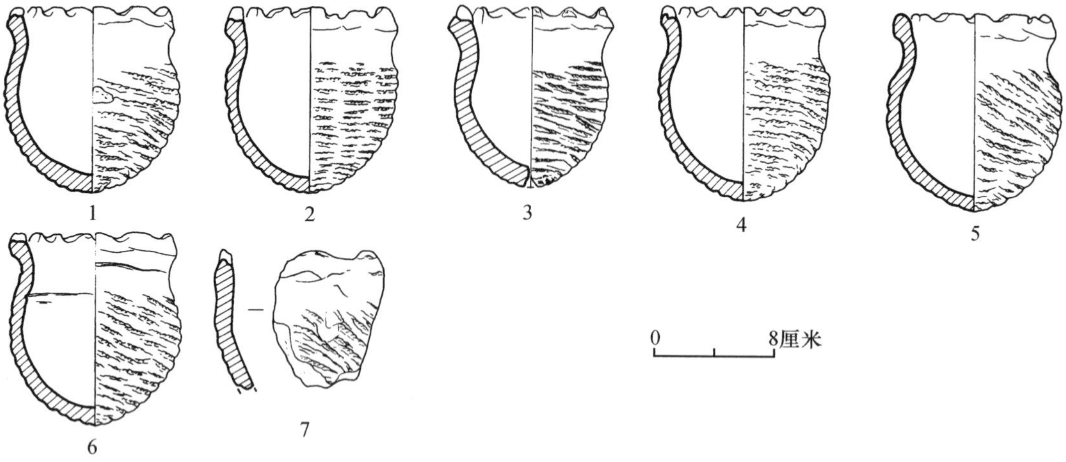

图六四七　H429出土陶器

1、2. Aa型Ⅱ式花边圜底罐（H429：2、H429：9）　3. Aa型Ⅲ式花边圜底罐（H429：15）　4、5. Ba型Ⅰ式花边圜底罐（H429：1、H429：11）　6. Bb型花边圜底罐（H429：12）　7. Bc型花边圜底罐（H429：17）

Ⅲ式：1件。

标本H429：15，夹砂红陶，局部灰褐，胎红夹灰。唇部戳刮、外沿刮抹呈波浪形，腹、底饰斜绳纹。侈口，束颈，鼓腹，圜尖底，残。手制，火候较高。口径9.6、残高11.8厘米（图六四七，3）。

B型　48件。

Ba型　44件。

Ⅰ式：41件。

标本H429：1，夹砂红陶，局部灰黑。唇部戳刮、外沿刮抹呈波浪形，腹、底饰粗绳纹。侈口，束颈，鼓腹，圜尖底，完整。手制，火候较高。口径10.4、高12.7厘米（图六四七，4）。标本H429：11，夹砂灰黑陶，局部红。唇部戳刮、外沿刮抹呈波浪形，腹、底饰粗绳纹。侈口，束颈，鼓腹，圜尖底，完整。手制，火候较高。口径10.2、高13厘米（图六四七，5）。

Ⅱ式：3件。标本碎小。

Bb型　1件。

标本H429： 12，夹砂红陶，局部灰。唇部戳刮、外沿刮抹呈波浪形，颈饰横划纹，腹、底饰中粗绳纹。侈口，束颈，鼓腹，圜尖底，完整。手制，火候较高。口径10.5、高12.6厘米（图六四七，6）。

Bc型　3件。

标本H429：17，夹砂黑陶，局部红。唇部戳刮、外沿刮抹呈波浪形，腹饰斜粗绳纹，局部按抹。口近直，微束颈，鼓腹，残。手制，火候较高。残宽7.4、残高9厘米（图六四七，7）。

②Ec型

1个。

H721

位置：位于02BT0101东部，G75之南，坑口距地表深4.75～4.9米。层位关系：F303→H721→F310。

形制：平面呈不规则形，斜直壁，平底，坑壁、底无加工痕迹。坑口长182、宽100～120、底长150、宽78～108、深44～54厘米（图六四八）。

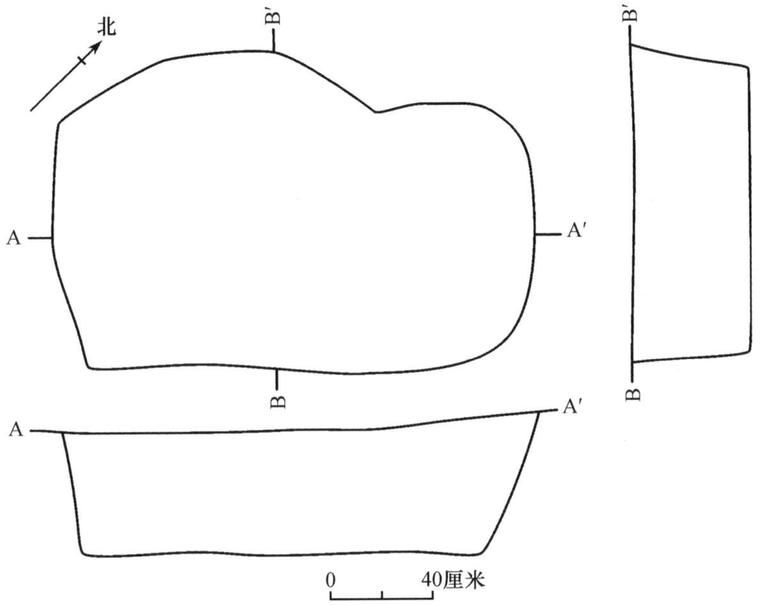

图六四八　H721平、剖面图

坑内堆积与包含物：坑内填灰红土，质松软，颗粒较细。包含少量陶花边圜底罐碎片。

2. 中段

66个。

（1）甲类

2个。C型。

①Cb型

1个。

H235

位置：位于98AT0103东南部，坑口距地表深258厘米。层位关系：F70→H235→F72。

形制：平面呈不规则长方形，壁较直，底不平，壁、底均为F72房面材料，很平滑。长102、宽64、深3厘米（图六四九）。

坑内堆积与包含物：坑内填褐色沙土，极松软。坑底杂乱地放置7件完整或可复原陶圜底罐及少量残片。

出土遗物：参加分类排队的陶器14件，挑选标本7件。

花边圜底罐　9件。B型。

Ba型　8件。Ⅰ式。

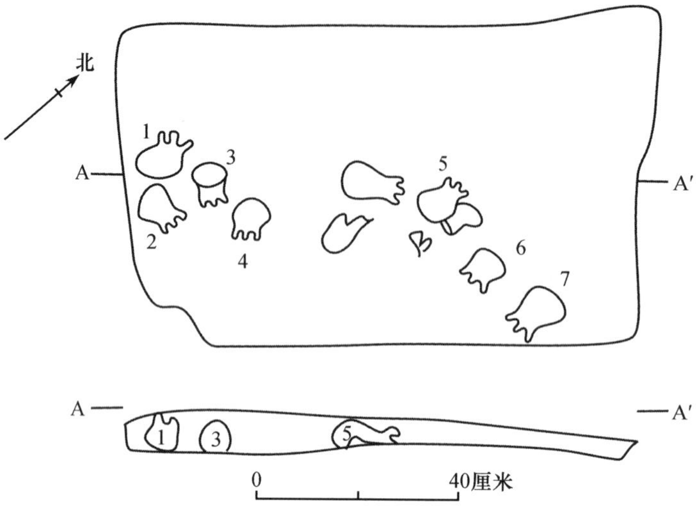

图六四九　H235平、剖面图
1～7. 陶圜底罐

标本H235：4，夹砂红褐陶，局部褐；器内外壁多灰白色附着物。唇部戳刮、外沿刮抹呈波浪形，腹、底饰斜粗绳纹。口微敛，束颈，鼓腹，圜底，完整。手制，火候较高。口径9.6、高11厘米（图六五〇，1）。

Bb型　1件。

标本H235：7，夹砂红陶，局部、里灰黑。唇部戳刮、外沿刮抹呈波浪形，颈饰交错划纹，腹、底饰斜粗绳纹。口微敛，束颈，鼓腹，圜底，复原。手制，火候较高。口径9.4、高10.8厘米（图六五〇，2）。

束颈圜底罐　5件。B型Ⅱ式。

标本H235：1，夹砂褐陶，局部、胎红；器内外壁多灰白色附着物。唇部刮抹略呈波浪形，腹、底饰斜粗绳纹。口微侈，束颈，鼓腹，残。手制，火候较高。口径9.6、残高9厘米（图六五〇，3）。

②Cc型

1个。

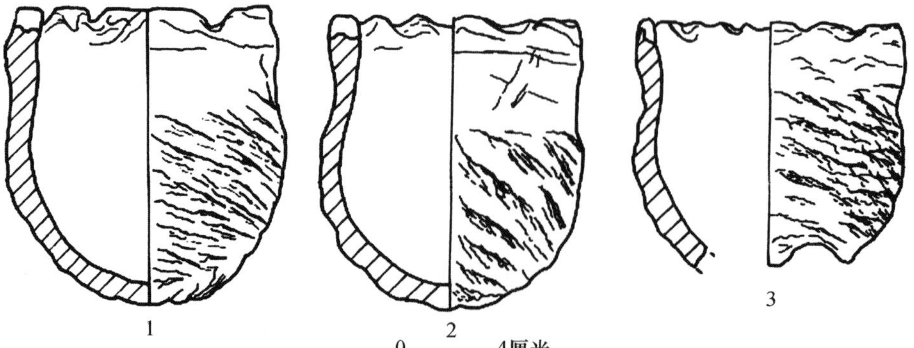

图六五〇　H235出土陶器
1. Ba型Ⅰ式花边圜底罐（H235：4）　2. Bb型花边圜底罐（H235：7）　3. B型Ⅱ式束颈圜底罐（H235：1）

H365

位置：位于99DT0201与F158北部，坑口距地表285厘米。层位关系：㉑—H365→F158。

形制：平面呈长方形，斜壁，底较平，东、西、南壁为黄黏土，北壁用宽30厘米红黏土加工。口长225、宽125、底长200、宽105、深15厘米（图六五一）。

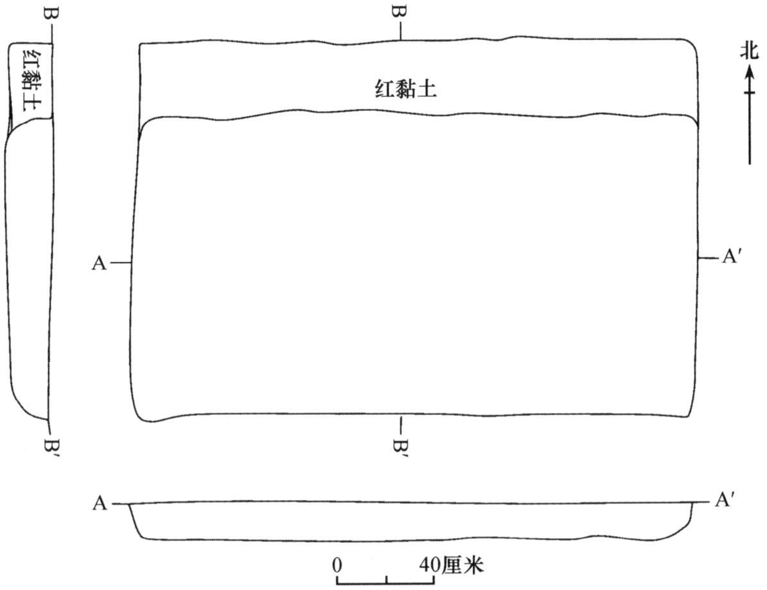

图六五一　H365平、剖面图

坑内堆积与包含物：坑内堆积黄灰土，质疏松，内夹较多炭灰和黄土夹沙、炭混合做成的土坯块。包含较多陶片。

出土遗物：参加分类排队的陶器28件，挑选标本13件。

齿唇瓮　2件。Ba型Ⅱ式。

标本H365：6，夹粗砂红陶，局部、胎黑。唇部戳按呈波浪形齿，领多竖抹、划痕。侈口，束领，残。手制，火候较高。残宽12.6、残高9.7厘米（图六五二，1）。

齿唇罐　1件。Ba型Ⅰ式。

标本H365：5，夹粗砂红陶，局部灰；器表多灰白色附着物。唇部戳按呈波浪形齿，腹饰斜绳纹。侈口，束颈，鼓腹，残。手制，火候较高。口径13.2、残高7.4厘米（图六五二，2）。

花边圜底罐　4件。Bc型。

标本H365：1，夹砂褐陶，灰褐胎；器表多灰白色附着物。唇部戳刮呈波浪形，腹饰粗绳纹。口微敛，微束颈，鼓腹，残。手制，火候较高。口径10.8、残高7.6厘米（图六五二，3）。

束颈圜底罐　5件。B型Ⅰ式。

标本H365：4，夹砂灰褐陶，局部褐；器表多灰白色附着物。唇部刮抹略呈波浪形，腹饰粗绳纹。口微侈，微束颈，鼓腹，残。手制，火候较高。口径10、残高7.6厘米（图六五二，4）。

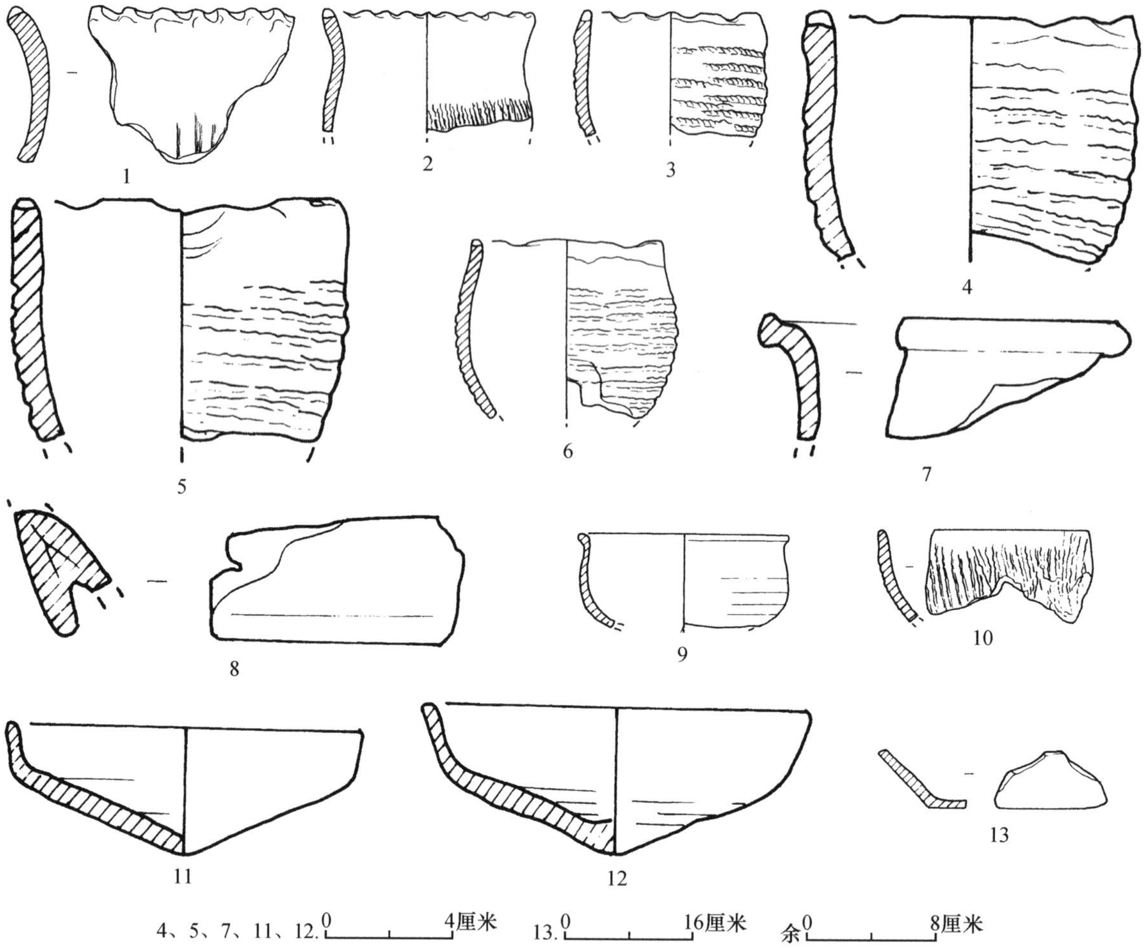

图六五二　H365出土陶器

1. Ba型Ⅱ式齿唇瓮（H365：6）　2. Ba型Ⅰ式齿唇罐（H365：5）　3. Bc型花边圜底罐（H365：1）　4. B型Ⅰ式束颈圜底罐（H365：4）　5. A型Ⅰ式敛口圜底罐（H365：2）　6. A型Ⅱ式敛口圜底罐（H365：3）　7. 盘口罐（H365：11）　8. A型Ⅰ式尊形器（H365：12）　9. B型盆形釜（H365：8）　10. Ⅱ式钵形釜（H365：7）　11、12. A型Ⅲ式尖底盏（H365：9、H365：10）　13. 器底（H365：13）

敛口圜底罐　8件。A型。

Ⅰ式：7件。

标本H365：2，夹粗砂灰褐陶，胎局部红；器表多灰白色附着物。唇部刮抹略呈波浪形，腹饰粗绳纹。口近直，上腹较直，下腹弧收，残。手制，火候较高。口径10.4、残高7.4厘米（图六五二，5）。

Ⅱ式：1件。

标本H365：3，夹砂红褐陶，局部灰黑；器表多灰白色附着物。腹饰粗绳纹。敛口，鼓腹，残。手制，火候较高。口径11.6、残高10.8厘米（图六五二，6）。

盘口罐　1件。

标本H365：11，夹砂黑陶，红褐胎。素面。盘口，圆唇，沿外折后微上折呈浅盘，束领，残。轮制，火候高。残宽7.4、残高3.8厘米（图六五二，7）。

尊形器　1件。A型Ⅰ式。

标本H365：12，夹砂黑陶，胎红褐夹灰。素面。喇叭口，外沿宽，残。轮制，火候较高。残宽16、残高7.6厘米（图六五二，8）。

盆形釜　1件。B型。

标本H365：8，夹砂灰黑陶。器表微有瓦棱纹。侈口，卷沿，圆唇，鼓下腹，残。轮制，火候较高。口径13、残高5.6厘米（图六五二，9）。

钵形釜　1件。Ⅱ式。

标本H365：7，夹粗砂红陶，局部灰褐，灰胎。腹饰绳纹。敞口，圆唇，弧腹，残。手制，火候较高。残宽10.2、残高5.6厘米（图六五二，10）。

尖底盏　2件。A型Ⅲ式。

标本H365：9，夹砂黑陶，局部灰褐，褐胎。素面。敞口，圆唇，弧腹，尖底，修复。轮制，火候高。口径11、残高4厘米（图六五二，11）。标本H365：10，夹砂灰褐陶，灰胎。下腹饰凹弦纹、划纹。敞口，圆唇，弧腹，残底，修复。轮制，火候高。口径12、高4.6厘米（图六五二，12）。

器底　2件。

标本H365：13，夹砂红陶，里浅黄。素面。下腹斜收，平底，残。手制，火候高。残宽13.6、残高7.2厘米（图六五二，13）。

（2）乙类

64个，其中11个不明型别。

1）A型

20个，其中1个不明亚型。

①Aa型

7个。

H376

位置：位于99AT0201东部偏中处，其西为F160及G19，其西北为F163及M60、M61、M62、M63，坑口距地表深240厘米。层位关系：㉒—H376→F160。

形制：平面呈不规则圆形，弧壁，圜底，底、壁无加工痕迹。口径120～135、深28厘米（图六五三）。

坑内堆积与包含物：坑内填黄褐土，质极软，夹杂质。该坑基本为陶片堆积，填土极少。

出土遗物：主要为陶器，极少骨器。

陶器　参加分类排队的陶器359件，挑选标本18件。

花边圜底罐　287件。B型。

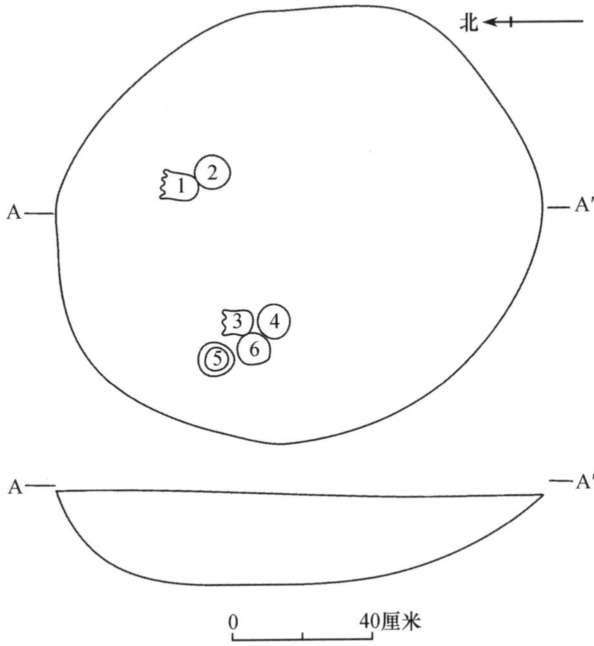

图六五三　H376平、剖面图
1～6. 陶圜底罐

Ba型　284件，其中52件不明式别。

Ⅰ式：74件。标本碎小。

Ⅱ式：158件。标本碎小。

Bb型　3件。

束颈圜底罐　48件。

A型　41件。

Ⅰ式：28件。标本碎小。

Ⅱ式：13件。标本碎小。

B型　7件。

Ⅰ式：6件。标本碎小。

Ⅱ式：1件。标本碎小。

敛口圜底罐　5件。A型Ⅰ式。标本碎小。

罐形釜　5件。Aa型。

Ⅲ式：3件。

Ⅳ式：2件。

标本H376：13，夹细砂红陶，胎、里灰褐色。肩部饰压印方格纹。侈口，卷沿，圆唇，束领稍高，溜肩，残。手制轮修，火候较高。残宽7.8、残高6.6厘米（图六五四，1）。

甗　1件。B型。

标本H376：18，夹粗砂灰褐陶，腹饰绳纹和戳印方格纹。中部内束，鼓腹，残。轮制，分做套接，火候较高。残宽8.7、残高9.4厘米（图六五四，2）。

喇叭口器　1件。Ⅱ式。

标本H376：15，夹细砂黑陶。素面。喇叭口，沿面微内凹，圆唇，残。轮制，火候较高。口径36.4、残高1.8厘米（图六五四，3）。

盂　1件。

标本H376：12，夹细砂黑陶。腹饰波浪形暗纹。侈口，卷沿，圆唇，鼓腹，残。轮制，火候较高。口径18、残高3.6厘米（图六五四，4）。

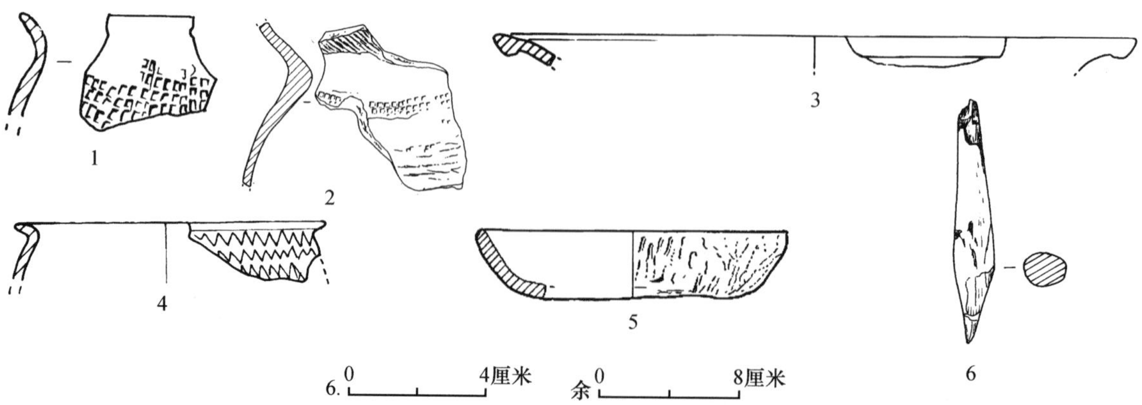

图六五四　H376出土器物

1. Aa型Ⅳ式陶罐形釜（H376：13）　2. B型陶甗（H376：18）　3. Ⅱ式陶喇叭口器（H376：15）　4. 陶盂（H376：12）　5. A型Ⅱ式陶盘（H376：17）　6. 骨锥（H376：21）

尖底盏　3件。其中2件底碎片，1件A型Ⅲ式。标本碎小。

圜底钵　5件。1件A型Ⅰ式，3件A型Ⅱ式，1件B型。标本碎小。

盘　3件。A型Ⅱ式。

标本H376：17，夹砂褐陶，红胎。腹、底饰绳纹后按抹。敞口，圆唇，浅弧腹，圜平底，残。手制，火候较高。口径17.6、残高3.8厘米（图六五四，5）。

骨器　极少。

锥　1件。

标本H376：21，褐色，局部黄白。微曲圆柱锥形，用动物骨骼磨尖而成。残长6.9厘米（图六五四，6）。

H383

位置：位于99AT0301南部，部分压在隔梁下，坑口距地面深255厘米。层位关系：㉓—H383→H392。

形制：平面呈不规则圆形，弧壁，近平底，坑壁、底无加工痕迹。口径150～210、深50厘米（图六五五）。

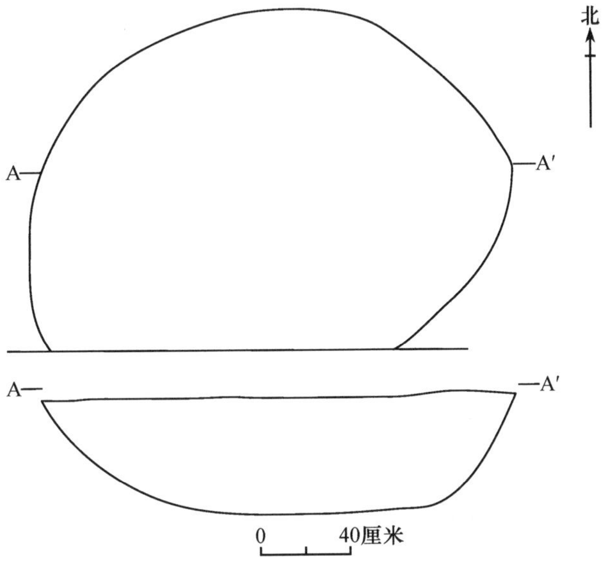

图六五五　H383平、剖面图

坑内堆积与包含物：坑内填灰色土，夹杂零星黏土。包含部分陶器残片。

出土遗物：参加分类排队的陶器37件，挑选标本19件。

齿唇瓮　6件。B型。

Ba型　3件。Ⅰ式。

标本H383：3，夹粗砂红褐陶，局部、里褐，灰黑胎。唇部戳按呈齿状，领多竖划痕。侈口，领外翻，残。手制，火候较高。残宽8.4、残高6厘米（图六五六，1）。标本H383：4，夹粗砂红陶，局部褐，胎局部红夹黑。唇部戳按呈波浪形齿。侈口，领外翻，残。手制，火候较高。残宽9.6、残高7.6厘米（图六五六，2）。

Bb型　1件。

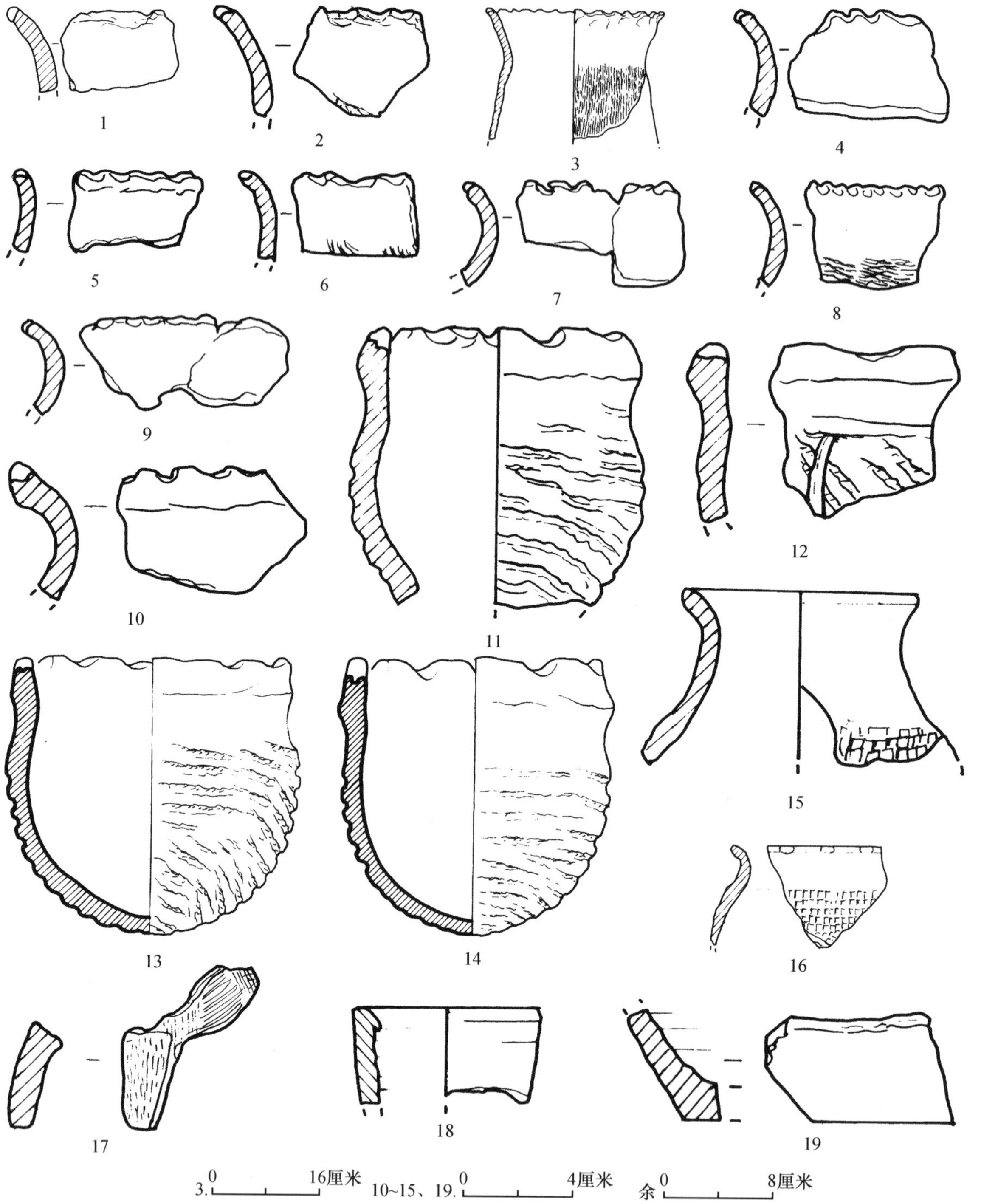

图六五六 H383出土陶器

1、2. Ba型Ⅰ式齿唇瓮（H383：3、H383：4） 3. Bb型齿唇瓮（H383：5） 4、5. Bc型齿唇瓮（H383：6、H383：7） 6、7. Ba型Ⅱ式齿唇罐（H383：8、H383：9） 8、9. Bb型齿唇罐（H383：10、H383：11） 10. Ⅲ式辫唇罐（H383：12） 11. Ba型Ⅰ式花边圜底罐（H383：18） 12. Bb型花边圜底罐（H383：19） 13、14. Bc型花边圜底罐（H383：1、H383：2） 15. Aa型Ⅳ式罐形釜（H383：13） 16. 卷沿罐（H383：14） 17. 甗（足）（H383：15） 18. B型器座（H383：16） 19. 器底（H383：17）

标本H383：5，夹粗砂黑陶，局部红褐。唇部戳按呈波浪形齿，腹饰竖绳纹，外沿多按窝。侈口，领外斜，上腹外斜较直，残。手制，火候较高。口径25.6、残高18.4厘米（图六五六，3）。

Bc型　2件。

标本H383：6，夹粗砂红陶，局部、里红褐，黑胎。唇部戳按呈齿状。侈口，卷沿，领微束，残。手制，火候较高。残宽11.6、残高7.6厘米（图六五六，4）。标本H383：7，夹粗砂黑陶，局部褐，里红。唇部戳按呈齿状，外沿多手捏痕。侈口，卷沿，领外斜，残。手制，火候较高。残宽9.6、残高5.8厘米（图六五六，5）。

齿唇罐　4件。B型。

Ba型　2件。Ⅱ式。

标本H383：8，夹粗砂褐陶，局部黑褐，灰黑胎，里红。唇部戳按呈齿状，领下部饰斜绳纹。侈口，卷沿，领微束，残。手制，火候较高。残宽9.2、残高6厘米（图六五六，6）。标本H383：9，夹粗砂红陶，灰黑胎，里黄褐。唇部戳按呈齿状。侈口，卷沿外翻，残。手制，火候较高。残宽12、残高7.4厘米（图六五六，7）。

Bb型　2件。

标本H383：10，夹粗砂黑陶，局部灰褐，里红褐。唇部戳按呈齿状，上腹饰斜绳纹。侈口，卷沿，鼓腹，残。手制，火候较高。残宽10、残高7.2厘米（图六五六，8）。标本H383：11，夹粗砂红陶，局部红褐，灰黑胎。唇部戳按略呈波浪形。侈口，卷沿外翻，残。手制，火候较高。残宽15.2、残高6.6厘米（图六五六，9）。

辫唇罐　1件。Ⅲ式。

标本H383：12，夹砂黑陶，灰胎。唇部戳刮、外沿内抹呈波浪形。侈口，卷沿外翻，残。手制，火候高。残宽7、残高4.4厘米（图六五六，10）。

花边圜底罐　21件。B型。

Ba型　6件。Ⅰ式。

标本H383：18，夹砂黑陶，局部黄、红，灰胎，里褐。唇部戳刮、外沿内抹呈波浪形，腹饰斜粗绳纹。口近直，束颈，鼓腹，残。手制，火候较高。口径9.2、残高9.8厘米（图六五六，11）。

Bb型　1件。

标本H383：19，夹砂红陶，局部黑，胎红夹灰。唇部戳刮、外沿内抹呈波浪形，颈饰横粗划纹，腹饰斜粗绳纹、斜粗划纹。口近直，微束颈，微鼓腹，残。手制，火候较高。残宽6.8、残高6.2厘米（图六五六，12）。

Bc型　14件。

标本H383：1，夹砂灰黑陶，局部褐；内外壁多灰白色附着物。唇部戳刮、外沿刮抹略呈波浪形，腹、底饰斜中粗绳纹。微侈口，束颈，鼓腹，圜底，完整。手制，火候较高。口径10、高10厘米（图六五六，13）。标本H383：2，夹砂灰黑陶，局部褐；内外壁多灰白色附着物。唇部戳刮、外沿刮抹呈波浪形，腹、底饰斜中粗绳纹。口近直，束颈，鼓腹，圜尖底，完整。手制，火候较高。口径9、高10厘米（图六五六，14）。

罐形釜　1件。Aa型Ⅳ式。

标本H383：13，夹砂褐陶，局部、里灰褐。腹饰方格纹。侈口，圆唇，束颈，鼓腹，残。轮制，火候较高。口径8.6、残高6.2厘米（图六五六，15）。

卷沿罐 1件。

标本H383：14，夹砂红褐陶，局部黑，胎局部灰黑。唇部戳印纹，肩饰方格纹。侈口，卷沿，圆唇，溜肩，残。轮制，火候较高。残宽8.6、残高7.2厘米（图六五六，16）。

甗（足） 1件。

标本H383：15，夹粗砂红褐陶，局部、胎黑，里部分红。腹饰交错绳纹，足上部饰绳纹。下腹弧收，扁圆形截锥状足外撇后微敛，残。分制，火候较高。残宽9.6、残高11.6厘米（图六五六，17）。

器座 1件。B型。

标本H383：16，夹砂黑陶，胎红夹灰褐。素面，内壁多瓦棱纹。敛口，沿内下卷，圆唇，上腹微弧，残。轮制，火候较高。口径13.6、残高6.8厘米（图六五六，18）。

器底 1件。

标本H383：17，夹砂黑陶，胎红褐夹灰。素面，内壁多瓦棱纹。下腹斜收，平底，残。轮制，火候高。残宽6.8、残高4厘米（图六五六，19）。

②Ab型

4个。

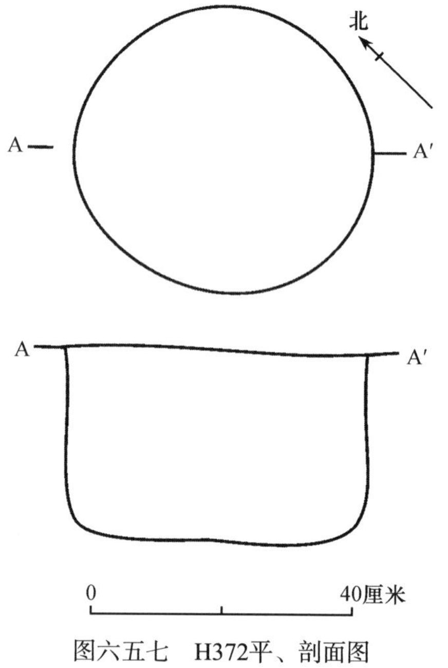

图六五七 H372平、剖面图

H372

位置：位于99AT0101中部，坑口距地表深286厘米。

层位关系：㉒—H372→F161。

形制：平面呈圆形，直壁，平底。口径45、深30厘米（图六五七）。

坑内堆积与包含物：坑内填黄褐沙土，质松。包含部分陶片。

出土遗物：参加分类排队的陶器25件，挑选标本13件。

齿唇瓮 1件。Bc型。

标本H372：3，夹粗砂红陶，局部红褐。唇部戳按略呈波浪形齿。喇叭口，残。手制，火候较高。残宽14.4、残高5厘米（图六五八，1）。

齿唇罐 1件。Ba型Ⅰ式。

标本H372：1，夹粗砂红陶，局部红褐、黑褐，胎红夹灰黑。唇部戳按呈齿状，腹饰粗绳纹。侈口，领外斜，鼓腹，残。手制，火候较高。口径16.4、残高13.2厘米（图六五八，2）。

花边圜底罐 7件。B型。

Ba型 6件。Ⅰ式。

标本H372：6，夹砂褐陶，局部灰黑；器表多灰白色附着物。唇部戳刮、外沿内抹呈波浪形，腹饰粗绳纹。口微侈，束颈，鼓腹，残。手制，火候较高。口径9.6、残高9.4厘米

（图六五八，3）。标本H372：7，夹砂红褐陶，灰胎，里红。唇部戳刮、外沿内抹呈波浪形，腹饰粗绳纹。口微侈，束颈，鼓腹，残。手制，火候较高。残宽5.8、残高6.6厘米（图六五八，4）。

Bb型　1件。

标本H372：8，夹砂红陶。唇部戳刮、外沿内抹呈波浪形，颈饰横划纹，残。侈口，束颈，残。手制，火候较高。口径10、残高3.8厘米（图六五八，5）。

束颈圜底罐　11件。

A型　4件。Ⅲ式。

标本H372：5，夹砂黑陶，局部褐，红胎。外沿内抹，腹饰粗绳纹。侈口，束颈，鼓腹，残。手制，火候较高。残宽7.4、残高6.4厘米（图六五八，6）。标本H372：9，夹砂灰黑陶，局部灰褐。外沿内抹，腹饰粗绳纹。侈口，束颈，鼓腹，残。手制，火候较高。残宽5、残高

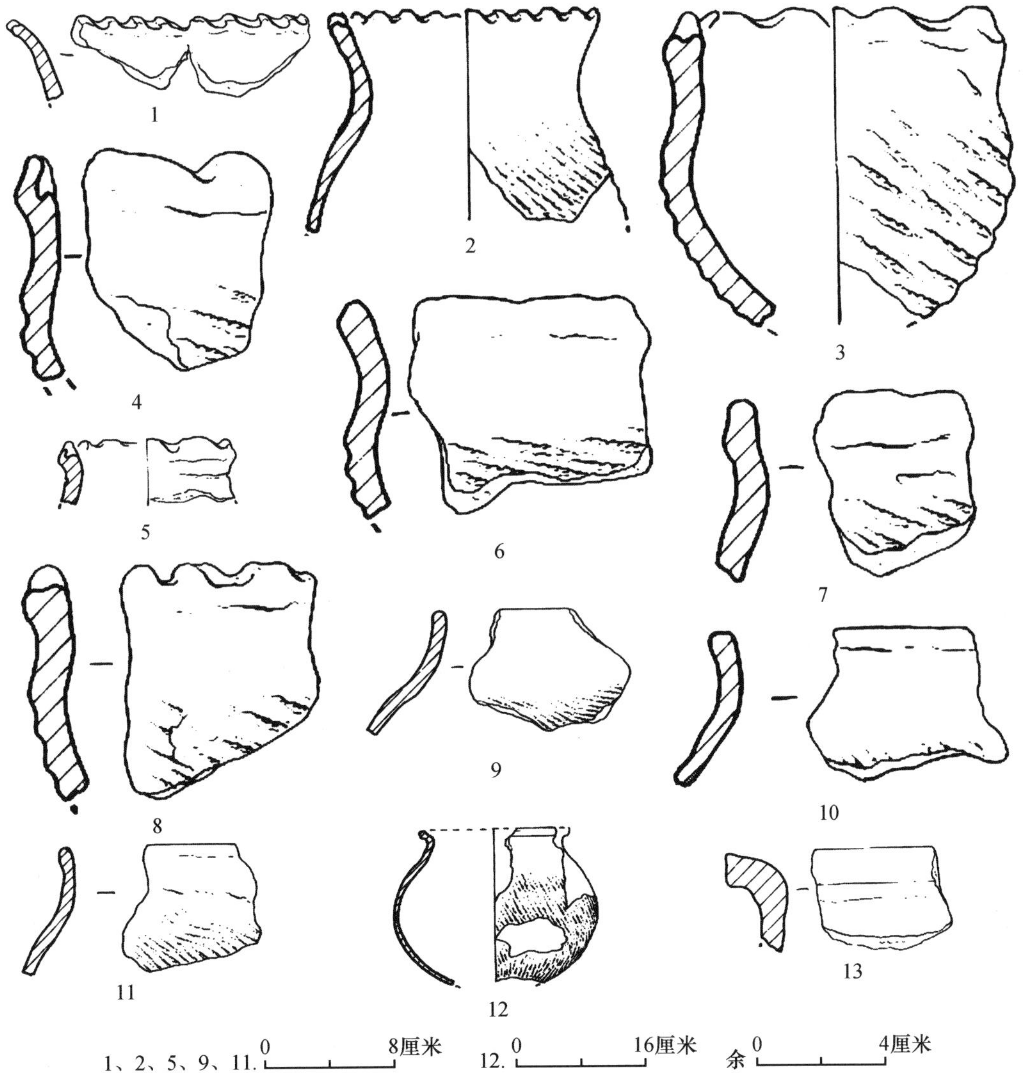

图六五八　H372出土陶器

1. Bc型齿唇瓮（H372：3）　2. Ba型Ⅰ式齿唇罐（H372：1）　3、4. Ba型Ⅰ式花边圜底罐（H372：6、H372：7）　5. Bb型花边圜底罐（H372：8）　6、7. A型Ⅲ式束颈圜底罐（H372：5、H372：9）　8. B型Ⅱ式束颈圜底罐（H372：4）　9. 侈口罐（H372：10）　10、11. Aa型Ⅲ式罐形釜（H372：11、H372：12）　12. Ab型盆形釜（H372：2）　13. Ⅲ式盆？（H372：13）

5.6厘米（图六五八，7）。

B型　7件。Ⅱ式。

标本H372：4，夹砂褐陶，局部灰黑；器表多灰白色附着物。唇部戳刮、外沿内抹略呈波浪形，腹饰粗绳纹。口微侈，束颈，鼓腹，残。手制，火候较高。残宽6、残高7厘米（图六五八，8）。

侈口罐　1件。

标本H372：10，夹砂黑陶，局部、胎灰褐。肩饰绳纹。口微侈，圆唇，中领，溜肩，残。手制，火候较高。残宽9.8、残高7.4厘米（图六五八，9）。

罐形釜　2件。Aa型Ⅲ式。

标本H372：11，夹砂灰褐陶，局部、胎、里红。肩饰绳纹。口微侈，方唇，矮领微斜，斜肩，残。手制，火候较高。残宽6.2、残高4.6厘米（图六五八，10）。标本H372：12，夹砂红陶，局部、胎灰褐。肩饰中粗绳纹。口近直，圆唇，领较斜直，溜肩，残。手制，火候较高。残宽8.4、残高7.6厘米（图六五八，11）。

盆形釜　1件。Ab型。

标本H372：2，夹砂黑陶，灰褐胎。腹饰斜粗绳纹。侈口，斜折沿，圆唇，鼓腹，残。轮制，火候较高。口径18.4、残高18.6厘米（图六五八，12）。

盆？　1件。Ⅲ式。

标本H372：13，夹砂黑陶，局部、胎褐。素面，沿面磨光。侈口，卷沿，沿面微凹，唇面微凹，上腹微斜，残。轮制，火候较高。残宽4.3、残高3厘米（图六五八，13）。

③Ac型

5个。

H350

位置：位于99AT0301南部，坑口距地表深230厘米。层位关系：F44→H350→F56。

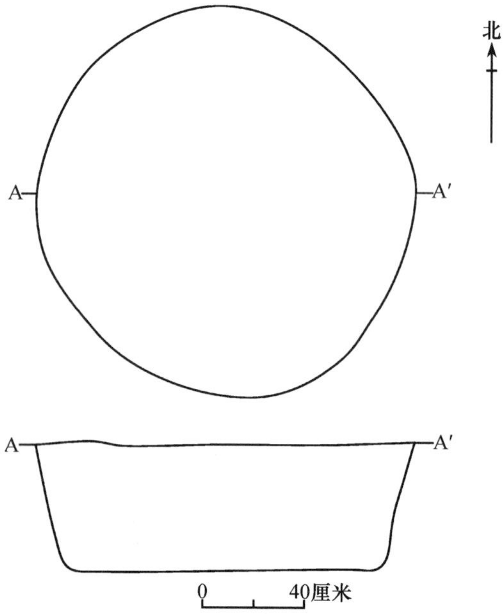

图六五九　H350平、剖面图

形制：平面呈较规整的圆形，坑壁斜直，底近平，坑壁、底无加工痕迹。口径145、底径115、深48厘米（图六五九；图版五八，1）。

坑内堆积与包含物：坑内填褐色土，泛灰，质较松软，夹杂零星的烧土颗粒。包含部分陶片等。

出土遗物：参加分类排队的陶器37件，挑选标本8件。

敛口瓮　1件。B型。

标本H350：6，夹砂红陶，局部褐，胎红夹灰褐。素面。敛口，外沿微凸，斜肩，残。轮制，火候较高。残宽10.4、残高6厘米（图六六〇，1）。

齿唇罐　1件。Ac型。

标本H350：4，夹砂红褐陶。唇部戳刮呈波浪形齿。喇叭口，残。手制，火候较高。残宽8、残高4.8

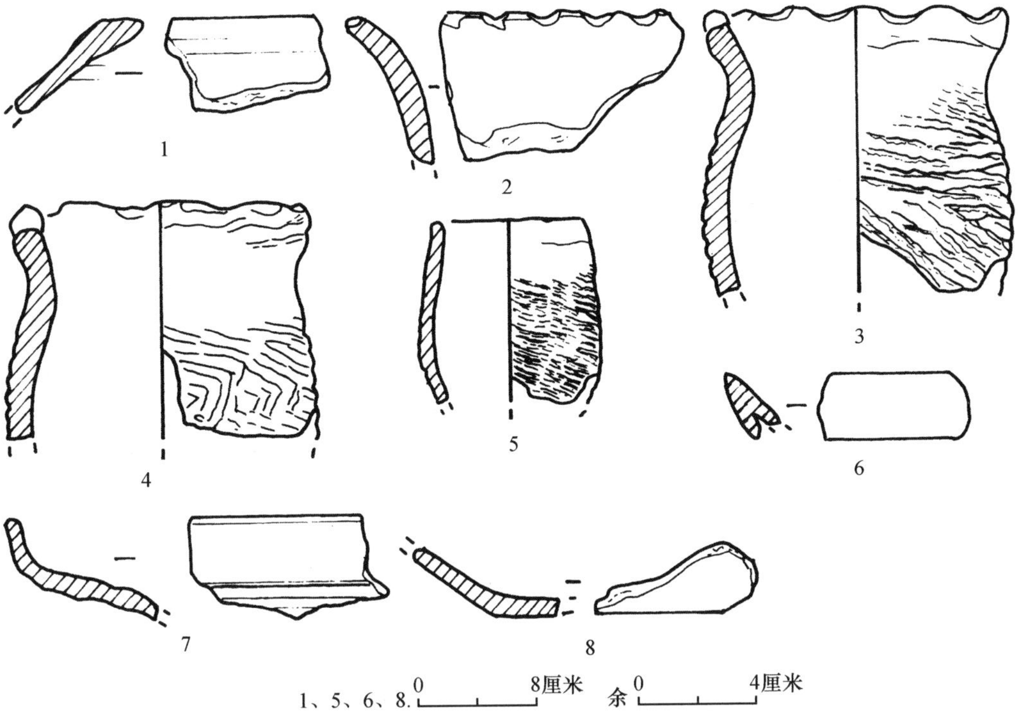

图六六〇　H350出土陶器

1. B型敛口瓮（H350：6）　2. Ac型齿唇罐（H350：4）　3. Ba型Ⅰ式花边圜底罐（H350：1）　4. C型花边圜底罐（H350：2）　5. A型Ⅱ式敛口圜底罐（H350：3）　6. A型Ⅱ式尊形器（H350：7）　7. A型Ⅲ式尖底盏（H350：5）　8. 器底（H350：8）

厘米（图六六〇，2）。

花边圜底罐　13件。

B型　12件。Ba型Ⅰ式。

标本H350：1，夹砂红褐陶，胎、里灰。唇部戳刮、外沿内抹呈波浪形，腹饰斜中粗绳纹。侈口，束颈，鼓腹，残。手制，火候较高。口径10、残高9.4厘米（图六六〇，3）。

C型　1件。

标本H350：2，夹砂黑褐陶，局部红，灰胎，里黄。唇部戳刮略呈波浪形，腹饰雷纹。侈口，束颈，鼓腹，残。手制，火候较高。口径9.8、残高7.8厘米（图六六〇，4）。

敛口圜底罐　18件。A型Ⅱ式。

标本H350：3，夹砂陶，局部褐；器表多灰白色附着物。唇局部戳刮，腹饰斜绳纹。敛口，鼓腹，残。手制，火候较高。口径10、残高12厘米（图六六〇，5）。

尊形器　1件。A型Ⅱ式。

标本H350：7，夹砂黑陶，胎红夹灰褐。素面。喇叭口，外沿较宽，内沿微凹，圆尖唇，残。轮制，火候较高。残宽10、残高4.4厘米（图六六〇，6）。

尖底盏　1件。A型Ⅲ式。

标本H350：5，夹砂褐陶，灰胎。下腹饰凸弦纹一周。敞口，圆唇，弧腹，残。轮制，火候较高。残宽6.6、残高3.4厘米（图六六〇，7）。

器底　2件。

标本H350：8，夹砂黑陶，红胎。素面。下腹斜收，平底，残。轮制，火候较高。残宽

10.6、残高4.6厘米（图六六〇，8）。

④Ad型

3个。

H362

位置：位于99AT0201西部偏北处，南距H363约1米，坑口距地表深230厘米。层位关系：⑳B—H362→㉑。

形制：平面呈不规则圆形，壁不规则，上部较缓，下部较斜，底不平，坑底、壁均无加工痕迹。口径126～142、底径70～84、深40厘米（图六六一）。

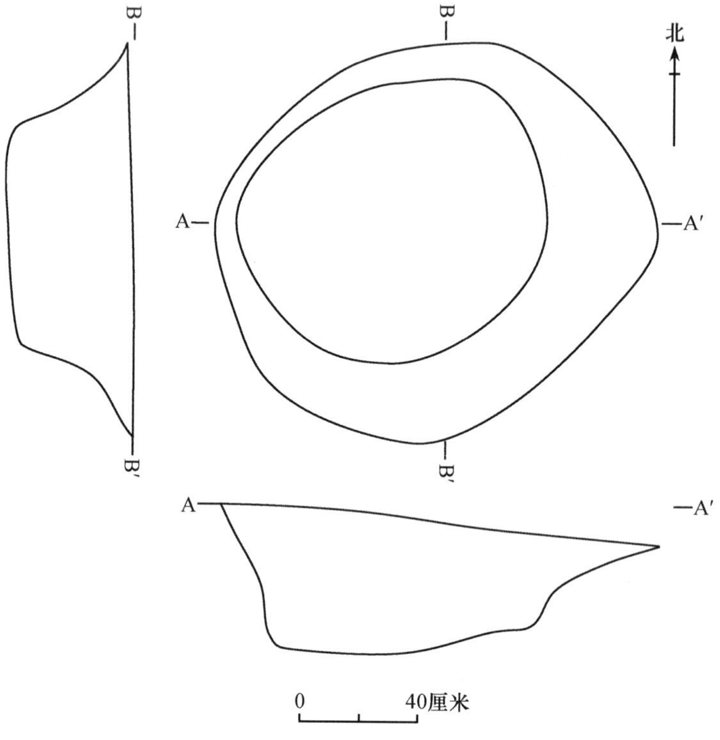

图六六一　H362平、剖面图

坑内堆积与包含物：坑内填黄褐色土，质疏软。包含较多陶片及动物骨骼与极少铜器。

出土遗物：陶器以束颈圜底罐和敛口圜底罐为主，此外还有瓮、釜、尖底盏等；铜器仅铜镞1件。

陶器　参加分类排队的陶器41件，挑选标本3件。

束颈圜底罐　20件。

A型　11件。

Ⅰ式：9件。标本碎小。

Ⅱ式：2件。

标本H362：5，夹砂红褐陶，局部灰黑。唇部刮抹，腹饰斜绳纹。口近直，微束颈，弧腹，圜底，复原。手制，火候较高。口径9.6、高10.9厘米（图六六二，1）。

B型　9件。

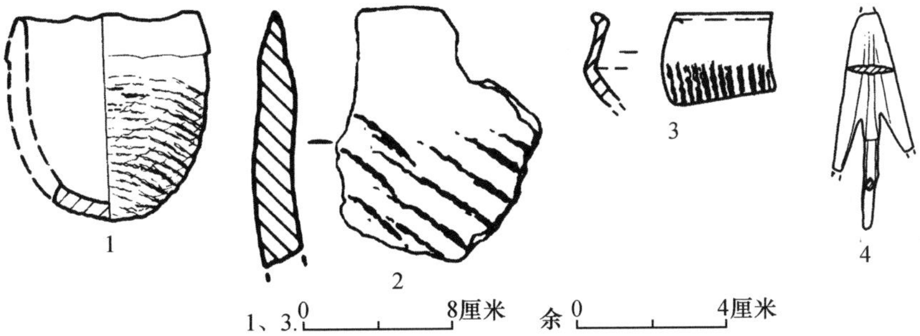

图六六二　H362出土器物

1. A型Ⅱ式陶束颈圜底罐（H362：5）　2. B型Ⅱ式陶束颈圜底罐（H362：6）
3. Ab型陶盆形釜（H362：4）　4. A型Ⅱ式铜镞（H362：1）

Ⅰ式：5件。标本碎小。

Ⅱ式：4件。

标本H362：6，夹砂灰褐陶，局部红。腹饰斜绳纹。口近直，微束颈，弧腹，残。手制，火候较高。残宽5.5、残高6.9厘米（图六六二，2）。

敛口圜底罐　11件。A型Ⅰ式。标本碎小。

盆形釜　5件。

A型　3件。

Aa型　1件。标本碎小。

Ab型　2件。

标本H362：4，夹细砂灰黑陶，红褐胎。腹部饰凹弦纹。侈口，卷沿，圆唇，斜肩，鼓腹，残。轮制，火候较高。残宽6、残高4.8厘米（图六六二，3）。

B型　2件。标本碎小。

另外还出土盘口瓮Ⅰ式1件、Ⅱ式1件，高领瓮Ⅰ式1件，齿唇瓮Ba型Ⅱ式1件，尖底盏B型Ⅰ式1件，皆标本碎小。

铜器　仅1件。

镞　1件。A型Ⅱ式。

标本H362：1，青铜，锈蚀。三角形，中部微有脊，长翼，四棱形铤，镞身薄，微弯曲，翼微残。模制。残长5.7厘米（图六六二，4）。

H392

位置：位于99AT0301南部，F170南部。层位关系：H383→H392→F188。

形制：平面呈不规则圆形，壁不规整，西部直壁，东部斜壁，底近平，坑壁无加工痕迹，坑底以F188的居住面为底。口径125～150、深50厘米（图六六三；图版五八，2）。

坑内堆积与包含物：坑内填黑灰土，质极松软，夹杂大量的草木灰。在坑中下部发现一具完整的人骨架，侧面俯身屈肢葬，可能为中年男性，骨架保存较好，从摆放的姿势看，系非正常死亡（图版五九，1）。包含较多陶器。

出土遗物：参加分类排队的陶器59件，挑选标本27件。

齿唇瓮　4件。Ba型。

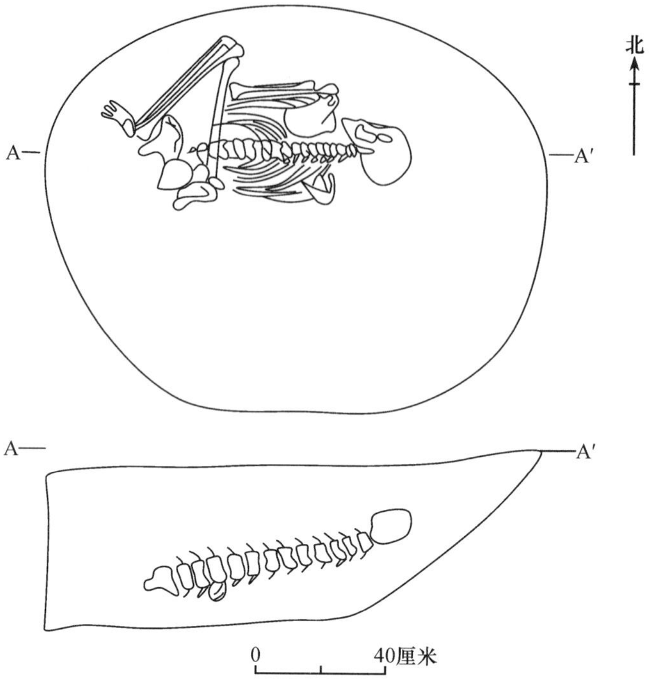

图六六三　H392平、剖面图

Ⅰ式：3件。

标本H392：2，夹粗砂灰黑陶，局部、里红。唇部戳按呈齿状。侈口，卷沿，残。手制，火候高。残宽10、残高6.4厘米（图六六四，1）。标本H392：3，夹粗砂褐陶，局部灰褐，里部分红褐。唇部戳按呈齿状。侈口，领外斜，有肩，残。手制，火候高。残宽10、残高7.6厘米（图六六四，2）。

Ⅱ式：1件。

标本H392：5，夹粗砂黑陶，胎局部黑夹红。唇部戳按呈齿状，肩饰竖粗绳纹。侈口，卷沿，圆肩，残。手制，火候高。残宽15.6、残高10.2厘米（图六六四，3）。

矮领瓮　3件。B型。

Ⅰ式：1件。

标本H392：17，夹砂褐陶，局部红胎。素面。侈口，较宽外沿微凸，圆唇，矮束领，残。轮制，火候较高。残宽8、残高5.2厘米（图六六四，4）。

Ⅱ式：2件。

标本H392：18，夹砂褐陶，胎红夹灰，局部黑。素面。侈口，外沿较宽，下部微凹，圆唇，矮领微束，残。轮制，火候较高。残宽7.6、残高5厘米（图六六四，5）。标本H392：19，夹砂灰黑陶，局部灰褐。素面，领内壁多瓦棱纹。侈口，外沿较宽，内沿微凹，圆唇，矮领微束，残。轮制，火候较高。残宽7、残高3.9厘米（图六六四，6）。

缸　1件。Bb型。

标本H392：20，夹砂灰黑陶，褐胎。素面。喇叭口，外沿较宽，内沿折凹，圆唇，领上部较斜直，残。轮制，火候高。残宽10、残高5.2厘米（图六六四，7）。

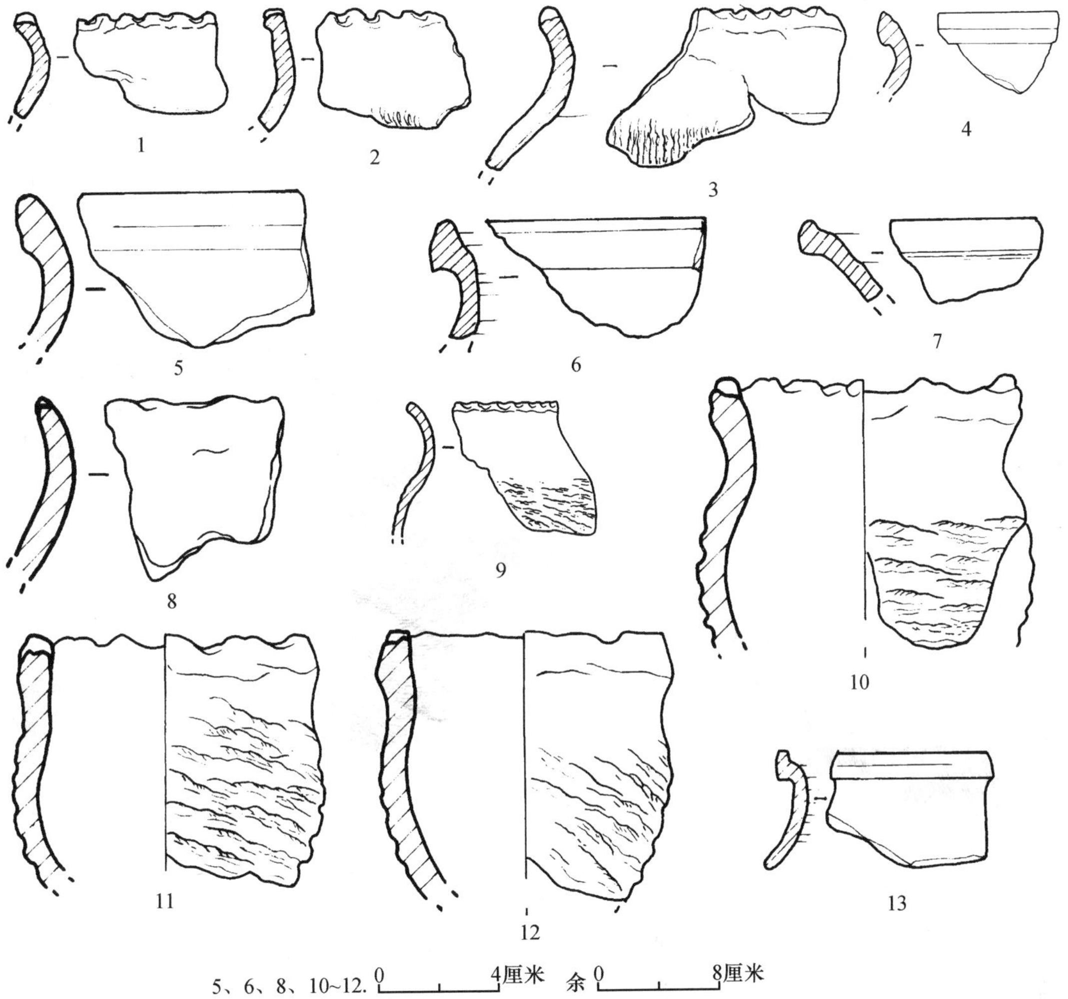

图六六四　H392出土陶器

1、2. Ba型Ⅰ式齿唇瓮（H392：2、H392：3）　3. Ba型Ⅱ式齿唇罐（H392：5）　4. B型Ⅰ式矮领瓮（H392：17）　5、6. B型Ⅱ式矮领瓮（H392：18、H392：19）　7. Bb型缸（H392：20）　8. Ba型Ⅰ式齿唇罐（H392：1）　9. Ba型Ⅱ式齿唇罐（H392：4）　10. Ba型Ⅱ式花边圜底罐（H392：6）　11. Bc型花边圜底罐（H392：7）　12. A型Ⅰ式束颈圜底罐（H392：8）　13. Ⅰ式立沿罐（H392：9）

缸底　1件。标本碎小。

齿唇罐　4件。Ba型。

Ⅰ式：3件。

标本H392：1，夹粗砂红褐陶，黑胎，里灰褐。唇部戳刮略呈波浪形。侈口，卷沿，鼓腹，残。手制，火候高。残宽5.7、残高6厘米（图六六四，8）。

Ⅱ式：1件。

标本H392：4，夹砂黑陶，胎局部红。唇部戳按略呈波浪形齿，肩、腹饰粗绳纹。侈口，束颈，溜肩，鼓腹，残。手制，火候高。残宽9.2、残高8.6厘米（图六六四，9）。

花边圜底罐　12件。B型。

Ba型　4件。Ⅱ式。

标本H392：6，夹砂红陶，局部黑，胎红夹灰。唇部戳刮、外沿内抹呈波浪形，腹饰斜粗绳纹。侈口，束颈，鼓腹，残。手制，火候较高。口径10、残高8.7厘米（图六六四，10）。

Bc型　8件。

标本H392：7，夹砂黑陶，里红褐；器表多灰白色附着物。唇部戳刮、外沿内抹呈波浪形，颈、腹饰斜粗绳纹。口微敛，束颈，鼓腹，残。手制，火候较高。口径9.5、残高8.2厘米（图六六四，11）。

束颈圜底罐　3件。A型Ⅰ式。

标本H392：8，夹砂黑陶，胎局部褐夹黑；器表多灰白色附着物，外沿、颈局部似有绿色釉。唇部戳刮、外沿内抹略呈波浪形，腹饰斜中粗绳纹。口近直，束颈，鼓腹，残。手制，火候较高。口径9、残高8.7厘米（图六六四，12）。

立沿罐　2件。

Ⅰ式：1件。

标本H392：9，夹砂黑陶，局部灰褐。素面。侈口，外沿较窄，圆唇，矮领微束，残。轮制，火候较高。残宽11.2、残高7.4厘米（图六六四，13）。

Ⅱ式：1件。标本碎小。

罐形釜　3件。标本碎小。

圜底钵　1件。A型Ⅱ式。

标本H392：13，夹砂灰黑陶，局部灰褐。素面。口微敞，圆唇，上腹微弧，下腹弧收，残。手制轮修，火候较高。残宽4.8、残高5厘米（图六六五，1）。

花边口钵　1件。

标本H392：14，夹砂黑陶，胎红夹黑。唇部戳按略呈波浪形，腹、底饰斜中粗绳纹。敞口，上腹微弧，下腹弧收，残。手制，火候较高。残宽8.4、残高7.8厘米（图六六五，2）。

盘　2件。A型Ⅱ式。

标本H392：15，夹砂黑陶，局部褐。素面。口微敛，圆唇，弧腹，圜底，复原。轮制，火候较高。口径10.8、高4.2厘米（图六六五，3）。标本H392：16，夹砂黑陶，局部红、灰褐，灰胎。腹饰凹弦纹一周。敞口，圆唇，弧腹，残。手制轮修，火候较高。残宽6、残高4.9厘米（图六六五，4）。

尖底盏　9件，其中1件为底部。

A型　7件。

Ⅱ式：1件。

标本H392：10，夹砂褐陶，红胎。素面。口近直，圆唇，弧腹，残。轮制，火候较高。口径12.8、残高2.8厘米（图六六五，5）。

Ⅲ式：6件。

标本H392：11，夹砂黑陶，红胎。素面。微敞口，圆唇，弧腹，残。轮制，火候较高。残宽7.4、残高3厘米（图六六五，6）。

B型　1件。Ⅱ式。

标本H392：12，夹砂黑陶，褐胎。素面，内下腹饰瓦棱纹。敞口，圆唇，折腹，残。轮制，火候较高。口径12.5、残高2.7厘米（图六六五，7）。

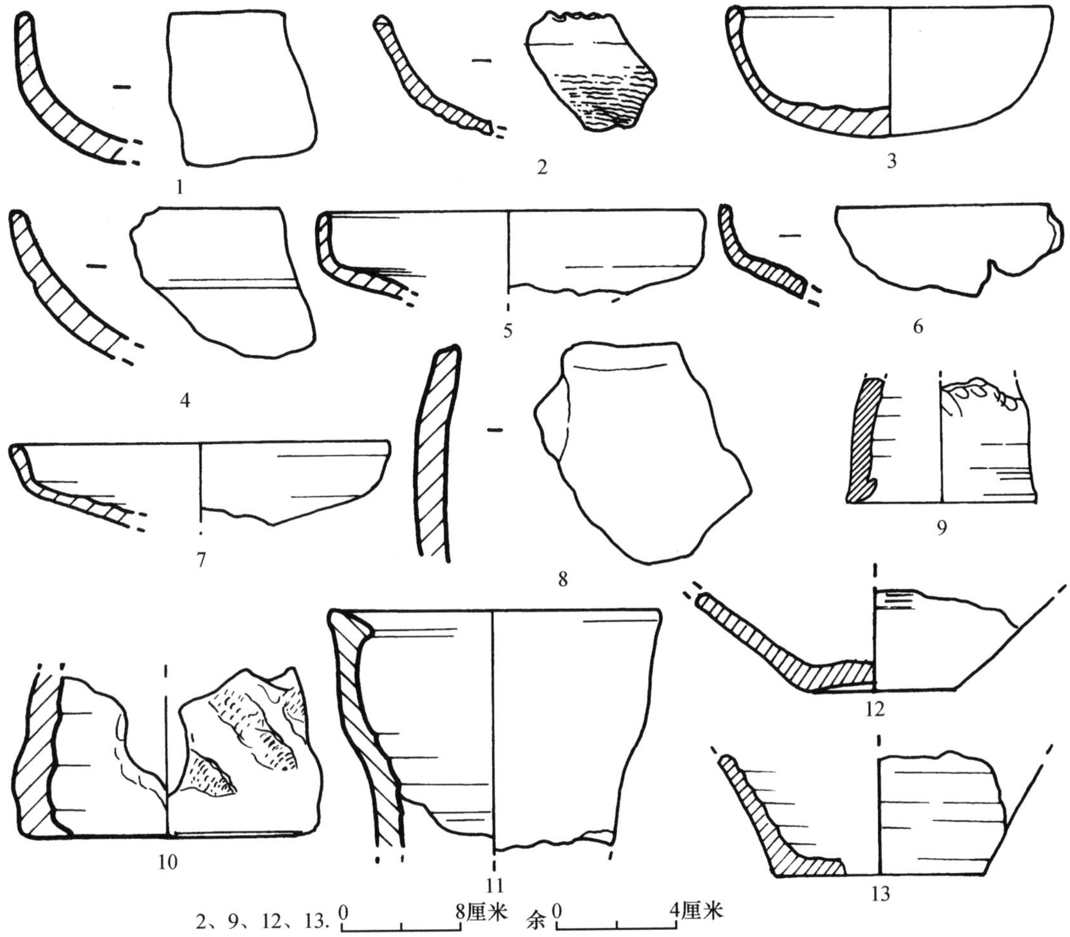

图六六五　H392出土陶器

1. A型Ⅱ式圜底钵（H392∶13）　2. 花边口钵（H392∶14）　3、4. A型Ⅱ式盘（H392∶15、H392∶16）　5. A型Ⅱ式尖底盏（H392∶10）　6. A型Ⅲ式尖底盏（H392∶11）　7. B型Ⅱ式尖底盏（H392∶12）　8. 圈足杯（H392∶21）　9～11. B型器座（H392∶22、H392∶25、H392∶23）　12、13. 器底（H392∶26、H392∶27）

圈足杯　1件。

标本H392∶21，夹砂灰褐陶，胎、里红。素面。口微敛，尖唇，上腹微鼓，下腹弧收，残。手制，火候较高。残宽7、残高7.1厘米（图六六五，8）。

器座　9件。B型。

标本H392∶22，夹砂黑陶。腹戳按圆点形戳印纹，内壁多瓦棱纹。敛口，沿内下折，圆唇，上腹直，束腰，残。轮制，火候较高。口径12.6、残高8厘米（图六六五，9）。标本H392∶25，夹砂黑陶。下腹饰粗绳压纹、圆形镂孔，内壁多瓦棱纹。束腰，下腹弧，平底，残。轮制，火候较高。底径9.6、残高5.4厘米（图六六五，10）。标本H392∶23，夹砂黑陶。素面，内壁多瓦棱纹。敛口，沿内下折，圆唇，上腹弧，束腰，残。轮制，火候较高。口径11、残高7.8厘米（图六六五，11）。

器底　3件。

标本H392∶26，夹粗砂灰黑陶，局部红。腹饰横划纹。下腹斜收，底微凹，残。盘筑轮修，火候较高。底径10.4、残高6.4厘米（图六六五，12）。标本H392∶27，夹砂黑陶，局部红、灰褐。下腹饰细划纹，内壁多瓦棱纹。下腹微束，平底，残。盘筑轮修，火候较高。底径14.4、残高8厘米（图六六五，13）。

2）B型

17个。

①Ba型

7个。

H378

位置：位于99AT0201北部偏西处，约一半在北隔梁下，其东南为F163，坑口距地表深240厘米。层位关系：㉒—H378→㉓。

形制：平面呈不规则椭圆形，弧壁，平底，坑壁、底无加工痕迹。口径140、残宽60、深25厘米（图六六六）。

坑内堆积与包含物：坑内填黄褐土，偏灰，质松，含较多杂质。包含较多陶圜底罐残片，以及少量猪骨等。

出土遗物：参加分类排队的陶器44件，挑选标本1件。

束颈圜底罐　26件。

A型　22件。

Ⅰ式：15件。

标本H378∶3，夹砂褐陶，局部灰黑；内外壁多灰白色附着物。唇部戳刮、外沿刮抹略呈波浪形，颈多戳印痕，腹、底饰斜绳纹。口近直，束颈，鼓腹，尖圜底，完整。手制，火候较高。口径10.8、高11.4厘米（图六六七；图版八一，3）。

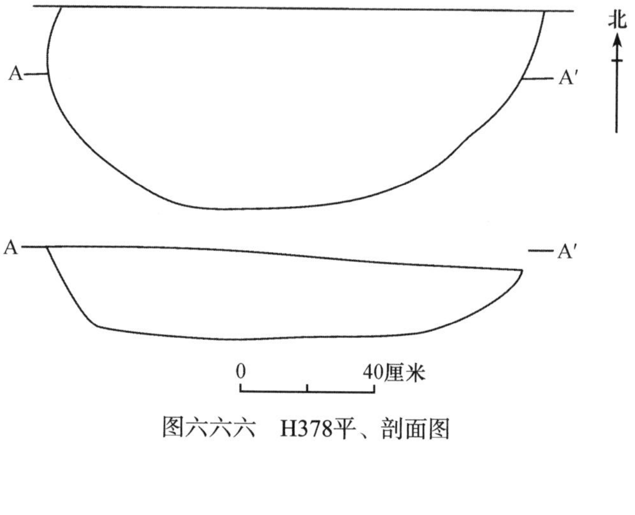

图六六六　H378平、剖面图

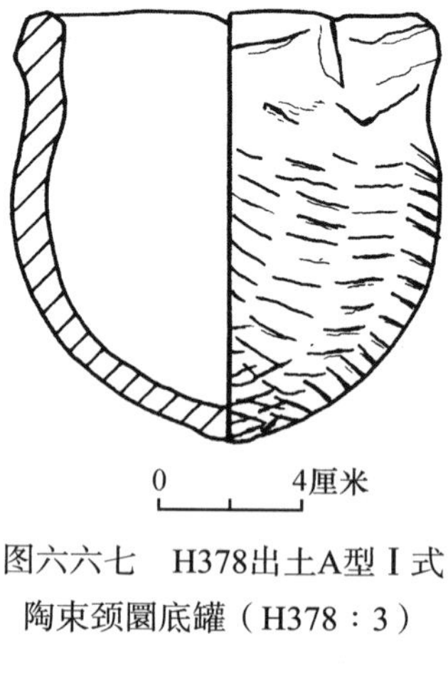

图六六七　H378出土A型Ⅰ式陶束颈圜底罐（H378∶3）

Ⅱ式：7件。

B型　4件。Ⅰ式。标本碎小。

花边圜底罐　10件。Ba型Ⅱ式。标本碎小。

敛口圜底罐　7件。Ⅰ式。标本碎小。

圜底钵　1件。B型。标本碎小。

H405

位置：位于99AT0201西南区域，少部分压于99AT0101东隔梁内，东南被H400打破，坑口距地表深280厘米。层位关系：H400→H405→F174。

形制：平面呈不规则长椭圆形，弧壁，圜底，坑壁、底均用纯净的红沙加工。该坑表层有“洞”10个，无排列规律，不少“柱洞”顺坑壁斜插进去，“洞”内填土大都呈灰褐色，质松，口径8～16、深13～30厘米。残长径250、短径150、深60厘米（图六六八）。

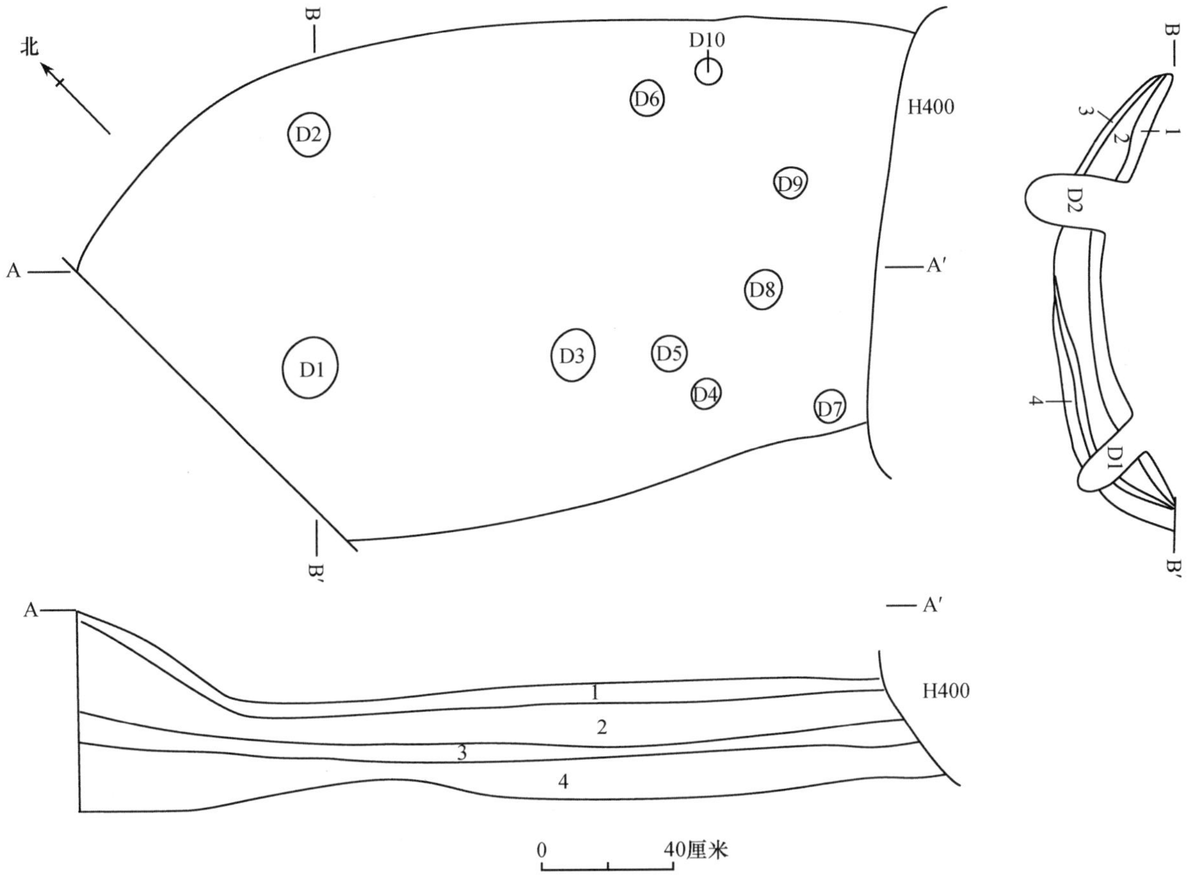

图六六八　H405平、剖面图

坑内堆积与包含物：坑内堆积可分4层。

第1层：棕红色沙黏土，纯净，无包含物，厚5～10厘米。

第2层：黄褐色沙黏土，包含较多杂质，包含少量陶片，厚5～15厘米。

第3层：纯净的黄沙土或棕红色沙土，质松，厚2～5厘米。

第4层：灰黑土，含炭较多，包含物丰富，顺坑壁底部放置5件完整的陶圜底罐，厚5～20厘米。

出土遗物：多陶器，极少石料。

陶器　参加分类排队的陶器44件，挑选标本1件。

盘口瓮　1件。Ⅱ式。

标本H405：7，夹细砂黑褐陶，红胎。盘下饰细划纹两道。侈口，折平立沿，圆唇，领微束，残。轮制，火候较高。口径21.2、残高4.4厘米（图六六九，1）。

花边圜底罐　9件。Ba型Ⅰ式3件、Ⅱ式6件。标本碎小。

罐形釜　32件。Aa型Ⅱ式31件、Ⅲ式1件。标本碎小。

尖底盏　2件。B型Ⅰ式。标本碎小。

石器　仅石料1件。

标本H405∶1，绿色浅变质岩。长8.2、宽3.6、厚2.1厘米（图六六九，2）。

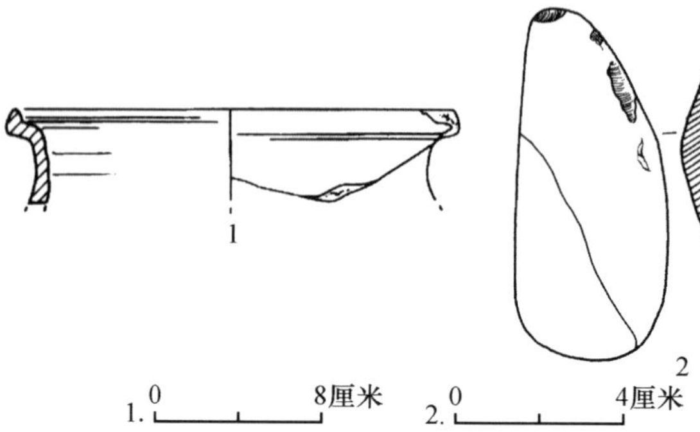

图六六九　H405出土器物

1. Ⅱ式陶盘口瓮（H405∶7）　2. 石料（H405∶1）

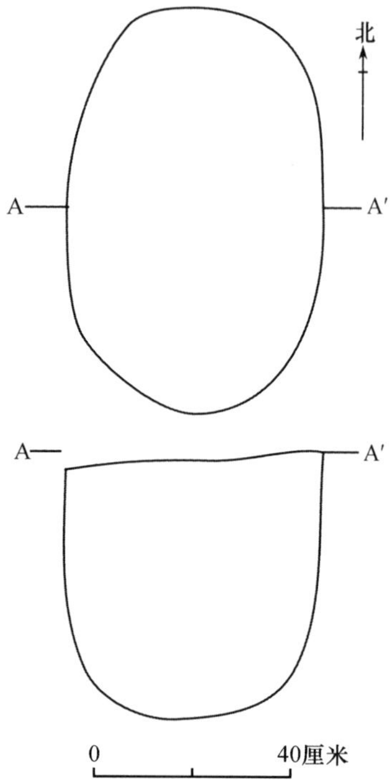

图六七〇　H243平、剖面图

②Bb型

5个。

H243

位置：位于98BT0104东南部，坑口距地表深2.6米。层位关系：F89→H243→㉓。

形制：平面呈椭圆形，近直壁，圜底，壁面基本规整，未发现明显的加工痕迹。长径80、短径50、深50厘米（图六七〇）。

坑内堆积与包含物：坑内填灰黑色土，质松。包含丰富碎陶片，出土2件完整陶圜底罐。

出土遗物：参加分类排队的陶器45件，挑选标本9件。

花边圜底罐　42件。

Ba型　25件。Ⅰ式。

标本H243∶1，夹砂红褐陶，部分黑，局部红；内外壁多灰白色附着物。唇部戳刮、外沿刮抹呈波浪形，腹、底饰斜粗绳纹。口微侈，束颈，鼓腹，圜底，复原。手制，火候较高。口径9、高10.8厘米（图六七一，1）。标本H243∶2，夹砂黑陶，局部褐；内外壁多灰白色附着物。唇部戳刮、外沿刮抹呈波浪形，腹、底饰斜中粗绳纹，局部擦抹。口近直，束颈，鼓腹，圜底，复原。手制，火候较高。口径8.6、高12厘米（图六七一，2）。

Bb型　17件。

标本H243∶5，夹粗砂灰黑陶；器表多灰白色附着物。唇部戳刮、外沿内抹呈波浪形，

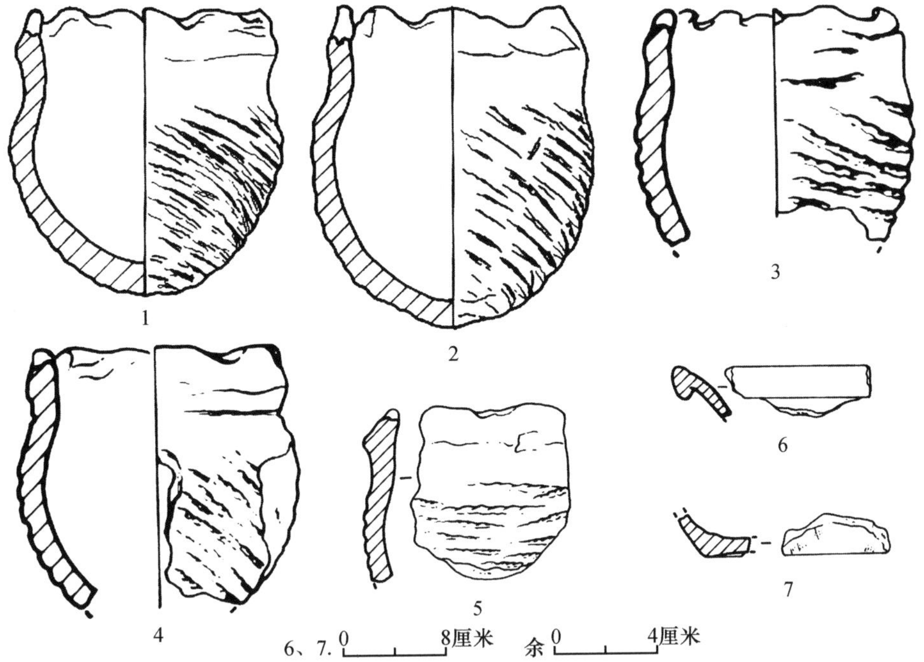

图六七一　H243出土陶器

1、2. Ba型Ⅰ式花边圜底罐（H243：1、H243：2）　3、4. Bb型花边圜底罐（H243：5、H243：6）
5. A型Ⅰ式束颈圜底罐（H243：7）　6. Ⅱ式喇叭口器（H243：8）　7. 器底（H243：9）

颈饰横划纹，腹饰粗绳纹。敛口，束颈，鼓腹，残。手制，火候较高。口径9.2、残高8.9厘米（图六七一，3）。标本H243：6，夹砂红褐陶，灰黑胎。唇部戳刮、外沿内抹呈波浪形，颈饰横划纹，腹饰粗绳纹。口微侈，束颈，鼓腹，残。手制，火候较高。口径9.4、残高9.8厘米（图六七一，4）。

束颈圜底罐　1件。A型Ⅰ式。

标本H243：7，夹砂灰陶，里红褐。外沿内抹，腹饰中粗绳纹。口微敛，束颈，鼓腹，残。手制，火候较高。残宽6.2、残高6.6厘米（图六七一，5）。

喇叭口器　1件。Ⅱ式。

标本H243：8，夹砂黑陶，胎褐夹灰。素面。喇叭口，圆唇，束领，残。轮制，火候较高。残宽11.4、残高3.8厘米（图六七一，6）。

器底　1件。

标本H243：9，夹砂黑陶，紫红胎。素面。下腹弧收，底微凹，残。轮制，火候高。残宽8.4、残高3.2厘米（图六七一，7）。

③Bc型

3个。

H345

位置：位于99AT0301西中部，部分压在西壁下，坑口距地表深150厘米。层位关系：⑲—H345→⑳。

形制：平面呈不规则长椭圆形，斜直壁，底部近平，西高东略低，坑壁、底无加工痕迹。残长180、宽60、深16～23厘米（图六七二）。

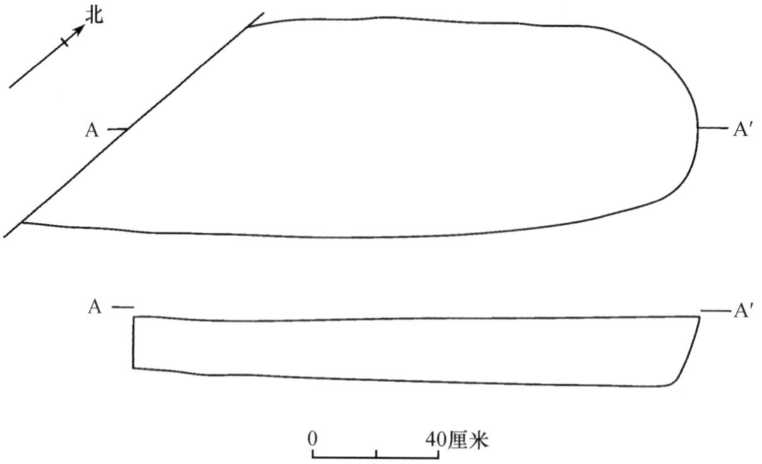

图六七二　H345平、剖面图

坑内堆积与包含物：坑内填黄色沙土，松软。包含较多陶片。

出土遗物：参加分类排队的陶器89件，挑选标本34件。

齿唇瓮　1件。Bb型。

标本H345：16，夹粗砂红陶，局部灰褐，黑胎。唇部戳按呈齿状，上腹饰斜绳纹。侈口，束领，残。手制，火候较高。残宽12、残高9厘米（图六七三，1）。

喇叭口缸　1件。A型Ⅲ式。

标本H345：33，夹砂黑陶，胎红夹黑。外沿下部饰横暗纹。喇叭口，沿较宽，外下卷，圆唇，残。轮制，火候较高。残宽11.6、残高3.8厘米（图六七三，2）。

齿唇罐　1件。Ba型Ⅱ式。

标本H345：18，夹砂红褐陶，胎红夹黑。唇部戳按呈齿状，上腹饰斜绳纹。侈口，卷沿，领较斜直，残。手制，火候较高。残宽7、残高6.4厘米（图六七三，3）。

花边圜底罐　7件。B型。

Ba型　6件。标本碎小。

Bc型　1件。

标本H345：19，夹砂黑陶，胎、里灰；器表多灰白色附着物。唇部戳刮呈波浪形，颈、腹饰斜中粗绳纹。敛口，鼓腹，残。手制，火候较高。残宽7.2、残高8.4厘米（图六七三，4）。

束颈圜底罐　5件。

A型　4件。Ⅰ式。

标本H345：20，夹砂灰黑陶；器表多灰白色附着物。唇、外沿刮抹，腹饰斜粗绳纹。口近直，束颈，鼓腹，残。手制，火候较高。残宽7、残高6.8厘米（图六七三，5）。

B型　1件。Ⅱ式。

标本H345：21，夹砂红陶，局部灰褐；器表多灰白色附着物。唇部刮抹，腹饰粗绳纹。侈口，束颈，鼓腹，残。手制，火候较高。残宽8.2、残高10厘米（图六七三，6）。

敛口圜底罐　3件。A型Ⅰ式。

标本H345：22，夹砂灰褐陶，局部灰黑；器表多灰白色附着物。腹饰斜中绳纹。敛口，鼓

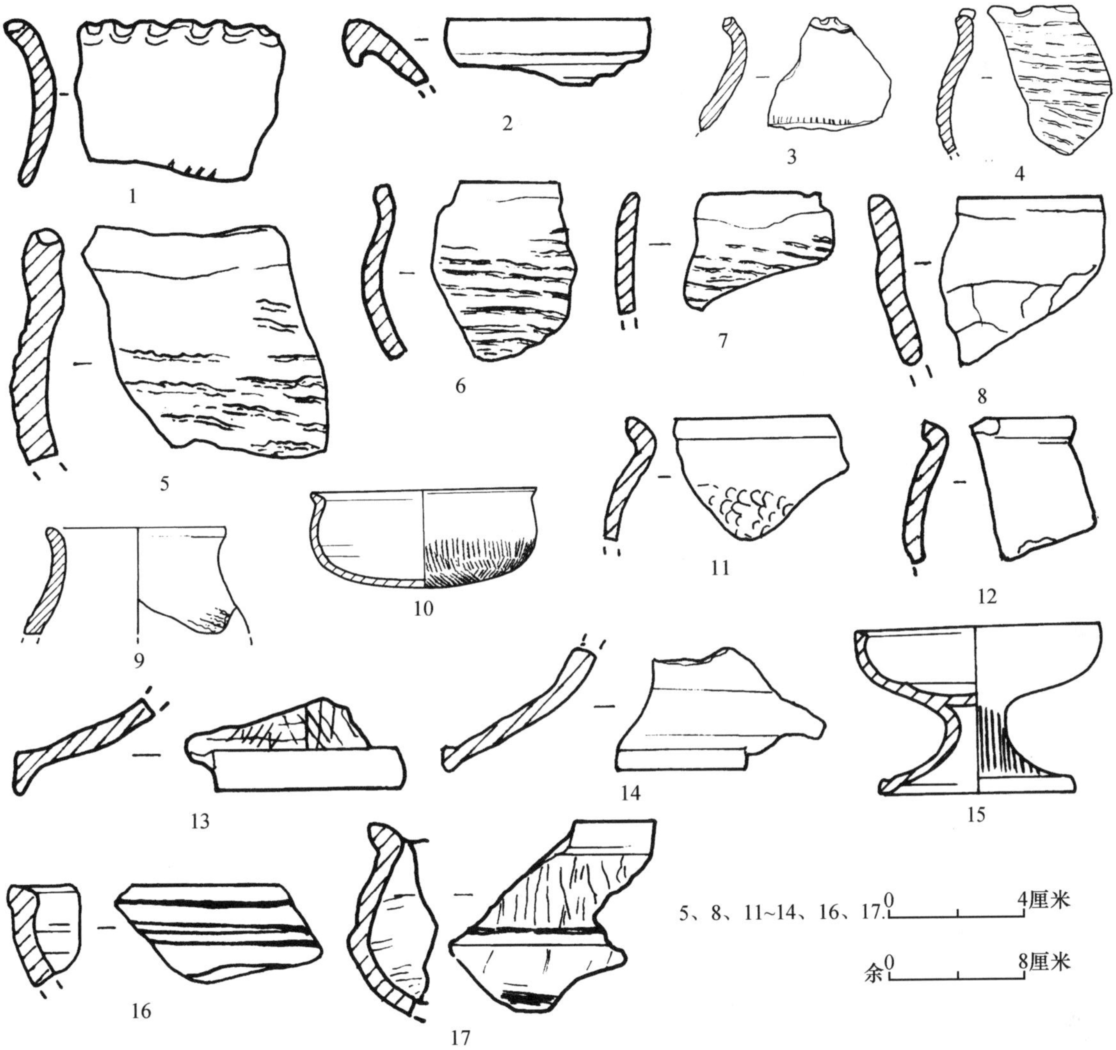

图六七三　H345出土陶器

1. Bb型齿唇瓮（H345：16）　2. A型Ⅲ式喇叭口缸（H345：33）　3. Ba型Ⅱ式齿唇罐（H345：18）　4. Bc型花边圜底罐（H345：19）　5. A型Ⅰ式束颈圜底罐（H345：20）　6. B型Ⅱ式束颈圜底罐（H345：21）　7. A型Ⅰ式敛口圜底罐（H345：22）　8. 小罐（H345：25）　9. Aa型Ⅲ式罐形釜（H345：32）　10、11. Aa型盆形釜（H345：2、H345：30）　12. B型盆形釜（H345：31）　13、14. A型Ⅰ式豆（H345：28、H345：29）　15. A型Ⅱ式豆（H345：1）　16. Aa型豆盘（H345：26）　17. Ab型豆盘（H345：27）

腹，残。手制，火候较高。残宽8.6、残高6.8厘米（图六七三，7）。

小罐　1件。

标本H345：25，夹砂灰褐陶，局部黑。素面，腹多刮削痕。敞口，圆唇，上腹微束，下腹斜收，残。手制轮修，火候较高。残宽4.9、残高4.8厘米（图六七三，8）。

罐形釜　1件。Aa型Ⅲ式。

标本H345：32，夹砂灰褐陶，局部红褐，胎、里灰黑。腹饰斜绳纹。侈口，圆唇，束颈，鼓腹，残。手制轮修，火候较高。口径10.3、残高6厘米（图六七三，9）。

盆形釜　4件。

A型　3件。Aa型。

标本H345：2，夹砂黑陶，褐胎。腹、底饰绳纹。侈口，微有斜折沿，上腹内斜，下腹微鼓，圜底，修复。手制轮修，火候较高。口径12.8、高5.6厘米（图六七三，10；图版六九，3）。标本H345：30，夹砂黑陶，灰褐胎。腹饰斜粗绳纹。侈口，卷窄沿，圆唇，鼓腹，残。轮制，火候较高。残宽5、残高3.4厘米（图六七三，11）。

B型　1件。

标本H345：31，夹砂黑陶，红胎。素面。侈口，折沿，圆唇，鼓腹，残。轮制，火候较高。残宽3.6、残高4厘米（图六七三，12）。

豆　10件，其中6件不明型别。

A型　4件。

Ⅰ式：3件。

标本H345：28，夹砂黑陶，灰褐胎。座面饰交错暗纹。喇叭形座下折，残。轮制，火候较高。残宽6.2、残高2.6厘米（图六七三，13）。标本H345：29，夹砂灰黑陶，红褐胎。喇叭形座下折，残。轮制，火候较高。残宽6、残高3.4厘米（图六七三，14）。

Ⅱ式：1件。

标本H345：1，夹砂灰黑陶。柄饰竖暗纹。敛口，方唇，圆弧腹，矮柄，喇叭形座，复原。分制，火候较高。口径14、座径11.2、高9.6厘米（图六七三，15）。

豆盘　5件。A型。

Aa型　2件。

标本H345：26，夹砂黑陶，灰褐胎。唇面、腹内外壁饰横暗纹。口微敛，方唇，弧腹，残。轮制，火候高。残宽6、残高2.8厘米（图六七三，16）。

Ab型　3件。

标本H345：27，夹砂黑陶，红褐胎。沿面、上腹、盘底饰暗纹。侈口，卷沿微折，圆唇，折腹，上腹微外弧，下腹弧收，上下腹间有凸棱一周，残。轮制，火候高。残宽5.8、残高5.4厘米（图六七三，17）。

尖底盏　47件。

A型　37件。

Ⅰ式：3件。

标本H345：3，夹砂黑陶，局部灰褐。腹饰凹弦纹。口微敛，圆唇，圆弧腹，下腹急斜收，尖底，复原。轮制，火候较高。口径11.6、高4.4厘米（图六七四，1）。标本H345：11，夹砂黑陶，局部红、灰褐。素面。口微敛，圆唇，上腹圆弧，下腹微束，尖底，复原。轮制，火候较高。口径12、高4.4厘米（图六七四，2）。

Ⅱ式：16件。

标本H345：10，夹砂黑陶，局部红。素面，下腹多旋痕。口微敛，圆唇，上腹圆弧，下腹斜弧收，尖底，复原。轮制，火候较高。口径11.8、高4厘米（图六七四，3）。标本H345：13，夹砂黑陶，局部红。腹饰横划纹一道。口近直，圆唇，上腹圆弧，下腹斜收，尖底，复原。轮制，火候较高。口径11.6、高4.4厘米（图六七四，4）。

Ⅲ式：18件。

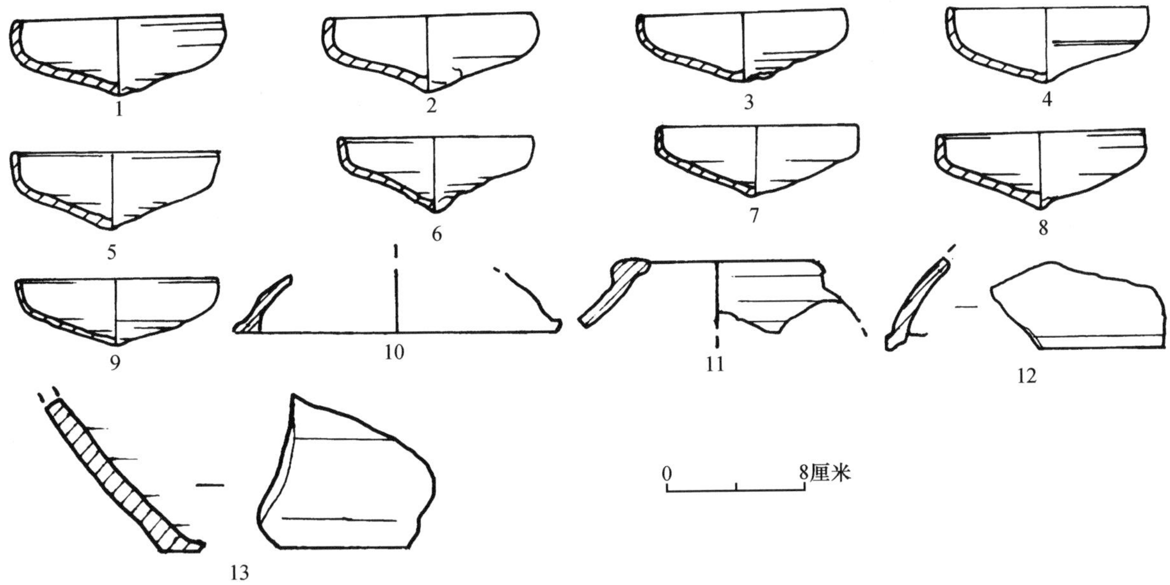

图六七四　H345出土陶器

1、2. A型Ⅰ式尖底盏（H345：3、H345：11）　3、4. A型Ⅱ式尖底盏（H345：10、H345：13）　5、6. A型Ⅲ式尖底盏（H345：12、H345：15）　7、8. B型Ⅰ式尖底盏（H345：6、H345：14）　9. B型Ⅱ式尖底盏（H345：8）　10～12. B型Ⅰ式器盖（H345：23-1、H345：23-2、H345：24）　13. 器底（H345：34）

标本H345：12，夹砂灰褐陶，局部黑。素面。口微敞，圆唇，上腹圆弧，下腹斜收，尖底，复原。轮制，火候较高。口径11.8、高4.4厘米（图六七四，5）。标本H345：15，夹砂黑陶，局部红。素面，器表磨光。口近直，圆唇，上腹圆弧，下腹微束，尖底，复原。轮制，火候较高。口径11.2、高4.4厘米（图六七四，6）。

B型　10件。

Ⅰ式：5件。

标本H345：6，夹砂黑陶，局部、胎红褐。素面。直口，圆唇，折腹，上腹直，下腹弧收，尖底，复原。轮制，火候较高。口径11.8、高4厘米（图六七四，7）。标本H345：14，夹砂黑陶，局部灰、红。素面。直口，圆唇，折腹，上腹直，下腹斜收，尖底，复原。轮制，火候较高。口径12、高4.4厘米（图六七四，8）。

Ⅱ式：5件。

标本H345：8，夹砂黑陶，红褐胎。下腹有粗凹槽一周。敞口，圆唇，折腹，上腹圆弧，下腹斜弧收，尖底，复原。轮制，火候较高。口径11.6、高3.8厘米（图六七四，9）。

器盖　2件。B型Ⅰ式。

标本H345：23-1，夹砂黑陶，红褐胎。素面。弧壁，敞口，折平沿，圆唇，残。轮制，火候高。口径18.4、残高3.2厘米（图六七四，10）。标本H345：23-2，夹砂黑陶，红褐胎。素面。假圈足形纽，顶微凹，壁较斜，残。轮制，火候高。纽径12、残高4厘米（图六七四，11）。标本H345：24，夹砂黑陶，红胎。素面。弧壁，敞口，斜折沿，沿面微凹，圆唇，残。轮制，火候较高。残宽10、残高5厘米（图六七四，12）。

器底　1件。

标本H345：34，夹砂红褐陶，局部灰。素面，内壁多瓦棱纹。下腹斜收，平底，残。

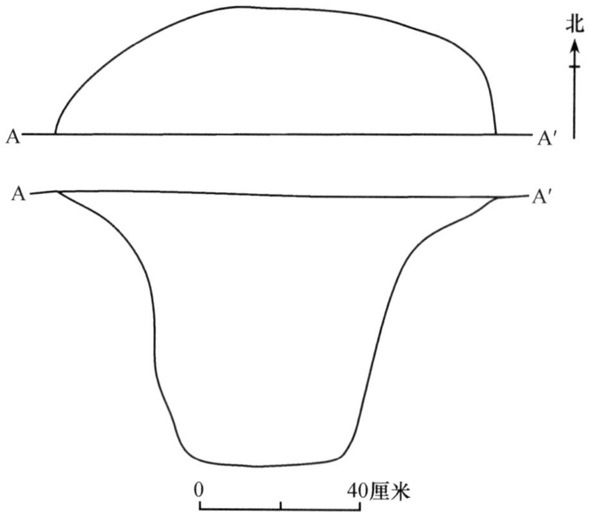

图六七五　H431平、剖面图

轮制，火候高。残宽10、残高8.6厘米（图六七四，13）。

④Bd型

2个。

H431

位置：位于99DT0201南部，F194西侧，部分被探方南壁所压，坑口距地表深350厘米。层位关系：㉔—H431→㉕。

形制：平面呈椭圆形，坑壁清楚，上部外弧，下部略斜，底部近平。长径107、残短径31、深66厘米（图六七五）。

坑内堆积与包含物：坑内堆积黄灰土，内含炭灰较多，土质疏松。包含碎陶片较多。

3）C型

8个。

①Ca型

4个。

H396

位置：位于99DT0201中部偏东，F168东北侧，坑口距地表300厘米。层位关系：㉒—H396→㉓。

形制：平面呈不规则圆角长方形，弧壁，较规整，底不平，从东向西倾斜。口长240、宽95～115、底长140、宽85、深25～32厘米（图六七六）。

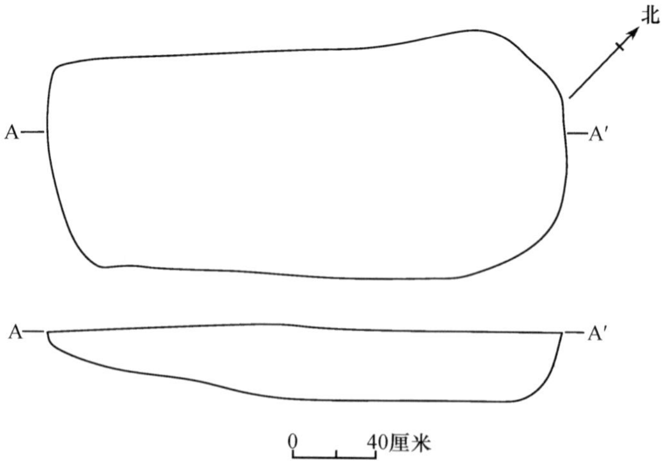

图六七六　H396平、剖面图

坑内堆积与包含物：坑内填黄灰土，质疏松，夹红黏土块和炭灰。包含陶片、兽骨等。

出土遗物：多为陶器，少量角器。

陶器　参加分类排队的陶器50件，挑选标本18件。

齿唇瓮　1件。Ba型Ⅱ式。

标本H396：4，夹粗砂褐陶，局部、胎、里灰黑。唇部戳按呈波浪形齿，领饰戳印纹，外沿多手捏痕。侈口，高领，残。手制，火候较高。残宽11、残高8厘米（图六七七，1）。

高领瓮　2件。Ⅱ式。

标本H396：19，夹砂黑陶，褐胎。领饰凹弦纹。喇叭口，外沿较窄，圆唇，残。轮制，火候较高。口径32.8、残高8.4厘米（图六七七，2）。

矮领瓮　2件。Ab型Ⅱ式。标本碎小。

盘口瓮　1件。Ⅱ式。

标本H396：18，夹砂灰褐陶，红褐胎。素面。盘口，圆唇，沿外折后上卷呈浅盘，束领，残。轮制，火候高。残宽6.1、残高4.3厘米（图六七七，3）。

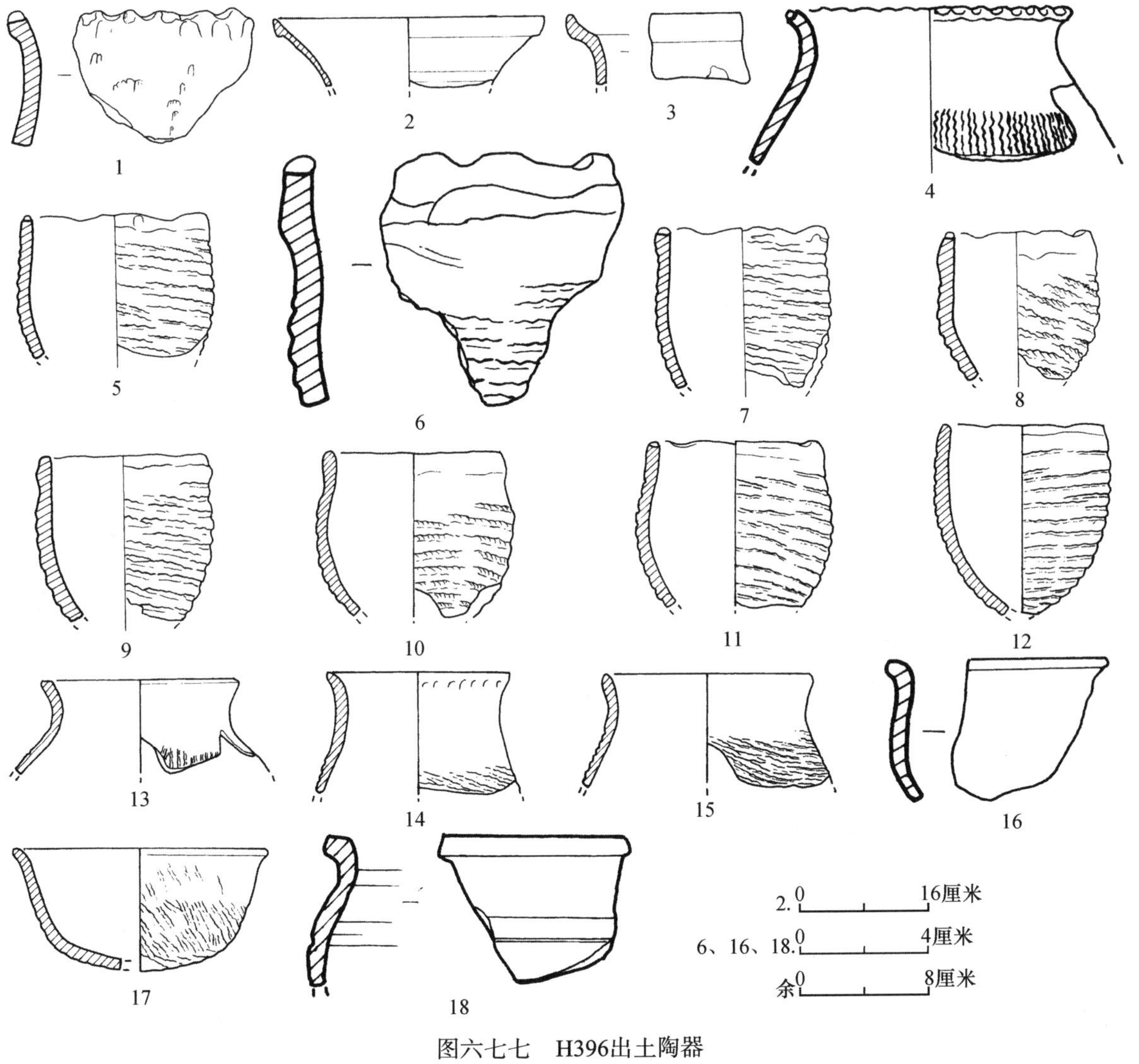

图六七七　H396出土陶器

1. Ba型Ⅱ式齿唇瓮（H396：4）　2. Ⅱ式高领瓮（H396：19）　3. Ⅱ式盘口瓮（H396：18）　4. Ba型Ⅱ式齿唇罐（H396：3）　5、6. Ab型花边圜底罐（H396：5、H396：6）　7、8. Bc型花边圜底罐（H396：7、H396：8）　9. B型Ⅰ式束颈圜底罐（H396：9）　10. B型Ⅱ式束颈圜底罐（H396：10）　11、12. A型Ⅰ式敛口圜底罐（H396：11、H396：12）　13. A型矮领罐（H396：16）　14、15. Aa型Ⅲ式罐形釜（H396：14、H396：15）　16. B型盆形釜（H396：17）　17. Ⅱ式钵形釜（H396：13）　18. 盂（H396：20）

齿唇罐　1件。Ba型Ⅱ式。

标本H396：3，夹粗砂红陶，局部黑，里褐。唇部戳按略呈波浪形，腹饰竖粗绳纹。侈口，卷沿，鼓腹，残。手制，火候较高。口径17.6、残高9.2厘米（图六七七，4）。

花边圜底罐　10件。

A型　2件。Ab型。

标本H396：5，夹砂红陶，胎局部灰褐。唇部戳刮、外沿内抹呈波浪形，腹饰斜绳纹。口近直，微鼓腹，残。手制，火候较高。口径11.2、残高8.6厘米（图六七七，5）。标本H396：6，夹砂红陶，灰胎。唇部戳刮、外沿内抹呈波浪形，颈饰划纹，腹饰粗绳纹。口近直，微束颈，鼓腹，残。手制，火候较高。残宽7.4、残高7.6厘米（图六七七，6）。

B型　8件。Bc型。

标本H396：7，夹砂红褐陶，里红；器表多灰白色附着物。唇部戳刮、外沿内抹呈波浪形，腹饰中粗绳纹。口微敛，微束颈，鼓腹，残。手制，火候较高。口径10.4、残高9.6厘米（图六七七，7）。标本H396：8，夹砂红陶，局部灰褐、黑。唇部戳刮、外沿内抹呈波浪形，腹饰粗绳纹。口微敛，微束颈，鼓腹，残。手制，火候较高。口径8.8、残高9厘米（图六七七，8）。

束颈圜底罐　2件。B型。

Ⅰ式：1件。

标本H396：9，夹粗砂黑褐陶；器表多灰白色附着物。外沿内抹，腹饰粗绳纹。口近直，束颈，鼓腹，残。手制，火候较高。口径10、残高10厘米（图六七七，9）。

Ⅱ式：1件。

标本H396：10，夹砂褐陶，局部灰；器表多灰白色附着物。腹饰粗绳纹。口微侈，束颈，鼓腹，残。手制，火候较高。口径10.8、残高10厘米（图六七七，10）。

敛口圜底罐　20件。A型Ⅰ式。

标本H396：11，夹砂褐陶，局部黑，灰胎，里红。唇部刮抹略呈波浪形，腹饰斜中粗绳纹。微敛口，鼓腹，残。手制，火候较高。口径10.4、残高10厘米（图六七七，11）。标本H396：12，夹粗砂黑陶，胎黑，肩红；器表多灰白色附着物。外沿饰划纹，腹饰中粗绳纹。口微敛，鼓腹，残。手制，火候较高。口径10、残高11.5厘米（图六七七，12）。

矮领罐　1件。A型。

标本H396：16，夹砂红陶，里褐。腹饰竖绳纹。侈口，卷沿，方唇，斜肩，残。轮制，火候较高。口径12、残高5.7厘米（图六七七，13）。

罐形釜　4件。Aa型Ⅲ式。

标本H396：14，夹粗砂褐陶，局部、胎黑。颈上部多手捏痕，腹饰斜粗绳纹。侈口，圆唇，束颈，鼓腹，残。手制轮修，火候较高。口径11.2、残高7.3厘米（图六七七，14）。标本H396：15，夹粗砂褐陶，局部灰，里红。腹饰绳纹。侈口，圆唇，束颈，鼓腹，残。手制轮修，火候较高。口径12.8、残高6.8厘米（图六七七，15）。

盆形釜　1件。B型。

标本H396：17，夹砂灰黑陶。素面。侈口，卷沿，圆唇，鼓腹，残。轮制，火候较高。残宽4.8、残高4.3厘米（图六七七，16）。

钵形釜　1件。Ⅱ式。

标本H396：13，夹粗砂红褐陶，局部红，灰黑胎。腹、底饰绳纹。敞口，卷沿，圆唇，腹微弧，圜底，微残。轮制，火候较高。口径15.6、残高7.3厘米（图六七七，17）。

盂　1件。

标本H396：20，夹砂灰褐陶，红褐胎。腹饰凹弦纹。侈口，平折沿，折肩，鼓腹，残。轮制，火候高。残宽5.7、残高4.4厘米（图六七七，18）。

平底钵　1件。标本碎小。

器底　2件。标本碎小。

角器　4件。

鹿角　2件。

标本H396：1-1，黄褐色鹿角中段。圆柱形，一端有切割痕。长约13.6厘米。标本H396：1-3，黄褐色鹿角，带部分头骨。鹿角上有切割痕。长约27.7厘米（图版九〇，3）。

尖状器　2件。

标本H396：1-2，黄褐色鹿角。尖部残，根部有切割痕。尖部磨制。残长约21.3厘米。标本H396：1-4，黄褐色鹿角。尖部残。尖部磨制。长约11.9厘米。

②Cb型

1个。

H727

位置：位于02CT0101中部偏东，被开口第14层下的H693打破。层位关系：⑱—H727→⑲。

形制：平面呈不规则长方形，直壁，底较平。长150、宽70～90、深60～70厘米（图六七八；图版五九，2）。

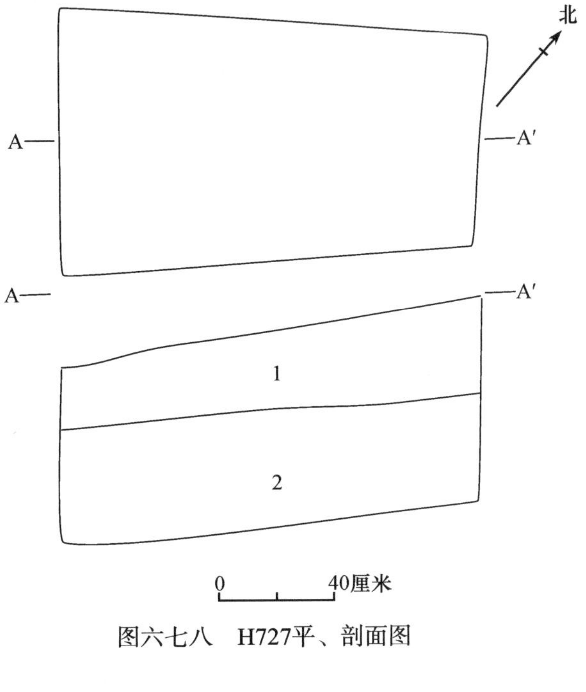

图六七八　H727平、剖面图

坑内堆积与包含物：坑内堆积分2层。

第1层：厚20～30厘米。灰黄色土，微含沙，质疏松。包含少量碎陶片。

第2层：厚30～50厘米。灰褐色土，内含较多木炭粒、灰烬，质疏松。包含少量碎陶片。

出土遗物：参加分类排队的陶器11件，可辨器形以花边圜底罐为主，少量束颈与敛口圜底罐和高领瓮、罐形釜。标本碎小。

③Cc型

3个。

H700

位置：位于02BT0101东部，H699之南，H701之西南，坑口距地表深4.55～4.65米，被H698打破。层位关系：⑱—H700→F303。

形制：平面呈不规则长方形，壁斜直，底较平，均无加工痕迹。口长1.5、宽1.12、底长1.45、宽1.05、深0.16～0.26米（图六七九）。

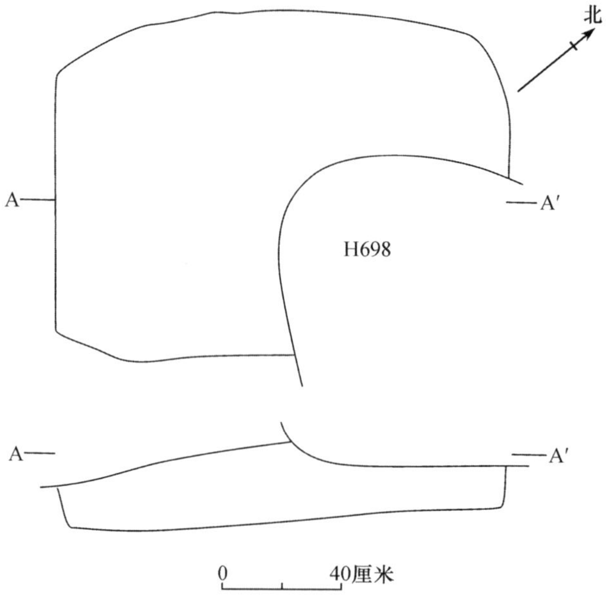

图六七九　H700平、剖面图

坑内堆积与包含物：坑内填灰黑土，质较紧密。包含有较多陶片，可辨器形有齿唇瓮、花边圜底罐、束颈圜底罐、罐形釜、器盖等。

4）D型

2个。

①Da型

1个。

H233

位置：位于98AT0103中北部，坑口距地表深222厘米。层位关系：㉒—H233→F72。

形制：平面呈圆角方形，弧壁，圜底，坑壁、底无加工痕迹。边长45、深14～23厘米（图六八〇）。

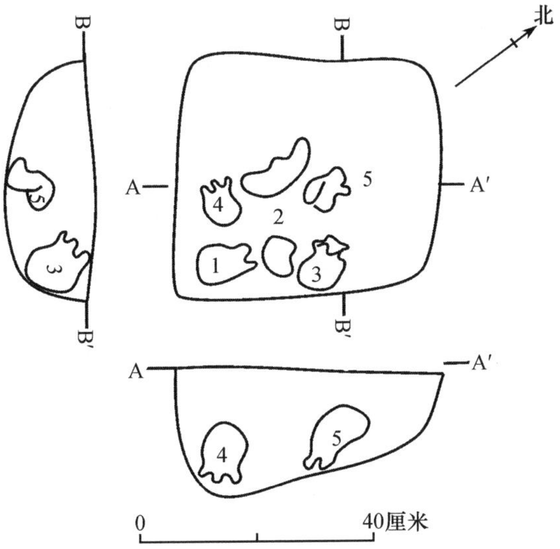

图六八〇　H233平、剖面图

1～5. 陶花边圜底罐

坑内堆积与包含物：坑内填黄褐沙土，夹灰烬，极松。包含少量陶片。

出土遗物：参加分类排队的陶器5件，挑选标本2件。

花边圜底罐　5件。Ba型Ⅰ式。

标本H233：1，夹砂褐陶，局部红、灰黑；器表多灰白色附着物。唇部戳刮、外沿刮抹呈波浪形，腹、底饰斜粗绳纹。口微侈，束颈，鼓腹，圜底，完整。手制，火候较高。口径9.7、高11.4厘米（图六八一，1）。标本H233：2，夹砂黑陶，局部褐；器内外壁多灰白色附着物。唇部戳刮、外沿刮抹呈波浪形，腹、底饰斜粗绳纹。口微侈，束颈，鼓腹，圜底，完整。手制，火候较高。口径10、高10.8厘米（图六八一，2）。

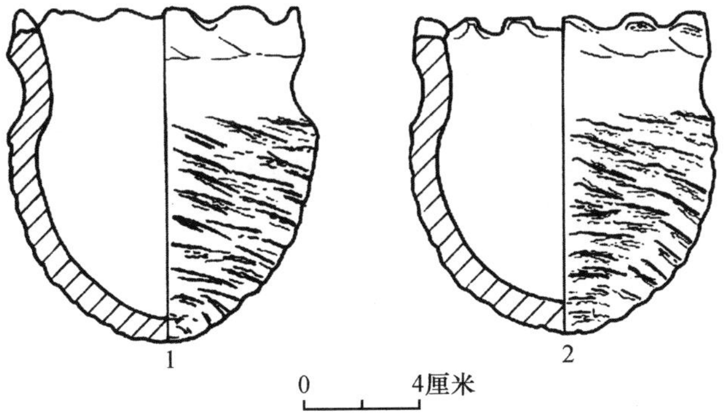

图六八一　H233出土陶器

1、2. Ba型Ⅰ式花边圜底罐（H233：1、H233：2）

②Db型

1个。

H234

位置：位于98AT0103北部，部分压在北隔梁下，西南侧有F70，坑口距地表深250厘米。层位关系：㉒—H234→㉓。

形制：暴露部分略呈方形，壁近直，平底，坑壁无加工痕迹，坑底为灰褐色沙土面。口残长70、宽104、底残长66、宽84、深80厘米（图六八二）。

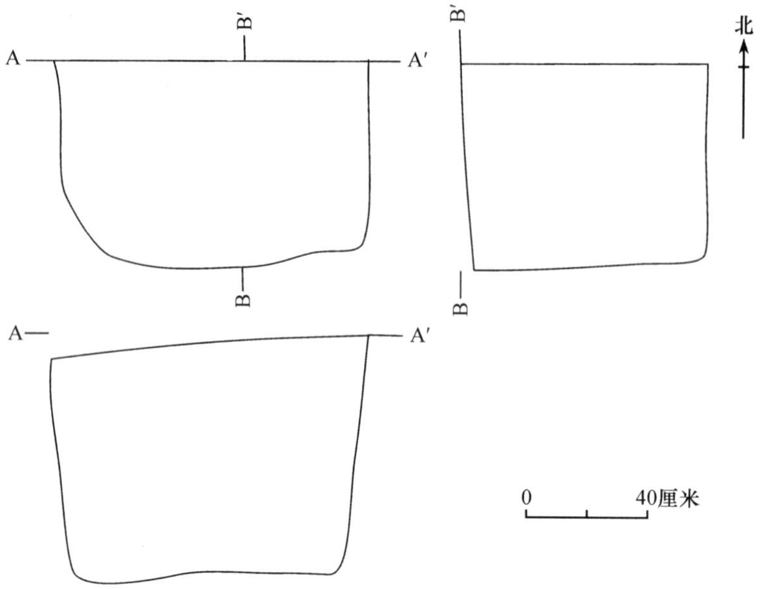

图六八二　H234平、剖面图

坑内堆积与包含物：坑内填黑色灰土，夹炭屑，质较松。包含较多夹砂绳纹陶圜底罐片及2片涂朱彩绘陶片。

出土遗物：参加分类排队的陶器33件，挑选标本17件。

齿唇瓮　2件。Bb型。

标本H234：2，夹粗砂褐陶。唇部戳压呈齿状。侈口，领微束，残。手制，火候较高。残宽9.3、残高5.6厘米（图六八三，1）。标本H234：3，夹粗砂红褐陶，灰胎。唇面按压窝纹。侈口，束领，残。手制，火候较高。残宽11.6、残高7.4厘米（图六八三，2）。

高领瓮　1件。Ⅱ式。

标本H234：1，夹粗砂灰黑陶，素面。侈口，方唇，高领内束，残。轮制，火候高。残宽5.7、残高6厘米（图六八三，3）。

齿唇罐　1件。Aa型。

标本H234：4，夹细砂灰陶。唇面饰戳印纹，器表饰划纹和戳印纹。敞口，卷沿，尖圆唇，弧腹，残。手制，火候较高。残宽4.6、残高5.6厘米（图六八三，4）。

花边圜底罐　19件。B型。

Ba型　17件。Ⅰ式。

标本H234：13，夹粗砂褐陶。唇部刮削略呈波浪形，腹饰绳纹，外沿内抹，器表有白色附着物。微侈口，束颈，鼓腹，口小于腹，残。手制，火候较高。残宽9.2、残高7.6厘米（图六八三，5）。标本H234：15，夹粗砂褐陶，局部黑，胎灰。唇部按压略呈宽齿状，腹饰粗绳纹，外沿内抹。微侈口，束颈，鼓腹，残。手制，火候较高。残宽7、残高9.4厘米（图六八三，6）。

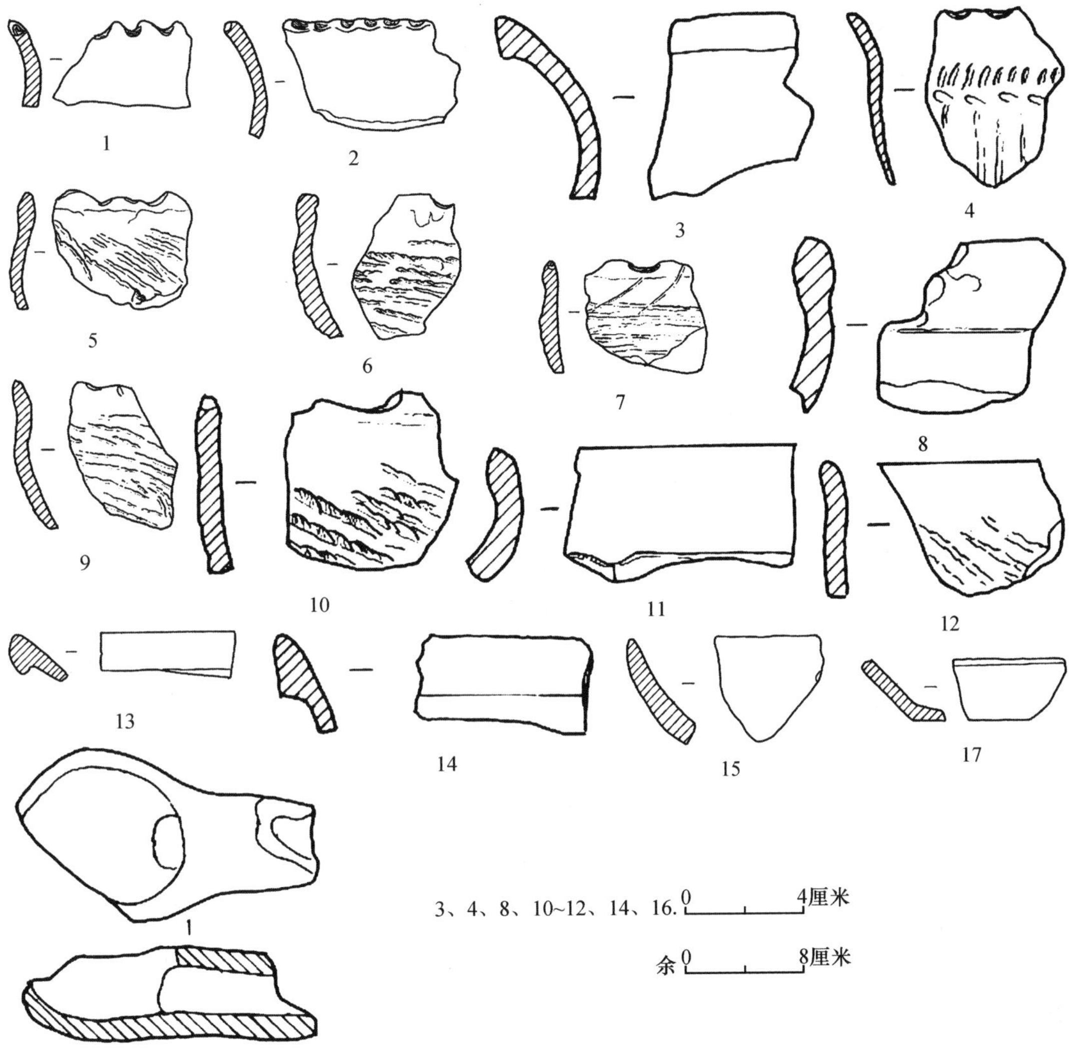

图六八三　H234出土陶器

1、2. Bb型齿唇瓮（H234：2、H234：3）　3. Ⅱ式高领瓮（H234：1）　4. Aa型齿唇罐（H234：4）　5、6. Ba型Ⅰ式花边圜底罐（H234：13、H234：15）　7、8. Bb型花边圜底罐（H234：12、H234：14）　9. A型Ⅲ式束颈圜底罐（H234：17）　10. B型Ⅱ式束颈圜底罐（H234：16）　11. 矮领罐（H234：5）　12. 大口罐（H234：6）　13. A型Ⅱ式尊形器（H234：7）　14. Ⅰ式喇叭口器（H234：9）　15. A型Ⅲ式钵（H234：8）　16. 匜（H234：11）　17. 器底（H234：10）

Bb型　2件。

标本H234：12，夹粗砂红陶，灰黑胎。唇部刮抹略呈波浪形，颈部饰斜划纹，腹饰粗绳纹，外沿内抹。口微侈，束颈，鼓腹，口略小于腹，残。手制，火候较高。残宽8、残高7.5厘米（图六八三，7）。标本H234：14，夹粗砂褐陶，黑胎。唇部刮削，颈部饰划纹，器表有白色附着物。口微侈，束颈，残。手制，火候较高。残宽6、残高5.7厘米（图六八三，8）。

束颈圜底罐　3件。

A型　1件。Ⅲ式。

标本H234：17，夹粗砂灰褐陶，局部褐。唇部微有花边，腹斜饰绳纹。侈口，卷立沿，束颈，鼓腹，残。手制，火候一般。残宽7.3、残高9.6厘米（图六八三，9）。

B型　2件。Ⅱ式。

标本H234：16，夹粗砂灰陶。唇部刮削呈宽齿状，腹斜饰粗绳纹，器表有白色附着物。口近直，微束颈，微鼓腹，残。手制，火候较高。残宽5.6、残高5.8厘米（图六八三，10）。

矮领罐　1件。

标本H234：5，夹粗砂灰褐陶。肩部饰暗纹。口微敞，方唇，有肩，残。轮制，火候较高。残宽7.8、残高4.3厘米（图六八三，11）。

大口罐　1件。

标本H234：6，夹粗砂灰黑陶，局部、里红褐。腹饰斜粗绳纹。口微侈，圆唇，腹较直，残。轮制，火候较高。残宽6、残高5.4厘米（图六八三，12）。

尊形器　1件。A型Ⅱ式。

标本H234：7，夹粗砂黑陶，胎红褐、灰。沿、内壁磨光，唇面、内壁有朱砂痕。喇叭口，圆唇，唇缘下垂，残。轮制，火候较高。残宽9、残高3.1厘米（图六八三，13）。

喇叭口器　1件。Ⅰ式。

标本H234：9，夹粗砂黑陶，里红褐。素面。圆尖唇，残。轮制，火候较高。残宽5.7、残高3.4厘米（图六八三，14）。

钵　1件。A型Ⅲ式。

标本H234：8，夹粗砂红褐陶。素面。敞口，圆尖唇，弧腹，残。手制轮修，火候高。残宽3.7、残高3.4厘米（图六八三，15）。

匜　1件。

标本H234：11，夹粗砂灰陶。素面。勺略呈椭圆形，柄呈管状，残。手制，火候较高。残长9.8、高约3.4厘米（图六八三，16）。

器底　1件。

标本H234：10，夹粗砂黑陶，里红。素面，黑衣。下腹斜直，平底，残。轮制，火候不高。残宽7.4、残高4.2厘米（图六八三，17）。

5）E型

6个。

①Ea型

4个。

H403

位置：位于99DT0301北中部，H402北侧，坑口距地表深3.05米。层位关系：㉒—H403→F48。

形制：平面形状不规则，壁较弧，底部不平。长1.96、宽1.55、深0.32米（图六八四）。

坑内堆积与包含物：坑内填灰色土，质疏松，夹有黄沙及炭灰，局部堆积有红黏土块。包含物多为陶器，另有少量兽骨。

出土遗物：参加分类排队的陶器36件，挑选标本23件。

齿唇瓮　3件。B型。

Ba型　1件。Ⅱ式。

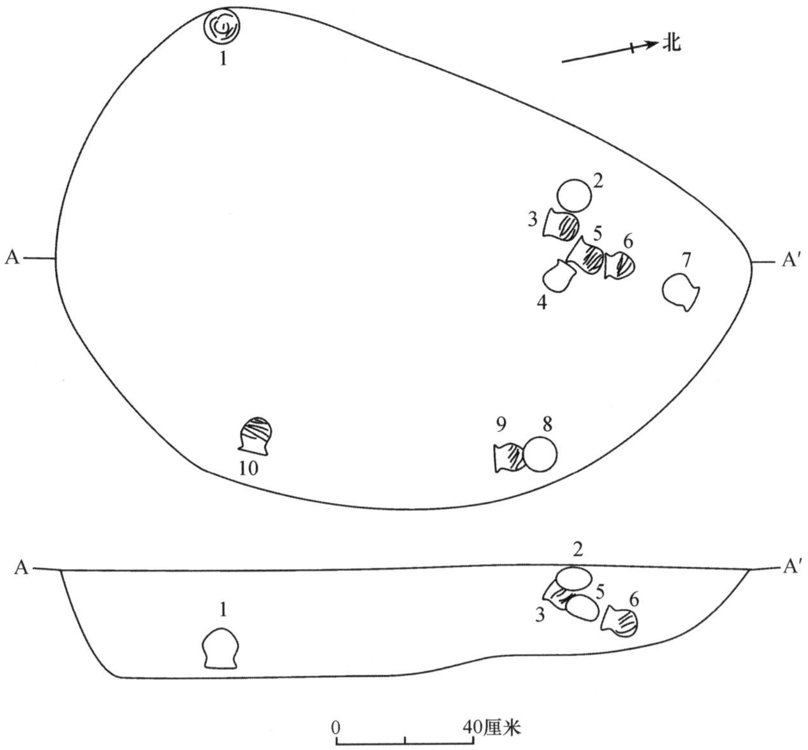

图六八四 H403平、剖面图

1～10. 陶花边圜底罐

标本H403：12，夹粗砂红陶，局部褐，胎红夹黑。唇部戳按呈齿状。侈口，束领，残。手制，火候较高。残宽18.8、残高9.2厘米（图六八五，1）。

Bc型 2件。

标本H403：13，夹粗砂红陶，局部褐、黑。唇部戳按呈齿状。侈口，卷沿，领较直，残。手制，火候较高。残宽11.4、残高8.8厘米（图六八五，2）。

中领瓮 2件。A型。

标本H403：20，夹砂红陶，局部、胎灰褐。素面。喇叭口，外沿较宽，圆唇，领微束，残。轮制，火候较高。残宽8.4、残高7.6厘米（图六八五，3）。

矮领瓮 1件。Aa型。

标本H403：18，夹砂红陶，局部灰黑。素面，领内瓦棱纹。侈口，外沿较窄，圆唇，束领，残。轮制，火候较高。残宽12.4、残高6.4厘米（图六八五，4）。

齿唇罐 3件。Ac型。

标本H403：11，夹砂褐陶，局部、里黑。唇部戳按呈波浪形齿。侈口，卷沿外翻，残。手制，火候较高。残宽10.8、残高7.2厘米（图六八五，5）。

花边圜底罐 22件。

A型 1件。Aa型Ⅱ式。

标本H403：3，夹砂红陶，局部灰黑；内外壁多灰白色附着物。唇部戳刮、外沿刮抹呈波浪形，腹、底饰中粗绳纹。口近直，局部微敛，微束颈，鼓腹，圜底，完整。手制，火候较

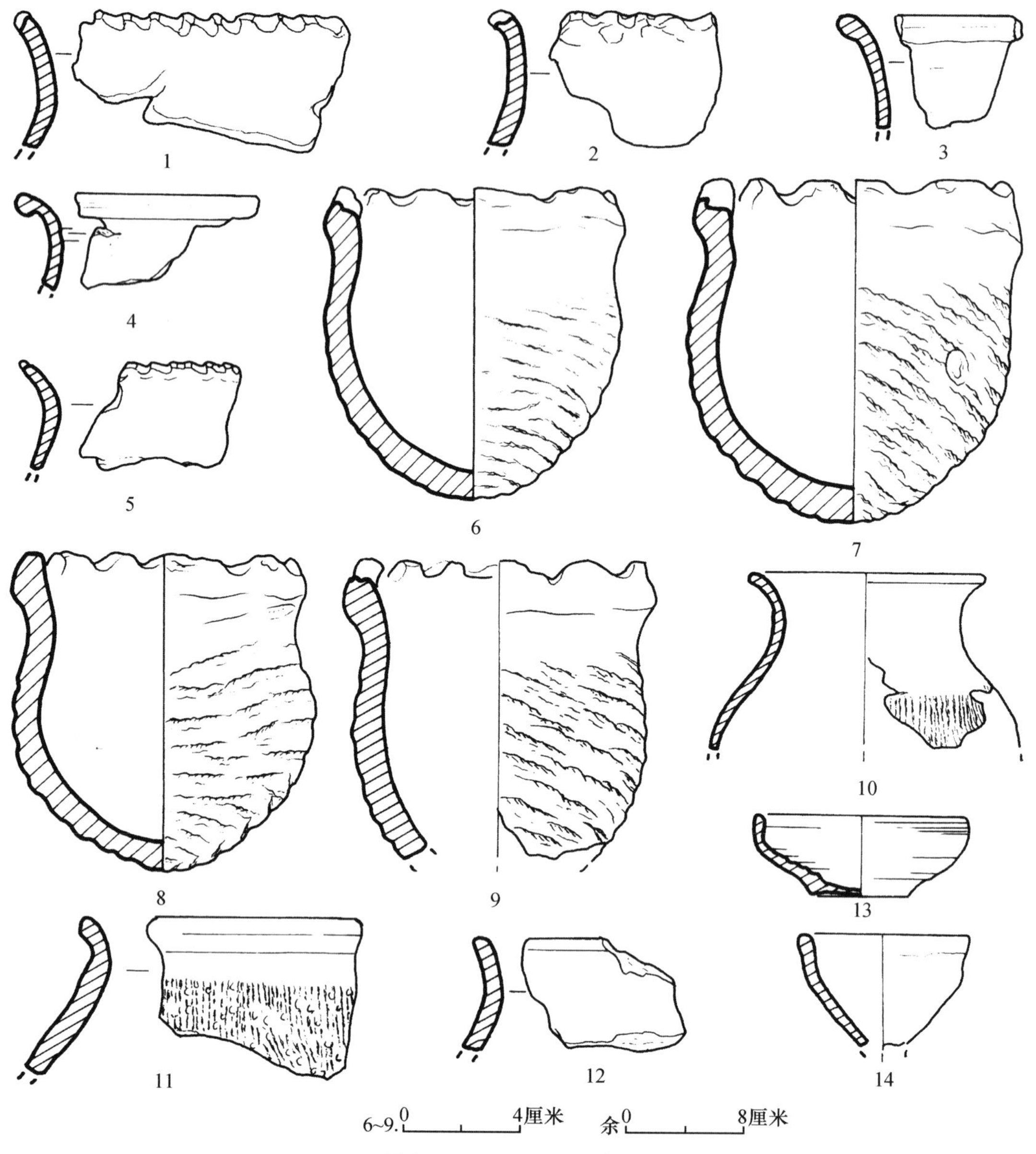

图六八五　H403出土陶器

1. Ba型Ⅱ式齿唇瓮（H403：12）　2. Bc型齿唇瓮（H403：13）　3. A型中领瓮（H403：20）　4. Aa型矮领瓮（H403：18）　5. Ac型齿唇罐（H403：11）　6. Aa型Ⅱ式花边圜底罐（H403：3）　7、8. Ba型Ⅰ式花边圜底罐（H403：1、H403：10）　9. Ba型Ⅱ式花边圜底罐（H403：16）　10. Aa型Ⅰ式罐形釜（H403：19）　11、12. 甗？（H403：22、H403：23）　13. 碗？（H403：17）　14. 圈足杯（H403：21）

高。口径9.4、高10.4厘米（图六八五，6）。

B型　21件。Ba型。

Ⅰ式：20件。

标本H403：1，夹砂红陶，局部褐；内外壁多灰白色附着物。唇部戳刮、外沿刮抹呈波浪形，腹、底饰粗绳纹，局部戳印。口近直，束颈，鼓腹，圜底，完整。手制，火候较高。口径10.2、高11.4厘米（图六八五，7）。标本H403：10，夹砂黑陶，局部红、灰。唇部戳刮、外沿刮抹呈波浪形，颈和腹、底饰粗绳纹。侈口，束颈，鼓腹，圜尖底，完整。手制，火候较高。

口径9.2、高10.6厘米（图六八五，8）。

Ⅱ式：1件。

标本H403：16，夹砂褐陶，局部黑、红褐；器表多灰白色附着物。唇部戳刮、外沿内抹呈波浪形，腹饰斜粗绳纹。口微敛，束颈，鼓腹，残。手制，火候较高。口径9.8、残高10厘米（图六八五，9）。

罐形釜　1件。Aa型Ⅰ式。

标本H403：19，夹砂灰褐陶，局部红褐、黑，红胎。肩、腹饰斜细绳纹，局部交错。侈口，圆唇，束颈，溜肩，鼓腹，残。轮制，火候较高。口径16、残高11.6厘米（图六八五，10）。

甗？　2件。

标本H403：22，夹粗砂灰黑陶，局部红，胎、里灰褐。外沿饰横划纹，肩饰竖划纹、圆戳印纹。侈口，卷沿，圆唇，溜肩，残。手制，火候较高。残宽14.8、残高10.6厘米（图六八五，11）。标本H403：23，夹粗砂红陶，局部、胎黑。素面。侈口，方唇，中领外斜，有肩，残。手制，火候较高。残宽10.8、残高7.6厘米（图六八五，12）。

碗？　1件。

标本H403：17，夹砂灰褐陶，局部灰黑。上腹饰细凹弦纹，内下腹饰瓦棱纹。敛口，圆唇，上腹微鼓，下腹弧收，内底圜，微有圈足，复原。轮制，火候较高。口径14.2、足径6.8、高5.2厘米（图六八五，13）。

圈足杯　1件。

标本H403：21，夹砂红陶，局部褐，胎红夹灰黑。素面。敞口，方唇，弧腹微鼓，残。手制，火候较高。口径11.6、残高7.6厘米（图六八五，14）。

②Eb型

1个。

H410

位置：位于99DT0301中部偏西，H408西南侧，H409南侧，坑口距地表深3.1米。层位关系：F48→H410→F50。

形制：平面形状不规则，坑壁规整，近直，底较平。长0.86、宽0.64、深0.1米（图六八六）。

坑内堆积与包含物：坑内填深灰色土，质疏松，夹炭灰。包含较少陶器残片。

出土遗物：参加分类排队的陶器18件，全为B型花边圜底罐。

③Ec型

1个。

H412

位置：位于99AT0201东部偏中处，部分压在东隔梁下，坑口距地表深270厘米。层位关系：㉓—H412→㉔。

形制：平面形状不规则，壁较斜，坑底凹凸不平，底、壁无加工痕迹。残长200、宽80～214、深35厘米（图六八七）。

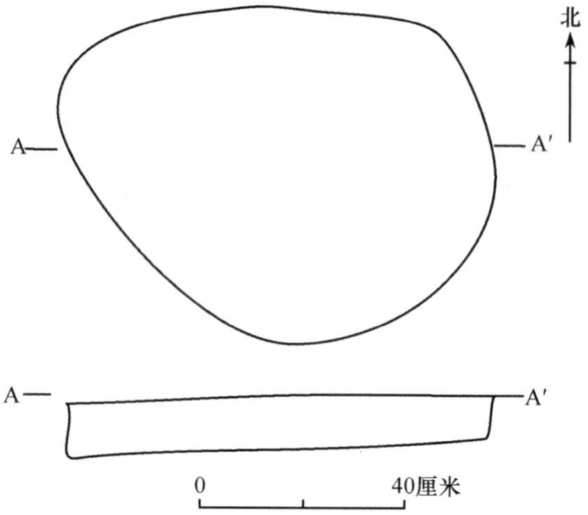

图六八六 H410平、剖面图

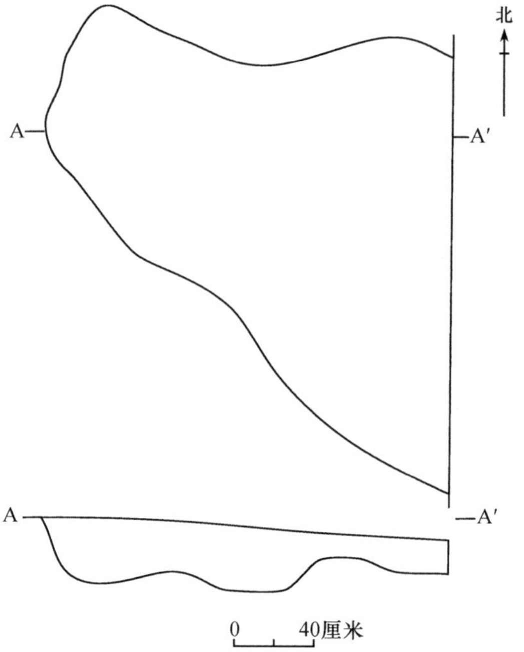

图六八七 H412平、剖面图

坑内堆积与包含物：坑内填青灰土，质稍密，夹较多杂质及颗粒。包含陶片较多。

出土遗物：参加分类排队的陶器26件，可辨器形有花边圜底罐、罐形釜、圜底钵、尖底盏。

3. 晚段

67个，可分类者51个。

（1）甲类

2个。

1）A型

1个。Aa型。

H341

位置：位于99DT0201西南部，Y3东部，H141内，坑口距地表225厘米。层位关系：Y3→H341→H141。

形制：平面呈不规则圆形，弧壁，壁上残存一层薄厚不匀的黄黏土，厚1～2.5厘米，底近平。口径65～75、底径55、深30厘米（图六八八）。

坑内堆积与包含物：坑内填黄灰土，质疏松，夹红烧土颗粒和炭灰。包含物多为陶片。

出土遗物：参加分类排队的陶器16件，挑选标本6件。

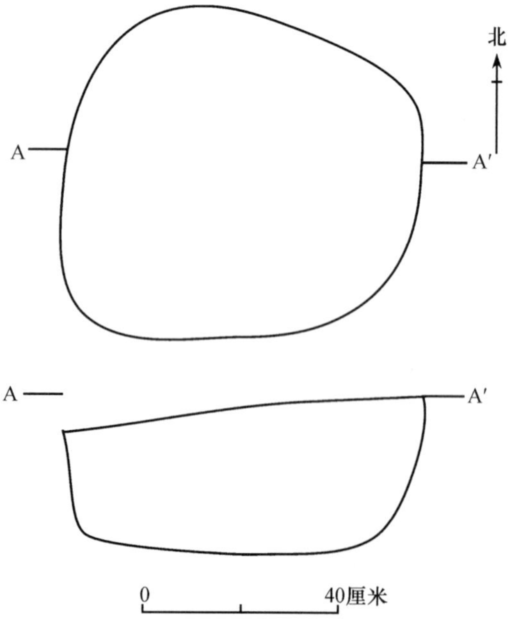

图六八八 H341平、剖面图

花边圜底罐　1件。Bc型。

标本H341：1，夹砂红陶，局部灰；内外壁多灰白色附着物。唇部戳刮呈波浪形，腹、底饰斜粗绳纹。口近直，微束颈，鼓腹，尖圜底，复原。手制，火候较高。口径9.4、高10.6厘米（图六八九，1）。

束颈圜底罐　15件。

A型　8件。

Ⅰ式：7件。

标本H341：6，夹砂灰褐陶，里褐；器表多灰白色附着物。外沿内抹，腹饰中粗绳纹。口近直，微束颈，鼓腹，残。手制，火候较高。口径10.4、残高9.3厘米（图六八九，2）。

Ⅱ式：1件。

标本H341：2，夹砂灰褐陶，局部、里橙黄；器表多灰白色附着物。腹饰绳纹，局部有擦抹痕。口近直，微束颈，鼓腹，圜尖底，修复。手制，火候较高。口径10、残高10.4厘米（图六八九，3）。

B型　7件。

Ⅰ式：6件。

标本H341：3，夹砂红陶，局部、胎灰褐。口微敛，微束颈，鼓腹，残。手制，火候较高。口径10.8、残高10.4厘米（图六八九，4）。标本H341：4，夹砂橙黄陶，局部、胎黑。腹饰中粗绳纹。口微侈，束颈，鼓腹，残。手制，火候较高。残宽7.3、残高8.3厘米（图六八九，5）。

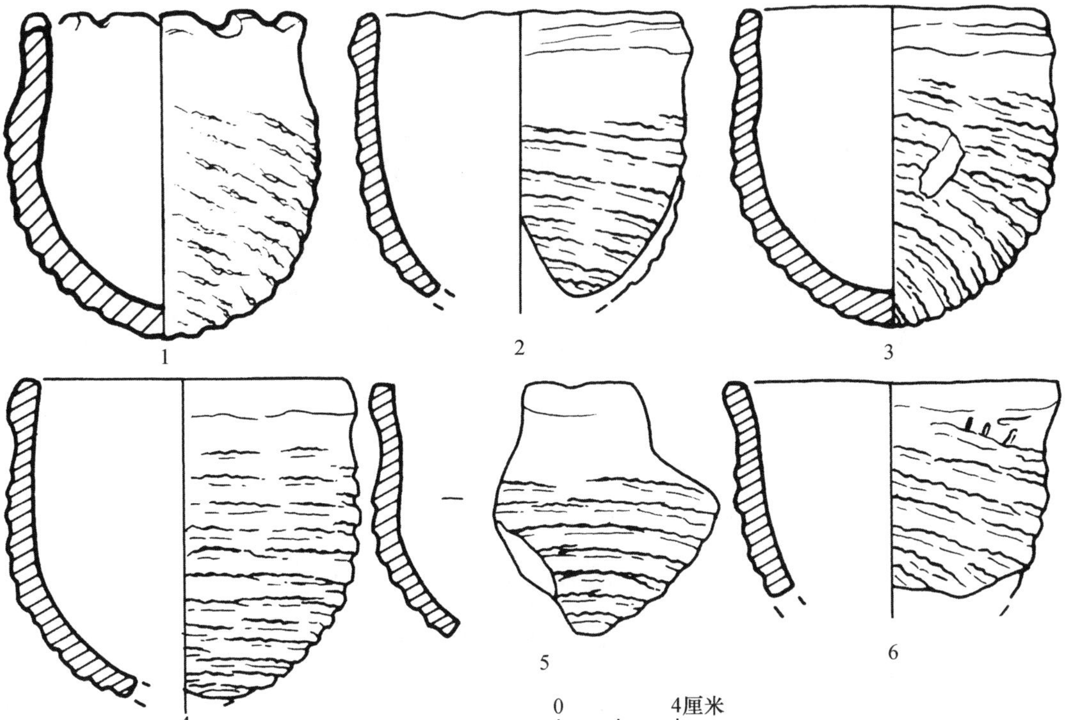

图六八九　H341出土陶器

1. Bc型花边圜底罐（H341：1）　2. A型Ⅰ式束颈圜底罐（H341：6）　3. A型Ⅱ式束颈圜底罐（H341：2）　4、5. B型Ⅰ式束颈圜底罐（H341：3、H341：4）　6. B型Ⅱ式束颈圜底罐（H341：5）

Ⅱ式：1件。

标本H341：5，夹砂红陶，局部、胎灰褐。颈饰戳印纹，腹饰粗绳纹。敞口，卷沿，圆唇，鼓腹，残。手制，火候较高。口径11.2、残高7厘米（图六八九，6）。

2）C型

1个。Ca型。

H238

位置：位于98BT0204南部，部分压在98BT0203北隔梁下，坑口距地表深230厘米。层位关系：㉑—H238→F84。

形制：从暴露部分观察，平面呈圆角长方形，弧壁，圜底，坑底残留一层灰白色钙化层。残长100、宽70、深46厘米（图六九〇）。

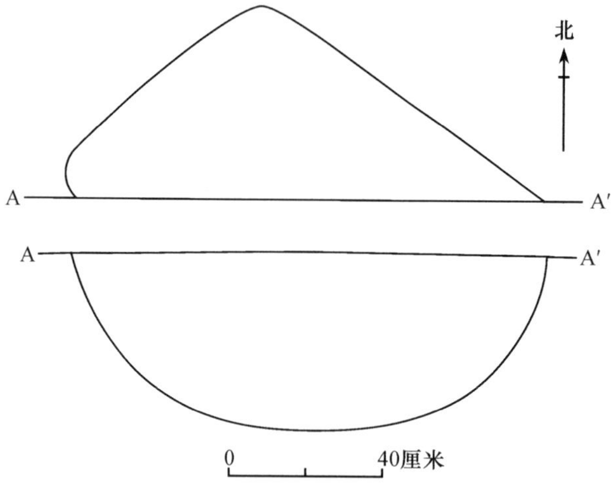

图六九〇　H238平、剖面图

坑内堆积与包含物：坑内填土是松软的红褐色土，夹大量烧土颗粒和草木灰。包含物多为碎陶片。

出土遗物：出土陶器48件，参加分类排队的19件，挑选标本4件。

束颈圜底罐　8件。B型Ⅱ式。

标本H238：3，夹砂褐陶，局部灰黑；器表多灰白色附着物。唇部刮抹略呈波浪形，腹饰斜粗绳纹，局部擦抹。直口，微束颈，鼓腹，残。手制，火候较高。残宽10.4、残高10厘米（图六九一，1）。

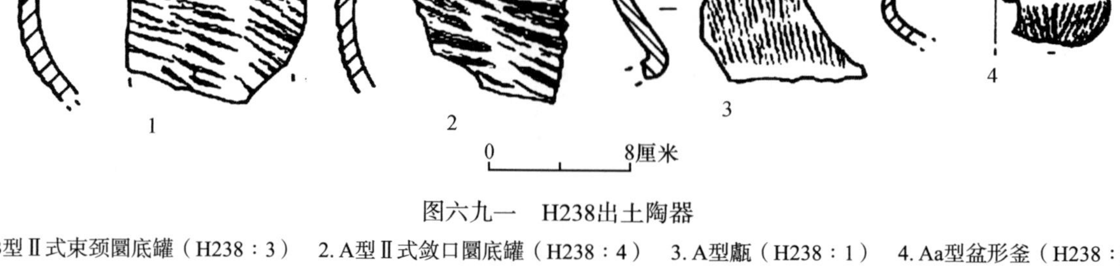

图六九一　H238出土陶器

1. B型Ⅱ式束颈圜底罐（H238：3）　2. A型Ⅱ式敛口圜底罐（H238：4）　3. A型甗（H238：1）　4. Aa型盆形釜（H238：2）

敛口圜底罐　9件。A型Ⅱ式。

标本H238：4，夹砂褐陶，局部黑褐。唇部戳刮略呈波浪形，外沿下饰竖短划纹，腹饰斜粗绳纹。口敛，微束颈，鼓腹，残。手制，火候较高。残宽9.2、残高10厘米（图六九一，2）。

甗　1件。A型。

标本H238：1，夹粗砂红褐陶，局部黑。下腹饰斜中粗绳纹。下腹弧收，残。分制，火候较高。残宽9.2、残高7.6厘米（图六九一，3）。

盆形釜　1件。Aa型。

标本H238：2，夹砂红陶，局部黑。腹、底饰斜中粗绳纹。侈口，窄折沿微斜，圆唇，上腹微外斜，鼓腹，圜底，残。轮制，火候较高。口径12.8、残高5.2厘米（图六九一，4）。

（2）乙类

49个。

1）A型

14个。

①Aa型

3个。

H354

位置：位于99DT0201东北部，F40内，坑口距地表深275厘米，被开口第19层下的H182打破。层位关系：⑳—H354→F40。

形制：平面略呈圆形，壁微弧，平底。口径100、底径50、深40厘米（图六九二）。

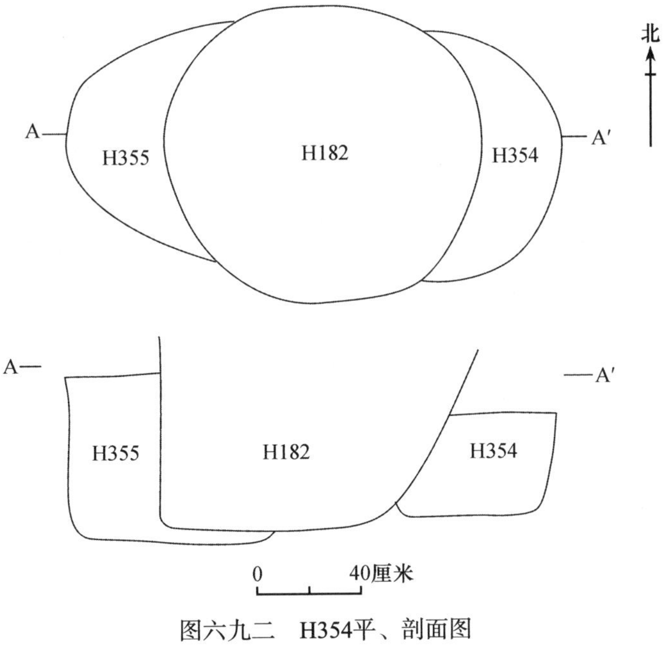

图六九二　H354平、剖面图

坑内堆积与包含物：坑内填黄灰土，质较紧密，夹炭粒较多。包含物多为陶片。

出土遗物：参加分类排队的陶器16件，挑选标本7件。

花边圜底罐 9件。Bc型。

标本H354：2，夹砂红陶，局部浅黄，灰胎。唇部戳刮略呈波浪形，颈、腹饰粗绳纹。口微敛，微束颈，鼓腹，残。手制，火候较高。残宽6、残高7.4厘米（图六九三，1）。

束颈圜底罐 2件。A型。

Ⅱ式：1件。

标本H354：4，夹砂黑陶，局部、胎灰，里红。外沿内抹，腹饰粗绳纹。敛口，束颈，鼓腹，残。手制，火候较高。残宽7.6、残高7.6厘米（图六九三，2）。

Ⅲ式：1件。

标本H354：3，夹砂红褐陶，胎、里红。外沿刮抹略呈波浪形，腹饰粗绳纹。口微侈，束颈，鼓腹，残。手制，火候较高。残宽6.2、残高7厘米（图六九三，3）。

敛口圜底罐 5件。A型。

Ⅰ式：4件。

标本H354：5，夹砂灰黑陶，褐胎；器表多灰白色附着物。腹饰粗绳纹。口微敛，圆唇，上腹较直，残。手制，火候较高。口径9.2、残高6.2厘米（图六九三，4）。标本H354：6，夹砂灰褐陶，局部灰黑；器表多灰白色附着物。腹饰粗绳纹。口微敛，鼓腹，残。手制，火候较高。口径11.2、残高7.4厘米（图六九三，5）。

Ⅱ式：1件。

标本H354：7，夹砂红陶，局部褐；器表多灰白色附着物。腹饰中粗绳纹。口微敛，鼓腹，残。手制，火候较高。口径10.4、残高10.2厘米（图六九三，6）。

②Ab型

5个。

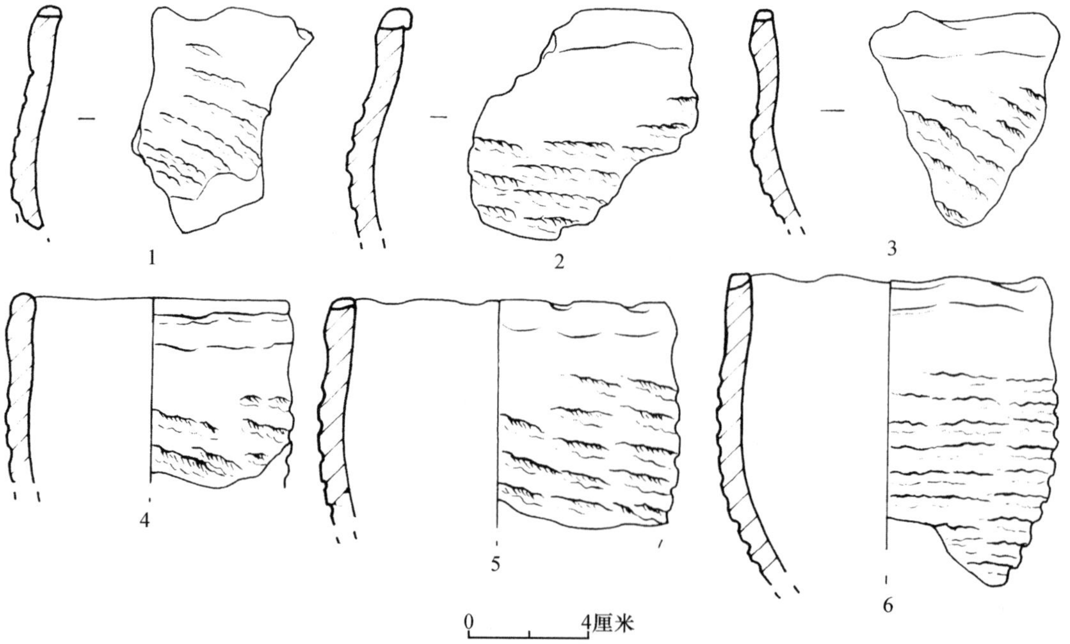

图六九三 H354出土陶器

1. Bc型花边圜底罐（H354：2） 2. A型Ⅱ式束颈圜底罐（H354：4） 3. A型Ⅲ式束颈圜底罐（H354：3）
4、5. A型Ⅰ式敛口圜底罐（H354：5、H354：6） 6. A型Ⅱ式敛口圜底罐（H354：7）

H402

位置：位于99DT0301中部，H374底部，H403南侧，坑口距地表深3.16米。层位关系：H374→H402→㉒。

形制：平面呈圆形，直壁，修整规整，平底。口径80、深78厘米（图六九四）。

坑内堆积与包含物：坑内堆积分2层。

第1层：厚20～40厘米。浅黄色土，质疏松，呈颗粒状。包含碎陶片较多。

第2层：厚38～40厘米。浅灰色土，质松散。包含碎陶片、兽骨等。

出土遗物：参加分类排队的陶器14件，挑选标本5件。

束颈圜底罐　9件。

A型　3件。Ⅰ式。

标本H402：1，夹砂褐陶，局部红，里灰褐。唇部刮抹，腹饰斜粗绳纹。口微侈，微束颈，鼓腹，残。手制，火候较高。口径10.6、残高11.2厘米（图六九五，1）。

B型　6件。Ⅰ式。

标本H402：2，夹砂灰褐陶，局部黑、红褐。唇部刮抹，颈、腹饰斜粗绳纹。口微侈，微束颈，鼓腹，残。手制，火候较高。口径10.8、残高7.4厘米（图六九五，2）。

敛口圜底罐　3件。A型Ⅰ式。

标本H402：3，夹砂红褐陶，局部灰，灰褐胎，里红；器表多灰白色附着物。唇部刮

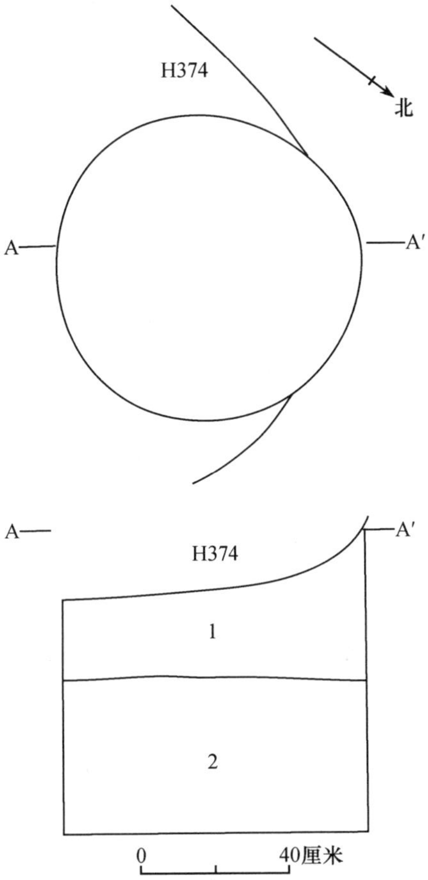

图六九四　H402平、剖面图

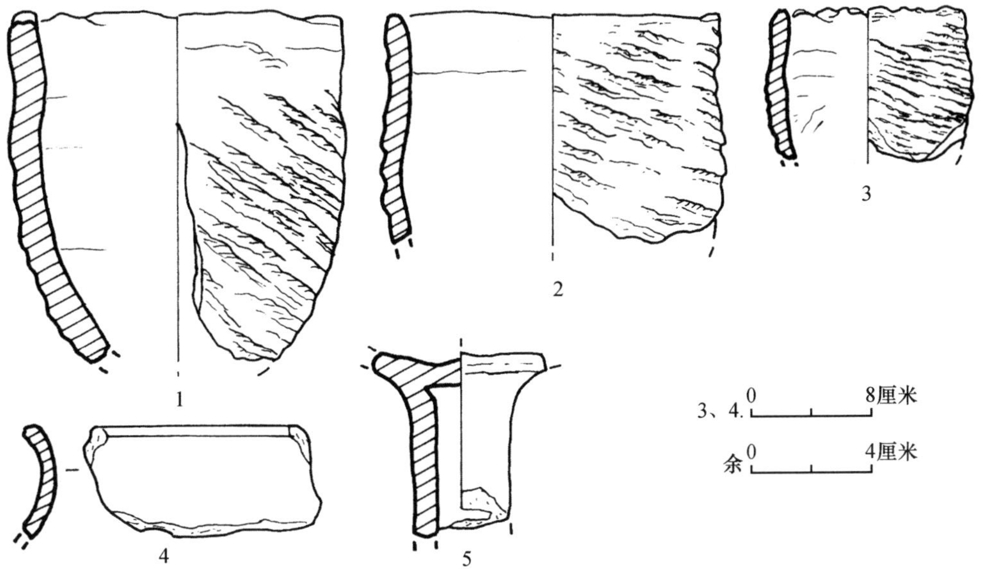

图六九五　H402出土陶器

1. A型Ⅰ式束颈圜底罐（H402：1）　2. B型Ⅰ式束颈圜底罐（H402：2）
3. A型Ⅰ式敛口圜底罐（H402：3）　4. B型罐形釜（H402：4）　5. 豆（柄）（H402：5）

抹，器表饰斜绳纹。口近直，鼓腹，残。手制，火候较高。口径12.8、残高9.6厘米（图六九五，3）。

罐形釜　1件。B型。

标本H402：4，夹粗砂红陶，黑胎。素面。侈口，圆唇，束颈，残。轮制，火候较高。残宽15.2、残高7.2厘米（图六九五，4）。

豆（柄）　1件。

标本H402：5，夹砂灰褐陶，胎局部红。素面，器表磨光。盘底微凸，细圆柱形柄，残。轮制，火候高。残宽5.6、残高5.8厘米（图六九五，5）。

③Ac型

2个。

H231

位置：位于98AT0103中南部，部分压在南壁下，坑口距地表深203厘米。层位关系：⑳—H231→㉑。

形制：平面呈不规则圆形，口大底小，斜壁，平底，壁、底不见加工痕迹。口径60、底径34、深53厘米（图六九六）。

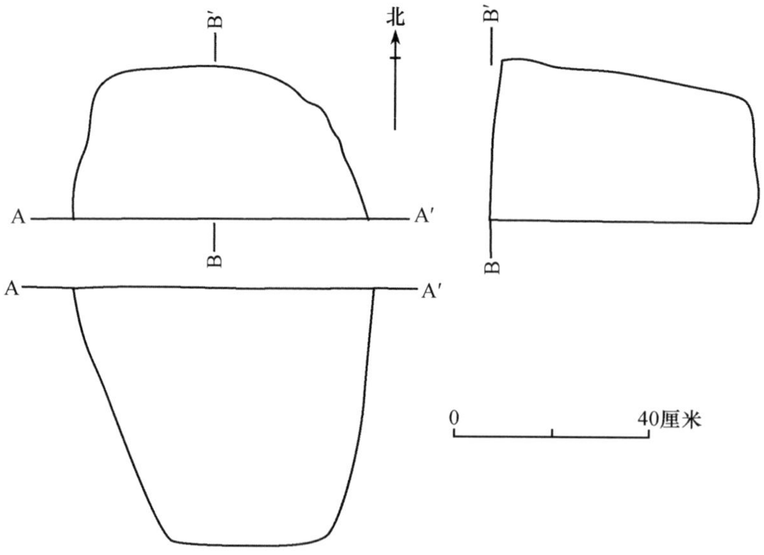

图六九六　H231平、剖面图

坑内堆积与包含物：坑内填黄褐色灰土，包含少量碎陶片。

出土遗物：出土陶器可辨器形均为绳纹敛口圜底罐。

④Ad型

4个。

H357

位置：位于99DT0201中部，F153内，坑口距地表深275厘米。层位关系：⑳—H357→F153。

形制：平面呈不规则圆形，坑的东壁向内倾斜，其余三壁基本垂直向下，壁规整，坑底斜弧。口径95、底径75、深66～88厘米（图六九七）。

坑内堆积与包含物：坑内堆积夹炭灰块和红烧土粒较多，可分2层。

第1层：厚30厘米。灰土，质疏松。包含陶片较丰富。

第2层：厚36～58厘米。黄灰土，土质比第1层紧密。包含陶片、兽骨等。

出土遗物：参加分类排队的陶器80件，分层介绍如下：

第1层：参加分类排队的陶器35件，挑选标本11件。

高领瓮　1件。Ⅱ式。标本碎小。

矮领瓮　1件。B型Ⅱ式。标本碎小。

花边圜底罐　8件。Bc型。

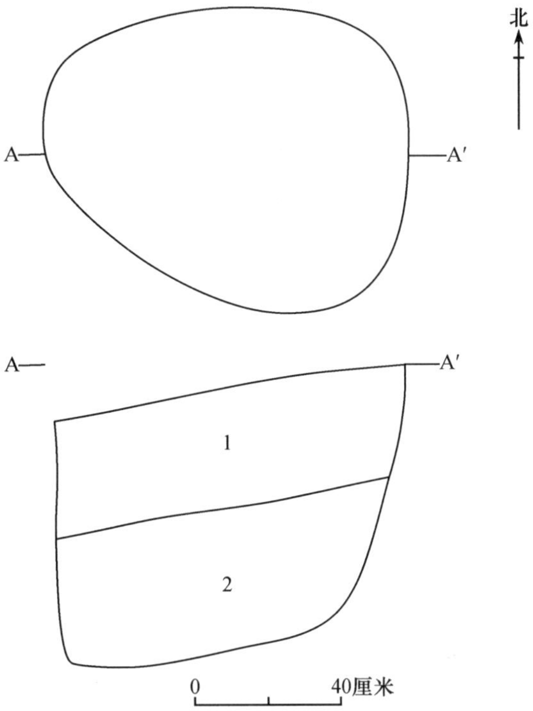

图六九七　H357平、剖面图

标本H357①：3，夹砂红褐陶，局部红。唇部刮抹呈波浪形，颈饰零星划纹，腹饰粗绳纹。侈口，束颈，鼓腹，残。手制，火候较高。口径10.4、残高7.2厘米（图六九八，1）。

束颈圜底罐　4件。A型。

Ⅱ式：3件。

标本H357①：4，夹砂褐陶。外沿内抹，腹饰粗绳纹，局部有擦、划痕。口近直，束颈，鼓腹，残。手制，火候较高。口径11.2、残高8厘米（图六九八，2）。标本H357①：5，夹砂灰褐陶，里褐。外沿内抹，腹、底饰中粗绳纹。侈口，束颈，鼓腹，圜底，修复。手制，火候较高。口径10.4、高10.7厘米（图六九八，3）。

Ⅲ式：1件。

标本H357①：7，夹砂红陶，局部灰褐，里褐；器表有灰白色附着物。口微侈，微束颈，鼓腹，残。手制，火候较高。口径10.8、残高8.6厘米（图六九八，4）。

敛口圜底罐　16件。A型。

Ⅰ式：8件。

标本H357①：6，夹砂褐陶，局部灰褐；器表多灰白色附着物。器表饰斜粗绳纹。敛口，鼓腹，残。手制，火候较高。口径10、残高7.7厘米（图六九八，5）。

Ⅱ式：8件。

标本H357①：8，夹砂褐陶，局部、胎黑；器表多灰白色附着物。腹饰斜中粗绳纹。口微敛，鼓腹，残。手制，火候较高。口径11.2、残高10.8厘米（图六九八，6）。标本H357①：9，夹砂灰黑陶，局部褐，黑胎；器表多灰白色附着物。腹饰中粗绳纹。敛口，鼓腹，残。手制，火候较高。口径10.8、残高12.3厘米（图六九八，7）。

钵形釜？　1件。Ⅱ式。

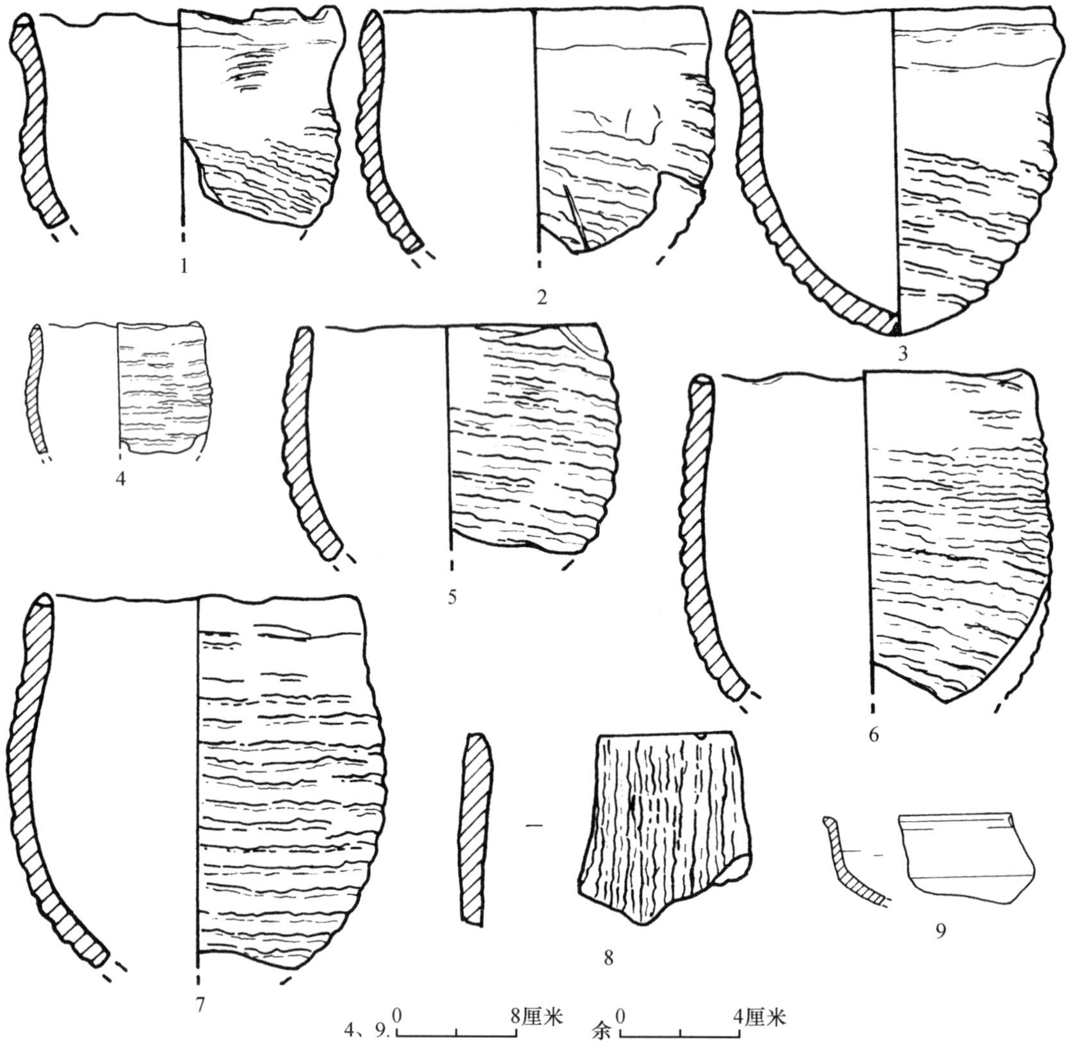

图六九八　H357①出土陶器

1. Bc型花边圜底罐（H357①：3）　2、3. A型Ⅱ式束颈圜底罐（H357①：4、H357①：5）
4. A型Ⅲ式束颈圜底罐（H357①：7）　5. A型Ⅰ式敛口圜底罐（H357①：6）
6、7. A型Ⅱ式敛口圜底罐（H357①：8、H357①：9）　8. Ⅱ式钵形釜?（H357①：11）　9. 盆（H357①：10）

标本H357①：11，夹砂褐陶，局部、胎黑。器表饰竖粗绳纹。口微敛，圆唇，弧腹，残。轮制，火候较高。残宽5.7、残高6.3厘米（图六九八，8）。

盆　1件。

标本H357①：10，夹砂黑陶，褐胎。素面，表皮脱落。敞口，卷沿，圆唇，折腹，残。轮制，火候高。残宽8.9、残高5.8厘米（图六九八，9）。

尖底盏　3件。1件可分型式，A型Ⅱ式。标本碎小。

第2层：参加分类排队的陶器45件，挑选标本11件。

齿唇瓮　2件。Bb型1件、Bc型1件。标本碎小。

高领瓮　1件。Ⅱ式。标本碎小。

矮领瓮　1件。B型Ⅱ式。标本碎小。

花边圜底罐　11件。Bc型。

标本H357②：1，夹砂灰褐陶，红胎，里褐。外沿戳刮略呈波浪形，腹饰中粗绳纹。口微侈，微束颈，鼓腹，残。手制，火候较高。口径10.6、残高8.4厘米（图六九九，1）。标本H357②：2，夹砂灰褐陶，局部黑，里红。唇部刮抹呈波浪形，腹饰中粗绳纹。口微侈，微束颈，鼓腹，残。手制，火候较高。口径11.8、残高7.4厘米（图六九九，2）。

束颈圜底罐　14件。

A型　9件。Ⅲ式。

标本H357②：3，夹砂黑陶，局部灰、红。唇部戳刮、外沿内抹呈波浪形，颈饰细竖划纹，腹饰粗绳纹。口微侈，束颈，鼓腹，残。手制，火候较高。口径9.6、残高6.6厘米（图六九九，3）。标本H357②：4，夹砂灰褐陶，里褐。腹饰斜中粗绳纹，局部有擦抹痕。口微侈，微束颈，鼓腹，残。手制，火候较高。残宽6.3、残高6.8厘米（图六九九，4）。

B型　5件。Ⅱ式。

标本H357②：5，夹砂褐陶，胎、里红。腹饰中粗绳纹。直口，微束颈，鼓腹，残。手制，火候较高。口径10.8、残高9.2厘米（图六九九，5）。

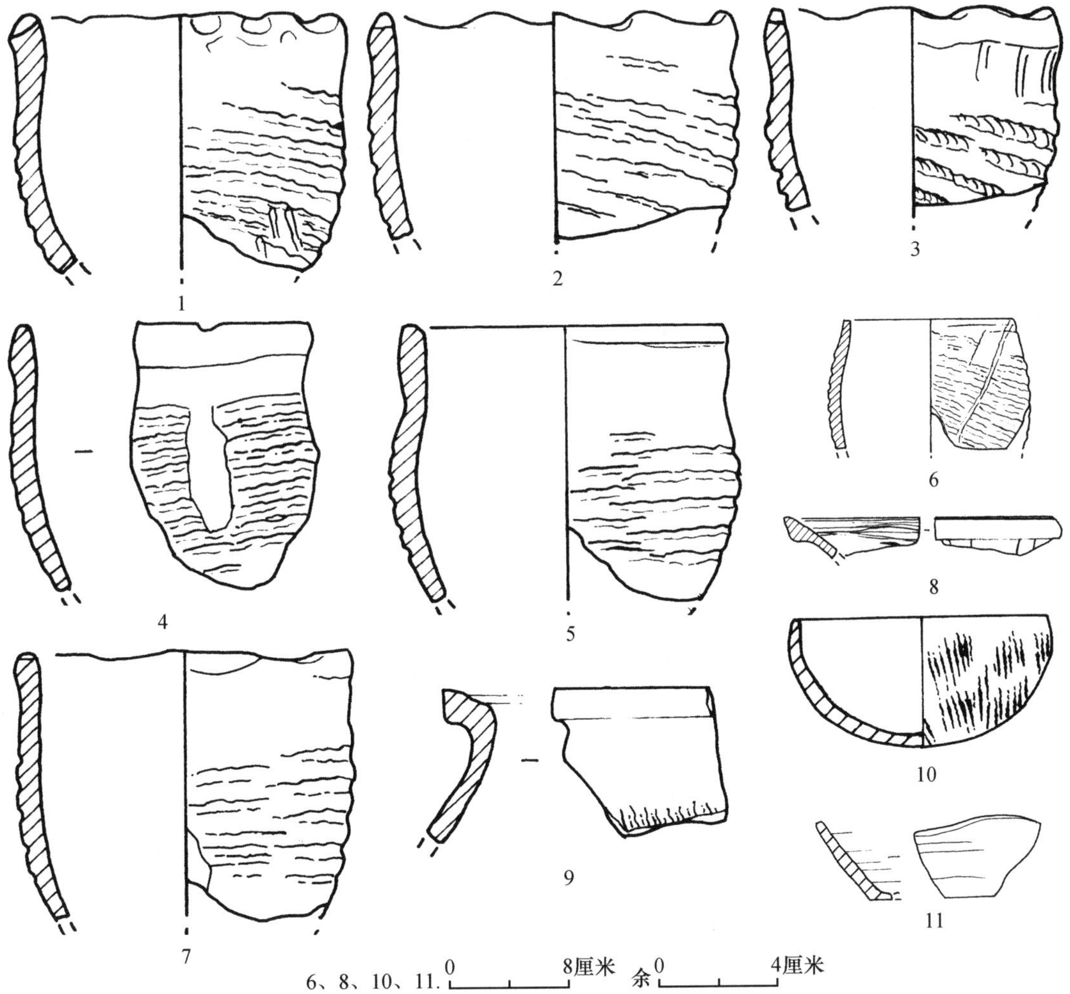

图六九九　H357②出土陶器

1、2. Bc型花边圜底罐（H357②：1、H357②：2）　3、4. A型Ⅲ式束颈圜底罐（H357②：3、H357②：4）　5. B型Ⅱ式束颈圜底罐（H357②：5）　6、7. A型Ⅰ式敛口圜底罐（H357②：6、H357②：7）　8. Ⅱ式喇叭口器（H357②：9）　9. Ab型盆形釜？（H357②：8）　10. A型Ⅱ式圜底钵（H357②：11）　11. 器底（H357②：10）

敛口圜底罐　12件。A型Ⅰ式。

标本H357②：6，夹砂灰褐陶，局部红褐。器表饰粗绳纹、粗划纹。敛口，鼓腹，残。手制，火候较高。口径11.6、残高8.6厘米（图六九九，6）。标本H357②：7，夹砂红陶，局部褐。腹饰粗绳纹。口近直，微鼓腹，残。手制，火候较高。口径11.2、残高8.8厘米（图六九九，7）。

喇叭口器　1件。Ⅱ式。

标本H357②：9，夹砂灰黑陶。唇面饰横暗纹，领饰竖暗纹，内沿饰交错暗纹。喇叭口，圆唇，残。轮制，火候高。残宽8.6、残高2.6厘米（图六九九，8）。

盆形釜？　1件。Ab型。

标本H357②：8，夹砂黑褐陶，红褐胎。腹饰斜绳纹。侈口，折沿微斜，沿面微凹，斜方唇，鼓腹，残。轮制，火候较高。残宽5.8、残高5厘米（图六九九，9）。

圜底钵　1件。A型Ⅱ式。

标本H357②：11，夹砂黑陶，局部褐。腹饰组状粗绳纹。敞口，圆唇，弧腹，圜底，修复。手制，火候较高。口径17、高8.7厘米（图六九九，10）。

器底　1件。

标本H357②：10，夹砂灰黑陶，灰褐胎。素面，有瓦棱痕，内壁多瓦棱纹。下腹斜弧收，平底，残。轮制，火候较高。残宽8.6、残高5.2厘米（图六九九，11）。

2）B型

12个。

①Ba型

5个。

H342

位置：位于99AT0301东北部，M48东南部，坑口距地表深140厘米。层位关系：⑱—H342→⑲。

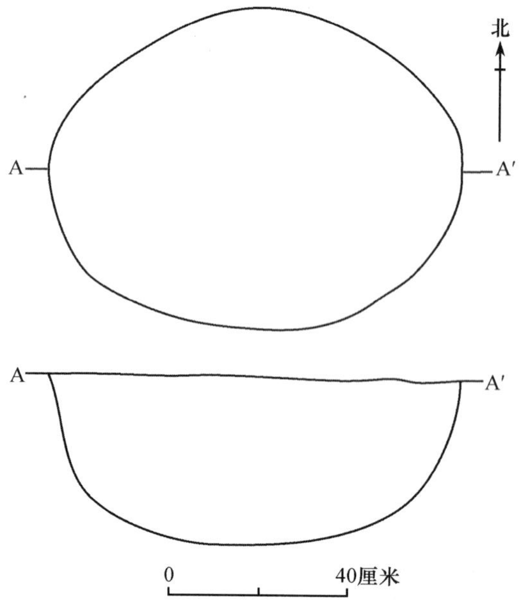

图七〇〇　H342平、剖面图

形制：平面呈椭圆形，弧壁，圜底，坑壁、底无加工痕迹。长径90、短径70、深36厘米（图七〇〇）。

坑内堆积与包含物：坑内填黄褐色沙土，质松软。包含物多为陶片。

出土遗物：参加分类排队的陶器29件，挑选标本5件。

花边圜底罐　14件。B型。

Ba型　7件。Ⅰ式。

标本H342：1，夹砂红陶，局部灰褐；器表多灰白色附着物。唇部戳刮、外沿刮抹呈波浪形，腹、底饰斜深粗绳纹。侈口，束颈，鼓腹，圜尖底，完整。手制，火候较高。口径9.8、高11厘米

（图七〇一，1）。标本H342：5，夹砂褐陶，局部红，灰胎。唇部戳刮、外沿内抹呈波浪形，腹饰斜粗绳纹。侈口，束颈，鼓腹，残。手制，火候较高。口径8.6、残高8.4厘米（图七〇一，2）。

Bb型　1件。标本碎小。

Bc型　6件。

标本H342：3，夹砂灰黑陶，局部、里红，灰黑胎。唇部戳刮、外沿内抹呈波浪形，腹饰斜粗绳纹。口近直，束颈，鼓腹，残。手制，火候较高。残宽9、残高10.4厘米（图七〇一，3）。

敛口圜底罐　14件。A型Ⅱ式。

标本H342：4，夹砂黑陶，胎、里灰褐；器表多灰白色附着物。唇部刮抹略呈波浪形，腹饰横中粗绳纹。敛口，鼓腹，残。手制，火候较高。口径11.6、残高8.9厘米（图七〇一，4）。

矮领瓮　1件。B型Ⅱ式。标本碎小。

②Bb型

3个。

H240

位置：位于98BT0304中部偏西北，F82南部。层位关系：⑲—H240→F91。

形制：平面呈不规则椭圆形，直壁，平底。口长径155、短径60、底长径120、短径55、深90厘米（图七〇二）。

坑内堆积与包含物：坑内填灰褐、黄褐土，质疏松，夹少量炭屑。坑内重叠堆放部分完整

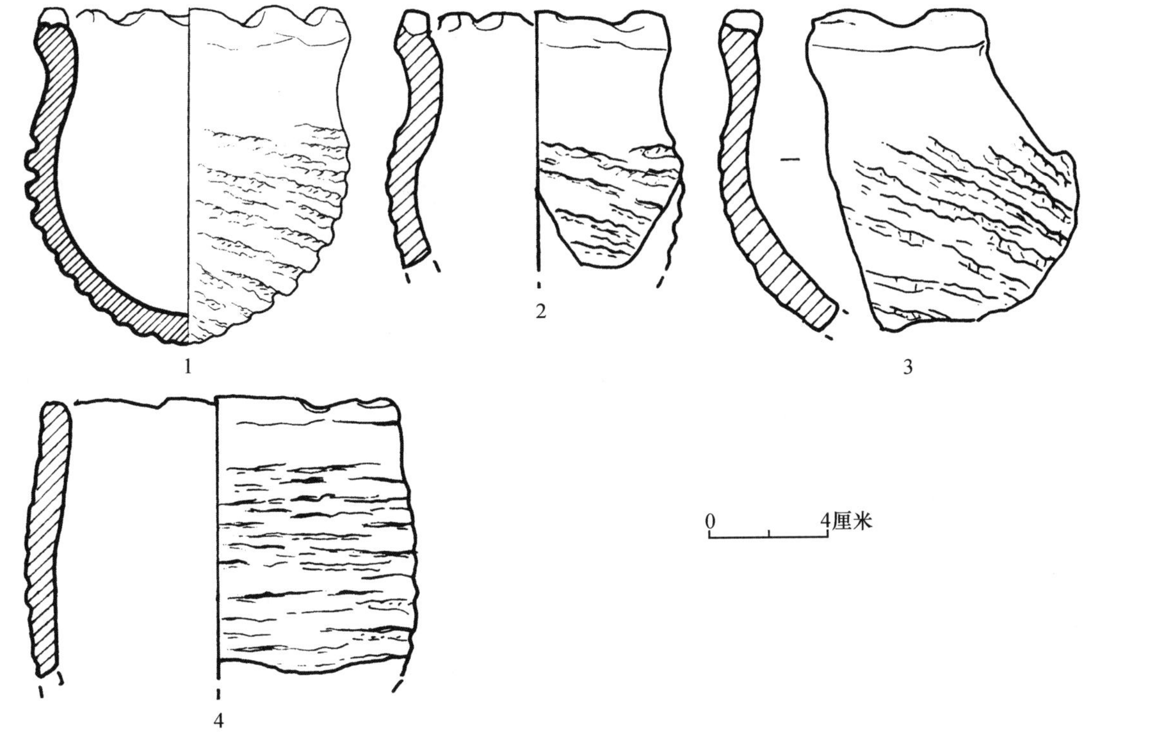

图七〇一　H342出土陶器

1、2. Ba型Ⅰ式花边圜底罐（H342：1、H342：5）　3. Bc型花边圜底罐（H342：3）　4. A型Ⅱ式敛口圜底罐（H342：4）

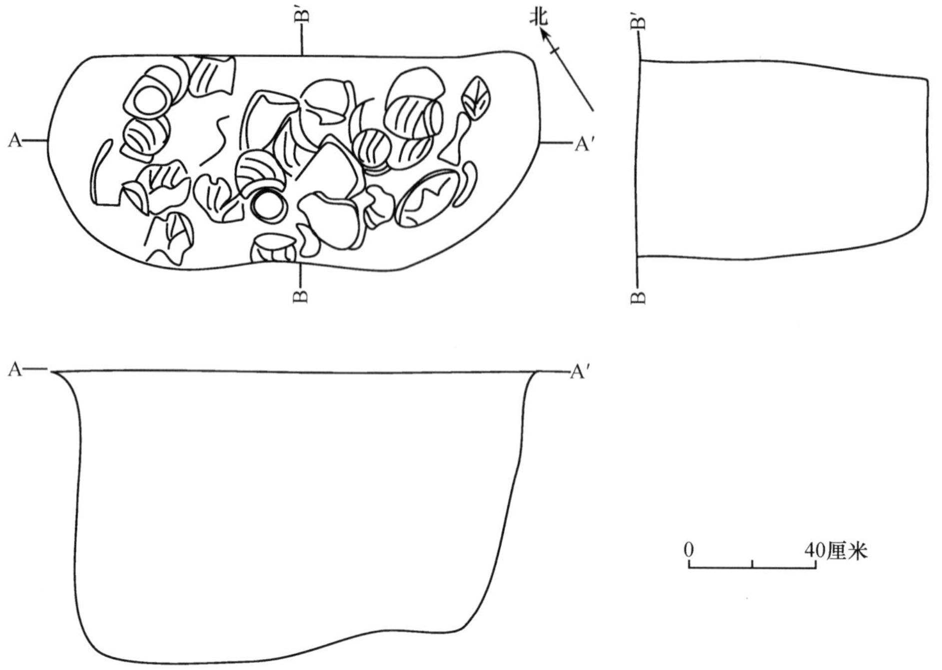

图七〇二　H240平、剖面图

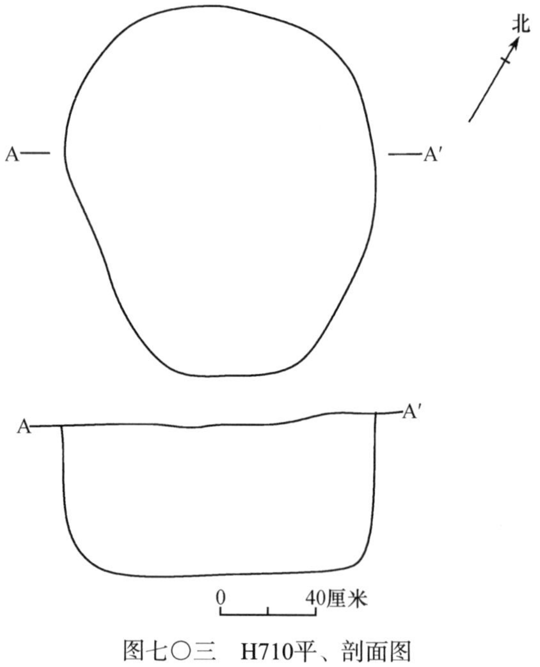

图七〇三　H710平、剖面图

或可复原的陶圜底罐。

H710

位置：位于02DT0101西北部，坑口距地表深440厘米。层位关系：⑫—H710→⑬。

形制：平面呈不规则椭圆形，壁稍直，底部较平。口长径150、短径90～130、底长径140、短径115、深60厘米（图七〇三）。

坑内堆积与包含物：坑内填灰褐色土，质疏松，夹杂烧土颗粒及灰烬。包含物多为陶片。

出土遗物：参加分类排队的陶器33件，挑选标本6件。

齿唇瓮　1件。Bb型。

标本H710：6，夹粗砂灰黑陶，局部红褐，灰胎。唇部戳按呈齿状。侈口，领外斜，残。手制，火候较高。残宽8.4、残高10.4厘米（图七〇四，1）。

花边圜底罐　21件。B型。

Ba型　19件。Ⅰ式。

标本H710：1，夹砂灰黑陶，局部灰褐，灰胎，里黄褐。唇部戳刮、外沿内抹呈波浪形，腹饰斜粗绳纹。微侈口，束颈，鼓腹，残。手制，火候高。口径10.2、残高9.6厘米（图七〇四，2）。标本H710：2，夹砂灰褐陶，局部红，灰胎，里黑；器表多灰白色附着物。唇

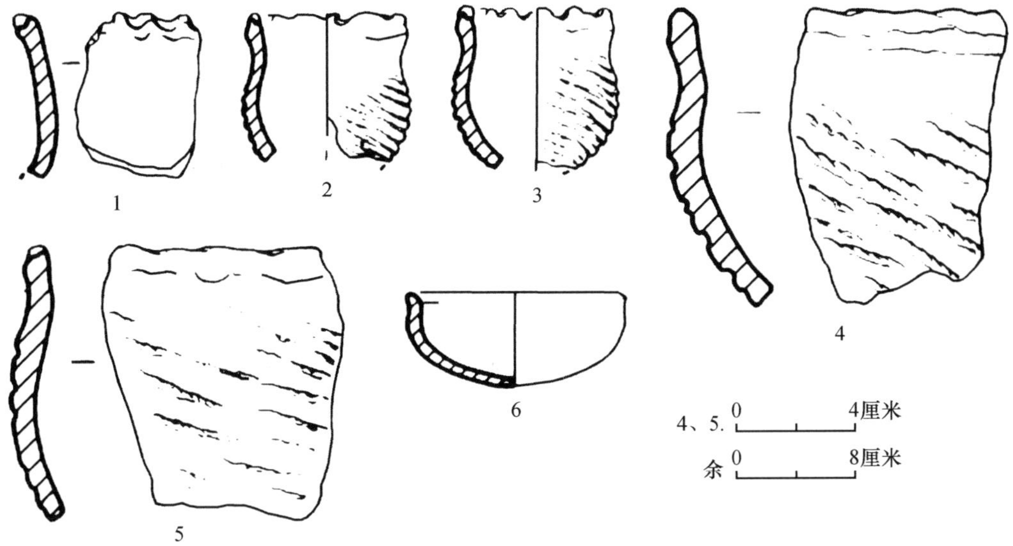

图七〇四　H710出土陶器

1. Bb型齿唇瓮（H710：6）　2、3. Ba型Ⅰ式花边圜底罐（H710：1、H710：2）　4. B型Ⅱ式束颈圜底罐（H710：3）　5. A型Ⅰ式敛口圜底罐（H710：4）　6. A型Ⅱ式圜底钵（H710：5）

部戳刮、外沿内抹呈波浪形，腹饰斜粗绳纹。微侈口，束颈，鼓腹，残。手制，火候高。口径10、残高10.4厘米（图七〇四，3）。

Bb型　2件。标本碎小。

束颈圜底罐　5件。

A型　3件。Ⅱ式。标本碎小。

B型　2件。Ⅱ式。

标本H710：3，夹砂黑陶，局部褐；器表多灰白色附着物。外沿饰横划纹，腹饰斜粗绳纹。侈口，束颈，鼓腹，残。手制，火候较高。残宽7.2、残高7.6厘米（图七〇四，4）。

敛口圜底罐　5件。A型Ⅰ式。

标本H710：4，夹砂灰褐陶，里局部红；器表多灰白色附着物。唇部刮抹，腹饰斜中粗绳纹。口微侈，鼓腹，残。手制，火候较高。残宽7.8、残高8.9厘米（图七〇四，5）。

圜底钵　1件。A型Ⅱ式。

标本H710：5，夹粗砂灰褐陶，局部灰黑。素面。敞口，沿微外折，圆唇，上腹较直，下腹弧收，圜底，复原。手制，火候较高。口径14.4、高6厘米（图七〇四，6）。

③Bc型

2个。

H686

位置：位于02BT0101西部，坑口距地表深465～469厘米。层位关系：⑯—H686→⑰。

形制：平面呈规整的椭圆形，坑壁斜直，平底。口长径85、短径60、底长径60、短径40、深24～26厘米（图七〇五）。

坑内堆积与包含物：坑内填黄灰土，质疏松。包含少量陶束颈圜底罐碎片和瓦片。

④Bd型

2个。

H241

位置：位于98BT0405东北部，小部分垮塌。层位关系：⑲—H241→F83。

形制：平面呈不规则椭圆形，坑壁不规则，西壁弧，东壁上部微弧，下部内曲，坑底西高东低，略圜。残长径200、短径120、深52厘米（图七〇六）。

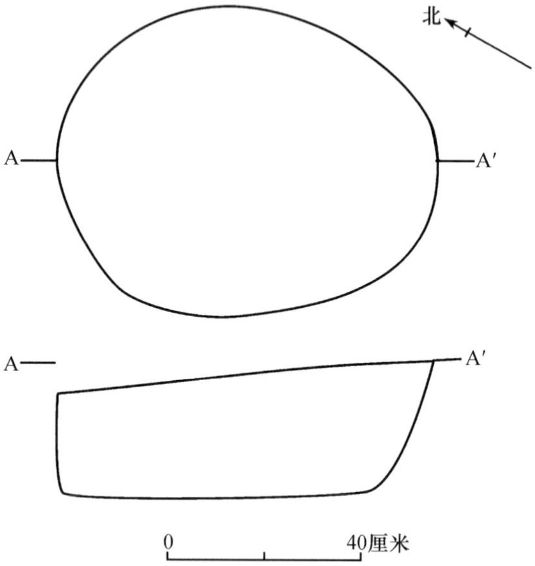

图七〇五　H686平、剖面图

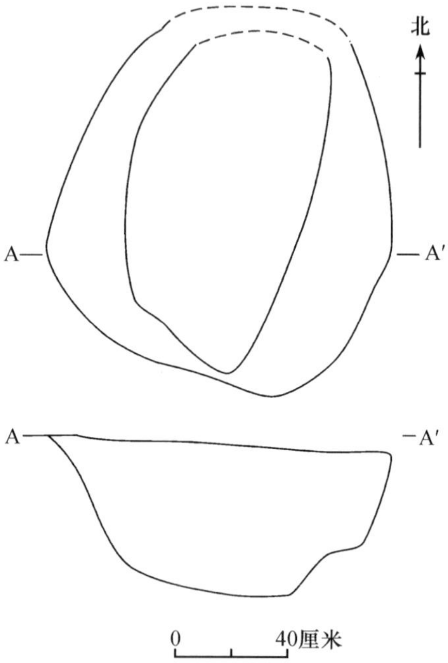

图七〇六　H241平、剖面图

坑内堆积与包含物：坑内填灰褐土，质较松软。包含物多为碎陶片，另有少量兽骨和鱼骨等。

3）C型

8个。

①Ca型

3个。

H128

位置：位于97DT0501东部偏北，坑口距地表深165厘米。层位关系：⑰—H128→F15。

形制：平面呈不规则长方形，弧壁，不规整，圜底。长82.4、宽53.6、深60厘米（图七〇七）。

坑内堆积与包含物：坑内填灰黑色沙黏土，质较松。包含物主要为绳纹陶圜底罐碎片。

②Cb型

3个。

H708

位置：位于02AT0101东部，坑口距地表深240厘米。层位关系：⑬A—H708→F304。

形制：平面呈圆角长方形，壁稍直，平底，较规整。长150、宽60～75、深40厘米（图

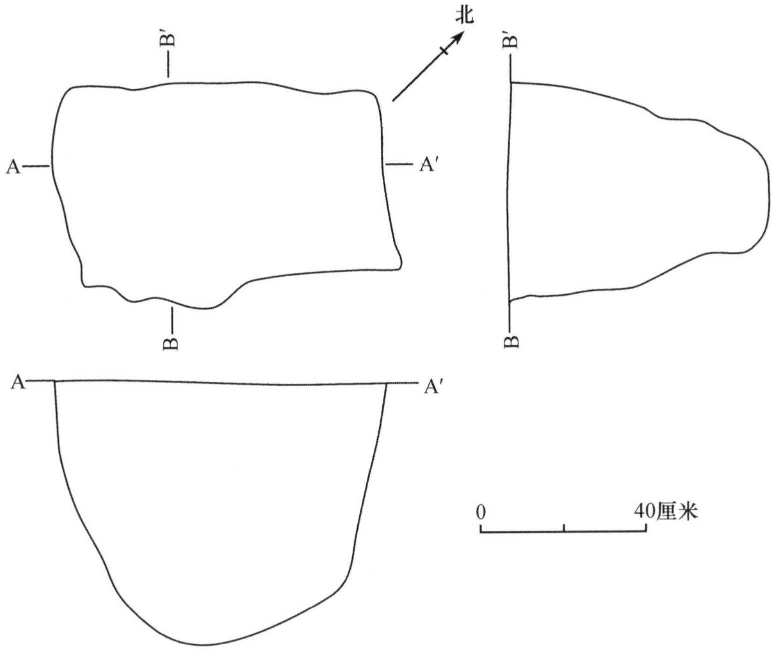

图七〇七 H128平、剖面图

七〇八）。

坑内堆积与包含物：坑内填灰褐色土，质疏松，夹有红烧土颗粒及灰烬。包含较多碎陶片。

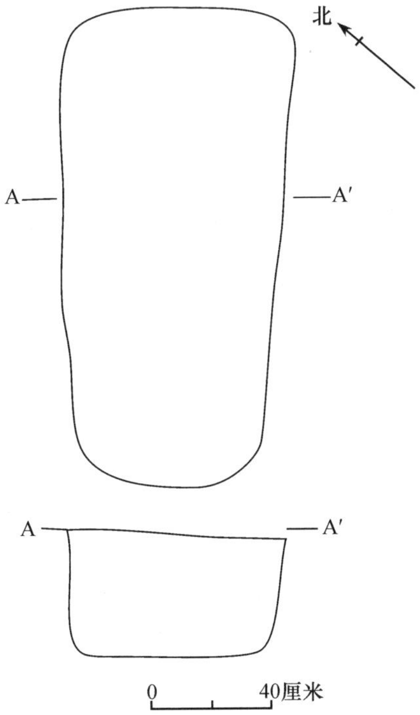

图七〇八 H708平、剖面图

出土遗物：参加分类排队的陶器36件，挑选标本6件。

齿唇瓮 1件。Bb型。

标本H708：4，夹粗砂灰陶，局部黄褐。唇部戳按呈齿状。侈口，束领，残。手制，火候较高。残宽10.6、残高7.6厘米（图七〇九，1）。

中领瓮 1件。B型。

标本H708：6，夹砂黑陶，胎红夹黑。外沿下部饰粗凹弦纹一周、横暗纹两道，领饰波浪形暗纹。侈口，外沿较宽，圆唇，束领，残。轮制，火候高。残宽9.7、残高5.7厘米（图七〇九，2）。

花边圜底罐 13件。B型。

Ba型 10件。Ⅰ式。

标本H708：1，夹砂红褐陶，胎、里红；器表多灰白色附着物。唇部戳刮、外沿内抹呈波浪形，腹饰斜粗绳纹。侈口，束颈，鼓腹，残。手制，火候较高。残宽8.2、残高9.4厘米（图七〇九，3）。

Bc型 3件。

标本H708：2，夹砂红褐陶，局部红，胎红夹灰褐；器表多灰白色附着物。唇部戳刮、外沿内抹呈波浪形，颈、腹饰斜绳纹，有擦抹痕。口敛，鼓腹，残。手制，火候较高。残宽8、

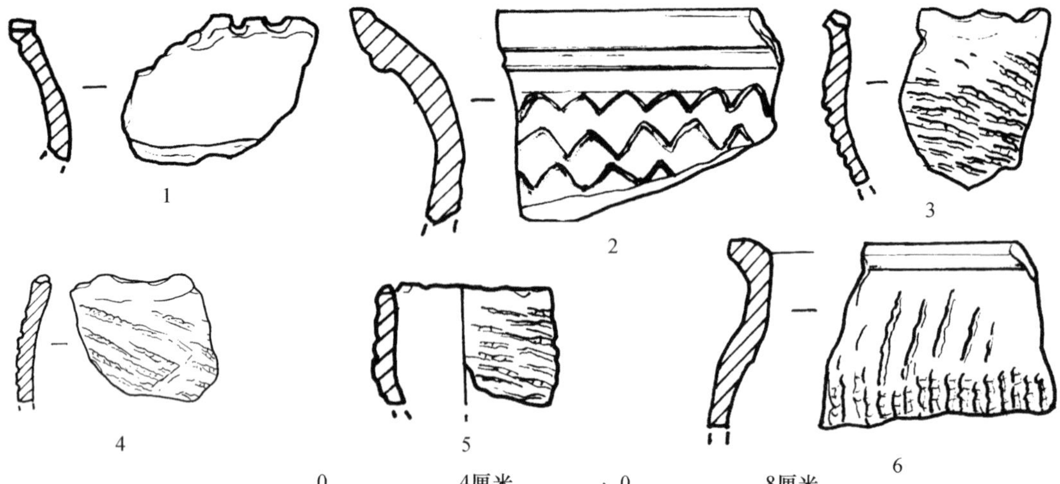

图七〇九　H708出土陶器

1. Bb型齿唇瓮（H708：4）　2. B型中领瓮（H708：6）　3. Ba型Ⅰ式花边圜底罐（H708：1）
4. Bc型花边圜底罐（H708：2）　5. A型Ⅰ式敛口圜底罐（H708：3）　6. Aa型盆形釜（H708：5）

残高6.8厘米（图七〇九，4）。

敛口圜底罐　16件。A型。

Ⅰ式：8件。

标本H708：3，夹砂灰黑陶，局部褐，里红。唇部刮抹，颈、腹饰斜中粗绳纹。口近直，上腹较直，下腹弧收，残。手制，火候较高。口径9.6、残高6.4厘米（图七〇九，5）。

Ⅱ式：8件。标本碎小。

盆形釜　1件。Aa型。

标本H708：5，夹砂红黑陶，局部红褐。领饰斜暗纹，腹饰斜中粗绳纹。侈口，斜折沿，圆唇，领微束，鼓腹，残。轮制，火候高。残宽6.4、残高5厘米（图七〇九，6）。

矮领罐　1件。B型。标本碎小。

角杯　3件。B型。标本碎小。

③Cc型

2个。

H732

位置：位于02DT0102西部偏南，局部压于探方西壁下，坑口距地表深430厘米。层位关系：⑯—H732→⑰。

形制：从暴露部分观察平面呈不规则圆角长方形，斜壁，底较平，壁、底未经加工。长76、宽60、深65厘米（图七一〇）。

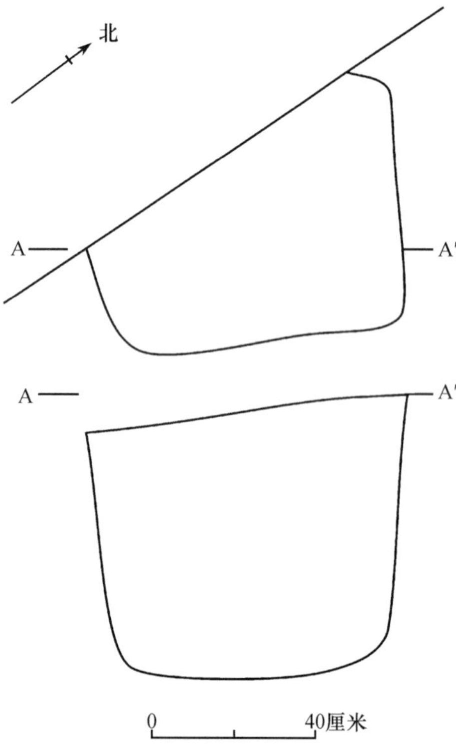

图七一〇　H732平、剖面图

坑内堆积与包含物：坑内填疏松的灰褐土，夹含大量炭灰颗粒。包含陶片较少，全部是敛口圜底罐碎片。

4）D型

1个。Db型。

H361

位置：位于99DT0201西南部，F153南半部，坑口距地表深276厘米。层位关系：⑳—H361→F153。

形制：平面呈不规则方形，直壁，规整，底较平，使用F153的硬面。北边长230、南边长258、宽185、深10厘米（图七一一）。

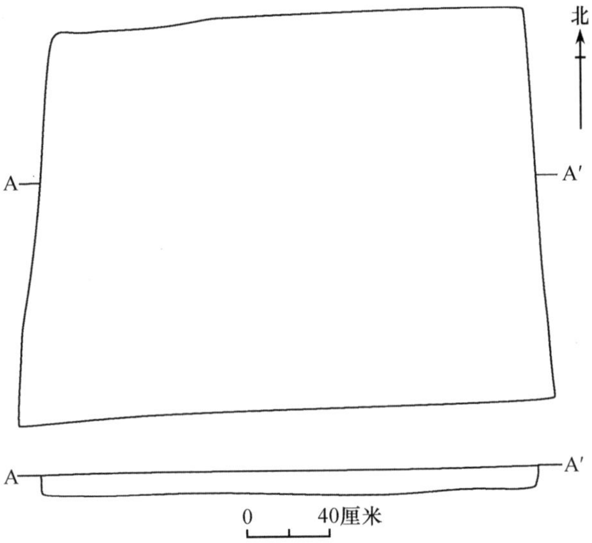

图七一一　H361平、剖面图

坑内堆积与包含物：坑内填黄灰土，质疏松，夹有红色黏土和灰色黏土，还发现有十几块大小不等、用黄沙和炭灰混合做成的较硬的“土坯”，大块长25、宽23厘米，小块（残坯）长15、宽11厘米。包含较多陶片，在坑的中部距坑口4厘米处发现一片红彩陶片。

出土遗物：参加分类排队的陶器42件，挑选标本14件。

齿唇瓮　1件。Bb型。标本碎小。

花边圜底罐　5件。Bc型。

标本H361：3，夹砂黑陶，红胎；器表多灰白色附着物。唇部戳刮、外沿内抹呈波浪形，腹饰粗绳纹。口微侈，束颈，鼓腹，残。手制，火候较高。残宽6.3、残高9.2厘米（图七一二，1）。

束颈圜底罐　9件。

A型　2件。Ⅲ式。

标本H361：4，夹砂褐陶，局部灰；器表多灰白色附着物。外沿刮抹，腹饰粗绳纹。口微侈，束颈，鼓腹，残。手制，火候较高。残宽5.3、残高7.2厘米（图七一二，2）。标本H361：8，夹砂黑褐陶，局部红；器表多灰白色附着物。腹饰中粗绳纹。敞口，弧腹，残。手制，火候较高。口径11.6、残高9.2厘米（图七一二，3）。

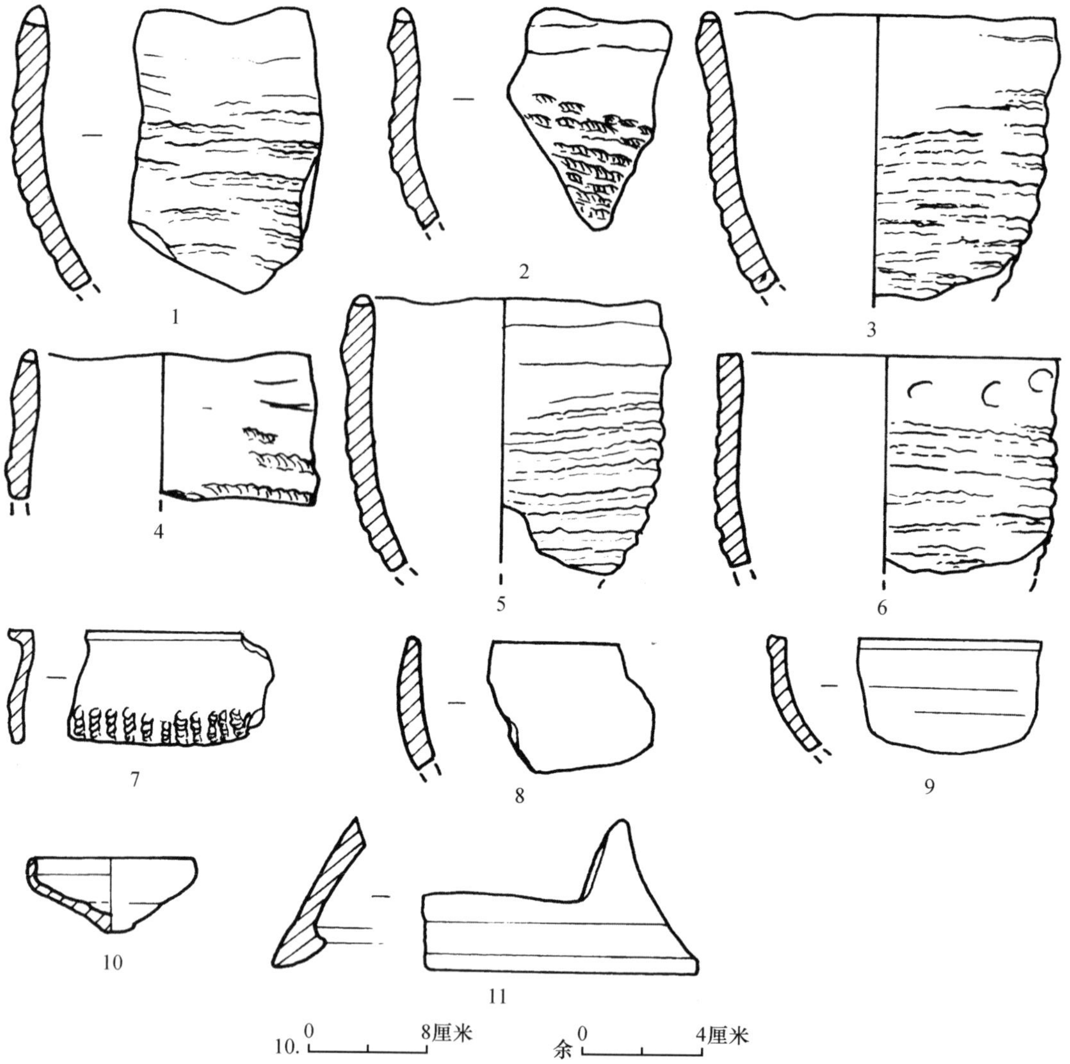

图七一二　H361出土陶器

1. Bc型花边圜底罐（H361：3）　2、3. A型Ⅲ式束颈圜底罐（H361：4、H361：8）　4、5. B型Ⅱ式束颈圜底罐（H361：5、H361：6）　6. A型Ⅰ式敛口圜底罐（H361：7）　7. Aa型盆形釜（H361：12）　8. B型圜底钵（H361：9）　9. A型Ⅱ式盘（H361：10）　10. A型Ⅱ式尖底盏（H361：2）　11. B型Ⅰ式器盖（H361：11）

B型　7件。Ⅱ式。

标本H361：5，夹砂红褐陶；器表多灰白色附着物。外沿内抹，腹饰粗绳纹。口微侈，微束颈，鼓腹，残。手制，火候较高。口径9.6、残高4.8厘米（图七一二，4）。标本H361：6，夹砂灰褐陶，胎红夹灰褐；器表多灰白色附着物。腹饰中粗绳纹。口近直，微束颈，鼓腹，残。手制，火候较高。口径10.2、残高8.9厘米（图七一二，5）。

敛口圜底罐　9件。A型Ⅰ式。

标本H361：7，夹砂褐陶，局部黑，里红；器表多灰白色附着物。口外下饰戳印纹，腹饰粗绳纹。口近直，腹微弧，残。手制，火候较高。口径11.2、残高7厘米（图七一二，6）。

罐形釜　1件。Ab型Ⅰ式。标本碎小。

盆形釜　5件。

A型　1件。Aa型。

标本H361：12，夹砂黑陶，褐胎。腹饰斜粗绳纹。直口，平折沿，圆唇，上腹内收，下腹弧，残。轮制，火候较高。残宽6.8、残高3.7厘米（图七一二，7）。

B型　4件。标本碎小。

甗　1件。B型。标本碎小。

圜底钵　1件。B型。

标本H361：9，夹砂红陶，局部、里灰褐。素面。口微敞，方唇，弧腹，残。手制，火候较高。残宽5.4、残高4.2厘米（图七一二，8）。

盘　1件。A型Ⅱ式。

标本H361：10，夹砂黑陶，红陶。器表饰瓦棱纹。口近直，圆唇，弧腹，残。轮制，火候较高。残宽6、残高3.6厘米（图七一二，9）。

尖底盏　8件，其中6件为盏底。

A型　2件。

Ⅱ式：1件。

标本H361：2，夹砂灰黑陶，局部褐。素面。口近直，圆唇，上腹圆弧，下腹斜弧，微束，尖底，复原。轮制，火候较高。口径11.2、高4.8厘米（图七一二，10）。

Ⅲ式：1件。标本碎小。

器盖　1件。B型Ⅰ式。

标本H361：11，夹砂黑陶，褐胎。器表微有瓦棱纹。盖壁斜直，敞口，内折沿，圆唇，残。轮制，火候较高。残宽9、残高5厘米（图七一二，11）。

5）E型

14个。

①Ea型

8个。

H343

位置：位于99AT0201东北部，部分压在北隔梁下，西南有H344、F148，南有M49，坑口距地表深200厘米。层位关系：⑱—H343→⑲。

形制：平面呈不规则形，壁微弧，底较平，底、壁均有加工痕迹，坑南壁残留灰白色钙化物，形成块状，较为坚硬。长315、宽190、深30～38厘米（图七一三；图版六〇，1）。

坑内堆积与包含物：坑内填黄色沙土，夹较多黄色颗粒，极疏松。包含大量陶片及少量碎骨。

出土遗物：参加分类排队的陶器313件，绝大多数是束颈或敛口圜底罐，挑选标本3件。

束颈圜底罐　69件。

A型　41件，其中3件不明式别。

Ⅰ式：15件。标本碎小。

Ⅱ式：20件。标本碎小。

Ⅲ式：3件。

标本H343：2，夹砂褐陶，局部灰；器表多灰白色附着物。外沿刮抹，腹饰中粗绳纹。口

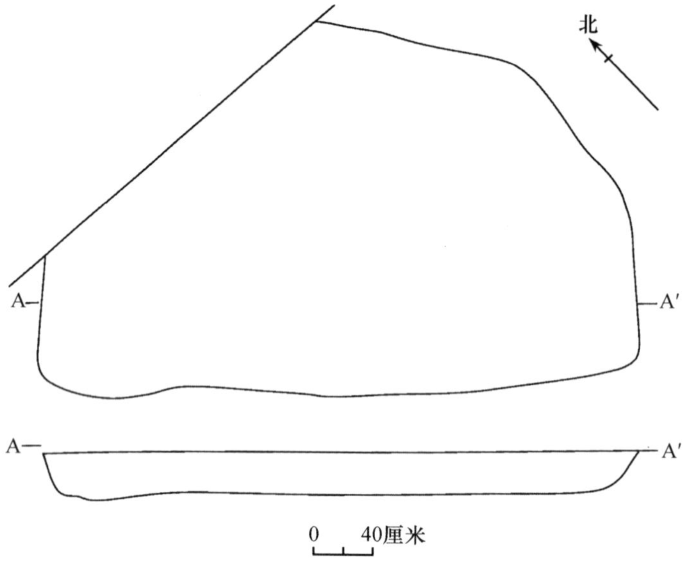

图七一三 H343平、剖面图

微侈，束颈，微鼓腹，残。手制，火候较高。残宽7.8、残高6.8厘米（图七一四，1）。

B型 28件，其中4件不明式别。

Ⅰ式：18件。标本碎小。

Ⅱ式：6件。标本碎小。

敛口圜底罐 243件，其中16件不明型别，余为A型。

Ⅰ式：16件。

标本H343：1，夹砂褐陶，局部黑，里红；器表多灰白色附着物。腹、底饰中粗绳纹。口近直，腹微弧，复原。手制，火候较高。口径13.8、残高13.8厘米（图七一四，2）。

Ⅱ式：211件。标本碎小。

鬲足 1件。

标本H343：3，夹细砂褐陶，局部黑色。器表饰绳纹，近跟部有三戳印纹，有手抹痕。截锥状柱足，跟部有凹窝，足微外撇。手制，火候较高。足径1.8、残高9.4厘米（图七一四，3）。

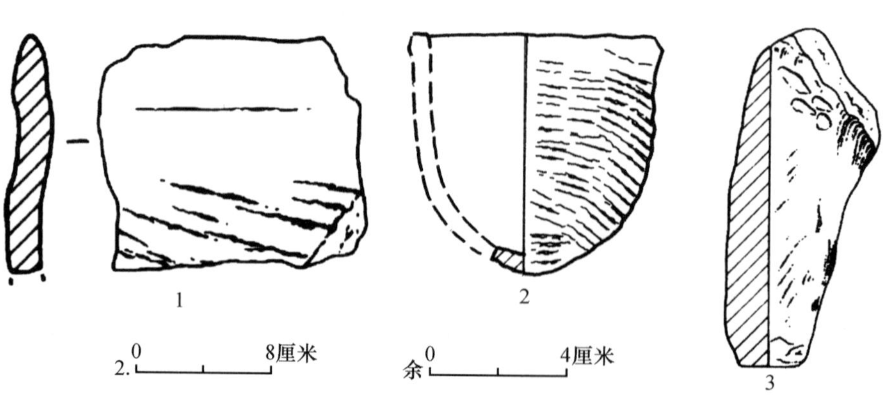

图七一四 H343出土陶器

1. A型Ⅲ式束颈圜底罐（H343：2） 2. A型Ⅰ式敛口圜底罐（H343：1） 3. 鬲足（H343：3）

H374

位置：位于99DT0301中部偏北，原1997年发掘AT0502东隔梁下，东部一部分1997年发掘时已做掉，坑口距地表2.8米。层位关系：⑲—H374→⑳。

形制：平面形状不规则，弧壁，底较平。长1.8、宽1.4、深0.36米（图七一五）。

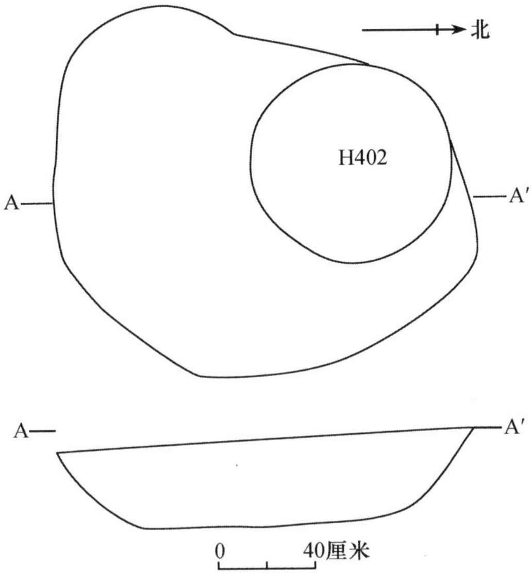

图七一五　H374平、剖面图

坑内堆积与包含物：坑内填深灰土，质疏松，杂有炭灰。包含部分陶片与少量兽骨等。

出土遗物：参加分类排队的陶器32件，挑选标本4件。

花边圜底罐　8件。B型。

Ba型　4件，其中1件不明式别。

Ⅱ式：3件。

标本H374：1，夹砂褐陶，局部红褐，黑胎。唇部戳刮、外沿内抹呈波浪形，腹饰斜中粗绳纹。微侈口，束颈，鼓腹，残。手制，火候较高。残宽7.4、残高9.2厘米（图七一六，1）。

Bb型　1件。标本碎小。

Bc型　3件。

标本H374：2，夹砂褐陶，局部黑，里红。唇部戳刮、外沿内抹呈波浪形，颈、腹饰斜绳纹。微侈口，微有束颈，鼓腹，残。手制，火候较高。残宽6.2、残高7.2厘米（图七一六，2）。

束颈圜底罐　9件。标本碎小。

敛口圜底罐　13件。标本碎小。

侈口罐　2件。

标本H374：3，夹砂红陶。素面。侈口，卷沿，圆唇，残。轮制，火候较高。残宽6.8、残高4.4厘米（图七一六，3）。标本H374：4，夹粗砂褐陶，局部红，黑胎。素面。侈口，卷沿，圆唇，斜肩，残。轮制，火候较高。残宽15.6、残高8.4厘米（图七一六，4）。

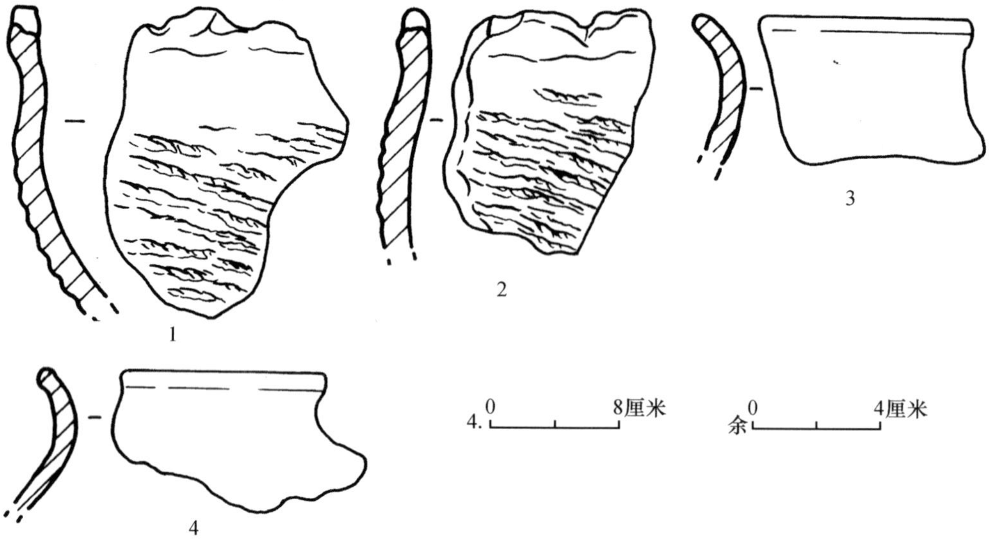

图七一六　H374出土陶器

1. Ba型Ⅱ式花边圜底罐（H374：1）　2. Bc型花边圜底罐（H374：2）　3、4. 侈口罐（H374：3、H374：4）

②Eb型

3个。

H236

位置：位于98BT0501西北部。层位关系：⑱—H236→⑲。

形制：平面形状不规则，形如蘑菇，直壁，平底，壁、底有加工痕迹。残长1.8、最宽1.2、深0.25～0.42米（图七一七）。

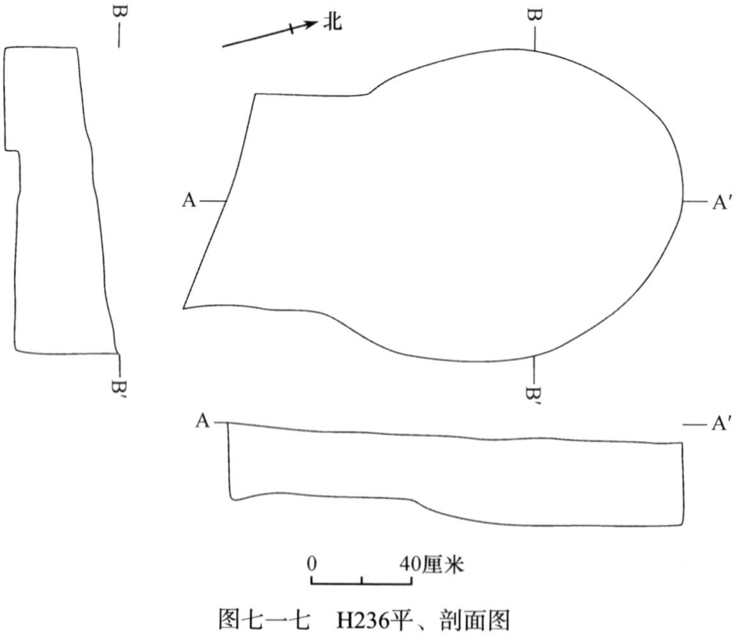

图七一七　H236平、剖面图

坑内堆积与包含物：坑内填黄褐土，质较紧，含少量细小烧土颗粒。包含碎陶片很少，可辨器形有圜底罐、折腹盆、折沿罐等。

③Ec型

2个。

H413

位置：位于99DT0202中北部。层位关系：⑱B—H413→⑲。

形制：平面形状不规则，斜壁，底较平。长约140、宽约50、深约26厘米（图七一八）。

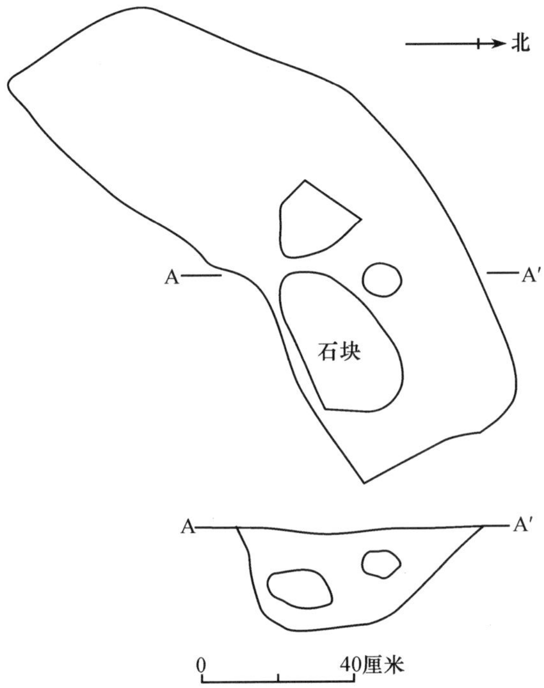

图七一八　H413平、剖面图

坑内堆积与包含物：本坑内有许多大石块，还有铜钺的石范。

石器　1件。

范　1件。

标本H413：1，红砂岩。钺合范，近圆截锥形，截面略呈梯形，浇注口位于上方，微残。磨制。高12.8、宽10.4、厚7～8.8厘米（图七一九）。

④Ed型

1个。

H344

位置：位于99AT0201中部，其东北有H343，西南为F148，南有M49，坑口距地表深205厘米。层位关系：⑱—H344→SC5（M49）。

形制：平面形状不规则，南壁较斜，北壁稍直，坑底由南向北略为倾斜，底、壁未经加工。长345、宽152～244、深18～36厘米（图七二〇；图版六〇，2）。

坑内堆积与包含物：坑内填灰黑色土，质软，较疏松，夹较多炭灰，杂质较多，上部有较多黄黏土块。包含陶片丰富。

出土遗物：参加分类排队的陶器178件，以束颈圜底罐与敛口圜底罐为主，挑选标本8件。

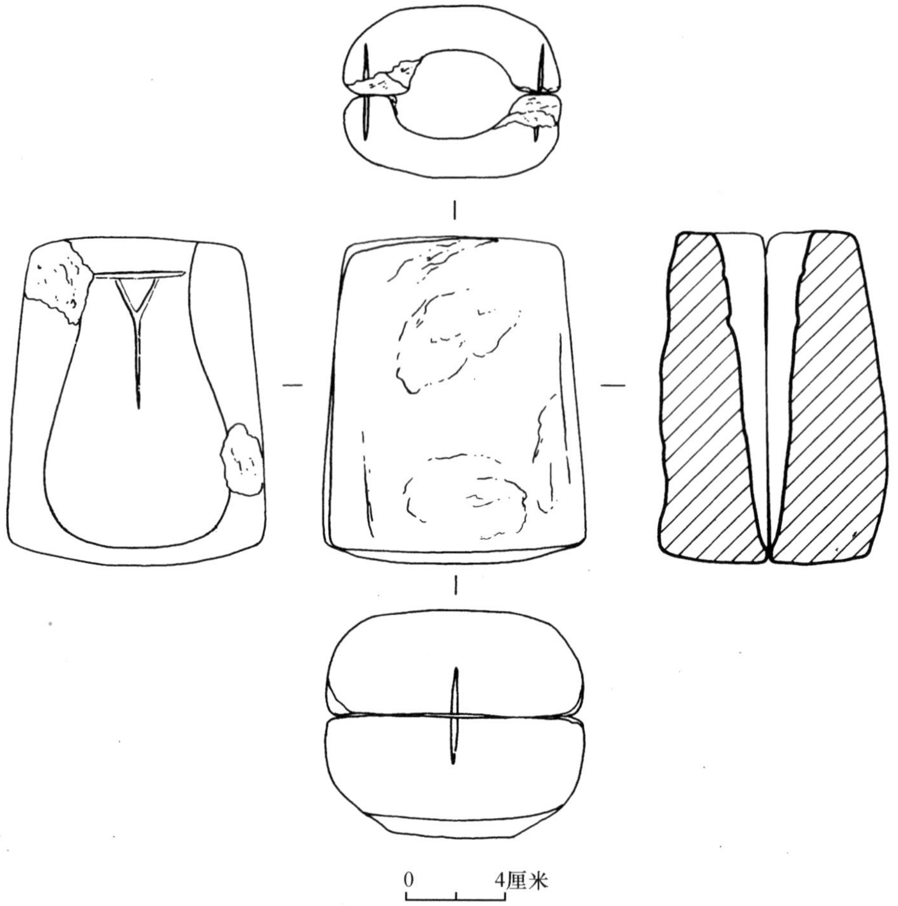

图七一九　H413出土石范（H413：1）

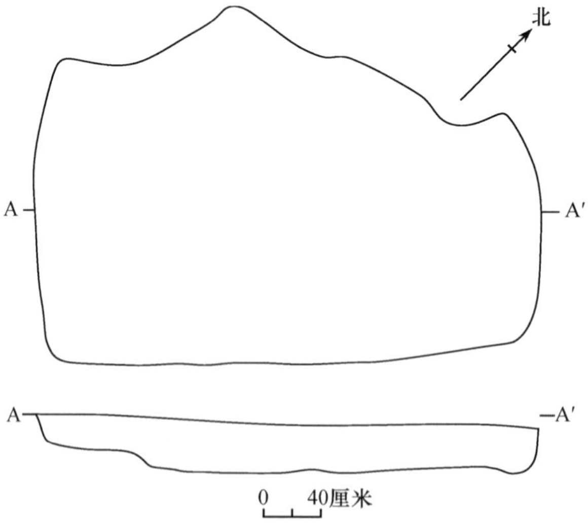

图七二〇　H344平、剖面图

矮领瓮　1件。B型Ⅱ式。标本碎小。

敛口瓮　1件。A型Ⅱ式。标本碎小。

束颈圜底罐　25件。

A型　9件。标本碎小。

B型　16件。

Ⅰ式：7件。标本碎小。

Ⅱ式：9件。

标本H344：7，夹砂红褐陶，局部灰黑。唇部刮抹，腹饰斜绳纹。口近直，微束颈，鼓腹，残。手制，火候较高。残宽8.5、残高10厘米（图七二一，1）。

敛口圜底罐　144件。标本碎小。

罐形釜　1件。Aa型Ⅲ式。

标本H344：2，夹粗砂黑陶，肩部饰竖绳纹。侈口，卷沿，圆尖唇，束领较矮，溜肩，残。手制轮修，火候较高。口径16.8、残高5.6厘米（图七二一，2）。

齿唇罐　1件。Ac型。标本碎小。

盆形釜　3件。Ab型。

标本H344：3，夹砂灰黑陶，局部灰褐。唇部饰戳印纹，肩饰斜粗划纹。侈口，卷沿，有肩，残。轮制，火候较高。残宽10.3、残高6.8厘米（图七二一，3）。标本H344：4，夹砂灰黑陶，局部红褐。肩饰斜绳纹，内壁多旋痕。侈口，卷沿，圆唇，有肩，残。轮制，火候较高。残宽11.4、残高8.2厘米（图七二一，4）。

甗　1件。A型。

标本H344：8，夹粗砂褐陶，胎黑，里灰黑色。腹部饰绳纹。中部内束，鼓腹，残。轮制，分做套接，火候较高。残宽12.7、残高7.8厘米（图七二一，5）。

尖底盏　1件。残存碎底。

4. 末段

26个，可分类者24个。

（1）甲类

2个。

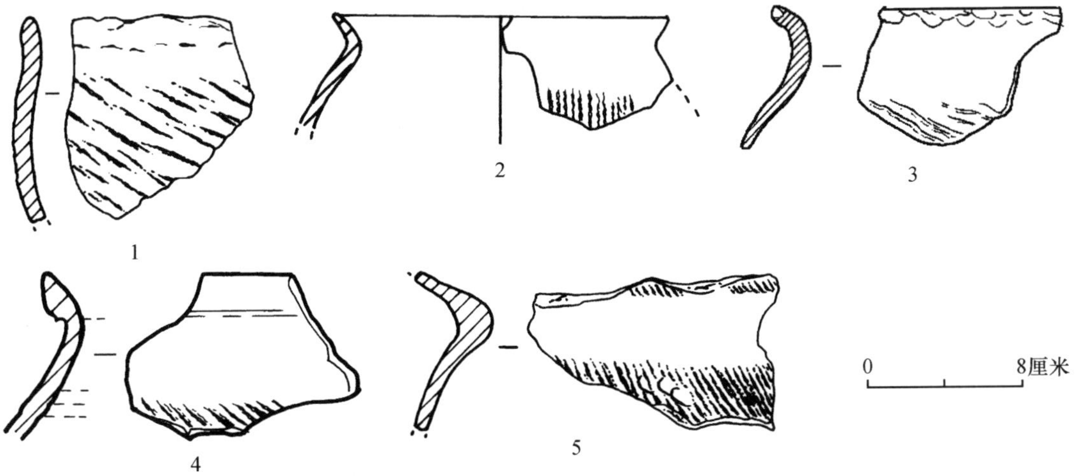

图七二一　H344出土陶器

1. B型Ⅱ式束颈圜底罐（H344：7）　2. Aa型Ⅲ式罐形釜（H344：2）　3、4. Ab型盆形釜（H344：3、H344：4）　5. A型甗（H344：8）

1）A型

1个。Ad型。

H229

位置：位于98AT0103中南部。层位关系：⑯—H229→⑰。

形制：平面呈圆形，坑壁不规整，北壁近直，南壁弧，平底。坑壁局部见片状红烧土，估计系以黏土贴壁经烧烤而成；北部用几块厚15厘米的板状卵石贴壁，可能系为保护坑壁而设。坑底见几块卵石散乱地置于坑底。口径150、深68厘米（图七二二）。

坑内堆积与包含物：坑内填黄褐土，极松软。包含较多灰陶绳纹板瓦片和大量直口绳纹圜底罐碎片。

2）B型

1个。Bc型。

H693

位置：位于02CT0101东北部，坑口距地表深450～460厘米。层位关系：⑭—H693→⑮。

形制：平面呈不规则椭圆形，坑壁斜直，欠规整，底部较平，平铺2块卵石。口长径105、短径78、底长径80、短径65、坑深95厘米（图七二三）。

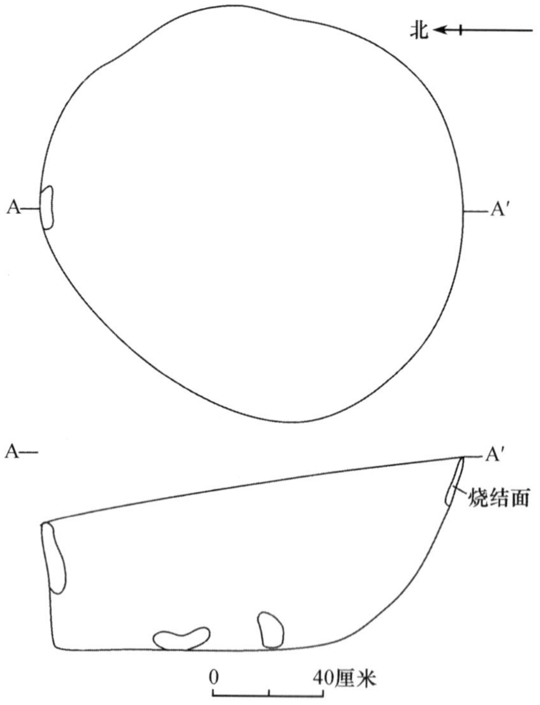

图七二二　H229平、剖面图

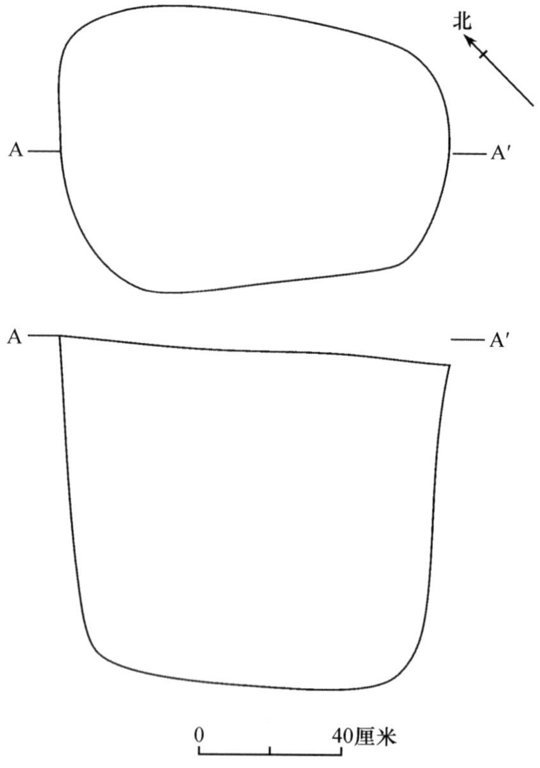

图七二三　H693平、剖面图

坑内堆积与包含物：坑内填黄灰色土，质疏松，微含沙及少量料姜石粒、木炭粒、红烧土块等。包含少量碎陶片、残骨簪与动物骨骼等。

出土遗物：参加分类排队的陶器27件，可辨器形以敛口圜底罐为主，还有平沿瓮、折肩罐、折腹盆、平底钵、器盖等。

（2）乙类

22个。

1）A型

7个。

①Aa型

1个。

H688

位置：位于02DT0101西部，坑口距地表深330厘米。层位关系：⑩—H688→⑪。

形制：平面呈圆形，弧壁，底部略圜，不规整。口径95～100、深40厘米（图七二四）。

坑内堆积与包含物：坑内填灰黄色土，质疏松，略带沙性。包含少量碎陶片，可辨器形有敛口圜底罐、中领瓮、矮领瓮。

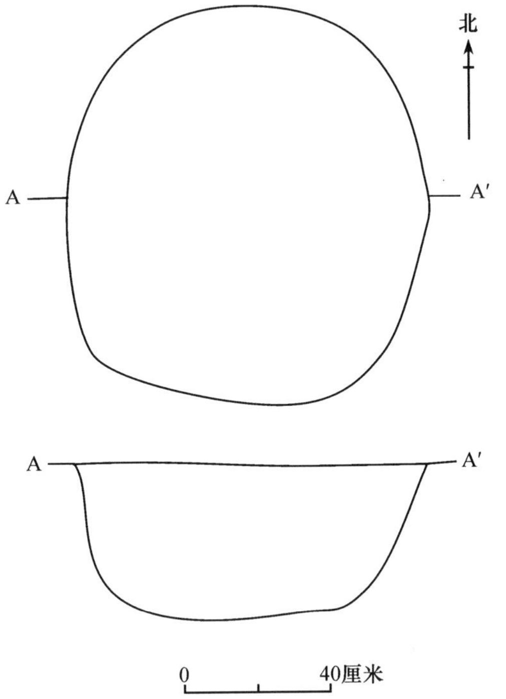

图七二四　H688平、剖面图

②Ab型

1个。

H226

位置：位于98BT0505南部，局部压在98BT0505北隔梁下，坑口距地表深2.45米。层位关系：⑭—H226→⑮。

形制：从暴露部分观察，平面呈圆形，壁近直，底略斜，坑壁粗糙无明显加工痕迹。残径40、深35厘米（图七二五）。

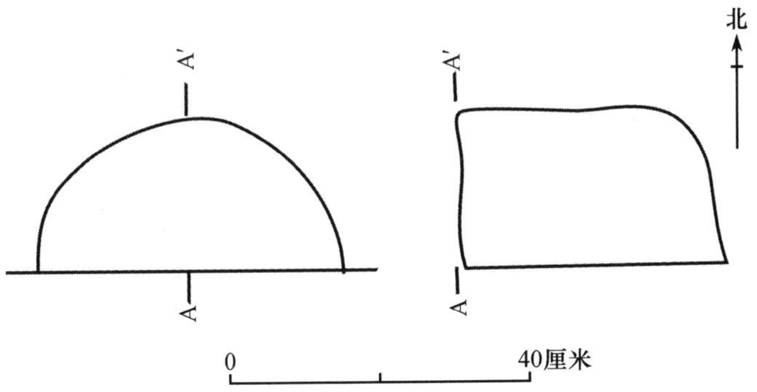

图七二五　H226平、剖面图

坑内堆积与包含物：坑内填褐色沙土，松软，纯净。无包含物。

③Ac型

3个。

H230

位置：位于98BT0505西部，部分压在98BT0605东隔梁下，坑口距地表深2.45米。层位关系：⑮—H230→⑰。

形制：从暴露部分观察，平面略呈圆形，壁较斜，底不平，壁、底无加工痕迹。口径45、深50厘米（图七二六）。

坑内堆积与包含物：坑内填黄褐土，质疏松。包含少量碎陶片。

H347

位置：位于99DT0201西南部，部分被99DT0101东隔梁所压，坑口距地表260厘米。层位关系：⑫A—H347→⑰。

形制：平面呈不规则圆形，斜壁，底近平。口径140～152、底径90、深65厘米（图七二七）。

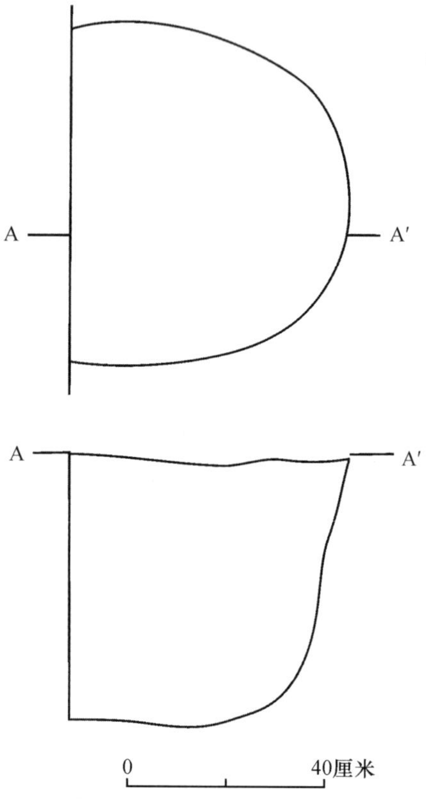

图七二六　H230平、剖面图

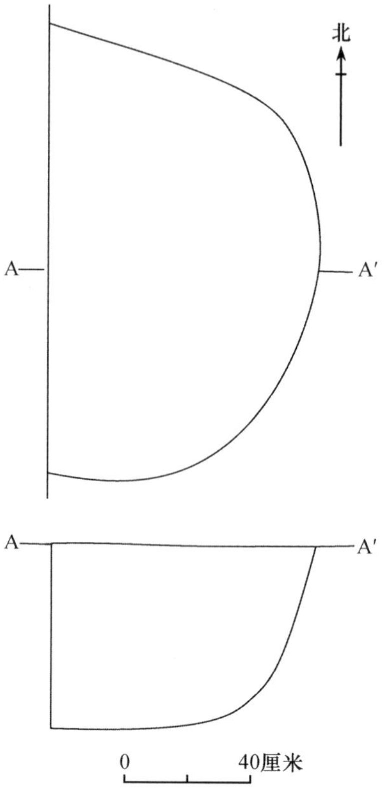

图七二七　H347平、剖面图

坑内堆积与包含物：坑内填黄灰土，质疏松，夹红烧土块和炭灰粒。包含部分陶片和1件残铜镞等。

出土遗物：出土陶器14件，挑选标本9件。

花边圜底罐　1件。Aa型Ⅰb式。

标本H347：1，夹砂红陶，胎红夹灰。唇部戳刮、外沿内抹呈波浪形，腹饰斜绳纹。侈口，束颈，鼓腹，残。手制，火候较高。口径9.6、残高7.2厘米（图七二八，1）。

敛口圜底罐　1件。A型Ⅰ式。

标本H347：2，夹砂黑褐陶，局部褐、黑；器表多灰白色附着物。腹饰斜粗绳纹。敛口，微束颈，鼓腹，残。手制，火候较高。口径10.2、残高9.4厘米（图七二八，2）。

盆　3件。Ⅰ式。

标本H347：8，夹砂灰陶。上腹饰凸弦纹，中腹饰细划纹。口近直，沿外下折，沿面

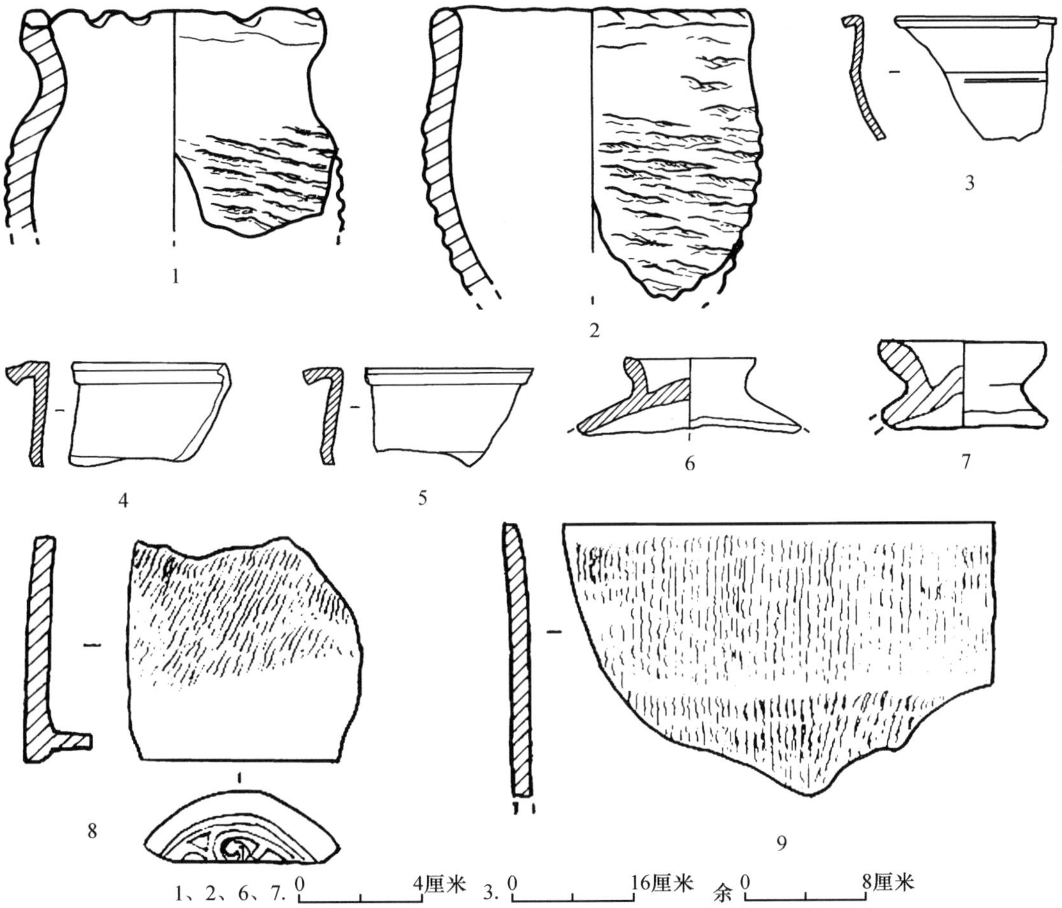

图七二八　H347出土陶器

1. Aa型Ⅰb式花边圜底罐（H347：1）　2. A型Ⅰ式敛口圜底罐（H347：2）　3～5. Ⅰ式盆（H347：8、H347：9、H347：3）
6、7. 器盖（H347：4、H347：5）　8. 筒瓦（H347：6）　9. 板瓦（H347：7）

弧，方唇，折腹，上腹微内斜，下腹弧内收，残。轮制，火候高。残宽21、残高16厘米（图七二八，3）。标本H347：9，夹砂黑陶，局部、胎褐色。上腹饰凸弦纹。口微敛，沿外下折，沿面微鼓，圆唇，折腹，上腹内斜，残。轮制，火候高。残宽10.5、残高6.6厘米（图七二八，4）。标本H347：3，夹粗砂灰陶。上腹饰凸弦纹。敛口，沿外下折，方唇，折腹，上腹内斜，残。轮制，火候高。残宽10.8、残高6.4厘米（图七二八，5）。

器盖　2件。

标本H347：4，夹细砂灰黑陶，红胎。素面。圆圈状捉手，壁外卷，圆唇，盖壁弧，残。轮制，火候较高。捉手径4.2、残高2.4厘米（图七二八，6）。标本H347：5，夹细砂黑陶，灰胎。素面。圆圈状捉手，壁外卷，圆唇，残。轮制，火候高。捉手径5.4、残高2.7厘米（图七二八，7）。

筒瓦　6件，其中1件带瓦当。

标本H347：6，夹砂灰陶，胎灰夹褐色。器表饰绳纹，当面模印卷草纹。瓦身长方形，当面半圆形。手制，火候高。残长16.6、残宽16.6厘米（图七二八，8）。

板瓦　1件。

标本H347：7，夹细砂浅黄褐陶，红褐胎。器表饰抹断粗绳纹，局部按抹。平面长方形，瓦头微外张，圆唇，残。手制，火候较高。残长17.6、残宽28.4厘米（图七二八，9）。

④Ad型

1个。

H375

位置：位于99DT0101中部近东壁处，部分压在东隔梁下。层位关系：⑰—H375→⑱。

形制：从暴露部分观察，平面呈圆形，壁不规则，底较平。口径170、残宽50、深130厘米（图七二九）。

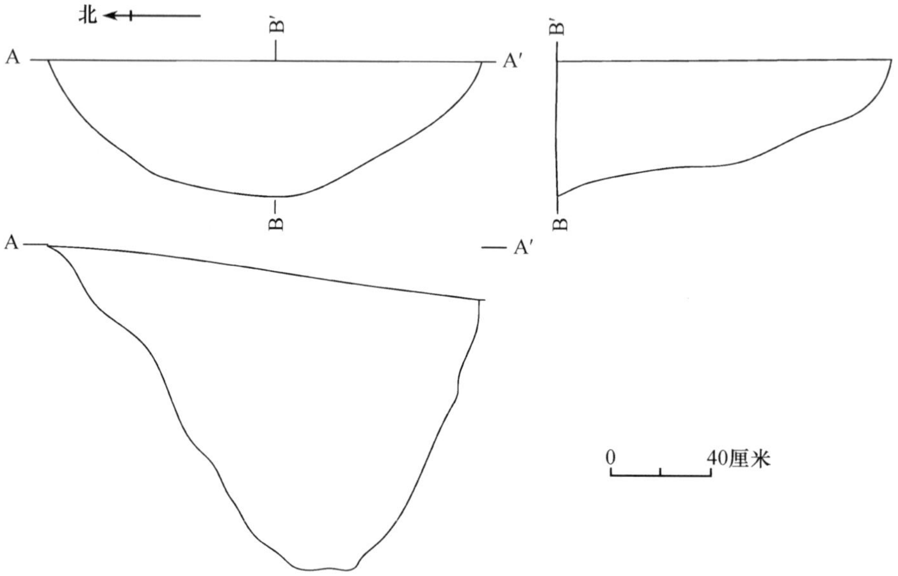

图七二九　H375平、剖面图

坑内堆积与包含物：坑内填黑褐色土，质较紧密。包含较多碎陶片和少量兽骨等。

出土遗物：参加分类排队的陶器9件，挑选标本3件。

束颈圜底罐　1件。B型Ⅰ式。

标本H375：1，夹细砂灰陶。腹部拍印粗绳纹。口微敛，方唇，束颈，鼓腹，残。手制，火候较高。残宽7、残高6.3厘米（图七三〇，1）。

敛口圜底罐　8件。A型Ⅱ式。

标本H375：2，夹细砂褐陶，局部红褐色。器表饰粗绳纹不及口部。口微敛，鼓腹，残。

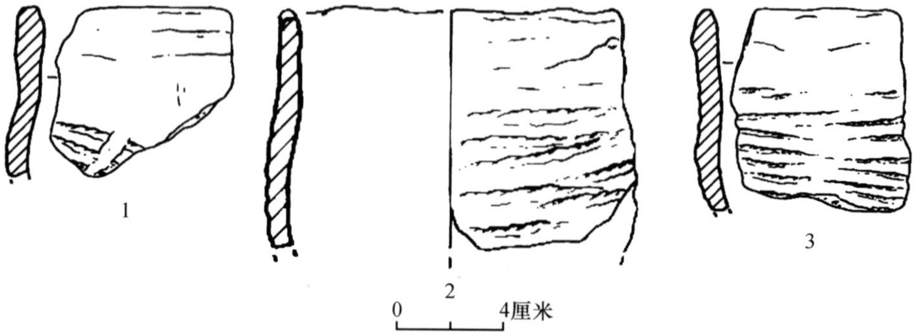

图七三〇　H375出土陶器

1. B型Ⅰ式束颈圜底罐（H375：1）　2、3. A型Ⅱ式敛口圜底罐（H375：2、H375：3）

手制，火候较高。口径12.6、残高8.9厘米（图七三〇，2）。标本H375∶3，夹细砂红陶，局部红褐色。器表饰粗绳纹不及口部。口近直，弧腹内收，残。手制，火候较高。残宽6.6、残高7.4厘米（图七三〇，3）。

⑤Ae型

1个。

H702

位置：位于02CT0101北部，部分压在北壁隔梁下。层位关系：⑭—H702→⑮。

形制：从暴露部分观察，平面呈圆形，坑口小底大，壁外弧，呈袋状，底较平。口径约30、底径55、深50厘米（图七三一）。

坑内堆积与包含物：坑内填黄褐色土，质较疏松。无包含物。

2）B型

8个。

①Ba型

2个。

H694

位置：位于02CT0101东北部，部分压在东隔梁下，南有H692、H693，坑口距地表深450厘米。层位关系：⑭—H694→⑮。

形制：从暴露部分观察，平面呈不规则椭圆形，弧壁，底较平。口长径190、短径90、底长径165、短径80、深40厘米（图七三二）。

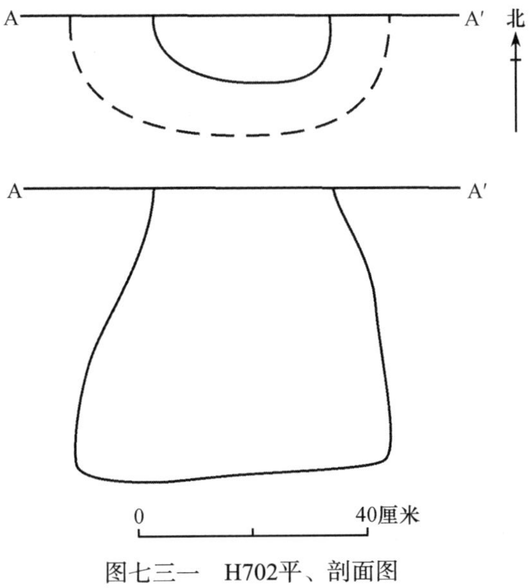

图七三一　H702平、剖面图

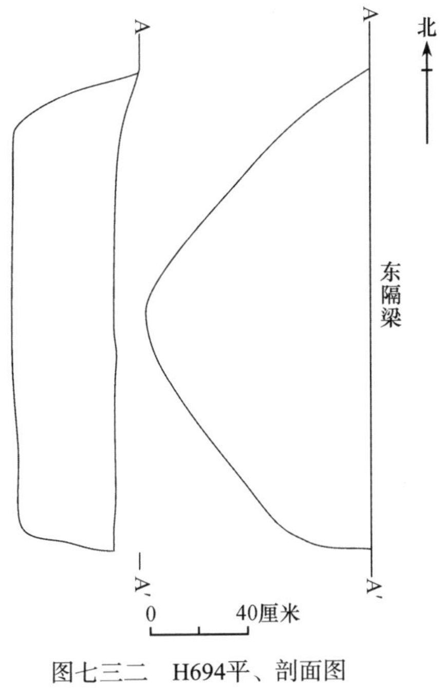

图七三二　H694平、剖面图

坑内堆积与包含物：坑内填浅灰色土，质较疏松，含细沙及少量红烧土和木炭粒。包含少量陶片和动物骨骼。

出土遗物：参加分类排队的陶器13件，以敛口圜底罐为主，还有瓮、折腹盆等。

②Bb型

3个。

H715

位置：位于02BT0201西南部，西边有M96、M97瓮棺葬及H714，坑口距地表深3.7米。层位关系：⑪—H715→⑫A。

形制：平面呈不规则椭圆形，壁较直，圜底，坑底、壁无加工痕迹，坑西壁上部有一块长64、宽54、厚22厘米竖向插壁的石头。长径1.3、短径1.04、深0.82米（图七三三）。

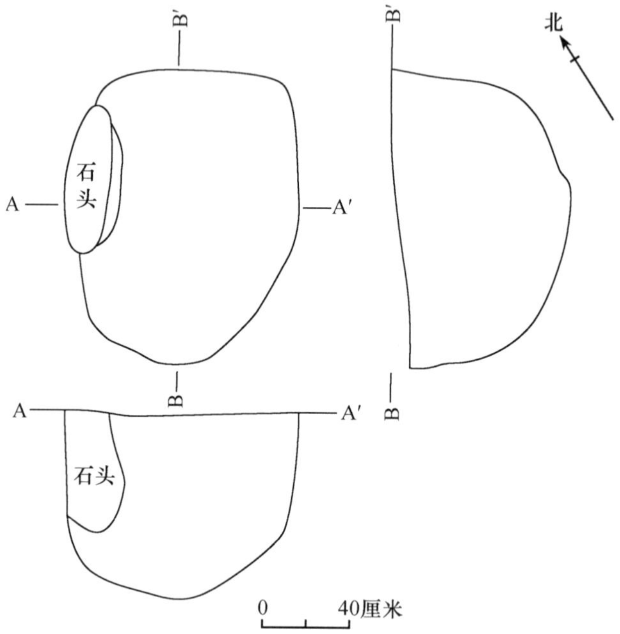

图七三三　H715平、剖面图

坑内堆积与包含物：坑内填黄褐色黏土，质疏松，有零星的木炭颗粒。包含极少碎陶片、石头等。

③Bc型

3个。

H698

位置：位于02BT0101东部，少部分压在东隔梁下，坑口距地表深约4.65米。层位关系：⑰—H698→⑱。

形制：平面呈椭圆形，斜直壁，底较平。长径125、短径85、深10～20厘米（图七三四）。

坑内堆积与包含物：坑内填土为黄色泛红淤沙泥，质疏松。包含少量细碎陶片和瓦块，还出土1枚半两铜钱和1件铜弩机残件。

出土遗物：参加分类排队的陶器11件，可辨器形有B型花边圜底罐、敛口圜底罐、瓮、缸、罐形釜等。

3）C型

4个。

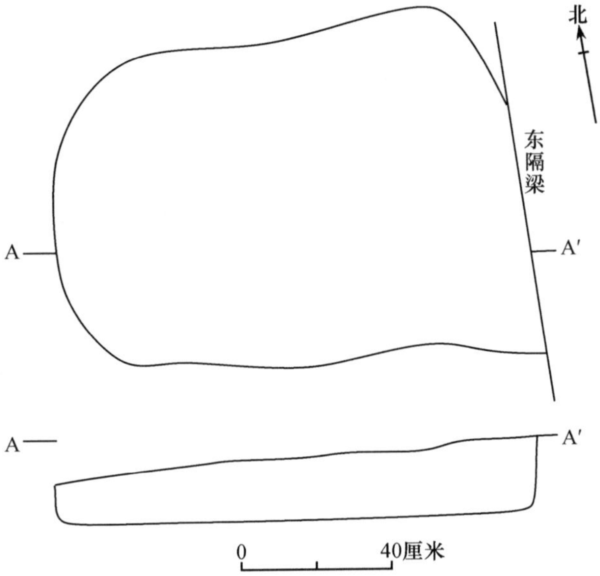

图七三四　H698平、剖面图

①Ca型

1个。

H724

位置：位于02BT0201中部，附近分布有H725，坑口距地表深3.4米。层位关系：⑫—H724→⑬A。

形制：平面呈不规则长方形，南边和东边不规整，坑壁斜弧，粗糙不规整，底较平。长320～360、宽220、深约125厘米（图七三五）。

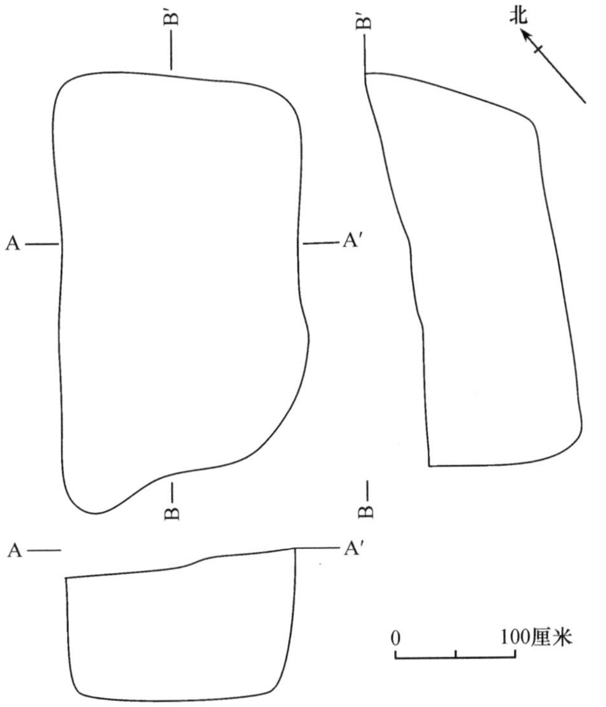

图七三五　H724平、剖面图

坑内堆积与包含物：坑内填灰花土，夹黏土和少量沙，质松。包含部分陶片等。

出土遗物：参加分类排队的陶器16件，挑选标本12件。

缸　1件。A型。

标本H724：1-1，口部。夹砂黑陶。器表饰横细划纹。口微敛，微有折沿，方唇，上腹微鼓，残。轮制，火候较高。口径56.8、残高20厘米（图七三六，1）。

标本H724：1-2，竖耳。夹砂黑陶。器表饰横细划纹。器壁较直，附加竖桥形耳，耳中部有凹槽，残。手制，火候较高。残宽9.6、残高15.2厘米（图七三六，2）。

标本H724：1-3，底部。夹砂黑陶。器表饰横细划纹，底缘饰粗戳印纹。下腹较直，平底微凹，残。轮制，火候较高。底径40、残高16.4厘米（图七三六，3）。

平沿瓮　7件。A型。

标本H724：6，夹砂黑陶，红褐胎。素面。侈口，微斜折沿，沿面弧，圆唇，束领，残。轮制，火候高。口径19.4、残高4.4厘米（图七三六，4）。标本H724：3，夹砂灰褐陶，局部灰黑。领饰凹弦纹一周。口微侈，折平沿，圆唇，领较直，广肩，残。轮制，火候较高。残宽11.8、残高7厘米（图七三六，5）。

矮领瓮　1件。Aa型。

标本H724：2，夹砂黑陶，局部褐，胎褐夹黑。肩饰斜绳纹。侈口，卷沿，圆唇，领斜

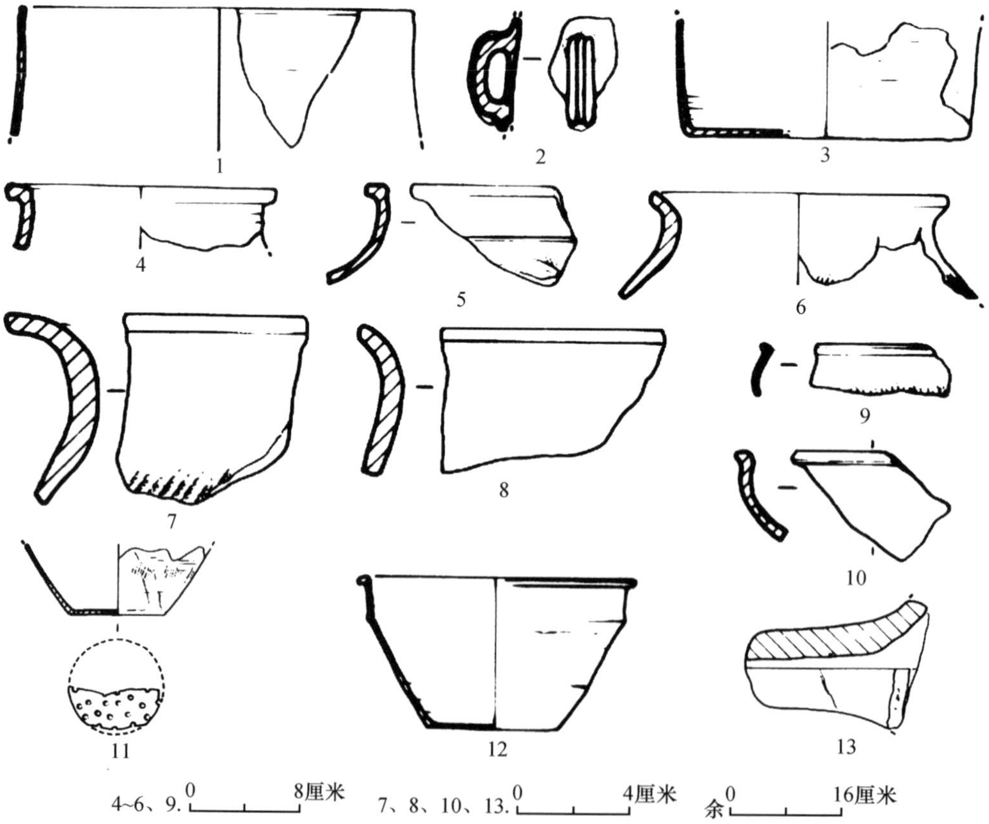

图七三六　H724出土陶器

1～3. A型缸（H724：1-1、H724：1-2、H724：1-3）　4、5. A型平沿瓮（H724：6、H724：3）
6. Aa型矮领瓮（H724：2）　7. 侈口罐（H724：4）　8. B型罐形釜（H724：7）
9. Aa型盆形釜（H724：8）　10. 豆盘（H724：9）　11. 甑（H724：10）　12. 折腹盆（H724：11）　13. 流（H724：12）

弧，溜肩，残。轮制，火候较高。口径23.2、残高11.4厘米（图七三六，6）。

侈口罐　1件。

标本H724：4，夹砂红褐陶，肩饰斜绳纹。侈口，卷沿外翻，圆唇，束领，斜肩，残。轮制，火候较高。残宽6.8、残高6.6厘米（图七三六，7）。

罐形釜　1件。B型。

标本H724：7，夹粗砂褐陶，局部、胎灰褐。素面。侈口，卷沿，圆唇，上腹外斜，残。轮制，火候较高。残宽7.9、残高5.2厘米（图七三六，8）。

盆形釜　1件。Aa型。

标本H724：8，夹砂黑陶，红褐胎。腹饰斜中粗绳纹。侈口，窄斜折沿，圆唇，斜肩，鼓腹，残。轮制，火候较高。残宽10、残高3.6厘米（图七三六，9）。

豆盘　1件。

标本H724：9，夹砂褐陶，局部红褐。素面。侈口，卷沿，圆尖唇，上腹微鼓，下腹弧收，残。轮制，火候高。残宽5.6、残高3.8厘米（图七三六，10）。

甑　1件。

标本H724：10，夹砂黑陶，局部、胎灰褐。腹饰斜绳纹、划纹，底饰圆形镂孔。下腹弧收，平底微凹，残。轮制，火候较高。底径13.6、残高9.8厘米（图七三六，11）。

折腹盆　1件。

标本H724：11，夹砂黑陶，局部、胎灰褐。下腹饰横细凹弦纹，内壁多瓦棱纹。敞口，沿微外下折，圆唇，上腹斜直，下腹斜内收，平底，复原。轮制，火候高。口径39.6、底径17.6、高21.2厘米（图七三六，12）。

流　1件。

标本H724：12，夹砂灰陶。素面。管状，中空，微斜，残。手制，火候较高。残宽6.3、残高4.6厘米（图七三六，13）。

②Cb型

2个。

H703

位置：位于02CT0101西南部，坑口距地表深450厘米。层位关系：⑮—H703→⑯。

形制：平面呈不规则长方形，坑壁较直，欠规整，底略平。长90、宽40～60、深30厘米（图七三七）。

坑内堆积与包含物：坑内填灰黄色土，质较疏松，夹较多红烧土块。包含少量陶片及兽骨等。

出土遗物：参加分类排队的陶器4件，可辨器形有花边圜底罐、束颈圜底罐、敛口圜底罐等。

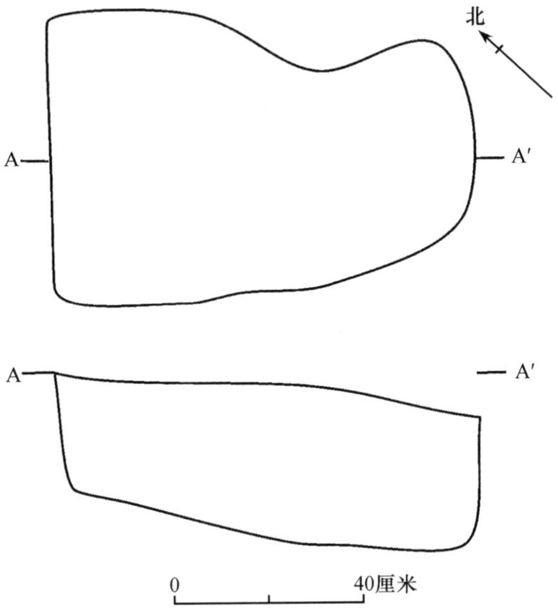

图七三七　H703平、剖面图

③Cc型

1个。

H714

位置：位于02BT0201中部，西边有M96、M97和H715、H718、H719，坑口距地表深3.3米。层位关系：⑪—H714→⑫A。

形制：平面呈不规整长方形，坑壁斜直，底平，无加工痕迹。长132、宽79、深56厘米（图七三八）。

坑内堆积与包含物：坑内填褐黄色沙黏土，质疏松。包含零星碎陶片。

4）D型

2个。

①Da型

1个。

H704

位置：位于02CT0101东北部，坑口距地表深490厘米。层位关系：⑮—H704→⑯。

形制：平面呈不规则方形，弧壁，欠规整，底略平。长90～105、宽85、深30厘米（图七三九）。

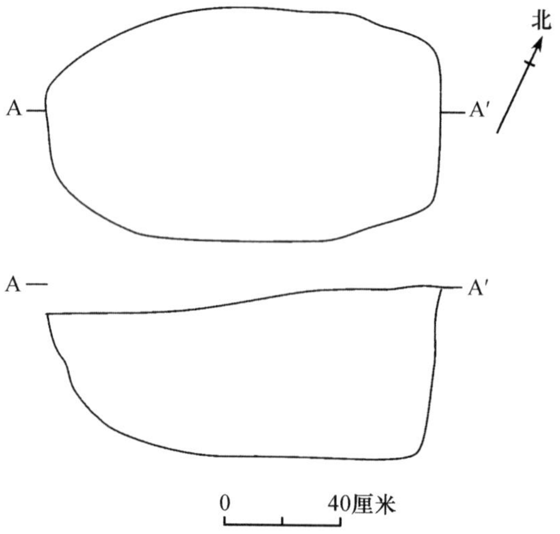

图七三八　H714平、剖面图

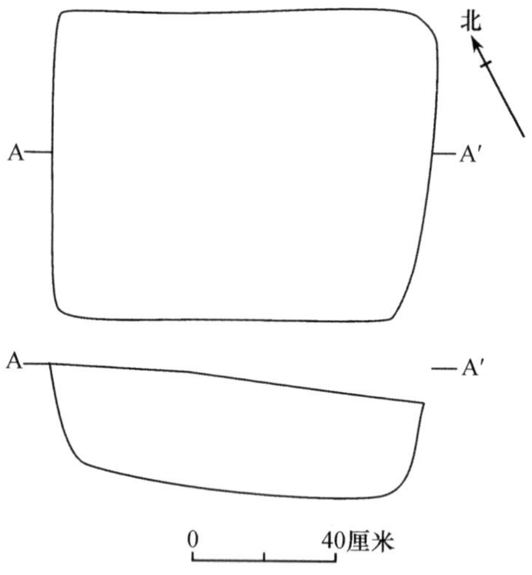

图七三九　H704平、剖面图

坑内堆积与包含物：坑内填灰黄色土，质疏松，夹少量红烧土及木炭粒。包含少量陶片及碎铜残片。

出土遗物：参加分类排队的陶器3件，可辨器形有敛口圜底罐、盆、器底等。

②Db型

1个。

H705

位置：位于02CT0101中部略偏南，西有H706，坑口距地表深450厘米。层位关系：⑮—H705→⑯。

形制：平面近方形，坑壁稍直，欠规整，底较平。长50、宽45、深20厘米（图七四〇）。

坑内堆积与包含物：坑内填灰褐色土，质疏松，微含少量木炭粒。包含部分碎陶片及兽骨。

出土遗物：参加分类排队的陶器22件，可辨器形以敛口圜底罐为主，还有少量瓮、花边圜底罐、罐形釜等。

5）E型

1个。Ed型。

H395

位置：位于99DT0202南部，部分压在南壁下。层位关系：⑰—H395→⑱。

形制：平面形状不规则，壁不规则，底不平。暴露长140、宽114、深20厘米（图七四一）。

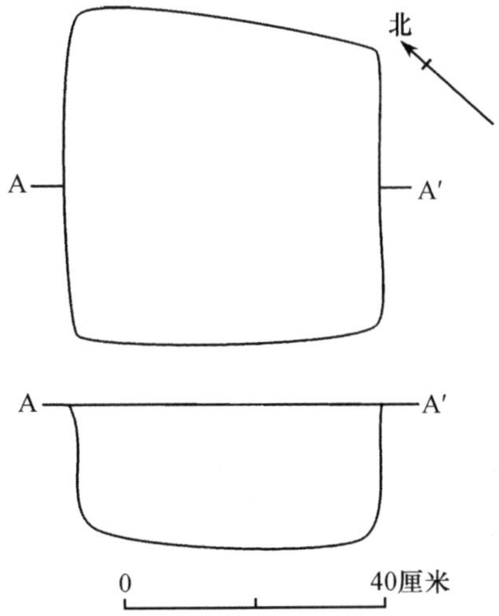

图七四〇　H705平、剖面图

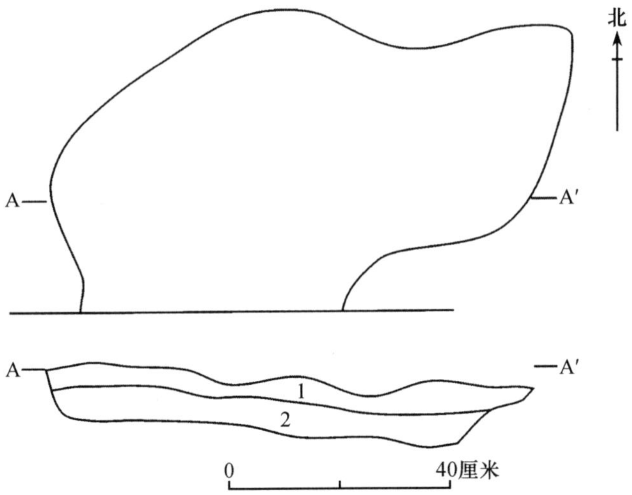

图七四一　H395平、剖面图

坑内堆积与包含物：坑内堆积可分2层，上、下层土色相似，为细灰土，夹红烧土与白灰，下层略硬。包含少量圜底罐碎片与绳纹瓦片和兽骨等。

三、灰　　沟

49条。平面基本都为长条形，部分不规则。分期介绍如下：

（一）第一期

29条。早段28条，晚段1条（G56，资料整理时补号）。

G40（G39）

位置：由西北向东南贯穿00DT0604、00DT0605和00DT0705，其中在00DT0604部分编号为G39，沟口距地表深498厘米。层位关系：㉗—G40→㉘。

形制：平面呈长条形，壁略弧，底不平。残长约1830、宽30～102、深16～40厘米（图七四二）。

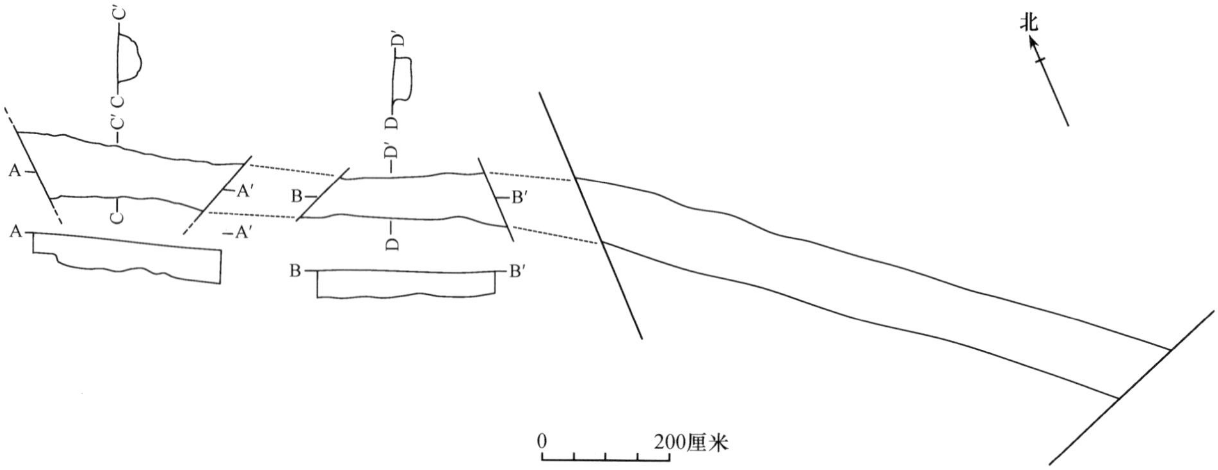

图七四二　G40（G39）平、剖面图

沟内堆积与包含物：沟内填黑褐、灰褐色沙土，质松软。包含少量陶圜底罐、尖底杯碎片。

出土遗物：参加分类排队的陶器14件，挑选标本11件。

按唇瓮　1件。Ⅱ式。

标本G39：4，夹细砂红陶，灰黑胎。唇部、内沿按窝较浅，肩部饰粗绳纹。侈口，卷沿，圆肩，残。手制轮修，火候一般。口径20、残高10.2厘米（图七四三，1）。

辫唇瓮　4件。A型Ⅱ式。

标本G39：5，夹细砂红陶，胎、里黑。唇部按抹略呈辫绳波浪形，肩部饰中粗绳纹。侈口，卷沿，溜肩，残。手制轮修，火候较高。残宽7.4、残高5.8厘米（图七四三，2）。

缸　1件。A型Ⅱ式。

标本G39：9，夹粗砂黑陶，局部红、浅黄，灰胎。素面。侈口，卷沿，圆唇，残。轮制，火候高。残宽8.4、残高6.7厘米（图七四三，3）。

按唇罐　2件。Ⅱ式。

标本G39：2，夹细砂灰陶，局部红，里黑。唇部、内沿按窝较浅。侈口，卷沿外翻，残。手制，火候较高。残宽5.2、残高3.2厘米（图七四三，4）。标本G39：3，夹细砂灰陶，局部、里黑。唇部、内外沿按窝较浅。侈口，卷沿，残。手制轮修，火候较高。残宽8.5、残高9.2厘米（图七四三，5）。

高领罐　1件。

标本G39：6，夹细砂灰黑陶，局部灰，胎、里黑。素面。侈口，卷沿近折，圆唇，束领，残。轮制，火候较高。残宽7.6、残高4.6厘米（图七四三，6）。

喇叭口器　1件。Ⅰ式。

标本G39：1，夹细砂红陶，胎红夹黑。素面。喇叭口，圆唇，下唇缘微下垂，残。手

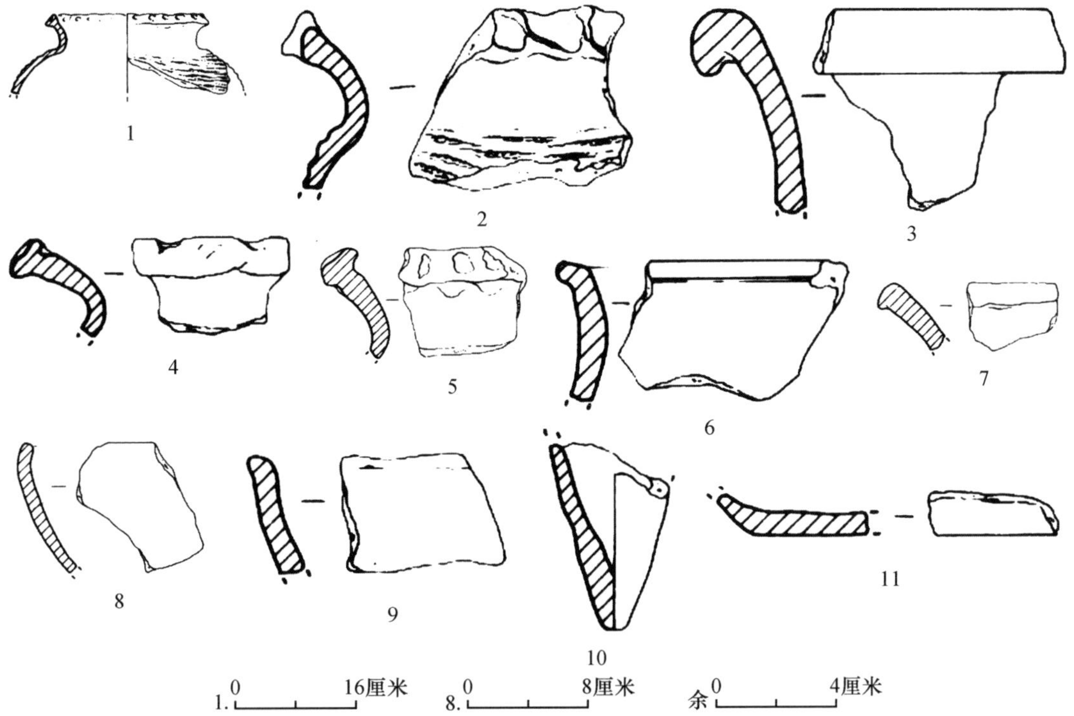

图七四三　G40（G39）出土陶器

1. Ⅱ式按唇瓮（G39：4）　2. A型Ⅱ式辫唇瓮（G39：5）　3. A型Ⅱ式缸（G39：9）　4、5. Ⅱ式按唇罐（G39：2、G39：3）　6. 高领罐（G39：6）　7. Ⅰ式喇叭口器（G39：1）　8. A型Ⅰ式钵（G39：7）　9. B型钵（G39：8）　10. B型角杯（G40：1）　11. 器底（G39：10）

制，火候较高。残宽6、残高4.4厘米（图七四三，7）。

钵　2件。

A型　1件。Ⅰ式。

标本G39：7，夹细砂黑陶，局部褐、灰胎，里红。素面。敛口，沿微内卷，圆唇，弧腹，残。手制，火候较高。残宽8.4、残高8.5厘米（图七四三，8）。

B型　1件。

标本G39：8，夹细砂红陶。素面。敞口，方唇，弧腹，残。轮制，火候较高。残宽5.4、残高3.8厘米（图七四三，9）。

角杯　1件。B型。

标本G40：1，夹细砂红陶，局部褐、灰黑。素面，下部多按抹痕。腹斜弧收，尖底，残。手制，火候较高。残高6.2厘米（图七四三，10）。

器底　1件。

标本G39：10，泥质褐陶，局部黑。素面。微有下腹，平底，残。手制，火候高。残宽4.4、残高1.4厘米（图七四三，11）。

G32

位置：位于99DT0301西北部，99DT0201东南部，开口距地表深5.25米，局部被G29打破。层位关系：㊵—G32→㊶。

形制：平面呈不规则长条形，东北部稍宽，向西南至99DT0201逐渐变窄，沟壁不规整，底部不平。通长6.6、宽约0.2～0.6、沟深0.1～0.46米（图七四四）。

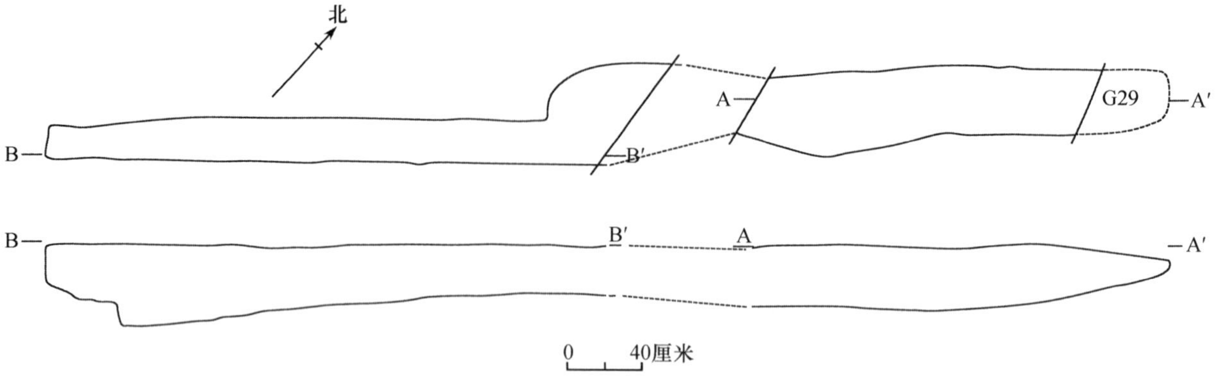

图七四四　G32平、剖面图

沟内堆积与包含物：G32内填浅灰色土，质疏松。包含少量碎陶片、兽骨等。

出土遗物：参加分类排队的陶器8件，可辨器形有辦唇瓮、矮领瓮、角杯、圜底钵、罐形釜等，挑选标本2件。

矮领瓮　1件。Aa型。

标本G32：1，夹砂灰褐陶，局部、胎褐，里黄褐。素面。侈口，卷沿，沿面微凹，圆唇，残。轮制，火候较高。残宽9.8、残高3.6厘米（图七四五，1）。

器底　1件。

标本G32：2，夹砂黑陶。素面。下腹斜收，平底，残。手制，火候较高。残宽8、残高3.2厘米（图七四五，2）。

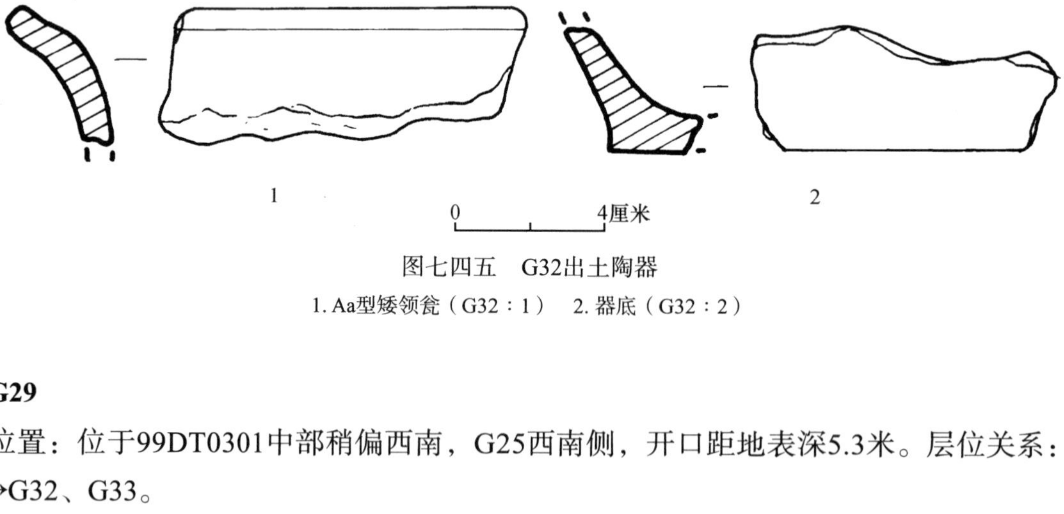

图七四五　G32出土陶器

1. Aa型矮领瓮（G32：1）　2. 器底（G32：2）

G29

位置：位于99DT0301中部稍偏西南，G25西南侧，开口距地表深5.3米。层位关系：㊵—G29→G32、G33。

形制：平面呈长条状，西北—东南向，沟壁不规整，向下稍收，沟底不平。西北部向西延伸至99DT0201东隔梁下，西北部较宽，约30～40厘米，由西北向东南延伸长320厘米处分为两条（中间凸出部分为第41层地层）。沟残长910、宽10～25、深10～25厘米（图七四六）。

沟内堆积与包含物：沟内填灰色土，质疏松。包含较多陶片和极少残石饰件。

出土遗物：参加分类排队的陶器77件，挑选标本18件。

按唇瓮　1件。Ⅰ式。

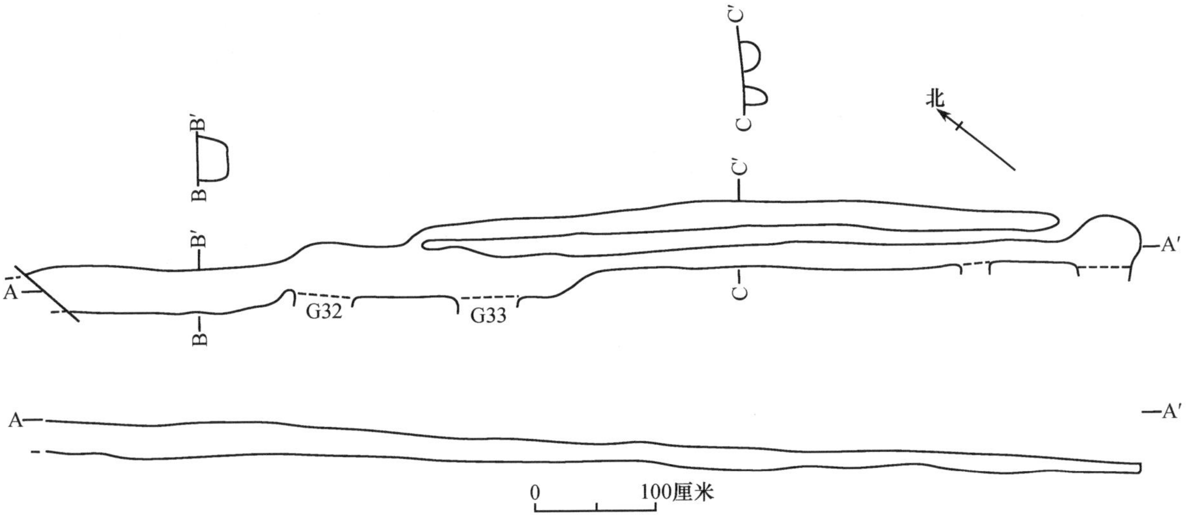

图七四六　G29平、剖面图

标本G29：6，夹砂红陶，局部灰。唇部按窝较浅。侈口，卷沿外翻，残。手制，火候较高。残宽7、残高4.2厘米（图七四七，1）。

辫唇瓮　26件。A型。

Ⅰ式：4件。

标本G29：11，夹砂褐陶，灰黑胎。唇部按抹呈辫绳波浪形。侈口，卷沿，有肩，残。手制，火候较高。残宽8.2、残高5厘米（图七四七，2）。

Ⅱ式：21件。

标本G29：10，夹砂灰褐陶，胎、里红。唇部按抹呈辫绳波浪形，肩饰斜绳纹。侈口，卷沿，有肩，残。手制，火候较高。残宽6.8、残高4.6厘米（图七四七，3）。

Ⅲ式：1件。

标本G29：12，夹砂褐陶，胎红夹灰黑。唇部按抹略呈辫绳波浪形，肩饰斜绳纹。侈口，卷沿外斜，溜肩，残。手制，火候较高。残宽7.2、残高5.2厘米（图七四七，4）。

矮领瓮　3件。Aa型。

标本G29：19，夹砂灰黑陶，灰胎。素面。侈口，沿外下卷，圆唇，矮领斜弧，残。轮制，火候高。残宽8.6、残高3.3厘米（图七四七，5）。

按唇缸　14件。

Ⅰ式：4件。

标本G29：4，夹砂灰黑陶，红胎。唇部微有按窝。侈口，卷沿外翻，残。手制，火候较高。残宽9.2、残高4.2厘米（图七四七，6）。

Ⅱ式：6件。

标本G29：7，夹砂红陶，局部、胎灰褐。唇部戳按较浅，肩饰斜中粗绳纹。侈口，卷沿，有肩，残。手制，火候较高。残宽8、残高6厘米（图七四七，7）。标本G29：8，夹砂红陶，局部灰黑。唇部按窝较浅。侈口，卷沿，残。手制，火候较高。残宽9、残高4.3厘米（图七四七，8）。

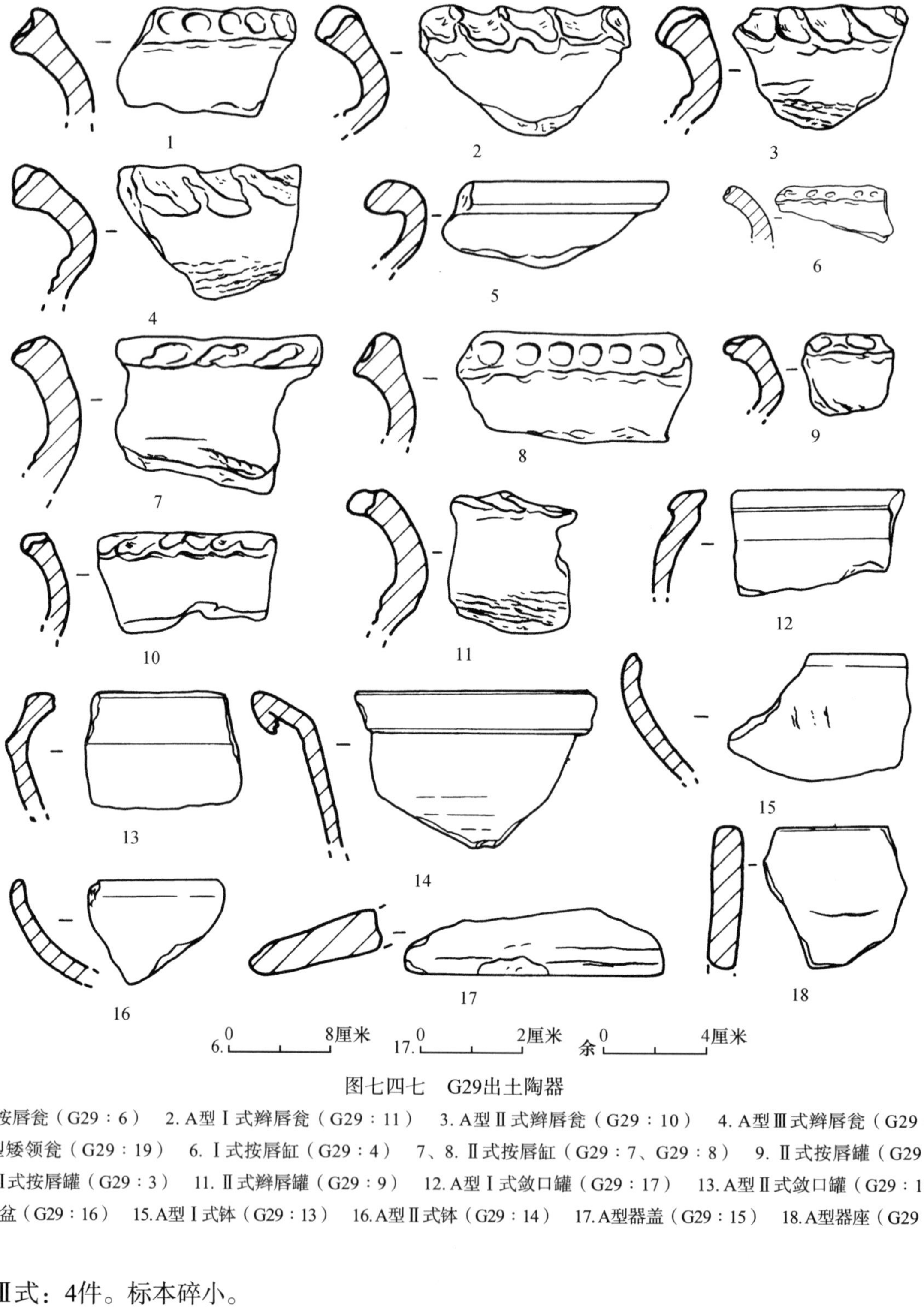

图七四七　G29出土陶器

1. Ⅰ式按唇瓮（G29：6）　2. A型Ⅰ式辫唇瓮（G29：11）　3. A型Ⅱ式辫唇瓮（G29：10）　4. A型Ⅲ式辫唇瓮（G29：12）　5. Aa型矮领瓮（G29：19）　6. Ⅰ式按唇缸（G29：4）　7、8. Ⅱ式按唇缸（G29：7、G29：8）　9. Ⅱ式按唇罐（G29：5）　10. Ⅲ式按唇罐（G29：3）　11. Ⅱ式辫唇罐（G29：9）　12. A型Ⅰ式敛口罐（G29：17）　13. A型Ⅱ式敛口罐（G29：18）　14. Ⅰ式盆（G29：16）　15. A型Ⅰ式钵（G29：13）　16. A型Ⅱ式钵（G29：14）　17. A型器盖（G29：15）　18. A型器座（G29：20）

Ⅲ式：4件。标本碎小。

按唇罐　4件。

Ⅰ式：2件。标本碎小。

Ⅱ式：1件。

标本G29：5，夹砂红陶，胎红夹黑。唇部按窝较浅，肩饰斜绳纹。侈口，卷沿，有肩，残。手制，火候较高。残宽3.6、残高3.1厘米（图七四七，9）。

Ⅲ式：1件。

标本G29：3，夹砂灰褐陶，里红。外唇戳按略呈波浪形。侈口，卷沿，残。手制，火候较高。残宽7、残高3.8厘米（图七四七，10）。

辫唇罐　9件。

Ⅰ式：2件。标本碎小。

Ⅱ式：7件。

标本G29：9，夹砂灰黑陶，局部红褐。唇部戳刮略呈辫绳波浪形，肩饰斜绳纹。侈口，卷沿外翻，溜肩，残。手制，火候较高。残宽5、残高5.6厘米（图七四七，11）。

敛口罐　3件。A型。

Ⅰ式：2件。

标本G29：17，夹砂黑陶，灰白胎。素面。敛口，微有折沿，内沿凹，圆唇，折肩，微鼓腹，残。轮制，火候高。残宽6.7、残高4.1厘米（图七四七，12）。

Ⅱ式：1件。

标本G29：18，夹砂黑陶，胎褐夹灰褐。素面。敛口，微有立沿，圆唇，折肩，腹弧内收，残。轮制，火候高。残宽6.2、残高4.5厘米（图七四七，13）。

盆　1件。Ⅰ式。

标本G29：16，夹砂灰褐陶。素面。敞口，斜折沿，外沿较宽，圆唇，上腹斜收，残。轮制，火候高。残宽9.4、残高6厘米（图七四七，14）。

钵　5件。A型。

Ⅰ式：3件。

标本G29：13，夹砂黑陶。素面。口微敛，沿内卷，尖唇，弧腹，残。手制，口沿部分轮修，火候较高。残宽7.1、残高5.2厘米（图七四七，15）。

Ⅱ式：2件。

标本G29：14，夹砂红陶，口部黑。素面。口近直，圆唇，弧腹，残。手制，口部轮修，火候较高。残宽5.4、残高4厘米（图七四七，16）。

器盖　1件。A型。

标本G29：15，夹砂红陶。素面，内外壁磨光。壁斜直，敞口，圆唇，残。手制，火候较高。残宽5、残高1.3厘米（图七四七，17）。

器座　1件。A型。

标本G29：20，夹砂灰褐陶，局部、里黑。口近直，圆唇，腹微外斜，残。手制，火候高。残宽5.6、残高5.4厘米（图七四七，18）。

另外还出土花边圜底罐Aa型Ⅰa式1件、卷沿罐1件、罐形釜Aa型1件、尖底盏1件、角杯B型3件、器底2件，皆标本碎小。

G25

位置：位于99AT0201东南部，部分压在99DT0201关键柱下，开口距地表深450厘米。层位关系：G24→G25→G26。

形制：平面形状呈长条形，西北部较窄，东南部较宽，沟壁较直，沟底略呈“W”形，中部稍浅，两侧较深，沟底、壁均经过初步加工，较规整，沟内有大小“洞”76个。残长665、宽75～95、沟深30厘米（图七四八；图版六一，1）。

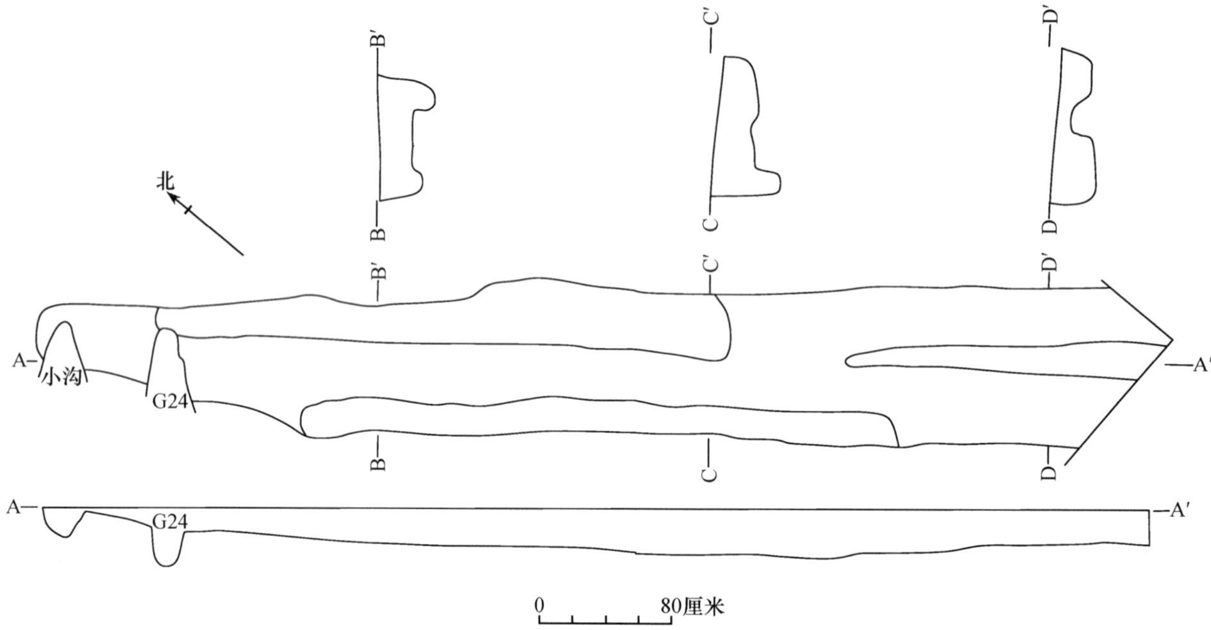

图七四八　G25平、剖面图

沟内堆积与包含物：沟内填灰褐土，较细，质较松。包含物较为丰富，以碎陶片为主，还有少量牛、鱼等动物骨头以及石器、残铜屑等。

出土遗物：主要为陶器，极少石器。

陶器　参加分类排队的陶器35件，挑选标本6件。

辫唇瓮　5件。A型。

Ⅰ式：3件。标本碎小。

Ⅱ式：2件。

标本G25：5，夹细砂红褐陶，局部灰、褐。唇部戳刮略呈辫绳波浪形，肩饰斜绳纹。侈口，卷沿外翻，微有肩，残。手制，火候较高。残宽7.9、残高4.7厘米（图七四九，1）。

按唇瓮　6件。Ⅲ式。

标本G25：4，夹细砂红褐陶，局部、胎灰黑。唇部手按呈齿状，领部饰细划纹，上腹饰绳纹。侈口，束领，鼓腹，残。手制轮修，火候一般。口径19、残高6.8厘米（图七四九，2）。

盘口瓮　2件。Ⅰ式。

标本G25：8，夹细砂红褐陶，灰黑胎。素面。侈口，折立沿，内沿面有凸棱，圆唇，束领，残。轮制，火候较高。残宽8.3、残高6.4厘米（图七四九，3）。

按唇缸　4件。

Ⅰ式：2件。

标本G25：6，夹细砂黑陶。唇面浅压凹窝，领部有划纹。侈口，微显盘状，卷沿，残。轮制，火候较高。残宽8.2、残高3.8厘米（图七四九，4）。

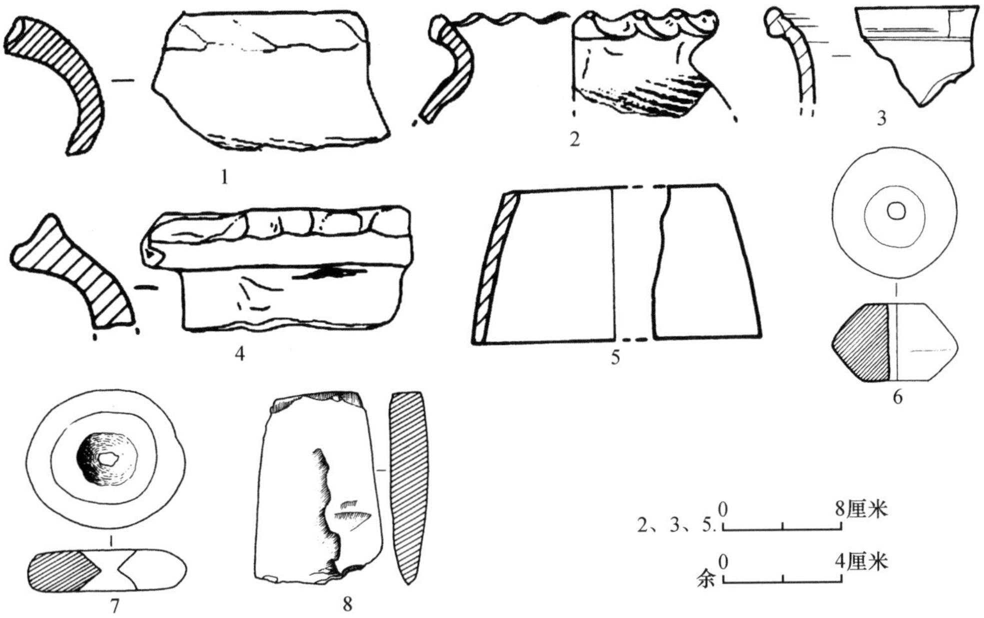

图七四九　G25出土器物

1. Ⅱ式陶辫唇瓮（G25：5）　2. Ⅲ式陶按唇瓮（G25：4）　3. Ⅰ式陶盘口瓮（G25：8）　4. Ⅰ式陶按唇缸（G25：6）　5. A型陶器座（G25：7）　6. Cb型陶纺轮（G25：3）　7. 石纺轮（G25：1）　8. Ab型石锛（G25：2）

Ⅱ式：2件。标本碎小。

器座　1件。A型。

标本G25：7，夹细砂褐陶。素面。略呈梯形，口、底方唇，壁微弧，残。手制，火候较高。口径14.4、底径19.2、高10厘米（图七四九，5）。

纺轮　1件。Cb型。

标本G25：3，夹砂黑陶，紫红胎。素面，器表磨光。算珠形，顶、底平，凸腰，中部圆形穿，完整。轮制，火候较高。最大径5.2、穿径0.5、高2.6厘米（图七四九，6）。

另外还出土辫唇罐Ⅱ式3件、花边圜底罐Aa型Ⅰa式2件、高领罐1件、圜底钵A型Ⅰ式2件、角杯B型7件、器盖B型Ⅰ式1件，皆标本碎小。

石器　数量很少，仅2件。

纺轮　1件。

标本G25：1，红色细砂岩，局部黑。扁圆形，中部双向凿孔，完整。磨制。直径5.2、孔径0.5、高1.4厘米（图七四九，7）。

锛　1件。Ab型。

标本G25：2，色白，局部红。平面略呈梯形，斜顶，弧刃多崩疤，偏锋，残。磨制。残长6.3、宽4.2、厚1.3厘米（图七四九，8；图版八四，4）。

（二）第二期

仅发现2条，均属晚段。

G11

位置：位于98BT0104中部，98BT0204东北角，98BT0205中部，沟口距地表深340厘米，呈西北—东南向。层位关系：㉗—G11→F115。

形制：平面呈长条形，口大底小，弧壁，底较平，沟壁、底无加工痕迹。残长1007、宽66、沟底残宽50～70、深50厘米（图七五〇）。

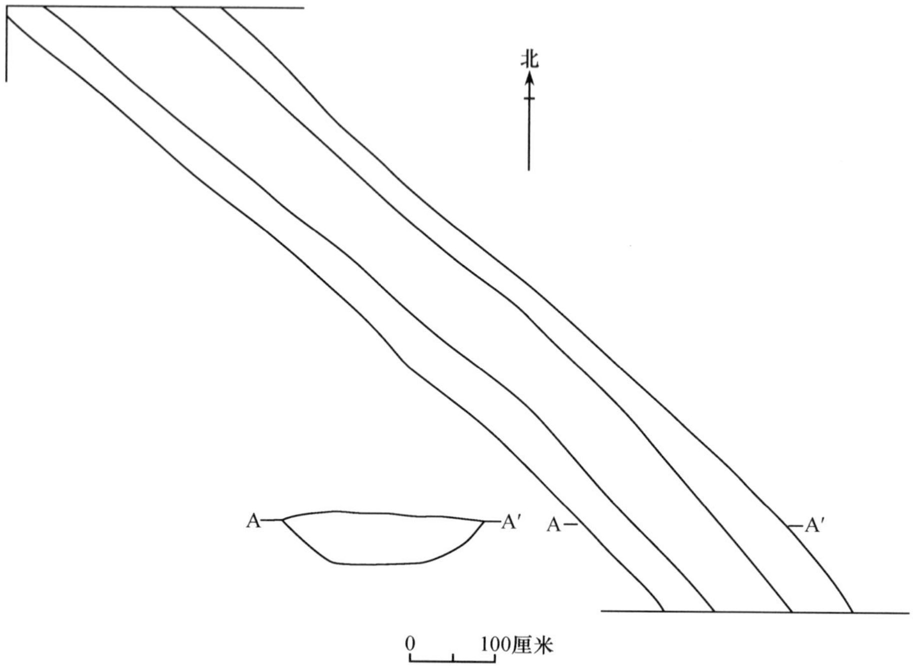

图七五〇　G11平、剖面图

沟内堆积与包含物：沟内填沙土，底部淤积黄沙。包含大量碎陶片、残铜镞等。

出土遗物：参加分类排队的陶器166件，挑选标本36件。

齿唇瓮　2件。Aa型。

标本G11：22，夹粗砂红褐陶，局部灰黑，灰胎。唇部戳按呈波浪形齿，外沿有按窝。侈口，卷沿，束领，残。手制，火候较高。残宽9、残高8.8厘米（图七五一，1）。

辫唇瓮　11件。A型。

Ⅱ式：1件。

标本G11：25，夹砂灰黑陶，局部灰褐。唇部戳按、外沿按抹略呈辫绳波浪形，腹饰绳纹。侈口，卷沿外翻，鼓腹，残。手制，火候较高。残宽11.2、残高11.6厘米（图七五一，2）。

Ⅲ式：10件。

标本G11：23，夹粗砂灰褐陶，局部红，里黑。唇部戳刮、外沿刮抹略呈辫绳波浪形。侈口，束领，残。手制，火候较高。口径32.2、残高7.2厘米（图七五一，3）。

瓮　1件。A型Ⅱ式。

标本G11：29，夹砂黑陶，红褐胎。领上部饰凹弦纹，内领饰瓦棱纹。侈口，圆唇，束领，残。轮制，火候较高。口径24.2、残高9.6厘米（图七五一，4）。

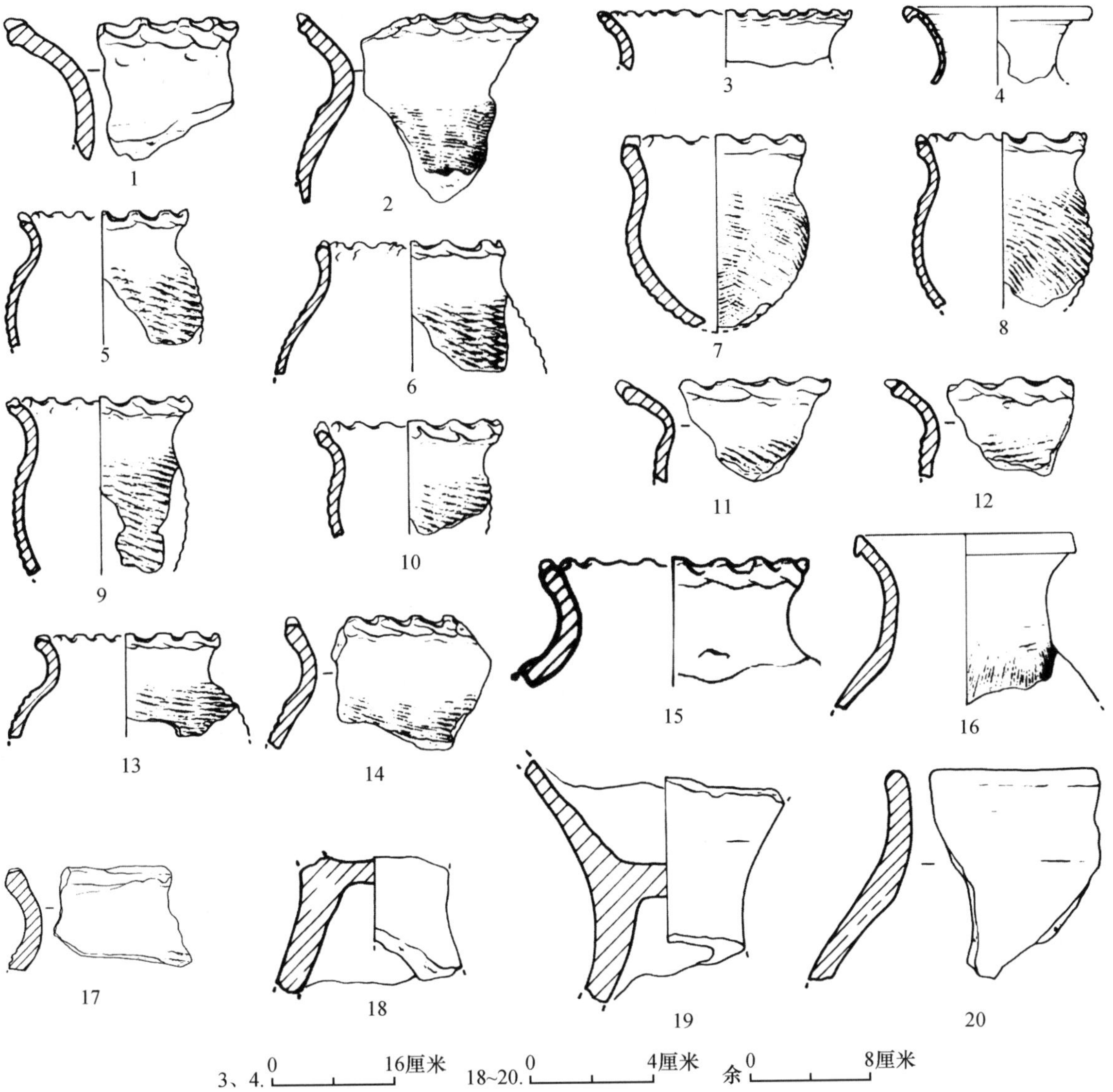

图七五一　G11出土陶器

1. Aa型齿唇瓮（G11∶22）　2. A型Ⅱ式辫唇瓮（G11∶25）　3. A型Ⅲ式辫唇瓮（G11∶23）　4. A型Ⅱ式瓮（G11∶29）
5、6. Aa型Ⅰb式花边圜底罐（G11∶6、G11∶10）　7、8. Aa型Ⅱ式花边圜底罐（G11∶7、G11∶12）
9、10. Aa型Ⅲ式花边圜底罐（G11∶8、G11∶13）　11. Ⅲ式辫唇罐（G11∶14）　12. Aa型齿唇罐（G11∶21）
13. Ab型齿唇罐（G11∶11）　14、15. Bb型齿唇罐（G11∶20、G11∶24）　16. 高领罐（G11∶26）
17. 大口罐（G11∶28）　18、19. Ⅰ式圈足罐（G11∶32、G11∶33）　20. B型罐形釜（G11∶27）

花边圜底罐　127件。Aa型。

Ⅰb式：5件。

标本G11∶6，夹砂红陶，局部褐，胎红夹灰。唇部戳刮呈波浪形，腹饰绳纹。侈口，束颈，鼓腹，残。手制，火候较高。口径10.8、残高8.4厘米（图七五一，5）。标本G11∶10，夹砂灰褐陶，局部、里褐。唇部戳刮呈波浪形，腹饰绳纹。口微侈，微束颈，鼓腹，残。手制，火候较高。口径11.7、残高8.2厘米（图七五一，6）。

Ⅱ式：88件。

标本G11∶7，夹砂褐陶，局部红褐、灰黑。唇部刮抹、外沿内抹呈波浪形，腹饰绳纹。

侈口，束颈，鼓腹，残。手制，火候较高。口径11.4、残高12厘米（图七五一，7）。标本G11：12，夹砂红褐陶，灰胎，里褐。唇部戳刮、外沿刮抹呈波浪形，腹饰绳纹。侈口，束颈，鼓腹，残。手制，火候较高。口径10.8、残高10.8厘米（图七五一，8）。

Ⅲ式：34件。

标本G11：8，夹砂黑褐陶，局部、里红褐。唇部戳刮、外沿刮抹呈波浪形，腹饰绳纹。侈口，卷沿，鼓腹，残。手制，火候较高。口径11.6、残高11厘米（图七五一，9）。标本G11：13，夹砂黑褐陶，局部红褐，灰胎。唇部戳刮、外沿刮抹呈波浪形，腹饰绳纹。侈口，卷沿，鼓腹，残。手制，火候较高。口径12、残高7.2厘米（图七五一，10）。

辫唇罐　1件。Ⅲ式。

标本G11：14，夹砂红陶。唇部戳刮、外沿刮抹略呈辫绳波浪形，腹饰绳纹。侈口，卷沿外翻，鼓腹，残。手制，火候较高。残宽9.6、残高6.4厘米（图七五一，11）。

齿唇罐　4件。

A型　2件。

Aa型　1件。

标本G11：21，夹砂红陶，局部红褐，灰胎。唇部戳刮呈波浪形齿，腹饰绳纹。侈口，卷沿外翻，鼓腹，残。手制，火候较高。残宽8、残高6.2厘米（图七五一，12）。

Ab型　1件。

标本G11：11，夹砂黑陶，灰黑胎，里褐。唇部戳刮、外沿内抹呈波浪形，腹饰绳纹。侈口，卷沿，鼓腹，残。手制，火候较高。口径11.6、残高6.4厘米（图七五一，13）。

B型　2件。Bb型。

标本G11：20，夹粗砂灰黑陶，褐胎。唇部戳刮呈波浪形齿，肩饰绳纹。侈口，卷沿，束领，溜肩，残。手制，火候较高。残宽10、残高8.2厘米（图七五一，14）。标本G11：24，夹粗砂红陶，灰黑胎。唇部刮抹呈波浪形，领下部饰零星戳印纹。侈口，束领，有肩，残。手制，火候较高。口径17.2、残高8厘米（图七五一，15）。

高领罐　1件。

标本G11：26，夹砂褐陶，局部红褐、黑褐，胎、里黑。领下部饰划纹，肩饰斜竖绳纹。侈口，斜方唇，领较直，溜肩，残。手制轮修，火候较高。口径13.6、残高10.8厘米（图七五一，16）。

大口罐　1件。

标本G11：28，夹砂红陶，灰胎。肩饰绳纹。侈口，圆唇，局部方唇，束领，溜肩，残。手制，火候较高。残宽8.8、残高6.3厘米（图七五一，17）。

圈足罐　2件。Ⅰ式。

标本G11：32，夹砂黑陶，红褐胎。素面。圈足较细高，残。轮制，火候较高。残宽5.8、残高4.2厘米（图七五一，18）。标本G11：33，夹砂褐陶，局部灰黑。素面。下腹斜收，圈足较细高，残。轮制，火候较高。残宽8.1、残高7.5厘米（图七五一，19）。

罐形釜　1件。B型。

标本G11：27，夹砂红陶，局部黑。素面，多按抹痕。口微侈，圆唇，中领微束，溜肩，残。手制，火候较高。残宽5.5、残高6.5厘米（图七五一，20）。

尊形器　2件。A型Ⅱ式。

标本G11：30，夹砂黑陶，红褐胎。素面。喇叭口，外沿较窄，圆唇，残。轮制，火候较高。残宽8.1、残高4.8厘米（图七五二，1）。标本G11：31，夹砂红陶，局部灰褐。素面。喇叭口，外沿较窄，圆唇，残。轮制，火候较高。口径25.6、残高6.8厘米（图七五二，2）。

尖底盏　2件。

A型　1件。Ⅲ式。

标本G11：16，夹砂灰褐陶。素面。敞口，圆唇，弧腹，残。轮制，火候较高。残宽6、残高2.6厘米（图七五二，3）。

B型　1件。Ⅱ式。

标本G11：15，夹砂灰褐陶，红褐胎。素面。敞口，圆唇，折腹，残。轮制，火候较高。残宽8.1、残高2.7厘米（图七五二，4）。

圜底钵　8件。A型。

Ⅱ式：4件。

标本G11：17，夹砂红陶，局部红褐，胎红夹灰。器表多划纹。口近直，圆唇，弧腹，圜底，修复。手制，火候较高。口径19.2、高8厘米（图七五二，5）。

Ⅲ式：4件。

标本G11：18，夹砂红褐陶，灰胎。腹饰划纹。敞口，圆唇，弧腹，圜底，修复。手制，火候较高。口径12、高4厘米（图七五二，6）。标本G11：19，夹砂黑陶，局部灰黑。腹多划纹、按窝。敞口，圆唇，弧腹，圜底，修复。手制，火候较高。口径19.4、高8厘米（图七五二，7）。

圈足　2件。

标本G11：34，夹粗砂红褐陶，局部红，灰胎。下腹饰绳纹。下腹斜弧收，矮圈足，残。

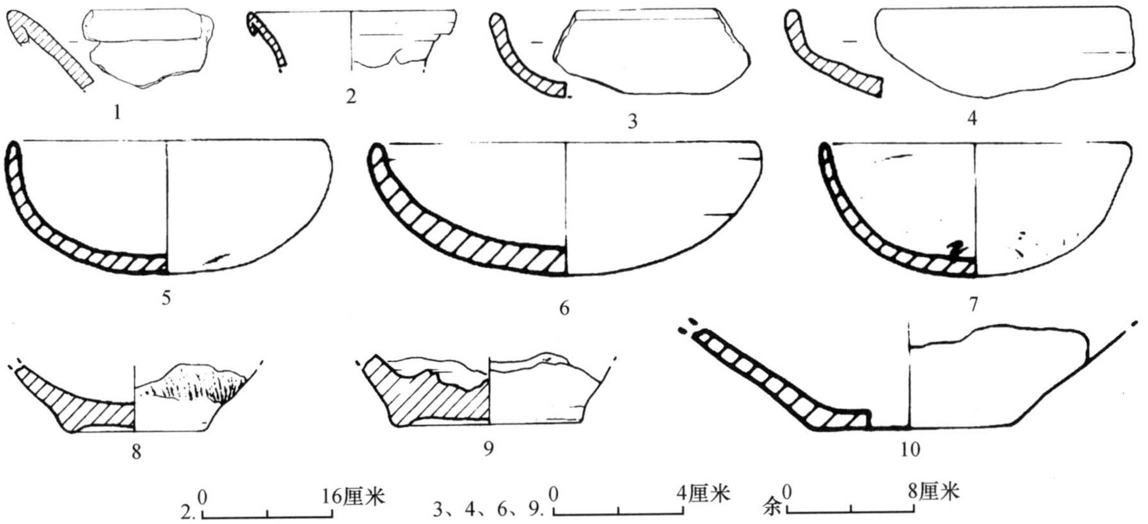

图七五二　G11出土陶器

1、2. A型Ⅱ式尊形器（G11：30、G11：31）　3. A型Ⅲ式尖底盏（G11：16）　4. B型Ⅱ式尖底盏（G11：15）　5. A型Ⅱ式圜底钵（G11：17）　6、7. A型Ⅲ式圜底钵（G11：18、G11：19）　8、9. 圈足（G11：34、G11：35）　10. 器底（G11：36）

手制，火候较高。足径8.4、残高4厘米（图七五二，8）。标本G11：35，夹砂黑陶，里灰。素面，内底瓦棱纹较深。下腹斜收，微有圈足，残。轮制，火候较高。足径5.8、残高2.1厘米（图七五二，9）。

器底　1件。

标本G11：36，夹砂黑陶，局部、胎褐。素面，有划痕。下腹斜收，平底，残。轮制，火候较高。底径12.8、残高6.4厘米（图七五二，10）。

G23

位置：位于99DT0301东北部，向东北角延伸至关键柱下，开口距地表深3.8～3.9米。层位关系：F217→G23→㉘。

形制：平面呈不规则长条形，西南部较窄，向东北逐渐加宽，沟壁不规整，底部不平，由西南向东北逐渐加深。残长670、宽60～190、深12～35厘米（图七五三）。

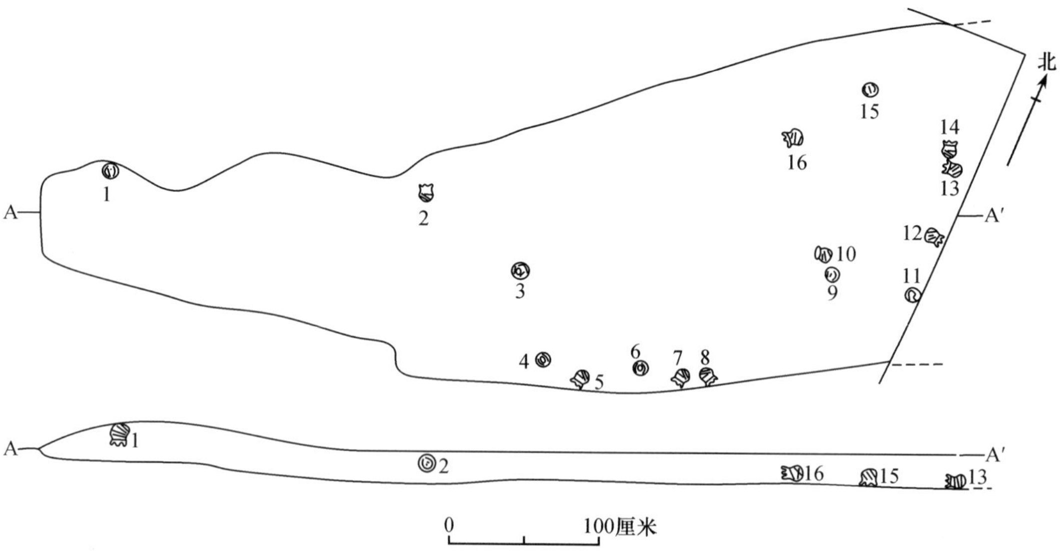

图七五三　G23平、剖面图
1～16. 陶花边圜底罐

沟内堆积与包含物：沟内填深灰色土，质疏松。包含物多为陶片，少量残石器及兽骨等。

出土遗物：参加分类排队的陶器101件，挑选标本37件。

辫唇瓮　4件。B型。

标本G23：32，夹粗砂灰褐陶，局部红、黑，灰黑胎，里红。唇部戳刮、外沿刮抹呈波浪形，肩饰交错绳纹。侈口，领外翻，斜肩，残。手制，火候较高。残宽12、残高8.6厘米（图七五四，1）。标本G23：33，夹砂灰褐陶，局部黑、红褐。唇部戳按呈波浪形，肩饰斜绳纹。侈口，束领，溜肩，残。手制，火候较高。口径19.6、残高8.4厘米（图七五四，2）。

花边圜底罐　86件。

A型　34件。

Aa型　33件。

Ⅰb式：8件。

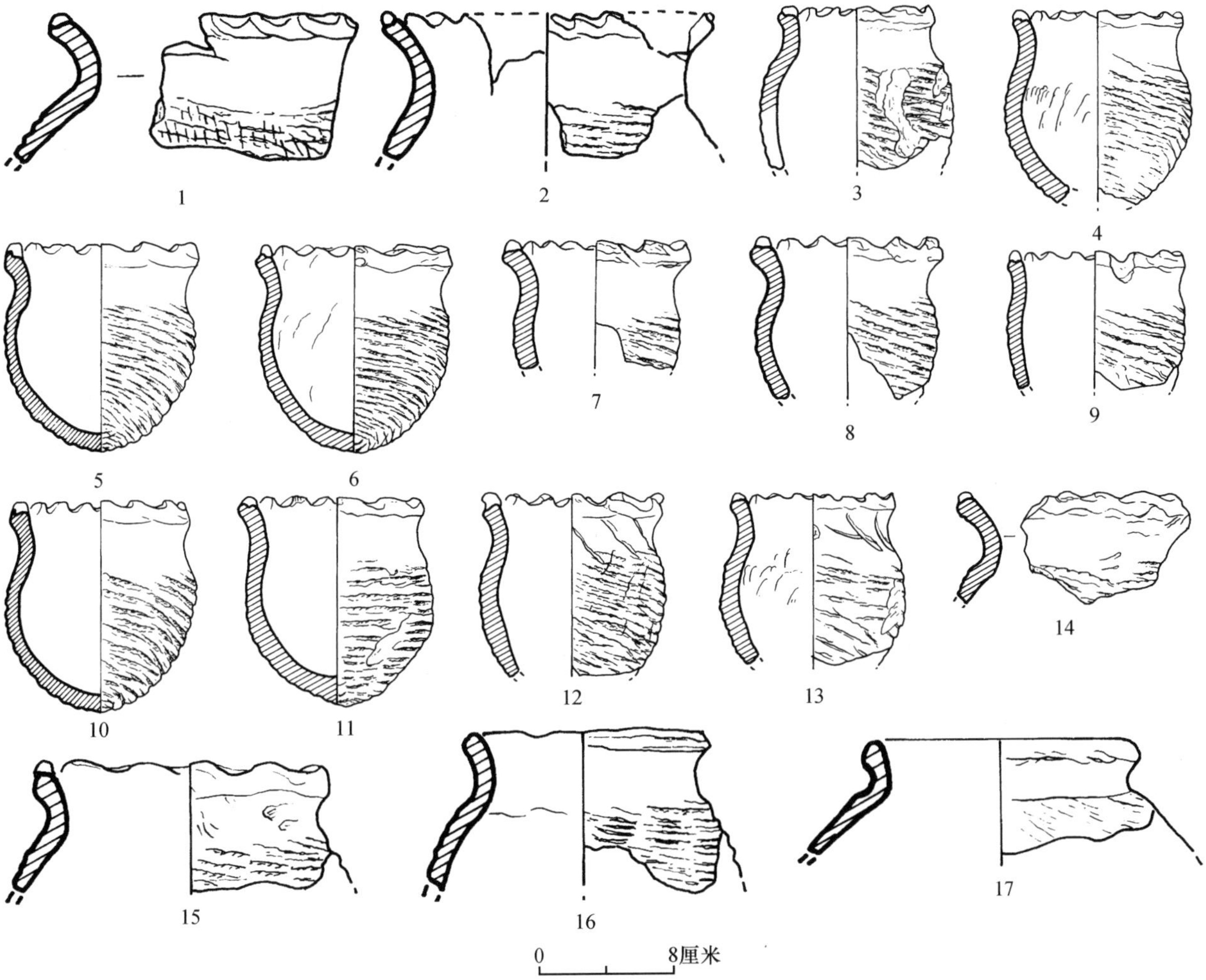

图七五四　G23出土陶器

1、2. B型辫唇瓮（G23：32、G23：33）　3、4. Aa型Ⅰb型花边圜底罐（G23：17、G23：18）　5、6. Aa型Ⅱ式花边圜底罐（G23：11、G23：20）　7、8. Aa型Ⅲ式花边圜底罐（G23：22、G23：23）　9. Ab型花边圜底罐（G23：21）　10、11. Ba型Ⅰ式花边圜底罐（G23：7、G23：25）　12、13. Bb型花边圜底罐（G23：26、G23：27）　14、15. 波浪唇罐（G23：30、G23：31）　16、17. A型矮领罐（G23：28、G23：29）

标本G23：17，夹砂黑陶，局部、里褐，灰黑胎。唇部戳刮、外沿刮抹呈波浪形，腹饰斜绳纹，局部擦抹。口近直，束颈，鼓腹，残。手制，火候较高。口径9、残高9.4厘米（图七五四，3）。标本G23：18，夹砂灰褐陶，局部黑、红褐。唇部戳刮、外沿刮抹呈波浪形，腹饰斜绳纹，内壁多按抹痕。侈口，束颈，鼓腹，残。手制，火候较高。口径10、残高11.2厘米（图七五四，4）。

Ⅱ式：21件。

标本G23：11，夹砂褐陶，局部红，里灰。唇部戳刮、外沿刮抹呈波浪形，腹、底饰斜绳纹。侈口，束颈，鼓腹，圜尖底，完整。手制，火候较高。口径10.7、高12厘米（图七五四，5）。标本G23：20，夹砂红陶，局部褐，胎红夹黑。唇部戳刮、外沿刮抹呈波浪形，腹、底饰斜绳纹。侈口，束颈，鼓腹，圜底，复原。手制，火候较高。口径10.8、残高12.1厘米（图七五四，6）。

Ⅲ式：4件。

标本G23：22，夹砂黑陶，局部、里红，灰胎。唇部戳刮、外沿刮抹呈波浪形，腹饰斜绳纹。侈口，束颈，鼓腹，残。手制，火候较高。口径10.2、残高7.5厘米（图七五四，7）。标本G23：23，夹砂褐陶，局部黑，胎红夹灰。唇部戳刮、外沿刮抹呈波浪形，腹饰斜中粗绳纹。侈口，束颈，鼓腹，残。手制，火候较高。口径10.4、残高9.4厘米（图七五四，8）。

Ab型　1件。

标本G23：21，夹砂红褐陶，局部红，胎红夹黑。唇部戳刮、外沿刮抹呈波浪形，外沿饰戳印纹，腹饰斜绳纹。微侈口，束颈，鼓腹，残。手制，火候较高。口径10.2、残高8厘米（图七五四，9）。

B型　52件。

Ba型　50件，其中7件不明式别。

Ⅰ式：43件。

标本G23：7，夹砂红陶，局部灰黑、褐、黄，胎、里灰褐。唇部戳刮、外沿刮抹呈波浪形，腹、底饰斜中粗绳纹。侈口，束颈，鼓腹，圜尖底，复原。手制，火候较高。口径10、高12.2厘米（图七五四，10）。标本G23：25，夹砂灰褐陶，局部黑、红，灰胎，里红。唇部戳刮、外沿刮抹呈波浪形，腹、底饰斜粗绳纹，局部擦抹。侈口，束颈，鼓腹，尖圜底，复原。手制，火候较高。口径10.6、残高12.2厘米（图七五四，11）。

Bb型　2件。

标本G23：26，夹砂红陶，局部灰褐、黑，灰胎。唇部戳刮、外沿刮抹呈波浪形，颈饰斜划纹，腹饰斜绳纹、斜细划纹。侈口，束颈，鼓腹，残。手制，火候较高。口径10.5、残高10.6厘米（图七五四，12）。标本G23：27，夹砂红陶，局部、胎灰黑。唇部戳刮、外沿刮抹呈波浪形，颈饰斜粗划纹，腹饰斜绳纹，局部擦抹，内壁多刮抹痕。侈口，束颈，鼓腹，残。手制，火候较高。口径9.6、残高10厘米（图七五四，13）。

波浪唇罐　3件。

标本G23：30，夹砂红陶，局部灰黑，胎红夹灰。唇部戳刮、外沿刮抹呈波浪形，肩饰斜中粗绳纹。侈口，卷沿，溜肩，残。手制，火候较高。残宽10.2、残高6.6厘米（图七五四，14）。标本G23：31，夹砂红陶，局部褐，灰胎。唇部刮抹呈波浪形，外沿饰戳印纹，肩饰斜粗绳纹。侈口，卷沿，溜肩，残。手制，火候较高。口径16.6、残高7.4厘米（图七五四，15）。

矮领罐　4件。

A型　3件。

标本G23：28，夹砂灰褐陶，局部黑，灰胎，里褐。肩饰斜绳纹。侈口，圆唇，矮领外斜，溜肩，残。手制，火候较高。口径14.2、残高9.2厘米（图七五四，16）。标本G23：29，夹砂灰褐陶，局部灰黑、褐。肩饰斜绳纹后按抹呈细线。侈口，圆唇，矮领外斜，斜肩，残。手制，火候较高。口径16.4、残高6.6厘米（图七五四，17）。

B型　1件。标本碎小。

尖底盏　1件。A型Ⅱ式。

标本G23：34，夹砂灰褐陶，胎红褐。素面。口近直，圆唇，弧腹，残。轮制，火候较高。残宽6.4、残高2.6厘米（图七五五，1）。

钵　1件。A型Ⅰ式。

标本G23：35，夹砂红陶，胎红夹灰。素面。敛口，圆唇，鼓上腹，残。手制，火候较高。残宽8.6、残高8.8厘米（图七五五，2）。

圈足杯　2件。

标本G23：36，夹砂灰黑陶，局部褐、红，灰胎，里黑。素面。下腹弧收，矮圈足外撇，残。手制，火候较高。足径7.8、残高5.4厘米（图七五五，3）。标本G23：37，夹砂红陶，局部黑，胎红夹灰。素面。敞口，圆唇，弧腹，矮圈足外撇，复原。手制，火候较高。口径13.6、足径6.4、高10.2厘米（图七五五，4）。

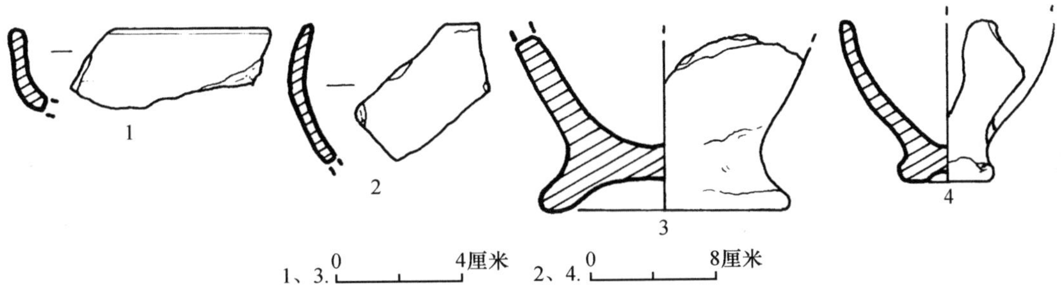

图七五五　G23出土陶器

1. A型Ⅱ式尖底盏（G23：34）　2. A型Ⅰ式钵（G23：35）　3、4. 圈足杯（G23：36、G23：37）

（三）第三期

18条。

1. 早段

4条。

G75

位置：位于02BT0101东北部，H721之北，部分压在东隔梁下，开口距地表深4.7米。层位关系：F303→G75→⑲。

形制：平面呈圆角长条形，沟壁较直，底略呈弧形。残长3.6、宽约0.75、深0.15～0.22米（图七五六）。

沟内堆积与包含物：沟内填灰土，泛红，质松软，颗粒较细。包含部分陶片和少量兽骨。

出土遗物：参加分类排队的陶器52件，挑选标本5件。

矮领瓮　1件。B型Ⅱ式。

标本G75：5，夹砂红陶，胎红夹灰，里黑。领饰竖暗纹，内壁多瓦棱纹。侈口，外沿较宽，圆唇，束领，残。轮制，火候较高。残宽13.6、残高7.8厘米（图七五七，1）。

齿唇罐　3件。Ac型。

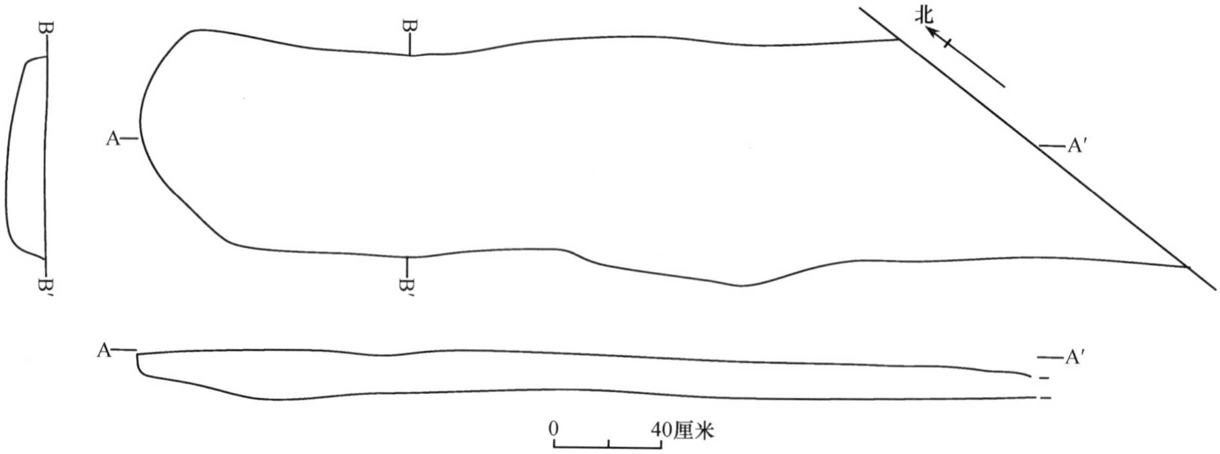

图七五六　G75平、剖面图

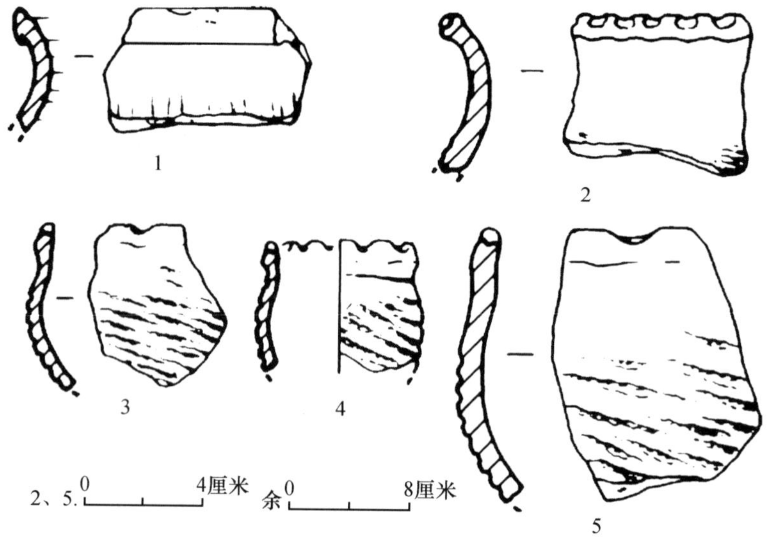

图七五七　G75出土陶器

1. B型Ⅱ式矮领瓮（G75：5）　2. Ac型齿唇罐（G75：4）　3. Ba型Ⅰ式花边圜底罐（G75：1）　4. Bb型花边圜底罐（G75：2）　5. Bc型花边圜底罐（G75：3）

标本G75：4，夹砂红陶，胎红夹黑。唇部戳按略呈波浪形齿，上腹饰斜绳纹。侈口，卷沿，鼓腹，残。手制，火候较高。残宽6.1、残高5.2厘米（图七五七，2）。

花边圜底罐　48件。B型。

Ba型　37件，其中24件不明式别。

Ⅰ式：13件。

标本G75：1，夹砂红陶；器表多灰白色附着物。唇部戳刮、外沿刮抹呈波浪形，腹饰斜粗绳纹。口微敛，束颈，鼓腹，残。手制，火候较高。残宽9、残高10.4厘米（图七五七，3）。

Bb型　5件。

标本G75：2，夹砂褐陶，局部红，胎部分灰褐，里局部黑。唇部戳刮、外沿刮抹呈波浪形，颈饰斜粗划纹，腹饰斜粗绳纹。口近直，束颈，鼓腹，残。手制，火候较高。口径9.6、残高8.4厘米（图七五七，4）。

Bc型　6件。

标本G75：3，夹砂红陶，灰褐胎，里褐；器表多灰白色附着物。唇部戳刮、外沿内抹略呈波浪形，腹饰斜粗绳纹。口微敛，微束颈，鼓腹，残。手制，火候较高。残宽6.7、残高8.8厘米（图七五七，5）。

G21

位置：位于99AT0201中部偏西，F184西侧，F183东侧，F182南侧，开口距地表深295～300厘米。层位关系：㉔—G21→F183。

形制：平面呈圆角狭长条形，不甚规整，斜壁，坑底较平，略小于坑口，底、壁均无加工痕迹。长480、宽80～130、深16.9厘米（图七五八）。

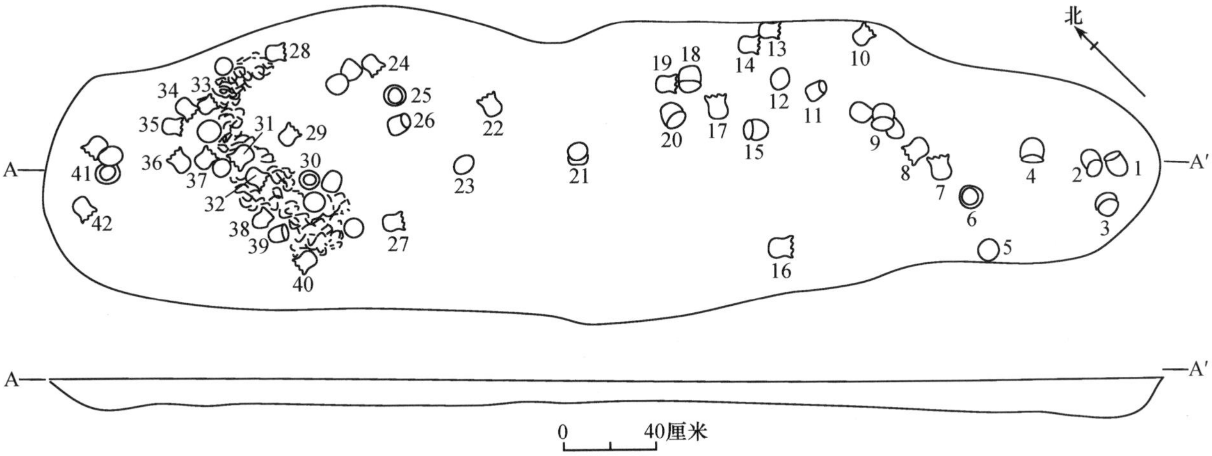

图七五八　G21平、剖面图
1～42. 陶花边圜底罐

沟内堆积与包含物：沟内填灰褐土，局部夹杂黄黏土，呈杂花色，极疏松，夹大量杂质及炭灰。包含物极为丰富，出有42件完整陶花边圜底罐及大量残片。

出土遗物：参加分类排队的陶器416件，挑选标本50件。

齿唇缸　1件。Ba型Ⅱ式。

标本G21：45，夹粗砂红陶，灰黑胎。唇部按压呈疏齿状，较浅，上腹饰竖绳纹。侈口，领较高，斜直，残。手制轮修，火候不高。残宽9、残高8.4厘米（图七五九，1）。

花边圜底罐　393件。

A型　1件。Aa型Ⅲ式。标本碎小。

B型　392件。

Ba型　249件，其中41件不明式别。

Ⅰ式：70件。

标本G21：14，夹砂红陶，局部褐；内外壁多灰白色附着物。唇部戳刮、外沿刮抹呈波浪形，腹饰斜中粗绳纹。侈口，束颈，鼓腹，圜底，完整。手制，火候较高。口径10、高11.8厘米（图七五九，2）。

Ⅱ式：138件。标本碎小。

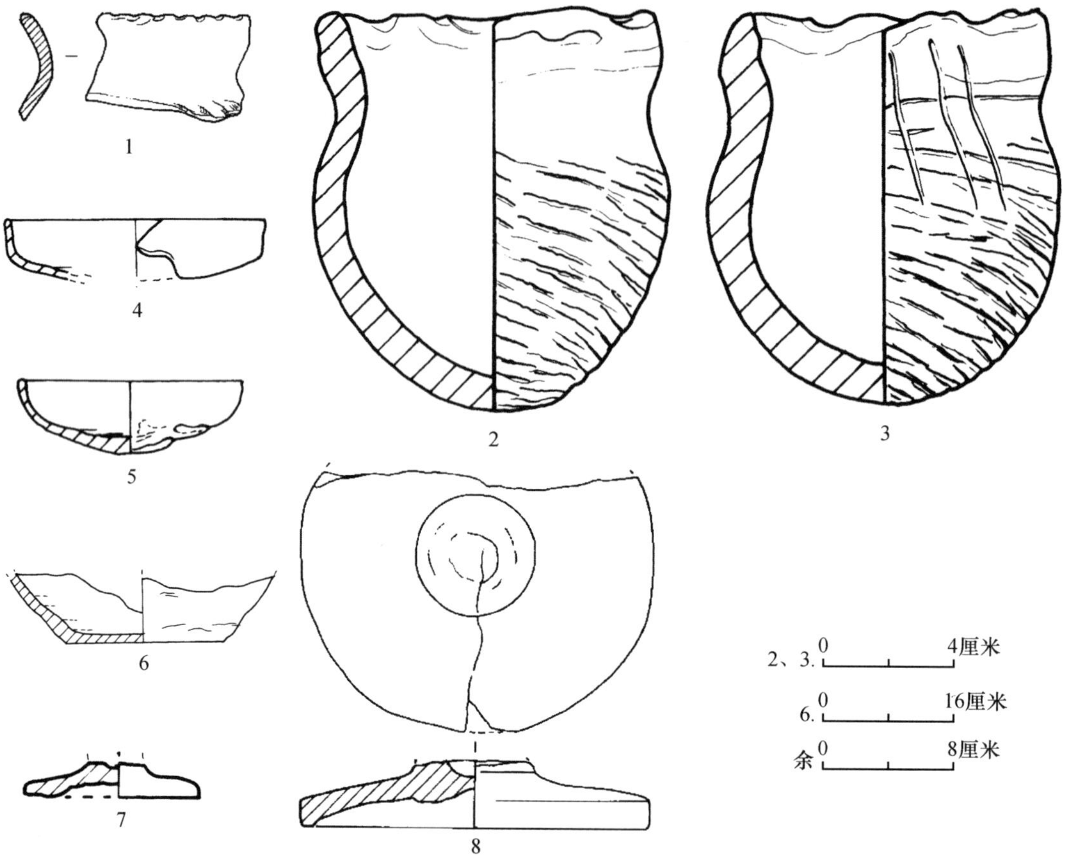

图七五九 G21出土陶器

1. Ba型Ⅱ式齿唇缸（G21：45） 2. Ba型Ⅰ式花边圜底罐（G21：14） 3. Bb型花边圜底罐（G21：39） 4. A型Ⅱ式尖底盏（G21：44） 5. A型Ⅲ式尖底盏（G21：43） 6. 器底（G21：50） 7. A型拍（G21：49） 8. B型拍（G21：51）

Bb型 143件。

标本G21：39，夹砂灰褐陶，局部、里红；内外壁多灰白色附着物。唇部戳刮、外沿刮抹呈波浪形，颈饰交错划纹，腹饰斜中粗绳纹。侈口，束颈，鼓腹，圜底，完整。手制，火候较高。口径9.2、高11.6厘米（图七五九，3）。

尖底盏 6件，其中2件为底部。

A型 3件。

Ⅱ式：1件。

标本G21：44，夹砂灰黑陶，局部灰。素面。口近直，圆唇，弧腹，残。轮制，火候较高。口径15.8、残高3.6厘米（图七五九，4）。

Ⅲ式：2件。

标本G21：43，夹砂灰黑陶，局部褐。素面，内壁多旋痕。敞口，圆唇，弧腹，尖底，复原。轮制，火候较高。口径13.4、高4.4厘米（图七五九，5）。

B型 1件。Ⅱ式。标本碎小。

器底 1件。

标本G21：50，夹细砂灰黑陶，里灰褐色。下腹有稀疏划纹，内壁有旋痕。下腹微曲，平底，残。手制轮修，火候较高。底径18.8、残高8.4厘米（图七五九，6）。

拍　2件。

A型　1件。

标本G21：49，夹细砂红褐陶。素面。圆形，拍面较平、中部部分脱落，圆柱状捉手，残。手制，火候较高。直径10.7、残高2.2厘米（图七五九，7）。

B型　1件。

标本G21：51，夹细砂红陶，素面。圆形，圆柱状捉手，残。手制，火候一般。直径10.5、残高2厘米（图七五九，8）。

另外还出土矮领瓮B型Ⅰ式1件，齿唇瓮Ba型Ⅰ式2件、Ⅱ式2件，齿唇罐Ba型Ⅰ式1件、Bb型Ⅰ式1件，矮领罐A型1件，敛口圜底罐Ⅰ式1件，罐形釜Aa型Ⅱ式1件、Ⅲ式1件，尊形器A型Ⅲ式1件，圜底钵A型Ⅱ式1件，皆标本碎小。

2. 中段

7条。

G71

位置：位于02DT0101东南部，开口距地表深310厘米。层位关系：⑬—G71→F308。

形制：平面呈不规则长条形，略曲，弧壁，圜底，东高西低。残长570、宽15～40、深15～25厘米（图七六〇）。

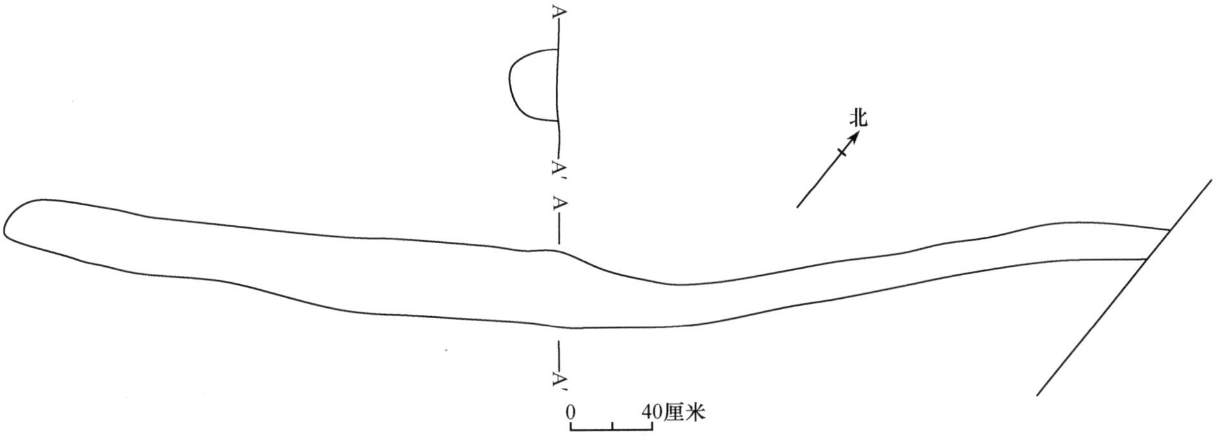

图七六〇　G71平、剖面图

沟内堆积与包含物：沟内填灰褐土，略带沙性，质疏松。包含陶片较少。

出土遗物：参加分类排队的陶器30件，挑选标本4件。

花边圜底罐　21件。B型。

Ba型　20件。Ⅰ式。

标本G71：1，夹砂灰褐陶，褐胎；器表多灰白色附着物。唇部戳刮、外沿内抹呈波浪形，腹饰斜粗绳纹。口近直，束颈，鼓腹，残。手制，火候高。残宽8、残高9.2厘米（图七六一，1）。

Bc型　1件。标本碎小。

束颈圜底罐　7件。B型Ⅱ式。

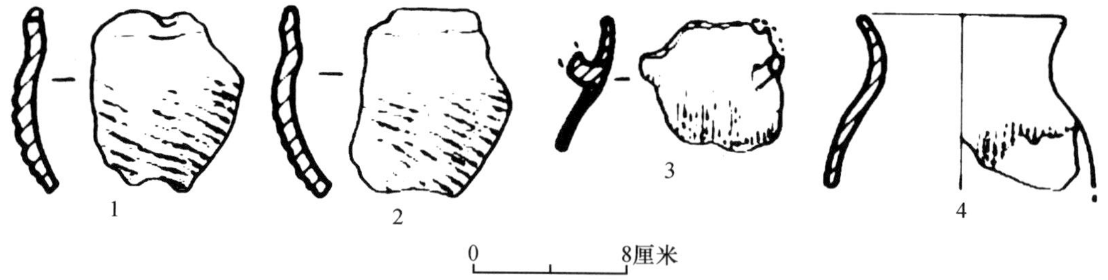

图七六一　G71出土陶器

1. Ba型Ⅰ式花边圜底罐（G71：1）　2. B型Ⅱ式束颈圜底罐（G71：2）　3. 鍪？（G71：3）　4. Aa型Ⅱ式罐形釜（G71：4）

标本G71：2，夹粗砂灰褐陶，胎、里灰黑。腹饰斜中粗绳纹。口微侈，束颈，鼓腹，残。手制，火候较高。残宽8.4、残高9.6厘米（图七六一，2）。

鍪？　1件。

标本G71：3，夹粗砂黑陶，局部褐。腹饰斜竖绳纹。微束颈，穿插圆柱形竖耳，鼓腹，残。轮制，火候较高。残宽7.4、残高6.8厘米（图七六一，3）。

罐形釜　1件。Aa型Ⅱ式。

标本G71：4，夹粗砂红陶，局部灰黑。腹饰斜绳纹。侈口，圆唇，束颈，鼓腹，残。手制轮修，火候较高。口径10.8、残高8.8厘米（图七六一，4）。

G17

位置：位于99AT0301北部偏西，部分压在隔梁下。层位关系：㉒—G17→F170。

形制：平面呈窄圆角长条形，弧壁，不规整，近平底，为F170的房面，沟的北壁用浅绿色黏土加工。残长350、宽140、深54厘米（图七六二；图版六一，2）。

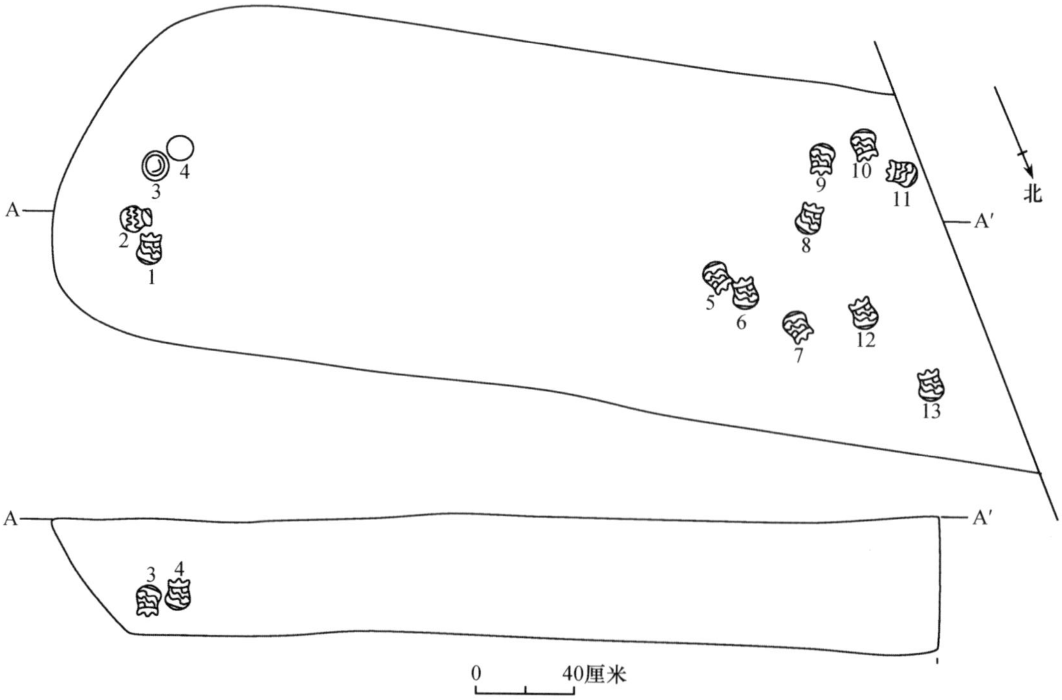

图七六二　G17平、剖面图

1～13. 陶花边圜底罐

沟内堆积与包含物：沟内填黑灰土，夹杂部分褐土、淡绿色黏土。包含大量的碎陶片和完整的陶花边圜底罐。

出土遗物：参加分类排队的陶器91件，挑选标本3件。

花边圜底罐　91件。Ba型。

Ⅰ式：2件。

标本G17：1，夹砂红陶，局部褐，胎红夹灰。唇部戳刮、外沿刮抹呈波浪形，腹饰斜粗绳纹。侈口，束颈，鼓腹，残。手制，火候较高。口径11.4、残高7.4厘米（图七六三，1）。标本G17：7，夹砂红褐陶，局部灰。唇部戳刮、外沿刮抹呈波浪形，腹、底饰斜粗绳纹。口近直，微束颈，鼓腹，圜尖底，完整。手制，火候较高。口径8.8、高10.4厘米（图七六三，2）。

Ⅱ式：89件。

标本G17：13，夹砂红陶，局部灰、黑；内外壁多灰白色附着物。唇部戳刮、外沿刮抹呈波浪形，腹、底饰斜粗绳纹。微侈口，束颈，鼓腹，尖圜底，完整。手制，火候较高。口径9.8、高10.4厘米（图七六三，3）。

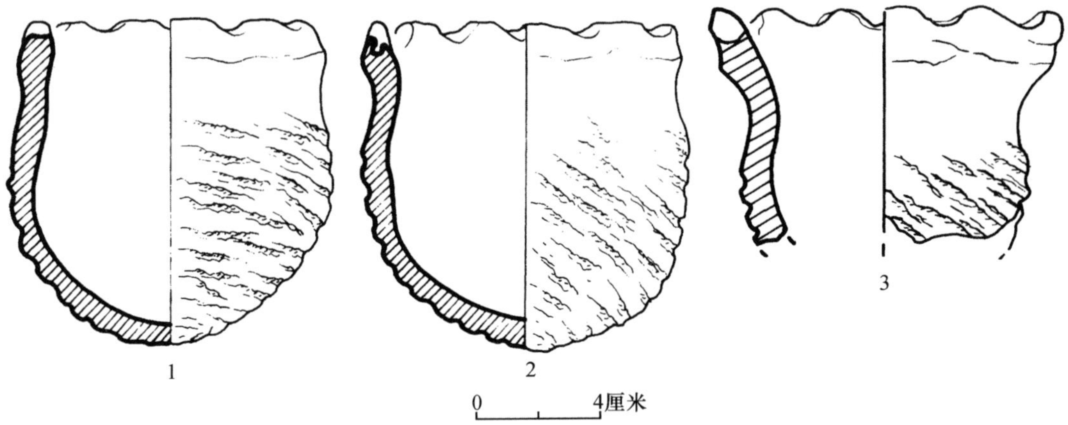

图七六三　G17出土陶器

1、2. Ba型Ⅰ式花边圜底罐（G17：1、G17：7）　3. Ba型Ⅱ式花边圜底罐（G17：13）

3. 晚段

6条。

G14

位置：位于99AT0301西南部，部分压在南、西壁下，沟口距地表深145厘米。层位关系：⑱—G14→⑲。

形制：平面呈长条形，斜直壁，平底，坑壁、底无加工痕迹。残长596、宽110、深22厘米（图七六四；图版六二，1）。

沟内堆积与包含物：沟内填松软的黄色沙土。包含物多为陶圜底罐及残片，另有少量的陶盂、尖底盏。

出土遗物：参加分类排队的陶器53件，挑选标本10件。

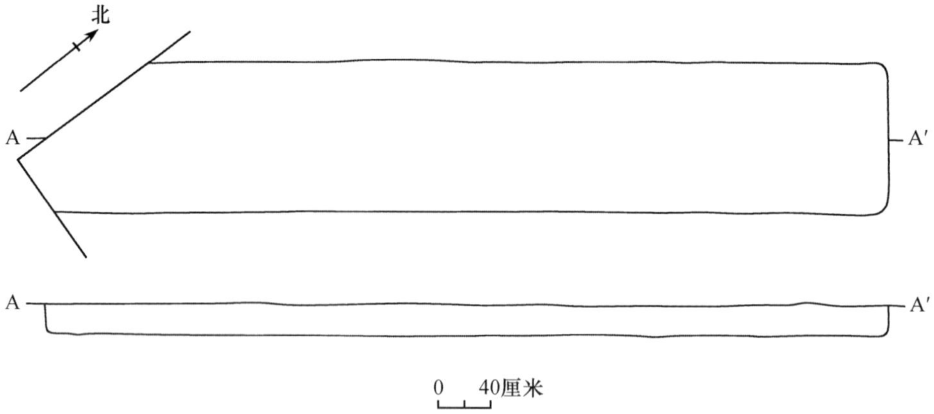

图七六四 G14平、剖面图

花边圜底罐 6件。B型。

Ba型 5件。Ⅰ式。

标本G14：1，夹砂红陶，胎红夹灰。唇部戳刮、外沿刮抹呈波浪形，腹饰斜中粗绳纹。侈口，束颈，鼓腹，残。手制，火候较高。残宽10、残高12.4厘米（图七六五，1）。标本G14：10，夹砂红陶，局部灰、褐。唇部戳刮、外沿刮抹呈波浪形，腹、底饰斜中粗绳纹。侈口，束颈，鼓腹，圜尖底，复原。手制，火候较高。口径10.4、高11.6厘米（图七六五，2；图版六八，6）。

Bc型 1件。

标本G14：2，夹砂灰褐陶，局部黑，里红褐；器表多灰白色附着物。唇部戳刮、外沿内抹略呈波浪形，腹饰斜粗绳纹。侈口，束颈，鼓腹，残。手制，火候较高。口径9.6、残高9.8厘米（图七六五，3）。

敛口圜底罐 44件。A型。

Ⅰ式：6件。

标本G14：8，夹砂灰黑陶，局部红褐。腹饰斜中粗绳纹。敛口，鼓腹，尖底，复原。手制，火候较高。口径11、高13.4厘米（图七六五，4）。标本G14：9，夹砂红陶，部分灰；器表多灰白色附着物。外沿刮抹，腹、底饰斜粗绳纹，部分抹平，口近直，鼓腹，上腹微束，尖底，完整。手制，火候较高。口径11.6、高13.2厘米（图七六五，5）。

Ⅱ式：38件。

标本G14：6，夹砂红陶，局部灰、黑；内外壁多灰白色附着物。腹、底饰斜粗绳纹。口近直，鼓腹，上腹微束，尖底，完整。手制，火候较高。口径12.2、高14.4厘米（图七六五，6）。标本G14：7，夹砂灰陶，局部灰褐。器表多灰白色附着物，内壁有薄层黄白色钙化物。敛口，鼓腹，尖底，完整。手制，火候较高。口径11.4、高15厘米（图七六五，7）。

盂 1件。

标本G14：4，夹砂黑陶，局部红褐。腹饰细凹弦纹一周。侈口，卷沿外翻，圆唇，鼓腹，残。轮制，火候较高。口径13.4、残高6.8厘米（图七六五，8）。

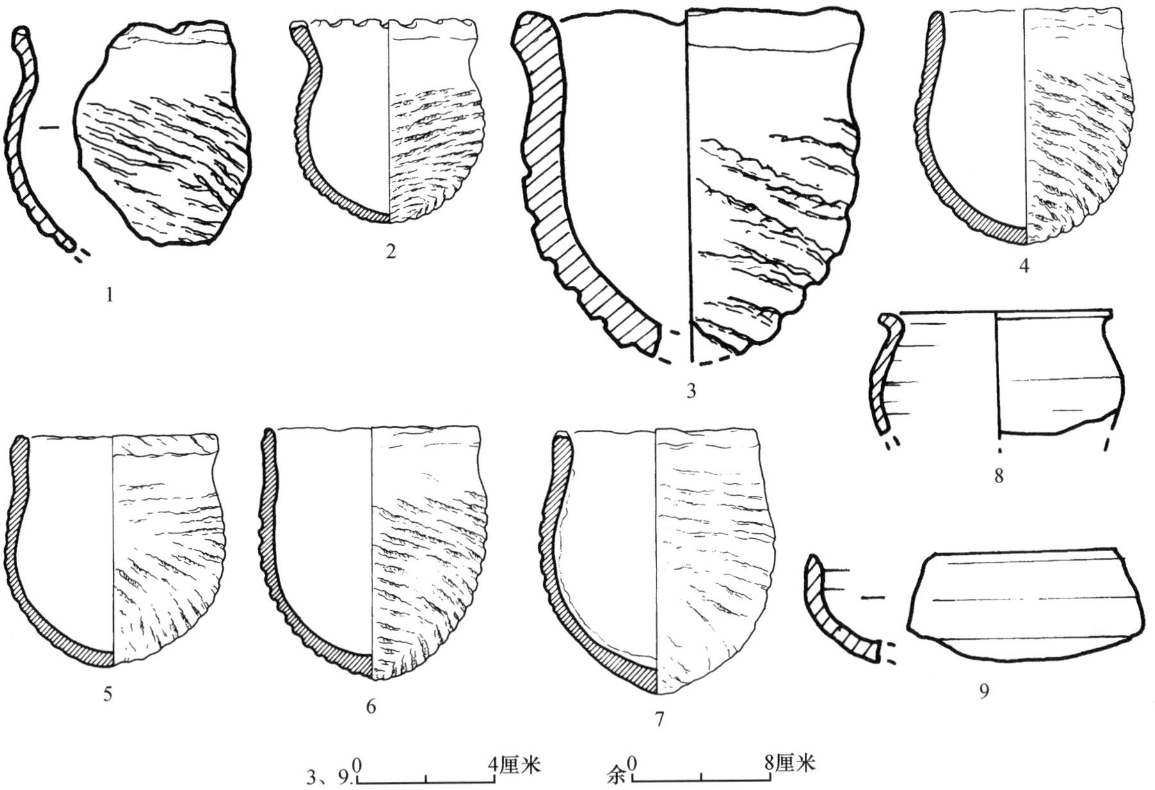

图七六五　G14出土陶器

1、2. Ba型Ⅰ式花边圜底罐（G14：1、G14：10）　3. Bc型花边圜底罐（G14：2）　4、5. A型Ⅰ式敛口圜底罐（G14：8、G14：9）　6、7. A型Ⅱ式敛口圜底罐（G14：6、G14：7）　8. 盂（G14：4）　9. B型Ⅰ式尖底盏（G14：5）

尖底盏　2件。

A型　1件。Ⅱ式。标本碎小。

B型　1件。Ⅰ式。

标本G14：5，夹砂黑陶，局部灰褐。下腹饰瓦棱纹。口近直，圆尖唇，折腹，残。轮制，火候较高。残宽6.8、残高3厘米（图七六五，9）。

4. 末段

1条。

G15

位置：位于99AT0101中部，西部延伸出发掘区外，东部被开口耕土下的G2打破，沟口距地表深225厘米。层位关系：⑬C—G15→⑭。

形制：平面呈长条形，直壁，平底，壁、底无加工痕迹。残长170、宽18～22、深14～18厘米（图七六六）。

沟内堆积与包含物：沟内填黄褐土，松软，夹草木灰。包含少量碎陶片、兽骨。

出土遗物：出土陶器以灰褐陶为主，可辨器形有折腹盆、罐、釜、瓮和较多板瓦等。

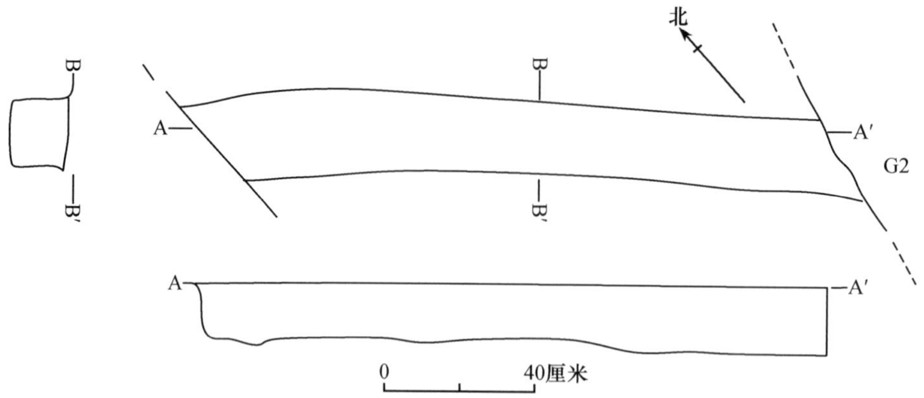

图七六六　G15平、剖面图

四、墓　　葬

本遗址㽏井沟文化时期共发现墓葬28座，多为竖穴土坑墓和瓮棺葬，其中在1997年度发现的土坑墓中，部分没有发现人骨，性质有待进一步研究、确认。根据墓葬形制的差异，分甲、乙两类。

（一）甲类：竖穴土坑墓

22座，无葬具。分别为：M10～M22、M24、M26、M29～M33、M39、M86。根据墓口长、宽比差别，分二型，型别不明的有6座。

1. A型：狭长方形

13座。一期（西周）和二期（春秋）各1座，其他为三期（战国）。分期介绍如下：

（1）第一期

1座。

M39

位置：位于98AT0103东部，墓口距地表深415厘米，上部被破坏，西南侧中部被H271打破。层位关系：㉝—M39→㉟。

形制：圆角狭长方形，墓口稍大于墓底，西北端较窄，东南端较宽，底部较平，有火烧痕迹。头向311°。墓口长190、宽56～68、残深13厘米（图七六七）。

填土：墓内填黑褐灰土。

葬具：未发现葬具与其腐朽痕迹。

葬式：仅残存头骨、肋骨各一小块，葬式不明。从发现人骨观察，可能为成年，性别不明。

随葬品：无。墓葬填土中包含少量碎陶片。

齿唇瓮　1件。A型Ⅰ式。

标本M39：01，夹细砂红陶，里褐。唇部按压呈波浪形齿，颈部饰划纹、戳印痕，腹饰绳

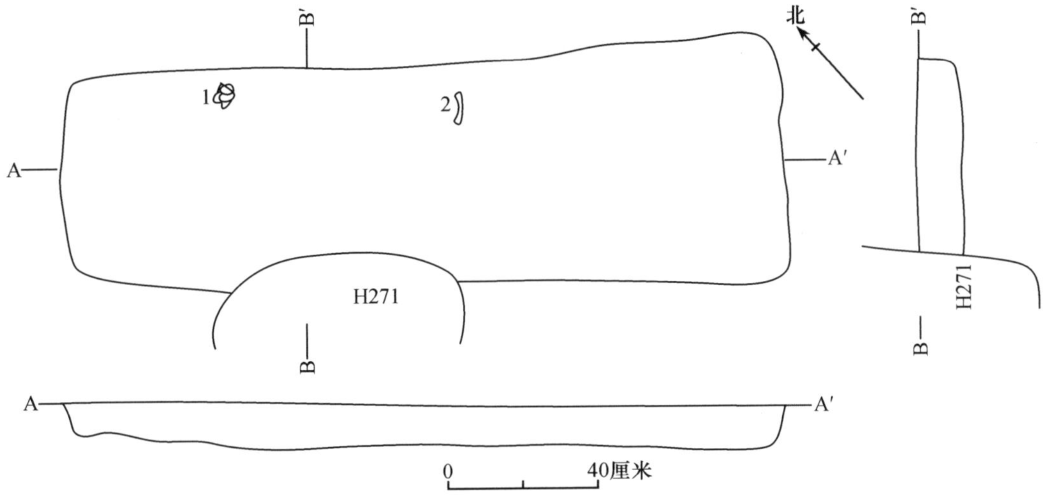

图七六七　M39平、剖面图

1. 头骨碎片　2. 肋骨碎片

纹，内沿近唇处饰按窝纹。侈口，卷沿，束颈，残。手制，火候较高。残宽8.6、残高5.9厘米（图七六八，1）。

罐形釜　1件。Aa型Ⅰ式。

标本M39：04，夹细砂灰陶，口局部、里黑。腹饰细绳纹。侈口，卷沿，圆唇，束颈，鼓腹，残。轮制，火候较高。残宽3.9、残高4.35厘米（图七六八，2）。

角杯　4件。Bb型。

标本M39：02，夹细砂浅黄褐陶，局部灰、红褐。素面，有刮抹痕，内壁有旋痕。弧腹，尖底，残。手制，火候较高。残宽3.9、残高8.3厘米（图七六八，3）。标本M39：03，夹细砂红陶。素面，器表有按抹痕，内壁有旋痕。下腹较斜直，尖底，残。手制，火候较高。残宽3.5、残高5.5厘米（图七六八，4）。

（2）第二期

1座。

M86

位置：位于00DT0807中部。层位关系：㉝—M86→㉞。

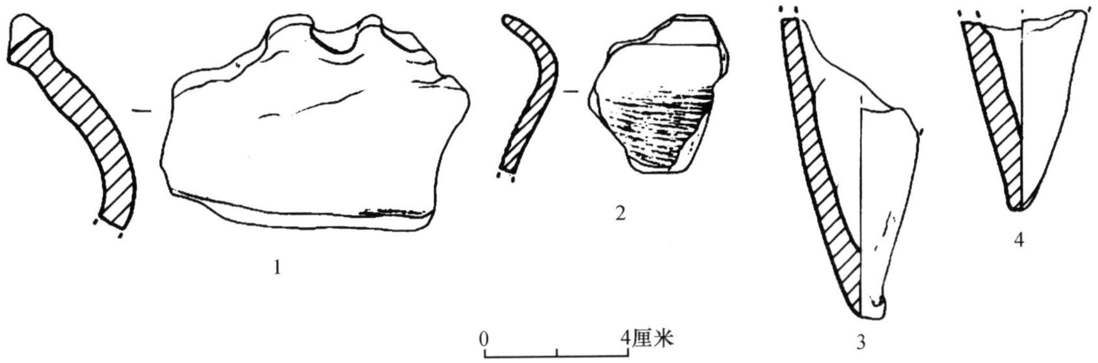

图七六八　M39填土出土陶器

1. A型Ⅰ式齿唇瓮（M39：01）　2. Aa型Ⅰ式罐形釜（M39：04）　3、4. Bb型角杯（M39：02、M39：03）

形制：圆角狭长方形，墓葬上部遭破坏，墓坑很浅，墓壁较直，墓底倾斜。头向320°，面向正南。墓口长198、宽65、残深约10厘米（图七六九）。

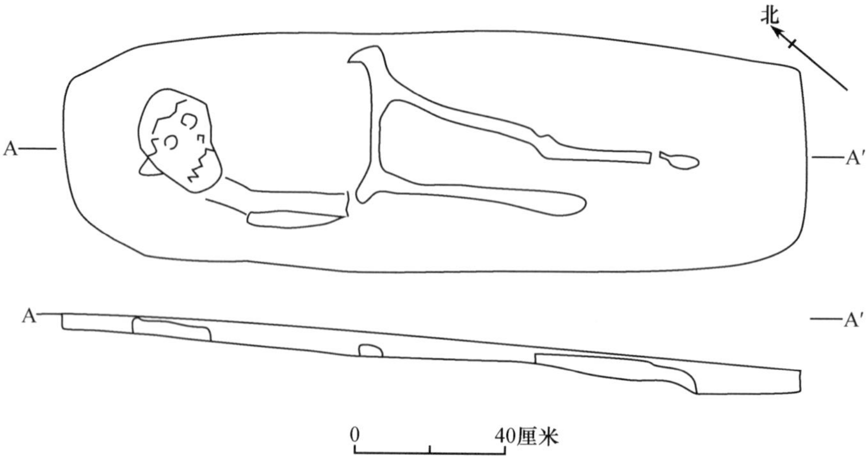

图七六九　M86平、剖面图

填土：墓内回填五花土，稍紧。

葬具：无。

葬式：墓内发现人骨一具，躯干及骨盆基本不见，头骨、股骨、腓骨、一脚趾骨及牙齿保存较好，臂骨残余未清。从残存人骨情况看，仰身直肢葬。性别不明，年龄15～20岁。

随葬品：无。填土内包含少量碎陶片。

（3）第三期

11座。

全部发现于1997年度，集中分布在此年度发掘区的东南部，多发现有狭长方形的坑，随葬品多有陶圜底罐，部分发现有卜骨等，多数没有发现人骨。除少数发现有人骨的可以确认为墓葬外，其他是否是墓葬，尚有待进一步研究。

M11

位置：位于97DT0601东北部。层位关系：⑰—M11→⑱。

形制：不规则圆角狭长方形，此墓上部被扰乱，口大底小，墓壁略弧，底较平，部分压在北隔梁和关键柱下。头向213°，面向东南。墓口残长220、宽124、深20厘米（图七七〇）。

填土：墓内回填五花土，包含碎陶片。

葬具：无。

葬式：仅残存头骨、两椎骨和一肋骨，葬式不明。

随葬品：墓葬中部随葬陶花边圜底罐7件和1块红砂石。

M12

位置：位于97DT0703西南部，开口第17层下，西北部被同层位下开口的H139打破。层位关系：H139→M12→M13。

形制：平面呈不规则狭长方形，墓上部被破坏，口大底下，弧壁，底较平。方向呈西北—东南。墓口残长244、宽115、深28厘米（图七七一）。

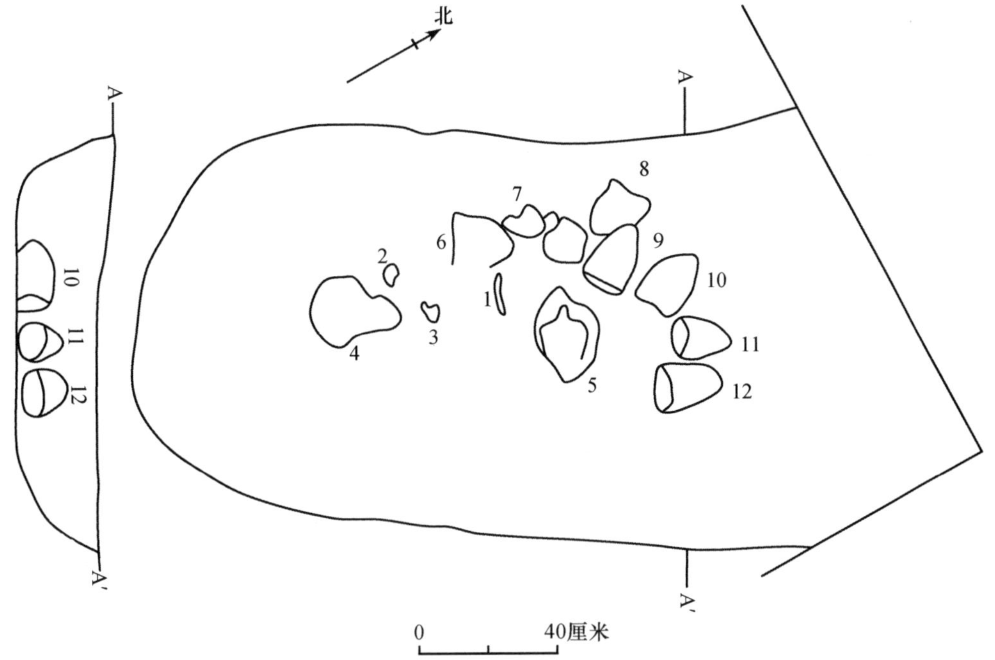

图七七〇 M11平、剖面图

1. 肋骨 2、3. 椎骨 4. 头骨 5. 红砂石 6～12. 陶花边圜底罐

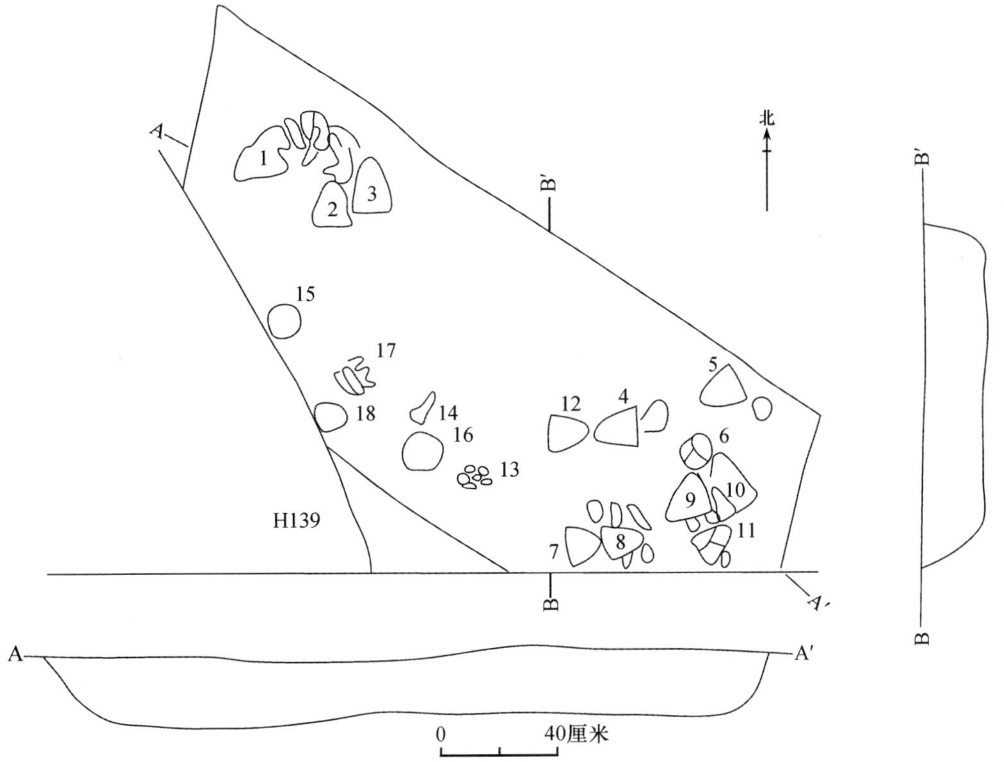

图七七一 M12平、剖面图

1～12、15～18. 陶花边圜底罐 13. 卜甲 14. 人骨

填土：墓内填五花土，包含大量碎陶片。

葬具：无。

葬式：仅发现零星骨骼，葬式、头向不明。

随葬品：随葬16件陶花边圜底罐、1件卜甲。东南部和西侧随葬品放置较多，西北部较少。

2. B型：长方形

3座。

M10

位置：位于97DT0603北部，东南角被灰坑打破。层位关系：⑰—M10→⑱。

形制：平面呈圆角长方形，墓口略大于墓底，壁略弧，平底。方向呈西北—东南。墓口长220、宽146、深38厘米（图七七二）。

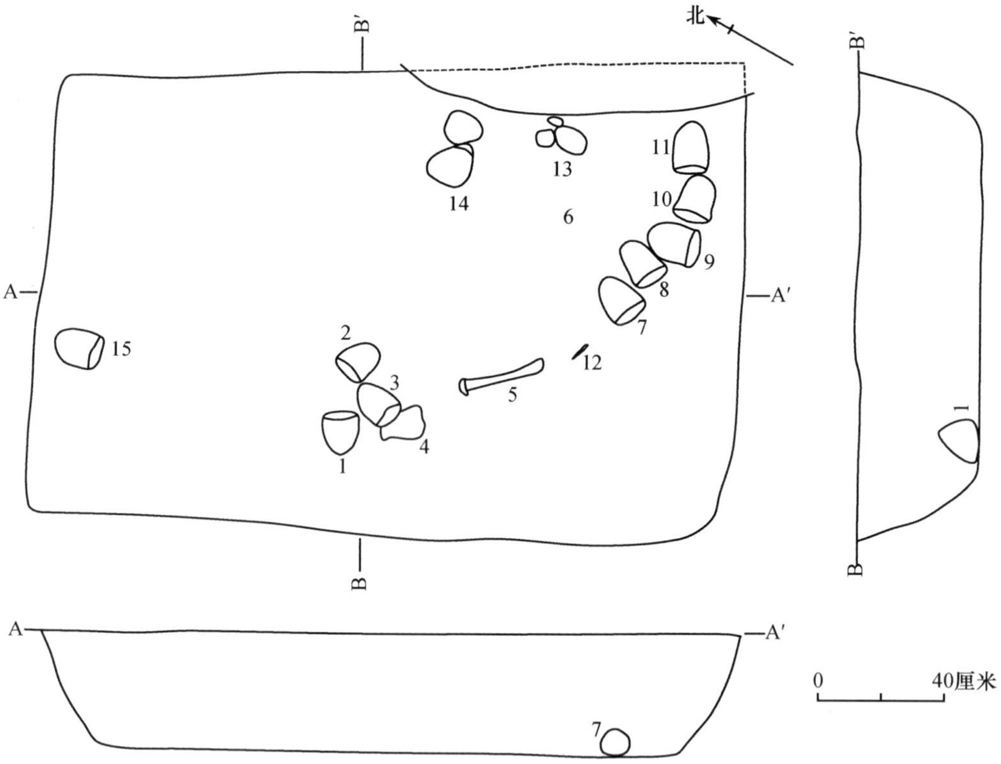

图七七二　M10平、剖面图

1～4、7～11、15. 陶花边圜底罐　5、12. 人骨　6. 铜镞　13. 红砂石　14. 卵石

填土：墓内填五花土，包含陶片等。

葬具：无。

葬式：残存一块肢骨，葬式、头向、性别、年龄不明。

随葬品：多放置在墓室中部和南部，计陶花边圜底罐10件、铜镞1件、红砂石3件、卵石2件。

M14

位置：位于97DT0703西部偏北，被开口第17层下的M13和开口第18层下的M16打破。层位关系：M16→M14→⑲。

形制：墓口平面呈长方形，口略大于底，壁微弧，平底。方向呈西北—东南。墓口长219、宽141、残深40厘米（图七七三）。

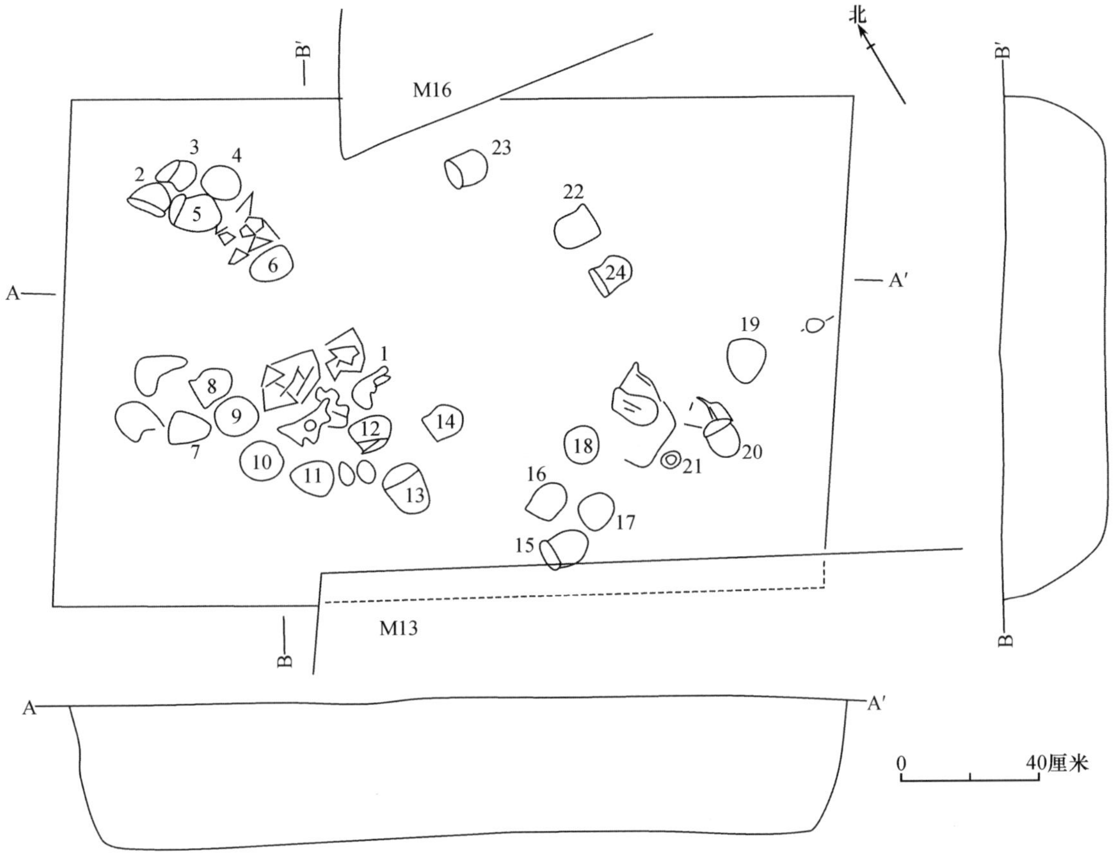

图七七三 M14平、剖面图

1. 人骨 2～20、22～24. 陶花边圜底罐 21. 陶器残件

填土：墓内填灰黑土，疏松，包含大量陶片。

葬具：无。

葬式：发现零星骨骼，葬式、头向、性别、年龄不明。

随葬品：随葬品大致放置在人骨周围，西侧稍多，共有23件，其中陶花边圜底罐22件。

（二）乙类：瓮棺葬

6座。根据墓坑形状分二型。

1. A型：圆形

5座。分期介绍如下：

（1）第一期

1座。

M40

位置：位于98AT0103西部。层位关系：㉟—M40→F140。

形制：平面呈不规则圆形，弧壁，圜底，瓮、壁间用灰黄色黏土填塞，使瓮直立，瓮内填黑土，松软。口径55、深24厘米（图七七四；图版六二，2）。

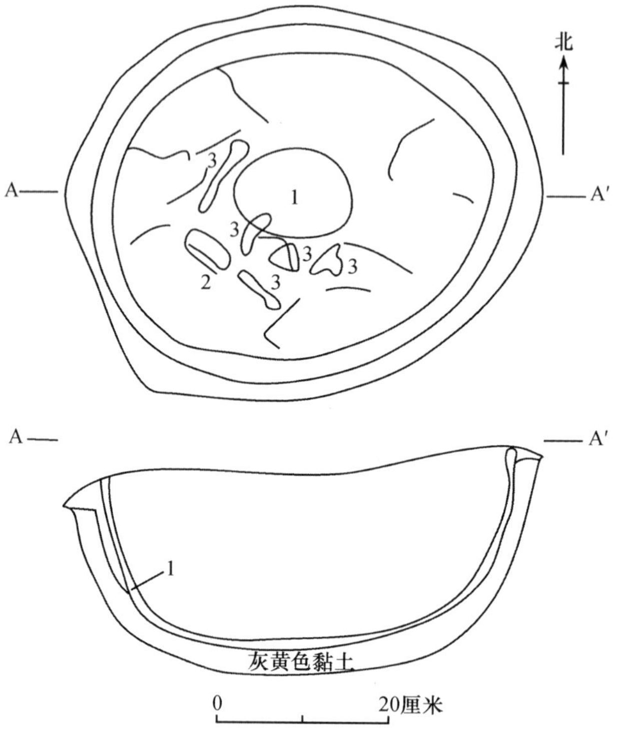

图七七四　M40平、剖面图

1. 陶瓮　2. 石斧　3. 人骨

葬具：陶瓮（M40：1；图版七〇，1）。

葬式：瓮棺葬，发现人骨数块，保存较差，性别、年龄不详。

随葬品：石斧1件。填土中包含陶片、石矛等。

陶器　参加分类排队的陶器18件，挑选标本17件。

按唇瓮　7件。

Ⅰ式：5件。

标本M40：05，夹粗砂红褐陶。唇部按窝浅，唇下内外沿有手捏痕，肩部饰绳纹，内壁多按抹痕。侈口，卷沿，束颈，斜肩，残。手制，火候较高。残宽8.2、残高6.7厘米（图七七五，1）。标本M40：06，夹细砂红褐陶。唇部按窝较浅，唇下内外沿微有手捏痕，颈部有划痕，内壁多按抹痕。侈口，卷沿，唇缘微上翘，束颈，残。手制，火候较高。残宽5.5、残高5厘米（图七七五，2）。

Ⅱ式：2件。

标本M40：03，夹细砂黑陶。唇部按窝较深，外沿唇下有手捏痕。侈口，卷沿，唇上缘内凸，束颈，残。手制轮修，火候较高。残宽8.9、残高5厘米（图七七五，3）。标本M40：04，夹细砂灰黑陶，局部、里红褐。唇部按窝较深，唇下内外沿有按窝纹，器表有划痕，内壁有按

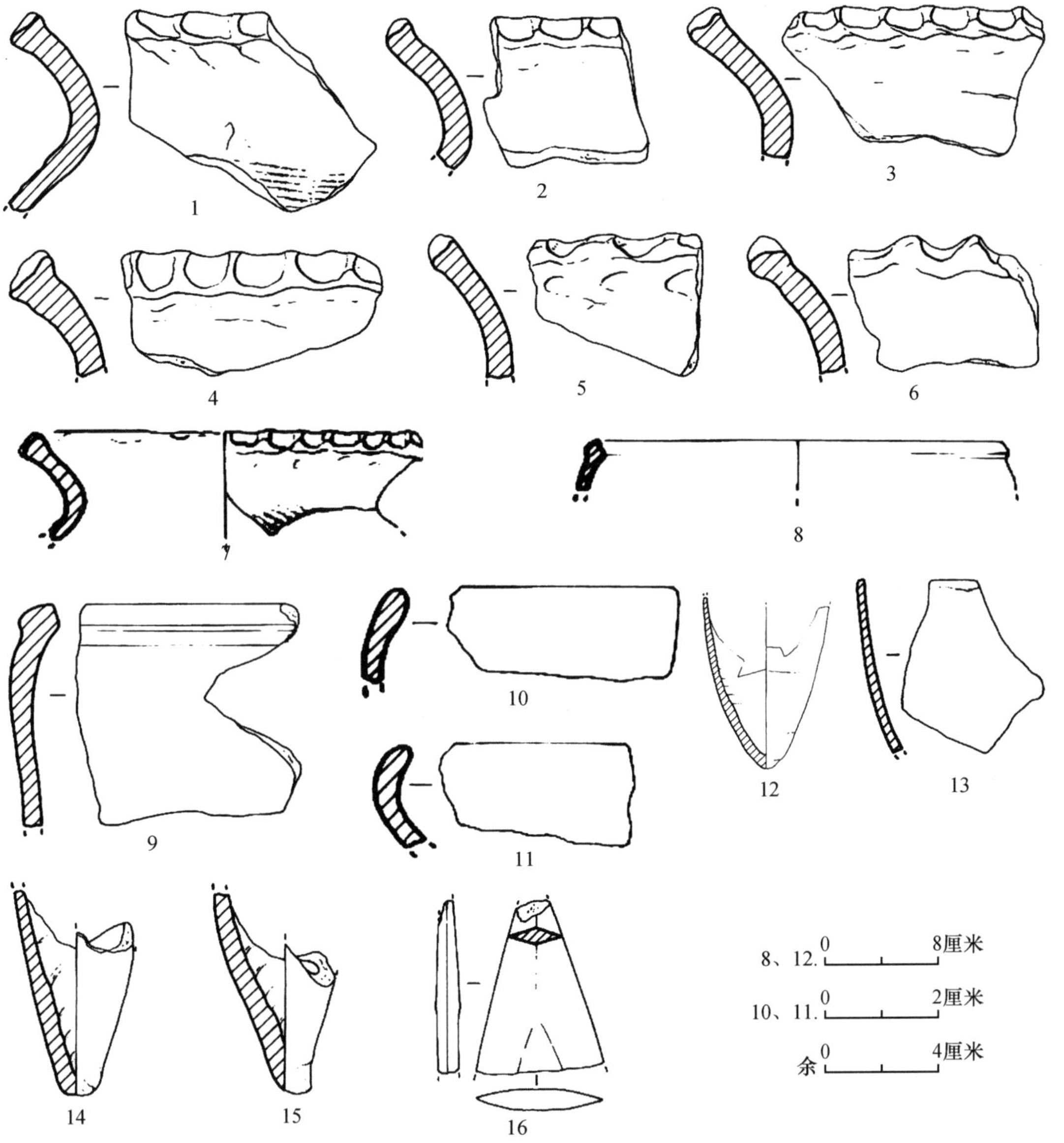

图七七五　M40填土出土器物

1、2. Ⅰ式陶按唇瓮（M40：05、M40：06）　3、4. Ⅱ式陶按唇瓮（M40：03、M40：04）　5、6. Ac型陶齿唇罐（M40：07、M40：08）　7. Ⅰ式陶按唇罐（M40：09）　8、9. A型Ⅰ式陶敛口罐（M40：010、M40：011）　10、11. A型Ⅰ式陶尖底盏（M40：016、M40：017）　12、13. Ⅰ式陶炮弹形杯（M40：012、M40：013）　14. Ba型陶角杯（M40：014）　15. Bb型陶角杯（M40：015）　16. 石矛（M40：018）

抹痕。侈口，卷沿，束颈，残。手制，火候不高。残宽8.7、残高4.2厘米（图七七五，4）。

齿唇罐　2件。Ac型。

标本M40：07，夹细砂灰黑陶，局部、里红褐。唇部刮抹呈波浪形齿，内外壁多按抹痕。侈口，卷沿，束颈，残。手制，火候较高。残宽5.7、残高4.7厘米（图七七五，5）。标本M40：08，夹细砂红陶，灰黑胎。唇部按抹呈波浪形齿，内外壁多按抹、刮抹痕。侈口，卷沿，束颈，残。手制，火候较高。残宽6.2、残高4.6厘米（图七七五，6）。

按唇罐　1件。Ⅰ式。

标本M40：09，夹细砂红褐陶，局部黑，里褐。唇部按窝纹较浅，颈部有划痕，肩部饰绳纹，内壁多按抹痕。侈口，卷沿，束颈较甚，有肩，残。手制轮修，火候较高。口径13.7、残高3.6厘米（图七七五，7）。

敛口罐　2件。A型Ⅰ式。

标本M40：010，夹细砂灰褐陶，局部红褐、灰黑。素面。敛口，矮斜折沿，沿面微凹，圆唇，微鼓肩，残。轮制，火候较高。口径28.8、残高3.4厘米（图七七五，8）。标本M40：011，夹细砂灰陶。素面。敛口，矮斜折沿，圆唇，微鼓肩，腹较斜直，残。轮制，火候较高。残宽7.6、残高7.4厘米（图七七五，9）。

尖底盏　2件。A型Ⅰ式。

标本M40：016，夹粗砂灰陶。素面。敛口，上腹内斜，圆唇，残。轮制，火候较高。残宽4、残高1.6厘米（图七七五，10）。标本M40：017，夹细砂黑陶。素面。敛口，上腹内卷，圆唇，残。轮制，火候较高。残宽3.2、残高1.7厘米（图七七五，11）。

炮弹形杯　2件。Ⅰ式。

标本M40：012，夹细砂灰陶。素面，内壁有瓦棱纹，器表有按抹痕。炮弹头形，弧腹，尖底，残。手制轮修，火候高。残宽8.6、残高11.5厘米（图七七五，12）。标本M40：013，夹细砂黑褐陶。素面。口微敞，圆唇，弧腹内收，残。轮制，火候较高。残宽4.8、残高5.8厘米（图七七五，13）。

角杯　2件。B型。

Ba型　1件。

标本M40：014，夹细砂红陶，局部灰褐、浅黄。素面，内壁有螺旋痕。下腹较斜直，尖底，残。手制，火候较高。残宽4、残高6.8厘米（图七七五，14）。

Bb型　1件。

标本M40：015，夹细砂红陶，局部红褐。素面，器表有按抹痕，内壁有旋痕。弧腹，尖底，残。手制，火候较高。残宽4.1、残高6.6厘米（图七七五，15）。

石器　1件。

矛　1件。

标本M40：018，砾石，黑色。残剩部分平面近三角形，前中部起脊，截面菱形，翼刃锋利，矛身中部较平，翼侧斜至刃，尖部及下部残。通体磨制。残长5.8、残宽4.2、厚0.8厘米（图七七五，16）。

（2）第三期

4座。

M23

位置：位于97DT0503东部。层位关系：⑰—M23→⑱。

形制：墓口平面呈圆形，弧壁，圜底，墓内填灰褐土。墓口直径66～68、深24厘米（图七七六）。

葬具：陶瓮（已残）、陶钵。

葬式：瓮棺葬，瓮内有不少幼儿人骨，性别不明。

随葬品：无。

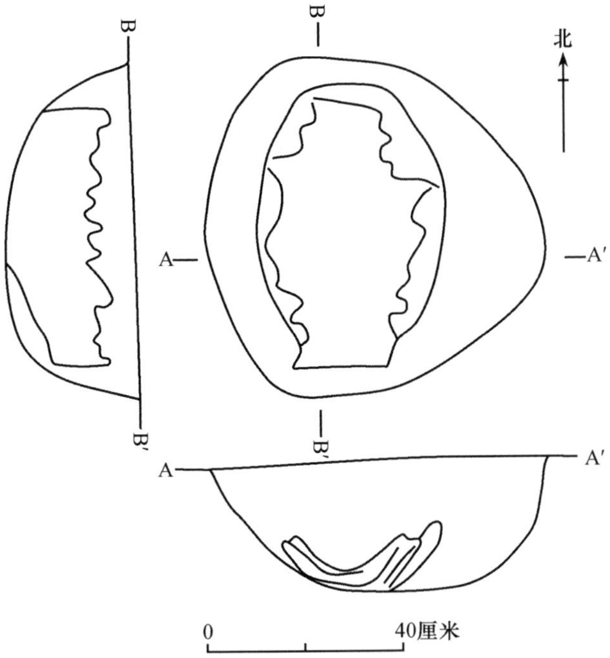

图七七六　M23平、剖面图

M96

位置：位于02BT0201西南角，墓口距地表深400厘米。层位关系：⑪—M96→⑫A。

形制：墓口平面呈圆形，直壁，底略圜，内填五花土。口径88～96、深60厘米（图七七七）。

葬具：陶瓮、陶盆。

葬式：瓮棺葬，内有幼儿人骨一具，性别、年龄不明。

随葬品：无。

折腹盆　1件。

标本M96：1，夹砂灰陶，里灰黑。上腹饰凸弦纹一周，中腹饰竖绳纹，下腹饰横划纹。敞口，折沿，沿面微弧，唇面微凹，上腹较直，下腹弧收，平底微凹，修复。轮制，火候较高。口径39、底径16.8、高23.2厘米（图七七八，1；图版六九，4）。

中领瓮　1件。B型。

标本M96：2，夹砂黑陶，局部褐。肩、上腹饰竖绳纹。口微侈，卷沿，圆唇，矮领微内斜，圆肩，鼓腹，小平底，修复。盘筑轮修，火候较高。口径30.5、底径12.8、高44厘米（图七七八，2；图版七〇，3）。

M97

位置：位于02BT0201西北部，墓口距地表深400厘米。层位关系：⑪—M97→⑫A。

形制：墓口平面呈圆形，口略大于底，壁微弧，底较平，内填灰黏土。口径72～80、深80厘米（图七七九；图版六三，1）。

葬具：陶瓮、陶盆。

葬式：瓮棺葬，残存部分人骨，性别、年龄不明。

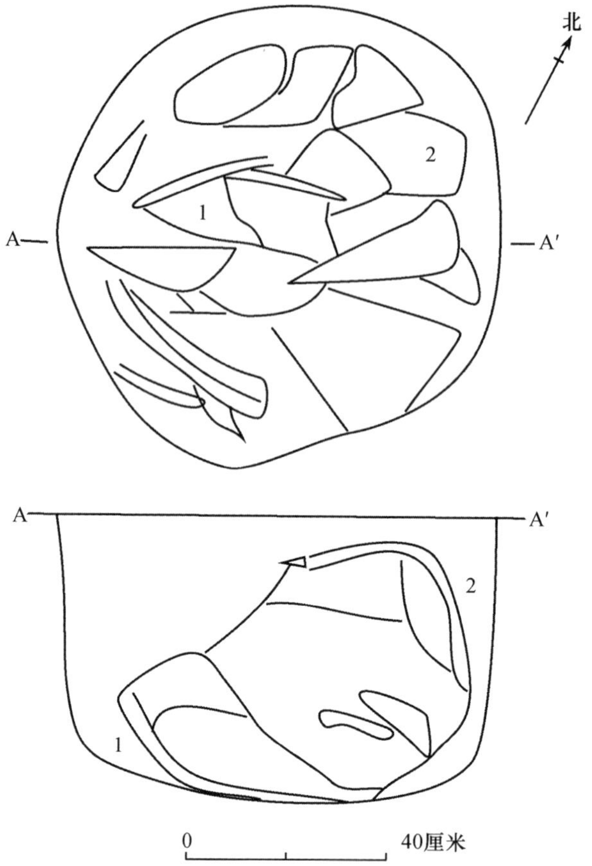

图七七七　M96平、剖面图

1. 陶盆　2. 陶瓮

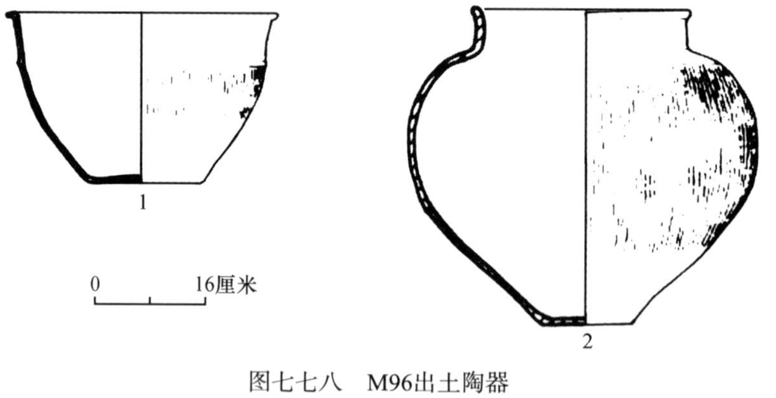

图七七八　M96出土陶器

1. 折腹盆（M96：1）　2. B型中领瓮（M96：2）

随葬品：无。

矮领瓮　1件。Aa型。

标本M97：1，夹砂灰黑陶，胎灰夹红褐。唇面饰粗凹弦纹两周，肩、腹饰竖中粗绳纹，肩部抹断。侈口，卷沿，微有矮领，鼓肩，弧腹，平底，修复。轮制，火候较高。口径32.3、底径22.4、高53.6厘米（图七八〇；图版七〇，4）。

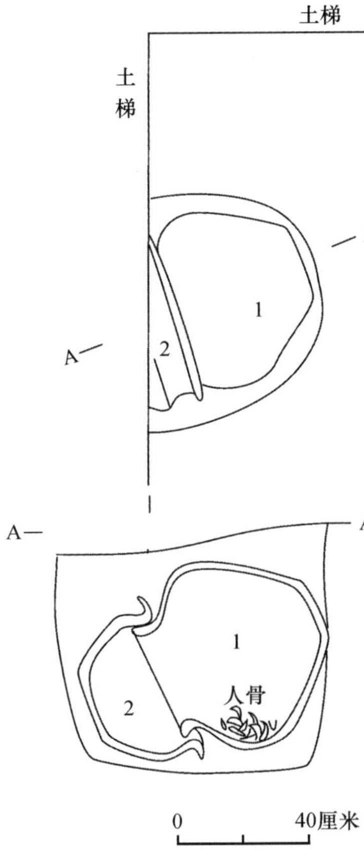

图七七九　M97平、剖面图
1. 陶瓮　2. 陶盆

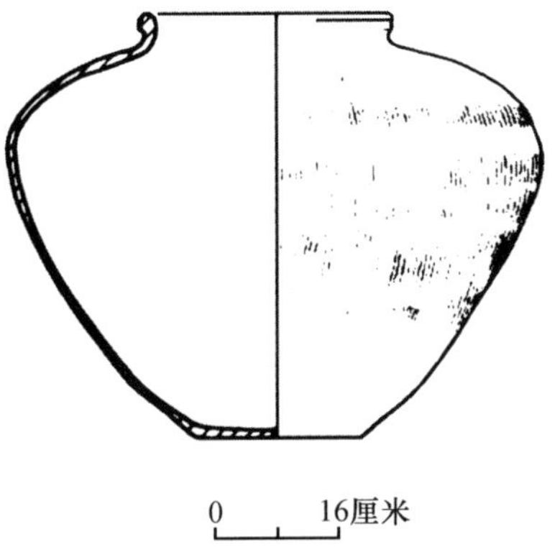

图七八〇　M97出土Aa型陶矮领瓮（M97：1）

2. B型：椭圆形

1座。属第三期。

M9

位置：位于97DT0602东部，墓口距地表深2.15米。层位关系：⑰—M9→⑱。

形制：平面呈椭圆形，弧壁，圜底。保存较好，在瓮棺与墓坑壁间用石块和折腹盆碎片支垫加固。墓内填五花土，填土中包含陶片较多。长径1.32、短径0.88、深0.8米（图七八一）。

葬具：陶瓮。

葬式：瓮棺葬，瓮棺内放一幼儿人骨，性别不明。

随葬品：铜饰件3件，牙饰件2件。

陶中领瓮　1件。A型。

标本M9：4，夹砂灰黑陶。肩、腹部饰竖向绳纹。直口，方唇，平折沿，直领，鼓肩，腹斜收至小平底。口径29.6、底径16、高52厘米（图版七〇，2）。

铜饰件　3件。

标本M9：3，整体形似烟斗。长3.6、宽1.7厘米（图七八二，1）。标本M9：6，牙形。高1.9厘米（图七八二，2）。标本M9：5，小圆环形。内径0.2、外径0.6、厚0.3厘米（图七八二，3）。

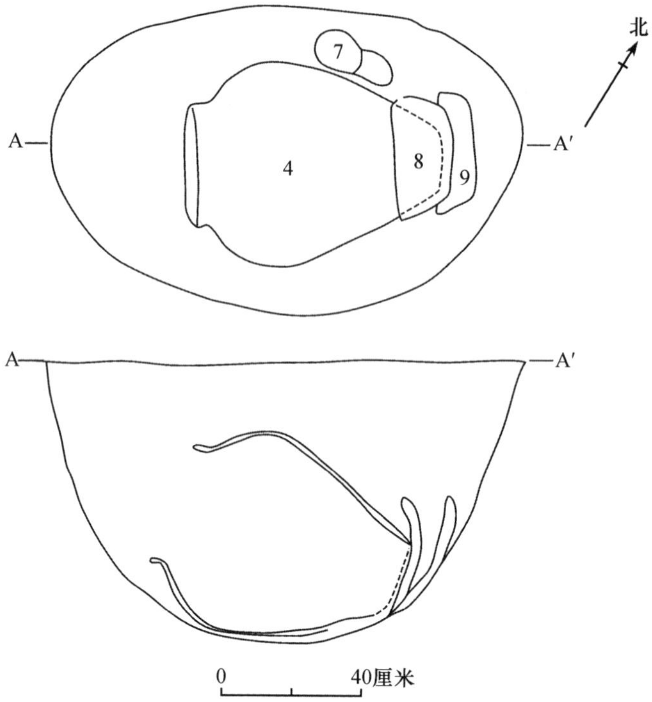

图七八一 M9平、剖面图

4. 陶瓮 7. 石块 8、9. 陶片

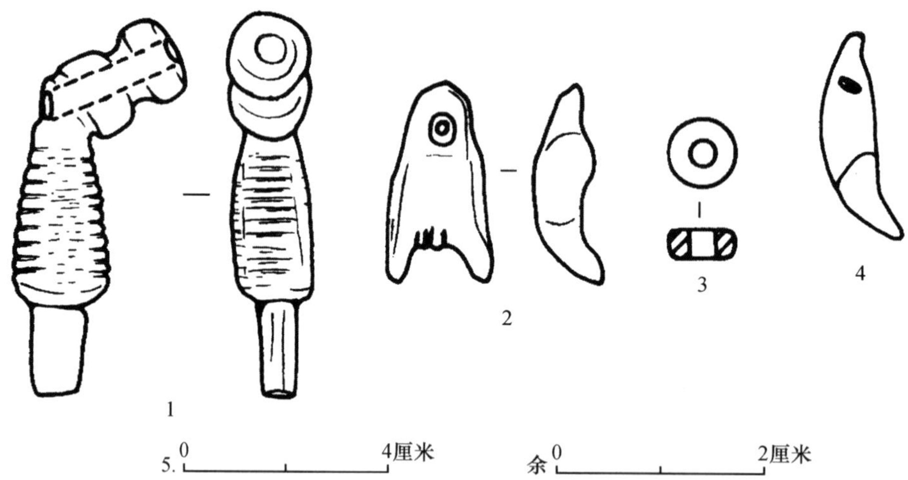

图七八二 M9出土器物

1～3. 铜饰件（M9：3、M9：6、M9：5） 4. 牙饰件（M9：1）

牙饰件 2件。

标本M9：1，动物犬齿，牙根部双向穿孔，经铜锈沁成通体绿色。长3.9、宽1、孔径0.2～0.4厘米（图七八二，4）。

五、卤 水 槽

此类遗迹1997年度发掘时不认识，由于都为长方形土坑，与墓葬形制比较接近，我们归入墓葬类，编号也按墓葬给号。经过以后几个年度的发掘和盐业考古的开展，对这类遗迹的性质有了新的认识，逐步认识到它是与作坊配套使用的卤水槽遗迹。为便于统一修改，在发掘时，此类遗迹仍然给墓葬号，发掘工作结束转入室内资料整理后，按发现的先后顺序，重新给卤水槽号。这类遗迹共发现32个，最早出现在二期，数量很少，只有3个；到三期时，数量较多，共29个。

这类遗迹都为长方形或圆角长方形，长85～408、宽46～234、深10～80厘米。坑壁多用黏土加工，坑壁多直或弧，少量斜或挤压变形，部分有木材炭化痕迹和灰白色钙化层，底部多平底或较平，少量圜底。根据平面形状不同分三型。

A型　圆角长方形，较窄。数量最多。根据端部差异，分二亚型。

Aa型　一端圆凸。

Ab型　端部微弧。

B型　长方形，较宽。数量较少。根据端部差别，分二亚型。

Ba型　两端较直。

Bb型　一端圆凸。

C型　形状不规则。仅1个。

（一）第二期

3个。

1. 早段

1个。Aa型。

SC29（M74）

位置：位于99AT0201东南角，开口距地表深375厘米。层位关系：F224→SC29→㉛。

形制：平面呈不规则圆角长方形，东南端黄黏土向外圆凸，弧壁，圜底，壁、底用黄黏土加工，西北—东南向，保存较差。口长152、宽80、深25厘米（图七八三）。

槽内堆积与包含物：内填黄褐土，质松。包含碎陶片和残铜器。

出土遗物：主要是陶器，极少铜器。

陶器　参加分类排队的陶器22件。花边圜底罐20件，其中1件不明式别，Aa型Ⅰa式9件，Aa型Ⅱ式10件；矮领罐A型1件；高领罐1件。

铜器　1件，残。

标本SC29：1，青铜，锈蚀。残剩端部，器形不明。模制。残宽3.1、残高1.5厘米（图七八四）。

2. 晚段

2个。A型。1个未完全暴露，不明亚型（SC22（M67））；另一个为Aa型（SC3（M38））。

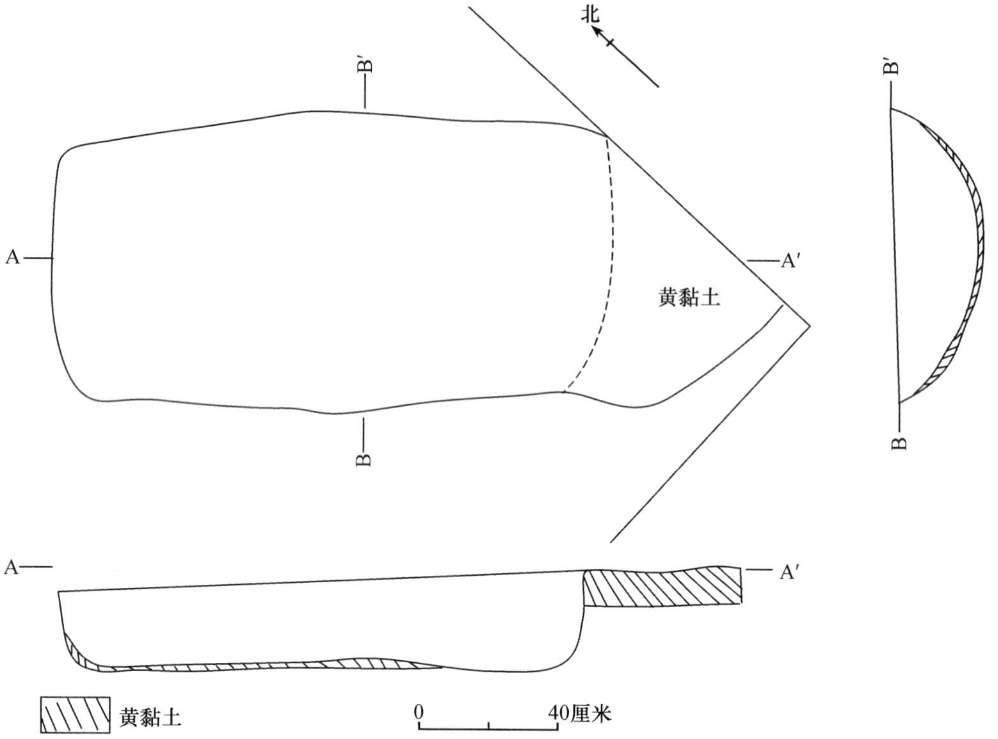

图七八三　SC29平、剖面图

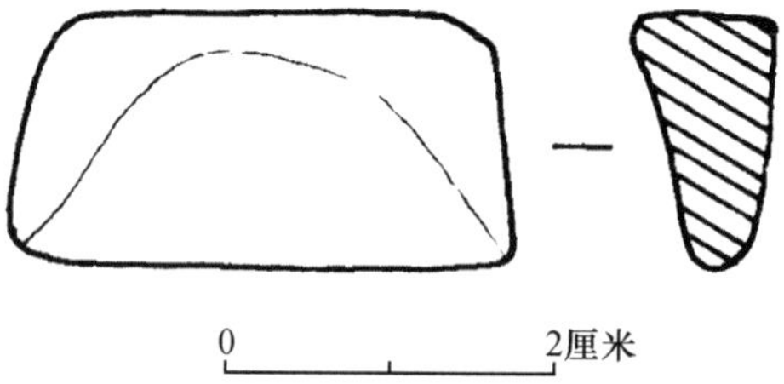

图七八四　SC29出土铜器（SC29：1）

SC22（M67）

位置：位于99AT0101中部，西南被H401打破，开口距地表深323厘米。层位关系：H401→SC22→F90。

形制：平面呈圆角长方形，东北端较平，壁较直，底较平，横切面壁略弧。在其东北部横置一排石块，石块向坑壁面较平整，石块上以厚12厘米的黄黏土加工。槽内有木材炭化痕迹，黏土内壁和木材炭化痕迹间有灰白色钙化层。东北—西南向。口残长100、宽80、深22厘米（图七八五）。

槽内堆积与包含物：槽内填灰褐色灰沙土，质松。包含物多为陶片。

出土遗物：参加分类排队的陶器18件，挑选标本8件（器号前不加0的为填土出土，加0的为扰土出土）。

齿唇瓮　1件。Bb型。

标本SC22：3，夹粗砂红褐陶，灰黑胎。唇部戳刮略呈波浪形齿，肩饰交错绳纹。侈口，卷沿，溜肩，残。手制，火候较高。残宽11.4、残高9.2厘米（图七八六，1）。

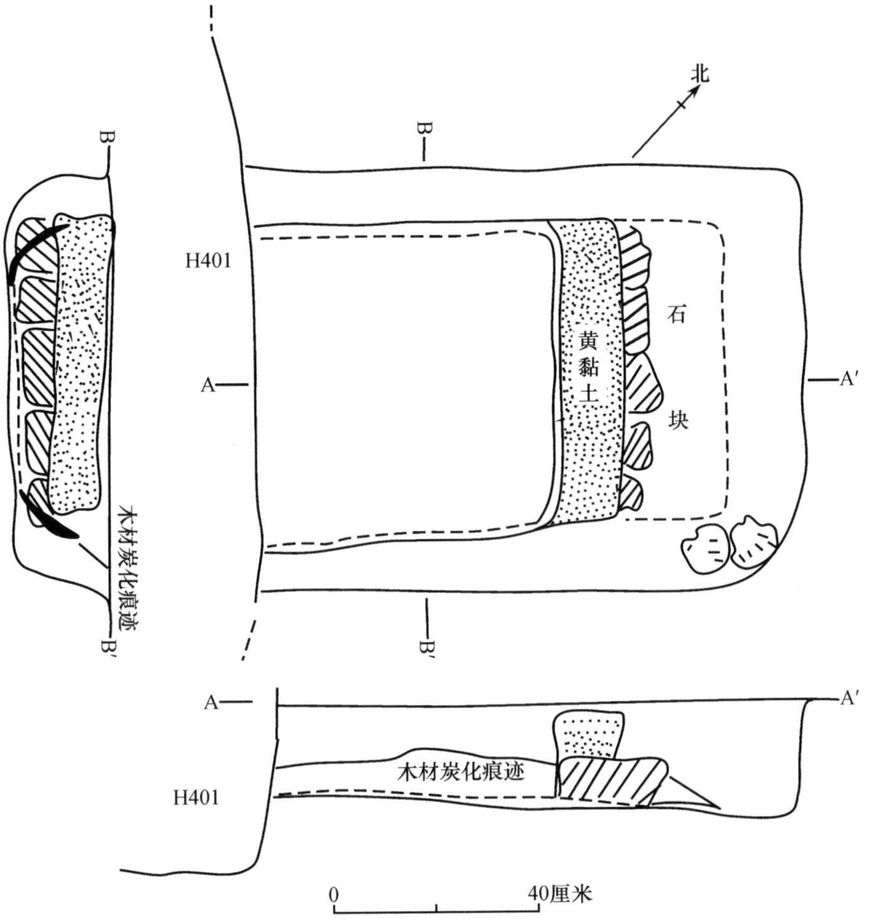

图七八五　SC22平、剖面图

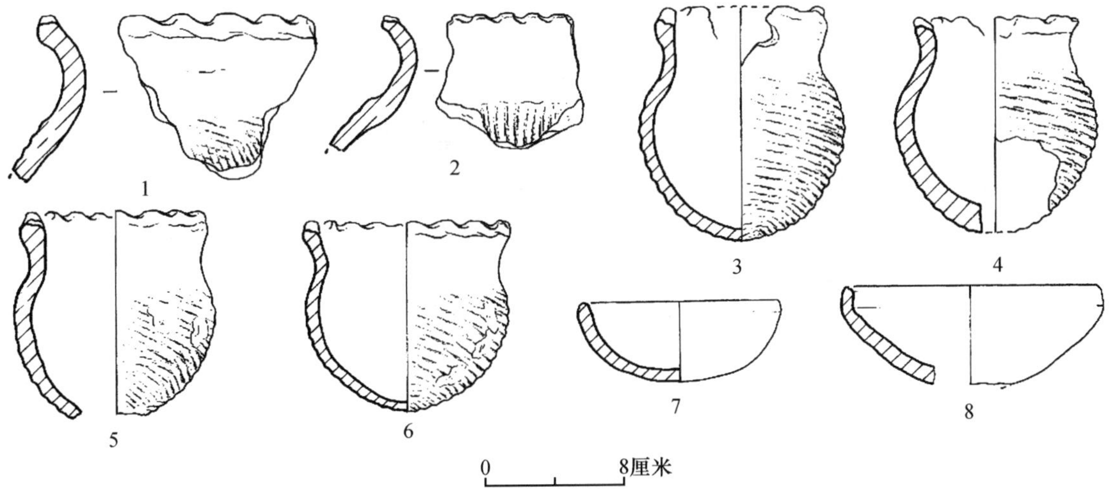

图七八六　SC22出土陶器

1. Bb型齿唇瓮（SC22：3）　2. Bb型齿唇罐（SC22：03）　3、4. Aa型Ⅰb式花边圜底罐（SC22：01、SC22：02）　5. Aa型Ⅱ式花边圜底罐（SC22：1）　6. Ab型花边圜底罐（SC22：2）　7. A型Ⅱ式圜底钵（SC22：4）　8. B型圜底钵（SC22：5）

齿唇罐　1件。Bb型。

标本SC22：03，夹砂粗红陶，灰胎，里灰褐。唇部戳按略呈波浪形齿，肩饰竖绳纹。侈口，卷沿，溜肩，残。手制，火候较高。残宽8.4、残高7.6厘米（图七八六，2）。

花边圜底罐　14件。A型。

Aa型　13件。

Ⅰ式：5件。Ⅰb式。

标本SC22：01，夹砂红陶，灰胎。唇部戳刮、外沿内抹呈波浪形，腹饰绳纹，局部擦抹。口近直，束颈，鼓腹，圜底，复原。手制，火候较高。口径9.2、高13厘米（图七八六，3）。标本SC22：02，夹砂红陶。唇部戳刮、外沿内抹呈波浪形，腹饰绳纹，局部擦抹。侈口，束颈，鼓腹，残。手制，火候较高。口径9.6、残高12.2厘米（图七八六，4）。

Ⅱ式：8件。

标本SC22：1，夹砂红褐陶，局部灰。唇部戳刮、外沿内抹呈波浪形，腹饰绳纹，局部擦抹。侈口，束颈，鼓腹，残。手制，火候较高。口径10、残高11.6厘米（图七八六，5）。

Ab型　1件。

标本SC22：2，夹砂灰黑陶，局部红褐。唇部戳刮、外沿内抹呈波浪形，腹饰绳纹，局部擦抹，下腹有支擦痕。侈口，束颈，鼓腹，圜底，复原。手制，火候较高。口径11.6、高10.8厘米（图七八六，6）。

圜底钵　2件。

A型　1件。Ⅱ式。

标本SC22：4，夹砂灰褐陶，局部褐、黑，灰胎。素面。敞口，圆唇，弧腹，圜底，复原。手制，火候较高。口径11.6、高4.4厘米（图七八六，7）。

B型　1件。

标本SC22：5，夹砂红陶，灰胎。素面，多按抹痕。敛口，沿内卷，唇面内凹，弧腹，残。手制，火候较高。口径14.6、残高5.4厘米（图七八六，8）。

SC3（M38）

位置：位于98BT0104中部偏北。层位关系：㉖—SC3→㉗。

形制：平面略呈圆角长方形，东北端圆凸，西南端较平，壁较直，底较平，壁用黏土加工，东北—西南向。口长170、宽70、深16厘米（图七八七）。

槽内堆积与包含物：槽内填灰烬，质疏松，包含大量鱼骨。出土少量碎陶片，可辨器形有辫唇瓮3件、齿唇瓮5件、齿唇罐4件。

（二）第三期

29个。

1. 早段

6个。

（1）A型

3个。1个未全部暴露，不明亚型；其余2个属Ab型。

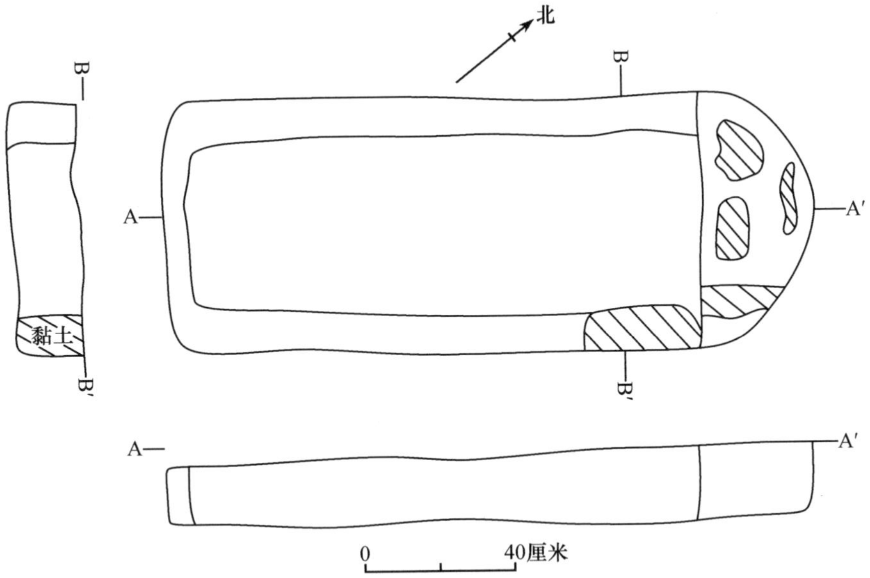

图七八七　SC3平、剖面图

SC27（M72）

位置：位于99DT0301西南部，开口距地表深370厘米。层位关系：F202→SC27→㉖。

形制：平面呈圆角短长方形，壁北、东面斜，西、南面直，用厚约5厘米的灰白或红色黏土加工，平底，略小于口，底部铺垫2厘米厚黄沙。壁表面有炭化木材痕迹，其上有灰白色钙化层，厚各1厘米，东北—西南向。口长100、宽68、深20厘米（图七八八；图版六三，2）。

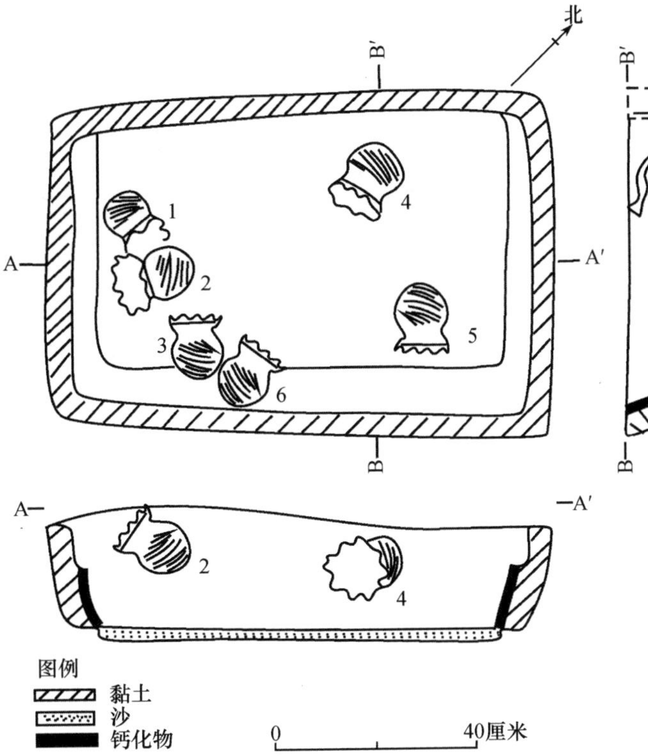

图七八八　SC27平、剖面图

1～6. 陶花边圜底罐

槽内填土与包含物：槽内填深灰花杂土，包含物多陶片、兽骨等，出土完整陶花边圜底罐6件。

出土遗物：参加分类排队的陶器20件，挑选标本8件（器号前加0的为填土出土，不加0的为槽内出土）。

辫唇瓮 1件。A型Ⅲ式。标本碎小。

花边圜底罐 18件。B型，其中1件不明亚型。

Ba型 14件。Ⅰ式。

标本SC27：1，夹砂红褐陶，局部灰、黑。唇部戳刮、外沿刮抹呈波浪形，腹、底饰粗绳纹。侈口，束颈，鼓腹，圜尖底，复原。手制，火候较高。口径10.4、高12.8厘米（图七八九，1）。标本SC27：5，夹砂红褐陶，局部灰黑；器表多灰白色附着物。唇部戳刮、外沿刮抹呈波浪形，腹、底饰粗绳纹，局部饰戳印纹。侈口，束颈，鼓腹，圜尖底，复原。手制，火候较高。口径10.6、高12.4厘米（图七八九，2）。标本SC27：02，夹砂褐陶，局部灰褐，黑胎；器表多灰白色附着物。唇部戳刮、外沿刮抹呈波浪形，腹、底饰斜粗绳纹。侈口，束颈，鼓腹，尖圜底，复原。手制，火候较高。口径11.2、高12.2厘米（图七八九，3）。标本SC27：03，夹粗砂灰褐陶，局部红褐，灰胎；器表多灰白色附着物。唇部戳刮、外沿刮抹呈波浪形，腹、底饰斜粗绳纹。敛口，束颈，鼓腹，尖圜底，复原。手制，火候较高。口径9.6、高12厘米（图七八九，4）。

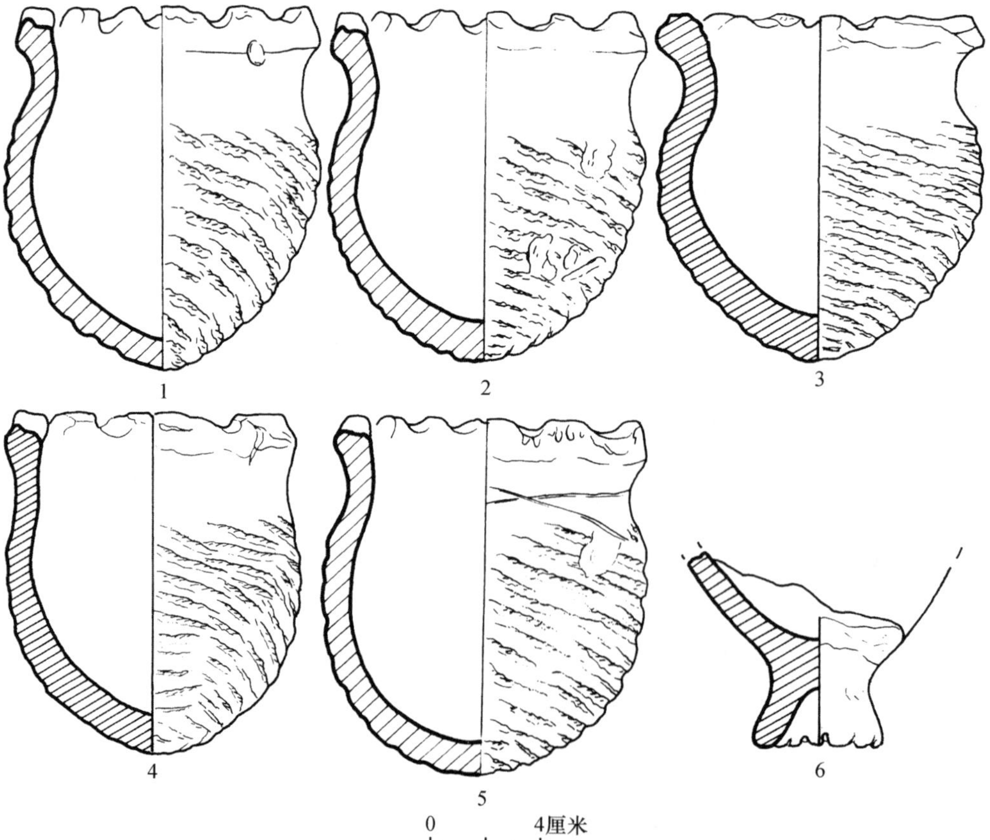

图七八九 SC27出土陶器

1～4. Ba型Ⅰ式花边圜底罐（SC27：1、SC27：5、SC27：02、SC27：03）
5. Bb型花边圜底罐（SC27：4） 6. 圈足杯（SC27：04）

Bb型　3件。

标本SC27：4，夹砂红陶，局部褐，黑胎。唇部戳刮、外沿刮抹呈波浪形，外沿饰戳印纹，颈饰交错划纹，腹、底饰中粗绳纹。侈口，束颈，鼓腹，圜底，复原。手制，火候较高。口径10.8、高12.6厘米（图七八九，5）。

圈足杯　1件。

标本SC27：04，夹砂褐陶，局部红，灰胎，里黑。足缘饰戳印纹。下腹弧收，矮圈足外斜，残。手制，火候较高。足径4.6、残高6.8厘米（图七八九，6）。

（2）B型

3个。Ba型。

SC19（M64）

位置：位于99DT0301西南部，开口距地表深320厘米。层位关系：F48→SC19→F50。

形制：平面呈不规则长方形，西南角外凸，直壁，平底，壁用浅黄白色黏土加工，东北—西南向。口长240、宽192～226、深12厘米（图七九〇；图版六三，3）。

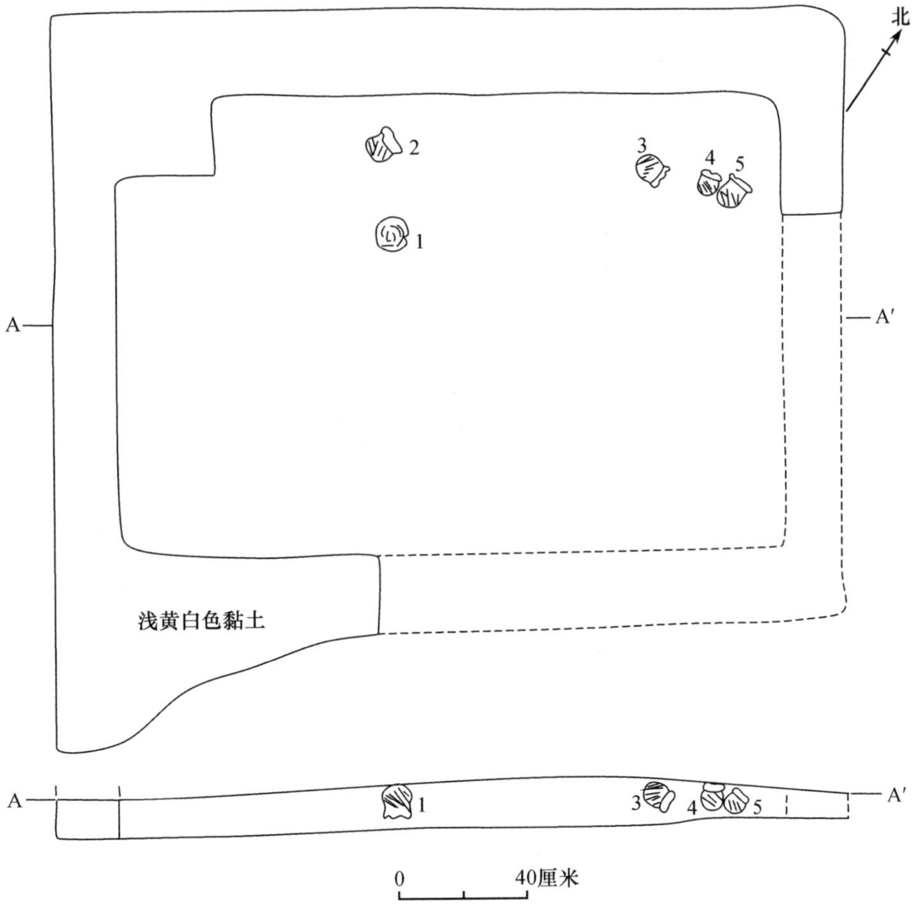

图七九〇　SC19平、剖面图

1～5. 陶花边圜底罐

槽内填土与包含物：槽内填花杂土，质疏松。包含碎陶片，出土5件陶花边圜底罐。

出土遗物：参加分类排队的陶器5件，挑选标本2件。

花边圜底罐　5件。Ba型Ⅰ式。

标本SC19：3，夹砂红陶，局部褐；内外壁多灰白色附着物。唇部戳刮、外沿刮抹呈波浪形，腹、底饰粗绳纹。微侈口，束颈，鼓腹，圜尖底，复原。手制，火候较高。口径9.6、高11.2厘米（图七九一，1）。标本SC19：5，夹砂褐陶，局部灰，里红褐；内外壁多灰白色附着物。唇部戳刮、外沿刮抹呈波浪形，腹、底饰粗绳纹。微侈口，束颈，鼓腹，圜尖底，完整。手制，火候较高。口径9.8、高10.8厘米（图七九一，2）。

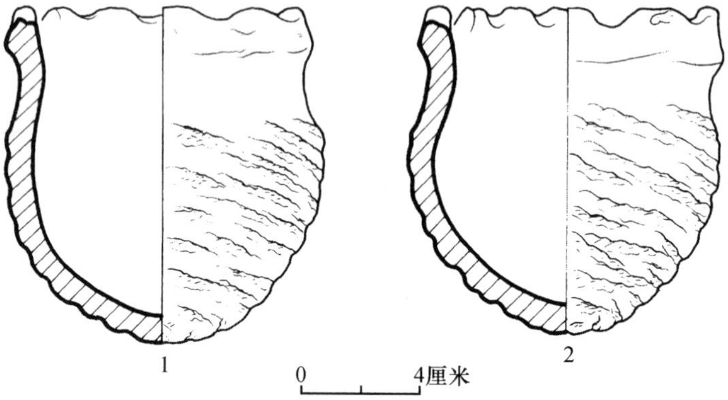

图七九一　SC19出土陶器

1、2. Ba型Ⅰ式花边圜底罐（SC19：3、SC19：5）

SC25（M70）

位置：位于99DT0301东部偏北，开口距地表深320厘米。层位关系：F50→SC25→H415。

形制：平面呈窄长方形，直壁，平底，壁用红黏土加工，有木材炭化痕迹，底部铺垫3厘米厚黄沙，东北—西南向。口长140、宽55～64、深21厘米（图七九二）。

槽内堆积与包含物：槽内填花杂土，质疏松。包含较多陶花边圜底罐及碎片。

出土遗物：参加分类排队的陶器57件，挑选标本4件（编号前加“0”的为填土所出）。

花边圜底罐　57件。B型。

Ba型　47件。Ⅰ式。

标本SC25：1，夹砂灰黑陶，局部红褐，灰胎。唇部戳刮、外沿刮抹呈波浪形，腹、底饰粗绳纹。口近直，束颈，鼓腹，圜底，复原。手制，火候较高。口径9.6、高11厘米（图七九三，1）。标本SC25：02，夹砂灰褐陶，局部、胎、里黑。唇部戳刮、外沿刮抹呈波浪形，腹、底饰斜粗绳纹。侈口，束颈，鼓腹，尖圜底，复原。手制，火候较高。口径10、高12.6厘米（图七九三，2）。

Bb型　7件。

标本SC25：03，夹砂黑陶，局部褐，里红。唇部戳刮、外沿按抹呈波浪形，颈、腹饰斜中粗绳纹。侈口，束颈，鼓腹，残。手制，火候较高。残宽7.8、残高10.2厘米（图七九三，3）。

Bc型　3件。

标本SC25：01，夹砂灰褐陶，局部红、褐，黑胎。唇部戳刮、外沿刮抹呈波浪形，腹饰斜粗绳纹。侈口，微有束颈，鼓腹，残。手制，火候较高。口径9.6、残高12.4厘米（图

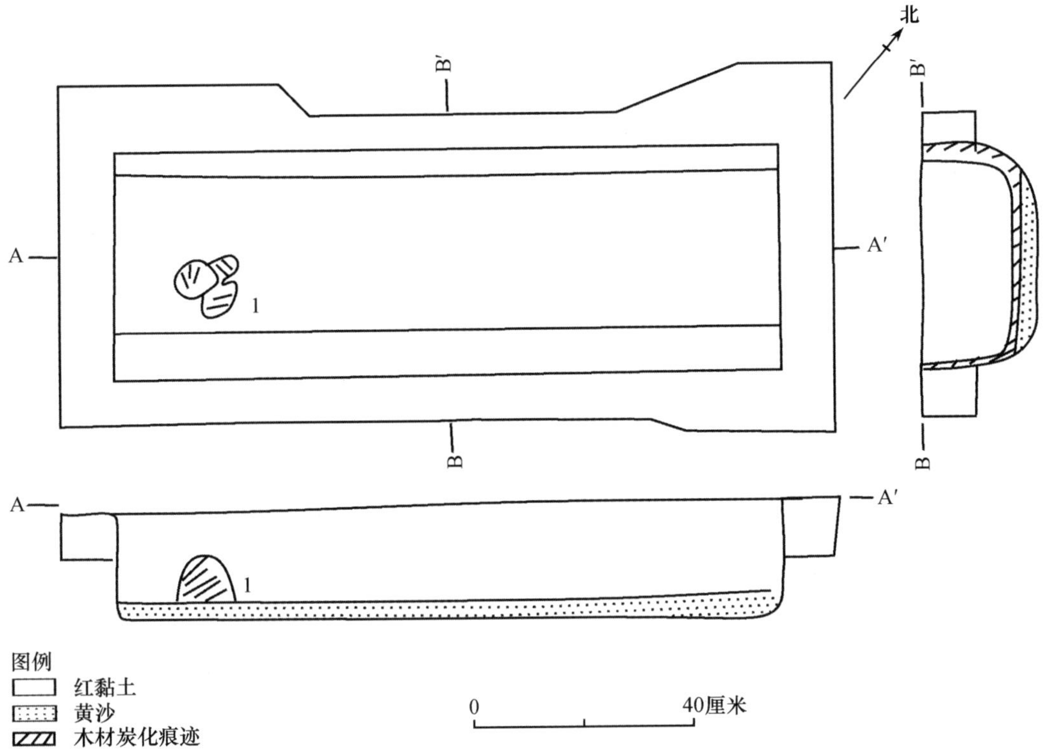

图七九二　SC25平、剖面图

1. 陶花边圜底罐

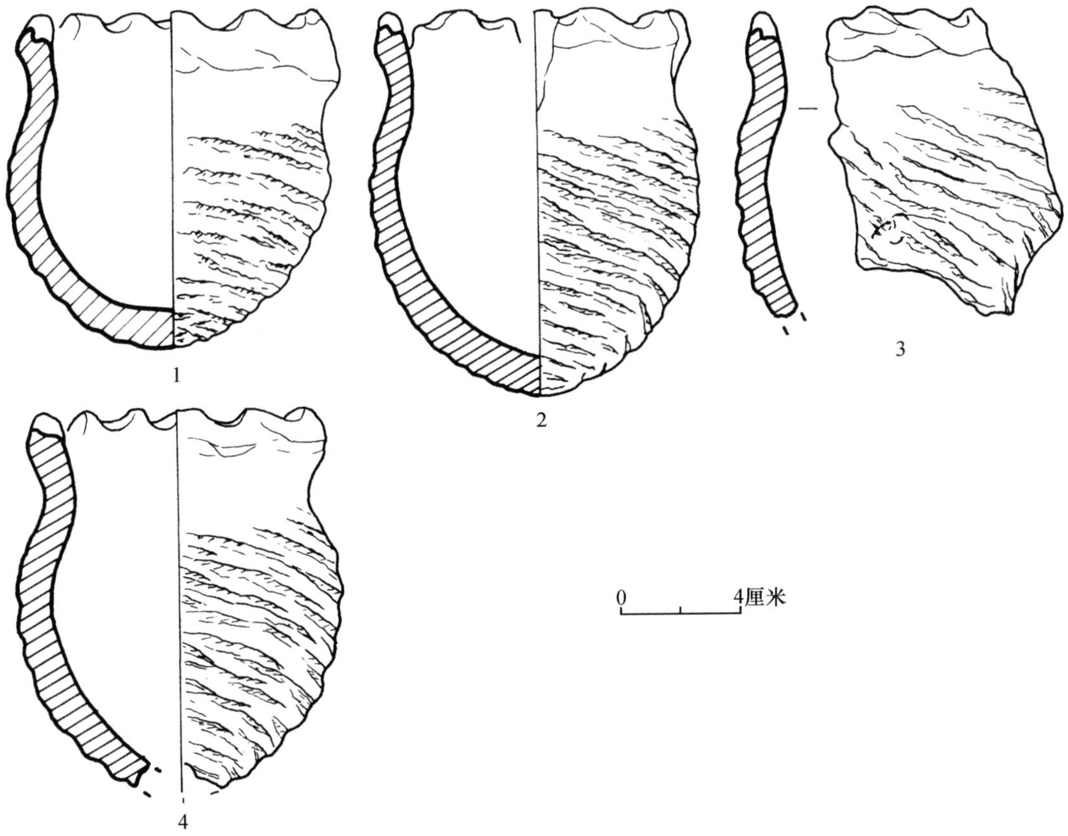

图七九三　SC25出土陶器

1、2. Ba型Ⅰ式花边圜底罐（SC25：1、SC25：02）　3. Bb型花边圜底罐（SC25：03）　4. Bc型花边圜底罐（SC25：01）

七九三，4）。

2. 中段

15个，其中一个不明类型。

（1）A型

9个。

1）Aa型

3个。

SC11（M56）

位置：位于99AT0201西部，开口距地表深2215厘米。层位关系：⑳B—SC11→㉑。

形制：平面呈圆角狭长方形，西北端直壁，东南端圆凸，弧壁，圜底，壁、底用黄黏土加工（破坏严重，仅局部保留），西北—东南向。口长202、宽90、深35厘米（图七九四；图版六四，1）。

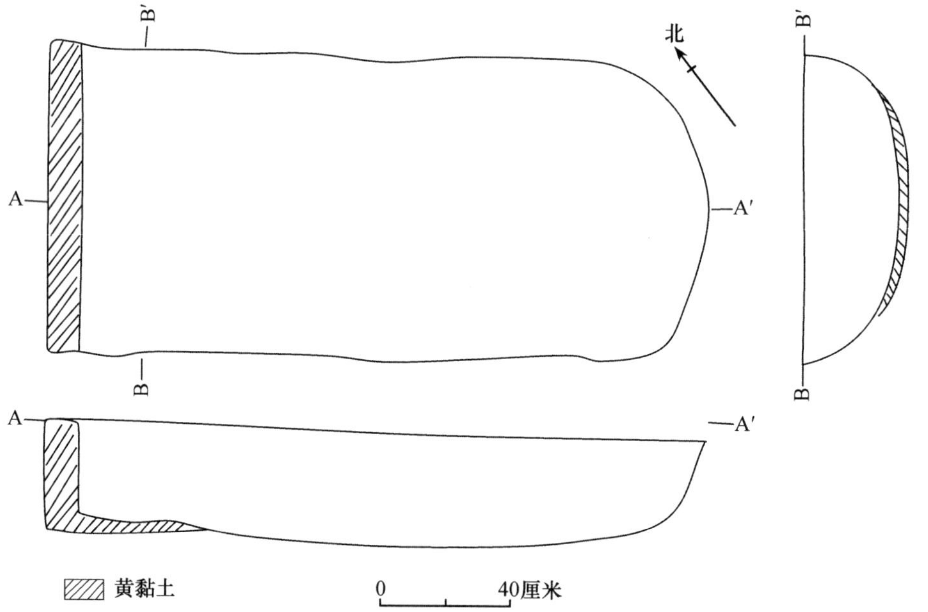

图七九四　SC11平、剖面图

槽内堆积与包含物：槽内填黄灰土，夹沙较多。包含少量碎陶片。

出土遗物：参加分类排队的陶器25件，挑选标本2件。

束颈圜底罐　5件。A型。

Ⅰ式：1件。标本碎小。

Ⅱ式：3件。标本碎小。

Ⅲ式：1件。

标本SC11：2，夹砂灰褐陶，灰胎；外壁多灰白色附着物。唇部刮抹略呈波浪形，腹饰斜绳纹。口微侈，束颈，鼓腹，圜底，复原。手制，火候较高。口径12、高11厘米（图七九五，1）。

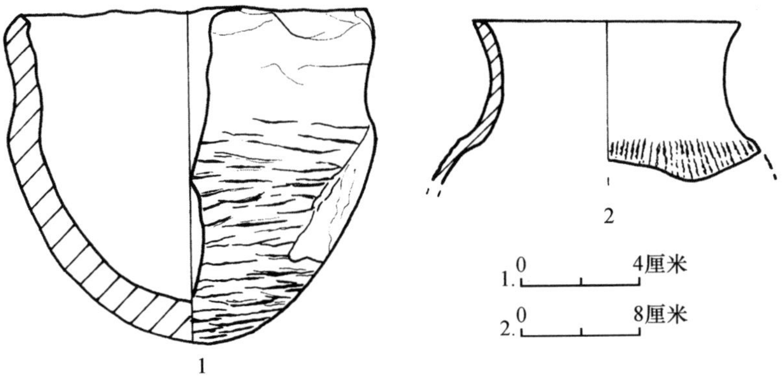

图六九五　SC11出土陶器

1. A型Ⅲ式束颈圜底罐（SC11：2）　2. Ab型Ⅰ式罐形釜（SC11：1）

罐形釜　2件。Ab型Ⅰ式。

标本SC11：1，夹粗砂红陶，局部黑色。肩部饰竖向绳纹。侈口，卷沿，圆方唇，高领内束，溜肩，残。轮制，火候一般。口径18、残高10.8厘米（图七九五，2）。

另外还出土花边圜底罐Ba型Ⅰ式1件、Ⅱ式3件，敛口圜底罐A型Ⅰ式11件，尖底盏B型Ⅰ式1件，圜底钵B型1件，平底钵A型1件，皆标本碎小。

2）Ab型

6个。

SC12（M57）

位置：99AT0101东南角，开口距地表深270厘米。层位关系：㉒—SC12→F72。

形制：平面呈圆角窄长方形，破坏严重，残剩近底部，壁、底用黄黏土加工，有残存钙化层，西北—东南向。长408、宽96～122、深25厘米（图七九六）。

槽内堆积与包含物：槽内填黄灰花土，质较疏松。无包含物。

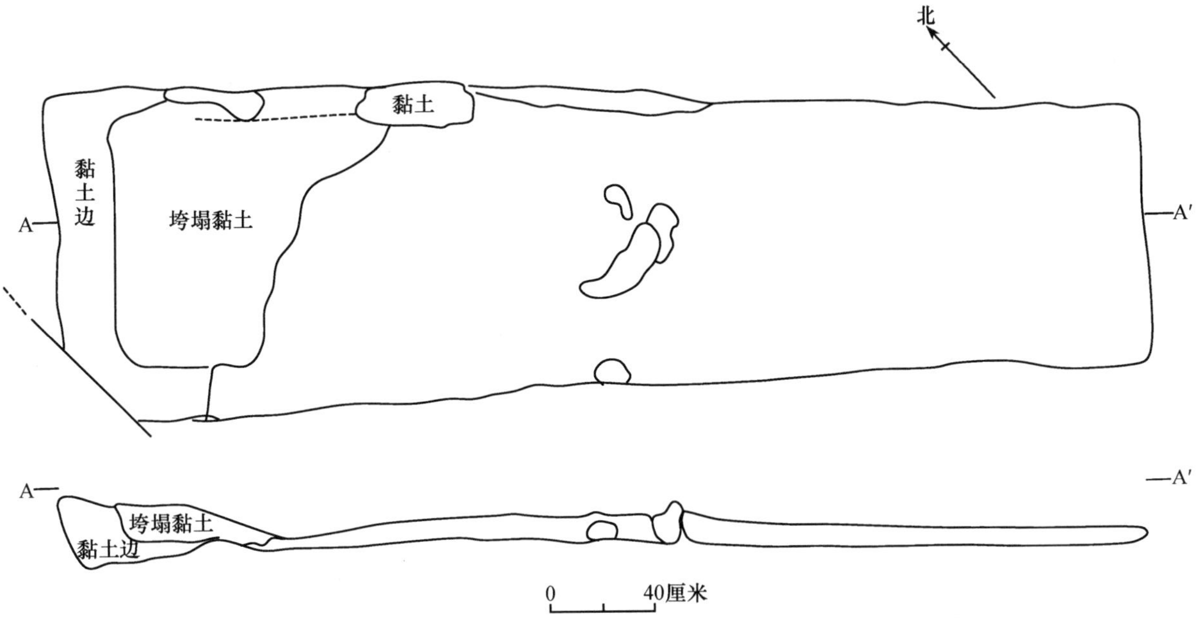

图七九六　SC12平、剖面图

（2）B型

5个。

1）Ba型

4个。

SC1（M8）

位置：位于97AT0601西北部，开口距地表深204厘米。层位关系：㉑—SC1→㉒。

形制：平面呈短圆角长方形，壁较直，平底，底比口略小，发现长方形、弧壁（两端壁直）、无底的灰黄色钙化层，口长92、宽50～58、底开口宽35厘米，钙化层厚2～3厘米，底有灰烬薄层。槽口长110、宽60～74、深25厘米（图七九七；图版六四，2）。

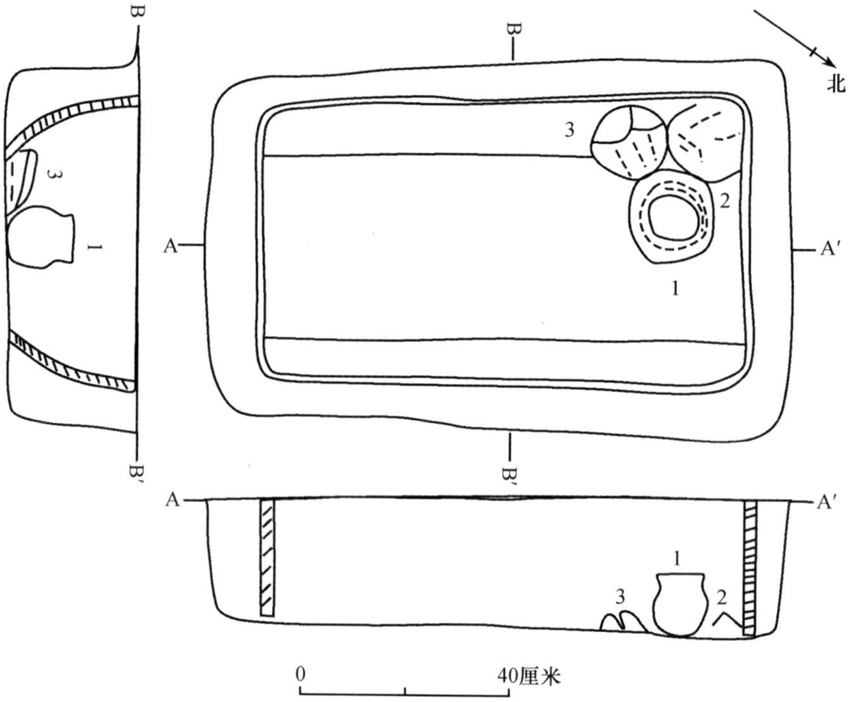

图七九七　SC1平、剖面图

1. 陶束颈圜底罐　2、3. 陶尖底盏

槽内堆积与包含物：槽内填五花土，包含较多陶片。

出土遗物：参加分类排队的陶器6件，挑选标本6件。

束颈圜底罐　1件。A型Ⅰ式。

标本SC1：1，夹砂灰黑陶。腹饰粗绳纹。敛口，沿下棱较凸，深束颈，鼓腹。口径7.2、高11.2厘米（图七九八，1）。

圜底钵　3件。A型。

Ⅱ式：2件。

标本SC1：04，夹砂褐陶。素面，内壁有规整的轮制形成的螺旋形上升凸棱。口近直，尖圆唇，圜底，内底尖凸。口径11.6、高4.8厘米（图七九八，2）。标本SC1：02，夹砂红褐陶。素面。直口，尖圆唇，浅腹，残。残高4.4厘米（图七九八，3）。

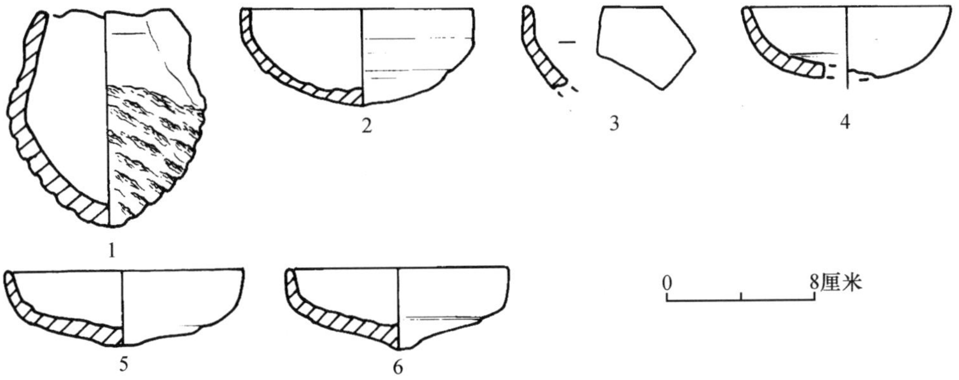

图七九八　SC1出土陶器

1. A型Ⅰ式束颈圜底罐（SC1：1）　2、3. A型Ⅱ式圜底钵（SC1：04、SC1：02）
4. A型Ⅲ式圜底钵（SC1：03）　5、6. B型Ⅱ式尖底盏（SC1：2、SC1：3）

Ⅲ式：1件。

标本SC1：03，夹细砂灰褐陶。外壁素面，内壁饰有一道凹弦纹。敞口，圆唇，弧腹，残。口径11.2、高3.6厘米（图七九八，4）。

尖底盏　2件。B型Ⅱ式。

标本SC1：2，夹砂褐陶。素面。敞口，尖圆唇，浅腹，内平底，轮制。口径12.6、高4厘米（图七九八，5）。标本SC1：3，夹砂褐陶。素面，内壁有轮制螺旋痕迹。口微敞，尖圆唇，腹底转接处有不明显折棱，内底平。口径12.6、高4.2厘米（图七九八，6）。

SC24（M69）

位置：位于99DT0201东北角，部分压在东隔梁下，局部被H182、H355打破，开口距地表深320厘米。层位关系：H182→SC24→㉔。

形制：平面呈窄长方形，弧壁（端壁直），圜底，西壁用黄黏土加工。槽内有灰黄色钙化层形成的槽形物，距坑口5～10、长160～200、宽82～84、高16～20、厚0.7厘米。槽口残长200～236、宽90～100、深22～26厘米（图七九九；图版六五，1）。

槽内堆积与包含物：槽内堆积可分2层。

第1层：黄灰花土，夹黄黏土块，厚10厘米。

第2层：灰土，包含陶片较多，厚12～16厘米。

槽中部出土陶花边圜底罐4件、陶尖底盏2件。

出土遗物：参加分类排队的陶器63件，挑选标本28件。

齿唇瓮　3件。Ba型Ⅱ式。

标本SC24：8，夹砂灰黑陶。唇部戳按呈波浪形，肩饰交错绳纹。侈口，领外斜，溜肩，残。手制，火候较高。残宽12、残高11.4厘米（图八〇〇，1）。标本SC24：9，夹砂灰黑陶，局部褐。唇部戳按呈波浪形，腹饰竖绳纹。侈口，卷沿，鼓腹，残。手制，火候较高。残宽11.8、残高8.2厘米（图八〇〇，2）。

矮领瓮　5件。B型Ⅱ式。

标本SC24：21，夹粗砂灰褐陶，胎红褐夹灰。肩饰斜绳纹。侈口，圆唇，微束领，有

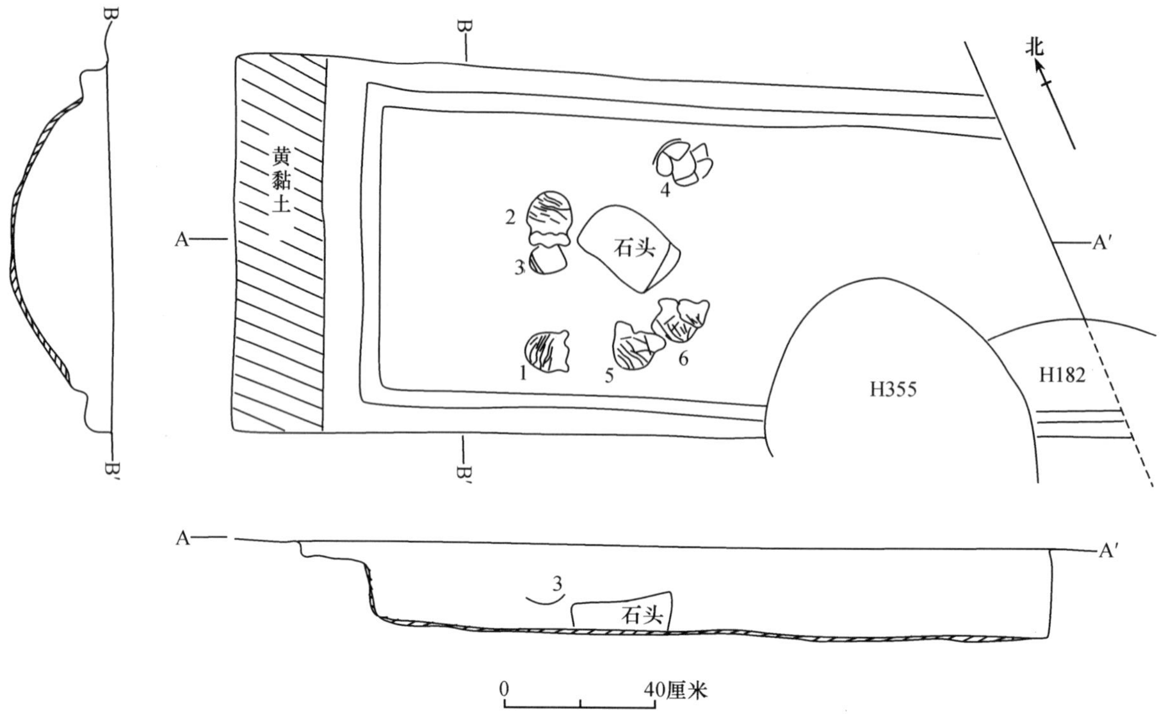

图七九九　SC24平、剖面图
1、2、5、6. 陶花边圜底罐　3、4. 陶尖底盏

肩，残。轮制，火候较高。残宽9.6、残高6厘米（图八〇〇，3）。标本SC24：22，夹砂灰黑陶，红褐胎。肩饰竖绳纹。侈口，圆唇，微束领，有肩，残。轮制，火候较高。残宽5.6、残高6.4厘米（图八〇〇，4）。

齿唇罐　1件。Bb型。

标本SC24：7，夹粗砂灰黑陶，红胎。唇部戳按略呈波浪形。侈口，束领，残。手制，火候较高。残宽7、残高5.4厘米（图八〇〇，5）。

花边圜底罐　19件。B型。

Ba型　5件。

Ⅰ式：3件。标本碎小。

Ⅱ式：2件。

标本SC24：1，夹砂灰黑陶，局部、里红褐，下腹局部表皮脱落。唇部戳刮、外沿刮抹呈波浪形，腹、底饰斜粗绳纹。口近直，束颈，鼓腹，圜底，微残。手制，火候较高。口径9.8、高10.8厘米（图八〇〇，6）。

Bc型　14件。

标本SC24：2，夹砂灰褐陶，局部褐；内外壁多灰白色附着物。唇部戳刮、外沿刮抹呈波浪形，腹、底饰斜中粗绳纹。侈口，微束颈，鼓腹，圜底，完整。手制，火候较高。口径9.6、高10厘米（图八〇〇，7）。

甗　2件。A型。

标本SC24：19，夹砂褐陶，局部灰黑。器表饰中粗绳纹。残剩腰部。分制，腰部附加泥条

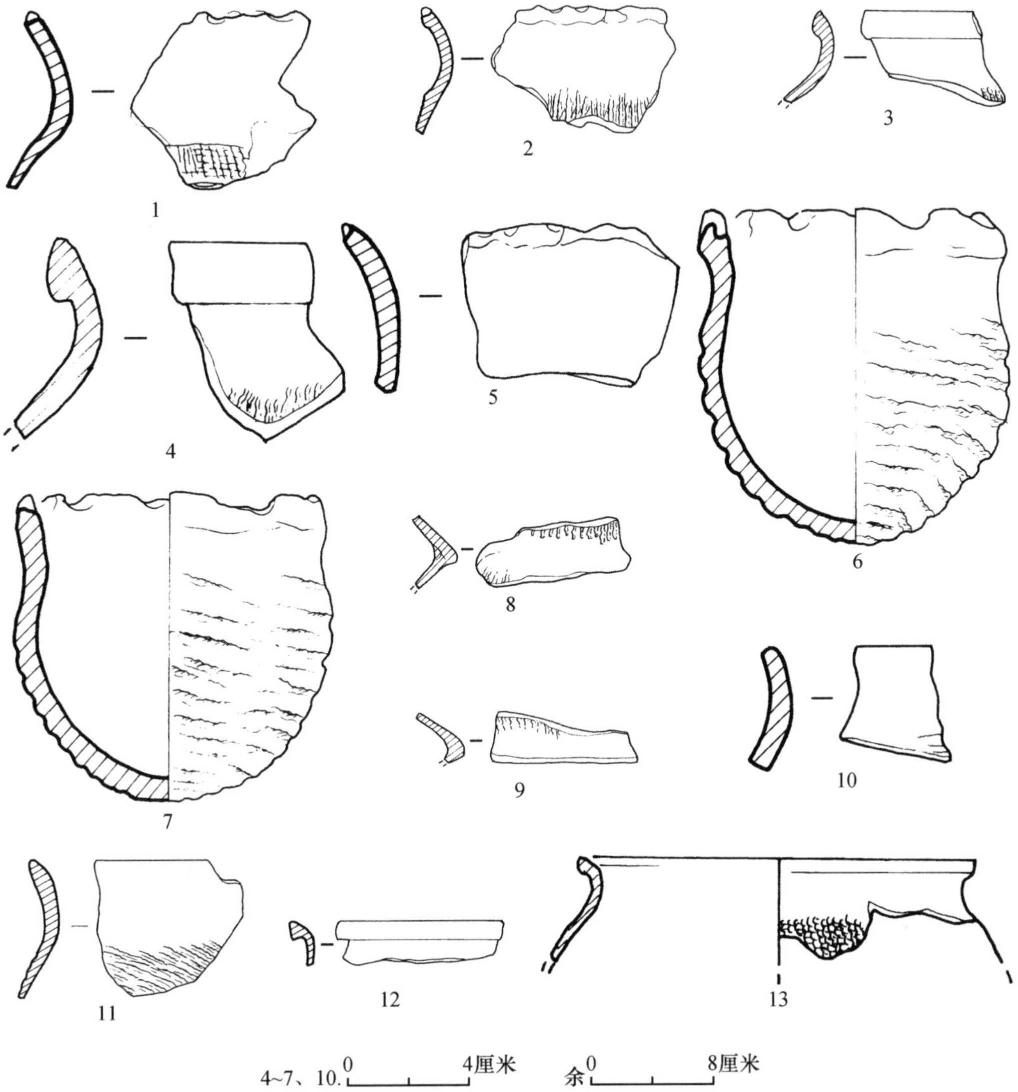

图八〇〇　SC24出土陶器

1、2. Ba型Ⅱ式齿唇瓮（SC24：8、SC24：9）　3、4. B型Ⅱ式矮领瓮（SC24：21、SC24：22）　5. Bb型齿唇罐（SC24：7）　6. Ba型Ⅱ式花边圜底罐（SC24：1）　7. Bc型花边圜底罐（SC24：2）　8、9. A型甗（SC24：19、SC24：20）　10. Aa型Ⅱ式罐形釜（SC24：15）　11. Aa型Ⅲ式罐形釜（SC24：16）　12、13. Ab型盆形釜（SC24：17、SC24：18）

加固，火候较高。残高4.6厘米（图八〇〇，8）。标本SC24：20，夹砂褐陶，局部灰褐。肩饰中粗绳纹。残剩下部，斜肩。分制，火候较高。残高4.2厘米（图八〇〇，9）。

罐形釜　3件。Aa型。

Ⅱ式：1件。

标本SC24：15，夹砂灰黑陶，红胎。颈下部饰绳纹。侈口，圆唇，束颈，残。轮制，火候较高。残宽3.7、残高4厘米（图八〇〇，10）。

Ⅲ式：2件。

标本SC24：16，夹粗砂红褐陶，局部、胎黑。腹饰斜中粗绳纹。侈口，圆唇，领外斜，鼓腹，残。手制轮修，火候较高。残宽9.7、残高9.8厘米（图八〇〇，11）。

盆形釜　5件。Ab型。

标本SC24：17，夹砂黑陶，红褐胎。素面。侈口，卷沿外斜，圆唇，残。轮制，火候较高。残宽10.9、残高2.8厘米（图八〇〇，12）。标本SC24：18，夹砂灰黑陶，褐胎。腹饰斜中粗绳纹。侈口，折沿，沿面微凹，微圆唇，溜肩，残。轮制，火候较高。口径26、残高6.6厘米（图八〇〇，13）。

盆 1件。Ⅲ式。

标本SC24：13，夹砂黑陶。素面，内壁有瓦棱纹。敞口，卷沿，圆唇，腹斜弧收，残。轮制，火候较高。残宽14、残高10.4厘米（图八〇一，1）。

浅腹盆 2件。

标本SC24：14，夹砂黑陶，灰胎。素面，内壁饰瓦棱纹、粗划纹。敞口，圆唇，腹较斜直，内底较平，残。轮制，火候较高。口径40.8、残高5厘米（图八〇一，2）。

尖底盏 6件。A型。

Ⅱ式：1件。

标本SC24：4，夹砂黑陶，红胎。素面。口近直，圆唇，上腹圆弧，下腹微束，尖底，复

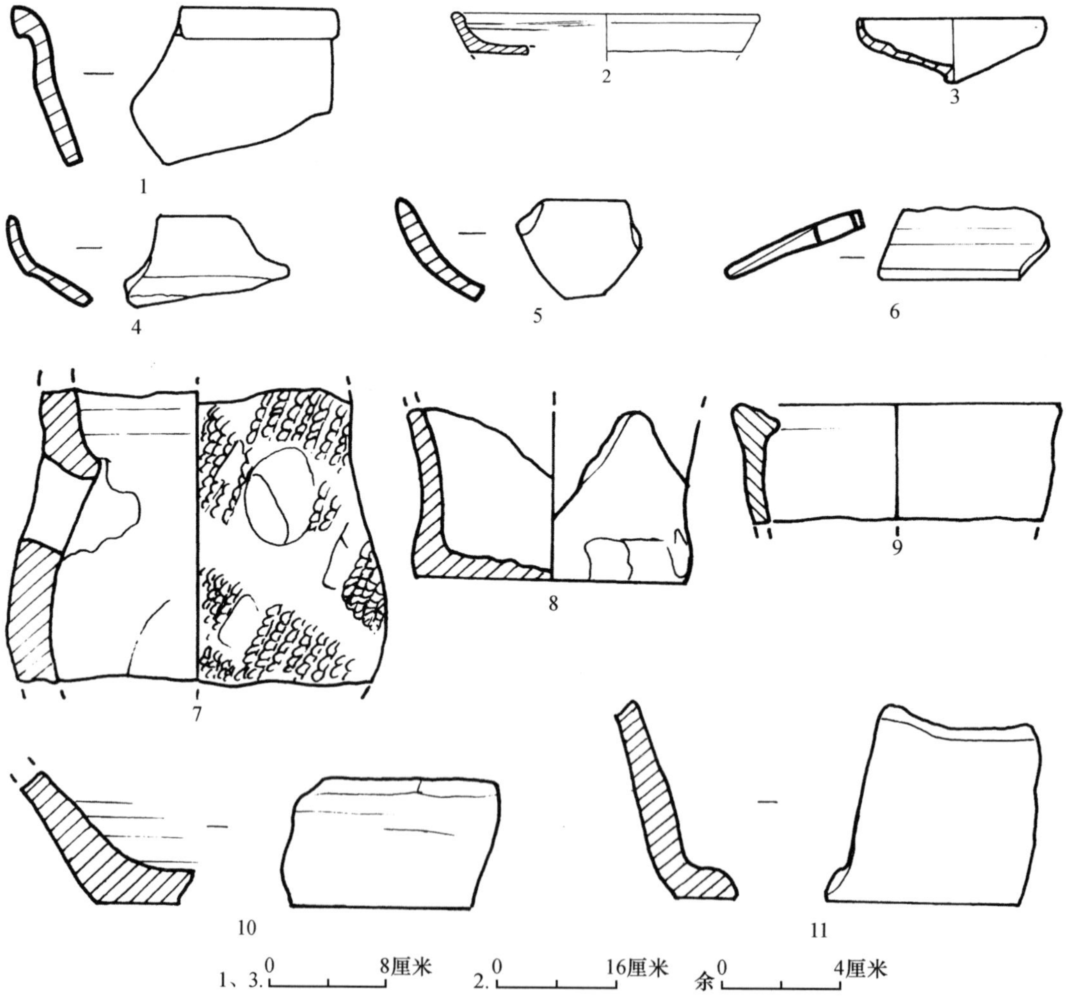

图八〇一 SC24出土陶器

1. Ⅲ式盆（SC24：13） 2. 浅腹盆（SC24：14） 3. A型Ⅱ式尖底盏（SC24：4）
4、5. A型Ⅲ式尖底盏（SC24：10、SC24：12） 6. A型器盖（SC24：11）
7～9. B型器座（SC24：23、SC24：24、SC24：25） 10、11. 器底（SC24：27、SC24：28）

原。轮制，火候较高。口径12.4、高4.4厘米（图八〇一，3）。

Ⅲ式：5件。

标本SC24：10，夹砂灰黑陶，褐胎。素面。敞口，圆唇，弧腹，残。轮制，火候较高。残宽5.5、残高3厘米（图八〇一，4）。标本SC24：12，夹砂灰褐陶，红褐胎。素面。敞口，圆唇，弧腹，残。轮制，火候较高。残宽4.1、残高3.3厘米（图八〇一，5）。

豆　2件。标本碎小。

器盖　1件。A型。

标本SC24：11，夹砂黑陶，红褐胎。素面。壁微弧，敞口，圆唇，残。轮制，火候较高。残宽5.7、残高2.3厘米（图八〇一，6）。

器座　11件。B型。

标本SC24：23，夹砂灰黑陶，胎局部红褐。器表饰圆形镂孔、组状绳纹。束腰，残。轮制，火候较高。残高9.6厘米（图八〇一，7）。标本SC24：24，夹砂黑陶，褐胎。素面。束腰，平底，残。轮制，火候较高。底径9、残高5.6厘米（图八〇一，8）。标本SC24：25，夹砂灰黑陶，红褐胎。素面。下腹弧收，底缘内弧，残。轮制，火候较高。座径10.8、残高3.9厘米（图八〇一，9）。

器底　2件。

标本SC24：27，夹砂黑陶，局部红，胎灰褐，局部褐。素面，内壁饰瓦棱纹。下腹斜收，平底，残。轮制，火候较高。残宽7.3、残高4.2厘米（图八〇一，10）。标本SC24：28，夹砂黑陶，局部、胎灰褐。素面。下腹斜直收，平底，残。手制，火候高。残宽7、残高6.5厘米（图八〇一，11）。

2）Bb型

1个。

SC14（M59）

位置：位于99AT0301中部，开口距地表深250厘米。层位关系：㉓—SC14→H373。

形制：平面呈长方形，东南端圆弧，西北端平直，斜壁，平底，壁、底用黄黏土加工，黏土壁、底发现有木材炭化痕迹和钙化层，底部发现有黄褐色细沙颗粒，西北—东南向。口长85、宽46、深25厘米（图八〇二；图版六五，2）。

槽内堆积与包含物：槽内填褐土，质松软，夹大量草木灰。包含少量陶片及1件完整陶花边圜底罐。

出土遗物：参加分类排队的陶器32件，挑选标本7件。

花边圜底罐　21件。B型。

Ba型　1件。Ⅰ式。

标本SC14：1，夹砂黑褐陶，局部褐，里红；器表多灰白色附着物。唇部戳刮、外沿内抹呈波浪形，腹饰斜粗绳纹。侈口，束颈，鼓腹，残。手制，火候较高。口径9.6、残高5.6厘米（图八〇三，1）。

Bc型　20件。

标本SC14：2，夹砂黑陶，局部褐，里红、褐；器表多灰白色附着物。唇部戳刮、外沿

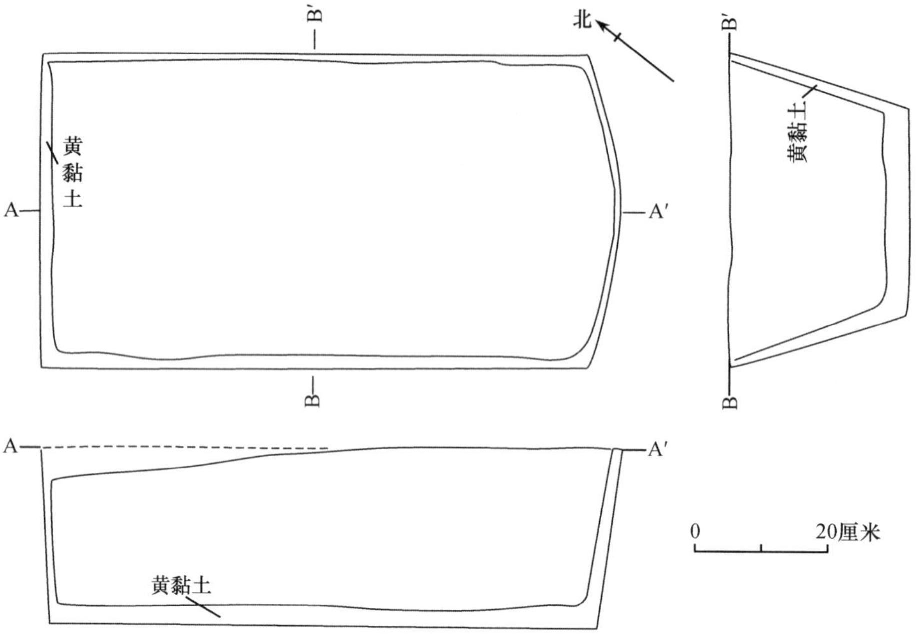

图八〇二　SC14平、剖面图

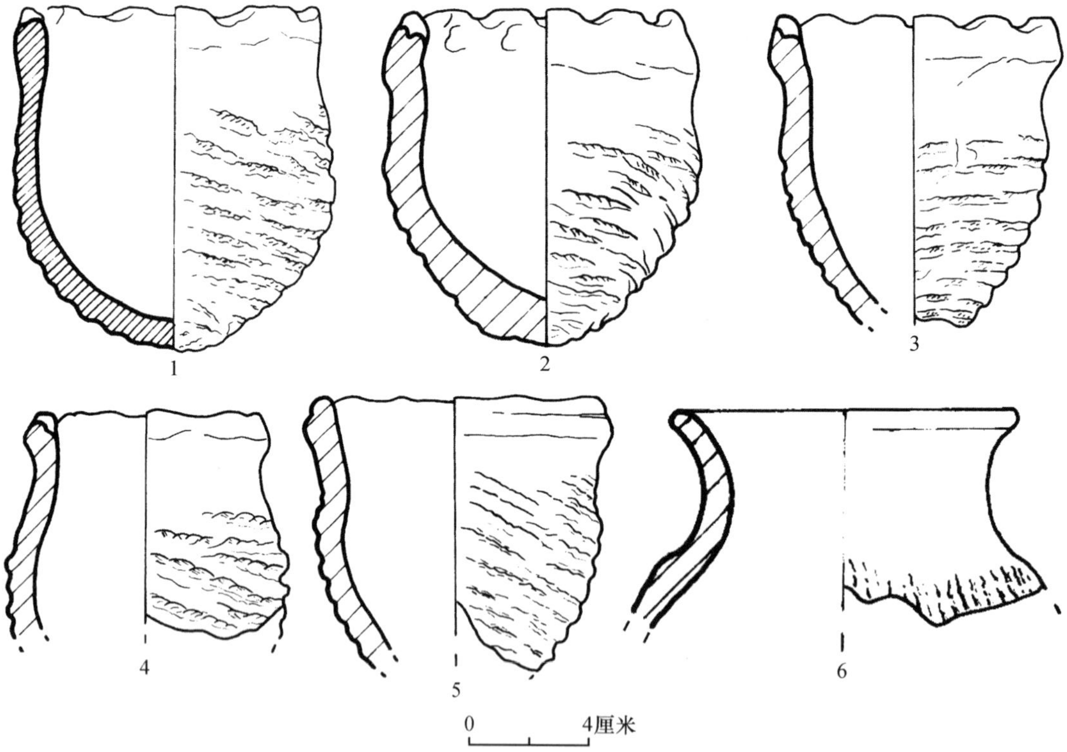

图八〇三　SC14出土陶器

1. Ba型Ⅰ式花边圜底罐（SC14：1）　2、3. Bc型花边圜底罐（SC14：2、SC14：3）

4、5. A型Ⅰ式束颈圜底罐（SC14：4、SC14：5）　6. Aa型Ⅲ式罐形釜（SC14：6）

内抹呈波浪形，腹饰斜粗绳纹。敛口，束颈，鼓腹，尖圜底，复原。手制，火候较高。口径9.2、高10.8厘米（图八〇三，2）。标本SC14：3，夹砂红陶，局部黑，里褐；器表多灰白色附着物。唇部戳刮、外沿刮抹呈波浪形，腹饰斜中粗绳纹。侈口，束颈，鼓腹，残。手制，火候较高。口径9.2、残高10厘米（图八〇三，3）。

束颈圜底罐　6件。A型Ⅰ式。

标本SC14：4，夹砂褐陶，局部、胎红；器表多灰白色附着物。唇部戳刮、外沿内略呈波浪形，腹饰斜粗绳纹。微侈口，束颈，鼓腹，残。手制，火候较高。口径7.6、残高7.4厘米（图八〇三，4）。标本SC14：5，夹砂褐陶，局部、胎灰黑。外沿内抹，腹饰斜中粗绳纹。侈口，束颈，鼓腹，残。手制，火候较高。口径9.6、残高8.9厘米（图八〇三，5）。

罐形釜　4件。Aa型，其中3件不明式别。

Ⅲ式：1件。

标本SC14：6，夹砂褐陶，胎局部红夹黑。腹饰斜中粗绳纹。侈口，圆唇，束颈，鼓腹，残。手制轮修，火候较高。口径11.2、残高7厘米（图八〇三，6）。

尖底盏　1件。残存底部碎片。

3. 晚段

8个。

（1）A型

6个。

1）Aa型

5个。

SC7（M51）

位置：位于99AT0201北部，中部被SC6（M50）打破，东北角压在北隔梁下。层位关系：SC6→SC7→㉑。

形制：平面呈圆角长方形，西南端圆突，东北端较平直，壁较斜，底较平，壁用黄黏土加工，有灰白色钙化层，底有木材炭化痕迹，东北—西南向。口长235、宽112、深30厘米（图八〇四）。

槽内堆积与包含物：槽内填灰褐土，质较疏松。包含较多碎陶片和铜残件。

出土遗物：主要为陶器，极少铜器。

陶器　参加分类排队的陶器26件，挑选标本2件。

齿唇瓮　1件。Bb型。

标本SC7：3，夹粗砂红褐陶，里灰色。唇面斜切呈齿状，领部饰细竖划纹，有轮制痕。侈口，束领较高，残。轮制，火候较高。残宽12.2、残高9.8厘米（图八〇五，1）。

盆　1件。Ⅲ式。

标本SC7：2，夹细砂红褐陶，里黑色。素面。敞口，卷沿，沿面较平，斜方唇，腹微弧，残。轮制，火候较高。残宽7.2、残高5.2厘米（图八〇五，2）。

铜器　出土数量很少。

残件　SC7：1，共3块，皆锈蚀严重。一块似镞铤部；一块窄条，弯曲变形；一块小铜渣。

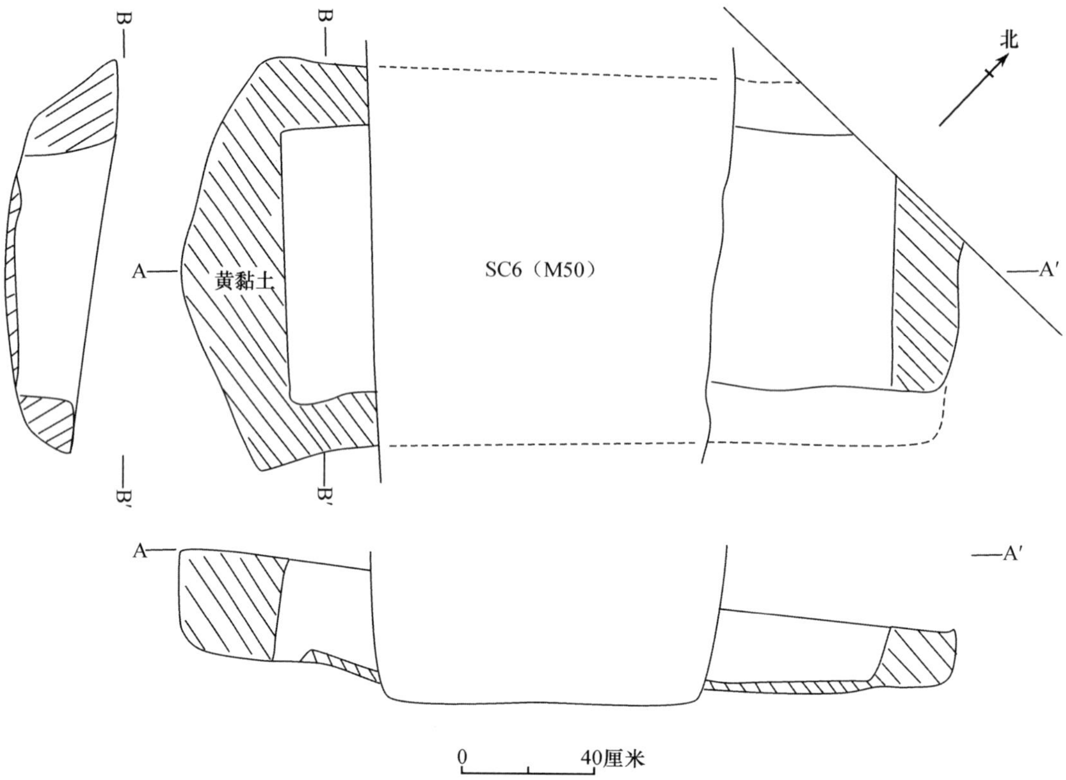

图八〇四 SC7平、剖面图

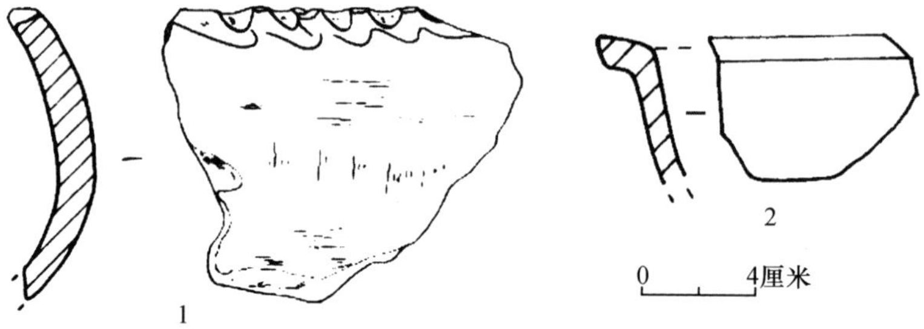

图八〇五 SC7出土陶器

1. Bb型齿唇瓮（SC7：3） 2. Ⅲ式盆（SC7：2）

2）Ab型

1个。

SC5（M49）

位置：位于99AT0201中部，残剩底部，被H344打破，开口距地表深205厘米。层位关系：⑲—SC5→⑳。

形制：平面呈不规则圆角长方形，弧壁（西南端直壁），底较平，壁上发现有钙化层，底部发现有木材炭化痕迹，东北—西南向。长185、残宽85、残深16厘米（图八〇六）。

槽内堆积与包含物：槽内填黄褐土，包含少量碎陶片。

出土遗物：参加分类排队的陶器4件，挑选标本3件。

盘口罐 1件。标本碎小。

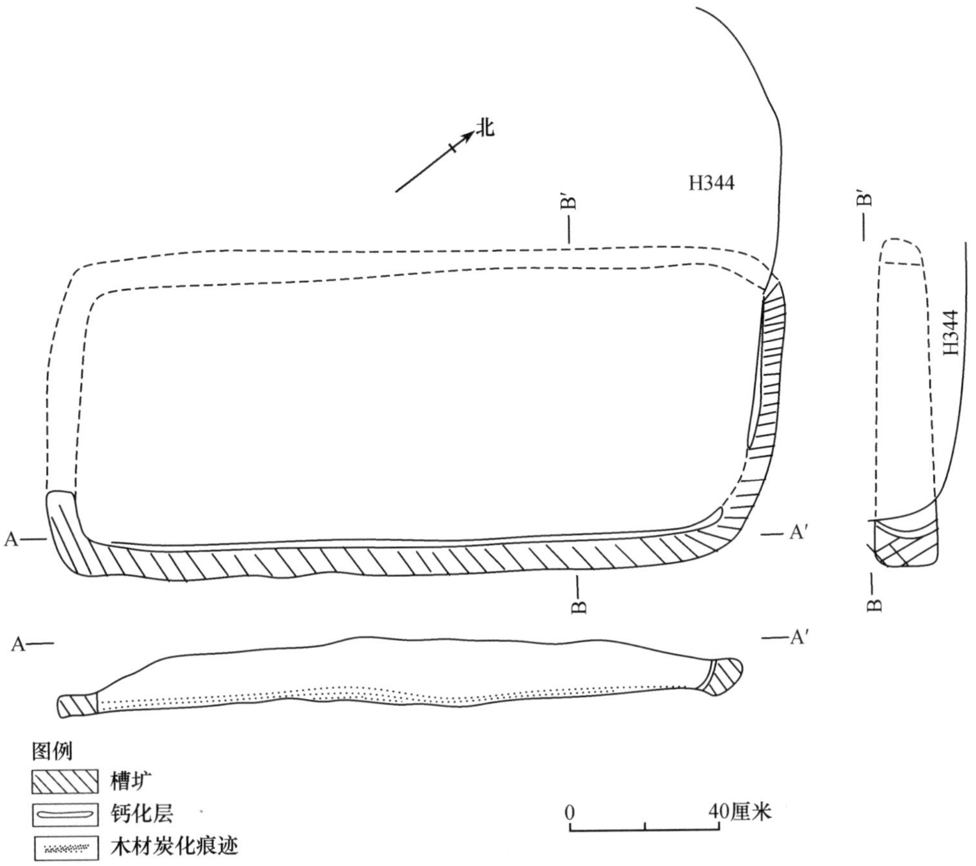

图八〇六　SC5平、剖面图

盆　1件。Ⅱ式。

标本SC5：1，夹细砂灰黑陶。沿面、内壁饰暗纹和磨光。敛口，卷平沿，沿面微内凹，斜方唇，鼓腹，残。轮制，火候较高。残宽12.4、残高8厘米（图八〇七，1）。

盆形釜　1件。Ab型。

标本SC5：3，夹细砂灰黑陶，红褐胎。腹饰竖向较粗绳纹。侈口，斜折沿，圆唇，微有斜肩，弧腹，残。轮制，火候较高。残宽9、残高4.9厘米（图八〇七，2）。

尖底盏　1件。A型Ⅲ式。

标本SC5：2，夹砂灰褐陶。素面。敞口，圆唇，弧腹，残。轮制，火候较高。口径17、残高2.1厘米（图八〇七，3）。

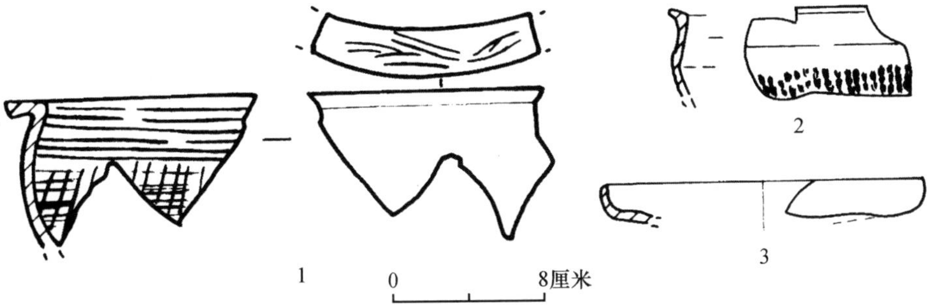

图八〇七　SC5出土陶器

1. Ⅱ式盆（SC5：1）　2. Ab型盆形釜（SC5：3）　3. A型Ⅲ式尖底盏（SC5：2）

（2）B型

1个。Ba型。

SC4（M48）

位置：位于99AT0301西北部，被开口耕土下的G1打破，开口距地表深145厘米。层位关系：⑲—SC4→⑳。

形制：平面呈长方形，直壁，平底，壁、底用黄黏土精心加工，壁局部用灰土和碎陶片做成，壁东南角内凹，底部有一条不规则凹坑，深10厘米。口长355、宽234、深80厘米（图八〇八；图版六五，3）。

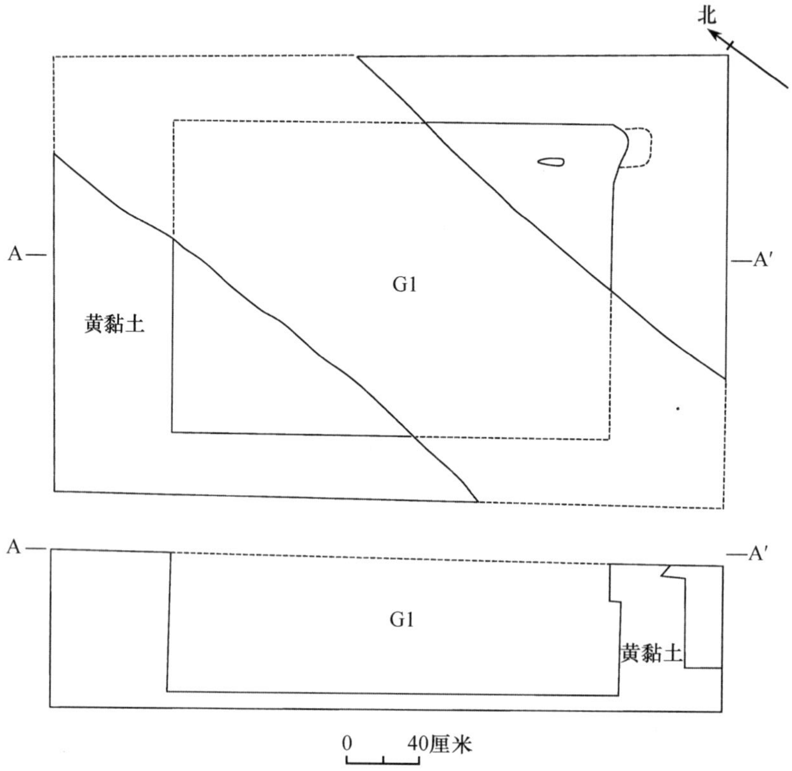

图八〇八　SC4平、剖面图

槽内堆积与包含物：槽内填灰土，质松软。包含少量碎陶片。

出土遗物：参加分类排队的陶器19件，挑选标本5件。

齿唇瓮　1件。Bb型。

标本SC4：5，夹砂红陶，胎红夹黑。唇饰戳印纹，肩饰交错绳纹后按抹。侈口，卷沿外翻，斜肩，残。手制，火候较高。残宽11.4、残高7.4厘米（图八〇九，1）。

矮领罐　1件。A型。

标本SC4：4，夹粗砂红褐陶，红胎。肩饰斜绳纹。侈口，方唇，领外斜，斜肩，残。手制，火候较高。残宽7.5、残高8.4厘米（图八〇九，2）。

花边圜底罐　9件。

B型　8件。

Bb型　1件。标本碎小。

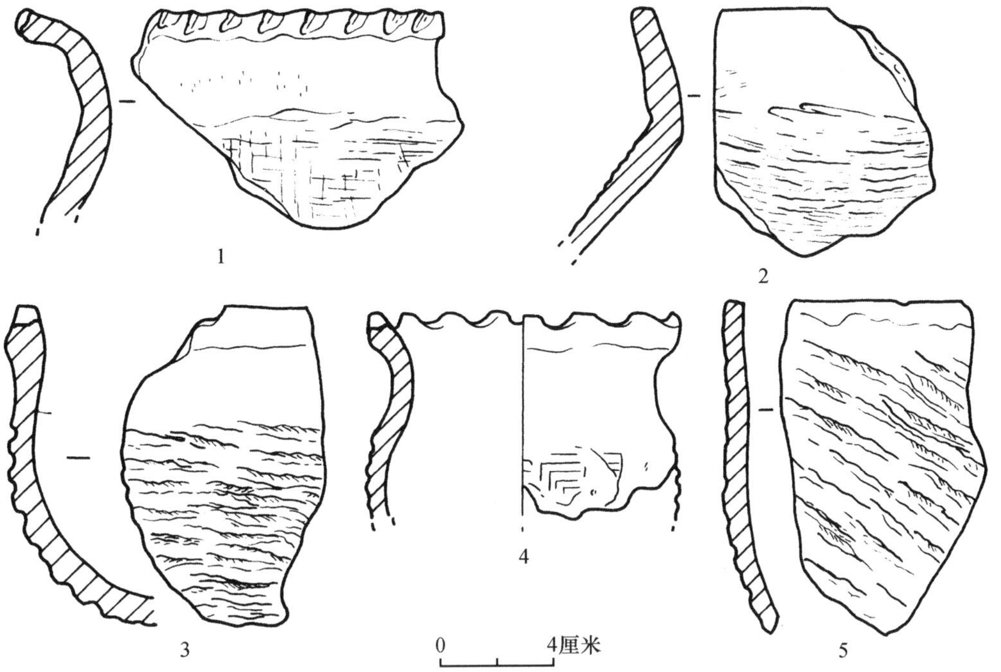

图八〇九　SC4出土陶器

1. Bb型齿唇瓮（SC4：5）　2. A型矮领罐（SC4：4）　3. Bc型花边圜底罐（SC4：1）
4. C型花边圜底罐（SC4：2）　5. A型Ⅱ式敛口圜底罐（SC4：3）

Bc型　7件。

标本SC4：1，夹砂红陶，局部褐、灰黑，胎红夹灰褐。唇部戳刮、外沿内抹呈波浪形，腹饰斜粗绳纹。微侈口，束颈，鼓腹，圜底，残。手制，火候较高。残宽7、残高11厘米（图八〇九，3）。

C型　1件。

标本SC4：2，夹砂红陶，胎红夹灰。唇部戳刮、外沿内抹呈波浪形，腹饰雷纹。侈口，束颈，鼓腹，残。手制，火候较高。口径10.8、残高7厘米（图八〇九，4）。

敛口圜底罐　8件。A型Ⅱ式。

标本SC4：3，夹砂灰黑陶，局部褐；器表多灰白色附着物。腹饰斜粗绳纹。直口，上腹较直，下腹弧收，残。手制，火候较高。残宽7.2、残高11.5厘米（图八〇九，5）。

（3）C型

1个。

SC9（M53）

位置：位于99AT0201北部，被SC8打破，残剩下部，开口距地表深220厘米。层位关系：SC8→SC9→SC7。

形制：平面形状不规则（似鞋底状），弧壁，圜底不平，壁、底残留部分黄黏土和钙化层，西北—东南向。残长164、宽64、深10厘米（图八一〇）。

槽内堆积与包含物：槽内填黑沙土，质疏松。包含少量碎陶片。

出土遗物：参加分类排队的陶器4件，全为束颈圜底罐，标本碎小。

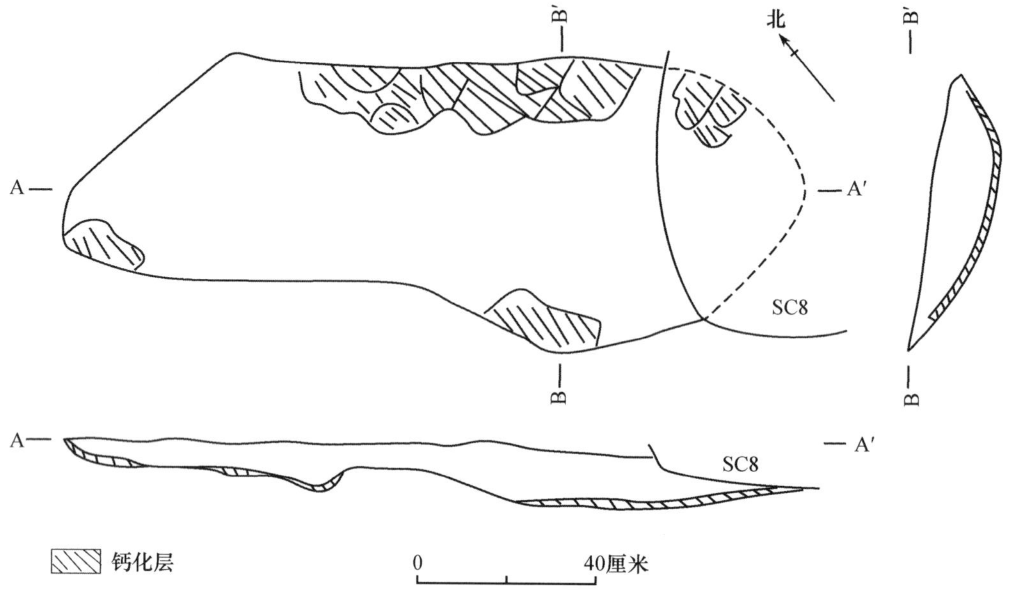

图八一〇　SC9平、剖面图

六、窑　　址

3座，年代分属第一期和第三期。根据平面形状，分为长条形和葫芦形二型。

（一）A型

1座。平面略呈葫芦形。

Y29

位置：位于01CaT0402西南角。层位关系：⑪—Y29→生土。

形制：Y29总体略呈葫芦形，由窑前工作室、火门、火道、窑室四部分组成，由于早期破坏，仅残留窑室底、火门、火道和窑前工作室下部。总长2.3米（图八一一；图版六六，1）。

窑室：平面为圆形，直径1.2米。

火门、火道：火门近圆形，上端稍尖，高35、宽30厘米，有火烧面。火道长40厘米，内径同于火门口径，斜上窑室有很厚烧结面，无箅及窑顶等。

窑前工作室：窑前工作室为一半地穴式坑，形似梯形，靠火门一端大，宽60厘米，另一端被邻方隔梁所压，室长80厘米，周围用大石头砌壁加固。

窑内堆积与包含物：窑内填灰土。包含大量陶片，全部采集。

出土遗物：参加分类排队的陶器76件，挑选标本22件。

按唇瓮　9件。

Ⅰ式：1件。

标本Y29：10，夹砂灰陶，口、里黑。唇部按窝较深，外沿下部饰戳印纹，肩饰绳纹。侈口，卷沿，微有肩，残。手制，火候较高。口径27.6、残高6.4厘米（图八一二，1）。

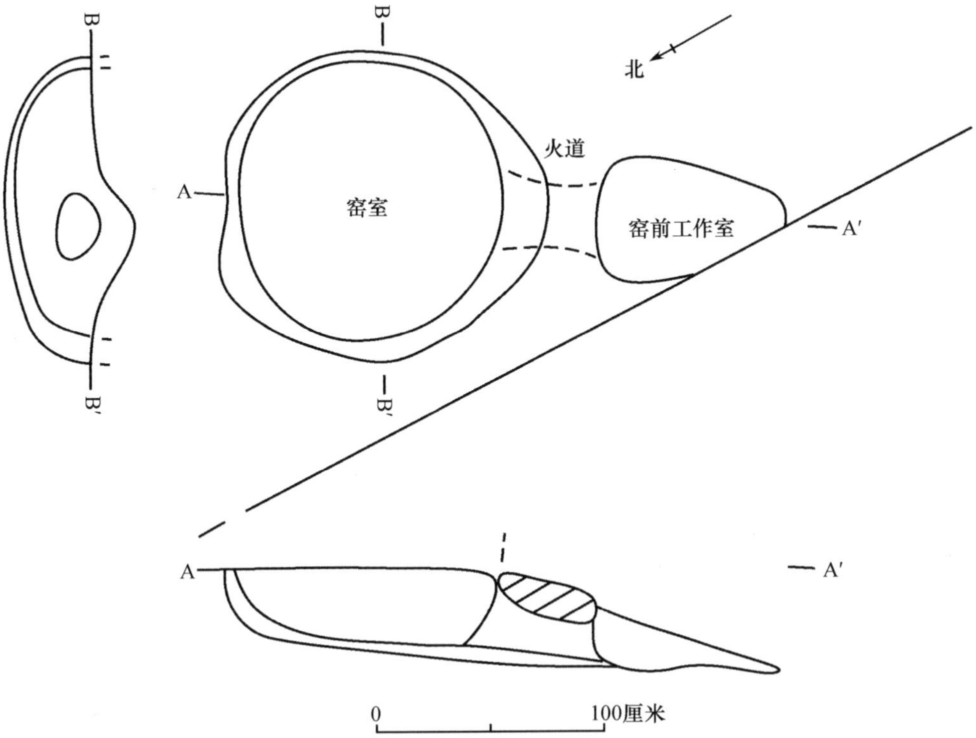

图八一一　Y29平、剖面图

Ⅱ式：4件。

标本Y29：11，夹砂红褐陶，局部浅黄，胎红夹灰褐。唇部按窝较浅，肩饰中粗绳纹。侈口，卷沿，有肩，残。手制，火候较高。残宽10、残高6.4厘米（图八一二，2）。标本Y29：13，夹砂褐陶，局部红褐、黑。唇部按窝较浅，肩饰绳纹。侈口，卷沿，溜肩，残。手制，火候较高。残宽12.2、残高8厘米（图八一二，3）。

Ⅲ式：4件。

标本Y29：14，夹砂灰陶。唇部按窝浅，肩饰绳纹。侈口，卷沿，溜肩，残。手制，火候较高。残宽11.8、残高7厘米（图八一二，4）。

齿唇瓮　29件。

A型　23件。

Ⅰ式：8件。

标本Y29：19，夹砂灰褐陶，局部红褐、灰黑。唇部戳按呈波浪形齿，领、肩饰绳纹。侈口，矮领微束，斜肩，残。手制，火候较高。残宽15.2、残高8.2厘米（图八一二，5）。标本Y29：21，夹砂灰褐陶，局部灰。唇部戳按呈浅波浪形齿，内外沿多按窝，肩饰绳纹。侈口，卷沿，有肩，残。手制，火候较高。残宽16、残高7厘米（图八一二，6）。

Ⅱ式：15件。

标本Y29：20，夹砂灰褐陶，局部灰黑。唇部戳按呈波浪形齿。侈口，卷沿，残。手制，火候较高。口径31.2、残高7.2厘米（图八一二，7）。

B型　6件。Bb型。

标本Y29：22，夹砂灰褐陶，局部红褐。唇部戳刮略呈波浪形齿。侈口，卷沿，残。手

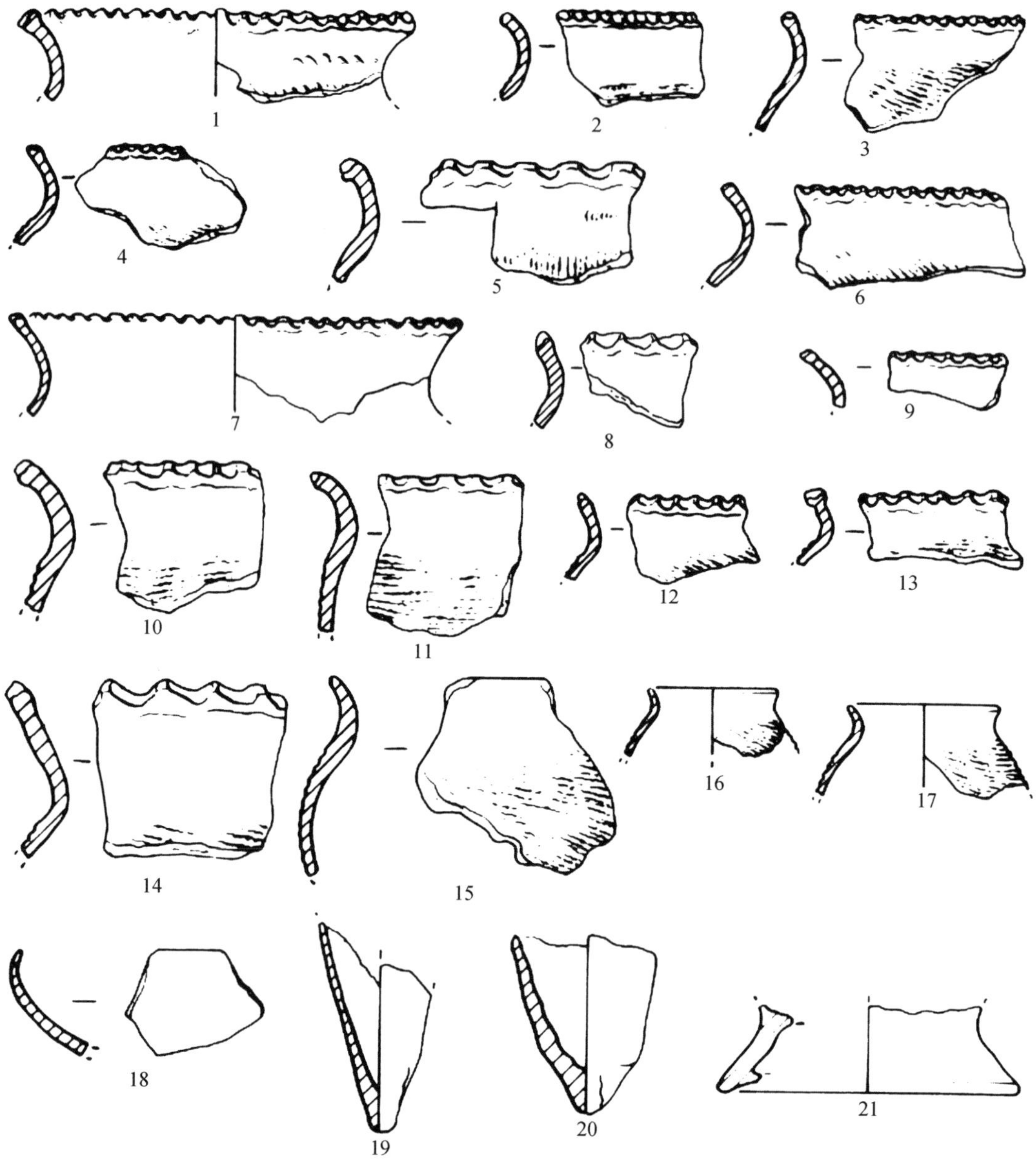

11、14、15、18~21. 0 4厘米 余 0 8厘米

图八一二 Y29出土陶器

1. Ⅰ式按唇瓮（Y29：10） 2、3. Ⅱ式按唇瓮（Y29：11、Y29：13） 4. Ⅲ式按唇瓮（Y29：14） 5、6. A型Ⅰ式齿唇瓮（Y29：19、Y29：21） 7. A型Ⅱ式齿唇瓮（Y29：20） 8. Bb型齿唇瓮（Y29：22） 9. Ⅱ式按唇罐（Y29：8） 10. Ⅲ式按唇罐（Y29：9） 11. Ac型齿唇罐（Y29：15） 12～14. Bb型齿唇罐（Y29：16、Y29：17、Y29：18） 15、16. Aa型Ⅰ式罐形釜（Y29：4、Y29：5） 17. Aa型Ⅱ式罐形釜（Y29：6） 18. A型Ⅰ式尖底盏（Y29：3） 19. Bb型角杯（Y29：1） 20. B型尖底杯（Y29：2） 21. 圈足（Y29：7）

制，火候较高。残宽8、残高6.4厘米（图八一二，8）。

按唇罐 4件。

Ⅱ式：2件。

标本Y29：8，夹砂灰褐陶，局部、胎灰黑。唇部按窝较浅。侈口，卷沿外翻，残。手制，火候较高。残宽8.4、残高3.8厘米（图八一二，9）。

Ⅲ式：2件。

标本Y29：9，夹砂红褐陶，局部灰褐。唇部按窝较深，腹饰绳纹。侈口，卷沿，鼓腹，残。手制，火候较高。残宽5.4、残高5.2厘米（图八一二，10）。

齿唇罐　21件。

A型　17件。Ac型。

标本Y29：15，夹砂灰褐陶。唇部戳按呈浅波浪形齿，腹饰绳纹。侈口，卷沿，鼓腹，残。手制，火候较高。残宽5.4、残高5.5厘米（图八一二，11）。

B型　4件。Bb型。

标本Y29：16，夹砂红褐陶，口黑，胎、里灰。唇部戳按呈尖齿，肩饰绳纹。侈口，卷沿外斜，溜肩，残。手制，火候较高。残宽9.2、残高6厘米（图八一二，12）。标本Y29：17，夹砂灰褐陶，口沿黑，红褐胎。唇部戳按呈波浪形齿，肩饰绳纹。侈口，卷沿，斜肩，残。手制，火候较高。残宽11.2、残高5.2厘米（图八一二，13）。标本Y29：18，夹砂红褐陶。唇部戳按呈尖齿，肩饰绳纹。侈口，领外斜，斜肩，残。手制，火候较高。残宽6.8、残高6厘米（图八一二，14）。

罐形釜　5件。Aa型，其中2件不明式别。

Ⅰ式：2件。

标本Y29：4，夹砂黑陶，局部褐。腹饰细绳纹。侈口，卷沿，圆唇，鼓腹，残。轮制，火候较高。残宽6.9、残高6.7厘米（图八一二，15）。标本Y29：5，夹砂灰褐陶，灰胎。腹饰细绳纹。侈口，卷沿，圆唇，鼓腹，残。轮制，火候较高。口径8.8、残高4.6厘米（图八一二，16）。

Ⅱ式：1件。

标本Y29：6，夹砂红褐陶，红胎。腹饰绳纹。侈口，卷沿，圆唇，鼓腹，残。轮制，火候较高。口径10.4、残高6.4厘米（图八一二，17）。

尖底盏　4件。A型Ⅰ式。

标本Y29：3，泥质灰陶，局部灰褐。素面。敛口，沿内卷，圆唇，弧腹，残。轮制，火候较高。残宽4.8、残高3.6厘米（图八一二，18）。

角杯　1件。Bb型。

标本Y29：1，泥质灰褐陶，局部红褐。素面。腹斜弧，尖底，残。手制，火候较高。残高7厘米（图八一二，19）。

尖底杯　1件。B型。

标本Y29：2，泥质红陶，局部灰褐。素面。腹斜弧，下腹折内收，尖底，残。轮制，火候较高。残高5.8厘米（图八一二，20）。

圈足　2件。

标本Y29：7，泥质灰褐陶，胎红夹灰褐。素面。圈足较高，外撇，有内沿，残。轮制，火候较高。足径10.4、残高3厘米（图八一二，21）。

（二）B型

2座。平面呈长条形。

Y38

位置：位于02CT0101西南，02CT0201东南，02CT0202东北，被H730、H731打破。层位关系：⑮B—Y38→⑯。

形制：揭露部分平面呈长条形，断面呈“凹”字形，从发掘情况分析，是火膛、火道部分。东北—西南向。窑体残长270～280、宽220～270厘米。

火道：暴露部分西南部低，东北部高，上面有一层灰白色烧结面，厚1～3厘米，火道内残留垮塌碎红烧土块。火道宽110～120、高约100～110厘米（图八一三；图版六六，2）。

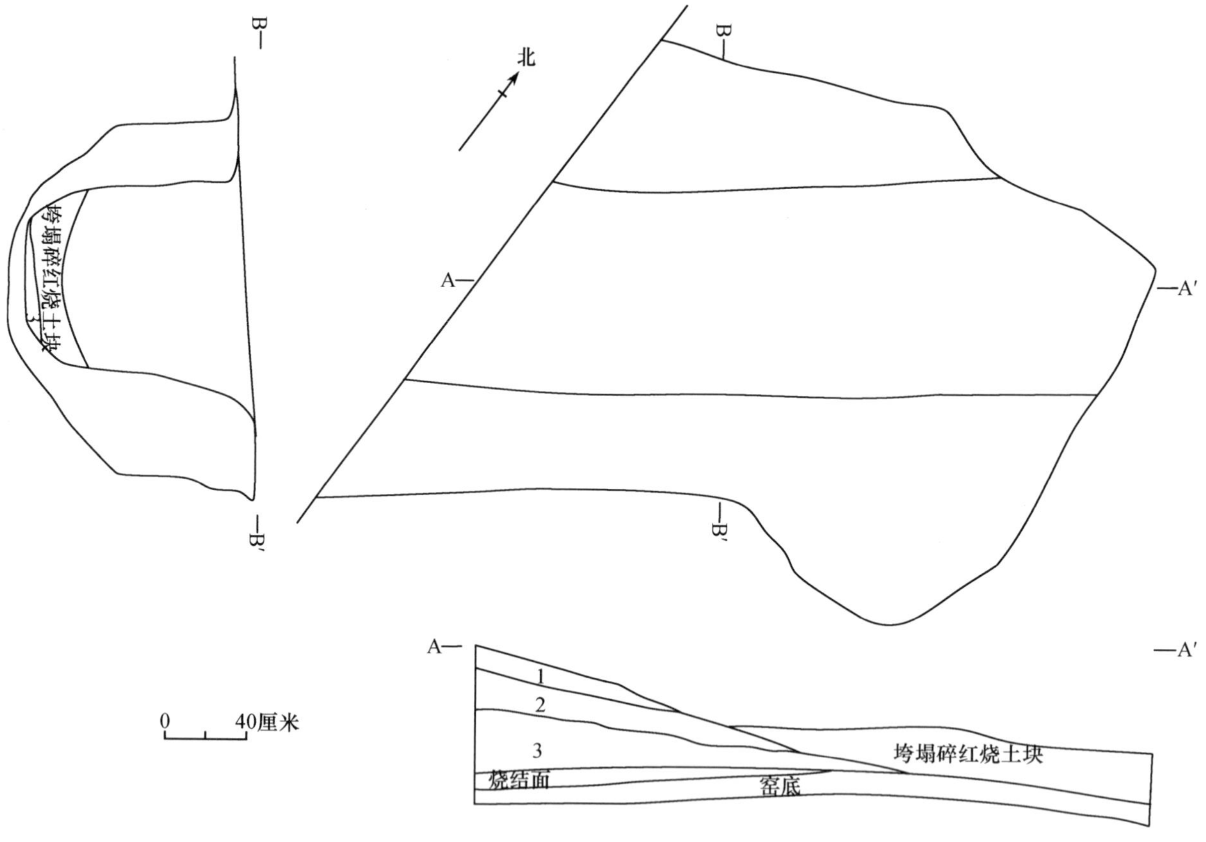

图八一三　Y38平、剖面图

窑内堆积与包含物：窑内堆积可分3层。

第1层：灰黄色土，西南高东北低呈坡状，质疏松，位于窑体北部，长50、厚0～10厘米。

第2层：浅灰色土，西南高东北低呈坡状，垮塌碎红烧土块叠压该层之上，位于窑体北部，长120、厚0～20厘米。

第3层：灰白色土，西南高东北低呈坡状，位于窑体北部，长170、厚0～30厘米。

第3层下为窑底烧结面。

出土遗物：陶器包含战国晚期圜底罐、板瓦及其他碎陶片，分层介绍如下：

第1层：挑选标本9件。

齿唇瓮　1件。Ba型Ⅰ式。

标本Y38①：9，夹粗砂红褐陶，灰褐胎。唇部戳按呈波浪形齿，肩饰竖中粗绳纹。侈口，领外斜，溜肩，残。手制，火候较高。残宽9.2、残高8.6厘米（图八一四，1）。

花边圜底罐　2件。B型。

Ba型　1件。Ⅱ式。

标本Y38①：1，夹砂灰褐陶，局部红褐；器表多灰白色附着物。唇部戳刮、外沿内抹呈波浪形，腹饰中粗绳纹。侈口，束颈，鼓腹，残。手制，火候较高。口径11.2、残高8厘米（图八一四，2）。

Bb型　1件。

标本Y38①：2，夹砂红陶，局部灰褐；器表多灰白色附着物。唇部戳刮、外沿内抹略呈波浪形，颈、腹饰中粗绳纹。侈口，束颈，鼓腹，残。手制，火候较高。残宽7.1、残高8.3厘米（图八一四，3）。

束颈圜底罐　3件。

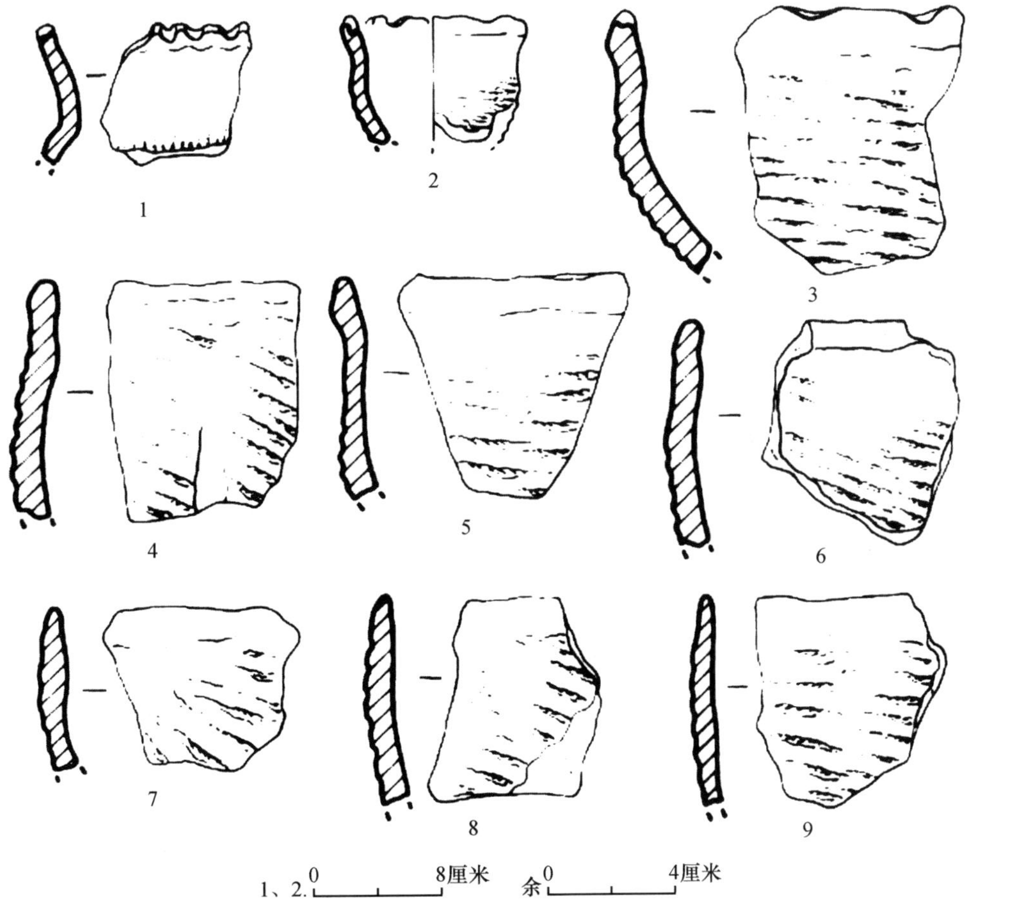

图八一四　Y38①出土陶器

1. Ba型Ⅰ式齿唇瓮（Y38①：9）　2. Ba型Ⅱ式花边圜底罐（Y38①：1）　3. Bb型花边圜底罐（Y38①：2）　4. A型Ⅱ式束颈圜底罐（Y38①：3）　5. A型Ⅲ式束颈圜底罐（Y38①：4）　6. B型Ⅱ式束颈圜底罐（Y38①：5）　7、8. A型Ⅰ式敛口圜底罐（Y38①：6、Y38①：7）　9. A型Ⅱ式敛口圜底罐（Y38①：8）

A型　2件。

Ⅱ式：1件。

标本Y38①：3，夹砂灰褐陶。唇部刮抹，腹饰斜粗绳纹，有擦抹痕。口近直，鼓腹，残。手制，火候较高。残宽6、残高7.2厘米（图八一四，4）。

Ⅲ式：1件。

标本Y38①：4，夹砂灰黑陶；器表多灰白色附着物。唇部刮抹，外沿内抹较平，腹饰粗绳纹。口微侈，微束颈，鼓腹，残。手制，火候较高。残宽7.2、残高7.1厘米（图八一四，5）。

B型　1件。Ⅱ式。

标本Y38①：5，夹砂红陶，局部灰褐。唇部刮抹，腹饰斜中粗绳纹。口近直，微束颈，鼓腹，残。手制，火候较高。残宽6.2、残高7厘米（图八一四，6）。

敛口圜底罐　3件。A型。

Ⅰ式：2件。

标本Y38①：6，夹砂褐陶，灰褐。腹饰粗绳纹。口近直，上腹微鼓，残。手制，火候较高。残宽6、残高5.1厘米（图八一四，7）。标本Y38①：7，夹砂灰黑陶，器表多灰白色附着物。腹饰粗绳纹。口近直，上腹弧收，残。手制，火候较高。残宽5.4、残高6.4厘米（图八一四，8）。

Ⅱ式：1件。

标本Y38①：8，夹砂红陶。器表饰粗绳纹。口微敛，上腹微弧，残。手制，火候较高。残宽6、残高6.6厘米（图八一四，9）。

第2层：挑选标本5件。

花边圜底罐　1件。Bc型。

标本Y38②：5，夹砂灰褐陶，褐胎；器表多灰白色附着物。唇部刮抹略呈波浪形，腹饰中粗绳纹。口微敛，鼓腹，残。手制，火候较高。残宽7.8、残高10.4厘米（图八一五，1）。

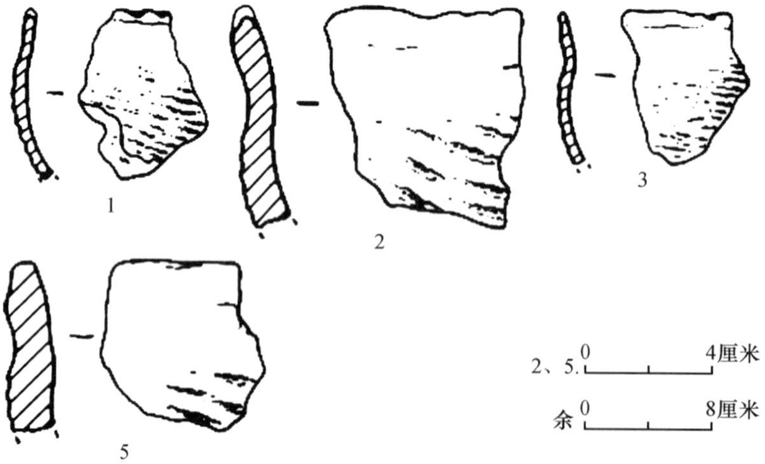

图八一五　Y38②出土陶器

1. Bc型花边圜底罐（Y38②：5）　2、3. A型Ⅲ式束颈圜底罐（Y38②：1、Y38②：4）
4. B型Ⅰ式束颈圜底罐（Y38②：2）　5. B型Ⅱ式束颈圜底罐（Y38②：3）

束颈圜底罐　4件。

A型　2件。Ⅲ式。

标本Y38②：1，夹砂灰褐陶，局部、里红褐。唇部戳刮、外沿内抹略呈波浪形，腹饰粗绳纹。侈口，束颈，鼓腹，残。手制，火候较高。残宽6.2、残高6.7厘米（图八一五，2）。标本Y38②：4，夹砂红褐陶，局部橙黄。唇部刮抹，颈多按窝，腹饰粗印纹。侈口，束颈，鼓腹，残。手制，火候较高。残宽8、残高9.4厘米（图八一五，3）。

B型　2件。

Ⅰ式：1件。

标本Y38②：2，夹砂褐陶，局部灰褐；器表多灰白色附着物。唇部刮抹略呈波浪形，腹饰粗绳纹。口微敛，微束颈，鼓腹，残。手制，火候较高。残宽8、残高7.9厘米（图八一五，4）。

Ⅱ式：1件。

标本Y38②：3，夹砂红褐陶；器表多灰白色附着物。唇部刮抹，腹饰粗绳纹。微侈口，微束颈，鼓腹，残。手制，火候较高。残宽5.2、残高5.2厘米（图八一五，5）。

第3层：挑选标本3件。

束颈圜底罐　1件。B型Ⅱ式。

标本Y38③：1，夹砂红褐陶，局部、里灰褐。唇部刮抹，腹饰中粗绳纹。口近直，微束颈，鼓腹，残。手制，火候较高。口径9.2、残高6.5厘米（图八一六，1）。

敛口圜底罐　1件。A型Ⅰ式。

标本Y38③：2，夹砂橙黄陶。腹饰中粗绳纹。口近直，上腹微弧，残。手制，火候较高。残宽7.6、残高5.6厘米（图八一六，2）。

拍　1件。A型。

标本Y38③：3，夹砂灰黑陶，局部、胎褐。素面。圆饼形，拍面较平，残。手制，火候较高。残宽6、残厚1.6厘米（图八一六，3）。

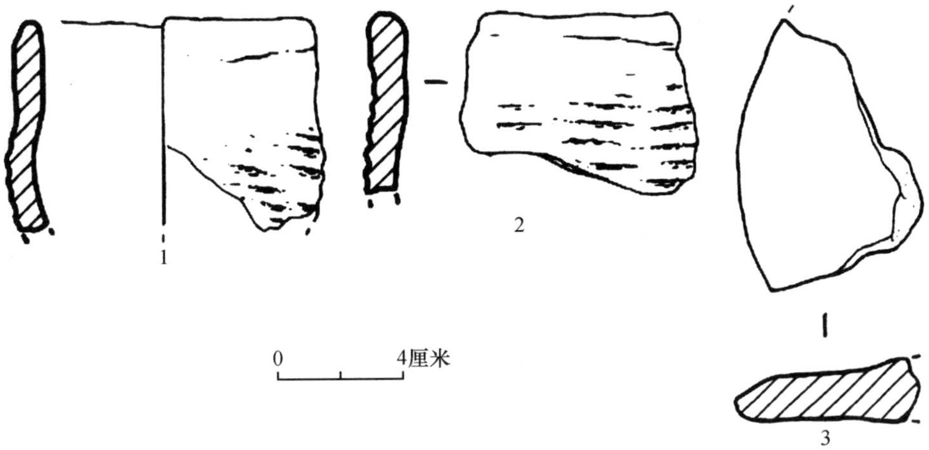

图八一六　Y38③出土陶器

1. B型Ⅱ式束颈圜底罐（Y38③：1）　2. A型Ⅰ式敛口圜底罐（Y38③：2）　3. A型拍（Y38③：3）

七、路

发现4条，多在房址附近，平面呈长条形。

L3

位置：位于99AT0201、99DT0201，向东北延伸至99AT0201东隔梁，向西南延伸至99DT0101东隔梁。层位关系：⑳—L3→㉑。

形制：平面长条形，东北—西南向。残长1320、宽90～100厘米（图八一七）。

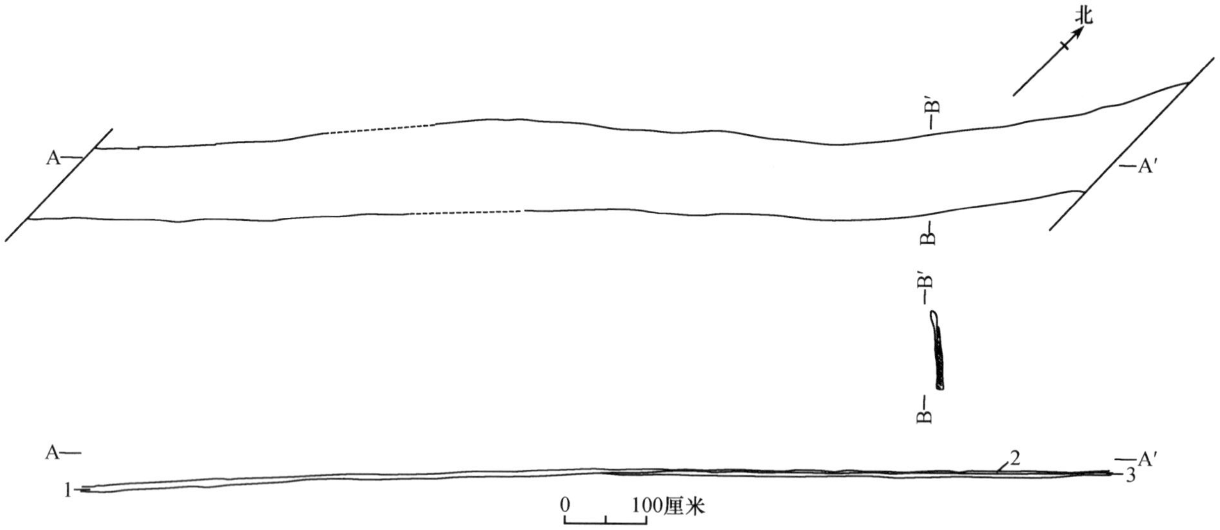

图八一七 L3平、剖面图

路土堆积与包含物：共分3层。

第1层：黄沙土，质不密，含粗颗粒，含较多碎陶片，均为圜底罐残片，为该路的主层，厚5～8厘米。

第2层：炭灰面，质细腻、平滑，有火烧痕迹，在第1、3层间局部分布，厚1厘米。

第3层：灰褐土，质稍密，含较多沙，主要分布于该路北边部分，厚0～3厘米。

L4

位置：位于99AT0201、99DT0201内，东北延伸入99AT0201北隔梁内，开口距地表深340～380厘米。层位关系：㉚—L4→㉛。

形制：平面呈长条形，东北—西南向，自东北向西南倾斜。暴露部分长1400、宽100～150厘米（图八一八）。

路土堆积与包含物：该路面只有一层，由大量黄沙和碎圜底罐残片铺成，厚7～10厘米。

L6

位置：位于02DT0101东北角，西与F332相连，开口距地表深410～470厘米。层位关系：㉑—L6→㉒。

形制：平面形状不规则，东北—西南向，东北部向关键柱下延伸，西南部与F332相连接。残长560、最宽412、厚5～10厘米（图八一九）。

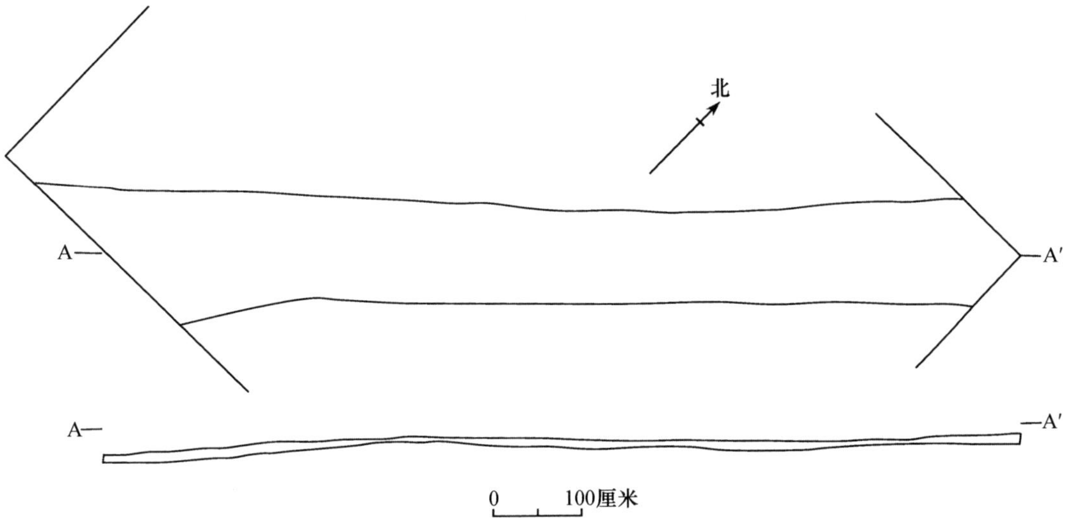

图八一八　L4平、剖面图

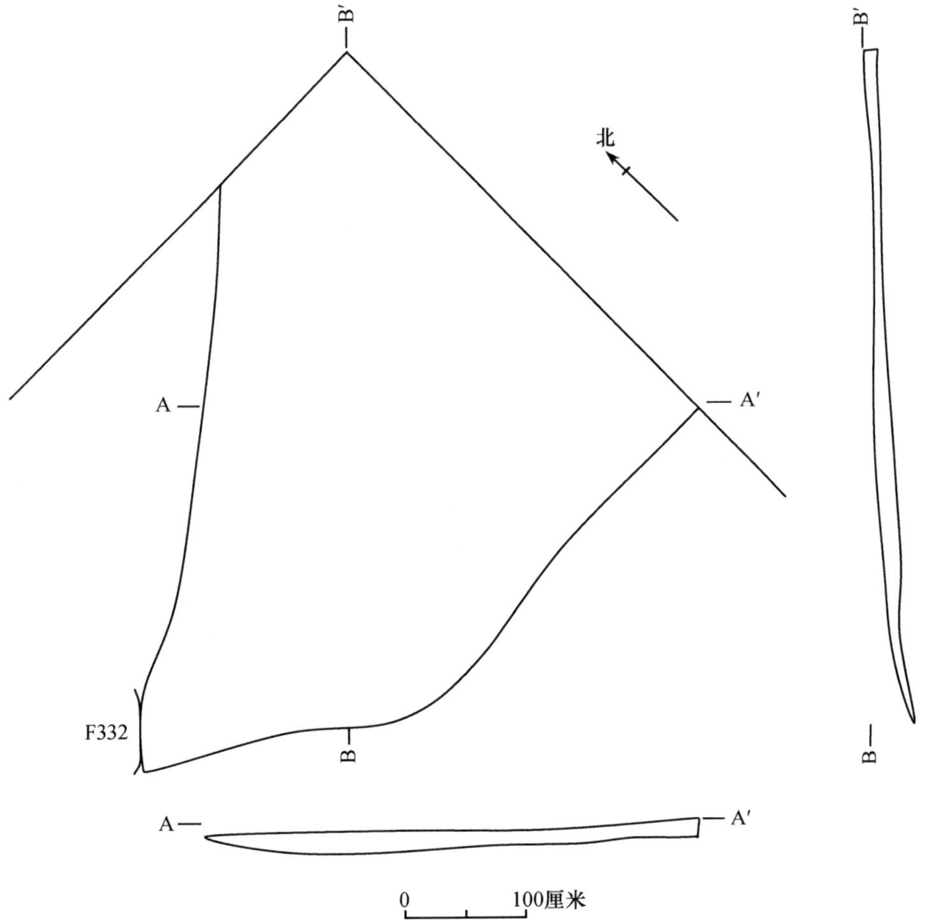

图八一九　L6平、剖面图

路土堆积与包含物：路土呈黄色，有踩踏面，表面夹沙，较硬，其下以碎陶片为主。

出土遗物：参加分类排队的陶器9件，挑选标本6件。

辫唇瓮　1件。B型。

标本L6∶6，夹粗砂红陶，胎红夹灰褐、灰黑。唇部戳刮略呈波浪形。侈口，束领，有肩，残。手制，火候较高。口径18.8、残高8厘米（图八二〇，1）。

辫唇罐　1件。Ⅲ式。

标本L6∶2，夹砂红褐陶，局部褐，灰胎，里黑。唇部戳刮、外沿刮抹略呈辫绳波浪形，腹饰斜绳纹。侈口，束颈，鼓腹，残。手制，火候较高。残宽9.6、残高13.6厘米（图八二〇，2）。

花边圜底罐　6件。

A型　5件。Aa型。

Ⅰb式：4件。

标本L6∶1，夹砂红褐陶，局部灰褐，里红。唇部戳刮、外沿刮抹呈波浪形，腹饰斜绳纹，局部擦抹。口微侈，束颈，鼓腹，残。手制，火候较高。残宽8、残高7.6厘米（图八二〇，3）。

Ⅲ式：1件。

标本L6∶3，夹砂红陶，胎外红里黑。唇部戳刮、外沿刮抹呈波浪形，腹饰斜绳纹。侈口，束颈，鼓腹，残。手制，火候较高。残宽7.8、残高7.8厘米（图八二〇，4）。

B型　1件。Ba型Ⅰ式。

标本L6∶4，夹砂红陶，灰胎。唇部戳刮、外沿刮抹呈波浪形，腹饰斜中粗绳纹。侈口，束颈，鼓腹，残。手制，火候较高。口径12、残高7.6厘米（图八二〇，5）。

罐形釜　1件。Aa型Ⅱ式。

标本L6∶5，夹砂灰褐陶，里红。腹饰斜中粗绳纹。侈口，圆唇，微束颈，鼓腹，残。轮制，火候较高。残宽7.8、残高8厘米（图八二〇，6）。

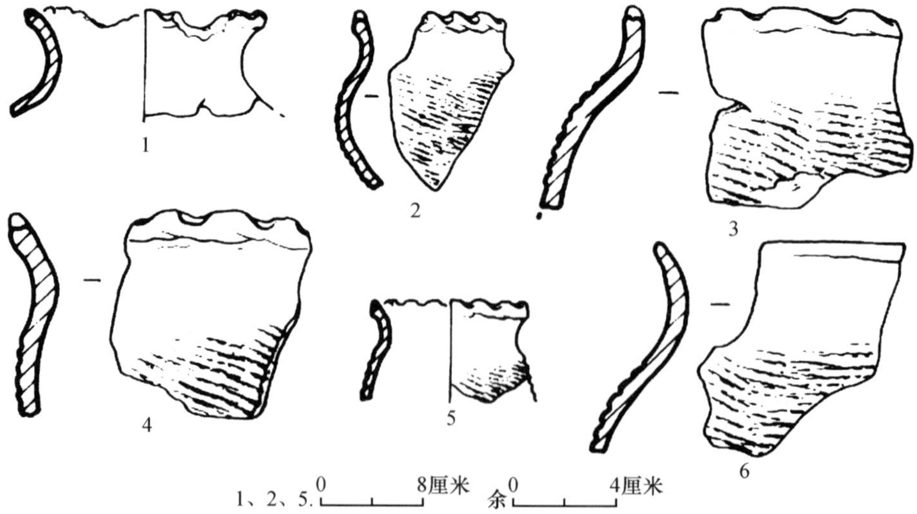

图八二〇　L6出土陶器

1. B型辫唇瓮（L6∶6）　2. Ⅲ式辫唇罐（L6∶2）　3. Aa型Ⅰb式花边圜底罐（L6∶1）　4. Aa型Ⅲ式花边圜底罐（L6∶3）　5. Ba型Ⅰ式花边圜底罐（L6∶4）　6. Aa型Ⅱ式罐形釜（L6∶5）

八、其　他

包括堡坎墙、地面（活动面）、灶、“洞”类遗迹等。

（一）堡坎墙

1处，用卵石砌筑。

Q3

位置：位于02CT0101西北部，02BT0201东南部，开口距地表深5～5.2米。层位关系：⑳—Q3→㉕。

形制：Q3为卵石构筑，平面呈长条弧带形，在构筑时依地势而建，大致呈西北—东南向（方向140°），无基槽。外砌四层较齐，底层砌在02CT0101第26层之上，内砌面呈凸状，叠压在第25层之上共两层。内砌与外砌的第1、2层（从上往下）平面基本平坦，外砌的第3、4层因当时地势差需先用小石块先砌一层，而后用大石块再砌一层，为向上垒墙做好基础。长约15、宽约0.4～0.6、高0.88米（图八二一；图版六六，3）。

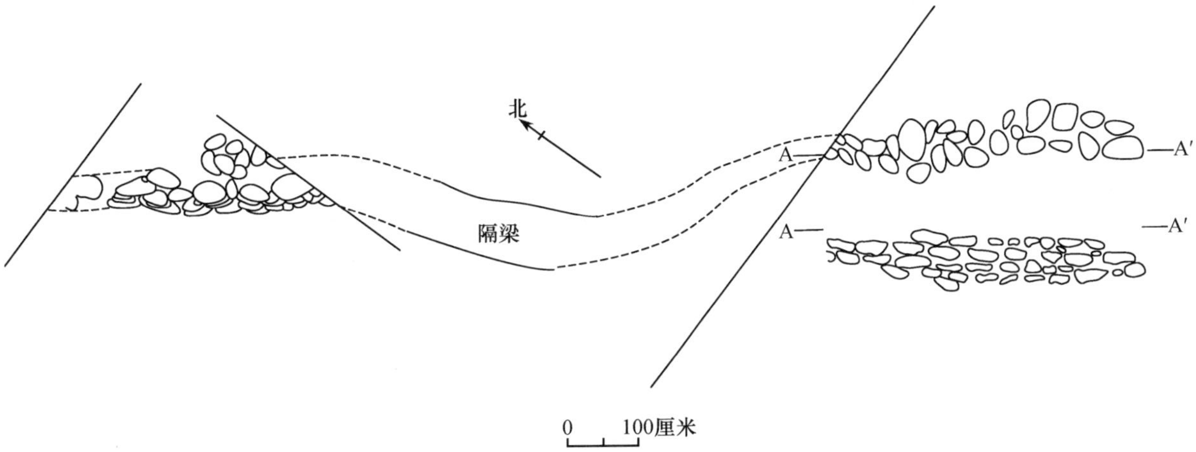

图八二一　Q3平、剖面图

（二）灶

1座。

Z9

位置：位于02AT0101东北部，开口距地表深430厘米。层位关系：㉙B—Z9→㉚。

形制：平面近圆形，剖面整体呈“凹”字形，灶壁烧结，坚硬，呈红灰色，厚1～5厘米。直径65～70、深25厘米（图八二二；图版六七，1）。

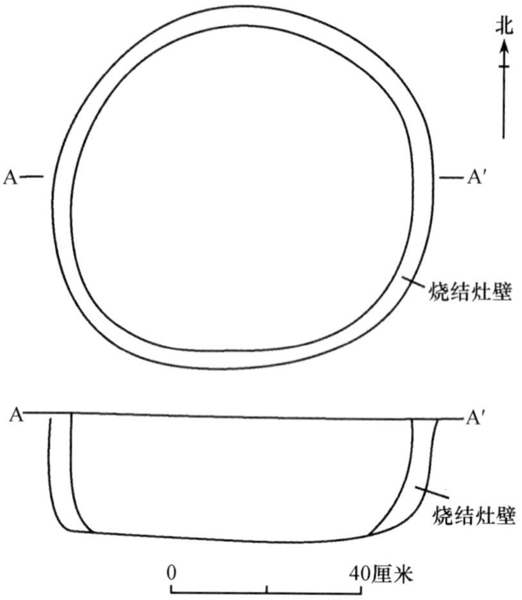

图八二二 Z9平、剖面图

灶内堆积与包含物：灶内堆积灰褐色土，质疏松，底部为黑灰草木灰烬。出土陶片较少而碎。

出土遗物：参加分类排队的陶器6件，挑选标本2件。

按唇瓮 1件。Ⅱ式。

标本Z9：1，夹砂红陶，局部、胎灰褐。唇部、外沿按窝较浅。侈口，卷沿，残。手制，火候较高。残宽5.2、残高4.2厘米（图八二三，1）。

尖底盏 1件。残存底部碎片。

角杯 4件。B型。

标本Z9：2，泥质红陶，局部、胎灰褐。素面。腹斜弧收，尖底，残。手制轮修，火候高。残高7.4厘米（图八二三，2）。

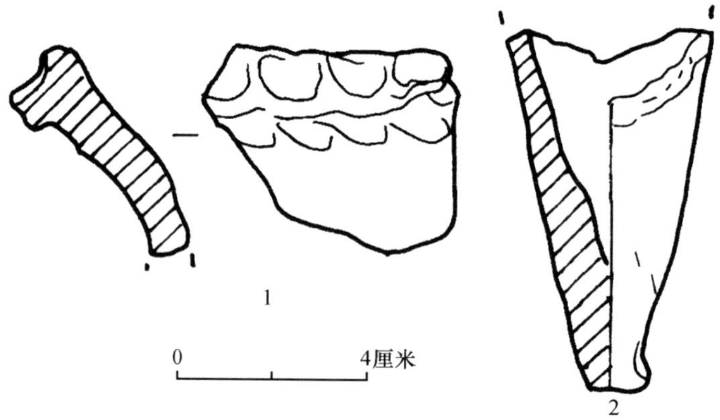

图八二三 Z9出土陶器

1. Ⅱ式按唇瓮（Z9：1） 2. B型角杯（Z9：2）

（三）地面（活动面）

在东周时期同层位下的房址之间，常发现有用碎陶片和黄沙等加工的房外活动面，质较硬，局部多有长时间踩踏形成的“千层土”，我们将此种遗迹确定为“地面”，范围比较大而且清楚、保存比较好的给了遗迹号。

DM1

位置：位于分布在97AT0301、97AT0302、97AT0401、97AT0402、97AT0501、97AT0502、97AT0601、97AT0602、97DT0401、97DT0402、97DT0501、97DT0502、97DT0601的F15、F19、F39之间，开口距地表深165～185厘米。层位关系：⑰—DM1→⑱。

形制：平面呈不规则形，用碎陶片和黄沙等加工而成，质硬，局部有踩踏面。长约13.7、宽约7.1米（图八二四）。

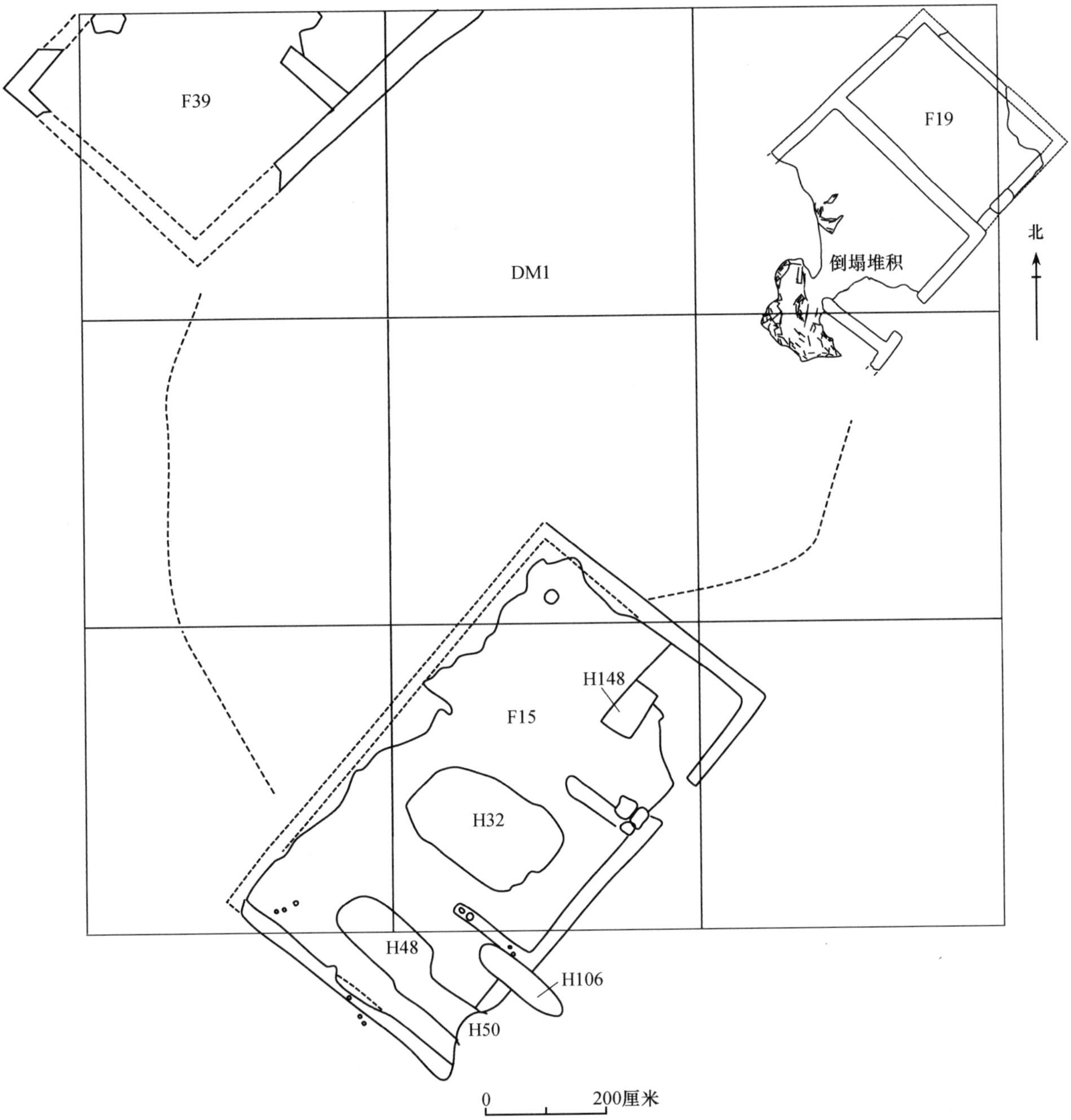

图八二四　DM1平面图

DM2

位置：位于98AT0103中部，西北部有L2。层位关系：⑳—DM2→㉑。

形制：暴露部分略呈三角形，用沙土和碎陶片加工而成，质较紧、硬。残长约750、宽670、厚1～5厘米（图八二五）。

堆积与包含物：可分4层。

第1层：黄褐色沙土，分布于中部略偏北，厚0～1.5厘米。

第2层：灰黑色沙土，含较多小陶片，分布于中部。

第3层：灰褐色沙土，较纯，遍布整个活动面（部分被破坏处除外）。

第4层：为一层黄红色硬面，系以小块夹黄沙黏土打紧踩实而成。

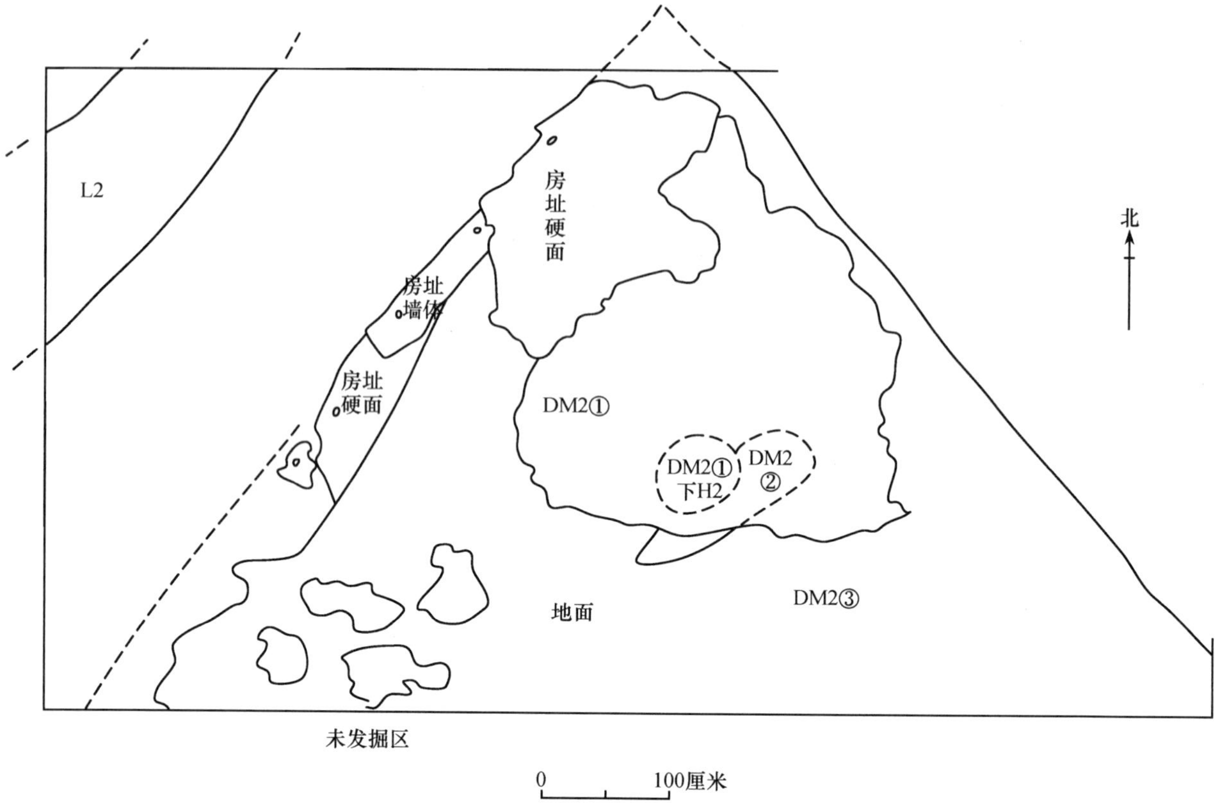

图八二五　DM2平面图

L2　呈弧带状，位于DM2之西，两端均伸出探方，宽104厘米，方内部分长251厘米，系以碎小陶片夹红沙（灰色）混合铺成，经长期踩踏而变得很紧。L2中部厚约12厘米，两端渐薄，边线与其下地层呈曼延交错状。

（四）“洞”

在本遗址Ⅰ区㵲井沟文化时期地层层表多发现由“洞”组成的遗迹，这类遗迹在一期早段时最典型，“洞”数量众多，分布无规律，在探方9米×9米范围内数量多达上千个，形状、大小、深浅不一。一期晚段及其以后，“洞”密集程度逐渐减小，而且多分布在发现的房址范围内。

一期早段地层层表土色黄灰，经火烘烤，杂有烧土颗粒。“洞”约可分3层，洞壁大部分不甚规整，洞径一般7～10厘米，最小4厘米，最大20厘米，深度一般15～25厘米，浅的6厘米，最深43厘米，包含物多为角杯、圜底罐碎片和动物骨骼等（图八二六；图版六七，2）。

第三节　文　化　层

㵲井沟文化时期的文化层堆积最厚，达2～5米，依据土质土色划分的地层单位也最多，少者1层，多者达32层，出土陶、石、骨、铜器遗物数量也最多。根据地层叠压关系和包含物（主要是陶器）器物组合和形制特征的变化，可分为三期，其中，第一、二期可各分为早、晚两段，第三期可分为早、中、晚三段，这样，可将沓井沟文化时期的地层分为三期7段，现分类介绍出土遗物如下：

一、陶　　器

由于陶器出土非常丰富，三期器物组合和形制特征变化明显，所以分期、分段介绍（由于在遗迹部分的介绍中，典型单位的选择更多的是考虑其形制方面的特征，所以在文化层出土陶器的介绍中，会选择介绍部分遗迹单位中完整或修复的）。

（一）第一期

1998、1999、2000、2002年度发掘的大部分探方中发现有第一期的地层单位，2001年度发掘的极少探方中发现此期地层，1997年度发掘的探方无此期地层。主要地层单位有：98AT0103㉝～㉟，98BT0104㉝～㉟，98BT0304㉜～㉟，98BT0404㉕B、㉖，98BT0504㉔、㉕，98BT0505㉗；99AT0101㉚、㉛，99AT0201㊱～㊺A，99AT0301㊸～51B，99DT0101㉜，99DT0201㊶，99DT0202㊴～53A，99DT0303㊴～㊸；00DT0604㉕～㉗，00DT0605㉕～㉘，00DT0705⑳～㉔，00DT0706㉓～㉕，00DT0707㊱～㊽，00DT0805⑲～㉑，00DT0806㉒～㉔，00DT0807㉞～㊻，00DT0808㉜～㊳，00DT0907⑳，00DT0908㉑、㉒，00DT0909㉕～㉘；01CT0101⑩、⑪，01BT0107⑪B；02AT0101㉗～㉚，02BT0101㉖～㉛，02BT0201㉝～53，02CT0101㉗～㊱，02DT0101㉔～㉗，02DT0102㉚～㊷等。

参加分类排队的陶器共11133余件。根据地层叠压关系与陶器组合和形制的变化，可分为早、晚两段。分段介绍如下：

1. 早段

此段出土陶器比较丰富，参加分类排队的陶器标本共7077件。陶质以夹砂陶占绝大多数，可细分为夹细砂和粗砂两种，以夹细砂为主，几乎不见泥质陶。陶色以褐陶为主，次为红陶和灰陶，黑陶较少，由于烧制等原因，陶色大多不匀。纹饰以中粗绳纹为主，约占70%～80%，细绳纹、方格纹、凹弦纹、戳印纹、划纹、复合纹、镂孔等都较少，素面陶也占一定比例。制法以手制为主，轮制也占一定比例，兼有慢轮修整，火候较高。器物种类约有缸、瓮、罐、釜、豆、甗、甑、尊形器、敞口器、喇叭口器、盂、盆、盘、钵、盏、杯、匜、勺、器盖、器座20类71种，以罐（76.81%）、杯（5.03%）、瓮（7.68%）三类为主，其他器类所占比例不到4%。所占比例超过1%的器形有：按唇缸、按唇瓮、辫状唇瓮、矮领瓮、按唇罐、辫状唇罐、齿状唇罐、花边圜底罐、敛口罐、矮领罐、小罐、罐形釜、盘、圜底钵、尖底盏、角杯、尖底杯，为此段典型器物组合。

（1）陶系

此段地层单位比较多，以98AT0103㉞、99AT0201㊸、00DT0705⑳、02DT0102㊳为典型单位介绍如下：

98AT0103㉞

共出陶器223件。陶质全为夹砂，其中以夹细砂为主，约占90.60%，夹粗砂较少，占9.40%。陶色以红、褐陶为主，各占36.32%和31.84%，次为灰陶，占25.56%，黑陶最少，占6.27%。器表以纹面为主，占65.02%，部分素面，占34.98%。纹饰以绳纹为主，占50.67%，次为粗绳纹，占12.56%，凹弦纹很少，仅占1.79%。器类以花边圜底罐为主，占61.43%，缸、瓮、罐、盆、钵、杯、尖底盏、纺轮、网坠等所占比例很少，有21.08%的腹片难辨器形（表一六三）。

表一六三　98AT0103㉞出土陶器统计表

陶质	夹粗砂				夹细砂				合计	%
陶色	灰	红	黑	褐	灰	红	黑	褐		
纹饰/器类										
粗绳纹					6	10	2	10	28	12.56
绳纹					22	49	4	38	113	50.67
凹弦纹		2	1	1					4	1.79
素面	5	4	3	5	24	16	4	17	78	34.98
合计	5	6	4	6	52	75	10	65	223	100
%	2.24	2.69	1.79	2.69	23.32	33.63	4.48	29.15	100	
缸					1				1	0.45
瓮		1				1	1		3	1.35
罐				1	4	3		2	10	4.48
花边圜底罐					26	58	6	47	137	61.43
盆			1						1	0.45
钵					1			3	4	1.79
杯					3	5		1	9	4.04
尖底盏					3		3		6	2.69
器底				1	1			1	3	1.35
纺轮			1						1	0.45
网坠						1			1	0.45
不明腹片	5	5	2	4	13	7		11	47	21.08

99AT0201㊸

共出陶器294件。陶质全为夹砂，以夹细砂为主，占94.56%，夹粗砂较少，占5.44%。陶色以褐陶为主，占40.48%，次为灰陶，占29.93%，红陶较少，占19.39%，黑陶最少，占10.20%。器表以纹面为主，占52.38%，素面较多，占47.62%。器类以罐为主，占58.16%，其中花边圜底罐占47.62%，次为角杯，占19.05%，豆、钵、盏、器座、纺轮等很少，有12.24%的腹片难辨器形（表一六四）。

表一六四　99AT0201㊸出土陶器统计表

陶质	夹细砂				夹粗砂				合计	%
陶色	灰	红	黑	褐	灰	红	黑	褐		
纹饰/器类										
粗绳纹				1					1	0.34
绳纹	41	23	13	66				1	144	48.98
凹弦纹	1		1	1					3	1.02
划纹			1						1	0.34
镂孔	1								1	0.34
复合纹		1	1				1		3	1.02
印纹				1					1	0.34
素面	45	26	11	44		7	2	5	140	47.62
合计	88	50	27	113		7	3	6	294	100
%	29.93	17.01	9.18	38.44		2.38	1.02	2.04	100	
罐	17	4	2	5		2		1	31	10.54
花边圜底罐	39	20	14	67					140	47.62
豆				1					1	0.34
钵	3	1	2	5					11	3.74
尖底盏			4						4	1.36
角杯	10	17	2	27					56	19.05
器座				2		1			3	1.02
圈足				1					1	0.34
器底		4				3	2	1	10	3.40
纺轮				1					1	0.34
不明腹片	19	4	3	4		1	1	4	36	12.24

00DT0705⑳

共出陶器231件。陶质全为夹砂。陶色以灰陶为主，占63.64%，次为红陶，占29.00%，褐陶最少，占7.36%。器表以纹面为主，占86.15%，素面较少，占13.85%。纹饰以绳纹为主，占51.95%，次为中粗绳纹，占31.17%，粗绳纹、细绳纹、凹弦纹、划纹、乳钉纹等很少。器类以瓮为主，约占17.75%，缸、罐、釜、钵、尖底盏、角杯等很少，有74.89%的腹片难辨器形（表一六五）。

表一六五　00DT0705⑳出土陶器统计表

陶质	夹砂				合计	%
陶色	灰	红	黑	褐		
纹饰/器类						
粗绳纹	2				2	0.87
中粗绳纹	38	17		17	72	31.17
绳纹	73	47			120	51.95

续表

陶质	夹砂				合计	%
陶色	灰	红	黑	褐		
纹饰/器类						
细绳纹	2				2	0.87
凹弦纹	1				1	0.43
划纹		1			1	0.43
乳钉纹	1				1	0.43
素面	30	2			32	13.85
合计	147	67		17	231	100
%	63.64	29.00		7.36	100	
辫唇瓮	23	12		2	37	16.02
按唇瓮	1				1	0.43
齿唇瓮	2				2	0.87
瓮	1				1	0.43
缸	1				1	0.43
辫唇罐	1				1	0.43
齿唇罐				1	1	0.43
罐	3				3	1.30
釜	1				1	0.43
钵	2	2			4	1.73
尖底盏	2				2	0.87
角杯	3				3	1.30
器底	1				1	0.43
不明腹片	106	53		14	173	74.89

02DT0102㊳

共出陶器311件。陶质全为夹砂。陶色以灰、褐陶为主，各占37.94%和34.73%，次为红陶，占27.33%。器表以纹面为主，占70.64%，部分素面，占29.26%。纹饰以粗绳纹为主，占57.56%，复合纹、细绳纹较少，各占6.75%和4.50%，绳纹、凹弦纹很少。器类以瓮为主，占82.96%，次为罐，占14.47%，缸、罐形釜、尖底杯、器盖等很少（表一六六）。

表一六六　02DT0102㊳出土陶器统计表

陶质	夹砂				合计	%
陶色	灰	红	黑	褐		
纹饰/器类						
粗绳纹	68	41		70	179	57.56
绳纹	1			1	2	0.64
细绳纹		1		13	14	4.50
凹弦纹	3	1			4	1.29

续表

陶质	夹砂				合计	%
陶色	灰	红	黑	褐		
纹饰/器类						
复合纹	12	3		6	21	6.75
素面	34	39		18	91	29.26
合计	118	85		108	311	100
%	37.94	27.33		34.73	100	
辫唇瓮	5	11		9	25	8.04
按唇瓮	5	13			18	5.79
齿唇瓮				1	1	0.32
瓮	3	1			4	1.29
瓮腹片	101	41		68	210	67.52
缸		1			1	0.32
罐		1		5	6	1.93
花边圜底罐				1	1	0.32
罐腹片		14		24	38	12.22
罐形釜	2				2	0.64
尖底杯		1			1	0.32
器盖		1			1	0.32
圈足	1				1	0.32
器底	1	1			2	0.64

（2）器类

缸　273件，272件可分类型。分类介绍如下：

按唇缸　179件。

Ⅰ式：46件。

标本98AT0103㉞：19，夹细砂黑陶，局部褐。唇部微有按窝，内沿有凹窝。侈口，卷沿，唇缘外凸，残。手制轮修，火候较高。口径24、残高4.9厘米（图八二七，1）。标本02DT0102㊱：4，夹砂红陶，局部、里黑，胎外红里黑。唇部按窝较浅，肩饰斜粗绳纹。侈口，卷沿，溜肩，残。手制，火候较高。口径26.8、残高8.6厘米（图八二七，2）。

Ⅱ式：84件。

标本99AT0301㊽：9，夹砂红褐陶，局部、里红。唇部按窝较浅，肩饰斜中粗绳纹。侈口，卷沿外斜，有肩，残。手制，火候较高。残宽16.8、残高7.2厘米（图八二七，3）。标本02DT0102㊵：8，夹砂灰褐陶，局部浅黄，胎、里灰黑。唇部按窝较浅。侈口，卷沿外斜，残。手制，火候较高。口径22、残高6.2厘米（图八二七，4）。

Ⅲ式：49件。

标本99AT0301㊽：10，夹砂灰褐陶，局部、胎黑；内壁有薄层灰白色钙化物。唇部戳按呈波浪形，腹饰斜中粗绳纹。侈口，领外斜，鼓腹，残。手制，火候较高。残宽17.2、残高

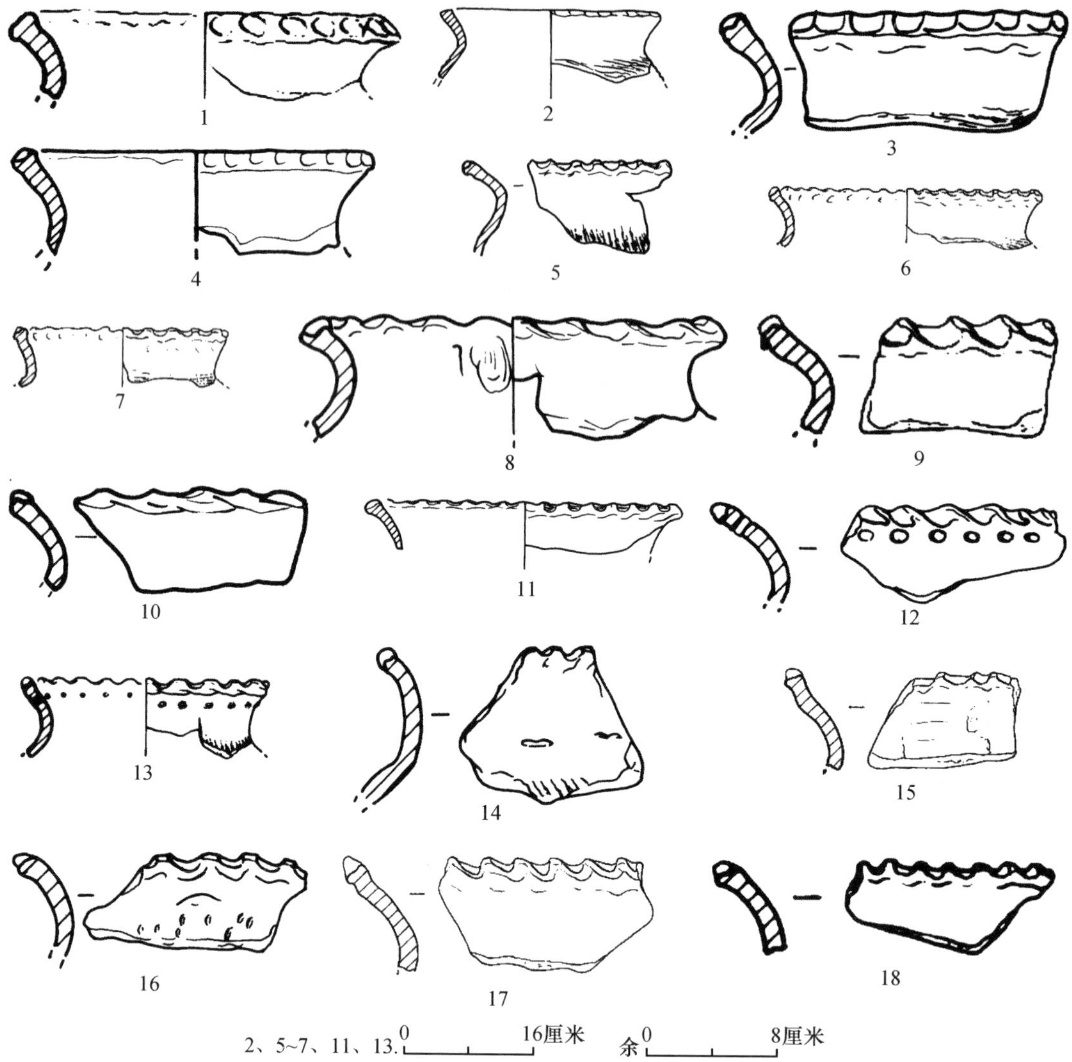

图八二七　㵲井沟文化第一期早段陶器

1、2. Ⅰ式按唇缸（98AT0103㉞：19、02DT0102㊱：4）　3、4. Ⅱ式按唇缸（99AT0301㊽：9、02DT0102㊵：8）　5～7. Ⅲ式按唇缸（99AT0301㊽：10、99DT0202㊽：17、99DT0202㊽：18）　8、9. A型Ⅰ式辫唇缸（99AT0301㊾：34、00DT0806㉒：12）　10、11. A型Ⅱ式辫唇缸（99AT0301㊾：35、02DT0102㊱：7）　12、13. B型辫唇缸（99DT0301㊸：45、02BT0201㊳：8）　14、15. A型Ⅰ式齿唇缸（99DT0301㊵B：38、99DT0202㊽：35）　16、17. A型Ⅱ式齿唇缸（99DT0301㊵B：39、99DT0202㊽：36）　18. Bb型齿唇缸（02CT0101㉚：19）

11.4厘米（图八二七，5）。标本99DT0202㊽：17，夹细砂灰陶，里局部黑。唇部戳按呈波浪形，外沿按抹，内沿按窝较浅，肩部饰斜绳纹。侈口，卷沿，有肩，残。手制，火候较高。口径34.4、残高7.2厘米（图八二七，6）。标本99DT0202㊽：18，夹细砂红褐陶，局部灰褐，口局部、里黑，灰胎。唇部戳按呈波浪形，内沿饰按窝纹，肩饰绳纹，外沿多竖抹痕。侈口，领外斜，有肩，残。手制，火候较高。口径24.2、残高7.2厘米（图八二七，7）。

辫唇缸　50件。

A型　46件。

Ⅰ式：32件。

标本99AT0301㊾：34，夹砂黑陶，局部灰褐、红。唇部按抹呈辫绳波浪形，肩饰斜绳纹。侈口，卷沿，束领，有肩，残。手制，火候较高。口径25.6、残高7.2厘米（图八二七，8）。标本00DT0806㉒：12，夹粗砂灰褐陶，局部红褐、黑。唇部按抹呈辫绳波浪形。侈口，卷沿，沿面内凹，残。手制，火候较高。残宽12、残高10.8厘米（图八二七，9）。

Ⅱ式：14件。

标本99AT0301㊾：35，夹粗砂褐陶，红胎。唇部戳刮、外沿刮抹略呈辫绳波浪形。侈口，领外翻，残。手制，火候较高。残宽14、残高6厘米（图八二七，10）。标本02DT0102㊱：7，夹砂灰褐陶，局部灰白。唇部按抹呈辫绳波浪形。侈口，卷沿，残。盘筑，火候较高。口径34.4、残高6厘米（图八二七，11）。

B型　4件。

标本99DT0301㊸：45，夹粗砂红褐陶，局部红，灰胎。唇部戳按略呈辫绳波浪形，领上部饰圆形镂孔、细划纹。侈口，领外翻，残。手制，火候较高。残宽13.6、残高5.8厘米（图八二七，12）。02BT0201㊳：8，夹粗砂灰褐陶，局部红、黑。唇部戳按呈波浪形，领上部饰圆形镂孔，肩饰竖粗绳纹。侈口，斜领，斜肩，残。手制，火候较高。口径30.4、残高9.6厘米（图八二七，13）。

齿唇缸　12件。

A型　8件。

Ⅰ式：3件。

标本99DT0301㊵B：38，夹砂红陶，局部褐，胎红夹灰褐。唇部戳按呈齿状，领下部饰戳印纹，肩饰斜粗绳纹。侈口，卷沿，领微束，有肩，残。手制，火候较高。残宽11.2、残高9.6厘米（图八二七，14）。标本99DT0202㊽：35，夹细砂红褐陶，胎红褐夹灰黑。唇部戳按呈齿状，外沿多浅按窝。侈口，卷沿，有肩，残。手制，火候较高。残宽10.2、残高7.1厘米（图八二七，15）。

Ⅱ式：5件。

标本99DT0301㊵B：39，夹砂褐陶，局部红褐；器表多灰白色附着物。唇部戳按呈齿状，领饰戳印纹。侈口，领外翻，残。手制，火候较高。残宽14、残高6厘米（图八二七，16）。标本99DT0202㊽：36，夹细砂褐陶，局部、里黑，胎外红褐里灰褐。唇部戳按呈圆尖齿，内沿按窝较深。侈口，卷沿，残。手制，火候较高。残宽13、残高6.8厘米（图八二七，17）。

B型　4件。

Ba型　1件。Ⅰ式。标本碎小。

Bb型　3件。

标本02CT0101㉚：19，夹砂红褐陶，灰黑胎。唇部戳按呈波浪形齿。喇叭口，残。手制，火候较高。残宽12.8、残高5.6厘米（图八二七，18）。

敛口缸　7件。

标本99DT0301㊸：81，夹砂黑陶，局部灰褐。素面。敛口，圆唇，上腹微鼓，残。轮制，火候高。残宽9.4、残高10厘米（图八二八，1）。标本99DT0301㊵B：44，夹砂灰黑陶，灰褐胎。素面。敛口，内折平沿，圆尖唇，上腹较直，残。轮制，火候高。残宽8.7、残高5.3厘米（图八二八，2）。标本02BT0201㊵：30，夹砂黑陶，局部红。素面。敛口，圆唇，上腹

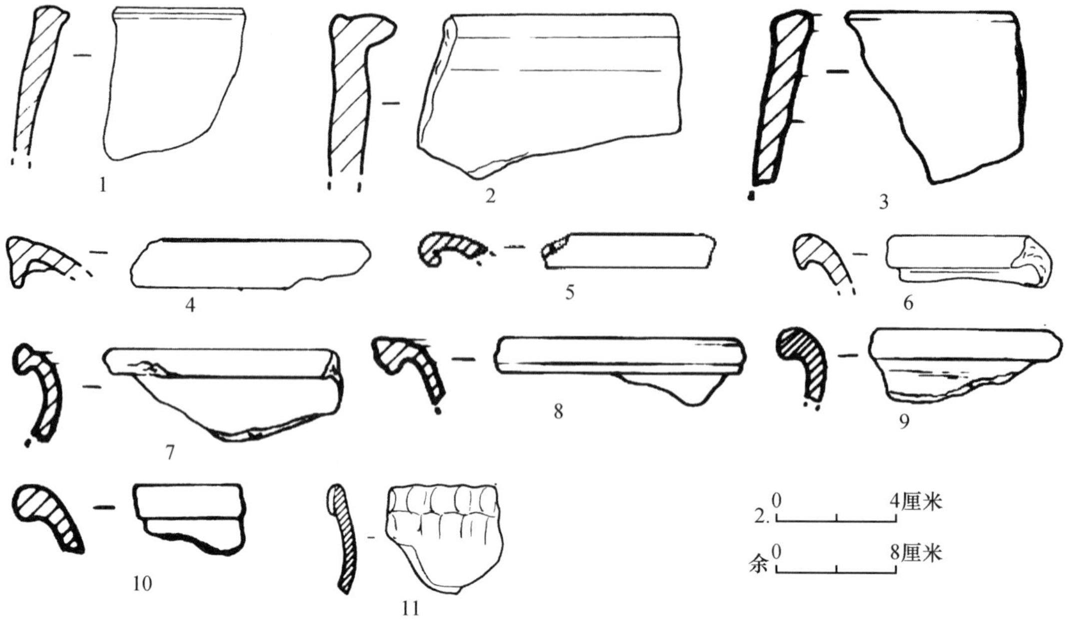

图八二八　澄井沟文化第一期早段陶器

1～3. 敛口缸（99DT0301㊸：81、99DT0301㊵B：44、02BT0201㊵：30）　4、5. A型Ⅰ式喇叭口缸（99DT0301㊸：82、00DT0806㉒：14）　6. A型Ⅱ式喇叭口缸（99DT0301㊸：83）　7、8. A型Ⅲ式喇叭口缸（02BT0201㊿：17、02BT0201㊵：29）　9、10. B型喇叭口缸（00DT0706㉓：26、02CT0101㉛A：18）　11. 捏边缸（02DT0102㉜：23）

微外弧，残。盘筑，火候高。残宽11.6、残高11.2厘米（图八二八，3）。

喇叭口缸　23件，20件可分型。

A型　11件。

Ⅰ式：3件。

标本99DT0301㊸：82，夹砂灰褐陶，灰胎。素面。喇叭口，沿外下折，沿、壁间附加泥条，残。轮制，火候较高。残宽16、残高3.2厘米（图八二八，4）。标本00DT0806㉒：14，夹细砂灰褐陶，局部浅黄褐。素面。喇叭口，沿外卷内收，圆唇，残。轮制，火候高。残宽11.2、残高2.2厘米（图八二八，5）。

Ⅱ式：2件。

标本99DT0301㊸：83，夹砂黑陶，胎红褐夹灰。素面。喇叭口，沿外下卷，圆唇，残。轮制，火候高。残宽10.8、残高3.4厘米（图八二八，6）。

Ⅲ式：6件。

标本02BT0201㊿：17，夹砂灰褐陶，灰胎。素面，内沿微有瓦楞纹。侈口，圆唇，束领，残。火候较高。残宽16、残高6厘米（图八二八，7）。标本02BT0201㊵：29，夹砂红陶，局部橙黄、灰黑。素面。侈口，卷沿，圆唇，束领，残。轮制，火候较高。残宽16.6、残高4.4厘米（图八二八，8）。

B型　9件。

标本00DT0706㉓：26，夹细砂黑陶，胎红夹灰。领上部饰凸弦纹。侈口，卷沿，残。轮制，火候较高。残宽12.6、残高4.8厘米（图八二八，9）。标本02CT0101㉛A：18，夹砂红陶，局部褐。素面。敞口，沿微外下卷，圆唇，残。轮制，火候较高。残宽7.2、残高4.4厘米

（图八二八，10）。

捏边缸　1件。

标本02DT0102㉜：23，夹粗砂红陶，局部褐，灰黑胎。唇部略呈波浪形，外沿饰粗按压纹，领多竖抹痕。侈口，领外斜，残。手制，火候较高。残宽7.8、残高7.1厘米（图八二八，11）。

瓮　1294件。分类介绍如下：

按唇瓮　448件。

Ⅰ式：138件。

标本98AT0103㉟：28，夹细砂红陶，局部、胎灰。唇部按窝较浅、密，腹饰粗绳纹，唇下内有按窝。侈口，卷沿，唇缘外凸，鼓腹，残。手制，火候较高。口径21.6、残高8.6厘米（图八二九，1）。标本98AT0103㉟：29，夹细砂红陶。唇部按窝较疏、浅。侈口，卷沿，唇缘外凸，残。手制，火候较高。口径23.2、残高6.1厘米（图八二九，2）。

Ⅱ式：158件。

标本02BT0201㊽：7，夹砂红陶，局部、胎黑。唇部按窝较浅，肩饰粗绳纹。侈口，卷沿外翻，斜肩，残。手制，火候较高。口径25.6、残高8.6厘米（图八二九，3）。标本02BT0201㊽：8，夹砂红陶，局部灰褐，黑胎。唇部按窝较浅，肩饰斜中粗绳纹，内沿按窝较深。侈口，卷沿，斜肩，残。手制，火候较高。口径22、残高6.8厘米（图八二九，4）。

Ⅲ式：152件。

标本02BT0201㊿：7，夹砂红陶，局部灰褐，胎、里黑。唇部戳按呈波浪形，肩饰斜中粗绳纹。侈口，卷沿，斜肩，残。手制，火候较高。口径22、残高8.4厘米（图八二九，5）。标本02CT0101㉜：15，夹砂红褐陶，局部红、灰褐，灰黑胎。唇部按窝较深，肩饰粗绳纹。侈口，卷沿，圆肩，残。手制，火候较高。口径21.4、残高10厘米（图八二九，6）。

辫唇瓮　612件。

A型　606件。

Ⅰ式：88件。

标本98AT0103㉞：5，夹细砂红陶，灰胎。唇部按抹呈辫绳状，辫痕较深，肩部饰粗绳纹。侈口，卷沿，束颈，圆肩，残。手制轮修，火候较高。口径22.8、残高8.9厘米（图八二九，7）。标本99AT0101㉛：23，夹砂红陶，黑褐胎。唇部按抹呈辫绳波浪形，肩饰中粗绳纹。侈口，卷沿，溜肩，残。手制，火候较高。口径18.8、残高7.2厘米（图八二九，8）。

Ⅱ式：287件。

标本99DT0301㊸：41，夹砂红陶，局部褐，胎红夹灰黑。唇部戳刮、外沿刮抹呈波浪形，领饰戳印纹，领饰交错中粗绳纹。侈口，领外翻，溜肩，残。手制，火候较高。口径23.2、残高9.2厘米（图八二九，9）。标本00DT0706㉓：13，夹细砂红陶，局部浅黄，黑胎，里浅黄褐。唇部按抹呈辫绳波浪形，肩部饰斜绳纹。侈口，卷沿，溜肩，残。手制，火候较高。口径21.6、残高8.4厘米（图八二九，10）。

Ⅲ式：231件。

标本02BT0101㉚：6，夹砂红陶，局部褐，灰胎。唇部刮抹略呈辫绳波浪形，肩饰斜绳

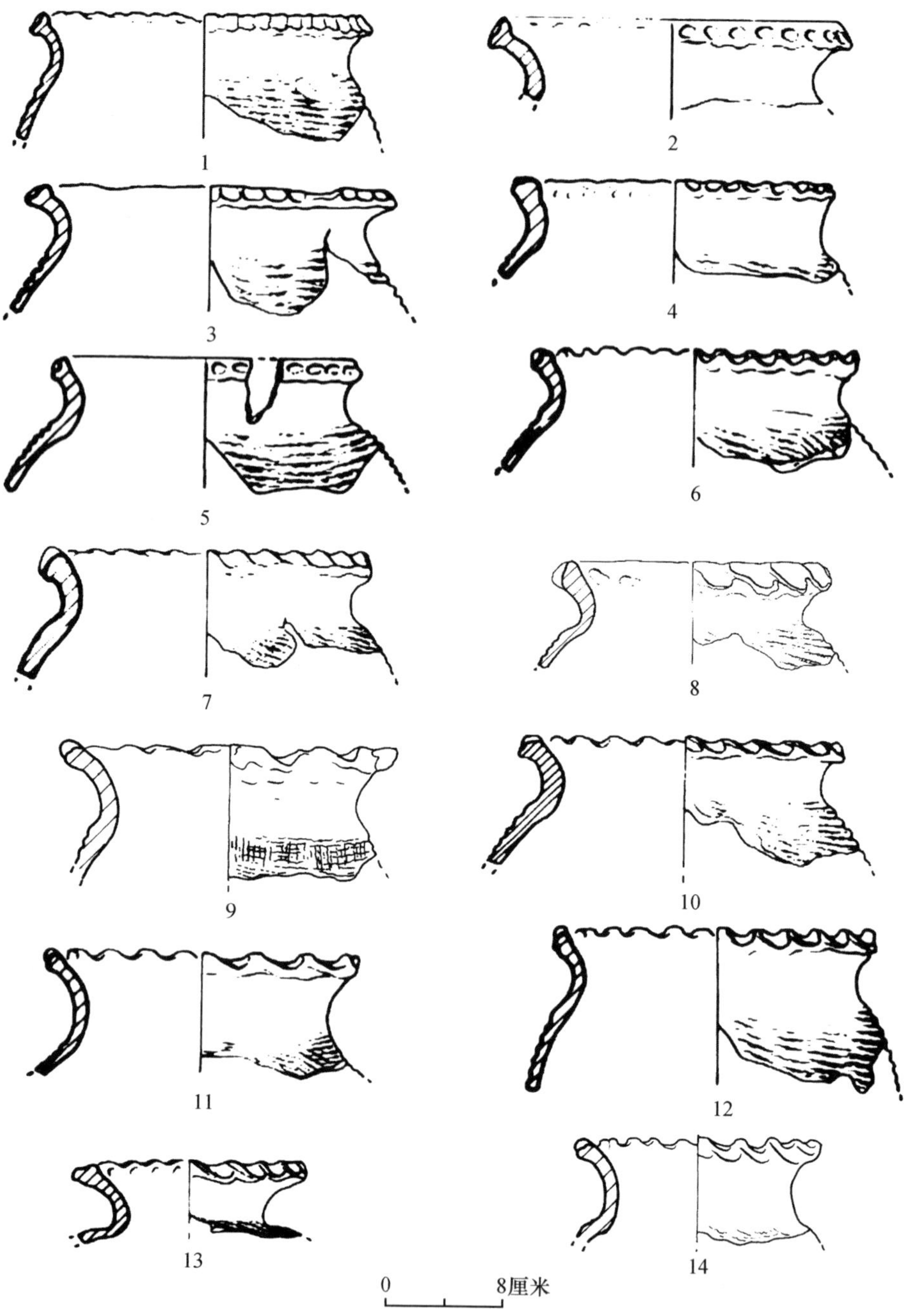

图八二九　涪井沟文化第一期早段陶器

1、2. Ⅰ式按唇瓮（98AT0103㉟：28、98AT0103㉟：29）　3、4. Ⅱ式按唇瓮（02BT0201㊽：7、02BT0201㊽：8）
5、6. Ⅲ式按唇瓮（02BT0201㊿：7、02CT0101㉜：15）　7、8. A型Ⅰ式辫唇瓮（98AT0103㉞：5、99AT0103㉛：23）
9、10. A型Ⅱ辫唇瓮（99DT0301㊸：41、00DT0706㉓：13）　11、12. A型Ⅲ式辫唇瓮（02BT0101㉚：6、02CT0101㉚：12）
13、14. B型辫唇瓮（99AT0201㊸：22、99DT0301㊸：42）

纹。侈口，束领，有肩，残。手制，火候较高。口径21.6、残高8.4厘米（图八二九，11）。标本02CT0101㉚：12，夹砂褐陶，局部红褐，灰胎。唇部按抹略呈辫绳波浪形，肩饰斜绳纹。侈口，卷沿，溜肩，残。手制，火候较高。口径22、残高11.2厘米（图八二九，12）。

B型　6件。

标本99AT0201㊸：22，夹细砂灰陶。唇部抹压呈辫绳波浪形，内沿有按窝，肩部饰绳纹。敞口，领较高内束，广肩，残。手制轮修，火候较高。口径16、残高5.4厘米（图八二九，13）。标本99DT0301㊸：42，夹砂红陶，局部灰黑。唇部戳刮、外沿刮抹略呈辫绳波浪形，肩饰绳纹后抹平成细线。侈口，束领，有肩，残。手制，火候较高。口径16.8、残高7.2厘米（图八二九，14）。

齿唇瓮　58件。

A型　49件，35件可分式。

Ⅰ式：21件。

标本98AT0103㉟：5，夹细砂黑陶，局部红褐胎。唇部按压呈浅齿状，领部有划痕，肩部饰绳纹。侈口，卷沿外翻，溜肩，残。手制，火候不高。口径27.2、残高7.6厘米（图八三〇，1）。标本99AT030151A：31，夹砂灰褐陶，局部红褐。唇部戳按略呈波浪形齿，腹饰竖中粗绳纹，局部交错。侈口，领外翻，鼓腹，残。手制，火候较高。口径35.6、残高13.2厘米（图八三〇，2）。

Ⅱ式：14件。

标本99AT0301㊿A：35，夹砂灰褐陶，局部褐，黑胎，里红。唇部戳按呈齿状，上腹饰斜绳纹。侈口，卷沿，鼓腹，残。手制，火候高。残宽11、残高7.6厘米（图八三〇，3）。标本98AT0103㉞：3，夹细砂红褐陶，局部黑。唇部按抹呈波浪形齿，外沿外抹，微呈辫状，腹饰绳纹，领、内壁有划痕。侈口，卷沿外翻，鼓腹，残。手制，火候较高。口径21.8、残高9.8厘米（图八三〇，4）。

B型　9件，6件可分亚型。

Ba型　1件。Ⅰ式。标本碎小。

Bb型　5件。

标本02BT0101㉚：7，夹砂灰褐陶，局部灰黑，灰胎。唇部戳按呈波浪形齿，腹饰斜细绳纹，领外多刮抹痕。侈口，领微束，鼓腹，残。手制，火候较高。残宽9.4、残高8厘米（图八三〇，5）。标本02CT0101㉚：17，夹粗砂红褐陶，黑胎。唇部戳按呈波浪形齿，领饰零星戳印纹，肩、腹饰竖绳纹，局部交错。侈口，微束领，溜肩，鼓腹，残。手制，火候较高。残宽16、残高14厘米（图八三〇，6）。

高领瓮　14件，9件可分式。

Ⅰ式：4件。

标本99AT0301㊾：62，夹砂红陶，局部灰黑，里黑。领下部饰圆形镂孔。喇叭口，内沿微凹，圆唇，高领，残。手制轮修，火候一般。口径22.8、残高11.8厘米（图八三〇，7）。

Ⅱ式：3件。

标本99DT0301㊸：74，夹砂灰黑陶，胎褐夹灰。素面。喇叭口，圆唇，残。轮制，火候较高。残宽9.8、残高3厘米（图八三〇，8）。

Ⅲ式：2件。

标本02BT0201㊸：8，夹砂黑陶，红胎。素面，内壁微显瓦棱纹。喇叭口，外沿较窄，圆唇，残。轮制，火候较高。残宽11、残高6厘米（图八三〇，9）。标本02BT0201㊵：28，夹砂红褐陶，局部红，胎褐夹灰。素面。侈口，卷沿，圆唇，束领，残。轮制，火候较高。残宽

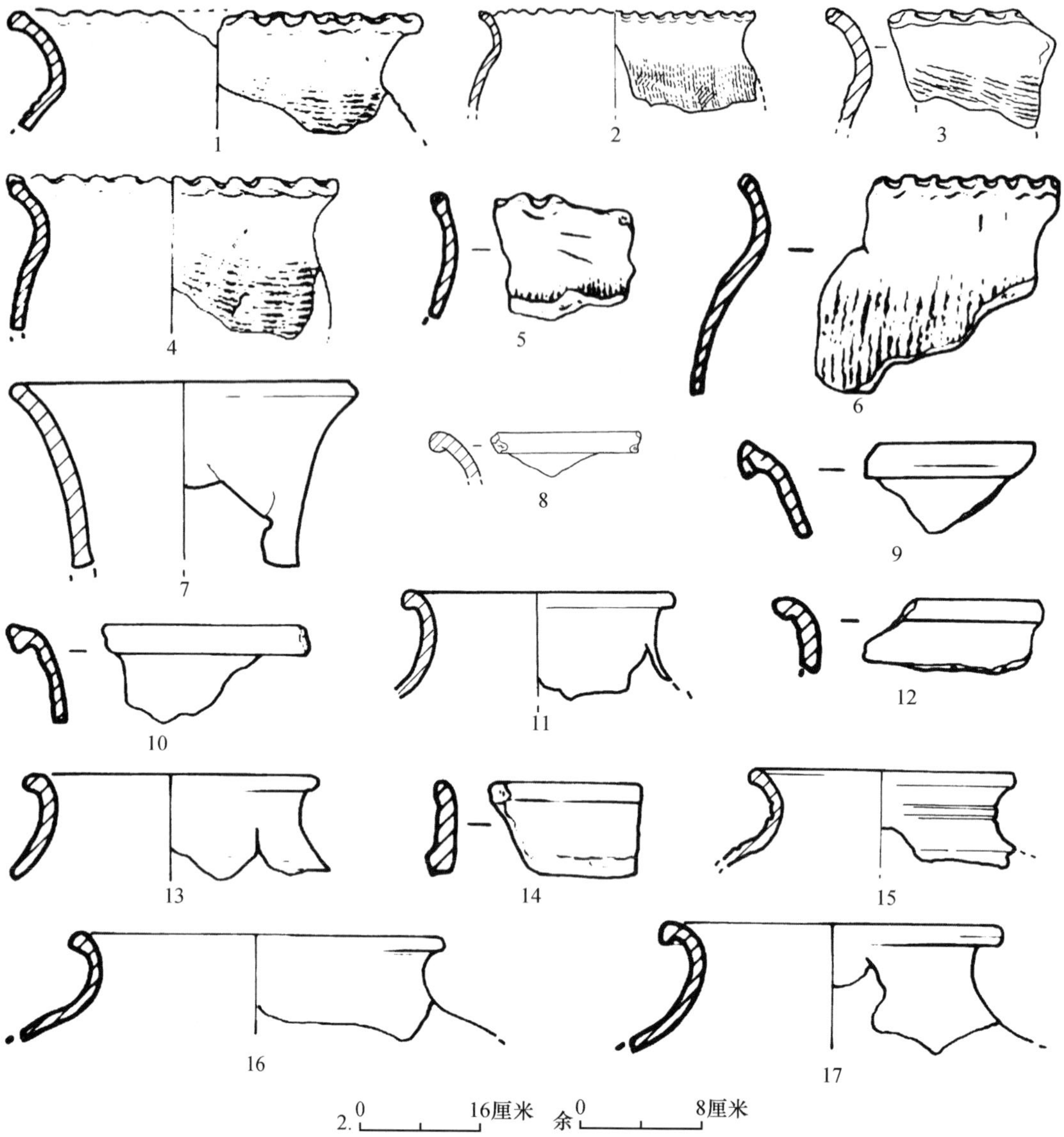

图八三〇 瀼井沟文化第一期早段陶器

1、2. A型Ⅰ式齿唇瓮（98AT0103㉟：5、99AT0301㉛A：31） 3、4. A型Ⅱ式齿唇瓮（99AT0301㊿A：35、98AT0103㉞：3） 5、6. Bb型齿唇瓮（02BT0101㉚：7、02CT0101㉚：17） 7. Ⅰ式高领瓮（99AT0301㊾：62） 8. Ⅱ式高领瓮（99DT0301㊸：74） 9、10. Ⅲ式高领瓮（02BT0201㊸：8、02BT0201㊵：28） 11、12. A型中领瓮（99AT0301㊾：64、02BT0201㊶：26） 13、14. B型中领瓮（02BT0201㊵：31、02CT0101㉝：30） 15～17. Aa型矮领瓮（99AT0301㊿B：37、02BT0201㊽：19、02BT0201㊳：13）

13.6、残高6.4厘米（图八三〇，10）。

中领瓮 10件，8件可分型。

A型 3件。

标本99AT0301㊾：64，夹砂黑陶，灰褐胎。素面。侈口，卷沿，圆唇，束领，残。轮制，火候高。口径18、残高6.8厘米（图八三〇，11）。标本02BT0201㊶：26，夹砂红褐陶，局部、胎、里灰褐。素面。侈口，卷沿，圆唇，微束领，残。轮制，火候较高。残宽11.4、残高4.8厘米（图八三〇，12）。

B型　5件。

标本02BT0201㊵：31，夹砂黑陶，红胎。领下部饰细划纹。侈口，折沿，沿面微凹，圆唇，微束领，残。轮制，火候较高。口径19.4、残高10.8厘米（图八三〇，13）。标本02CT0101㉝：30，夹砂灰黑陶。素面。口微侈，微有卷沿，圆唇，领较直，有肩，残。盘筑轮修，火候高。残宽10、残高6厘米（图八三〇，14）。

矮领瓮　79件，69件可分型。

A型　65件。

Aa型　57件。

99AT0301㊿B：37，泥质黑陶，灰褐胎。领饰粗凹弦纹两周，肩饰凹弦纹一周，内外壁磨光。侈口，卷沿，圆唇，矮束领，广肩，残。轮制，火候高。口径17.2、残高6.2厘米（图八三〇，15）。标本02BT0201㊽：19，夹砂黑陶，胎红褐夹黑。素面。侈口，卷沿，圆唇，束领，广肩，残。轮制，火候高。口径24.8、残高6.8厘米（图八三〇，16）。标本02BT0201㊳：13，夹砂褐陶，局部橙黄，灰胎。素面。侈口，卷沿，圆唇，束领，广肩，残。轮制，火候较高。口径22.2、残高8.4厘米（图八三〇，17）。

Ab型　8件。

Ⅰ式：4件。

标本99DT0301㊸：76，夹砂灰褐陶，局部灰黑，胎红褐夹灰。素面。侈口，沿外卷后下垂，圆唇，矮领较斜直，残。轮制，火候较高。口径26.8、残高5.8厘米（图八三一，1）。标本00DT0705㉓：10，夹细砂黑陶，局部、胎灰。领上部饰凸弦纹一道。侈口，沿外下折垂，方唇，束领，残。轮制，火候较高。口径31.6、残高7.2厘米（图八三一，2）。

Ⅱ式：4件。

标本00DT0706㉓：25，夹细砂黑陶，灰胎。素面。侈口，卷沿，圆唇，微束领，残。轮制，火候较高。残宽7.6、残高6.2厘米（图八三一，3）。标本02BT0101㉙：12，夹粗砂黑陶，局部褐。素面。口近直，微有外沿，圆唇，领微束，广肩，残。轮制，火候较高。残宽7.8、残高7厘米（图八三一，4）。

B型　4件。

Ⅰ式：1件。

标本99DT0202㊷A：111，夹细砂红陶，胎红夹灰褐。素面。侈口，折平沿内凹，圆唇，斜肩，残。轮制，火候高。残宽5.7、残高2.5厘米（图八三一，5）。

Ⅱ式：3件。

标本02BT0101㉙：11，夹砂褐陶，胎红夹灰黑。素面。侈口，领外斜，外沿微凹，残。轮制，火候较高。残宽10.4、残高6.4厘米（图八三一，6）。

敛口瓮　26件。

A型　23件。

Ⅰ式：18件。

标本99AT0301㊾：67，夹砂黑陶，胎红夹灰褐。肩饰雷纹。敛口，微有卷沿，圆唇，斜肩，残。轮制，火候高。残宽6.6、残高4.2厘米（图八三一，7）。99DT0202㊷A：110，夹

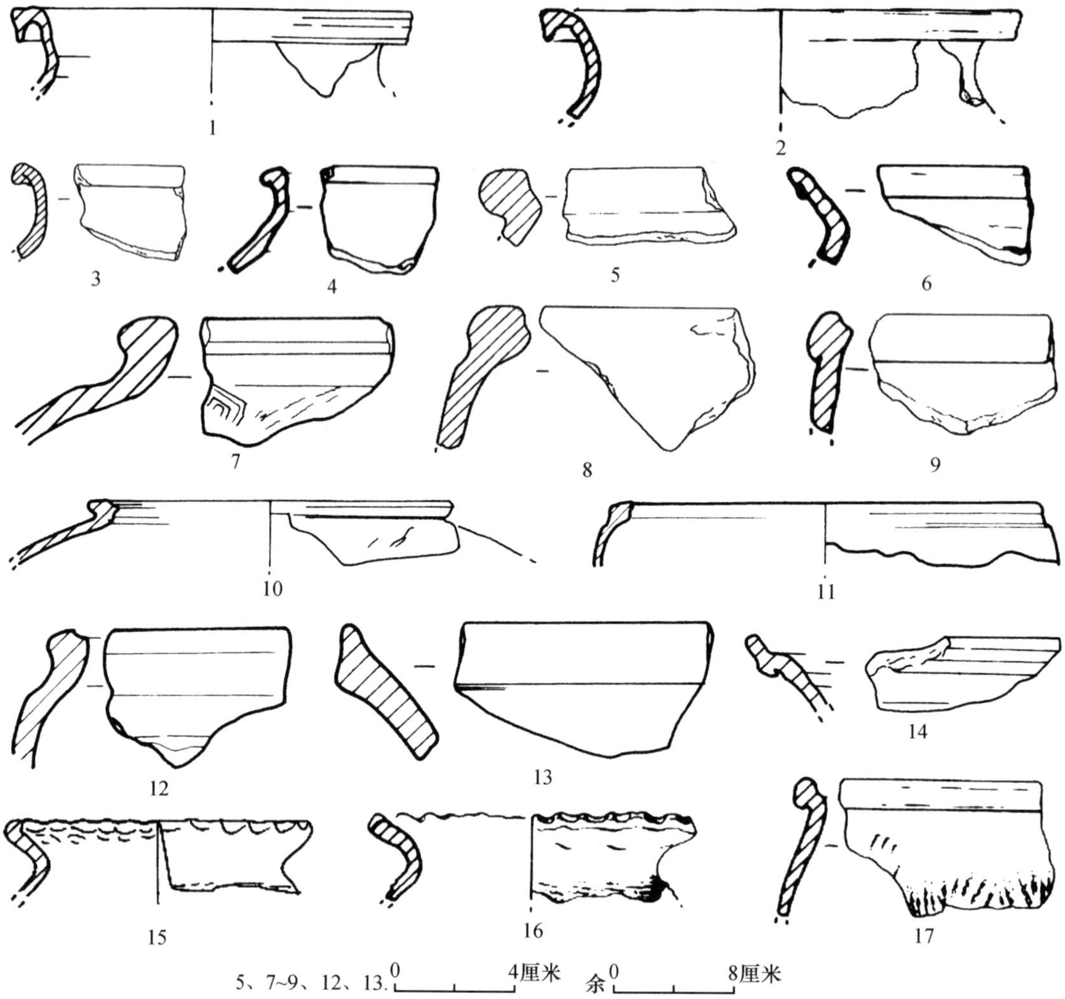

图八三一 瘠井沟文化第一期早段陶器

1、2. Ab型Ⅰ式矮领瓮（99DT0301㊸：76、00DT0705㉓：10） 3、4. Ab型Ⅱ式矮领瓮（00DT0706㉓：25、02BT0101㉙：12） 5. B型Ⅰ式矮领瓮（99DT0202㊷A：111） 6. B型Ⅱ式矮领瓮（02BT0101㉙：11） 7～9. A型Ⅰ式敛口瓮（99AT0301㊾：67、99DT0202㊷A：110、00DT0705㉒：30） 10. A型Ⅱ式敛口瓮（99DT0301㊸：78） 11、12. B型敛口瓮（99AT0301㊾：68、99AT0301㊽：37） 13. Ⅰ式盘口瓮（99DT0201㊶：40） 14. Ⅱ式盘口瓮（99DT0301㊸：80） 15～17. 其他瓮（98BT0204㉞：8、00DT0707㊴B：3、00DT0707㊴B：5）

细砂黑陶，褐胎。素面。敛口，斜折沿，圆唇，外沿下有凹槽一周，鼓腹，残。轮制，火候较高。残宽7.1、残高4.6厘米（图八三一，8）。标本00DT0705㉒：30，夹细砂黑陶，胎红夹灰。素面。敛口，微有斜折沿，沿面微凹，圆唇，鼓腹，残。轮制，火候高。残宽6.3、残高4厘米（图八三一，9）。

Ⅱ式：5件。

标本99DT0301㊸：78，夹砂黑陶，局部灰褐，胎褐夹灰。素面。敛口，矮斜沿，沿面微凹，内沿凸，圆唇，广肩，残。轮制，火候较高。口径24.4、残高4.2厘米（图八三一，10）。

B型　3件。

标本99AT0301㊾：68，夹砂灰黑陶，灰胎。素面。敛口，微有立沿，内沿凹，外沿下有凹槽一周，圆唇，鼓腹，残。轮制，火候高。口径25.2、残高4.4厘米（图八三一，11）。标本99AT0301㊽：37，夹砂褐陶，胎褐夹灰，里黑。素面。敛口，微有斜折沿，沿面内凹，圆唇，鼓腹，残。轮制，火候较高。残宽6.3、残高4.5厘米（图八三一，12）。

盘口瓮　7件。

Ⅰ式：6件。

标本99DT0201㊶：40，夹黑陶，红褐胎。素面，内壁多灰白色附着物。敞口，圆唇，浅盘，盘外壁微凹，上腹内弧，残。轮制，火候高。残宽8.5、残高4.4厘米（图八三一，13）。

Ⅱ式：1件。

标本99DT0301㊸：80，夹砂褐陶，灰胎。外沿饰戳印纹。沿外折后上卷呈浅盘口，圆唇，盘外下内凹，束领，残。轮制，火候高。残宽12.8、残高4.8厘米（图八三一，14）。

其他瓮　19件。

标本98BT0204㉞：8，夹砂红陶，局部、胎黑。唇部戳按呈波浪形，肩饰斜绳纹，内沿饰按窝。侈口，卷沿外斜，有肩，残。手制，火候较高。口径20.8、残高5厘米（图八三一，15）。标本00DT0707㊴B：3，夹细砂红陶，胎红夹灰黑。唇部按窝较深，肩部饰中粗绳纹，外沿有刮抹痕。侈口，卷沿，微有肩，残。手制，火候较高。口径20.8、残高5.6厘米（图八三一，16）。标本00DT0707㊴B：5，夹细砂灰陶，局部褐。腹饰交错粗绳纹。口微侈，卷沿，沿面内凹成母口，圆唇，鼓腹，残。轮制，火候较高。残宽14.4、残高9厘米（图八三一，17）。

瓮底　21件。标本碎小。

罐　1453件。分类介绍如下：

按唇罐　210件。

Ⅰ式：76件。

标本99DT0201㊶：21，夹细砂褐陶，局部红，灰胎。唇部微有按窝，外沿饰戳印纹，肩部拍印细绳纹。侈口，卷沿，斜肩，残。手制，火候较高。口径13.9、残高4.4厘米（图八三二，1）。标本02BT0201㊽：2，夹砂红陶，局部灰褐。唇部微有按窝，肩饰斜绳纹。侈口，卷沿，溜肩，残。手制，火候较高。残宽13.6、残高6.2厘米（图八三二，2）。

Ⅱ式：84件。

标本99DT0202㊾A：14，夹细砂褐陶，局部红、胎、里黑。唇部戳按呈浅波浪形。侈口，卷沿外斜，有肩，残。手制，火候较高。口径19.6、残高4.4厘米（图八三二，3）。标本99DT0202㊽：30，夹细砂红褐陶，胎红褐夹黑。唇部按窝较浅，肩饰绳纹。侈口，卷沿，斜肩，残。手制，火候较高。口径17.2、残高6.8厘米（图八三二，4）。

Ⅲ式：50件。

标本02BT020151：6，夹砂红陶，局部褐。唇部按抹略呈波浪形，肩饰斜绳纹。侈口，卷沿，溜肩，残。手制，火候较高。口径15.2、残高6.4厘米（图八三二，5）。标本02CT0101㉞：4，夹砂红褐陶，局部黑，胎、里红。唇部按窝较深略呈波浪形，肩饰斜绳纹。侈口，卷沿，溜肩，残。手制，火候较高。口径23.2、残高5.6厘米（图八三二，6）。

辫唇罐　433件。

Ⅰ式：39件。

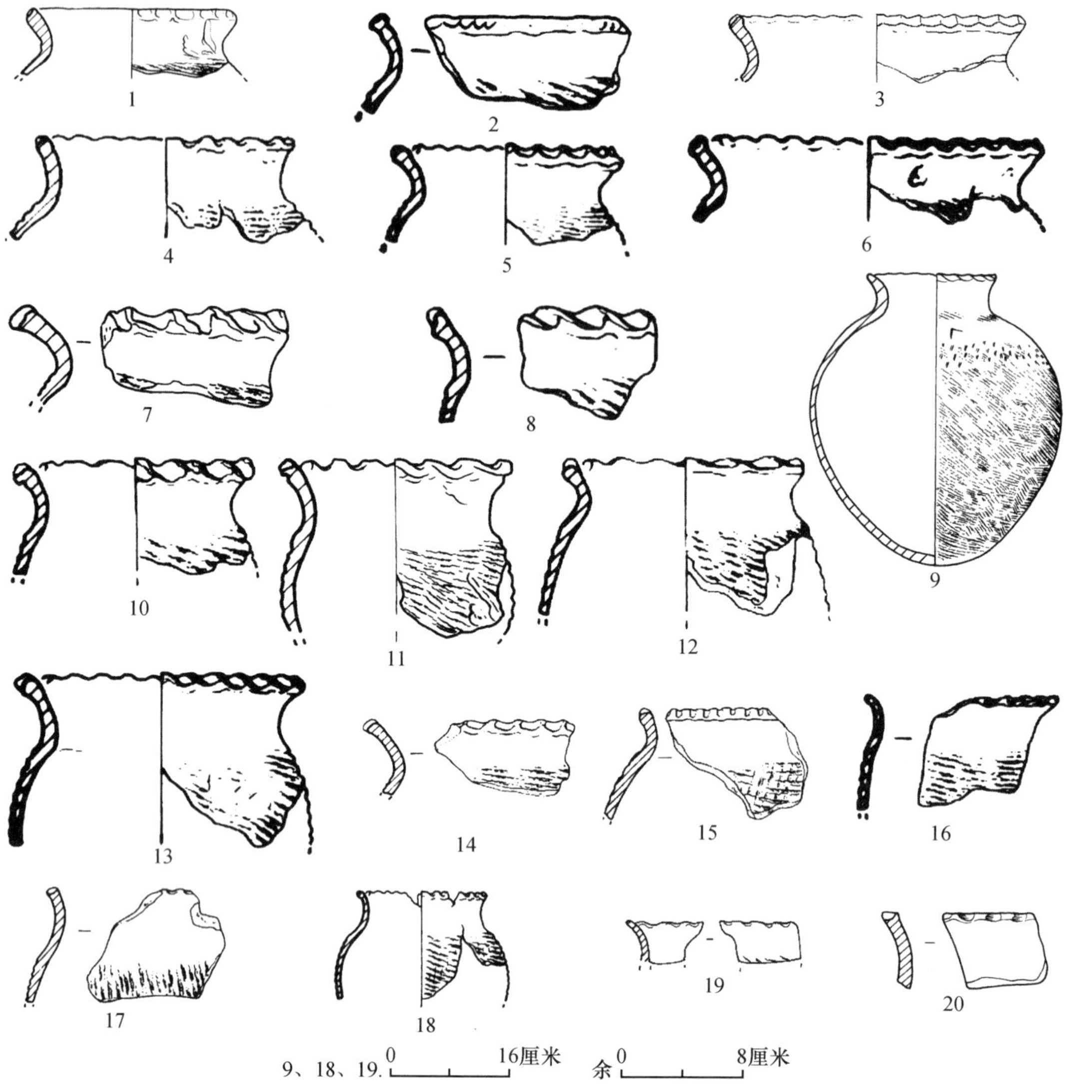

图八三二　獠井沟文化第一期早段陶器

1、2. Ⅰ式按唇罐（99DT0201㊶：21、02BT0201㊽：2）　3、4. Ⅱ式按唇罐（99DT0202㊾A：14、99DT0202㊽：30）　5、6. Ⅲ式按唇罐（02BT0201㊿：6、02CT0101㉞：4）　7、8. Ⅰ式辫唇罐（99DT0301㊸：33、02DT0101㉕：9）　9、10. Ⅱ式辫唇罐（99DT0202㊺：1、00DT0705㉑：4）　11～13. Ⅲ式辫唇罐（99DT0301㊸：36、00DT0705⑳：6、02CT0101㉚：7）　14. Aa型齿唇罐（98AT0103㉟：4）　15、16. Ab型齿唇罐（00DT0705⑳：7、00DT0707㊸：3）　17、18. Ac型齿唇罐（00DT0909㉘：1、02CT0101㉚：16）　19. Ba型Ⅰ式齿唇罐（98BT0204㉟：13）　20. Bb型齿唇罐（99DT0202㊻：31）

标本99DT0301㊸：33，夹砂红陶，局部灰褐，胎红夹灰黑。唇部按抹呈辫绳波浪形，肩饰斜绳纹。侈口，卷沿外翻，溜肩，残。手制，火候较高。残宽12.4、残高6.4厘米（图八三二，7）。标本02DT0101㉕：9，夹砂红褐陶，局部、胎红。唇部按抹呈辫绳波浪形，肩饰斜中粗绳纹。侈口，卷沿外翻，溜肩，残。手制，火候较高。残宽9.2、残高7.2厘米（图八三二，8）。

Ⅱ式：147件。

标本99DT0202㊺：1，夹砂红褐陶，局部灰、黑。唇部按抹略呈辫绳波浪形，器表饰绳纹，肩部按抹呈细线，再饰篮纹后磨光。侈口，中领微束，溜肩，鼓腹，圜底，复原。手制轮修，火候较高。口径16.9、高38.5厘米（图八三二，9；图版七一，1）。标本

00DT0705㉑：4，夹细砂灰陶，局部黑褐，里红。唇部按抹呈辫绳波浪形，腹部饰斜绳纹。侈口，卷沿，鼓腹，残。手制，火候较高。口径16、残高7.6厘米（图八三二，10）。

Ⅲ式：247件。

标本99DT0301㊸：36，夹砂灰褐陶，局部红褐，灰黑胎。唇部戳刮、外沿刮抹略呈辫绳波浪形，腹饰斜绳纹，局部擦抹。侈口，卷沿，鼓腹，残。手制，火候较高。口径15.4、残高11.6厘米（图八三二，11）。标本00DT0705⑳：6，夹细砂红褐陶，局部、胎灰黑。唇部按抹略呈辫绳波浪形，腹饰中粗绳纹。侈口，卷沿，鼓腹，残。手制，火候较高。口径15.2、残高10.2厘米（图八三二，12）。标本02CT0101㉚：7，夹砂红陶，局部灰褐。唇部按抹略呈辫绳波浪形，肩、腹饰斜绳纹，局部擦抹。侈口，卷沿，溜肩，鼓腹，残。手制，火候较高。口径19.2、残高11.2厘米（图八三二，13）。

齿唇罐　73件，48件可分型。

A型　45件。

Aa型　1件。

标本98AT0103㉟：4，夹细砂红褐陶，灰胎。唇部切割呈齿状，上腹饰粗绳纹。侈口，领外翻，残。手制，火候较高。残宽9.2、残高5.1厘米（图八三二，14）。

Ab型　11件。

标本00DT0705⑳：7，夹细砂褐陶，局部、胎、里黑。唇部戳印呈浅波浪形齿，腹饰交错粗绳纹。侈口，卷沿，鼓腹，残。手制，火候较高。残宽9.2、残高7.2厘米（图八三二，15）。标本00DT0707㊸：3，夹细砂褐陶，灰胎。唇部戳印呈浅波浪形齿，腹饰绳纹。侈口，卷沿，鼓腹，残。手制，火候较高。残宽9、残高7.2厘米（图八三二，16）。

Ac型　33件。

标本00DT0909㉘：1，夹细砂黑陶，灰胎。唇部戳印呈浅波浪形，腹饰竖绳纹。侈口，卷沿，鼓腹，残。手制，火候较高。残宽9.1、残高7.4厘米（图八三二，17）。标本02CT0101㉚：16，夹砂黑陶，局部、里红褐。唇部戳按呈波浪形齿，肩、腹饰中粗绳纹。侈口，束颈，溜肩，鼓腹，残。手制，火候较高。口径16.8、残高14厘米（图八三二，18）。

B型　3件。

Ba型　1件。Ⅰ式。

标本98BT0204㉟：13，夹砂灰褐陶，局部黑，胎红夹黑。唇部戳按呈波浪形齿，腹饰斜中粗绳纹。侈口，卷沿外翻，残。手制，火候较高。残宽10.8、残高5.2厘米（图八三二，19）。

Bb型　2件。

标本99DT0202㊻：31，夹砂黑陶，局部、里红褐。唇部戳刮呈齿状。侈口，卷沿，残。手制，火候较高。残宽6.9、残高4.9厘米（图八三二，20）。

花边圜底罐　340件。

A型　339件。Aa型，327件可分式。

Ⅰ式：327件，271件可分亚式。

Ⅰa式：149件。

标本99DT0201㊶：6，夹粗砂红陶。唇部按抹、外沿刮抹略呈辫绳波浪形，腹部拍印绳纹。侈口，卷沿，束颈，鼓腹，残。手制，火候较高。口径11.6、残高7.6厘米（图八三三，1）。标本02DT0102㉛：1，夹砂红陶，胎、里灰褐。唇部按抹略呈辫绳波浪形，腹饰斜绳纹。侈口，束颈，鼓腹，残。手制，火候较高。口径10、残高8.4厘米（图八三三，2）。

Ⅰb式：122件。

标本99DT0301㊸：48，夹砂黑陶，局部红，里局部褐。唇部戳刮、外沿刮抹呈波浪

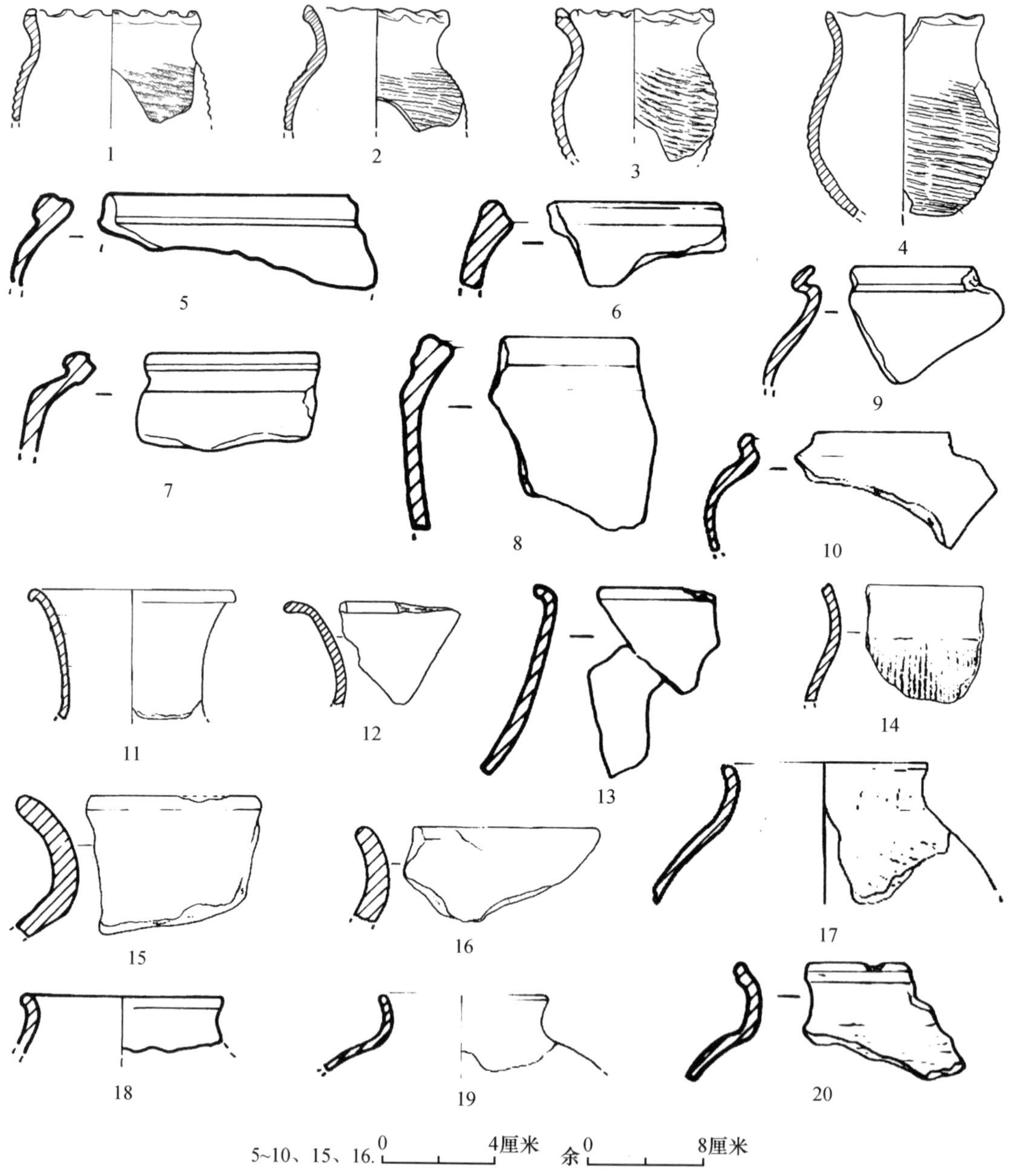

图八三三　瀼井沟文化第一期早段陶器

1、2. Aa型Ⅰa式花边圜底罐（99DT0201㊶：6、02DT0102㉛：1） 3、4. Aa型Ⅰb式花边圜底罐（99DT0301㊸：48、02DT0102㉛：4） 5、6. A型Ⅰ式敛口罐（99AT0301㊿A：45、00DT0604㉗：11） 7、8. A型Ⅱ式敛口罐（99DT0301㊵B：5、02BT0201㊻：16） 9、10. B型敛口罐（99DT0301㊸：59、00DT0705⑳：9） 11～13. 高领罐（99AT0101㉛：29、99AT0201㊹：15、02CT0101㉝：27） 14. Ⅰ式中领罐（98AT0103㉟：17） 15、16. Ⅲ式中领罐（98AT0103㉟：15、98AT0103㉝：30） 17、18. A型矮领罐（99DT0202㊾A：102、99AT0301㊿B：18） 19、20. B型矮领罐（00DT0707㊸：6、02CT0101㉚：20）

形，腹饰斜绳纹。侈口，束颈，鼓腹，残。手制，火候较高。口径10.6、残高10.4厘米（图八三三，3）。标本02DT0102㉛：4，夹砂褐陶，局部红、灰黑。唇部戳刮、外沿刮抹呈波浪形，腹饰斜绳纹。侈口，束颈，鼓腹，残。手制，火候较高。口径10.8、残高13.8厘米（图八三三，4）。

C型　1件。标本碎小。

敛口罐　88件。

A型　64件。

Ⅰ式：33件。

标本99AT0301㊿A：45，夹砂红陶，局部黑，胎红夹灰黑。敛口，微有折沿，沿面微凹，圆唇，鼓上腹，残。轮制，火候较高。残宽9.6、残高3.1厘米（图八三三，5）。标本00DT0604㉗：11，夹细砂灰陶，局部黑。素面。敛口，微有斜折沿，圆唇，鼓腹，残。轮制，火候较高。残宽6.1、残高2.9厘米（图八三三，6）。

Ⅱ式：31件。

标本99DT0301㊵B：5，夹砂黑陶，红褐胎。素面。敛口，微有斜折沿，沿面微凹，圆唇，斜折肩，上腹微外斜，残。轮制，火候较高。残宽6.4、残高3.4厘米（图八三三，7）。标本02BT0201㊻：16，夹砂黑陶，胎褐夹灰黑。素面。敛口，微有斜折沿，沿面微凹，圆唇，窄斜肩，弧腹内收，残。轮制，火候较高。残宽5.7、残高6.5厘米（图八三三，8）。

B型　24件。

标本99DT0301㊸：59，夹砂褐陶，局部灰褐，胎褐夹黑。素面。敛口，沿外卷后再内上卷，圆唇，溜肩，鼓腹，残。轮制，火候高。残宽5.3、残高4厘米（图八三三，9）。标本00DT0705⑳：9，夹细砂黑陶。素面。敛口，斜折沿较高，沿面微凹，圆唇，鼓肩，残。轮制，火候高。残宽7、残高4厘米（图八三三，10）。

高领罐　37件。

标本99AT0101㉛：29，夹砂黑陶，红褐胎。素面。侈口，沿外下卷，圆唇，束领，残。轮制，火候较高。口径14.4、残高8.8厘米（图八三三，11）。标本99AT0201㊹：15，泥质褐陶，灰胎。素面，内外壁磨光。敞口，卷沿，圆唇，束领，残。轮制，火候较高。残宽8.3、残高8厘米（图八三三，12）。标本02CT0101㉝：27，夹砂褐陶，灰胎。素面。侈口，卷沿，圆唇，领较斜，残。轮制，火候较高。残宽8.8、残高12.8厘米（图八三三，13）。

中领罐　5件。

Ⅰ式：3件。

标本98AT0103㉟：17，夹细砂灰陶，口局部红、黑，里黑。唇面饰凹弦纹，腹饰竖绳纹。口微侈，方圆唇，领微束，鼓腹，残。手制轮修，火候不高。残宽8.2、残高8厘米（图八三三，14）。

Ⅲ式：2件。

标本98AT0103㉟：15，夹细砂红陶。素面。侈口，卷沿，圆唇，有肩，残。轮制，火候不高。残宽6、残高4.8厘米（图八三三，15）。标本98AT0103㉝：30，夹细砂灰陶，局部灰黑。素面，器表有按抹痕。侈口，卷沿，圆唇，束颈，残。轮制，火候高。残宽6.7、残高3.2

厘米（图八三三，16）。

矮领罐　69件。

A型　52件。

标本99DT0202⑫A：102，夹细砂红褐陶，局部黑，里灰黑。肩饰绳纹后按抹呈细线状，颈多竖按痕。侈口，卷沿，圆唇，领较外斜，溜肩，残。手制轮修，火候一般。口径14、残高9.5厘米（图八三三，17）。标本99AT0301㊿B：18，夹砂黑陶，局部、胎红。素面。侈口，圆唇，束领，残。轮制，火候较高。口径14.2、残高4厘米（图八三三，18）。

B型　8件。

标本00DT0707㊸：6，夹细砂黑陶，灰胎，里褐。素面。侈口，圆唇，微束领，广肩，残。轮制，火候较高。口径11.8、残高5.4厘米（图八三三，19）。标本02CT0101㉚：20，夹砂红陶，灰黑胎。肩饰绳纹后按抹呈细线状。侈口，圆唇，领微束，广肩，残。手制轮修，火候较高。残宽11.2、残高8厘米（图八三三，20）。

C型　9件。

标本98AT0103㉟：14，夹细砂灰陶。素面。口近直，圆唇，领较直，残。轮制，火候高。残宽8、残高2.8厘米（图八三四，1）。标本98AT0103㉞：32，夹细砂红陶，里局部褐。素面。敛口，圆唇，有肩，残。轮制，火候较高。残宽7.7、残高2.9厘米（图八三四，2）。

束领罐　7件，4件可分型。

A型　3件。

Aa型　1件。标本碎小。

Ab型　2件。

标本99AT0301㊿B：13，泥质灰褐陶，胎褐夹灰。素面，内壁瓦棱纹。侈口，卷沿，外沿较窄，圆唇，束领，残。轮制，火候较高。残宽5.9、残高4.5厘米（图八三四，3）。标本99AT0301㊿B：14，泥质灰陶，褐胎。素面。侈口，卷沿，沿面微凹，圆唇，束领，残。轮制，火候高。残宽6、残高3.8厘米（图八三四，4）。

B型　1件。

标本99AT0301㊿B：15，泥质黑陶。领中部饰粗凹弦纹一周。侈口，窄折沿微斜，圆唇，束领，残。轮制，火候高。残宽6.6、残高7厘米（图八三四，5）。

立沿罐　4件。

Ⅰ式：3件。

标本99AT0301㊾：79，夹砂黑陶，灰褐胎。素面。唇上翘呈浅盘口，外沿较窄，圆唇，束领，残。轮制，火候较高。残宽8、残高2.3厘米（图八三四，6）。

Ⅱ式：1件。

标本99DT0201㊶：42，夹细砂红褐陶，局部褐，里黑。敞口，斜折沿，沿面微凹，圆唇，残。轮制，火候高。残宽5.7、残高2.5厘米（图八三四，7）。

侈口罐　36件。

标本99AT0101㉚：19，夹砂灰黑陶，红胎。素面。侈口，卷沿，束颈，残。轮制，火候较高。口径15.6、残高7厘米（图八三四，8）。标本99AT0301㊾：76，夹砂黑陶，胎红夹黑。

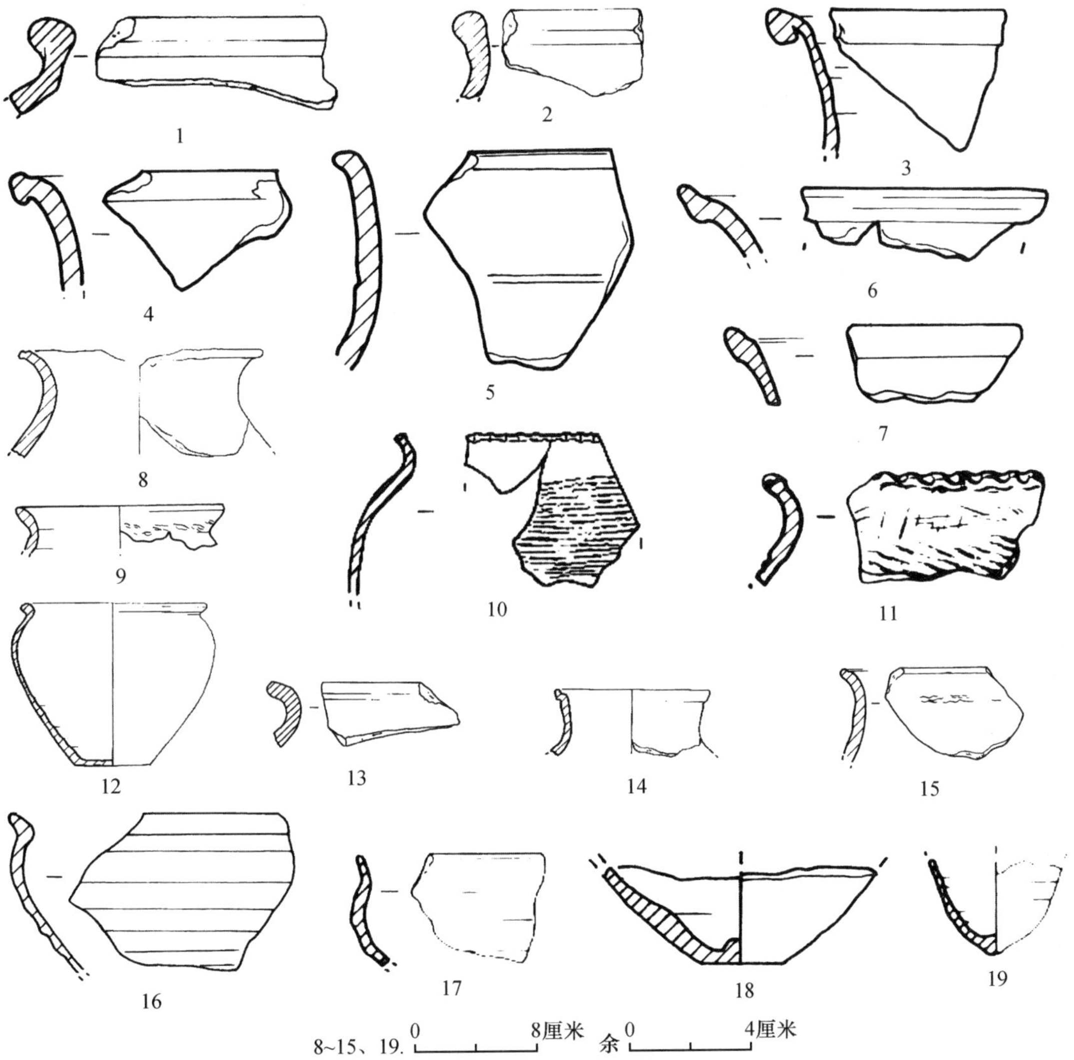

图八三四　隆井沟文化第一期早段陶器

1、2. C型矮领罐（98AT0103㉟：14、98AT0103㉞：32）　3、4. Ab型束领罐（99AT0301㊿B：13、99AT0301㊿B：14）　5. B型束领罐（99AT0301㊿B：15）　6. Ⅰ式立沿罐（99AT0301㊾：79）　7. Ⅱ式立沿罐（99DT0201㊶：42）　8、9. 侈口罐（99AT0101㉚：19、99AT0301㊾：76）　10、11. 波浪唇罐（98BT0204㉟：16、02BT0201㊽：15）　12、13. 卷沿罐（99AT0101㉚：2、99DT0202㊽：48）　14、15. 子母口罐（99DT0202㊹：41、99DT0301㊸：66）　16、17. 尖底罐（99AT0301㊿A：11、00DT0707㊸：9）　18. Ⅰ式尖底罐（02DT0102㊷：4）　19. Ⅱ式尖底罐（00DT0707㊸：10）

外沿、肩上部饰戳印纹。侈口，卷沿，圆唇，斜肩，残。轮制，火候较高。口径13.5、残高2.9厘米（图八三四，9）。

波浪唇罐　34件。

标本98BT0204㉟：16，夹砂黑陶，局部褐。唇部戳按略呈波浪形，肩、腹饰斜绳纹、竖细划纹。侈口，卷沿，溜肩，鼓腹，残。轮制，火候较高。残宽11.2、残高10厘米（图八三四，10）。标本02BT0201㊽：15，夹砂红陶，局部、胎黑。唇部戳按呈波浪形，外沿饰交错细划纹，肩饰斜粗绳纹。侈口，卷沿，斜肩，残。手制，火候较高。残宽12.8、残高7.2厘米（图八三四，11）。

卷沿罐　18件。

标本99AT0101㉚：2，泥质红陶，局部灰褐、黑。素面，外壁磨光，内壁多瓦棱纹。侈口，卷沿，圆唇，鼓肩，弧腹，平底，修复。轮制，火候较高。口径12、底径4.8、高10.4厘米（图八三四，12）。标本99DT0202㊽：48，夹细砂黑陶，紫红胎。素面。侈口，卷沿外翻，圆唇，残。轮制，火候较高。残宽9、残高4.1厘米（图八三四，13）。

子母口罐　17件。

标本99DT0202㊹：41，夹细砂黑陶，红褐胎。素面。侈口，折沿微凹呈母口，圆尖唇，矮领微束，残。轮制，火候较高。口径10、残高4.3厘米（图八三四，14）。标本99DT0301㊸：66，夹砂褐陶，局部、胎灰。素面，内沿饰凹弦纹一周，领有划痕。侈口，圆唇，束领，残。手制轮修，火候较高。残宽9、残高6厘米（图八三四，15）。

尖底罐　9件，2件可分式。

标本99AT0301㊿A：11，泥质灰褐陶。腹饰瓦棱纹。侈口，卷沿，圆尖唇，鼓上腹，下腹弧收，残。轮制，火候高。残宽7.2、残高5厘米（图八三四，16）。标本00DT0707㊸：9，夹细砂黑陶，灰褐胎。素面。侈口，斜折沿，圆唇，折腹，残。轮制，火候较高。残宽4.3、残高3.6厘米（图八三四，17）。

Ⅰ式：1件。标本02DT0102㊷：4，夹砂褐陶，胎褐夹灰。素面。下腹弧收，内底上凸，小平底，残。轮制，火候较高。底径2.4、残高3.2厘米（图八三四，18）。

Ⅱ式：1件。标本00DT0707㊸：10，夹细砂灰黑陶，胎、里灰。素面，内壁多瓦棱纹。下腹弧收，尖底，残。轮制，火候较高。残高6.2厘米（图八三四，19）。

盘口罐　7件。

标本00DT0705㉑：8，夹细砂褐陶，灰胎。素面。侈口，斜折沿，沿面微凹略呈盘状，圆唇，束颈，有肩，残。轮制，火候较高。残宽5.4、残高5.1厘米（图八三五，1）。标本02CT0101㉝：29，夹砂红褐陶，局部、胎灰黑。素面。沿面内凹呈浅盘状，圆唇，束颈，残。轮制，火候较高。口径14、残高5.2厘米（图八三五，2）。

筒腹罐　6件。

标本99AT0201㊹：13，夹细砂灰陶。素面。直口，卷沿，圆唇，直腹，残。轮制，火候较高。残宽5.2、残高2.8厘米（图八三五，3）。标本99AT0201㊸：18，泥质灰陶。素面，内外壁磨光。口微敞，卷沿，圆唇，腹较直，残。轮制，火候较高。残宽9.1、残高4.2厘米（图八三五，4）。

小罐　7件。

标本98AT0103㉟：20，夹细砂灰褐陶，里红褐。素面。侈口，卷沿，尖唇，折肩，鼓腹，残。轮制，火候高。口径8.8、残高3厘米（图八三五，5）。标本99AT0301㊿A：57，夹砂黑陶，红胎。素面。侈口，矮领外斜，鼓肩，下腹弧收，残。轮制，火候较高。残宽6.2、残高3.4厘米（图八三五，6）。标本99DT0301㊵B：12，夹砂黑陶，局部、胎褐。素面。侈口，圆唇，斜肩，鼓腹，残。轮制，火候较高。口径6.6、残高6.8厘米（图八三五，7）。标本02BT0201㊳：1，泥质黑陶，局部褐。素面。侈口，束领，折腹，圜底，残。手制，火候较高。残高7.8厘米（图八三五，8）。

折沿罐　3件。

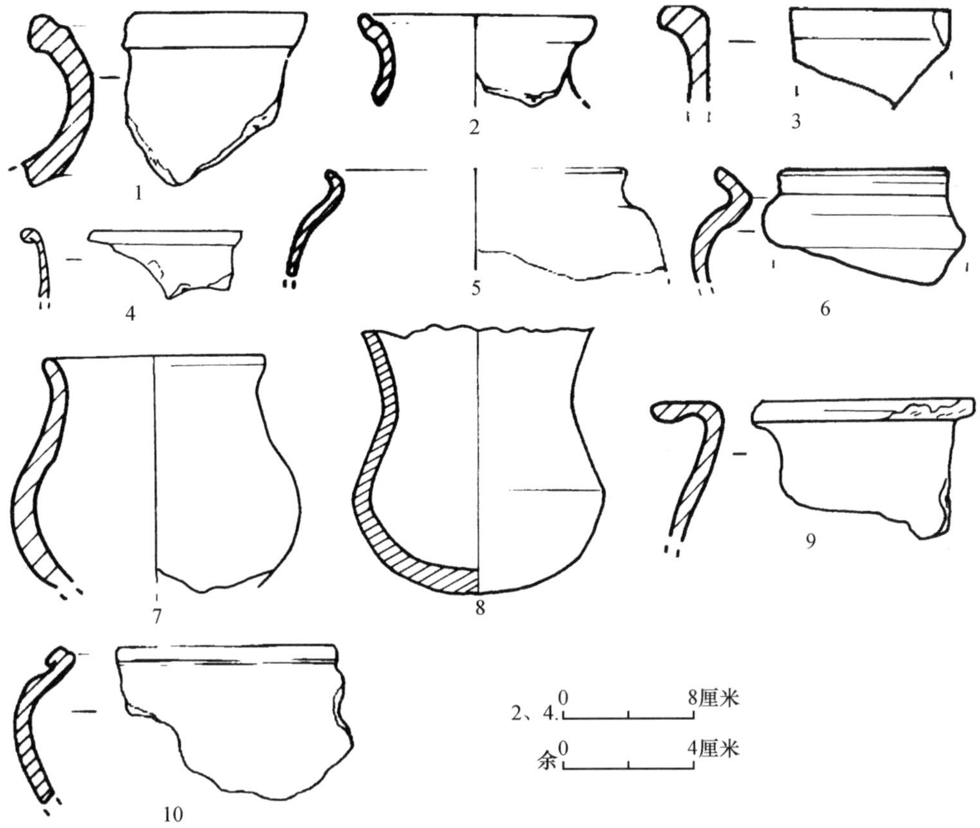

图八三五　澹井沟文化第一期早段陶器

1、2. 盘口罐（00DT0705㉑：8、02CT0101㉝：29）　3、4. 筒腹罐（99AT0201㊹：13、99AT0201㊸：18）
5～8. 小罐（98AT0103㉟：20、99AT0301㊿A：57、99DT0301㊵B：12、02BT0201㊳：1）
9. 折沿罐（99DT0301㊵B：6）　10. 圈足罐（00DT0705㉑：7）

标本99DT0301㊵B：6，夹砂黑陶，红褐胎。素面。敛口，平折沿较宽，圆唇，颈微斜弧，鼓腹，残。轮制，火候较高。残宽6.6、残高4厘米（图八三五，9）。

直口罐　2件。标本碎小。

大口罐　2件。标本碎小。

折肩罐　1件。标本碎小。

圈足罐　1件。

标本00DT0705㉑：7，夹细砂黑陶，褐胎。素面。敛口，微有斜折沿，圆唇，鼓肩，残。轮制，火候较高。残宽7、残高4.6厘米（图八三五，10）。

罐底　44件。标本碎小。

罐形釜　211件，209件可分型。

A型　197件。

Aa型　168件，109件可分式。

Ⅰ式：32件。

标本99AT0101㉛：34，夹砂灰褐陶，局部灰、黑。腹饰斜细绳纹。侈口，圆唇，束颈，鼓腹，残。手制轮修，火候较高。口径10.8、残高7.2厘米（图八三六，1）。标本

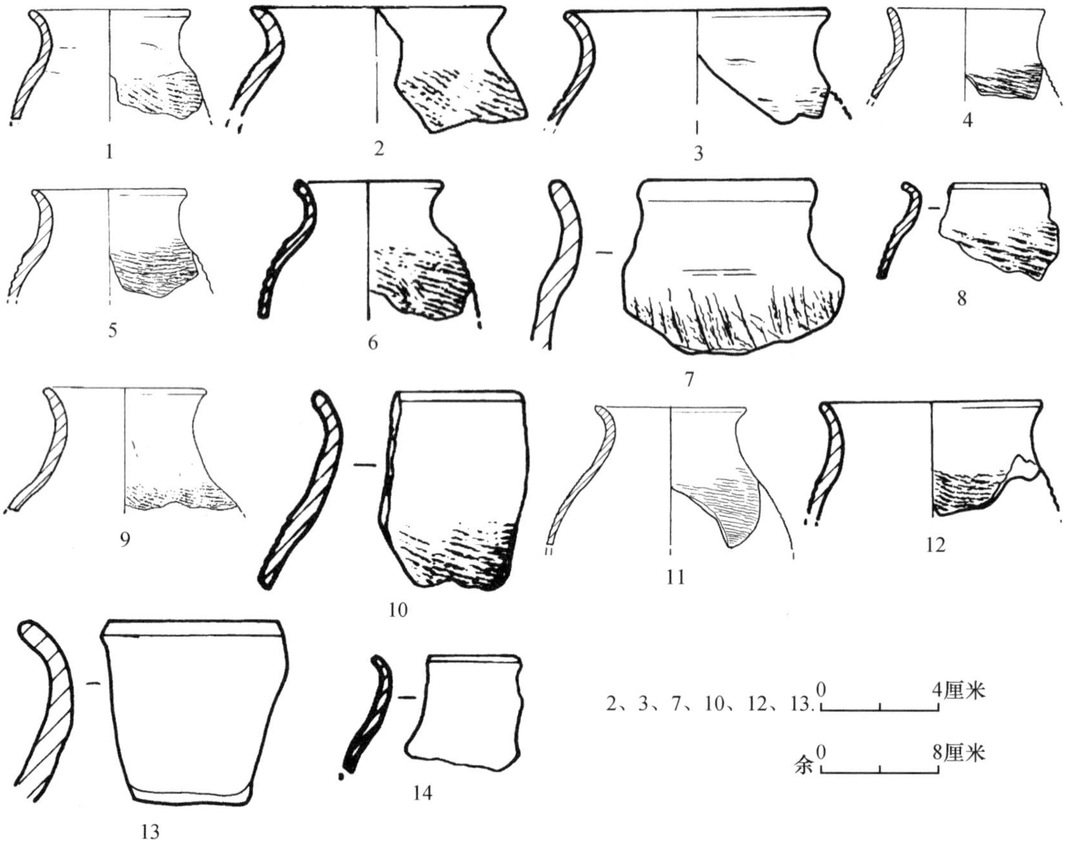

图八三六　瀼井沟文化第一期早段陶器

1～3. Aa型Ⅰ式罐形釜（99AT0101㉛：34、99AT0201㊺A：45、99AT0301㊽：22）　4～6. Aa型Ⅱ式罐形釜（99DT0201㊶：24、99DT0301㊵B：9、02CT0101㉛A：15）　7、8. Aa型Ⅲ式罐形釜（99AT0301㊾：41、02BT0201㊵：22）　9、10. Ab型Ⅰ式罐形釜（99AT0101㉚：20、02BT0201㊶：20）　11、12. Ab型Ⅱ式罐形釜（02DT0102㉜：21、99DT0301㊸：72）　13、14. B型罐形釜（99AT0301㊾：44、02BT0201㊽：22）

99AT0201㊺A：45，泥质灰陶。腹饰细绳纹。侈口，卷沿，尖唇，束颈，溜肩，残。轮制，火候较高。口径8、残高3.8厘米（图八三六，2）。标本99AT0301㊽：22，夹砂灰褐陶，胎红夹灰，里红。腹饰斜细绳纹。侈口，圆唇，束颈，鼓腹，残。轮制，火候高。口径8.8、残高3.8厘米（图八三六，3）。

Ⅱ式：59件。

标本99DT0201㊶：24，夹细砂黑陶，灰黑胎。腹部拍印绳纹。侈口，卷沿，圆唇，束颈，鼓腹，残。轮制，火候较高。口径10.4、残高5.9厘米（图八三六，4）。标本99DT0301㊵B：9，夹砂褐陶，局部、里黑。腹饰斜绳纹。侈口，圆唇，束颈，鼓腹，残。手制轮修，火候较高。口径10.4、残高7.2厘米（图八三六，5）。标本02CT0101㉛A：15，夹砂灰黑陶，局部灰褐。腹饰斜绳纹。侈口，圆唇，束颈，鼓腹，残。手制轮修，火候较高。口径10、残高10厘米（图八三六，6）。

Ⅲ式：18件。

标本99AT0301㊾：41，夹砂黑陶。腹饰交错绳纹。侈口，圆唇，束颈，鼓腹，残。轮制，火候较高。残宽7.2、残高5.7厘米（图八三六，7）。标本02BT0201㊵：22，夹砂褐陶，局部、里黑。腹饰斜粗绳纹。侈口，卷沿，圆唇，颈斜直，鼓腹，残。手制轮修，火候较高。残宽7.8、残高6.5厘米（图八三六，8）。

Ab型　29件，23件可分式。

Ⅰ式：10件。

标本99AT0101㉚：20，夹砂红陶，局部红褐、灰褐，灰胎。腹饰斜绳纹。侈口，圆唇，颈较斜直，鼓腹，残。手制轮修，火候较高。口径10.8、残高8厘米（图八三六，9）。标本02BT0201㊶：20，夹砂黑陶。腹饰斜绳纹。侈口，卷沿，圆唇，颈、肩斜直，鼓腹，残。手制轮修，火候较高。残宽5、残高6.5厘米（图八三六，10）。

Ⅱ式：13件。

标本02DT0102㉜：21，夹砂红陶，局部黑褐，灰黑胎。腹饰细绳纹。侈口，卷沿，圆唇，颈较斜直，鼓腹，残。轮制，火候较高。口径10、残高9.2厘米（图八三六，11）。标本99DT0301㊸：72，夹砂黑陶，局部褐。腹饰斜绳纹。侈口，卷沿，圆唇，领较斜直，鼓腹，残。轮制，火候较高。口径14.6、残高7.6厘米（图八三六，12）。

B型　12件。

标本99AT0301㊾：44，夹砂灰褐陶，局部灰黑，红胎。素面。侈口，圆唇，束颈，残。轮制，火候高。残宽6.2、残高6厘米（图八三六，13）。标本02BT0201㊽：22，夹砂红褐陶，局部灰褐，胎、里黑。素面。侈口，卷沿，圆唇，颈较斜直，鼓腹，残。手制轮修，火候较高。残宽8、残高7.6厘米（图八三六，14）。

敞口器　12件。

A型　5件。

标本99DT0301㊸：86，夹砂黑陶，局部红褐，褐胎。素面。喇叭口，外沿较窄，尖唇，残。轮制，火候较高。残宽9.6、残高4.2厘米（图八三七，1）。标本02BT0201㊿：14，夹砂红陶，局部、胎、里黑。唇部饰斜细绳切纹，上腹饰斜细绳纹。喇叭口，唇面微凹，上腹斜收，残。轮制，火候较高。残宽4.8、残高3.5厘米（图八三七，2）。

B型　7件。

标本99DT0301㊸：85，夹砂黑陶，局部黄，胎褐夹灰。素面。敞口，外沿较窄，尖唇，腹微弧收，残。轮制，火候较高。残宽7.4、残高4.2厘米（图八三七，3）。

喇叭口器　4件。Ⅰ式。

标本00DT0705⑳：15，夹细砂黑陶，灰胎。素面。喇叭口，折沿下垂，方唇，残。轮制，火候高。残宽9、残高4厘米（图八三七，4）。标本99AT0301㊾：77，夹砂灰褐陶，胎红夹灰褐。素面，内外壁磨光。喇叭口，沿外下折，圆唇，残。轮制，火候较高。残宽6.2、残高3.7厘米（图八三七，5）。

尊形器　3件。A型Ⅰ式。

标本99DT0301㊸：84，夹砂黄陶，局部红，胎灰。素面，内领多瓦棱纹。喇叭口，外沿较宽，圆唇，高束领，残。轮制，火候较高。残宽52、残高16厘米（图八三七，7）。标本99DT0301㊸：92，夹砂黑陶，局部红，胎褐夹灰黑。外沿饰横暗纹，内领多瓦棱纹。喇叭口，外沿较宽，圆唇，残。轮制，火候较高。残宽20、残高7.2厘米（图八三七，6）。

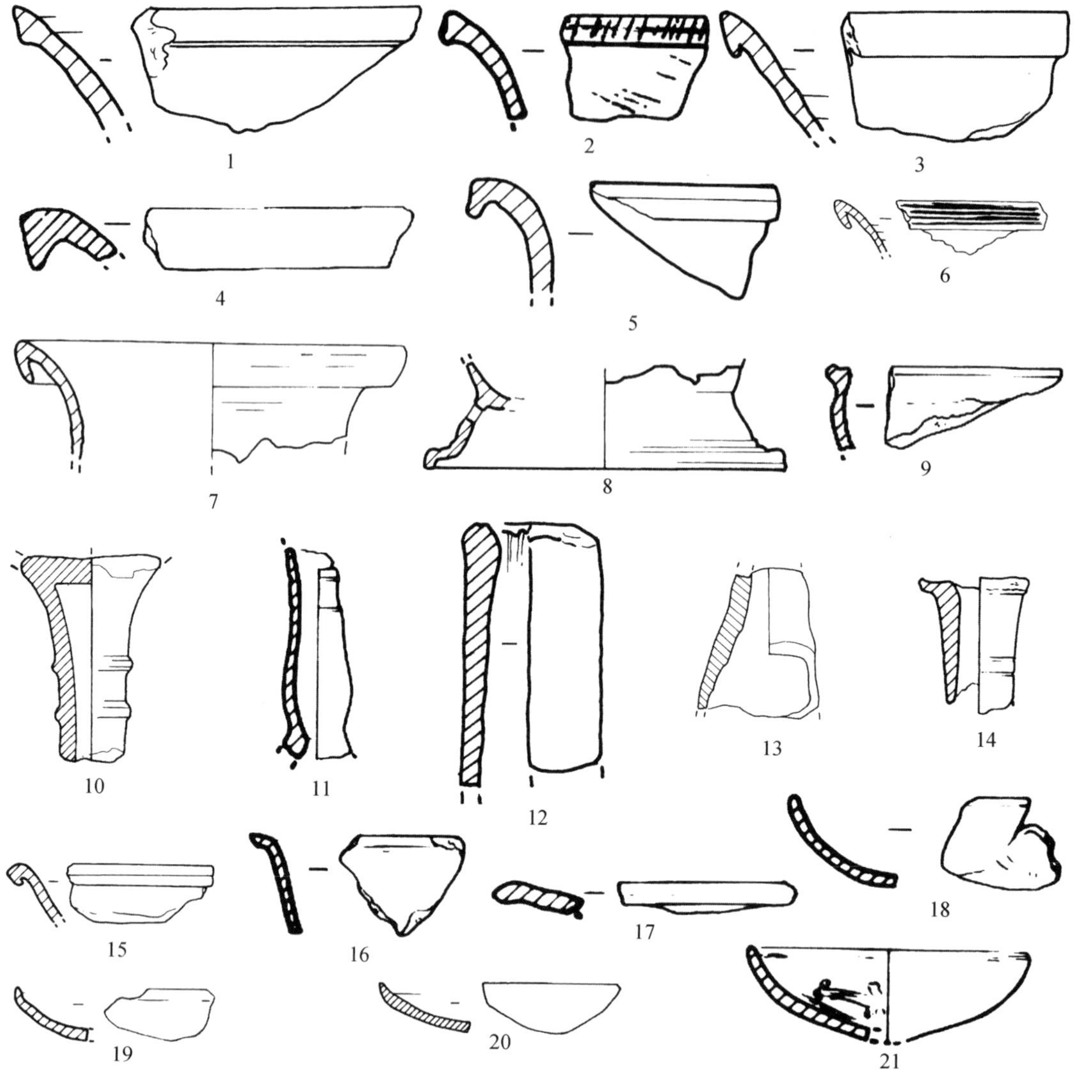

1~5、9、10、12~14. 0 4厘米　6、7. 0 16厘米　余 0 8厘米

图八三七　湷井沟文化第一期早段陶器

1、2. A型敞口器（99DT0301㊸：86、02BT0201㊿：14）　3. B型敞口器（99DT0301㊸：85）
4、5. Ⅰ式喇叭口器（00DT0705⑳：15、99AT0301㊾：77）　6、7. A型Ⅰ式尊形器（99DT0301㊸：92、99DT0301㊸：84）
8. 圈足簋（99AT0301㊾：61）　9. 盂（99DT0202㊹：58）　10、11. C型豆柄（02DT0102㉝：12、02DT0101㉖：4）
12、13. A型豆柄（02AT0101㉚：17、99DT0202㊼：21）　14. 豆形器（02CT0101㉟：7）　15. Ⅰ式盆（99DT0301㊵B：33）
16. Ⅱ式盆（02BT0201㊳：12）　17. 浅腹盆（02CT0101㉛A：16）　18. A型Ⅰ式盘（02DT0102㉞：8）
19、20. A型Ⅱ式盘（02BT0101㉚：10、02DT0102㉛：14）　21. B型盘（02BT0101㉚：11）

圈足簋　1件。

标本99AT0301㊾：61，夹砂黑陶，局部黑褐，胎褐夹灰黑。圈足上部饰圆形镂孔，下腹饰细凹弦纹。下腹弧收，圈足较高，上部较斜直，下部外撇，残。分制，火候较高。足径24、残高6.8厘米（图八三七，8）。

甑　1件。标本碎小。

盂　1件。

标本99DT0202㊹：58，夹细砂灰黑陶，紫红胎。素面。敛口，平折沿，沿面微凹，圆尖唇，弧腹，残。轮制，火候较高。残宽5.8、残高2.8厘米（图八三七，9）。

豆柄　8件。

A型　3件。

标本02AT0101㉚：17，泥质黑陶，红褐胎。素面。圆柱形柄较粗，残。手制，火候较高。直径4.6、残高8.6厘米（图八三七，12）。标本99DT0202㊼：21，泥质灰褐陶。素面。圆柱形柄，喇叭形座中空，残。轮制，火候较高。残宽3、残高4.9厘米（图八三七，13）。

C型　5件。

标本02DT0102㉝：12，泥质黑皮陶，胎红褐夹灰。柄饰凸棱两道，器表磨光。底较平，竹节状细高柄，残。轮制，火候较高。残高6.7厘米（图八三七，10）。标本02DT0101㉖：4，泥质黑皮陶，红褐胎。柄中部饰凹弦纹，器表磨光。粗圆柱形柄，中部内收，喇叭形豆座，残。轮制，火候较高。残宽4.6、残高13.6厘米（图八三七，11）。

豆形器　1件。

标本02CT0101㉟：7，泥质黑陶，紫红胎。柄饰凹弦纹。微有盘，细柄、中空，残。轮制，火候较高。残高4.4厘米（图八三七，14）。

盆　6件。

Ⅰ式：2件。

标本99DT0301㊵B：33，夹砂红褐陶，局部红。敞口，沿外下卷后内折，圆唇，上腹微弧收，残。轮制，火候高。残宽9.7、残高4厘米（图八三七，15）。

Ⅱ式：4件。

标本02BT0201㊳：12，夹砂红褐陶，局部、胎黑。素面。敞口，折沿近平，斜方唇，腹斜直内收，残。手制轮修，火候较高。残宽8.4、残高6.4厘米（图八三七，16）。标本99DT0301㊵B：32，夹砂红陶，里褐。素面。敞口，卷沿近平，沿面微凹，唇面微凹，上腹斜收，残。轮制，火候较高。残宽7.6、残高5.2厘米。

浅腹盆　1件。

标本02CT0101㉛A：16，夹砂黑陶，局部褐，灰胎。素面。敞口，沿外下卷，圆唇，腹斜急收，残。轮制，火候高。残宽11.8、残高2.2厘米（图八三七，17）。

盘　88件，87件可分型。

A型　76件。

Ⅰ式：63件。

标本02DT0102㉞：8，夹砂灰褐陶，局部黑、红褐，里黑。素面，多划痕。敞口，圆唇，弧腹，残。手制轮修，火候较高。残宽7.8、残高6厘米（图八三七，18）。

Ⅱ式：13件。

标本02BT0101㉚：10，夹砂红陶，局部黑，胎红夹褐。素面。微敞口，尖唇，弧腹，圜底，残。手制轮修，火候较高。残宽7.2、残高3.4厘米（图八三七，19）。标本02DT0102㉛：14，夹砂灰褐陶，局部、里红褐。素面。敞口，圆尖唇，弧腹，残。手制轮修，火候高。残宽9、残高3.3厘米（图八三七，20）。

B型　11件。

标本02BT0101㉚：11，夹砂红褐陶，局部灰褐，胎、里黑。素面，内壁多粗划纹。敞口，方唇，弧腹，圜底，残。手制轮修，火候较高。口径18.6、残高5.8厘米（图八三七，21）。

圜底钵　74件。

A型　67件。

Ⅰ式：50件。

标本98B0204㉞：5，夹砂褐陶，局部红、黑，里红，灰胎。素面。敛口，沿内斜折，弧腹，圜底，复原。手制轮修，火候较高。口径14、高5厘米（图八三八，1）。标本99AT0301㊾：46，夹砂黑陶，局部、胎红。素面。敛口，沿内卷，圆唇，上腹微鼓，弧腹，圜底，复原。手制轮修，火候较高。口径10.4、高4.8厘米（图八三八，2）。标本00DT0706㉓：21，夹细砂黑陶，局部灰。素面。敛口，圆唇，圆腹，圜底，复原。手制轮修，火候较高。口径13.8、高7.6厘米（图八三八，3）。

Ⅱ式：16件。

标本98AT0103㉞：36，夹细砂黑陶，灰黑胎，里红。素面。口近直，圆唇，弧腹，残。手制，火候不高。口径12.6、残高4.4厘米（图八三八，4）。标本00DT0705㉒：31，夹细砂红陶。素面。口近直，沿微内卷，弧腹，残。手制轮修，火候一般。口径14.2、残高4.4厘米（图八三八，5）。

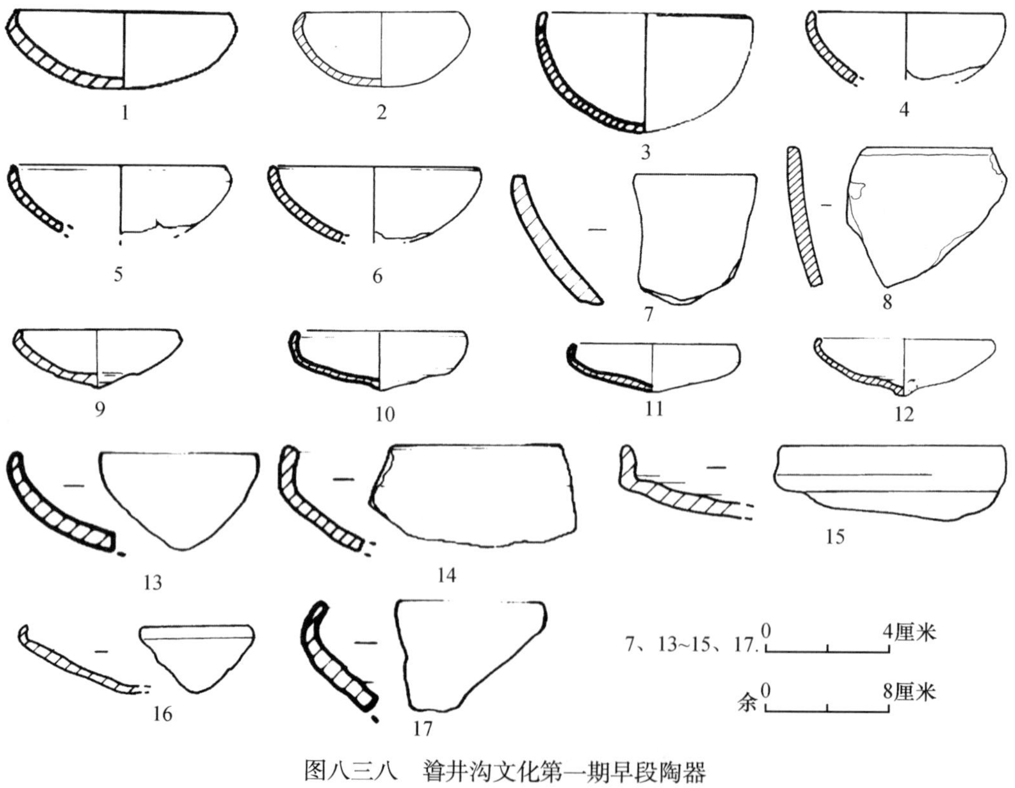

图八三八　澹井沟文化第一期早段陶器

1～3. A型Ⅰ式圜底钵（98BT0204㉞：5、99AT0301㊾：46、00DT0706㉓：21）　4、5. A型Ⅱ式圜底钵（98AT0103㉞：36、00DT0705㉒：31）　6. A型Ⅲ式圜底钵（98AT0103㉞：35）　7、8. B型圜底钵（99DT0201㊶：29、02DT0102㊵：18）　9～12. A型Ⅰ式尖底盏（99AT0101㉛：1、99AT0301㊿A：7、99AT0301㊾：5、00DT0605㉖：9）　13. A型Ⅱ式尖底盏（02BT0201㊽：28）　14. B型Ⅰ式尖底盏（00DT0705⑳：12）　15. B型Ⅱ式尖底盏（99DT0301㊸：52）　16、17. C型尖底盏（99DT0301㊸：53、02BT0201�51：18）

Ⅲ式：1件。

标本98AT0103㉞：35，夹细砂褐陶，口部黑。素面。敞口，圆唇，弧腹，残。手制，火候不高。口径13.6、残高4.8厘米（图八三八，6）。

B型　7件。

标本99DT0201㊶：29，夹细砂褐陶，胎、里红。素面。口近直，方唇，弧腹内收，残。手制轮修，火候较高。残宽4、残高4.2厘米（图八三八，7）。标本02DT0102㊵：18，夹砂灰褐陶，局部、里黑。素面。敞口，方唇，弧腹，残。手制，火候高。残宽10.4、残高9厘米（图八三八，8）。

平底钵　1件。B型。标本碎小。

花边口钵　1件。标本碎小。

盒　1件。标本碎小。

尖底盏　213件，180件可分型。

A型　139件。

Ⅰ式：124件。

标本99AT0101㉛：1，夹砂灰黑陶，局部褐，里灰。素面，内下腹微有瓦棱纹。敛口，沿内卷，圆唇，弧腹，尖底，复原。轮制，火候较高。口径10.2、高3.7厘米（图八三八，9）。标本99AT0301㊿A：7，夹砂灰褐陶，局部灰黑，褐胎。素面，内下腹饰瓦棱纹。敛口，沿内卷，圆唇，弧腹，尖底，复原。轮制，火候较高。口径11.6、高3.8厘米（图八三八，10）。标本99AT0301㊾：5，夹砂黑陶，局部红、灰褐。素面。敛口，沿内卷，圆唇，弧腹，尖底，复原。轮制，火候较高。口径11、高3.2厘米（图八三八，11）。标本00DT0605㉖：9，夹细砂灰陶，局部黑。腹饰划纹、戳印纹。敛口，内卷沿，圆唇，弧腹，尖底，复原。轮制，火候较高。口径11.4、高3.8厘米（图八三八，12）。

Ⅱ式：15件。

标本02BT0201㊽：28，夹砂灰褐陶，局部黑。素面。口近直，圆唇，弧腹，残。手制轮修，火候高。残宽5.6、残高3.2厘米（图八三八，13）。

B型　6件。

Ⅰ式：2件。

标本00DT0705⑳：12，夹细砂黑陶，灰褐胎。素面。敛口，圆唇，折腹，残。轮制，火候高。残宽6.8、残高3.4厘米（图八三八，14）。

Ⅱ式：4件。

标本99DT0301㊸：52，夹砂褐陶，局部黑。素面。直口，圆唇，折腹，残。轮制，火候较高。残宽7.6、残高2.4厘米（图八三八，15）。

C型　35件。

标本99DT0301㊸：53，夹砂褐陶，局部灰、黑。素面。敛口，圆内卷，圆尖唇，腹较斜，圆尖底，残。手制轮修，火候较高。残宽7.6、高4.4厘米（图八三八，16）。标本02BT0201㊿：18，夹砂黑陶，局部红褐。素面。敛口，沿内卷，圆唇，腹较斜直，残。手制轮修，火候较高。残宽5、残高3.4厘米（图八三八，17）。

角杯　2295件。

A型　13件。

标本00DT0706㉓：27，泥质灰黑陶，局部红黄。素面，下部有凸棱，内壁瓦棱纹。腹斜弧，下腹折内收，尖底，残。轮制，火候高。残高8.8厘米（图八三九，1）。标本02BT0201㊿：3，泥质红陶，局部褐。素面，下腹有棱，内壁多旋痕。腹斜弧，下腹折内收，尖底，残。轮制，火候高。残高7.2厘米（图八三九，2）。

B型　2282件。

标本02DT0101㉕：2，泥质灰黑陶，局部红褐。素面，内壁多旋痕。敞口，尖唇，

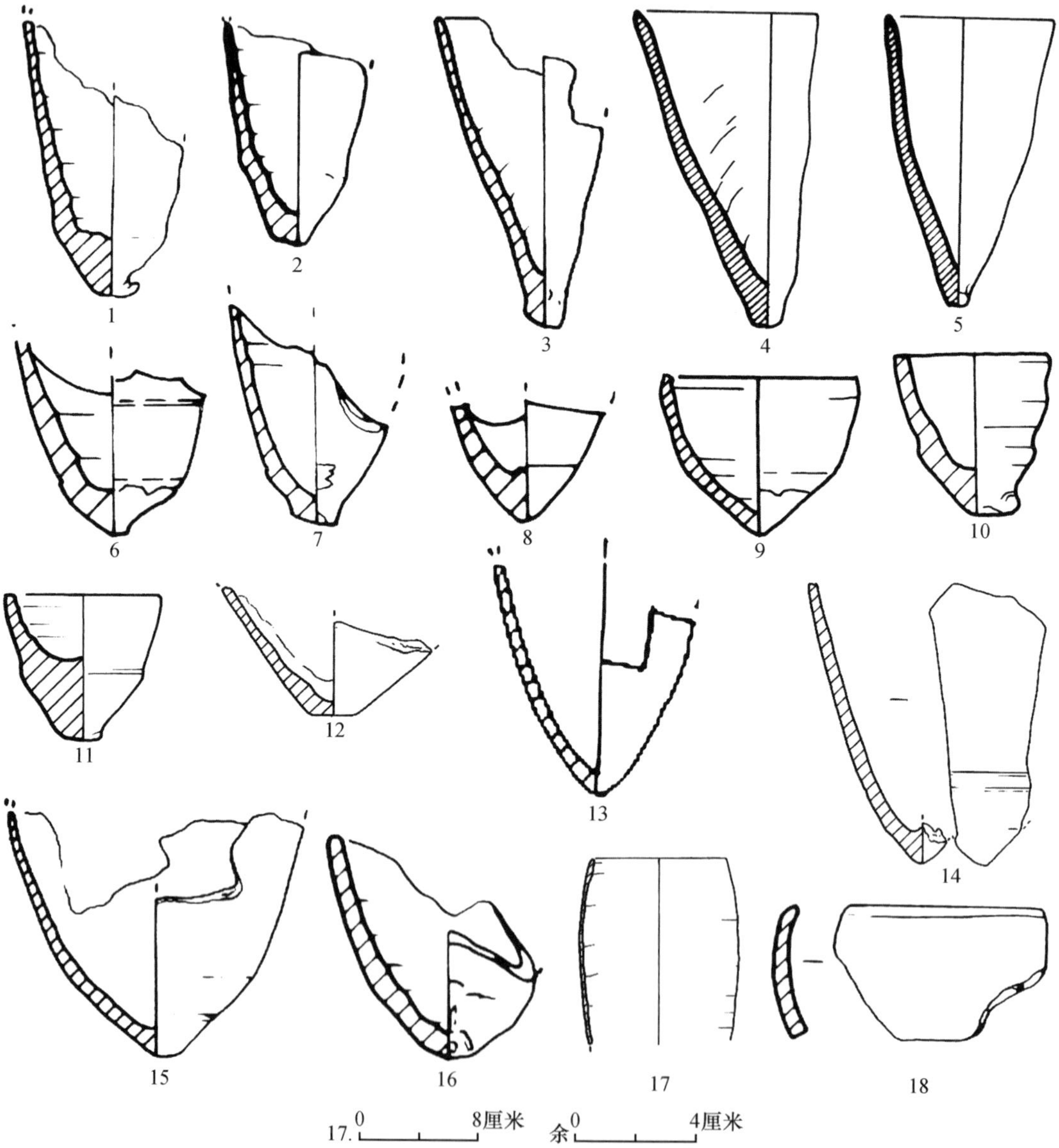

图八三九　瓮井沟文化第一期早段陶器

1、2. A型角杯（00DT0706㉓：27、02BT0201㊿：3）　3～5. B型角杯（02DT0101㉕：2、99AT0301㊿A：60、99AT0301㊿A：61）　6、7. A型尖底杯（99AT0201㊺A：60、99AT0201㊺A：61）　8～11. B型尖底杯（99AT0201㊹：14、02DT0102㊷：2、99AT0301㊾：71、99DT0201㊶：34）　12. Ⅰ式炮弹形杯（99DT0202㊽：7）　13～16. Ⅱ式炮弹形杯（98BT0204㉟：9、99DT0202㊽：9、00DT0808㊳：1、02BT0201㊸：10）　17. 炮弹形杯口（99DT0202㊾：24）　18. 杯（02BT0201㊴：8）

斜弧腹，尖底，微残。手制轮修，火候较高。口径6.3、高10厘米（图八三九，3）。标本99AT0301㊿A：60，泥质红陶。素面，器壁有轮制旋痕。敞口，尖唇，腹不对称，一侧较斜，另一侧较直，尖底，实足跟较高，完整。手制轮修，火候较高。口径5.9、高10.4厘米（图八三九，4）。标本99AT0301㊿A：61，泥质红陶，局部灰褐，灰胎。素面。敞口，尖唇，腹斜弧收，尖底，完整。手制轮修，火候较高。口径5.4、高9.5厘米（图八三九，5）。

尖底杯　868件。

A型　10件。

标本99AT0201㊺A：60，夹细砂灰陶。下部有对称戳印痕四处，器壁有旋痕。弧腹，下部附加尖底，残。轮制，火候较高。残高6.4厘米（图八三九，6）。标本99AT0201㊺A：61，夹细砂黑陶。下部有戳印痕三处，器壁有旋痕。弧壁，尖底，残。轮制，火候较高。残高4.7厘米（图八三九，7）。

B型　858件。

标本99AT0201㊹：14，夹细砂黑陶。素面。弧壁，下部有折棱，尖底，实足跟较高，残。轮制，火候较高。残高4.2厘米（图八三九，8）。标本02DT0102㊷：2，泥质红陶，局部灰黑。素面，内沿有细凹槽一周。敛口，圆唇，折腹，上腹较斜直，下腹斜内收，尖底，修复。轮制，火候较高。口径6、高5.1厘米（图八三九，9）。标本99AT0301㊾：71，泥质黑陶，局部、里红，胎外灰褐里红。素面。斜方唇，腹斜弧，下腹有凸棱一道，尖底，残。轮制，火候高。口径5.1、高5.2厘米（图八三九，10）。标本99DT0201㊶：34，夹细砂红陶，灰黑胎。下腹凸弦纹，内壁瓦棱纹。敞口，方唇，折腹，尖底，残。轮制，火候高。口径5.2、高4.7厘米（图八三九，11）。

炮弹形杯　41件。

Ⅰ式：6件。

标本99DT0202㊽：7，夹细砂灰黑陶，灰胎。素面，器表多细旋痕。下腹斜收，极小平底，残。轮制，火候高。底径1.6、残高4.1厘米（图八三九，12）。

Ⅱ式：35件。

标本98BT0204㉟：9，泥质灰黑陶。素面。下腹弧收，尖底，残。轮制，火候较高。残高7.2厘米（图八三九，13）。标本99DT0202㊽：9，泥质砂黑陶，局部灰。下腹饰细凹弦纹。弧腹，尖底，残。轮制，火候高。残高9.1厘米（图八三九，14）。标本00DT0808㊳：1，夹细砂黑陶，局部灰。下部多细旋痕。弧腹，下腹微折，尖底，残。轮制，火候较高。残高8厘米（图八三九，15）。标本02BT0201㊸：10，夹砂灰陶，下腹、底、内壁黑。下腹近底处饰戳印纹，内壁多旋痕。下腹斜弧，尖底，残。轮制，火候高。残高7.4厘米（图八三九，16）。标本02BT0201㊸：1，泥质灰黑陶，下部黑，胎灰白、黑。腹饰浅瓦棱纹，下腹饰戳印纹。口微侈，内沿斜折，沿面微凹，圆尖唇，腹微鼓，下腹弧收，尖底，残。轮制，火候较高。口径8.2、残高11厘米（图版七一，2）。

炮弹形杯口　1件。

标本99DT0202㊾：24，泥质灰褐陶，局部、里黑。器表微有瓦棱纹。敛口，尖唇，微鼓腹，残。轮制，火候高。口径8.8、残高11.9厘米（图八三九，17）。

杯 5件。

标本02BT0201㊴：8，夹砂黑陶。素面，外沿刮抹。敛口，圆唇，上腹微鼓，残。手制，火候较高。残宽7、残高4.4厘米（图八三九，18）。

匜 2件。

标本99AT0301㊾：60，夹砂黑陶，局部、里红褐。素面。敛口，沿内沿，圆唇，沿部外撇呈流，弧腹，残。手制，火候较高。残宽4.6、残高8.9厘米（图八四〇，1）。标本99DT0201㊶：37，夹细砂灰陶，红褐陶。残剩柄部，圆柱状，中空，一端略大。手制，火候较高。残长6.4、最大径3.1厘米（图八四〇，2）。

勺（柄） 1件。

标本00DT0705㉔：4，泥质黑陶，紫红胎。鸟头形，头前部两侧饰眼形划纹，一侧中部饰云雷形划纹，前下部饰圆形镂孔。一端圆柱形，一端捏扁成头部，中空，残。手制，火候高。长7.9、直径2.1厘米（图八四〇，3）。

器盖 28件，22件可分型。

A型 13件。

标本99DT0301㊵B：21，夹砂黑陶，胎、里褐。素面，内外壁磨光。弧壁，敞口，圆唇，残。手制，火候较高。残宽6、残高3.6厘米（图八四〇，4）。标本02DT0102㊷：8，泥质黑陶，红褐胎。器表多细凹弦纹。弧壁，敞口，圆唇，残。轮制，火候高。残宽4.8、残高3.5厘米（图八四〇，5）。

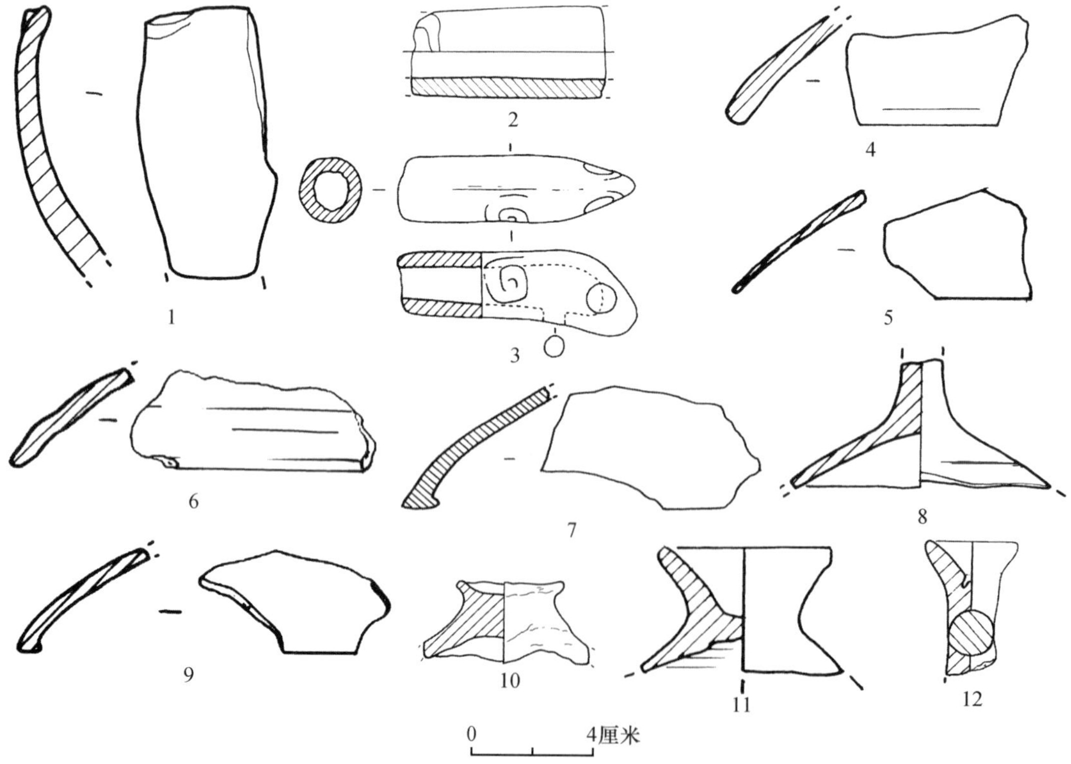

图八四〇 瓮井沟文化第一期早段陶器

1、2. 匜（99AT0301㊾：60、99DT0201㊶：37） 3. 勺（柄）（00DT0705㉔：4） 4、5. A型器盖（99DT0301㊵B：21、02DT0102㊷：8） 6. B型Ⅰ式器盖（99DT0202㊹：52） 7、9. B型Ⅱ式器盖（99DT0202㊹：51、00DT0909㉕：5） 8、10～12. 盖纽（99DT0202㊻：23、99AT0301㊿B：25、02DT0102㊳：19、99DT0202㊿A：116）

B型　9件。

Ⅰ式：6件。

标本99DT0202㊹：52，夹细砂黑陶，红胎。器表饰凹弦纹一周。弧壁，敞口，沿微外卷，圆唇，残。轮制，火候较高。残宽8.3、残高3.2厘米（图八四〇，6）。

Ⅱ式：3件。

标本99DT0202㊹：51，夹细砂灰黑陶，胎褐夹灰。素面。壁微弧，敛口，内折沿，尖唇，残。轮制，火候较高。残宽7.3、残高4厘米（图八四〇，7）。标本00DT0909㉕：5，夹细砂黑陶，局部灰褐。素面，内壁微有瓦棱纹。弧壁，敛口，微有内折沿，圆唇，残。轮制，火候较高。残宽6.4、残高3.4厘米（图八四〇，9）。

盖纽　5件。

标本99AT0301㊿B：25，泥质黑陶，红胎。素面。圈足形纽，盖壁较斜直，残。轮制，火候较高。残宽5.5、残高2.6厘米（图八四〇，10）。标本02DT0102㊳：19，夹砂黑陶，红褐胎。素面。圆圈形捉手，圆唇，壁较斜，盖壁斜，残。轮制，火候较高。捉手径5.8、残高4.1厘米（图八四〇，11）。标本99DT0202㊻：23，泥质灰黑陶，局部、胎灰。器表饰细凹弦纹。细圆柱形纽，盖壁弧，残。轮制，火候较高。残宽8.6、残高4.2厘米（图八四〇，8）。标本99DT0202㊾A：116，夹细砂黑陶，紫红胎。细高柱形捉手，顶部外张，圆唇，残。轮制，火候高。捉手径3、残高4.4厘米（图八四〇，12）。

器座　37件，35件可分型。

A型　30件。

标本99AT0201㊸：34，夹细砂褐陶，里红色。素面。截面略呈梯形，敛口，弧壁，方唇，残。手制，火候一般。口径8.8、底径16、高11.6厘米（图八四一，1）。标本99AT0201㊸：35，夹细砂褐陶。素面。截面略呈梯形，敛口，弧壁，方唇，残。手制，火候较高。口径13.2、底径16.4、高9.6厘米（图八四一，2）。标本99AT0301㊽：42，夹砂褐陶，局部红褐，胎红夹灰。素面。敛口，方唇，壁较斜直，复原。手制，火候较高。口径13、高10.2厘米（图八四一，3）。标本98AT0103㉞：25，夹细砂黑陶，局部灰褐。素面，器表有刮抹、划痕。截面梯形，壁较斜直，残。手制，火候较高。口径14、残高10.6厘米（图八四一，4）。标本02BT0201㊶：31，夹砂红褐陶，局部灰，里黑。素面。敛口，方唇，上腹斜直，下腹外弧，复原。手制，火候较高。口径15.2、底径23.2、高10.8厘米（图八四一，5）。

B型　5件。

标本98AT0103㉟：23，夹细砂灰陶。器表饰组状细划纹。敛口，内下斜折沿，腹微束，残。轮制，火候较高。口径21、残高6.8厘米（图八四一，6）。

不明器　5件。

标本98AT0103㉞：50，夹细砂褐陶，局部黑，灰胎。素面，口部变形内凹。侈口，卷沿，圆唇，鼓腹，残。手制，火候高。残宽6.2、残高4.6厘米（图八四一，7）。标本02BT0201㊵：32，夹砂黑陶，红褐胎。素面。喇叭口，沿近平，方唇，残。轮制，火候较高。口径24、残高4.6厘米（图八四一，8）。

器耳　3件。

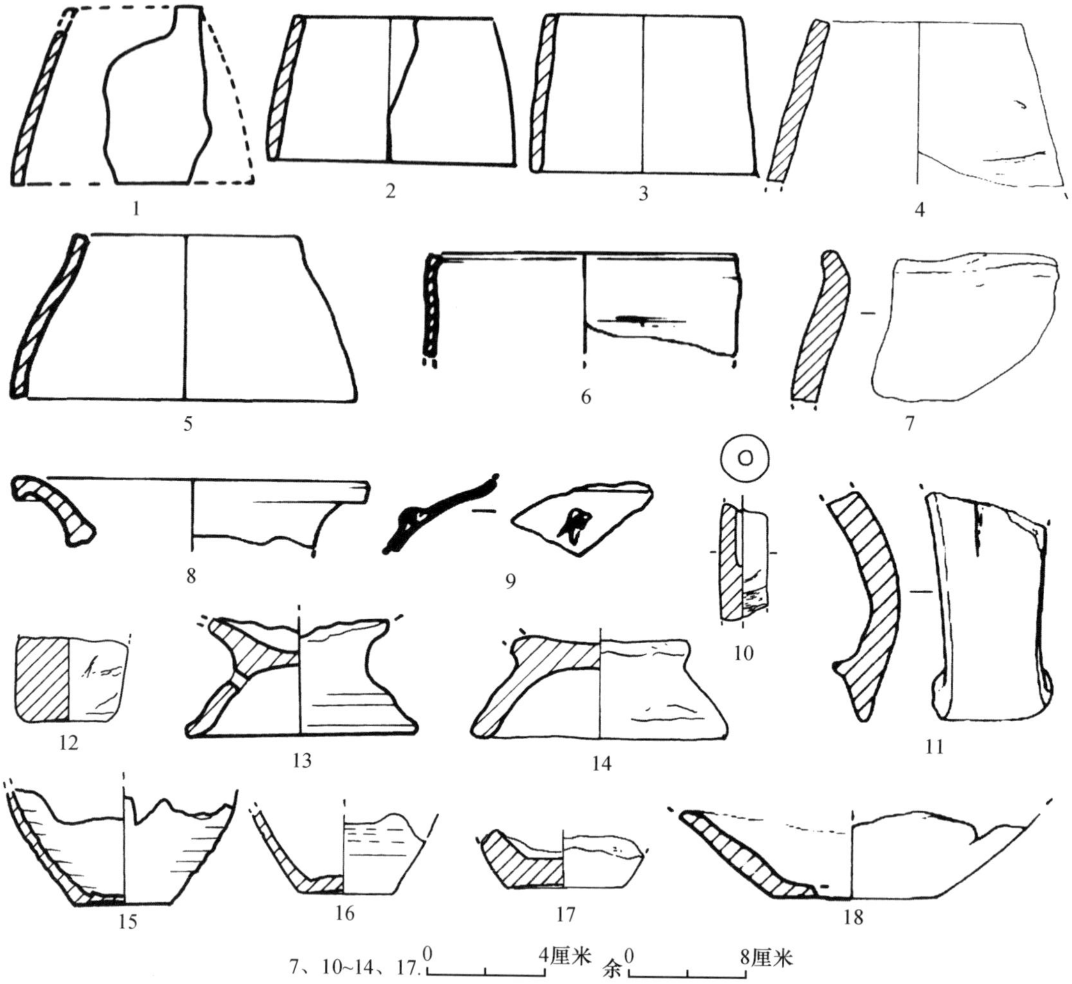

图八四一　㽏井沟文化第一期早段陶器

1~5. A型器座（99AT0201㊸：34、99AT0201㊸：35、99AT0301㊽：42、98AT0103㉞：25、02BT0201㊶：31）　6. B型器座（98AT0103㉟：23）　7、8. 不明器（98AT0103㉞：50、02BT0201㊵：32）　9. 器耳（02DT0101㉖：5）　10、11. 器鋬（99DT0301㊵B：43、00DT0705㉔：6）　12. B型器足（99DT0301㊵B：22）　13、14. 圈足（99AT0301㊾：59、99DT0301㊸：90）　15~18. 器底（99AT0301㊽：45、99DT0301㊸：91、99DT0202㊾A：121、98AT0103㉟：43）

标本02DT0101㉖：5，夹砂黑陶。素面。领内斜折，圆肩、附加圆穿耳，残。轮制，火候较高。残宽9.2、残高4.6厘米（图八四一，9）。

器鋬　2件。

标本99DT0301㊵B：43，夹砂灰褐陶，局部灰黑。素面。圆柱形，局部中空，残。轮制，火候较高。直径1.6、残长3.8厘米（图八四一，10）。标本00DT0705㉔：6，夹粗砂灰褐陶，红胎。鋬中部饰粗划纹。桥形，残。手制，火候较高。残长7.5、宽4厘米（图八四一，11）。

器足　1件。B型。

标本99DT0301㊵B：22，夹砂红陶。素面。近圆柱形，残。手制，火候较高。直径约3.7、残高2.8厘米（图八四一，12）。

圈足　12件。

标本99AT0301㊾：59，夹砂黑陶，红褐胎，里褐。圈足上部饰圆形镂孔。微有下腹，内底尖圜，圈足较高外撇，残。轮制，火候较高。足径7.8、残高3.8厘米（图八四一，13）。标本99DT0301㊸：90，夹砂黑陶，局部红、褐。素面。内底较平，圈足较高外弧，残。手制，火候较高。足径8.4、残高3.4厘米（图八四一，14）。

器底　30件。

标本99AT0301㊽：45，夹砂黑陶，局部红褐。下腹、内壁饰瓦棱纹。鼓腹，下弧收，平底微凹，残。轮制，火候较高。底径6.2、残高7.6厘米（图八四一，15）。99DT0301㊸：91，夹砂红陶，局部黑、褐。腹内外饰瓦棱纹。下腹斜收，底微凹，残。轮制，火候较高。底径6.4、残高5.4厘米（图八四一，16）。99DT0202㊾A：121，夹细砂红陶，胎、里灰褐。素面。微有下腹，小平底微凹，残。手制，火候高。底径3.7、残高1.9厘米（图八四一，17）。标本98AT0103㉟：43，夹细砂黑陶。素面，器表有划痕。下腹较斜直，平底，残。轮制，火候较高。底径10.4、残高5.7厘米（图八四一，18）。

纺轮　50件。

A型　20件，13件可分亚型。

Aa型　9件。

标本99AT0301㊿A：10，夹砂褐陶，局部红褐、黑。素面，外壁磨光。截面近梯形，折腰，上部较斜直，下部内弧，顶、底较平，中部圆形穿，完整。手制，火候较高。最大径3.3、高2.1厘米（图八四二，1）。

Ab型　4件。

标本99AT0201㊺A：24，夹砂黑陶，局部红褐。底饰细划纹，器表磨光。凸台形，平顶，底微弧，腰微束，中部圆形穿，微残。手制，火候较高。最大径4.3、穿径0.8、高2.4厘米（图八四二，2）。

B型　10件。

标本99AT0201㊸：1，泥质红陶，局部、胎灰。腰饰凹弦纹，器表磨光。圆凸台形，顶微弧，底较平，腰上部微弧，下部折棱形，中部圆形穿，微残。轮制，火候较高。最大径3.2、穿径0.5、高2厘米（图八四二，3）。标本98AT0103㉞：1，泥质黑陶。腰饰斜凹弦纹，器表磨光。钉帽形，弧顶，平底，折腰，中部圆形穿，完整。轮制，火候较高。最大径3.2、穿径0.4、高1.7厘米（图八四二，4；图版七一，3）。标本00DT0605㉖：1，夹细砂红褐陶，局部浅黄。腰部饰凹弦纹两周。截面略呈梯形，腰部内弧，顶、底平，微残。轮制，火候较高。顶径1、底径3.4、高1.7厘米（图八四二，5）。

C型　9件，8件可分亚型。

Cb型　8件。

标本99AT0201㊺A：13，夹砂红褐陶，局部黑。素面，器表磨光。近算珠形，平顶，底较平，鼓腰，中部圆形穿，完整。轮制，火候较高。最大径3.9、穿径0.7、高2厘米（图八四二，6）。标本99AT0201㊺A：14，夹砂红褐陶，局部黑。素面，器表磨光。算珠形，顶、底微弧，凸折腰，中部圆形穿，完整。轮制，火候较高。最大径3.3、穿径0.5、高2.1厘米（图八四二，7）。

D型　7件。

图八四二　瀞井沟文化第一期早段陶器

1. Aa型纺轮（99AT0301(51)A：10）　2. Ab型纺轮（99AT0201㊺A：24）　3～5. B型纺轮（99AT0201㊸：1、98AT0103㉞：1、00DT0605㉖：1）　6、7. Cb型纺轮（99AT0201㊺A：13、99AT0201㊺A：14）　8～10. D型纺轮（99DT0301㊶：84、99AT0201㊺A：15、99AT0301(51)A：11）　11、12. Ea型纺轮（02BT0201(53)：1、99DT0301㊶：56）　13、14. Eb型纺轮（00DT0705㉒：2、99AT0201㊺A：33）

标本99DT0301㊶：84，泥质黑陶。顶、底饰篦点纹。圆饼形，束腰，顶、底较平，完整。轮制，火候较高。直径2.9、高1.2厘米（图八四二，8；图版七一，4）。99AT0201㊺A：15，夹砂黑陶，局部红，暗紫红胎。素面，器表磨光。圆饼形，顶、底平，束腰，复原。手制，火候较高。直径2.9、高1.5厘米（图八四二，9）。标本99AT0301㊿A：11，夹砂黑陶，局部灰褐。素面。圆台形，腰微凹，顶、底微凹，微残。轮制，火候较高。直径3、高1.3厘米（图八四二，10）。

E型　4件。

Ea型　2件。

标本02BT0201㊸：1，泥质黑陶，胎芯灰色。饰三圆形镂孔，腰部凹槽一周。平面圆形，上、下面与腰部内凹，修复。轮制，火候较高。直径8.2、高0.6厘米（图八四二，11）。标本99DT0301㊶：56，夹砂黑褐陶，局部褐，黑胎。素面。圆片形，中有圆形穿，残。手制，火候较高。直径6.2、高0.7厘米（图八四二，12）。

Eb型　2件。

标本00DT0705㉒：2，夹细砂灰黑陶，灰胎，里红。表面饰粗绳纹。平面圆形，内面微凹，用陶片周边磨圆而成。直径5.8、高1.6厘米（图八四二，13）。标本99AT0201㊺A：33，夹砂灰褐陶，局部橙黄。表面饰绳纹。近圆形，完整。用陶片周边磨圆而成。直径约4、高1厘米（图八四二，14）。

网坠　38件。

A型　20件。

标本02CT0101㉝：3，夹砂褐陶，局部灰黑。素面。细管状，中空，微残。手制，火候较高。残长5.9、最大径1.4厘米（图八四三，1）。

B型　18件。

标本98AT0103㉞：16，夹细砂红褐陶，局部黑。素面。梭形管状。手制，火候高。长4.9、最大径1.95厘米（图八四三，3）。98AT0103㉟：40，泥质灰陶。素面。梭形，中空，微

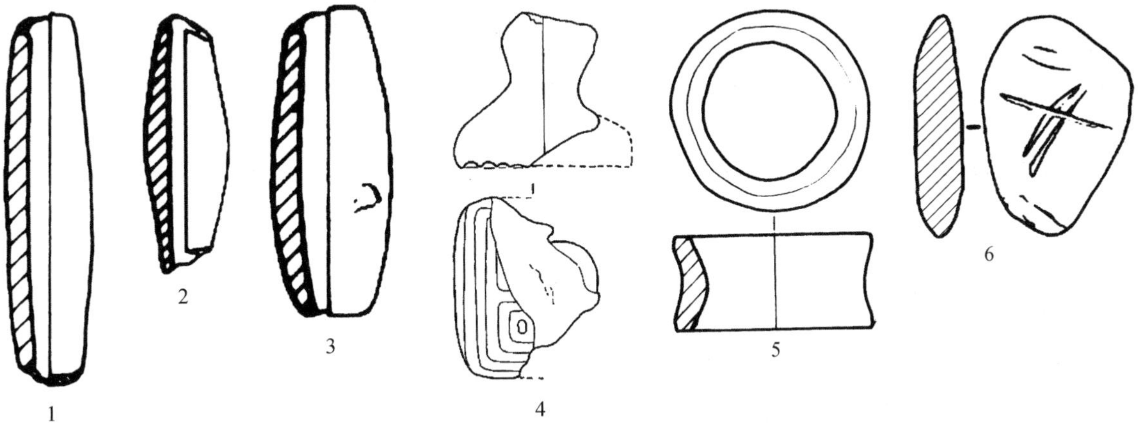

图八四三　沣井沟文化第一期早段陶器

1. A型网坠（02CT0101㉝：3）　2、3. B型网坠（98AT0103㉟：40、98AT0103㉞：16）　4. 纹模（98BT0104㉛：1）　5. 环形饰件（99DT0301㊶：43）　6. 饰件（00DT0705㉒：1）

残。手制，火候高。残长4、直径1.4厘米（图八四三，2）。

纹模　1件。

标本98BT0104㉛：1，夹砂红陶，局部黑。模面阴刻云雷纹。模面近方形，背面中部有圆柱形纽，残。手制，火候较高。纽径3、边长约5.8、高5厘米（图八四三，4）。

环形饰件　2件。

标本99DT0301㊶：43，泥质黑褐陶，局部红褐。素面。圆环形，束腰，完整。轮制，火候较高。直径3.2、高1.5、壁厚0.4厘米（图八四三，5）。

饰件　3件。

标本00DT0705㉒：1，泥质红陶。表面饰粗划纹。圆尖形，尖部残。用陶片磨制而成。残长3.6、最宽2.4、厚0.7厘米（图八四三，6）。

2. 晚段

此段文化层也较多，但陶器出土数量较早段少，参加分类排队的陶器共4056件。陶质、陶色、纹饰、制法、火候与早段相似，但早段出土数量很多的角杯、尖底杯、炮弹形杯等在此段发现极少。

（1）陶系

以98AT0103㉝、99AT0201㊳、02BT0201㉟为典型单位，介绍如下：

98AT0103㉝

共出陶器152件。陶质全为夹砂，以夹细砂为主，占87.50%，少量夹粗砂，占12.50%。陶色以灰、褐陶为主，占35.53%和32.23%，红陶较少，占19.08%，黑陶最少，占13.16%。器表以纹面为主，占59.87%，素面较多，占40.13%。纹饰以绳纹和粗绳纹为主，各占34.21%和22.37%，复合纹、方格纹、凹弦纹、暗纹很少。器类以罐、瓮为主，各占32.90%和30.93%，缸、盆、钵、尖底盏等较少，有20.39%的腹片不辨器形（表一六七）。

表一六七　98AT0103㉝出土陶器统计表

陶质	夹细砂				夹粗砂				合计	%
陶色	灰	红	黑	褐	灰	红	黑	褐		
纹饰/器类										
粗绳纹	13	8	1	12					34	22.37
绳纹	15	13	2	22					52	34.21
方格纹	1								1	0.66
凹弦纹								1	1	0.66
复合纹			2						2	1.32
暗纹							1		1	0.66
素面	19	7	11	7	6	1	3	7	61	40.13
合计	48	28	16	41	6	1	4	8	152	100
%	31.58	18.42	10.53	26.97	3.95	0.66	2.63	5.26	100	
缸					1		1		2	1.32
瓮					2				2	1.32

续表

陶质	夹细砂				夹粗砂				合计	%
陶色	灰	红	黑	褐	灰	红	黑	褐		
纹饰/器类										
辫唇瓮	12	10	1	16					39	25.66
齿唇瓮							1	5	6	3.95
花边口罐	16	11		17					44	28.95
素沿罐		1							1	0.66
罐	2		1	2					5	3.29
盆	1								1	0.66
钵	6	1	1	4					12	7.89
尖底盏	4		2	1					7	4.61
圈足			1						1	0.66
器底			1						1	0.66
不明腹片	7	5	9	2	2	1	2	3	31	20.39

99AT0201㊳

共出陶器263件。陶质全为夹砂，以夹细砂为主，占96.95%，夹粗砂极少，占3.05%。陶色以褐、灰陶为主，各占34.60%和31.56%，次为红陶，占25.09%，黑陶最少，占8.75%。器表以纹面为主，占76.43%，素面较少，占23.57%。纹饰以绳纹为主，占72.62%，凹弦纹、粗绳纹、划纹、戳印纹、复合纹很少。器类以罐为主，占76.80%，钵较少，占5.32%，缸、尖底盏、角杯、器盖、器座、网坠等很少，有12.17%的腹片难辨器形（表一六八）。

表一六八　99AT0201㊳出土陶器统计表

陶质	夹细砂				夹粗砂				合计	%
陶色	灰	红	黑	褐	灰	红	黑	褐		
纹饰/器类										
粗绳纹						1			1	0.38
绳纹	59	54	3	73			2		191	72.62
凹弦纹	3		2	1					6	2.28
划纹				1					1	0.38
戳印纹			1						1	0.38
复合纹	1								1	0.38
素面	18	11	14	14	2		1	2	62	23.57
合计	81	65	20	89	2	1	3	2	263	100
%	30.80	24.71	7.60	33.84	0.76	0.38	1.14	0.76	100	
缸				1					1	0.38
罐	7	4	2	6					19	7.22
花边口罐	58	51	2	71				1	183	69.58
钵	4	4	1	5					14	5.32

续表

陶质	夹细砂				夹粗砂				合计	%
陶色	灰	红	黑	褐	灰	红	黑	褐		
纹饰/器类										
尖底盏	1								1	0.38
角杯		1							1	0.38
器盖			1						1	0.38
器座		1							1	0.38
板瓦?	1								1	0.38
器底	1		1						2	0.76
网坠			7						7	2.66
不明腹片	9	4	6	6	2	1	1	3	32	12.17

02BT0201㉟

共出陶器95件。陶质全为夹砂。陶色以灰陶为主，占57.89%，次为褐陶，占23.16%，再次为红陶，占14.74%，黑陶最少，占4.21%。器表以纹面为主，占55.79%，素面较多，占44.21%。纹饰以绳纹为主，占40.00%，次为细绳纹，占14.74%，雷纹很少。器类以罐为主，占46.50%，次为瓮、釜，各占15.90%和14.74%，钵较少，占12.63%，缸最少，占1.05%（表一六九）。

表一六九　02BT0201㉟出土陶器统计表

陶质	夹砂				合计	%
陶色	灰	红	黑	褐		
纹饰/器类						
绳纹	19	10		9	38	40.00
细绳纹	9	4		1	14	14.74
雷纹	1				1	1.05
素面	26		4	12	42	44.21
合计	55	14	4	22	95	100
%	57.89	14.74	4.21	23.16	100	
缸	1				1	1.05
辫唇瓮	5			3	8	8.42
齿唇瓮				3	3	3.16
瓮腹片	4				4	4.21
罐	2		1		3	3.16
花边口罐	4			3	7	7.37
辫唇罐	10	10			20	21.05
子母口罐	3				3	3.16
圈足罐				1	1	1.05
罐腹片	10				10	10.53
釜	9	4		1	14	14.74

续表

陶质	夹砂				合计	%
陶色	灰	红	黑	褐		
纹饰/器类						
钵	3		3	6	12	12.63
器底	4			5	9	9.47

（2）器类

按唇缸　67件。

Ⅰ式：5件。

标本98AT0103㉝：14，夹细砂红陶，灰胎，里红褐。唇部饰较浅按窝，内壁有按抹痕。侈口，卷沿，沿面近唇处微凹，束颈，残。手制轮修，火候较高。残宽6.3、残高4.9厘米（图八四四，1）。

Ⅱ式：41件。

标本98AT0103㉝：8，夹细砂红陶，局部、里红褐，灰胎。唇部饰较深按窝，内壁有按抹痕。侈口，卷沿，沿面近唇处内凹，束颈，残。手制，火候较高。残宽10.2、残高5.4厘米（图八四四，2）。标本99AT0101㉚：10，夹砂红陶，局部、胎红夹灰。唇部按窝较浅，肩饰绳纹。侈口，领外斜，溜肩，残。手制，火候较高。口径21.8、残高7.4厘米（图八四四，3）。

Ⅲ式：21件。

标本98BT0204㉝：1，夹砂褐陶，局部、胎黑。唇部按窝较深，外沿饰按窝。侈口，卷沿，残。手制，火候较高。残宽13.6、残高3.6厘米（图八四四，4）。标本99AT0101㉚：15，夹砂黑陶，局部灰褐。唇部按窝较深，肩饰戳印纹、交错绳纹。侈口，矮领微束，溜肩，残。手制，火候较高。残宽13.6、残高8.6厘米（图八四四，5）。

辫唇缸　51件。

A型　46件。

Ⅰ式：26件。

标本99AT0201㊲A：25，夹粗砂褐陶，黑胎。唇部抹压呈辫状，领部饰戳印纹，上腹饰竖绳纹。侈口，外翻领，鼓腹，残。轮制，火候较高。口径38.6、残高10.1厘米（图八四四，6）。标本02BT0201㊲：12，夹砂褐陶，局部黑，灰褐胎，里红。唇部按抹呈辫绳波浪形。侈口，卷沿，残。手制，火候较高。残宽12、残高6.8厘米（图八四四，7）。

Ⅱ式：20件。

标本02CT0101㉘：19，夹砂红褐陶，局部红、灰黑，灰褐胎。唇部按抹略呈辫绳波浪形，肩饰中粗绳纹。侈口，卷沿外翻，溜肩，残。手制，火候较高。口径32.8、残高11.2厘米（图八四四，8）。标本02BT0201㊲：14，夹砂红褐陶，局部灰褐、黑。唇部戳按、外沿内按略呈波浪形，肩饰斜粗绳纹。侈口，领外斜，溜肩，残。手制，火候较高。残宽18、残高10.4厘米（图八四四，9）。标本H529：1，夹砂黑陶，部分红褐、灰黑。唇部按抹呈辫绳波浪形，器表饰交错绳纹，下腹有一近竖长方形小孔，内壁有薄层灰白色钙化物。侈口，卷沿，鼓腹，最大径在上腹，圜底，复原。手制，火候较高。口径37.2、高48.2厘米（图版七二，1）。

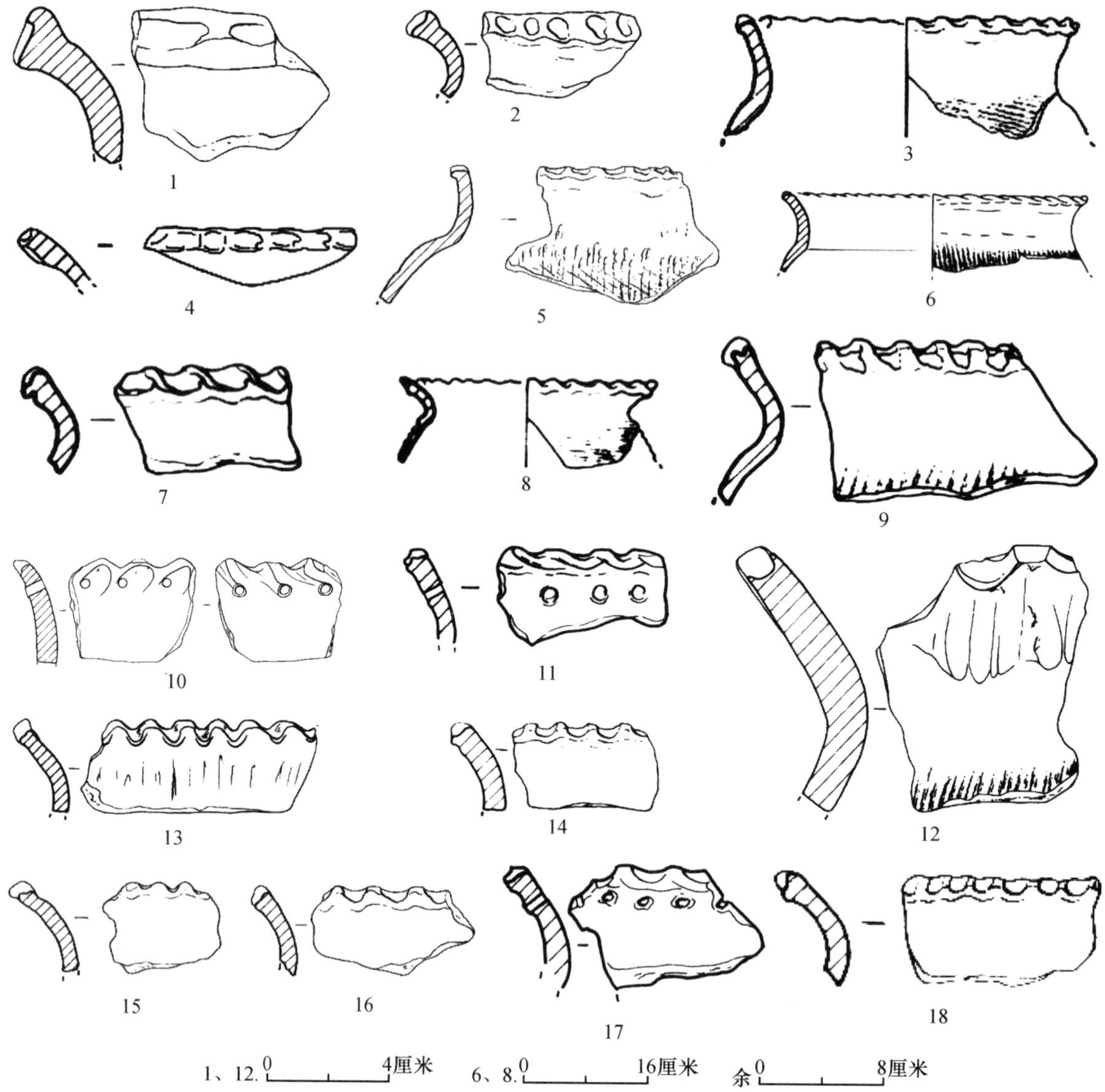

图八四四 瓮井沟文化第一期晚段陶器

1. Ⅰ式按唇缸（98AT0103㉝：14） 2、3. Ⅱ式按唇缸（98AT0103㉝：8、99AT0101㉚：10） 4、5. Ⅲ式按唇缸（98BT0204㉝：1、99AT0101㉚：15） 6、7. A型Ⅰ式辫唇缸（99AT0201㊲A：25、02BT0201㊲：12） 8、9. A型Ⅱ式辫唇缸（02CT0101㉘：19、02BT0201㊲：14） 10、11. B型辫唇缸（99AT0201㊲A：24、99AT0301㊹B：7） 12. A型Ⅰ式齿唇缸（99AT0201㊶：12） 13、14. A型Ⅱ式齿唇缸（99AT0201㊲B：11、02BT0201㊱：8） 15. Ba型Ⅰ式齿唇缸（99DT0202㊸：63） 16. Ba型Ⅱ式齿唇缸（99DT0202㊸：64） 17、18. Bb型齿唇缸（99AT0301㊸：17、02BT0201㊱：9）

B型 5件。

标本99AT0201㊲A：24，夹细砂褐陶，黑胎。唇部抹压呈齿状，内沿有按窝，其下饰里向外穿镂孔。敞口，残。轮制，火候较高。残宽8.1、残高6.5厘米（图八四四，10）。标本99AT0301㊹B：7，夹砂黑陶，局部灰褐。唇部按抹略呈辫绳波浪形，领上部饰圆形镂孔。侈口，领外斜，残。手制，火候较高。残宽10.8、残高6厘米（图八四四，11）。

齿唇缸 34件，33件可分型。

A型 25件。

Ⅰ式：4件。

标本99AT0201㊶：12，夹细砂褐陶，局部红，灰胎。唇面戳印呈齿状，外沿有刮抹痕，腹饰绳纹。侈口，宽卷沿，束领，残。轮制，火候较高。残宽6.9、残高8.3厘米（图八四四，12）。

Ⅱ式：21件。

标本99AT0201㊲B：11，夹细砂褐陶，灰黑胎，里红褐。唇面压印呈深齿状，外沿有刮抹痕。敞口，宽卷沿，残。轮制，火候较高。残宽15、残高6.4厘米（图八四四，13）。标本02BT0201㊱：8，夹砂红陶，局部灰褐，胎、里黑。唇部戳按略呈波浪形齿。侈口，束领，残。手制，火候较高。残宽9.2、残高5.6厘米（图八四四，14）。

B型　8件。

Ba型　5件。

Ⅰ式：1件。

标本99DT0202㊸：63，夹细砂红褐陶，黑胎。唇部戳按略呈波浪形齿。侈口，卷沿外翻，残。手制，火候较高。残宽7.6、残高5.6厘米（图八四四，15）。

Ⅱ式：4件。

标本99DT0202㊸：64，夹细砂红陶，灰黑胎。唇部按压呈波浪形。侈口，卷沿，残。手制，火候较高。残宽10.3、残高5.6厘米（图八四四，16）。

Bb型　3件。

99AT0301㊸：17，夹粗砂灰褐陶，红褐胎。唇部戳按略呈波浪形齿，领上部饰圆形镂孔。侈口，外翻，残。手制，火候较高。残宽12、残高8厘米（图八四四，17）。标本02BT0201㊱：9，夹砂红褐陶，局部褐。唇部戳按略呈波浪形齿。侈口，领外翻，残。手制，火候较高。残宽12.6、残高7.2厘米（图八四四，18）。

喇叭口缸　13件。

A型　8件。

Ⅰ式：4件。

标本99AT0301㊺：21，夹砂灰陶，胎褐夹灰。素面。喇叭口，沿外下卷，圆尖唇，残。轮制，火候高。残宽14、残高4.8厘米（图八四五，1）。标本02BT0101㉗：22，夹砂红褐陶，红胎。素面。喇叭口，沿外下卷，圆唇，束领，残。轮制，火候较高。残宽12.8、残高6.6厘米（图八四五，2）。

Ⅱ式：3件。

标本02BT0101㉗：23，夹砂红陶，局部红褐，胎局部黑。素面，内壁瓦棱纹。喇叭口，沿外下折，圆唇，残。盘筑，火候较高。残宽12.4、残高7.2厘米（图八四五，3）。标本02BT0101㉗：24，夹砂灰黑陶，局部红褐。素面，内壁多瓦棱纹。喇叭口，外沿较窄，圆唇，残。盘筑，火候较高。口径33.2、残高5.6厘米（图八四五，4）。

Ⅲ式：1件。

标本99AT0201㊳：14，夹砂红陶，局部、胎黑。素面。喇叭口，方唇，残。盘筑轮修，火候较高。口径48.8、残高3.2厘米（图八四五，5）。

B型　5件。

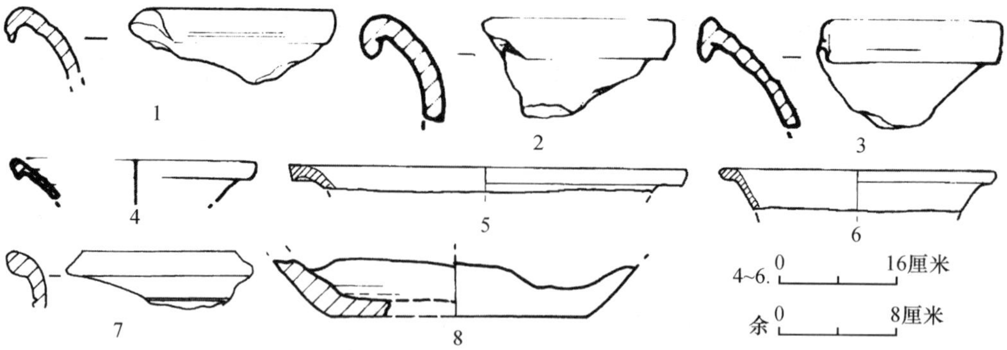

图八四五 瓮井沟文化第一期晚段陶器

1、2. A型Ⅰ式喇叭口缸（99AT0301㊺：21、02BT0101㉗：22） 3、4. A型Ⅱ式喇叭口缸（02BT0101㉗：23、02BT0101㉗：24） 5. A型Ⅲ式喇叭口缸（99AT0201㊳：14） 6、7. B型喇叭口缸（99AT0201㊴：25、99AT0301㊼：38） 8. 缸底（99AT0201㊳：21）

标本99AT0201㊴：25，夹砂黑陶，胎褐夹灰。喇叭口，沿微外下卷，方唇，束领，残。轮制，火候高。口径36.8、残高5.6厘米（图八四五，6）。标本99AT0301㊼：38，夹砂灰陶，局部灰黑。素面。领饰粗凹弦纹一周。侈口，卷沿，圆唇，束领，残。轮制，火候较高。残宽12.6、残高3.8厘米（图八四五，7）。

缸底 1件。

标本99AT0201㊳：21，泥质黑皮陶，胎红、灰红。素面，器表磨光。下腹较斜直，平底，残。轮制，火候较低。底径16.8、残高3.6厘米（图八四五，8）。

按唇瓮 90件。

Ⅰ式：38件。

标本00DT0808㉞：2，夹细砂红陶，局部褐。唇部微有按窝，肩饰中粗绳纹。侈口，卷沿，唇缘上勾，溜肩，残。手制，火候不高。口径24.6、残高11厘米（图八四六，1）。标本00DT0808㉞：3，夹细砂红陶，局部黑褐、浅黄。唇部微有按窝，肩部饰粗绳纹。侈口，卷沿，唇缘微上勾，溜肩，残。手制轮修，火候不高。口径20.2、残高7.8厘米（图八四六，2）。

Ⅱ式：26件。

标本99DT0202㊸：41，夹细砂红褐陶，胎、里黑。唇部按窝较浅，肩饰斜绳纹。侈口，卷沿，溜肩，残。手制，火候较高。残宽6.2、残高5.6厘米（图八四六，3）。标本99DT0202㊸：42，夹细砂灰褐陶，局部灰黑。唇部、内沿按窝较浅，外沿饰粗划纹。侈口，卷沿，残。手制，火候较高。残宽7.8、残高4.6厘米（图八四六，4）。

Ⅲ式：26件。

标本99AT0201㊲A：30，夹粗砂红陶，局部灰，里黑。唇面饰按压纹，领部有刮抹痕，领部饰组状划纹，肩部饰绳纹。口微侈，唇线呈波浪形，领较高，溜肩，残。手制轮修，火候较高。口径27.2、残高10.5厘米。（图八四六，5）。标本99AT0201㊲B：12，夹细砂红陶，局部褐、黑。唇内、外沿交错按压，唇线呈波浪状，领部饰戳印纹和划纹，肩部饰交错绳纹。侈口，领较高，鼓肩，残。手制轮修，火候较高。残宽14、残高7厘米（图八四六，6）。

辫唇瓮 734件。

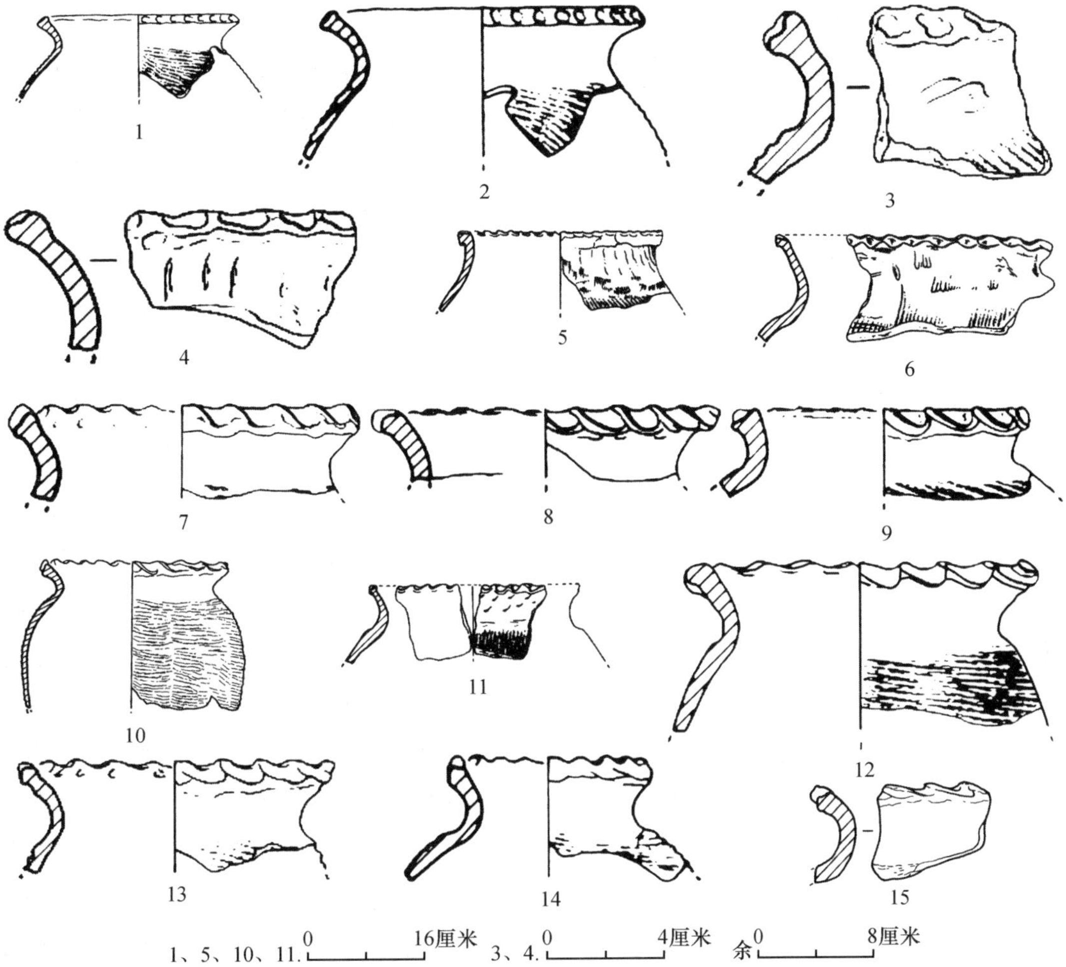

图八四六　羊井沟文化第一期晚段陶器

1、2. Ⅰ式按唇瓮（00DT0808㉞：2、00DT0808㉞：3）　3、4. Ⅱ式按唇瓮（99DT0202㊸：41、99DT0202㊸：42）　5、6. Ⅲ式按唇瓮（99AT0201㊲A：30、99AT0201㊲B：12）　7～9. A型Ⅰ式辫唇瓮（98AT0103㉝：10、99AT0201㊶：10、99AT0201㊴：15）　10、11. A型Ⅱ式辫唇瓮（99AT0301㊹A：9、99AT0201㊲A：28）　12、13. A型Ⅲ式辫唇瓮（99AT0201㊲A：20、99DT0202㊵：12）　14、15. B型辫唇瓮（02CT0101㉘：17、99AT0301㊺：11）

A型　726件。

Ⅰ式：70件。

标本98AT0103㉝：10，夹粗砂红褐陶。唇部按抹呈辫绳状，腹饰绳纹，内沿有按窝，内壁有按抹痕。侈口，卷沿，束颈，残。手制，火候一般。口径23.4、残高6.1厘米（图八四六，7）。标本99AT0201㊶：10，夹细砂灰褐陶，局部灰黑，红胎。唇部抹压呈辫状，辫痕规整，较深。敞口，残。手制轮修，火候较高。口径23、残高4.8厘米（图八四六，8）。标本99AT0201㊴：15，夹细砂灰陶，里局部红色。唇部抹压呈辫状，辫痕较深，肩部饰绳纹。侈口，领较矮，溜肩，残。轮制，火候较高。口径21.6、残高5.7厘米（图八四六，9）。

Ⅱ式：331件。

标本99AT0301㊹A：9，夹砂灰褐陶，局部、胎、里红。唇部按抹呈辫绳波浪形，肩、腹饰绳纹。侈口，卷沿，圆肩，鼓腹，残。手制，火候较高。口径25.6、残高19.6厘米（图八四六，10）。标本99AT0201㊲A：28，夹细砂红褐陶，口局部灰黑色。唇部抹压呈辫状，辫痕粗糙较浅。领部饰戳印纹，肩部饰竖绳纹。侈口，矮领，溜肩，残。手制轮修，火候较高。口径28、残高10厘米（图八四六，11）。

Ⅲ式：325件。

标本99AT0201㊲A：20，夹细砂红陶，口局部、胎灰褐。唇部抹压略呈辫状，辫痕浅，上腹饰绳纹。侈口，领较矮内束，鼓腹，残。手制轮修，火候较高。口径23.4、残高11.2厘米（图八四六，12）。标本99DT0202㊵：12，夹细砂灰褐陶，局部红，灰胎，局部黑，里红褐。唇部戳刮、外沿刮抹略呈辫绳波浪形，腹饰斜绳纹。侈口，卷沿，鼓腹，残。手制，火候较高。口径21.2、残高7.6厘米（图八四六，13）。

B型　8件。

标本02CT0101㉘：17，夹砂黑陶，局部红褐、灰褐。唇部戳刮、外沿刮抹呈波浪形，肩饰绳纹后按抹呈细线状。侈口，卷沿，圆肩，残。手制，火候较高。口径13.6、残高8.4厘米（图八四六，14）。标本99AT0301㊺：11，夹砂褐陶，局部、胎黑。唇部戳刮、外沿按抹略呈辫绳波浪形。侈口，卷沿外翻，有肩，残。手制，火候较高。残宽8、残高6.4厘米（图八四六，15）。

齿唇瓮　43件。

A型　27件，22件可分式。

Ⅰ式：15件。

标本02DT0102㉚：14，夹砂黑陶，局部灰褐。唇部戳按呈波浪形齿，肩饰划纹。侈口，微束领，斜肩，残。手制，火候较高。口径19.6、残高7厘米（图八四七，1）。标本99DT0101㉜：12，夹砂灰陶，局部灰黑。唇部戳按呈尖齿，肩饰交错绳纹，局部按抹，内沿饰按窝。口微侈，矮领微束，斜肩，残。手制，火候较高。口径20.8、残高6.8厘米。（图八四七，2）。

Ⅱ式：7件。

标本98AT0103㉝：6，夹细砂褐陶，口、里局部黑褐，灰胎。唇部按抹呈齿状，器表饰划纹（有的像字或符号），内壁有按抹痕。喇叭口，残。手制，火候较高。口径22.6、残高4.2厘米（图八四七，3）。标本99AT0301㊺：14，夹砂黑陶。唇部按抹呈波浪形齿，肩饰斜绳纹。侈口，领外斜，斜肩，残。手制，火候较高。残宽9.6、残高9.6厘米（图八四七，4）。标本99DT0202㊷B：11，夹细砂褐陶，胎外褐里黑。唇部戳按呈齿状。侈口，卷沿，沿面微凹，残。手制，火候较高。残宽9.5、残高6.4厘米（图八四七，5）。

B型　16件，11件可分亚型。

Ba型　5件。

Ⅰ式：3件。

标本99DT0202㊵：15，夹粗砂灰褐陶，局部红，口局部、里黑。唇部戳按略呈波浪形，外领饰竖印纹，领中部饰里向外长方形镂孔。侈口，束领，残。手制，火候较高。残宽8.6、残高7.7厘米（图八四七，6）。标本02BT0201㉟：11，夹粗砂褐陶，胎、里黑。唇部戳按略呈波浪形齿。侈口，领外卷，残。手制，火候较高。残宽14.4、残高7.6厘米（图八四七，7）。

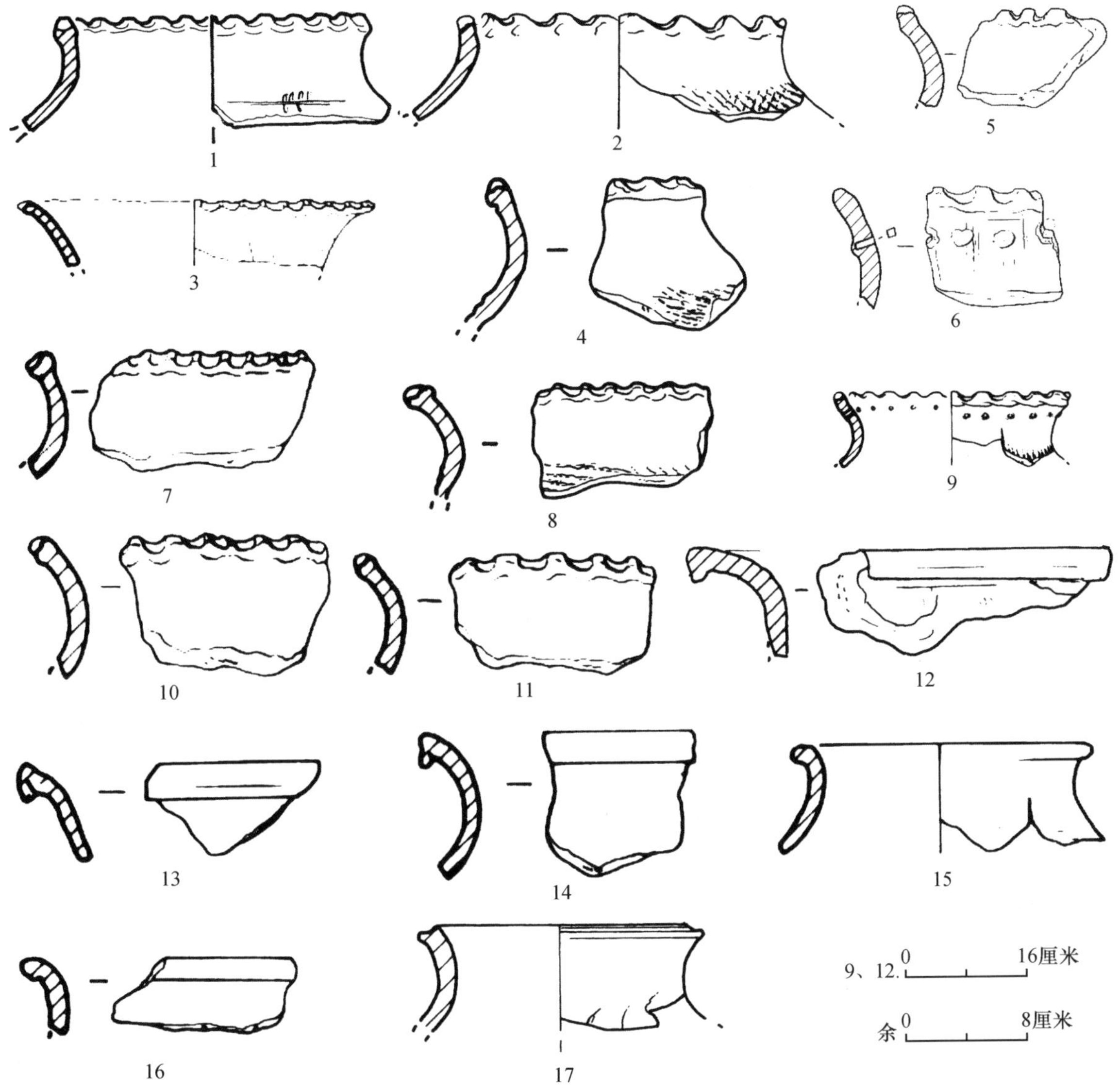

图八四七　澔井沟文化第一期晚段陶器

1、2. A型Ⅰ式齿唇瓮（02DT0102㉚：14、99DT0101㉜：12）　3～5. A型Ⅱ式齿唇瓮（98AT0103㉝：6、99AT0301㊺：14、99DT0202㊷B：11）　6、7. Ba型Ⅰ式齿唇瓮（99DT0202㊵：15、02BT0201㉟：11）　8. Ba型Ⅱ式齿唇瓮（99AT0301㊹D：5）　9、10. Bb型齿唇瓮（02BT0201㊳：8、02BT0101㉗：9）　11. Bc型齿唇瓮（02BT0201㉟：13）　12. Ⅱ式高领瓮（02AT0101㉘：11）　13. Ⅲ式高领瓮（02BT0201㊸：8）　14. A型中领瓮（02BT0201㊲：16）　15、16. B型中领瓮（02BT0201㊵：31、02BT0201㊶：26）　17. 子母口瓮（99AT0301㊸：22）

Ⅱ式：2件。

标本99AT0301㊹D：5，夹粗砂褐陶，胎褐夹黑。唇部戳按呈波浪形齿，腹饰斜中粗绳纹。侈口，领外翻，鼓腹，残。手制，火候较高。残宽11.4、残高7.2厘米（图八四七，8）。

Bb型　4件。

标本02BT0201㊳：8，夹粗砂灰褐陶，局部红、黑。唇部戳按呈波浪形，领上部饰圆形镂孔，肩饰竖粗绳纹。侈口，斜领，斜肩，残。手制，火候较高。口径30.4、残高9.6厘米（图八四七，9）。标本02BT0101㉗：9，夹粗砂褐陶，胎红夹灰黑。唇部戳按略呈波浪形。侈口，束领，残。手制，火候较高。残宽13.4、残高8.8厘米（图八四七，10）。

Bc型 2件。

标本02BT0201㉟：13，夹粗砂红陶，局部褐，灰胎。唇部戳按略呈波浪形齿。侈口，领外翻，残。手制，火候较高。残宽13.2、残高7.2厘米（图八四七，11）。

高领瓮 4件，2件可分式。

Ⅱ式：1件。

标本02AT0101㉘：11，泥质红褐陶，局部灰褐、黑。素面。侈口，卷平沿，外沿微下垂，方唇，高领微束，残。轮制，火候较高。残宽18.8、残高6.8厘米（图八四七，12）。

Ⅲ式：1件。

标本02BT0201㊸：8，夹砂黑陶，红胎。素面，内壁微显瓦棱纹。喇叭口，外沿较窄，圆唇，残。轮制，火候较高。残宽11、残高6厘米（图八四七，13）。

中领瓮 9件。

A型 7件。

标本02BT0201㊲：16，夹砂红褐陶，胎红夹灰黑。素面。侈口，沿下折，方唇，束领，残。轮制，火候较高。残宽9.6、残高9.2厘米（图八四七，14）。

B型 2件。

标本02BT0201㊵：31，夹砂黑陶，红胎。领下部饰细划纹。侈口，折沿，沿面微凹，圆唇，微束领，残。轮制，火候较高。口径19.4、残高10.8厘米（图八四七，15）。标本02BT0201㊶：26，夹砂红褐陶，局部、胎、里灰褐。素面。侈口，卷沿，圆唇，微束领，残。轮制，火候较高。残宽11.4、残高4.8厘米（图八四七，16）。

子母口瓮 1件。

标本99AT0301㊸：22，夹砂黑陶，局部、里红褐。领下部饰斜划纹。侈口，唇面内凹，束领，残。轮制，火候较高。口径22、残高6.8厘米（图八四七，17）。

矮领瓮 27件，23件可分型。

A型 20件。

Aa型 15件。

标本98AT0103㉝：2，夹粗砂黑陶，局部红，红褐胎。素面，器表有旋痕。侈口，沿外卷下垂，方圆唇，微束领，残。轮制，火候较高。口径25.4、残高5.6厘米（图八四八，1）。标本98BT0204㉜：9，夹砂黑陶，局部、里红，胎红夹灰褐。素面。口微侈，沿微外下斜，圆唇，矮领，圆肩，残。轮制，火候较高。口径16.4、残高12厘米（图八四八，2）。标本02BT0201㊽：19，夹砂黑陶，胎红褐夹黑。素面。侈口，卷沿，圆唇，束领，广肩，残。轮制，火候高。口径24.8、残高6.8厘米（图八四八，3）。标本02BT0201㊳：13，夹砂褐陶，局部橙黄，灰胎。素面。侈口，卷沿，圆唇，束领，广肩，残。轮制，火候较高。口径22.2、残高8.4厘米（图八四八，4）。

Ab型 5件。

Ⅰ式：3件。

标本99AT0201㊴：26，夹细砂灰陶。素面。侈口，卷沿，方唇，唇下缘下垂，束颈，广肩，残。口径30.4、残高10.2厘米（图八四八，5）。标本00DT0705㉑：10，夹细砂黑陶，局

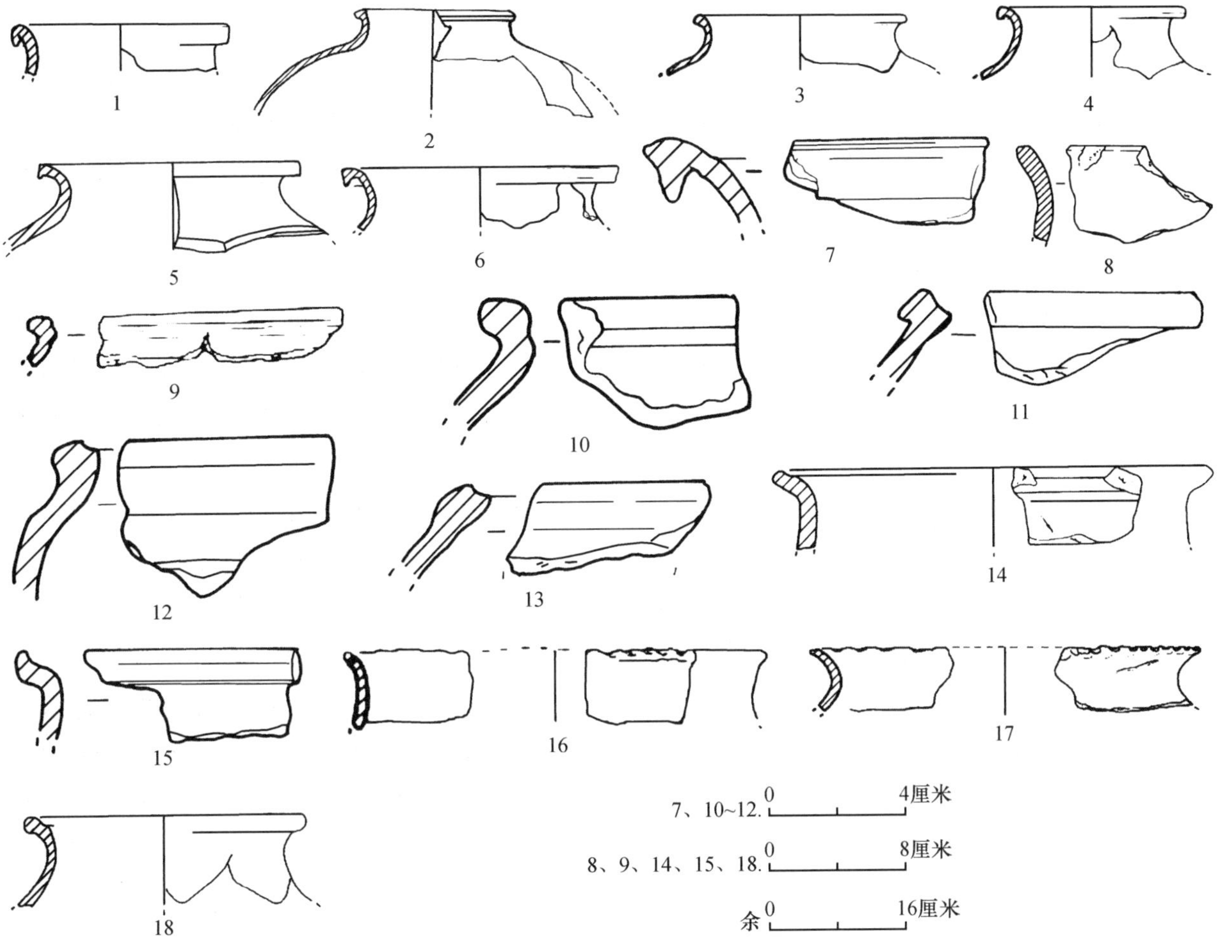

图八四八　澹井沟文化第一期晚段陶器

1～4. Aa型矮领瓮（98AT0103㉝：2、98BT0204㉜：9、02BT0201㊽：19、02BT0201㊳：13）　5、6. Ab型Ⅰ式矮领瓮（99AT0201㊴：26、00DT0705㉑：10）　7. Ab型Ⅱ式矮领瓮（99AT0301㊺：20）　8. B型Ⅱ式矮领瓮（99DT0101㉜：14）　9、10. A型Ⅰ式敛口瓮（00DT0705㉑：11、99AT0301㊼：34）　11. A型Ⅱ式敛口瓮（99AT0301㊸：25）　12、13. B型敛口瓮（99AT0301㊽：37、99AT0301㊽：38）　14. Ⅰ式盘口瓮（99AT0201㊲B：15）　15. Ⅱ式盘口瓮（99AT0301㊼：33）　16、17. 波浪唇瓮（98AT0103㉝：11、99DT0201㉜：13）　18. 子母口瓮（99DT0202㊸：56）

部、胎灰。领上部饰凸弦纹一道。侈口，沿外下折垂，方唇，束领，残。轮制，火候较高。口径31.6、残高7.2厘米（图八四八，6）。

Ⅱ式：2件。

标本99AT0301㊺：20，夹砂灰黑陶，胎红夹灰。素面。喇叭口，沿面微凹，宽外沿下垂，圆唇，残。轮制，火候较高。残宽6、残高2.6厘米（图八四八，7）。

B型　3件。

Ⅰ式：1件。标本碎小。

Ⅱ式：2件。

标本99DT0101㉜：14，夹砂红陶。素面。侈口，方唇，束领，残。轮制，火候较高。残宽8.5、残高5.5厘米（图八四八，8）。

敛口瓮　7件。

A型　5件。

Ⅰ式：3件。

标本00DT0705㉑：11，夹粗砂灰黑陶，局部黑，灰胎。素面。敛口，微有斜折沿，圆唇，有肩，残。轮制，火候较高。残宽14.4、残高3.2厘米（图八四八，9）。标本99AT0301㊼：34，夹砂黑陶，胎红褐夹灰褐。素面。口近直，立沿，内沿内凹，圆唇，斜肩，残。轮制，火候较高。残宽5.5、残高3.7厘米（图八四八，10）。

Ⅱ式：2件。

标本99AT0301㊸：25，夹砂黑陶，灰褐胎。素面。敛口，微有斜折沿，沿面微凹，圆唇，鼓腹，残。轮制，火候较高。残宽6.4、残高2.7厘米（图八四八，11）。

B型　2件。

标本99AT0301㊽：37，夹砂褐陶，胎褐夹灰，里黑。素面。敛口，微有斜折沿，沿面内凹，圆唇，鼓腹，残。轮制，火候较高。残宽6.3、残高4.5厘米（图八四八，12）。99AT0301㊽：38，夹砂黑陶，胎红褐夹黑。素面。敛口，微有斜折沿，沿面微凹，圆唇，溜肩，残。轮制，火候较高。残宽5.8、残高2.6厘米（图八四八，13）。

盘口瓮　4件。

Ⅰ式：2件。

标本99AT0201㊲B：15，夹粗砂红陶，局部褐、灰，灰胎。素面。敞口，卷沿，内沿内凹，圆唇，壁微弧，残。轮制，火候较高。口径25.6、残高4.5厘米（图八四八，14）。

Ⅱ式：2件。

标本99AT0301㊼：33，夹砂灰褐陶，局部灰黑。素面。沿外折后上卷呈浅盘口，圆唇，微束领，残。轮制，火候高。残宽12.6、残高5.2厘米（图八四八，15）。

波浪唇瓮　3件。

标本98AT0103㉝：11，夹细砂红褐陶，胎、里灰褐。唇部戳按呈波浪形，器表多刮抹痕。微侈口，领微束，残。手制，火候不高。口径48.6、残高8.8厘米（图八四八，16）。标本99DT0101㉜：13，夹砂红陶，黑胎。唇部戳按略呈波浪形，在按窝底饰指甲状戳印纹，领外饰零星细划纹。侈口，领外翻，有肩，残。手制，火候较高。口径45.8、残高7.6厘米（图八四八，17）。

子母口瓮　2件。

标本99DT0202㊸：56，夹细砂黑陶，褐胎。素面。侈口，斜折沿，内沿微凹成母口，圆唇，束颈，残。轮制，火候较高。口径14.4、残高5.2厘米（图八四八，18）。

瓮底　11件。标本碎小。

按唇罐　52件。

Ⅰ式：12件。

标本99DT0202㊸：32，夹细砂红褐陶，里黑。唇部微有按窝。侈口，卷沿，沿面微凹，残。手制，火候较高。残宽5.6、残高4.4厘米（图八四九，1）。标本00DT0807㊲：24，夹细砂红褐陶，局部、胎、里灰黑。唇部微有按窝。侈口，卷沿，束颈，残。手制，火候较高。残宽6.8、残高4.8厘米（图八四九，2）。

Ⅱ式：21件。

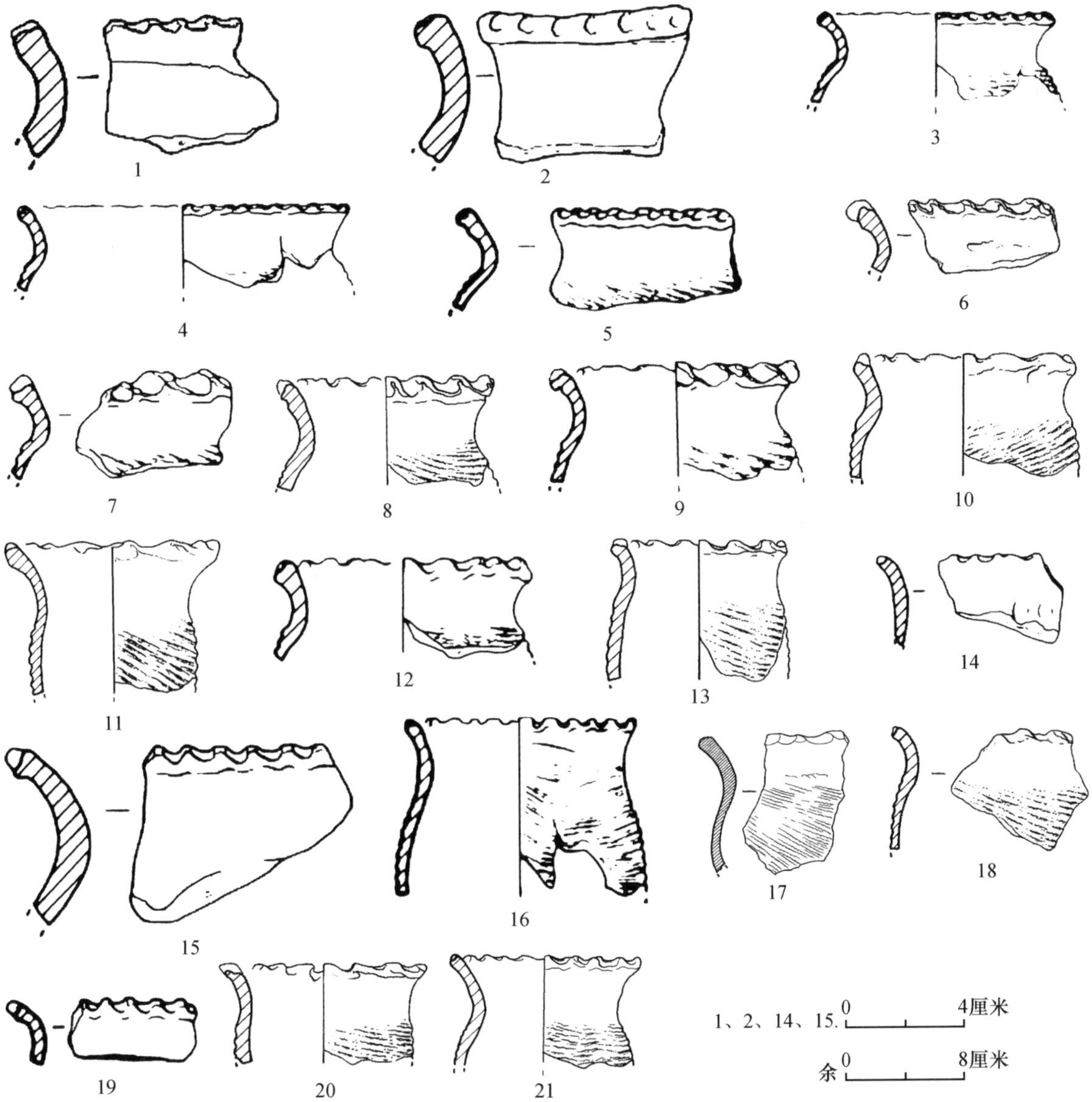

图八四九　澹井沟文化第一期晚段陶器

1、2. Ⅰ式按唇罐（99DT0202㊸：32、00DT0807㊲：24）　3、4. Ⅱ式按唇罐（00DT0604㉖：6、00DT0807㊱：20）　5. Ⅲ式按唇罐（02BT0101㉗：15）　6、7. Ⅰ式辫唇罐（99DT0202㊸：33、00DT0705㉑：3）　8、9. Ⅱ式辫唇罐（99DT0202㊶：10、00DT0705㉑：4）　10～12. Ⅲ式辫唇罐（99DT0202㊵：8、00DT0909㉔：5、02BT0201㊱：4）　13、14. Ab型齿唇罐（99DT0202㊴：12、00DT0808㉜：1）　15、16. Ac型齿唇罐（00DT0805⑳：1、02CT0101㉙：11）　17. Ba型Ⅰ式齿唇罐（99DT0202㊷B：17）　18、19. Ba型Ⅱ式齿唇罐（99DT0202㊷B：10、02CT0101㉘：21）　20、21. Bb型齿唇罐（99DT0202㊷A：14、99AT0301㊸：14）

标本00DT0604㉖：6，夹细砂红陶，胎、里黑。唇部按窝较浅，肩部饰中粗绳纹。侈口，卷沿，溜肩，残。手制，火候较高。口径15.6、残高5.6厘米（图八四九，3）。标本00DT0807㊱：20，夹细砂红陶，胎红夹灰。唇部按窝较浅，肩部饰斜绳纹。侈口，卷沿，溜肩，残。手制，火候一般。口径21.2、残高5.4厘米（图八四九，4）。

Ⅲ式：19件。

标本02BT0101㉗：15，夹砂红陶，局部褐，里灰黑。唇部按窝较深，肩饰斜中粗绳纹。侈口，卷斜沿，斜肩，残。手制，火候较高。残宽12.2、残高6.4厘米（图八四九，5）。

辫唇罐　613件。

Ⅰ式：44件。

标本99DT0202㊸：33，夹细砂红褐陶，灰黑胎、里。唇部按抹呈辫绳波浪形，外沿下饰戳印纹。侈口，卷沿，残。手制，火候较高。残宽9.8、残高4.7厘米（图八四九，6）。标本00DT0705㉑：3，夹粗砂红陶，局部、胎黑褐。唇部按抹呈辫绳波浪形，肩部饰绳纹。侈口，卷沿，溜肩，残。手制，火候较高。残宽10.2、残高6.8厘米（图八四九，7）。

Ⅱ式：138件。

标本99DT0202㊶：10，夹粗砂红陶，局部褐、黑，灰胎。唇部按抹呈辫绳波浪形，腹饰中粗斜绳纹。侈口，卷沿，鼓腹，残。手制，火候较高。口径13.9、残高7.1厘米（图八四九，8）。标本00DT0705㉑：4，夹细砂灰陶，局部黑褐，里红。唇部按抹呈辫绳波浪形，腹部饰斜绳纹。侈口，卷沿，鼓腹，残。手制，火候较高。口径16、残高7.6厘米（图八四九，9）。

Ⅲ式：431件。

标本99DT0202㊵：8，夹细砂红陶，里局部黑。唇部戳刮、外沿按抹略呈辫绳波浪形，腹饰斜绳纹。侈口，束颈，鼓腹，残。手制，火候较高。口径13.4、残高7.8厘米（图八四九，10）。标本00DT0909㉔：5，夹细砂黑衣陶，灰胎。唇部刮抹略呈辫绳波浪形，腹饰中粗绳纹。侈口，卷沿外翻，微鼓腹，残。手制，火候一般。口径13.6、残高9.6厘米（图八四九，11）。标本02BT0201㊱：4，夹砂灰褐陶，局部红，灰胎，里灰黑。唇部按抹略呈辫绳波浪形，肩饰斜绳纹。侈口，卷沿，溜肩，残。手制，火候较高。口径16.4、残高6.4厘米（图八四九，12）。

齿唇罐　41件，33件可分型。

A型　24件。

Aa型　1件。标本碎小。

Ab型　14件。

标本99DT0202㊴：12，夹细砂红陶，胎芯夹灰褐。唇部戳按呈波浪形，腹饰斜绳纹。侈口，卷沿，弧腹，残。手制，火候较高。口径11.2、残高9厘米（图八四九，13）。标本00DT0808㉜：1，夹细砂黑陶，里局部红黄。唇部戳按略呈波浪形，器表有按抹痕。侈口，卷沿，残。手制，火候一般。残宽8、残高5.8厘米（图八四九，14）。

Ac型　9件。

标本00DT0805⑳：1，夹细砂黑陶。唇部戳按呈波浪形。侈口，卷沿，残。轮制，火候较高。残宽7、残高5.6厘米（图八四九，15）。标本02CT0101㉙：11，夹砂灰黑陶，局部红褐，胎、里黑。唇部戳刮略呈波浪形齿，腹饰细绳纹。侈口，卷沿，鼓腹，残。手制，火候较高。口径14.4、残高11.2厘米（图八四九，16）。

B型　9件。

Ba型　4件。

Ⅰ式：2件。

标本99DT0202㊷B：17，夹细砂红褐陶，局部、胎灰黑。唇部戳按呈齿状，外下沿饰戳印纹，腹饰绳纹。侈口，卷沿，鼓腹，残。手制，火候较高。残宽7.1、残高8.9厘米（图八四九，17）。

Ⅱ式：2件。

标本99DT0202㊷B：10，夹细砂褐陶，局部黑、灰褐，灰胎，里灰黑。唇部戳刮略呈波浪形，腹饰绳纹。侈口，卷沿，鼓腹，残。手制，火候较高。残宽8.8、残高7.6厘米（图八四九，18）。标本02CT0101㉘：21，夹粗砂红褐陶，胎红夹黑。唇部戳按呈波浪形齿。侈口，卷沿外翻，残。手制，火候较高。残宽8.2、残高4厘米（图八四九，19）。

Bb型　5件。

标本99DT0202㊷A：14，夹细砂灰褐陶，局部浅黄，灰胎。唇部戳刮略呈波浪形，腹饰绳纹。侈口，束颈，鼓腹，残。手制，火候较高。口径13.4、残高6.4厘米（图八四九，20）。标本99AT0301㊸：14，夹砂灰褐陶，胎、里红。唇部戳刮略呈波浪形齿，腹饰斜绳纹。侈口，卷沿，鼓腹，残。手制，火候较高。口径12、残高7.2厘米（图八四九，21）。

花边圜底罐　1459件。Aa型。1424件可分式。

Ⅰ式：1424件，1280件可分亚式。

Ⅰa式：975件。

标本99AT0301㊺：2，夹砂红陶，胎外红里灰。唇部按抹略呈辫绳波浪形，腹饰斜绳纹。侈口，束颈，鼓腹，残。手制，火候较高。口径11.9、残高6.8厘米（图八五〇，1）。标本99DT0202㊸：10，夹细砂红褐陶，口局部灰褐，里黑，胎外红里灰。唇部按抹呈辫绳波浪形，腹饰绳纹，内沿多按窝。侈口，卷沿，鼓腹，残。手制，火候较高。口径10.8、残高7.9厘米（图八五〇，2）。标本02BT0201㉟：4，夹砂灰褐陶，局部、胎灰黑。唇部戳刮、外沿刮抹略呈辫绳波浪形，腹饰斜绳纹。侈口，束颈，鼓腹，残。手制，火候较高。口径11.6、残高12厘米（图八五〇，3）。

Ⅰb式：305件。

标本99DT0202㊸：12，夹细砂红陶，局部、里灰褐，灰胎。唇部戳刮、外沿刮抹呈波浪形，腹饰绳纹。侈口，卷沿，鼓腹，残。手制，火候较高。口径9.6、残高8厘米（图八五〇，4）。标本00DT0909㉔：4，夹细砂红褐陶，胎外红里灰。唇部戳刮、按抹呈波浪形，腹饰中粗绳纹。侈口，束颈，鼓腹，残。手制，火候较高。口径9.8、残高8.7厘米（图八五〇，5）。标本02BT0201㊲：5，夹砂红陶。唇部戳刮、外沿刮抹略呈波浪形，腹饰斜绳纹。侈口，束颈，鼓腹，残。手制，火候较高。口径11.2、残高7.2厘米（图八五〇，6）。

素沿圜底罐　3件。

标本02CT0101㉘：7，夹砂褐陶，局部红褐，灰褐胎。外沿刮抹，腹饰斜绳纹，局部擦抹。侈口，束颈，鼓腹，残。手制，火候较高。残宽7.6、残高7.2厘米（图八五〇，7）。02BT0201㊲：6，夹砂红陶，胎红夹灰。器表饰戳印纹。侈口，卷沿，圆唇，鼓腹，残。手制，火候较高。残宽6.6、残高4.7厘米（图八五〇，8）。

敛口罐　26件。

A型　22件。

Ⅰ式：14件。

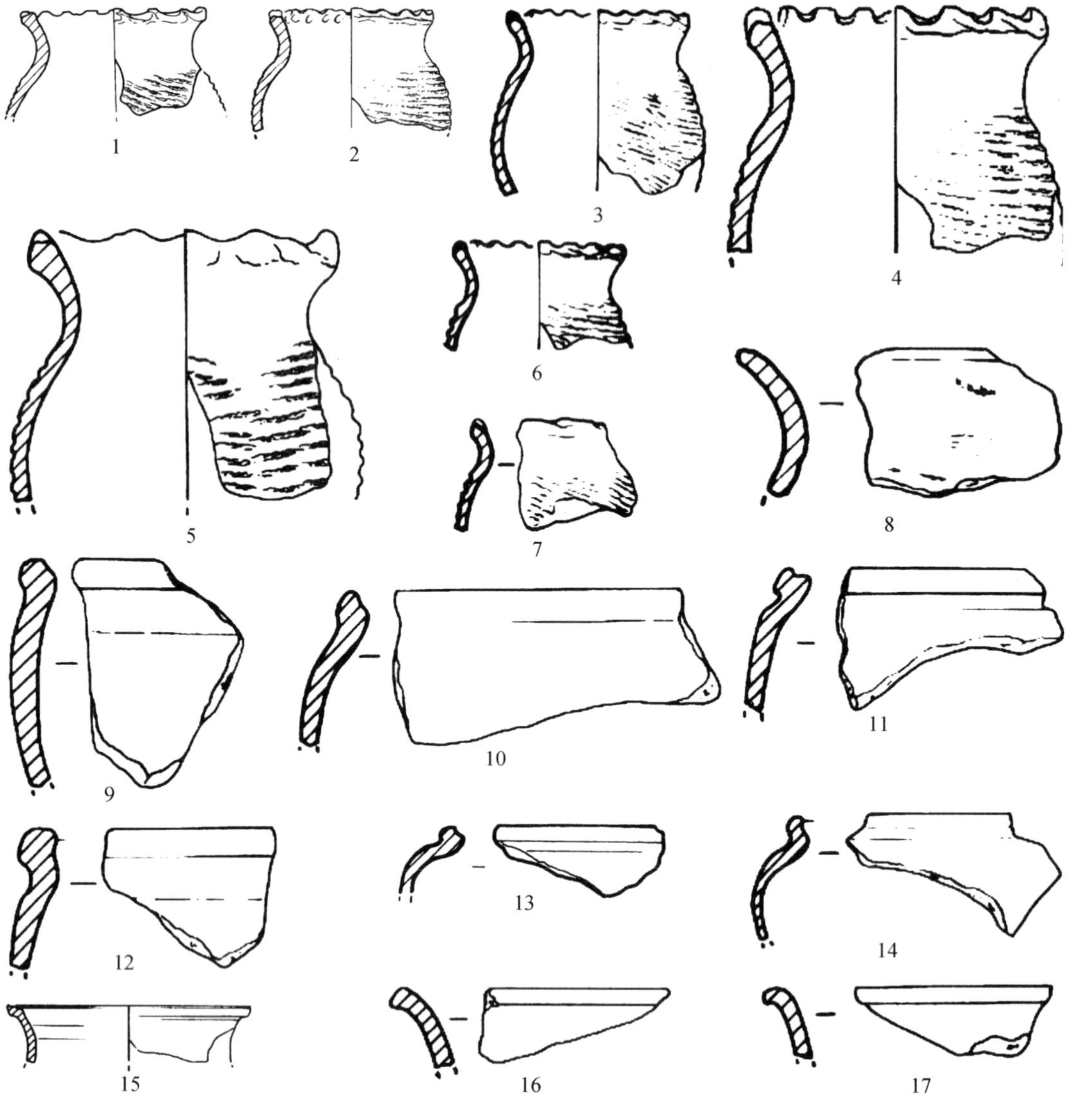

图八五〇 潷井沟文化第一期晚段陶器

1~3. Aa型Ⅰa式花边圜底罐（99AT0301㊺：2、99DT0202㊸：10、02BT0201㉟：4） 4~6. Aa型Ⅰb式花边圜底罐（99DT0202㊸：12、00DT0909㉔：4、02BT0201㊲：5） 7、8. 素沿圜底罐（02CT0101㉘：7、02BT0201㊲：6） 9、10. A型Ⅰ式敛口罐（00DT0807㊲：21、00DT0807㊲：22） 11、12. A型Ⅱ式敛口罐（00DT0705⑲：9、00DT0807㊲：20） 13、14. B型敛口罐（99AT0301㊼：20、00DT0705⑳：9） 15~17. 高领罐（99AT0201㊲B：14、00DT0707㊸：5、00DT0808㉝：7）

标本00DT0807㊲：21，夹细砂灰褐陶，局部、胎、里黑。素面。敛口，微有斜折沿，圆唇，鼓腹，上腹微折，残。轮制，火候较高。残宽5.6、残高7.4厘米（图八五〇，9）。标本00DT0807㊲：22，夹细砂灰黑陶，褐胎，局部灰。素面。敛口，微有斜折沿，沿面微凹，鼓腹，残。轮制，火候较高。残宽10.6、残高5厘米（图八五〇，10）。

Ⅱ式：8件。

标本00DT0705⑲：9，夹细砂红陶。素面。敛口，微有斜折沿，沿面内凹，圆唇，微有斜折肩，鼓腹，残。轮制，火候较高。残宽7.2、残高4.6厘米（图八五〇，11）。标本00DT0807㊲：20，夹细砂灰褐陶，红胎。素面。敛口，卷立沿，内沿微凹，圆唇，窄斜肩，鼓腹，残。轮制，火候较高。残宽5.7、残高4.6厘米（图八五〇，12）。

B型　4件。

标本99AT0301㊼：20，夹砂褐陶，局部黑。素面。敛口，矮斜折沿，沿面微凹，圆唇，鼓肩，鼓腹，残。轮制，火候一般。残宽5.6、残高2.3厘米（图八五〇，13）。标本00DT0705⑳：9，夹细砂黑陶。素面。敛口，斜折沿较高，沿面微凹，圆唇，鼓肩，残。轮制，火候高。残宽7、残高4厘米（图八五〇，14）。

高领罐　9件。

标本99AT0201㊲B：14，夹细砂红陶，灰黑胎。内沿面饰划纹两道。敞口，卷沿，圆唇，领微束，残。轮制，火候较高。口径16、残高3.5厘米（图八五〇，15）。标本00DT0707㊸：5，夹细砂黑陶。素面。喇叭口，微有外下折沿，圆唇，残。轮制，火候较高。残宽6.1、残高2.4厘米（图八五〇，16）。标本00DT0808㉝：7，夹细砂灰陶，红褐胎。素面。侈口，卷沿外下卷，圆唇，束领，残。轮制，火候高。残宽6.4、残高2.6厘米（图八五〇，17）。

中领罐　2件。Ⅲ式。

标本98AT0103㉝：30，夹细砂灰陶，局部灰黑。素面，器表有按抹痕。侈口，卷沿，圆唇，束颈，残。轮制，火候高。残宽6.7、残高3.2厘米（图八五一，1）。标本98BT0204㉜：5，夹砂红陶，灰胎，里灰黑。肩饰斜细绳纹，领多刮抹痕。侈口，卷沿，圆唇，领微束，有肩，残。手制轮修，火候较高。口径12.4、残高6.8厘米（图八五一，2）。

矮领罐　28件，26件可分型。

A型　13件。

标本02BT0201㉟：35，夹砂灰褐陶，局部红褐。腹饰斜细绳纹。侈口，圆唇，束领，鼓腹，残。手制轮修，火候较高。口径10.4、残高5.4厘米（图八五一，3）。标本02DT0102㉚：16，夹砂红陶，局部褐，灰胎。素面。侈口，圆唇，束领，残。轮制，火候较高。口径12.8、残高4.5厘米（图八五一，4）。

B型　13件。

标本99AT0301㊻：23，夹砂红陶，局部灰褐。唇面饰细绳切纹，肩饰绳纹后按抹呈细线。侈口，领外翻，斜肩，残。轮制，火候较高。残宽6.4、残高6.2厘米（图八五一，5）。

侈口罐　14件。

标本99A0101㉚：19，夹砂灰黑陶，红胎。素面。侈口，卷沿，束颈，残。轮制，火候较高。口径15.6、残高7厘米（图八五一，6）。标本02BT0101㉗：16，夹砂红陶，局部、胎灰褐。肩、腹饰斜绳纹。侈口，卷沿，圆唇，溜肩，鼓腹，残。手制，火候较高。残宽10、残高10.8厘米（图八五一，7）。

波浪唇罐　7件。

标本99DT0202㊸：25，夹粗砂红陶，局部、里灰。唇部刮抹呈波浪形，肩部饰绳纹。侈口，卷沿，溜肩，残。手制，火候较高。口径10.4、残高4.8厘米（图八五一，8）。标本02DT0102㉚：13，夹砂灰褐陶，局部、胎黑。外沿饰零星戳印纹，腹饰交错绳纹。侈口，卷沿，鼓腹，残。手制，火候较高。残宽9.6、残高8.2厘米（图八五一，9）。

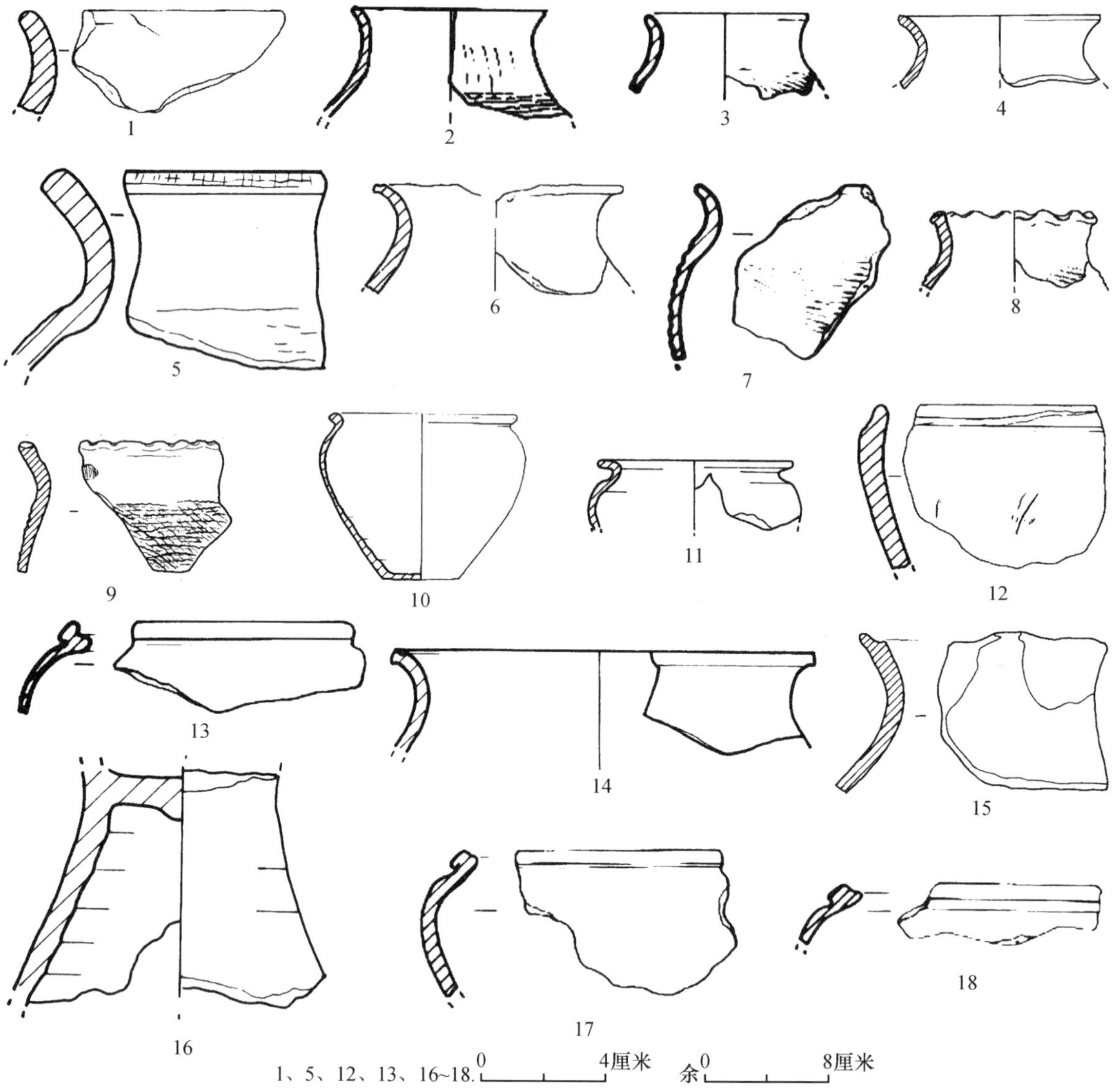

图八五一　瓮井沟文化第一期晚段陶器

1、2. Ⅲ式中领罐（98AT0103㉝：30、98BT0204㉜：5）　3、4. A型矮领罐（02BT0201㉟：35、02DT0102㉚：16）　5. B型矮领罐（99AT0301㊻：23）　6、7. 侈口罐（99AT0101㉚：19、02BT0101㉗：16）　8、9. 波浪唇罐（99DT0202㊸：25、02DT0102㉚：13）　10、11. 卷沿罐（99AT0101㉚：2、99AT0301㊹C：8）　12、13. 子母口罐（98AT0103㉝：32、02DT0101㉔：4）　14、15. 盘口罐（99AT0201㊳：12、02DT0102㉚：17）　16. Ⅰ式圈足罐（99AT0301㊹A：16）　17、18. 圈足罐口（00DT0705㉑：7、00DT0807㊲：23）

卷沿罐　7件。

标本99AT0101㉚：2，泥质红陶，局部灰褐、黑。素面，外壁磨光，内壁多瓦棱纹。侈口，卷沿，圆唇，鼓肩，弧腹，平底，修复。轮制，火候较高。口径12、底径4.8、高10.4厘米（图八五一，10）。标本99AT0301㊹C：8，泥质灰黑陶，胎灰黑夹褐。素面。侈口，卷平沿，圆唇，鼓肩，腹弧收，残。轮制，火候较高。口径12.4、残高4.4厘米（图八五一，11）。

子母口罐　9件。

标本98AT0103㉝：32，夹细砂灰黑陶。器表饰划纹。子母口微敛，圆唇，弧腹，上腹径大，残。手制轮修，火候不高。残宽6.3、残高5.1厘米（图八五一，12）。标本

02DT0101㉔：4，夹砂黑陶。素面。沿外斜折后再斜内折呈子母口，圆唇，圆肩，残。轮制，火候较高。残宽8、残高2.8厘米（图八五一，13）。

盘口罐　5件。

标本99AT0201㊳：12，夹细砂黑陶，里红色。素面。侈口，卷沿，沿面内凹，圆唇，束领，残。轮制，火候较高。口径30.4、残高6.8厘米（图八五一，14）。标本02DT0102㉚：17，夹砂褐陶，灰胎，里红。盘口，圆唇，沿外折后斜上卷呈浅盘，束领，残。轮制，火候较高。残宽10.6、残高9.8厘米（图八五一，15）。

圈足罐　3件，2件为罐口。

Ⅰ式：1件。

标本99AT0301㊹A：16，夹砂红陶，局部褐、黑。素面，内壁多瓦棱纹。内底较平，喇叭形高圈足，残。轮制，火候较高。残宽9.8、残高7.4厘米（图八五一，16）。

圈足罐口　2件。

标本00DT0705㉑：7，夹细砂黑陶，褐胎。素面。敛口，微有斜折沿，圆唇，鼓肩，残。轮制，火候较高。残宽7、残高4.6厘米（图八五一，17）。标本00DT0807㊲：23，夹细砂黑陶，灰胎。素面。敛口，沿外折，沿面微凹呈母口，圆唇，微有斜折肩，鼓腹，残。轮制，火候较高。残宽6.4、残高2厘米（图八五一，18）。

尖底罐　2件。

标本99AT0201㊲A：34，夹细砂灰黑陶，局部黑色。素面，腹部有轮制痕。侈口，卷斜立沿，内沿面内凹，圆唇，鼓肩，弧腹，残。轮制，火候较高。口径14.8、残高8.2厘米（图八五二，1）。标本99AT0301㊹A：15，夹砂黑陶，局部红，胎红夹灰。素面。侈口，折沿，沿外上卷，圆唇，鼓肩，腹弧收，残。轮制，火候较高。口径14.4、残高9.6厘米（图八五二，2）。

筒腹罐　2件。Ⅰ式。

标本99AT0201㊴：12，夹细砂灰陶。素面。口微敞，卷沿，圆唇，上腹较直，残。轮

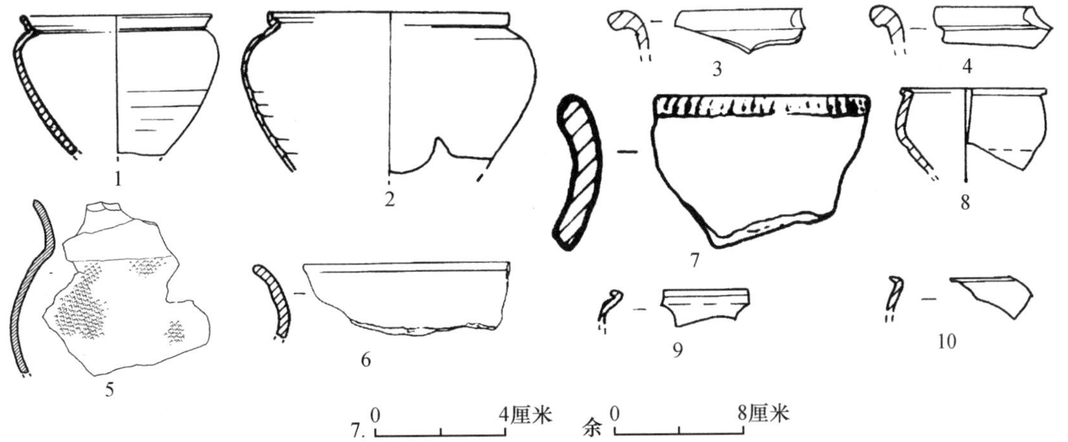

图八五二　漋井沟文化第一期晚段陶器

1、2. 尖底罐（99AT0201㊲A：34、99AT0301㊹A：15）　3、4. Ⅰ式筒腹罐（99AT0201㊴：12、99AT0201㊳：9）
5、6. 大口罐（99DT0202㊷B：5、00DT0908⑳：6）　7. 指压唇罐（02BT0201㉞：7）
8～10. 小罐（99AT0201㊲A：33、99AT0201㊴：13、99AT0201㊴：28）

制，火候较高。残宽8、残高2.4厘米（图八五二，3）。标本99AT0201㊳：9，夹细砂黑陶。素面。口微敞，卷沿，圆唇，上腹较直，残。轮制，火候较高。残宽7.2、残高2.6厘米（图八五二，4）。

大口罐　2件。

标本99DT0202㊷B：5，夹细砂红陶，胎红夹灰。唇部刮抹略呈波浪形，腹饰方格纹。侈口，卷沿，鼓腹，残。手制，火候一般。残宽10.7、残高11.4厘米（图八五二，5）。标本00DT0908⑳：6，夹细砂灰陶，局部灰黑。素面。侈口，卷沿，圆唇，残。轮制，火候较高。残宽12.4、残高4.4厘米（图八五二，6）。

指压唇罐　1件。

标本02BT0201㉞：7，夹砂红陶，灰胎。唇部饰戳印纹。侈口，圆唇，束领，残。手制轮修，火候较高。残宽6.6、残高4.6厘米（图八五二，7）。

小罐　90件。

标本99AT0201㊲A：33，夹细砂红陶。素面。侈口，折沿，圆唇，鼓腹，残。轮制，火候较高。口径8.8、残高5.2厘米（图八五二，8）。标本99AT0201㊴：13，夹细砂灰黑陶。素面。侈口，卷沿，圆唇，鼓肩，残。轮制，火候较高。残宽5.2、残高2.2厘米（图七〇四，9）。标本99AT0201㊴：28，夹粗砂灰陶。素面。侈口，卷沿，圆唇，鼓腹，残。轮制，火候较高。残宽5.2、残高2.6厘米（图八五二，10）。

罐底　32件。标本碎小。

罐形釜　144件。

A型　131件。

Aa型　99件，70件可分式。

Ⅰ式：17件。

标本99AT0201㊲A：10，夹细砂灰褐陶。腹饰细绳纹。侈口，卷沿，圆唇，束领稍高，鼓腹，残。手制轮修，火候较高。口径10.8、残高8厘米（图八五三，1）。标本99DT0101㉜：15，夹砂红陶，局部灰，褐胎。腹饰斜细绳纹。侈口，卷沿，圆唇，鼓腹，残。轮制，火候较高。口径11.4、残高7.8厘米（图八五三，2）。

Ⅱ式：48件。

标本99AT0201㊲B：9，夹细砂红陶。腹饰绳纹。侈口，卷沿，领腹交接处微折，鼓腹，残。手制轮修，火候一般。口径10.8、残高9.6厘米（图八五三，3）。标本02DT0101㉔：3，夹砂褐陶，局部灰褐、红褐，灰褐胎，里黑。腹饰斜绳纹。侈口，卷沿，圆唇，束颈，鼓腹，残。手制轮修，火候较高。口径12、残高9.6厘米（图八五三，4）。

Ⅲ式：5件。

标本00DT0707㊱：2，夹细砂红陶，胎红夹灰。腹饰竖粗绳纹。侈口，卷沿，圆唇，束颈，鼓腹，残。轮制，火候较高。残宽9.6、残高8厘米（图八五三，5）。

Ab型　32件，26件可分式。

Ⅰ式：10件。

标本99AT0201㉚：20，夹砂红陶，局部红褐、灰褐，灰胎。腹饰斜绳纹。侈口，圆唇，

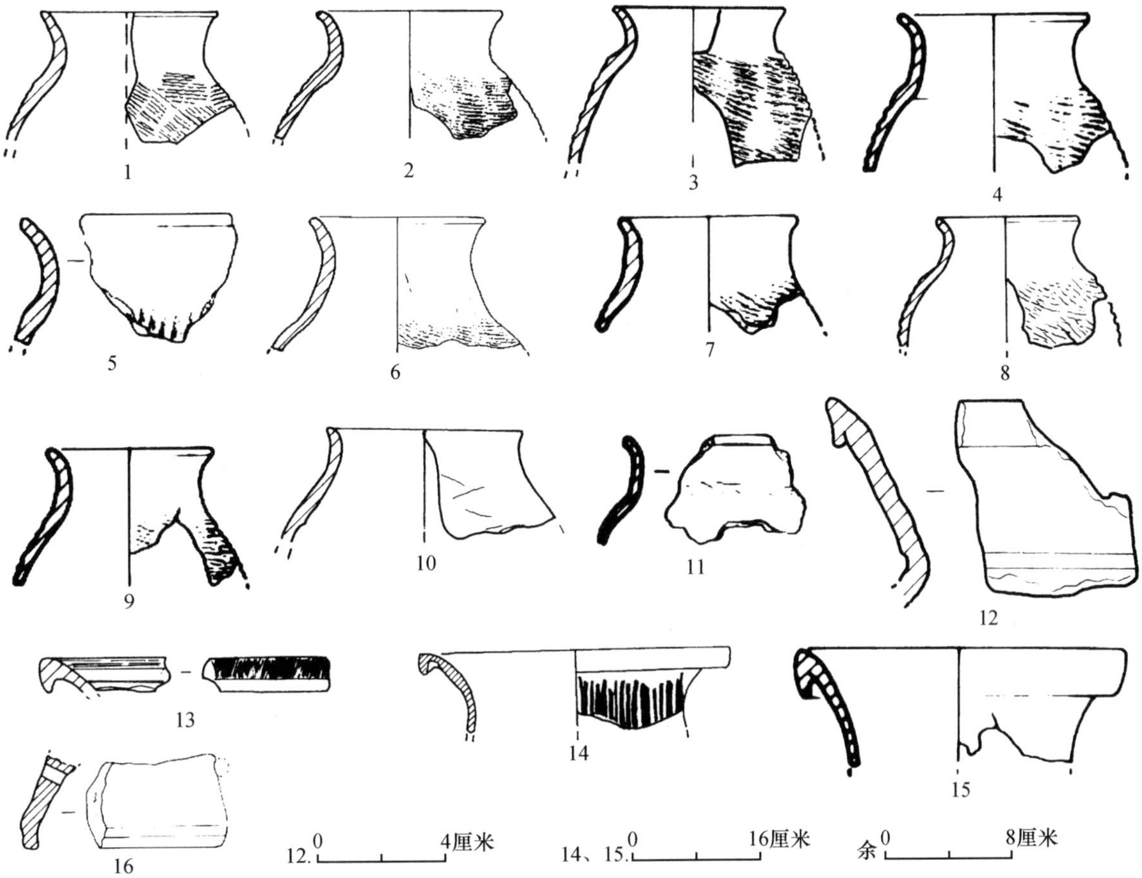

图八五三　滑井沟文化第一期晚段陶器

1、2. Aa型Ⅰ式罐形釜（99AT0201㊲A：10、99DT0101㉜：15）　3、4. Aa型Ⅱ式罐形釜（99AT0201㊲B：9、02DT0101㉔：3）　5. Aa型Ⅲ式罐形釜（00DT0707㊱：2）　6、7. Ab型Ⅰ式罐形釜（99AT0201㉚：20、02BT0201㉟：19）　8、9. Ab型Ⅱ式罐形釜（99AT0301㊻：14、02CT0101㉘：23）　10、11. B型罐形釜（99AT0201㊲A：12、02CT0101㉘：24）　12. A型敞口器（99AT0301㊼：52）　13. A型Ⅰ式尊形器（99AT0201㊳：16）　14、15. A型Ⅱ式尊形器（02DT0102㉚：18、02BT0101㉗：25）　16. 簋（足）（00DT0807㉞：11）

颈较斜直，鼓腹，残。手制轮修，火候较高。口径10.8、残高8厘米（图八五三，6）。标本02BT0201㉟：19，夹砂红陶，胎红夹灰。腹饰斜绳纹。侈口，卷沿，圆唇，颈较斜直，鼓腹，残。手制轮修，火候较高。口径11.2、残高7厘米（图八五三，7）。

Ⅱ式：16件。

标本99AT0301㊻：14，夹砂黑陶，局部褐，胎外黑里红。肩、腹饰交错绳纹。侈口，圆唇，颈斜微弧，溜肩，鼓腹，残。轮制，火候较高。口径8.8、残高8厘米（图八五三，8）。标本02CT0101㉘：23，夹砂灰褐陶，局部红、黑。腹饰斜绳纹。侈口，卷沿，圆唇，颈较斜直，鼓腹，残。手制轮修，火候较高。口径10.2、残高8.4厘米（图八五三，9）。

B型　13件。

标本99AT0201㊲A：12，夹细砂灰褐陶。器表有稀疏的划痕和旋痕。侈口，卷沿，圆唇，束领较矮，鼓腹，残。手制轮修，火候一般。口径12、残高6.8厘米（图八五三，10）。标本02CT0101㉘：24，夹砂黑陶，局部、胎灰褐。颈下部饰戳印纹。侈口，卷沿，圆唇，颈较斜直，圆肩，残。轮制，火候较高。残宽8.8、残高6.4厘米（图八五三，11）。

敞口器　2件。

A型　1件。

标本99AT0301㊼：52，夹砂黑陶，胎红褐夹灰。素面。侈口，外沿较窄，内沿斜折，尖圆唇，斜直领较高，有肩，残。轮制，火候较高。残宽5.6、残高6厘米（图八五三，12）。

B型　1件。标本碎小。

尊形器　6件。A型。

Ⅰ式：2件。

标本99AT0201㊳：16，夹粗砂黑陶，红褐胎。唇和内沿饰暗纹。喇叭形敞口，卷沿，沿下缘下垂，圆唇，残。轮制，火候较高。残宽8、残高2厘米（图八五三，13）。

Ⅱ式：4件。

标本02DT0102㉚：18，夹砂灰黑陶，局部浅黄，领饰竖暗纹，口沿磨光。喇叭口，沿外下卷垂，圆唇，束领，残。轮制，火候较高。口径37.6、残高9.8厘米（图八五三，14）。标本02BT0101㉗：25，夹砂红褐陶，黑胎。素面。喇叭口，内沿微凹，外沿较宽，与器壁夹角较大，圆唇，残。轮制，火候较高。口径40.8、残高14.4厘米（图八五三，15）。

簋（足）　1件。

标本00DT0807㉞：11，夹细砂红陶，胎红夹灰黑。近足根部饰镂孔。足外撇，下部外凸后内收，残。轮制，火候较高。残宽8.6、残高5.6厘米（图八五三，16）。

盆　1件。Ⅲ式。

标本00DT0807㊲：19，夹细砂红陶，里局部灰。素面。微侈口，微有斜折沿，圆唇，微有斜折肩，弧腹，残。轮制，火候一般。残宽9.4、残高6.8厘米（图八五四，1）。

盘　82件，81件可分型。

A型　73件。

Ⅰ式：56件。

标本99AT0301㊺：15，夹砂灰褐陶，局部红，胎红夹灰褐。素面。敛口，沿内卷，圆唇，弧腹，残。手制轮修，火候较高。口径15.8、残高4.4厘米（图八五四，2）。标本02BT0201㉟：24，夹砂灰褐陶，局部、里红。素面。敛口，沿内卷，圆唇，弧腹，残。手制轮修，火候较高。残宽10.4、残高4.8厘米（图八五四，3）。

Ⅱ式：17件。

标本99AT0301㊼：47，夹砂黑陶，局部、胎灰褐。素面。敞口，圆唇，弧腹，残。手制轮修，火候较高。口径11.8、残高4.8厘米（图八五四，4）。标本02BT0101㉗：21，夹砂红陶，局部褐，灰胎。素面。敞口，圆唇，弧腹，上腹有轮修痕，残。手制轮修，火候高。残宽10.8、残高4.8厘米（图八五四，5）。

B型　8件。

标本02BT0101㉗：19，夹砂褐陶，灰胎。上腹饰划纹。敞口，方唇，弧腹，圜底，残。手制，火候较高。残宽10.6、残高6厘米（图八五四，6）。标本02CT0101㉘：11，夹砂灰黑陶，褐胎。素面。敛口，沿内卷，方唇，弧腹，残。轮制，火候较高。残宽5.6、残高4.2厘米（图八五四，7）。

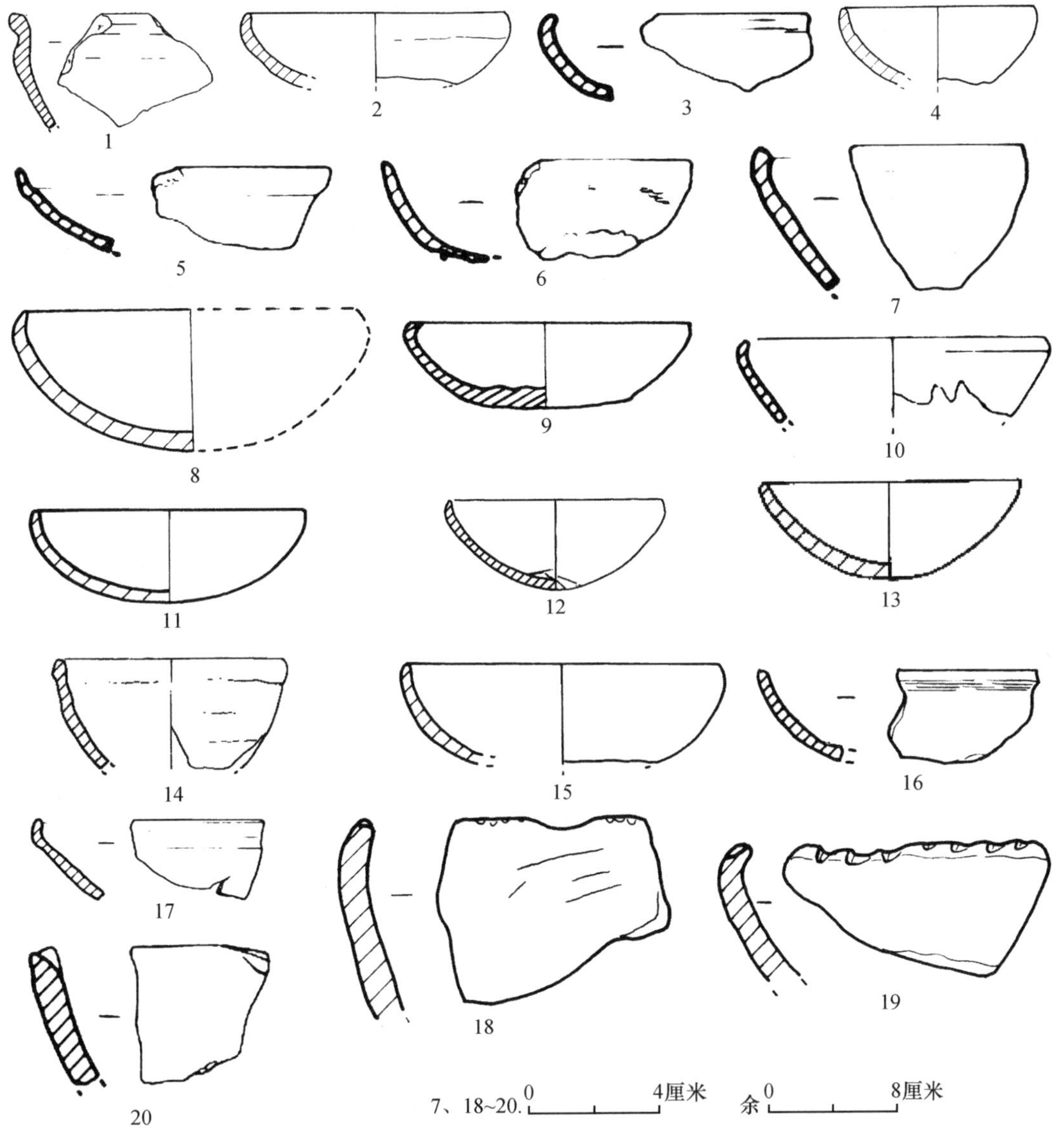

图八五四　旮井沟文化第一期晚段陶器

1. Ⅲ式盆（00DT0807㊲：19）　2、3. A型Ⅰ式盘（99AT0301㊺：15、02BT0201㉟：24）　4、5. A型Ⅱ式盘（99AT0301㊼：47、02BT0101㉗：21）　6、7. B型盘（02BT0101㉗：19、02CT0101㉘：11）　8～10. A型Ⅰ式圜底钵（99AT0301㊹B：18、02BT0201㊱：1、00DT0908⑳：9）　11、12. A型Ⅱ式圜底钵（99AT0201㊲B：1、00DT0808㉜：8）　13、14. A型Ⅲ式圜底钵（98BT0204㉜：6、99DT0202㊴：23）　15、16. B型圜底钵（99A0301㊻：20、02AT0101㉘：9）　17. A型平底钵（02BT0201㉟：28）　18、19. 花边口钵（99AT0301㊼：42、99AT0301㊻：18）　20. 匜（00DT0908⑳：11）

圜底钵　159件。

A型　138件。

Ⅰ式：95件。

标本99AT0301㊹B：18，夹砂红褐陶，局部灰、黑。素面。敛口，内卷沿，圆唇，弧腹，圜底，修复。手制，火候较高。口径19.9、高8.6厘米（图八五四，8）。标本02BT0201㊱：1，泥质黑陶，胎红褐夹黑。素面，微有瓦棱纹。敛口，沿内卷，圆唇，弧腹，圜底，修复。轮制，火候较高。口径16.8、高5.2厘米（图八五四，9）。标本00DT0908⑳：9，夹细砂黑陶，局部褐。素面。敛口，沿内卷微折，尖唇，腹微弧收，残。

手制，火候较高。口径18.4、残高4.8厘米（图八五四，10）。标本99AT0201㊶：6，夹砂红褐陶，局部褐、黑。素面，多划痕。敛口，内卷沿，圆唇，弧腹，圜底，修复。手制轮修，火候较高。口径19.5、高8.4厘米（图版七二，2）。

Ⅱ式：40件。

标本99AT0201㊲B：1，夹砂红陶，局部灰、黑。素面。口近直，圆唇，弧腹，圜底，复原。手制，火候较高。口径16.4、高5.6厘米（图八五四，11）。标本00DT0808㉜：8，夹细砂灰陶，局部褐。内外底饰划纹。口近直，沿微内卷，圆唇，弧腹，圜底，复原。手制轮修，火候较高。口径12.8、高5.5厘米（图八五四，12）。

Ⅲ式：3件。

标本98BT0204㉜：6，夹砂黑陶，局部灰。素面。敞口，圆唇，弧腹，圜底，复原。手制轮修，火候较高。口径16、高6厘米（图八五四，13）。标本99DT0202㊴：23，夹细砂灰陶，局部、里黑。素面，器表多按抹痕。敞口，圆唇，弧腹，残。手制，火候较高。口径14、残高6.5厘米（图八五四，14）。

B型　21件。

标本99AT0301㊻：20，夹砂红陶，胎、里灰褐。素面。口近直，方唇，弧腹，残。手制，火候较高。口径19.2、残高6厘米（图八五四，15）。标本02AT0101㉘：9，夹砂褐陶，局部红褐、黑。素面。敞口，方唇，弧腹，残。手制轮修，火候较高。残宽9、残高5.6厘米（图八五四，16）。

平底钵　3件。

A型　1件。

标本02BT0201㉟：28，夹砂褐陶，胎褐夹黑。素面。口微敛，圆唇，折腹，上腹内斜，下腹斜弧内收，残。手制轮修，火候一般。残宽8.1、残高5.8厘米（图八五四，17）。

B型　2件。标本碎小。

花边口钵　2件。

标本99AT0301㊼：42，夹砂黑陶，局部褐、红褐。唇部饰细绳切纹，器表多刮抹痕。口微敛，弧腹，残。手制轮修，火候一般。残宽7、残高6厘米（图八五四，18）。标本99AT0301㊻：18，夹砂灰褐陶，局部、里红，胎红夹灰。外沿戳刮呈花边。敛口，沿内卷，圆尖唇，弧腹，残。手制轮修，火候较高。残宽8.1、残高4厘米（图八五四，19）。

折腹钵　1件。标本碎小。

匜　1件。

标本00DT0908⑳：11，夹细砂灰陶。素面。敞口，尖唇，口局部外折成流，残。手制，火候较高。残宽4.2、残高4.2厘米（图八五四，20）。

尖底盏　47件，39件可分型。

A型　32件。

Ⅰ式：20件。

标本98AT0103㉝：28，夹细砂黑陶。素面，器表有旋痕、细划痕，内壁有瓦棱纹。敛口，内卷沿，尖圆唇，弧腹，残。轮制，火候较高。口径16.6、残高4.2厘米（图八五五，

1）。标本99AT0201㊲A：14，夹砂黑陶，紫红胎。素面，底部多划痕。敛口，沿内卷，圆唇，弧腹，圜底，残。轮制，火候较高。口径18、残高4.8厘米（图八五五，2）。标本99AT0301㊼：39，夹砂褐陶，红胎，里黑。素面。敛口，沿内卷，圆唇，弧腹，残。轮制，火候较高。残宽5.2、残高3.2厘米（图八五五，3）。

Ⅱ式：12件。

标本00DT0807㊱：5，夹细砂黑陶，局部灰。素面。口微敛，圆唇，弧腹，残。轮制，火候较高。残宽6.8、残高3.4厘米（图八五五，4）。

B型　5件。

Ⅰ式：3件。

标本99AT0301㊼：41，夹砂灰褐陶，局部灰黑。素面。口微敛，圆唇，折腹，上腹内斜，下腹弧收，残。轮制，火候较高。口径14、残高3.8厘米（图八五五，5）。标本00DT0705⑳：12，夹细砂黑陶，灰褐胎。素面。敛口，圆唇，折腹，残。轮制，火候高。残宽6.8、残高3.4厘米（图八五五，6）。

Ⅱ式：2件。

标本00DT0605㉕：7，夹细砂黑陶，局部灰褐，红褐胎。素面。口微敞，圆唇，折腹，残。轮制，火候较高。残宽6、残高2.9厘米（图八五五，7）。标本00DT0605㉕：8，夹细砂灰

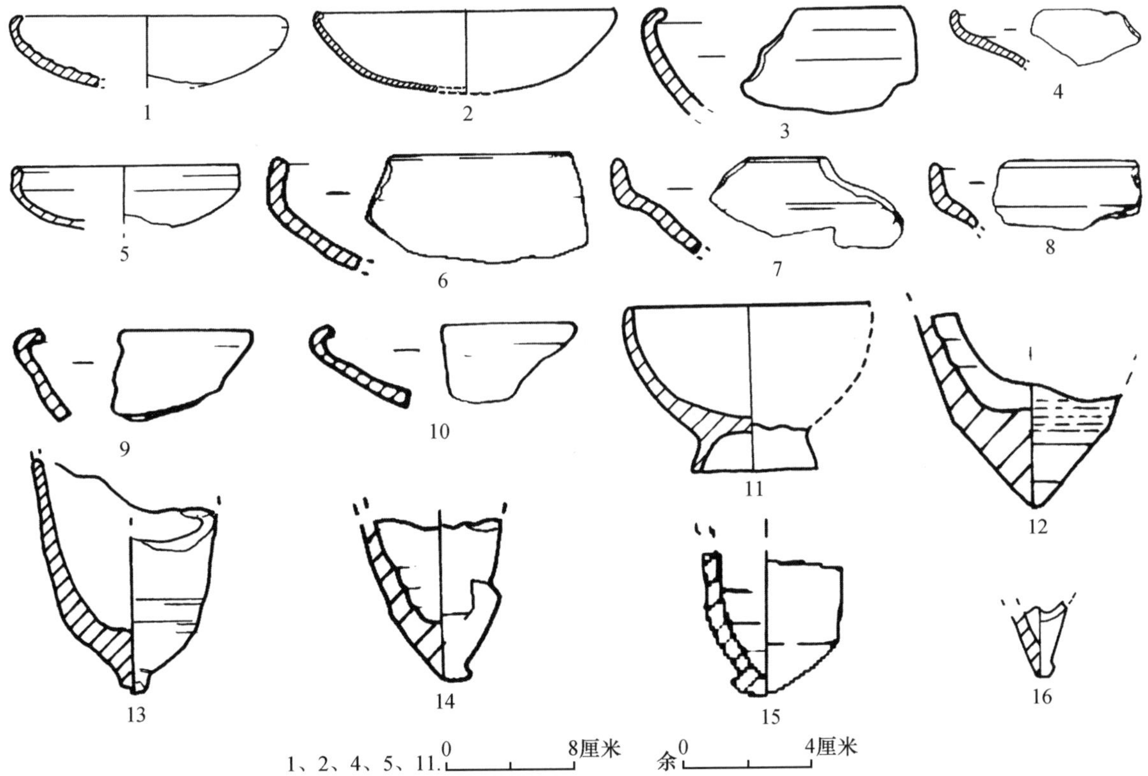

图八五五　瀋井沟文化第一期晚段陶器

1～3. A型Ⅰ式尖底盏（98AT0103㉝：28、99AT0201㊲A：14、99AT0301㊼：39）　4. A型Ⅱ式尖底盏（00DT0807㊱：5）　5、6. B型Ⅰ式尖底盏（99AT0301㊼：41、00DT0705⑳：12）　7、8. B型Ⅱ式尖底盏（00DT0605㉕：7、00DT0605㉕：8）　9、10. C型尖底盏（02BT0201㉟：29、02CT0101㉘：22）　11. 圈足杯（99AT0301㊼：2）　12. B型尖底杯（99AT0201㊴：21）　13. Ⅱ式炮弹形杯（02AT0101㉘：8）　14、15. A型角杯（98BT0205⑰：1、99AT0201㊴：22）　16. B型角杯（99AT0201㊶：16）

黑陶，局部灰褐。素面。敞口，圆唇，折腹，残。轮制，火候较高。残宽4.6、残高2厘米（图八五五，8）。

C型　2件。

标本02BT0201㉟：29，夹砂灰褐陶，红褐胎。素面。敛口，沿内卷，圆唇，腹斜弧收，残。轮制，火候较高。残宽4.3、残高2.7厘米（图八五五，9）。标本02CT0101㉘：22，夹砂灰黑陶，红褐胎。素面。敛口，沿内卷，圆唇，腹较斜直，残。轮制，火候较高。残宽4.2、残高2.4厘米（图八五五，10）。

圈足杯　1件。

标本99AT0301㊼：2，夹砂红陶，局部黑、褐。素面。口微敞，圆唇，弧腹，矮粗圈足，复原。手制，火候较高。口径14.4、足径7.8、高10.1厘米（图八五五，11）。

尖底杯　2件。B型。

标本99AT0201㊴：21，夹细砂灰黑陶。腹、底部饰细凹弦纹。下腹较斜直，下部折，尖底，实足跟较高，残。轮制，火候较高。残高6厘米（图八五五，12）。

炮弹形杯　1件。Ⅱ式。

标本02AT0101㉘：8，泥质灰褐陶，局部、里红褐。下腹饰凹弦纹一道。腹斜弧，下腹折收，尖底，残。轮制，火候较高。残高7厘米（图八五五，13）。

角杯　17件。

A型　3件。

标本98BT0205⑰：1，泥质红陶。素面，内壁多旋痕。上腹微弧，下腹斜折，尖底，残。轮制，火候较高。残高4.4厘米（图八五五，14）。标本99AT0201㊴：22，夹细砂灰陶。素面。上腹较斜直，下腹折，残。轮制，火候较高。残高4.8厘米（图八五五，15）。

B型　14件。

标本99AT0201㊶：16，夹细砂灰褐陶。素面。腹较斜直，尖底，残。轮制，火候较高。残高4.4厘米（图八五五，16）。标本98BT0205㉑：1，泥质红陶，局部褐。素面。敞口，尖唇，腹斜弧，尖底外斜，复原。盘筑轮修，火候高。口径6.4、高12厘米（图版七二，3）。标本98BT0205㉑：11，泥质红陶，局部灰、黑。素面。敞口，尖唇，斜弧腹，尖底，复原。盘筑轮修，火候高。口径6.8、高13.4厘米（图版七二，4）。

器盖　19件，17件可分型。

A型　6件。

标本99AT0201㊳：19，夹细砂红褐陶。素面。覆钵状，敞口，圆唇，弧壁，残。轮制，火候一般。残宽5.7、残高2.6厘米（图八五六，1）。标本99AT0301㊼：51，夹砂褐陶，局部红。素面。弧壁，敞口，唇面微凹，残。手制轮修，火候较高。残宽7.4、残高3.4厘米（图八五六，2）。

B型　11件。

Ⅰ式：6件。

标本99AT0201㊳：20，夹细砂黑陶，红褐胎。素面。覆盘状，敛口，凸沿，圆唇，弧壁，残。轮制，火候不高。口径23.6、残高3.2厘米（图八五六，3）。标本99AT0201㊲B：16，夹

图八五六　沣井沟文化第一期晚段陶器

1、2. A型器盖（99AT0201㊳：19、99AT0301㊼：51）　3、4. B型Ⅰ式器盖（99AT0201㊳：20、99AT0201㊲B：16）　5、6. B型Ⅱ式器盖（99AT0301㊹B：15、99AT0301㊼：48）　7. 盖纽（99AT0201㊶：17）　8、9. A型器座（99AT0201㊲A：31、99AT0201㊱：4）　10. B型器座（02BT0101㉗：18）　11、12. 圈足（99AT0201㊵：1、99AT0201㊲A：35）　13、14. 器底（02BT0201㉟：38、02BT0201㉟：39）　15. B型拍（99DT0202㊶：1）　16. B型纺轮（99DT0202㊹：9）　17. Eb型纺轮（99DT0301㉛：2）　18. B型网坠（99DT0202㊸：8）　19. 半成品纺轮（00DT0605㉕：1）

细砂红陶，器表饰凹弦纹数道。覆盘状，口微敞，折沿，圆唇，弧壁，残。轮制，火候较高。口径15.6、残高3.4厘米（图八五六，4）。

Ⅱ式：5件。

标本99AT0301㊹B：15，夹砂灰黑陶，红褐胎，里黑。素面，内壁多瓦棱纹。弧壁，敞口，微有内折沿，方唇，残。轮制，火候较高。口径20、残高3.2厘米（图八五六，5）。标本99AT0301㊼：48，夹砂黄陶，红胎。器表饰瓦棱纹。弧壁，沿内斜折，敛口，圆唇，残。轮制，火候较高。残宽4.3、残高2.2厘米（图八五六，6）。

盖纽　1件。

标本99AT0201㊶：17，夹细砂红陶，黑胎。素面，捉手外沿有手捏痕。圈足状捉手，盖壁斜直，残。手制轮修，火候较高。捉手径6.8、残高2.9厘米（图八五六，7）。

器座　20件，19件可分型。

A型　11件。

标本99AT0201㊲A：31，夹细砂褐陶，里红色。下部饰划纹。略呈梯形，腹微弧，口部圆唇，底部方唇，残。手制，火候一般。口径11.2、底径15.2、高8.4厘米（图八五六，8）。标本99AT0201㊱：4，夹细砂红褐陶。素面。略呈梯形，口部圆唇，腹较斜直，底部方唇，残。手制，火候不高。口径12、底径15.2、高11厘米（图八五六，9）。

B型　8件。

标本02BT0101㉗：18，夹砂黑陶，红褐胎。素面，内壁多瓦棱纹，底沿内斜折，残。轮制，火候较高。残宽9.6、残高7厘米（图八五六，10）。

圈足　4件。

标本99AT0201㊵：1，泥质黑陶，红胎。素面。下腹微弧，内底有旋痕，矮圈足外撇，残。轮制，火候不高。足径3.6、残高2厘米（图八五六，11）。标本99AT0201㊲A：35，夹细砂灰黑陶，局部褐色。下腹饰疏划纹，有刮削痕。下腹较斜直，圈足中部微内凹，残。手制，火候较高。足径6.6、残高4.8厘米（图八五六，12）。

器底　2件。

标本02BT0201㉟：38，夹砂黑陶，灰褐胎。下腹、内壁多瓦棱纹。鼓腹，下腹弧收，平底，内底中心乳凸，残。轮制，火候较高。底径8.4、残高9.4厘米（图八五六，13）。02BT0201㉟：39，夹砂黑陶，局部褐。素面，内壁瓦棱纹。下腹斜收，平底微凹，残。轮制，火候较高。底径8、残高5.6厘米（图八五六，14）。

拍　1件。B型。

标本99DT0202㊶：1，夹细砂褐陶，局部黑，红胎。素面。拍身略呈圆饼形，面微凸，后有近圆柱形捉手，拍面图案似文字，完整。手制，火候较高。直径6、高4.8厘米（图八五六，15）。

纺轮　8件。

A型　1件。标本碎小。

B型　4件。

标本99DT0202㊹：9，夹细砂红褐陶。素面。截面略呈三角形，顶微弧，底微凹，中部圆形穿孔，残。手制，火候较高。直径6.5、高3.6厘米（图八五六，16）。

C型　1件。标本碎小。

E型　1件。Eb型。

标本99DT0301㉛：2，夹砂红褐陶。素面。圆形，残。用陶片周边磨圆而成。直径3.5、厚0.7厘米（图八五六，17）。

半成品　1件。

标本00DT0605㉕：1，泥质红陶。素面。圆凸台形，弧顶，平底，中部有未穿透圆孔。半成品。底径3.8、高1.4厘米（图八五六，19）。

网坠　23件。

A型　2件。标本碎小。

B型　21件。

标本99DT0202㊸：8，夹细砂红褐陶，局部黑。素面。橄榄形，中空。手制，火候高。长3.8、最大径1.4厘米（图八五六，18）。

（二）第二期

此期地层单位在1998、1999、2000和2002年度的发掘中有发现，主要有：98AT0103㉘～㉜，98BT0104㉗～㉙，98BT0204㉛，98BT0304㉖～㉛，98BT0404㉒～㉕，98BT0405㉓～㉗，98BT0504⑳～㉔，98BT0505㉒～㉖；99AT0101㉖～㉙，99AT0201㉘～㉟，99AT0301㉜～㊷，99DT0101㉗～㉛，99DT0201㉝～㊵，99DT0202㉞～㊳B，99DT03031㉖～㊳；00DT0705⑲，00DT0706㉑、㉒，00DT0707㉞、㉟、㊻D，00DT0805⑯～⑱A，00DT0806⑳、㉑，00DT0807㉝，00DT0808㉘～㉛，00DT0908⑱～⑳，00DT0909㉓、㉔；02AT0101㉒～㉖，02BT0101㉓～㉕，02BT0201㉘～㉜，02CT0101㉑～㉖，02DT0101㉑～㉓，02DT0102㉔～㉙等。

参加分类排队的陶器共11791件。根据地层叠压关系和出土陶器形制特征的变化，可将此期分为早、晚两段。分段介绍如下：

1. 早段

此段陶器出土比较丰富，参加分类排队的陶器5514件。陶质以夹砂为主，约占出土陶器总数的99%以上，可细分为夹细砂和夹粗砂两种，以夹细砂为主，约占95%，泥质陶极少。陶色以红陶为主，多数单位约占出土陶器总数的40%左右，次为褐陶和灰陶，各占30%和20%多，黑陶最少，一般不到5%。纹饰以中粗绳纹为主，约占80%以上，凹弦纹、划纹、戳印纹、镂孔、乳钉纹、复合纹等较少，素面陶也占一定比例，一般不到20%。制法、火候与第一期相同，器物种类与第一期大致相同，只是有了一些器类的增减和型式的变化。

（1）陶系

以98AT0103㉛、99AT0201㉟、99DT0201㊳、02DT0102㉙为典型单位，介绍如下：

98AT0103㉛

共出陶器192件。陶质全为夹砂，以夹细砂为主，占86.98%，夹粗砂较少，占13.02%。陶色以红、灰陶为主，各占38.55%和34.38%，次为褐陶，占20.84%，黑陶最少，占6.25%。器表以纹面为主，占89.54%，素面较少，占11.46%。纹饰以粗绳纹为主，占64.58%，次为绳纹，占20.31%，凹弦纹、复合纹、暗纹、镂孔很少。器类以罐为主，占82.81%，缸、釜、钵、尖底盏、器盖等很少，有10.94%的腹片难辨器形（表一七〇）。

表一七〇　98AT0103㉛出土陶器统计表

陶质	夹细砂				夹粗砂				合计	%
陶色	灰	红	黑	褐	灰	红	黑	褐		
纹饰/器类										
粗绳纹	46	47	1	24	3	1		2	124	64.58
绳纹	9	16	1	7	2	2		2	39	20.31
凹弦纹					1	1			2	1.04
镂孔	1							2	3	1.56
复合纹						1			1	0.52
暗纹						1			1	0.52
素面	3	4	6	2	1	1	4	1	22	11.46
合计	59	67	8	33	7	7	4	7	192	100
%	30.73	34.90	4.17	17.19	3.65	3.65	2.08	3.65	100	
缸			1		1		1	1	4	2.08
罐						2			2	1.04
花边圜底罐	54	63	1	31					149	77.60
齿唇罐	1				3	2		2	8	4.17
釜							1		1	0.52
钵		1		1					2	1.04
尖底盏			2						2	1.04
器盖		1							1	0.52
器底	1		1						2	1.04
不明腹片	3	2	3	1	3	3	2	4	21	10.94

99AT0201㉟

共出陶器219件。陶质全为夹砂，以夹细砂为主，占97.72%，夹粗砂极少，仅占2.28%。陶色以红陶为主，占44.30%，次为褐陶，占34.71%，灰陶较少，占18.26%，黑陶最少，占2.28%。器表以纹面为主，占94.52%，素面很少，占5.48%。纹饰以绳纹为主，占93.61%，粗绳纹、细绳纹很少。器类以罐为主，占93.15%，釜、尊形器、圈足杯、钵、网坠很少，有3.65%的腹片难辨器形（表一七一）。

表一七一　99AT0201㉟出土陶器统计表

陶质	夹细砂				夹粗砂				合计	%
陶色	灰	红	黑	褐	灰	红	黑	褐		
纹饰/器类										
粗绳纹								1	1	0.46
绳纹	36	93	2	73	1				205	93.61
细绳纹						1			1	0.46
素面	2	3	3	2	1			1	12	5.48

续表

陶质	夹细砂				夹粗砂				合计	%
陶色	灰	红	黑	褐	灰	红	黑	褐		
纹饰/器类										
合计	38	96	5	75	2	1		2	219	100
%	17.35	43.84	2.28	34.25	0.91	0.46		0.91	100	
罐	1					1			2	0.91
花边圜底罐	36	92	1	73					202	92.24
釜		1	1						2	0.91
尊形器					1				1	0.46
圈足杯		1							1	0.46
钵		1		1					2	0.91
网坠			1						1	0.46
不明腹片	1	1	2	1	1			2	8	3.65

99DT0201㊳

共出陶器475件。陶质全为夹砂。陶色以红褐陶为主，占37.47%，次为红、灰陶，各占28.63%和28.42%，黑陶最少，仅占5.47%。器表以纹面为主，占95.37%，素面很少，仅占4.63%。纹饰以绳纹为主，占92.42%，复合纹、细绳纹、凹弦纹很少。器类以罐为主，占73.89%，豆、钵、网坠很少，有23.58%的腹片难辨器形（表一七二）。

表一七二 99DT0201㊳出土陶器统计表

陶质	夹砂				合计	%
陶色	灰	红	黑	红褐		
纹饰/器类						
绳纹	128	132	21	158	439	92.42
细绳纹		1			1	0.21
凹弦纹			1		1	0.21
复合纹				12	12	2.53
素面	7	3	4	8	22	4.63
合计	135	136	26	178	475	100
%	28.42	28.63	5.47	37.47	100	
罐	1				1	0.21
辫唇罐	41	16	4	34	95	20.00
花边圜底罐	59	93	10	93	255	53.68
豆		2		1	3	0.63
钵				3	3	0.63
网坠		1	2		3	0.63
器底	3				3	0.63

续表

陶质	夹砂				合计	%
陶色	灰	红	黑	红褐		
纹饰/器类						
不明腹片	31	24	10	47	112	23.58

02DT0102㉙

共出陶器191件。陶质全为夹砂。陶色以灰、红陶为主，各占37.17%和35.60%，次为褐陶，占26.70%，黑陶极少，仅占0.52%。器表以纹面为主，占92.67%，素面很少，占7.33%。纹饰以绳纹为主，占90.05%，细绳纹、镂孔很少。器类以罐为主，占73.82%，次为瓮，占18.84%，缸、尊形器、钵等很少，有2.62%的腹片难辨器形（表一七三）。

表一七三　02DT0102㉙出土陶器统计表

陶质	夹砂				合计	%
陶色	灰	红	黑	褐		
纹饰/器类						
绳纹	62	64	1	45	172	90.05
细绳纹		3			3	1.57
镂孔	2				2	1.05
素面	7	1		6	14	7.33
合计	71	68	1	51	191	100
%	37.17	35.60	0.52	26.70	100	
按唇缸	3			4	7	3.66
按唇瓮		1			1	0.52
辫唇瓮		1		2	3	1.57
瓮腹片		10	1	21	32	16.75
辫唇罐	1			4	5	2.62
齿唇罐				4	4	2.09
花边圜底罐	42	27		9	78	40.84
侈口罐		1			1	0.52
小罐		1			1	0.52
罐腹片	19	26		7	52	27.23
尊形器	1				1	0.52
钵		1			1	0.52
不明腹片	5				5	2.62

（2）器类

按唇缸　1件。Ⅱ式。标本碎小。

辫唇缸　48件。

A型　23件。

Ⅰ式：8件。

标本99DT0201㊴：32，夹粗砂红褐陶，局部灰黑。唇部刮抹略呈辫绳波浪形。侈口，斜卷沿，残。手制，火候较高。口径30.4、残高7.2厘米（图八五七，1）。标本00DT0808㉙：11，夹细砂红陶，局部褐，胎红夹灰。唇部刮抹略呈辫绳波浪形。侈口，卷沿外翻，有肩，残。手制，火候较高。残宽13.2、残高7.8厘米（图八五七，2）。

Ⅱ式：15件。

标本99DT0201㊳：34，夹细砂红陶，局部褐、灰，灰胎。唇部按抹呈辫绳波浪形，外沿多附泥块，内壁多刮抹痕。侈口，斜卷沿，残。手制，火候较高。口径36.8、残高7.8厘米（图

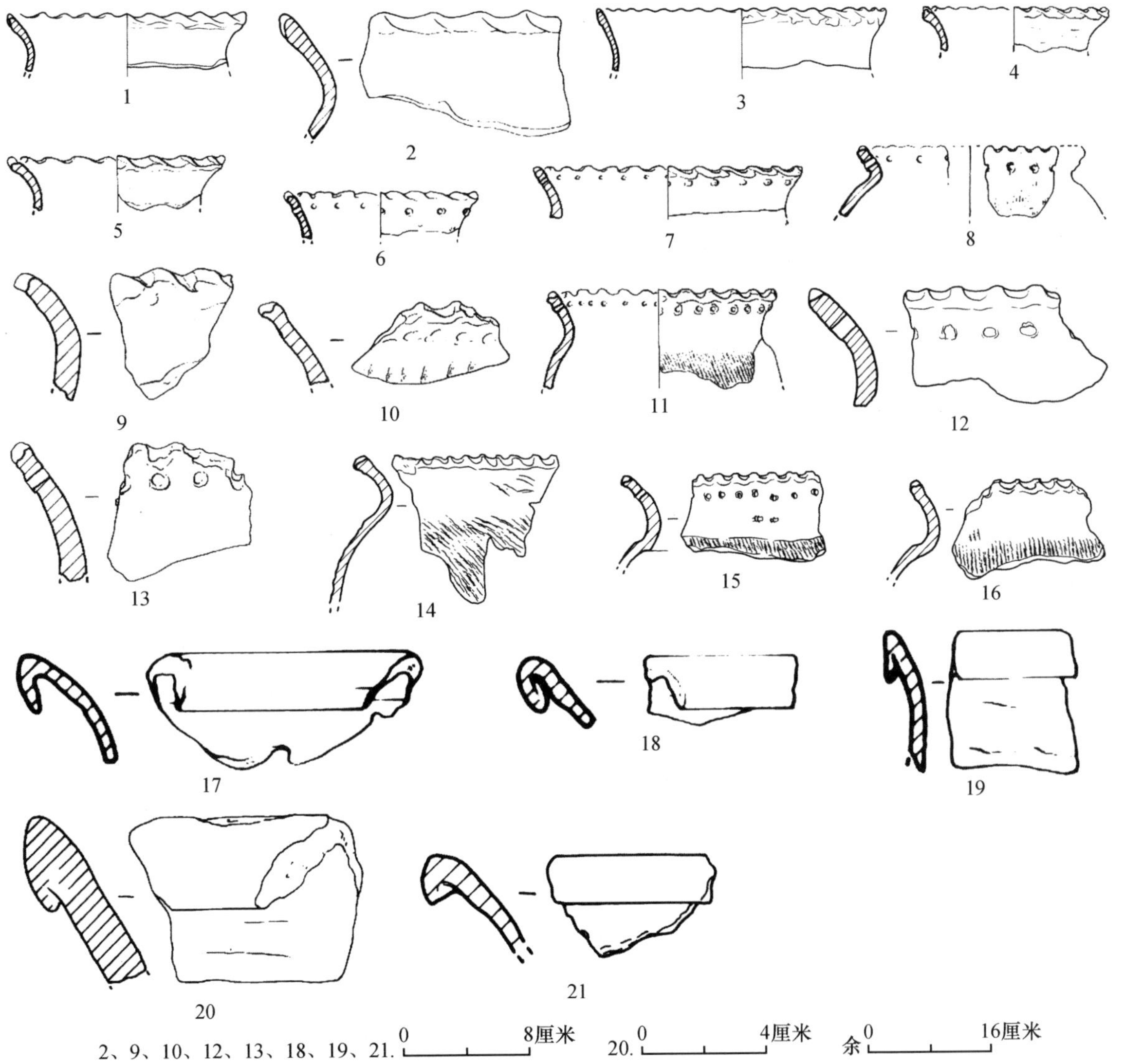

图八五七　潧井沟文化第二期早段陶器

1、2. A型Ⅰ式辫唇缸（99DT0201㊴：32、00DT0808㉙：11）　3～5. A型Ⅱ式辫唇缸（99DT0201㊳：34、99DT0202㊲A：28、99DT0202㉟A：11）　6～8. B型辫唇缸（98AT0103㉜：4、99DT0202㊳B：18、98AT0103㉜：5）　9、10. A型Ⅰ式齿唇缸（99AT0101㉙：2、99DT0202㊲A：27）　11、12. Ba型Ⅰ式齿唇缸（99DT0202㉟A：13、99DT0201㊱：28）　13. Ba型Ⅱ式齿唇缸（99DT0202㊳B：39）　14～16. Bb型齿唇缸（99AT0301㊷：3、99DT0301㊳：12、99DT0301㊳：13）　17、18. A型Ⅰ式喇叭口缸（02CT0101㉖：12、02CT0101㉖：13）　19. A型Ⅱ式喇叭口缸（02BT0101㉔：8）　20、21. A型Ⅲ式喇叭口缸（99AT0103㉛：8、99DT0301㊳：34）

八五七，3）。标本99DT0202㊲A：28，夹粗砂灰褐陶，局部黑，里褐。唇部刮抹略呈辫绳波浪形。侈口，卷沿，残。手制，火候一般。口径24.4、残高5.8厘米（图八五七，4）。标本99DT0202㉟A：11，夹粗砂红褐陶，灰胎，局部红，里黑。唇部戳刮、外沿按抹略呈辫绳波浪形。侈口，束领，残。手制，火候较高。口径27.8、残高6.8厘米（图八五七，5）。

B型 25件。

标本98AT0103㉜：4，夹细砂灰褐陶，里褐。唇部内外沿按抹呈辫绳状，领上部饰里向外单穿镂孔，下部饰竖划纹，局部戳印纹，内唇下有按窝，内壁多按抹痕。喇叭口，残。手制，火候不高。口径24.4、残高5.8厘米（图八五七，6）。标本99DT0202㊳B：18，夹粗砂红褐陶，局部、胎、里灰褐。唇部戳刮呈波浪形，领上部饰里向外单穿圆形镂孔。侈口，领外斜，残。手制，火候较高。口径34.2、残高6.2厘米（图八五七，7）。标本98AT0103㉜：5，夹粗砂红陶，局部灰褐，灰胎，里上部红、下部褐。唇部戳按呈波浪形，领部饰里向外单穿镂孔，肩部饰交错绳纹，内壁多按抹、刮抹痕。侈口，卷沿，领外斜，溜肩，残。手制，火候较高。口径29.2、残高9.2厘米（图八五七，8）。标本H458：1，夹粗砂褐陶，部分红，灰胎，里部分黑。唇部按抹略呈辫绳波浪形，沿上部饰里向外单穿镂孔一排，肩、腹、底饰粗绳纹。侈口，卷沿，溜肩，鼓腹，圜底略平，修复。手制，火候较高。口径38、高50.8厘米（图版七三，1）。

齿唇缸 46件，30件可分型。

A型 8件。

Ⅰ式：6件。

标本99AT0101㉙：2，夹砂褐陶，口、胎、里黑。唇部戳按略呈波浪形齿。侈口，卷沿，残。手制，火候较高。残宽7.8、残高8厘米（图八五七，9）。标本99DT0202㊲A：27，夹细砂灰褐陶，局部灰，黑胎，里红。唇部戳按呈波浪形，外沿多竖刮痕。侈口，领外斜直，残。手制，火候高。残宽9.8、残高5.2厘米（图八五七，10）。

Ⅱ式：2件。标本碎小。

B型 22件。

Ba型 13件。

Ⅰ式：11件。

标本99DT0202㉟A：13，夹粗砂红褐陶，局部、里黑，灰胎。唇部戳按呈波浪形，领上部饰圆形镂孔，腹饰斜中粗绳纹。侈口，领外斜，鼓腹，残。手制，火候较高。口径28.8、残高12.4厘米（图八五七，11）。标本99DT0201㊱：28，夹粗砂红陶，口部、胎黑。唇按压呈波浪形，沿部饰里向外单穿圆形镂孔。侈口，卷沿外翻，残。手制，火候较高。残宽12.9、残高7.5厘米（图八五七，12）。

Ⅱ式：2件。

标本99DT0202㊳B：39，夹粗砂红陶，局部灰黑，胎黑。唇部戳按呈波浪形，领上部饰圆形镂孔。侈口，束领，残。手制，火候较高。残宽9.2、残高8.7厘米（图八五七，13）。

Bb型 9件。

标本99AT0301㊷：3，夹粗砂褐陶，胎、里黑。唇部戳按呈波浪形齿，肩、腹饰斜粗绳纹。侈口，卷沿外翻，溜肩，鼓腹，残。手制，火候较高。残宽21、残高16.4厘米（图八五七，14）。标本99DT0301㊳：12，夹粗砂红陶，局部灰褐，胎红夹灰，里黑。唇部戳按呈齿状，领上部饰长方形镂孔，下部饰戳印纹，肩饰斜中粗绳纹。侈口，领外翻，圆肩，残。手制，火候较高。残宽18.4、残高11.2厘米（图八五七，15）。标本99DT0301㊳：13，夹粗砂红陶，局部灰褐，胎红夹灰，局部黑。唇部戳按呈齿状，肩饰竖中粗绳纹。侈口，领外斜，圆肩，残。手制，火候较高。残宽19.6、残高12.4厘米（图八五七，16）。

喇叭口缸　10件，9件可分型。

A型　7件。

Ⅰ式：2件。

标本02CT0101㉖：12，夹砂黑陶，胎红褐夹灰黑。素面。喇叭口，沿外下卷，圆唇，束领，残。轮制，火候较高。残宽17.6、残高7.2厘米（图八五七，17）。标本02CT0101㉖：13，夹砂灰黑陶，胎红夹灰。素面。喇叭口，沿外卷紧贴外壁，圆唇，残。轮制，火候高。残宽9.8、残高4.4厘米（图八五七，18）。

Ⅱ式：2件。

标本02BT0101㉔：8，夹砂黑陶，局部黑褐，红胎。素面。侈口，外沿较宽，圆唇，微束领，残。轮制，火候高。残宽8.4、残高8.8厘米（图八五七，19）。

Ⅲ式：3件。

标本98AT0103㉛：8，夹细砂黑陶，红褐胎。器壁微有瓦棱纹。敞口，圆唇，唇缘下垂，残。轮制，火候较高。残宽7.3、残高5.3厘米（图八五七，20）。标本99DT0301㊳：34，夹砂黑陶，胎褐夹灰褐。素面，唇面、沿面磨光。喇叭口，沿外下卷，圆唇，束领，残。轮制，火候较高。残宽10.6、残高6.5厘米（图八五七，21）。

B型　2件。标本碎小。

辫唇瓮　298件。

A型　282件。

Ⅰ式：44件。

标本99DT0201㊵：22，夹砂褐陶，局部红，胎红褐夹灰。唇部刮抹呈辫绳波浪形，肩饰斜绳纹。侈口，卷沿，微有肩，残。手制，火候较高。残宽13.5、残高6.4厘米（图八五八，1）。标本99DT0202㊲A：15，夹粗砂黑陶。唇部按抹呈辫绳波浪形。侈口，卷沿外翻，残。手制，火候较高。残宽8、残高6.2厘米（图八五八，2）。

Ⅱ式：105件。

标本99AT0101㉙：1，夹砂红陶，胎、里灰黑。唇部按抹呈辫绳波浪形，肩饰中粗绳纹。侈口，卷沿，溜肩，残。手制，火候较高。口径16.8、残高6.4厘米（图八五八，3）。标本98AT0103㉚：20，夹细砂红陶，胎、里灰黑。唇部按抹呈辫绳状，颈部有戳、划痕。侈口，束颈，残。手制，火候较高。口径18、残高7厘米（图八五八，4）。

Ⅲ式：133件。

标本99DT0202㊳B：24，夹细砂褐陶，局部黑，灰褐胎。唇部按抹略呈辫绳波浪形，颈下部饰戳印纹。侈口，束颈，有肩，残。手制，火候较高。口径18.8、残高8厘米（图八五八，5）。标本02DT0101㉓：10，夹砂红陶，局部黑，灰胎。唇部戳刮、外沿刮抹略呈辫绳波浪

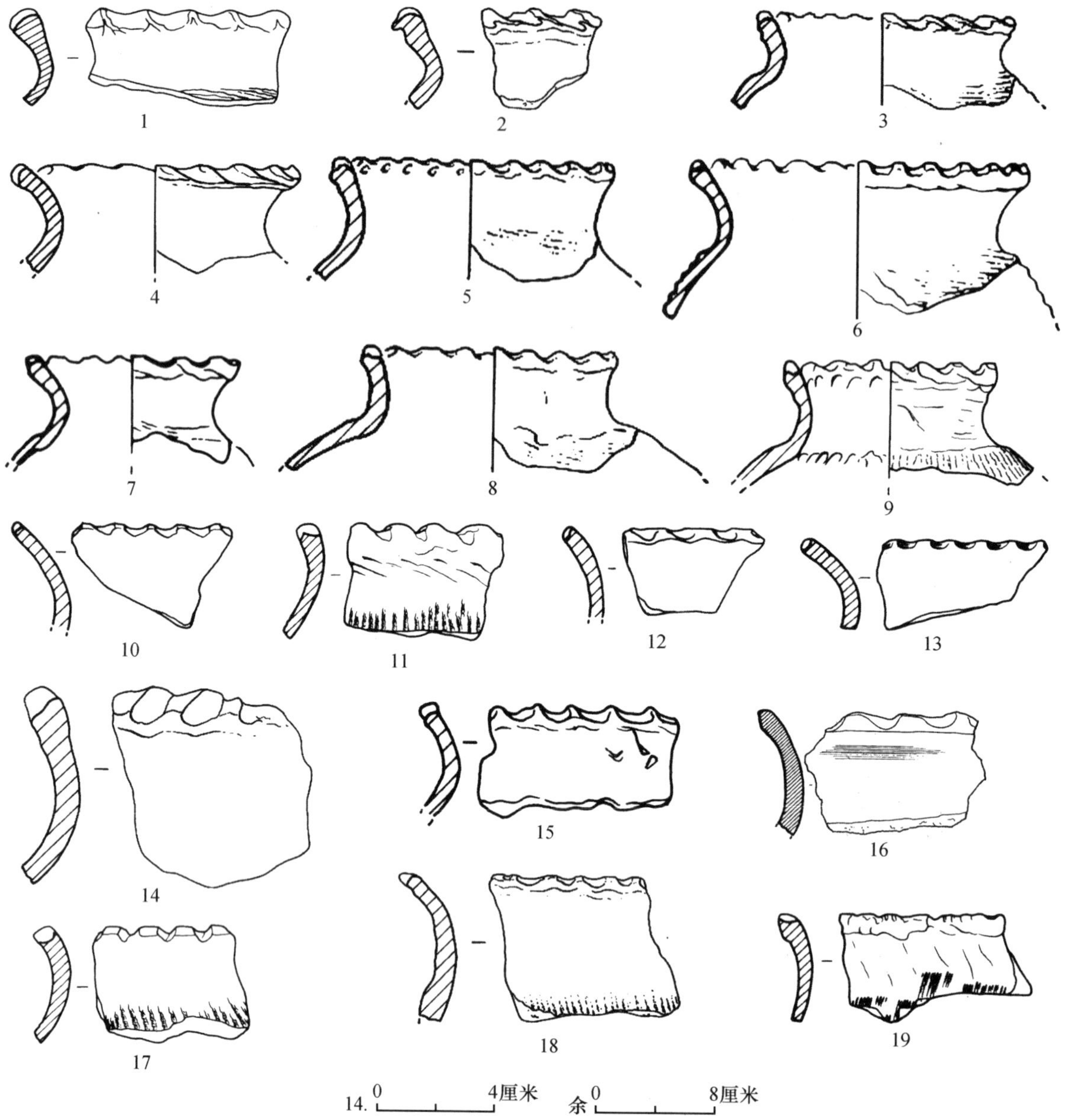

图八五八　哨井沟文化第二期早段陶器

1、2. A型Ⅰ式辫唇瓮（99DT0201㊵：22、99DT0202㊲A：15）　3、4. A型Ⅱ式辫唇瓮（99AT0101㉙：1、98AT0103㉚：20）　5、6. A型Ⅲ式辫唇瓮（99DT0202㊳B：24、02DT0101㉓：10）　7～9. B型辫唇瓮（99AT0301㊶：4、99DT0202㊳B：23、99DT0301㊱：6）　10、11. A型Ⅰ式齿唇瓮（99AT0301㊶：7、99DT0201㊴：28）　12、13. A型Ⅱ式齿唇瓮（99AT0301㊶：6、99DT0201㊲：14）　14、15. Ba型Ⅰ式齿唇瓮（99AT0101㉙：6、99AT0301㊶：8）　16. Ba型Ⅱ式齿唇瓮（99DT0202㊳B：35）　17、18. Bb型齿唇瓮（99DT0201㊳：27、99DT0202㊳B：34）　19. Bc型齿唇瓮（99DT0201㊳：26）

形，肩饰斜绳纹。侈口，卷沿外翻，溜肩，残。手制，火候较高。口径22.4、残高10.4厘米（图八五八，6）。

B型　16件。

标本99AT0301㊶：4，夹砂红陶，黑胎，里褐。唇部按抹略呈辫绳波浪形，肩饰戳印纹。侈口，领外翻，广肩，残。手制，火候较高。口径14.4、残高6.8厘米（图八五八，7）。标本99DT0202㊳B：23，夹细砂红陶，胎红夹灰褐。唇部戳刮呈波浪形，肩部饰绳纹后按抹呈细线。侈口，束颈，广肩，残。手制，火候较高。口径16.8、残高8厘米（图八五八，8）。标本99DT0301㊱：6，夹砂红陶，局部黑，胎红夹灰。唇部戳刮、外沿刮抹略呈辫绳波浪形，领饰斜划纹，肩饰竖绳纹后按抹，内领上部多按窝。侈口，领外斜，广肩，残。手制，火候较高。口径14、残高8厘米（图八五八，9）。

齿唇瓮　62件。

A型　47件，12件可分式。

Ⅰ式：5件。

标本99AT0301㊶：7，夹砂褐陶，局部、胎灰黑，里红褐；器表多灰白色附着物。唇部戳按呈齿状。侈口，领外翻，残。手制，火候较高。残宽10.6、残高6.8厘米（图八五八，10）。标本99DT0201㊴：28，夹细砂红褐陶，局部黑。唇部戳按较深呈圆齿形，肩部饰竖绳纹，器表多刮抹痕。侈口，卷沿，有肩，残。手制，火候较高。残宽10.6、残高7.6厘米（图八五八，11）。

Ⅱ式：7件。

标本99AT0301㊶：6，夹砂灰黑陶，胎褐夹黑。唇部戳按略呈波浪形。侈口，束领，残。手制，火候较高。残宽9.2、残高5.8厘米（图八五八，12）。标本99DT0201㊲：14，夹细砂红褐陶，灰黑胎。唇部按压略呈波浪形。侈口，外翻领，残。手制，火候较高。残宽11.2、残高5.8厘米（图八五八，13）。

B型　15件。

Ba型　6件。

Ⅰ式：5件。

标本99AT0101㉙：6，夹砂红褐陶，局部、胎灰黑。唇部戳按呈波浪形齿。侈口，斜领，残。手制，火候较高。残宽6.6、残高6.5厘米（图八五八，14）。标本99AT0301㊶：8，夹砂灰褐陶，局部黑，灰胎。唇部戳按呈齿状，领外饰戳印、划纹。侈口，斜领，残。手制，火候较高。残宽13、残高7.2厘米（图八五八，15）。

Ⅱ式：1件。

标本99DT0202㊳B：35，夹粗砂红陶，局部黑，胎红夹灰。唇部戳按略呈波浪形。侈口，卷沿，残。手制，火候较高。残宽11.8、残高8.2厘米（图八五八，16）。

Bb型　8件。

标本99DT0201㊳：27，夹细砂褐陶，胎、里黑。唇部戳印呈圆齿形，肩部饰斜绳纹。侈口，卷沿，束领，有肩，残。手制，火候较高。残宽10.4、残高7.6厘米（图八五八，17）。标本99DT0202㊳B：34，夹粗砂红陶，局部、胎、里灰。唇部戳刮略呈波浪形，腹饰竖绳纹。侈口，束领，鼓腹，残。手制，火候较高。残宽12.7、残高9.5厘米（图八五八，18）。

Bc型　1件。

标本99DT0201㊳：26，夹细砂褐陶，局部红、黄褐。上唇面饰按窝略呈波浪形，器表饰组状斜细划纹，多刮抹痕。侈口，卷沿，鼓腹，残。手制，火候较高。残宽12.7、残高7厘米（图八五八，19）。

按唇瓮　7件。

Ⅰ式：1件。标本碎小。

Ⅱ式：4件。标本碎小。

Ⅲ式：2件。标本碎小。

高领瓮　4件，2件可分式。

Ⅰ式：1件。标本碎小。

Ⅱ式：1件。

标本99DT0301㉟：25，夹砂红陶，局部黑、灰褐，胎红夹褐。喇叭口，卷沿近平，圆唇，束领，广肩，残。轮制，火候高。口径32、残高14.4厘米（图八五九，1）。

中领瓮　4件。A型。

标本98BT0204㉜：8，夹砂黑陶，局部、里红，胎红夹灰褐。素面。口微侈，沿微外下斜，圆唇，矮领，圆肩，残。轮制，火候较高。口径16.4、残高12厘米（图八五九，2）。

矮领瓮　5件。

A型　4件。

Aa型　3件。

标本99DT0201㊱：47，夹细砂黑陶，红胎。素面。侈口，卷沿外翻，圆唇，矮束领，斜肩，残。轮制，火候高。残宽10.3、残高6.4厘米（图八五九，3）。标本99DT0301㊳：33，夹砂黑陶，胎褐夹灰。素面。侈口，圆唇，领外翻，残。轮制，火候较高。残宽13.2、残高5.6厘米（图八五九，4）。

Ab型　1件。Ⅱ式。

标本98AT0103㉛：11，夹粗砂红陶，局部、里褐，灰胎。素面。侈口，方唇，束颈，残。

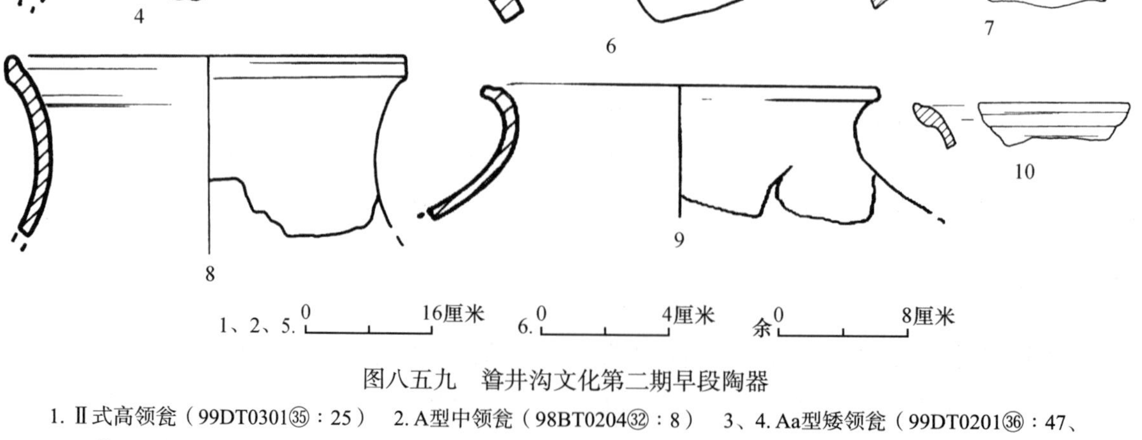

图八五九　瀼井沟文化第二期早段陶器

1. Ⅱ式高领瓮（99DT0301㉟：25）　2. A型中领瓮（98BT0204㉜：8）　3、4. Aa型矮领瓮（99DT0201㊱：47、99DT0301㊳：33）　5. Ab型Ⅱ式矮领瓮（98AT0103㉛：11）　6. B型Ⅰ式矮领瓮（99DT0201㊱：48）　7. A型Ⅰ式敛口瓮（99DT0201㊴：25）　8. Ⅰ式盘口瓮（99DT0201㊱：52）　9、10. 子母口瓮（99AT0101㉙：26、99DT0201㊱：51）

轮制，火候较高。口径27.6、残高9.1厘米（图八五九，5）。

B型　1件。Ⅰ式。

标本99DT0201㊱：48，夹粗砂褐陶，胎红褐夹灰黑。素面。喇叭口，圆唇，残。轮制，火候高。残宽6.1、残高3.5厘米（图八五九，6）。

敛口瓮　1件。A型Ⅰ式。

标本99DT0201㊴：25，夹细砂黑陶，褐胎。肩部饰雷纹。敛口，微有斜折沿、内沿微凹，圆唇，斜肩，残。轮制，火候高。残宽8.6、残高5.7厘米（图八五九，7）。

盘口瓮　1件。Ⅰ式。

标本99DT0201㊱：52，夹细砂红陶，局部褐，胎、里灰黑。素面，内壁饰横划纹。侈口，沿面微凹呈盘状，外沿微凹，圆唇，高领内束，残。轮制，火候较高。口径24.8、残高11厘米（图八五九，8）。

平沿瓮　1件。B型。标本碎小。

子母口瓮　2件。

标本99AT0101㉙：26，夹砂灰褐陶，局部、里黑。素面。侈口，圆唇，沿面内凹成母口，束颈，广肩，残。轮制，火候较高。口径24.8、残高8.4厘米（图八五九，9）。标本99DT0201㊱：51，夹细砂黑陶，局部红。侈口，折沿内凹成母口，圆唇，束颈，残。轮制，火候高。残宽9.4、残高2.7厘米（图八五九，10）。

瓮底　13件。标本碎小。

按唇罐　3件。

Ⅰ式：1件。

标本99DT0201㊵：33，夹砂红陶，局部、胎灰，里黑褐。唇部微有按窝，肩饰绳纹后按抹呈细线。侈口，卷沿，溜肩，残。手制，火候较高。残宽8.9、残高4.5厘米（图八六〇，1）。

Ⅱ式：1件。

标本99DT0201㊵：32，夹砂红褐陶，里褐。唇部按窝较浅，肩饰斜绳纹。侈口，卷沿，溜肩，残。手制，火候较高。口径14.6、残高5.5厘米（图八六〇，2）。

Ⅲ式：1件。

标本99DT0201㊴：16，夹细砂灰褐陶，胎红夹褐。唇部饰较深按窝，腹部拍印细绳纹。侈口，卷沿，鼓腹，残。手制，火候较高。残宽9.2、残高8.1厘米（图八六〇，3）。

辫唇罐　695件。

Ⅰ式：35件。

标本99DT0201㊵：16，夹砂红陶，局部灰。唇部按抹呈辫绳波浪形，肩饰斜绳纹。侈口，卷沿，溜肩，残。手制，火候较高。残宽9.6、残高6.2厘米（图八六〇，4）。标本99DT0202㊲A：10，夹细砂黑陶，局部褐。唇部按抹呈辫绳波浪形，肩部饰斜中粗绳纹。侈口，卷沿，溜肩，残。手制，火候较高。残宽8.6、残高5.8厘米（图八六〇，5）。

Ⅱ式：194件。

标本99DT0201㊳：29，夹粗砂红陶，局部、胎灰。唇部刮抹略呈辫绳波浪形，腹部拍

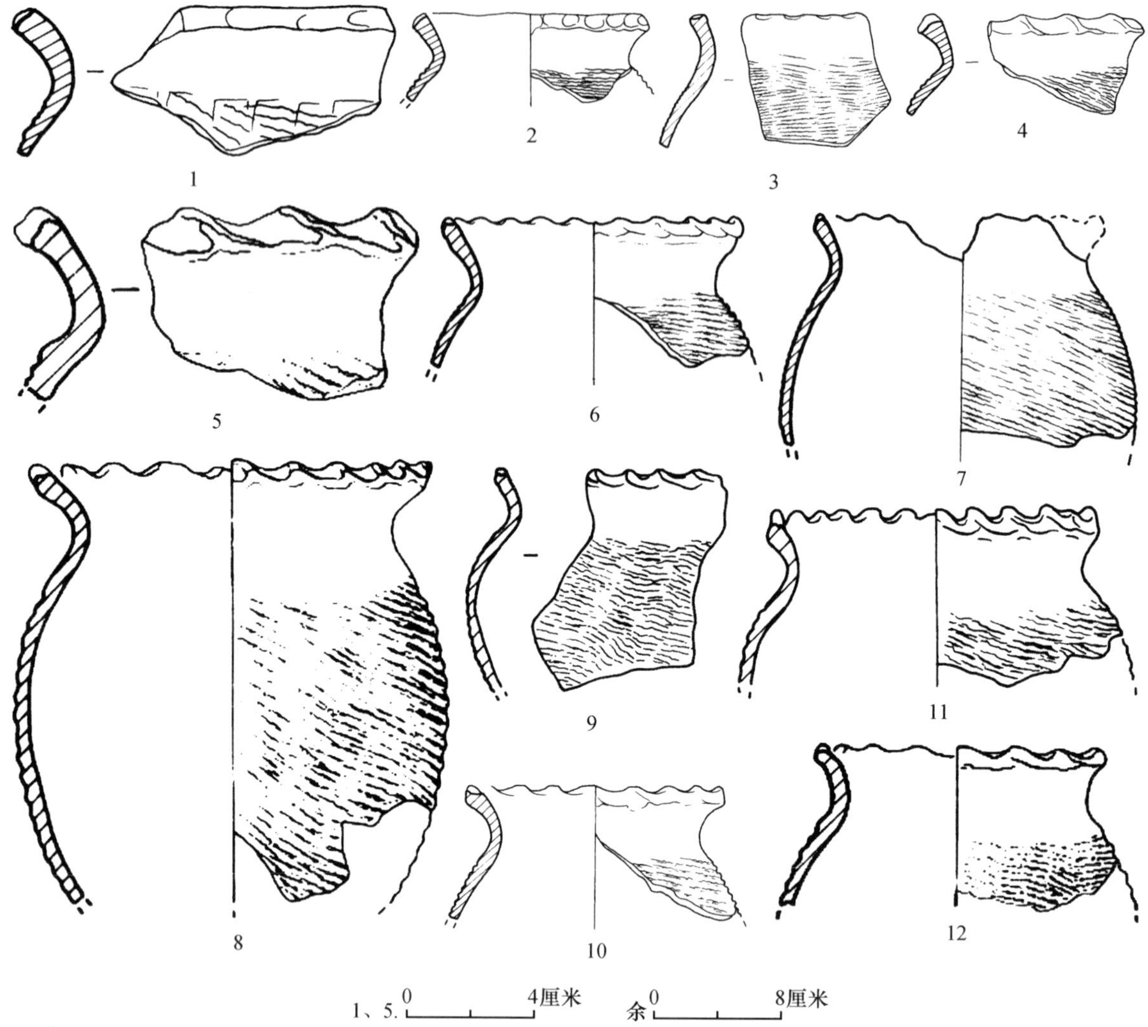

图八六〇 瓮井沟文化第二期早段陶器

1. Ⅰ式按唇罐（99DT0201㊵：33） 2. Ⅱ式按唇罐（99DT0201㊵：32） 3. Ⅲ式按唇罐（99DT0201㊴：16）
4、5. Ⅰ式辫唇罐（99DT0201㊵：16、99DT0202㊲A：10） 6～8. Ⅱ式辫唇罐（99DT0201㊳：29、99DT0201㊳：19、00DT0807㉝：2） 9～12. Ⅲ式辫唇罐（99AT0301㊶：2、99DT0201㊲：6、99DT0301㊳：6、99DT0202㊲A：13）

印绳纹。侈口，斜卷沿，鼓腹，残。手制，火候较高。口径18.4、残高9厘米（图八六〇，6）。标本99DT0201㊳：19，夹细砂褐陶，局部黑褐、黑，里红褐。唇部刮抹略呈辫绳波浪形，腹部拍印绳纹。侈口，卷沿，鼓腹，残。手制，火候较高。口径17.6、残高14厘米（图八六〇，7）。标本00DT0807㉝：2，夹细砂红陶，胎红夹灰，里褐。唇部按抹呈辫绳波浪形，腹饰粗绳纹。侈口，卷沿，鼓腹，残。手制，火候较高。口径25、残高26.8厘米（图八六〇，8）。

Ⅲ式：466件。

标本99AT0301㊶：2，夹砂红陶，局部灰、黑。唇部戳刮、外沿刮抹略呈辫绳波浪形，肩、腹饰斜绳纹。侈口，卷沿，圆肩，腹弧收，残。手制，火候较高。残宽12、残高13.4厘米（图八六〇，9）。标本99DT0201㊲：6，夹细砂红陶，局部红褐，灰胎，里黑。唇部按抹略呈辫绳波浪形，腹部拍印绳纹。侈口，卷沿，鼓腹，残。手制，火候较高。口径15.6、残高8.2

厘米（图八六〇，10）。标本99DT0301㊳：6，夹砂红陶，局部黑，胎红夹灰。唇部戳刮、外沿刮抹略呈辫绳波浪形，肩、腹饰斜绳纹。侈口，卷沿，溜肩，鼓腹，残。手制，火候较高。口径19.8、残高10.8厘米（图八六〇，11）。标本99DT0202㊲A：13，夹细砂红褐陶，局部红，胎红褐夹灰黑。唇部刮抹略呈辫绳波浪形，腹饰斜绳纹。侈口，卷沿，鼓腹，残。手制，火候较高。口径18、残高10厘米（图八六〇，12）。

齿唇罐　169件，76件可分型。

A型　25件。

Aa型　4件。

标本99DT0202㊳B：43，夹细砂红陶，局部灰。唇部内沿戳刮略呈波浪形，领外饰戳印纹，肩部饰中粗绳纹。侈口，矮领外斜，溜肩，残。手制，火候较高。口径9.6、残高6厘米（图八六一，1）。

Ab型　8件。

标本99DT0101㉛：5，夹砂红陶，局部灰黑。唇部戳按呈齿状，腹饰斜绳纹，局部按抹。侈口，束颈，鼓腹，残。手制，火候较高。口径15.2、残高10.4厘米（图八六一，2）。标本99DT0202㊲A：20，夹细砂褐陶，局部、里黑，灰胎。唇部戳刮呈波浪形，腹饰绳纹。侈口，卷沿，腹微鼓，残。手制，火候一般。口径14.8、残高7.3厘米（图八六一，3）。

Ac型　13件。

标本99DT0202㊲A：21，夹细砂褐陶，局部灰褐，胎、里灰。唇部戳按呈波浪形，腹饰斜绳纹。侈口，卷沿，鼓腹，残。手制，火候较高。口径14.1、残高8.4厘米（图八六一，4）。标本99DT0202㊳B：48，夹细砂红陶，局部褐，胎红夹黑。唇部戳按呈波浪形，腹饰斜绳纹。侈口，束颈，鼓腹，残。手制，火候较高。残宽9.7、残高10厘米（图八六一，5）。

B型　51件。

Ba型　14件。

Ⅰ式：11件。

标本99DT0202㊳B：47，夹粗砂红褐陶，局部红，胎红，局部黑。唇部戳按呈波浪形，腹饰斜绳纹。口微侈，领较直，鼓腹，残。手制，火候一般。口径16、残高8.6厘米（图八六一，6）。

Ⅱ式：3件。

标本99DT0201㊳：16，夹细砂黑褐陶，灰胎，里黑。唇部戳印呈锯齿形，颈部饰横划纹，腹部拍印绳纹。侈口，卷沿，微束颈，鼓腹，残。手制，火候较高。口径11.2、残高7.5厘米（图八六一，7）。标本99DT0202㊳B：44，夹细砂灰褐陶，局部黑。唇部戳刮略呈波浪形，腹饰斜绳纹。侈口，卷沿，鼓腹，残。手制，火候较高。残宽8.4、残高10.2厘米（图八六一，8）。

Bb型　37件。

标本98AT0103㉜：3，夹粗砂红陶，灰黑胎，里红褐。唇部刮抹呈波浪形，外沿内抹，饰划纹，颈部饰戳印纹，肩部饰中粗绳纹，内壁多按抹、刮划痕。侈口，卷沿，束颈，溜肩，残。手制轮修，火候不高。口径12.2、残高7.9厘米（图八六一，9）。标本98AT0103㉛：10，夹

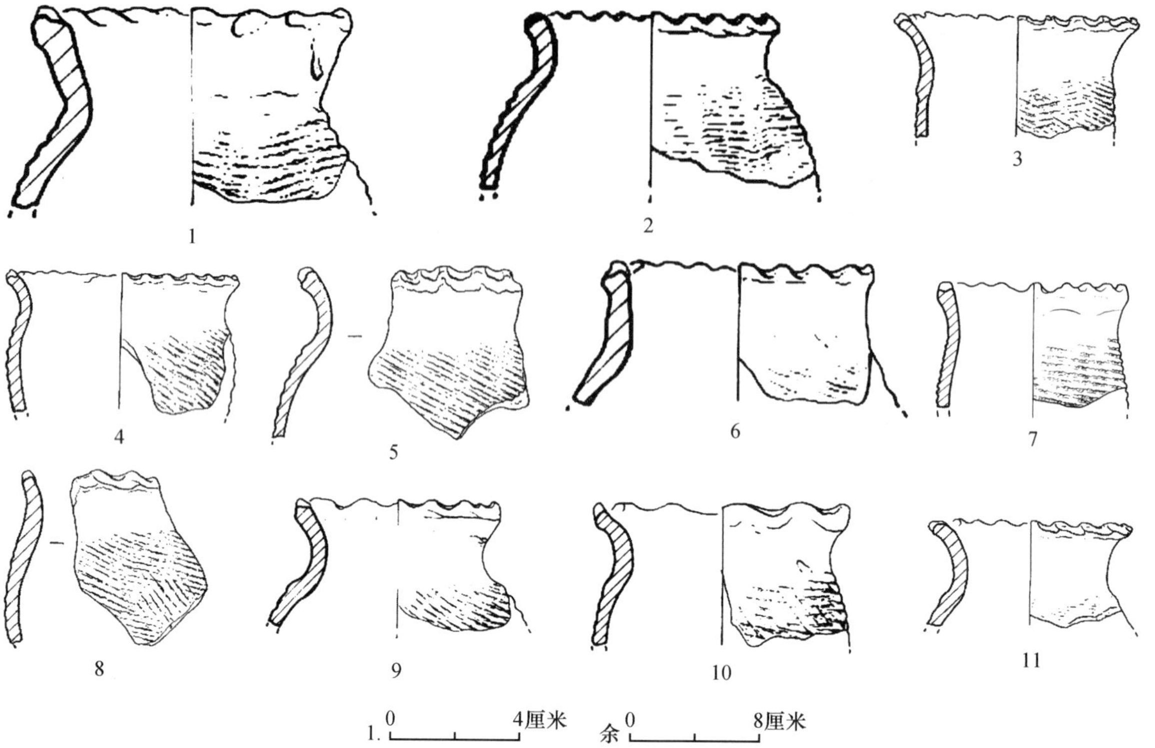

图八六一　湷井沟文化第二期早段陶器

1. Aa型齿唇罐（99DT0202㊳B：43）　2、3. Ab型齿唇罐（99DT0101㉛：5、99DT0202㊲A：20）　4、5. Ac型齿唇罐（99DT0202㊲A：21、99DT0202㊳B：48）　6. Ba型Ⅰ式齿唇罐（99DT0202㊳B：47）　7、8. Ba型Ⅱ式齿唇罐（99DT0201㊳：16、99DT0202㊳B：44）　9～11. Bb型齿唇罐（98AT0103㉜：3、98AT0103㉛：10、99DT0202㊳B：50）

粗砂红陶，局部黑褐。唇部刮削呈波浪形，外沿内抹，腹饰交错绳纹和划纹。侈口，束颈，鼓腹，残。手制，火候不高。口径15、残高8.5厘米（图八六一，10）。标本99DT0202㊳B：50，夹细砂红褐陶，局部灰褐，灰胎，里黑。唇部按抹呈波浪形，上腹多刮抹痕。侈口，束颈，鼓腹，残。手制，火候较高。口径12.4、残高6.3厘米（图八六一，11）。

花边圜底罐　3739件。

A型　3737件。Aa型，3404件可分式。

Ⅰ式：2459件，1646件可分亚式。

Ⅰa式：833件。

标本98AT0103㉚：1，夹砂红陶，局部黑；内外壁多灰白色附着物。唇部戳刮、外沿刮抹略呈辫绳波浪形，腹、底饰斜绳纹。侈口，束颈，鼓腹，圜尖底，复原。手制，火候较高。口径11.4、高12.9厘米（图八六二，1）。标本99DT0201㊳：9，夹细砂红褐陶，口局部黑，灰胎。唇部刮抹略呈辫绳波浪形，腹部拍印绳纹。侈口，卷沿，束径，鼓腹，残。手制，火候较高。口径12.4、残高10.8厘米（图八六二，2）。

Ⅰb式：813件。

标本99DT0202㉞：3，夹粗砂红陶，局部红褐，胎红夹灰。唇部戳刮、外沿内抹呈波浪形，腹、底饰绳纹。侈口，束颈，鼓腹，圜底，修复。手制，火候较高。口径12.4、高14厘米（图八六二，3）。标本99DT0301㉟：3，夹砂红陶，局部灰。唇部戳刮、外沿刮抹呈波浪

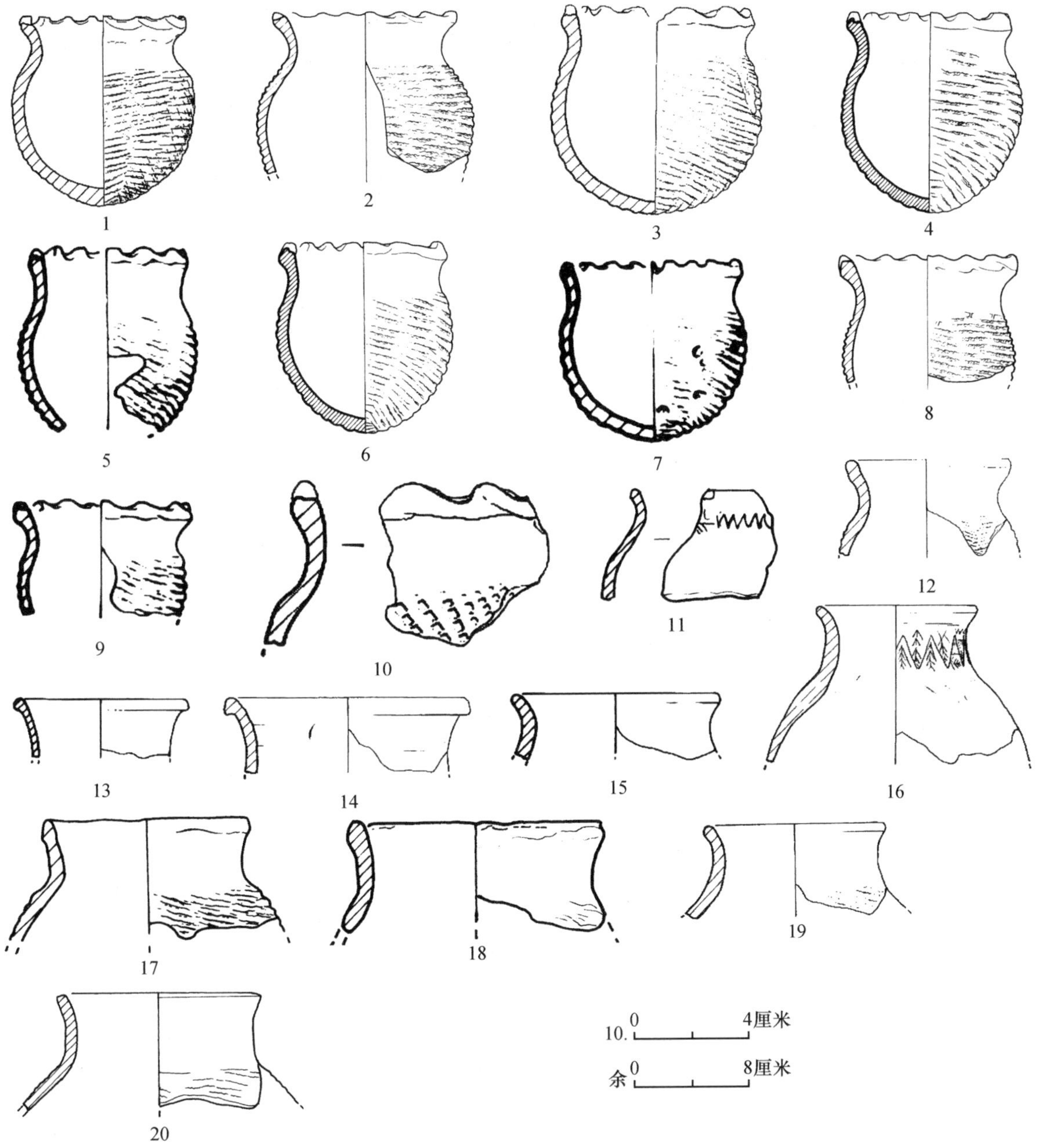

图八六二　瘖井沟文化第二期早段陶器

1、2. Aa型Ⅰa式花边圜底罐（98AT0103㉚：1、99DT0201㊳：9）　3～5. Aa型Ⅰb式花边圜底罐（99DT0202㉞：3、99DT0301㉟：3、02CT0101㉔：2）　6、7. Aa型Ⅱ式花边圜底罐（99DT0301㉟：4、02BT0101㉔：2）　8、9. Aa型Ⅲ式花边圜底罐（99DT0201㊳：13、02CT0101㉕：2）　10. C型花边圜底罐（99DT0202㉟A：7）　11、12. 素沿圜底罐（02AT0101㉗：12、99DT0202㊳B：60）　13、14. 高领罐（98AT0103㉛：14、99AT0101㉙：28）　15、16. Ⅲ式中领罐（98AT0103㉚：15、99AT0101㉙：24）　17、18. A型矮领罐（99DT0301㊳：15、99DT0301㉟：22）　19、20. B型矮领罐（99AT0101㉙：30、02DT0102㉙：15）

形，腹、底饰斜绳纹。侈口，束颈，鼓腹，圜底，复原。手制，火候较高。口径11、高13.6厘米（图八六二，4）。标本02CT0101㉔：2，夹砂褐陶，局部灰黑，灰褐胎，里黑。唇部戳刮、外沿刮抹呈波浪形，腹饰斜绳纹。侈口，束颈，鼓腹，残。手制，火候较高。口径10.6、残高12.4厘米（图八六二，5）。

Ⅱ式：900件。

标本99DT0301㉟：4，夹砂红陶，局部褐、灰。唇部戳刮、外沿刮抹呈波浪形，腹、底饰斜绳纹。侈口，束颈，鼓腹，圜尖底，完整。手制，火候较高。口径10.6、高13厘米（图八六二，6）。标本02BT0101㉔：2，夹砂灰褐陶，局部红。唇部戳刮、外沿内抹呈波浪形，腹饰斜绳纹，下腹多戳印痕。侈口，束颈，鼓腹，圜底，复原。手制，火候较高。口径12、残高12.2厘米（图八六二，7）。

Ⅲ式：45件。

标本99DT0201㊳：13，夹粗砂红陶，局部灰黑。唇部戳刮、外沿刮抹略呈辫绳波浪形，颈下部饰戳印纹，腹部拍印绳纹。侈口，卷沿，束颈，鼓腹，残。手制，火候较高。口径12.4、残高8.6厘米（图八六二，8）。标本02CT0101㉕：2，夹砂灰黑陶，灰褐胎，里褐。唇部戳刮、外沿抹呈波浪形，腹饰斜绳纹。侈口，束颈，鼓腹，残。手制，火候较高。口径11.8、残高7.6厘米（图八六二，9）。

C型　2件。

标本99DT0202㉟A：7，夹细砂灰陶，局部、胎、里灰黑。唇部戳刮、外沿刮抹呈波浪形，腹饰方格纹。侈口，束颈，鼓腹，残。手制，火候较高。残宽5.7、残高5.5厘米（图八六二，10）。

素沿圜底罐　2件。

标本02AT0101㉗：12，夹砂红陶，局部红褐。颈饰折尖波浪形和叶脉形划纹。侈口，卷沿，圆唇，束颈，溜肩，鼓腹，残。手制轮修，火候较高。残宽8、残高7.4厘米（图八六二，11）。标本99DT0202㊳B：60，夹细砂红陶，局部、胎红夹灰黑，里红褐。腹饰绳纹。侈口，圆唇，束领，鼓腹，残。手制，火候较高。口径11.6、残高6.7厘米（图八六二，12）。

高领罐　5件。

标本98AT0103㉛：14，夹细砂红陶。素面。微侈口，圆唇，束领，残。轮制，火候较高。口径11.8、残高3厘米（图八六二，13）。标本99AT0101㉙：28，夹砂黑陶，红褐胎。素面，内壁略有瓦棱纹。侈口，圆唇，微束领，残。轮制，火候较高。口径16.4、残高5.1厘米（图八六二，14）。

中领罐　7件。

Ⅰ式：1件。标本碎小。

Ⅱ式：2件。标本碎小。

Ⅲ式：4件。

标本98AT0103㉚：15，夹细砂红褐陶。素面。侈口，圆唇，束领，残。轮制，火候较高。口径14.4、残高4.4厘米（图八六二，15）。标本99AT0101㉙：24，夹砂灰褐陶，局部红褐。领饰几何形组状细划纹。侈口，圆唇，束领，溜肩，鼓腹，残。手制轮修，火候较高。口径11.2、残高10.7厘米（图八六二，16）。

矮领罐　12件。

A型　8件。

标本99DT0301㊳：15，夹砂红陶，胎红夹灰褐。肩饰斜绳纹。侈口，圆唇，领外斜，溜肩，残。手制，火候较高。口径14.4、残高8.1厘米（图八六二，17）。标本99DT0301㉟：22，夹砂红陶，局部黑，胎红夹灰褐。上腹饰斜绳纹。侈口，圆唇，束领，残。手制，火候较高。口径16.8、残高7.4厘米（图八六二，18）。

B型　3件。

标本99AT0101㉙：30，夹砂红陶，灰褐胎。表皮脱落，有绳纹痕。侈口，圆唇，束领，残。轮制，火候较高。口径12.7、残高6.2厘米（图八六二，19）。标本02DT0102㉙：15，夹粗砂红陶，局部、胎灰。肩饰绳纹后按抹呈细线。侈口，方唇，领较直，斜肩，残。手制轮修，火候高。口径14、残高7.8厘米（图八六二，20）。

C型　1件。标本碎小。

圈足罐　12件。

Ⅰ式：7件。

标本99DT0301㉟：28，夹砂黑陶，胎褐夹灰。素面，内壁多瓦棱纹。下腹斜收，内底较平，喇叭形高圈足，残。轮制，火候较高。残宽9.4、残高15.8厘米（图八六三，1）。标本99DT0301㉟：29，夹砂黑陶，红褐胎。素面，内壁多瓦棱纹。微有下腹，内底较平，喇叭形高圈足，残。轮制，火候较高。残宽6.8、残高8厘米（图八六三，2）。

Ⅱ式：5件。

标本99DT0301㉟：27，夹砂褐陶，局部、胎、里黑。素面。下腹斜收，喇叭形粗圈足，残。轮制，火候较高。残宽8、残高6厘米（图八六三，3）。标本99DT0202㉞：18，夹细砂黑陶，红褐胎。素面，内壁多瓦棱纹。微有下腹，较高粗圈足，壁斜直，残。轮制，火候较高。残高7.3厘米（图八六三，4）。

波浪唇罐　6件。

标本99DT0202㊲A：30，夹细砂红陶，胎部分红夹灰。唇部内沿向外按抹呈波浪形，腹饰绳纹。侈口，卷沿，鼓腹，残。手制，火候较高。口径12.6、残高6厘米（图八六三，5）。标本02DT0101㉓：9，夹砂红褐陶，局部、里黑，灰胎。唇部戳按略呈波浪形，肩、腹饰斜中粗绳纹。侈口，卷沿，溜肩，鼓腹，残。手制，火候较高。口径11.6、残高7.2厘米（图八六三，6）。

侈口罐　5件。

标本99DT0201㊴：19，夹细砂褐陶，局部黑，里红。唇部饰戳印纹，腹部拍印绳纹。侈口，卷沿，束颈，鼓腹，残。手制轮修，火候较高。口径16.8、残高5.2厘米（图八六三，7）。标本99DT0201㊳：22，夹细砂黑陶，里局部红褐。素面，内沿饰凹弦纹两道。侈口，卷沿，圆唇，鼓腹，残。轮制，火候较高。残宽8.4、残高4.2厘米（图八六三，8）。

敛口罐　3件。

A型　2件。Ⅱ式。

标本98AT0103㉚：6，夹粗砂黑陶。素面。敛口，微有折沿，沿面微凹，圆唇，折肩，残。轮制，火候较高。口径20.4、残高4.2厘米（图八六三，9）。

B型　1件。

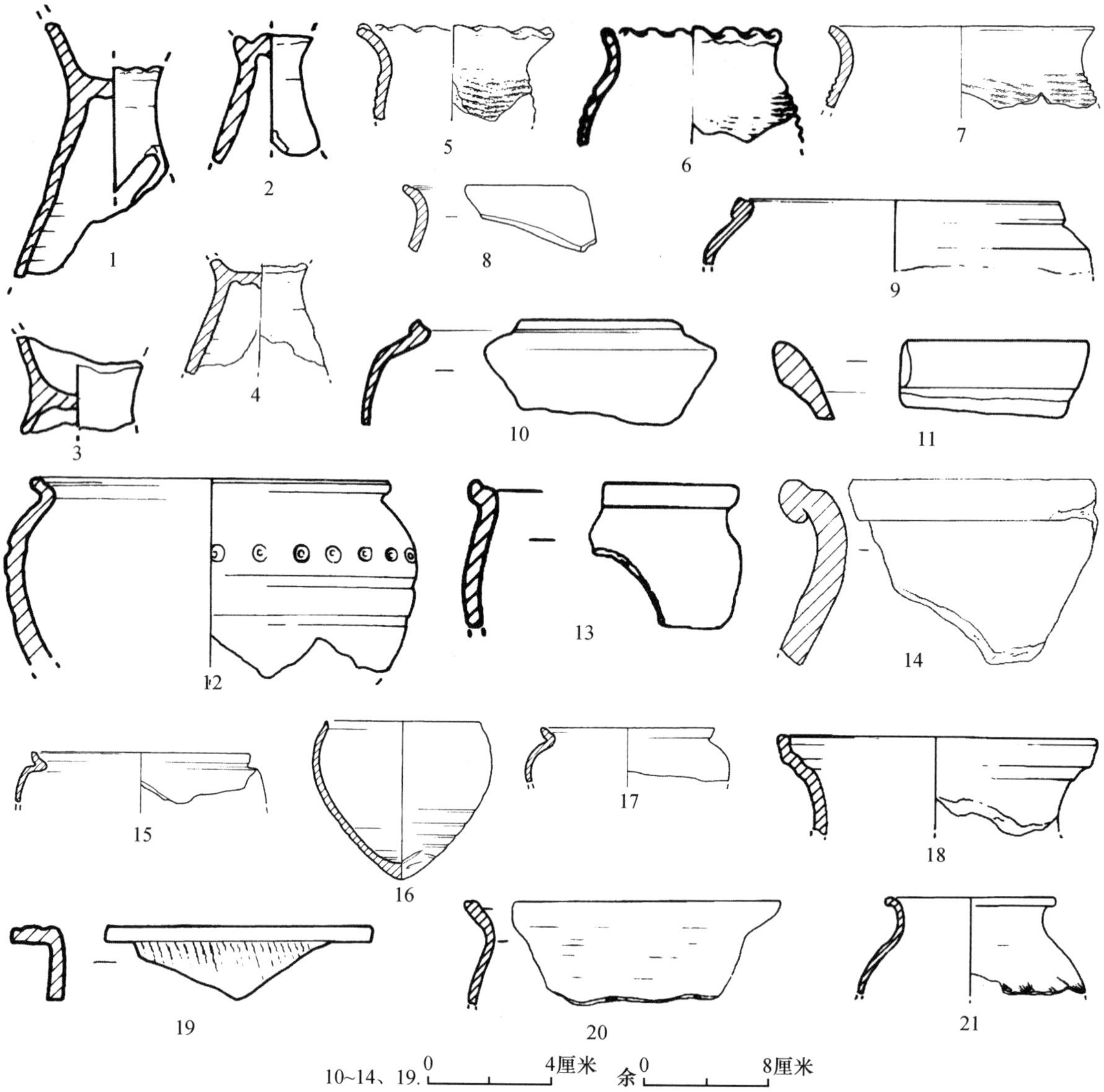

图八六三　瀼井沟文化第二期早段陶器

1、2. Ⅰ式圈足罐（99DT0301㉟：28、99DT0301㉟：29）　3、4. Ⅱ式圈足罐（99DT0301㉟：27、99DT0202㉞：18）　5、6. 波浪唇罐（99DT0202㊲A：30、02DT0101㉓：9）　7、8. 侈口罐（99DT0201㊴：19、99DT0201㊳：22）　9. A型Ⅱ式敛口罐（98AT0103㉚：6）　10. B型敛口罐（99DT0201㊱：46）　11. Ⅱ式立沿罐（99DT0201㊱：50）　12. 卷沿罐（99DT0301㊱：13）　13、14. 子母口罐（00DT0808㉛：7、99DT0202㉟B：20）　15、17. 尖底罐（99DT0201㊲：27、99DT0201㊴：17）　16. Ⅰ式尖底罐（99DT0201㊲：28）　18. 盘口罐（98AT0103㉚：5）　19. 折沿罐（99DT0201㊱：44）　20. 大口罐（000DT0808㉚：5）　21. 束颈罐（00DT0808㉚：3）

标本99DT0201㊱：46，夹细砂黑陶，红胎。素面。敛口，有外折沿，沿面微凹，圆唇，窄斜肩，鼓腹，残。轮制，火候高。残宽7.3、残高3.3厘米（图八六三，10）。

立沿罐　2件，1件可分式。

Ⅱ式：1件。

标本99DT0201㊱：50，夹细砂灰黑陶，红胎。素面，内外壁磨光。喇叭口，斜立沿，圆唇，残。轮制，火候较高。残宽6、残高2.4厘米（图八六三，11）。

卷沿罐　2件。

标本99DT0301㊱：13，夹砂黑陶，红褐胎。肩饰圆形戳印纹一排。侈口，卷沿，沿面微凹，圆唇，圆肩，腹弧内收，残。轮制，火候较高。口径11.6、残高6.3厘米（图八六三，12）。

子母口罐　2件。

标本00DT0808㉛：7，夹细砂灰陶，里黄褐。素面。子母口，沿外卷后斜上折，圆唇，鼓腹，残。轮制，火候高。残宽4.8、残高4.6厘米（图八六三，13）。标本99DT0202㉟B：20，夹细砂黑陶，黑褐胎。素面。沿外折后上卷成浅盘，圆唇，领外斜，残。轮制，火候较高。残宽7.9、残高5.8厘米（图八六三，14）。

尖底罐　3件，1件可分式。

标本99DT0201㊲：27，夹粗砂黑陶，胎红褐夹灰。素面。盘口，圆唇，窄折肩，鼓腹，残。轮制，火候较高。口径14、残高3.1厘米（图八六三，15）。标本99DT0201㊴：17，夹细砂黑陶，局部褐。素面。侈口，卷沿，沿面内凹，圆唇，圆肩，残。轮制，火候较高。口径11、残高5.4厘米（图八六三，17）。

Ⅰ式：1件。

标本99DT0201㊲：28，夹细砂黑陶，红褐胎。器表多瓦棱纹，近底处饰戳印纹。直口，微有折立沿，尖唇，鼓上腹，尖底，复原。轮制，火候高。口径10、腹径11.6、高10厘米（图八六三，16）。

盘口罐　2件。

标本98AT0103㉚：5，夹粗砂红褐陶。盘下内外有凸棱。口微敞，方圆唇，盘较深，上腹内收，鼓腹，残。轮制，火候较高。口径22.4、残高6厘米（图八六三，18）。

折沿罐　1件。

标本99DT0201㊱：44，泥质黑陶。沿面饰凹弦纹，腹饰斜绳纹后按抹呈细线状，内外壁磨光。口微侈，平折沿，圆唇，上腹微外斜，残。轮制，火候高。残宽8.6、残高2.3厘米（图八六三，19）。

大口罐　2件。

标本00DT0808㉚：5，夹粗砂灰褐陶，局部黑，灰黑胎。唇面饰凹弦纹，器表饰划纹。侈口，卷沿，鼓腹，残。轮制，火候较高。残宽17、残高6.6厘米（图八六三，20）。

束颈罐　1件。

标本00DT0808㉚：3，夹细砂红陶，局部褐，里黑。肩饰细绳纹。侈口，卷沿，圆唇，束颈，溜肩，鼓腹，残。手制轮修，火候较高。口径10.8、残高6.1厘米（图八六三，21）。

小罐　1件。

标本F130：1，夹砂红陶，局部褐。素面，多手捏痕。口微侈，圆唇，矮领，鼓腹，圜底，完整。手制，火候较高。口径3.9、高5.8厘米（图版七四，2）。

罐底　16件。标本碎小。

罐形釜　35件，27件可分型。

A型　24件。

Aa型　16件，14件可分式。

Ⅰ式：3件。

标本99AT0101㉙：25，夹砂黑陶，灰胎。腹饰细绳纹。侈口，圆唇，束颈，鼓腹，残。轮制，火候较高。口径9.6、残高5.4厘米（图八六四，1）。标本00DT0808㉚：4，夹细砂褐陶，局部、胎、里黑。腹饰细绳纹。侈口，卷沿，圆唇，束颈，鼓下腹，残。手制轮修，火候较高。口径10.8、残高13厘米（图八六四，2）。

Ⅱ式：9件。

标本99DT0202㊳B：67，夹细砂黑陶，里红褐。腹饰绳纹。侈口，微束颈，鼓腹，残。手制轮修，火候较高。口径10.3、残高5.4厘米（图八六四，3）。标本99DT0202㉟B：19，夹粗砂红陶，口、胎、里黑。腹饰斜绳纹。侈口，圆唇，束颈，鼓腹，残。轮制，火候较高。口径8.8、残高6.1厘米（图八六四，4）。

Ⅲ式：2件。

标本99DT0202㊳B：63，夹细砂灰黑陶，局部褐，里红褐。腹饰中粗绳纹。侈口，圆唇，微束颈，鼓腹，残。手制，火候较高。残宽9、残高7厘米（图八六四，5）。

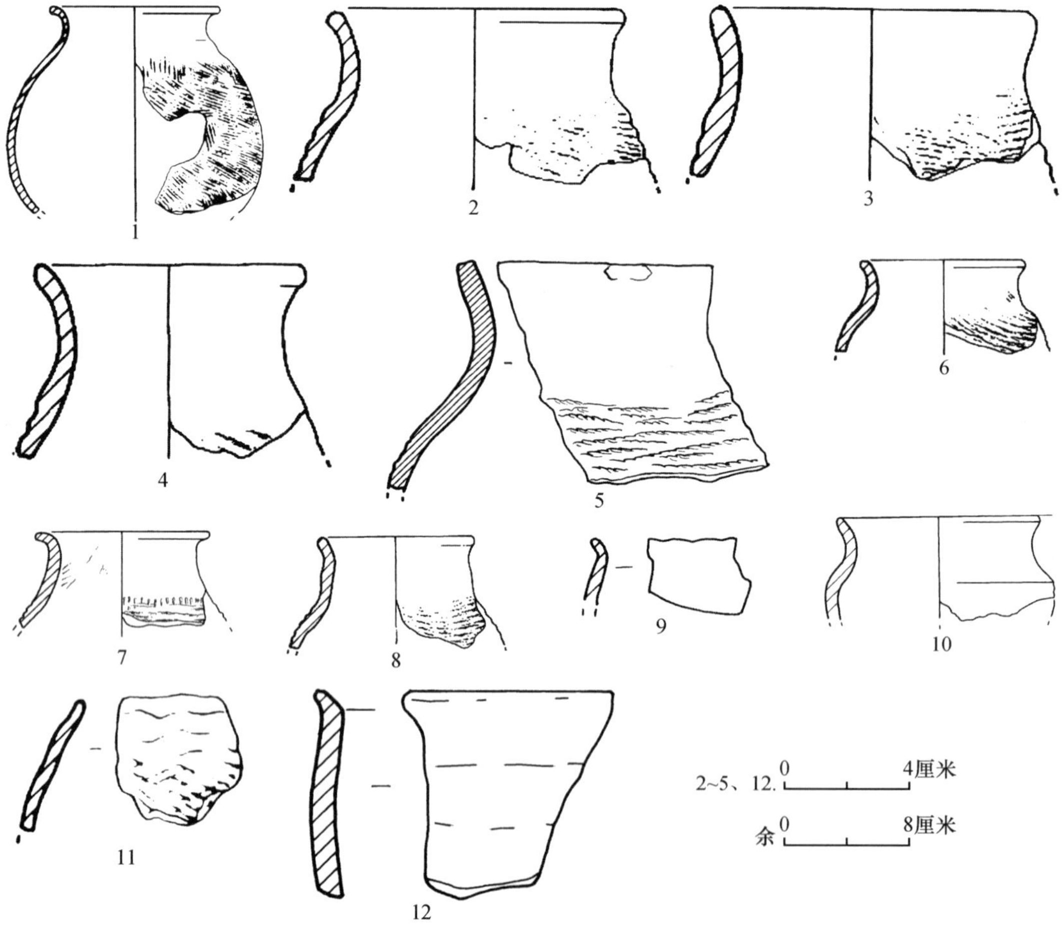

图八六四　瓮井沟文化第二期早段陶器

1、2. Aa型Ⅰ式罐形釜（99AT0101㉙：25、00DT0808㉚：4）　3、4. Aa型Ⅱ式罐形釜（99DT0202㊳B：67、99DT0202㉟B：19）　5. Aa型Ⅲ式罐形釜（99DT0202㊳B：63）　6. Ab型Ⅰ式罐形釜（99DT0101㉛：16）　7、8. Ab型Ⅱ式罐形釜（99DT0201㊳：23、99DT0202㊳B：66）　9、10. B型罐形釜（99AT0201㉟：3、99DT0301㊳：27）　11. Ⅰ式钵形釜（02BT0101㉔：7）　12. Ⅱ式钵形釜（99DT0201㊱：43）

Ab型　8件。

Ⅰ式：2件。

标本99DT0101㉛：16，夹砂红褐陶。腹饰斜绳纹。侈口，圆唇，颈较斜直，鼓腹，残。轮制，火候较高。口径10.4、残高6厘米（图八六四，6）。

Ⅱ式：6件。

标本99DT0201㊳：23，夹细砂黑陶，褐胎。颈下部饰戳印纹，腹部拍印绳纹，器表多按抹痕。侈口，卷平沿，圆唇，“八”字形颈，鼓腹，残。手制轮修，火候较高。口径11.2、残高6厘米（图八六四，7）。标本99DT0202㊳B：66，夹细砂红陶，灰胎，里红褐。腹饰绳纹。侈口，圆唇，颈较斜直，鼓腹，残。手制轮修，火候较高。口径10.2、残高7厘米（图八六四，8）。

B型　3件。

标本99AT0201㉟：3，夹细砂褐陶，局部黑色。素面。侈口，卷沿，圆唇，束领较矮，鼓腹，残。手制轮修，火候一般。残宽6.6、残高4.8厘米（图八六四，9）。标本99DT0301㊳：27，夹砂灰褐陶，局部红、黑，黑胎。素面。侈口，圆唇，束颈，斜肩，腹弧收，残。手制轮修，火候较高。口径13、残高6.6厘米（图八六四，10）。

盆形釜　1件。标本碎小。

钵形釜　2件。

Ⅰ式：1件。

标本02BT0101㉔：7，夹砂红陶，胎红褐夹灰、黑。器表饰绳纹后按抹，上部多贴边痕。敛口，鼓腹，残。手制，火候较高。残宽8.2、残高8.2厘米（图八六四，11）。

Ⅱ式：1件。

标本99DT0201㊱：43，夹细砂红陶，胎红夹灰。器表饰细划纹。侈口，斜折沿，圆唇，鼓腹，残。轮制，火候较高。残宽6.8、残高6.5厘米（图八六四，12）。

尊形器　15件，12件可分型。

A型　11件。

Ⅰ式：3件。

标本99DT0202㊳B：69，夹细砂黑陶，胎褐夹灰。素面。喇叭口，内沿微弧，外下折沿较窄，沿壁间夹角较大，残。轮制，火候高。残宽10.8、残高3.5厘米（图八六五，1）。标本99DT0301㉟：30，夹砂红陶，胎红夹灰。外沿饰横暗纹。喇叭口，沿外下卷，较宽，圆唇，残。轮制，火候较高。残宽18.4、残高7.6厘米（图八六五，2）。

Ⅱ式：7件。

标本99DT0101㉛：17，夹砂黑陶，胎褐夹灰。素面，外沿、内壁磨光。喇叭口，外沿较宽，下垂，圆唇，残。轮制，火候较高。残宽12、残高6.4厘米（图八六五，3）。标本02BT0101㉕：10，夹砂黄陶，局部红，胎红夹灰褐。素面。喇叭口，外沿较宽，外折内弧，圆尖唇，残。轮制，火候较高。残宽9、残高3.6厘米（图八六五，4）。标本H485：4，夹粗砂灰黑陶，红褐胎。颈、上腹饰竖暗纹。喇叭口，圆唇，外沿较宽，下垂，束颈，圆鼓腹，下腹急内收，小平底，修复。轮制，火候较高。口径40.2、底径12.4、高58.8厘米（图八六五，7；

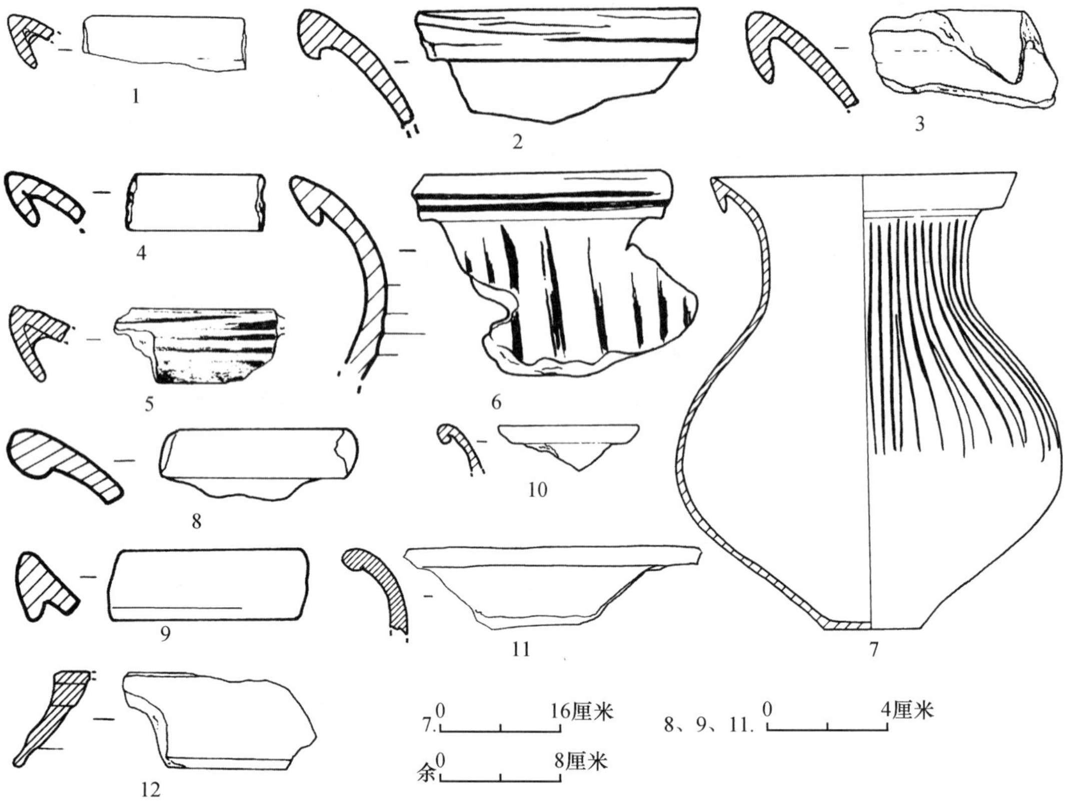

图八六五　瓮井沟文化第二期早段陶器

1、2. A型Ⅰ式尊形器（99DT0202㊳B：69、99DT0301㉟：30）　3、4、7. A型Ⅱ式尊形器（99DT0101㉛：17、02BT0101㉕：10、H485：4）　5. A型Ⅲ式尊形器（98AT0103㉚：7）　6. B型尊形器（99DT0301㊳：36）　8. Ⅱ式喇叭口器（99DT0201㊵：45）　9、10. A型敞口器（99DT0201㊱：49、99AT0301㊶：18）　11. B型敞口器（99DT0202㊳B：70）　12. 簋（足）（00DT0808㉛：9）

图版七三，2）。

Ⅲ式：1件。

标本98AT0103㉚：7，夹细砂灰陶。外沿饰横暗纹，内外壁磨光。喇叭口，内沿面微凹，垂沿较宽，沿面外弧，沿与器壁间附加泥条填补，圆唇，残。轮制，火候较高。残宽11.5、残高4.8厘米（图八六五，5）。

B型　1件。

标本99DT0301㊳：36，夹砂黑陶，局部褐，胎褐夹灰褐。外沿饰横暗纹，领饰竖暗纹，内壁多瓦棱纹。喇叭口，外沿较宽，圆唇，束领，残。盘筑轮修，火候较高。残宽17.2、残高13.2厘米（图八六五，6）。

喇叭口器　5件。Ⅱ式。

标本99DT0201㊵：45，泥质红陶，局部灰褐、黑。素面。喇叭口，圆唇，残。轮制，火候高。残宽6.6、残高2.4厘米（图八六五，8）。

敞口器　4件。

A型　3件。

标本99DT0201㊱：49，夹细砂黑陶，红胎。素面。敞口，沿外下垂，圆唇，弧腹，残。

轮制，火候较高。残宽6.6、残高2.2厘米（图八六五，9）。标本99AT0301㊶：18，夹砂黑陶，局部褐，胎红夹灰褐。素面。喇叭口，沿外卷贴，圆唇，束领，残。轮制，火候高。残宽9.2、残高5厘米（图八六五，10）。标本99DT0201㊴：18，夹细砂褐陶，灰胎。素面。喇叭口，沿外下卷，圆唇，残。轮制，火候高。残宽6.6、残高2厘米。

B型　1件。

标本99DT0202㊳B：70，夹细砂黑陶，紫红胎。素面。侈口，卷沿，圆唇，束颈，残。轮制，火候较高。残宽9.8、残高2.6厘米（图八六五，11）。

簋（足）　1件。

标本00DT0808㉛：9，夹细砂灰陶，局部浅黄。素面，喇叭形中高圈足，近底处壁薄，残。轮制，火候较高。残宽12.8、残高6.2厘米（图八六五，12）。

盘　33件。

A型　28件。

Ⅰ式：8件。

标本99DT0301㊳：28，夹砂黑陶，局部红，褐胎。素面。敛口，沿内卷，圆唇，弧腹，圜底，残。轮制，火候较高。口径17.6、残高3.8厘米（图八六六，1）。标本99DT0301㉟：19，夹砂褐陶，局部灰黑，灰胎。素面。敛口，沿内卷，圆唇，下腹弧收，残。手制轮修，火候较高。口径13.6、残高4.2厘米（图八六六，2）。标本99DT0301㊱：10，夹砂红褐陶，胎外红里黑。素面，多按抹痕。口近直，沿内卷，圆尖唇，弧腹，残。手制，口部轮修，火候较高。口径14.8、残高4厘米（图八六六，3）。标本99DT0201㊴：24，夹细砂红陶，局部灰、褐，黑胎。素面。敞口，圆唇，弧腹，残。手制，火候高。口径20、残高4.8厘米（图八六六，4）。

Ⅱ式：20件。

标本99DT0202㊱：12，夹细砂红陶，局部灰褐，灰胎。下腹饰划纹。敞口，圆唇，弧腹，残。手制，火候较高。口径14.2、残高3厘米（图八六六，4）。标本99DT0202㉟B：17，夹细砂红陶。素面，器表多按抹痕。敞口，圆唇，弧腹，残。手制轮修，火候较高。口径14.8、残高2.8厘米（图八六六，6）。标本99DT0202㉟A：20，夹粗砂灰黑陶。素面，器表多刮抹痕。敞口，圆尖唇，弧腹，残。手制，口部轮修，火候较高。口径13.2、残高4厘米（图八六六，7）。

B型　5件。

标本99DT0201㊱：39，夹细砂黑陶。器表略有瓦棱纹。口微敛，圆方唇，上腹微内卷，下腹斜弧收，残。轮制，火候较高。口径16.4、残高4厘米（图八六六，8）。标本99DT0202㊳B：59，夹细砂红陶，局部、里黑，灰胎。腹饰粗横划纹，器表多按抹痕。敞口，圆方唇，弧腹，残。手制，火候较高。口径17.6、残高6厘米（图八六六，9）。

盆　3件，1件可分式。

Ⅰ式：1件。

标本99DT0201㊱：45，夹粗砂红陶。腹饰横划纹。敞口，沿平折后再外下折，圆唇，弧腹，残。轮制，火候高。残宽6.5、残高3.2厘米（图八六六，10）。

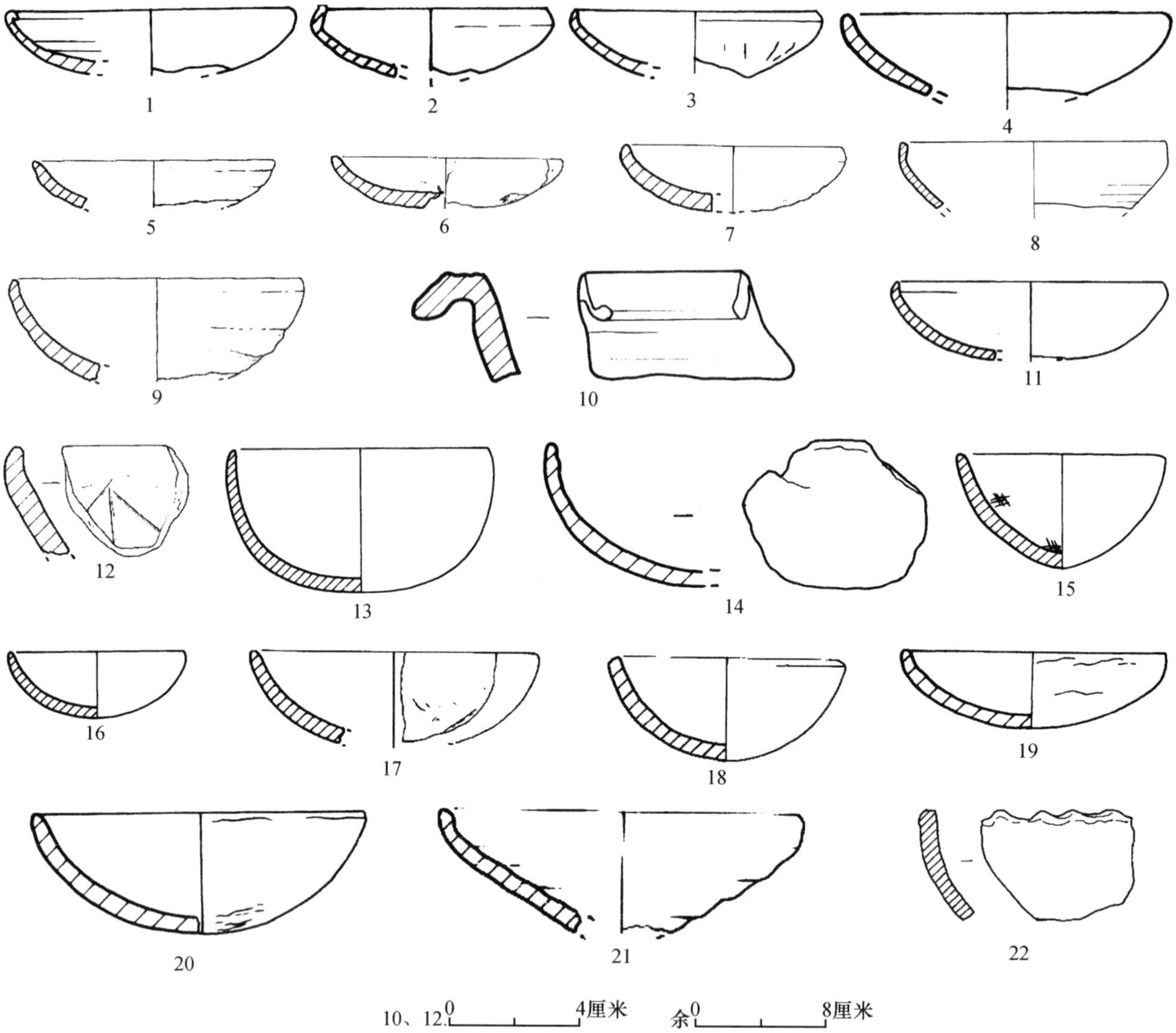

图八六六　瀼井沟文化第二期早段陶器

1～4. A型Ⅰ式盘（99DT0301㊳：28、99DT0301㉟：19、99DT0301㊱：10、99DT0201㊴：24）　5～7. A型Ⅱ式盘（99DT0202㊱：12、99DT0202㉟B：17、99DT0202㉟A：20）　8、9. B型盘（99DT0201㊱：39、99DT0202㊳B：59）　10. Ⅰ式盆（99DT0201㊱：45）　11、12. A型Ⅰ式圜底钵（00DT0808㉛：5、99AT0101㉙：31）　13、14. A型Ⅱ式圜底钵（99DT0201㊱：34、99DT0301㊳：19）　15～17. A型Ⅲ式圜底钵（99DT0201㊲：23、99DT0201㊱：33、98AT0103㉛：19）　18～20. B型圜底钵（99DT0202㉟A：18、99DT0301㊱：12、99DT0301㊳：20）　21. B型平底钵（99DT0202㊳B：55）　22. 花边口钵（98BT0405㉔：40）

圜底钵　101件，99件可分型。

A型　92件。

Ⅰ式：22件。

标本00DT0808㉛：5，夹细砂灰陶，里部分红褐。素面。口微敛，内卷沿，圆唇，弧腹，残。手制轮修，火候较高。口径16、残高4.7厘米（图八六六，11）。标本99AT0101㉙：31，夹砂灰褐陶，黑胎。器表饰“个”字形划纹。微敛口，沿内卷，圆唇，腹斜弧，残。轮制，火候较高。残宽3.8、残高3.3厘米（图八六六，12）。

Ⅱ式：30件。

标本99DT0201㊱：34，夹细砂红陶，灰黑胎。素面。口近直，圆唇，弧腹，圜底，复原。手制，火候较高。口径15.6、高8.6厘米（图八六六，13）。标本99DT0301㊳：19，夹褐陶，局部黑、灰，里灰褐。素面，多按抹痕。口近直，圆唇，弧腹，圜底，残。手制，火候较高。残宽11.6、残高8.8厘米（图八六六，14）。

Ⅲ式：40件。

标本99DT0201㊲：23，夹细砂红褐陶，局部黑，胎黑褐。素面，内壁饰组状交叉划纹。敞口，圆唇，弧腹，圜底，复原。手制，火候较高。口径12.8、高7厘米（图八六六，15）。标本99DT0201㊱：33，夹细砂红陶，局部褐，胎灰黑。素面。敞口，圆唇，弧腹，圜底，复原。手制，火候较高。口径10.8、高4厘米（图八六六，16）。标本98AT0103㉛：19，夹细砂红陶，灰胎。素面，器表有刮抹、划痕。敞口，圆唇，弧腹，圜底，残。手制，火候较高。口径17.8、残高5.3厘米（图八六六，17）。

B型　7件。

标本99DT0202㉟A：18，夹细砂红陶，局部浅黄，胎红夹褐。素面，器表多按抹痕。敞口，方唇，弧腹，圜底，修复。手制，火候较高。口径14.4、高6.1厘米（图八六六，18）。标本99DT0301㊱：12，夹砂红陶，局部褐，胎红夹灰褐。素面。敞口，方唇，弧腹，圜底，复原。手制，火候较高。口径16.2、高4.6厘米（图八六六，19）。标本99DT0301㊳：20，夹砂红陶，局部黑、褐，胎红夹灰。下腹、底饰印纹。敞口，方唇，弧腹，圜底，残。手制，火候较高。口径20.6、高7.2厘米（图八六六，20）。

平底钵　1件。B型。

标本99DT0202㊳B：55，夹细砂褐陶，局部黑褐，灰黑胎。素面。敞口，圆唇，弧腹，残。盘筑，火候较高。口径22、残高7.2厘米（图八六六，21）。

花边口钵　4件。

标本98BT0405㉔：40，夹粗砂红陶，灰胎，里灰黑。唇部戳印呈波浪形，器表多按、刮抹痕。微敞口，弧腹，残。手制，火候较高。残宽9.6、残高6.6厘米（图八六六，22）。

尖底盏　30件，22件可分型。

A型　9件。

Ⅰ式：3件。

标本99DT0201㊲：21，夹细砂黑陶。素面。敛口，圆唇，上腹内卷、下腹弧收，残。轮制，火候较高。残宽5、残高2.1厘米（图八六七，1）。标本99DT0301㊳：23，夹砂黑陶，褐胎。素面。敛口，沿内折卷，圆唇，腹微弧收，残。轮制，火候较高。残宽6.3、残高2.6厘米（图八六七，2）。

Ⅱ式：3件。

标本99DT0301㊳：21，夹砂黑陶，褐胎。素面。口近直，沿内卷，圆唇，弧腹，残。轮制，火候较高。残宽6.2、残高2.2厘米（图八六七，3）。

Ⅲ式：3件。

标本98AT0103㉚：26，夹粗砂黑陶。器表饰几何形划纹，内底有瓦棱纹。敞口，圆唇，弧腹，残。轮制，火候高。口径11.6、残高2.8厘米（图八六七，4）。标本99DT0301㉟：16，

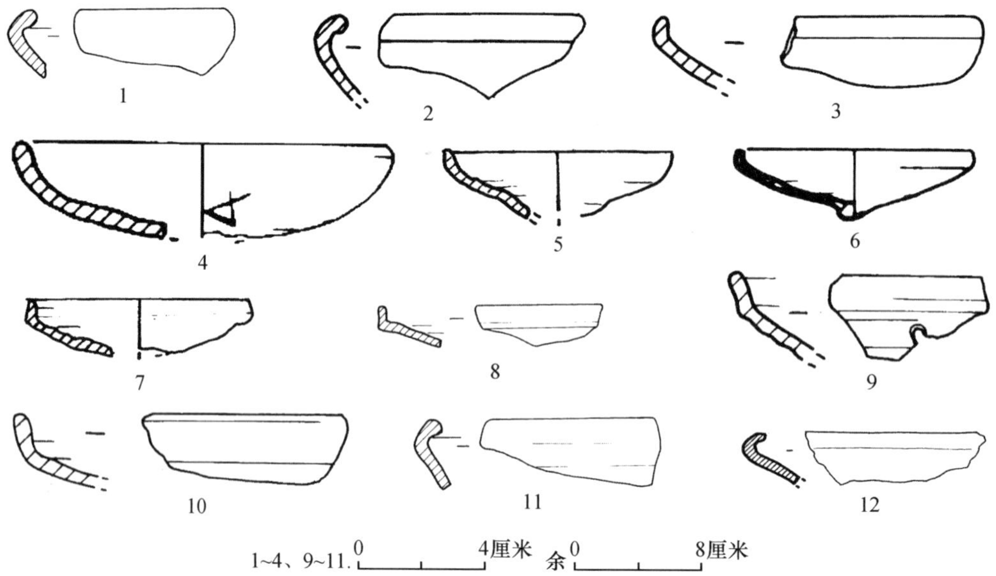

图八六七 澔井沟文化第二期早段陶器

1、2. A型Ⅰ式尖底盏（99DT0201㊲：21、99DT0301㊳：23） 3. A型Ⅱ式尖底盏（99DT0301㊳：21） 4、5. A型Ⅲ式尖底盏（98AT0103㉚：26、99DT0301㉟：16） 6～8. B型Ⅰ式尖底盏（02CT0101㉖：10、02AT0101㉗：10、99DT0201㊲：34） 9、10. B型Ⅱ式尖底盏（99AT0301㊶：11、99DT0301㊳：22） 11、12. C型尖底盏（99DT0201㊲：22、99DT0202㊱：11）

夹砂黑陶，局部红。素面，内下腹有瓦棱纹。敞口，圆唇，弧腹，残。轮制，火候较高。口径14、残高3.6厘米（图八六七，5）。

B型 9件。

Ⅰ式：3件。

标本02CT0101㉖：10，夹砂黑陶，局部灰，褐胎。素面。口微敛，圆唇，折腹，尖底，复原。轮制，火候较高。口径14.4、高4.2厘米（图八六七，6）。标本02AT0101㉗：10，夹砂黑陶，红褐胎。素面，内壁多瓦棱纹。敛口，圆唇，折腹，上腹内斜，下腹弧收，残。轮制，火候较高。口径12.6、残高3.2厘米（图八六七，7）。标本99DT0201㊲：34，夹细砂黑陶。素面，内壁饰瓦棱纹。直口，圆唇，折腹，残。轮制，火候高。残宽7.8、残高2.5厘米（图八六七，8）。

Ⅱ式：6件。

标本99AT0301㊶：11，夹砂黑陶，局部红褐。素面。敞口，圆唇，折腹，残。轮制，火候较高。残宽4.9、残高2.6厘米（图八六七，9）。标本99DT0301㊳：22，夹砂黑陶，红褐胎。素面。敞口，圆唇，折腹，残。轮制，火候较高。残宽6.3、残高2.2厘米（图八六七，10）。

C型 4件。

标本99DT0201㊲：22，夹粗砂褐陶，局部黑。素面。直口，圆唇，腹较斜直，残。轮制，火候较高。残宽5.5、残高2.1厘米（图八六七，11）。标本99DT0202㊱：11，夹细砂灰褐陶，局部黑，灰胎。素面。敛口，内卷沿，圆唇，斜腹内收，残。轮制，火候较高。口径11.2、残高3.2厘米（图八六七，12）。

圈足杯 10件。

标本99DT0202㊳B：73，夹细砂红褐陶，局部、胎褐。素面，器表多按抹痕。下腹弧收，喇叭形圈足较高，残。分制，火候一般。足径8.6、残高7厘米（图八六八，1）。标本99DT0301㊳：29，夹砂红陶，局部、胎灰褐。素面。下腹弧收，圈足较高，底沿外卷，残。手制，火候较高。足径5.3、残高5.1厘米（图八六八，2）。标本99DT0301㉟：32，夹砂红陶，局部灰褐，胎局部灰。素面。下腹斜收，矮圈足外撇，残。手制，火候较高。足径7.4、残高5.4厘米（图八六八，3）。

角杯　1件。B型。标本碎小。

匜　2件。

标本99DT0201㊴：21，夹细砂灰陶，局部灰黑。素面。敛口，圆唇，唇局部外撇成流，残。手制，火候较高。残宽7.8、残高7.2厘米（图八六八，4）。标本02CT0101㉓：5，夹砂红褐陶，胎红夹灰，里红。素面。敞口，圆唇，口沿外按成流，弧腹，残。手制，火候较高。残宽10.2、残高8.8厘米（图八六八，5）。

器盖　11件，2件为盖纽。

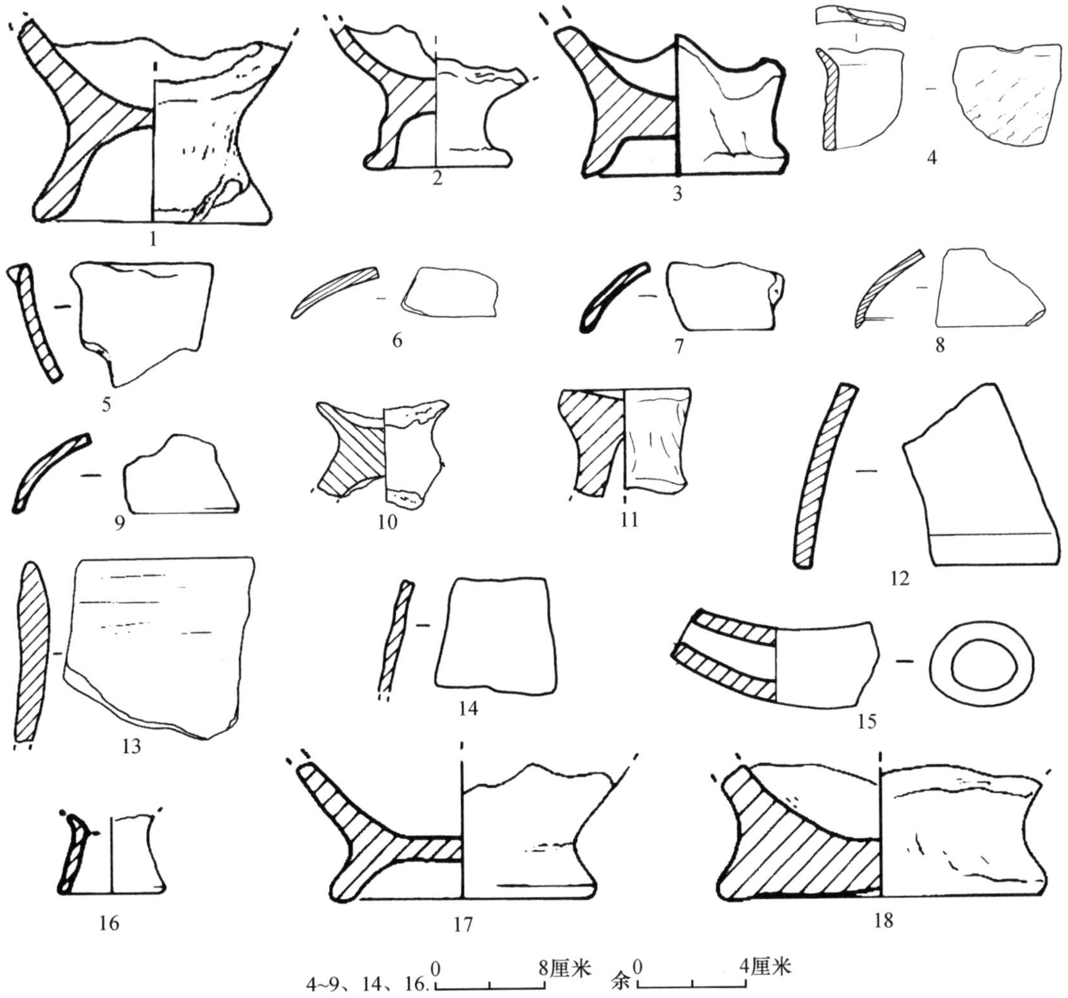

图八六八　滏井沟文化第二期早段陶器

1～3. 圈足杯（99DT0202㊳B：73、99DT0301㊳：29、99DT0301㉟：32）　4、5. 匜（99DT0201㊴：21、02CT0101㉓：5）　6、7. A型器盖（99DT0201㊵：34、02DT0101㉒：7）　8、9. B型Ⅰ式器盖（99DT0201㊵：35、02CT0101㉖：8）　10、11. 盖纽（99DT0202㊳B：72、99DT0301㉟：20）　12～14. A型器座（99DT0201㊵：39、99DT0202㊳B：74、99DT0301㊳：32）　15. 器流（99DT0301㊳：30）　16～18. 圈足（02CT0101㉖：11、98AT0103㉚：2、98AT0103㉚：3）

A型 4件。

标本99DT0201㊵：34，夹砂红褐陶，局部灰、黑。素面。覆盘状，弧壁，敞口，圆唇，残。手制轮修，火候较高。残宽7、残高3.6厘米（图八六八，6）。标本02DT0101㉒：7，夹砂红陶，胎红夹灰。素面。弧壁，敞口，圆唇，残。手制，火候较高。残宽8.4、残高5.2厘米（图八六八，7）。

B型 5件。

Ⅰ式：4件。

标本99DT0201㊵：35，夹砂灰褐陶，局部红褐。素面。覆钵形，弧壁，敞口，微有内斜折沿，斜方唇，残。轮制，火候较高。残宽8、残高5.6厘米（图八六八，8）。标本02CT0101㉖：8，夹砂红陶，局部灰褐。素面。弧壁，子母口，残。手制，火候较高。残宽8.2、残高5.6厘米（图八六八，9）。

Ⅱ式：1件。标本碎小。

盖纽 2件。

标本99DT0202㊳B：72，夹细砂红陶，黑胎。素面。圆圈形捉手，沿外敞，圆唇，盖壁较斜，残。手制，火候较高。捉手径4.7、残高3.9厘米（图八六八，10）。标本99DT0301㉟：20，夹砂红褐陶，局部黑。素面，多刮削痕。近圆柱形纽，顶微凹，矮柄，残。手制，火候较高。纽径4.8、残高3.8厘米（图八六八，11）。

器座 5件，4件可分型。

A型 4件。

标本99DT0201㊵：39，夹砂红陶，红褐胎。素面。敛口，壁外弧，残。手制，火候较高。残宽5.6、残高6.6厘米（图八六八，12）。标本99DT0202㊳B：74，夹细砂红褐陶，局部红、黑，胎红夹黑。器表饰横划纹。敛口，圆唇，壁外斜，残。手制，火候较高。残宽6.8、残高6.4厘米（图八六八，13）。标本99DT0301㊳：32，夹砂红陶，局部灰褐、黑。素面。敛口，唇面微凹，腹外斜，残。手制，火候较高。残宽8.8、残高8.2厘米（图八六八，14）。

器流 1件。

标本99DT0301㊳：30，夹砂灰黑陶。素面。近圆柱形截锥状流，微弧，中空，残。手制，火候高。残长7.6、中部直径约3厘米（图八六八，15）。

圈足 8件。

标本02CT0101㉖：11，夹粗砂黑陶，局部、胎褐。素面。高圈足外斜，残。手制，火候一般。足径7.6、残高5.6厘米（图八六八，16）。标本98AT0103㉚：2，夹粗砂红褐陶。素面。下腹较斜直，矮圈足斜直外撇，残。手制轮修，火候高。足径9.6、残高4.8厘米（图八六八，17）。标本98AT0103㉚：3，夹粗砂红陶。素面，圈足外表有手抹痕。下腹较斜，微有外撇圈足，厚胎、底，残。手制，火候较高。足径12、残高5.5厘米（图八六八，18）。

器底 14件。标本碎小。

不明器 2件。标本碎小。

拍 1件。A型。

标本99DT0202㉟B：3，夹细砂红褐陶，局部黑，红胎。素面。拍面近椭圆形，中部凸出，图案如图形，背面圆凸，完整。手制，火候较高。长5、宽3.6、高4.1厘米（图八六九，1）。

纺轮 15件。

A型 6件，3件可分亚型。

Aa型 3件。

标本99DT0301㉟：1，夹砂红褐陶。素面。截面近梯形，顶、底平，腰较直，中部圆形穿，完整。手制。火候较高。底径5.3、高2.1厘米（图八六九，2）。

D型 1件。

标本99DT0202㊲：10，夹细砂红褐陶。素面。截面近梯形，束腰，中部圆形穿，微残。手制，火候较高。直径4.8、高2.3厘米（图八六九，3）。

C型 5件。Ca型。

标本99DT0301㉟：7，夹砂灰褐陶，局部红。表面饰戳印纹。截面似算珠形，鼓腰，底较平，中部圆形穿，微残。手制，火候较高。最大径6.2、高3.6厘米（图八六九，4；图版七四，3）。

E型 3件。Eb型。

标本99DT0201㊵：46，夹砂红陶，灰胎。表面饰绳纹。近圆形。陶片周边磨圆而成。长

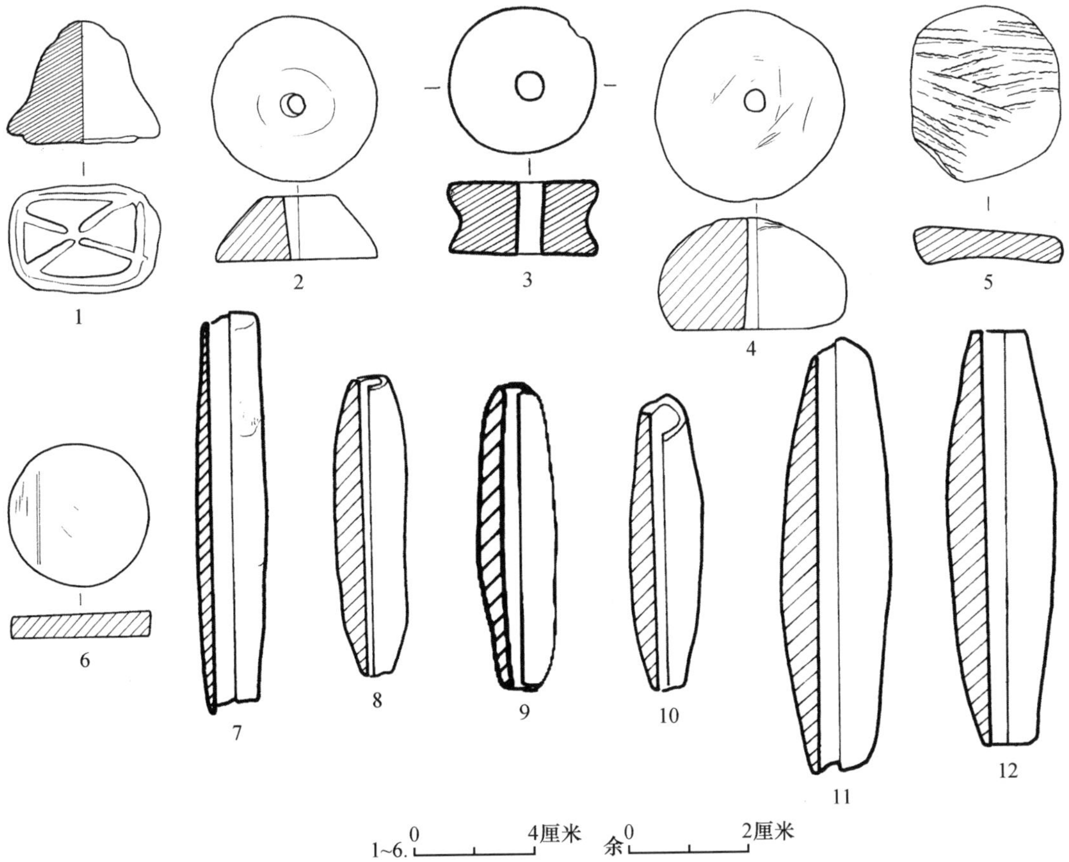

图八六九 滏井沟文化第二期早段陶器

1. A型拍（99DT0202㉟B：3） 2. Aa型纺轮（99DT0301㉟：1） 3. D型纺轮（99DT0202㊲：10） 4. Ca型纺轮（99DT0301㉟：7） 5、6. Eb型纺轮（99DT0201㊵：46、99DT0301㊲：1） 7、8. A型网坠（99DT0201㊳：1、99DT0201㊲：30） 9～12. B型网坠（98AT0103㉛：2、99DT0201㊲：3、99DT0201㊵：8、99DT0201㊵：47）

径5.8、厚1.2厘米（图八六九，5）。标本99DT0301㊲：1，夹砂灰陶。表面饰划纹。圆形，完整。手制，火候较高。直径4.6、厚0.8厘米（图八六九，6）。标本F256：1，夹砂红褐陶，灰胎。表面饰绳纹。圆饼形，中部圆穿，完整。陶片周边磨制而成。直径5.2、厚1.6厘米（图版七四，4）。

网坠　16件。

A型　7件。

标本99DT0201㊳：1，泥质黄褐陶，局部灰褐。素面。细管状，中空，微残。手制，火候较高。长6.5、直径1.2厘米（图八六九，7）。标本99DT0201㊲：30，泥质红褐陶，局部灰褐。素面。细管状，两端略小，中空，完整。手制，火候较高。长4.9、最大径1.2厘米（图八六九，8）。

B型　9件。

标本98AT0103㉛：2，泥质褐陶，素面。略呈梭形管状，中空。手制，火候较高。长5、最大径1.2厘米（图八六九，9）。标本99DT0201㊲：3，泥质黑陶，局部褐。素面。细管状，中部略粗，中空，微残。手制，火候较高。残长4.8、最大径1.2厘米（图八六九，10）。标本99DT0201㊵：8，泥质褐陶，局部红褐。素面。管状，中部略粗，中空，完整。长7.1、最大径1.8厘米（图八六九，11）。标本99DT0201㊵：47，泥质褐陶，局部红褐。素面。管状，中部略粗，中空，完整。手制，火候较高。长6.7、最大径1.8厘米（图八六九，12）。

2. 晚段

出土陶器也比较丰富，参加分类排队的陶器6277件。陶质、陶色、纹饰与早段基本相同，器物种类和型式以及数量有变化。

（1）陶系

以98AT0103㉙、99AT0201㉜、00DT0805⑱A、02DT0102㉖为典型单位，介绍如下：

98AT0103㉙

共出陶器306件。陶质全为夹砂，以夹细砂为主，占88.89%，夹粗砂较少，占11.11%。陶色以灰陶为主，占43.79%，次为红、褐陶，分别占31.04%和21.24%，黑陶最少，占3.92%。器表以纹面为主，占87.91%，素面较少，占12.09%。纹饰以粗绳纹为主，占65.36%，次为绳纹，占20.59%，暗纹、细绳纹、复合纹很少。器类以罐为主，占88.56%，缸、尊形器、釜、盆、钵、尖底盏等很少，有6.54%的腹片难辨器形（表一七四）。

表一七四　98AT0103㉙出土陶器统计表

陶质	夹细砂				夹粗砂				合计	%
陶色	灰	红	黑	褐	灰	红	黑	褐		
纹饰/器类										
粗绳纹	95	63	1	32	3	3		3	200	65.36
绳纹	23	20	2	12	2	1	1	2	63	20.59
细绳纹				1					1	0.33
复合纹			1						1	0.33

续表

陶质	夹细砂				夹粗砂				合计	%
陶色	灰	红	黑	褐	灰	红	黑	褐		
纹饰/器类										
暗纹				3				1	4	1.31
素面	5	4	5	5	6	4	2	6	37	12.09
合计	123	87	9	53	11	8	3	12	306	100
%	40.20	28.43	2.94	17.32	3.59	2.61	0.98	3.92	100	
罐	3	2	2		2			3	12	3.92
花边圜底罐	118	83	3	44					248	81.05
齿唇罐/瓮				1	3	2		2	8	2.61
盘口罐			1	2					3	0.98
缸/尊形器					4	1	1	1	7	2.29
釜				1					1	0.33
盆					1				1	0.33
钵		1							1	0.33
尖底盏			2						2	0.65
圈足								1	1	0.33
器底								2	2	0.65
不明腹片	2	1	1	5	1	5	2	3	20	6.54

99AT0201㉜

共出陶器179件。陶质全为夹砂，以夹细砂为主，占90.51%，夹粗砂较少，占9.49%。陶色以红陶为主，占34.07%，次为褐、灰陶，各占31.29%和29.61%，黑陶最少，占5.03%。器表以纹面为主，占84.36%，素面较少，占15.64%。纹饰以绳纹为主，占83.24%，凹弦纹、复合纹很少。器类以罐为主，占84.92%，缸、尊形器、钵、网坠等很少，有7.82%的腹片难辨器形（表一七五）。

表一七五　99AT0201㉜出土陶器统计表

陶质	夹细砂				夹粗砂				合计	%
陶色	灰	红	黑	褐	灰	红	黑	褐		
纹饰/器类										
绳纹	39	56	4	44	2	3		1	149	83.24
凹弦纹					1				1	0.56
复合纹					1				1	0.56
素面	10	1	4	4		1	1	7	28	15.64
合计	49	57	8	48	4	4	1	8	179	100
%	27.37	31.84	4.47	26.82	2.23	2.23	0.56	4.47	100	
罐	1	1			1	1			4	2.23
花边圜底罐	39	56	4	44		1			144	80.45

续表

陶质	夹细砂				夹粗砂				合计	%
陶色	灰	红	黑	褐	灰	红	黑	褐		
纹饰/器类										
齿唇罐								1	1	0.56
盘口罐	1								1	0.56
宽沿罐								1	1	0.56
带流罐				1					1	0.56
缸/尊形器								6	6	3.35
钵	2		1						3	1.68
器底	1			2					3	1.68
网坠	1								1	0.56
不明腹片	4		3	1	3	2	1		14	7.82

00DT0805⑱A

共出陶器193件。陶质全为夹砂。陶色以灰陶为主，占56.48%，次为红陶，占36.27%，褐陶最少，占7.26%。器表以纹面为主，占83.42%，素面较少，占16.58%。纹饰以绳纹为主，占82.90%，复合纹很少。器类以罐为主，占32.63%，瓮、尊形器、釜、盆、钵、尖底盏等很少，有55.96%的腹片难辨器形（表一七六）。

表一七六 00DT0805⑱A出土陶器统计表

陶质	夹砂				合计	%
陶色	灰	红	褐	黄褐		
纹饰/器类						
粗绳纹		5			5	2.59
中粗绳纹	28	24	8		60	31.09
绳纹	50	39	5	1	95	49.22
复合纹	1				1	0.52
素面	30	2			32	16.58
合计	109	70	13	1	193	100
%	56.48	36.27	6.74	0.52	100	
罐	4				4	2.07
齿唇罐	4				4	2.07
花边圜底罐	30	21			51	26.42
辫唇罐		4			4	2.07
辫唇瓮	5	5			10	5.18
盘口瓮	1				1	0.52
尊形器	1				1	0.52
釜	3				3	1.55
盆	1				1	0.52
钵	2				2	1.04

续表

陶质	夹砂				合计	%
陶色	灰	红	褐	黄褐		
纹饰/器类						
尖底盏	2				2	1.04
器底		2			2	1.04
不明腹片	56	38	13	1	108	55.96

02DT0102㉖

共出陶器245件。陶质全为夹砂。陶色以红、灰陶为主，占40.00%和35.92%，次为褐陶，占23.67%，黑陶最少，仅占0.41%。器表以纹面为主，占89.98%，素面较少，占11.02%。纹饰以绳纹为主，占88.58%，镂孔很少。器类以罐为主，占71.02%，次为瓮，占22.87%，缸、尊形器、豆、钵、尖底杯、器盖等很少（表一七七）。

表一七七　02DT0102㉖出土陶器统计表

陶质	夹砂				合计	%
陶色	灰	红	黑	褐		
纹饰/器类						
绳纹	71	91	1	52	215	87.76
细绳纹	2				2	0.82
镂孔		1			1	0.41
素面	15	6		6	27	11.02
合计	88	98	1	58	245	100
%	35.92	40.00	0.41	23.67	100	
按唇罐	2	1		1	4	1.63
花边圜底罐	59	49		22	130	53.06
圜底罐底		3			3	1.22
圈足罐	2				2	0.82
罐腹片	6	19		10	35	14.29
按唇瓮		6			6	2.45
盘口瓮				1	1	0.41
敞口瓮	1	1			2	0.82
卷沿瓮	1				1	0.41
瓮腹片	10	14	1	21	46	18.78
按唇缸	3	2		2	7	2.86
缸/尊形器	2				2	0.82
豆柄				1	1	0.41
钵	1				1	0.41
器盖		1			1	0.41
尖底器		1			1	0.41

续表

陶质	夹砂				合计	%
陶色	灰	红	黑	褐		
纹饰/器类						
尖底杯		1			1	0.41
器底	1				1	0.41

（2）器类

辫唇缸　49件。

A型　28件。

Ⅰ式：6件。

标本02BT0201㉒：6，夹砂红陶，局部灰褐，胎局部红夹灰。唇部戳按呈辫绳波浪形。侈口，领外翻，残。手制，火候较高。残宽14.4、残高6.4厘米（图八七〇，1）。标本99AT0301㊴：13，夹砂褐陶，局部黑，里红褐。唇部按抹呈辫绳波浪形。侈口，领外翻，残。手制，火候较高。残宽10.8、残高5.2厘米（图八七〇，2）。

Ⅱ式：22件。

标本99AT0101㉘：2，夹砂黑陶，口局部红。唇部按抹略呈辫绳波浪形。侈口，卷沿，残。手制，火候较高。残宽7.5、残高6厘米（图八七〇，3）。标本99AT0301㊲：22，夹砂红褐陶，局部红，胎红夹黑。唇部按抹略呈辫绳波浪形。侈口，卷沿，残。手制，火候较高。残宽11.6、残高6.8厘米（图八七〇，4）。

B型　21件。

标本99AT0301㊱：29，夹砂灰黑陶，局部褐。唇部戳刮、外沿按抹略呈辫绳波浪形，领上部饰圆形镂孔。敞口，上腹较斜，残。手制，火候较高。残宽15.2、残高6.2厘米（图八七〇，5）。标本99DT0201㉞：32，夹细砂黑陶。唇部按抹呈辫绳波浪形，领上部里向外单穿圆形镂孔。敞口，上腹较斜，残。手制，火候高。残宽9.5、残高5.8厘米（图八七〇，6）。标本99DT0201㉞：31，夹细砂黑陶，灰黑胎。唇部按抹呈辫绳波浪形，上沿饰里向外单穿圆形镂孔。侈口，卷沿，残。手制，火候较高。残宽13.9、残高6.7厘米（图八七〇，7）。标本00DT0805⑱A：31，夹细砂灰黑陶，局部黑、褐，黑胎，里褐。唇部按抹呈辫绳波浪形，沿上部饰圆形镂孔，腹饰斜粗绳纹。侈口，卷沿，鼓腹，残。手制，火候较高。口径43.4、残高9.6厘米（图八七〇，8）。

齿唇缸　25件，22件可分型。

A型　13件。

Ⅰ式：3件。

标本00DT0604㉕：14，夹细砂红陶，局部浅黄。唇部斜向戳按较深呈宽齿状，器表饰划纹、斜绳纹。敞口，卷沿，上腹较直，残。手制，火候高。残宽10.2、残高5.2厘米（图八七〇，9）。标本00DT0806㉑：13，夹砂灰褐陶，局部、胎灰黑。唇部戳刮呈波浪形，腹饰竖绳纹。敞口，卷沿，残。手制，火候较高。残宽11.6、残高6厘米（图八七〇，10）。

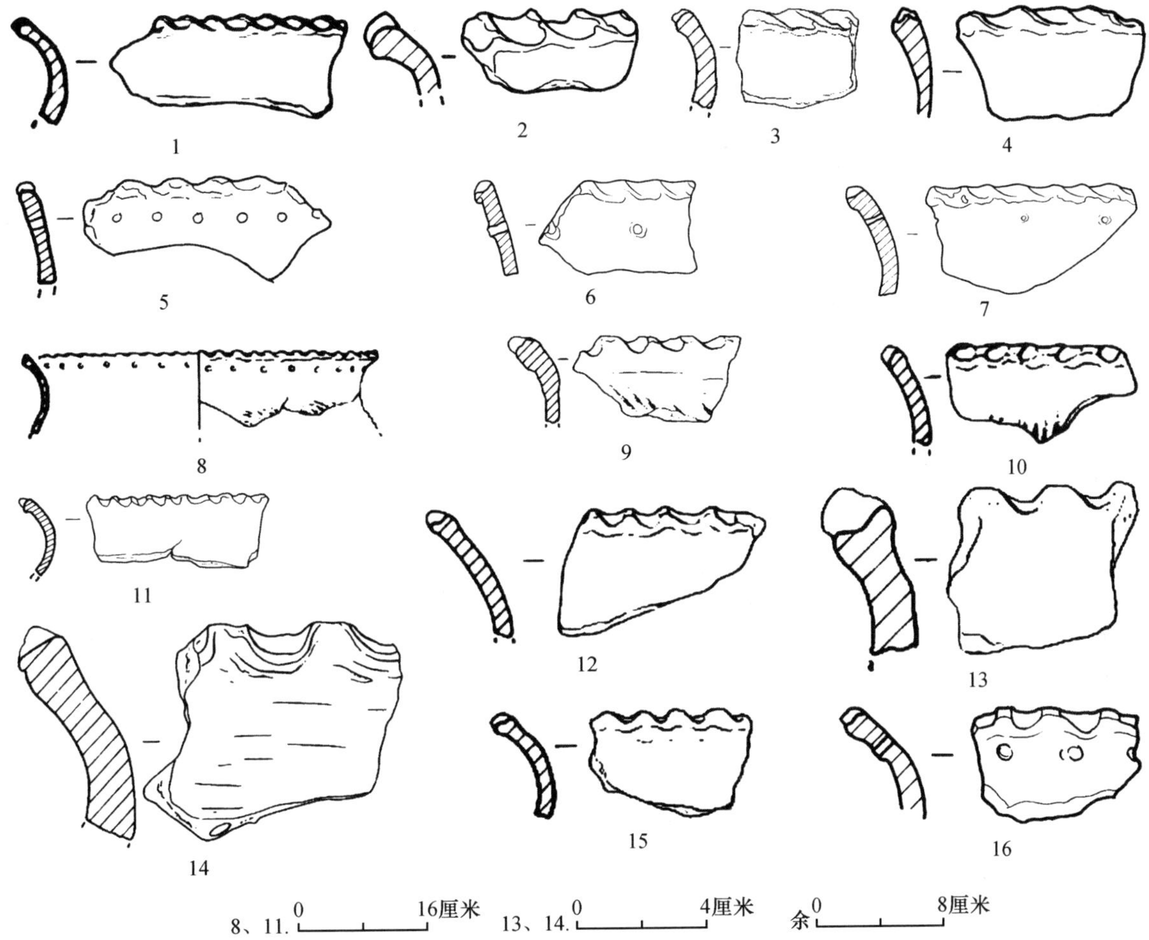

图八七〇　湆井沟文化第二期晚段陶器

1、2. A型Ⅰ式辫唇缸（02BT0201㉒：6、99AT0301㊴：13）　3、4. A型Ⅱ式辫唇缸（99AT0101㉘：2、99AT0301㊲：22）　5～8. B型辫唇缸（99AT0301㊱：29、99DT0201㉞：32、99DT0201㉞：31、00DT0805⑱A：31）　9、10. A型Ⅰ式齿唇缸（00DT0604㉕：14、00DT0806㉑：13）　11、12. A型Ⅱ式齿唇缸（99AT0301㊱：27、00DT0805⑱A：19）　13、14. Ba型Ⅰ式齿唇缸（99AT0101㉗A：5、99AT0201㉝B：2）　15、16. Bb型齿唇缸（99AT0101㉗B：3、99AT0301㊲：24）

Ⅱ式：10件。

标本99AT0301㊱：27，夹砂褐陶，局部灰褐、黑，胎红褐夹灰褐。唇部戳按呈波浪形齿。侈口，领外翻，残。手制，火候较高。残宽22.4、残高9.2厘米（图八七〇，11）。标本00DT0805⑱A：19，夹细砂黑陶，局部浅黄褐。唇部按压呈波浪形齿。喇叭口，残。轮制，火候较高。残宽12.8、残高7.8厘米（图八七〇，12）。

B型　9件。

Ba型　6件。Ⅰ式。

标本99AT0101㉗A：5，夹粗砂灰褐陶，局部灰黑，灰胎，里红褐。唇部戳按呈齿状。侈口，卷沿，残。手制，火候较高。残宽6、残高5厘米（图八七〇，13）。标本99AT0201㉝B：2，夹粗砂红陶，里灰黑色。唇部有手指压印较疏齿状纹。侈口，卷沿，残。轮制，火候较高。残宽7.8、残高6.5厘米（图八七〇，14）。

Bb型　3件。

标本99AT0101㉗B：3，夹砂红陶，灰褐胎。唇部戳按呈浅波浪形齿，外沿饰指甲形戳印纹。侈口，卷沿外翻，残。手制，火候较高。残宽10、残高6.4厘米（图八七〇，15）。标本99AT0301㊲：24，夹粗砂红褐陶，局部黑，胎红夹灰。唇部戳按呈波浪形齿，另上部饰圆形镂孔。侈口，领外翻，残。手制，火候较高。残宽10.4、残高7.2厘米（图八七〇，16）。

缸　37件，31件可分型。

A型　20件。

Ⅰ式：14件。

标本99AT0301㉜：35，夹砂黑陶，局部褐，胎红褐夹灰。领上部饰凹弦纹，内外沿饰横暗纹，领饰竖暗纹。喇叭口，外沿较宽，残。轮制，火候高。残宽14、残高5.4厘米（图八七一，1）。标本99DT0201㉞：34，夹细砂红陶，胎红夹灰黑。沿面饰暗纹，沿面、内壁磨光。喇叭口，外下卷沿，圆唇，残。轮制，火候高。残宽12、残高3.5厘米（图八七一，2）。

Ⅱ式：1件。

标本99DT0301㉙：9，夹砂黑陶，红褐胎。素面。喇叭口，沿外下卷、较宽，圆唇，残。轮制，火候较高。残宽17、残高4.2厘米（图八七一，3）。

Ⅲ式：5件。

标本99DT0301㉞：26，夹砂红陶，胎红夹褐。沿面、内壁磨光。喇叭口，沿外下卷，圆尖唇，残。轮制，火候较高。残宽10.8、残高3.2厘米（图八七一，4）。标本99DT0301㉝：31，夹砂红陶，胎红夹灰。外沿、内壁饰横暗纹。喇叭口，沿外下卷，圆唇，残。轮制，火候较高。残宽12.2、残高4.6厘米（图八七一，5）。标本02BT0201㉓：188，夹砂灰褐陶。素面，内沿饰

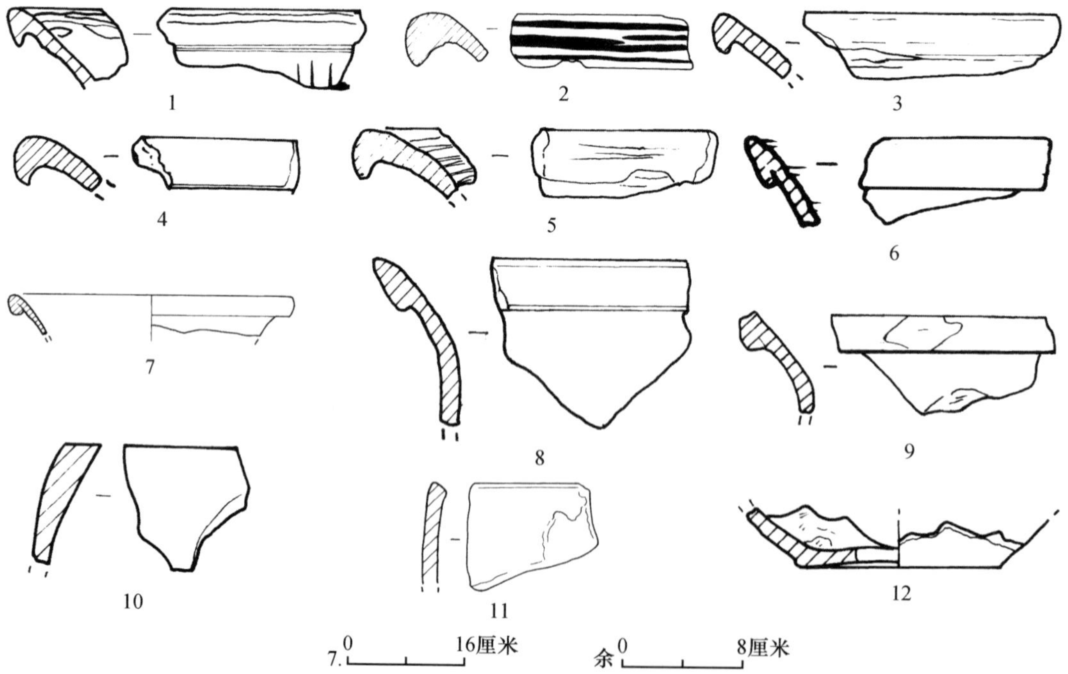

图八七一　瓮井沟文化第二期晚段陶器

1、2. A型Ⅰ式缸（99AT0301㉜：35、99DT0201㉞：34）　3. A型Ⅱ式缸（99DT0301㉙：9）　4～6. A型Ⅲ式缸（99DT0301㉞：26、99DT0301㉝：31、02BT0201㉓：188）　7～9. B型缸（99DT0201㉞：35、99DT0301㉚：58、02AT0101㉔A：6）　10. 敛口缸（99AT0201㉜：9）　11. 大口缸（99AT0301㉜：34）　12. 缸底（99AT0201㉜：13）

凹槽两道。喇叭口，外沿较宽，圆唇，束领，残。轮制，火候高。残宽12.4、残高5.6厘米（图八七一，6）。

B型　11件。

标本99DT0201㉞：35，夹细砂灰陶，胎灰夹褐。素面。喇叭口，沿外卷贴，圆唇，残。轮制，火候高。口径38.4、残高5.2厘米（图八七一，7）。标本99DT0301㉚：58，夹砂灰黑陶，红胎。素面。喇叭口，外沿较宽，圆唇，领中部较直，残。轮制，火候较高。残宽13.2、残高10.8厘米（图八七一，8）。标本02AT0101㉔A：6，夹砂褐陶，局部灰褐，胎红夹灰。素面。喇叭口，外沿较窄，高束领，残。轮制，火候高。残宽14.8、残高6.4厘米（图八七一，9）。

敛口缸　1件。

标本99AT0201㉜：9，夹砂灰褐陶，灰胎。素面。敛口，厚方唇，唇面微凹，上腹斜直，残。轮制，火候高。残宽8.4、残高8.2厘米（图八七一，10）。

大口缸　1件。

标本99AT0301㉜：34，夹砂灰褐陶，红褐胎；器表多薄层灰白色钙化物。口微敛，圆唇，上腹弧，残。轮制，火候高。残宽8.7、残高7厘米（图八七一，11）。

缸底　1件。

标本99AT0201㉜：13，夹细砂黑陶。素面，外壁磨光。下腹微弧，底微内凹，残。轮制，火候一般。底径13.6、残高4厘米（图八七一，12）。

按唇瓮　5件。Ⅱ式。

标本98AT0103㉖：3，夹粗砂红褐陶，灰黑胎。唇面饰浅按窝纹。侈口，矮束领，有肩，残。手制，火候较高。口径21.2、残高8.5厘米（图八七二，1）。标本00DT0706㉒：7，夹细砂红褐陶，局部黑，胎红夹灰。唇部按窝较浅。侈口，卷沿，残。手制，火候较高。残宽10.4、残高6厘米（图八七二，2）。

辫唇瓮　349件。

A型　341件。

Ⅰ式：8件。

标本00DT0706㉒：5，夹细砂灰陶，局部红、黑。唇部按抹呈辫绳波浪形，颈部饰戳印纹，腹饰粗绳纹。侈口，卷沿，残。手制轮修，火候较高。残宽10.4、残高7.2厘米（图八七二，3）。标本00DT0707㉟：5，夹细砂红陶，局部、胎灰。唇部按抹呈辫绳波浪形。侈口，卷沿，束颈，残。手制，火候较高。残宽11.2、残高7.2厘米（图八七二，4）。

Ⅱ式：87件。

标本99DT0301㉘：27，夹砂红褐陶，局部红，灰黑胎。唇部戳刮、外沿刮抹呈波浪形齿，肩、腹饰斜中粗绳纹。侈口，领外翻，圆肩，鼓腹，残。手制，火候较高。口径29.2、残高16.4厘米（图八七二，5）。标本99DT0301㉖：7，夹粗砂红褐陶，局部黄褐，灰胎。唇部戳刮、外沿刮抹呈波浪形，肩饰斜中粗绳纹，局部斜细划纹。侈口，领外翻，圆肩，残。手制，火候较高。口径23.2、残高8.8厘米（图八七二，6）。

Ⅲ式：246件。

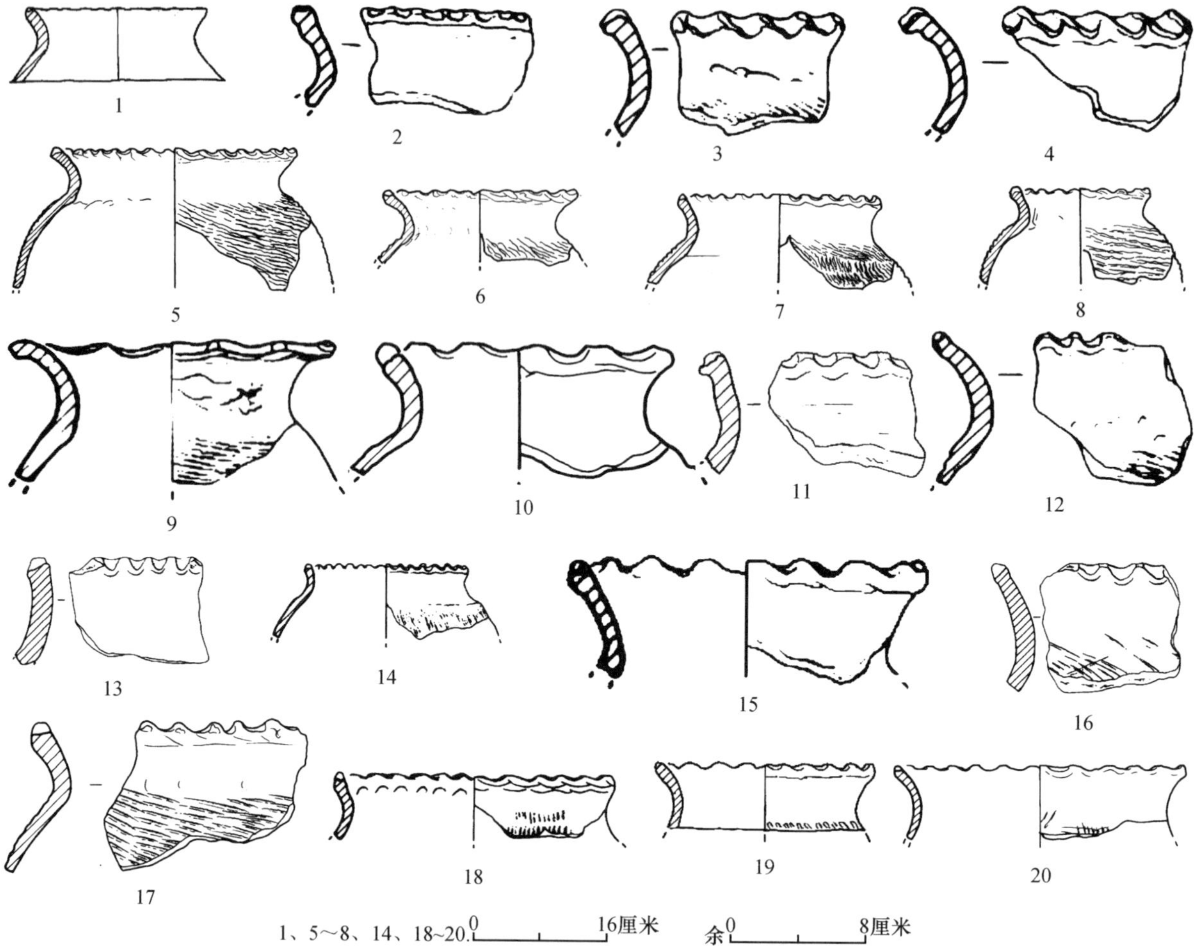

图八七二　瀋井沟文化第二期晚段陶器

1、2. Ⅱ式按唇瓮（98AT0103㉖：3、00DT0706㉒：7）　3、4. A型Ⅰ式辫唇瓮（00DT0706㉒：5、00DT0707㉟：5）
5、6. A型Ⅱ式辫唇瓮（99DT0301㉘：27、99DT0301㉖：7）　7、8. A型Ⅲ式辫唇瓮（99DT0301㉚：42、99DT0301㉘：18）
9、10. B型辫唇瓮（99AT0201㉝A：5、99DT0301㉜：16）　11、12. A型Ⅰ式齿唇瓮（99AT0101㉘：4、00DT0805⑱A：16）
13、14. A型Ⅱ式齿唇瓮（99AT0201㉝A：6、00DT0908⑲：2）　15、16. Ba型Ⅰ式齿唇瓮（98AT0103㉙：25、99AT0201㉛：5）
17、18. Ba型Ⅱ式齿唇瓮（99DT0201㉝：35、99AT0201㉜：6）　19、20. Bb型齿唇瓮（98AT0103㉖：8、99DT0201㉝：36）

标本99DT0301㉚：42，夹砂黑陶，局部红，胎红夹灰。唇部戳刮、外沿刮抹呈波浪形，肩饰交错和斜中粗绳纹。侈口，束领，圆肩，残。手制，火候较高。口径23.6、残高10.6厘米（图八七二，7）。标本99DT0301㉘：18，夹砂红陶，灰黑胎。唇部戳刮、外沿刮抹呈波浪形，肩饰斜绳纹。侈口，卷沿，圆肩，残。手制，火候较高。口径16.4、残高11.2厘米（图八七二，8）。

B型　8件。

标本99AT0201㉝A：5，夹细砂红陶，口、领部、胎、里灰黑色。唇部粗糙压按略呈齿状，肩部饰细绳纹。侈口，矮领内束，有肩，残。手制轮修，火候较高。口径19.2、残高7.8厘米（图八七二，9）。标本99DT0301㉜：16，夹粗砂红陶，局部褐，胎、里灰。唇部戳刮、外沿刮抹呈波浪形。侈口，领外翻，圆肩，残。手制，火候较高。口径17.6、残高7.6厘米（图八七二，10）。

齿唇瓮　51件。

A型　35件，10件可分式。

Ⅰ式：5件。

标本99AT0101㉘：4，夹砂灰褐陶，局部黑。唇部戳按呈浅波浪形。侈口，领较斜，残。手制，火候较高。残宽9.2、残高7.2厘米（图八七二，11）。标本00DT0805⑱A：16，夹细砂浅黄褐陶，胎、里灰。唇部戳按呈波浪形齿，肩部饰粗绳纹。侈口，卷沿外翻，溜肩，残。手制，火候较高。残宽9.4、残高9厘米（图八七二，12）。

Ⅱ式：5件。

标本99AT0201㉝A：6，夹细砂红陶，局部褐、黑。唇面按压呈齿状，口部按压处外凸，领部有刮抹痕。口微侈，领较高，残。手制轮修，火候较高。残宽8、残高6.3厘米（图八七二，13）。标本00DT0908⑲：2，夹细砂褐陶，局部、胎灰，里红。唇部戳按呈波浪形形齿，腹饰竖绳纹。侈口，卷沿，微有折肩，鼓腹，残。手制，火候一般。口径19.6、残高8.8厘米（图八七二，14）。

B型　16件，9件可分亚型。

Ba型　7件。

Ⅰ式：5件。

标本98AT0103㉙：25，夹粗砂灰陶。唇部刮削呈波浪形齿，外沿内抹。侈口，外翻领，残。手制，火候较高。口径20.4、残高6.8厘米（图八七二，15）。标本99AT0201㉛：5，夹粗砂红陶。唇面按压呈齿状，按压处微外凸，领、肩相交处饰划纹。侈口，卷沿，残。手制轮修，火候较高。残宽8.1、残高7.4厘米（图八七二，16）。

Ⅱ式：2件。

标本99DT0201㉝：35，夹粗砂灰黑陶，局部褐，里红。唇部戳印较深略呈波浪形，肩部拍印中粗绳纹。侈口，卷沿，溜肩，残。手制，火候较高。残宽12、残高8.7厘米（图八七二，17）。标本99AT0201㉜：6，夹粗砂红陶。唇部按压、刮抹呈齿状，上腹饰绳纹。侈口，卷沿，唇面向上，立领内收，鼓腹，残。轮制，火候较高。口径33、残高7.8厘米（图八七二，18）。

Bb型　2件。

标本98AT0103㉖：8，夹粗砂红陶，灰黑胎。唇面刮抹呈波浪形齿状，肩部饰粗绳纹。侈口，束领外翻，有肩，残。手制，火候较高。口径25.6、残高7.8厘米（图八七二，19）。标本99DT0201㉝：36，夹粗砂红陶，灰胎，里黑，局部红。唇部按压较深略呈波浪形，肩部饰绳纹、划纹。侈口，卷沿，束领，有肩，残。手制，火候较高。口径34.4、残高8.6厘米（图八七二，20）。

高领瓮　9件，7件可分式。

Ⅰ式：3件。

标本99AT0301㉜：29，夹砂红陶，胎局部灰黑，里红。喇叭口，外沿较宽，圆唇，残。轮制，火候高。残宽5.6、残高4.8厘米（图八七三，1）。标本99DT0301㉜：26，夹砂灰黑陶，红褐胎。内壁饰尖折波浪形暗纹。喇叭口，外沿较宽，圆唇，内壁微凹，残。轮制，火候

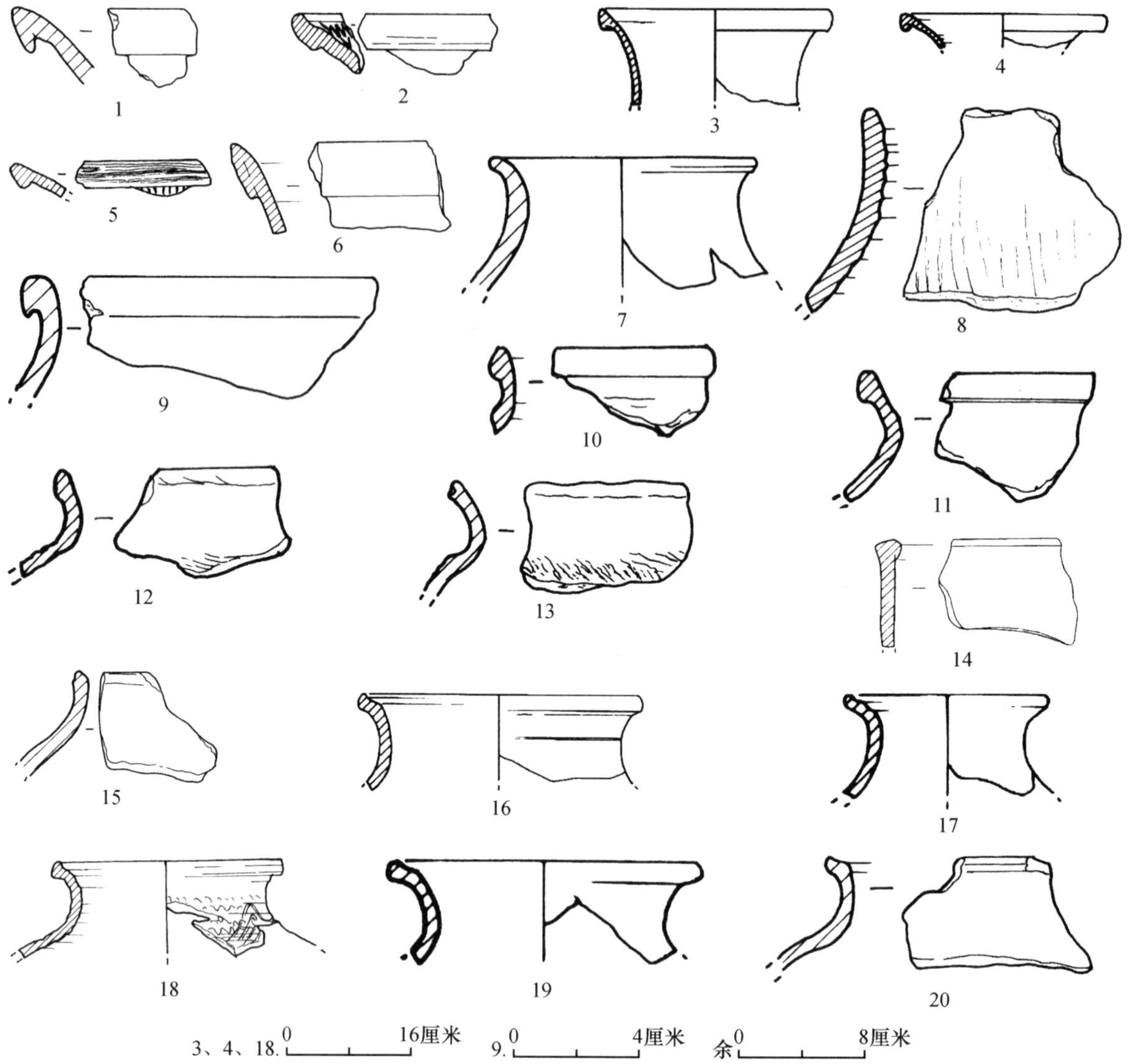

图八七三　瓮井沟文化第二期晚段陶器

1、2. Ⅰ式高领瓮（99AT0301㉜：29、99DT0301㉜：26）　3～5. Ⅱ式高领瓮（98AT0103㉙：7、98AT0103㉙：8、99DT0301㉗：8）　6. Ⅲ式高领瓮（99DT0201㉞：30）　7. A型中领瓮（99AT0301㉞：12）　8. B型中领瓮（99AT0301㊱：49）　9、10. Aa型矮领瓮（99AT0301㉜：30、99DT0301㉛：21）　11. Ab型Ⅱ式矮领瓮（99DT0301㉞：15）　12. B型Ⅰ式矮领瓮（99DT0301㉘：20）　13. B型Ⅱ式矮领瓮（99AT0301㉝：15）　14. A型Ⅱ式敛口瓮（00DT0808㉘：11）　15. B型敛口瓮（99AT0301㉜：31）　16、17. Ⅰ式盘口瓮（99AT0201㉜：8、00DT0805⑱A：56）　18、19. Ⅱ式盘口瓮（99DT0301㉗：12、02BT0201㉒：9）　20. 子母口瓮（99AT0301㉞：13）

高。残宽8.9、残高3.7厘米（图八七三，2）。

Ⅱ式：3件。

标本98AT0103㉙：7，夹细砂黑陶，红褐胎。素面。侈口，圆唇，口内壁凹，束领，残。轮制，火候较高。口径29.2、残高11.6厘米（图八七三，3）。标本98AT0103㉙：8，夹细砂黑陶，局部黄红。素面，内壁磨光，局部表皮脱落。喇叭口，沿下卷，圆唇，口内壁微凹，残。轮制，火候较高。口径26.1、残高4.2厘米（图八七三，4）。标本99DT0301㉗：8，夹砂黑陶，褐胎。外沿饰横暗纹，领饰竖暗纹。喇叭口，外沿较窄，内沿微凹，圆唇，残。轮制，火候高。残宽8.4、残高2.2厘米（图八七三，5）。

Ⅲ式：1件。

标本99DT0201㉞：30，夹细砂黑陶，红胎。素面。侈口，斜领，上领部微外折，圆唇，口外有宽沿，残。轮制，火候较高。残宽8.8、残高5.6厘米（图八七三，6）。

中领瓮　3件。

A型　1件。

标本99AT0301㉞：12，夹砂红褐陶，局部灰褐，黑胎。素面。侈口，圆唇，束领，残。轮制，火候较高。口径16.8、残高8.2厘米（图八七三，7）。

B型　2件。

标本99AT0301㊱：49，夹砂褐陶，局部浅黄，灰黑胎，里褐。素面，外壁磨光，多竖磨痕，内壁瓦棱纹。口微侈，领较直，有肩，残。盘筑轮修，火候较高。残宽14、残高12.8厘米（图八七三，8）。

矮领瓮　12件，9件可分型。

A型　6件。

Aa型　5件。

标本99AT0301㉜：30，夹砂红陶，局部褐，胎红夹黑。素面。侈口，外沿较窄，圆唇，矮领微束，残。轮制，火候较高。残宽9.6、残高3.8厘米（图八七三，9）。标本99DT0301㉛：21，夹砂黑陶。素面，内壁多瓦棱纹。侈口，外沿较窄，圆唇，矮领微束，有肩，残。轮制，火候较高。残宽10、残高3.2厘米（图八七三，10）。

Ab型　1件。Ⅱ式。

标本99DT0301㉞：15，夹砂红陶。素面。侈口，外沿较窄，圆方唇，领外斜，斜肩，残。轮制，火候较高。残宽9.6、残高8厘米（图八七三，11）。

B型　3件。

Ⅰ式：1件。

标本99DT0301㉘：20，夹粗砂红陶，灰褐胎。肩饰斜绳纹。侈口，圆唇，领外斜，广肩，残。手制，火候较高。残宽11.2、残高6.8厘米（图八七三，12）。

Ⅱ式：2件。

标本99AT0301㉝：15，夹砂红陶，灰褐胎。肩饰斜中粗绳纹，局部交错。侈口，领外斜，斜广肩，残。手制，火候较高。残宽10.8、残高7厘米（图八七三，13）。

敛口瓮　2件。

A型　1件。Ⅱ式。

标本00DT0808㉘：11，夹细砂灰褐陶，唇局部黑，胎外红褐里灰。素面。敛口，斜方唇，上腹直，残。轮制，火候高。残宽8.6、残高6.7厘米（图八七三，14）。

B型　1件。

标本99AT0301㉜：31，夹砂黑陶，里局部褐。素面。口微敛，圆唇，矮领内斜，斜肩，残。轮制，火候高。残宽7.4、残高6.8厘米（图八七三，15）。

盘口瓮　15件。

Ⅰ式：7件。

标本99AT0201㉜：8，夹细砂灰褐陶，红褐、灰褐胎。素面。侈口，内沿面有凹槽一周，圆唇，束领，残。轮制，火候一般。口径19.8、残高5.4厘米（图八七三，16）。标本00DT0805⑱A：56，夹细砂浅黄陶，灰胎，里黑。素面，内沿饰凹槽两道。侈口，沿面内凹略呈盘状，圆唇，束颈，残。轮制，火候较高。口径12.8、残高6.4厘米（图八七三，17）。

Ⅱ式：8件。

标本99DT0301㉗：12，夹砂黑陶，胎紫红夹黑。领饰瓦棱纹，领、肩饰波浪形和“山”形暗纹。沿外折后再上折成浅盘口，圆唇，束领，广肩，残。轮制，火候较高。口径29.6、残高12厘米（图八七三，18）。标本02BT0201㉒：9，夹砂灰陶，胎黑夹褐。素面。沿外折后上卷成浅盘口，圆唇，束领，残。轮制，火候较高。口径20、残高6.4厘米（图八七三，19）。

子母口瓮　5件。

标本99AT0301㉞：13，夹砂灰褐陶，局部红褐，胎褐夹灰。素面。侈口，沿斜折，沿面内凹成母口，圆唇，矮领微束，广肩，残。轮制，火候高。残宽11.6、残高7.2厘米（图八七三，20）。

瓮底　20件。标本碎小。

按唇罐　6件。

Ⅰ式：2件。

标本00DT0909㉓：1，夹细砂红陶，局部、胎、里灰。唇部微有按窝。侈口，卷沿外翻，鼓腹，残。手制，火候较高。残宽5.9、残高5.8厘米（图八七四，1）。

Ⅱ式：1件。标本碎小。

Ⅲ式：3件。

标本00DT0604㉕：3，夹粗砂红陶，局部灰。唇部按窝较浅，肩部饰绳纹。侈口，卷沿，微有肩，残。手制轮修，火候一般。残宽8.4、残高4.3厘米（图八七四，2）。

辫唇罐　505件。

Ⅰ式：5件。

标本00DT0705⑳：1，夹粗砂灰陶，里红。唇部按抹呈辫绳波浪形，肩部饰中粗绳纹。侈口，卷沿，溜肩，残。手制，火候较高。残宽8、残高6.7厘米（图八七四，3）。标本00DT0705⑳：2，夹细砂灰黑陶，里红。唇部按抹呈辫绳波浪形，肩部饰斜绳纹。侈口，卷沿，溜肩，残。手制，火候较高。残宽10、残高8厘米（图八七四，4）。

Ⅱ式：60件。

标本00DT0706㉒：3，夹细砂红褐陶，灰胎。唇部按抹呈辫绳波浪形，腹饰绳纹。侈口，卷沿，鼓腹，残。手制，火候较高。口径15.6、残高10厘米（图八七四，5）。标本00DT0806㉑：3，夹细砂红陶，局部褐、灰，胎红夹灰。唇部按抹呈辫绳波浪形，肩部饰中粗绳纹。侈口，卷沿，溜肩，残。手制，火候较高。口径14.8、残高7.8厘米（图八七四，6）。

Ⅲ式：440件。

标本99DT0201㉞：16，夹细砂红陶，局部灰、黑，灰胎。唇部戳刮、外沿刮抹略呈辫绳波浪形，腹部拍印绳纹。口微侈，微束颈，鼓腹，残。手制，火候较高。口径13.4、残高14.5

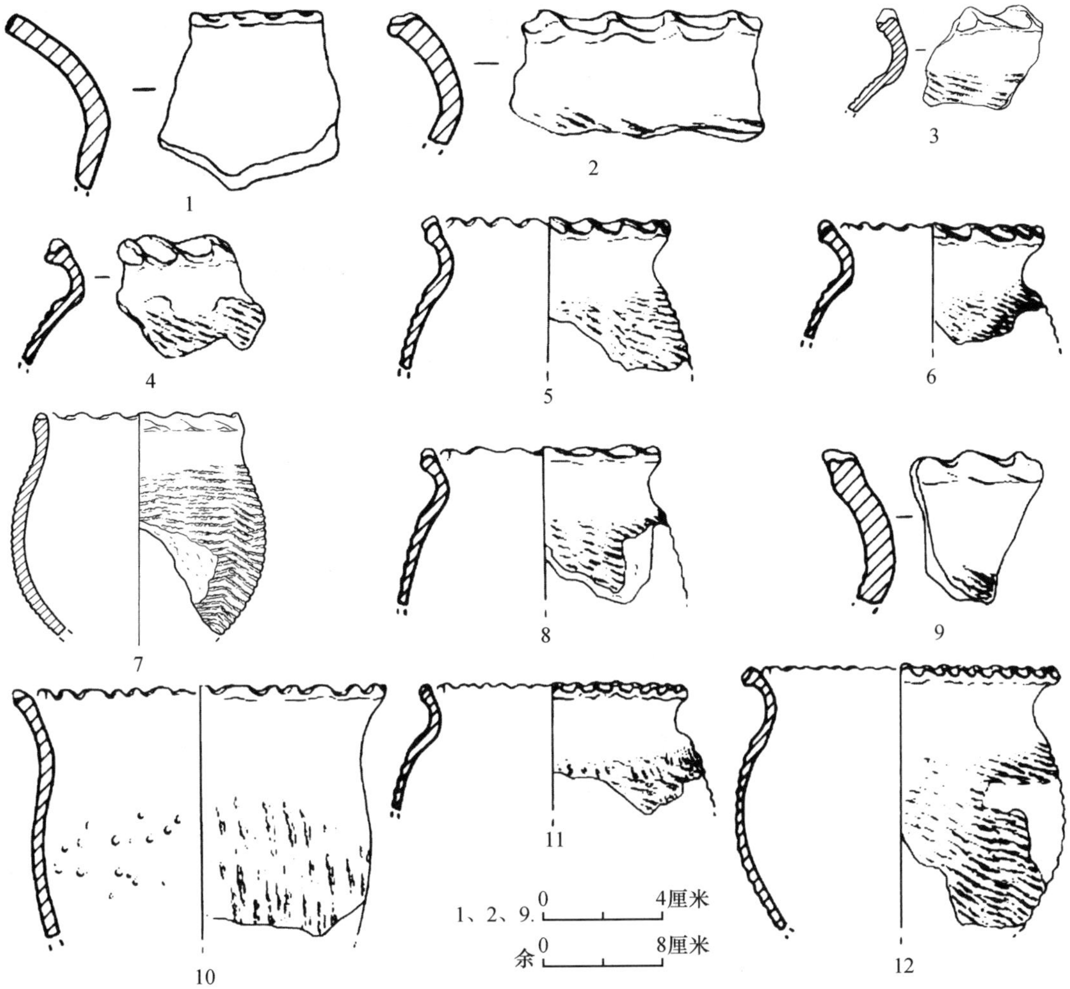

图八七四　沓井沟文化第二期晚段陶器

1. Ⅰ式按唇罐（00DT0909㉓：1）　2. Ⅲ式按唇罐（00DT0604㉕：3）　3、4. Ⅰ式辫唇罐（00DT0705⑳：1、00DT0705⑳：2）　5、6. Ⅱ式辫唇罐（00DT0706㉒：3、00DT0806㉑：3）　7、8. Ⅲ式辫唇罐（99DT0201㉞：16、00DT0705⑳：6）　9、10. Aa型齿唇罐（00DT0605㉔：4、00DT0805⑱A：27）　11、12. Ab型齿唇罐（00DT0806㉑：11、00DT0806㉑：12）

厘米（图八七四，7）。标本00DT0705⑳：6，夹细砂红褐陶，局部、胎灰黑。唇部按抹略呈辫绳波浪形，腹饰中粗绳纹。侈口，卷沿，鼓腹，残。手制，火候较高。口径15.2、残高10.2厘米（图八七四，8）。

齿唇罐　103件，76件可分型。

A型　27件。

Aa型　3件。

标本00DT0605㉔：4，夹细砂红陶，局部褐，灰胎。唇部戳刮略呈波浪形齿，腹饰斜绳纹。侈口，沿面微凹，斜领，残。手制，火候较高。残宽4.4、残高5厘米（图八七四，9）。标本00DT0805⑱A：27，夹细砂灰褐陶，局部红褐、褐，黑胎。唇部戳按略呈波浪形，腹饰竖粗绳纹。侈口，斜领，鼓腹，残。手制，火候较高。口径24.6、残高16.4厘米（图八七四，10）。

Ab型　12件。

标本00DT0806㉑：11，夹细砂黑陶，部分红褐。唇部戳按呈宽齿形，腹饰交错戳划纹。侈口，卷沿，微有肩，鼓腹，残。手制轮修，火候较高。口径17.2、残高8.4厘米（图八七四，11）。标本00DT0806㉑：12，夹细砂黑陶，局部褐。唇部戳按略呈波浪形齿，腹饰斜粗绳纹。侈口，卷沿，束颈，圆鼓腹，残。手制轮修，火候一般。口径21.2、残高17.2厘米（图八七四，12）。

Ac型 12件。

标本99DT0201㉝：15，夹细砂浅黄褐陶，局部灰褐，里红褐。唇部饰戳印纹呈浅波浪形，上腹部拍印细绳纹。侈口，束颈，鼓腹，残。手制，火候一般。口径22.4、残高8厘米（图八七五，1）。标本99DT0201㉝：16，夹细砂红褐陶，局部灰褐、黑。唇部饰戳印纹略呈浅波浪形，上腹部拍印细绳纹。侈口，卷沿，溜肩，残。手制，火候较高。口径22.8、残高7.6厘米（图八七五，2）。

B型 49件。

Ba型 11件。

Ⅰ式：5件。

标本99AT0101㉗A：1，夹砂灰褐陶，局部、里红。唇部戳刮呈浅齿形，腹饰绳纹。侈口，束颈，鼓腹，残。手制，火候较高。残宽8.8、残高10.4厘米（图八七五，3）。标本99DT0301㉖：8，夹粗砂红褐陶，局部红；器表多灰白色附着物。唇部戳刮呈齿状，肩饰斜中粗绳纹。侈口，卷沿外翻，溜肩，残。手制，火候较高。口径18、残高8厘米（图八七五，4）。

Ⅱ式：6件。

标本98AT0103㉙：24，夹粗砂红陶，灰胎。唇部刮抹呈波浪形，外沿内抹，领部饰戳印

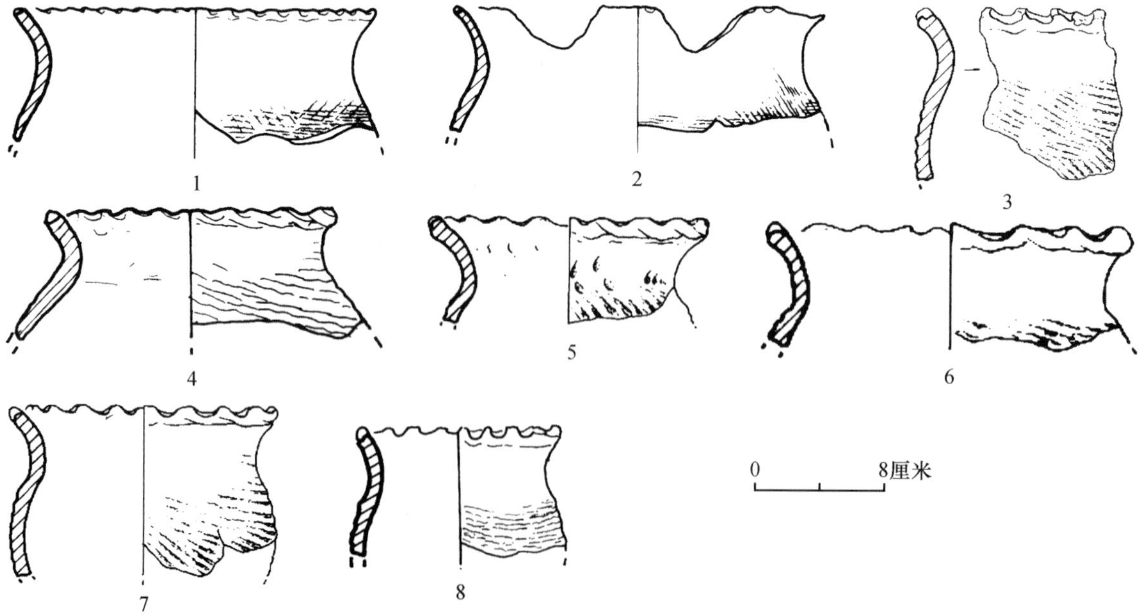

图八七五 㽏井沟文化第二期晚段陶器

1、2. Ac型齿唇罐（99DT0201㉝：15、99DT0201㉝：16） 3、4. Ba型Ⅰ式齿唇罐（99AT0101㉗A：1、99DT0301㉖：8） 5、6. Ba型Ⅱ式齿唇罐（98AT0103㉙：24、98AT0103㉗：6） 7、8. Bb型齿唇罐（99DT0101㉙：12、99AT0301㊱：21）

纹、指纹，腹饰绳纹，内壁有捏、抹和划痕。侈口，外翻领，鼓腹，残。手制，火候较高。口径17.2、残高6.5厘米（图八七五，5）。标本98AT0103㉗：6，夹粗砂红陶，口部灰黑，灰胎，里黑。唇部刮削呈浅齿形，外沿内抹，上腹饰绳纹。侈口，外翻领，残。手制，火候较高。口径22.6、残高7.6厘米（图八七五，6）。

Bb型　38件。

标本99DT0101㉙：12，夹砂红陶，灰褐胎。唇部戳刮、外沿刮抹呈波浪形齿，腹饰斜绳纹。侈口，束颈，鼓腹，残。手制，火候较高。口径16.6、残高10.3厘米（图八七五，7）。标本99AT0301㊱：21，夹砂红陶，局部、胎黑，里褐。唇部戳按呈波浪形，腹饰斜绳纹。侈口，卷沿，鼓腹，残。手制，火候较高。口径12.6、残高7.8厘米（图八七五，8）。

花边圜底罐　4348件。

A型　3520件。

Aa型　3506件，2800件可分式。

Ⅰ式：789件，580件可分亚式。

Ⅰa式：224件。

标本99DT0301㉞：3，夹砂黑陶，里灰褐。唇部戳刮、外沿刮抹略呈辫绳波浪形，腹饰斜绳纹。侈口，束颈，鼓腹，残。手制，火候较高。口径9.2、残高11.2厘米（图八七六，1）。标本99DT0301㉚：17，夹砂红陶，局部褐、黑。唇部戳刮、外沿刮抹呈辫绳波浪形，腹、底饰斜绳纹。侈口，束颈，鼓腹，圜尖底，完整。手制，火候较高。口径10.2、高12.6厘米（图八七六，2）。

Ⅰb式：356件。

标本99AT0301㉝：2，夹砂红褐陶。唇部戳刮、外沿刮抹呈波浪形，腹、底饰斜绳纹，下腹有支擦痕。侈口，束颈，鼓腹，圜尖底，完整。手制，火候较高。口径10.8、高12厘米（图八七六，3）。标本99DT0301㉝：7，夹砂红陶，局部灰褐。唇部戳刮、外沿刮抹呈波浪形，腹、底饰斜绳纹，下腹多支擦痕。侈口，束颈，鼓腹，圜尖底，完整。手制，火候较高。口径10.8、高13.4厘米（图八七六，4）。

Ⅱ式：1561件。

标本98AT0103㉗：2，夹砂红陶，局部红褐。唇部戳刮、外沿刮抹呈波浪形，腹、底饰斜绳纹。侈口，束颈，鼓腹，圜底，完整。手制，火候较高。口径10.6、高12.8厘米（图八七六，5）。标本99AT0301㉝：1，夹砂红褐陶。唇部戳刮、外沿刮抹呈波浪形，腹、底饰斜绳纹。侈口，束颈，鼓腹，圜底，完整。手制，火候较高。口径11、残高11.2厘米（图八七六，6）。标本02BT0101㉓：8，夹砂灰褐陶，局部灰黑、红。唇部戳刮、外沿内抹略呈波浪形，腹、底饰斜绳纹。侈口，束颈，鼓腹，圜底，完整。手制，火候较高。口径10.6、高12.8厘米（图八七六，7）。

Ⅲ式：450件。

标本99DT0201㉝：4，夹砂红陶，局部褐、灰。唇部戳刮、外沿刮抹呈波浪形，腹、底饰斜绳纹。侈口，束颈，鼓腹，圜尖底，完整。手制，火候较高。口径11、高12.1厘米（图八七六，8）。标本02BT0201㉓：69，夹砂红陶，局部黑、褐。唇部戳刮、外沿内抹呈波浪

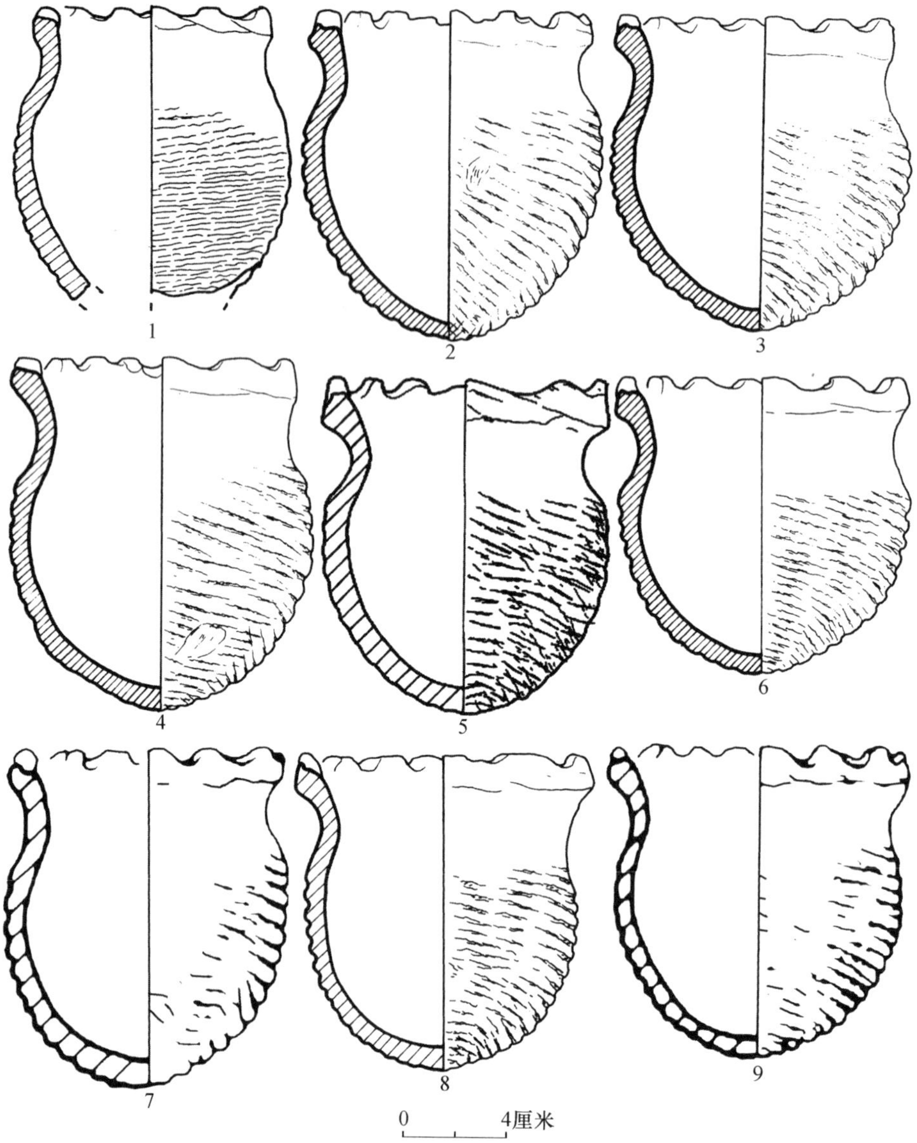

图八七六　溍井沟文化第二期晚段陶器

1、2. Aa型Ⅰa式花边圜底罐（99DT0301㉞：3、99DT0301㉚：17）　3、4. Aa型Ⅰb式花边圜底罐（99AT0301㉝：2、99DT0301㉝：7）
5～7. Aa型Ⅱ式花边圜底罐（98AT0103㉗：2、99AT0301㉝：1、02BT0101㉓：8）
8、9. Aa型Ⅲ式花边圜底罐（99DT0201㉝：4、02BT0201㉓：69）

形，腹、底饰斜中粗绳纹。侈口，束颈，鼓腹，圜底，完整。手制，火候较高。口径11.4、残高12厘米（图八七六，9）。

Ab型　14件。

标本99AT0301㉟：4，夹粗砂红陶，胎红夹灰、黑。唇部戳刮、外沿刮抹呈波浪形，颈饰竖划纹，腹饰斜绳纹。侈口，束颈，鼓腹，残。手制，火候较高。口径9.4、残高7.6厘米（图八七七，1）。标本99DT0301㉞：7，夹砂褐陶，局部黑。唇部戳刮、外沿刮抹呈波浪形，颈、腹饰斜绳纹，局部擦抹。侈口，束颈，鼓腹，残。手制，火候较高。口径10.4、残高7厘米（图八七七，2）。标本99DT0301㉚：34，夹砂灰褐陶，局部红褐。唇部戳刮、外沿刮抹呈波浪形，颈饰尖折波浪形划纹两周，腹饰斜绳纹，局部交错和擦抹。侈口，束颈，鼓腹，残。

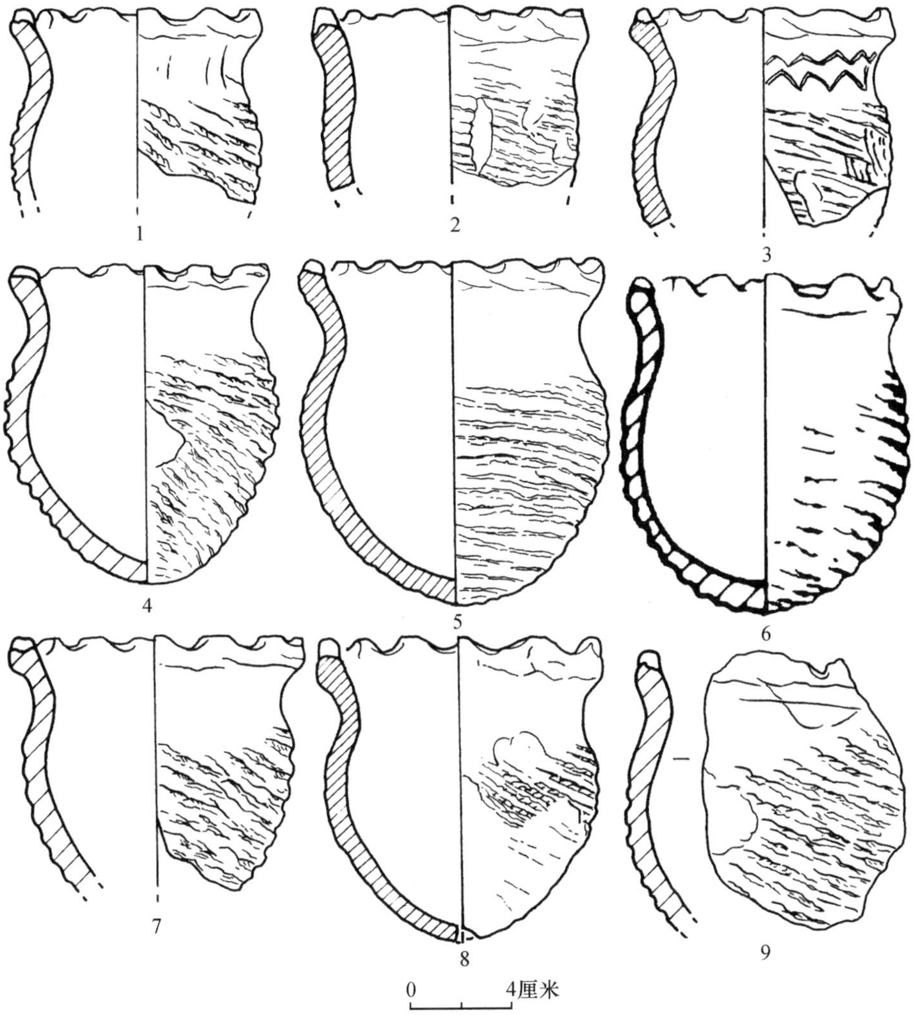

图八七七　漳井沟文化第二期晚段陶器

1～3. Ab型花边圜底罐（99AT0301㉟：4、99DT0301㉞：7、99DT0301㉚：34）
4～6. Ba型Ⅰ式花边圜底罐（99AT0301㉜：9、99DT0301㉞：8、02BT0201㉓：95）
7、8. Ba型Ⅱ式花边圜底罐（99AT0301㉜：11、99DT0301㉝：13）　9. Bb型花边圜底罐（99AT0301㉜：14）

手制，火候较高。口径9.8、残高8.4厘米（图八七七，3）。

B型　824件，722件可分亚型。

Ba型　692件。

Ⅰ式：664件。

标本99AT0301㉜：9，夹粗砂灰黑陶，局部褐，灰胎。唇部戳刮、外沿刮抹呈波浪形，腹饰斜中粗绳纹。侈口，束颈，鼓腹，圜底，复原。手制，火候较高。口径10、高12.2厘米（图八七七，4）。标本99DT0301㉞：8，夹砂褐陶，局部红、黑，里红。唇部戳刮、外沿刮抹呈波浪形，腹、底饰斜绳纹，局部中粗。侈口，束颈，鼓腹，圜底，复原。手制，火候较高。口径11.6、高13.4厘米（图八七七，5）。标本02BT0201㉓：95，夹粗砂灰褐陶，局部红、浅黄褐。唇部戳刮、外沿内抹呈波浪形，腹、底饰斜粗绳纹。侈口，束颈，鼓腹，圜底，完整。手制，火候较高。口径10.4、高12.8厘米（图八七七，6）。

Ⅱ式：28件。

标本99AT0301㉜：11，夹砂红陶，局部褐、黑，胎红夹灰。唇部戳刮、外沿内抹呈波浪形，腹饰斜中粗绳纹。侈口，束颈，鼓腹，残。手制，火候较高。口径11.2、残高9.8厘米（图八七七，7）。标本99DT0301㉝：13，夹砂红陶，局部褐；器表多灰白色附着物。唇部戳刮、外沿刮抹呈波浪形，腹饰斜中粗绳纹，下腹表皮脱落。侈口，束颈，鼓腹，残。手制，火候较高。口径10.8、残高11.6厘米（图八七七，8）。

Bb型 8件。

标本99AT0301㉜：14，夹砂褐陶，局部红，灰黑胎。唇部戳刮、外沿内抹呈波浪形，颈饰交错划纹，腹饰斜中粗绳纹。侈口，束颈，鼓腹，残。手制，火候较高。残宽8、残高10.8厘米（图八七七，9）。标本02BT0201⑳：4，夹砂红褐陶，局部褐，灰胎。唇部戳刮、外沿刮抹略呈波浪形，颈饰斜粗划纹，腹饰斜粗绳纹。侈口，束颈，鼓腹，残。手制，火候较高。口径10、残高8.2厘米（图八七八，1）。

Bc型 22件。

标本99AT0301㊱：13，夹砂黑陶，胎、里红。唇部戳刮、外沿刮抹呈波浪形，腹饰斜粗绳纹。侈口，卷沿，微鼓腹，残。手制，火候较高。残宽8、残高7厘米（图八七八，2）。标本99DT0201㉝：13，夹粗砂红褐陶，局部黑，里红。唇部戳刮呈波浪形，腹部拍印中粗绳

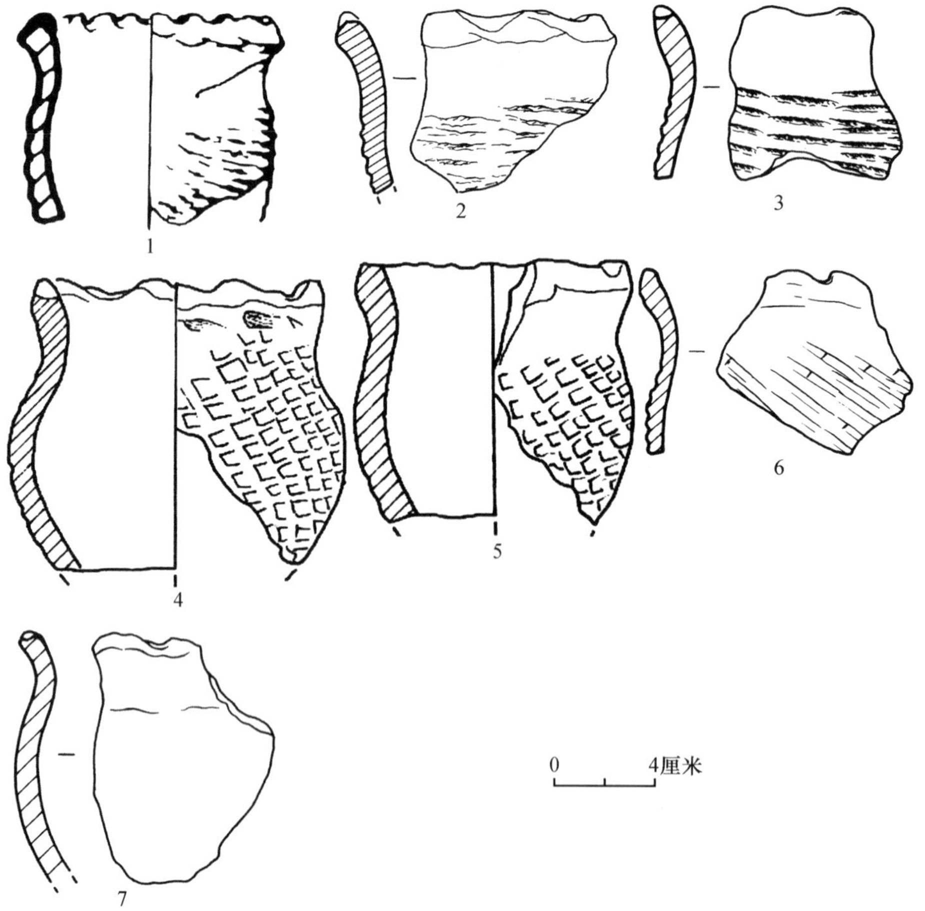

图八七八 瀼井沟文化第二期晚段陶器

1. Bb型花边圜底罐（02BT0201⑳：4） 2、3. Bc型花边圜底罐（99AT0301㊱：13、99DT0201㉝：13） 4～6. C型花边圜底罐（98AT0103㉖：20、98AT0103㉖：21、99DT0201㉝：14） 7. 异型花边圜底罐（99AT0301㉝：9）

纹。侈口，卷沿，鼓腹，残。手制，火候高。残宽6.7、残高6.7厘米（图八七八，3）。

C型　3件。

标本98AT0103㉖：20，夹粗砂红褐陶，灰胎。唇部刮抹呈齿状，外沿内抹，颈部饰戳印纹，腹饰方格纹。侈口，束颈，鼓腹，腹大于口，残。手制，火候较高。口径11.2、腹径13.2、残高11.2厘米（图八七八，4）。标本98AT0103㉖：21，夹粗砂褐陶，灰胎。唇部刮抹呈缓齿状，外沿内抹，腹饰方格纹。侈口，卷沿，束颈，鼓腹，残。手制，火候较高。口径10.4、残高10厘米（图八七八，5）。标本99DT0201㉝：14，夹细砂红陶，口部褐。唇部戳刮、外沿内抹呈波浪形，腹部饰篮纹。侈口，卷沿，束颈，鼓腹，残。手制，火候较高。残宽7.6、残高7.1厘米（图八七八，6）。

异型　1件。

标本99AT0301㉝：9，夹砂灰褐陶，局部、里红，胎红夹灰。唇部戳刮、外沿刮抹呈波浪形，器表无纹。侈口，束颈，鼓腹，残。手制，火候较高。残宽7.2、残高9.6厘米（图八七八，7）。

素沿圜底罐　23件。

标本99AT0301㉟：5，夹砂红陶，局部灰褐，胎红夹灰。外沿内抹，腹饰斜细绳纹。口近直，束颈，鼓腹，残。手制，火候较高。口径9.6、残高7.6厘米（图八七九，1）。标本99DT0101㉙：7，夹砂红陶。上腹饰斜绳纹，局部抹平。侈口，圆唇，束颈，鼓腹，残。手制，火候较高。口径12、残高6.6厘米（图八七九，2）。标本99DT0201㉝：21，夹粗砂黑陶，局部褐、灰，里红。外沿饰线纹，腹部拍印中粗绳纹。侈口，方圆唇，束颈，鼓腹，残。手制，火候较高。口径10、残高8.5厘米（图八七九，3）。标本00DT0808㉘：2，夹细砂红褐陶，局部黑褐，胎红褐夹灰。肩饰中粗绳纹。侈口，卷沿，圆唇，溜肩，残。手制，火候不高。口径10.3、残高6.4厘米（图八七九，4）。标本99AT0301㉜：15，夹砂红褐陶，局部灰褐，灰胎。外沿内抹，腹饰斜绳纹。侈口，束颈，鼓腹，残。手制，火候较高。口径9.2、残高6.6厘米（图八七九，5）。标本99DT0301㉝：23，夹砂红陶，局部褐、黑。腹饰斜粗绳纹。口微侈，束颈，鼓腹，残。手制，火候较高。口径10.5、残高6.6厘米（图八七九，6）。

敛口罐　10件。

A型　4件。

Ⅰ式：3件。

标本00DT0705⑲：9，夹细砂红陶。素面。敛口，微有斜折沿，沿面内凹，圆唇，鼓腹，残。轮制，火候较高。残宽7.2、残高4.6厘米（图八七九，7）。

Ⅱ式：1件。

标本00DT0805⑱A：49，夹细砂灰陶。素面。敛口，卷沿，沿面微凹，方唇，窄斜肩，鼓腹，残。轮制，火候较高。残宽4.8、残高2.5厘米（图八七九，8）。

B型　6件。

标本00DT0705⑳：9，夹细砂黑陶。素面。敛口，折沿较高，外折后内卷，沿面微凹，圆唇，鼓肩，残。轮制，火候高。残宽7、残高4厘米（图八七九，9）。

高领罐　1件。

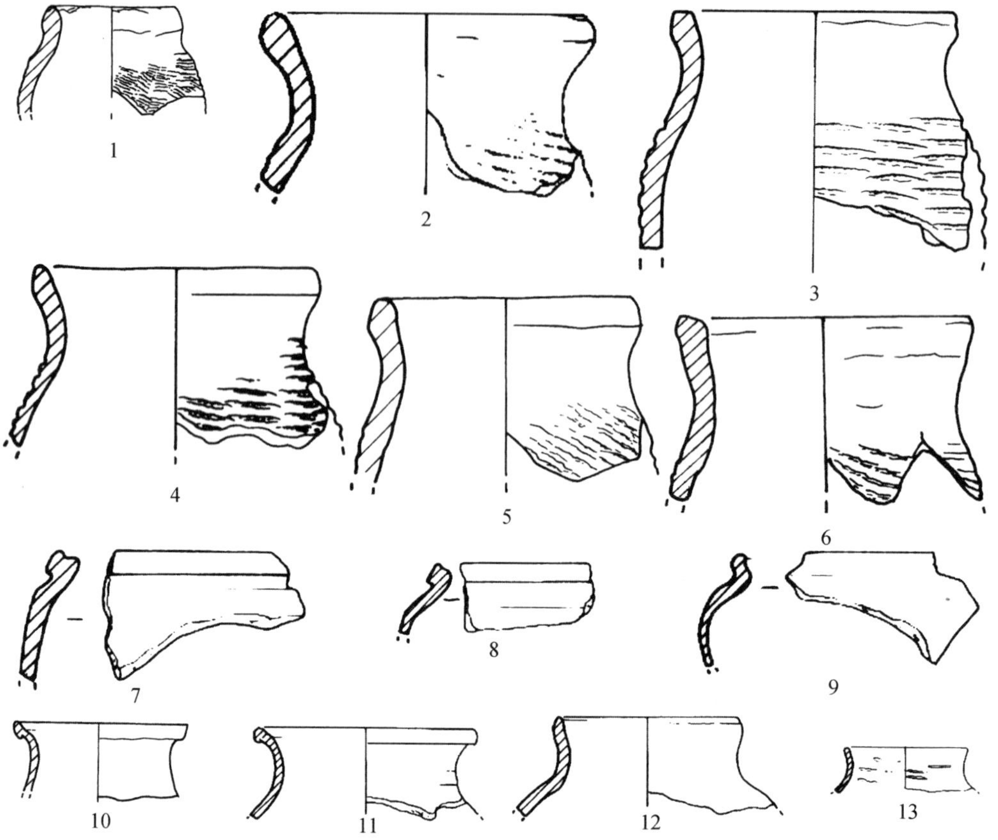

1、11、12. 0 8厘米　10、13. 0 16厘米　余 0 4厘米

图八七九　瓮井沟文化第二期晚段陶器

1～6. 素沿圜底罐（99AT0301㉟：5、99DT0101㉙：7、99DT0201㉝：21、00DT0808㉘：2、99AT0301㉜：15、99DT0301㉝：23）
7. A型Ⅰ式敛口罐（00DT0705⑲：9）　8. A型Ⅱ式敛口罐（00DT0805⑱A：49）　9. B型敛口罐（00DT0705⑳：9）
10. 高领罐（99AT0201㉜：11）　11～13. Ⅲ式中领罐（98AT0103㉙：10、98AT0103㉙：11、98AT0103㉗：12）

标本99AT0201㉜：11，夹细砂灰黑陶，红褐胎。素面，领内部呈瓦棱形。侈口，圆唇，高领，残。轮制，火候一般。口径25.1、残高11.2厘米（图八七九，10）。

中领罐　6件。Ⅲ式。

标本98AT0103㉙：10，夹细砂黑陶，胎红褐、灰，里褐。素面。侈口，圆唇，口内壁微凹，束领，残。轮制，火候较高。口径16.2、残高6.4厘米（图八七九，11）。标本98AT0103㉙：11，夹细砂红陶。领部饰划纹，外沿内抹。口微敛，领上部微鼓，下部内束，溜肩，残。手制，火候较高。口径13.2、残高7厘米（图八七九，12）。标本98AT0103㉗：12，夹细砂红褐陶，灰黑胎。素面，器表粗磨，有按抹痕，内壁有较多疵痕。侈口，圆唇，残。手制，火候较高。口径18、残高6.9厘米（图八七九，13）。

矮领罐　50件。

A型　41件。

标本99AT0301㊱：46，夹砂红陶，局部灰褐。肩饰斜绳纹。侈口，圆唇，局部方，领外翻，溜肩，残。手制轮修，火候较高。口径10.3、残高5.2厘米（图八八〇，1）。标本99DT0301㉚：45，夹砂红陶，局部黑，里红褐。肩饰斜绳纹。侈口，圆唇，领微斜，溜肩，

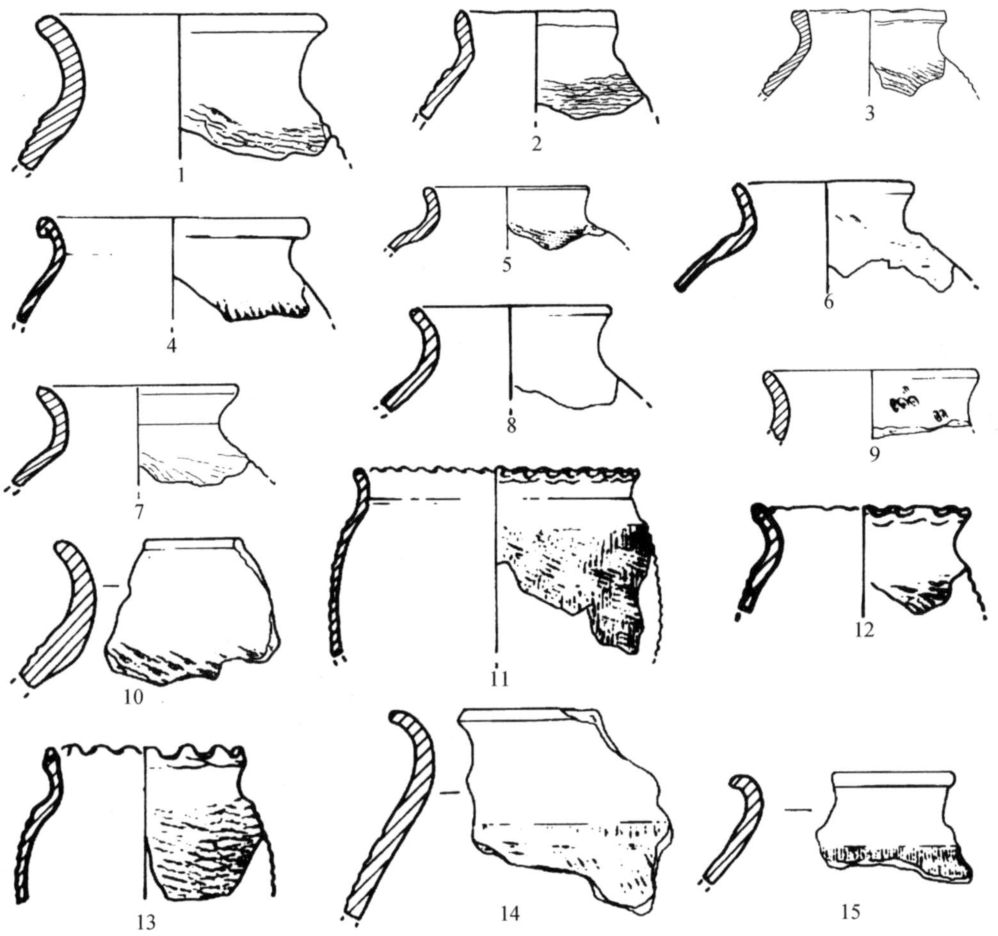

图八八〇　瀶井沟文化第二期晚段陶器

1～4. A型矮领罐（99AT0301㊱：46、99DT0301㉚：45、99AT0301㊲：13、00DT0806⑳：1）
5～8. B型矮领罐（98AT0103㉙：21、99AT0101㉘：21、99AT0301㊱：41、00DT0805⑱A：54）
9、10. 侈口罐（98AT0103㉙：18、00DT0805⑱A：34）　11～13. 波浪唇罐（00DT0806㉑：10、02BT0101㉓：14、02BT0201㉒：4）　14、15. 卷沿罐（00DT0805⑱A：32、00DT0908⑲：3）

残。手制，火候较高。口径11.6、残高7.6厘米（图八八〇，2）。标本99AT0301㊲：13，夹砂褐陶，局部、胎黑，里红。肩饰斜绳纹。侈口，微有沿，圆唇，领外斜，溜肩，残。手制，火候较高。口径11、残高6.1厘米（图八八〇，3）。标本00DT0806⑳：1，夹细砂黑陶，局部、里红。腹饰竖绳纹。侈口，卷沿，圆唇，矮领微束，溜肩，残。轮制，火候一般。口径19.2、残高7.4厘米（图八八〇，4）。

B型　9件。

标本98AT0103㉙：21，夹细砂红褐陶，黑胎。肩部饰绳纹，内外壁有白色附着物。口微侈，圆唇，矮领微束，广肩，残。手制轮修，火候较高。口径11.8、残高4.4厘米（图八八〇，5）。标本99AT0101㉘：21，夹砂红陶，局部灰褐。肩饰绳纹后抹成细线。侈口，圆唇，领外斜，广肩，残。手制轮修，火候较高。口径13.2、残高7.6厘米（图八八〇，6）。标本99AT0301㊱：41，夹砂红陶，局部灰褐。肩饰斜绳纹后按抹成细线。侈口，圆唇，领外翻，广肩，残。轮制，火候较高。口径14.2、残高7.2厘米（图八八〇，7）。标本00DT0805⑱A：54，夹细砂灰褐陶，局部红褐。素面。侈口，卷沿，圆唇，束领，广肩，残。轮制，火候较高。口径14.2、残高7.4厘米（图八八〇，8）。

侈口罐　3件。

标本98AT0103㉙：18，夹细砂红褐陶，灰褐胎，里褐。领部饰戳印纹，唇局部刮抹，外壁磨光。侈口，圆唇，束领，残。手制，火候较高。口径15.6、残高4.8厘米（图八八〇，9）。标本00DT0805⑱A：34，夹细砂褐陶，局部红。肩饰斜绳纹。侈口，卷沿，圆唇，束颈，溜肩，残。手制轮修，火候一般。残宽6.2、残高5.2厘米（图八八〇，10）。

波浪唇罐　3件。

标本00DT0806㉑：10，夹细砂黑陶，局部红褐、褐、灰。唇部按压粗绳纹呈波浪形，腹饰交错绳纹。侈口，卷沿，鼓腹，残。手制轮修，火候较高。口径20.2、残高13.2厘米（图八八〇，11）。标本02BT0101㉓：14，夹粗砂红陶，黑胎。唇部戳按略呈波浪形，肩饰斜中粗绳纹。侈口，卷沿，溜肩，残。手制，火候较高。口径15.2、残高7.6厘米（图八八〇，12）。标本02BT0201㉒：4，夹砂红褐陶，局部红。唇部戳刮、外沿内抹呈波浪形，外沿饰零星戳印纹，腹饰斜中粗绳纹。侈口，卷沿，窄肩，鼓腹，残。手制，火候较高。口径13.6、残高10.8厘米（图八八〇，13）。

卷沿罐　3件。

标本00DT0805⑱A：32，夹粗砂灰褐陶，胎、里灰黑。腹饰戳印带状纹一道、斜细绳纹。侈口，卷沿外翻，圆唇，鼓腹，残。手制轮修，火候较高。残宽7.6、残高7.4厘米（图八八〇，14）。标本00DT0908⑲：3，夹细砂红陶，黑褐胎。腹饰竖细绳纹。侈口，卷沿外翻，圆唇，鼓腹，残。轮制，火候一般。残宽11.2、残高8厘米（图八八〇，15）。

子母口罐　2件。

标本99AT0301㉜：26，夹砂红陶，局部黑。素面。敛子母口，圆唇，斜折肩，残。轮制，火候较高。残宽8.6、残高3.2厘米（图八八一，1）。标本99DT0201㉞：29，夹细砂灰黑陶，里黄褐。素面，内壁饰凹弦纹。侈口，斜折沿，沿面微凹成母口，圆唇，微束颈，残。轮制，火候高。残宽7.3、残高3.5厘米（图八八一，2）。

盘口罐　11件。

标本98AT0103㉗：4，夹粗砂灰陶，局部灰褐、黑。素面，器表有划痕，内壁有不规则瓦棱和按窝痕。侈口，卷沿，沿面内凹，圆唇，束颈，斜肩，残。轮制，火候较高。口径21.6、残高16厘米（图八八一，3）。标本98AT0103㉙：13，夹细砂褐陶，灰黑胎。肩部饰暗旋涡纹，唇面、盘内磨光。敛口，圆尖唇，浅盘束颈，溜肩，残。轮制，火候较高。口径20、残高9.9厘米（图八八一，4）。标本99DT0201㉝：38，夹细砂灰黑陶。素面，内上壁多凹弦纹。侈口，沿平折后再上折，沿面微凹，圆唇，束颈，残。轮制，火候较高。口径21.4、残高6.3厘米（图八八一，5）。

圈足罐　26件。

Ⅰ式：25件。

标本99AT0301㊱：45，夹砂黑陶，红褐胎。素面，内底饰交错细划纹。微有下腹，内

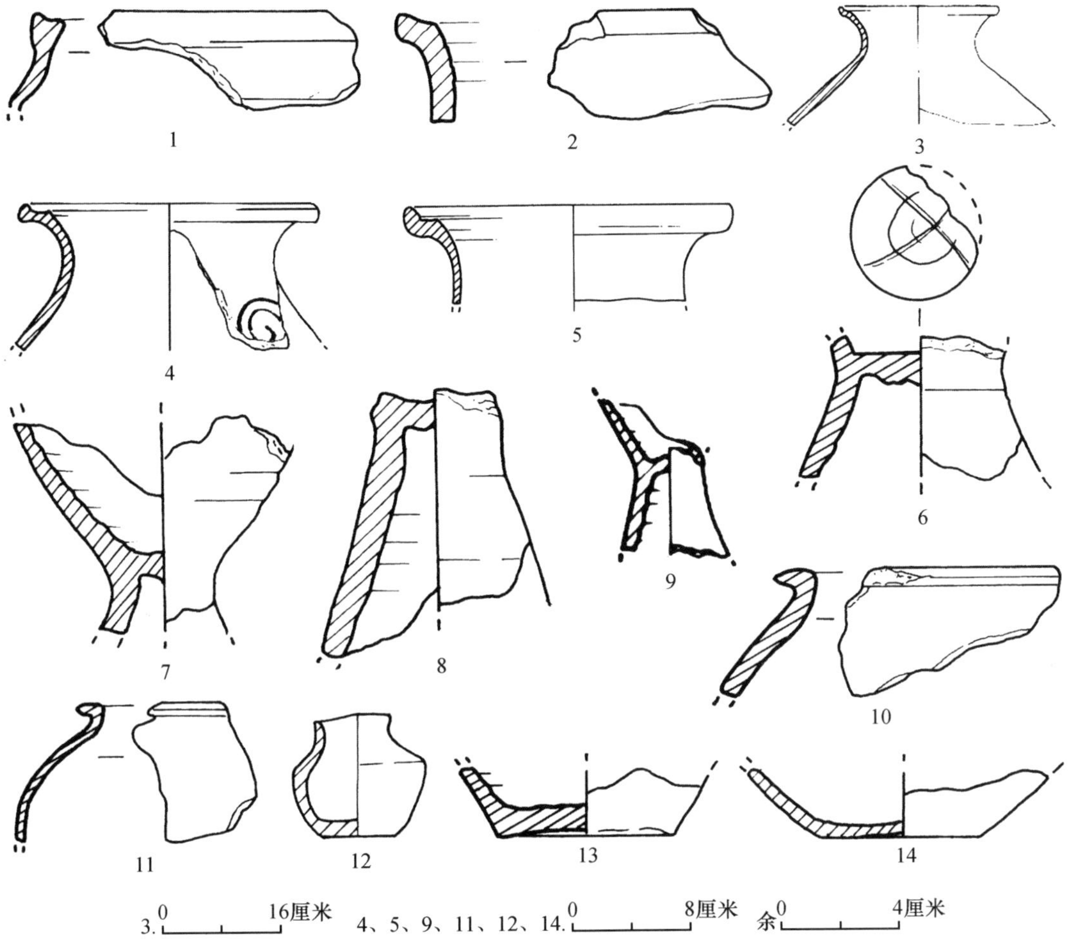

图八八一　辔井沟文化第二期晚段陶器

1、2. 子母口罐（99AT0301㉜：26、99DT0201㉞：29）　3～5. 盘口罐（98AT0103㉗：4、98AT0103㉙：13、99DT0201㉝：38）　6～8. Ⅰ式圈足罐（99AT0301㊱：45、99DT0301㉝：28、99DT0301㉚：56）　9. Ⅱ式圈足罐（02BT0201㉓：186）　10、11. 敛口折沿罐（99AT0301㊱：42、99AT0301㊱：43）　12. 小罐（99AT0201㉛：3）　13、14. 罐底（99AT0301㊱：54、99DT0301㉚：61）

底平，喇叭形圈足，残。轮制，火候较高。残宽7.4、残高4.6厘米（图八八一，6）。标本99DT0301㉝：28，夹砂黑陶，红胎。素面，内壁瓦棱纹。下腹弧收，喇叭形细高圈足，残。轮制，火候较高。残宽7.2、残高7厘米（图八八一，7）。标本99DT0301㉚：56，夹砂黑陶，胎红褐夹灰。素面，内壁多瓦棱纹。内底圜平，喇叭形高圈足，残。轮制，火候较高。残宽6.8、残高8.6厘米（图八八一，8）。

Ⅱ式：1件。

标本02BT0201㉓：186，夹砂黑陶，红褐胎。素面，内壁多瓦棱纹。下部斜收，圈足较高、粗，残。轮制，火候高。残宽8.4、残高10.6厘米（图八八一，9）。

敛口折沿罐　2件。

标本99AT0301㊱：42，夹砂灰黑陶，局部、胎红。素面。敛口，折沿外下卷，圆尖唇，溜肩，残。轮制，火候较高。残宽7.4、残高4.2厘米（图八八一，10）。标本99AT0301㊱：43，夹砂黑陶，局部褐，红褐胎。素面。敛口，折沿外下卷，圆尖唇，溜肩，鼓腹，残。轮制，火候较高。残宽8、残高9.2厘米（图八八一，11）。

有耳罐　1件。标本碎小。

小罐　1件。

标本99AT0201㉛：3，夹砂红陶，局部灰褐。素面。侈口，圆唇，矮束领，斜窄肩，鼓腹，下腹弧收，平底，复原。手制，火候较高。口径4.8、底径4.4、高8厘米（图八八一，12）。

罐底　31件。

标本99AT0301㊱：54，夹砂褐陶，局部、里黑。素面，内壁多瓦棱纹。下腹斜收，底微凹，残。轮制，火候高。底径6、残高2.2厘米（图八八一，13）。标本99DT0301㉚：61，泥质红褐陶，红胎，里褐。素面，下腹微弧收，底微凹，残。手制，火候较高。底径10.2、残高4.6厘米（图八八一，14）。

罐形釜　64件。

A型　61件。

Aa型　54件，34件可分式。

Ⅰ式：2件。

标本00DT0808㉘：5，夹细砂灰陶，局部、里红。腹饰竖细绳纹。侈口，卷沿，圆唇，束颈，鼓腹，残。轮制，火候一般。口径8、残高4.2厘米（图八八二，1）。标本02BT0201㉜：19，夹砂灰褐陶，局部黑，里部分红褐。腹饰交错细绳纹。侈口，圆唇，束颈，鼓腹，残。手制轮修，火候较高。口径10、残高6.2厘米（图八八二，2）。

Ⅱ式：21件。

标本99AT0101㉘：20，夹砂红陶，胎红夹灰。腹饰绳纹。侈口，圆唇，束颈，鼓腹，残。手制，火候较高。口径10.8、残高6.6厘米（图八八二，3）。标本00DT0805⑱A：33，夹细砂灰褐陶，局部红褐，灰胎。腹饰斜绳纹。侈口，卷沿，束颈，鼓腹，残。轮制，火候较高。口径11、残高7厘米（图八八二，4）。

Ⅲ式：11件。

标本98AT0103㉗：10，夹粗砂红陶，灰胎。腹饰粗绳纹。侈口，束颈，鼓腹，残。手制，火候高。口径11.2、残高6.2厘米（图八八二，5）。标本00DT0805⑱A：35，夹细砂红陶，局部黑，里灰黑。腹饰粗绳纹。侈口，卷沿，圆唇，束颈，鼓腹，残。手制轮修，火候较高。口径10.2、残高7.2厘米（图八八二，6）。标本02CT0101㉒：2，夹砂褐陶，灰胎。腹饰斜绳纹。侈口，圆唇，束颈，鼓腹，残。手制轮修，火候较高。口径10.2、残高11厘米（图八八二，7）。

Ab型　7件。

Ⅰ式：1件。

标本00DT0707㉟：2，夹细砂红陶，灰胎，里灰黑。腹饰细绳纹。侈口，卷沿，圆唇，颈较斜，鼓腹，残。轮制，火候较高。残宽7.8、残高8厘米（图八八二，8）。

Ⅱ式：6件。

标本00DT0808㉘：6，夹细砂灰褐陶，局部灰褐，褐胎。腹饰斜绳纹。侈口，卷沿，圆唇，颈近直，鼓腹，残。手制轮修，火候不高。口径11、残高7厘米（图八八二，9）。

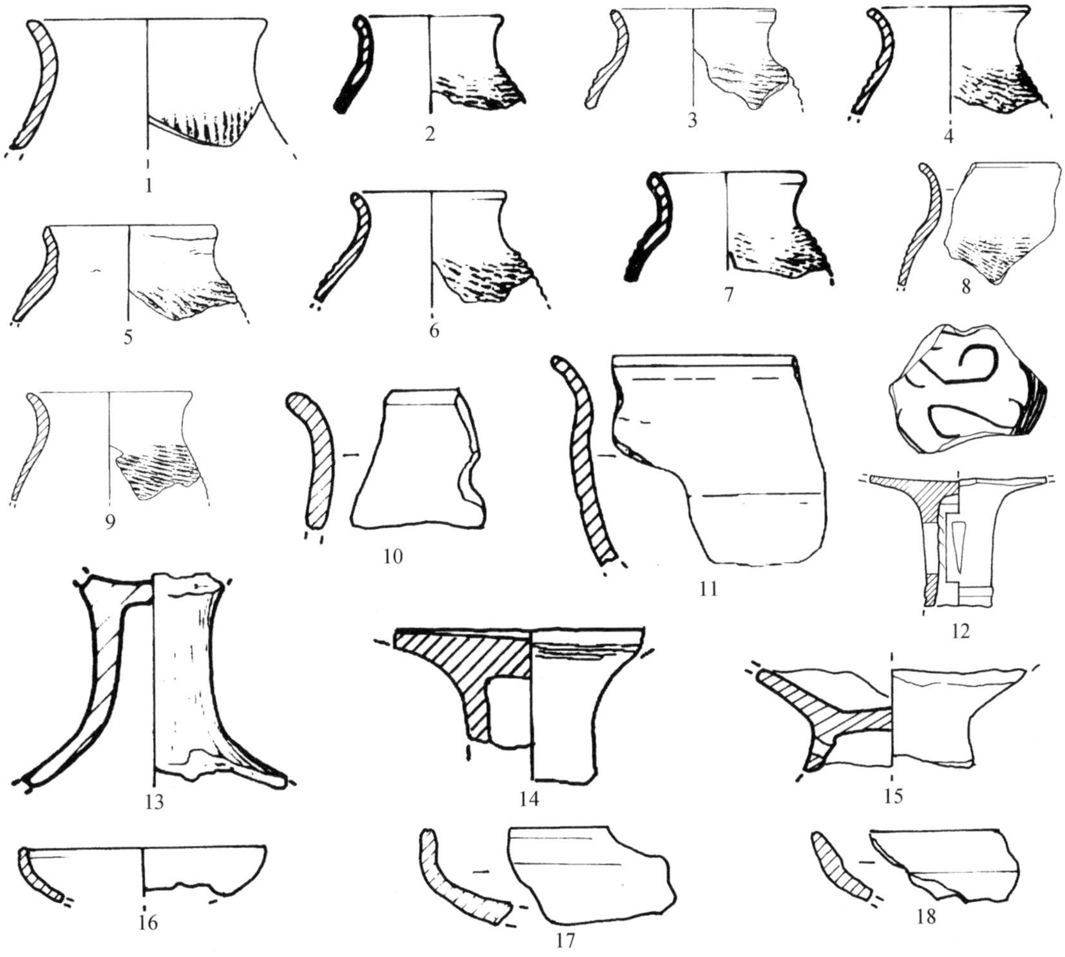

1、10、11、13~15、17、18. 0 4厘米 余 0 8厘米

图八八二　滵井沟文化第二期晚段陶器

1、2. Aa型Ⅰ式罐形釜（00DT0808㉘：5、02BT0201㉜：19）　3、4. Aa型Ⅱ式罐形釜（99AT0101㉘：20、00DT0805⑱A：33）　5～7. Aa型Ⅲ式罐形釜（98AT0103㉗：10、00DT0805⑱A：35、02CT0101㉒：2）　8. Ab型Ⅰ式罐形釜（00DT0707㉟：2）　9. Ab型Ⅱ式罐形釜（00DT0808㉘：6）　10. B型罐形釜（99DT0301㉝：25）　11. B型盆形釜（00DT0806㉑：9）　12. A型豆柄（02DT0102㉖：24）　13～15. B型豆柄（02BT0201㉒：10、98AT0103㉖：4、99AT0301㊱：37）　16. Ba型豆盘（99DT0301㉗：7）　17. Bb型豆盘（99DT0301㉜：21）　18. Bc型豆盘（99DT0301㉜：22）

B型　3件。

标本99DT0301㉝：25，夹砂黑褐陶，黑胎。素面。侈口，卷沿，圆唇，上腹外斜，残。轮制，火候较高。残宽4.4、残高4.4厘米（图八八二，10）。

盆形釜　3件。B型。

标本00DT0806㉑：9，夹细砂红陶。素面，器表微有凸、凹痕。侈口，卷沿，圆唇，弧腹，残。轮制，火候较高。残宽7、残高6.8厘米（图八八二，11）。

钵形釜　1件。Ⅰ式。标本碎小。

豆　7件。标本碎小。

豆柄　4件。

A型　1件。

标本02DT0102㉖：24，泥质褐陶，红胎。盘内底饰“S”形和宽带状暗纹，柄饰倒“三角形”镂孔，内底、柄部磨光。圜平底，竹节形高柄，残。盘、柄分制，火候较高。残高8.4厘米（图八八二，12）。

B型　3件。

标本02BT0201㉒：10，泥质黑陶，红褐胎。豆柄、座饰竖暗纹，器表、盘内底磨光。柄较矮，喇叭形座。轮制，火候高。残宽8.6、残高8.8厘米（图八八二，13）。标本98AT0103㉖：4，夹细砂灰褐陶，灰胎。盘下饰暗纹，内壁磨光。微有盘，喇叭形柄，残。轮制，火候较高。残宽8.2、残高5.4厘米（图八八二，14）。标本99AT0301㊱：37，夹砂红褐陶，局部灰褐，红胎。圈足上部饰圆形镂孔。下腹斜收，圈足外斜，残。轮制，火候较高。残宽8.9、残高3.3厘米（图八八二，15）。

豆盘　3件。B型。

Ba型　1件。

标本99DT0301㉗：7，夹砂红褐陶，胎红夹黑。素面，内外壁磨光。微敛口，微有内卷沿，圆唇，圆弧腹，残。轮制，火候较高。口径16.4、残高3.2厘米（图八八二，16）。

Bb型　1件。

标本99DT0301㉜：21，泥质灰褐陶，红褐胎。素面，内外壁磨光。直口，圆唇，上腹较直，下腹弧收，残。轮制，火候高。残宽5.4、残高3.1厘米（图八八二，17）。

Bc型　1件。

标本99DT0301㉜：22，夹砂黑陶，局部褐。素面。敞口，内沿微外折，圆唇，折腹，残。轮制，火候较高。残宽5、残高2.2厘米（图八八二，18）。

敞口器　2件。A型。

标本99AT0301㉝：16，夹砂黑陶，红褐胎。素面，内壁多瓦棱纹。敞口，外沿较窄，圆尖唇，残。轮制，火候高。残宽7.6、残高3厘米（图八八三，1）。标本99AT0301㉜：33，夹砂黑陶，红褐胎。素面。喇叭口，外沿较窄，残。轮制，火候高。残宽6.5、残高2.4厘米（图八八三，2）。

喇叭口器　26件。

Ⅰ式：15件。

标本99AT0201㉙A：16，夹粗砂灰黑陶。素面。喇叭口，卷沿，圆唇，唇缘下垂，残。轮制，火候较高。残宽8.4、残高1.7厘米（图八八三，3）。标本98AT0103㉗：22，夹粗砂黑陶，灰胎。素面，内壁磨光。沿外下卷，圆唇，沿与器壁夹角较大，残。轮制，火候高。口径27.2、残高3.6厘米（图八八三，4）。标本02DT0102㉖：23，夹砂黑陶，红褐胎。素面。喇叭口，沿外下卷垂，残。轮制，火候较高。残宽7.6、残高3厘米（图八八三，5）。

Ⅱ式：11件。

标本99DT0201㉝：22，夹细砂红褐陶，胎、里黑。素面，内壁多瓦棱纹。喇叭口，沿外卷，圆唇，残。轮制，火候高。残宽7.7、残高5.3厘米（图八八三，6）。标本98AT0103㉖：5，夹细砂黑陶，红褐胎。器表饰瓦棱纹、暗纹。圆唇，唇缘尖下垂，残。轮制，火候高。口径21.2、残高3.8厘米（图八八三，7）。标本99AT0201㉙A：7，夹砂灰黑陶，

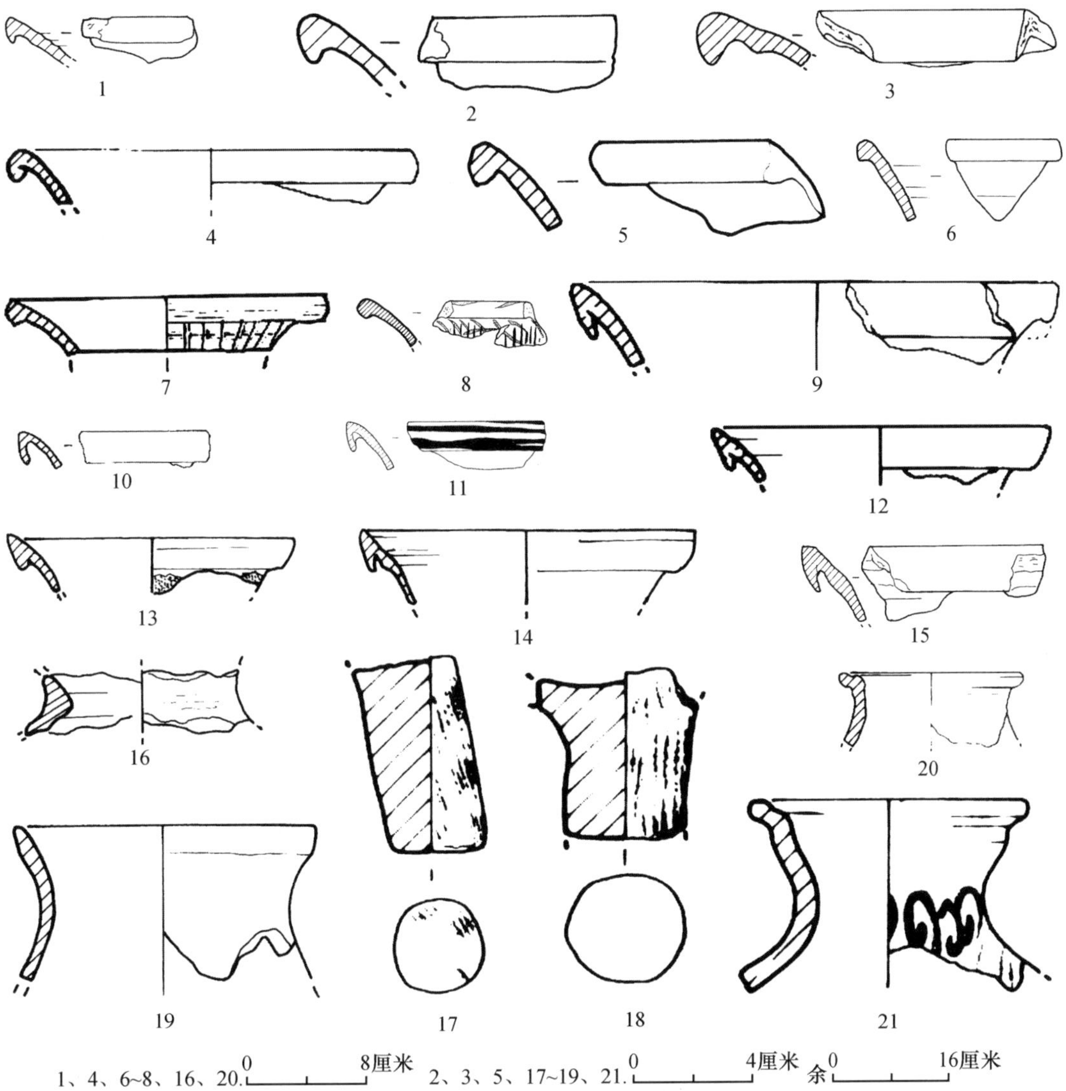

图八八三　潼井沟文化第二期晚段陶器

1、2. A型敞口器（99AT0301㉝：16、99AT0301㉜：33）　3～5. Ⅰ式喇叭口器（99AT0201㉙A：16、98AT0103㉗：22、02DT0102㉖：23）　6～8. Ⅱ式喇叭口器（99DT0201㉝：22、98AT0103㉖：5、99AT0201㉙A：7）　9～11. A型Ⅰ式尊形器（98AT0103㉗：11、99AT0101㉘：32、99DT0201㉞：36）　12、13. A型Ⅱ式尊形器（98AT0103㉙：5、99DT0301㉞：28）　14、15. A型Ⅲ式尊形器（99DT0301㉚：60、99DT0301㉜：29）　16. A型甗（99AT0301㊱：52）　17、18. 甗足（02BT0201㉒：11、02BT0201⑳：11）　19～21. 壶（99DT0201㉝：23、00DT0604㉕：4、02BT0201㉒：7）

灰褐胎。领饰竖暗纹、朱彩绘，内沿、领饰朱彩绘。喇叭口，沿微外下卷，残。轮制，火候较高。残宽7.6、残高3厘米（图八八三，8）。

尊形器　45件，33件可分型。

A型　33件。

Ⅰ式：10件。

标本98AT0103㉗：11，夹粗砂灰黑陶，胎红褐、灰。素面。喇叭口，卷沿外下垂，圆唇，残。轮制，火候较高。口径64.8、残高11厘米（图八八三，9）。标本99AT0101㉘：32，夹砂红褐陶，胎褐夹灰。沿面、内壁饰黄衣。喇叭口，外垂沿较宽，圆唇，残。轮制，火候较高。残宽17.4、残高4.8厘米（图八八三，10）。标本99DT0201㉞：36，夹细砂黑陶，胎灰黑。外沿饰暗纹，内沿磨光。喇叭口，沿下折微内卷，尖唇，残。轮制，火候较高。残宽18.3、残高6.3厘米（图八八三，11）。

Ⅱ式：10件。

标本98AT0103㉙：5，夹粗砂黑陶，局部灰，灰黑胎。素面，内壁表皮脱落。喇叭口，外垂沿较宽，沿面微凸，下垂部分较短，圆尖唇，残。轮制，火候较高。口径45.4、残高7.2厘米（图八八三，12）。标本99DT0301㉞：28，夹砂黑陶，胎红夹灰褐。领饰竖暗纹。喇叭口，外沿较宽，圆尖唇，残。轮制，火候较高。口径37.6、残高7.2厘米（图八八三，13）。

Ⅲ式：13件。

标本99DT0301㉚：60，夹砂黑陶，胎红夹褐。素面。喇叭口，外沿较宽，圆唇，领上部微内折，残。轮制，火候较高。口径44、残高8.8厘米（图八八三，14）。标本99DT0301㉜：29，夹砂红褐陶，灰黑胎。领上部有凸棱一周。喇叭口，外沿宽，圆唇，残。轮制，火候较高。盘筑轮修，火候较高。残宽24.8、残高10厘米（图八八三，15）。

甗　3件。

A型　1件。

标本99AT0301㊱：52，夹粗砂红褐陶，黑褐胎。肩饰斜绳纹，腰部磨光。微有下腹，斜肩，腰部附加泥条加固，残。分制，火候较高。残宽14.6、残高4厘米（图八八三，16）。

甗足　2件。

标本02BT0201㉒：11，夹砂灰黑陶，红褐胎。器表饰斜绳纹。圆柱形足，残。手制，火候较高。足径约2.9、残高6.4厘米（图八八三，17）。标本02BT0201⑳：11，夹砂红褐陶，局部灰褐、黑。器表饰竖绳纹。圆柱形足，足根微凹，残。手制，火候较高。足径约3.8、残高5.2厘米（图八八三，18）。

甑　1件。

标本F225：1，夹砂红陶，局部灰黑，胎红夹灰。素面。卷沿，腹微弧，底部附加“十”字形甑隔，残。手制，火候较高。底径7、残高6厘米（图版七五，3）

壶　3件。

标本99DT0201㉝：23，夹粗砂褐陶，局部、里黑，灰胎。素面，内外壁磨光。侈口，卷沿，圆尖唇，束颈，残。轮制，火候较高。口径10、残高5厘米（图八八三，19）。标本00DT0604㉕：4，夹细砂红褐陶，局部红。素面。侈口，沿外平卷后斜上翘呈浅盘状，圆唇，束颈，残。轮制，火候较高。口径12.4、残高4.8厘米（图八八三，20）。标本02BT0201㉒：7，夹砂灰褐陶，局部褐，红胎。颈下部、肩饰几何形暗纹。浅盘口，圆唇，颈上部微鼓，下部束，斜肩，残。轮制，火候较高。口径9.4、残高6.2厘米（图八八三，21）。

盂　1件。

标本99DT0201㉜：34，夹细砂褐陶，局部灰褐，胎褐夹灰。肩部饰带状交叉细划纹、横凹弦纹，下腹饰短绳纹，弦纹以下磨光。侈口，斜折沿，尖唇，斜肩，腹弧收，残。轮制，火候高。口径16.4、残高7.8厘米（图八八四，1）。

盆　5件。

Ⅰ式：1件。

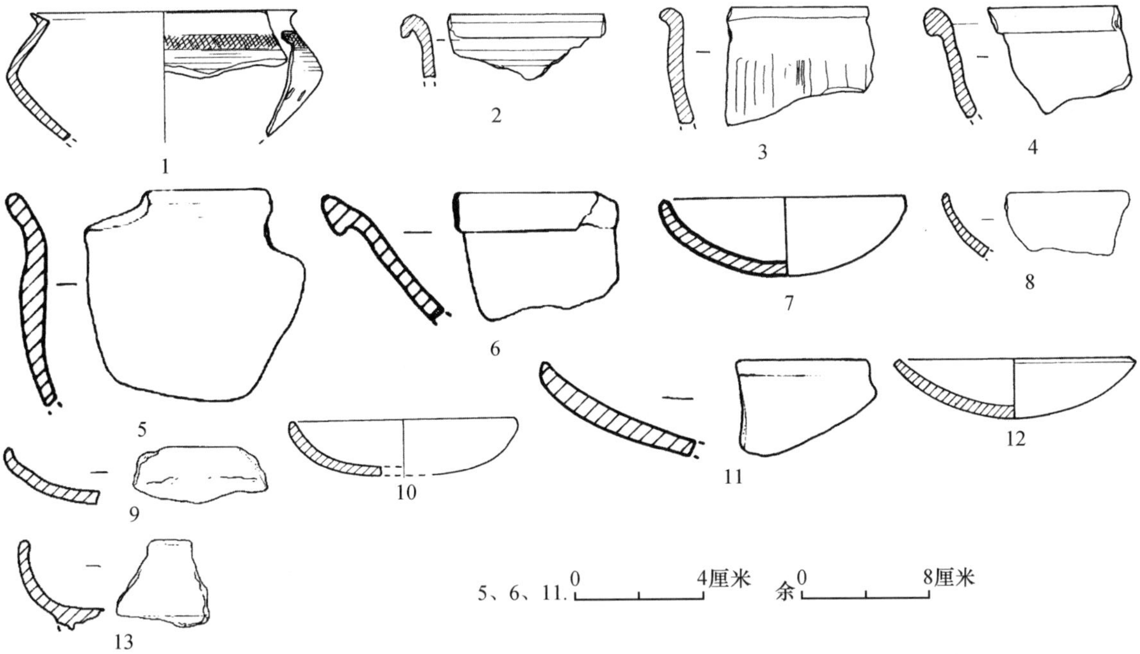

图八八四　沓井沟文化第二期晚段陶器

1. 盂（99DT0201㉜：34）　2. Ⅰ式盆（99DT0301㉜：23）　3～5. Ⅱ式盆（99DT0301㉚：46、99DT0301㉚：47、00DT0805⑱A：52）　6. Ⅲ式盆（00DT0805⑱A：51）　7、8. A型Ⅰ式盘（99AT0301㊱：34、00DT0805⑱A：40）　9、10. A型Ⅱ式盘（99AT0101㉗A：16、99DT0201㉞：24）　11、12. B型盘（00DT0808㉘：9、02DT0102㉕：13）　13. 圈足盘?（99AT0101㉘：33）

标本99DT0301㉜：23，夹砂黑陶，胎褐夹灰。素面，内壁多瓦棱纹。敞口，沿外下卷，圆唇，腹微弧，残。轮制，火候较高。残宽9.6、残高4厘米（图八八四，2）。

Ⅱ式：3件。

标本99DT0301㉚：46，夹粗砂灰褐陶，灰胎。素面，器表多竖刮痕。口微侈，微有卷沿，圆唇，腹微鼓，残。手制轮修，火候较高。残宽9、残高7.2厘米（图八八四，3）。标本99DT0301㉚：47，夹砂黑陶，局部、胎灰褐。腹饰零星戳印纹。敞口，卷沿，圆唇，弧腹，残。轮制，火候较高。残宽8.8、残高6.8厘米（图八八四，4）。标本00DT0805⑱A：52，夹细砂红陶。素面。侈口，卷沿，圆唇，弧腹，残。轮制，火候一般。残宽6.8、残高6.4厘米（图八八四，5）。

Ⅲ式：1件。

标本00DT0805⑱A：51，夹细砂黑陶，局部、胎红。敞口，斜折沿，圆唇，弧腹，残。轮制，火候较高。残宽5、残高3.9厘米（图八八四，6）。

盘　42件。

A型　36件。

Ⅰ式：7件。

标本99AT0301㊱：34，夹砂灰褐陶，局部灰黑、红褐。素面。敞口，圆唇，弧腹，圜底，复原。手制，火候较高。口径15.2、高4.8厘米（图八八四，7）。标本00DT0805⑱A：40，夹细砂黑褐陶，局部红。素面。口近直，圆唇，弧腹，残。轮制，火候一般。残宽7.6、残高4厘米（图八八四，8）。

Ⅱ式：29件。

标本99AT0101㉗A：16，夹粗砂红陶，局部红褐，灰褐胎。素面。敞口，圆尖唇，弧腹，残。手制，火候较高。残宽8.2、残高3.4厘米（图八八四，9）。标本99DT0201㉞：24，夹细砂红陶，胎红夹灰。素面。敞口，圆唇，弧腹，残。手制轮修，火候较高。口径14、残高3.4厘米（图八八四，10）。

B型　6件。

标本00DT0808㉘：9，夹细砂红陶，胎红夹灰。素面。敞口，方唇，弧腹，残。轮制，火候不高。残宽4.4、残高2.8厘米（图八八四，11）。标本02DT0102㉕：13，夹砂红陶，灰胎。素面。敞口，方唇，弧腹，圜底，修复。手制，火候较高。口径15、高3.6厘米（图八八四，12）。

圈足盘?　1件。

标本99AT0101㉘：33，夹砂灰黑陶，局部、里红。素面。口近直，圆唇，弧腹，圈足残。手制，火候较高。残宽5.8、残高5.4厘米（图八八四，13）。

圜底钵　107件，106件可分型。

A型　82件。

Ⅰ式：15件。

标本98AT0103㉘：5，夹砂红陶，胎、里灰。素面，内下腹饰“E”形划纹。敛口，沿内卷，圆唇，弧腹，圜底，复原。手制轮修，火候较高。口径11.6、高4厘米（图八八五，1）。标本99AT0301㊲：19，夹砂灰褐陶，红胎。腹微有瓦棱纹。敛口，沿内下卷，圆唇，弧腹，残。轮制，火候较高。口径14、残高5.4厘米（图八八五，2）。

Ⅱ式：45件。

标本98AT0103㉘：3，夹砂灰黑陶，局部、胎灰褐。素面。直口，圆唇，折腹，残。轮制，火候较高。口径16.3、残高5.4厘米（图八八五，3）。标本99DT0201㉝：1，夹砂红陶，局部灰黑。素面。口近直，圆唇，弧腹，圜底，复原。手制，火候较高。口径12.4、高4.4厘米（图八八五，4）。标本99DT0301㉝：1，夹砂红陶，局部、里黑。素面。口微敞，圆尖唇，上腹较直，下腹弧收，圜底，复原。手制，火候较高。口径16.8、高8厘米（图八八五，5）。

Ⅲ式：22件。

标本98AT0103㉘：2，夹砂红陶，局部褐，灰黑胎。素面，多刮抹痕。敞口，圆唇，弧腹，圜底，残。手制，火候较高。口径16、高5厘米（图八八五，6）。标本99AT0201㉙B：3，夹砂红褐陶，局部红。素面，内下腹饰“M”形划纹。敞口，圆唇，弧腹，圜底，复原。手制，火候较高。口径10.8、高4.4厘米（图八八五，7）。标本02DT0102㉗：10，夹砂红陶，胎局部红夹灰。素面，多按抹痕。敞口，圆唇，弧腹，圜底，修复。手制，火候较高。口径15.6、残高5.8厘米（图八八五，8）。标本99DT0101㉙：15，夹砂红褐陶，局部红。下腹、内壁饰划纹。敞口，圆唇，弧腹，圜底，复原。手制，火候较高。口径13.2、高5.5厘米（图八八五，9）。标本02DT0102㉕：14，夹砂红褐陶，局部灰、红，灰褐胎。素面，内底饰一组交错划纹。敞口，圆唇，弧腹，圜底，修复。手制，火候较高。口径12.8、高6.3厘米（图

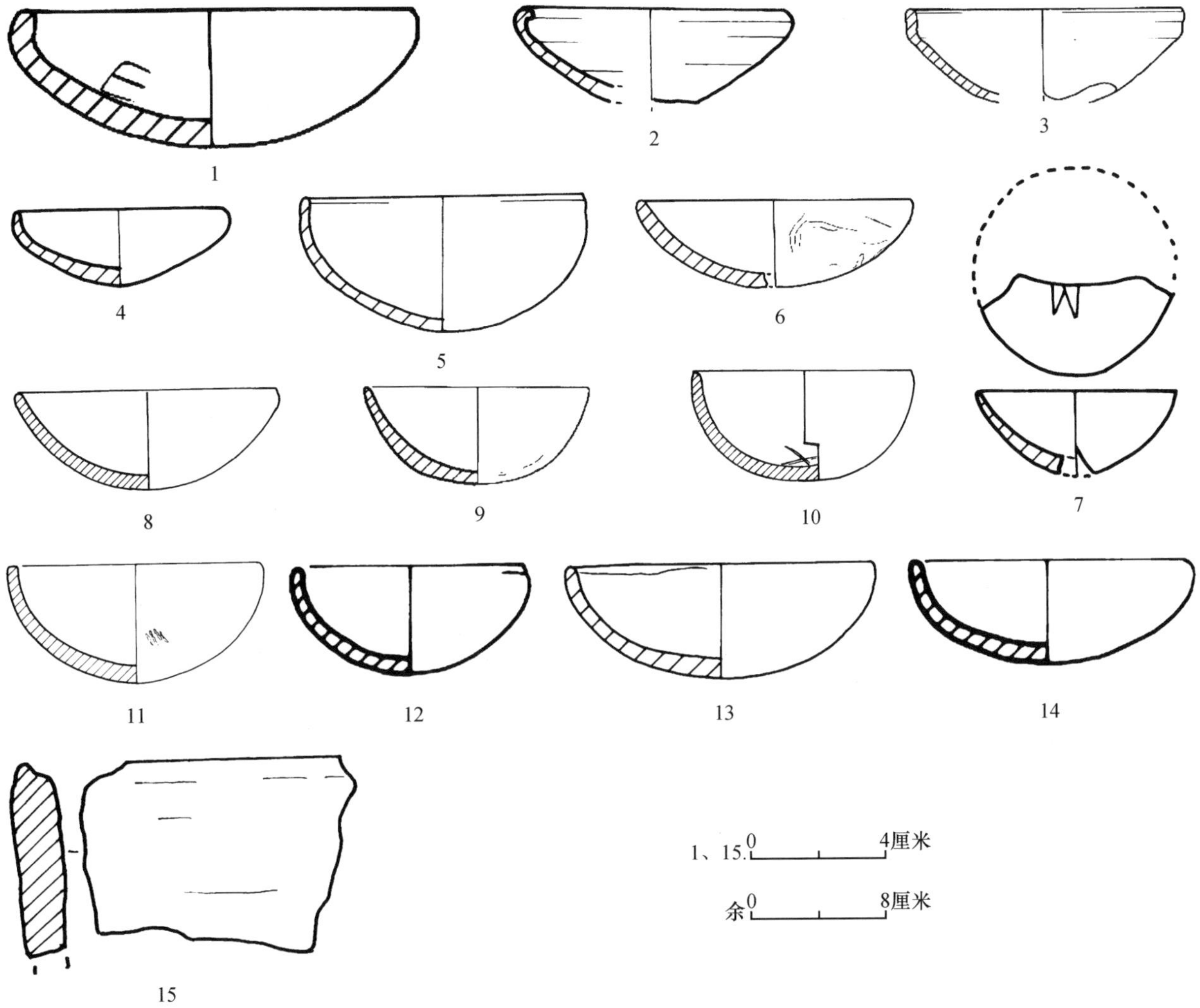

图八八五　沣井沟文化第二期晚段陶器

1、2. A型Ⅰ式圜底钵（98AT0103㉘：5、99AT0301㊲：19）　3～5. A型Ⅱ式圜底钵（98AT0103㉘：3、99DT0201㉝：1、99DT0301㉝：1）　6～10. A型Ⅲ式圜底钵（98AT0103㉘：2、99AT0201㉙B：3、02DT0102㉗：10、99DT0101㉙：15、02DT0102㉕：14）　11～14. B型圜底钵（99DT0201㉞：23、02CT0101㉒：4、99DT0301㉜：1、02BT0101㉓：17）
15. 子母口钵？（99DT0301㉘：24）

八八五，10）。

B型　24件。

标本99DT0201㉞：23，夹细砂红褐陶，褐胎。素面，器表多按抹、戳印痕。口近直，方唇，弧腹，圜底，复原。手制，火候较高。口径15、高6.9厘米（图八八五，11）。标本02CT0101㉒：4，夹砂红褐陶，局部灰褐。素面。口近直，方唇，弧腹，圜底，复原。手制，火候较高。口径13.2、高6.2厘米（图八八五，12）。标本99DT0301㉜：1，夹粗砂红陶，局部黄、灰黑。素面。敞口，方唇，局部圆，弧腹，圜底，复原。手制，火候较高。口径18、高6.8厘米（图八八五，13）。标本02BT0101㉓：17，夹砂褐陶，局部红，黑胎。敞口，圆唇，弧腹，圜底，复原。手制，火候较高。口径16、高6厘米（图八八五，14）。

平底钵　1件。B型。标本碎小。

花边口钵　1件。标本碎小。

子母口钵？ 1件。

标本99DT0301㉘：24，夹砂红陶，灰胎。素面。敞口，唇面内凹，上腹较斜直，残。手制，火候高。残宽8、残高5.6厘米（图八八五，15）。

尖底盏 102件，81件可分型。

A型 42件。

Ⅰ式：5件。

标本99DT0301㉝：3，夹砂黑陶，褐胎。素面，内壁多旋痕。口近直，圆唇，弧腹，尖底，修复。轮制，火候较高。口径13.1、残高4.5厘米（图八八六，1）。标本00DT0805⑱A：36，夹粗砂黑陶，局部红。素面。敛口，沿微内卷折，弧腹，残。轮制，火候一般。口径16、残高5.2厘米（图八八六，2）。

Ⅱ式：20件。

标本98AT0103㉘：4，夹砂黑陶，褐胎。素面，内下腹多瓦棱纹。口近直，圆唇，弧腹，尖底，复原。轮制，火候较高。口径13.2、高4.4厘米（图八八六，3）。标本99AT0301㉝：3，

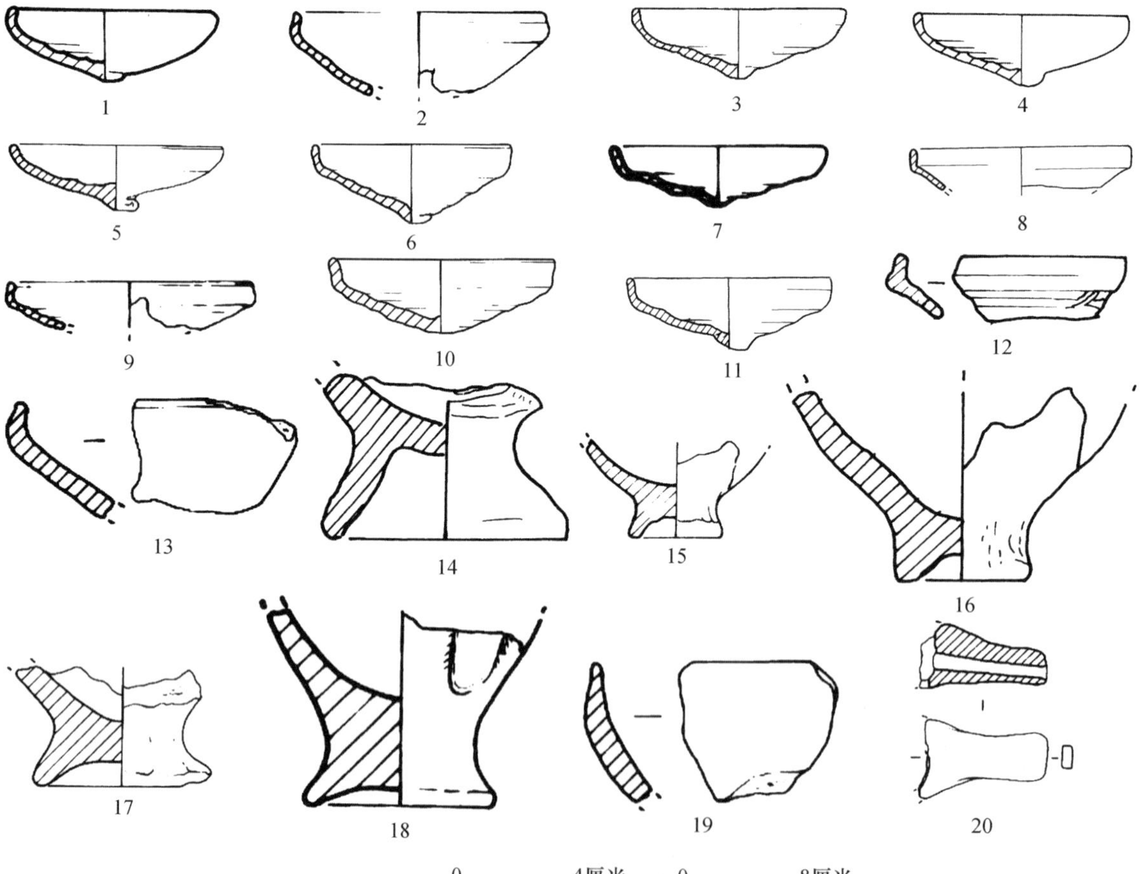

图八八六 㽏井沟文化第二期晚段陶器

1、2. A型Ⅰ式尖底盏（99DT0301㉝：3、00DT0805⑱A：36） 3、4. A型Ⅱ式尖底盏（98AT0103㉘：4、99AT0301㉝：3） 5～7. A型Ⅲ式尖底盏（98AT0103㉗：18、99AT0101㉘：22、02CT0101㉒：3） 8、9. B型Ⅰ式尖底盏（99DT0201㉝：33、00DT0805⑱A：37） 10、11. B型Ⅱ式尖底盏（98AT0103㉘：1、99DT0301㉚：50） 12、13. C型尖底盏（99DT0301㉞：21、00DT0705⑳：11） 14～18. 圈足杯（99DT0301㉞：24、02BT0201㉒：8、99DT0301㉙：7、98AT0103㉗：15、02BT0201⑳：9） 19. 杯（00DT0805⑱A：45） 20. 匜（00DT0604㉔：26）

夹砂黑陶，褐胎。素面，内壁多旋痕。口近直，圆唇，弧腹，尖底，修复。轮制，火候较高。口径13.2、高4.4厘米（图八八六，4）。

Ⅲ式：17件。

标本98AT0103㉗：18，夹细砂红褐陶，局部褐。素面，内底有凹痕。敞口，圆唇，弧腹，复原。轮制，火候较高。口径13.6、高4.5厘米（图八八六，5）。标本99AT0101㉘：22，夹砂黑陶，红褐胎。素面，内下腹多旋痕。敞口，圆唇，弧腹，尖底，复原。轮制，火候较高。口径13、残高5厘米（图八八六，6）。标本02CT0101㉒：3，夹砂黑陶，褐胎。素面。敞口，圆唇，弧腹，复原。轮制，火候较高。口径13.4、高3.8厘米（图八八六，7）。

B型　32件。

Ⅰ式：12件。

标本99DT0201㉝：33，夹细砂黑陶，褐胎。素面。直口，圆唇，折腹，残。轮制，火候较高。口径14、残高2.6厘米（图八八六，8）。标本00DT0805⑱A：37，夹细砂红陶，局部灰、黑。素面。敛口，圆唇，折腹，残。轮制，火候较高。口径15.6、残高5厘米（图八八六，9）。

Ⅱ式：20件。

标本98AT0103㉘：1，夹砂灰褐陶，局部灰黑，褐胎。下腹饰瓦棱纹。敞口，圆唇，折腹，圆尖底，复原。轮制，火候较高。口径14.4、高4.6厘米（图八八六，10）。标本99DT0301㉚：50，夹砂黑陶，红褐胎。素面，内下腹多旋痕。敞口，圆唇，折腹，上腹较直，下腹弧收，尖底，复原。轮制，火候较高。口径13、高4.4厘米（图八八六，11）。

C型　7件。

标本99DT0301㉞：21，夹砂黑陶。下腹饰细凹弦纹两周。口微敛，圆唇，折腹，上腹微内斜，下腹斜收，残。轮制，火候较高。残宽5.4、残高2厘米（图八八六，12）。标本00DT0705⑳：11，夹细砂红陶，灰黑胎。素面。敛口，内卷沿，圆唇，弧腹，残。手制轮修，火候较高。残宽5.3、残高3.6厘米（图八八六，13）。

角杯　3件。B型。标本碎小。

圈足杯　13件。

标本99DT0301㉞：24，夹砂灰褐陶，局部红，灰黑胎。素面。下腹弧收，内底圜，高圈足外斜，残。手制，火候较高。足径7.8、残高5.2厘米（图八八六，14）。标本02BT0201㉒：8，夹砂红陶，胎红夹黑。素面。下腹弧收，矮圈足外斜，残。手制，火候较高。足径5.8、残高6.1厘米（图八八六，15）。标本99DT0301㉙：7，夹砂红陶，局部褐，胎红夹灰、黑。素面。下腹弧收，矮圈足外撇，残。手制，火候较高。足径4.8、残高6厘米（图八八六，16）。标本98AT0103㉗：15，夹粗砂红陶，灰胎。素面，器表有捏、抹痕。下腹微弧，矮圈足外撇，残。手制，火候较高。足径5.6、残高3.8厘米（图八八六，17）。标本02BT0201⑳：9，夹砂红陶，胎红夹灰、褐。下腹饰几何形划纹。下腹斜弧收，矮圈足外撇，残。手制，火候较高。足径6.2、残高6.2厘米（图八八六，18）。

杯　1件。

标本00DT0805⑱A：45，夹细砂灰黑陶，局部、里灰。素面。敞口，尖唇，弧腹，残。手制轮修，火候较高。残宽5、残高4.4厘米（图八八六，19）。

匜　1件。

标本00DT0604㉔：26，夹细砂红陶，局部灰、黑。素面。微有匜身，圆柱形流，长方形孔，残。手制，火候一般。残长8、残高4厘米（图八八六，20）。

器盖　8件，3件可分型，5件为盖纽。

B型　3件。

Ⅰ式：2件。

标本99DT0201㉝：25，夹粗砂黑陶，褐陶。器表、里多瓦棱纹。敞口，内沿，圆唇，弧壁，残。轮制，火候较高。残宽7.6、残高6.7厘米（图八八七，1）。

Ⅱ式：1件。

标本99AT0301㉜：24，夹砂黑陶，红褐胎。素面。弧壁，子母口，圆唇，残。轮制，火候较高。残宽6.4、残高3.3厘米（图八八七，2）。

盖纽　5件。

标本99AT0201㉙B：8，夹细砂灰黑陶。素面。壁较斜，纽状捉手，残。手制，火候不高。纽径6、残高3.6厘米（图八八七，3）。标本02BT0201㉓：187，夹砂红陶，局部褐、灰。素面。圈足形纽，残。手制，火候较高。纽径6、残高3.2厘米（图八八七，4）。标本02CT0101㉒：5，夹砂红褐陶，局部灰褐，胎局部红。素面。假圈足状纽，顶微凹，盖壁斜，残。轮制，火候较高。纽径5.6、残高2.5厘米（图八八七，5）。标本02DT0102㉖：19，夹粗砂红褐陶，局部灰、黑。素面。圆饼形捉手，矮柄，壁斜直，残。手制，火候较高。捉手径5、残高9.6厘米（图八八七，6）。标本99AT0301㊲：20，夹砂红陶，灰褐胎。素面。圈足形纽，圆唇，矮柄，残。手制，火候较高。纽径5.4、残高2.6厘米（图八八七，7）。

器座　7件。A型。

标本99AT0201㉞：4，夹细砂红褐陶。素面，器表有抹痕。略呈梯形，下腹微鼓，底圆唇，残。手制，火候一般。底径23.2、残高8.2厘米（图八八七，8）。标本99AT0301㊱：53，夹砂红褐陶，黑褐胎，大部分表皮脱落。敛口，方唇，壁外弧，下部微敛，残。手制，火候一般。残宽7.6、高11.2厘米（图八八七，9）。标本99AT0101㉗B：14，夹粗砂灰褐陶，局部、里褐。素面，多刮抹痕。壁外斜，残。手制，火候较高。残宽8.8、残高7.3厘米（图八八七，10）。标本99AT0301㉜：27，夹砂灰褐陶，里红。素面。敛口，圆唇，壁微外弧，残。手制，火候较高。残宽5.6、残高6.4厘米（图八八七，11）。

不明器　4件。

标本99AT0101㉘：28，夹砂灰陶，局部褐。沿下饰凹弦纹一周。微侈口，微有斜折沿，圆唇，领外斜，残。轮制，火候较高。残宽5.8、残高4厘米（图八八七，12）。标本99AT0101㉘：34，泥质黑陶，灰胎。素面，内外壁磨光。矮圈足外撇，残。轮制，火候高。残宽4.7、残高1.6厘米（图八八七，13）。标本99AT0201㉙A：17，夹细砂黑陶，褐胎。器表饰瓦棱纹。敛口，圆唇，壁外斜直，残。轮制，火候一般。口径8.8、残高5.3厘米（图八八七，14）。标本99DT0301㉝：27，夹砂红陶，局部灰褐。素面。实心圆柱形，略弧，残。手制，火候高。直径约2、残长5.3厘米（图八八七，15）。

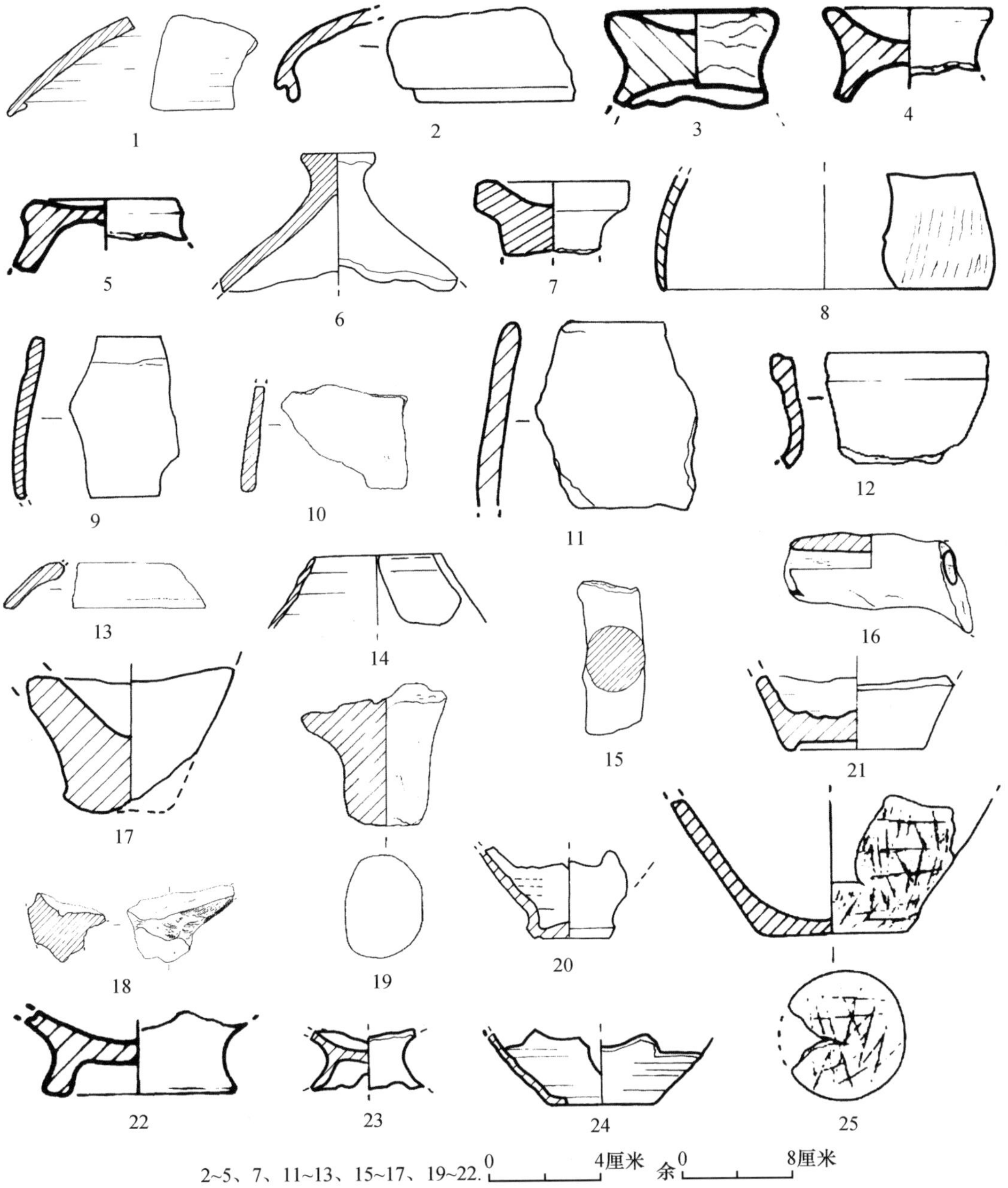

图八八七 滑井沟文化第二期晚段陶器

1. B型Ⅰ式器盖（99DT0201㉝：25） 2. B型Ⅱ式器盖（99AT0301㉜：24） 3～7. 盖纽（99AT0201㉙B：8、02BT0201㉓：187、02CT0101㉒：5、02DT0102㉖：19、99AT0301㊲：20） 8～11. A型器座（99AT0201㉞：4、99AT0301㊱：53、99AT0201㉗B：14、99AT0301㉜：27） 12～15. 不明器（99AT0101㉘：28、99AT0101㉘：34、99AT0201㉙A：17、99DT0301㉝：27） 16. 器流（02BT0201㉒：12） 17. 袋足？（99DT0201㉞：38） 18、19. 鼎/甗足？（98AT0103㉙：17、99AT0101㉗A：18） 20～23. 圈足（99AT0201㉙B：7、99DT0201㉞：39、02BT0201⑳：10、99AT0201㉝B：8） 24、25. 器底（99AT0201㉝：3、00DT0805⑱A：59）

器流 2件。

标本02BT0201㉒：12，夹砂红陶，局部褐。斜管状，中空，残。手制，火候较高。残宽6.8、残高3.5厘米（图八八七，16）。

袋足？ 1件。

标本99DT0201㉞：38，夹细砂红陶，褐胎，里灰。素面。下腹较斜内收，底残。手制，火候较高。残高4.9厘米（图八八七，17）。

鼎/甗足？　2件。

标本98AT0103㉙：17，夹细砂褐陶，胎红褐、灰黑，里黑。器表饰绳纹，足、腹交接处有捏抹痕。扁截锥状足，裆微弧，残。分制，火候较高。残高4.8厘米（图八八七，18）。标本99AT0101㉗A：18，夹砂灰黑陶，局部灰褐，灰胎。素面。矮扁圆形足，残。手制，火候较高。残高5厘米（图八八七，19）。

圈足　7件。

标本99AT0201㉙B：7，夹粗砂黑陶。素面，内壁有多道凹棱。下腹微弧，假圈足，平底，残。轮制，火候较高。足径5.2、残高6.4厘米（图八八七，20）。标本99DT0201㉞：39，夹粗砂黑陶，褐胎。素面。下腹斜收，内底中部乳凸，微有圈足，残。轮制，火候高。足径5、残高2.6厘米（图八八七，21）。标本02BT0201⑳：10，夹砂黑陶，局部灰褐。素面。下腹斜收，矮圈足、外斜，残。手制，火候较高。足径6.7、残高3厘米（图八八七，22）。标本99AT0201㉝B：8，夹细砂褐陶，灰胎。素面。下腹较斜，圈足外撇，残。轮制，分制后套接，火候不高。残高4.2厘米（图八八七，23）。

器底　63件。

标本99AT0201㉝B：3，夹细砂黑陶。下腹饰多道瓦棱纹。下腹较斜直，平底，残。轮制，火候一般。底径7.2、残高5.2厘米（图八八七，24）。标本00DT0805⑱A：59，夹细砂红陶，局部灰褐、褐。器表饰粗戳划纹、交错划纹，外底饰交错划纹。下腹斜收，平底，残。手制，火候不高。底径8.8、残高9.6厘米（图八八七，25）。

拍　3件。

A型　1件。

标本98BT0104㉘：2，夹砂红陶，局部黑。拍面饰阳纹几何形纹。拍面略呈圆角长方形，微凸，背面中部捉手残。手制，火候较高。长8.3、宽7.5、残高2.9厘米（图八八八，1）。

B型　2件。

标本98AT0103㉖：7，夹粗砂红褐陶，素面。圆饼形，拍面内凹，残。手制，火候较高。直径14、厚1.6厘米（图八八八，2）。

纺轮　7件，6件可分型。

A型　1件。Aa型。标本碎小。

B型　2件。

标本F112：1，泥质红陶，局部黑、褐。腰饰凸弦纹多道。截面略呈三角形，顶略弧，平底，中部圆形穿，完整。轮制，火候高。最大径3.6、穿径0.4、高1.5厘米（图版七五，4）。

E型　3件。

Ea型　1件。

标本99AT0201㉙A：1，夹砂灰褐陶，红胎。器表、内壁饰细划纹。平面近圆形，中部圆形穿，完整。手制，火候较高。直径约4.3、穿径0.4、最厚1厘米（图八八八，3）。

Eb型　2件。

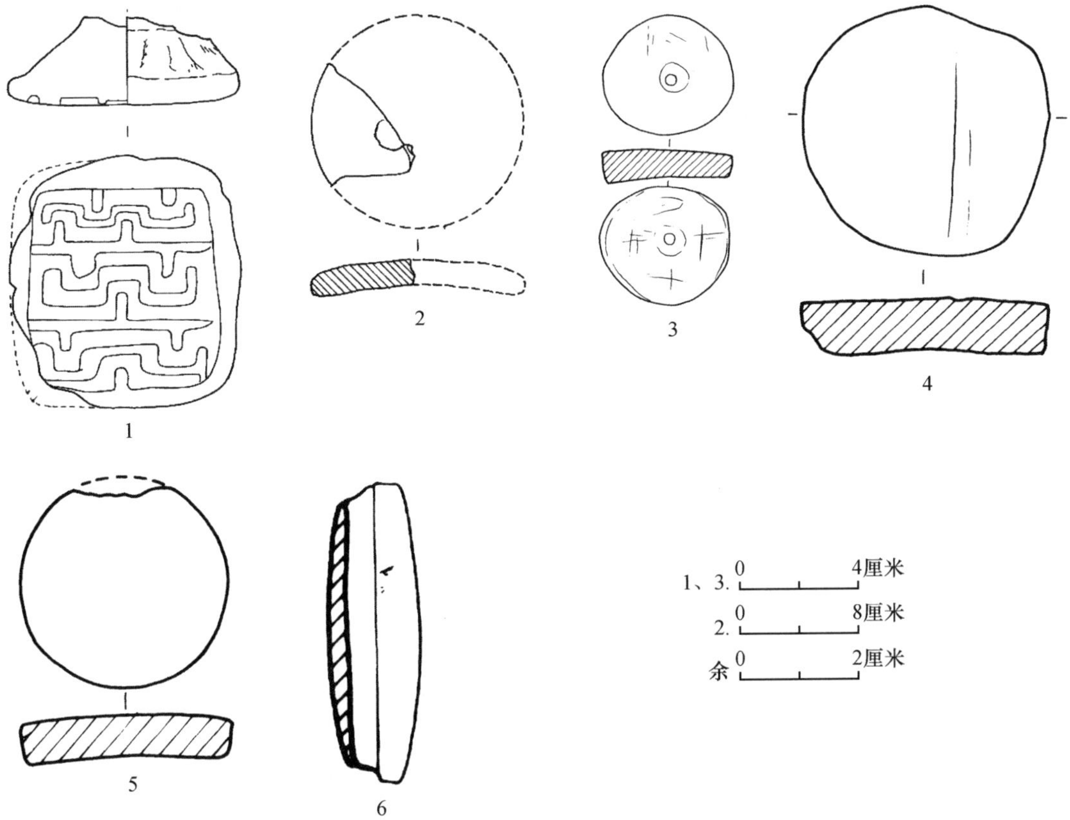

图八八八　渣井沟文化第二期晚段陶器

1. A型拍（98BT0104㉘：2）　2. B型拍（98AT0103㉖：7）　3. Ea型纺轮（99AT0201㉙A：1）
4、5. Eb型纺轮（99AT0201㉚：1、99DT0301㉛：2）　6. B型网坠（98BT0504㉔：3）

标本99AT0201㉚：1，夹砂灰陶，红胎。表面饰粗暗纹。近圆形，完整。手制，火候较高。直径约4.1、厚0.8厘米（图八八八，4）。标本99DT0301㉛：2，夹砂红褐陶。素面。圆形，残。用陶片周边磨圆而成。直径3.5、厚0.7厘米（图八八八，5）。

网坠　10件。

A型　4件。标本碎小。

B型　6件。

标本98BT0504㉔：3，泥质灰褐陶，局部黑。素面。管状，中部略粗，中空，微残。手制，火候较高。残长4.9、最大径1.5厘米（图八八八，6）。

（三）第三期

此期文化层在本遗址所有发掘年度中都有发现，主要分布在Ⅰ区，Ⅲ区较少，Ⅱ区无。主要有：1997年度发掘探方第14层以下文化层；98AT0103⑲～㉗，98BT0104⑰～㉖，98BT0304⑮～㉙，98BT0404⑲A～㉑，98BT0405⑭～㉒，98BT502⑰～㉖，98BT0504⑭～⑲，98BT0505⑭～㉑；99AT0101⑯～㉕，99AT0201⑭B～㉗，99AT0301⑱～㉛，99DT0101⑰B～㉖，99DT0201⑰～㉜，99DT0202⑰～㉝，99DT0301⑰～㉕；00DT0604⑮～㉔，00DT0605㉑～㉔，

00DT0705⑯～⑱，00DT0807㉔、㉛、㉜，00DT0808㉖A～㉗，00DT0909㉑、㉒；01CT0101⑨；02AT0101⑩～⑳，02BT0101⑭～㉒，02BT0201⑫～㉓，02CT0101⑭～⑳B，02DT0101⑪～⑳A，02DT0102⑮～㉓等。

参加分类排队的陶器共31656件。根据地层叠压关系和陶器种类增减与型式变化，可将本期文化层分为早、中、晚三段。分段介绍如下：

1. 早段

出土陶器非常丰富，参加分类排队的陶器12656件。陶质为夹砂陶，多为夹细砂，少量夹粗砂。陶色以灰、红陶为主，各占出土陶器总数的30%～40%；次为褐陶，约占20%；黑陶最少，约占5%，少数单位占到百分之十几。器表以纹面为主；素面较少，约占5%～10%，极少超过20%。纹饰以绳纹为主，占90%左右，可分为细、中、粗三种，有由细向粗发展的趋势；绳纹和凹弦纹、划纹、镂孔等组成的复合纹以及暗纹等较少；少量彩绘陶。制法以手制为主，主要为出土量非常大的圜底罐类等器物，缸、瓮、圈足罐、釜、豆、盂、盆等为轮制，少数器物如钵等为手制轮修；轮制器物火候较高，手制类器物火候一般。器类主要有：缸、瓮、罐、釜、豆、甗、尊形器、敞口器、喇叭口器、盂、壶、盆、盘、钵、匜、杯、勺、器盖、器座、拍、纺轮、网坠等。

（1）陶系

以98AT0103㉕、99AT0201㉖、00DT0604㉒B、02DT0102㉓为典型单位，介绍如下：

98AT0103㉕

共出陶器110件。陶质全为夹砂，以夹细砂为主，占96.36%，夹粗砂较少，占3.64%。陶色以灰、红陶为主，各占36.36%和33.64%，次为褐陶，占29.09%，黑陶最少，仅占0.91%。器表以纹面为主，占95.45%，素面很少，仅占4.55%。纹饰以绳纹为主，占83.64%，次为复合纹，占10.00%，凹弦纹、镂孔等很少。器类以罐为主，占91.82%，花边圜底罐占到了90.00%，釜、钵、纺轮等很少，有5.45%的腹片难辨器形（表一七八）。

表一七八　98AT0103㉕出土陶器统计表

陶质	夹细砂				夹粗砂				合计	%
陶色	灰	红	黑	褐	灰	红	黑	褐		
纹饰/器类										
粗绳纹	33	30		25				1	89	80.91
绳纹			1	1		1			3	2.73
凹弦纹	1								1	0.91
复合纹	4	4		3					11	10.00
镂孔		1							1	0.91
素面	2			1		1		1	5	4.55
合计	40	35	1	30		2		2	110	100
%	36.36	31.82	0.91	27.27		1.82		1.82	100	
罐						1		1	2	1.82

续表

陶质	夹细砂				夹粗砂				合计	%
陶色	灰	红	黑	褐	灰	红	黑	褐		
纹饰/器类										
花边圜底罐	36	34		29					99	90.00
釜			1						1	0.91
钵	1								1	0.91
纺轮				1					1	0.91
不明腹片	3	1				1		1	6	5.45

99AT0201㉖

共出陶器208件。陶质全为夹砂。陶色以褐、红陶为主，各占36.06%和33.65%，次为灰陶，占22.12%，黑陶最少，占8.17%。器表以纹面为主，占78.85%，部分素面，占21.15%。纹饰以绳纹为主，占76.44%，复合纹、印纹、镂孔等很少。器类以罐为主，占78.36%，尊形器、敞口器、钵、杯、尖底盏、器盖、拍、网坠等很少，有9.13%的腹片难辨器形（表一七九）。

表一七九　99AT0201㉖出土陶器统计表

陶质	夹砂				合计	%
陶色	灰	红	黑	褐		
纹饰/器类						
绳纹	40	56	4	59	159	76.44
复合纹	1	1		1	3	1.44
印纹				1	1	0.48
镂孔				1	1	0.48
素面	5	13	13	13	44	21.15
合计	46	70	17	75	208	100
%	22.12	33.65	8.17	36.06	100	
罐		6	1	9	16	7.69
花边圜底罐	41	50	2	50	143	68.75
齿唇罐		1		1	2	0.96
盘口罐				2	2	0.96
尊形器		2		1	3	1.44
敞口器	1		4		5	2.40
钵	1	1		1	3	1.44
杯				1	1	0.48
尖底盏			2		2	0.96
器盖		1			1	0.48
器底	2			3	5	2.40
陶拍			1		1	0.48

续表

陶质	夹砂				合计	%
陶色	灰	红	黑	褐		
纹饰/器类						
网坠		1	3	1	5	2.40
不明腹片	1	8	4	6	19	9.13

00DT0604㉒B

共出陶器313件。陶质全为夹砂，以夹细砂为主，夹粗砂较少。陶色以灰陶为主，占60.70%，次为红陶，占38.66%，褐陶最少，占0.64%。器表以纹面为主，占95.21%，素面很少，占4.79%。纹饰以绳纹为主，占94.99%，凹弦纹很少。器类以罐为主，占87.55%，缸、瓮、釜、钵等很少（表一八〇）。

表一八〇　00DT0604㉒B出土陶器统计表

陶质	夹砂				合计	%
陶色	灰	红	黑	褐		
纹饰/器类						
绳纹	129	97			226	72.20
中粗绳纹	51	20			71	22.68
凹弦纹	1				1	0.32
素面	9	4		2	15	4.79
合计	190	121		2	313	100
%	60.70	38.66		0.64	100	
罐	1				1	0.32
花边圜底罐	170	99			269	85.94
辫唇罐	1	2			3	0.96
齿唇罐	1	1			2	0.64
圈足罐	1				1	0.32
缸	1				1	0.32
辫唇瓮	3	6			9	2.88
齿唇瓮	6	8			14	4.47
盘口瓮	1				1	0.32
釜		2			2	0.64
钵	2	3		2	7	2.24
器底	3				3	0.96

02DT0102㉓

共出陶器597件。陶质全为夹砂，以夹细砂为主，夹粗砂较少。陶色以灰陶为主，占46.57%，次为红陶，占36.52%，褐陶较少，占16.42%，黑陶最少，仅占0.50%。器面以纹面为主，占86.43%，素面较少，占13.57%。纹饰以绳纹为主，占85.09%，凹弦纹、暗纹、雷纹等很少。器类以罐为主，占67.33%，次为瓮，占27.31%，缸、敞口器、罐形釜、豆、钵、尖底盏、器座等很少（表一八一）。

表一八一　02DT0102㉓出土陶器统计表

陶质	夹砂				合计	%
陶色	灰	红	黑	褐		
纹饰/器类						
绳纹	197	207	3	98	505	84.59
细绳纹	3				3	0.50
凹弦纹	3				3	0.50
暗纹	4				4	0.67
雷纹	1				1	0.17
素面	70	11			81	13.57
合计	278	218	3	98	597	100
%	46.57	36.52	0.50	16.42	100	
花边圜底罐	104	77		46	227	38.02
按唇罐		7			7	1.17
罐	1				1	0.17
罐腹片	67	80		20	167	27.97
按唇缸				1	1	0.17
缸	4	1			5	0.84
瓮	2		1		3	0.50
按唇瓮	3	3		9	15	2.51
齿唇瓮				3	3	0.50
高领瓮	2				2	0.34
辫唇瓮		1		1	2	0.34
瓮腹片	85	37		16	138	23.12
敞口器		1			1	0.17
罐形釜				2	2	0.50
豆	1				1	0.17
钵	1	2			3	0.50
尖底盏			2		2	0.34
器座	4	2			6	1.01
圈足	4	7			11	1.84

（2）器类

辫唇缸　28件。

A型　17件。

Ⅰ式：1件。

标本00DT0807㉜：4，夹细砂灰白陶。唇部按抹呈辫绳波浪形。侈口，卷沿，残。手制，火候较高。残宽7.2、残高5.8厘米（图八八九，1）。

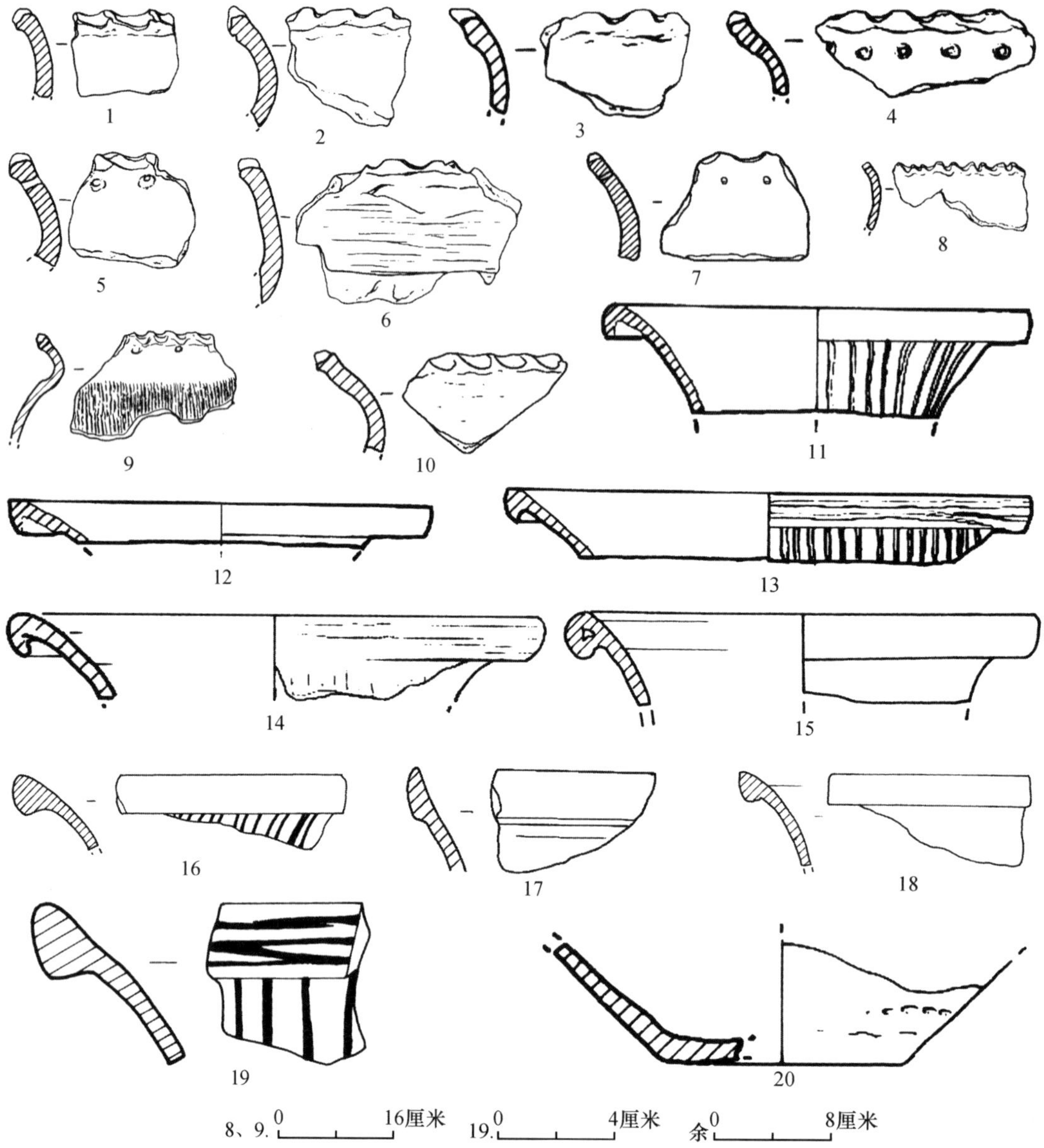

图八八九　㵲井沟文化第三期早段陶器

1. A型Ⅰ式辫唇缸（00DT0807㉜：4）　2、3. A型Ⅱ式辫唇缸（00DT0604㉒B：18、00DT0604㉒A：32）　4、5. B型辫唇缸（00DT0604㉒B：21、00DT0605㉓：6）　6、7. Ba型Ⅰ式齿唇缸（99AT0201㉘：15、98BT0405㉑：9）　8. Ba型Ⅱ式齿唇缸（00DT0604㉒B：22）　9、10. Bb型齿唇缸（99AT0301㉚：38、99DT0202㉝：19）　11、12. A型Ⅰ式缸（99AT0201㉘：18、99AT0201㉖：20）　13、14. A型Ⅱ式缸（99AT0201㉕：51、99DT0202㉚：26）　15、16. A型Ⅲ式缸（02DT0102㉔：19、99DT0201㉗：39）　17～19. B型缸（98BT0404㉑：5、99DT0201㉕：64、99DT0201㉗：40）　20. 缸底（99DT0101㉕：18）

Ⅱ式：16件。

标本00DT0604㉒B：18，夹粗砂灰陶，里红。唇部戳刮、外沿按抹略呈辫绳波浪形。侈口，卷沿，残。手制，火候较高。残宽8.6、残高8厘米（图八八九，2）。标本00DT0604㉒A：32，夹粗砂红陶，口、里红。唇部按抹略呈辫绳波浪形。侈口，卷沿外翻，残。手制，火候高。残宽10.2、残高7.2厘米（图八八九，3）。

B型　11件。

标本00DT0604㉒B：21，夹粗砂灰褐陶，局部浅黄褐、红。唇部按抹、外沿按抹略呈辫绳波浪形，上沿部饰方形镂孔。侈口，卷沿，沿面微凹，残。手制，火候较高。残宽14.8、残高5.8厘米（图八八九，4）。标本00DT0605㉓：6，夹粗砂红陶，局部红褐，灰胎，里黑。唇部刮抹略呈辫绳波浪形，沿上部饰圆形镂孔。侈口，卷沿，沿面微凹，残。手制，火候较高。残宽8.6、残高7.6厘米（图八八九，5）。

齿唇缸　22件，18件可分型。

B型　18件。

Ba型　15件。

Ⅰ式：10件。

标本99AT0201㉘：15，夹粗砂褐陶，里灰黑色。唇部按压呈齿状，领部饰篮纹。侈口，卷沿，领较高，残。手制轮修，火候较高。残宽15.2、残高9.6厘米（图八八九，6）。标本98BT0405㉑：9，夹粗砂红褐陶，胎、里灰黑。唇部按抹呈波浪形，领上部饰里向外单穿镂孔。侈口，卷沿，残。手制，火候较高。残宽9.8、残高7.2厘米（图八八九，7）。

Ⅱ式：5件。

标本00DT0604㉒B：22，夹粗砂红褐陶，黑胎。唇部戳按呈尖齿形。侈口，束领，残。手制，火候较高。残宽17.6、残高9.2厘米（图八八九，8）。

Bb型　3件。

标本99AT0301㉚：38，夹粗砂灰黑陶，局部褐，灰胎，里褐。唇部戳按呈波浪形齿，领上部饰近方形镂孔，肩饰斜中粗绳纹。侈口，矮领外翻，圆肩，残。手制，火候较高。残宽22.8、残高14.4厘米（图八八九，9）。标本99DT0202㉝：19，夹砂红陶。唇部戳按呈波浪形。侈口，领外翻，残。手制，火候较高。残宽11、残高6.7厘米（图八八九，10）。

缸　78件，68件可分型。

A型　45件。

Ⅰ式：10件。

标本99AT0201㉘：18，夹砂灰黑陶，胎、里红。领饰竖暗纹。喇叭口，沿外下卷垂，圆唇，高束领，残。盘筑轮修，火候较高。口径28.8、残高7.2厘米（图八八九，11）。标本99AT0201㉖：20，夹砂黑陶，红褐胎、局部夹灰褐。内外沿磨光。喇叭口，外沿较窄、下垂，圆尖唇，残。盘筑轮修，火候较高。口径28.8、残高2.6厘米（图八八九，12）。

Ⅱ式：22件。

标本99AT0201㉕：51，夹砂灰黑陶，红胎、局部夹灰。外沿饰横暗纹，领饰竖暗纹。喇叭口，外沿较窄、下垂，圆唇，残。盘筑轮修，火候较高。口径35.6、残高4.4厘米（图八八九，13）。标本99DT0202㉚：26，夹细砂灰陶，胎红褐夹灰。内外沿饰暗纹、磨光。喇叭口，沿外下卷垂，残。盘筑，火候较高。口径36.8、残高5.6厘米（图八八九，14）。

Ⅲ式：13件。

标本02DT0102㉔：19，泥质黑陶，胎褐夹黑。喇叭口，圆唇，束领，残。轮制，火候较高。口径32、残高6.2厘米（图八八九，15）。标本99DT0201㉗：39，夹砂黑陶，胎褐夹灰。领饰暗纹。喇叭口，圆唇，残。轮制，火候较高。残宽15.8、残高5厘米（图八八九，16）。

B型　23件。

标本98BT0404㉑：5，泥质灰褐陶，紫红胎。素面。喇叭口，外沿较宽，圆尖唇，内沿微凹，束领，残。轮制，火候较高。残宽10.9、残高6.8厘米（图八八九，17）。标本99DT0201㉕：64，夹砂黑陶，胎褐夹灰。素面。喇叭口，圆唇，残。轮制，火候高。残宽13.6、残高6.2厘米（图八八九，18）。标本99DT0201㉗：40，夹砂黑陶，灰胎。唇、领饰暗纹。喇叭口，内沿微凹，圆唇，残。轮制，火候较高。残宽5.6、残高5.4厘米（图八八九，19）。

缸底　3件。

标本99DT0101㉕：18，夹粗砂黑陶，红胎、局部灰。素面，下腹多按抹痕。下腹斜收，底内凹，残。盘筑轮修，火候高。底径16.6、残高8厘米（图八八九，20）。

辫唇瓮　143件。

A型　132件。

Ⅱ式：14件。

标本99AT0301㉔：19，夹砂褐陶，局部红，胎红夹黑。唇部按抹呈辫绳波浪形，腹饰交错绳纹。侈口，卷沿，鼓腹，残。手制，火候较高。口径20、残高7.4厘米（图八九〇，1）。标本99DT0202㉝：14，夹粗砂褐陶，局部黑褐，灰胎，里红。唇部、外沿刮抹略呈辫绳波浪形，腹饰斜绳纹。侈口，卷沿，鼓腹，残。手制，火候较高。口径25.4、残高9.2厘米（图八九〇，2）。

Ⅲ式：118件。

标本99AT0201㉘：14，夹粗砂红陶。唇部按压略呈齿状，较浅，领上部饰里向外穿未穿透镂孔，肩部饰绳纹。外壁有白色附着物。侈口，矮领内束，溜肩，残。手制轮修，火候较高。口径26.6、残高10.4厘米（图八九〇，3）。标本99DT0201㉜：17，夹粗砂红陶，局部褐，灰胎。唇部、外沿刮抹略呈波浪形。侈口，卷沿，束颈，有肩，残。手制，火候一般。口径24.8、残高8.4厘米（图八九〇，4）。标本02DT0102㉔：12，夹粗砂红褐陶，灰胎，里红。唇部戳刮呈波浪形，肩饰绳纹。侈口，卷沿，有肩，残。手制，火候较高。口径24、残高7.6厘米（图八九〇，5）。

B型　11件。

标本00DT0604㉒A：23，夹粗砂红陶，局部灰胎。唇部戳刮略呈辫绳波浪形，颈部饰零星戳印纹、划纹。侈口，卷沿，束颈，广肩，残。手制，火候一般。口径19.2、残高10.2厘米（图八九〇，6）。标本02DT0101⑲：8，夹粗砂红陶，局部灰、黑，胎、里灰。唇部戳刮、外沿刮抹略呈辫绳波浪形，肩饰绳纹后按抹呈细线和细划纹，腹饰交错绳纹，肩部磨光。侈口，束领，圆肩，鼓腹，残。手制，火候较高。口径18.4、残高24厘米（图八九〇，7）。

齿唇瓮　144件。

A型　36件，15件可分式。

Ⅰ式：9件。

标本99AT0301㉗B：8，夹砂灰褐陶，局部、里黑。唇部戳刮呈齿状，肩饰竖中粗绳纹。侈口，领外斜，圆肩，残。手制，火候较高。残宽13.6、残高8.2厘米（图八九〇，8）。标本99DT0202㉙：106，夹细砂红褐陶，局部红胎。唇部戳刮呈波浪形。侈口，卷沿，残。手制，火候较高。口径32.8、残高5.6厘米（图八九〇，9）。

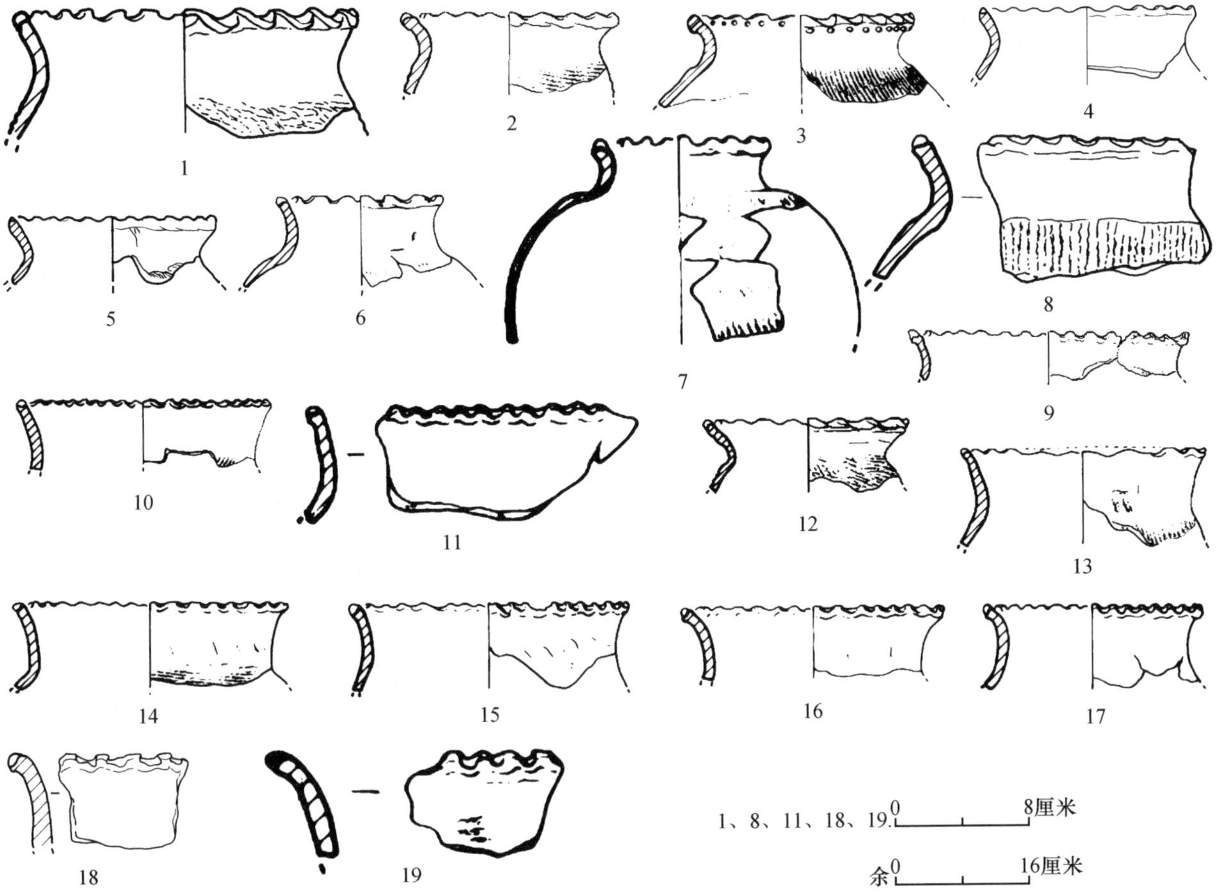

图八九〇　沣井沟文化第三期早段陶器

1、2. A型Ⅱ式辫唇瓮（99AT0301㉔：19、99DT0202㉝：14）　3～5. A型Ⅲ式辫唇瓮（99AT0201㉘：14、99DT0201㉜：17、02DT0102㉔：12）　6、7. B型辫唇瓮（00DT0604㉒A：23、02DT0101⑲：8）　8、9. A型Ⅰ式齿唇瓮（99AT0301㉗B：8、99DT0202㉙：106）　10、11. A型Ⅱ式齿唇瓮（99AT0201㉔：35、02DT0101⑲：6）　12、13. Ba型Ⅰ式齿唇瓮（99DT0101㉖：13、99DT0101㉕：15）　14、15. Ba型Ⅱ式齿唇瓮（98BT0504㉒：14、98BT0504⑳：17）　16、17. Bb型齿唇瓮（98BT0504⑳：18、02BT0101㉑：50）　18、19. Bc型齿唇瓮（99AT0301㉕：28、02BT0101㉑：51）

Ⅱ式：6件。

标本99AT0201㉔：35，夹粗砂灰陶，局部褐色。唇面戳印呈齿状，领、肩相交处饰绳纹。侈口，卷沿，领较高，残。手制轮修，火候较高。口径29.6、残高7.9厘米（图八九〇，10）。标本02DT0101⑲：6，夹砂黑陶，局部灰褐。唇部戳按略呈波浪形齿。侈口，领外斜，有肩，残。手制，火候较高。残宽15.2、残高6.8厘米（图八九〇，11）。

B型　108件，106件可分亚型。

Ba型　73件。

Ⅰ式：31件。

标本99DT0101㉖：13，夹粗砂红陶，局部、胎灰褐。唇部戳刮、外沿刮抹略呈波浪形，肩饰交错绳纹。侈口，领外斜，溜肩，残。手制，火候较高。口径24、残高8.4厘米（图八九〇，12）。标本99DT0101㉕：15，夹粗砂红陶，局部褐。唇部戳按略呈波浪形，肩饰竖绳纹，领多竖抹痕、零星戳印纹。侈口，领外斜，斜肩，残。手制，火候较高。口径28.6、残高11.2厘米（图八九〇，13）。标本F202：3，夹粗砂红褐陶，口部灰黑。唇部戳印呈波浪形，肩、腹、底拍印中粗绳纹。侈口，卷沿，斜肩，鼓腹，圜底，器形不规整，修复。手制，火候较高。口径29.5、高46.8厘米（图版七六，1）。

Ⅱ式：42件。

标本98BT0504㉒：14，夹粗砂红陶，黑胎。唇部戳按呈波浪形齿，肩饰绳纹。侈口，领外斜，斜肩，残。手制，火候较高。口径31.6、残高10.2厘米（图八九〇，14）。标本98BT0504⑳：17，夹粗砂红陶，胎、里灰黑。唇部戳按成齿。侈口，领外斜，鼓腹，残。手制，火候较高。口径32.4、残高10厘米（图八九〇，15）。

Bb型　29件。

标本98BT0504⑳：18，夹粗砂红陶，局部、胎黑。唇部戳按成齿。侈口，束领，残。手制，火候较高。口径30.4、残高8.4厘米（图八九〇，16）。标本02BT0101㉑：50，夹粗砂黑陶，局部褐。唇部戳按呈波浪形齿。侈口，束领，残。手制，火候较高。口径25.6、残高9.6厘米（图八九〇，17）。

Bc型　4件。

标本99AT0301㉕：28，夹粗砂红陶，褐胎。唇部戳按呈波浪形齿。侈口，领较直，残。手制，火候较高。残宽7.4、残高5.4厘米（图八九〇，18）。标本02BT0101㉑：51，夹粗砂黑陶，局部褐。唇部戳按呈波浪形齿，领饰斜戳印纹。喇叭口，领斜直，残。手制，火候较高。残宽9.2、残高6厘米（图八九〇，19）。

高领瓮　16件，14件可分式。

Ⅰ式：6件。

标本99DT0201㉛：37，夹粗砂褐陶，局部红、灰。素面。喇叭口，圆唇，残。轮制，火候高。残宽10.3、残高7.6厘米（图八九一，1）。标本99DT0201㉕：56，夹砂红陶，局部灰黑、灰。素面，内壁微有瓦棱纹。喇叭口，圆唇，外沿窄，残。轮制，火候高。残宽18.4、残高7.4厘米（图八九一，2）。

Ⅱ式：2件。

标本99DT0201㉕：58，夹砂褐陶，局部、胎灰黑，里红褐。素面，内壁微有瓦棱纹。喇叭口，圆唇，外沿窄、微有凸棱一周，残。轮制，火候较高。残宽17.4、残高11.6厘米（图八九一，3）。

Ⅲ式：6件。

标本99AT0301㉔：37，夹砂黑陶，红褐胎。素面。喇叭口，外沿较宽，束领，残。轮制，火候高。残宽18、残高3.8厘米（图八九一，4）。标本02AT0101⑳：8，夹砂灰褐陶，胎褐夹灰。外沿饰横暗纹，领饰竖暗纹。喇叭口，外沿较宽，圆唇，残。轮制，火候高。残宽10、残高6.8厘米（图八九一，5）。

中领瓮　3件。

A型　1件。

标本02BT0201⑲：29，夹粗砂灰黑陶，里红。肩饰绳纹。侈口，圆唇，领微束，圆肩，残。手制，火候较高。口径13.6、残高8厘米（图八九一，6）。

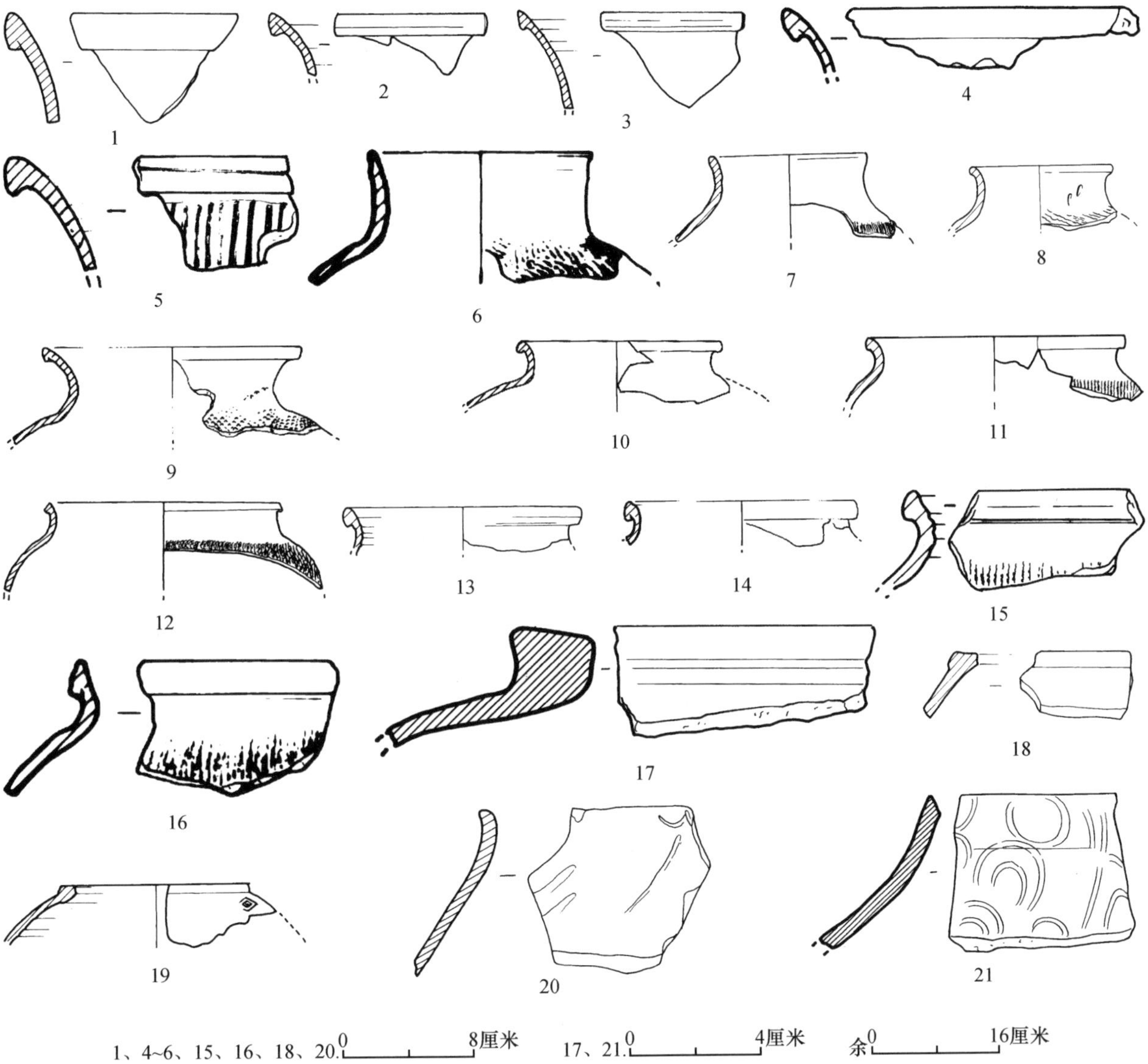

图八九一 淯井沟文化第三期早段陶器

1、2. Ⅰ式高领瓮（99DT0201㉛：37、99DT0201㉕：56） 3. Ⅱ式高领瓮（99DT0201㉕：58） 4、5. Ⅲ式高领瓮（99AT0301㉔：37、02AT0101⑳：8） 6. A型中领瓮（02BT0201⑲：29） 7、8. B型中领瓮（99DT0201㉕：52、99DT0301㉔：99） 9~11. Aa型矮领瓮（98AT0103㉓：12、98BT0204㉚：1、99AT0201㉕：54） 12. Ab型Ⅱ式矮领瓮（99DT0201㉕：54） 13、14. B型Ⅰ式矮领瓮（99AT0301㉕：38、99DT0202㉖：37） 15、16. B型Ⅱ式矮领瓮（99DT0301㉓A：28、02BT0201⑱：49） 17. A型Ⅰ式敛口瓮（99DT0202㉗：65） 18、19. A型Ⅱ式敛口瓮（99DT0201㉛：38、99AT0201㉔：41） 20、21. B型敛口瓮（99DT0201㉗：37、99DT0202㉖：35）

B型 2件。

标本99DT0201㉕：52，夹砂红陶，局部黑、灰。肩饰斜绳纹。侈口，圆唇，束领，斜肩，残。盘筑，火候较高。口径19.2、残高10.2厘米（图八九一，7）。标本99DT0301㉔：99，夹砂红褐陶，局部黑，红胎、局部灰褐。领饰戳印纹，肩饰斜中粗绳纹。侈口，卷沿，圆唇，束领，广肩，残。轮制，火候较高。口径17.6、残高8厘米（图八九一，8）。

矮领瓮 41件，37件可分型。

A型 13件。

Aa型 8件。

标本98AT0103㉓：12，夹粗砂黑陶，灰胎。颈下部饰戳印纹，肩部饰方格纹。侈口，卷沿，圆唇，唇缘微下垂，束颈，广肩，残。手制轮修，火候高。口径31.8、残高11.6厘米（图八九一，9）。标本98BT0204㉚：1，夹砂黑陶，局部、胎灰，里褐。素面。侈口，卷沿，圆唇，矮束领，广肩，残。轮制，火候较高。口径25.2、残高7.2厘米（图八九一，10）。标本99AT0201㉕：54，夹粗砂灰褐陶，里红褐色。肩部饰竖向绳纹。侈口，卷沿，圆唇，束颈，溜肩，残。轮制，火候一般。口径31.6、残高8.2厘米（图八九一，11）。

Ab型 5件。Ⅱ式。

标本99DT0201㉕：54，夹砂红陶，局部褐，灰胎。肩、腹饰交错绳纹。侈口，方唇、唇下缘外凸，矮领微束，圆肩残。轮制，火候较高。口径28.8、残高10.6厘米（图八九一，12）。

B型 24件。

Ⅰ式：13件。

标本99AT0301㉕：38，夹砂黑陶，胎褐夹灰。素面，内壁多瓦棱纹。侈口，外沿较宽，圆唇，束领，残。轮制，火候较高。口径29、残高5.4厘米（图八九一，13）。标本99DT0202㉖：37，夹粗砂黑陶，胎局部褐夹灰。素面，内沿饰凹弦纹一周。侈口，卷厚沿，圆唇，束领，残。轮制，火候较高。口径28.6、残高5.2厘米（图八九一，14）。

Ⅱ式：11件。

标本99DT0301㉓A：28，夹砂黑陶，胎红夹灰褐。肩饰斜中粗绳纹，领内瓦棱纹。侈口，卷沿，圆唇，矮束领，斜肩，残。轮制，火候较高。残宽12、残高6厘米（图八九一，15）。标本02BT0201⑱：49，夹砂褐陶，红胎。肩饰斜中粗绳纹。侈口，外沿较窄，圆唇，斜肩，残。手制轮修，火候较高。残宽14.2、残高8厘米（图八九一，16）。

敛口瓮 9件，8件可分型。

A型 5件。

Ⅰ式：3件。

标本99DT0202㉗：65，夹细砂黑陶，红褐胎。肩部饰划纹。微敛口，立沿，方唇，广肩，残。轮制，火候较高。残宽7.9、残高3.5厘米（图八九一，17）。

Ⅱ式：2件。

标本99DT0201㉛：38，夹粗砂红陶。素面。敛口，圆唇，斜肩，残。轮制，火候高。残宽6.8、残高4厘米（图八九一，18）。标本99AT0201㉔：41，夹细砂黄褐陶，胎、里红色。肩上部饰“回”纹，内壁呈瓦棱形。凸沿，内沿微内凹，方唇，溜肩，残。轮制，火候较高。口径23.5、残高7.6厘米（图八九一，19）。

B型 3件。

标本99DT0201㉗：37，夹砂褐陶，胎灰黑。肩饰暗纹，大部分表皮脱落。敛口，圆唇，斜肩，残。轮制，火候较高。残宽11、残高10厘米（图八九一，20）。标本99DT0202㉖：35，夹细砂灰褐陶，局部灰黑，里红褐。器表饰旋涡形暗纹和暗划纹。敛口，方唇，领内弧，斜肩，残。轮制，火候较高。残宽9.1、残高4.9厘米（图八九一，21）。

盘口瓮　34件，33件可分式。

Ⅰ式：11件。

标本99AT0201㉕：65，夹粗砂灰陶，局部灰黑。肩部饰粗划纹。侈口，内沿外折、略呈有盘状，圆唇，束颈，溜肩，弧腹内收，平底，修复。口径22.6、底径12.2、高48.4厘米（图八九二，1；图版七六，2）。标本99DT0201㉜：2，夹砂黄褐陶，局部灰，红胎。领饰卷云、螺旋状暗纹。沿外折后上卷呈盘口，圆唇，束领，有肩，残。轮制，火候较高。口径21.6、残高8厘米（图八九二，2）。标本00DT0604㉔：29，夹粗砂红陶，局部褐、灰褐。侈口，沿内凹略呈盘状，圆唇，束颈，残。轮制，火候一般。口径24.8、残高8厘米（图八九二，3）。

Ⅱ式：22件。

标本99AT0201㉘：16，夹细砂灰褐陶，红褐胎。内上壁饰暗纹。敞口，折沿，沿面内凹，圆唇，斜壁，残。轮制，火候较高。口径25.4、残高3.7厘米（图八九二，4）。标本99DT0101㉕：17，夹砂黑陶，胎黑夹红。素面。沿外折后上卷呈浅盘口，圆唇，束领，残。轮制，火候较高。口径40.4、残高6.4厘米（图八九二，5）。标本99DT0202㉗：64，夹细砂黑陶，红胎。素面。沿外折后上卷呈浅盘，圆尖唇，束颈，残。轮制，火候较高。口径24.8、残高7.4厘米（图八九二，6）。

平沿瓮　1件。A型。

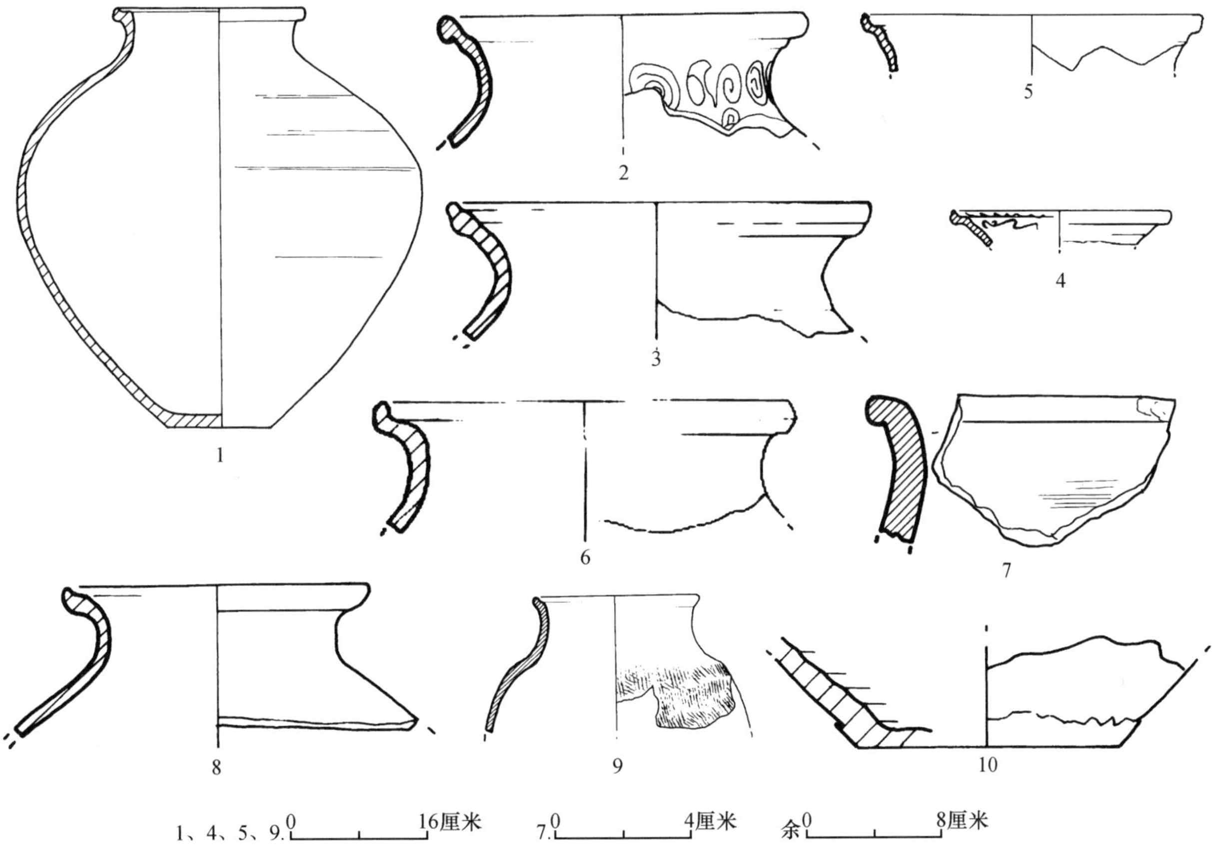

图八九二　澹井沟文化第三期早段陶器

1～3. Ⅰ式盘口瓮（99AT0201㉕：65、99DT0201㉜：2、00DT0604㉔：29）　4～6. Ⅱ式盘口瓮（99AT0201㉘：16、99DT0101㉕：17、99DT0202㉗：64）　7. A型平沿瓮（99DT0202㉗：66）　8、9. 子母口瓮（99DT0201㉜：27、99DT0201㉘：3）　10. 瓮底（99AT0301㉕：43）

标本99DT0202㉗：66，夹细砂灰褐陶，局部黑。素面。侈口，微有平折沿，圆唇，束领，残。手制轮修，火候较高。残宽8.1、残高4.4厘米（图八九二，7）。

子母口瓮　3件。

标本99DT0201㉜：27，夹细砂黑陶，褐胎。素面。侈口，卷沿，内沿外折，沿抹微凹成母口，圆唇，束颈，斜广肩，残。轮制，火候较高。口径18、残高8.6厘米（图八九二，8）。标本99DT0201㉘：3，夹砂红褐陶，局部、里黑。肩、腹饰交错绳纹。内沿凹成母口，圆唇，束领，溜肩，鼓腹，残。轮制，火候较高。口径19.2、残高15.8厘米（图八九二，9，图版七六，3）。

瓮底　56件。

标本99AT0301㉕：43，夹粗砂红褐陶，局部褐。素面，内壁多瓦棱纹。下腹斜收，平底，残。轮制，火候高。底径16、残高6.2厘米（图八九二，10）。

辫唇罐　174件。

Ⅰ式：4件。

标本99DT0301㉔：70，夹砂黑陶，里局部褐。唇部戳刮、外沿按抹呈辫绳波浪形，肩、腹饰斜绳纹，局部擦抹。侈口，卷沿，溜肩，鼓腹，残。手制，火候较高。口径15.2、残高9.2厘米（图八九三，1）。标本99DT0202㉝：12，夹细砂红陶，局部褐，灰黑胎。外沿按抹呈辫绳波浪形，腹饰斜绳纹。侈口，束颈，鼓腹，残。手制，火候较高。口径10.4、残高7.5厘米（图八九三，2）。

Ⅱ式：21件。

标本99AT0301㉗B：2，夹砂红陶，局部褐，胎红夹灰黑。唇部戳刮、外沿按抹略呈辫绳波浪形，肩饰斜中粗绳纹。侈口，卷沿，溜肩，残。手制，火候较高。口径19.6、残高7.6厘米（图八九三，3）。标本00DT0807㉔：2，夹细砂红陶。唇部按抹呈辫绳波浪形。侈口，卷沿，残。手制，火候较高。口径17.2、残高4.6厘米（图八九三，4）。

Ⅲ式：149件。

标本99DT0201㉜：14，夹细砂红陶，局部黑褐。唇部戳刮、外沿内抹略呈辫绳波浪形，肩部拍印绳纹。侈口，卷沿，溜肩，残。手制，火候较高。口径18、残高6.5厘米（图八九三，5）。标本99DT0201㉖：32，夹砂红陶，灰胎。唇部戳刮、外沿内抹呈辫绳波浪形，腹饰斜绳纹。侈口，卷沿，鼓腹，残。手制，火候较高。口径13.6、残高8.8厘米（图八九三，6）。

齿唇罐　119件，94件可分型。

A型　26件。

Ab型　3件。

标本98BT0304㉕：7，夹细砂红陶。唇部戳按呈波浪形，肩部饰拍印绳纹，内壁多按抹痕。侈口，卷沿，溜肩，残。手制，火候较高。口径17.6、残高6.7厘米（图八九三，7）。标本98BT0304㉔：7，夹细砂黑褐陶，局部红，黑胎。唇部戳按呈波浪形，肩部饰绳纹，内沿饰划纹。侈口，卷沿，圆肩，残。轮制，火候较高。口径17.8、残高6.7厘米（图八九三，8）。

Ac型　23件。

标本99DT0201㉗：24，夹砂灰黑陶，局部、里褐。唇部戳按呈波浪形，肩饰交错绳纹。

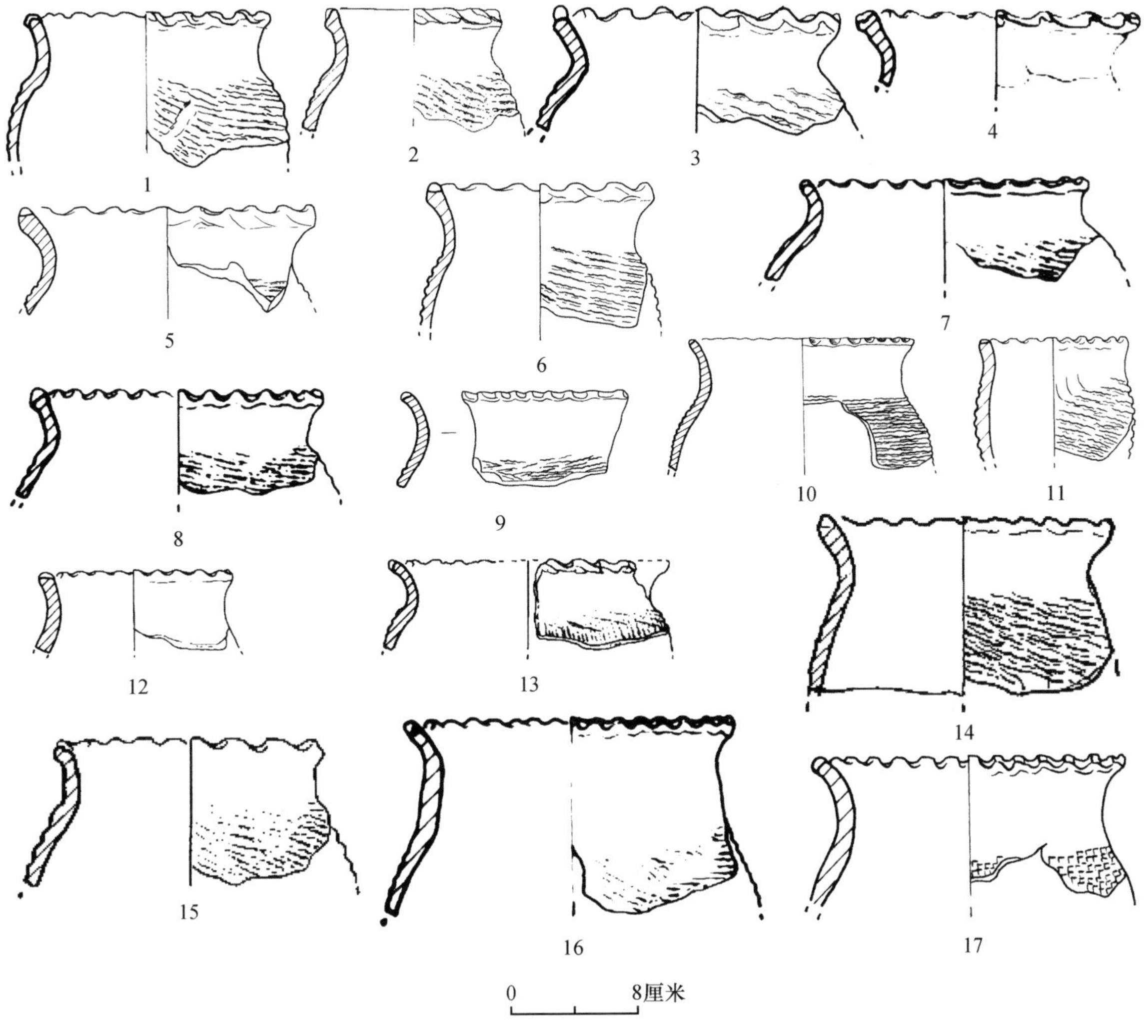

图八九三　沣井沟文化第三期早段陶器

1、2. Ⅰ式辫唇罐（99DT0301㉔：70、99DT0202㉝：12）　3、4. Ⅱ式辫唇罐（99AT0301㉗B：2、00DT0807㉔：2）　5、6. Ⅲ式辫唇罐（99DT0201㉜：14、99DT0201㉖：32）　7、8. Ab型齿唇罐（98BT0304㉕：7、98BT0304㉔：7）　9、10. Ac型齿唇罐（99DT0201㉗：24、99DT0201㉕：38）　11、12. Ba型Ⅰ式齿唇罐（99DT0201㉖：22、00DT0604㉒A：26）　13～15. Ba型Ⅱ齿唇罐（98AT0103㉓：7、98BT0405㉑：14、99DT0202㉙：98）　16、17. Bb型齿唇罐（02BT0101㉑：27、99DT0301㉓A：22）

侈口，卷沿，溜肩，残。手制，火候较高。残宽10.3、残高5.9厘米（图八九三，9）。标本99DT0201㉕：38，夹砂褐陶，局部黑、红褐。唇部戳印略呈波浪形，腹饰绳纹。侈口，束颈，鼓腹，残。手制，火候较高。口径14、残高8厘米（图八九三，10）。

B型　68件。

Ba型　38件。

Ⅰ式：28件。

标本99DT0201㉖：22，夹砂红褐陶，局部黑褐，黑胎，里红。唇部戳按呈浅波浪形齿，腹饰中粗绳纹。侈口，束颈，鼓腹，残。手制，火候较高。口径9.2、残高7.6厘米（图八九三，11）。标本00DT0604㉒A：26，夹粗砂红褐陶，局部、胎灰黑。唇部按压呈波浪形。侈口，卷沿，束颈，残。手制轮修，火候较高。口径16、残高5厘米（图八九三，12）。

Ⅱ式：10件。

标本98AT0103㉓：7，夹粗砂红褐陶，局部黑，灰黑胎。唇部戳印呈波浪形齿，颈部饰划纹，腹饰竖粗绳纹。侈口，卷沿，束颈，微有肩，鼓腹，残。手制，火候较高。口径18.8、残高11.8厘米（图八九三，13）。标本98BT0405㉑：14，夹粗砂红陶，灰胎，里红褐。唇部戳按、外沿内抹呈波浪形，腹饰粗绳纹，内壁多按抹痕。侈口，卷沿，鼓腹，残。手制，火候较高。口径17.6、残高10.5厘米（图八九三，14）。标本99DT0202㉙：98，夹粗砂红褐陶，局部褐、黑。唇部戳刮、外沿内抹呈波浪形，腹饰斜绳纹。侈口，卷沿，鼓腹，残。手制，火候较高。口径16、残高9.2厘米（图八九三，15）。

Bb型　30件。

标本02BT0101㉑：27，夹粗砂黑陶，局部褐。唇部戳按呈波浪形齿，腹饰斜绳纹。侈口，卷沿，领较斜直，鼓腹，残。手制，火候较高。口径20.4、残高12厘米（图八九三，16）。标本99DT0301㉓A：22，夹粗砂红陶，局部、胎灰褐。唇部戳按呈齿状，上腹饰方格纹。侈口，束领，鼓腹，残。手制，火候较高。口径19.6、残高8.8厘米（图八九三，17）。

花边圜底罐　10603件。

A型　5904件。

Aa型　5873件，5390件可分式。

Ⅰ式：539件，483件可分亚式。

Ⅰa式：28件。

标本99DT0202㉜：10，夹细砂红褐陶，局部红，胎红褐夹灰。唇部戳刮、外沿内抹呈波浪形，腹饰斜中粗绳纹。侈口，卷沿，鼓腹，残。手制，火候较高。口径10.2、残高6.6厘米（图八九四，1）。

Ⅰb式：455件。

标本98BT0505㉒：6，夹砂灰黑陶，局部红。唇部戳刮、外沿刮抹呈波浪形，腹、底饰斜绳纹。侈口，束颈，鼓腹，圜尖底，复原。手制，火候较高。口径9.8、高12.2厘米（图八九四，2）。标本00DT0604㉔：18，夹细砂灰黑陶，局部红褐、黑。唇部戳刮、外沿刮抹呈波浪形，腹、底饰绳纹。侈口，束颈，鼓腹，圜底，复原。手制，火候较高。口径11.2、残高12.8厘米（图八九四，3）。

Ⅱ式：3852件。

标本98AT0103㉔：1，夹砂褐陶，局部红褐。唇部戳刮、外沿刮抹呈波浪形，腹、底饰斜中粗绳纹。侈口，束颈，鼓腹，圜底，完整。手制，火候较高。口径10、高12厘米（图八九四，4）。标本99DT0301㉕：7，夹砂红陶，局部灰褐；内外壁多灰白色附着物，局部表皮脱落。唇部戳刮、外沿刮抹呈波浪形，腹、底饰中粗绳纹。侈口，束颈，鼓腹，圜尖底，复原。手制，火候较高。口径11、高12厘米（图八九四，5）。标本00DT0604㉒：5，夹细砂灰黑陶，局部红褐、灰。唇部刮抹、外沿内抹呈波浪形，腹、底饰绳纹。侈口，卷沿，束颈，局部微有肩，鼓腹，圜底，复原。手制，火候较高。口径10.8、高13.6厘米（图八九四，6）。标本02CT0101⑳A：6，夹砂灰褐陶，局部黑、底部红。唇部戳刮、外沿内抹呈波浪形，腹、底饰斜绳纹，上腹饰戳印纹、细竖划纹。侈口，束颈，鼓腹，圜尖底，完整。手制，火候较高。口径10.6、高12厘米（图八九四，7）。

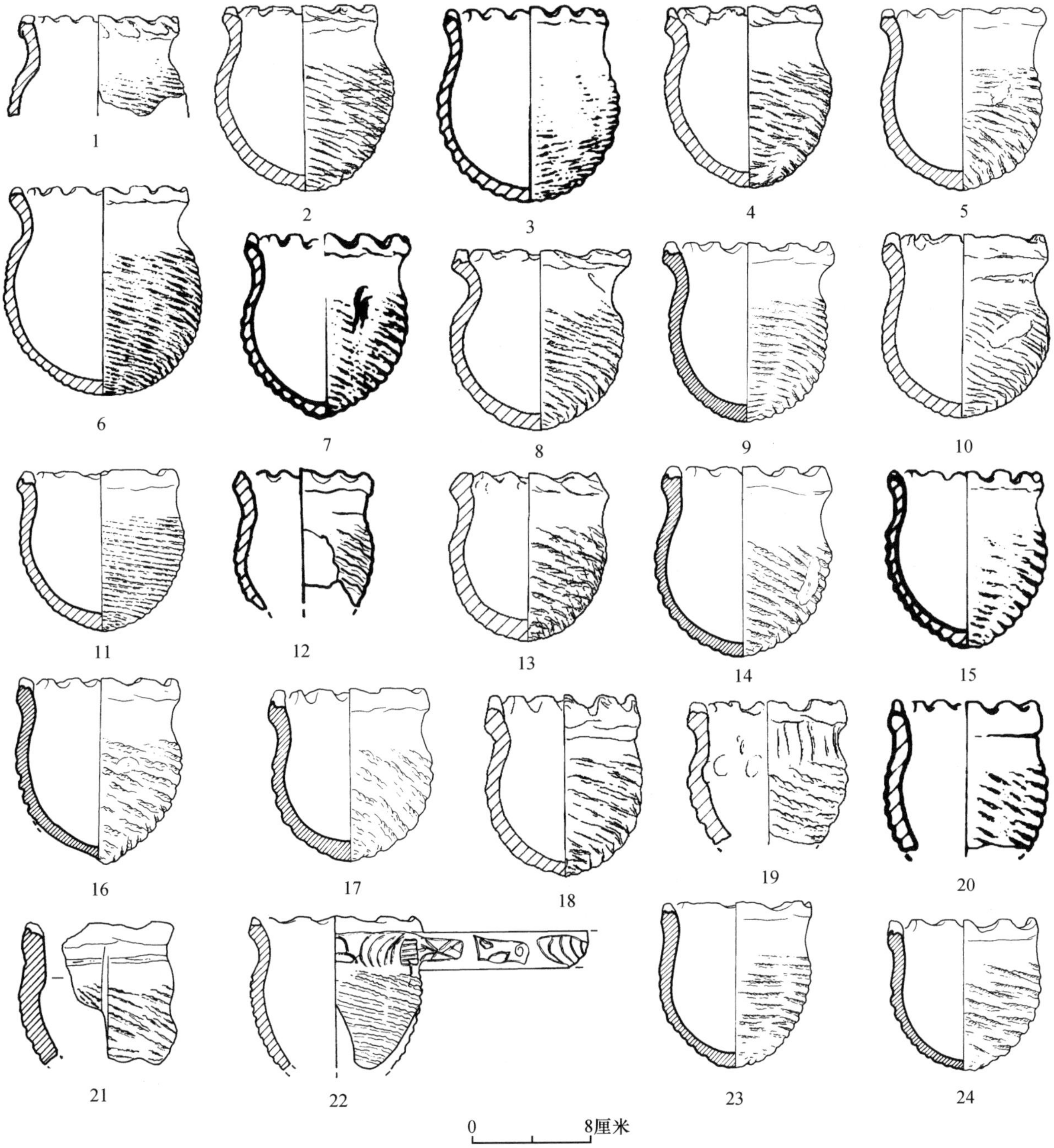

图八九四　瘩井沟文化第三期早段陶器

1. Aa型Ⅰa式花边圜底罐（99DT0202㉜：10）　2、3. Aa型Ⅰb式花边圜底罐（98BT0505㉒：6、00DT0604㉔：18）　4～7. Aa型Ⅱ式花边圜底罐（98AT0103㉔：1、99DT0301㉕：7、00DT0604㉒：5、02CT0101⑳A：6）　8、9. Aa型Ⅲ式花边圜底罐（98BT0104㉖：2、99DT0301㉚：4）　10～12. Ab型花边圜底罐（98BT0505㉑：2、99DT0301㉔：2、02AT0101⑲：12）　13～15. Ba型Ⅰ式花边圜底罐（98BT0505㉒：5、99AT0301㉗A：2、02CT0101⑳A：11）　16、17. Ba型Ⅱ式花边圜底罐（99AT0301㉘：2、99AT0301㉔：2）　18～22. Bb型花边圜底罐（98BT0504⑳：4、99AT0101㉕：14、02BT0101㉑：24、99AT03031㉗A：9、99DT0201㉗：18）　23、24. Bc型花边圜底罐（99AT0301㉔：6、99DT0301㉔：1）

Ⅲ式：999件。

标本98BT0104㉖：2，夹砂褐陶，局部黑、红，灰胎。唇部戳刮、外沿刮抹呈波浪形，颈饰零星戳印纹，腹、底饰斜绳纹、下腹交错。侈口，束颈，鼓腹，圜底，完整。手制，火候较高。口径11.6、高12厘米（图八九四，8）。标本99DT0201㉚：4，夹砂红褐陶，局部红、灰黑，灰胎。唇部戳刮、外沿刮抹呈波浪形，腹、底饰斜绳纹。侈口，束颈，鼓腹，圜底，完整。手制，火候较高。口径11、高12厘米（图八九四，9）。

Ab型 31件。

标本98BT0505㉑：2，夹砂红陶，局部褐；器表多灰白色附着物。唇部戳刮、外沿刮抹呈波浪形，颈饰横划纹，腹、底饰斜绳纹，局部擦抹。侈口，束颈，鼓腹，圜尖底，复原。手制，火候较高。口径10.5、高12.2厘米（图八九四，10）。标本99DT0301㉔：2，夹砂灰黑陶，局部褐；内外壁多灰白色附着物。唇部戳刮、外沿刮抹呈波浪形，腹、底饰绳纹。侈口，束颈，鼓腹，圜尖底，完整。手制，火候较高。口径10.2、高10.8厘米（图八九四，11）。标本02AT0101⑲：12，夹砂红陶，局部灰褐，灰黑胎。唇部戳刮、外沿内抹呈波浪形，颈饰斜划纹，腹饰斜绳纹。侈口，束颈，鼓腹，残。手制，火候较高。口径9.2、残高9.2厘米（图八九四，12）。

B型 4678件。

Ba型 4391件，3954件可分式。

Ⅰ式：3377件。

标本98BT0505㉒：5，夹砂黑陶，局部褐；器表多灰白色附着物。唇部戳刮、外沿刮抹呈波浪形，腹、底饰斜粗绳纹。口近直，束颈，鼓腹，圜底，完整。手制，火候较高。口径8.8、高11.2厘米（图八九四，13）。标本99AT0301㉗A：2，夹砂灰黑陶，局部褐，底红；内外壁多灰白色附着物。唇部戳刮、外沿刮抹呈波浪形，腹饰斜粗绳纹。侈口，束颈，鼓腹，圜尖底，完整。手制，火候较高。口径10.4、高12.6厘米（图八九四，14）。标本02CT0101⑳A：11，夹砂黑陶，局部灰褐，底红。唇部戳刮、外沿刮抹呈波浪形，腹、底饰斜粗绳纹。侈口，束颈，鼓腹，圜尖底，完整。手制，火候较高。口径10.2、高11.8厘米（图八九四，15）。

Ⅱ式：577件。

标本99AT0301㉘：2，夹砂红陶，局部灰褐。唇部戳刮、外沿刮抹呈波浪形，腹、底饰斜粗绳纹，下腹部分表皮脱落。口近直，束颈，鼓腹，圜尖底，复原。手制，火候较高。口径10.6、高12.4厘米（图八九四，16）。标本99AT0301㉔：2，夹砂红陶，局部灰褐，灰胎。唇部戳刮、外沿刮抹呈波浪形，腹、底饰斜粗绳纹。微侈口，束颈，鼓腹，圜尖底，完整。手制，火候较高。口径10.2、高11.4厘米（图八九四，17）。

Bb型 101件。

标本98BT0504⑳：4，夹砂黑陶，局部红、褐；内外壁多灰白色附着物。唇部戳刮、外沿刮抹呈波浪形，颈饰横细划纹，腹、底饰斜粗绳纹。侈口，束颈，鼓腹，圜底，完整。手制，火候较高。口径9.8、高11.8厘米（图八九四，18）。标本99AT0101㉕：14，夹砂褐陶，局部灰黑，黑胎；器表多灰白色附着物。唇部戳刮、外沿内抹呈波浪形，颈饰竖划纹，腹饰粗绳纹，颈内壁多按窝。侈口，束颈，鼓腹，残。手制，火候较高。口径10、残高9.6厘米（图八九四，19）。标本02BT0101㉑：24，夹砂红陶，局部褐，胎红夹灰。唇部戳刮、外沿内抹呈波浪形，颈饰横划纹，腹饰斜粗绳纹。侈口，束颈，鼓腹，残。手制，火候较高。口径

10.2、残高9.6厘米（图八九四，20）。标本99AT0301㉗A：9，夹砂褐陶，局部红，灰黑胎；器表多灰白色附着物。唇部戳刮、外沿内抹呈波浪形，颈、腹饰“十”字形粗划纹，腹饰斜粗绳纹。侈口，束颈，鼓腹，残。手制，火候较高。残宽7.4、残高9.4厘米（图八九四，21）。标本99DT0201㉗：18，夹砂红陶，灰胎。唇部戳刮、外沿内抹呈波浪形，颈饰组状几何形划纹，腹饰中粗绳纹。侈口，束颈，鼓腹，残。手制，火候较高。口径11.2、残高10厘米（图八九四，22）。

Bc型　186件。

标本99AT0301㉔：6，夹砂红陶，局部灰褐；内外壁多灰白色附着物。唇部戳刮、外沿刮抹呈波浪形，腹饰斜粗绳纹。微侈口，束颈，鼓腹，圜尖底，复原。手制，火候较高。口径10、高11厘米（图八九四，23）。标本99DT0301㉔：1，夹砂红陶，局部褐、灰黑；内外壁多灰白色附着物。唇部戳刮、外沿刮抹呈波浪形，腹、底饰粗绳纹。口近直，束颈，鼓腹，圜尖底，完整。手制，火候较高。口径10、高10.7厘米（图八九四，24）。

C型　21件。

标本99AT0201㉕：55，夹砂褐陶，局部、里红，灰胎。唇部戳刮、外沿刮抹呈波浪形，腹饰方格纹。侈口，束颈，鼓腹，残。手制，火候较高。口径10.8、残高8.4厘米（图八九五，1）。标本99DT0201㉛：24，夹粗砂红陶，灰黑胎。唇部戳刮、外沿内抹略呈波浪形，颈部饰圆尖状戳印纹，腹部饰方格纹。侈口，卷沿，束颈，残。手制，火候较高。口径10.2、残高4.3厘米（图八九五，2）。标本99AT0101㉕：15，夹砂灰褐陶，胎红褐夹灰，里红褐。唇部戳刮、外沿内抹呈波浪形，颈、腹饰印纹。侈口，束颈，鼓腹，残。手制，火候较高。口径10、残高7厘米（图八九五，3）。标本99DT0202㉚：8，夹细砂红陶，胎红夹灰黑。唇部戳刮、外沿内抹呈波浪形，腹部拍印篮纹。侈口，束颈，鼓腹，残。手制，火候较高。残宽8.2、残高11.2厘米（图八九五，4）。标本99DT0201㉛：23，夹细砂灰褐陶，局部、里红，灰胎。唇

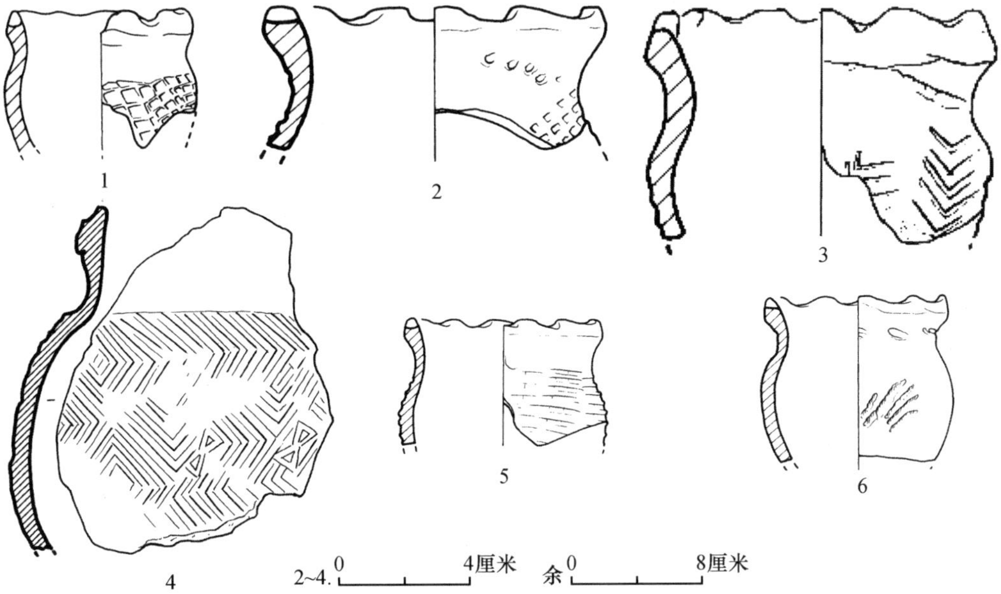

图八九五　滑井沟文化第三期早段陶器

1～6. C型花边圜底罐（99AT0201㉕：55、99DT0201㉛：24、99AT0101㉕：15、99DT0202㉚：8、99DT0201㉛：23、99DT0201㉚：16）

部戳刮、外沿内抹略呈波浪形，腹部饰篮纹。侈口，卷沿，束颈，鼓腹，残。手制，火候较高。口径11.6、残高7.6厘米（图八九五，5）。标本99DT0201㉚：16，夹细砂红褐陶，局部、胎黑。唇部戳刮、外沿内抹呈波浪形，颈、腹部饰戳印纹。侈口，卷沿，束颈，鼓腹，残。手制，火候较高。口径11.2、残高10厘米（图八九五，6）。标本00DT0604⑳：46，夹粗砂灰陶。唇部戳刮、外沿内抹呈波浪形，腹、底拍印雷纹。侈口，束颈，鼓腹，尖圜底，口部残。手制，火候一般。口径10.4、高12.5厘米（图版七六，4）。

束颈圜底罐　72件。

A型　62件，17件可分式。

Ⅰ式：7件。

标本99AT0301㉔：12，夹砂红陶，黑胎，里部分红褐。唇、外沿刮抹，腹饰斜粗绳纹。口微敛，束颈，鼓腹，残。手制，火候较高。口径9.2、残高10厘米（图八九六，1）。标本99DT0301㉔：59，夹砂灰褐陶，局部灰黑；器表多灰白色附着物。唇部戳刮、外沿刮抹略呈波浪形，腹饰斜粗绳纹。敛口，束颈，鼓腹，残。手制，火候较高。口径8.6、残高9.4厘米（图八九六，2）。

Ⅱ式：7件。

标本99AT0301㉖：15，夹砂红褐陶，局部、胎灰黑。唇部刮抹，腹饰斜粗绳纹。口近直，束颈，鼓腹，残。手制，火候较高。口径9.8、残高10.2厘米（图八九六，3）。标本99DT0202㉘A：13，夹砂红陶，局部褐，灰胎。唇部戳刮、外沿刮抹略呈波浪形，腹饰斜绳纹，局部擦抹，内沿饰戳印纹、按窝。直口，束颈，鼓腹，残。手制，火候较高。口径10.4、残高10.8厘米（图八九六，4）。

Ⅲ式：3件。

标本98AT0103㉔：14，夹细砂灰黑陶，局部、胎、里红。唇部刮削，外沿内抹，腹饰粗绳纹。侈口，束颈，鼓腹，口略小于腹，残。手制，火候较高。口径9.4、高10.8厘米（图八九六，5）。标本99AT0301㉗A：12，夹粗砂褐陶，局部、胎、里黑；器表多灰白色附着物。唇饰戳印纹，腹饰斜中粗绳纹，局部按抹。口微侈，束颈，鼓腹，残。手制，火候较高。口径9.9、残高8.4厘米（图八九六，6）。

B型　10件。

Ⅰ式：3件。

标本99DT0202㉗：43，夹粗砂红褐陶，局部褐，灰胎。唇部刮抹略呈波浪形，腹饰中粗绳纹。口微敛，束颈，鼓腹，残。手制，火候较高。口径8.2、残高8.3厘米（图八九六，7）。标本99DT0301㉔：62，夹砂灰褐陶，局部红；器表多灰白色附着物。唇部刮抹，腹、底饰斜中粗绳纹，局部擦抹。口微敛，微束颈，鼓腹，尖圜底，复原。手制，火候较高。口径10.4、高9.8厘米（图八九六，8）。标本98BT0505⑳：3，夹砂灰褐陶，局部、里黑；内外壁多灰白色附着物。外沿刮抹，腹、底饰斜粗绳纹。口微敛，束颈，鼓腹，圜尖底，完整。手制，火候较高。口径9.6、高11.6厘米（图版七七，1）。

Ⅱ式：7件。

标本99DT0202㉙：95，夹细砂褐陶，灰黑胎。腹饰斜中粗绳纹。口近直，束颈，鼓腹，

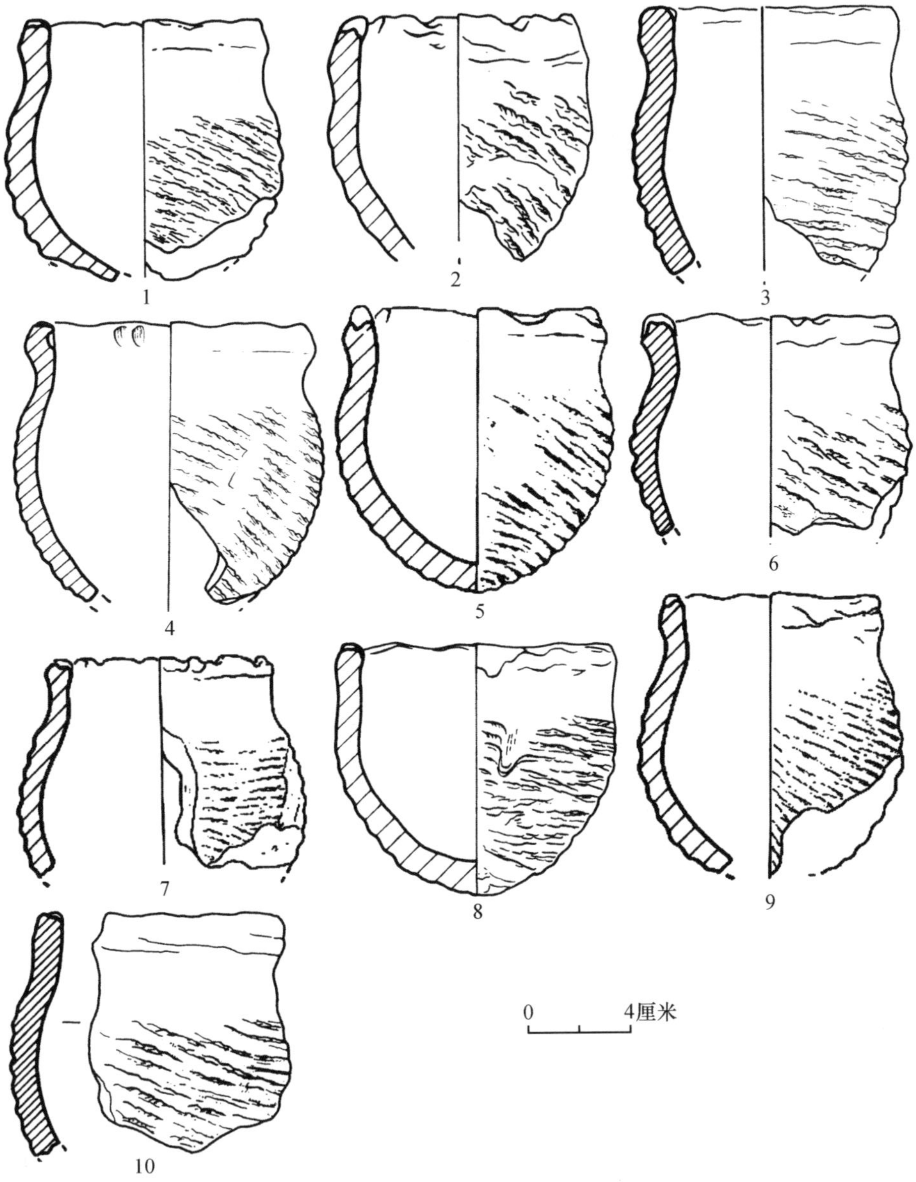

图八九六　潘井沟文化第三期早段陶器

1、2. A型Ⅰ式束颈圜底罐（99AT0301㉔：12、99DT0301㉔：59）　3、4. A型Ⅱ式束颈圜底罐（99AT0301㉖：15、99DT0202㉘A：13）
5、6. A型Ⅲ式束颈圜底罐（98AT0103㉔：14、99AT0301㉗A：12）　7、8. B型Ⅰ式束颈圜底罐（99DT0202㉗：43、99DT0301㉔：62）
9、10. B型Ⅱ式束颈圜底罐（99 DT0202㉙：95、99AT0301㉘：11）

残。手制，火候较高。口径8.4、残高10.8厘米（图八九六，9）。标本99AT0301㉘：11，夹砂褐陶，胎、里灰褐。唇部、外沿刮抹略呈波浪形，腹饰斜中粗绳纹。口近直，束颈，鼓腹，残。手制，火候较高。残宽7.8、残高9.2厘米（图八九六，10）。

素沿圜底罐　26件。

标本99DT0201㉘：12，夹粗砂红陶，局部灰褐。外沿刮抹，腹饰斜绳纹。侈口，卷沿，圆唇，鼓腹，残。手制，火候较高。口径11、残高9.7厘米（图八九七，1）。标本99DT0202㉛B：10，夹细黑褐陶，局部红褐，灰胎，里灰褐。腹饰斜绳纹。侈口，圆尖唇，束颈，鼓腹，残。手制轮修，火候较高。口径10.4、残高9.8厘米（图八九七，2）。

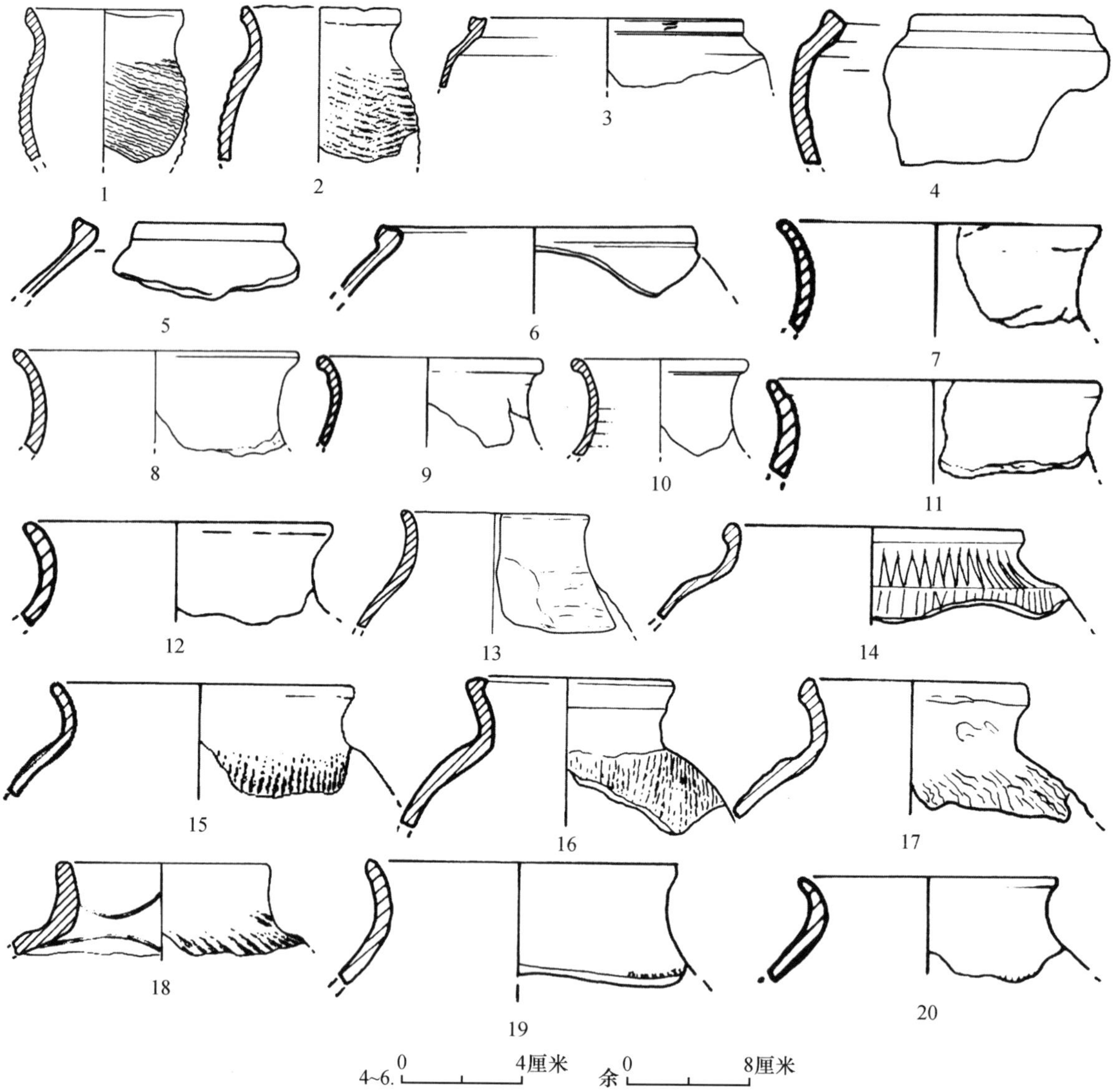

图八九七　渝井沟文化第三期早段陶器

1、2. 素沿圜底罐（99DT0201㉘：12、99DT0202㉛B：10）　3. A型Ⅰ式敛口罐（99AT0201㉘：6）　4. A型Ⅱ式敛口罐（99AT0301㉗B：15）　5、6. B型敛口罐（99AT0301㉛：17、99DT0201㉖：23）　7～10. 高领罐（98AT0103㉓：9、98AT0103㉓：10、98AT0103㉓：11、99AT0201㉘：22）　11、12. Ⅱ式中领罐（98AT0103㉕：12、98BT0304㉕：11）　13. Ⅲ式中领罐（99DT0202㉘A：16）　14～17. A型矮领罐（99DT0201㉖：36、99DT0202㉚：16、99AT0301㉗B：17、99DT0301㉕：29）　18. B型矮领罐（98AT0103㉕：14）　19、20. C型矮领罐（99DT0201㉕：55、02BT0101㉒：17）

敛口罐　8件。

A型　2件。

Ⅰ式：1件。

标本99AT0201㉘：6，夹粗砂褐陶。素面。敛子母口，母口微凹，圆唇，折肩，腹微鼓，残。轮制，火候不高。口径16.6、残高4.1厘米（图八九七，3）。

Ⅱ式：1件。

标本99AT0301㉗B：15，夹砂褐陶，胎红夹黑。素面。敛口，沿内斜折，唇面内凹，窄折肩，上腹微鼓，下腹弧收，残。轮制，火候较高。残宽7.2、残高4.8厘米（图八九七，4）。

B型 6件。

标本99AT0301㉛：17，夹砂红褐陶，局部灰褐。素面。敛口，微有斜折沿，圆尖唇，斜肩，残。轮制，火候较高。残宽6、残高2.4厘米（图八九七，5）。标本99DT0201㉖：23，夹砂灰胎，灰黑胎。素面。敛口，微有折沿、沿面微凹，圆唇，斜肩，残。轮制，火候较高。口径10、残高2.2厘米（图八九七，6）。

高领罐 12件。

标本98AT0103㉓：9，夹细砂红陶，灰黑胎。上领饰凸弦纹一道。侈口，卷沿，圆唇，束领，残。轮制，火候不高。口径20.8、残高6.4厘米（图八九七，7）。标本98AT0103㉓：10，夹细砂褐陶，黑胎。素面，器表有刮、划痕。侈口，圆唇，束领，残。手制轮修，火候不高。口径21、残高7厘米（图八九七，8）。标本98AT0103㉓：11，夹细砂红陶，灰黑胎。唇面饰凹弦纹，器表有刮抹痕。侈口，圆唇，束领，残。手制轮修，火候不高。口径18.4、残高6.5厘米（图八九七，9）。标本99AT0201㉘：22，夹细砂黑陶，红褐胎。素面，领内部呈瓦棱形。侈口，高领微束，圆唇，残。轮制，火候一般。口径11.2、残高6.1厘米（图八九七，10）。

中领罐 10件。

Ⅰ式：1件。标本碎小。

Ⅱ式：3件。

标本98AT0103㉕：12，夹粗砂红褐陶。素面。侈口，圆尖唇，内沿凹，束领，残。手制轮修，火候不高。口径21.2、残高6.3厘米（图八九七，11）。标本98BT0304㉕：11，夹细砂红褐陶，灰黑胎。素面，器表多旋痕。侈口，卷沿，圆尖唇，束颈，残。轮制，火候较高。口径19.8、残高6.3厘米（图八九七，12）。

Ⅲ式：6件。

标本99DT0202㉘A：16，夹砂黑陶，局部红。肩饰绳纹后按抹呈细线。侈口，圆唇，微束领，溜肩，残。手制轮修，火候较高。口径12、残高7.4厘米（图八九七，13）。

矮领罐 67件。

A型 47件。

标本99DT0201㉖：36，夹砂灰褐陶，局部红褐、黑，红胎。领、肩腹部饰尖波浪形暗纹，口沿磨光。直口，圆唇，领微束，折肩，鼓腹，残。轮制，火候较高。口径18.4、残高6厘米（图八九七，14）。99DT0202㉚：16，夹粗砂红陶，局部浅黄。肩饰竖绳纹。侈口，卷沿，圆唇，溜肩，残。轮制，火候较高。口径19.6、残高7厘米（图八九七，15）。标本99AT0301㉗B：17，夹砂褐陶，局部红，里黑。肩饰斜绳纹。侈口，中领外斜，圆唇、局部方，圆肩，残。手制轮修，火候较高。口径13.2、残高9.8厘米（图八九七，16）。标本99DT0301㉕：29，夹粗砂红陶，胎红夹灰黑。外沿内抹，领下部饰戳印纹，肩饰斜中粗绳纹、细划纹。侈口，圆唇，领外斜，圆肩，残。手制轮修，火候较高。口径14.8、残高8.6厘米（图八九七，17）。

B型 17件。

标本98AT0103㉕：14，夹粗砂红褐陶，灰黑胎。肩部饰绳纹，内壁饰暗纹。口微侈，方圆唇，广肩，残。手制轮修，火候较高。口径13.6、残高5.8厘米（图八九七，18）。

C型　3件。

标本99DT0201㉕：55，夹砂灰陶，局部红褐，胎外灰里红。肩饰绳纹。侈口，圆唇，束领，有肩，残。轮制，火候较高。口径20、残高7.8厘米（图八九七，19）。标本02BT0101㉒：17，夹粗砂褐陶，局部灰黑，胎外黑里红。肩饰斜绳纹。侈口，卷沿，圆唇，矮束领，有肩，残。手制轮修，火候较高。口径16.4、残高6.6厘米（图八九七，20）。

圈足罐　34件。

Ⅰ式：23件。

标本99DT0201㉛：45，夹细砂黑陶，红褐胎。素面。圈足较细高，残。轮制，火候较高。残高11.4厘米（图八九八，1）。标本99DT0202㉙：114，夹细砂黑陶，局部红。喇叭形圈足，较高。残。轮制，火候较高。残高7.3厘米（图八九八，2）。标本99DT0301㉓A：33，夹砂黑陶，褐胎。肩饰戳印纹两排，下腹饰尖折波浪形暗纹，圈足饰竖暗纹。圆肩，鼓腹，下腹弧收，喇叭形高圈足、上部微束，残。轮制，火候较高。腹径11.2、残高11.2厘米（图八九八，3）。

Ⅱ式：11件。

标本99AT0201㉔：50，夹细砂黑陶，局部、胎红褐。素面，内壁微有瓦棱纹。微敛口，微有卷立沿，圆唇，斜肩微鼓，斜弧腹，矮圈足外撇，壁微外弧，残。轮制，火候较高。口径12.4、足径11.7、高14.8厘米（图八九八，4；图版七七，2）。标本99AT0201㉔：51，夹细砂黑陶，红褐胎，局部表皮脱落。上腹饰乳钉纹，内壁有瓦棱纹。敛口，圆唇内斜，窄斜折肩，上腹微鼓，下腹较斜直，矮圈足外撇，壁外弧，残。轮制，火候较高。口径11.6、足径11、高14.6厘米（图八九八，5）。

盘口罐　18件。

标本98BT0304㉕：12，夹细砂灰褐陶，红褐胎。素面，器表多旋痕。侈口，沿外折后再上折呈立沿，圆唇，束颈，残。轮制，火候较高。残宽10、残高7.1厘米（图八九八，6）。标本99AT0301㉖：25，夹砂黑陶，红褐胎。领饰竖暗纹。沿外折上卷呈浅盘口，圆唇，领微束，残。轮制，火候较高。残宽7.6、残高5.2厘米（图八九八，7）。标本99AT0301㉕：39，夹砂黑陶，红褐胎。素面。沿外折后再上折呈浅盘口，圆唇，束领，残。轮制，火候较高。口径16.4、残高5.8厘米（图八九八，8）。

大口罐　12件。

标本98BT0204㉖：1，夹砂褐陶，灰褐胎，里黑。素面。侈口，卷沿，圆唇，残。轮制，火候较高。残宽6.8、残高5厘米（图八九八，9）。标本98BT0204㉕：2，夹砂灰黑陶，灰褐胎。素面。侈口，卷沿，圆唇，残。手制，火候较高。残宽8.2、残高4.6厘米（图八九八，10）。

侈口罐　9件。

标本99AT0101㉖：7，夹砂红褐陶，局部灰褐。沿外下部、腹饰划纹。侈口，卷沿，圆唇，鼓腹，残。手制，火候较高。口径10.8、残高6厘米（图八九八，11）。标本99DT0301㉔：93，夹砂黑陶，局部、里褐。外沿下部饰戳印纹，腹饰竖绳纹。侈口，卷沿外

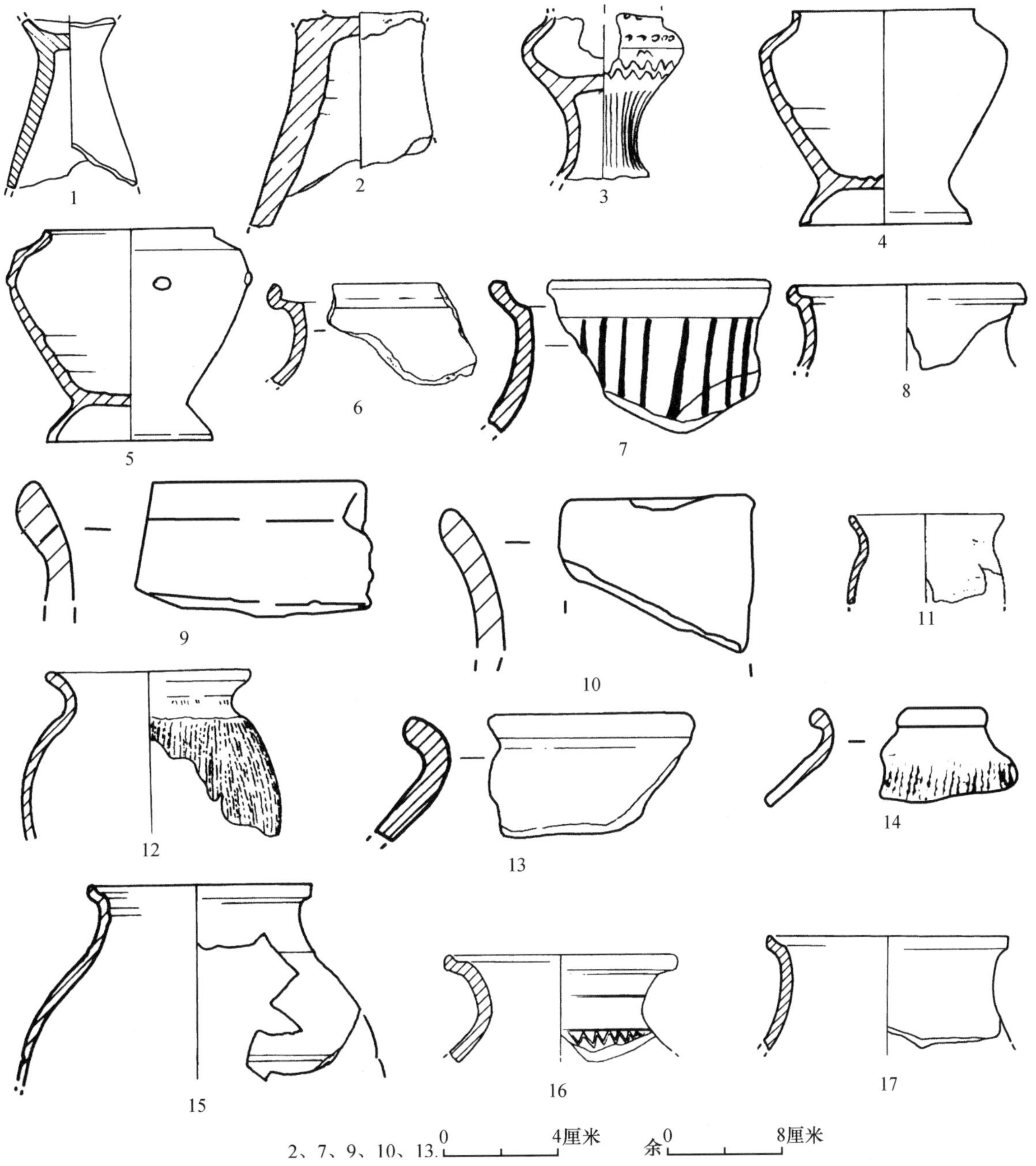

图八九八　潘井沟文化第三期早段陶器

1～3. Ⅰ式圈足罐（99DT0201㉛：45、99DT0202㉙：114、99DT0301㉓A：33）　4、5. Ⅱ式圈足罐（99AT0201㉔：50、99AT0201㉔：51）　6～8. 盘口罐（98BT0304㉕：12、99AT0301㉖：25、99AT0301㉕：39）　9、10. 大口罐（98BT0204㉖：1、98BT0204㉕：2）　11、12. 侈口罐（99AT0101㉖：7、99DT0301㉔：93）　13、14. 卷沿罐（99AT0301㉗A：18、02BT0201⑰：10）　15～17. 子母口罐（99AT0301㉔：33、99AT0201㉘：17、99DT0201㉙：34）

翻，溜肩，鼓腹，残。轮制，火候较高。口径14.2、残高11.4厘米（图八九八，12）。

卷沿罐　4件。

标本99AT0301㉗A：18，夹砂红陶，胎红夹灰褐。素面。侈口，卷沿，圆唇，斜肩，残。轮制，火候较高。残宽6.9、残高4.2厘米（图八九八，13）。标本02BT0201⑰：10，夹砂红褐陶，局部黑，红胎。肩饰竖中粗绳纹。侈口，卷沿，圆唇，斜肩，残。轮制，火候较高。残宽

9.6、残高6.4厘米（图八九八，14）。

子母口罐　4件。

标本99AT0301㉔：33，夹砂黑陶，褐胎。腹饰粗凹弦纹一周。沿外折后上折呈母口，圆唇，微束领，溜肩，鼓腹，残。轮制，火候高。口径13.8、残高13.4厘米（图八九八，15）。标本99AT0201㉘：17，夹细砂褐陶，局部灰色。肩部饰折角波浪划纹。侈口，卷沿，沿面内凹呈母口，圆唇，束领，溜肩，残。轮制，火候较高。口径15.2、残高7.4厘米（图八九八，16）。标本99DT0201㉙：34，夹细砂灰褐陶，红褐胎。素面。侈口，内沿斜折上卷呈母口，圆唇，束颈，残。轮制，火候高。口径16.8、残高7.6厘米（图八九八，17）。

波浪唇罐　3件。

标本99AT0201㉘：7，夹细砂灰黑陶，里褐色。唇部戳印呈花边状，腹饰竖向绳纹。侈口，卷沿，束领较矮，鼓腹，残。手制轮修，火候一般。残宽8.4、残高7.6厘米（图八九九，1）。标本99DT0101㉖：12，夹砂红陶，灰褐胎。唇部戳刮、外沿刮抹略呈波浪形，肩饰交错绳纹。侈口，束领，溜肩，残。手制，火候较高。口径16.4、残高6.8厘米（图八九九，2）。标本00DT0604㉒B：14，夹细砂褐陶，唇、胎、里灰。唇部戳刮、外沿刮抹呈波浪形，腹饰绳纹。侈口，卷沿，鼓腹，残。手制，火候较高。口径15、残高8.6厘米（图八九九，3）。

立沿罐　2件。Ⅰ式。标本碎小。

折沿罐　1件。

标本02BT0101㉑：42，夹砂灰黑陶。素面，内领多瓦棱纹。侈口，斜折沿，圆唇，领斜弧，有肩，残。轮制，火候较高。残宽9.4、残高5厘米（图八九九，4）。

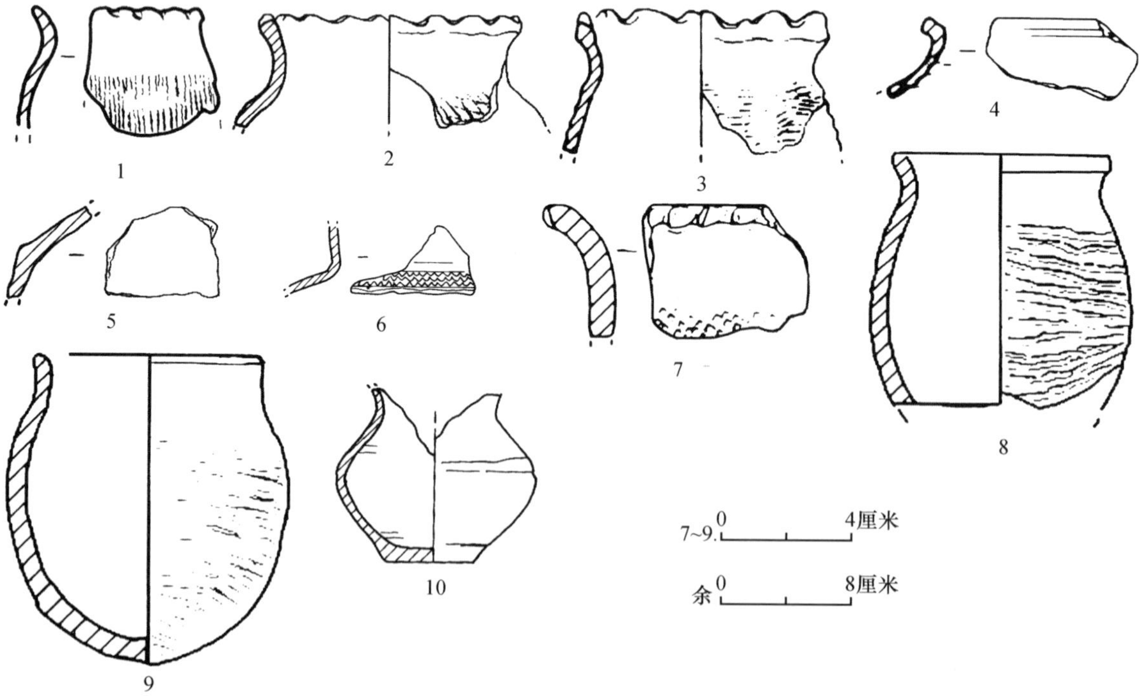

图八九九　瓮井沟文化第三期早段陶器

1～3. 波浪唇罐（99AT0201㉘：7、99DT0101㉖：12、00DT0604㉒B：14）　4. 折沿罐（02BT0101㉑：42）
5、6. 折肩罐（99AT0101㉖：10、99AT0301㉕：35）　7. 直腹罐（00DT0807㉛：8）
8、9. 小罐（98BT0405⑳：7、99AT0201㉔：1）　10. 罐底（98BT0504㉒：3）

折肩罐　2件。

标本99AT0101㉖：10，夹砂红陶。素面。斜折肩，鼓腹，残。盘筑，火候较高。残宽7、残高6厘米（图八九九，5）。标本99AT0301㉕：35，夹砂黑陶，红褐胎。肩饰波浪形暗纹三周，侈口，斜领，斜折肩，残。轮制，火候较高。残宽7.6、残高4.2厘米（图八九九，6）。

直腹罐　1件。

标本00DT0807㉛：8，夹细砂黑陶，胎红夹黑。外沿饰戳印纹，腹饰方格纹。喇叭口，腹较直，残。轮制，火候较高。残宽5.2、残高4厘米（图八九九，7）。

小罐　2件。

标本98BT0405⑳：7，夹细砂红褐陶，局部黑，灰黑胎。腹饰绳纹，内壁有按抹痕。侈口，卷沿，圆唇，鼓腹，中下腹径大，残。手制，火候不高。口径6.8、残高7.7厘米（图八九九，8）。标本99AT0201㉔：1，夹砂灰黑陶，局部灰褐。腹、底饰绳纹后抹平，多竖刮痕。侈口，圆唇，矮束领，鼓腹，圜底，复原。手制，火候较高。口径7、高9厘米（图八九九，9）。

罐底　10件。

标本98BT0504㉒：3，夹砂黑陶，局部灰褐。肩饰凹弦纹一周。束颈，斜肩，鼓腹，下腹弧收，平底，残。轮制，火候较高。底径5.6、残高10.4厘米（图八九九，10）。

喇叭口器　45件。

Ⅰ式：25件。

标本98BT0405⑳：8，夹细砂红褐陶，局部灰黑。素面，局部表皮脱罗。喇叭口，卷沿，圆唇，唇缘下垂，残。轮制，火候较高。残宽10.2、残高3.7厘米（图九〇〇，1）。标本99DT0201㉗：26，夹砂黑陶，褐胎。唇部饰横暗纹，内壁饰瓦棱纹。喇叭口，圆唇，残。轮制，火候高。残宽7.6、残高3.2厘米（图九〇〇，2）。

Ⅱ式：20件。

标本99DT0201㉕：65，夹砂灰褐陶，红褐胎。唇下缘饰细凹弦纹，领饰竖暗纹。喇叭口，圆唇，残。轮制，火候高。残宽8.1、残高2.3厘米（图九〇〇，3）。标本02AT0101⑲：18，夹砂黑陶，胎红夹褐。外沿饰横暗纹，领饰竖暗纹，内沿饰交错暗纹。喇叭口，外沿较宽，高束领，残。轮制，火候较高。残宽13、残高6.4厘米（图九〇〇，4）。

尊形器　44件，40件可分型。

A型　35件。

Ⅰ式：2件。

标本99DT0201㉜：31，夹细砂浅黄褐陶，黑胎，里红。素面。喇叭口，沿下内卷、沿宽，圆尖唇，残。轮制，火候较高。残宽9.4、残高7.6厘米（图九〇〇，5）。

Ⅱ式：13件。

标本99DT0201㉜：30，夹细砂灰黑陶，部分红、褐。素面。喇叭口，沿下内卷、沿较宽，圆尖唇，残。轮制，火候较高。口径51.2、残高6.2厘米（图九〇〇，6）。标本99DT0201㉙：39，夹细砂黑陶，胎红褐夹灰。素面。喇叭口，外沿内卷、较宽，圆唇，残。火候较高。残宽14.2、残高5.9厘米（图九〇〇，7）。

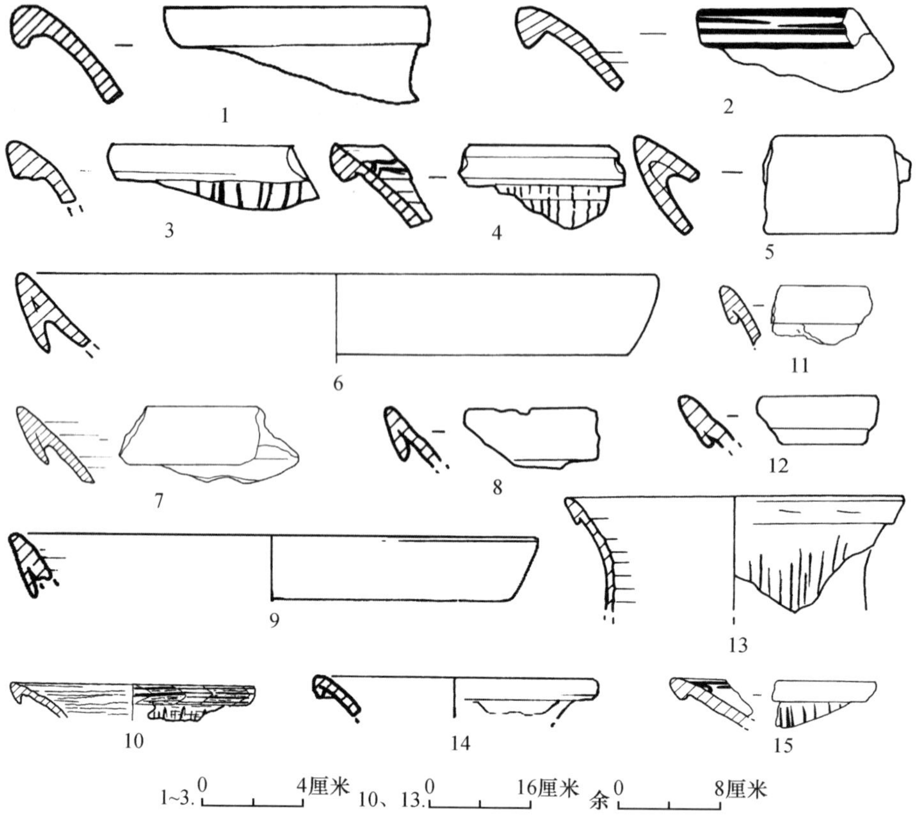

图九〇〇 㽏井沟文化第三期早段陶器

1、2. Ⅰ式喇叭口器（98BT0405⑳：8、99DT0201㉗：26） 3、4. Ⅱ式喇叭口器（99DT0201㉕：65、02AT0101⑲：18） 5. A型Ⅰ式尊形器（99DT0201㉜：31） 6、7. A型Ⅱ式尊形器（99DT0201㉜：30、99DT0201㉙：39） 8~10. A型Ⅲ式尊形器（99AT0301㉚：37、99DT0202㉖：41、98BT0504⑳：9） 11~13. B型尊形器（99DT0202㉚：27、99DT0301㉔：100、99DT0301㉓B：23） 14、15. A型敞口器（99DT0202㉚：28、99DT0301㉓A：26）

Ⅲ式：20件。

标本99AT0301㉚：37，夹砂黑陶，局部灰黑。素面。喇叭口，外沿较宽，内沿微凹，圆唇，残。轮制，火候较高。残宽10.4、残高4.6厘米（图九〇〇，8）。标本99DT0202㉖：41，夹粗砂黑陶，胎褐夹灰。素面。喇叭口，外沿较宽，圆尖唇，壁较斜直，残。盘筑，火候较高。口径41.6、残高4.8厘米（图九〇〇，9）。标本98BT0504⑳：9，夹砂黑陶，胎褐夹灰。外沿饰横暗纹、箭头形朱绘，领饰瓦棱纹、竖粗刮纹、竖朱绘，内壁饰横暗纹、朱绘。喇叭口，外沿较窄，圆唇，残。轮制，火候较高。口径38.4、残高5.6厘米（图九〇〇，10）。

B型 5件。

标本99DT0202㉚：27，夹细砂黑陶，胎灰夹褐。素面。喇叭口，外沿较窄、紧贴器壁，圆唇，残。轮制，火候高。残宽7.8、残高4.6厘米（图九〇〇，11）。标本99DT0301㉔：100，夹粗砂红陶，局部、胎、里灰褐。素面。喇叭口，外沿较宽、沿面微凹，内沿凹，圆唇，残。轮制，火候高。残宽9.4、残高3.8厘米（图九〇〇，12）。标本99DT0301㉓B：23，夹砂黑陶，胎红夹黑。领饰竖暗纹，内壁多瓦棱纹。喇叭口，外沿较宽、沿面微凹，圆唇，束领，残。轮制，火候较高。口径52.6、残高17.6厘米（图九〇〇，13）。

敞口器 9件。A型。

标本99DT0202㉚：28，夹细砂黑陶，胎红褐夹灰。素面。喇叭口，沿外下卷，圆唇，残。轮制，火候较高。口径22.4、残高3厘米（图九〇〇，14）。标本99DT0301㉓A：26，夹砂黑陶，局部灰褐。领饰斜暗纹，内沿饰横暗纹。敞口，外沿较宽，圆唇，残。轮制，火候较高。残宽8、残高3.6厘米（图九〇〇，15）。

甗　15件。

甗口　2件。

标本99AT0301㉔：29，夹粗砂红陶，局部黄褐。腹饰斜绳纹。侈口，卷沿，圆唇，残。轮制，火候较高。残宽8.8、残高3.8厘米（图九〇一，1）。标本02BT0201⑰：6，夹粗砂红褐陶，黑胎。腹饰斜中粗绳纹。侈口，圆唇，微束颈，鼓腹，残。手制，火候较高。残宽11.6、

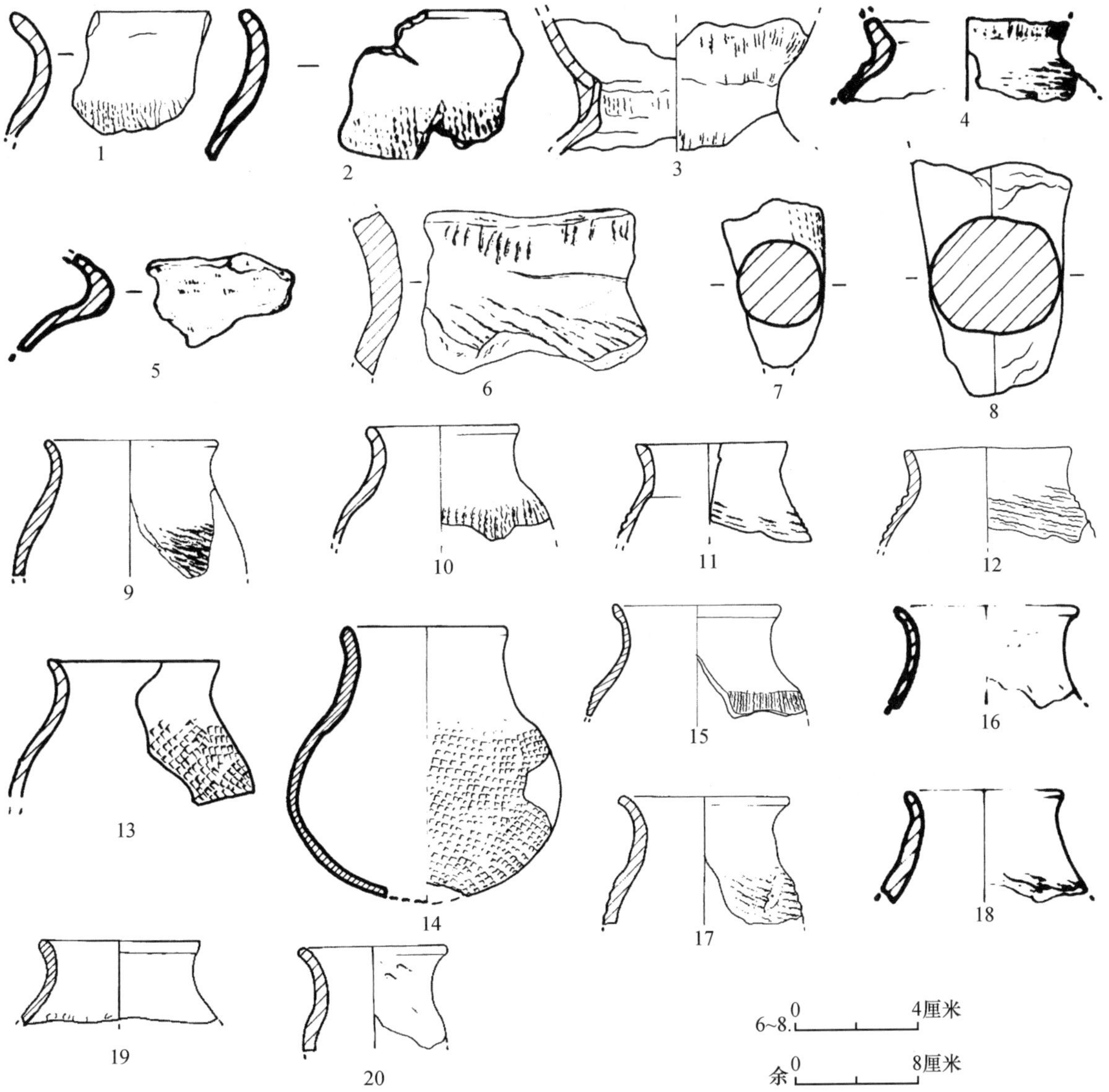

图九〇一　澬井沟文化第三期早段陶器

1、2. 甗口（99AT0301㉔：29、02BT0201⑰：6）　3～5. A型甗（腰）（99DT0301㉓A：31、02BT0201⑱：50、02BT0201⑰：15）　6. B型甗（腰）（99AT0201㉔：46）　7、8. 甗足（99DT0301㉓A：32、99DT0301㉔：104）　9、10. Aa型Ⅱ式罐形釜（98AT0103㉓：16、99DT0301㉔：94）　11、12. Aa型Ⅲ式罐形釜（99AT0201㉕：42、99DT0201㉖：18）　13、14. Aa型Ⅳ式罐形釜（99AT0201㉒：11、99AT0301㉕：6）　15、16. Ab型Ⅰ式罐形釜（99DT0201㉕：23、02BT0101㉑：31）　17、18. Ab型Ⅱ式罐形釜（99DT0202㉙：110、02BT0101㉑：32）　19、20. B型罐形釜（98BT0405⑳：4、99DT0202㉜：19）

残高9.6厘米（图九〇一，2）。

甗（腰） 11件，10件可分型。

A型 8件。

标本99DT0301㉓A：31，夹砂红陶，胎局部灰、黑。下腹、肩饰竖细绳纹，腰内壁饰戳印纹。下腹弧收，微有肩，腰部附加泥条加固，残。分制，火候较高。残宽17、残高8.4厘米（图九〇一，3）。标本02BT0201⑱：50，夹砂黑褐陶，胎、里红褐。下腹、肩饰粗绳纹。残剩腰部，下腹斜收，斜肩。分制，火候较高。残宽15.2、残高5.4厘米（图九〇一，4）。标本02BT0201⑰：15，夹砂红陶，胎红夹黑。腰饰戳印纹，下腹、肩饰绳纹。下腹斜收，圆肩，腰部附加泥条加固，残。分制，火候较高。残宽11.4、残高6厘米（图九〇一，5）。

B型 2件。

标本99AT0201㉔：46，夹粗砂红陶。器表饰粗绳纹和划纹。中部内束，上、下外鼓，残。手制轮修，火候较高。残宽7.2、残高5.2厘米（图九〇一，6）。

甗足 2件。

标本99DT0301㉓A：32，夹粗砂红陶，局部褐、灰黑。外侧饰竖绳纹。近圆锥形足，残。手制，火候较高。中部径2.8、残高5.3厘米（图九〇一，7）。标本99DT0301㉔：104，夹砂褐陶，红胎。素面。近圆柱杵形，残。手制，火候高。中部直径4.2、残高7.4厘米（图九〇一，8）。

罐形釜 146件。

A型 139件。

Aa型 119件，100件可分式。

Ⅱ式：58件。

标本98AT0103㉓：16，夹粗砂灰褐陶，里褐黄。腹绳纹，内壁有戳痕。侈口，卷沿，圆唇，束颈，鼓腹，残。手制轮修，火候高。口径11、残高8.4厘米（图九〇一，9）。标本99DT0301㉔：94，夹砂黑陶，局部红褐，胎黑、灰。腹饰竖绳纹。侈口，圆唇，束颈，鼓腹，残。轮制，火候较高。口径9.8、残高7.2厘米（图九〇一，10）。

Ⅲ式：31件。

标本99AT0201㉕：42，夹粗砂褐陶，胎、里红色。腹饰粗绳纹，因烧制或使用原因，器壁有较多裂缝。侈口，卷沿，圆唇，束领稍高，鼓腹，残。手制轮修，火候一般。口径9.8、残高6.4厘米（图九〇一，11）。标本99DT0201㉖：18，夹砂红陶，局部、胎、里黑。腹饰中粗绳纹。侈口，圆唇，卷沿，鼓腹，残。手制，火候较高。口径10.8、残高6厘米（图九〇一，12）。

Ⅳ式 11件。

标本99AT0201㉒：11，夹粗砂灰陶，里红褐。腹饰方格纹。侈口，卷沿，圆唇，束领稍高，鼓腹，残。手制轮修，火候一般。口径10.8、残高9.2厘米（图九〇一，13）。标本99AT0301㉕：6，夹砂红陶，局部灰黑。腹、底饰方格纹。侈口，圆唇，颈较斜直，鼓腹，圜底，残。手制轮修，火候较高。口径10.4、残高17.2厘米（图九〇一，14；图版七七，3）。

Ab型 20件。

Ⅰ式：3件。

标本99DT0201㉕：23，夹砂红陶，胎、里灰。腹饰竖绳纹。侈口，圆唇，束颈较直，鼓腹，残。轮制，火候较高。口径10.8、残高7厘米（图九〇一，15）。标本02BT0101㉑：31，夹砂黑陶，局部褐。颈多细划纹。侈口，圆唇，束颈，残。手制轮修，火候高。口径11.8、残高6.4厘米（图九〇一，16）。

Ⅱ式：17件。

标本99DT0202㉙：110，夹粗砂红褐陶，局部灰黑，红胎。腹饰斜绳纹。侈口，卷沿，颈较斜，鼓腹，残。手制轮修，火候不高。口径10.8、残高8厘米（图九〇一，17）。标本02BT0101㉑：32，夹粗砂褐陶，局部黑。腹饰斜绳纹。侈口，卷沿，圆唇，颈斜直，鼓腹，残。手制轮修，火候较高。口径10.4、残高6.8厘米（图九〇一，18）。

B型　7件。

标本98BT0405⑳：4，夹细砂灰陶，局部、胎灰黑。素面，内壁有按抹痕。侈口，卷沿，圆唇，鼓腹，残。手制轮修，火候较高。口径10.2、残高5.2厘米（图九〇一，19）。标本99DT0202㉜：19，夹细砂红陶。颈饰戳印纹。侈口，卷沿，圆唇，颈较直，鼓腹，残。手制轮修，火候较高。口径9.4、残高6.4厘米（图九〇一，20）。

盆形釜　8件。A型。

Aa型　3件。

标本99DT0301㉔：97，夹砂黑陶，局部、胎红褐。腹饰斜中粗绳纹。侈口，窄斜折沿，圆唇，斜领，鼓腹，残。轮制，火候较高。口径10.9、残高4.2厘米（图九〇二，1）。

Ab型　5件。

标本99DT0301㉓A：20，夹砂黑陶，胎黑夹灰。上腹饰竖中粗绳纹。侈口，斜折沿，唇面微凹，斜领微弧，残。轮制，火候较高。口径24.6、残高5.6厘米（图九〇二，2）。标本02BT0201⑰：7，夹砂红陶，腹饰斜粗绳纹。侈口，斜折沿，圆唇，斜颈，腹，残。轮制，火候较高。残宽9.6、残高5.2厘米（图九〇二，3）。

钵形釜　8件。

Ⅰ式：4件。

标本99DT0201㉙：30，夹粗砂红褐陶，灰胎，里红。下腹饰绳纹。敛口，圆唇，鼓上腹，残。手制，火候较高。残宽10、残高10厘米（图九〇二，4）。标本02BT0101㉑：40，夹砂灰黑陶，局部褐，灰褐胎。肩、腹饰斜绳纹。敛口，圆唇，溜肩，腹弧收，残。轮制，火候较高。残宽8.6、残高10.2厘米（图九〇二，5）。

Ⅱ式：4件。

标本99AT0301㉔：7，夹粗砂褐陶，里黑。腹饰斜绳纹、划纹。敞口，圆唇，弧腹，残。手制，火候较高。口径18、残高6.4厘米（图九〇二，6）。标本02BT0201⑰：8，夹粗砂黑陶，局部红。腹饰中粗绳纹、粗划纹。口近直，圆唇、局部方，弧腹，残。手制轮修，火候较高。口径14.4、残高7.6厘米（图九〇二，7）。标本02BT0101㉑：41，夹粗砂红陶，局部、里褐，黑胎。腹饰交错绳纹。敞口，微有卷沿，圆唇，弧腹内收，残。手制轮修，火候较高。残宽9.6、残高8.4厘米（图九〇二，8）。

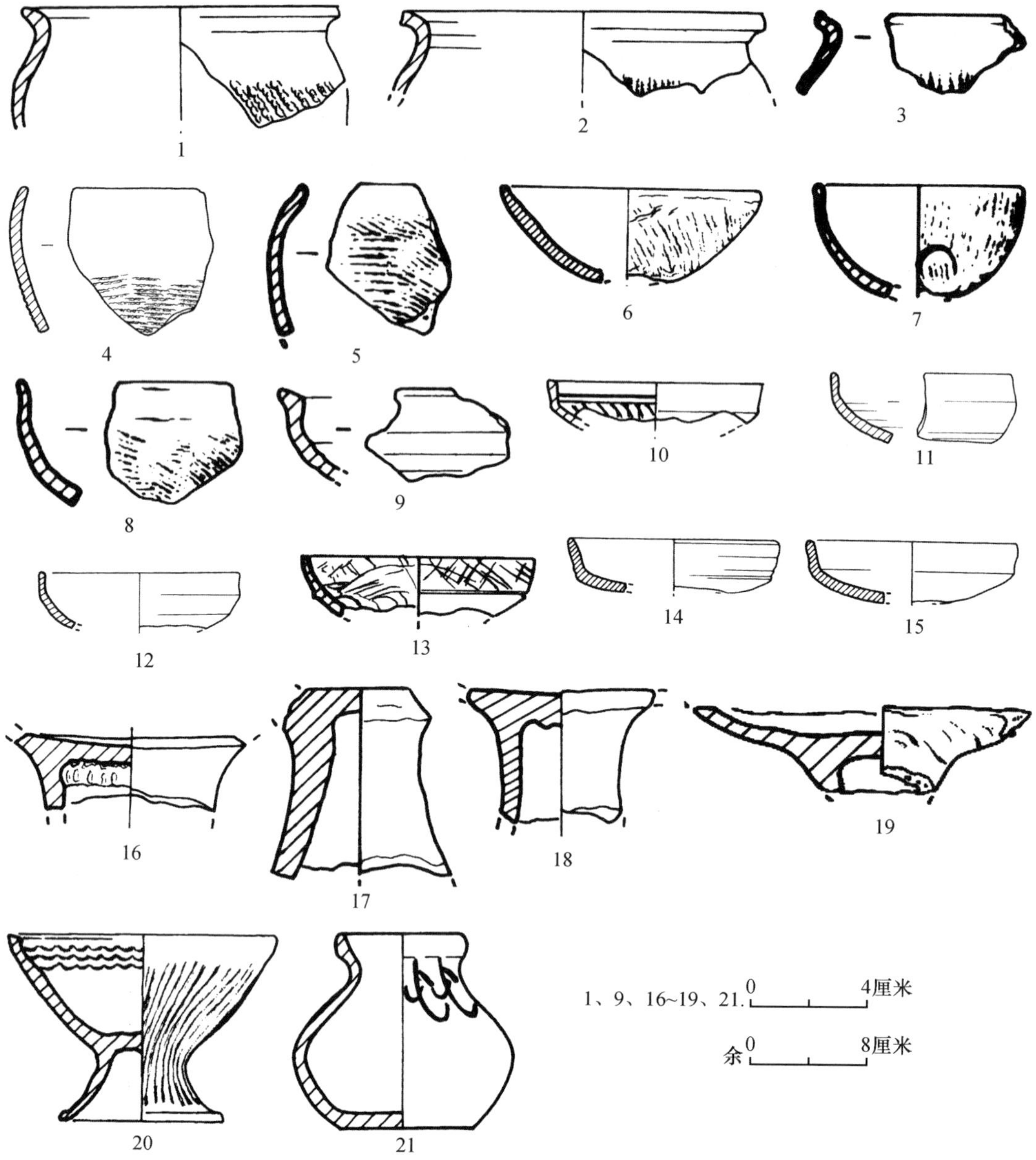

图九〇二　瓮井沟文化第三期早段陶器

1. Aa型盆形釜（99DT0301㉔：97）　2、3. Ab型盆形釜（99DT0301㉓A：20、02BT0201⑰：7）　4、5. Ⅰ式钵形釜（99DT0201㉙：30、02BT0101㉑：40）　6～8. Ⅱ式钵形釜（99AT0301㉔：7、02BT0201⑰：8、02BT0101㉑：41）　9. Ab型豆盘（99AT0301㉔：31）　10～12. Bb型豆盘（99AT0201㉖：23、99DT0201㉛：29、99DT0201㉗：27）　13～15. Bc型豆盘（99AT0301㉖：21、99AT0301㉗B：20、99AT0301㉗B：22）　16. A型Ⅰ式豆座（99DT0201㉛：30）　17～19. B型Ⅱ式豆座（99AT0301㉖：22、99DT0201㉗：28、99AT0101㉕：22）　20. B型Ⅰ式豆（99AT0201㉔：30）　21. 小壶（99DT0201㉛：3）

豆盘　11件，7件可分型。

A型　1件。Ab型。

标本99AT0301㉔：31，夹砂灰黑陶。器表饰细凹弦纹。侈口，微有斜折沿，圆尖唇，弧腹，残。轮制，火候较高。残宽4.8、残高3.1厘米（图九〇二，9）。

B型　6件。

Bb型　3件。

标本99AT0201㉖：23，夹细砂褐陶，局部黑色。内壁饰暗纹，外壁磨光。口近直，圆唇，折腹，残。轮制，火候较高。口径14、残高3.3厘米（图九〇二，10）。标本99DT0201㉛：29，夹细砂红褐陶，局部褐。器表微有瓦棱纹。口近直，圆唇，折腹，残。轮制，火候较高。残宽6.8、残高4.7厘米（图九〇二，11）。标本99DT0201㉗：27，泥质褐陶，局部黑。器表饰瓦棱纹。直口，圆唇，弧腹，残。轮制，火候较高。口径14、残高3.8厘米（图九〇二，12）。

Bc型 3件。

标本99AT0301㉖：21，夹砂黑褐陶，黑胎。上腹、内壁饰交错暗纹，中腹饰粗凹弦纹一周。敞口，圆唇，弧腹，残。轮制，火候较高。口径16、残高4厘米（图九〇二，13）。标本99AT0301㉗B：20，夹砂黑陶，局部灰褐。上腹饰细凹弦纹两周。敞口，圆唇，折腹，上腹斜弧，下腹弧收，残。轮制，火候较高。口径14.4、残高3.6厘米（图九〇二，14）。标本99AT0301㉗B：22，夹砂黑陶，局部灰褐。敞口，方唇，折腹，上腹微束，下腹弧收，残。轮制，火候较高。口径14.6、残高4.2厘米（图九〇二，15）。

豆座 8件。

A型 1件。Ⅰ式。

标本99DT0201㉛：30，夹细砂黑陶，红褐胎。素面，内外壁磨光。盘底微凹，豆柄残。分制，火候高。残宽8、高2.5厘米（图九〇二，16）。

B型 7件。Ⅱ式。

标本99AT0301㉖：22，夹砂灰褐陶，灰胎。内底、柄饰暗纹。微有内底，喇叭口豆座较高，残。分制，火候较高。残宽6.2、残高6.8厘米（图九〇二，17）。标本99DT0201㉗：28，泥质黑陶，红褐胎。素面。盘底微圜，圆柱形粗柄，残。轮制，火候较高。残高4.5厘米（图九〇二，18）。标本99AT0101㉕：22，夹砂灰褐陶，胎红夹灰。豆盘下腹饰暗纹，内外壁磨光。盘下腹弧收，内底较平，微有斗柄，残。轮制，火候较高。残宽11.6、残高3厘米（图九〇二，19）。

豆 1件。B型Ⅰ式。

标本99AT0201㉔：30，夹细砂灰黑陶，红褐胎。器表饰竖暗纹，盘内上饰三道波浪形暗纹。敞口，圆唇内斜，盘壁微弧、腹较深，喇叭形圈足较高，修复。轮制，火候较高。口径18.4、足径11.2、高12.8厘米（图九〇二，20；图版七七，4）。

小壶 1件。

标本99DT0201㉛：3，夹砂黑陶，局部、胎红褐。肩饰暗纹，器表磨光。侈口，卷沿，圆唇，矮束颈，斜肩，鼓腹，平底，复原。轮制，火候较高。口径4.6、底径4.4、高6.6厘米（图九〇二，21）。

壶？ 1件。

标本99DT0201㉜：35，夹细砂黑陶，局部褐，胎褐夹灰。肩部饰交错细划纹、凹弦纹，腹部磨光。斜肩、肩部附加鋬，弧腹，残。轮制，火候高。残宽7.1、残高6厘米（图九〇三，1）。

盂 4件。

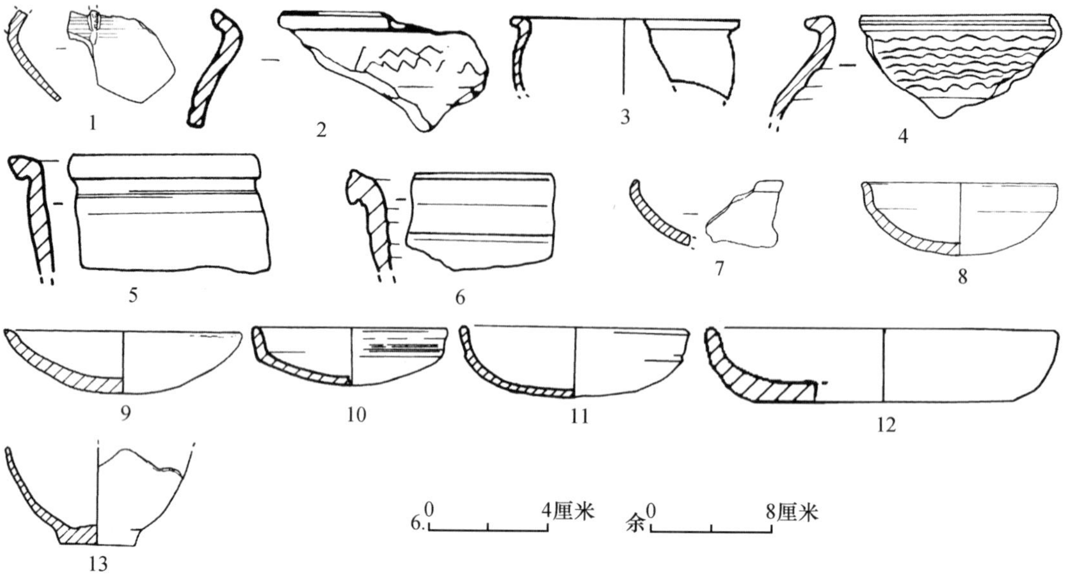

图九〇三　瀼井沟文化第三期早段陶器

1. 壶?（99DT0201㉜：35） 2～4. 盂（02BT0201⑱：47、98BT0204㉙：1、99DT0301㉓B：14） 5、6. Ⅱ式盆（99DT0301㉓B：16、99DT0301㉓A：34） 7. A型Ⅰ式盘（00DT0807㉜：3） 8、9. A型Ⅱ式盘（99DT0301㉓B：19、99DT0202㉛A：21） 10、11. B型盘（99DT0301㉔：88、99DT0301㉔：109） 12. 平底盘（99DT0101㉖：19） 13. 碗（00DT0604㉒A：3）

标本02BT0201⑱：47，夹灰褐陶，红褐胎。肩饰波浪形暗纹两道，腹饰凹弦纹一道。侈口，斜卷沿，圆唇，斜肩，鼓腹，残。轮制，火候高。残宽7、残高3.8厘米（图九〇三，2）。标本98BT0204㉙：1，夹砂灰黑陶，褐胎。素面。侈口，卷沿近平，圆唇，鼓腹，残。轮制，火候高。口径15.2、残高4.8厘米（图九〇三，3）。标本99DT0301㉓B：14，夹砂褐陶，红胎。肩饰波浪形暗纹数周，内壁瓦棱纹。口微侈，折沿微外下斜，圆唇，斜折肩，鼓腹，残。轮制，火候高。残宽13.4、残高6.8厘米（图九〇三，4）。

盆　2件。Ⅱ式。

标本99DT0301㉓B：16，夹砂灰褐陶，胎褐夹灰。素面。口微敞，窄折沿微斜，圆唇，上腹微弧收，残。轮制，火候高。残宽6.6、残高3.8厘米（图九〇三，5）。标本99DT0301㉓A：34，夹砂黑陶，胎外黑里红。肩饰粗凹弦纹一周。敞口，卷沿，唇上部微凹，腹微弧收，残。轮制，火候较高。残宽9.8、残高6.4厘米（图九〇三，6）。

盘　27件。

A型　21件。

Ⅰ式：5件。

标本00DT0807㉜：3，夹细砂红陶，灰胎。素面。口微敛，沿微内卷，圆尖唇，弧腹，残。轮制，火候较高。残宽5、残高4.3厘米（图九〇三，7）。

Ⅱ式：16件。

标本99DT0301㉓B：19，夹砂褐陶，局部、胎灰黑。素面。敞口，圆唇，折腹，圜底，复原。手制轮修，火候较高。口径13、高4.8厘米（图九〇三，8）。标本99DT0202㉛A：21，夹细砂红陶，少量粗砂，局部褐。素面。敞口，尖唇，弧腹，圜底，修复。手制，火候较高。口径15.8、高4.1厘米（图九〇三，9）。

B型　6件。

标本99DT0301㉔：88，夹砂黑陶，局部灰褐。素面。敞口，圆唇，折腹，上腹较斜，下腹弧收，圜底，复原。轮制，火候较高。口径13、高4厘米（图九〇三，10）。标本99DT0301㉔：109，夹砂黑陶，局部、胎褐。素面。敞口，圆唇，折腹，圜底，复原。手制、上腹轮修，火候较高。口径15、高4.6厘米（图九〇三，11）。

平底盘　1件。

标本99DT0101㉖：19，夹砂红陶，灰褐胎。素面。敞口，圆唇，弧腹，平底，复原。手制，火候较高。口径23.4、高4.8厘米（图九〇三，12）。

碗　1件。

标本00DT0604㉒A：3，夹细砂黑褐陶，局部褐，外底、里红褐。素面。弧腹，假圈足，平底，残。手制，火候较高。底径5.2、残高6.3厘米（图九〇三，13）。

圜底钵　113件。

A型　95件。

Ⅰ式：12件。

标本99DT0201㉙：27，夹细砂黑褐陶，里局部红。素面。口微敛，圆尖唇，上腹微内卷，下腹弧收，残。口径15、残高7.4厘米（图九〇四，1）。标本00DT0604㉒A：36，夹细砂灰褐陶，局部、里黑，灰胎。素面，内壁微有瓦棱纹。敛口，内卷沿，圆唇，弧腹，残。轮制，火候高。口径12.4、残高5.2厘米（图九〇四，2）。

Ⅱ式：56件。

标本99DT0201㉚：28，夹细砂红陶，灰褐胎，内底灰黑。素面。口近直，尖唇，弧腹，圜底，复原。手制，火候一般。口径15.2、高6.9厘米（图九〇四，3）。标本00DT0909㉒：1，夹细砂黑陶，红胎。素面。口近直，圆唇，弧腹，圜底，复原。轮制，火候不高。口径15.6、高6.5厘米（图九〇四，4）。

Ⅲ式：27件。

标本98BT0104㉓：5，夹砂红陶，局部、胎灰黑。素面。口微敞，圆唇，弧腹，圜底，复原。手制，火候较高。口径11.6、高6.6厘米（图九〇四，5）。标本99DT0201㉖：29，夹砂红陶，灰胎。素面。敞口，圆唇，弧腹，圜底，修复。手制，火候较高。口径13、高6.4厘米（图九〇四，6）。标本99AT0301㉚：1，夹砂红陶，局部褐，里部分灰黑。素面。敞口，圆唇，弧腹，圜底，复原。手制，火候较高。口径14.4、高5.4厘米（图九〇四，7）。标本00DT0604㉒B：17，夹粗砂灰陶，局部浅黄。素面。敞口，圆唇，弧腹，圜底，复原。手制，火候较高。口径16、高5.4厘米（图九〇四，8）。标本98BT0504⑳：8，夹砂黑陶，局部灰褐。素面。敞口，圆唇，折腹，圜底，复原。手制、上腹轮修，火候较高。口径12.8、高4.4厘米（图九〇四，9）。

B型　18件。

标本99DT0101㉕：16，夹砂红陶，局部红褐，灰胎。素面，多按抹痕。敞口，方唇、局部圆，弧腹，残。手制，火候较高。口径17.6、残高5.2厘米（图九〇四，10）。标本

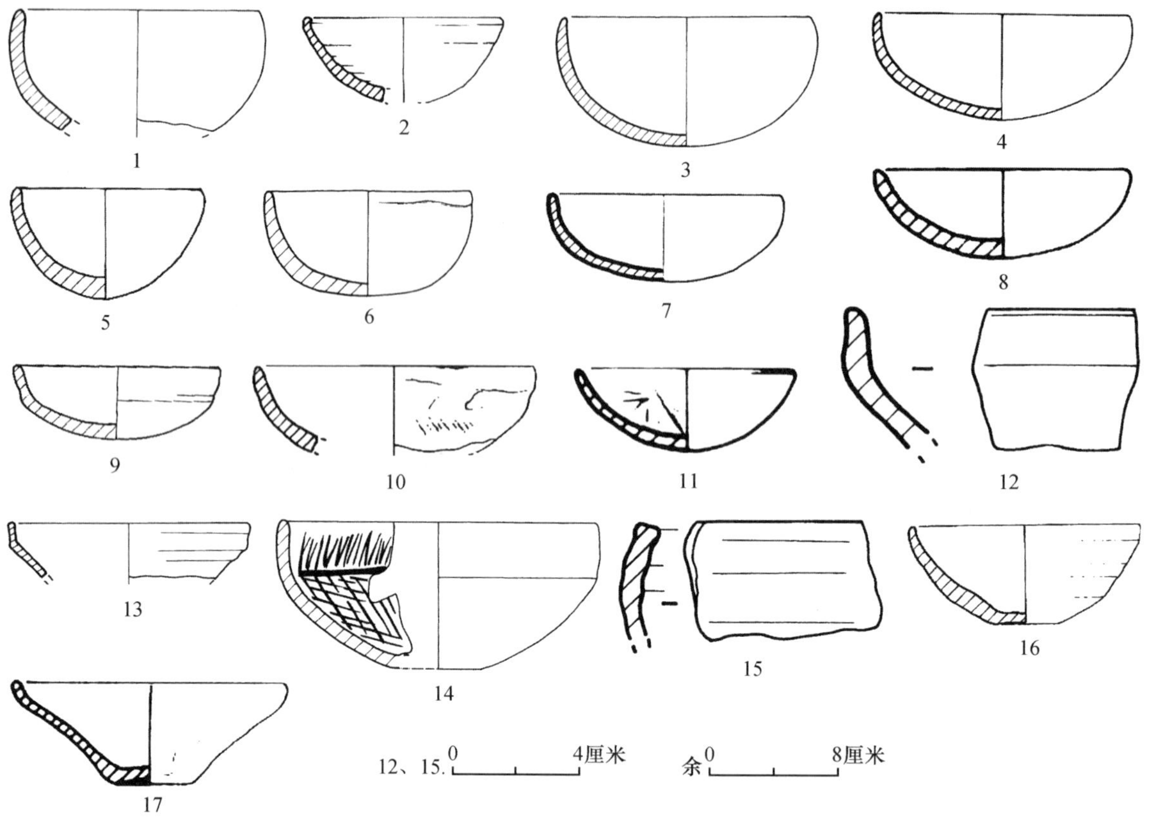

图九〇四 瓮井沟文化第三期早段陶器

1、2. A型Ⅰ式圜底钵（99DT0201㉙：27、00DT0604㉒A：36） 3、4. A型Ⅱ式圜底钵（99DT0201㉚：28、00DT0909㉒：1） 5～9. A型Ⅲ式圜底钵（98BT0104㉓：5、99DT0201㉖：29、99AT0301㉚：1、00DT0604㉒B：17、98BT0504⑳：8） 10、11. B型圜底钵（99DT0101㉕：16、02BT0101㉑：37） 12～14. A型平底钵（99AT0301㉔：26、99DT0201㉗：29、99DT0201㉖：28） 15～17. B型平底钵（99AT0301㉔：25、99DT0202㉜：25、00DT0605㉓：7）

02BT0101㉑：37，夹砂褐陶，局部灰黑，里红、局部褐。素面，内壁饰交错划纹。敞口，方唇，弧腹，圜底，复原。手制轮修，火候较高。残宽13.6、高4.8厘米（图九〇四，11）。

平底钵 7件，6件可分型。

A型 3件。

标本99AT0301㉔：26，夹砂红陶，局部灰褐。素面。口近直，圆唇，上腹较直，下腹弧收，残。手制轮修，火候较高。残宽5、残高4.2厘米（图九〇四，12）。标本99DT0201㉗：29，泥质灰陶，局部灰褐。器表微有瓦棱纹。直口，圆唇，折腹，残。轮制，火候较高。口径15、残高3.4厘米（图九〇四，13）。标本99DT0201㉖：28，夹砂灰褐陶，灰胎，里黑。素面，内壁饰尖波浪、横带形、网格状暗纹，口沿、外壁磨光。口近直，圆唇，折腹，平底，修复。轮制，火候较高。口径19.6、底径5.6、高9厘米（图九〇四，14）。

B型 3件。

标本99AT0301㉔：25，夹砂黑陶。微有瓦棱纹。敛口，方唇，上腹微鼓，残。轮制，火候较高。残宽6、残高3.6厘米（图九〇四，15）。标本99DT0202㉜：25，夹细砂黑陶，灰胎。器表微有瓦棱纹。口近直，圆唇，弧腹，小平底微凹，修复。轮制，火候高。口径14.3、底径4.4、高6厘米（图九〇四，16）。标本00DT0605㉓：7，夹粗砂灰褐陶，局部灰黑，胎褐夹黑。素面，器表有刮抹痕。敞口，圆唇，微曲腹，底微凹，复原。轮制，火候较高。口径17、底径5.2、高6.2厘米（图九〇四，17）。

花边口钵　3件。标本碎小。

尖底盏　187件，145件可分型。

A型　87件。

Ⅰ式：1件。

标本99DT0201㉚：1，夹砂黑陶，紫红胎。素面。口微敛，圆唇，上腹圆弧，下腹斜弧收，尖底，复原。轮制，火候较高。口径15.6、高5.4厘米（图九〇五，1）。

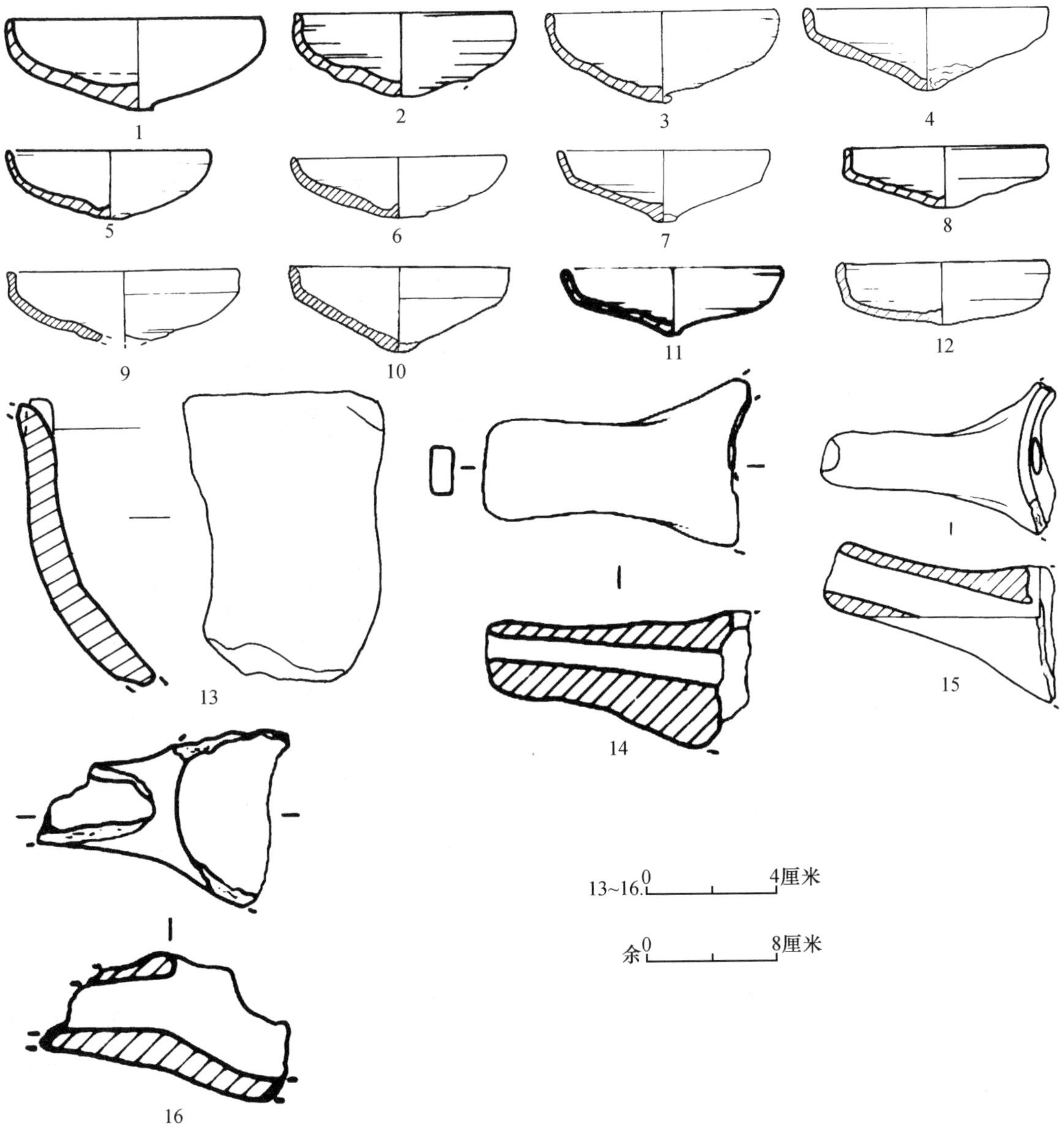

图九〇五　沧井沟文化第三期早段陶器

1. A型Ⅰ式尖底盏（99DT0201㉚：1）　2～4. A型Ⅱ式尖底盏（99AT0301㉕：29、99DT0202㉘B：11、99DT0201㉙：25）　5～7. A型Ⅲ式尖底盏（99DT0301㉓A：1、02DT0102㉔：14、99DT0201㉗：32）　8、9. B型Ⅰ式尖底盏（99DT0301㉔：83、02DT0102㉔：13）　10、11. B型Ⅱ式尖底盏（98BT0405㉑：1、02BT0101㉑：35）　12. 盒?（98BT0505⑲：12）　13～16. 匜（99DT0201㉗：30、00DT0604㉔：26、02BT0201⑲：33、02BT0201⑰：11）

Ⅱ式：31件。

标本99AT0301㉕：29，夹砂黑陶，红褐胎。下腹微有瓦棱纹。口近直，圆唇，上腹微鼓，下腹弧收，尖底，复原。轮制，火候较高。口径13.2、高5.2厘米（图九〇五，2）。标本99DT0202㉘B：11，夹细砂褐陶，灰胎。素面。口近直，圆唇，弧腹，尖底，修复。轮制，火候较高。口径13.6、残高5.6厘米（图九〇五，3）。标本99DT0201㉙：25，夹细砂黑陶，红褐胎。器表微有瓦棱纹。口近直，圆唇，弧腹，尖底，复原。轮制，火候较高。口径15、高4.9厘米（图九〇五，4）。

Ⅲ式：55件。

标本99DT0301㉓A：1，夹砂黑陶。素面。敞口，圆唇，弧腹，尖底，复原。轮制，火候较高。口径12.2、高4厘米（图九〇五，5）。标本02DT0102㉔：14，夹砂黑陶，里灰褐。素面，内壁有瓦棱纹。敞口，圆唇，弧腹、下腹有折棱，尖底，修复。轮制，火候较高。口径13、高3.7厘米（图九〇五，6）。标本99DT0201㉗：32，夹砂黑陶，局部、胎红褐。素面，内壁有瓦棱纹。敞口，圆唇，弧腹，尖底，修复。轮制，火候较高。口径13、高4.3厘米（图九〇五，7）。

B型　58件。

Ⅰ式：45件。

标本99DT0301㉔：83，夹砂灰黑陶，胎、里灰。素面，内下腹微有瓦棱纹。口微敛，圆唇，折腹，上腹微内斜，下腹弧收，尖底，复原。轮制，火候较高。口径12.4、高3.6厘米（图九〇五，8）。标本02DT0102㉔：13，夹砂黑陶，褐胎。素面。口微敛，圆唇，折腹，上腹微凹、下腹斜弧收，残。轮制，火候较高。口径14、残高4.2厘米（图九〇五，9）。

Ⅱ式：13件。

标本98BT0405㉑：1，夹砂褐陶。素面，内壁多瓦棱纹。敞口，圆唇，折腹，尖底，修复。轮制，火候较高。口径13.2、高5厘米（图九〇五，10）。标本02BT0101㉑：35，夹砂黑陶，红褐胎。素面。敞口，圆唇，折腹，上腹斜弧、下腹弧收，尖底，复原。轮制，火候较高。口径13.6、残高4厘米（图九〇五，11）。

盒？　1件。

标本98BT0505⑲：12，夹砂灰黑陶，红褐胎。下腹微有瓦棱纹。敞口，圆唇，折腹，尖底，复原下部。轮制，火候较高。口径13、高3.7厘米（图九〇五，12）。

匜　4件。

标本99DT0201㉗：30，夹砂灰褐陶。素面。直口，方唇，口部外侈成流，弧腹，残。手制，火候较高。残宽6、残高8.7厘米（图九〇五，13）。标本00DT0604㉔：26，夹细砂红陶，局部灰、黑。素面。微有匜身，圆柱形流、长方形孔，残。手制，火候一般。残长8、残高4厘米（图九〇五，14）。标本02BT0201⑲：33，夹砂红褐陶，局部黑、灰。素面。口微敛，圆唇，流较斜直、中空，残。手制，火候较高。残宽7.1、残高4.7厘米（图九〇五，15）。标本02BT0201⑰：11，夹砂红陶，局部灰褐。素面。勺部敞口，圆唇，圆柱形流，中空，残。手制，火候较高。残长7.6、残宽5.2、残高3.7厘米（图九〇五，16）。

圈足杯　35件。

标本98BT0404⑳：7，夹砂红陶，局部褐、灰黑，胎红夹灰。素面。口微敞，方唇，圆弧腹，圆饼形足、平底，复原。手制，火候较高。口径13.4、足径6.4、高11.5厘米（图版七八，1）。标本99AT0301㉚：32，夹砂红陶，胎红夹灰。素面。敛口，尖唇，上腹微鼓，下腹弧收，矮小圈足外撇，复原。手制，火候较高。口径9.2、足径2.4、高12厘米（图九〇六，1）。标本00DT0807㉔：3，夹粗砂红褐陶，局部、胎灰褐。素面。敞口，圆唇，弧腹，下部微呈柄状，假圈足微外凸，复原。手制，火候不高。口径14、足径5.8、高12厘米（图九〇六，2）。标本99AT0201㉔：32，夹砂红陶，局部红褐，胎红夹灰褐。素面。敞口，圆唇，弧腹，残。手制，火候较高。口径13.2、残高7.3厘米（图九〇六，3）。标本99DT0201㉕：34，夹砂褐陶，灰褐胎，里红褐。素面。敛口，圆唇，微鼓腹，残。手制，火候较高。口径9.2、残高8.5厘米（图九〇六，4）。标本99DT0301㉔：105，夹砂红褐陶，局部红、灰褐，灰胎。圈足上饰几何形划纹。内底圜，圈足较高、外斜，残。手制，火候较高。足径6.4、残高5厘米（图九〇六，5）。

杯　2件。

标本99DT0201㉕：33，夹砂灰褐陶，局部褐。口近直，圆唇，弧腹，圜尖底，修复。手

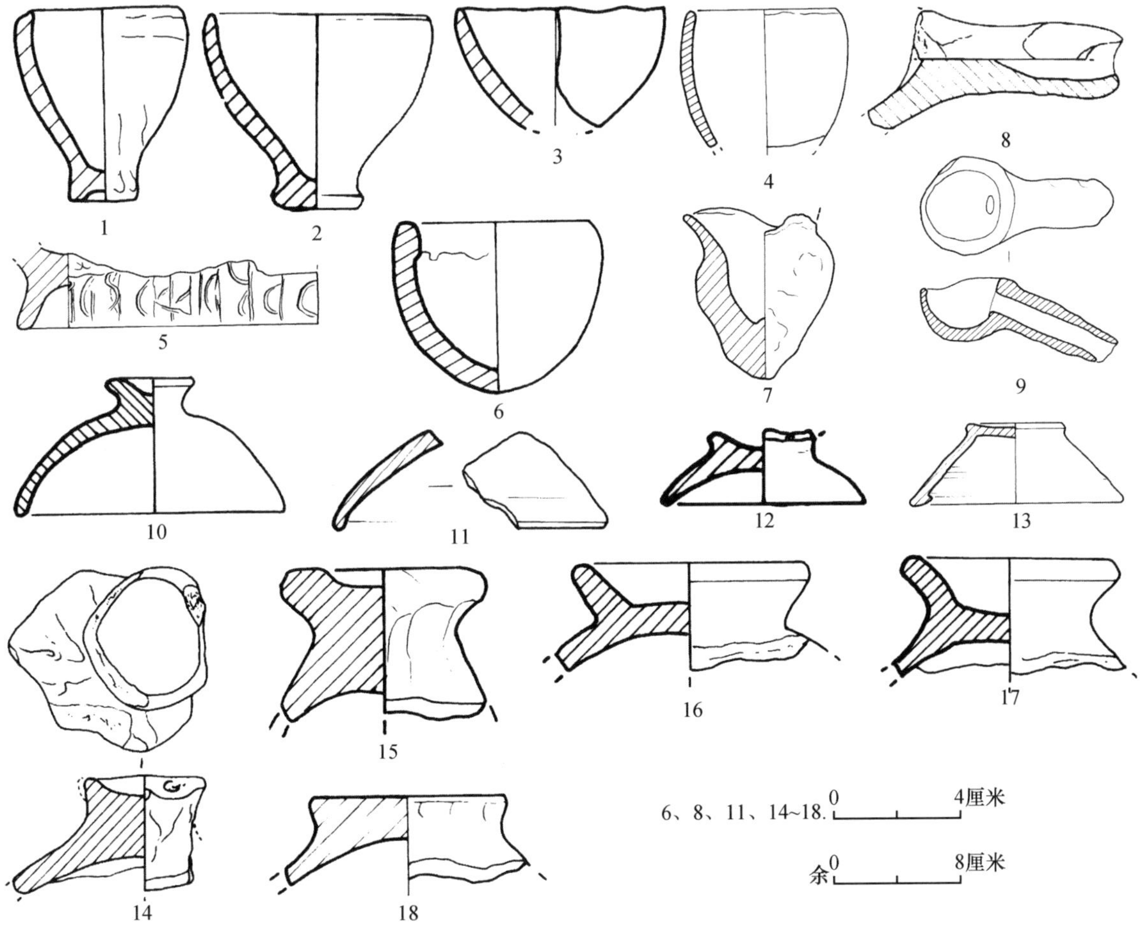

图九〇六　澹井沟文化第三期早段陶器

1~5. 圈足杯（99AT0301㉚：32、00DT0807㉔：3、99AT0201㉔：32、99DT0201㉕：34、99DT0301㉔：105）
6、7. 杯（99DT0201㉕：33、99DT0301㉔：28）　8、9. 勺（99AT0201㉕：58、99DT0201㉗：2）
10~12. A型器盖（99AT0301㉖：20、99DT0201㉛：28、02CT0101⑲：10）　13. B型Ⅰ式器盖（99DT0201㉚：36）
14~18. 盖纽（99AT0201㉕：57、02DDT0102㉔：17、99AT0301㉖：17、99AT0301㉗B：23、99DT0201㉚：30）

制，火候较高。口径6、高5.3厘米（图九〇六，6）。标本99DT0301㉔：28，夹砂红陶，局部灰、黑。素面。喇叭口，圆唇，鼓腹，尖底，口部分残。手制，火候较高。口径4.9、高5.3厘米（图九〇六，7；图版七八，2）。

勺 2件。

标本99AT0201㉕：58，夹细砂灰褐陶，局部红色。素面。柄呈圆柱状，柄端半穿孔，勺部残。手制，火候较高。残长7.8、残高3.7厘米（图九〇六，8）。标本99DT0201㉗：2，夹砂灰陶，局部红、褐。素面，多按抹痕。勺身近圆形，口近直，圆唇，弧腹，圜底；柄呈近圆柱形，中空，微残。手制，火候较高。长12.2、勺身径5、高约4.6厘米（图九〇六，9）。

器盖 21件，11件可分型，盖纽9件。

A型 8件。

标本99AT0301㉖：20，夹砂褐陶，局部灰褐、红褐，里红。素面。矮圈足形纽外撇，盖壁弧，敞口，圆唇，复原。手制，火候一般。口径16.8、足径5.2、高8.4厘米（图九〇六，10）。标本99DT0201㉛：28，夹细砂灰黑陶，里黑。素面。敞口，圆唇，弧壁，残。轮制，火候较高。残宽4.5、残高3厘米（图九〇六，11）。标本02CT0101⑲：10，夹砂红陶，局部黑褐。素面。盖纽残，弧壁，敞口，圆唇。手制，火候较高。口径12.8、残高4.6厘米（图九〇六，12）。

B型 3件。

Ⅰ式：2件。

标本99DT0201㉚：36，夹细砂褐陶，褐胎。器表微有瓦棱纹，内壁瓦棱纹明显。微呈圆饼形捉手、顶微凹，斜壁，敞口，内沿，复原。轮制，火候较高。捉手径6.4、口径13.2、高5厘米（图九〇六，13）。

Ⅱ式：1件。

标本98BT0405⑳：22，夹砂黑陶。素面，多划痕。宝珠形纽，盖壁斜弧，折沿，圆唇，修复。手制轮修，火候较高。口径28.1、高17.7厘米（图版七八，3）。

盖纽 9件。

标本99AT0201㉕：57，夹细砂红陶，有极少粗砂颗粒，灰胎。素面，有手捏痕。纽状捉手呈不规则椭圆形，盖壁斜直，残。手制，火候较高。纽长径4.3、短径3.4、残高4.2厘米（图九〇六，14）。标本02DT0102㉔：17，夹砂红陶，灰胎。素面。圆圈形捉手，盖壁弧，残。手制，火候较高。捉手径6.4、残高4.7厘米（图九〇六，15）。标本99AT0301㉖：17，夹砂黑陶，局部红褐。素面。圈足形纽，圆唇，弧壁，残。轮制，火候较高。纽径7.4、残高3.4厘米（图九〇六，16）。标本99AT0301㉗B：23，夹砂黑陶，局部红。素面。圈足形纽，圆唇，盖壁弧，残。手制轮修，火候较高。纽径6.8、残高3.6厘米（图九〇六，17）。标本99DT0201㉚：30，夹细砂红陶，里局部黑。素面，捉手缘有按捏痕。圆饼形捉手，壁较斜直，残。手制，火候一般。捉手径6、残高2.7厘米（图九〇六，18）。

器座 8件。

A型 3件。

标本99DT0201㉚：31，夹粗砂红褐陶，灰胎。素面，器表多疵痕。座壁外弧，残。手制，火候较高。残宽6.1、残高9.4厘米（图九〇七，1）。

B型　5件。

标本99AT0201㉔：52，夹砂灰黑陶，局部黑。上腹饰凹弦纹、瓦棱纹，下腹饰圆形镂孔。敛口，沿内下斜，圆尖唇，上腹微鼓，下腹较直，平底，复原。轮制，火候较高。口径13.2、底径9.6、高18.4厘米（图九〇七，2）。标本99AT0201㉔：37，夹细砂黑陶。器表饰粗绳纹和镂孔。圆形，曲壁，残。轮制，火候一般。口径16、残高7.6厘米（图九〇七，3）。标本99DT0301㉓A：35，夹砂黑陶，局部灰褐。腹饰粗绳形戳印纹，下腹饰圆形镂孔，内壁多瓦

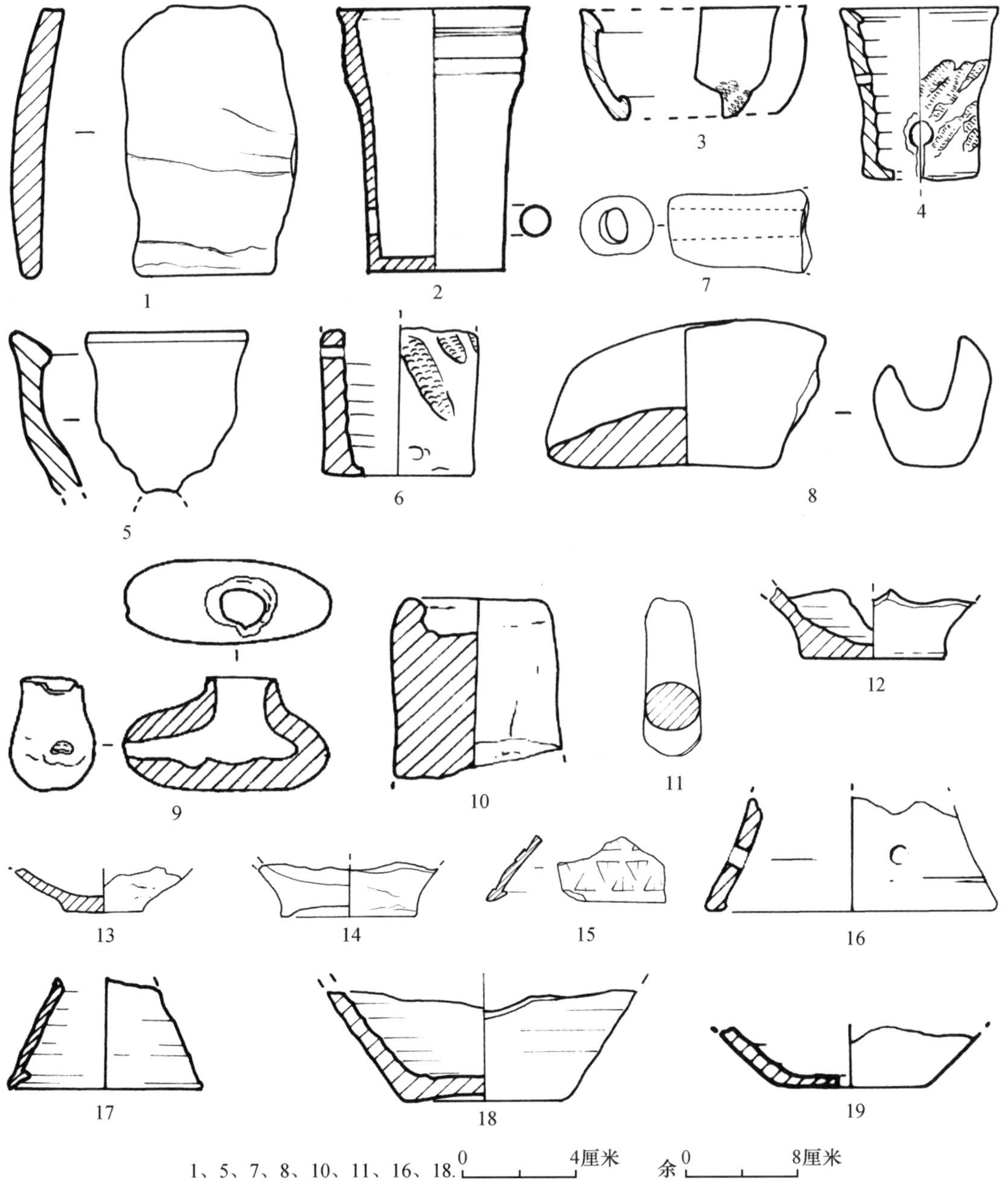

图九〇七　澹井沟文化第三期早段陶器

1. A型器座（99DT0201㉚：31）　2～6. B型器座（99AT0201㉔：52、99AT0201㉔：37、99DT0301㉓A：35、99DT0301㉓A：36、99DT0301㉓A：37）　7. 器流（99AT0201㉔：45）　8. 槽形器（99AT0301㉔：40）　9～11. 不明器（98BT0204㉗：1、00DT0604㉒B：26、02DT0101⑰：8）　12～17. 圈足（99AT0201㉖：25、99DT0202㉜：29、02DT0102㉔：16、99DT0201㉛：47、00DT0604㉒A：43、02AT0101⑳：7）　18、19. 平底（99DT0201㉛：49、02DT0101⑰：9）

棱纹。侈口，折沿外卷、有内沿，圆唇，束腰，底较平，复原。轮制，火候较高。口径11.4、底径8.2、高12厘米（图九〇七，4）。标本99DT0301㉓A：36，夹砂黑陶。腰部饰圆形镂孔。侈口，微有折沿，圆唇，上腹弧，束腰，残。轮制，火候较高。残宽5.8、残高5.6厘米（图九〇七，5）。标本99DT0301㉓A：37，夹砂黑陶，胎局部红褐。下腹饰斜粗绳戳印纹、圆形镂孔，内壁多瓦棱纹。下腹较直，近底处微束，残。轮制，火候较高。底径11、残高10.2厘米（图九〇七，6）。

器流 1件。

标本99AT0201㉔：45，夹细砂褐陶，局部灰色。素面。圆柱状，中空，残。手制，火候较高。长径2.6、短径2、残长5.2厘米（图九〇七，7）。

槽形器 2件。

标本99AT0301㉔：40，夹砂褐陶，局部红、灰褐。纵截面略呈弯月形，横截面略呈“U”形、一侧低，中有凹槽，残。手制，火候较高。残长9.8、宽4.2、高2.5厘米（图九〇七，8）。标本98BT0501㉒：1，夹砂灰黑陶，红胎。素面。器身凹槽，纵截面略呈弯月形，横截面略呈“U”形，残。手制，火候较高。残长16.6、宽6.8、高7.4厘米（图版七八，4）。

不明器 5件。

标本98BT0204㉗：1，夹砂红陶，局部、胎灰黑。素面。形近似潜艇，顶近中部有椭圆形直口，圆唇，前端有半圆形穿孔，中空，复原。手制，火候较高。长14、宽6、高7.8厘米（图九〇七，9；图版七九，1）。标本00DT0604㉒B：26，夹细砂红陶，局部灰。素面。残剩部分近圆柱形，端部内凹，残。手制，火候一般。端部直径4.8、残高6.3厘米（图九〇七，10）。标本02DT0101⑰：8，夹砂红陶。素面。近扁圆柱形，微残。手制，火候一般。残长5.5、长径约2、短径约1.7厘米（图九〇七，11）。

圈足 14件。

标本99AT0201㉖：25，夹细砂褐陶，胎、里灰黑色。素面，内底有轮制旋痕。下腹内弧，平底、假圈足，残。底径10、残高5厘米（图九〇七，12）。标本99DT0202㉜：29，夹细砂红陶，胎红夹褐。素面。下腹弧收，假圈足、小平底。手制，火候较高。底径5.4、残高3.1厘米（图九〇七，13）。标本02DT0102㉔：16，夹砂红陶，灰胎。素面，器表多刮抹痕。下腹弧收，矮圈足外撇，残。手制，火候较高。足径9.4、残高3.7厘米（图九〇七，14）。标本99DT0201㉛：47，夹细砂黑陶，红褐胎。圈足部饰三角形戳印纹。圈足斜直外撇，残。轮制，火候较高。残宽3.8、残高2.3厘米（图九〇七，15）。标本00DT0604㉒A：43，夹粗砂灰陶，灰黑胎。圈足下部饰圆形镂孔、局部饰凹弦纹。喇叭形，残。轮制，火候高。足径10.3、残高4厘米（图九〇七，16）。标本02AT0101⑳：7，夹砂黑陶，局部黄褐，红褐胎。器表、里饰瓦棱纹。高圈足，壁较斜直，残。轮制，火候较高。足径13.6、残高7.6厘米（图九〇七，17）。

平底 18件。

标本99DT0201㉛：49，夹细砂黑陶，红褐胎。器表多瓦棱纹。下腹斜直内收，底微凹，残。轮制，火候较高。底径5.6、残高3.8厘米（图九〇七，18）。标本02DT0101⑰：9，夹砂黑陶，红胎。素面，内壁微有瓦棱纹。下腹斜收，平底，残。盘筑，火候较高。底径11.2、残高4.2厘米（图九〇七，19）。

拍　9件。

A型　4件。

标本99AT0201㉖：24，夹粗砂红陶，灰胎。素面，拍面上有刮抹痕。圆饼形，残。手制，火候较高。直径16.8、残高2厘米（图九〇八，1）。标本99AT0201㉕：61，夹粗砂褐陶，局部红、灰，胎灰色。素面。圆饼形，拍面较平，背中部渐收隆起成捉手，残。手制，火候较高。直径15.4、残高3.4厘米（图九〇八，2）。

B型　5件。

标本98BT0504㉑：24，泥质红褐陶，黑褐胎，拍面红。素面，多疵痕。圆饼形，拍面微凹，背中部有圆柱形柄，残。手制，火候较高。直径20、残高4.2厘米（图九〇八，3）。标本99AT0301㉕：42，夹砂红褐陶，局部褐，黑褐胎。素面。圆饼形，圆唇，拍面微凹，残。手制，火候较高。直径16、残高2.4厘米（图九〇八，4）。标本99DT0301㉔：103，夹砂红陶，局部黑，灰胎。素面。圆饼形，圆唇，拍面微凹，背中部有圆柱形捉手，残。手制，火候较高。直径15.6、残高3.6厘米（图九〇八，5）。标本99DT0202㉖：43，夹细砂红褐陶，黑胎，里灰黑。素面。圆柱形柄、平顶，拍面微凹，残。手制，火候较高。残高6厘米（图九〇八，6）。

纺轮　12件。

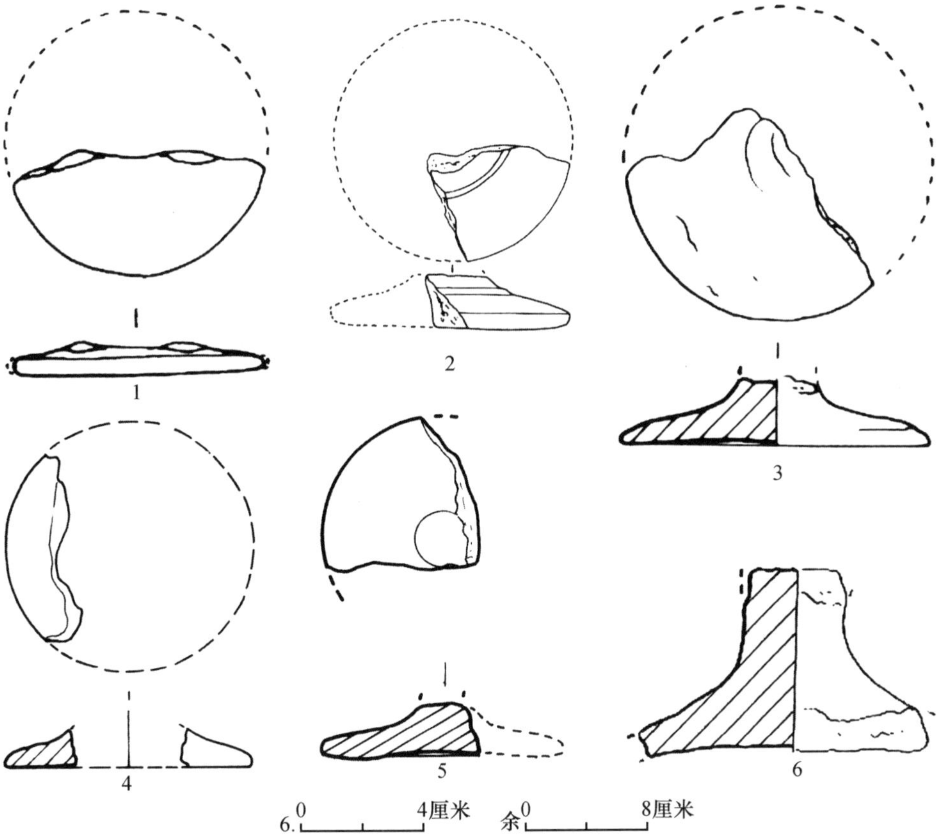

图九〇八　湝井沟文化第三期早段陶器

1、2. A型拍（99AT0201㉖：24、99AT0201㉕：61）　3～6. B型拍（98BT0504㉑：24、99AT0301㉕：42、99DT0301㉔：103、99DT0202㉖：43）

A型　3件，2件可分亚型。

Aa型　2件。

标本99AT0301㉘：1，夹细砂灰黑陶。素面。截面呈梯形，顶微凹，腰较斜，平底，圆形穿，微残。手制，火候较高。直径3.1、孔径0.3、高1.9厘米（图版七九，2）。

B型　3件。

标本99DT0201㉘：2，泥质黑陶。腰部饰凹棱纹。截面略呈三角形，顶略弧，斜腰，平底，中部圆形穿，微残。轮制，火候较高。最大径3.4、高1.6厘米（图版七九，3）。

C型　3件。

Ca型　1件。

标本99DT0201㉚：36，泥质红陶。素面。圆珠形，中部圆穿，微残。手制，火候较高。最大径2.2、高2.5厘米（图九〇九，1）。

Cb型　2件。

标本99AT0201㉕：30，夹砂红陶，局部褐。腰部竖刮略呈瓜棱形。算珠形，顶、底弧，鼓腰，中部圆形穿，微残。手制，火候较高。最大径2.9、穿径0.4、高2.1厘米（图九〇九，2）。标本99DT0201㉚：5，泥质黑陶，红胎。素面。算珠形，鼓腰，中部圆穿，微残。轮制，火候较高。最大径2.8、高2.1厘米（图九〇九，3）。标本99DT0202㉗：2，夹细砂黑陶。器表饰凹弦纹。算珠形，中部穿孔，完整。轮制，火候一般。直径3.1、高2.3厘米（图九〇九，4）。

E型　3件。

Ea型　1件。

标本98AT0103㉕：1，夹砂褐陶，局部灰，红胎，里黑。素面。圆形，中部圆形穿，微残。边磨制。直径6.8、穿径0.9、厚1.5厘米（图九〇九，5）。

Eb型　2件。

标本99AT0201㉖：1，夹砂黑陶，红胎。表面饰直、弧形暗纹。平面圆形，完整。手制，火候较高。直径约3.8、厚0.8厘米（图九〇九，6）。标本02DT0101⑱：4，泥质黑陶。素面，表面有划痕。平面圆形，完整。用陶片周边磨制而成，火候高。直径4.4、厚0.8厘米（图九〇九，7）。

网坠　104件。

A型　49件。

标本98BT0404㉑：8，泥质红陶。素面。细管形，圆形穿，微残。手制，火候较高。残长4.9、直径1.2厘米（图九〇九，8）。标本99AT0201㉖：6，泥质红褐陶，局部褐。素面。细管形，中空，完整。手制，火候较高。长4.2、直径1.1厘米（图九〇九，9）。

B型　55件。

标本98AT0103㉓：3，夹细砂灰褐陶。素面。管状，两端略小。手制，火候高。长5、最大径1.5厘米（图九〇九，10）。标本99AT0201㉖：9，泥质红陶，局部褐。素面。管形，中部较粗，中空，完整。手制，火候较高。长5.7、最大径1.7厘米（图九〇九，11）。标本

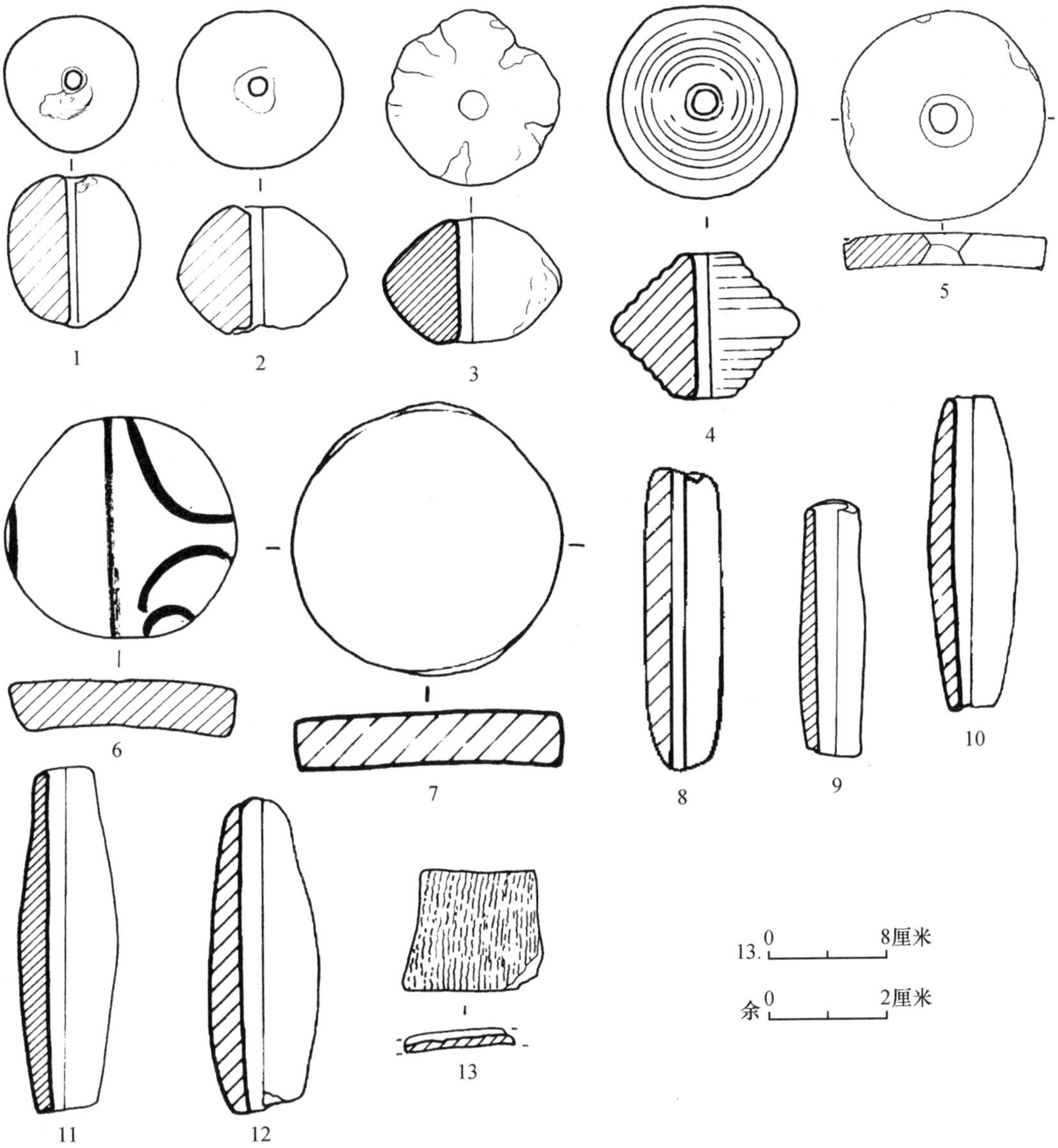

图九〇九　湆井沟文化第三期早段陶器

1. Ca型纺轮（99DT0201㉚：36）　2～4. Cb型纺轮（99AT0201㉕：30、99DT0201㉚：5、99DT0202㉗：2）　5. Ea型纺轮（98AT0103㉕：1）　6、7. Eb型纺轮（99AT0201㉖：1、02DT0101⑱：4）　8、9. A型网坠（98BT0404㉑：8、99AT0201㉖：6）　10～12. B型网坠（98AT0103㉓：3、99AT0201㉖：9、00DT0604㉑：1）　13. 板瓦（99AT0301㉕：44）

00DT0604㉑：1，夹细砂灰黑陶。素面。管状，中部略粗，中空，残。手制，火候较高。残长5.1、最大径1.7厘米（图九〇九，12）。

板瓦　1件。

标本99AT0301㉕：44，夹砂灰褐陶，局部灰黑。器表饰绳纹。略横弧，面微凹，残。手制，火候较高。残长8、残宽9、厚0.6厘米（图九〇九，13）。

玩具　1件。

标本99AT0301㉛：1，泥质褐陶，局部红。素面。近圆柱形，顶、底内凹，完整。手制。直径2.4、高2.4厘米（图版七九，4）。

2. 中段

出土陶器较早段减少较多，参加分类排队的陶器6661件。陶质、陶色、纹饰、制法、火候、器类等与早段大致相同，极少泥质陶，在纹饰方面增加了少量波浪纹、瓦棱纹等，有器类的增减和型式与数量的变化。

（1）陶系

以98AT0103㉒、99AT0201㉒、02BT0201⑮为典型单位，介绍如下：

98AT0103㉒

共出陶器175件。陶质全为夹砂，以夹细砂为主，占93.71%，夹粗砂较少，占6.29%。陶色以褐、灰陶为主，占38.86%和37.14%，次为红陶，占14.86%，黑陶最少，占9.14%。器面以纹面为主，占91.29%，素面较少，占9.71%。纹饰以绳纹为主，占81.72%，次为复合纹，占6.29%，凹弦纹、戳印纹、镂孔等很少。器类以罐为主，占86.86%，釜、甑、钵、尖底盏、纺轮等很少，有5.71%的腹片不明器形（表一八二）。

表一八二　98AT0103㉒出土陶器统计表

陶质	夹细砂				夹粗砂				合计	%
陶色	灰	红	黑	褐	灰	红	黑	褐		
纹饰/器类										
粗绳纹	53	22	4	50				2	131	74.86
绳纹	5		3	1				3	12	6.86
凹弦纹			1						1	0.57
戳印纹		2							2	1.14
复合纹	3	2		6					11	6.29
镂孔	1								1	0.57
素面	3		8					6	17	9.71
合计	65	26	16	57				11	175	100
%	37.14	14.86	9.14	32.57				6.29	100	
罐	1	1	1					3	6	3.43
花边圜底罐	59	24	3	55					141	80.57
齿唇罐				1				4	5	2.86
釜/甑			3					1	4	2.29
钵	1		3						4	2.29
尖底盏	1		3						4	2.29
纺轮		1							1	0.57
不明腹片	3		3	1				3	10	5.71

99AT0201㉒

共出陶器259件。陶质全为夹砂。陶色以褐陶为主，占44.79%，次为灰陶，占30.12%，红、黑陶较少，各占12.74%和12.36%。器表以纹面为主，占65.25%，素面较多，占34.75%。

纹饰以绳纹为主，占55.22%，次为复合纹和凹弦纹，各占3.47%和3.09%，方格纹、划纹、暗纹较少。器类以罐为主，占68.57%，缸、尊形器、釜、甗、钵、尖底盏、器盖、器座等很少，有11.20%的腹片难辨器形（表一八三）。

表一八三　99AT0201㉒出土陶器统计表

陶质	夹砂				合计	%
陶色	灰	红	黑	褐		
纹饰/器类						
粗绳纹	19	5	1	17	42	16.22
绳纹	29	12	5	55	101	39.00
方格纹	2			1	3	1.16
凹弦纹	7		1		8	3.09
划纹	1				1	0.39
复合纹	3	2	1	3	9	3.47
暗纹	1		2	2	5	1.93
素面	16	14	22	38	90	34.75
合计	78	33	32	116	259	100
%	30.12	12.74	12.36	44.79	100	
罐	8	6	6	12	32	12.36
花边圜底罐	36	9	3	41	89	35.36
罐	7	4		11	22	8.49
盘口罐				1	1	0.39
齿唇罐	1	6	2	22	31	11.97
尊/缸	1			1	2	0.78
釜/甗	1	1	3	6	11	4.25
钵	7		2	2	11	4.25
尖底盏	5		8	4	17	6.56
盖	1			1	2	0.77
器座		1			1	0.39
鋬				1	1	0.39
纺轮			1		1	0.39
器底	2	2	3	2	9	3.47
不明腹片	9	4	4	12	29	11.20

02BT0201⑮

共出陶器205件。陶质全为夹砂。陶色以灰陶为主，占73.17%，次为红陶，占24.88%，黑陶很少，占1.95%。器面以纹面为主，占92.20%，素面很少，占7.80%。纹饰以绳纹为主，占89.76%，暗纹很少。器类以罐为主，占75.61%，缸、瓮、甗、釜、豆、钵、尖底盏、拍等很少（表一八四）。

表一八四 02BT0201⑮出土陶器统计表

陶质	夹砂				合计	%
陶色	灰	红	黑	褐		
纹饰/器类						
粗绳纹	121	26			147	71.71
绳纹	13	20	4		37	18.05
暗纹	5				5	2.44
素面	11	5			16	7.80
合计	150	51	4		205	100
%	73.17	24.88	1.95		100	
罐	5				5	2.44
束颈圜底罐	112	26			138	67.32
敛口圜底罐	9				9	4.39
齿唇罐		3			3	1.46
缸	1				1	0.49
瓮	3	2			5	2.44
齿唇瓮	3	7			10	4.88
甗		2			2	0.98
豆	1				1	0.49
罐形釜	9	8			17	8.29
盆形釜			4		4	1.95
钵	3				3	1.46
尖底盏	2	1			3	1.46
拍		1			1	0.49
器底	2	1			3	1.46

（2）器类

辫唇缸 4件。

A型 2件。Ⅱ式。

标本99AT0101㉒：3，夹粗砂红陶，局部褐。唇部戳按呈辫唇波浪形，器表多竖抹痕。侈口，束颈，残。手制，火候较高。残宽12.2、残高8.7厘米（图九一〇，1）。标本99DT0202㉒：96，夹粗砂红陶。唇外部戳按略呈波浪形，领部多按抹痕，腹饰粗绳纹。侈口，束领，残。手制，火候不高。残宽9.2、残高9厘米（图九一〇，2）。

B型 2件。

标本00DT0605㉒：15，夹粗砂红陶，局部黑，灰胎，里浅黄。唇部戳按呈波浪形，沿上部饰圆形镂孔，肩部饰斜绳纹，腹部饰交错绳纹。侈口，卷沿，溜肩，鼓腹，残。手制，火候较高。残宽17.6、残高16.4厘米（图九一〇，3）。

齿唇缸 21件，20件可分型。

A型 5件。

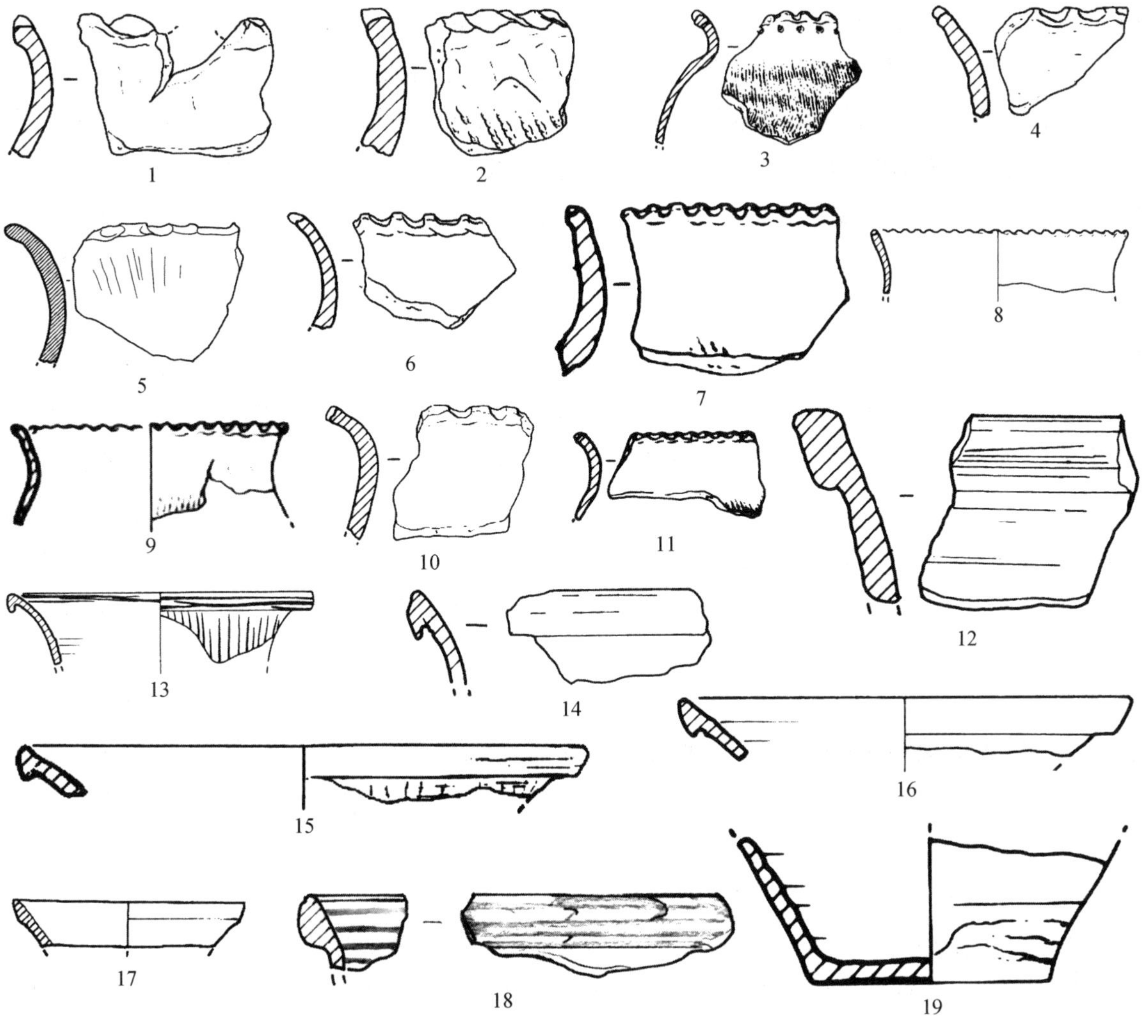

图九一〇　潴井沟文化第三期中段陶器

1、2. A型Ⅱ式辫唇缸（99AT0101㉒：3、99DT0202㉒：96） 3. B型辫唇缸（00DT0605㉒：15） 4、5. A型Ⅰ齿唇缸（99AT0101㉒：2、99DT0202㉒：91） 6. A型Ⅱ式齿唇缸（99DT0202㉒：92） 7. Ba型Ⅰ式齿唇缸（02BT0201⑮：17） 8、9. Ba型Ⅱ式齿唇缸（99DT0201㉔：52、02BT0201⑮：15） 10、11. Bb型齿唇缸（00DT0705⑱：11、02BT0201⑮：16） 12. 大口缸（99AT0301⑳：61） 13、14. A型Ⅱ式缸（99DT0201㉓：92、99AT0301㉒：54） 15、16. A型Ⅲ式缸（99AT0101㉔：21、99DT0201㉓：91） 17、18. B型缸（99AT0201㉓：21、02AT0101⑯：12） 19. 缸底（02CT0101⑱：43）

Ⅰ式：3件。

标本99AT0101㉒：2，夹砂灰褐陶，里部分红褐。唇部戳刮呈波浪形齿，器表饰篮纹。喇叭口，残。手制，火候较高。残宽8.2、残高6.6厘米（图九一〇，4）。标本99DT0202㉒：91，夹细砂灰褐陶，局部红褐，黑胎。唇部戳刮呈波浪形。侈口，卷沿外翻，束领，残。手制，火候较高。残宽10.9、残高8.4厘米（图九一〇，5）。

Ⅱ式：2件。

标本99DT0202㉒：92，夹细砂黑陶，胎红夹黑，里红褐。唇部戳刮呈波浪形。侈口，卷沿，束领，残。手制，火候较高。残宽10、残高7厘米（图九一〇，6）。

B型　15件。

Ba型　8件。

Ⅰ式：1件。

标本02BT0201⑮：17，夹粗砂红褐陶，局部、胎黑。唇部戳按呈波浪形齿。侈口，领微斜，有肩，残。手制，火候较高。残宽13.8、残高10.4厘米（图九一〇，7）。

Ⅱ式：7件。

标本99DT0201㉔：52，夹粗砂红褐陶，局部红，胎红夹黑。唇部戳按呈较深波浪形。侈口，外斜领，残。手制，火候较高。口径32、残高7.8厘米（图九一〇，8）。标本02BT0201⑮：15，夹粗砂灰褐陶，局部褐、黑。唇部戳按呈波浪形齿，肩饰竖中粗绳纹。侈口，领外斜，斜肩，残。手制，火候较高。口径34.4、残高12厘米（图九一〇，9）。

Bb型　7件。

标本00DT0705⑱：11，夹粗砂黑陶。唇部按压呈波浪形齿。侈口，卷沿外翻，残。手制，火候较高。残宽8.7、残高8.2厘米（图九一〇，10）。标本02BT0201⑮：16，夹粗砂红褐陶，局部红，胎红夹灰褐。唇部戳按呈波浪形齿，肩饰斜中粗绳纹。侈口，束领，溜肩，残。手制，火候较高。残宽18.8、残高10.8厘米（图九一〇，11）。

大口缸　3件。

标本99AT0301⑳：61，泥质灰褐陶，局部褐，胎、里红。外沿、上腹饰细凹弦纹，内壁磨光。敞口，外沿较宽，圆唇，上腹斜直内收，残。轮制，火候高。残宽6.7、残高6厘米（图九一〇，12）。

缸　50件，42件可分型。

A型　26件。

Ⅱ式：11件。

标本99DT0201㉓：92，夹细砂灰黑陶，胎褐夹灰黑。外沿、器表、内沿饰暗纹。喇叭口，外沿下垂，圆唇，残。轮制，火候高。口径37.6、残高8.6厘米（图九一〇，13）。标本99AT0301㉒：54，夹砂灰褐陶，灰黑胎。素面。喇叭口，外沿较宽、微凸，圆唇，残。轮制，火候高。残宽12.6、残高5.6厘米（图九一〇，14）。

Ⅲ式：15件。

标本99AT0101㉔：21，夹砂褐陶，胎褐夹灰。沿面饰横暗纹，领饰竖暗纹，内沿磨光。喇叭口，窄外沿，圆唇，残。轮制，火候高。口径35.2、残高2.8厘米（图九一〇，15）。标本99DT0201㉓：91，夹细砂灰黑陶，灰胎。素面。喇叭口，圆唇，残。轮制，火候高。口径28、残高3.6厘米（图九一〇，16）。

B型　16件。

标本99AT0201㉓：21，夹砂灰褐陶。素面。敞口，微有较宽外沿，圆唇，领上部斜直，残。盘筑轮修，火候较高。口径28.4、残高5.4厘米（图九一〇，17）。标本02AT0101⑯：12，夹砂黑陶，胎褐夹灰。内外沿饰横暗纹和朱砂。侈口，外沿较宽，圆唇，残。轮制，火候高。残宽16.4、残高4.8厘米（图九一〇，18）。

缸底　4件。

标本02CT0101⑱：43，夹砂黑陶，褐胎，里灰。下腹饰暗纹。下腹斜收，底微凹。轮制，火候较高。底径14.4、残高8.8厘米（图九一〇，19）。

辫唇瓮　16件。

A型　15件。

Ⅱ式：4件。

标本00DT0604⑱：10，夹粗砂红陶，局部、胎灰。唇部按抹呈波浪形，肩部饰粗绳纹。侈口，卷沿，溜肩，残。手制，火候较高。残宽10、残高8.8厘米（图九一一，1）。标本00DT0604⑳：44，夹粗砂红陶，灰褐胎。唇部刮抹略呈辫绳波浪形。侈口，卷沿，残。手制，火候较高。残宽12.4、残高6.8厘米（图九一一，2）。

Ⅲ式：11件。

标本00DT0604⑳：43，夹粗砂红陶，灰胎。唇部按抹呈波浪形。侈口，卷沿外翻，有

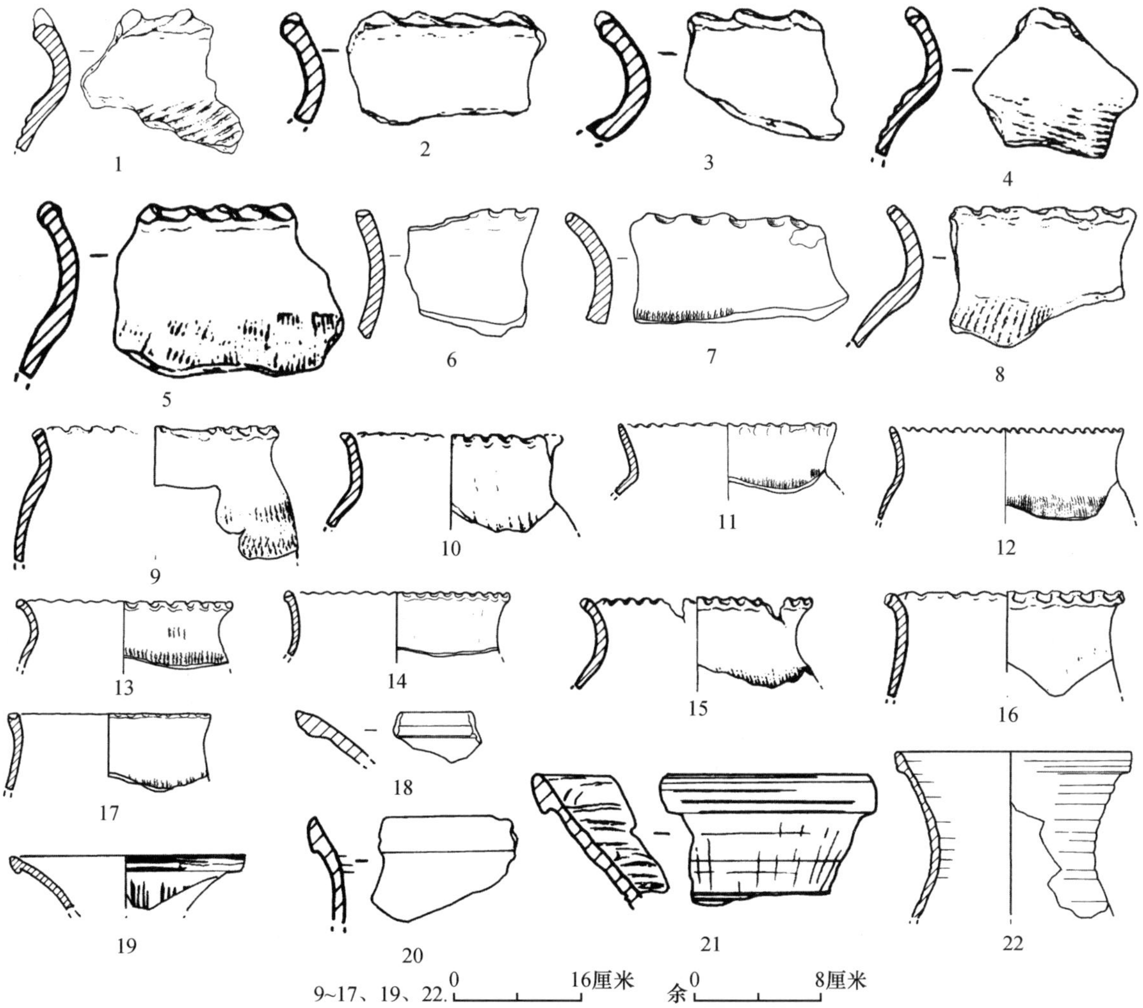

图九一一　畓井沟文化第三期中段陶器

1、2. A型Ⅱ式辫唇瓮（00DT0604⑱：10、00DT0604⑳：44）　3、4. A型Ⅲ式辫唇瓮（00DT0604⑳：43、00DT0605㉒：13）　5. B型辫唇瓮（00DT0605㉒：14）　6. A型Ⅰ式齿唇瓮（99DT0201㉔：51）　7、8. A型Ⅱ式齿唇瓮（99DT0202㉔：28、99DT0202㉒：86）　9～11. Ba型Ⅰ式齿唇瓮（98AT0103㉑：6、98BT0504⑲：12、99DT0201㉓：24）　12、13. Ba型Ⅱ式齿唇瓮（99DT0201㉔：53、99DT0201㉒：16）　14、15. Bb型齿唇瓮（99DT0201㉔：54、02CT0101⑱：25）　16、17. Bc型齿唇瓮（98AT0103㉑：2、99DT0201㉓：25）　18. Ⅰ式高领瓮（99DT0301㉑：8）　19、20. Ⅱ式高领瓮（02DT0102⑱：18、99DT0301㉑：9）　21、22. Ⅲ式高领瓮（99AT0301㉑：29、99AT0301㉑：30）

肩，残。手制，火候较高。残宽10、残高8厘米（图九一一，3）。标本00DT0605㉒：13，夹粗砂红陶，灰胎。唇部按抹略呈辫绳波浪形，肩部饰中粗绳纹。侈口，卷沿，溜肩，残。手制，火候较高。残宽10.2、残高9.2厘米（图九一一，4）。

B型　1件。

标本00DT0605㉒：14，夹粗砂红陶，灰胎。唇部刮抹略呈辫绳波浪形，肩部饰绳纹，局部按抹呈细线。侈口，卷沿，溜肩，残。手制，火候较高。残宽14、残高10.6厘米（图九一一，5）。

齿唇瓮　188件。

A型　48件，13件可分式。

Ⅰ式：9件。

标本99DT0201㉔：51，夹细砂黑陶，局部、胎褐。唇部戳按略呈波浪形，器表多竖向按抹痕。侈口，束领，残。手制，火候较高。残宽8.3、残高7.8厘米（图九一一，6）。

Ⅱ式：4件。

标本99DT0202㉔：28，夹砂黑陶，局部灰褐。唇部戳按呈齿状，腹饰竖绳纹。侈口，领外翻，残。手制，火候较高。残宽13.4、残高6.7厘米（图九一一，7）。标本99DT0202㉒：86，夹细砂黑陶，黑褐胎。唇戳刮呈波浪形，肩饰中粗绳纹。侈口，卷沿，溜肩，残。手制，火候较高。残宽11.6、残高8.6厘米（图九一一，8）。

B型　140件，138件可分亚型。

Ba型　66件。

Ⅰ式：14件。

标本98AT0103㉑：6，夹粗砂红陶，灰黑胎。唇部戳按呈齿状，腹饰竖绳纹，器内外壁有刮抹、按抹痕。侈口，矮领外斜，溜肩，鼓腹，残。手制，火候较高。口径30.6、残高16.6厘米（图九一一，9）。标本98BT0504⑲：12，夹粗砂红陶，局部褐，黑胎。唇部戳按成齿，肩饰竖粗绳纹。侈口，领较高、微外斜，溜肩，残。手制，火候较高。口径27.2、残高12厘米（图九一一，10）。标本99DT0201㉓：24，夹粗砂红陶，局部灰、黑，胎黑。唇部戳刮略呈波浪形，肩部饰竖绳纹。侈口，领较高、外斜，有肩，残。手制，火候较高。口径26.8、残高8.6厘米（图九一一，11）。

Ⅱ式：52件。

标本99DT0201㉔：53，夹粗砂红陶，胎黑、褐。唇部戳按呈较深波浪形，腹饰竖绳纹，器表多灰白色附着物。侈口，外斜领，鼓腹，残。手制，火候较高。口径29.2、残高11.2厘米（图九一一，12）。标本99DT0201㉒：16，夹砂红陶，局部、胎黑，里褐。唇部戳按略呈波浪形齿，腹饰竖粗绳纹。侈口，卷沿，鼓腹，残。手制，火候较高。口径26.8、残高8.2厘米（图九一一，13）。

Bb型　56件。

标本99DT0201㉔：54，夹粗砂红褐陶，口部黑，灰胎。唇部按压呈波浪形，器表多竖向按抹痕。侈口，领微束，残。手制，火候较高。口径28、残高8厘米（图九一一，14）。标本02CT0101⑱：25，夹粗砂红褐陶，局部灰褐。唇部戳按成尖齿，肩饰竖中粗绳纹。侈口，束领，溜肩，残。手制，火候较高。口径28.4、残高11.2厘米（图九一一，15）。

Bc型　16件。

标本98AT0103㉑：2，夹粗砂红陶，里黑。唇部戳印深凹窝呈齿状，器表饰竖绳纹、有刮削痕，内壁有按抹痕。侈口，卷沿，上腹微束，下腹鼓，残。手制，火候一般。口径30、残高12.9厘米（图九一一，16）。标本99DT0201㉓：25，夹粗砂褐陶，局部、胎灰黑。唇部饰戳印纹，腹部饰竖绳纹。侈口，卷沿，方唇，鼓腹，残。手制，火候较高。口径25.2、残高9.2厘米（图九一一，17）。

高领瓮　28件，26件可分式。

Ⅰ式：3件。

标本99DT0301㉑：8，泥质灰黑陶，灰胎。素面。喇叭口，外沿较宽、折，外沿面微凹，圆唇，残。轮制，火候高。残宽5.4、残高3.2厘米（图九一一，18）。

Ⅱ式：7件。

标本02DT0102⑱：18，夹砂黑陶，胎褐夹灰。唇面饰横暗纹，领饰竖暗纹。喇叭口，外沿窄，圆唇，残。轮制，火候较高。口径29.2、残高6.6厘米（图九一一，19）。标本99DT0301㉑：9，夹砂黑陶，红褐胎。素面。侈口，外沿较宽、内沿面微凹，圆唇，束领，残。轮制，火候较高。残宽9.2、残高6.2厘米（图九一一，20）。

Ⅲ式：16件。

标本99AT0301㉑：29，夹砂灰褐陶，灰胎。外沿饰横暗纹，领饰竖暗纹，领下部饰凹弦纹两周，内壁饰暗纹。喇叭口，外沿较宽，圆唇，内壁凹，残。轮制，火候高。残宽13.4、残高8厘米（图九一一，21）。标本99AT0301㉑：30，夹砂灰褐陶，胎褐夹灰，里灰黑。领饰瓦棱纹。喇叭口，外沿较宽、下部微凹，圆唇，领下部束，残。轮制，火候高。口径29.6、残高20.4厘米（图九一一，22）。

中领瓮　4件。

A型　1件。

标本02AT0101⑯：13，夹砂黑陶，红褐胎。素面。侈口，沿面微凹，唇面微凹，束微束，有肩，残。轮制，火候较高。残宽11.2、残高7.6厘米（图九一二，1）。

B型　3件。

标本99AT0301⑳：56，夹砂灰黑陶，局部、里黑。肩、腹饰斜中粗绳纹，领多竖抹痕。侈口，微有平折沿、沿面微凹，圆唇，束领，溜肩，鼓腹，残。手制轮修，火候较高。口径22、残高16.4厘米（图九一二，2）。标本99DT0301㉒：58，夹砂黑陶，胎黑夹灰。领饰竖暗纹。侈口，外沿较窄，圆唇，束领，残。轮制，火候较高。残宽15.2、残高8.2厘米（图九一二，3）。

矮领瓮　76件，69件可分型。

A型　8件。

Aa型　5件。

标本99AT0301⑳：51，夹砂黑陶，局部、胎红褐。肩饰斜中粗绳纹。侈口，外沿较窄，圆唇，领微束，斜肩，残。轮制，火候高。残宽9.8、残高6.8厘米（图九一二，4）。标本

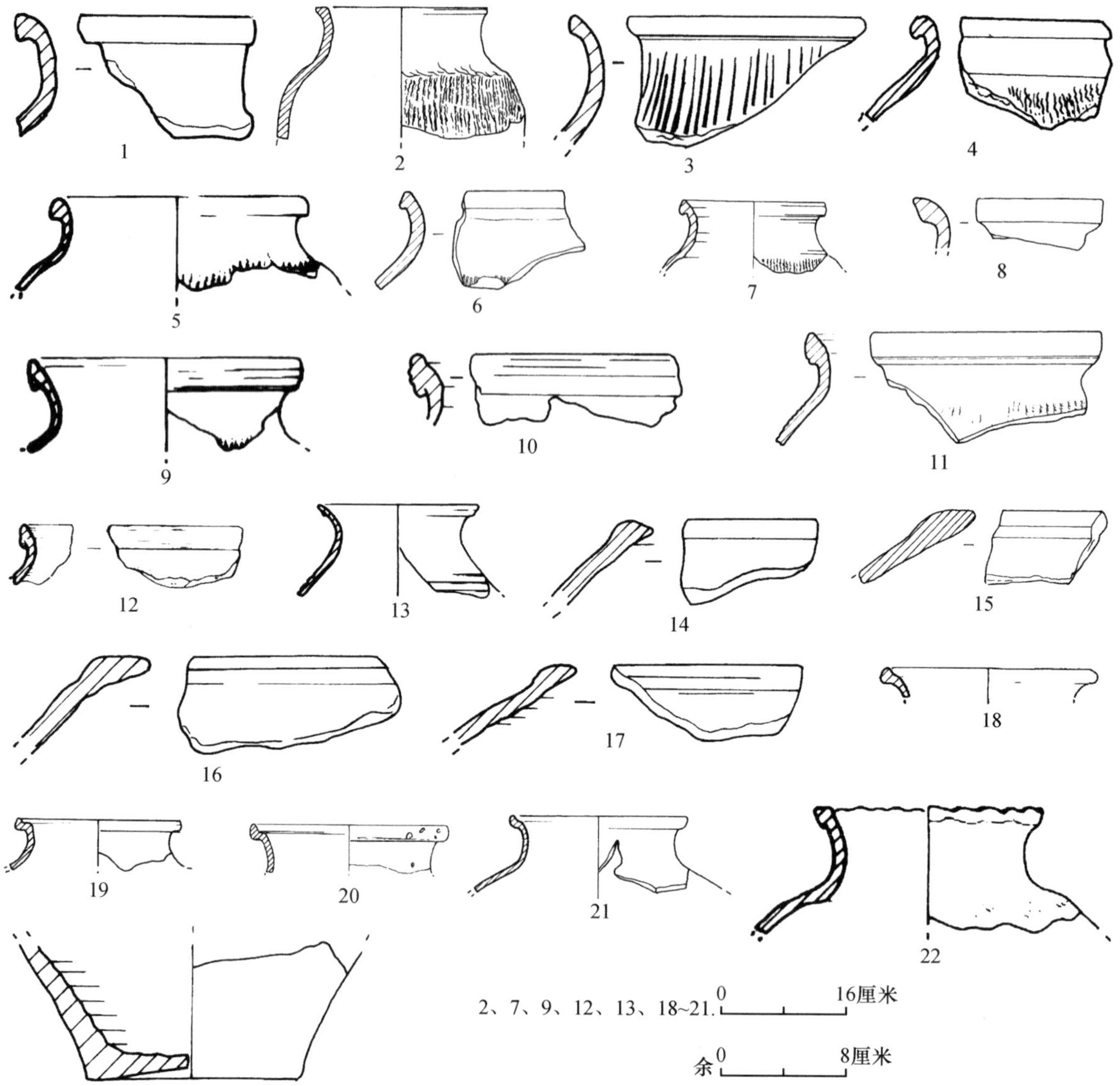

图九一二 瓮井沟文化第三期中段陶器

1. A型中领瓮（02AT0101⑯：13） 2、3. B型中领瓮（99AT0301⑳：56、99DT0301㉒：58） 4、5. Aa型矮领瓮（99AT0301⑳：51、00DT0705⑱：10） 6、7. Ab型Ⅰ式矮领瓮（99DT0201㉓：83、99DT0301㉒：59） 8. Ab型Ⅱ式矮领瓮（99DT0201㉒：38） 9、10. B型Ⅰ式矮领瓮（02CT0101⑱：22、99AT0301㉒：56） 11～13. B型Ⅱ式矮领瓮（99DT0201㉔：72、02BT0101⑱：30、02BT0201⑮：42） 14. A型Ⅰ式敛口瓮（99DT0301㉒：61） 15、16. A型Ⅱ式敛口瓮（99AT0301⑳：48、99DT0301⑲：15） 17. B型敛口瓮（99AT0301㉒：63） 18、19. Ⅰ式盘口瓮（99AT0101㉓：22、02AT0101⑱：6） 20、21. Ⅱ式盘口瓮（99AT0201㉓：20、99DT0201㉔：65） 22. Ⅰ式按唇瓮（00DT0705⑱：9） 23. 瓮底（99DT0301⑲：16）

00DT0705⑱：10，夹细砂黑陶，红褐胎。肩部饰竖绳纹。侈口，卷沿，圆唇，矮领，溜肩，残。轮制，火候较高。口径16.4、残高5.8厘米（图九一二，5）。标本99DT0202㉔：44，夹砂褐陶，灰黑胎。领饰竖暗纹，肩饰“山”形、波浪形暗纹，口沿、外壁磨光。侈口，卷沿，圆唇，矮束领，广肩，残。轮制，火候较高。口径36.9、残高17.2厘米（图版八一，1）。

Ab型 3件。

Ⅰ式：2件。

标本99DT0201㉓：83，夹细砂红陶，胎红夹灰黑。肩部饰绳纹。侈口，卷沿，外沿外凸，唇面微凹，矮领微束，广肩，残。轮制，火候高。残宽8.4、残高6.1厘米（图九一二，6）。标本99DT0301㉒：59，夹砂黑陶，红胎，里褐。肩饰竖中粗绳纹，领内壁多瓦棱纹。侈口，外沿较窄，唇面微凹，束领，圆肩，残。轮制，火候较高。口径18.6、残高8.8厘米（图九一二，7）。

Ⅱ式：1件。

标本99DT0201㉒：38，夹粗砂红陶，局部、胎黑。素面。侈口，卷沿外翻，圆唇，微束领，残。轮制，火候高。残宽8、残高3.2厘米（图九一二，8）。

B型　61件。

Ⅰ式：16件。

标本02CT0101⑱：22，夹粗砂灰褐陶，局部、胎灰。外沿饰瓦棱纹，肩饰竖绳纹。侈口，卷沿，内沿微凹，圆唇，束颈，有肩，残。轮制，火候较高。口径35.2、残高11.6厘米（图九一二，9）。标本99AT0301㉒：56，夹砂黑陶，红褐胎。外沿饰瓦棱纹。侈口，卷沿，外沿较宽，束领，残。轮制，火候较高。残宽13.2、残高4.4厘米（图九一二，10）。

Ⅱ式：45件。

标本99DT0201㉔：72，夹细砂黑陶，胎褐夹灰。外下沿饰凹弦纹，肩部饰竖粗绳纹。侈口，卷沿、沿面微凹，圆唇，矮领，斜肩，残。轮制，火候高。残宽14.7、残高7厘米（图九一二，11）。标本02BT0101⑱：30，夹砂黑陶，胎红夹灰。内外沿横暗纹，肩饰斜暗纹。侈口，卷沿，外沿较宽，圆唇，微有领，斜肩，残。轮制，火候较高。残宽17.2、残高7.6厘米（图九一二，12）。标本02BT0201⑮：42，夹砂灰黑陶，紫红胎。肩饰凹弦纹三道。侈口，外沿较窄，圆唇，束领，斜肩，残。轮制，火候较高。口径21.2、残高11.6厘米（图九一二，13）。

敛口瓮　14件。

A型　8件。

Ⅰ式：6件。

标本99DT0301㉒：61，夹砂红褐陶，局部灰褐。素面。敛口，外沿较宽、微凸，圆唇，斜肩，残。轮制，火候较高。残宽8.8、残高5.4厘米（图九一二，14）。

Ⅱ式：2件。

标本99AT0301⑳：48，夹砂红褐陶，胎红褐夹灰。素面。敛口，外沿较宽、微凸，圆唇，斜肩，残。轮制，火候高。残宽7.6、残高4.8厘米（图九一二，15）。标本99DT0301⑲：15，夹砂黄褐陶，灰褐胎。素面。敛口，外沿宽平，圆唇，斜肩，沿、肩之间微有凹槽一周，残。轮制，火候高。残宽14.4、残高6厘米（图九一二，16）。

B型　6件。

标本99AT0301㉒：63，夹砂黑陶，局部灰褐，胎红夹灰。素面，内壁多瓦棱纹。敛口，外沿较宽，圆唇，斜广肩，残。轮制，火候高。残宽12、残高5厘米（图九一二，17）。

盘口瓮　21件。

Ⅰ式：7件。

标本99AT0101㉓：22，夹粗砂褐陶，胎局部灰。素面。内沿内凹微呈盘口状，圆唇，束领，残。轮制，火候高。口径27.2、残高3.6厘米（图九一二，18）。标本02AT0101⑱：6，泥质黑陶，胎红夹灰。素面。沿外折后再上折呈浅盘口，圆唇，矮领微束，有肩，残。轮制，火候较高。口径20.4、残高6.4厘米（图九一二，19）。

Ⅱ式：14件。

标本99AT0201㉓：20，夹细砂黑陶，红褐胎。外下沿、领部饰戳印纹、划纹。侈口，折立沿，圆唇，束领，残。轮制，火候较高。口径26.4、残高6.3厘米（图九一二，20）。标本99DT0201㉔：65，夹细砂黑陶，褐胎。素面。侈口，沿外折后上卷，圆唇，浅盘，束颈，广肩，残。轮制，火候较高。口径22.4、残高9.6厘米（图九一二，21）。

按唇瓮　1件。Ⅰ式。

标本00DT0705⑱：9，夹细砂红陶，局部、胎灰黑。唇部微有按窝。侈口，卷沿，束颈，圆肩，残。手制轮修，火候较高。口径14.4、残高8厘米（图九一二，22）。

立沿瓮　1件。

标本F231：1，夹细砂黑陶，局部灰黑、灰褐。颈、肩部饰竖暗纹，肩部饰三个一组对称乳钉纹，下腹有擦痕。侈口，卷沿斜立，圆尖唇、唇下部较厚，圆肩，鼓腹，下腹急收，小平底，修复。轮制，火候较高。口径38.6、底径15.2、高72厘米（图版八〇，5）。

瓮底　34件。

标本99DT0301⑲：16，夹砂黑陶，局部红褐；器表多灰白色附着物。素面，内壁多瓦棱纹。下腹微束，底内凹，残。轮制，火候较高。底径13.6、残高8.6厘米（图九一二，23）。

辫唇罐　29件。Ⅲ式。

标本99DT0202㉓：13，夹细砂红褐陶，局部褐；器表多灰白色附着物。唇部戳刮、外沿刮抹略呈辫绳波浪形，腹饰粗绳纹。侈口，卷沿外翻，鼓腹，残。手制，火候较高。残宽9.2、残高8.6厘米（图九一三，1）。标本00DT0604⑳：42，夹细砂红褐陶，局部、胎黑，里红。唇部按抹略呈辫绳波浪形，腹饰细绳纹。侈口，卷沿，束颈，残。手制，火候较高。残宽12、残高7.6厘米（图九一三，2）。

齿唇罐　112件，89件可分型。

A型　20件。

Aa型　1件。

标本00DT0604⑱：9，夹细砂黑陶，灰胎。唇部戳刮、外沿内抹呈波浪形齿，腹饰粗绳纹。侈口，卷沿，鼓腹，残。手制，火候高。残宽9.8、残高8.3厘米（图九一三，3）。

Ab型　2件。

标本99AT0301㉒：20，夹砂红陶，胎红夹黑。唇部戳刮略呈波浪形齿，沿外饰戳印纹，腹饰斜绳纹。侈口，卷沿外翻，鼓腹，残。手制，火候较高。口径20.2、残高9.2厘米（图九一三，4）。标本99DT0202㉒：77，夹细砂褐陶，红胎。唇部戳按呈浅波浪形，腹饰方格纹。侈口，卷沿，溜肩，鼓腹，残。手制，火候较高。残宽8.6、残高10.8厘米（图九一三，5）。

Ac型　17件。

标本99DT0201㉔：56，夹细砂灰陶，胎、里黑。外唇戳刮呈浅波浪形，腹部拍印绳纹。侈口，卷沿，束颈，鼓腹，残。手制，火候较高。口径13.2、残高6.9厘米（图九一三，6）。

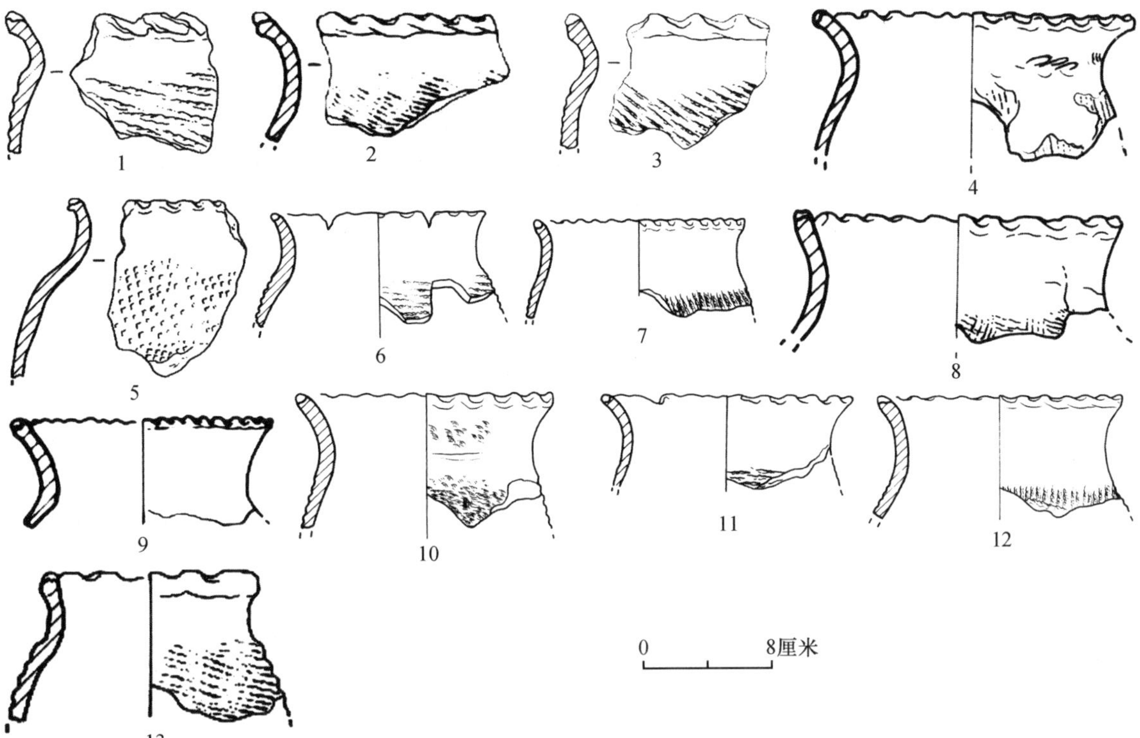

图九一三　滏井沟文化第三期中段陶器

1、2. Ⅲ式辫唇罐（99DT0202㉓：13、00DT0604⑳：42）　3. Aa型齿唇罐（00DT0604⑱：9）
4、5. Ab型齿唇罐（99AT0301㉒：20、99DT0202㉒：77）　6、7. Ac型齿唇罐（99DT0201㉔：56、99DT0201㉓：16）
8、9. Ba型Ⅰ式齿唇罐（99AT0301㉒：25、02BT0201⑮：12）　10、11. Ba型Ⅱ式齿唇罐（99DT0201㉓：21、99DT0201㉒：11）
12、13. Bb型齿唇罐（99DT0201㉓：19、99DT0202㉓：17）

标本99DT0201㉓：16，夹细砂黑陶，黑胎。唇部饰戳印纹，腹部饰绳纹。侈口，卷沿，束颈，鼓腹，残。手制轮修，火候一般。口径13、残高6厘米（图九一三，7）。

B型　69件。

Ba型　30件。

Ⅰ式：17件。

标本99AT0301㉒：25，夹粗砂红陶，局部褐，胎局部红夹灰。唇部戳按略呈波浪形齿，肩饰交错绳纹。侈口，微束领，有肩，残。手制，火候较高。口径20.4、残高8厘米（图九一三，8）。标本02BT0201⑮：12，夹砂红陶，局部、胎褐。唇部戳按略呈尖齿。侈口，领外斜，斜肩，残。手制，火候较高。口径16.2、残高6.6厘米（图九一三，9）。

Ⅱ式：13件。

标本99DT0201㉓：21，夹粗砂黑陶，局部红胎。唇部按压呈波浪形，颈部、器表饰戳划纹。侈口，卷沿，鼓腹，残。手制，火候较高。口径16、残高8.2厘米（图九一三，10）。标本99DT0201㉒：11，夹粗砂黑陶，局部、里红褐，灰胎。唇部戳按呈波浪形齿，腹饰绳纹。侈口，束颈，鼓腹，残。手制，火候较高。口径15.6、残高5.8厘米（图九一三，11）。

Bb型　39件。

标本99DT0201㉓：19，夹细砂红陶，局部、胎、里灰黑。唇部戳刮、外沿内抹略呈辫绳波浪形，腹部饰粗绳纹。侈口，卷沿，束颈，残。手制，火候较高。口径15.4、残高7.5厘米（图九一三，12）。标本99DT0202㉓：17，夹粗砂灰褐陶，局部红褐，灰胎。唇部戳刮、外沿内抹略呈波浪形，腹饰中粗斜绳纹。侈口，束颈，鼓腹，残。手制，火候较高。口径13.6、残高9.2厘米（图九一三，13）。

花边圜底罐　3878件。

A型　455件。

Aa型　452件，367件可分式。

Ⅰ式：46件，44件可分亚式。

Ⅰb式：44件。

标本99AT0301⑳：6，夹砂红陶，局部灰黑。唇部戳刮、外沿刮抹呈波浪形，腹、底饰斜绳纹，下腹有支擦痕。侈口，束颈，鼓腹，圜尖底，完整。手制，火候较高。口径10.8、高12.4厘米（图九一四，1）。标本00DT0605㉒：4，夹砂灰陶。唇部戳刮、外沿刮抹呈波浪形，腹、底饰斜绳纹。侈口，束颈，鼓腹，圜底，完整。手制，火候较高。口径11、高12.6厘米（图九一四，2）。

Ⅱ式：244件。

标本98AT0103㉑：1，夹砂灰褐陶，局部红；器表多灰白色附着物。唇部戳刮、外沿刮抹呈波浪形，腹、底饰斜绳纹。口微侈，束颈，鼓腹，圜底，完整。手制，火候较高。口径10、高10.8厘米（图九一四，3）。标本00DT0604⑳：27，夹细砂红褐陶，局部褐。唇部戳刮、外沿内抹呈波浪形，腹、底饰绳纹，下腹有支擦痕。侈口，束颈，鼓腹，圜底，完整。手制，火候较高。口径10.4、高12.2厘米（图九一四，4）。标本99DT0202㉔：12，夹砂红陶，局部灰褐。唇部戳刮、外沿刮抹呈波浪形，腹饰斜绳纹。侈口，束颈，鼓腹，尖圜底，复原。手制，火候较高。口径10.8、高11.8厘米（图九一四，5）。

Ⅲ式：77件。

标本99DT0201㉔：25，夹细砂红陶，灰胎。唇部戳刮、外沿内抹呈波浪形，腹部拍印绳纹。侈口，卷沿，束颈，鼓腹，残。手制，火候高。口径11.6、残高7.3厘米（图九一四，6）。标本99DT0202㉔：14，夹砂灰黑陶，局部、里红；内外壁多灰白色附着物。唇部戳刮、外沿刮抹呈波浪形，腹饰斜绳纹。侈口，束颈，鼓腹，残。手制，火候较高。残宽6、残高6.4厘米（图九一四，7）。

Ab型　3件。

标本99AT0301㉒：16，夹砂灰黑陶，局部褐。唇部刮抹呈波浪形，颈、腹、底饰斜绳纹。侈口，束颈，鼓腹，尖圜底，复原。手制，火候较高。口径10、残高11厘米（图九一四，8）。标本99DT0201㉓：11，夹砂红陶，部分灰；内外壁多灰白色附着物。唇部戳刮略呈波浪形，腹、底饰斜绳纹。口微敛，束颈，鼓腹，圜底，完整。手制，火候较高。口径9.8、高11.4厘米（图九一四，9）。

B型　3409件。

Ba型　2831件，2364件可分式。

Ⅰ式：1700件。

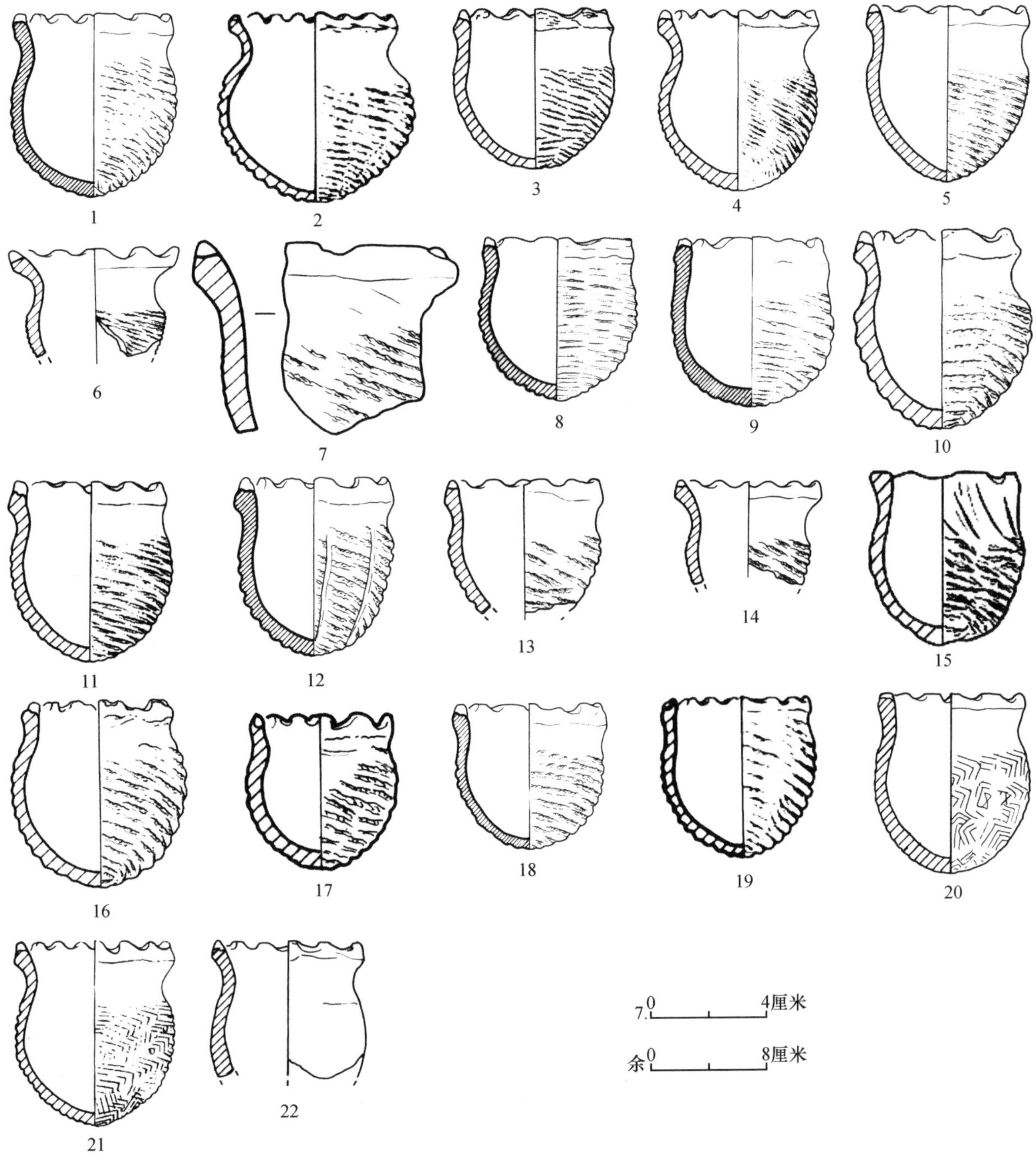

图九一四　音井沟文化第三期中段陶器

1、2. Aa型Ⅰb式花边圜底罐（99AT0301⑳：6、00DT0605㉒：4）　3～5. Aa型Ⅱ式花边圜底罐（98AT0103㉑：1、00DT0604⑳：27、99DT0202㉔：12）　6、7. Aa型Ⅲ式花边圜底罐（99DT0201㉔：25、99DT0202㉔：14）　8、9. Ab型花边圜底罐（99AT0301㉒：16、99DT0201㉓：11）　10、11. Ba型Ⅰ式花边圜底罐（99DT0202㉓：7、00DT0604⑳：9）　12～14. Ba型Ⅱ式花边圜底罐（99AT0301⑳：3、99DT0201㉓：31、99DT0202㉔：16）　15～17. Bb型花边圜底罐（98BT0204㉓：3、99AT0101㉔：15、02AT0101⑯：4）　18、19. Bc型花边圜底罐（99AT0301㉓：4、02BT0101⑱：5）　20、21. C型花边圜底罐（99AT0301⑳：27、00DT0604⑳：46）　22. 异型花边圜底罐（99AT0301⑳：28）

标本99DT0202㉓：7，夹粗砂红褐陶，底部红，灰胎，里褐。唇部戳刮、外沿内抹呈波浪形，腹、底饰粗绳纹。侈口，束颈，鼓腹，圜尖底，修复。手制，火候较高。口径10.5、高13.5厘米（图九一四，10）。标本00DT0604⑳：9，夹粗砂灰陶，局部红褐。唇部戳刮、外沿内抹呈波浪形，腹、底饰粗绳纹。口近直，束颈，鼓腹，尖圜底，完整。手制，火候较高。口径10、高12.2厘米（图九一四，11）。

Ⅱ式：664件。

标本99AT0301⑳：3，夹砂橙黄陶，局部红褐、灰。唇部戳刮、外沿刮抹呈波浪形，腹、底饰斜粗绳纹，竖粗划纹三道。侈口，束颈，鼓腹，圜尖底，完整。手制，火候较高。口径10、高12厘米（图九一四，12）。标本99DT0201㉓：31，夹粗砂褐陶，局部红褐，灰胎。唇部戳刮、外沿内抹略呈波浪形，腹部拍印粗绳纹，纹痕中多灰白色附着物。侈口，卷沿，束颈，鼓腹，残。手制，火候较高。口径10.2、残高9厘米（图九一四，13）。标本99DT0202㉔：16，夹砂红褐陶，灰胎，里红。唇部戳刮、外沿刮抹呈波浪形，腹饰斜粗绳纹。侈口，束颈，鼓腹，残。手制，火候较高。口径10、残高7厘米（图九一四，14）。标本98BT0505⑱：1，夹砂褐陶，局部红、灰黑；器表多灰白色附着物。唇部戳刮、外沿刮抹呈波浪形，腹、底饰斜粗绳纹。口近直，束颈，鼓腹，圜底，完整。手制，火候较高。口径9、高11厘米（图版八一，2）。

Bb型　145件。

标本98BT0204㉓：3，夹砂红陶，局部褐、黑；内外壁多灰白色附着物。唇部戳刮、外沿刮抹呈波浪形，颈饰斜粗划纹，腹、底饰斜粗绳纹。微侈口，束颈，鼓腹，圜底、较斜平，完整。手制，火候较高。口径10、高11.6厘米（图九一四，15）。标本99AT0101㉔：15，夹砂红陶，灰胎；器表多灰白色附着物。唇部戳刮、外沿内抹呈波浪形，颈饰斜划纹，腹饰粗绳纹。侈口，束颈，鼓腹，圜底，复原。手制，火候较高。口径10.2、残高12.7厘米（图九一四，16）。标本02AT0101⑯：4，夹砂红陶，局部红褐。唇部戳刮、外沿内抹呈波浪形，颈饰横划纹，腹饰斜粗绳纹。侈口，束颈，鼓腹，圜底，复原。手制，火候较高。口径9.6、高10.6厘米（图九一四，17）。

Bc型　433件。

标本99AT0301㉓：4，夹砂红陶，局部灰；内外壁多灰白色附着物。唇部戳刮、外沿刮抹呈波浪形，腹饰斜粗绳纹。口近直，束颈，鼓腹，圜底，完整。手制，火候较高。口径9.8、高9.8厘米（图九一四，18）。标本02BT0101⑱：5，夹砂红陶，局部灰黑；器表多灰白色附着物。唇部戳刮、外沿内抹略呈波浪形，腹、底饰斜粗绳纹。口近直，束颈，鼓腹，圜尖底，修复。手制，火候较高。口径10.4、高10.8厘米（图九一四，19）。

C型　13件。

标本99AT0301⑳：27，夹砂灰褐陶，局部红，灰胎。唇部戳刮、外沿内抹呈波浪形，腹、底饰斜雷纹。侈口，束颈，鼓腹，圜底，复原。手制，火候较高。口径9.6、高12厘米（图九一四，20）。标本00DT0604⑳：46，夹粗砂灰陶。唇部戳刮、外沿内抹呈波浪形，腹、底拍印雷纹。侈口，束颈，鼓腹，尖圜底，口部残。手制，火候一般。口径10.4、高12.5厘米（图九一四，21）。

异型　1件。

标本99AT0301⑳：28，夹砂橙黄陶，局部红，灰胎。唇部戳刮、外沿内抹呈波浪形。侈口，束颈，鼓腹，残。手制，火候较高。口径9.6、残高9.2厘米（图九一四，22）。

束颈圜底罐　796件。

A型　542件，258件可分式。

Ⅰ式：83件。

标本98AT0103㉑：11，夹粗砂褐陶，局部灰、黑。唇部刮抹微有起伏，外沿内抹，腹饰粗绳纹；器表有较多灰白色附着物，内壁有按抹痕。敛口，束颈，鼓腹，残。手制，火候不高。口径7.8、残高10.6厘米（图九一五，1）。标本99DT0202㉕A：7，夹细砂红褐陶，红胎；器表多灰白色附着物。唇部戳刮微呈波浪形，颈、腹、底饰粗绳纹，敛口，束颈，鼓腹，圜尖底，微残。手制，火候较高。口径8.4、残高11.2厘米（图九一五，2）。标本02BT0201⑮：46，夹砂黑陶；器表多灰白色附着物。敛口，圆唇，束颈，鼓腹，残。手制，火候较高。口径9.4、残高10厘米（图九一五，3）。

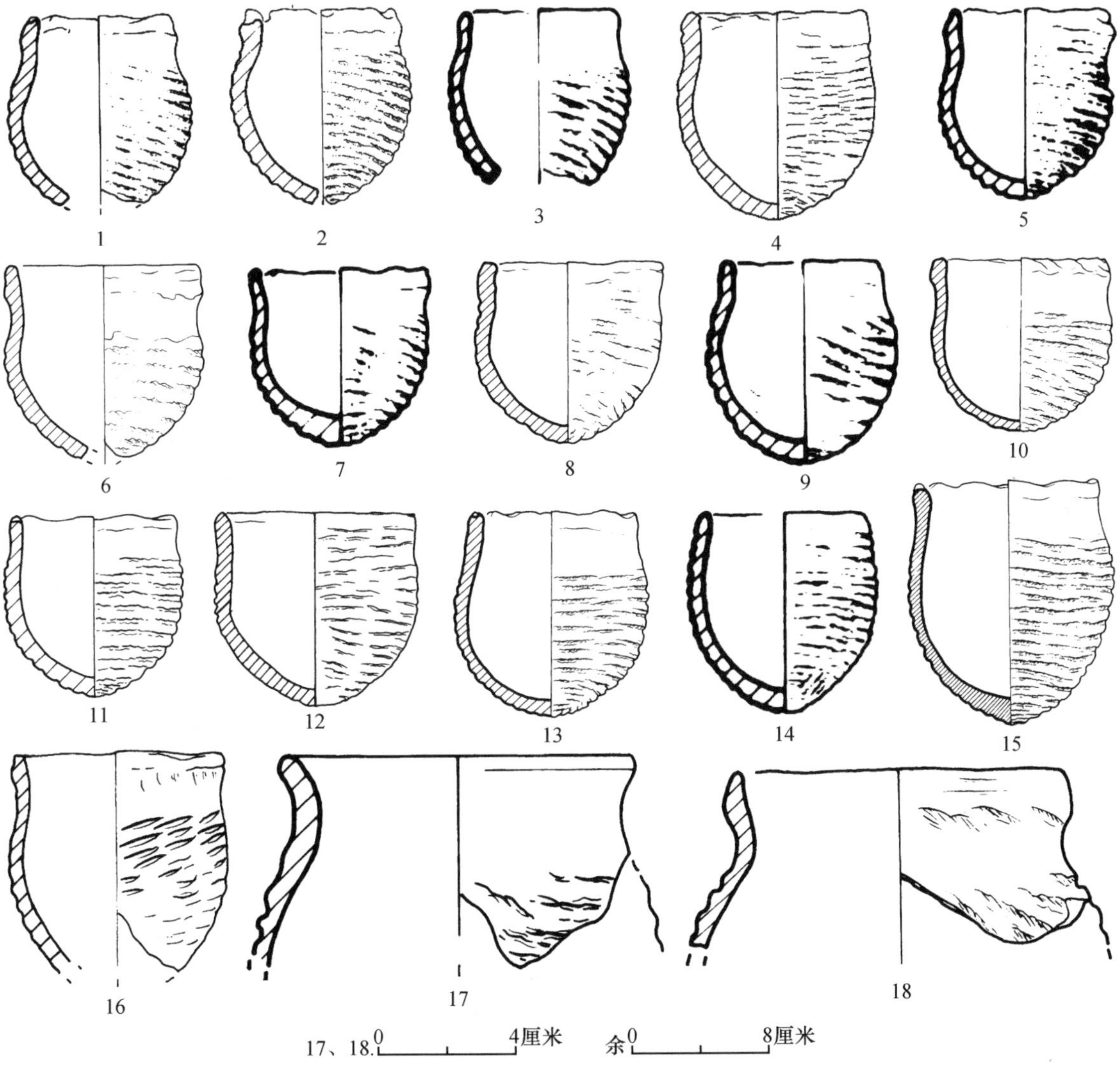

图九一五　沓井沟文化第三期中段陶器

1～3. A型Ⅰ式束颈圜底罐（98AT0103㉑：11、99DT0202㉕A：7、02BT0201⑮：46）　4、5. A型Ⅱ式束颈圜底罐（98AT0103㉒：1、02CT0101⑱：8）　6、7. A型Ⅲ式束颈圜底罐（99DT0201㉓：38、02BT0201⑮：11）　8、9. B型Ⅰ式束颈圜底罐（99DT0301㉒：10、02BT0201⑮：5）　10、11. B型Ⅱ式束颈圜底罐（99DT0201㉓：4、99DT0201㉒：22）　12～14. A型Ⅰ式敛口圜底罐（99AT0301⑳：30、99DT0201㉒：6、02CT0101⑱：22）　15. A型Ⅱ式敛口圜底罐（99DT0301⑲：3）　16. B型敛口圜底罐（99DT0301⑲：10）　17、18. 素沿圜底罐（99AT0301㉓：17、99DT0201㉔：81）

Ⅱ式：161件。

标本98AT0103㉒：1，夹砂灰褐陶，局部黑；器表多灰白色附着物。唇部刮抹，腹、底饰斜绳纹。直口，微束颈，鼓腹，尖圜底，完整。手制，火候较高。口径10.6、高12厘米（图九一五，4）。标本02CT0101⑱：8，夹砂灰褐陶，局部红、黑；器表多灰白色附着物。口近直，束颈，鼓腹，圜尖底，完整。手制，火候较高。口径9.4、高10.8厘米（图九一五，5）。

Ⅲ式：14件。

标本99DT0201㉓：38，夹粗砂灰褐陶，部分红。腹部饰粗糙粗绳纹。侈口，圆唇，束颈，鼓腹，残。手制，火候较高。口径11.2、残高11厘米（图九一五，6）。标本02BT0201⑮：11，夹砂灰黑陶，局部褐，胎部分红。唇部戳刮、外沿内抹微有波浪形，腹饰斜粗绳纹。侈口，束颈，鼓腹，圜尖底，复原。手制，火候较高。口径10.4、高10厘米（图九一五，7）。

B型　254件，248件可分式。

Ⅰ式：54件。

标本99DT0301㉒：10，夹砂红陶，局部灰褐；内外壁多灰白色附着物，局部表皮脱落。唇部刮抹，腹、底饰粗绳纹。口微敛、局部较直，微束颈，鼓腹，圜尖底，复原。手制，火候较高。口径10.4、高10.4厘米（图九一五，8）。标本02BT0201⑮：5，夹砂灰褐陶，部分红，局部黑。外沿内抹，腹饰斜粗绳纹，内壁多按抹痕。敛口，微束颈，鼓腹，圜尖底，复原。手制，火候较高。口径9.2、高11.6厘米（图九一五，9）。

Ⅱ式：194件。

标本99DT0201㉓：4，夹砂红褐陶，局部黑；器表多灰白色附着物。外沿按抹略呈波浪形，腹、底饰斜粗绳纹。口近直，微束颈，鼓腹，圜尖底，完整。手制，火候较高。口径10、高10厘米（图九一五，10）。标本99DT0201㉒：22，夹砂灰黑陶，里局部红；器表多灰白色附着物。唇部按抹略呈波浪形，腹饰绳纹。口微侈，束颈，鼓腹，圜尖底，修复。手制，火候较高。口径9.6、残高10.4厘米（图九一五，11）。

敛口圜底罐　275件。

A型　274件，188件可分式。

Ⅰ式：180件。

标本99AT0301⑳：30，夹粗砂褐陶，胎红夹灰褐；器表多灰白色附着物。腹饰斜中粗绳纹，局部按抹。口近直、内沿外抹，微束颈，鼓腹，尖圜底，复原。手制，火候较高。口径11.4、高11厘米（图九一五，12）。标本99DT0201㉒：6，夹砂灰陶，局部红、黑，里褐；内外壁多灰白色附着物。唇部刮抹略呈波浪形，腹、底饰斜中粗绳纹。敛口，鼓腹，上腹微束，尖圜底，复原。手制，火候较高。口径9.8、高11.8厘米（图九一五，13）。标本02CT0101⑱：22，夹砂灰黑陶，里红；器表多灰白色附着物。外沿内抹，腹、底饰绳纹。口微敛，鼓腹，圜底，复原。手制，火候较高。口径9.8、高11.6厘米（图九一五，14）。

Ⅱ式：8件。

标本99DT0301⑲：3，夹砂灰褐陶；内外壁多灰白色附着物。唇部刮抹略呈波浪形，腹、底饰斜中粗绳纹。口微侈，鼓腹，尖底，复原。手制，火候较高。口径10.8、高14厘米（图九一五，15）。

B型　1件。

标本99DT0301⑲：10，夹砂黄褐陶，局部红、黑，胎局部外红里灰。唇部刮抹，颈多按抹痕，腹饰斜印纹。口微侈，束颈，鼓腹，残。手制，火候较高。口径12.2、残高12.6厘米（图九一五，16）。

素沿圜底罐　8件。

标本99AT0301㉓：17，夹砂红陶，局部褐。腹饰斜粗绳纹。侈口，圆唇，束颈，鼓腹，残。手制，火候较高。口径10.3、残高6厘米（图九一五，17）。标本99DT0201㉔：81，夹细砂褐陶，胎褐夹灰、黑。外领饰戳印纹，腹部拍印粗绳纹。侈口，圆尖唇，外领外斜，鼓腹，残。手制，火候较高。口径9.8、残高5厘米（图九一五，18）。

高领罐　12件。

标本99AT0101㉓：18，夹砂黑陶，红褐胎。素面，领内壁多瓦棱纹。侈口，微有沿，圆唇，束领，残。轮制，火候较高。口径10.4、残高3.9厘米（图九一六，1）。标本99DT0201㉒：32，夹砂红褐陶，局部、胎、里灰褐。素面，内壁瓦棱纹。侈口，圆唇，束领，残。轮制，火候较高。口径15、残高6.6厘米（图九一六，2）。标本99AT0301㉒：57，夹砂灰褐陶。领饰波浪形和“山”形暗纹、粗凹弦纹。侈口，微有卷沿，圆唇，微束领，残。轮制，火候较高。残宽9、残高8.3厘米（图九一六，3）。标本02BT0101⑱：26，夹砂黑陶，

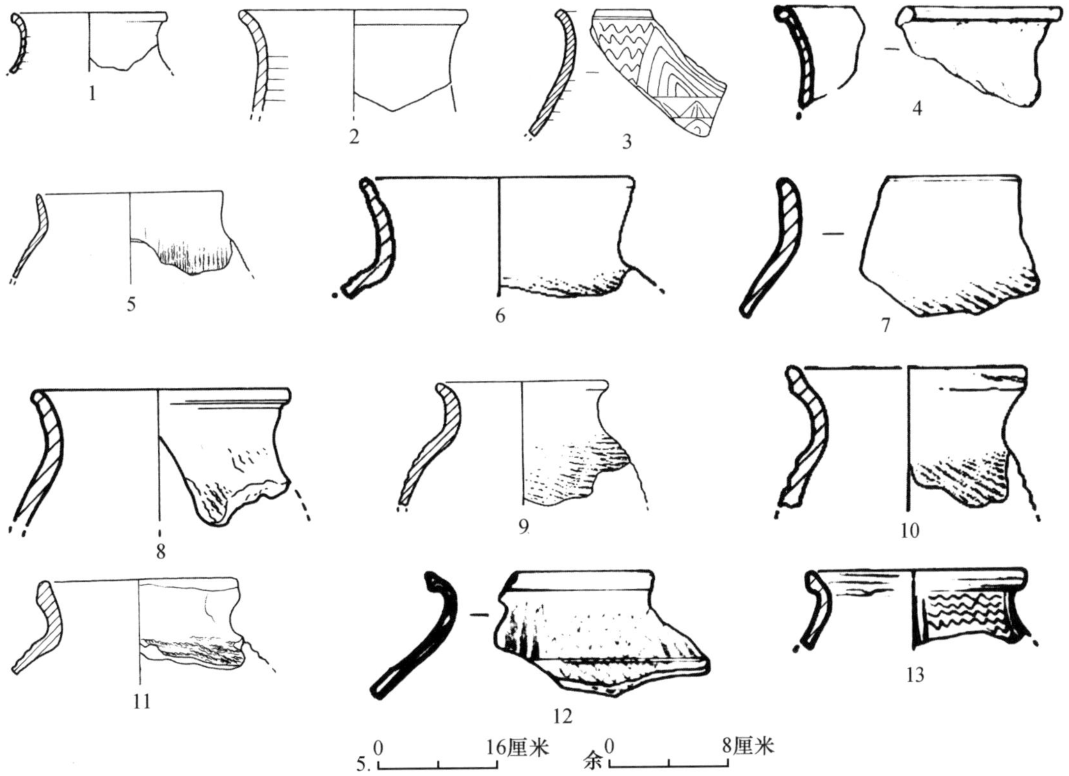

图九一六　沧井沟文化第三期中段陶器

1～4. 高领罐（99AT0101㉓：18、99DT0201㉒：32、99AT0301㉒：57、02BT0101⑱：26）　5. Ⅱ式中领罐（99DT0201㉔：33）　6、7. Ⅲ式中领罐（99AT0101㉓：13、02BT0201⑮：24）　8～10. A型矮领罐（99AT0301㉑：25、99DT0101㉓：15、99DT0202㉓：21）　11～13. B型矮领罐（99DT0201㉓：66、02BT0201⑮：36、02BT0201⑮：37）

局部褐，胎褐夹灰。领饰波浪形暗纹，沿、唇面磨光。侈口，折沿微斜，圆唇，束领，残。轮制，火候较高。残宽11.2、残高6.4厘米（图九一六，4）。

中领罐 4件。

Ⅱ式：1件。

标本99DT0201㉔：33，夹粗砂红陶，局部黑褐。侈口，中领外斜，尖圆唇，溜肩，残。手制，火候较高。口径24.8、残高10.8厘米（图九一六，5）。

Ⅲ式：3件。

标本99AT0101㉓：13，夹粗砂红陶，黑胎。肩饰斜中粗绳纹，领内上部有凹槽一周。侈口，圆唇，领微外斜，广肩，残。手制轮修，火候较高。口径18、残高7.8厘米（图九一六，6）。标本02BT0201⑮：24，夹粗砂红陶，局部灰褐，胎红夹黑。肩饰斜中粗绳纹。近直口，圆唇，领微斜，溜肩，残。手制，火候较高。残宽12、残高9.2厘米（图九一六，7）。

矮领罐 41件。

A型 31件。

标本99AT0301㉑：25，夹粗砂灰褐陶，局部、胎灰黑，里红褐。腹饰斜中粗绳纹。侈口，圆唇，领外翻，鼓腹，残。手制轮修，火候较高。口径16.8、残高8.8厘米（图九一六，8）。标本99DT0101㉓：15，夹砂红褐陶，局部灰黑，红胎，里黑。肩饰斜绳纹。侈口，卷沿，矮领微束，溜肩，残。轮制，火候较高。口径11.4、残高8.1厘米（图九一六，9）。标本99DT0202㉓：21，夹粗砂灰褐陶，局部黑，灰胎。腹部饰中粗斜绳纹。侈口，圆唇，束领，鼓腹，残。手制，火候较高。口径16.4、残高9.2厘米（图九一六，10）。

B型 7件。

标本99DT0201㉓：66，夹细砂红陶，黑胎。肩部饰粗绳纹。侈口，矮领外斜，斜广肩，残。手制，火候较高。口径13、残高6厘米（图九一六，11）。标本02BT0201⑮：36，夹砂黑陶，局部、胎灰褐。领下部、肩饰竖暗纹、波浪形暗纹和凹弦纹。侈口，卷沿，圆唇，矮束领，斜广肩，残。轮制，火候高。残宽14、残高8.4厘米（图九一六，12）。标本02BT0201⑮：37，夹砂黑陶。唇面、内沿面饰横暗纹，领、肩饰竖暗纹相间波浪形暗纹。侈口，卷沿，圆唇，矮束领，斜广肩，残。轮制，火候高。口径14.8、残高5厘米（图九一六，13）。

C型 3件。标本碎小。

波浪唇罐 11件。

标本98BT0304⑲：14，夹细砂黑陶，局部红。唇部戳按略呈波浪形，肩饰绳纹，器表多按抹痕。侈口，卷沿，束颈，溜肩，残。手制，火候较高。口径16、残高7.8厘米（图九一七，1）。

侈口罐 6件。

标本98BT0204㉔：13，夹砂红陶，局部灰褐，黑胎。颈饰横细划纹。侈口，圆唇，束颈，鼓腹，残。手制轮修，火候较高。口径9.6、残高7.4厘米（图九一七，2）。标本02BT0201⑮：22，夹砂红陶，局部褐、黑，胎局部黑。腹饰斜绳纹。侈口，卷沿，圆唇，颈较斜直，鼓腹，残。轮制，火候较高。口径13.2、残高9.6厘米（图九一七，3）。

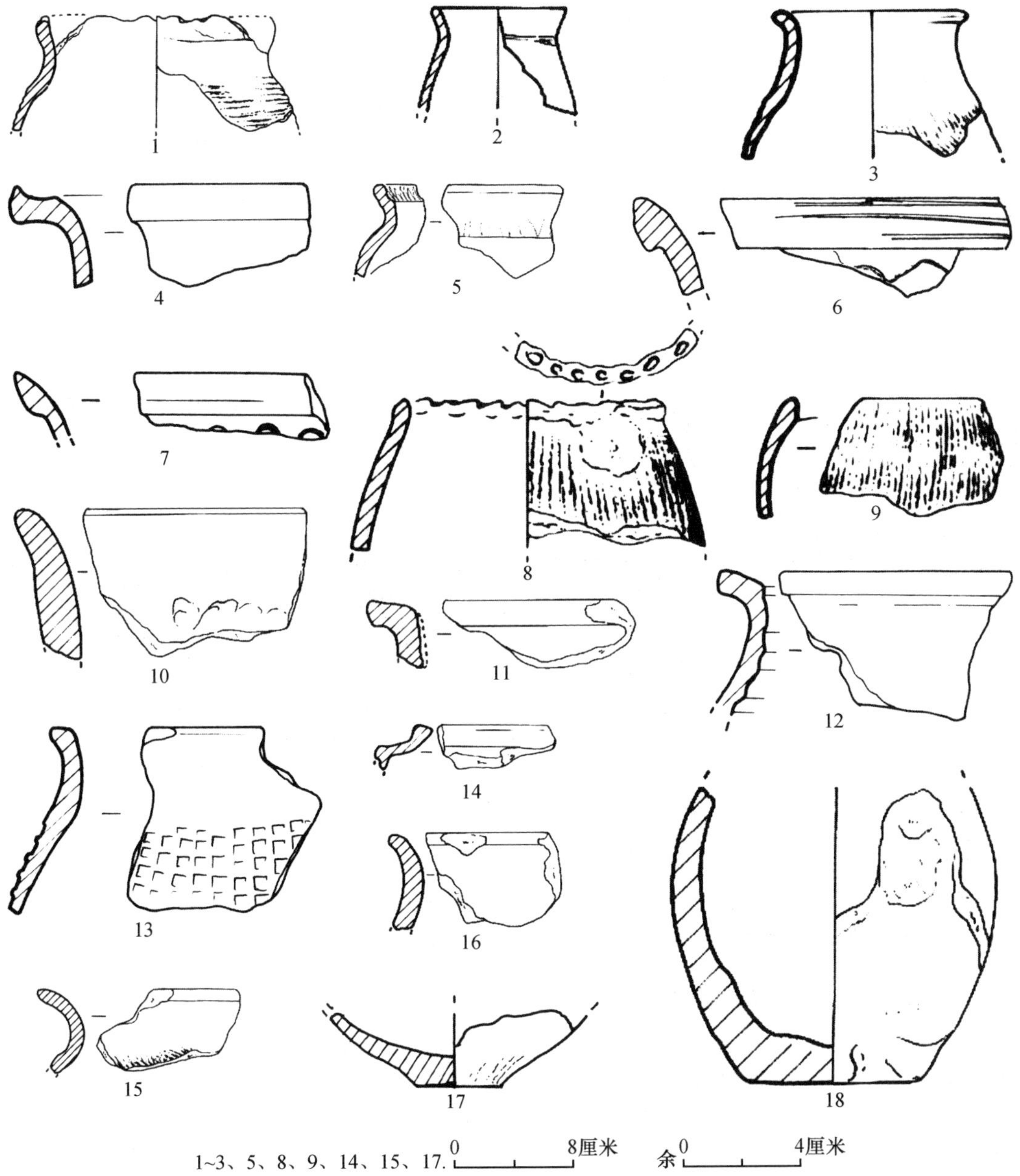

图九一七　沓井沟文化第三期中段陶器

1. 波浪唇罐（98BT0304⑲：14）　2、3. 侈口罐（98BT0204㉔：13、02BT0201⑮：22）　4、5. 盘口罐（99DT0201㉓：67、99DT0202㉓：22）　6. Ⅰ式立沿罐（99AT0301㉑：26）　7. Ⅱ式立沿罐（99DT0201㉒：33）　8、9. 敛口鼓腹罐（99AT0201㉒：20、02BT0201⑯：8）　10. 大口罐（98AT0103㉑：13）　11～13. 折沿罐（98AT0103㉑：28、99DT0301⑲：11、99DT0201㉔：34）　14. 折肩罐（02BT0101⑱：31）　15. 卷沿罐（00DT0605㉒：19）　16. 小罐（98AT0103㉑：33）　17、18. 罐底（99AT0301⑳：65、99DT0202㉒：120）

盘口罐　5件。

标本99DT0201㉓：67，夹细砂黑陶，褐胎。素面。侈口，沿外折、内凹、上卷，圆唇，束颈，残。轮制，火候高。残宽6.1、残高3.4厘米（图九一七，4）。标本99DT0202㉓：22，夹细砂黑陶，局部、胎灰。肩部饰竖暗纹，内沿饰波浪形暗纹。侈口，内沿外折后上卷略呈浅盘，圆唇，溜肩，残。轮制，火候较高。残宽8、残高6.1厘米（图九一七，5）。

立沿罐　4件。

Ⅰ式：1件。

标本99AT0301㉑：26，夹砂灰褐陶，红胎。外沿饰横暗纹，领饰横波浪形暗纹。喇叭口，外沿较窄，圆唇，残。轮制，火候高。残宽9.8、残高3.2厘米（图九一七，6）。

Ⅱ式：3件。

标本99DT0201㉒：33，夹砂黑陶，红褐胎。素面，领饰波浪形暗纹，内壁磨光。喇叭口，圆唇，束领，残。轮制，火候较高。残宽6.6、残高2.2厘米（图九一七，7）。

筒形罐　4件。标本碎小。

敛口鼓腹罐　2件。

标本99AT0201㉒：20，夹细砂红陶，局部灰、褐，灰胎，里灰褐色。唇面戳印微呈齿状，器表饰较粗竖绳纹。敛口，鼓腹，残。手制，火候较高。口径18、残高10.4厘米（图九一七，8）。标本02BT0201⑯：8，夹砂红陶，部分褐，灰黑胎。器表饰竖粗绳纹。敛口，圆唇，鼓腹，残。手制，火候较高。残宽12.6、残高8厘米（图九一七，9）。

大口罐　3件。

标本98AT0103㉑：13，夹粗砂红陶。器表饰戳印纹。敞口，圆唇，腹较斜直，残。手制轮修，火候较高。残宽7.5、残高4.8厘米（图九一七，10）。

折沿罐　3件。

标本98AT0103㉑：28，夹粗砂黑陶，素面。敞口，折沿近平，圆唇，腹近直，残。轮制，火候高。残宽6.4、残高2.3厘米（图九一七，11）。标本99DT0301⑲：11，夹砂黑陶，红褐胎。素面，内壁多瓦棱纹。侈口，斜折沿、沿面微凸，束领，残。轮制，火候高。残宽7.8、残高5厘米（图九一七，12）。标本99DT0201㉔：34，夹细砂灰黑陶，口、里红。腹部饰方格纹。侈口，微有平折沿，圆唇，鼓腹，残。轮制，火候较高。残宽6.5、残高6.2厘米（图九一七，13）。

折肩罐　3件。

标本02BT0101⑱：31，夹砂灰褐陶，局部灰黑。素面。敛口，圆唇，折肩微斜，残。轮制，火候高。残宽8、残高2.9厘米（图九一七，14）。

卷沿罐　2件。

标本00DT0605㉒：19，夹细砂黑陶，局部褐，胎红夹黑。腹饰交错绳纹。侈口，卷沿外翻，圆唇，残。轮制，火候不高。残宽9.6、残高5.4厘米（图九一七，15）。

小罐　6件。

标本98AT0103㉑：33，夹细砂红褐陶。素面，器表有旋痕。侈口，卷沿，束颈，残。轮制，火候不高。残宽4.6、残高3.2厘米（图九一七，16）。

罐底　8件。

标本99AT0301⑳：65，夹砂红陶，胎红夹灰。素面。下腹弧收，微有假圈足、底微凹，残。手制，火候较高。底径5.6、残高5.2厘米（图九一七，17）。标本99DT0202㉒：120，夹粗砂黑陶，局部褐。素面，器表多刮、按抹痕。鼓腹，平底，残。手制，火候一般。底径5.8、残高9.8厘米（图九一七，18）。

敞口器　2件。

A型　1件。

标本99AT0201㉓：23，夹细砂黑陶，红褐胎。素面。敞口，斜卷沿，沿面较平，圆唇，领斜直，残。轮制，火候较高。残宽7.6、残高2.8厘米（图九一八，1）。

B型　1件。

标本99AT0201㉓：24，夹细砂黑陶，红褐胎。素面。敞口，卷平沿，圆唇，斜领，残。

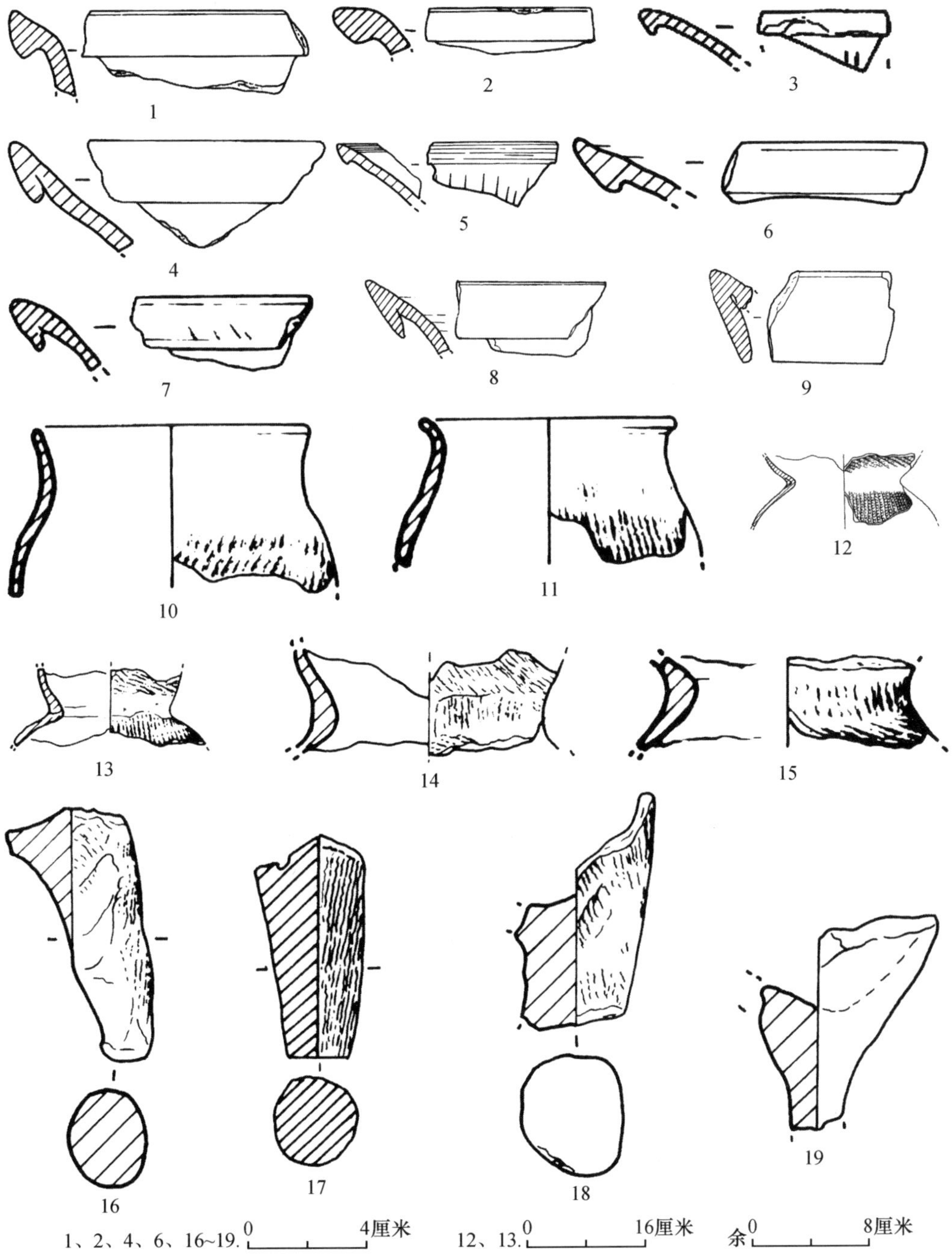

图九一八　滑井沟文化第三期中段陶器

1. A型敞口器（99AT0201㉓：23）　2. B型敞口器（99AT0201㉓：24）　3、4. Ⅰ式喇叭口器（98BT0204㉔：11、99AT0101㉒：21）　5、6. Ⅱ式喇叭口器（99AT0301㉓：30、99AT0301㉒：51）　7. A型Ⅰ式尊形器（00DT0605㉒：16）　8、9. A型Ⅱ式尊形器（99AT0301⑳：59、99AT0301⑳：60）　10、11. 甗口（02BT0201⑮：20、02BT0201⑮：23）　12. A型甗腰（99DT0201㉔：28）　13～15. B型甗腰（98BT0504⑲：13、99AT0301㉒：29、02BT0201⑮：44）　16～18. 甗足（99AT0301㉓：34、99AT0301⑳：64、99DT0301㉒：53）　19. 鬲（足）？（99DT0301㉒：54）

轮制，火候较高。残宽5.7、残高1.5厘米（图九一八，2）。

喇叭口器　20件。

Ⅰ式：6件。

标本98BT0204㉔：11，夹砂红褐陶，局部灰褐。外沿饰横暗纹，领饰竖暗纹，内壁磨光。喇叭口，外沿较窄，圆唇，残。轮制，火候较高。残宽8.8、残高4厘米（图九一八，3）。标本99AT0101㉒：21，夹砂灰黑陶，局部黑，褐胎。素面。喇叭口，内上壁微凹，圆唇，外沿较窄，残。轮制，火候较高。残宽7.9、残高3.6厘米（图九一八，4）。

Ⅱ式：14件。

标本99AT0301㉓：30，夹砂黑陶，灰黑胎。内、外沿饰横暗纹，领饰竖暗纹。喇叭口，外沿较窄，圆唇，残。轮制，火候高。残宽8.8、残高4.2厘米（图九一八，5）。标本99AT0301㉒：51，夹砂红褐陶，灰褐胎。素面。喇叭口，外沿较宽，圆唇，残。轮制，火候较高。残宽6.9、残高2厘米（图九一八，6）。

尊形器　11件，9件可分型。

A型　9件。

Ⅰ式：2件。

标本00DT0605㉒：16，夹细砂灰陶，胎红夹灰。外沿饰斜划纹。喇叭口，外沿内卷、较窄，残。轮制，火候较高。残宽12.2、残高4.8厘米（图九一八，7）。

Ⅱ式：7件。

标本99AT0301⑳：59，夹砂黑陶，红褐胎。素面，内壁多瓦棱纹。喇叭口，外沿宽，圆尖唇，残。轮制，火候高。残宽10、残高5厘米（图九一八，8）。标本99AT0301⑳：60，夹砂灰陶，胎褐夹灰黑。素面。喇叭口，外沿宽，圆唇，残。轮制，火候较高。残宽8.6、残高6.2厘米（图九一八，9）。

甗　35件。

甗口　11件。

标本02BT0201⑮：20，夹粗砂红褐陶，局部褐、灰黑。腹饰斜中粗绳纹。侈口，圆唇，束领，鼓腹，残。手制，火候较高。口径18.8、残高11.2厘米（图九一八，10）。标本02BT0201⑮：23，夹砂灰褐陶，局部红褐，胎局部红。腹饰斜中粗绳纹。侈口，卷沿，圆唇，颈较斜直，鼓腹，残。手制，火候较高。口径17.2、残高9.6厘米（图九一八，11）。

甗腰　20件。

A型　2件。

标本99DT0201㉔：28，夹粗砂红褐陶，局部黑。器表饰粗绳纹。下腹弧收，鬲部溜肩，腰部附加泥条加固，残。分制，火候较高。残高9.4厘米（图九一八，12）。

B型　18件。

标本98BT0504⑲：13，夹粗砂红陶。器表饰中粗绳纹，腰部抹平。釜部下腹弧腹，鬲部圆肩，残。分制，火候较高。残宽25.6、残高10.4厘米（图九一八，13）。标本99AT0301㉒：29，夹粗砂红褐陶，灰黑胎。下腹、肩饰斜绳纹。下腹弧收，微有肩，腰部附加泥条加固，残，分制，火候较高。残宽17.2、残高6.8厘米（图九一八，14）。标本02BT0201⑮：44，夹粗砂橙黄陶，局部、胎、里红。腰部饰戳印纹，肩饰斜中粗绳纹。残剩腰部，斜肩，腰部附加泥条加固。分制，火候较高。残宽19.4、残高6.2厘米（图九一八，15）。

甗足 4件。

标本99AT0301㉓：34，夹粗砂红褐陶，灰黑胎。足外侧和内侧根部饰斜绳纹。近扁圆锥形足外斜，足根微凹，残。手制，火候较高。残高8.4厘米（图九一八，16）。标本99AT0301⑳：64，夹砂红褐陶。器表饰斜中粗绳纹。圆截面锥形柱足，残。手制，火候较高。足中部径2.9、残高7.4厘米（图九一八，17）。标本99DT0301㉒：53，夹砂褐陶，局部红，里黑。下腹、足饰斜绳纹。下腹弧收，足根近圆柱形，残。分制，火候较高。直径约3.4、残高7.8厘米（图九一八，18）。

鬲（足）？ 1件。

标本99DT0301㉒：54，夹砂红褐陶，里黑。素面。下腹弧收，足根近圆柱形，残。分制，火候较高。残高7厘米（图九一八，19）。

罐形釜 150件。

A型 147件。

Aa型 125件，94件可分式。

Ⅱ式：36件。

标本99DT0201㉓：69，夹粗砂红褐陶，黑胎。腹部饰横绳纹。侈口，卷沿，圆唇，束颈，鼓腹，残。轮制，火候较高。口径11、残高5.4厘米（图九一九，1）。标本00DT0705⑱：2，夹粗砂灰陶，局部红、褐，胎、里黑。腹饰斜绳纹。侈口，卷沿，圆唇，束颈，残。手制轮修，火候较高。口径10、残高6.1厘米（图九一九，2）。

Ⅲ式：47件。

标本99DT0201㉓：70，夹细砂褐陶，局部黑。腹部拍印粗绳纹。侈口，卷沿，圆唇，束颈，鼓腹，残。手制轮修，火候较高。残宽8.9、残高7.4厘米（图九一九，3）。标本02AT0101⑱：5，夹粗砂黑陶，局部褐。肩饰斜中粗绳纹。侈口，圆唇，微束颈，溜肩，残。轮制，火候较高。口径9.6、残高6.2厘米（图九一九，4）。

Ⅳ式：11件。

标本99AT0201㉒：11，夹粗砂灰陶，里红褐。腹饰方格纹。侈口，卷沿，圆唇，束领稍高，鼓腹，残。手制轮修，火候一般。口径10.8、残高9.2厘米（图九一九，5）。标本02BT0201⑮：21，夹砂灰黑陶，局部褐。腹饰方格纹。侈口，卷沿，圆唇，束颈，溜肩，残。手制，火候较高。残宽10、残高8.6厘米（图九一九，6）。标本M66：2，夹细砂黑陶，局部、胎红褐。腹、底饰方格纹，颈部多竖向刮抹痕。侈口，卷沿，圆唇，束颈，鼓腹，圜底，修复。轮制，火候较高。口径11、高17.1厘米（图版八一，4）。

Ab型 22件，19件可分式。

Ⅰ式：7件。标本碎小。

Ⅱ式：12件。

标本99DT0201㉓：73，夹细砂褐陶，局部黑。颈部饰戳印纹，腹饰竖划纹。侈口，卷

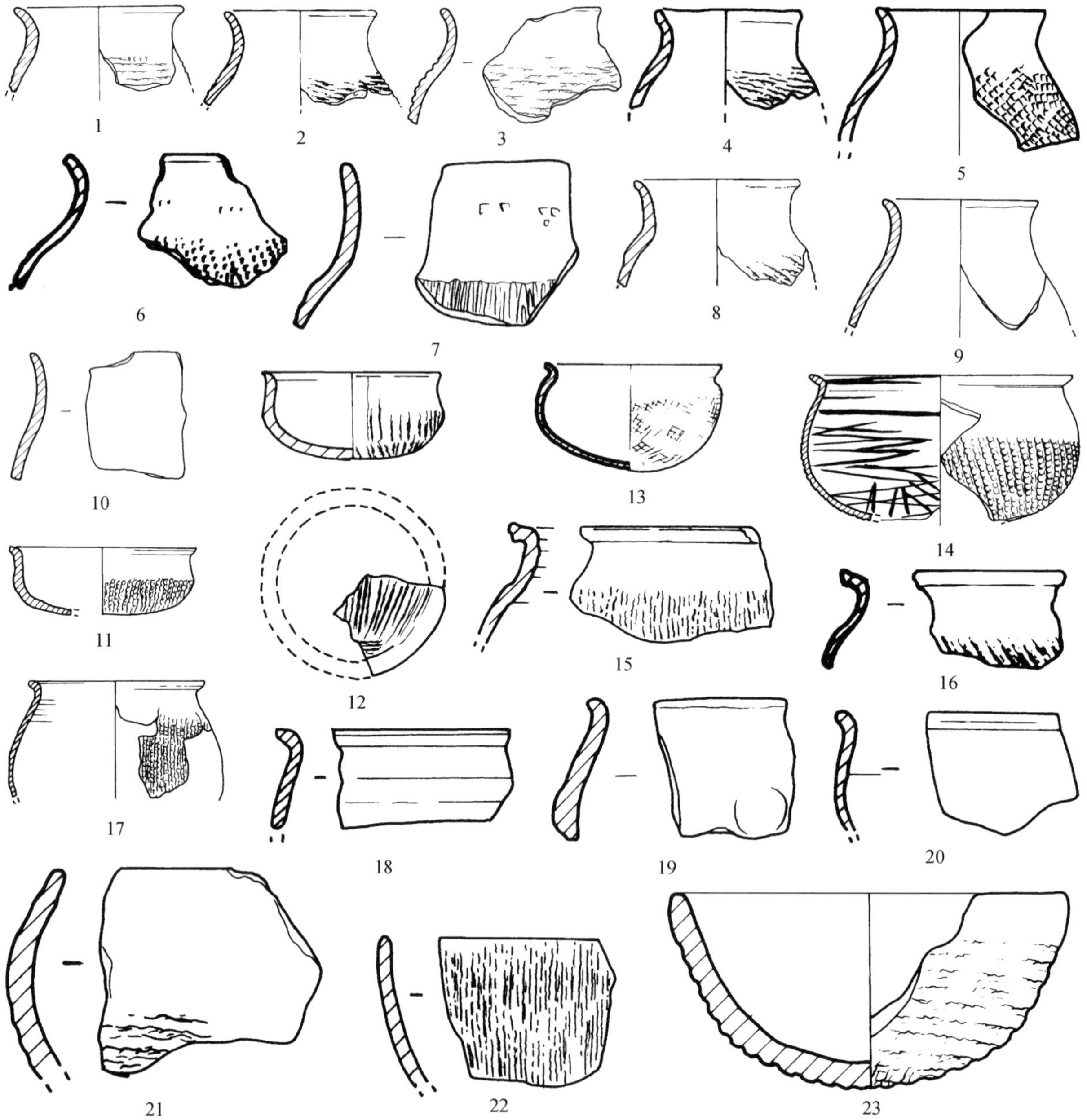

图九一九　瀞井沟文化第三期中段陶器

1、2. Aa型Ⅱ式罐形釜（99DT0201㉓：69、00DT0705⑱：2）　3、4. Aa型Ⅲ式罐形釜（99DT0201㉓：70、02AT0101⑱：5）
5、6. Aa型Ⅳ式罐形釜（99AT0201㉒：11、02BT0201⑮：21）　7、8. Ab型Ⅱ式罐形釜（99DT0201㉓：73、99DT0202㉕A：11）
9、10. B型罐形釜（99DT0201㉔：35、99DT0201㉓：74）　11～14. Aa型盆形釜（99AT0301⑳：47、99AT0201㉑：5、99AT0301㉒：2、99DT0201㉓：76）　15～17. Ab型盆形釜（99AT0301㉒：30、02CT0101⑱：33、99AT0301㉑：22）
18～20. B型盆形釜（99AT0301㉑：20、99DT0201㉓：79、99DT0201㉒：34）　21. Ⅰ式钵形釜（99AT0301㉓：22）
22、23. Ⅱ式钵形釜（99AT0301㉓：23、99DT0201㉓：82）

沿，圆唇，微束颈，鼓腹，残。手制，火候较高。残宽5.3、残高5.2厘米（图九一九，7）。标本99DT0202㉕A：11，夹粗砂红褐陶，局部红，胎、里灰。腹饰粗绳纹。侈口，卷沿，圆唇，颈较直，鼓腹，残。手制，火候高。口径10.8、残高6.8厘米（图九一九，8）。

B型　3件。

标本99DT0201㉔：35，夹细砂灰褐陶，红胎。素面。侈口，卷沿，束颈，鼓腹，残。手制轮修，火候不高。口径10、残高8.3厘米（图九一九，9）。标本99DT0201㉓：74，夹粗砂褐陶，局部、胎黑。素面。侈口，卷沿，圆唇，束颈，鼓腹，残。手制，火候较高。残宽6.5、残高8.1厘米（图九一九，10）。

盆形釜　85件。

A型　57件。

Aa型　22件。

标本99AT0301⑳：47，夹砂黑陶，红褐胎。腹、底饰斜粗绳纹，内腹饰暗纹。侈口，微有卷沿，圆唇，上腹微束，下腹弧收，圜底，残。轮制，火候较高。口径12.2、残高4.4厘米（图九一九，11）。标本99AT0201㉑：5，夹砂灰黑陶，腹、底饰竖粗绳纹，内底饰暗纹。侈口，窄斜折沿，圆尖唇，鼓腹，圜底，复原。轮制，火候较高。口径12、高5.6厘米（图九一九，12）。标本99AT0301㉒：2，夹砂灰黑陶。腹、底饰方格纹。侈口，卷窄沿，圆唇，鼓腹，圜底，复原。轮制，火候较高。口径11.6、高7厘米（图九一九，13）。标本99DT0201㉓：76，夹细砂黑陶，褐胎。下腹、底饰斜粗绳纹，沿面、内壁饰暗纹。侈口，卷沿，圆唇，鼓下腹，残。轮制，火候较高。口径17、残高9.3厘米（图九一九，14）。标本G19：4，夹砂黑陶，底部红。腹、底饰竖粗绳纹。侈口，斜折沿，圆唇，鼓腹，圜底，复原。轮制，火候较高。口径13、高7厘米（图版八一，5）。

Ab型　35件。

标本99AT0301㉒：30，夹砂黑陶，局部灰褐，胎褐夹灰。腹饰斜中粗绳纹。侈口，折沿微斜、沿面微凹，唇面微凹，领微斜束，鼓腹，残。轮制，火候较高。残宽13.2、残高7.6厘米（图九一九，15）。标本02CT0101⑱：33，夹砂红褐陶，局部灰褐。腹饰斜粗绳纹。侈口，斜折沿，唇面微凹，溜肩，鼓腹，残。轮制，火候较高。残宽9.8、残高6.4厘米（图九一九，16）。标本99AT0301㉑：22，夹砂灰褐陶，局部、里黑。侈口，折沿，尖唇，领斜微弧，鼓腹，残。轮制，火候较高。口径22.8、残高15厘米（图九一九，17）。

B型　28件。

标本99AT0301㉑：20，夹砂灰黑陶，微有细凸弦痕。侈口，卷沿，圆唇，鼓腹，残。轮制，火候较高。残宽6、残高3.2厘米（图九一九，18）。标本99DT0201㉓：79，夹细砂黑陶，局部红、褐。腹部饰乳突纹，外壁磨光。侈口，微有卷沿，圆唇，鼓腹，残。轮制，火候较高。残宽4.6、残高4.5厘米（图九一九，19）。标本99DT0201㉒：34，夹粗砂黑陶，灰褐胎。素面。侈口，卷沿，圆唇，鼓腹，残。轮制，火候较高。残宽4.9、残高3.9厘米（图九一九，20）。

钵形釜　7件。

Ⅰ式：2件。

标本99AT0301㉓：22，夹砂灰黑陶，局部、胎、里红。下腹饰斜粗绳纹。敛口，圆唇，鼓腹，残。手制，火候较高。残宽7.2、残高6.6厘米（图九一九，21）。

Ⅱ式：5件。

标本99AT0301㉓：23，夹粗砂黑陶，局部灰褐，里红。器表饰竖绳纹。口微敞，圆唇，弧腹，残。手制，火候较高。残宽11.6、残高9.6厘米（图九一九，22）。标本99DT0201㉓：82，夹细砂褐陶，局部、胎黑，里红。腹、底饰粗绳纹。敞口，圆唇，弧腹，圜底，复原。手制，火候较高。口径13、高6.4厘米（图九一九，23）。

豆 13件。

豆盘 7件。B型。6件可分亚型。

Ba型 2件。

标本99DT0301㉒：40，夹砂黑陶。腹饰瓦棱纹。敛口，方唇，上腹微鼓，下腹弧收，残。轮制，火候高。残宽9.4、残高5.2厘米（图九二〇，1）。标本02CT0101⑱：37，夹砂黑陶，红褐胎。素面。口微敛，圆唇，弧腹，残。轮制，火候较高。残宽5.3、残高3.2厘米（图九二〇，2）。

Bb型 1件。

标本00DT0705⑱：6，夹细砂黑陶。素面。口微敞，圆唇，弧腹，残。轮制，火候较高。残宽5.6、残高4.2厘米（图九二〇，3）。

Bc型 3件。

标本99DT0201㉔：41，夹细灰陶，局部、里红、褐。豆盘饰瓦棱纹、放射状暗纹，外壁磨光。敞口，圆唇，浅盘，弧腹，豆柄较细、竹节形，残。分制，火候高。口径12、残高3.8厘米（图九二〇，4）。标本99DT0301⑲：13，泥质黑陶，胎黑夹灰。器表、内壁饰暗纹。敞口，圆唇，弧腹，残。轮制，火候高。残宽9.2、残高4.8厘米（图九二〇，5）。标本99AT0301㉓：28，夹砂灰褐陶，局部灰黑。素面。敞口，圆唇，微折腹，残。手制轮修，火候较高。残宽5.2、残高4.8厘米（图九二〇，6）。

豆柄 6件。

A型 2件。

标本99DT0201㉒：31，泥质黑陶，红褐胎。柄饰圆点形暗纹，内外壁磨光。盘底圜，圆柱形柄，中空，残。轮制，火候较。残高6.8厘米（图九二〇，7）。标本00DT0604⑳：45，夹细砂黑陶，红褐胎。素面。柄部圆柱形，喇叭形圈足，残。轮制，火候较高。残高5.6厘米（图九二〇，8）。

B型 4件。

标本98BT0304⑲：19，夹细砂黑陶，红褐胎。盘底、豆座外壁饰暗纹。豆盘圜底，微有柄，喇叭状豆座，残。分、轮制，火候较高。座径11.8、残高5.6厘米（图九二〇，9）。标本99DT0201㉒：30，泥质灰黑陶，褐胎。素面，器表多细旋痕。喇叭形，残。轮制，火候较高。残宽5.1、残高2.9厘米（图九二〇，10）。标本00DT0705⑱：7，泥质红陶，胎红夹灰。素面。盘底微圜，喇叭形豆座，残。轮制，火候较高。残高4厘米（图九二〇，11）。

盂 8件。

标本99AT0301⑳：62，夹砂灰黑陶。腹饰瓦棱纹。侈口，微有卷沿，圆尖唇，鼓腹，残。轮制，火候较高。口径11.2、残高5.4厘米（图九二〇，12）。标本99AT0301㉒：45，夹砂黑陶，局部褐。肩饰尖折波浪形暗纹两周，腹饰细凹弦纹。侈口，卷沿，圆唇，斜

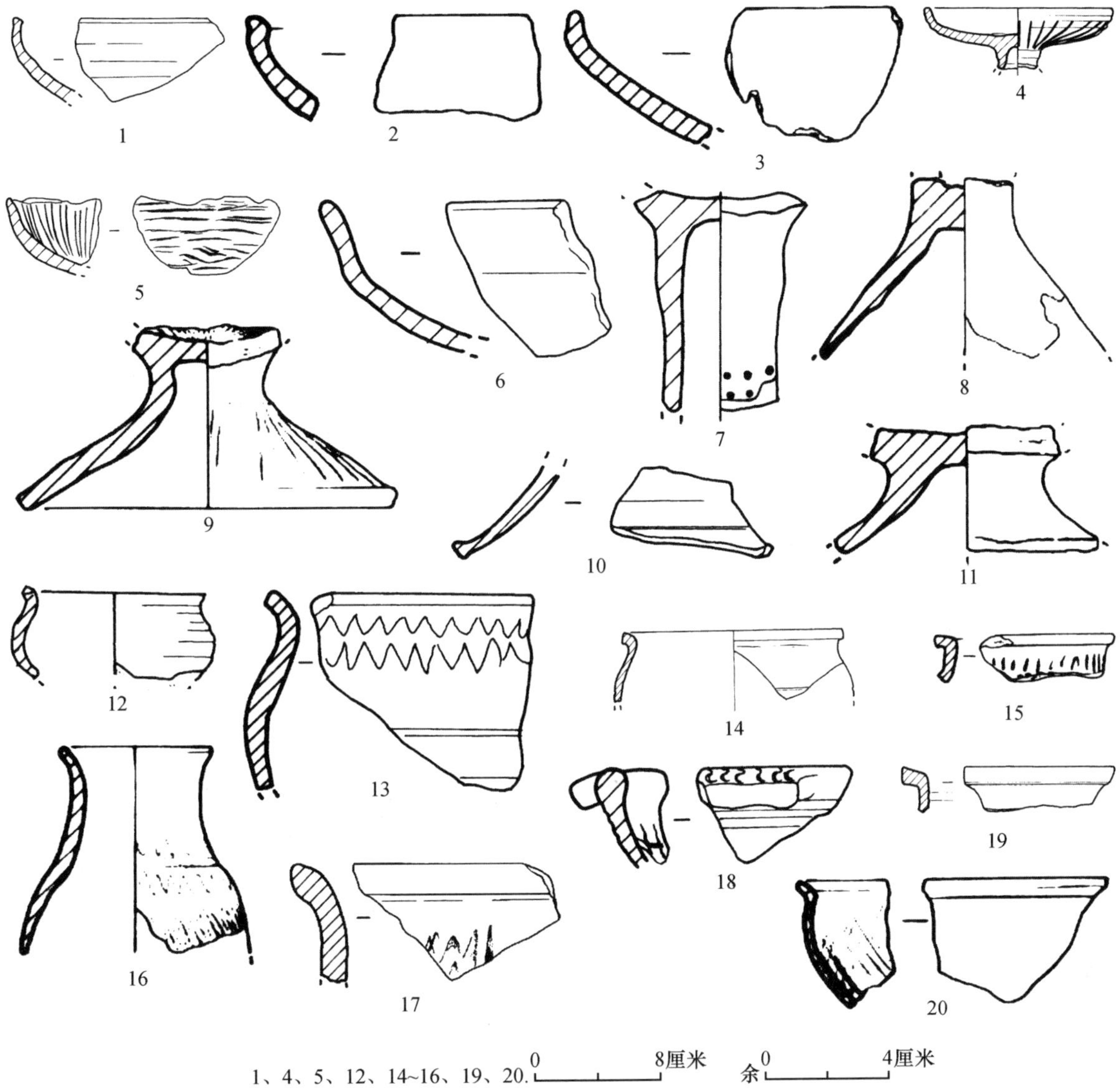

图九二〇　溍井沟文化第三期中段陶器

1、2. Ba型豆盘（99DT0301㉒：40、02CT0101⑱：37）　3. Bb型豆盘（00DT0705⑱：6）　4~6. Bc型豆盘（99DT0201㉔：41、99DT0301⑲：13、99AT0301㉓：28）　7、8. A型豆柄（99DT0201㉒：31、00DT0604⑳：45）　9~11. B型豆柄（98BT0304⑲：19、99DT0201㉒：30、00DT0705⑱：7）　12~15. 盂（99AT0301⑳：62、99AT0301㉒：45、99DT0201㉓：63、02BT0201⑮：30）　16、17. 壶（02BT0201⑯：7、98AT0103㉑：29）　18. Ⅰ式盆（99AT0301㉒：47）　19、20. Ⅲ式盆（99DT0201㉔：37、02BT0201⑮：32）

肩，鼓腹，下腹弧收，残。轮制，火候高。残宽7.1、残高6.2厘米（图九二〇，13）。标本99DT0201㉓：63，夹粗砂灰黑陶，褐胎。腹饰凹弦纹。侈口，窄卷沿，圆唇，微有溜肩，鼓腹，残。轮制，火候较高。口径14、残高4.3厘米（图九二〇，14）。标本02BT0201⑮：30，夹砂灰褐陶，胎红褐夹灰。领饰暗纹。侈口，折沿、沿面弧，圆唇，矮直领，有肩，残。轮制，火候较高。残宽8.6、残高3厘米（图九二〇，15）。

壶　2件。

标本02BT0201⑯：7，夹粗砂红褐陶，局部、里黑。颈下部饰横暗纹和波浪形暗纹，腹饰斜绳纹。侈口，圆唇，颈微束，鼓腹，残。手制，火候较高。口径8.8、残高12.8厘米

（图九二〇，16）。标本98AT0103㉑：29，夹粗砂黑皮陶。颈部饰暗划组状波浪纹，内外壁磨光。敞口，斜折沿，圆唇，束颈较直，残。轮制，火候高。残宽6.3、残高3.6厘米（图九二〇，17）。

盆 9件，6件可分式。

Ⅰ式：2件。

标本99AT0301㉒：47，夹砂黑陶，红褐胎。沿面饰“S”形戳印纹，上腹饰凹弦纹，内壁饰交错暗纹。口微敛，沿外下弧，上腹弧收，残。轮制，火候高。残宽4.9、残高3厘米（图九二〇，18）。

Ⅲ式：4件。

标本99DT0201㉔：37，夹细砂灰黑陶，褐胎。素面。侈口，卷斜沿，圆唇，上腹较直，残。轮制，火候高。残宽9.6、残高2.8厘米（图九二〇，19）。标本02BT0201⑮：32，夹砂黑陶，红褐胎。素面，内壁饰交错暗纹。侈口，斜折沿，圆唇，上腹微鼓，下腹弧收，残。轮制，火候较高。残宽12、残高8厘米（图九二〇，20）。

浅腹盆 4件。

标本99DT0201㉔：59，夹细砂灰陶，红褐胎。器表饰凹弦纹，外腹磨光。敞口，沿折外卷，圆唇，弧腹，残。轮制，火候高。残宽9.4、残高4.5厘米（图九二一，1）。标本99DT0201㉔：60，夹细砂黑陶，灰胎。素面。敞口，微有外卷沿，圆唇，腹微弧收，残。轮制，火候高。残宽9.2、残高6.4厘米（图九二一，2）。标本99DT0201㉓：62，夹细砂灰黑陶。素面，下腹磨光，器表多旋痕。敞口，圆唇，腹较斜直，残。轮制，火候较高。残宽10.6、残高5.8厘米（图九二一，3）。

折腹盆 5件。标本碎小。

盘 27件，26件可分型。

A型 21件。

Ⅰ式：2件。

标本99AT0301㉒：42，夹砂黑褐陶，胎褐夹黑。上腹饰凹弦纹两周。敞口，圆唇，弧腹，残。轮制，火候较高。残宽8、残高4.8厘米（图九二一，4）。标本99AT0301㉓：25，夹砂灰褐陶，局部红褐，胎红夹黑。素面。敞口，圆唇，折腹，残。手制轮修，火候较高。口径11.8、残高3.6厘米（图九二一，5）。

Ⅱ式：19件。

标本99DT0201㉓：52，夹粗砂黑陶，褐胎。素面。口近直，圆唇，上腹近直，下腹弧收，圜底，复原。轮制，火候较高。口径12、高3.6厘米（图九二一，6）。标本99DT0202㉔：34，夹砂黑陶，红褐胎。素面。敞口，圆唇，折腹，圜底，复原。手制轮修，火候较高。口径12.8、高3.4厘米（图九二一，7）。标本99DT0201㉔：78，夹细砂黑陶，局部红胎。上腹、内底饰划纹。敞口，圆唇，弧腹，圜底，复原。手制，火候较高。口径11.6、高3.4厘米（图九二一，8）。

B型 5件。

标本98BT0204㉔：14，夹砂黑陶，局部褐。素面。敞口，方唇，折腹，圜底，复原。手

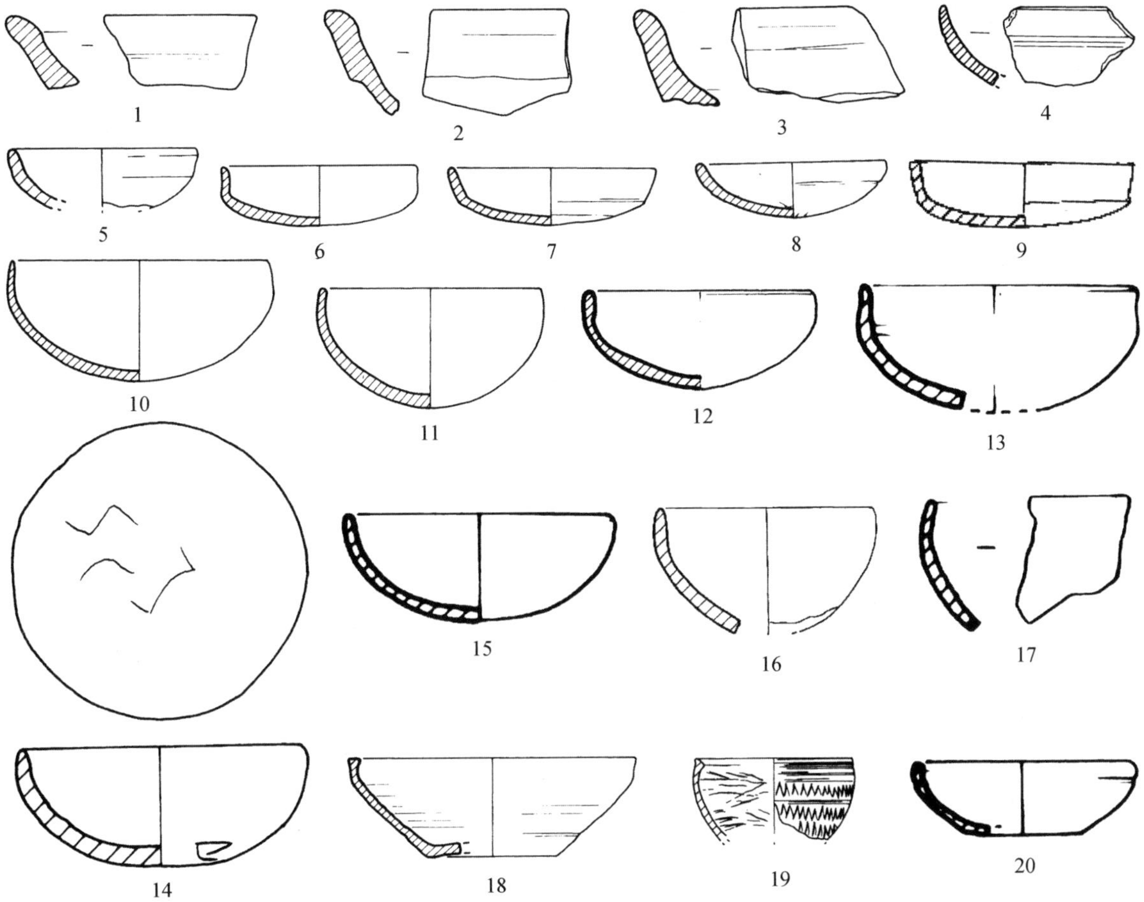

图九二一　沓井沟文化第三期中段陶器

1～3. 浅腹盆（99DT0201㉔：59、99DT0201㉔：60、99DT0201㉓：62）　4、5. A型Ⅰ式盘（99AT0301㉒：42、99AT0301㉓：25）　6～8. A型Ⅱ式盘（99DT0201㉓：52、99DT0202㉔：34、99DT0201㉔：78）　9. B型盘（98BT0204㉔：14）　10、11. A型Ⅰ式圜底钵（99DT0201㉔：43、99DT0201㉔：44）　12、13. A型Ⅱ式圜底钵（99AT0301㉒：6、02BT0101⑱：22）　14、15. A型Ⅲ式圜底钵（99AT0301⑳：3、02BT0201⑯：9）　16、17. B型圜底钵（99AT0101㉔：18、02BT0201⑮：27）　18. A型平底钵（99DT0201㉓：48）　19、20. B型平底钵（99AT0301㉑：15、02CT0101⑱：30）

制轮修，火候较高。口径14、高4厘米（图九二一，9）。

圜底钵　93件。

A型　75件。

Ⅰ式：13件。

标本99DT0201㉔：43，夹细砂红陶，口部褐。素面。口微敛，圆尖唇，弧腹，圜底，复原。口径15.8、高7.3厘米（图九二一，10）。标本99DT0201㉔：44，夹粗砂灰黑陶，里黑。素面。口微敛，圆唇，圆腹，圜底，复原。手制，火候较高。口径13.6、高7.3厘米（图九二一，11）。

Ⅱ式：46件。

标本99AT0301㉒：6，夹粗砂褐陶，局部红、黑。素面。口近直，圆唇，圆弧腹，圜底，复原。手制，火候较高。口径14.4、高6厘米（图九二一，12）。标本02BT0101⑱：22，夹砂红陶，局部黑。素面，内外壁磨光。口近直，圆唇，上腹微束，下腹弧收，圜底，残。手制轮修，火候较高。口径17.2、残高7.6厘米（图九二一，13）。标本H377：2，夹砂灰黑陶，局部红。素面。口近直，圆唇，弧腹，圜底，复原。手制，火候较高。口径14.4、高8.2厘米（图版八一，6）。

Ⅲ式：16件。

标本99AT0301⑳：3，夹砂灰褐陶，局部黑。下腹、内底饰细划纹。口微敞，圆唇，弧腹，圜底，复原。手制，火候较高。口径18、高7.2厘米（图九二一，14）。标本02BT0201⑯：9，夹砂红褐陶，底部黑，里红。素面，内外壁磨光。敞口，圆唇，弧腹，圜底，复原。手制，火候较高。口径16.8、高6.4厘米（图九二一，15）。

B型　18件。

标本99AT0101㉔：18，夹砂黑陶，局部褐。素面。敞口，方唇，弧腹，残。手制，火候较高。口径13.2、残高7.5厘米（图九二一，16）。标本02BT0201⑮：27，夹砂红陶，底部灰褐。素面。敛口，方唇，上腹微鼓，下腹弧收，残。手制，火候较高。残宽7、残高8厘米（图九二一，17）。

平底钵　7件，6件可分型。

A型　2件。

标本99DT0201㉓：48，夹细砂黑陶，红胎。内、外壁多瓦棱纹。敛口，圆唇，微折腹，上腹微凹、下腹较斜直，平底微凹，复原。口径17.6、高6厘米（图九二一，18）。

B型　4件。

标本99AT0301㉑：15，夹砂黑陶，灰褐胎。上腹饰细凹弦纹数周，腹饰横暗纹相间尖折波浪形暗纹三周，内壁饰交错暗纹，内外壁磨光。敛口，圆唇，上腹微鼓，下腹弧收，残。轮制，火候较高。口径19.2、残高10厘米（图九二一，19）。标本02CT0101⑱：30，夹砂灰黑陶，局部、胎灰褐。素面。口微敛，圆唇，弧腹，平底，复原。轮制，火候高。口径14、底径7.2、高4.4厘米（图九二一，20）。

尖底盏　167件，131件可分型。

A型　95件。

Ⅰ式：2件。

标本99AT0301㉓：1，夹砂灰陶，局部灰黑。下腹饰凹弦纹一周，内下腹多瓦棱纹。口微敛，圆唇，弧腹，尖底，微残。轮制，火候较高。口径11.6、高4.2厘米（图九二二，1）。标本99AT0301㉒：35，夹砂黑陶，局部褐。素面。敛口，圆唇，上腹微鼓，下腹弧收，残。轮制，火候较高。残宽8.6、残高2.7厘米（图九二二，2）。

Ⅱ式：35件。

标本98BT0104⑳：1，夹砂灰黑陶，局部红。下腹饰瓦棱纹。直口，圆唇，弧腹，尖底，复原。轮制，火候较高。口径11.9、高4.4厘米（图九二二，3）。标本99DT0201㉓：44，夹细砂黑陶。底部饰细划纹，内底有旋痕。口近直，圆唇，弧腹，尖底，复原。轮制，火候较高。口径11.2、高3.9厘米（图九二二，4）。

Ⅲ式：58件。

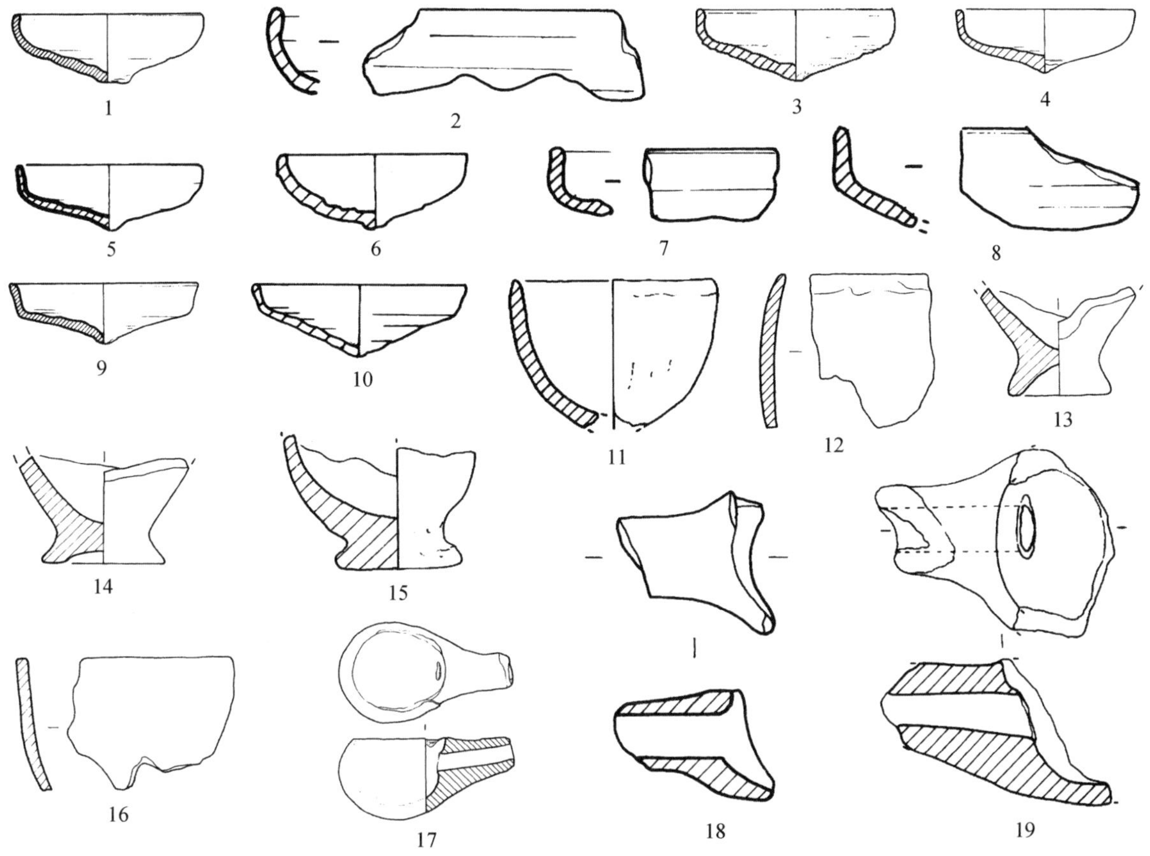

图九二二 漳井沟文化第三期中段陶器

1、2. A型Ⅰ式尖底盏（99AT0301㉓：1、99AT0301㉒：35） 3、4. A型Ⅱ式尖底盏（98BT0104⑳：1、99DT0201㉓：44） 5、6. A型Ⅲ式尖底盏（99AT0301⑳：8、99AT0301㉒：1） 7、8. B型Ⅰ式尖底盏（99AT0301㉑：33、99AT0301㉑：13） 9、10. B型Ⅱ式尖底盏（99AT0101㉒：1、99AT0301㉒：39） 11～15. 圈足杯（99DT0101㉓：14、99DT0201㉓：59、99DT0201㉓：61、99DT0201㉔：62、99AT0101㉔：20） 16. 杯（99DT0201㉔：64） 17～19. 匜（99AT0301㉒：13、99DT0201㉓：95、98BT0304⑲：18）

标本99AT0301⑳：8，夹砂黑陶，局部灰。素面。敞口，圆唇，上腹圆弧，下腹弧收，尖底，复原。轮制，火候较高。口径11.2、残高4.4厘米（图九二二，5）。标本99AT0301㉒：1，夹砂黑陶，局部褐。素面，内底多轮制痕。敞口，圆唇，弧腹，复原。轮制，火候较高。口径11.4、高4.6厘米（图九二二，6）。

B型 36件，35件可分式。

Ⅰ式：19件。

标本99AT0301㉑：33，夹砂黑陶，局部、胎褐。素面。口近直，圆唇，折腹，上腹较直，下腹弧收，残。轮制，火候较高。残宽4、残高2.2厘米（图九二二，7）。标本99AT0301㉑：13，夹砂黑陶，红胎。素面。直口，圆唇，折腹，上腹微束，下腹弧收，残。轮制，火候较高。残宽5.6、残高2.6厘米（图九二二，8）。

Ⅱ式：16件。

标本99AT0101㉒：1，夹砂红褐陶，局部黑，里灰。素面，内下腹多瓦棱纹。敞口，圆唇，折腹，尖底，复原。轮制，火候较高。口径11.7、高3.7厘米（图九二二，9）。标本99AT0301㉒：39，夹砂褐陶，红胎。素面，内壁多瓦棱纹。敞口，圆唇，折腹，上腹微凹，下腹斜收，尖底，复原。轮制，火候较高。口径13.2、高4.8厘米（图九二二，10）。标本99AT0201㉑：2，夹砂黑陶。素面，内壁多瓦棱纹。敞口，圆唇，折腹，上腹弧，下腹斜收，尖底，复原。轮制，火候较高。口径12、高3.6厘米（图版八〇，1）。

圈足杯　12件，其中口部4件，底部8件。

标本99DT0101㉓：14，夹砂红陶，黑胎。素面，多刮抹痕。敞口，圆唇，弧腹，残。手制，火候较高。口径12.8、残高9厘米（图九二二，11）。标本99DT0201㉓：59，夹细砂黑陶，灰胎。素面。敛口，圆唇，弧腹，残。手制轮修，火候较高。残宽7.9、残高9.4厘米（图九二二，12）。标本99DT0201㉓：61，夹细砂褐陶，局部黑，胎红夹褐。素面。下腹斜收，矮圈足外撇，残。手制，火候不高。足径6.4、残高6.6厘米（图九二二，13）。标本99DT0201㉔：62，夹粗砂灰黑陶，局部褐。素面。下腹斜弧收，矮圈足外撇，残。手制，火候较高。足径7.6、残高6.5厘米（图九二二，14）。标本99AT0101㉔：20，夹砂红褐陶，黑胎。素面。弧腹，圆饼形足，残。手制，火候较高。足径7.6、残高8.3厘米（图九二二，15）。

杯　2件。

标本99DT0201㉔：64，夹细砂红陶，局部、胎灰。素面。敞口，方唇，弧腹，残。手制，火候较高。残宽10.4、残高8.1厘米（图九二二，16）。

匜　3件。

标本99AT0301㉒：13，夹砂灰褐陶，局部红、灰黑。素面。勺近椭圆形，敛口，圆唇，短圆柱形柄中空，微残。手制。长10.7、高5厘米（图九二二，17）。标本99DT0201㉓：95，夹细砂灰褐陶，局部褐。素面。管状流中空，微有匜身，残。手制，火候较高。残宽4.8、残高3.4厘米（图九二二，18）。标本98BT0304⑲：18，夹粗砂灰褐陶，局部红褐。素面。管状流，残。手制，火候较高。残长7.4、残宽5.6、残高4.3厘米（图九二二，19）。

器盖　25件，14件可分型。

A型　7件。

标本99DT0201㉓：55，夹细砂灰黑陶，部分灰褐，褐胎。素面。近圆柱状捉手，顶微凹，盖壁微弧，敞口，圆唇，残。手制，火候一般。捉手径4.4、口径19.6、高6.8厘米（图九二三，1）。标本99DT0201㉓：54，夹细砂黑陶，褐陶。盖上饰镂孔，内壁瓦棱纹。壁微弧，敞口，圆唇，残。轮制，火候较高。残宽8、残高4.2厘米（图九二三，2）。标本99AT0301⑳：42，夹砂红陶，局部褐，灰黑胎。素面。弧壁，敞口，圆唇，残。手制，火候高。残宽7.3、残高3厘米（图九二三，3）。标本02BT0101⑱：23，夹砂红褐陶，红胎。盖壁饰镂孔。壁微弧，敞口，圆唇，残。轮制，火候较高。残宽11、残高3.2厘米（图九二三，4）。

B型　7件。

Ⅰ式：3件。

标本99AT0301⑳：43，夹砂黑陶，红褐胎。素面。弧壁，敞口，微有折沿，圆唇，残。

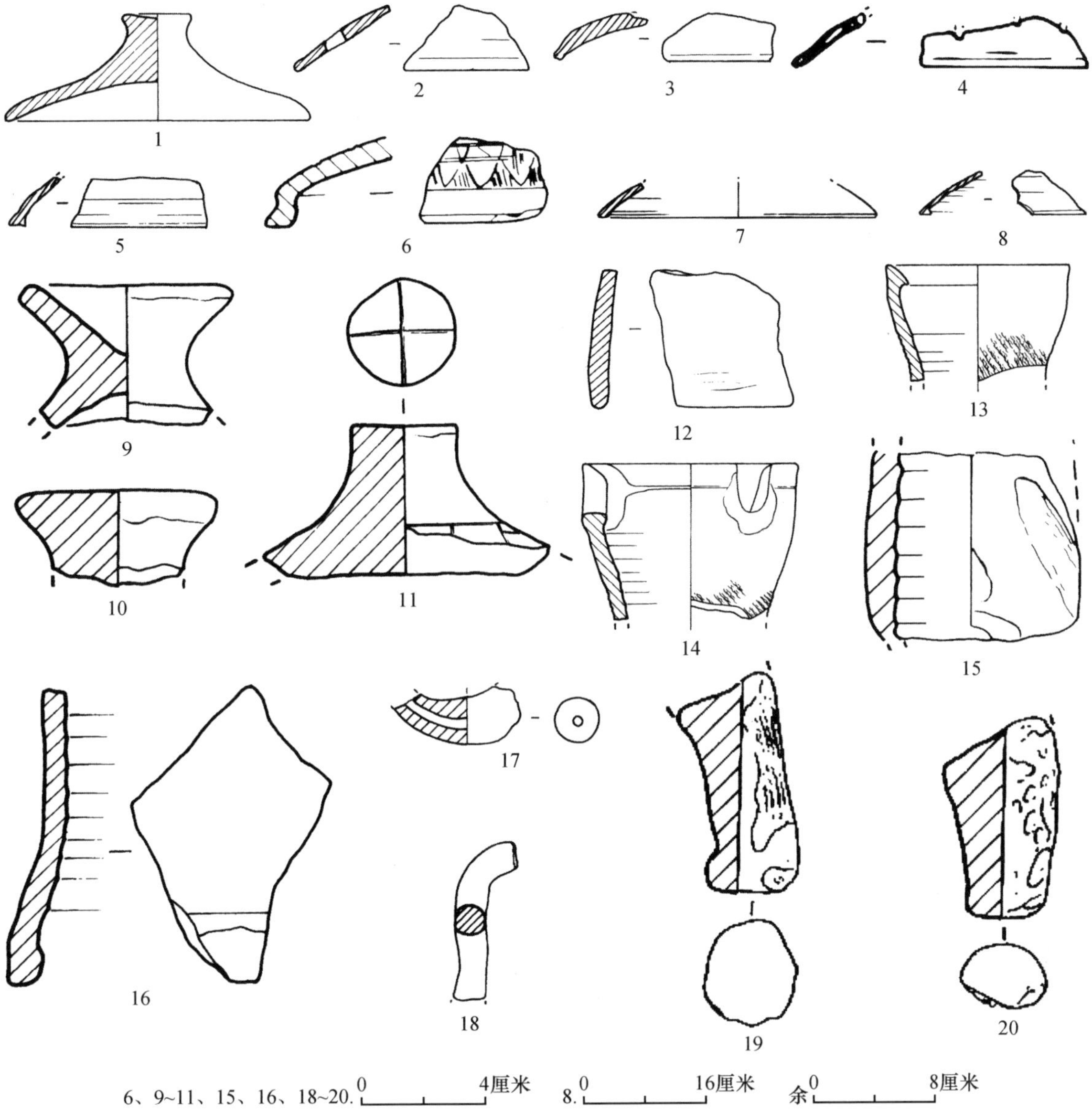

图九二三　滑井沟文化第三期中段陶器

1~4. A型器盖（99DT0201㉓：55、99DT0201㉓：54、99AT0301⑳：42、02BT0101⑱：23）
5、6. B型Ⅰ式器盖（99AT0301⑳：43、99AT0301㉒：49）　7、8. B型Ⅱ式器盖（99AT0201㉑：9、99AT0301㉑：17）
9~11. 盖纽（99DT0201㉓：56、99DT0201㉓：57、99DT0201㉔：50）　12. A型器座（99DT0202㉔：46）
13~16. B型器座（99DT0201㉓：97、99DT0201㉓：98、99DT0301㉒：55、99DT0201㉔：80）
17. 器流（99DT0301㉑：6）　18. 器耳？（99AT0201㉒：26）　19、20. 鼎足？（99DT0202㉓：40、99DT0202㉓：41）

轮制，火候较高。残宽8.6、残高3.2厘米（图九二三，5）。标本99AT0301㉒：49，夹砂黑陶，局部、胎红褐。器表饰细凹弦纹、交错暗纹。折腹，上部弧，近口处微内折，口近直，微有平折沿，圆唇。轮制，火候较高。残宽4、残高2.8厘米（图九二三，6）。

Ⅱ式：4件。

标本99AT0201㉑：9，夹粗砂黑陶。素面。覆盘状，敞口，尖圆唇，弧壁，残。轮制，火候较高。口径17.6、残高4厘米（图九二三，7）。标本99AT0301㉑：17，夹砂黑陶，胎褐夹灰褐。器表饰瓦棱纹。弧壁，敛口，内折沿，圆唇，残。轮制，火候较高。残宽9.6、残高5.6厘米（图九二三，8）。

盖纽　8件。

标本99DT0201㉓：56，夹细砂褐陶，灰胎。素面。圈足形捉手，外撇，圆唇，残。手制，火候较高。捉手径6.8、残高4.5厘米（图九二三，9）。标本99DT0201㉓：57，夹粗砂红陶，灰黑胎。素面。圆饼形捉手，残。手制，火候较高。捉手径6.4、残高3厘米（图九二三，10）。标本99DT0201㉔：50，夹细砂灰黑陶，局部、胎红。捉手顶部饰“十”字形细划纹，器表饰带状细划纹。圆柱形捉手，平顶，残。手制，火候较高。捉手径3.4、残高4.9厘米（图九二三，11）。

器座　17件。

A型　3件。

标本99DT0202㉔：46，夹砂红陶，胎灰黑。素面，多刮抹痕。下腹微外弧，残。手制，火候较高。残宽9.2、残高8.8厘米（图九二三，12）。

B型　14件。

标本99DT0201㉓：97，夹细砂黑陶。中腹饰粗绳纹，内壁多瓦棱纹。束腰形，下部外弧、近座底处微束，座底微有内沿、圆唇，残。轮制，火候较高。底径12、残高7.4厘米（图九二三，13）。标本99DT0201㉓：98，夹细砂黑陶，局部红胎。中腹饰粗绳纹，内壁多瓦棱纹，底缘有一按抹呈深凹槽。束腰形，下部外弧，底座有内沿、圆唇，残。轮制，火候较高。底径14、残高9.8厘米（图九二三，14）。标本99DT0301㉒：55，夹砂黑陶。腹中部是粗戳印纹，内壁多瓦棱纹。腹微弧，残。轮制，火候较高。腹径7、残高6.2厘米（图九二三，15）。标本99DT0201㉔：80，夹细砂黑陶，褐胎。下部饰凹弦纹，内壁多瓦棱纹。座壁内束，下部外撇，微有内沿，残。轮制，火候高。残宽6.4、残高9.4厘米（图九二三，16）。

器流　2件。

标本99DT0301㉑：6，夹砂黑陶，灰黑胎。素面，器表磨光。角形，残。手制，火候高。残长8、中部直径2.8厘米（图九二三，17）。

器耳？　1件。

标本99AT0201㉒：26，夹细砂褐陶。素面。近圆柱状，残。手制，火候较高。直径1、残长5厘米（图九二三，18）。

鼎足？　2件。

标本99DT0202㉓：40，夹细砂红陶。外足面饰竖绳纹，内足面多刮抹痕。近圆柱形足微弧，残。手制，火候较高。残高7厘米（图九二三，19）。标本99DT0202㉓：41，夹细砂灰褐陶，红胎。素面，多捏制痕。近圆柱形足微弧，残。手制，火候较高。残高6.4厘米（图九二三，20）。

勺　1件。

标本99AT0301㉒：13，夹砂灰褐陶，局部红、灰黑。素面。勺近椭圆形，敛口，圆唇，短圆柱形柄中空，微残。手制。长10.7、高5厘米（图版八〇，2）。

不明器　20件。

标本99AT0201㉒：25，夹粗砂褐陶。素面。敞口，圆唇，壁斜直，残。手制，火候较高。口径18.8、残高3厘米（图九二四，1）。标本99AT0201㉑：1，夹粗砂灰陶，局部红、灰色。素面。敞口，方圆唇，浅腹，外底中部脱落，微残。手制，火候一般。口径10.2、残高2.6厘米（图九二四，2）。标本99AT0201㉒：27，夹细砂红陶。素面，内壁有明显轮制旋痕。敞口，圆唇、唇缘内凸，壁斜直，残。轮制，火候较高。残宽11.3、残高6.4厘米（图九二四，3）。标本99DT0201㉔：83，夹细砂黑陶，胎、里红。器表饰粗绳纹。下腹斜收，尖底，残。手制，火候较高。残高3.3厘米（图九二四，4）。

圈足 19件。

标本99AT0101㉓：24，夹砂褐陶，灰胎。素面。下腹弧收，微有圈足，残。手制，火候较高。足径6.6、残高4厘米（图九二四，5）。标本99DT0201㉔：84，夹细砂褐陶，局部黑。素面。下腹弧收，微有圈足，残。轮制，火候较高。残宽11.6、残高4.7厘米（图九二四，6）。标本99AT0101㉓：25，夹砂红陶，灰胎。素面。喇叭形圈足较高，残。手制，火候较高。足径8、残高3.2厘米（图九二四，7）。

器底 20件。

标本99DT0201㉔：85，夹细砂灰褐陶。上腹饰凹弦纹，内壁多瓦棱痕。束颈，鼓腹，底内凹，残。轮制，火候较高。底径8.7、残高11.6厘米（图九二四，8）。标本99DT0201㉔：86，夹细砂黑陶，褐胎。底缘饰划纹。下腹斜收，平底，残。轮制，火候较高。底径12、残高3.2厘米（图九二四，9）。标本99DT0201㉔：87，夹细砂黑陶，红褐胎。下腹饰划纹。下腹弧收，平底，残。轮制，火候较高。底径8、残高3.6厘米（图九二四，10）。标本99AT0201㉒：31，夹细砂褐陶，局部黑色。素面，器表有凹坑等缺陷，内壁有多道旋痕。下腹微内弧，平底，残。轮制，腹、底分制，地包天套接，火候一般。底径14.4、残13.2厘米（图九二四，11）。

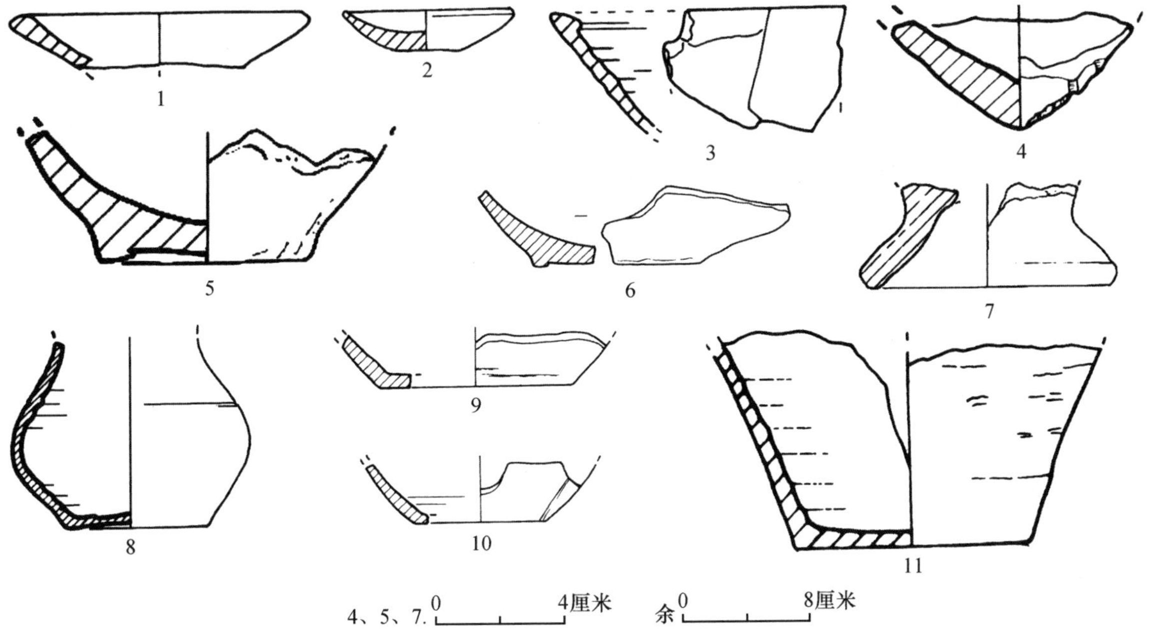

图九二四 沓井沟文化第三期中段陶器

1～4. 不明器（99AT0201㉒：25、99AT0201㉑：1、99AT0201㉒：27、99DT0201㉔：83） 5～7. 圈足（99AT0101㉓：24、99DT0201㉔：84、99AT0101㉓：25） 8～11. 器底（99DT0201㉔：85、99DT0201㉔：86、99DT0201㉔：87、99AT0201㉒：31）

拍　9件，8件可分型。

A型　2件。

标本99AT0201㉒：29，夹细砂灰陶，背局部红色，灰、红胎。素面，拍面较平、有较多大小不等的孔眼。圆形，背内收，中部柱状捉手，残。直径13.2、残高5厘米（图九二五，1）。

B型　6件。

标本99AT0301㉒：53，夹砂红陶，局部褐。素面。圆饼形，圆唇，拍面内凹，背中部捉手残。手制，火候较高。直径14.8、残高3.2厘米（图九二五，2）。标本98AT0103㉑：32，夹细砂灰陶，局部红，灰黑胎。素面。拍面圆形内凹，背中部有圆柱形捉手，残。手制，火候不高。直径8.3、高3.8厘米（图九二五，3）。标本02BT0101⑱：24，夹砂灰褐陶，局部红、黑。捉手顶部饰交错划纹。圆饼形，背中部有矮圆柱形捉手，拍面微凹，圆唇，手制，火候较高。直径16、捉手径3.6、高5厘米（图九二五，4）。标本02BT0201⑮：45，夹砂红陶，局部红褐、灰褐、黑。素面。圆饼形，拍面微弧，背面较平、中部有圆柱形捉手，残。手制，火候较高。直径14、残高6厘米（图九二五，5）。

纹印　1件。

标本99DT0301㉒：3，泥质黑陶，正面饰卷云纹。圆形，背部旋形纽，微残。手制，火候高。径约2.7、残高1.4厘米（图九二五，6；图版八〇，3、4）。

纺轮　28件。

A型　2件。Aa型。标本碎小。

B型　6件。

标本99AT0201㉓：3，夹砂红陶，局部褐、黑。腰饰凹弦纹。圆台形，顶、底平，腰呈阶梯形，中部圆穿，微残。轮制，火候较高。最大径3.8、穿径0.6、高1.8厘米（图九二五，7）。标本99AT0201㉒：2，泥质黑陶，紫红胎。腰饰细凹弦纹，底饰“十”字形小圆圈戳印纹，器表磨光。凸胎形，顶、底平，斜直腰、下部弧，中部圆形穿，微残。轮制，火候较高。最大径4.1、穿径0.5、高2厘米（图九二五，8）。

C型　6件，5件可分亚型。

Ca型　3件。标本碎小。

Cb型　2件。

标本99AT0201㉓：8，夹砂黑陶，局部褐。素面，器表粗磨。算珠形，顶、底较平，鼓腰，中部圆形穿，完整。手制，火候较高。最大径2.9、穿径0.3、高2厘米（图九二五，9）。

E型　14件。Ea型。

标本99AT0201㉑：3，夹砂黑陶，胎、里红。素面。平面近圆形，中部圆形穿，完整。手制，火候较高。直径4.3、穿径1、厚0.7厘米（图九二五，10）。

网坠　168件。

A型　30件。标本碎小。

B型　138件。

标本98BT0304⑲：3，夹细砂红陶，局部褐。素面，器表有疵痕。管状，中部略大，中

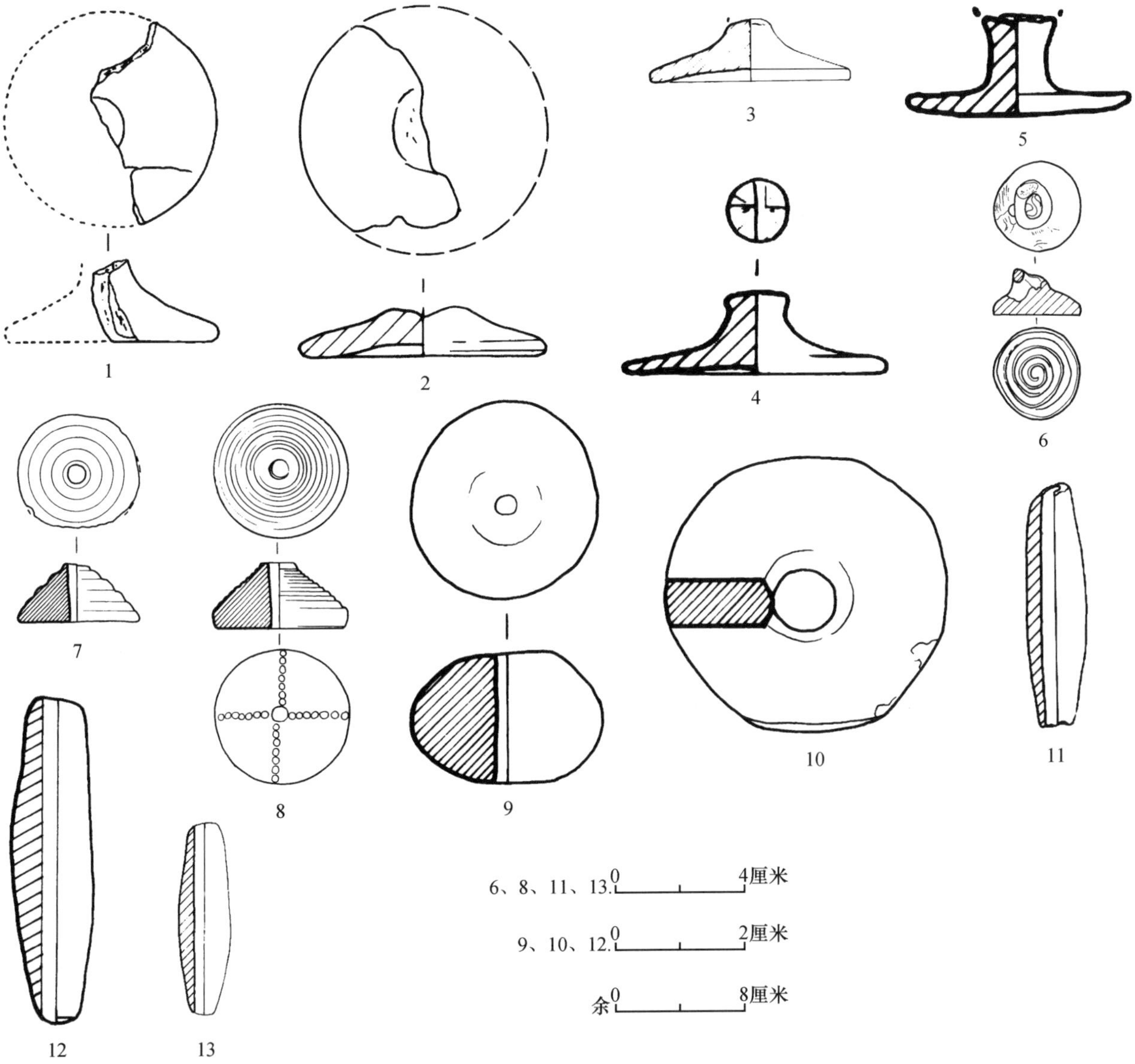

图九二五　揞井沟文化第三期中段陶器

1. A型拍（99AT0201㉒：29）　2～5. B型拍（99AT0301㉒：53、98AT0103㉑：32、02BT0101⑱：24、02BT0201⑮：45）　6. 纹印（99DT0301㉒：3）　7、8. B型纺轮（99AT0201㉓：3、99AT0201㉒：2）　9. Cb型纺轮（99AT0201㉓：8）　10. Ea型纺轮（99AT0201㉑：3）　11～13. B型网坠（98BT0304⑲：3、99DT0201㉔：8、00DT0604⑳：28）

空，残。手制，火候高。残长7.4、最大径1.7厘米（图九二五，11）。标本99DT0201㉔：8，夹砂褐陶。素面。细管状，中部略粗，中空，完整。手制，火候较高。长5、最大径1.3厘米（图九二五，12）。标本00DT0604⑳：28，夹细砂浅红陶，局部灰黑。素面。管状，中部略粗，中空，完整。手制，火候较高。长5.8、最大径1.6厘米（图九二五，13）。

3. 晚段

出土陶器数量此段较多，参加分类排队的陶器12339件。。陶质以夹砂陶占绝大多数，几乎无泥质陶。陶色以灰陶为主，次为褐、红陶，黑陶较少。器表以纹饰为主，绳纹占绝大多数，以粗绳纹为主，次为绳纹，方格纹、弦纹、划纹、复合纹、暗纹、雷纹、镂孔等较少，素面陶仍占一定比例。制法、火候、器类基本与中段相同。

（1）陶系

以98AT0103⑲、99AT0201⑲、02BT0101⑭为典型单位，介绍如下：

98AT0103⑲

共出陶器480件。陶质全为夹砂，以夹细砂为主，占93.34%，夹粗砂较少，占6.67%。陶色以灰陶为主，占67.30%，次为褐陶，占18.33%，红、黑陶较少，各占7.29%和7.09%。器表以纹面为主，占90.42%，素面较少，占9.58%。纹饰以绳纹为主，占88.96%，方格纹、戳印纹、暗纹、布纹很少。器类以罐为主，占89.38%，缸、瓮、釜、甑、豆、钵、尖底盏、器盖、板瓦等很少，有3.54%的腹片难辨器形（表一八五）。

表一八五　98AT0103⑲出土陶器统计表

陶质	夹细砂				夹粗砂				合计	%
陶色	灰	红	黑	褐	灰	红	黑	褐		
纹饰/器类										
粗绳纹	306	15	5	76		3	2	2	409	85.21
绳纹	7		2	2		7			18	3.75
方格纹				1					1	0.21
戳印纹	1								1	0.21
暗纹			2				1	1	4	0.83
布纹		1							1	0.21
素面	6	2	18	4	3	7	4	2	46	9.58
合计	320	18	27	83	3	17	7	5	480	100
%	66.67	3.75	5.63	17.29	0.63	3.54	1.46	1.04	100	
缸			1				2		3	0.63
瓮					1				1	0.21
罐		1	1	2	2	4	2	1	13	2.71
敛口圜底罐	292	11	4	65					372	77.50
束颈圜底罐	21	4		12					37	7.71
齿唇罐						6		1	7	1.46
釜/甗			6	1		1			8	1.67
豆	2		2						4	0.83
钵	2		1	1			1		5	1.04
尖底盏			10	1					11	2.29
器盖			1						1	0.21
板瓦		1							1	0.21
不明腹片	3	1	1	1		6	2	3	17	3.54

99AT0201⑲

共出陶器196件。陶质全为夹砂。陶色以灰陶为主，占52.04%，次为褐陶，占22.45%，红、黑陶最少，各占14.80%和10.71%。器表以纹面为主，占78.57%，部分素面，占21.43%。纹饰以绳纹为主，占73.98%，方格纹、凹弦纹、乳钉纹、复合纹、暗纹很少。器类以罐为主，占76.02%，瓮、甗、釜、豆、盆、钵、尖底盏、器盖等很少，有8.67%的腹片难辨器形（表一八六）。

表一八六　99AT0201⑲出土陶器统计表

陶质	夹砂				合计	%
陶色	灰	红	黑	褐		
纹饰/器类						
粗绳纹	9			6	15	7.65
绳纹	78	19	10	23	130	66.33
方格纹	1	1			2	1.02
凹弦纹				1	1	0.51
乳钉纹				1	1	0.51
复合纹			2		2	1.02
暗纹	3				3	1.53
素面	11	9	9	13	42	21.43
合计	102	29	21	44	196	100
%	52.04	14.80	10.71	22.45	100	
高领瓮		1			1	0.51
敛口瓮				2	2	1.02
罐	3	7	3	7	20	10.20
圜底罐	80	7	3	25	115	58.68
齿唇罐	3	8	1	2	14	7.14
甗/釜		3	5		8	4.08
豆	1				1	0.51
盆	1				1	0.51
钵	4		1	2	7	3.57
尖底盏	3		3	1	7	3.57
器盖	1		1		2	1.02
平底				1	1	0.51
不明腹片	6	3	4	4	17	8.67

02BT0101⑭

共出陶器652件。陶质全为夹砂。陶色以灰陶为主，占52.15%，次为褐陶，占18.56%，红、黑陶较少，各占15.03%和14.26%。器表以纹面为主，占91.87%，素面较少，占8.13%。纹饰以绳纹为主，占90.64%，凹弦纹、波浪纹、复合纹、暗纹很少。器类以罐为主，占67.96%，瓮、釜、甗、豆、盆、钵、尖底盏、圈足杯、器盖、瓦、纺轮、网坠等很少，有11.81%的腹片难辨器形（表一八七）。

表一八七　02BT0101⑭出土陶器统计表

陶质	夹砂				合计	%
陶色	灰	红	黑	褐		
纹饰/器类						
粗绳纹	262	54	6	80	402	61.66
绳纹	67	39	48	34	188	28.83
细绳纹			1		1	0.15
凹弦纹			4		4	0.61
波浪纹			2		2	0.31
复合纹	1				1	0.15
暗纹			1		1	0.15
素面	10	5	31	7	53	8.13
合计	340	98	93	121	652	100
%	52.15	15.03	14.26	18.56	100	
瓮				2	2	0.31
齿唇瓮	3	8		1	12	1.84
敛口圜底罐	170	35	5	50	260	39.88
束颈圜底罐	75	18	1	29	123	18.87
花边圜底罐	27	11		3	41	6.29
折沿罐	1		7		8	1.23
盘口罐	2				2	0.31
大口罐			1	1	2	0.31
小罐	1				1	0.15
齿唇罐		1	1	3	5	0.77
敛口罐	1				1	0.15
甗		2		1	3	0.46
釜	2	12	8	7	29	4.45
豆	1		2		3	0.46
盆	3	1	3		7	1.07
钵	3		3		6	0.92
尖底盏			5	2	7	1.07
圈足杯		1			1	0.15
器盖		1	4		5	0.77
纺轮		1			1	0.15
网坠	1				1	0.15
板瓦	16	4	11		31	4.75
筒瓦	16		3		19	2.91
平底			5		5	0.77
不明腹片	18	3	34	22	77	11.81

（2）器类

辫唇缸　1件。A型Ⅱ式。标本碎小。

齿唇缸　85件。

A型　5件。Ⅰ式3件、Ⅱ式2件。标本碎小。

B型　80件。

Ba型　46件。

Ⅰ式：8件。

标本99AT0101⑲B：7，夹粗砂红褐陶，胎、里黑。唇部戳按呈波浪形齿。侈口，领外斜，残。手制，火候较高。残宽8.4、残高6.4厘米（图九二六，1）。标本99DT0101⑰B：11，夹粗砂红陶，胎红夹褐。唇部戳按呈齿状，领多竖抹痕。侈口外张，领外卷，上腹外斜，残。手制，火候较高。口径32.4、残高10厘米（图九二六，2）。

Ⅱ式：38件。

标本99DT0101⑰B：12，夹粗砂红陶。唇部戳按呈齿状，领多竖抹痕。侈口，领较直，残。手制，火候较高。口径28.1、残高8厘米（图九二六，3）。标本99DT0101㉒：11，夹粗砂褐陶，局部红，黑胎。唇部戳按呈齿状，领下部微有斜绳纹。侈口，束领，残。手制，火候较高。残宽12.8、残高8厘米（图九二六，4）。

Bb型　34件。

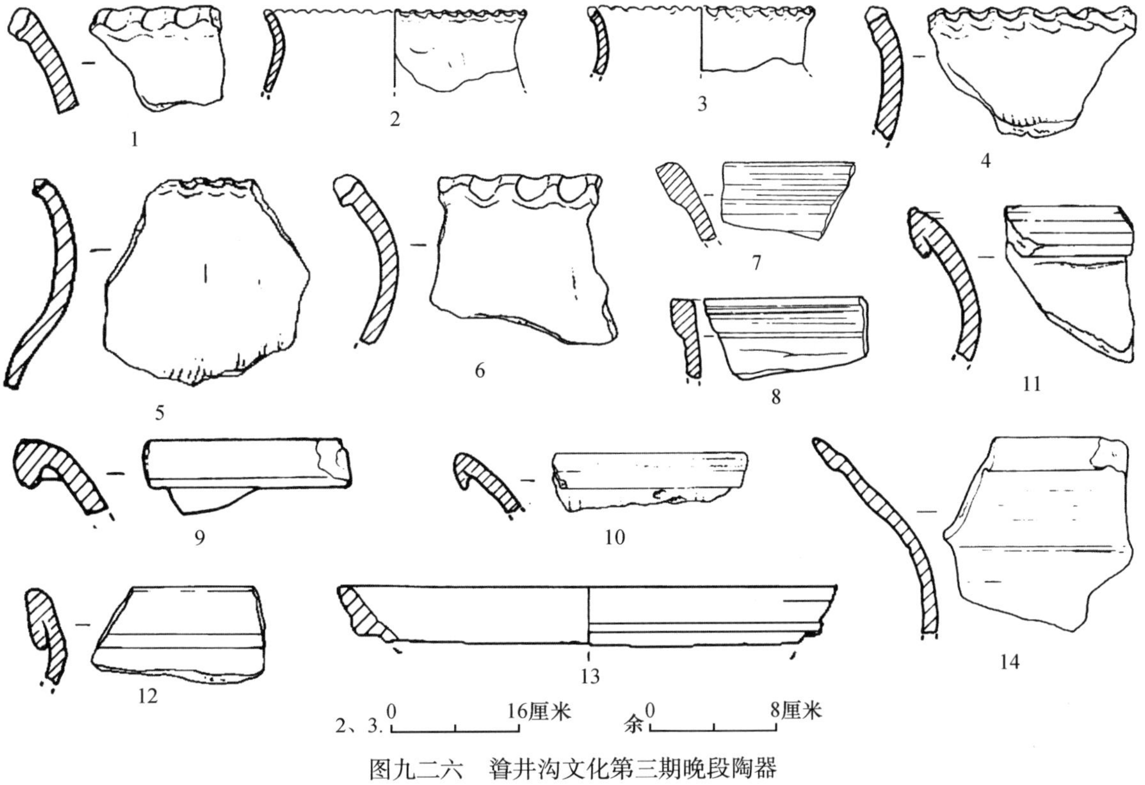

图九二六　湆井沟文化第三期晚段陶器

1、2. Ba型Ⅰ式齿唇缸（99AT0101⑲B：7、99DT0101⑰B：11）　3、4. Ba型Ⅱ式齿唇缸（99DT0101⑰B：12、99DT0101㉒：11）　5、6. Bb型齿唇缸（99AT0101⑲A：13、99AT0101⑱：8）　7、8. 大口缸（99AT0301⑲：40、99AT0301⑱：22）　9、10. A型Ⅱ式缸（99AT0301⑲：41、99DT0101⑲：17）　11、12. A型Ⅲ式缸（99DT0101㉑：33、99DT0101㉑：35）　13、14. B型缸（99AT0201⑱A：7、98BT0504⑯：30）

标本99AT0101⑲A：13，夹粗砂红陶，局部、胎灰褐，里灰黑。唇部戳印呈浅波浪形，肩饰斜绳纹，领多竖抹痕。侈口，束领，溜肩，残。手制，火候较高。残宽12.8、残高12.8厘米（图九二六，5）。标本99AT0101⑱：8，夹粗砂红陶，局部红褐，黑胎。唇部戳按呈波浪形齿。侈口，束颈，残。手制，火候较高。残宽11.4、残高10.2厘米（图九二六，6）。

大口缸　5件。

标本99AT0301⑲：40，夹砂灰黑陶，红胎。外沿饰凹弦纹。敞口，外沿较宽，方唇，上腹斜收，残。轮制，火候高。残宽8.4、残高4.8厘米（图九二六，7）。标本99AT0301⑱：22，夹砂灰褐陶，红胎、局部夹灰。外沿饰细凹弦纹。敞口，外沿较宽，方唇，上腹较直，残。轮制，火候高。残宽10.3、残高4.9厘米（图九二六，8）。

缸　32件，26件可分型。

A型　14件。

Ⅰ式：1件。标本碎小。

Ⅱ式：4件。

标本99AT0301⑲：41，夹砂灰褐陶，胎红褐夹灰。素面。喇叭口，沿外下卷，斜方唇，残。轮制，火候较高。残宽12.6、残高4.6厘米（图九二六，9）。标本99DT0101⑲：17，夹粗砂红褐陶，胎、里灰。外沿饰横暗纹，领饰竖暗纹。喇叭口，外沿较窄，圆唇，残。轮制，火候较高。残宽12、残高3.6厘米（图九二六，10）。

Ⅲ式：9件。

标本99DT0101㉑：33，夹砂红陶，胎红夹灰。内、外沿饰瓦棱纹，领上部饰横划纹。侈口，外沿较宽，圆唇，领外翻，残。轮制，火候高。残宽8、残高9.4厘米（图九二六，11）。标本99DT0101㉑：35，夹砂红陶，胎红夹灰，里黑。素面。侈口，外沿较宽，圆唇，残。轮制，火候较高。残宽10.6、残高5.9厘米（图九二六，12）。

B型　12件。

标本99AT0201⑱A：7，夹砂灰褐陶，红褐胎。外沿下部饰凸棱一道。钵形口，外沿较宽、中部微凹，领上部微内弧，残。轮制，火候较高。口径30.4、残高3.6厘米（图九二六，13）。标本98BT0504⑯：30，夹砂灰陶。领饰划纹。喇叭口，外沿较窄，圆唇，束领，残。轮制，火候较高。残宽11.8、残高11.8厘米（图九二六，14）。

辫唇瓮　13件。

A型　7件。Ⅲ式。

标本98BT0404⑲：13，夹粗砂红陶。唇部戳刮、外沿刮抹呈波浪形，肩饰斜中粗绳纹。侈口，领外翻，溜肩，残。手制，火候较高。残宽12.6、残高9.4厘米（图九二七，1）。

B型　6件。标本碎小。

齿唇瓮　259件。

A型　46件，11件可分式。

Ⅰ式：7件。标本碎小。

Ⅱ式：4件。

标本99DT0201⑳：21，夹砂黑陶，局部红褐。唇部戳按呈波浪形齿。侈口，卷沿外翻，

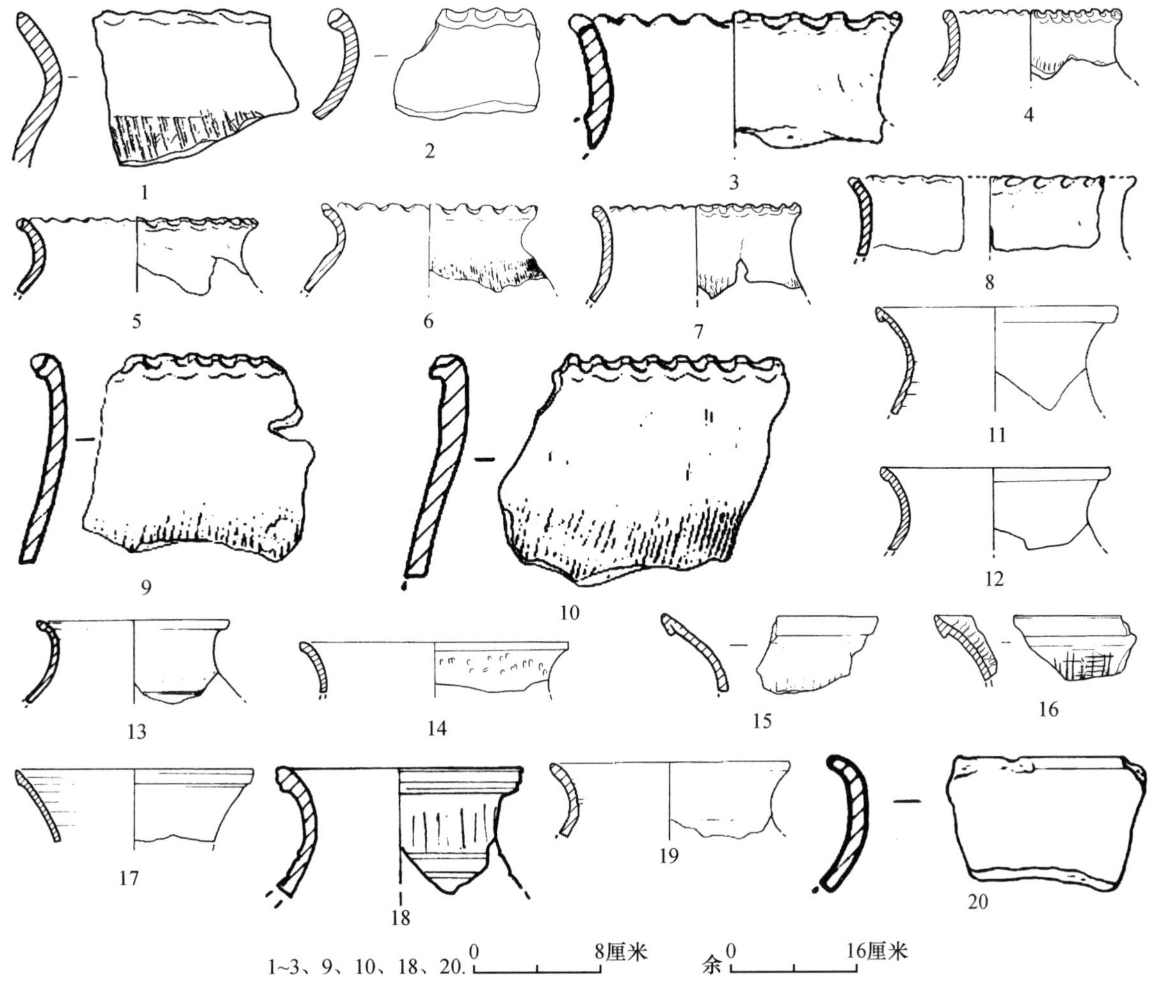

图九二七　脊井沟文化第三期晚段陶器

1. A型Ⅲ式辫唇瓮（98BT0404⑲：13）　2. A型Ⅱ式齿唇瓮（99DT0201⑳：21）
3、4. Ba型Ⅰ式齿唇瓮（99DT0101㉒：12、02AT0101⑭：17）　5、6. Ba型Ⅱ式齿唇瓮（99DT0101⑲：8、00DT0604⑰：46）
7、8. Bb型齿唇瓮（99AT0301⑱：12、99DT0101⑱：6）　9、10. Bc型齿唇瓮（99AT0101⑲A：11、99AT0101⑱：7）
11、12. Ⅰ式高领瓮（99DT0202⑳：172、02AT0101⑭：28）　13、14. Ⅱ式高领瓮（98BT0504⑰：26、99DT0201⑳：23）
15～17. Ⅲ式高领瓮（99DT0202㉑：125、02AT0101⑭：29、99DT0201⑲：15）　18. A型中领瓮（02AT0101⑭：26）
19、20. B型中领瓮（99AT0101㉑：18、02DT0101⑫：46）

束颈，残。手制，火候较高。残宽9.1、残高6.8厘米（图九二七，2）。

B型　213件，205件可分亚型。

Ba型　70件。

Ⅰ式：29件。

标本99DT0101㉒：12，夹粗砂红陶。唇部戳按呈齿状，领多竖抹痕。侈口，领较斜直，残。手制，火候较高。口径20.8、残高8.4厘米（图九二七，3）。标本02AT0101⑭：17，夹粗砂灰黑陶，局部灰褐。唇部戳按成圆尖齿，肩饰斜中粗绳纹。侈口，卷沿，领较直，有肩，残。手制，火候较高。口径22、残高8.5厘米（图九二七，4）。

Ⅱ式：41件。

标本99DT0101⑲：8，夹粗砂红陶。唇部戳刮呈齿状，领外饰按窝。侈口，领外翻，有肩，残。手制，火候较高。口径30、残高9.6厘米（图九二七，5）。标本00DT0604⑰：46，夹粗砂红褐陶，黑胎。唇部戳按略呈波浪形，肩部饰竖绳纹。侈口，卷沿，束颈，溜肩，残。手制，火候较高。口径26.8、残高10.8厘米（图九二七，6）。

Bb型 98件。

标本99AT0301⑱：12，夹粗砂灰褐陶，里红褐。唇部戳按呈波浪形齿，肩饰斜粗绳纹。侈口，束领，有肩，残。手制，火候较高。口径24.8、残高11.6厘米（图九二七，7）。标本99DT0101⑱：6，夹粗砂红陶，黑胎。唇部斜向戳按成缓齿（齿间距较大），领多竖抹痕。侈口，高领微束，残。手制，火候较高。口径36、残高9.2厘米（图九二七，8）。

Bc型 37件。

标本99AT0101⑲A：11，夹粗砂红褐陶，局部褐，胎局部黑。唇部戳按呈较深波浪形齿，腹饰近竖绳纹。侈口，微有折沿，领斜直，残。手制，火候较高。残宽14.4、残高12.8厘米（图九二七，9）。标本99AT0101⑱：7，夹粗砂红陶，局部、胎灰黑。唇部戳刮呈波浪形齿，腹饰斜中粗绳纹。侈口，窄折沿，领斜直，残。手制，火候较高。残宽18、残高14.2厘米（图九二七，10）。

高领瓮 52件，51件可分式。

Ⅰ式：4件。

标本99DT0202⑳：172，夹细砂灰褐陶，红褐胎。素面，领内下壁多瓦棱纹。喇叭口，圆唇，束领，残。轮制，火候高。口径30.4、残高12.8厘米（图九二七，11）。标本02AT0101⑭：28，夹砂灰黑陶，局部红、灰褐。素面。喇叭口，外沿较窄，圆唇，束领，残。手制轮修，火候较高。口径28.8、残高10.2厘米（图九二七，12）。

Ⅱ式：20件。

标本98BT0504⑰：26，夹砂黑陶，红褐胎。唇部饰不规则横浅凹槽，颈饰竖、波浪形暗纹，上肩饰凹弦纹一周。侈口，微有外沿，圆唇，束颈，有肩，残。轮制，火候较高。口径24、残高10.2厘米（图九二七，13）。标本99DT0201⑳：23，夹粗砂红陶，局部、胎黑。领饰戳印纹。侈口，卷沿，方唇，高领，残。手制轮修，火候较高。口径33.2、残高6.2厘米（图九二七，14）。

Ⅲ式：27件。

标本99DT0202㉑：125，夹粗砂黑陶，灰褐胎。颈部饰竖暗纹。喇叭口，圆尖唇，束颈，残。盘筑轮修，火候较高。残宽15、残高9.6厘米（图九二七，15）。标本02AT0101⑭：29，夹砂黑陶，胎红夹黑。领饰竖暗纹，领内饰斜暗纹。喇叭口，外沿较宽，内沿微凹，圆唇，残。盘筑轮修，火候较高。残宽15.2、残高7.8厘米（图九二七，16）。标本99DT0201⑲：15，夹细砂黑陶，褐胎。素面，内壁多瓦棱纹。喇叭口，尖唇，残。轮制，火候较高。口径29.6、残高8.8厘米（图九二七，17）。

中领瓮 16件，15件可分型。

A型 2件。

标本02AT0101⑭：26，夹砂黑陶，红褐胎。外沿饰粗凹弦纹两周，领饰竖暗纹，肩饰凹弦纹两周，内沿饰横暗纹。侈口，外沿较宽，束领，有肩，残。轮制，火候较高。口径15.2、残高8厘米（图九二七，18）。

B型　13件。

标本99AT0101㉑：18，夹粗砂红褐陶，局部褐、灰黑，黑胎。素面，内壁有盘筑痕。侈口，圆唇，束领，残。盘筑，火候较高。口径29.7、残高9.2厘米（图九二七，19）。标本02DT0101⑫：46，夹砂灰黑陶，灰褐胎。素面。侈口，卷沿，圆唇，束领，残。轮制，火候较高。残宽12.4、残高8.4厘米（图九二七，20）。标本M54：1，夹粗砂黑陶，部分灰褐，灰褐胎。肩、中上腹饰中粗竖绳纹，内下腹有瓦棱痕。敞口，斜折沿，方唇，中直领，圆肩，鼓腹，下腹内急收，小平底，复原。轮制，火候较高。口径34.4、腹径62.2、底径14.6、高62厘米（图版八二，1）。标本M85：1，夹粗砂灰陶，部分灰褐。肩、中上腹饰中粗竖绳纹，内下腹多瓦棱痕。敞口，卷沿，圆唇，中直领，溜肩，鼓腹，下腹内急收，小平底，复原。轮制，火候较高。口径38.4、高59.6、底径16.2厘米（图版八二，2）。

矮领瓮　108件，80件可分型。

A型　13件。

Aa型　4件。

标本98BT0404⑲：15，夹砂黑陶，局部褐，胎红夹灰。素面。侈口，卷沿，圆唇，束领，残。轮制，火候较高。口径26.4、残高5.2厘米（图九二八，1）。标本02BT0101⑰：45，夹砂黑陶，胎黑褐。素面。侈口，沿面微凹，外沿较窄，圆唇，束领，有肩，残。轮制，火候较高。口径29、残高8.2厘米（图九二八，2）。

Ab型　9件。

Ⅰ式：1件。标本碎小。

Ⅱ式：8件。

标本02DT0101⑬：14，夹砂黑陶。领饰竖暗纹，肩饰波浪形暗纹和几何形戳印纹。侈口，窄卷平沿，方唇微凹，矮领较直，有肩，残。轮制，火候高。口径19.8、残高5.6厘米（图九二八，3）。

B型　67件。

Ⅰ式：12件。

标本99AT0301⑱：24，夹砂灰褐陶，局部灰黑，红褐胎。外沿、内领饰瓦棱纹，领饰竖暗纹，肩饰斜绳纹。侈口，外沿较宽，矮领斜束，溜肩，残。轮制，火候较高。口径27.8、残高10.4厘米（图九二八，4）。标本02DT0101⑫：49，夹砂红褐陶，局部灰褐，胎红夹灰。外沿饰瓦棱纹多道，内壁瓦棱纹。侈口，卷沿、外沿较宽，圆唇，领斜束，残。盘筑轮修，火候较高。口径32.8、残高8厘米（图九二八，5）。

Ⅱ式：55件。

标本99DT0101㉒：19，夹砂黑陶，红褐胎。素面。侈口，外沿较窄，矮束领，残。轮制，火候较高。口径30、残高4.2厘米（图九二八，6）。标本02CT0101⑮：27，夹砂褐陶，灰黑胎，里局部红褐。素面。侈口，外沿较宽，圆唇，束领，残。轮制，火候较高。口径27.2、残高5.6厘米（图九二八，7）。

敛口瓮　17件，15件可分型。

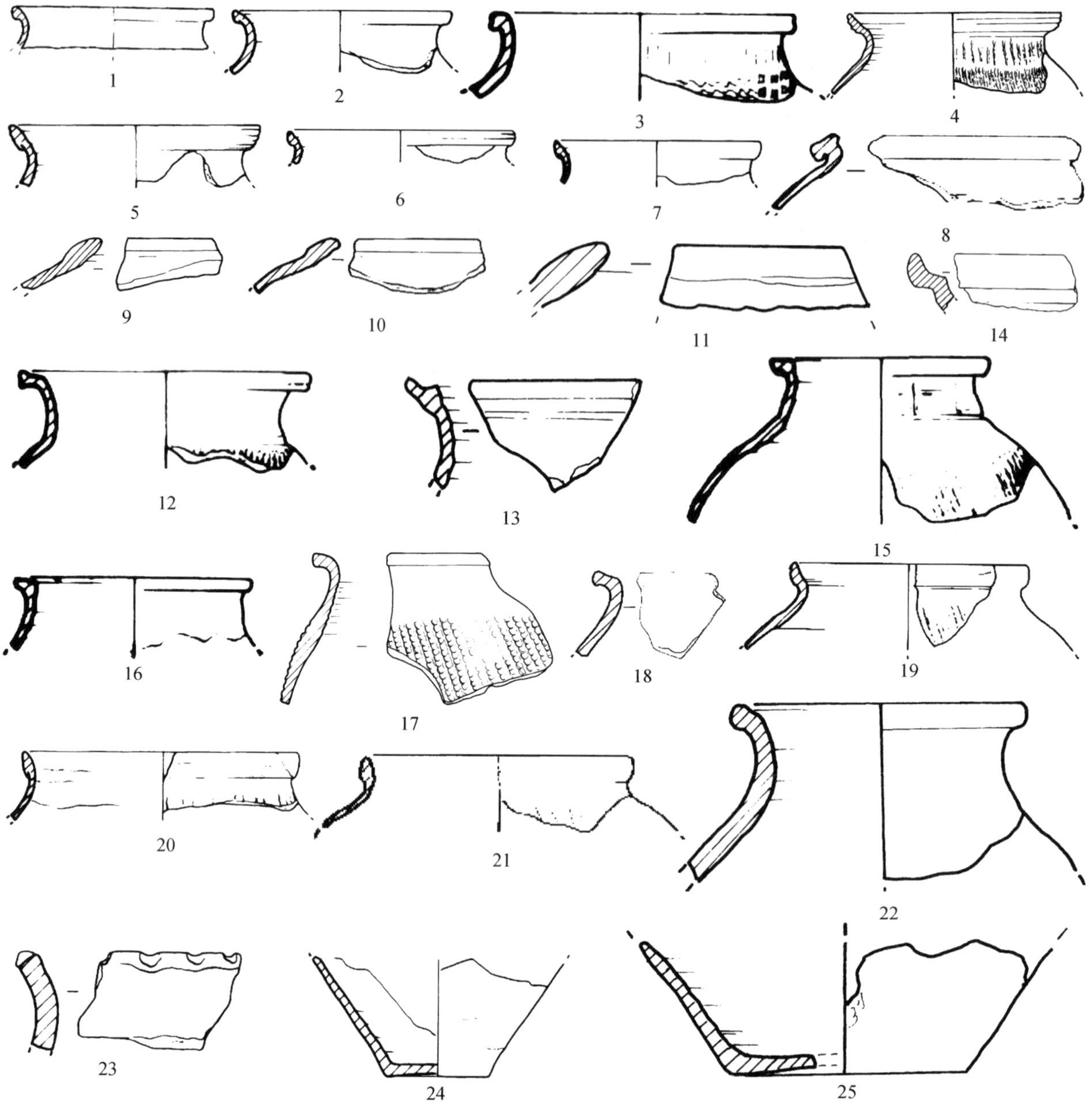

图九二八　㽏井沟文化第三期晚段陶器

1、2. Aa型矮领瓮（98BT0404⑲：15、02BT0101⑰：45）　3. Ab型Ⅱ式矮领瓮（02DT0101⑬：14）　4、5. B型Ⅰ式矮领瓮（99AT0301⑱：24、02DT0101⑫：49）　6、7. B型Ⅱ式矮领瓮（99DT0101㉒：19、02CT0101⑮：27）　8. A型Ⅰ式敛口瓮（00DT0604⑯：5）　9、10. A型Ⅱ式敛口瓮（02AT0101⑬A：23、02CT0101⑯：13）　11. B型敛口瓮（99AT0201⑲：19）　12. Ⅰ式盘口瓮（02CT0101⑯：11）　13、14. Ⅱ式盘口瓮（99AT0301⑲：37、99DT0101㉒：17）　15、16. A型平沿瓮（02CT0101⑭：1、02CT0101⑭：2）　17、18. B型平沿瓮（99DT0201⑱：63、99DT0202㉑：128）　19～21. 立沿瓮（98AT0103⑲：11、98BT0504⑰：27、99DT0202⑳：170）　22. 子母口瓮（99AT0301⑱：26）　23. 波浪唇瓮（98BT0504⑯：20）　24、25. 缸（瓮）底（98BT0504⑯：36、99AT0301⑱：32）

A型　13件。

Ⅰ式：1件。

标本00DT0604⑯：5，夹粗砂灰陶。素面。口微侈，外下折沿，方唇，广肩，残。轮制，火候高。残宽12.8、残高4.8厘米（图九二八，8）。

Ⅱ式：12件。

标本02AT0101⑬A：23，夹砂红褐陶，胎红褐夹灰。素面。敛口，外沿较宽，圆唇，广肩，残。轮制，火候高。残宽14、残高6.8厘米（图九二八，9）。标本02CT0101⑯：13，夹砂红陶，胎局部灰、黑。素面。敛口，外沿较宽，圆唇，圆肩，残。轮制，火候高。残宽18.2、残高7厘米（图九二八，10）。

B型　2件。

标本99AT0201⑲：19，夹粗砂红陶，局部、胎灰，里红色。素面，内壁微有瓦棱痕。圆唇，外沿面微弧，溜肩，残。轮制，火候一般。残宽13.6、残高4.2厘米（图九二八，11）。

盘口瓮　17件。

Ⅰ式：5件。

标本02CT0101⑯：11，夹砂灰黑陶，灰褐胎。颈饰绳纹后抹平，肩饰斜中粗绳纹。侈口，折沿、沿面内凹，圆唇，束颈，圆肩，残。轮制，火候较高。口径19.2、残高6.4厘米（图九二八，12）。

Ⅱ式：12件。

标本99AT0301⑲：37，夹砂灰褐陶，红褐胎。素面，内壁瓦棱纹。内沿外折后上卷呈浅盘口，圆唇，束领，残。轮制，火候较高。残宽11.2、残高7厘米（图九二八，13）。标本99DT0101㉒：17，夹砂黑陶，胎黑夹红。素面。沿外折后上卷呈浅盘口，圆唇，上领斜直，残。轮制，火候较高。残宽8、残高3.6厘米（图九二八，14）。

平沿瓮　29件。

A型　13件。

标本02CT0101⑭：1，夹砂红褐陶，局部灰褐。颈饰竖划纹，颈下部饰凹弦纹一周，肩、腹饰斜绳纹，内颈部多瓦棱纹。口微侈，窄平折沿，圆唇，颈斜弧，溜肩，鼓腹，残。轮制，火候较高。口径14.6、残高10.6厘米（图九二八，15）。标本02CT0101⑭：2，夹砂黑陶，胎褐夹灰黑。沿面饰横划纹，内颈部多瓦棱纹。侈口，微斜折沿、沿面微凸，圆唇，颈斜弧，残。轮制，火候较高。口径15.8、残高4.4厘米（图九二八，16）。

B型　16件。

标本99DT0201⑱：63，夹细砂黑陶，褐红胎。腹部饰斜粗绳纹，内上壁多瓦棱纹。侈口，卷沿，圆唇，鼓腹，残。轮制，火候较高。残宽10.7、残高9.7厘米（图九二八，17）。标本99DT0202㉑：128，夹细砂黑陶。素面。侈口，卷沿、沿面内凹，圆唇，颈部外斜，残。轮制，火候较高。残宽5.7、残高5.4厘米（图九二八，18）。

立沿瓮　9件。

标本98AT0103⑲：11，夹粗砂灰褐陶，局部黑，里局部红。肩部饰细划纹，内壁有划痕、凹窝。侈口，矮立沿外鼓，圆唇，束领，溜肩，残。手制轮修，火候较高。口径31、残高11.4厘米（图九二八，19）。标本98BT0504⑰：27，夹砂红陶，灰胎。领饰竖暗纹。侈口，微有较宽外沿，圆唇，领外弧，残。轮制，火候较高。口径36、残高9.2厘米（图九二八，20）。标本99DT0202⑳：170，夹细砂灰褐陶，局部灰黑，胎红褐夹灰。肩部饰竖暗纹，内下沿多瓦棱纹。侈口，卷沿，厚圆唇，外领，斜广肩，残。轮制，火候较高。口径36、残高9.6厘米（图九二八，21）。

子母口瓮　2件。

标本99AT0301⑱：26，夹砂灰陶，局部灰褐。素面，领内壁饰瓦棱纹。内沿微凹成母口，圆唇，束领，溜肩，残。轮制，火候较高。口径19.2、残高11.2厘米（图九二八，22）。

波浪唇瓮　1件。

标本98BT0504⑯：20，夹粗砂灰褐陶，局部、里红。唇部戳按略呈宽波浪形。侈口，束领，残。手制，火候较高。残宽10.6、残高6.3厘米（图九二八，23）。

缸（瓮）底　32件。

标本98BT0504⑯：36，夹砂黑陶，胎红褐夹灰黑。素面，内壁有瓦棱纹。下腹斜收，底微凹，残。轮制，火候较高。底径13.6、残高15.2厘米（图九二八，24）。标本99AT0301⑱：32，夹砂黑陶，局部红，灰褐胎。素面，内壁瓦棱纹。下腹微束，平底微凹，残。轮制，火候较高。底径15.2、残高8.4厘米（图九二八，25）。

齿唇罐　252件，105件可分型。

A型　40件。

Aa型　2件。

标本02AT0101⑬A：21，夹砂红陶，局部灰黑。唇部戳按略呈波浪形齿，领下饰戳印纹、多竖刮痕。侈口，领外斜，有肩，残。手制，火候较高。口径18.4、残高6.4厘米（图九二九，1）。标本99AT0101⑳：2，夹砂红褐陶，局部、胎、里黑。唇部戳按呈浅尖齿。敞口，残。手制，火候较高。残宽6、残高4.8厘米（图九二九，2）。

Ac型　38件。

标本98BT0504⑯：17，夹砂灰褐陶，局部、胎红。唇部戳按呈宽齿，腹饰绳纹。侈口，束颈，鼓腹，残。手制，火候较高。口径13.6、残高7.6厘米（图九二九，3）。标本99AT0301⑱：8，夹砂黑陶，胎红褐夹黑。唇部戳印略呈波浪形。侈口，卷沿外翻，束颈，残。手制，火候较高。口径16.4、残高7.6厘米（图九二九，4）。标本99DT0301⑱：6，夹砂褐陶，局部黑、红，胎红夹灰。唇部戳按呈波浪形齿，领饰斜绳纹后抹平，腹饰斜粗绳纹。侈口，卷沿，领较直，溜肩，鼓腹，残。手制轮修，火候较高。口径24、残高14.4厘米（图九二九，5）。

B型　65件。

Ba型　38件。

Ⅰ式：14件。

标本99AT0101㉑：16，夹粗砂红陶。唇部戳按呈波浪形齿，腹饰斜中粗绳纹。侈口，束领，残。手制，火候较高。口径16.4、残高6.6厘米（图九二九，6）。标本99AT0101⑳：5，夹砂红陶，里红褐。唇部戳按呈浅波浪形，颈饰戳印纹。侈口，束领，残。手制，火候较高。口径15.2、残高4.6厘米（图九二九，7）。

Ⅱ式：24件。

标本99DT0201⑳：7，夹砂红褐陶，口部、胎黑。唇部戳按成齿，颈部饰竖绳纹后按抹。

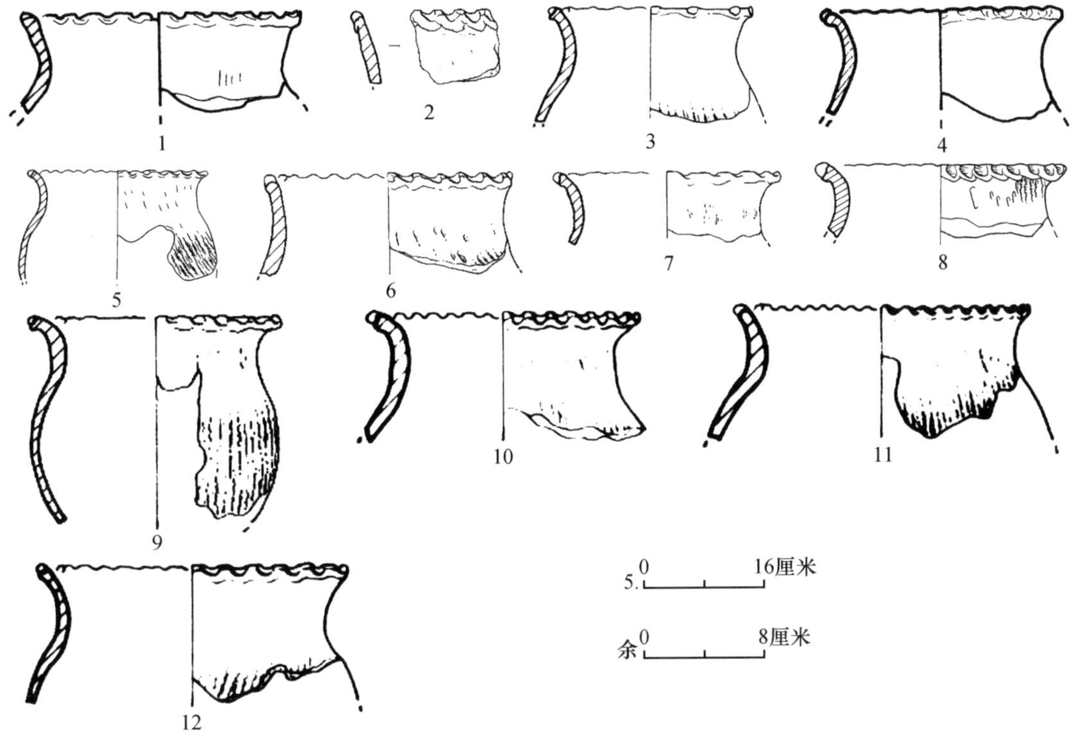

图九二九　揸井沟文化第三期晚段陶器

1、2. Aa型齿唇罐（02AT0101⑬A：21、99AT0101⑳：2）　3～5. Ac型齿唇罐（98BT0504⑯：17、99AT0301⑱：8、99DT0301⑱：6）　6、7. Ba型Ⅰ式齿唇罐（99AT0101㉑：16、99AT0101⑳：5）　8～10. Ba型Ⅱ式齿唇罐（99DT0201⑳：7、99AT0101⑲A：10、02BT0101⑮：18）　11、12. Bb型齿唇罐（98BT0504⑰：36、02DT0101⑪：21）

侈口，卷沿，束颈，残。手制，火候较高。口径16.8、残高4.8厘米（图九二九，8）。标本99AT0101⑲A：10，夹粗砂褐陶，局部红、黑。唇部戳印略呈波浪形，腹饰竖粗绳纹。侈口，卷沿外翻，颈微束，鼓腹，残。手制，火候较高。口径16.8、残高13.6厘米（图九二九，9）。标本02BT0101⑮：18，夹粗砂红陶，局部灰黑，胎红夹灰黑。唇部戳按呈波浪形齿，领饰短绳纹，肩饰斜绳纹，侈口，卷沿，领较直，溜肩，残。手制，火候较高。口径18.4、残高8.4厘米（图九二九，10）。

Bb型　27件。

标本98BT0504⑰：36，夹粗砂红褐陶，局部、胎黑。唇部戳按成齿，腹饰竖中粗绳纹。侈口，卷沿，鼓腹，残。手制，火候较高。口径20、残高8.8厘米（图九二九，11）。标本02DT0101⑪：21，夹砂褐陶，局部、胎黑。唇部戳刮略呈波浪形，肩饰斜中粗绳纹。侈口，束领，溜肩，残。手制，火候较高。口径20.4、残高9厘米（图九二九，12）。

花边圜底罐　1597件，1387件可分型。

A型　188件。

Aa型　184件，134件可分式。

Ⅰ式：27件，24件可分亚式。

Ⅰb式：24件。

标本99DT0101㉒：1，夹砂灰黑陶，胎、里红；外壁多灰白色附着物。唇部戳刮、外沿刮抹呈波浪形，腹饰斜绳纹。敛口，束颈，鼓腹，残。手制，火候较高。口径8.8、残高8.6厘米（图九三〇，1）。标本00DT0604⑰：37，夹细砂红陶，局部灰。唇部戳刮、外沿内抹呈波浪形，腹、底饰绳纹。侈口，束颈，鼓腹，尖圜底，复原。手制，火候较高。口径10、高11.8厘米（图九三〇，2）。

Ⅱ式：74件。

标本98AT0103⑱：1，夹砂红陶，局部灰褐、黑；器表多灰白色附着物。唇部戳刮、外沿刮抹呈波浪形，腹、底饰斜绳纹。口近直，束颈，鼓腹，圜底，复原。手制，火候较高。口径10、高10.4厘米（图九三〇，3）。标本00DT0604⑰：2，夹细砂红陶，局部灰褐。唇部戳刮、

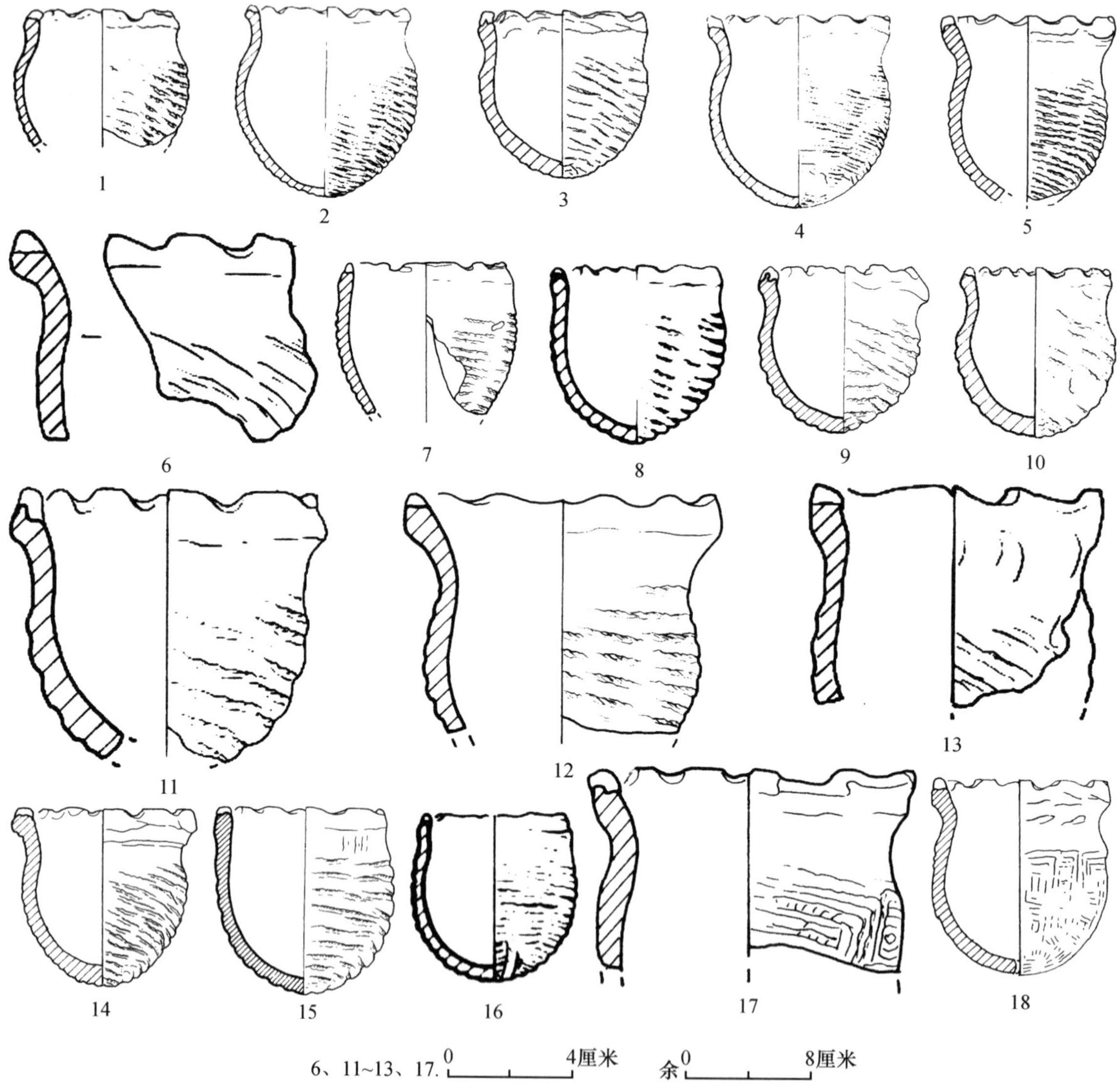

图九三〇　澄井沟文化第三期晚段陶器

1、2. Aa型Ⅰb式花边圜底罐（99DT0101㉒：1、00DT0604⑰：37） 3、4. Aa型Ⅱ式花边圜底罐（98AT0103⑱：1、00DT0604⑰：2） 5、6. Aa型Ⅲ式花边圜底罐（99AT0301⑲：16、98BT0505⑰：18） 7、8. Ab型花边圜底罐（99DT0201⑱：13、02BT0101⑰：4） 9、10. Ba型Ⅰ式花边圜底罐（99DT0201⑱：1、99DT0202㉑：71） 11、12. Ba型Ⅱ式花边圜底罐（99DT0202⑳：84、99DT0202⑲：51） 13、14. Bb型花边圜底罐（98BT0505⑯：25、99AT0301⑱：4） 15、16. Bc型花边圜底罐（99DT0301⑱：1、02CT0101⑰：3） 17、18. C型花边圜底罐（99AT0301⑱：5、99AT0301⑲：18）

外沿内抹呈波浪形，腹、底饰绳纹。侈口，束颈，鼓腹，圜底，修复。手制，火候较高。口径11.5、残高12厘米（图九三〇，4）。

Ⅲ式：33件。

标本99AT0301⑲：16，夹砂黑陶，局部褐，灰胎。唇部戳刮、外沿内抹呈波浪形，腹饰斜绳纹。侈口，束颈，鼓腹，残。手制，火候较高。口径10.8、残高11.6厘米（图九三〇，5）。标本98BT0505⑰：18，夹砂红陶，局部、胎灰。唇部戳刮、外沿刮抹呈波浪形，腹饰斜中粗绳纹。侈口，卷沿，鼓腹，残。手制，火候较高。残宽6.7、残高6.4厘米（图九三〇，6）。

Ab型　4件。

标本99DT0201⑱：13，夹细砂红褐陶，红胎；器表多灰白色附着物。唇部刮抹、外沿内抹略呈波浪形，腹部拍印绳纹。口微敛，微有束颈，鼓腹，残。手制，火候较高。口径10、残高9.5厘米（图九三〇，7）。标本02BT0101⑰：4，夹砂黑陶，局部、里褐；器表多灰白色附着物。唇部戳刮、外沿内抹略呈波浪形，腹、底饰斜绳纹。口近直，微束颈，鼓腹，圜尖底，完整、局部表皮脱落。手制，火候较高。口径10.4、高11厘米（图九三〇，8）。

B型　1192件。

Ba型　1031件，985件可分式。

Ⅰ式：859件。

标本99DT0201⑱：1，夹砂灰褐陶，局部红、黑，里红褐；内外壁多灰白色附着物。唇部戳刮、外沿刮抹呈波浪形，腹、底饰斜粗绳纹。口近直、局部微敛，束颈，鼓腹，圜尖底，完整。手制，火候较高。口径9.6、高10.4厘米（图九三〇，9）。标本99DT0202㉑：71，夹细砂红褐陶，局部灰黑；器表多灰白色附着物。唇部戳刮、外沿内抹呈波浪形，腹、底饰粗绳纹。侈口，束颈，鼓腹，圜底，修复。手制，火候较高。口径9、高10.6厘米（图九三〇，10）。

Ⅱ式：126件。

标本99DT0202⑳：84，夹细砂红褐陶，局部灰黑；器表多灰白色附着物。唇部戳刮、外沿内抹呈波浪形，腹饰粗绳纹。侈口，束颈，鼓腹，残。手制，火候较高。口径9.1、残高8.5厘米（图九三〇，11）。标本99DT0202⑲：51，夹砂红陶，胎红夹灰。唇部戳刮、外沿刮抹呈波浪形，腹饰斜粗绳纹。侈口，束颈，鼓腹，残。手制，火候较高。口径11.6、残高7.4厘米（图九三〇，12）。

Bb型　10件。

标本98BT0505⑯：25，夹砂红陶，局部、胎灰褐。唇部戳刮、外沿刮抹呈波浪形，颈饰竖划纹，腹饰斜粗绳纹。侈口，束颈，鼓腹，残。手制，火候较高。口径8.8、残高7厘米（图九三〇，13）。标本99AT0301⑱：4，夹砂褐陶，局部红，黑胎。唇部戳刮、外沿内抹呈波浪形，颈饰横划纹，腹饰斜粗绳纹。侈口，束颈，鼓腹，圜尖底，复原。手制，火候较高。口径11.2、高11.2厘米（图九三〇，14）。

Bc型　151件。

标本99DT0301⑱：1，夹砂灰黑陶，局部红、褐；器表多灰白色附着物。唇部戳刮、外沿刮抹呈波浪形，颈饰竖细划纹，腹、底饰斜粗绳纹。口近直，微束颈，鼓腹，圜尖底，复原。

手制，火候较高。口径10.5、高11.6厘米（图九三〇，15）。标本02CT0101⑰：3，夹粗砂红陶，局部褐；器表多灰白色附着物。唇部戳刮、外沿内抹呈波浪形，器表饰中粗绳纹，底饰零星粗划纹，内壁多划痕。口近直，微束颈，鼓腹，圜底，复原。手制，火候较高。口径9.2、高10.4厘米（图九三〇，16）。

C型　7件。

标本99AT0301⑱：5，夹砂灰褐陶，局部、里红，灰胎。唇部戳刮、外沿内抹呈波浪形，腹饰雷纹。侈口，束颈，鼓腹，残。手制，火候较高。口径10.2、残高6.2厘米（图九三〇，17）。标本99AT0301⑲：18，夹砂红陶，局部灰褐，灰黑胎。唇部戳刮、外沿内抹呈波浪形，颈饰戳印纹，腹饰浅雷纹。侈口，束颈，鼓腹，圜底，残。手制，火候较高。口径10.8、残高12.1厘米（图九三〇，18）。

束颈圜底罐　3022件，2626件可分型。

A型　1335件，1213件可分式。

Ⅰ式：740件。

标本99DT0301⑱：2，夹砂灰陶，局部、里红；内外壁多灰白色附着物。唇部、外沿刮抹略呈波浪形，颈饰竖短印纹，腹、底饰斜粗绳纹。口微敛，微束颈，鼓腹，圜底，复原。手制，火候较高。口径10.8、高11厘米（图九三一，1）。标本02BT0101⑰：10，夹砂褐陶，局部红；器表多灰白色附着物。唇部刮抹，腹、底饰斜中粗绳纹。口近直，微束颈，鼓腹，圜底，完整。手制，火候较高。口径10.4、高10.6厘米（图九三一，2）。

Ⅱ式：447件。

标本99DT0201㉑：75，夹粗砂红褐陶，局部红。外沿内抹，腹饰粗绳纹。口近直，束颈，鼓腹，残。手制，火候较高。口径9.6、残高8厘米（图九三一，3）。标本02CT0101⑰：12，夹砂红褐陶，局部灰；器表多灰白色附着物。颈、腹、底饰中粗绳纹。口近直，微束颈，鼓腹，圜尖底，复原。手制，火候较高。口径10.8、高10.4厘米（图九三一，4）。

Ⅲ式：26件。

标本99DT0101㉒：7，夹砂红褐陶，局部、里黑。唇部刮抹略呈波浪形，颈、腹饰斜粗绳纹。微侈口，束颈，鼓腹，残。手制，火候较高。口径9.8、残高8.2厘米（图九三一，5）。标本99DT0202⑲：55，夹砂灰黑陶，里红；外壁多灰白色附着物。唇部戳刮、外沿刮抹略呈波浪形，颈、腹饰斜绳纹、斜划纹。微侈口，束颈，鼓腹，残。手制，火候较高。口径10.4、残高8.7厘米（图九三一，6）。

B型　1291件，1286件可分式。

Ⅰ式：773件。

标本02DT0101⑬：4，夹砂红陶，部分灰褐；器表多灰白色附着物。唇部戳刮、外沿内抹略呈波浪形，腹、底饰斜粗绳纹。敛口，微束颈，鼓腹，尖圜底，复原。手制，火候高。口径10、高11.2厘米（图九三一，7）。标本02DT0102⑮：6，夹砂灰褐陶，局部灰黑；器表多灰白色附着物。唇部戳刮略呈波浪形，腹饰中粗绳纹。敛口，微束颈，鼓腹，圜底，修复。手制，火候较高。口径10.8、高9.6厘米（图九三一，8）。

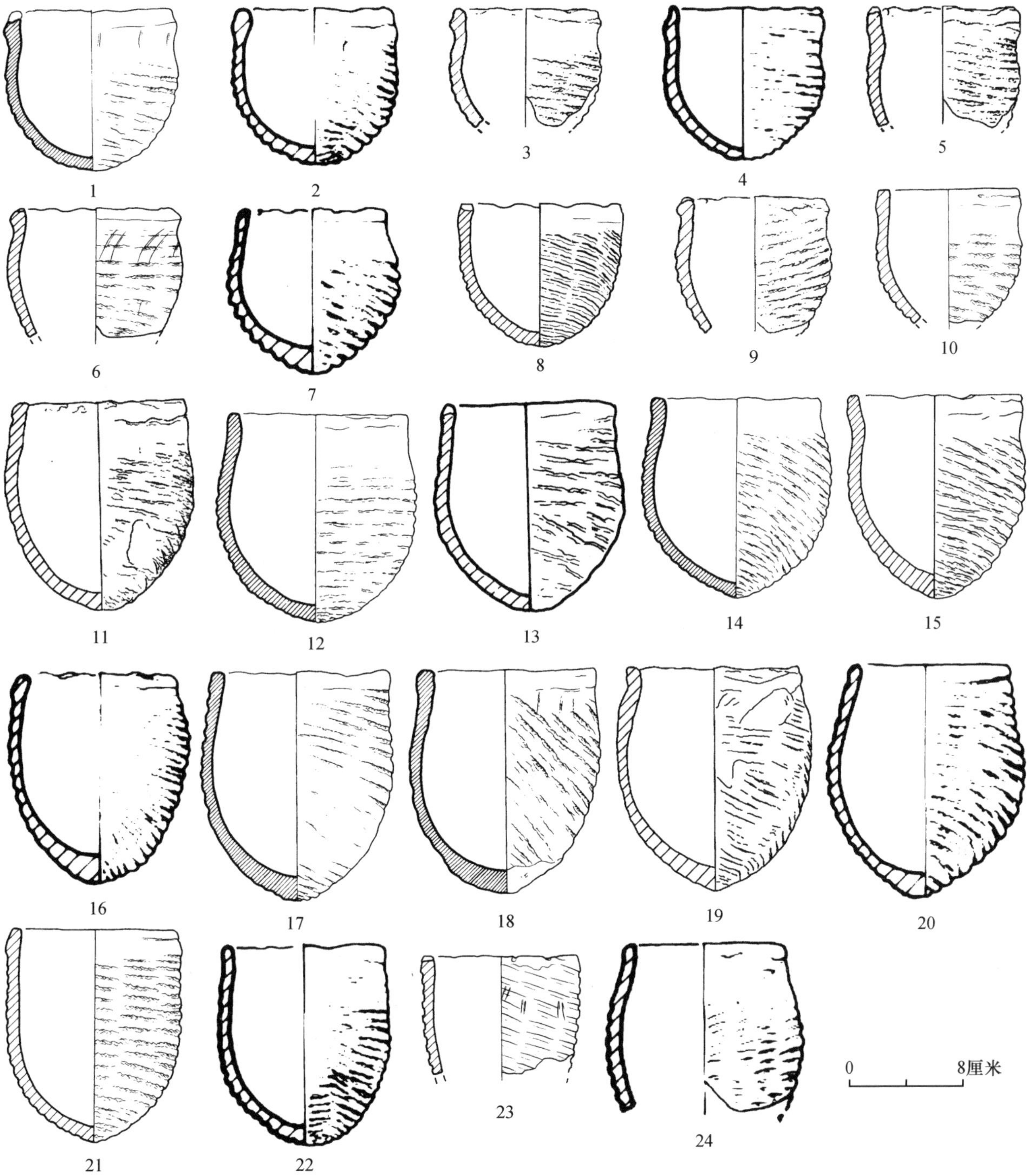

图九三一　沓井沟文化第三期晚段陶器

1、2. A型Ⅰ式束颈圜底罐（99DT0301⑱：2、02BT0101⑰：10）　3、4. A型Ⅱ式束颈圜底罐（99DT0201㉑：75、02CT0101⑰：12）　5、6. A型Ⅲ式束颈圜底罐（99DT0101㉒：7、99DT0202⑲：55）　7、8. B型Ⅰ式束颈圜底罐（02DT0101⑬：4、02DT0102⑮：6）　9、10. B型Ⅱ式束颈圜底罐（99AT0101㉑：11、99DT0201⑲：13）　11～16. A型Ⅰ式敛口圜底罐（98BT0504⑮：13、99AT0301⑲：2、99AT0301⑱：6、99AT0301⑲：5、99AT0301⑲：20、02CT0101⑮：6）　17～22. A型Ⅱ式敛口圜底罐（99DT0301⑱：3、99DT0301⑱：5、98BT0504⑮：1、02BT0101⑮：2、99DT0201⑲：9、02CT0101⑮：12）　23、24. B型敛口圜底罐（99DT0201⑱：25、02DT0101⑫：25）

Ⅱ式：513件。

标本99AT0101㉑：11，夹砂红褐陶，局部灰褐；器表多灰白色附着物。唇部刮抹，器表饰粗绳纹。口近直，微束颈，鼓腹，残。手制，火候较高。口径9.8、残高9.2厘米（图九三一，9）。标本99DT0201⑲：13，夹粗砂灰陶，局部褐，里红褐；器表多灰白色附着物。腹部饰粗绳纹。直口，方唇，束颈，鼓腹，残。手制，火候较高。口径9.6、残高9厘米（图九三一，10）。

敛口圜底罐　4973件，3815件可分型。

A型　3800件，3780件可分式。

Ⅰ式：1576件。

标本98BT0504⑮：13，夹砂灰褐陶；器表多灰白色附着物。腹、底饰斜中粗绳纹，局部擦抹。敛口，鼓腹，尖圜底，复原。手制，火候较高。口径11.8、高14厘米（图九三一，11）。标本99AT0301⑲：2，夹砂红褐陶，局部灰褐、黑；器表多灰白色附着物。腹、底饰斜中粗绳纹（部分抹平）。口微侈，上腹微束，鼓腹，圜尖底，复原。手制，火候较高。口径12.2、高14.2厘米（图九三一，12）。标本99AT0301⑱：6，夹砂褐陶，局部灰黑，底红；器表多灰白色附着物。腹、底饰斜中粗、粗绳纹，下腹、底抹平。敛口，鼓腹，尖圜底，复原。手制，火候较高。口径11.6、高14厘米（图九三一，13）。标本99AT0301⑲：5，夹砂灰褐陶，局部灰黑、褐；器表多灰白色附着物。腹、底饰斜绳纹。口微敛，鼓腹，尖底，复原。手制，火候较高。口径11.6、高13.9厘米（图九三一，14）。标本99AT0301⑲：20，夹砂褐陶，局部灰黑，底红；器表多灰白色附着物。腹饰斜中粗绳纹。口微侈，微束颈，尖底，复原。手制，火候较高。口径11.8、高13.8厘米（图九三一，15）。标本02CT0101⑮：6，夹砂褐陶，局部灰黑、红褐；器表多灰白色附着物。器表饰中粗绳纹。敛口，鼓腹，圜尖底，完整。手制，火候较高。口径11.4、高14厘米（图九三一，16）。

Ⅱ式：2204件。

标本99DT0301⑱：3，夹砂褐陶，局部灰黑。唇部刮抹略呈波浪形，腹、底饰斜中粗绳纹，部分抹平。敛口，鼓腹，尖圜底，复原。手制，火候较高。口径12.2、高15.6厘米（图九三一，17）。标本99DT0301⑱：5，夹砂灰黑陶，局部灰褐；内外壁多灰白色附着物。唇部刮抹，腹、底饰斜粗绳纹。微敛口，上腹微束，鼓腹，尖圜底，完整。手制，火候较高。口径12.2、高15.2厘米（图九三一，18）。标本98BT0504⑮：1，夹砂灰陶，部分红；器表多灰白色附着物。腹饰斜绳纹，上腹多按抹痕。敛口，鼓腹，尖底，复原。手制，火候较高。口径11.8、高15厘米（图九三一，19）。标本02BT0101⑮：2，夹砂灰陶，部分红褐；器表多灰白色附着物。器表饰斜粗绳纹。敛口，方唇，鼓腹，尖底，完整。手制，火候较高。口径11.2、高15.6厘米（图九三一，20）。标本99DT0201⑲：9，夹粗砂灰黑陶，部分红，里浅黄；器表多灰白色附着物。外下沿饰绳纹。口近直，方唇，直腹，尖圜底，复原。手制，火候较高。口径11、高14.4厘米（图九三一，21）。标本02CT0101⑮：12，夹砂灰黑陶，局部红；器表多灰白色附着物。器表饰绳纹。直口，上腹较直，下腹弧收，圜尖底，复原。手制，火候较高。口径11.2、高14.6厘米（图九三一，22）。

B型　15件。

标本99DT0201⑱：25，夹细砂红陶。唇部饰戳印纹，器表饰篮纹、竖划纹。近直口，方唇，弧腹，残。手制，火候较高。口径10.2、残高8厘米（图九三一，23）。标本02DT0101⑫：25，夹砂红陶，局部、胎灰褐，里红褐。器表饰斜粗印纹。敛口，圆唇、局部方，鼓腹，残。手制，火候较高。口径11.2、残高11.4厘米（图九三一，24）。

素沿圜底罐 3件。

标本99DT0201⑱：34，夹细砂黑陶，局部褐。上腹饰竖绳纹，腹饰横绳纹，颈部多竖向按抹痕。侈口，卷沿，圆唇，束颈，鼓腹，残。手制，火候较高。口径9、残高8.6厘米（图九三二，1）。

高领罐 69件。

标本99DT0201⑱：31，夹细砂黑陶，胎、里灰黑。素面，内沿、外领部磨光。侈口，卷

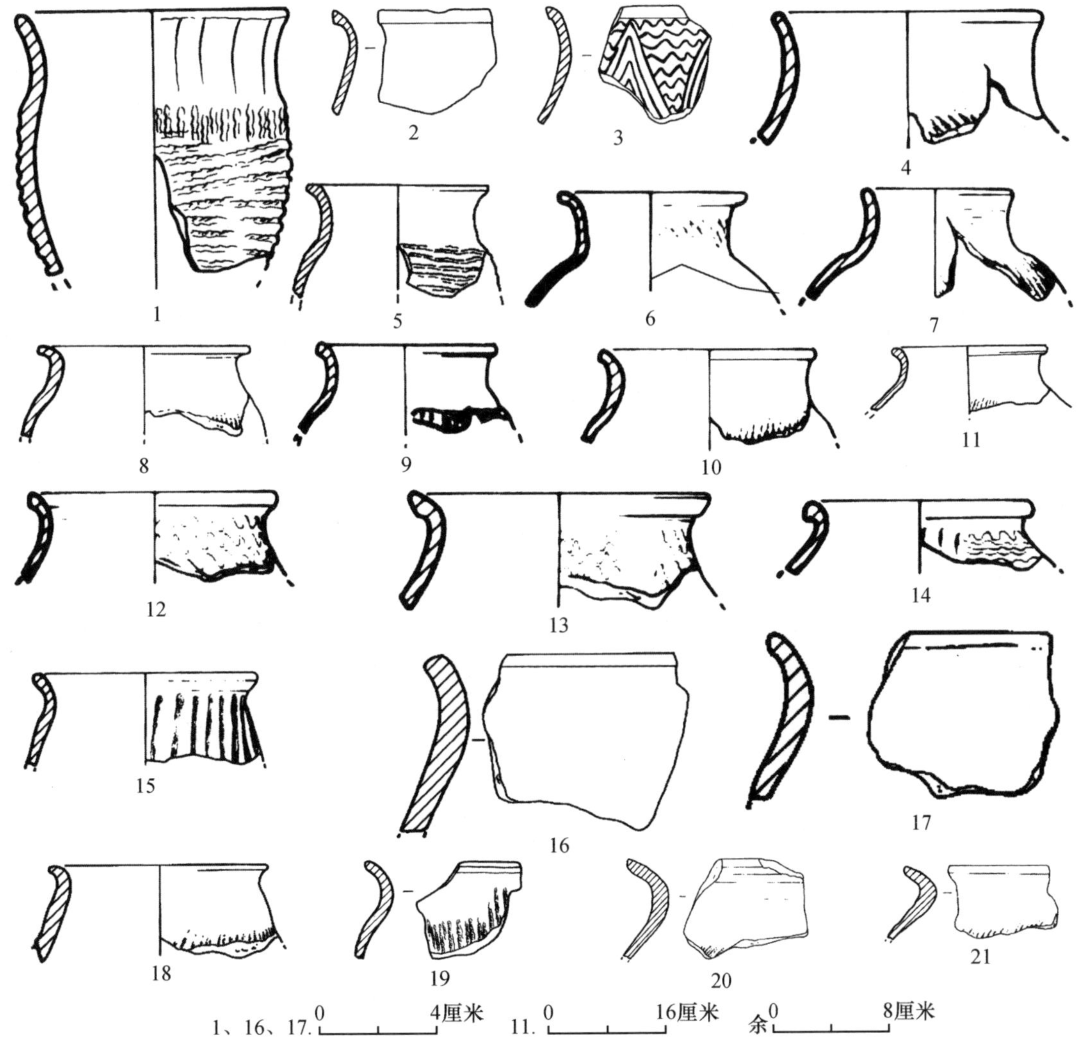

图九三二 澹井沟文化第三期晚段陶器

1. 素沿圜底罐（99DT0201⑱：34） 2～4. 高领罐（99DT0201⑱：31、99DT0201⑱：32、02BT0101⑰：39） 5～7. Ⅲ式中领罐（98BT0405⑰：24、02CT0101⑮：26、02DT0101⑫：35） 8～10. A型矮领罐（98BT0504⑯：23、02AT0101⑭：24、02DT0101⑪：27） 11～14. B型矮领罐（99AT0301⑱：25、02BT0101⑰：43、02DT0101⑫：48、02DT0101⑬：16） 15～17. 侈口罐（98BT0504⑰：22、98AT0103⑱：16、99AT0101⑲A：16） 18～21. 卷沿罐（99AT0101⑱：19、99DT0202⑲：74、99DT0101⑰B：15、00DT0604⑯：2）

沿，圆唇，“八”字形领，残。轮制，火候较高。残宽7.8、残高6.8厘米（图九三二，2）。标本99DT0201⑱：32，夹细砂黑陶，褐胎。领部饰“山”间波浪形暗纹。侈口，卷沿，圆尖唇，“八”字形领，残。轮制，火候高。残宽7.4、残高7.7厘米（图九三二，3）。标本02BT0101⑰：39，夹粗砂红陶，局部灰黑，胎红夹灰。腹饰斜绳纹。侈口，圆唇，束领，残。手制，火候较高。口径18.4、残高8.6厘米（图九三二，4）。

中领罐　10件，3件可分式。

Ⅲ式：3件。

标本98BT0405⑰：24，夹砂灰黑陶，局部灰褐，里黑。腹饰斜中粗绳纹。侈口，卷沿，束领，鼓腹，残。轮制，火候较高。口径12、残高7.3厘米（图九三二，5）。标本02CT0101⑮：26，夹砂黑陶，褐胎。领饰斜绳纹后按抹，再饰斜暗纹，肩、沿面磨光。敞口，卷沿，圆唇，领微束，圆肩，残。轮制，火候较高。口径12.6、残高7.2厘米（图九三二，6）。标本02DT0101⑫：35，夹砂红陶，局部黑、灰褐。肩饰斜绳纹。侈口，圆唇，束领，圆肩，残。手制轮修，火候一般。口径10、残高7.2厘米（图九三二，7）。

矮领罐　43件。

A型　16件。

标本98BT0504⑯：23，夹粗砂红褐陶，局部、胎灰褐。腹饰竖绳纹。侈口，卷沿，圆唇，颈斜束，鼓腹，残。轮制，火候较高。口径14、残高5.8厘米（图九三二，8）。标本02AT0101⑭：24，夹砂褐陶，局部红、灰褐，黑胎。肩饰斜粗绳纹。侈口，卷沿，圆唇，领较直，溜肩，残。轮制，火候较高。口径12、残高6厘米（图九三二，9）。标本02DT0101⑪：27，夹砂黑陶，红褐胎。肩饰斜中粗绳纹。侈口，圆唇，束领，溜肩，残。手制，火候较高。口径14.4、残高6厘米（图九三二，10）。

B型　4件。

标本99AT0301⑱：25，夹粗砂褐陶，局部黑，胎、里红。肩饰斜绳纹。侈口，卷沿，矮束领，斜广肩，残。轮制，火候较高。口径20.6、残高8.4厘米（图九三二，11）。标本02BT0101⑰：43，夹砂灰黑陶。领饰波浪形暗纹，沿面磨光。侈口，微有窄外沿，圆唇，领斜弧，残。轮制，火候高。口径16.4、残高5.8厘米（图九三二，12）。标本02DT0101⑫：48，夹砂红褐陶，局部灰褐。领饰竖暗纹相间波浪形暗纹，内外沿磨光。侈口，卷沿、外沿较窄，圆唇，领斜束，残。轮制，火候较高。口径20、残高7.6厘米（图九三二，13）。标本02DT0101⑬：16，夹砂灰黑陶，紫红胎。肩饰波浪形暗纹，内沿面磨光。侈口，卷沿，圆唇，斜广肩，残。轮制，火候高。口径15.6、残高4.6厘米（图九三二，14）。

C型　23件。标本碎小。

侈口罐　52件。

标本98BT0504⑰：22，夹砂黑陶。腹饰粗竖按纹、横细划纹。侈口，卷沿，圆唇，鼓腹，残。轮制，火候较高。口径14.8、残高6厘米（图九三二，15）。标本98AT0103⑱：16，夹细砂红陶，局部灰。素面，内外壁粗磨，器表有按抹痕。侈口，卷沿，方唇，束颈，鼓腹，残。手制轮修，火候较高。残宽6.6、残高5.7厘米（图九三二，16）。标本99AT0101⑲A：16，夹砂灰褐陶，局部褐，里红褐。素面。侈口，卷沿，圆唇，鼓腹，残。手制，火候较高。残宽

6.3、残高5.4厘米（图九三二，17）。

卷沿罐　39件。

标本99AT0101⑱：19，夹粗砂红褐陶，局部红。沿面饰细划纹，腹饰斜戳划纹。侈口，卷沿外翻，尖圆唇，颈较斜直，残。手制轮修，火候较高。口径14.6、残高6.3厘米（图九三二，18）。标本99DT0202⑲：74，夹砂红陶，内沿黑。腹饰斜粗绳纹。侈口，卷沿外翻，圆唇，鼓腹，残。轮制，火候较高。残宽6.9、残高6.3厘米（图九三二，19）。标本99DT0101⑰B：15，夹砂灰黑陶，局部、胎紫红。肩饰斜中粗绳纹。侈口，卷沿外翻，圆唇，斜肩，残。轮制，火候较高。残宽8.3、残高6.6厘米（图九三二，20）。标本00DT0604⑯：2，夹细砂灰陶，局部褐。腹饰斜绳纹。侈口，卷沿外翻，圆唇，鼓腹，残。轮制，火候高。残宽7.4、残高4.8厘米（图九三二，21）。

盘口罐　18件。

标本99AT0101㉑：24，夹砂黑陶，局部红，褐胎。肩饰交错绳纹，内沿多瓦棱痕。侈口，卷沿外翻、内沿面微凹、外沿较窄，圆唇，束颈，溜肩，残。轮制，火候较高。口径16.2、残高10厘米（图九三三，1）。标本99DT0101⑰B：16，夹砂黑皮陶，胎红夹灰褐。沿面、颈饰瓦棱纹。沿平折后唇微上折呈浅盘口，圆唇，束颈，残。轮制，火候较高。口径17.6、残高5.8厘米（图九三三，2）。标本00DT0604⑯：7，夹细砂黑陶，紫红胎。素面。盘口，沿外折后上卷，圆唇，微束颈，残。轮制，火候较高。口径15.6、残高3.6厘米（图九三三，3）。标本02BT0101⑭：50，夹砂灰陶。盘下缘有粗凸棱一周。盘口，方唇，盘较深，残。轮制，火候高。口径18、残高4.4厘米（图九三三，4）。

折沿罐　28件。

标本98AT0103⑱：4，夹细砂黑陶。颈部饰绳纹后按抹呈细线纹，再饰暗纹，内壁磨光、有按抹痕。侈口，斜折沿，圆唇、上唇缘微凸，束颈，残。轮制，火候高。残宽7.9、残高3厘米（图九三三，5）。标本02BT0101⑭：51，夹砂灰黑陶，胎褐夹灰。领下部饰凹弦纹一周。口近直，折沿，圆唇，领微束，残。轮制，火候高。残宽6.4、残高4厘米（图九三三，6）。标本02BT0101⑭：46，夹砂黑陶，灰褐胎。领下部饰凹弦纹，内壁多瓦棱纹。侈口，平折沿、沿面弧，圆唇，束领，有肩，残。轮制，火候较高。口径14.8、残高8厘米（图九三三，7）。

圈足罐　9件，6件可分式。

Ⅰ式：2件。

标本99AT0301⑱：29，夹砂黑陶，红褐胎。素面。下腹微弧收，喇叭形高圈足，残。轮制，火候较高。残宽8.2、残高12.8厘米（图九三三，8）。标本98BT0405⑲：1，夹粗砂黑陶，红褐胎。素面。喇叭形圈足较高，残。轮制，火候较高。残宽6、残高3.6厘米（图九三三，9）。

Ⅱ式：4件。

标本98BT0505⑯：14，夹砂黑陶，局部、胎褐。素面。下腹微弧收，粗圈足，残。分制，火候较高。残宽8、残高3.2厘米（图九三三，10）。

波浪唇罐　7件。

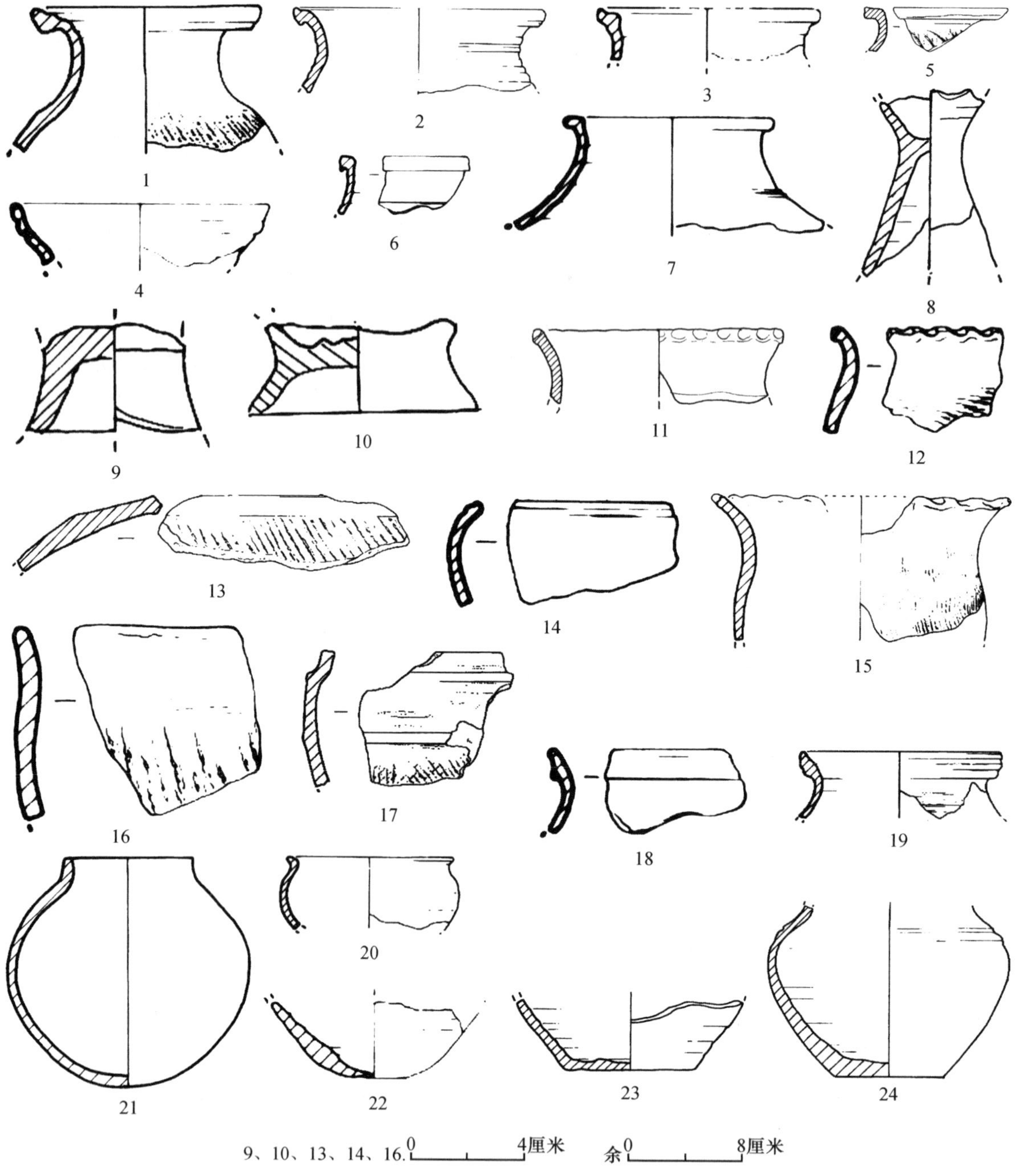

图九三三　瓮井沟文化第三期晚段陶器

1～4. 盘口罐（99AT0101㉑：24、99DT0101⑰B：16、00DT0604⑯：7、02BT0101⑭：50）　5～7. 折沿罐（98AT0103⑱：4、02BT0101⑭：51、02BT0101⑭：46）　8、9. Ⅰ式圈足罐（99AT0301⑱：29、98BT0405⑲：1）　10. Ⅱ式圈足罐（98BT0505⑯：14）　11、12. 波浪唇罐（02DT0102⑯：17、02DT0101⑪：22）　13. A型Ⅱ式敛口罐（99DT0101⑲：11）　14. B型敛口罐（02CT0101⑰：21）　15. Ⅰ式筒腹罐（99DT0101⑰B：9）　16. 大口罐（02BT0101⑮：20）　17. 折肩罐（99AT0101⑱：17）　18. 双唇罐？（02BT0101⑮：23）　19. Ⅰ式立沿罐（99DT0101㉑：23）　20、21. 小罐（98AT0103⑲：27、99AT0201⑰B：1）　22～24. 罐底（00DT0604⑰：49、99DT0201⑲：25、98AT0103⑱：3）

标本02DT0102⑯：17，夹砂红褐陶，灰黑胎。唇部戳按略呈波浪形。侈口，卷沿，残。手制，火候较高。口径17.4、残高5厘米（图九三三，11）。标本02DT0101⑪：22，夹砂红陶，局部褐。唇部戳按略呈波浪形，肩饰斜绳纹。侈口，卷沿，溜肩，残。手制，火候较高。

残宽8.4、残高7.2厘米（图九三三，12）。

敛口罐　4件。

A型　2件。

Ⅰ式：1件。标本碎小。

Ⅱ式：1件。

标本99DT0101⑲：11，夹砂红陶。肩饰斜绳纹。敛口，斜方唇，斜折肩，鼓腹，残。轮制，火候较高。残宽8.8、残高2.7厘米（图九三三，13）。

B型　2件。

标本02CT0101⑰：21，夹砂褐陶，局部、胎灰黑。外沿饰凹弦纹两周。敛口，圆唇，鼓肩，弧腹，残。轮制，火候较高。残宽6、残高3.6厘米（图九三三，14）。

筒腹罐　1件。Ⅰ式。

标本99DT0101⑰B：9，夹砂黑陶，局部、里褐。唇部戳刮呈浅波浪形齿，腹饰细竖绳纹。侈口，卷沿外翻，鼓腹，残。手制，火候较高。口径20.7、残高9.8厘米（图九三三，15）。

大口罐　1件。

标本02BT0101⑮：20，夹砂红陶，局部、里灰。腹饰斜粗绳纹。侈口，圆唇，微鼓腹，残。手制，火候较高。残宽6.6、残高6.4厘米（图九三三，16）。

折肩罐　1件。

标本99AT0101⑱：17，夹砂黑陶，褐胎。领下、肩、上腹饰暗纹，腹饰粗凸弦纹一周，下腹饰交错绳纹。敛口，方唇，窄折肩，微鼓腹，残。轮制，火候较高。残宽10.8、残高9.2厘米（图九三三，17）。

双唇罐？　1件。

标本02BT0101⑮：23，夹砂黑陶，红褐胎。素面。侈口，卷沿，双唇，斜肩，残。轮制，火候较高。残宽9.8、残高5.8厘米（图九三三，18）。

立沿罐　1件。Ⅰ式。

标本99DT0101㉑：23，泥质黑陶。外沿饰瓦棱纹，颈多细凹弦纹，内壁磨光。侈口，卷沿，圆唇，颈呈“八”字形，残。轮制，火候高。口径14、残高4.7厘米（图九三三，19）。

小罐　3件。

标本98AT0103⑲：27，夹细砂红陶，黑胎。素面。侈口，卷沿，圆唇，鼓腹，残。轮制，火候较高。口径11.7、残高5厘米（图九三三，20）。标本99AT0201⑰B：1，夹细砂灰褐陶。素面。口微侈，矮领，圆唇，鼓腹，圜底，完整。口径8.8、腹径16.8、高16厘米（图九三三，21；图版八二，3）。

罐底　14件。

标本00DT0604⑰：49，夹细砂灰黑陶，局部灰，灰白胎。素面，内壁多瓦棱纹。下腹弧收，小平底微凹，残。轮制，火候高。底径4、残高5.2厘米（图九三三，22）。标本99DT0201⑲：25，夹细砂黑陶，褐胎。器表、内壁多瓦棱纹。下腹弧收，平底，残。轮制，火候较高。底径8.8、残高4.8厘米（图九三三，23）。标本98AT0103⑱：3，夹砂红褐陶，局部、里黑，胎红夹灰褐。肩饰凹弦纹一周，内壁多瓦棱纹。溜肩，鼓腹，下腹弧收，平底，残。轮制，火候较高。底径7.4、残高11.8厘米（图九三三，24）。

敞口器 3件。

A型 1件。

标本99DT0202㉑：124，夹细砂灰褐陶。内外沿饰暗纹。喇叭口，圆唇，残。轮制，火候较高。残宽9、残高4.2厘米（图九三四，1）。

B型 2件。

标本99DT0202⑳：163，夹粗砂黑陶，紫红胎。素面。喇叭口，内壁微凹，圆尖唇，残。盘筑，火候较高。残宽9.7、残高3.9厘米（图九三四，2）。标本99DT0202⑳：165，夹细砂黑陶，红褐胎。外壁饰竖暗纹，内壁磨光。喇叭口，圆唇，残。轮制，火候较高。残宽7.6、残高2.4厘米（图九三四，3）。

喇叭口器 4件。

Ⅰ式：2件。

标本99DT0202㉑：132，夹细砂黑陶，红褐胎。素面。喇叭口，外沿下垂，圆唇，残。轮制，火候较高。残宽9.8、残高2.6厘米（图九三四，4）。标本99DT0202⑳：164，夹细砂黑陶，胎褐夹灰黑。喇叭口，内壁微凹，外沿下垂，圆唇，残。盘筑，火候较高。残宽11.4、残高6厘米（图九三四，5）。

Ⅱ式：2件。

标本98BT0405⑰：13，夹砂黑陶，胎褐夹灰。素面。喇叭口，外沿较窄，高束领，残。轮制，火候较高。口径33.6、残高7厘米（图九三四，6）。标本99DT0101㉑：32，夹砂灰陶，胎褐夹黑。领饰“山”间波浪形暗纹，内沿磨光。喇叭口，外沿较窄，圆唇，高束领，残。轮制，火候高。残宽8.7、残高3.1厘米（图九三四，7）。

尊形器 7件。

A型 4件。

Ⅰ式：1件。

标本98BT0505⑯：24，夹砂黑陶，胎红夹灰。外沿饰横暗纹。喇叭口，外沿较宽，高束领，残。盘筑轮修，火候较高。残宽19、残高8.8厘米（图九三四，8）。

Ⅲ式：3件。

标本99AT0301⑲：43，夹砂褐陶，局部红、黑，胎红夹灰。素面。喇叭口，外沿较宽，圆唇，残。轮制，火候较高。残宽11、残高4.5厘米（图九三四，9）。标本99DT0201⑳：28，夹砂黑陶，胎褐夹灰。外沿饰暗纹。喇叭口，内壁微凹，外沿宽，残。轮制，火候较高。残宽10.8、残高10.8厘米（图九三四，10）。

B型 3件。

标本99DT0202⑳：180，夹细砂黑陶，红胎。素面，表皮脱落。喇叭口，内壁微凹，圆唇，残。盘筑，火候较高。残宽6、残高5.9厘米（图九三四，11）。

甗 81件，69件可分部位。

甗口 3件。

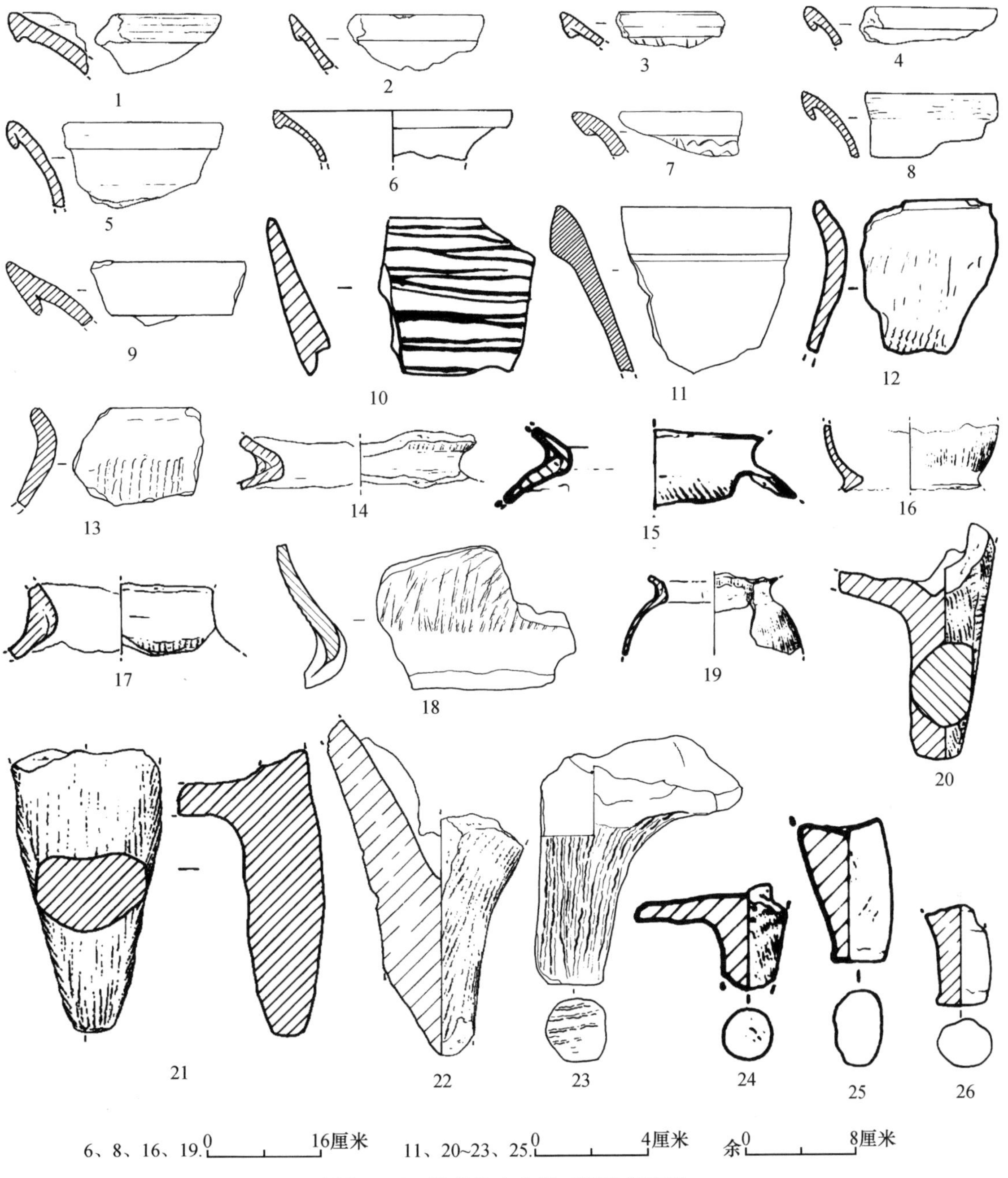

图九三四　渣井沟文化第三期晚段陶器

1. A型敞口器（99DT0202㉑：124）　2、3. B型敞口器（99DT0202⑳：163、99DT0202⑳：165）　4、5. Ⅰ式喇叭口器（99DT0202㉑：132、99DT0202⑳：164）　6、7. Ⅱ式喇叭口器（98BT0405⑰：13、99DT0101㉑：32）　8. A型Ⅰ式尊形器（98BT0505⑯：24）　9、10. A型Ⅲ式尊形器（99AT0301⑲：43、99DT0201⑳：28）　11. B型尊形器（99DT0202⑳：180）　12、13. 甗口（99AT0301⑲：39、99AT0301⑱：15）　14～16. A型甗腰（99AT0101⑲A：28、02DT0101⑫：41、98AT0103⑲：4）　17～19. B型甗腰（99DT0101㉑：30、99DT0201⑱：44、02DT0101⑬：13）　20、21. A型甗足（98BT0504⑰：31、99DT0101㉒：20）　22～24. B型甗足（99AT0101⑰：4、02DT0102⑯：23、02CT0101⑮：33）　25、26. 鼎足（02BT0101⑭：57、02BT0101⑰：49）

标本99AT0301⑲：39，夹粗砂褐陶，局部灰褐，胎红夹灰，里红。上腹饰斜中粗绳纹后抹平。侈口，卷沿，圆唇，上腹外斜，残。手制，火候较高。残宽9.2、残高6.8厘米（图九三四，12）。标本99AT0301⑱：15，夹粗砂灰褐陶，局部红，里褐。上腹饰斜中粗绳纹。

侈口，卷沿，圆唇，鼓腹，轮制，火候较高。残宽9.8、残高10.6厘米（图九三四，13）。

甗腰　52件，47件可分型。

A型　12件。

标本99AT0101⑲A：28，夹砂红褐陶，里黑。下腹饰竖绳纹。残剩腰部，附加泥条加固。分制，火候较高。残宽16.6、残高4厘米（图九三四，14）。标本02DT0101⑫：41，夹砂红陶，局部灰褐、灰黑。下腹饰斜绳纹。下腹弧收，腰部附加泥条加固，残。分制，火候较高。残宽20.6、残高5.2厘米（图九三四，15）。标本98AT0103⑲：4，夹粗砂红褐陶，里灰褐。器表饰竖绳纹，釜、鬲相接处地包天套接，器表有抹痕。弧腹，残。手制，火候较高。残宽24.8、残高11.4厘米（图九三四，16）。

B型　35件。

标本99DT0101㉑：30，夹粗砂红陶，局部、胎灰褐。下腹饰竖中粗绳纹。下腹斜收，腰部附加泥条加固，残。分制，火候较高。腰径12.8、残高5.2厘米（图九三四，17）。标本99DT0201⑱：44，夹粗砂红褐陶，局部灰褐。器表饰交错绳纹。釜下腹弧收置于鬲颈处，外附加泥条加固，残。分制，火候较高。残高10厘米（图九三四，18）。标本02DT0101⑬：13，夹砂红褐陶，胎、里红。下腹、斜竖肩饰粗绳纹，腰部内外饰戳印纹。微有下腹，圆肩，鼓腹，腰部附加泥条加固，残。分制，火候较高。残宽25.2、残高11.2厘米（图九三四，19）。

甗足　14件。

A型　4件。

标本98BT0504⑰：31，夹砂红褐陶，局部黑褐。器表饰绳纹。足根部有凹窝，裆微弧，扁圆形足，残。分制，火候较高。残宽5.5、残高8.2厘米（图九三四，20）。标本99DT0101㉒：20，夹粗砂红褐陶，局部、里黑。器表饰斜绳纹。微有裆部，扁凿形足，残。分制，火候较高。残高9.8厘米（图九三四，21）。

B型　10件。

标本99AT0101⑰：4，夹粗砂红褐陶，红胎，里黑。器表饰绳纹。微有下腹，近圆锥形足，足根部有凹窝，残。手制，火候较高。残高11.7厘米（图九三四，22）。标本02DT0102⑯：23，夹砂红褐陶，里黑。器表饰中粗绳纹。微有下腹，近圆柱形足微外撇，残。分制，火候较高。残高8.7厘米（图九三四，23）。标本02CT0101⑮：33，夹粗砂灰黑陶，局部灰褐。器表饰绳纹。裆部微外弧，圆柱形足，足根部微凹，残。分制，火候较高。残宽10.8、残高7.4厘米（图九三四，24）。

鼎　3件。

鼎耳　1件。

标本99AT0201⑰A：18，残甚，仅可辨为方形鼎耳。

鼎足　2件。

标本02BT0101⑭：57，夹粗砂红陶，局部灰褐。足外侧饰斜绳纹、划纹。近椭圆形截锥状足，残。手制，火候较高。足长径2.6、短径1.8、残高4.9厘米（图九三四，25）。标本02BT0101⑰：49，夹砂灰褐陶，红胎。素面。微弧圆柱形，残。手制，火候较高。足径3.8、残高7厘米（图九三四，26）。

簋　10件。

标本98BT0504⑰：33，夹砂灰黑陶，红褐胎。圈足上部饰三个圆形镂孔、下部饰细凹弦纹，内底多细划纹。下腹斜收，圈足高、折，残。轮制，火候较高。足径20.4、残高8.6厘米（图九三五，1）。

甑　6件。

标本98BT0504⑯：33，夹砂黑陶，红褐胎。底饰外向里穿圆形镂孔。下腹斜收，平底，残。轮制，火候较高。残宽8.3、残高1.5厘米。

罐形釜　318件，293件可分型。

A型　271件。

Aa型　223件，212件可分式。

Ⅰ式：5件。

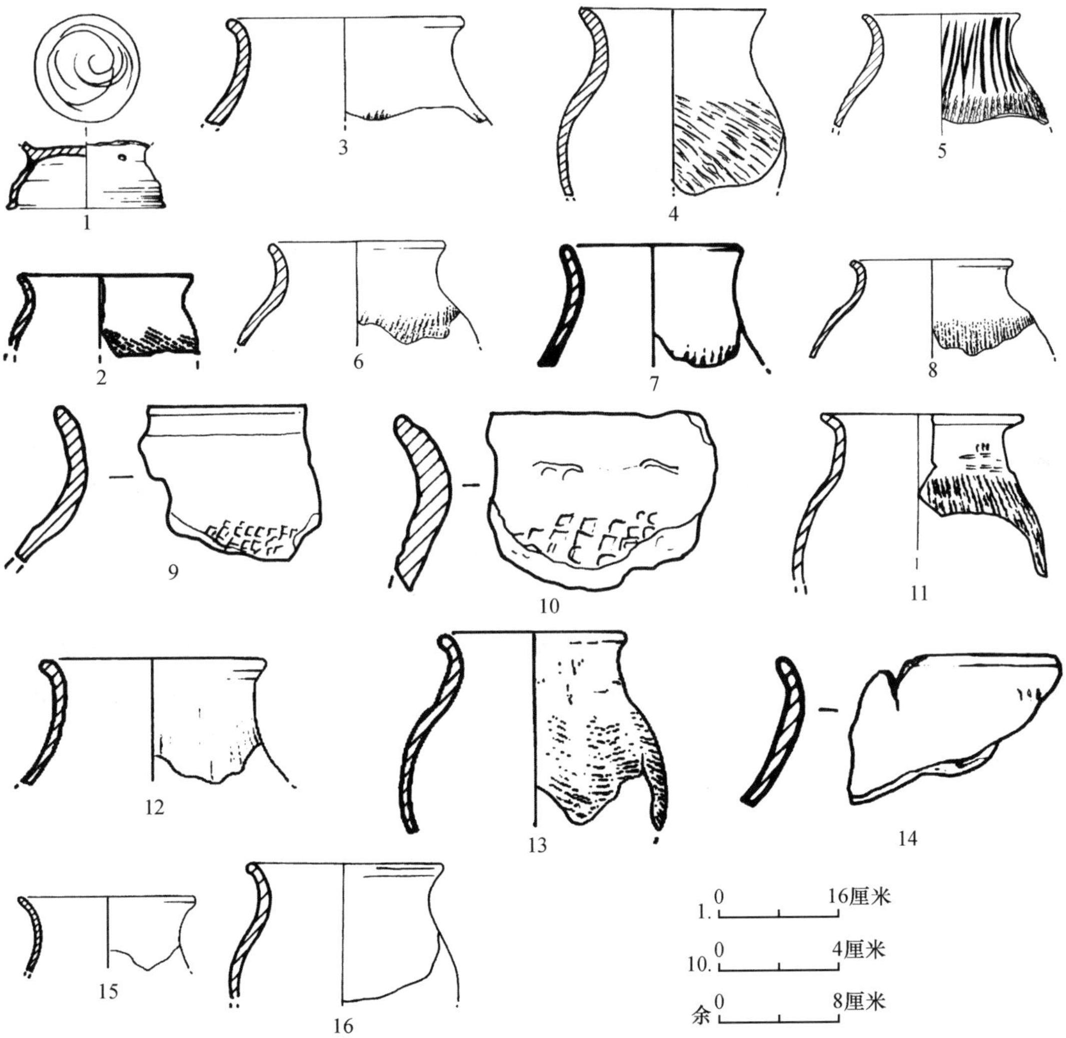

图九三五　潼井沟文化第三期晚段陶器

1. 簋（98BT0504⑰：33）　2. Aa型Ⅰ式罐形釜（98BT0204㉑：1）　3～5. Aa型Ⅱ式罐形釜（98AT0103⑱：19、98BT0505⑰：6、99DT0201⑲：24）　6～8. Aa型Ⅲ式罐形釜（99AT0101⑱：20、02CT0101⑮：18、99AT0101⑲A：18）　9、10. Aa型Ⅳ式罐形釜（02AT0101⑭：20、99AT0301⑲：30）　11、12. Ab型Ⅰ式罐形釜（99AT0201⑲：10、99DT0202⑳：127）　13、14. Ab型Ⅱ式罐形釜（99AT0101⑲B：11、02CT0101⑮：19）　15、16. B型罐形釜（99DT0101㉑：24、99DT0301⑱：25）

标本98BT0204㉑：1，夹砂红陶，局部褐。腹饰斜细绳纹。侈口，卷沿，圆唇，鼓腹，残。手制轮修，火候较高。口径11.4、残高5.2厘米（图九三五，2）。

Ⅱ式：49件。

标本98AT0103⑱：19，夹粗砂红褐陶，灰黑胎。腹饰绳纹，器表多刮抹痕。侈口，卷沿，圆唇，鼓腹，残。手制轮修，火候较高。口径15.4、残高7.1厘米（图九三五，3）。标本98BT0505⑰：6，夹砂红陶，局部、胎黑，里红。腹饰斜绳纹。侈口，圆唇，束颈，鼓腹，残。手制轮修，火候较高。口径12、残高12厘米（图九三五，4）。标本99DT0201⑲：24，夹细砂灰黑陶，局部褐，胎褐夹灰。颈部饰竖暗纹，腹部饰斜绳纹。侈口，卷沿，圆唇，束颈，鼓腹，残。轮制，火候较高。口径10.4、残高7.2厘米（图九三五，5）。

Ⅲ式：150件。

标本99AT0101⑱：20，夹砂黑陶，局部红褐。颈饰暗纹，腹饰斜中粗绳纹，颈内外壁磨光。侈口，圆唇，束颈，鼓腹，残。轮制，火候较高。口径11.8、残高6.7厘米（图九三五，6）。标本02CT0101⑮：18，夹砂红褐陶，局部、胎灰褐。腹饰斜粗绳纹。侈口，圆唇，束颈，残。手制轮修，火候较高。口径12、残高7.6厘米（图九三五，7）。标本99AT0101⑲A：18，夹粗砂红褐陶，胎红褐夹灰黑。腹饰竖粗绳纹。侈口，卷沿，圆唇，束颈，鼓腹，残。轮制，火候较高。口径21.6、残高12.6厘米（图九三五，8）。

Ⅳ式：8件。

标本02AT0101⑭：20，夹粗砂红褐陶。肩饰方格纹。侈口，圆唇，卷沿，溜肩，残。手制，火候较高。残宽11.6、残高10厘米（图九三五，9）。标本99AT0301⑲：30，夹砂黑陶，红褐胎。外沿饰戳印纹，腹饰方格纹。侈口，卷沿，圆唇，鼓腹，残。手制，火候较高。残宽7.4、残高5.6厘米（图九三五，10）。

Ab型　48件。

Ⅰ式：8件。

标本99AT0201⑲：10，夹细砂褐陶，灰黑胎，里红、下部黑。腹饰绳纹，内壁多按抹痕。侈口，卷沿，圆唇，斜直颈，鼓腹，残。手制轮修，火候较高。口径12.8、残高10.7厘米（图九三五，11）。标本99DT0202⑳：127，夹细砂灰褐陶。颈部饰竖暗纹。侈口，卷沿，圆唇，颈较直，残。轮制，火候较高。口径14.6、残高8厘米（图九三五，12）。

Ⅱ式：40件。

标本99AT0101⑲B：11，夹砂黑陶，局部、里红褐。颈饰戳印纹，腹饰绳纹。侈口，圆唇，颈较斜直，鼓腹，残。手制，火候较高。口径12、残高12.8厘米（图九三五，13）。标本02CT0101⑮：19，夹砂红陶，局部褐。颈饰戳印纹。侈口，圆唇，颈较斜直，残。手制，火候较高。残宽14、残高11.6厘米（图九三五，14）。

B型　22件。

标本99DT0101㉑：24，夹砂红陶，局部褐。素面。侈口，圆唇，束颈，残。轮制，火候较高。口径11.6、残高4.8厘米（图九三五，15）。标本99DT0301⑱：25，夹砂红褐陶，局部黑，里红。素面。侈口，内沿微斜折，圆唇，束颈，溜肩，鼓腹，残。轮制，火候较高。口径12.8、残高8.8厘米（图九三五，16）。

盆形釜　128件，120件可分型。

A型　107件。

Aa型　65件。

标本02BT0101⑮：22，夹砂红陶，局部灰黑。腹、底饰斜粗绳纹。敛口，窄平折沿，圆唇，鼓腹，圜底，复原。轮制，火候较高。口径13.2、高5.4厘米（图九三六，1）。标本99AT0101⑳：1，夹粗砂红褐陶，局部黑。腹、底饰竖粗绳纹。侈口，微有斜折沿，腹较直，下腹弧收，圜底，复原。轮制，火候较高。口径11.8、高6.8厘米（图九三六，2）。标本99DT0201⑱：37，夹细砂褐陶，局部红褐。下腹饰方格纹。侈口，卷沿，圆唇，鼓腹，残。轮制，火候较高。口径13、残高5.2厘米（图九三六，3）。

Ab型　42件。

标本98BT0204⑳：7，夹砂黑陶，红褐胎。腹饰斜中粗绳纹。侈口，斜折沿，斜领，鼓

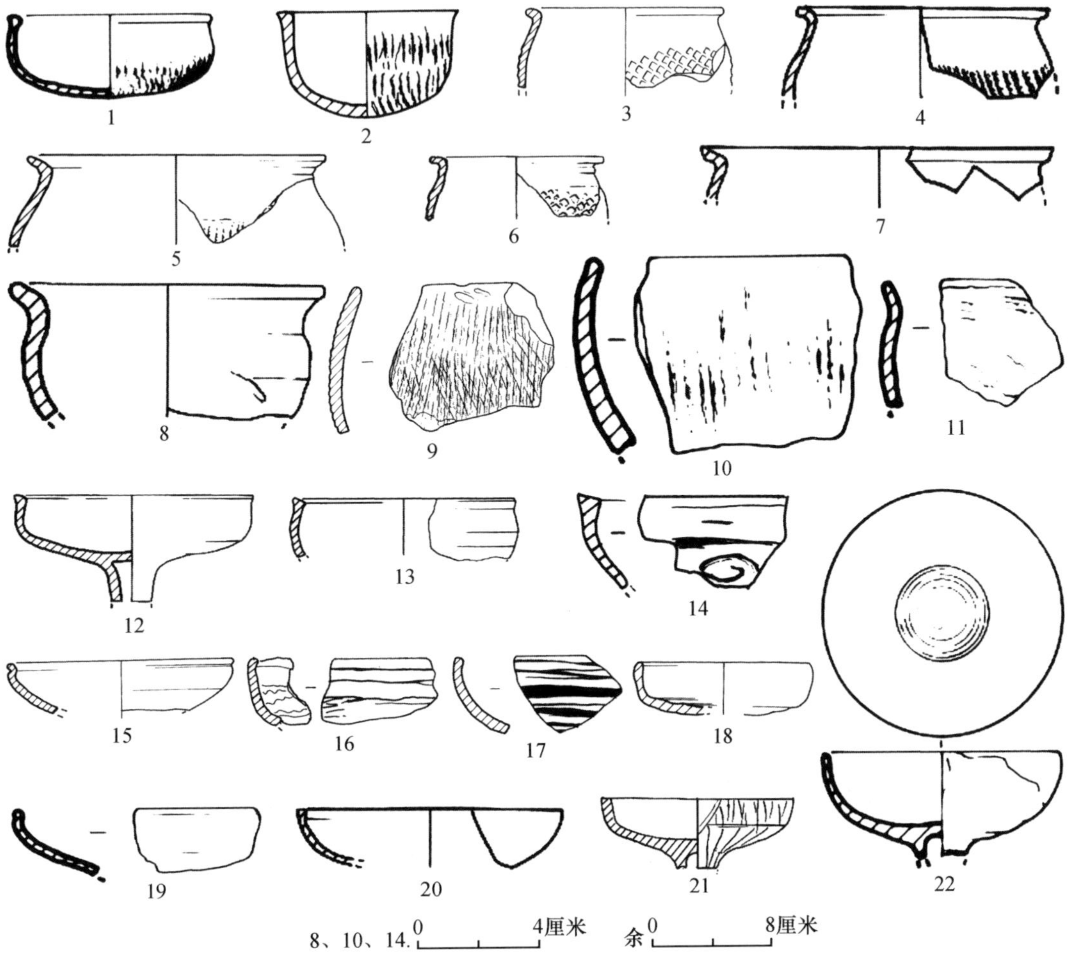

图九三六　瞀井沟文化第三期晚段陶器

1～3. Aa型盆形釜（02BT0101⑮：22、99AT0101⑳：1、99DT0201⑱：37）　4～6. Ab型盆形釜（98BT0204⑳：7、99DT0101⑰B：17、99DT0202⑱B：22）　7、8. B型盆形釜（98BT0204⑳：5、99DT0202⑳：136）　9、10. Ⅰ式钵形釜（99DT0201⑱：39、02BT0101⑭：42）　11. Ⅱ式钵形釜（02BT0101⑭：44）　12～14. Aa型豆盘（98AT0103⑲：16、99AT0201⑳A：13、99AT0301⑲：35）　15. Ab型豆盘（99DT0201⑱：41）　16、17. Ba型豆盘（99AT0301⑱：16、99DT0201⑲：21）　18、19. Bb型豆盘（99DT0301⑱：20、02BT0101⑮：25）　20～22. Bc型豆盘（98BT0204⑳：3、98BT0505⑰：12、02BT0201⑬：5）

腹，残。轮制，火候较高。口径16.8、残高6厘米（图九三六，4）。标本99DT0101⑰B：17，夹砂黑陶，局部褐，胎褐夹灰。腹饰竖中粗绳纹。侈口，斜折沿，圆唇，斜肩，鼓腹，残。轮制，火候较高。口径19.6、残高5.8厘米（图九三六，5）。标本99DT0202⑱B：22，夹细砂黑陶，灰胎。沿下饰凸棱，腹饰方格纹。侈口，卷平沿，圆唇，窄斜肩，鼓腹，残。手制，火候较高。口径11.6、残高4.1厘米（图九三六，6）。

B型　13件。

标本98BT0204⑳：5，夹砂红褐陶，局部灰黑。素面。侈口，斜折沿，斜圆唇，上腹外斜，残。轮制，火候较高。口径23.6、残高3.2厘米（图九三六，7）。标本99DT0202⑳：136，夹细砂黑陶，红褐胎。上腹局部有凸棱，腹饰划纹。侈口，卷沿，圆唇，鼓腹，残。轮制，火候较高。口径10.6、残高4.4厘米（图九三六，8）。

钵形釜　4件。

Ⅰ式：2件。

标本99DT0201⑱：39，夹细砂褐陶，局部黑，灰胎。器表饰交错绳纹。敛口，圆唇，鼓腹，残。手制，火候较高。残宽10.8、残高9.6厘米（图九三六，9）。标本02BT0101⑭：42，夹砂灰黑陶，局部褐。腹饰斜绳纹后按抹。敛口，圆唇，鼓腹，残。手制，火候较高。残宽7.6、残高6.4厘米（图九三六，10）。

Ⅱ式：2件。

标本02BT0101⑭：44，夹砂红陶，局部褐，灰褐胎。器表饰斜绳纹，部分表皮脱落。侈口，卷沿，圆唇，鼓腹，残。手制，火候较高。残宽8.2、残高8.4厘米（图九三六，11）。标本H357：3，夹砂黑陶，局部褐。腹饰组状粗绳纹，出土时，内置零星兽骨。敞口，圆唇，弧腹，圜底，修复。手制，火候较高。口径28.6、高14.6厘米（图版八二，4）。

豆　62件。

豆盘　19件。

A型　9件。

Aa型　8件。

标本98AT0103⑲：16，夹细砂红褐陶，灰黑胎。素面，内外壁磨光。敛口，圆唇，豆盘较深，口外下微凹，微鼓腹，圆柱形柄，残。轮制，盘、柄分制，火候较高。口径15.8、残高6.8厘米（图九三六，12）。标本99AT0201⑳A：13，夹细砂黑陶，红褐胎。外沿下有细凸弦纹一道。敛口，方唇，鼓腹，残。轮制，火候较高。口径14.8、残高3.8厘米（图九三六，13）。标本99AT0301⑲：35，夹砂灰黑陶，红褐胎。腹饰暗纹。敛口，圆唇，弧腹，残。轮制，火候较高。残宽5、残高4厘米（图九三六，14）。

Ab型　1件。

标本99DT0201⑱：41，夹细砂灰陶，局部灰褐。口外下饰凹弦纹。侈口，微有卷沿，圆唇，弧腹，残。轮制，火候高。口径15、残高3.3厘米（图九三六，15）。

B型　10件。

Ba型　4件。

标本99AT0301⑱：16，夹砂灰黑陶，胎红夹灰。器表饰暗纹、磨光，内壁饰波浪形暗纹。敛口，沿内折，圆尖唇，上腹微弧，下腹弧收，残。轮制，火候较高。残宽7.4、残高4.4厘米（图九三六，16）。标本99DT0201⑲：21，夹细砂黑陶，褐胎。唇面、器表饰暗纹。敛口，圆唇，弧腹，残。轮制，火候较高。残宽7、残高5厘米（图九三六，17）。

Bb型　3件。

标本99DT0301⑱：20，夹砂褐陶，局部黑。素面，内底瓦棱纹。口近直，圆唇，弧腹，残。轮制，火候高。口径12、残高3.4厘米（图九三六，18）。标本02BT0101⑮：25，夹砂灰黑陶。素面。口近直，微有卷沿，外沿内凹，圆唇，弧腹，残。轮制，火候较高。残宽8.4、残高4.2厘米（图九三六，19）。

Bc型　3件。

标本98BT0204⑳：3，夹细砂黑陶，局部红、褐。素面，内外壁磨光。口微敛，微有内折沿，圆唇，圆弧腹，残。轮制，火候较高。口径17.6、残高3.8厘米（图九三六，20）。标本98BT0505⑰：12，夹砂黑皮陶，红褐胎。盘外饰暗纹。敞口，方唇，弧腹，细圆柱形柄，残。分制，火候较高。口径12.8、残高4.6厘米（图九三六，21）。标本02BT0201⑬：5，夹砂灰褐陶，局部褐。素面，盘内底中部饰螺旋纹。口微敞，圆唇，弧腹，微有细圆柱形柄，残。轮制，火候较高。口径16、残高6.8厘米（图九三六，22）。

豆柄　25件。

A型　6件。

标本02BT0101⑰：51，夹砂灰黑陶，红褐胎、部分灰。素面。盘底较平，粗高柄，残。分制，火候较高。残宽10.4、残高9.4厘米（图九三七，3）。

B型　19件。

标本99DT0301⑱：4，夹砂灰褐陶。素面。细高柄中空，残。手制，火候较高。残高20.2厘米（图九三七，1）。标本02BT0101⑰：50，夹砂灰褐陶，红褐胎。素面。细柄，喇叭形座，残。手制轮修，火候较高。残宽6、残高7.6厘米（图九三七，2）。标本02CT0101⑯：12，夹砂灰褐陶，局部灰。素面。细圆柱形柄，豆座外敞，圆唇，残。手制，火候较高。座径8、残高5.6厘米（图九三七，4）。

豆座　18件。

A型　11件。

Ⅰ式：5件。

标本98AT0103⑱：5，夹细砂灰陶。素面，器表有按抹痕。豆座呈腹盘状，敞口，圆唇，曲壁内收略呈喇叭形，残。手制，火候较高。座径11.4、残高2.2厘米（图九三七，5）。

Ⅱ式：6件。

标本99DT0101⑰B：26，夹砂灰陶，局部灰黑，红褐胎。座面饰浅瓦棱纹，外壁磨光。微有细细圆柱形柄、中空，覆盘形座，残。轮制，火候高。座径10.8、残高3.2厘米（图九三七，6）。

B型　7件。

Ⅰ式：5件。

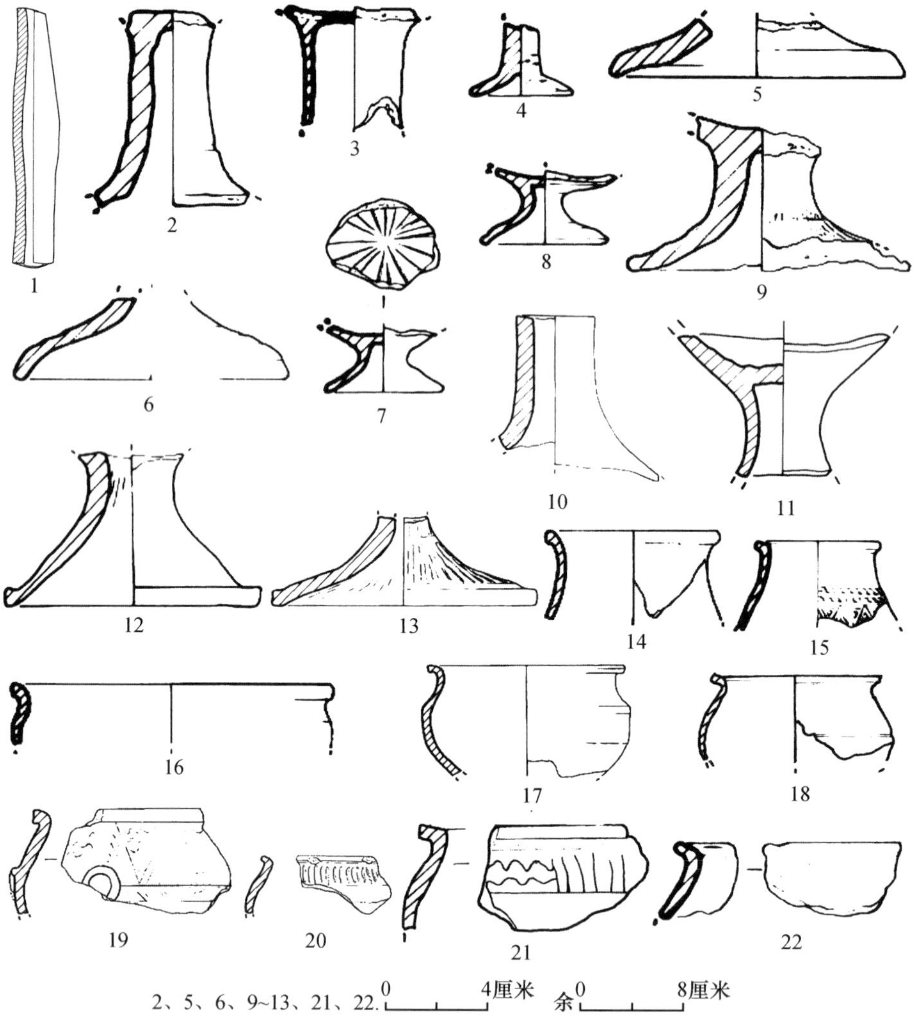

图九三七 澹井沟文化第三期晚段陶器

1、2、4. B型豆柄（99DT0301⑱：4、02BT0101⑰：50、02CT0101⑯：12） 3. A型豆柄（02BT0101⑰：51） 5. A型Ⅰ式豆座（98AT0103⑱：5） 6. A型Ⅱ式豆座（99DT0101⑰B：26） 7～11. B型Ⅰ式豆座（02CT0101⑮：22、02CT0101⑮：23、99AT0101⑳：16、98AT0103⑲：9、99DT0202⑲：89） 12、13. B型Ⅱ式豆座（99AT0201⑱A：11、98BT0504⑰：28） 14、15. 壶（99AT0101⑲A：20、02DT0101⑪：13） 16～22. 盂（98AT0103⑱：6、98AT0103⑱：18、02AT0101⑬A：19、99DT0101⑲：15、99DT0202⑳：137、02AT0101⑬A：18、02BT0101⑭：45）

标本02CT0101⑮：22，夹砂黑陶，胎黑夹褐。素面，盘底饰放射状粗划纹。盘内底较平，喇叭形豆座，残。轮制，火候较高。座径9.2、残高5厘米（图九三七，7）。标本02CT0101⑮：23，夹砂灰黑陶，红褐胎。素面。盘下腹弧收，微有圆柱形细柄，喇叭形豆座、壁外弧，残。轮制，火候较高。座径10、残高5.6厘米（图九三七，8）。标本99AT0101⑳：16，泥质黑陶，红褐胎。内底、器表磨光，饰竖细暗纹。矮柄，喇叭口豆座，残。轮制，火候较高。座径11、残高5.8厘米（图九三七，9）。标本98AT0103⑲：9，夹细砂黑陶，红褐胎。素面，外壁磨光。圆柱形柄，喇叭形座，残。轮制，火候较高。柄径3、残高6.5厘米（图九三七，10）。标本99DT0202⑲：89，夹砂红陶，黑胎。素面。盘下腹斜收，盘底较平，矮圆柱形柄，喇叭形座，残。分制，火候较高。残宽8.2、残高5.5厘米（图九三七，11）。

Ⅱ式：2件。

标本99AT0201⑱A：11，泥质黑陶，红胎。素面。喇叭状矮柄，壁微折，方唇上凸，残。轮制，火候不高。柄径10、残高6厘米（图九三七，12）。标本98BT0504⑰：28，夹砂灰黑陶，局部灰褐。内外壁饰竖暗纹。细柄，喇叭形座，残。轮制，火候较高。座径10.3、残高3.4厘米（图九三七，13）。

壶　4件。

标本99AT0101⑲A：20，泥质灰褐陶。素面。侈口，微有外沿，圆唇，束颈，鼓腹，残。轮制，火候高。口径13.6、残高6.8厘米（图九三七，14）。标本02DT0101⑪：13，夹砂黑陶，红褐胎。颈下部饰"之"字形戳印纹组成的戳印带，其下饰三角状几何戳印纹带。口微敛，窄斜折沿，圆唇，颈斜弧，残。手制轮修，火候一般。口径10、残高7厘米（图九三七，15）。

盂　8件。

标本98AT0103⑱：6，夹细砂褐陶，红褐胎。颈部饰绳纹后按抹呈细线纹。侈口，卷沿，斜方唇，圆肩微折，残。轮制，火候较高。口径25.4、残高4.6厘米（图九三七，16）。标本98AT0103⑱：18，夹细砂黑陶，紫红胎。腹饰零星划纹，器表有旋痕。侈口，卷沿，圆唇，束颈，折肩，腹微折，残。轮制，火候不高。口径15.2、残高8.6厘米（图九三七，17）。标本02AT0101⑬A：19，夹砂黑陶，局部红。上腹饰凹弦纹一周。侈口，斜折沿，圆唇，斜肩，鼓腹，下腹弧收，残。轮制，火候高。口径13、残高6.4厘米（图九三七，18）。标本99DT0101⑲：15，夹砂黑陶，局部灰褐。肩饰"山"形相间波浪形暗纹，肩、腹间饰圆圈形贴塑，下腹饰凹弦纹。侈口，卷窄沿，唇面内凹，斜肩，鼓腹，下腹弧收，残。轮制，火候较高。残宽13.3、残高8.2厘米（图九三七，19）。标本99DT0202⑳：137，夹粗砂灰黑陶，局部灰。领部饰粗按划纹，腹饰横划纹。侈口，卷沿，圆唇，领外斜，鼓腹，残。轮制，火候较高。残宽7.6、残高4.5厘米（图九三七，20）。标本02AT0101⑬A：18，夹砂褐陶，局部、里黑，红胎。肩饰波浪形和斜竖暗纹。侈口，斜折沿、沿面微凹，圆唇，斜折肩，鼓腹，残。轮制，火候较高。残宽6.4、残高4厘米（图九三七，21）。标本02BT0101⑭：45，夹砂灰黑陶，紫红胎。沿面饰横暗纹，颈饰波浪形暗纹。侈口，卷沿外翻，圆唇，斜颈，残。轮制，火候较高。残宽5.4、残高2.8厘米（图九三七，22）。

盆　29件，18件可分式。

Ⅰ式：8件。

标本02DT0101⑪：28，夹砂灰陶。上腹饰瓦棱纹三道。口微敞，沿外下卷，唇面微凹，弧腹，残。轮制，火候高。残宽8.6、残高6厘米（图九三八，1）。

Ⅱ式：2件。

标本99AT0101⑱：15，夹砂黑陶，灰褐胎。素面。侈口，卷沿近平、沿面内凹，圆尖唇，微束领，残。轮制，火候较高。残宽10.8、残高4厘米（图九三八，2）。标本99AT0101⑱：39，夹砂灰黑陶。素面。侈口，卷平沿、沿面微凹，圆唇，上腹微外斜，残。轮制，火候较高。残宽4.3、残高3.7厘米（图九三八，3）。

Ⅲ式：8件。

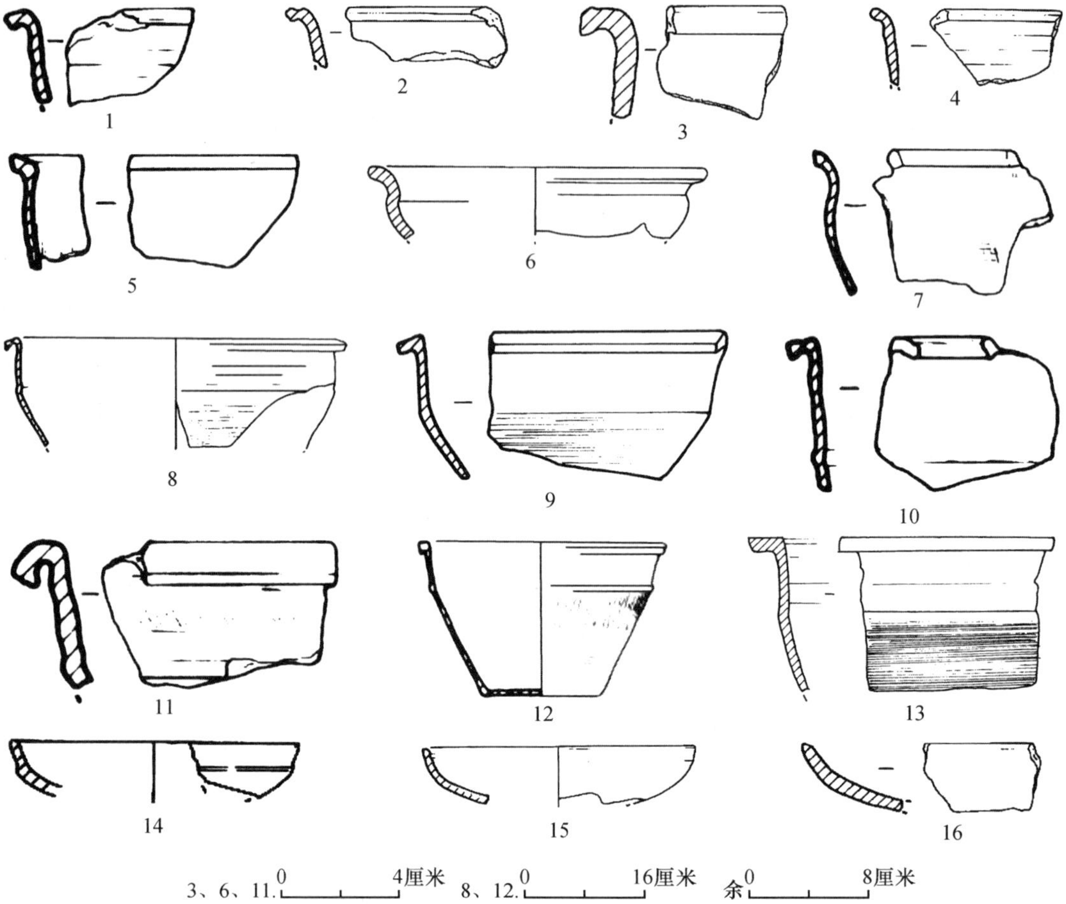

图九三八　瀞井沟文化第三期晚段陶器

1. Ⅰ式盆（02DT0101⑪：28）　2、3. Ⅱ式盆（99AT0101⑱：15、99AT0101⑱：39）　4～7. Ⅲ式盆（99DT0202⑳：162、02DT0101⑪：29、99AT0201⑳A：10、02CT0101⑭：3）　8～13. 折腹盆（98BT0504⑯：32、99DT0201⑱：46、02CT0101⑭：4、02BT0101⑭：58、02BT0101⑮：5、99DT0201⑳：16）　14. A型Ⅰ式盘（98BT0204㉑：2）　15、16. B型盘（99AT0101㉑：20、99DT0101㉑：27）

标本99DT0202⑳：162，夹细砂黑陶，胎褐夹灰。腹饰横细划纹。敞口，卷沿，圆唇，腹较斜直，残。轮制，火候高。残宽8.6、残高5厘米（图九三八，4）。标本02DT0101⑪：29，夹砂黑陶，红褐胎。素面，内壁饰斜竖暗纹。侈口，斜折沿，圆唇，弧腹内收，残。轮制，火候较高。残宽11.4、残高8厘米（图九三八，5）。标本99AT0201⑳A：10，夹细砂黑陶。素面，外壁磨光。敞口，卷沿，圆唇，弧腹，残。轮制。口径11.4、残高2.4厘米（图九三八，6）。标本02CT0101⑭：3，夹砂黑陶，灰褐胎。颈饰竖绳纹后抹平，肩、腹磨光。侈口，卷沿，唇面内凹成浅槽，鼓肩，弧腹，残。轮制，火候较高。残宽12、残高9.2厘米（图九三八，7）。

折腹盆　35件。

标本98BT0504⑯：32，夹砂灰黑陶。腹饰凸弦纹，下腹饰斜凹弦纹。口近直，沿外下折，唇面微凹，折腹，上腹弧、下腹斜收，残。轮制，火候较高。口径45.2、残高15厘米（图九三八，8）。标本99DT0201⑱：46，夹粗砂灰陶。素面。直口，沿外下折、沿面微凹，方唇，折腹，上腹直、下腹斜收，残。轮制，火候高。残宽15.8、残高9.6厘米（图九三八，

9）。标本02CT0101⑭：4，夹砂黑陶，局部、胎灰褐。上腹饰组状戳印纹，腹饰凸棱一周。敞口，沿外下折，方唇，上腹较直、下腹斜直收，残。轮制，火候高。残宽12、残高10厘米（图九三八，10）。标本02BT0101⑭：58，夹砂灰陶。唇面饰凹弦纹两道，上腹饰斜绳纹后抹平，腹饰凸棱一周。敞口，沿外下卷，腹斜弧收，残。轮制，火候高。残宽15.6、残高9.6厘米（图九三八，11）。标本02BT0101⑮：5，夹细砂灰陶。中腹有折棱一道，其下饰斜绳纹，下腹饰横划纹。敞口，窄折平沿、沿面微凹，唇面微凹、唇缘下垂，上腹微斜、下腹斜内收，平底，修复。轮制，火候较高。口径33.2、底径15.2、高20厘米（图九三八，12；图版八二，5）。标本99DT0201⑳：16，夹砂灰褐陶，褐胎。沿面、器表多细弦纹。敞口，平折沿较宽，斜方唇，折腹，上腹较直、下腹弧收，残。轮制，火候较高。残宽14、残高10厘米（图九三八，13）。

盘 4件。

A型 1件。Ⅰ式。

标本98BT0204㉑：2，夹砂黑陶，局部红。素面。敞口，圆唇，折腹，残。手制轮修，火候较高。口径19.2、残高3.8厘米（图九三八，14）。

B型 3件。

标本99AT0101㉑：20，夹砂黑陶，红褐胎。素面，内外壁磨光。敞口，圆唇，弧腹，残。轮制，火候较高。口径18、残高3.7厘米（图九三八，15）。标本99DT0101㉑：27，夹砂灰褐陶，局部、胎红褐。素面。敞口，圆唇，弧腹，残。手制，火候较高。残宽7.8、残高4.4厘米（图九三八，16）。

圜底钵 117件，71件可分型。

A型 60件。

Ⅰ式：5件。

标本99AT0101⑱：23，夹砂灰褐陶，红褐胎。素面。敛口，沿微内折，圆唇，弧腹，残。轮制，火候较高。残宽7.5、残高7.2厘米（图九三九，1）。

Ⅱ式：42件。

标本98BT0505⑰：5，夹砂红陶，局部褐。腹饰反“D”字形划纹。直口，圆唇，折腹，上腹微束、下腹弧收，圜底，复原。手制，火候较高。口径12.4、高7厘米（图九三九，2）。标本02DT0102⑮：19，夹砂白陶。素面，内壁饰“十”字形划纹。口近直，圆唇，弧腹，残。手制，火候较高。口径13.6、残高8厘米（图九三九，3）。

Ⅲ式：13件。

标本98BT0404⑲：20，夹砂红陶，局部、胎灰褐。素面。敞口，圆唇，弧腹，尖圜底，复原。手制，火候较高。口径10、高6厘米（图九三九，4）。标本02BT0101⑭：34，夹粗砂黑陶。外沿、内底饰划纹，上腹饰凹弦纹。敞口，圆唇，弧腹，圜底，复原。手制轮修，火候一般。口径12.8、高8.4厘米（图九三九，5）。标本98BT0204⑳：2，夹砂灰黑陶，局部黑，胎、里灰。上腹饰横粗划纹。敞口，圆尖唇，弧腹，残。手制轮修，火候较高。口径19.4、残高5.6厘米（图九三九，6）。标本99DT0202㉑：102，夹粗砂褐陶，局部红褐。敞口，微有卷沿，圆唇，弧腹，残。手制，火候较高。口径16、残高7厘米（图九三九，7）。

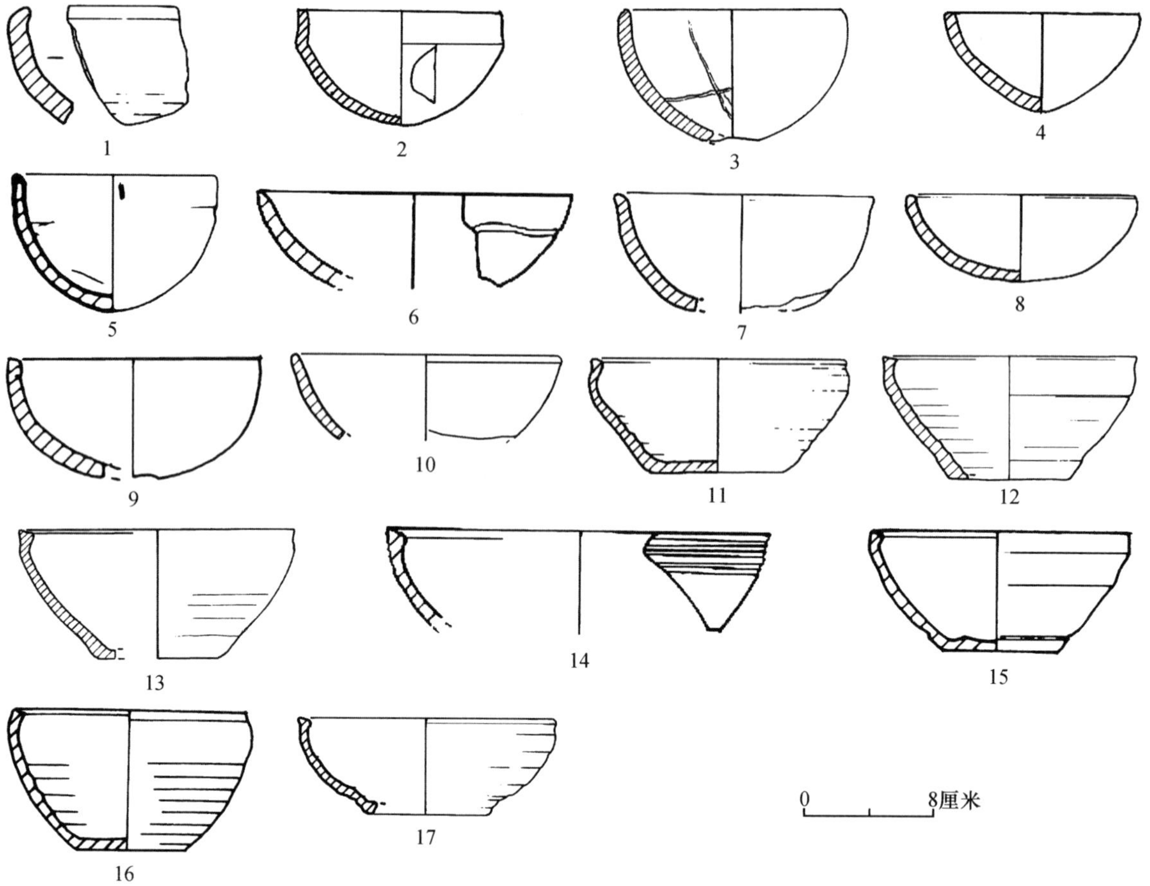

图九三九 沓井沟文化第三期晚段陶器

1. A型Ⅰ式圜底钵（99AT0101⑱：23） 2、3. A型Ⅱ式圜底钵（98BT0505⑰：5、02DT0102⑮：19） 4～7. A型Ⅲ式圜底钵（98BT0404⑲：20、02BT0101⑭：34、98BT0204⑳：2、99DT0202㉑：102） 8～10. B型圜底钵（99AT0101⑱：25、99AT0301⑲：27、99DT0101⑰B：24） 11～13. A型平底钵（99DT0202⑳：144、99DT0201⑲：19、02DT0102⑮：20） 14～17. B型平底钵（98BT0204⑳：4、99AT0301⑲：8、99AT0301⑲：45、99DT0101⑰B：25）

B型 11件。

标本99AT0101⑱：25，夹砂灰褐陶，局部、里黑。素面。敞口，方唇，弧腹，圜底，修复。手制，火候较高。口径14.2、高5.2厘米（图九三九，8）。标本99AT0301⑲：27，夹砂灰黑陶，局部褐、红，灰胎。素面，内外壁磨光。口微敞，方唇，弧腹，圜底，残。手制，火候较高。口径16、残高7.2厘米（图九三九，9）。标本99DT0101⑰B：24，夹砂黑褐陶，局部、里红。素面，内外壁磨光。敞口，方唇，弧腹，残。手制轮修，火候较高。口径16.8、残高5.2厘米（图九三九，10）。

平底钵 26件，22件可分型。

A型 5件。

标本99DT0202⑳：144，夹细砂黑陶，红褐胎。器表多瓦棱纹。敛口，微有斜折沿，圆唇，鼓上腹、下腹微束，平底，修复。盘筑，火候较高。口径15.8、底径8、高6.9厘米（图九三九，11）。标本99DT0201⑲：19，夹细砂灰黑陶，灰褐胎。器表饰凹弦纹、微有瓦棱纹，内壁多瓦棱纹。敛口，斜方唇，上腹直、下腹微束，平底，复原。轮制，火候较高。口径15.6、底径7.4、高7.5厘米（图九三九，12）。标本02DT0102⑮：20，夹砂黑陶，局部、胎红褐。下腹微有瓦棱纹。敛口，沿内斜折，尖唇、唇面微凹，鼓上腹、下腹近底处微束，平底，修复。轮制，火候较高。口径17、底径7.8、高7.8厘米（图九三九，13）。

B型　17件。

标本98BT0204⑳：4，夹砂灰褐陶，胎外灰褐里红褐。上腹饰数道凹弦纹。口微敛，斜方唇，弧腹，残。轮制，火候较高。口径23.6、残高5.6厘米（图九三九，14）。标本99AT0301⑲：8，夹砂灰黑陶，局部灰、黑。腹饰凹弦纹。敛口，内斜折沿，方唇，弧腹，假圈足、平底微凹，修复。轮制，火候较高。口径16.8、底径8、高6.8厘米（图九三九，15；图版八二，6）。标本99AT0301⑲：45，夹砂灰褐陶，局部褐。腹饰浅瓦棱纹。敛口，方唇微凹，上腹微鼓、下腹弧收，平底，复原。轮制，火候较高。口径13.6、底径6.8、高8.6厘米（图九三九，16）。标本99DT0101⑰B：25，夹砂黑陶，灰褐胎。腹饰浅瓦棱纹。敛口，内斜方唇，圆弧腹，内下腹斜下折，假圈足、平底，复原。轮制，火候较高。口径16、足径7.6、高6厘米（图九三九，17）。

尖底盏　261件，162件可分型。

A型　109件。

Ⅰ式：2件。

标本99AT0301⑲：15，夹砂灰褐陶，局部红、黑。腹饰瓦棱纹。口微敛，圆唇，弧腹，尖底，复原。轮制，火候较高。口径10.5、高3.6厘米（图九四〇，1）。

Ⅱ式：47件。

标本98AT0103⑲：2，夹砂黑陶，胎黑夹褐。素面，内下腹多瓦棱纹。口近直，圆唇，弧腹，尖底，复原。轮制，火候较高。口径11.8、高4.6厘米（图九四〇，2）。标本99AT0301⑲：14，泥质黑陶，紫红胎。素面，内下腹饰瓦棱纹。口近直，圆唇，弧腹，尖底，复原。轮制，火候较高。口径11.6、高4厘米（图九四〇，3）。标本99DT0202㉑：100，夹细砂黑陶。下腹多细旋纹，内底多瓦棱纹。口近直，圆唇，弧腹，上腹近直、下腹微弧斜收，尖底，修复。轮制，火候较高。口径12.1、高4.4厘米（图九四〇，4）。

Ⅲ式：60件。

标本98AT0103⑲：3，夹砂黑陶，局部、胎红。素面，内下腹多瓦棱纹。口微敞，圆唇，弧腹，尖底，复原。轮制，火候较高。口径12、高4.8厘米（图九四〇，5）。标本99AT0301⑲：1，夹砂黑陶，局部、胎紫红。素面，内下腹饰瓦棱纹。敞口，圆唇，弧腹，下腹斜收，尖底，复原。轮制，火候较高。口径12.1、高4.4厘米（图九四〇，6）。

B型　53件。

Ⅰ式：22件。

标本98BT0204㉒：1，夹砂黑陶，局部灰褐，红胎。素面，内底多旋痕。口微敛，沿微内斜折，圆唇，折腹，尖底，复原。轮制，火候较高。口径12.4、高4厘米（图九四〇，7）。标本99AT0301⑲：46，夹砂灰黑陶，局部红。下腹饰细凹弦纹，内下腹饰瓦棱纹。口近直，圆唇，折腹，上腹微束、下腹斜弧收，尖底，复原。轮制，火候较高。口径12.2、高4.6厘米（图九四〇，8）。

Ⅱ式：31件。

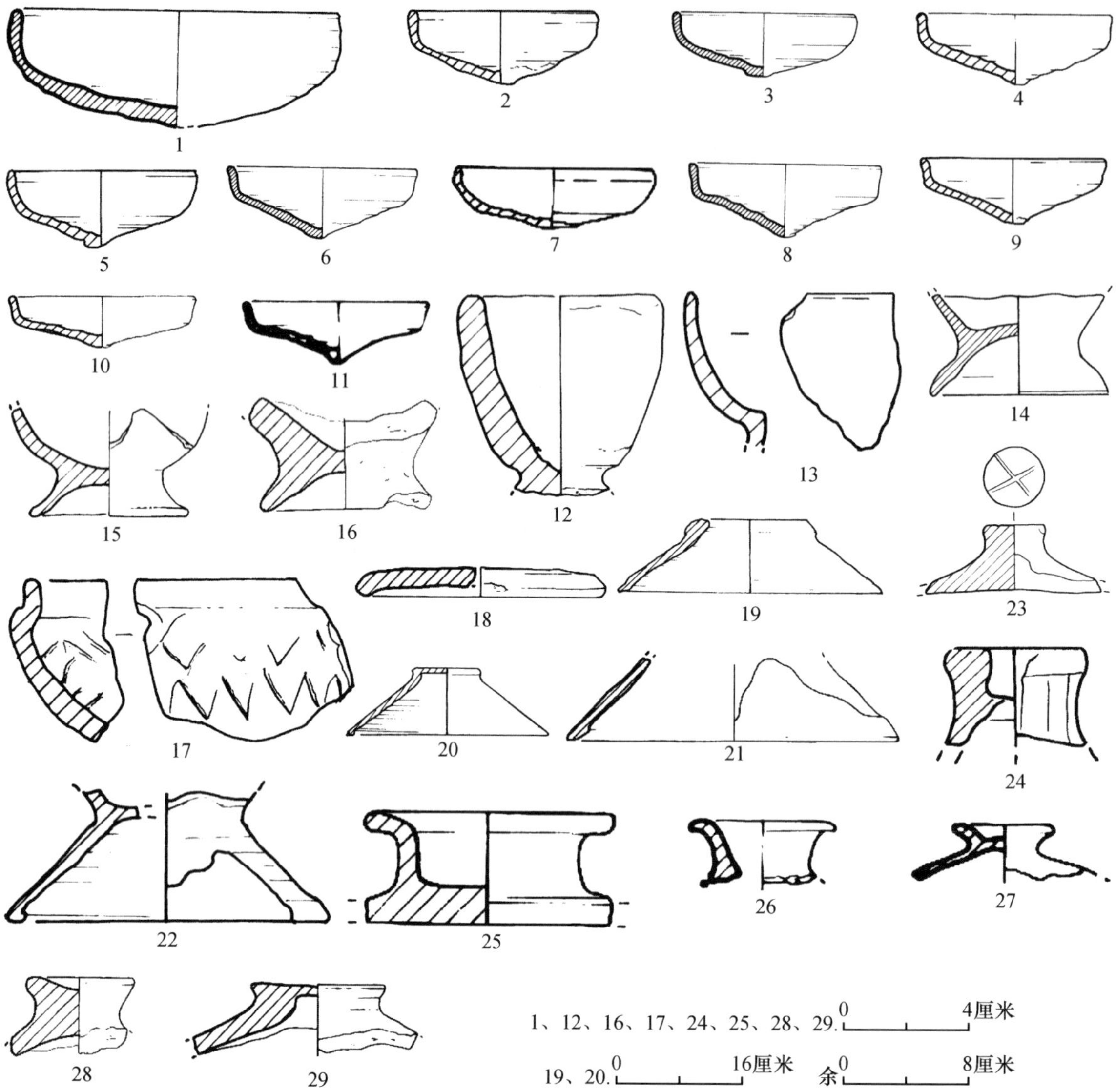

图九四〇 澹井沟文化第三期晚段陶器

1. A型Ⅰ式尖底盏（99AT0301⑲：15） 2～4. A型Ⅱ式尖底盏（98AT0103⑲：2、99AT0301⑲：14、99DT0202㉑：100） 5、6. A型Ⅲ式尖底盏（98AT0103⑲：3、99AT0301⑲：1） 7、8. B型Ⅰ式尖底盏（98BT0204㉒：1、99AT0301⑲：46） 9～11. B型Ⅱ式尖底盏（98AT0103⑱：2、99AT0101⑲A：26、02BT0101⑰：41） 12～16. 圈足杯（98BT0504⑯：38、99DT0301⑰：6、02DT0102⑮：24、98BT0504⑯：34、99DT0202㉑：106） 17. 盒？（99AT0301⑱：20） 18. A型器盖（98AT0103⑱：20） 19、20. B型Ⅰ式器盖（99AT0301⑲：36、99DT0201⑳：29） 21、22. B型Ⅱ式器盖（99DT0101㉑：28、02AT0101⑬A：17） 23～29. 盖纽（99DT0201⑱：43、02DT0102⑮：23、98BT0404⑲：21、02CT0101⑮：25、02CT0101⑮：24、99DT0202㉑：107、98AT0103⑱：7）

标本98AT0103⑱：2，夹砂黑陶，局部、胎褐。素面，内下腹多瓦棱纹。敞口，圆唇，折腹，尖底，复原。轮制，火候较高。口径11.6、高4.1厘米（图九四〇，9）。标本99AT0101⑲A：26，夹砂黑陶，红褐胎。素面，内下腹多旋痕。敞口，圆唇，折腹，尖底，复原。轮制，火候较高。口径11.8、高3.2厘米（图九四〇，10）。标本02BT0101⑰：41，夹砂黑陶，灰褐胎。素面，内壁微有瓦棱纹。口微敞，圆唇，折腹，上腹较斜直、下腹弧收，尖底，复原。轮制，火候较高。口径11.8、高3.8厘米（图九四〇，11）。

圈足杯 7件。

标本98BT0504⑯：38，夹砂红陶，局部黑。素面，敞口，圆唇，弧腹，圈足残。手制，火候较高。口径6.9、残高5.2厘米（图九四〇，12）。标本99DT0301⑰：6，夹砂褐陶，局部灰黑。素面。口近直，圆唇，弧腹，圈足残。手制，火候较高。残宽7.6、残高9.6厘米（图九四〇，13）。标本02DT0102⑮：24，夹砂红褐陶，红胎。素面。斜腹斜收，圈足较高、外撇，残。手制，火候不高。足径11.2、残高6.2厘米（图九四〇，14）。标本98BT0504⑯：34，夹砂灰褐陶，灰黑胎。素面。下腹弧收，圈足较高、外撇，残。手制，火候较高。足径10、残高6.8厘米（图九四〇，15）。标本99DT0202㉑：106，夹细砂黑陶，局部红胎。素面。下腹斜收，矮圈足外撇，残。手制，火候较高。足径5.4、残高3.5厘米（图九四〇，16）。

盒？ 1件。

标本99AT0301⑱：20，夹砂黑陶，红褐胎。腹饰尖折波浪形暗纹两周，内底饰划纹、暗纹，外壁、内沿磨光。口近直，沿微内折直立，圆唇，弧腹，残。轮制，火候高。残宽6.8、残高5厘米（图九四〇，17）。

器盖 45件，17件可分型。

A型 3件。

标本98AT0103⑱：20，夹细砂黑陶。素面，器表有按抹痕。覆盘状，敞口，圆唇，弧壁，底近平，残。手制，火候不高。盖径16、残高1.8厘米（图九四〇，18）。

B型 14件。

Ⅰ式：11件。

标本99AT0301⑲：36，夹砂黑陶，红褐胎。素面，内壁瓦棱纹。假圈足形纽，盖壁较斜直，敞口，唇面微凹，复原。轮制，火候较高。纽径14、口径32.8、高9.2厘米（图九四〇，19）。标本99DT0201⑳：29，夹砂黑陶，红褐胎。素面，内壁饰瓦棱纹。覆钵形，假圈足捉手，盖壁斜直，敞口，微有内折沿，方唇，修复。轮制，火候较高。捉手径8.8、口径25.6、高8.4厘米（图九四〇，20）。

Ⅱ式：3件。

标本99DT0101㉑：28，夹砂黑陶，局部红。器表饰浅瓦棱纹。斜壁微弧，敞口，微有内折沿，圆尖唇，残。轮制，火候较高。口径20.8、残高5.2厘米（图九四〇，21）。标本02AT0101⑬A：17，夹砂陶，局部红，褐胎。素面，内壁多瓦棱纹。圈足形纽，盖壁较斜直，敞口，内折沿，圆唇，残。轮制，火候较高。口径20.4、残高8厘米（图九四〇，22）。

盖纽 17件。

标本99DT0201⑱：43，夹细砂灰褐陶。捉手顶部饰“十”字形划纹。矮圆柱形捉手，壁较斜直，残。手制，火候较高。捉手径4、残高4.3厘米（图九四〇，23）。标本02DT0102⑮：23，夹砂红褐陶，红胎，里黑。素面。圆形捉手，中部有圆形穿，微有盖壁，残。手制，火候较高。捉手径4.4、残高3厘米（图九四〇，24）。标本98BT0404⑲：21，夹砂褐陶，红胎。素面。圈足形纽，斜折沿，圆唇，微有盖壁，残。分制，火候较高。纽径8、残高3.5厘米（图九四〇，25）。标本02CT0101⑮：25，夹砂灰褐陶。素面。圈足形纽，沿微下外卷，圆唇，纽壁较斜直，残。轮制，火候较高。纽径9.2、残高4厘米（图九四〇，26）。

标本02CT0101⑮：24，夹砂红陶。素面。圈足形纽，圆唇，内底乳凸，盖壁弧，残。轮制，火候较高。纽径6.4、残高3厘米（图九四〇，27）。标本99DT0202㉑：107，夹细砂红陶，局部灰黑。素面。圆圈形捉手，盖壁较斜，残。手制，火候较高。捉手径3、残高2.4厘米（图九四〇，28）。标本98AT0103⑱：7，夹细砂灰黑陶，灰胎。素面，器表有旋痕。圈足状捉手，顶微凹，下部微束，壁较斜直外张，残。轮制，火候高。捉手径5.2、残高2.2厘米（图九四〇，29）。

箅？ 1件。

标本99DT0202㉑：12，夹细砂灰黑陶，口部红褐。腹、底内外饰篦点纹，部分穿透。钵形，敞口，圆唇，弧腹，圜底，修复。手制，火候较高。口径13.6、高3厘米（图九四一，1）。

不明器 16件。

标本99AT0101⑲A：21，夹砂灰黑陶，局部灰褐。领饰竖暗纹。敞口，外沿较宽，圆唇，弧腹，残。轮制，火候高。残宽7、残高5.4厘米（图九四一，2）。标本99AT0101⑲A：22，夹砂灰黑陶。素面。敞口，外沿较宽，圆唇，弧腹，残。轮制，火候高。残宽8.3、残高3厘米（图九四一，3）。标本99AT0101⑱：34，夹砂褐陶，局部、外灰褐。素面。斜弧腹，尖角底外撇，残。手制，火候较高。残宽6、残高9厘米（图九四一，4）。标本99AT0201⑰A：21，夹细砂黑陶，灰胎。内底饰放射状暗纹，内壁磨光。口微敛，壁微弧，底较平，残。轮制，火候较高。残宽7.7、残高3.1厘米（图九四一，5）。

器座 7件。

A型 1件。标本碎小。

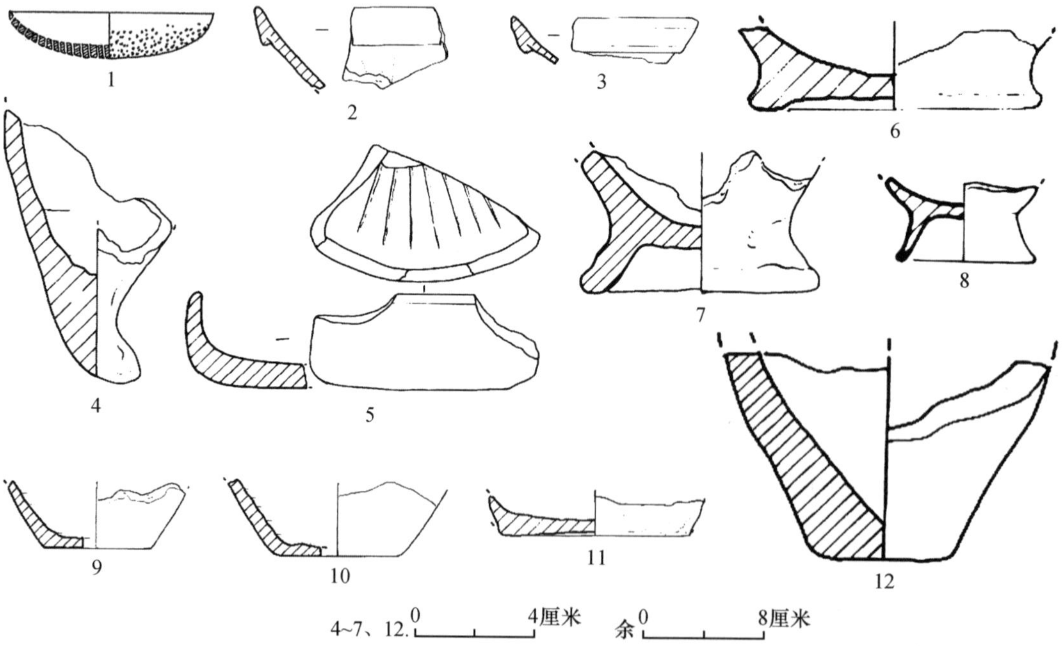

图九四一 瀼井沟文化第三期晚段陶器

1. 箅？（99DT0202㉑：12） 2~5. 不明器（99AT0101⑲A：21、99AT0101⑲A：22、99AT0101⑱：34、99AT0201⑰A：21） 6~8. 圈足（99AT0101⑲A：31、98BT0504⑰：32、02DT0101⑫：52） 9~12. 器底（99DT0202㉑：136、99DT0202㉑：137、99AT0101⑱：36、98BT0101⑰：9）

B型　6件。标本碎小。

器耳　11件。标本碎小。

器流　2件。标本碎小。

圈足　11件。

标本99AT0101⑲A：31，夹砂灰褐陶，里红。素面。下腹弧收，矮圈足外撇，残。手制，火候较高。足径9.6、残高2.6厘米（图九四一，6）。标本98BT0504⑰：32，夹砂灰褐陶，胎、里黑。素面，多按抹痕。下腹斜收，圈足较高、外撇，残。手制，火候较高。足径7.8、残高4.6厘米（图九四一，7）。标本02DT0101⑫：52，夹砂红陶，灰黑胎。素面。下腹弧收，内底圜，圈足较高、外斜，残。分制，火候一般。足径9.2、残高5.2厘米（图九四一，8）。

器底　61件。

标本99DT0202㉑：136，夹细砂褐陶，里黑。素面，内壁磨光。下腹微斜弧收，平底微凹，残。轮制，火候较高。底径7.2、残高4.3厘米（图九四一，9）。标本99DT0202㉑：137，夹细砂灰黑陶。素面，内壁多瓦棱纹。下腹微弧斜收，平底，残。轮制，火候较高。底径8.4、残高4.9厘米（图九四一，10）。标本99AT0101⑱：36，夹细砂褐陶，里黑。素面，内壁磨光。下腹微斜弧收，平底微凹，残。轮制，火候较高。底径7.2、残高4.3厘米（图九四一，11）。标本98BT0505⑰：9，夹砂褐陶，红胎。素面。下腹微鼓，近平底，残。手制，火候较高。底径4.4、残高6.6厘米（图九四一，12）。

拍　6件。

A型　4件。

标本99AT0201⑰A：15，夹细砂灰陶，局部红色。素面。圆形，拍面较平，残。手制，火候较高。直径14.4、残高1.4厘米（图九四二，1）。

B型　2件。

标本02AT0101⑮：10，夹砂灰褐陶，局部灰黑，红褐胎。素面，器表粗磨。圆饼形，圆唇，拍面内凹，背中部有圆柱形捉手，残。手制，火候较高。直径18、残高4.8厘米（图九四二，2）。标本02BT0101⑰：48，夹砂红褐陶。素面。圆饼形，拍面外弧，圆唇，背面中部捉手残。手制，火候较高。残宽7、残高2.8厘米（图九四二，3）。

纺轮　42件。

A型　8件，3件可分亚型。

Aa型　3件。

标本99DT0202㉑：11，夹细砂红褐陶，局部灰黑。截面梯形，顶较平，中部圆形穿孔，残。手制，火候较高。直径5.5、孔径0.7、高2.3厘米（图九四二，4）。

B型　3件。

标本97DT0701⑰：4，夹细砂红褐陶。顶微内弧，底边微残。手制，火候较高。底径4.6、孔径0.5、高3厘米（图九四二，5）。

C型　12件，10件可分亚型。

Ca型　1件。

标本97DT0401⑱：8，泥质灰陶。上、下腰饰细密凹弦纹。算珠形，鼓腰，顶、底平，完

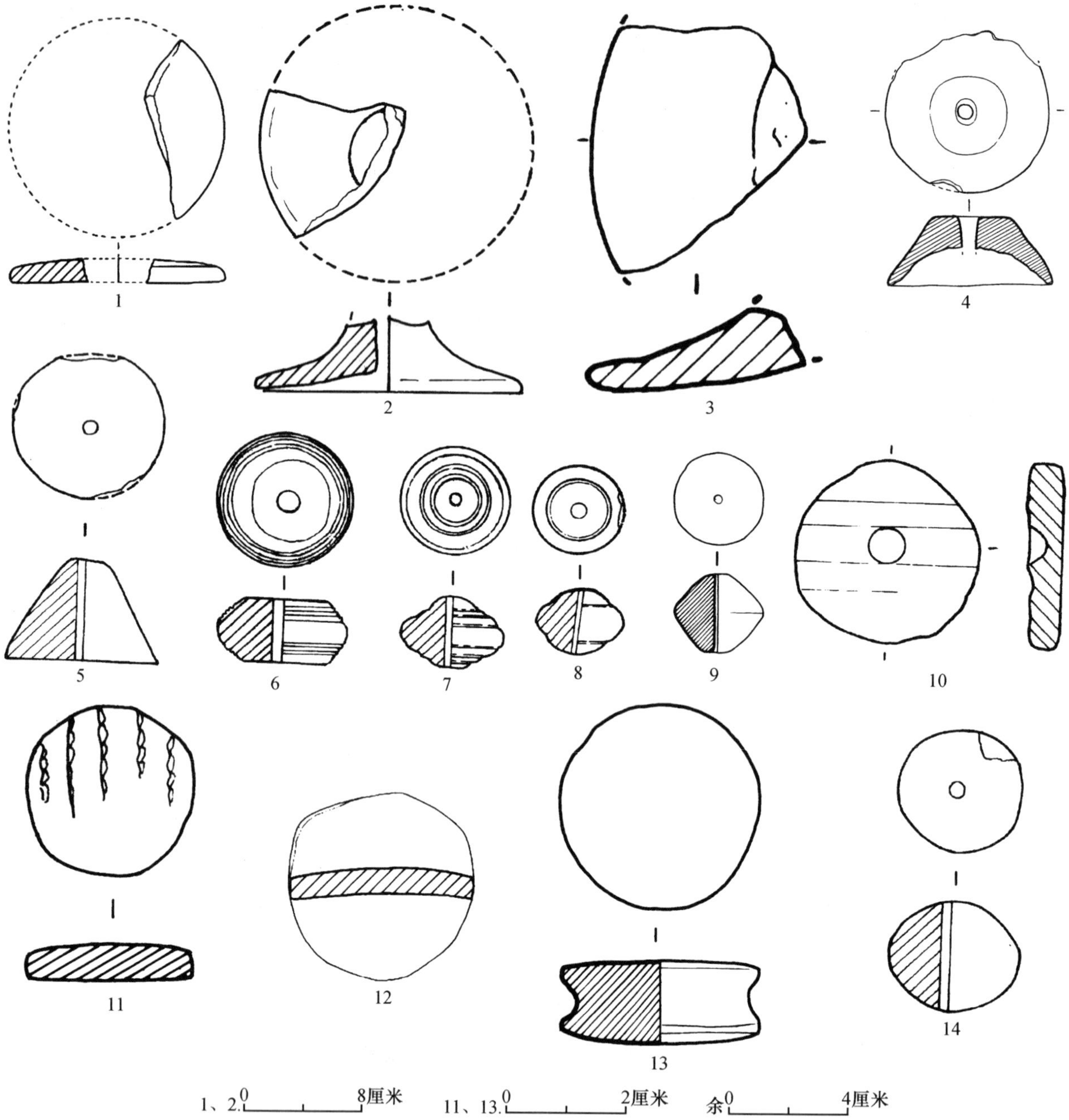

图九四二 瀡井沟文化第三期晚段陶器

1. A型拍（99AT0201⑰A：15） 2、3. B型拍（02AT0101⑮：10、02BT0101⑰：48） 4. Aa型纺轮（99DT0202㉑：11） 5. B型纺轮（97DT0701⑰：4） 6. Ca型纺轮（97DT0401⑱：8） 7～9. Cb型纺轮（97DT0401⑱：5、97DT0403⑱：9、99AT0201⑳A：1） 10. Ea型纺轮（97DT0701⑰：3） 11、12. Eb型纺轮（99AT0201⑲：1、99DT0101⑰B：28） 13. D型纺轮（99AT0101⑱：2） 14. 其他型纺轮（97DT0702⑲：1）

整。手制，火候较高。直径4、孔径0.7、高1.9厘米（图九四二，6）。

Cb型 9件。

标本97DT0401⑱：5，泥质红褐陶。上、下腰部各饰凹弦纹一道。近算珠形，鼓腰，顶、底弧，腰微残。手制，火候较高。直径2.6、孔径0.4、高2厘米（图九四二，7）。标本97DT0403⑱：9，夹细砂灰陶，上、下腰部饰多道凹弦纹。近算珠形，鼓腰，顶、底圆凸，完整。直径3.2、孔径0.4、高2.2厘米（图九四二，8）。标本99AT0201⑳A：1，夹砂灰黑陶，局部红。素面。算珠形，顶、底弧，凸折腰，中部小圆形穿，完整。手制，火候较高。最大径2.9、穿径0.2、高2.6厘米（图九四二，9）。

D型　1件。

标本99AT0101⑱：2，泥质灰褐陶，局部褐。素面。圆饼形，腰部凹槽一周，完整。手制，火候较高。直径3.3、高1.3厘米（图九四二，13；图版八三，1）。

E型　17件。

Ea型　1件。

标本97DT0701⑰：3，夹砂褐陶。表面饰细划纹。圆形陶片，中间穿孔未透。直径5.5、孔径1.1、厚1.1厘米（图九四二，10）。

Eb型　16件。

标本99AT0201⑲：1，夹砂灰褐陶，局部灰。表面饰绳纹。圆形，用陶片周边磨圆而成。直径2.8、厚0.5厘米（图九四二，11）。标本99DT0101⑰B：28，夹砂灰褐陶。素面，表面磨光。平面近圆形，完整。磨制（磨边），火候较高。直径约6.2、厚0.8厘米（图九四二，12）。

其他型　1件。

标本97DT0702⑲：1，夹细砂灰陶。素面。球形。直径3.8、孔径0.5、高3.4厘米（图九四二，14）。

网坠　159件。

A型　44件。

标本98BT0504⑰：4，泥质红褐陶，局部灰褐。素面。管状、较直，中空，完整。手制，火候较高。长5.7、直径1.4厘米（图九四三，1）。标本98BT0405⑰：11，泥质红褐陶，局部灰褐。素面。管状、较直，中空，完整。手制，火候较高。长5.9、直径1.6厘米（图九四三，2）。

B型　115件。

标本98BT0504⑰：1，泥质褐陶，局部红褐。素面。橄榄形，中部略粗，中空，完整。手制，火候较高。长5.5、最大径1.7厘米（图九四三，3）。标本98BT0504⑰：5，泥质灰褐陶，局部褐。素面。橄榄形，中部略粗，中空，完整。手制，火候较高。长6.2、最大径1.8厘米（图九四三，4）。标本99AT0201⑰A：5，夹砂红褐陶。素面。橄榄形，中部略粗，中空，完整。手制，火候较高。长5.9、最大径1.8厘米（图九四三，5）。标本02BT0101⑮：28，泥质灰褐陶，局部红。素面。橄榄形，中部微鼓，中空，完整。手制，火候高。长5.3、最大径1.7厘米（图九四三，6）。

板瓦　2件。

标本99DT0201⑳：30，泥质红陶。瓦面饰抹断斜中粗绳纹，里饰戳印纹。手制，火候高。残长11.6、残宽10.8、厚1厘米（图九四三，7）。

珠　12件。

标本98BT0605⑰：2，夹细砂黑陶，红褐胎。素面，有疵裂痕。圆珠形，微残。手制，火候较高。直径1.75厘米（图九四三，8）。

祖　1件。

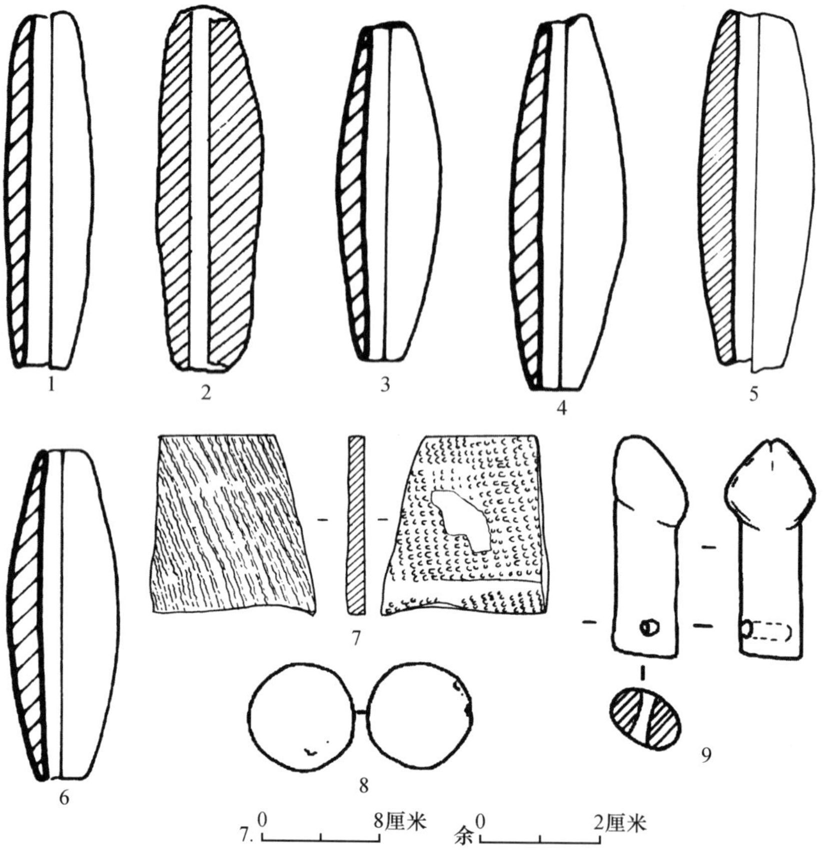

图九四三　瓘井沟文化第三期晚段陶器

1、2. A型网坠（98BT0504⑰：4、98BT0405⑰：11）　3～6. B型网坠（98BT0504⑰：1、98BT0504⑰：5、99AT0201⑰A：5、02BT0101⑮：28）　7. 板瓦（99DT0201⑳：30）　8. 珠（98BT0605⑰：2）　9. 祖（98BT0505⑯：2）

标本98BT0505⑯：2，泥质黑陶，下局部黄褐，灰胎。龟头顶部饰短细划纹，茎身扁圆、下部饰小圆形穿，完整。模制。长3.5、长径1.2、短径0.8厘米（图九四三，9；图版八三，2）。

乐器？　2件。

标本98BT0605⑱：55-1，夹细砂褐陶，局部红褐、黑。圆柱形，上有圆形、不规则方形、圆尖三角形镂孔，两或三个相通，上部实心，似为吹奏乐器。残长5.3、直径2厘米（图版八三，3）。标本98BT0605⑱：55-2，夹砂红陶，局部黑。圆柱形，上面有间距1.4厘米圆形穿孔（径0.4厘米）2个，侧下有相邻近方形穿2个，中有偏心圆形穿，端封闭，残。手制，火候较高。残长5.4、直径2厘米（图版八三，4）。

二、石　　器

出土石器较多，参加分类排队的石器共531件，石料全部选自瓘井河河滩的砾石，器类以锛、斧、凿、矛、镞为主，另有璧、玦、祖、盘状器、刮削器、砍砸器、砍斫器、铲、锸、锄、纺轮、网坠、球、杵、绿松石珠、柱形器、饰件、管、砺石、凹刃器、模及石核、石坯、半成品、石料、不明器等。以制法不同分两类介绍。

（一）打制石器

数量很少，主要有盘状器、石核及刮削器、砍砸器碎块等。

盘状器　7件。

标本99AT0201㊸：2，暗黄色砂岩。周边剥片略呈圆盘形。打制。直径约6.2、厚2厘米（图九四四，1）。标本99AT0201㉔：23，花白色砾石，夹大量贝壳类化石。平面不规则圆形，选较平石料周边打制两面粗磨而成。直径7.9～8.7、厚1.1厘米（图九四四，2）。标本99AT0301㊿A：6，灰褐色砂岩。平面圆形，完整。周边打琢而成。直径7.3、厚2.3厘米（图九四四，3）。

石核　1件。

标本00DT0705⑲：14，黄绿色砾石，局部紫红。近扁椭圆柱形，周边多琢制痕。长6.1、宽2.2、厚1厘米（图九四四，4）。

（二）磨制石器

数量相对较多，可分为礼器、工具、兵器、饰品、其他5类。

1. 礼器

器类和数量都很少，有玦及璧残片。

璧　2件。残甚。

玦　24件。10件可分三型。

A型　6件。

标本99DT0301㊵A：13，青绿色叶岩。扁圆环形，外沿薄，残。磨制。直径4.3、宽0.8、厚0.2厘米（图九四四，5）。标本99DT0301㊵A：7，青绿色叶岩。扁圆环形，外缘薄，残。磨制。直径6.6、宽1、厚0.15厘米（图九四四，6）。标本99DT0301㊶：4-2，浅绿色砾石，泛白。扁圆环形，外缘薄，残。磨制。直径6.9、宽1.2、厚0.2厘米（图九四四，7）。标本00DT0908⑳：3，玉，白色，泛粉红，里有黑影。扁平弧形，边缘有倒棱，完整。弧长2.45、厚0.1厘米（图九四四，8）。标本00DT0605㉖：2，青色片岩。扁圆形，中空，里侧稍厚，外缘薄，残。磨制。弧长4.4厘米（图九四四，9）。标本98BT0205⑳：1，汉白玉局部受褐色沁。圆环形，扁平，面斜磨出棱，缺部双向切割，修复。磨制。直径2.6、内径1.4、厚0.2厘米（图九四四，10；图版八四，1）。

B型　2件。

标本99DT0301㊵A：1，灰白色砾石。扁圆环形，外缘略薄，残。磨制。直径3.4、宽1、厚0.2厘米（图九四四，11）。标本99DT0301㊶：4-1，浅绿色砾石。扁圆环形，外缘略薄，残。磨制。直径4.4、宽1.4、厚0.3厘米（图九四四，12）。

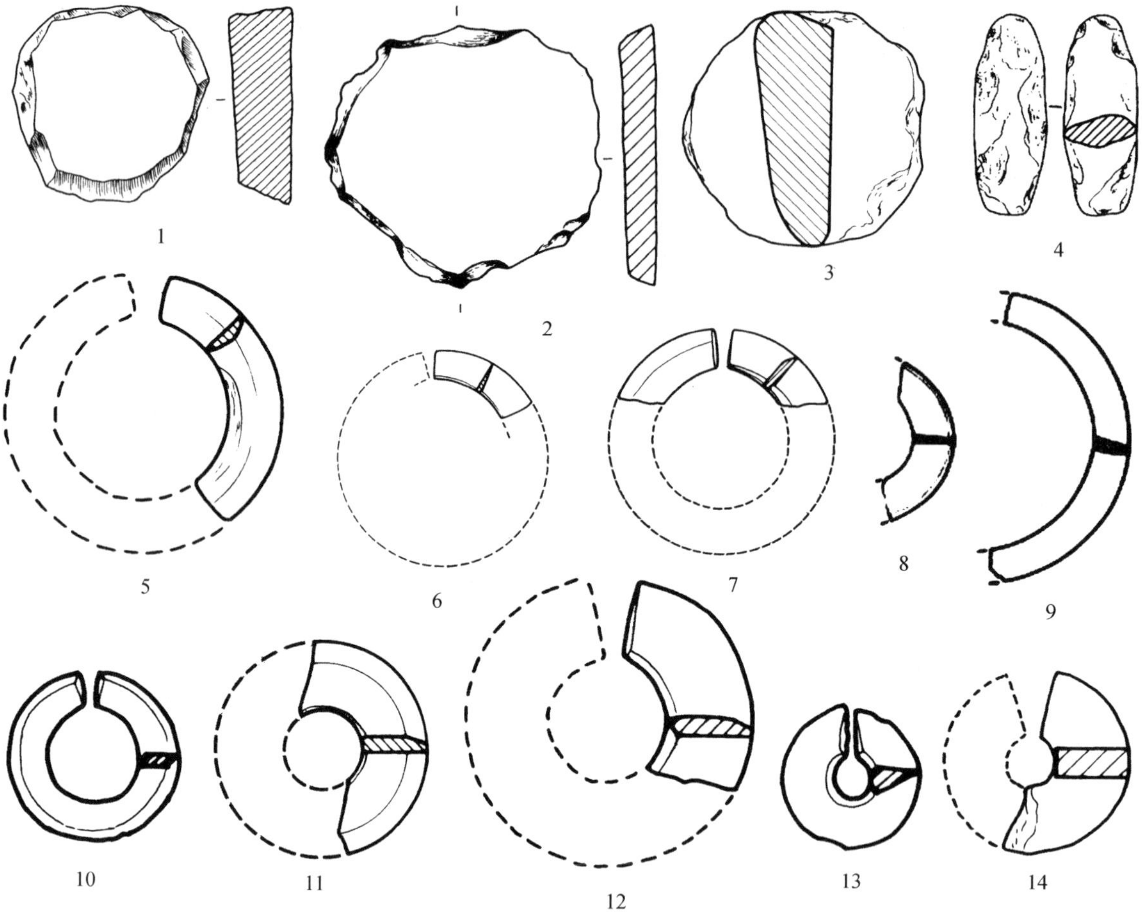

图九四四　瀼井沟文化石器

1~3. 盘状器（99AT0201㊸：2、99AT0201㉔：23、99AT0301㊿A：6）　4. 石核（00DT0705⑲：14）
5~10. A型玦（99DT0301㊵A：13、99DT0301㊵A：7、99DT0301㊶：4-2、00DT0908⑳：3、00DT0605㉖：2、98BT0205⑳：1）
11、12. B型玦（99DT0301㊵A：1、99DT0301㊶：4-1）　13、14. C型玦（98AT0103㉞：2、99DT0301㉟：5）

C型　2件。

标本98AT0103㉞：2，黑色角岩。圆环形，截面呈三角形，微残。磨制。直径2.1、内径0.6、厚0.4厘米（图九四四，13；图版八四，2）。标本99DT0301㉟：5，绿松石，多褐色纹理。圆饼形，中部圆形穿，残。磨制。直径2.8、厚0.5厘米（图九四四，14）。

2. 工具

器类和数量相对最多，有斧、锛、凿、铲、锸、锄、纺轮、网坠、杵、砺石、凹刃器、范等。

斧　84件，63件可分型。

A型　38件，22件可分亚型。

Aa型　9件。

Ⅰ式：4件。

标本98BT0501⑯：2，浅绿色岩。平面长方形。圆角微弧顶，刃崩残。磨制。残长16.5、宽6.6、厚3.9厘米（图九四五，1）。标本99AT0201㊹：9，黑色角岩，多灰白色层理。平面近长方形，顶部略窄。弧顶，正锋，刃部崩残。磨制。残长12.8、宽5.5、厚3.2厘米（图九四五，2）。

Ⅱ式：5件。

标本99DT0301㊶：66，黑色砾石。平面近长方形，顶部略窄。斜较平顶，弧刃、大部分崩残，正锋，残。磨制。残长12.2、宽5.8、厚2.8厘米（图九四五，3）。标本99DT0301㊶：119，黑色砾石。平面近长方形，顶部略窄。圆角顶微斜，刃部崩残。磨制。残长12.9、残宽5.7、残厚3.2厘米（图九四五，4）。

Ab型 13件。

Ⅰ式：9件。

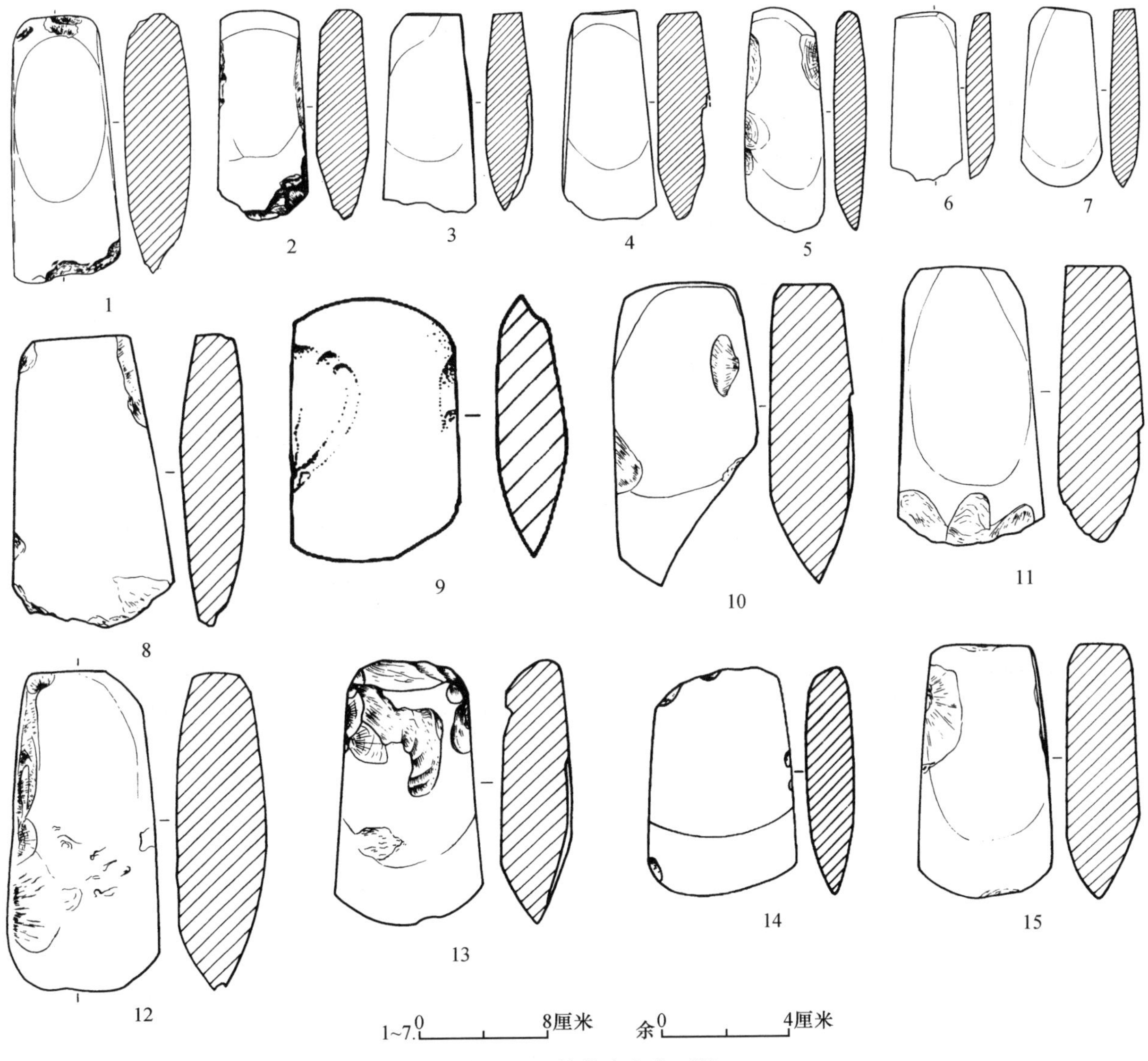

图九四五 沧井沟文化石器

1、2. Aa型Ⅰ式斧（98BT0501⑯：2、99AT0201㊹：9） 3、4. Aa型Ⅱ式斧（99DT0301㊶：66、99DT0301㊶：119）
5、6. Ab型Ⅰ式斧（99AT0301㉛A：5、99DT0301㊶：80） 7、8. Ab型Ⅱ式斧（99AT0301㉛A：9、99DT0301㊶：100）
9、10. Ba型Ⅰ式斧（98BT0305⑰：3、99DT0301㊶：86） 11、12. Ba型Ⅱ式斧（99AT0201㊺：27、99DT0301㊶：126）
13、14. Bb型Ⅰ式斧（99AT0201㊹：6、00DT0605㉒：1） 15. Bb型Ⅱ式斧（99AT0301㉛B：1）

标本99AT0301⑤A：5，青色砾石。平面近长方形，顶部略窄。弧顶，弧刃、有崩疤，偏锋，微残。磨制。长13.6、宽5、厚2厘米（图九四五，5）。标本99DT0301㊶：80，绿色砾石，局部褐。平面近长方形，顶部略窄。弧顶，刃部崩残，偏锋。磨制。残长10.3、宽4.5、厚1.7厘米（图九四五，6）。

Ⅱ式：4件。

标本99AT0301⑤A：9，黑色砾石，多灰褐色层理。平面近长方形，顶部略窄。斜平顶、一角圆，弧刃，正锋，完整。磨制。长11、宽4、厚1.7厘米（图九四五，7；图版八四，3）。标本99DT0301㊶：100，黑色砾石。平面近长方形，顶部略窄。圆角平顶，弧刃、崩残，偏锋。磨制。残长9、残宽5、厚1.8厘米（图九四五，8）。

B型　25件，21件可分亚型。

Ba型　10件。

Ⅰ式：5件。

标本98BT0305⑰：3，灰黑色砂岩。平面近长方形，圆顶，弧刃、多小崩疤，正锋。微残。长8、宽5.2、厚2.1厘米（图九四五，9）。标本99DT0301㊶：86，黑色砾石。平面近长方形，顶部略窄。圆顶，弧刃、大部分崩残，正锋。磨制。残长9.3、残宽4.4、厚2.7厘米（图九四五，10）。

Ⅱ式：5件。

标本99AT0201㊺：27，浅绿色火成岩（凝灰岩）。平面近长方形，顶部略窄。圆角顶较平，刃部崩残。磨制。残长8.5、宽4.6、厚2.6厘米（图九四五，11）。标本99DT0301㊶：126，青色砾石。平面近长方形，顶部略窄。平顶、一角圆，弧刃、有崩疤，正锋，微残。磨制。残长9.6、宽4.8、厚2.8厘米（图九四五，12）。

Bb型　11件。

Ⅰ式：5件。

标本99AT0201㊹：6，黑色角岩。平面近长方形，顶部略窄。弧顶，弧刃、有崩疤，正锋，残。磨制。长8.1、宽4.6、厚2.1厘米（图九四五，13）。标本00DT0605㉒：1，黑色砾石。平面略呈梯形，弧顶，弧刃、有崩疤，正锋。磨制。长6.9、宽4.6、厚1.5厘米（图九四五，14）。

Ⅱ式：6件。

标本99AT0301⑤B：1，黑色砾石，局部灰。平面近长方形，顶部略窄。圆角平顶，弧刃、有崩疤，偏锋，微残。磨制。长7.8、宽4.2、厚2.3厘米（图九四五，15）。

锛　196件，163件可分型。

A型　53件，50件可分亚型。

Aa型　24件。

标本99AT0201㊺A：29，灰白色砾石，顶部橙黄。平面近梯形。弧顶，弧刃、有崩疤，偏锋，残。磨制。残长5.4、宽3.3、厚1.3厘米（图九四六，1）。标本99DT0301㊶：2，青绿色砾石。平面近长方形，顶部略窄。弧顶，弧刃、有崩疤，偏锋，完整。长5.3、宽3.6、厚1.6厘米（图九四六，2）。标本02AT0101㉙A：2，黑色砾石，局部灰。平面近梯形，圆顶，弧刃、多

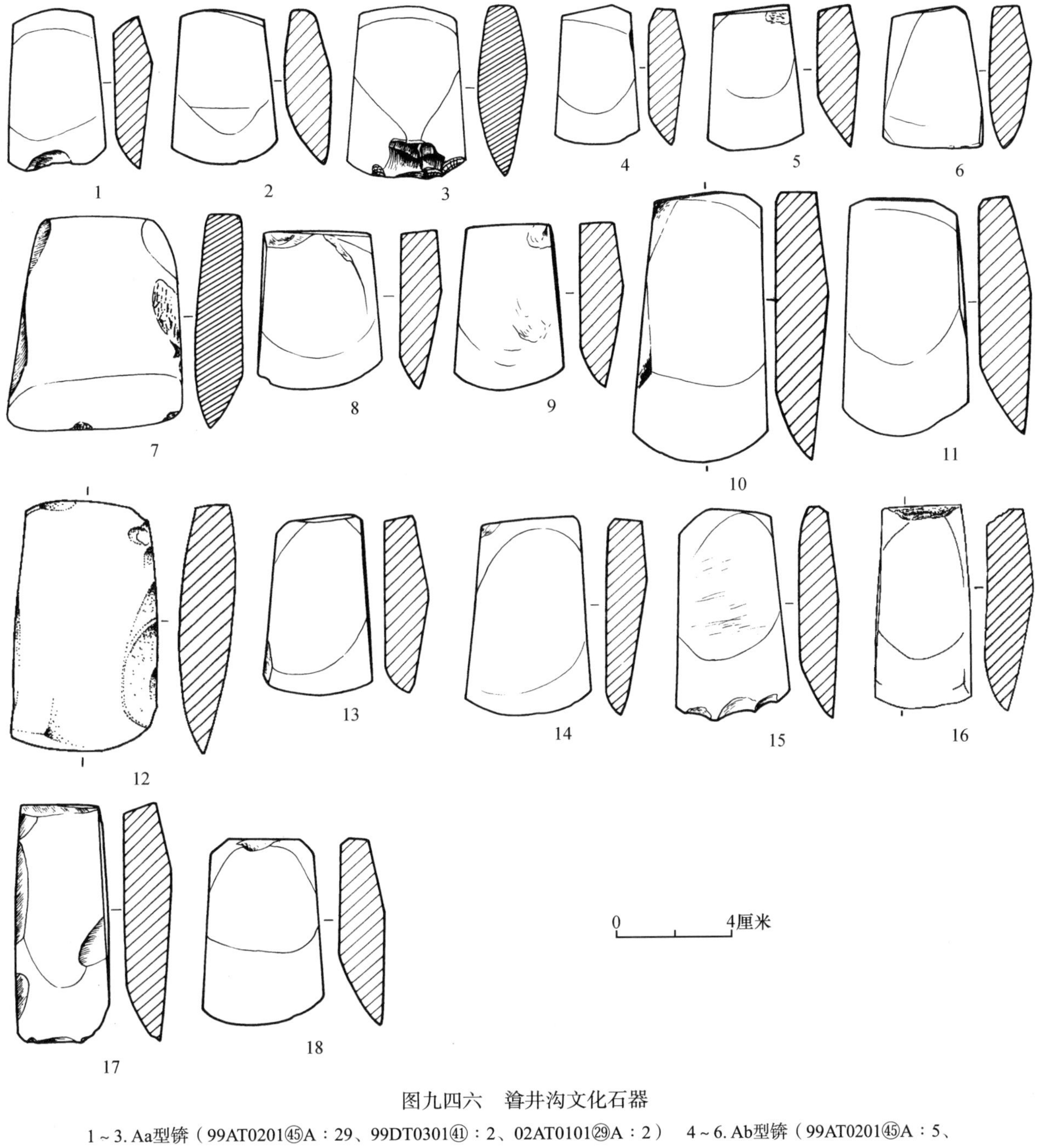

图九四六　澮井沟文化石器

1～3. Aa型锛（99AT0201㊺A：29、99DT0301㊶：2、02AT0101㉙A：2）　4～6. Ab型锛（99AT0201㊺A：5、99DT0301㊶：33、99DT0301㊶：118）　7～9. Ac型锛（99AT0201㉘：2、99DT0301㊶：125、99DT0301㊶：90）　10～12. Ba型锛（99DT0301㊶：85、99DT0301㊶：99、98BT0305⑯：5）　13～15. Bb型锛（99AT0201㊺A：17、99DT0301㊶：19、99DT0301㊶：104）　16～18. Bc型锛（98BT0305⑯：3、99AT0201㊺A：3、99DT0301㊶：20）

崩疤，偏锋，微残。长5.7、宽4、厚1.5厘米（图九四六，3）。

Ab型　23件。

标本99AT0201㊺A：5，青绿色火山碎屑岩。平面近梯形，顶部略窄。斜顶、一角弧，弧刃、有崩疤，偏锋，微残。磨制。残长4.7、宽2.8、厚1.2厘米（图九四六，4）。标本99DT0301㊶：33，青色砾石。平面近梯形。斜平顶，弧刃、多崩疤，偏锋，微残。磨制。长4.8、宽3.4、厚1.4厘米（图九四六，5）。标本99DT0301㊶：118，黄色砾石，局部紫红。平面近梯形。斜顶、一角圆，弧刃、有崩疤，偏锋，微残。磨制。长4.8、宽3.4、厚1.4厘米（图九四六，6）。标本G25：2，汉白玉，略泛绿，顶局部红、褐。平面略呈梯形。斜顶，弧刃、多崩疤，偏锋，残。磨制。残长6.3、宽4.2、厚1.3厘米（图版八四，4）。

Ac型 3件。

标本99AT0201㉘：2，黑色角岩，顶部褐。平面近梯形。顶较平，刃较直、有崩疤，偏锋，完整。磨制。长7.1、宽6、厚1.5厘米（图九四六，7）。标本99DT0301㊶：125，黑色砾石。平面近梯形。顶较平，弧刃、有崩疤，偏锋，完整。磨制。长5.3、宽4.2、厚1.4厘米（图九四六，8）。标本99DT0301㊶：90，黑色砾石。平面近长方形，顶部略窄。微弧顶，弧刃、有崩疤，偏锋。完整。磨制。长5.6、宽3.7、厚1.5厘米（图九四六，9）。

B型 110件，101件可分亚型。

Ba型 51件。

标本99DT0301㊶：85，黑色砾石。平面近长方形，顶部略窄。弧顶，弧刃、有崩疤，偏锋，微残。磨制。长9.1、宽4.6、厚1.8厘米（图九四六，10）。标本99DT0301㊶：99，青色砾石。平面近长方形，顶部略窄。顶微弧、圆角，弧刃，偏锋，完整。磨制。长8.1、宽4.3、厚1.7厘米（图九四六，11）。标本98BT0305⑯：5，绿色变质岩。平面长方形。弧顶，弧刃、多小崩疤，偏锋，微残。磨制。长8.5、宽4.8、厚1.8厘米（图九四六，12）。标本F102：1，绿色变质岩。平面近长方形。顶微弧，弧刃、多崩疤，正锋，微残。磨制。长8.5、宽5.2、厚1.9厘米（图版八五，1）。

Bb型 44件。

标本99AT0201㊺A：17，青绿色角岩。平面近长方形，顶部略窄。圆角斜平顶，弧刃，偏锋，完整。磨制。长6、宽3.6、厚1.5厘米（图九四六，13）。标本99DT0301㊶：19，青色砾石。平面近长方形，顶部略窄。圆角斜顶，弧刃、有崩疤，正锋，微残。磨制。长6.7、宽4.2、厚1.4厘米（图九四六，14）。标本99DT0301㊶：104，黑色砾石。平面近长方形，顶部略窄。斜顶、一角弧，刃崩残。磨制。长6.2、宽3.9、厚1.3厘米（图九四六，15）。

Bc型 6件。

标本98BT0305⑯：3，青绿色变质岩。平面窄长方形。近平顶，弧刃、崩残，偏锋，微残。磨制。长6.9、宽3.2、厚1.6厘米（图九四六，16；图版八五，2）。标本99AT0201㊺A：3，青绿色砾石。平面近长方形，顶部略窄。平顶，弧刃、多崩疤，偏锋，残。残长8、宽3.1、厚1.6厘米（图九四六，17）。标本99DT0301㊶：20，青色砾石。平面近长方形，顶部略窄。圆角平顶，弧刃、有崩疤，偏锋，完整。磨制。长6.3、宽4.1、厚1.5厘米（图九四六，18）。

凿 41件，39件可分型。

A型 21件，17件可分亚型。

Aa型 10件。

标本98BT0305⑳：3，浅黄白色玉，表皮紫红。平面窄长方形。弧顶，刃微弧，正锋，微残。磨制。长5.6、宽2.3、厚0.6厘米（图九四七，1；图版八五，3）。标本98BT0305⑯：2，青绿色玉，表皮紫红。平面窄长方形。圆顶，直刃、锋利，完整。磨制。长4.7、宽2.5、厚0.9厘米（图九四七，2；图版八五，4）。标本99AT0201㊺A：6，青色角岩。平面近窄长方

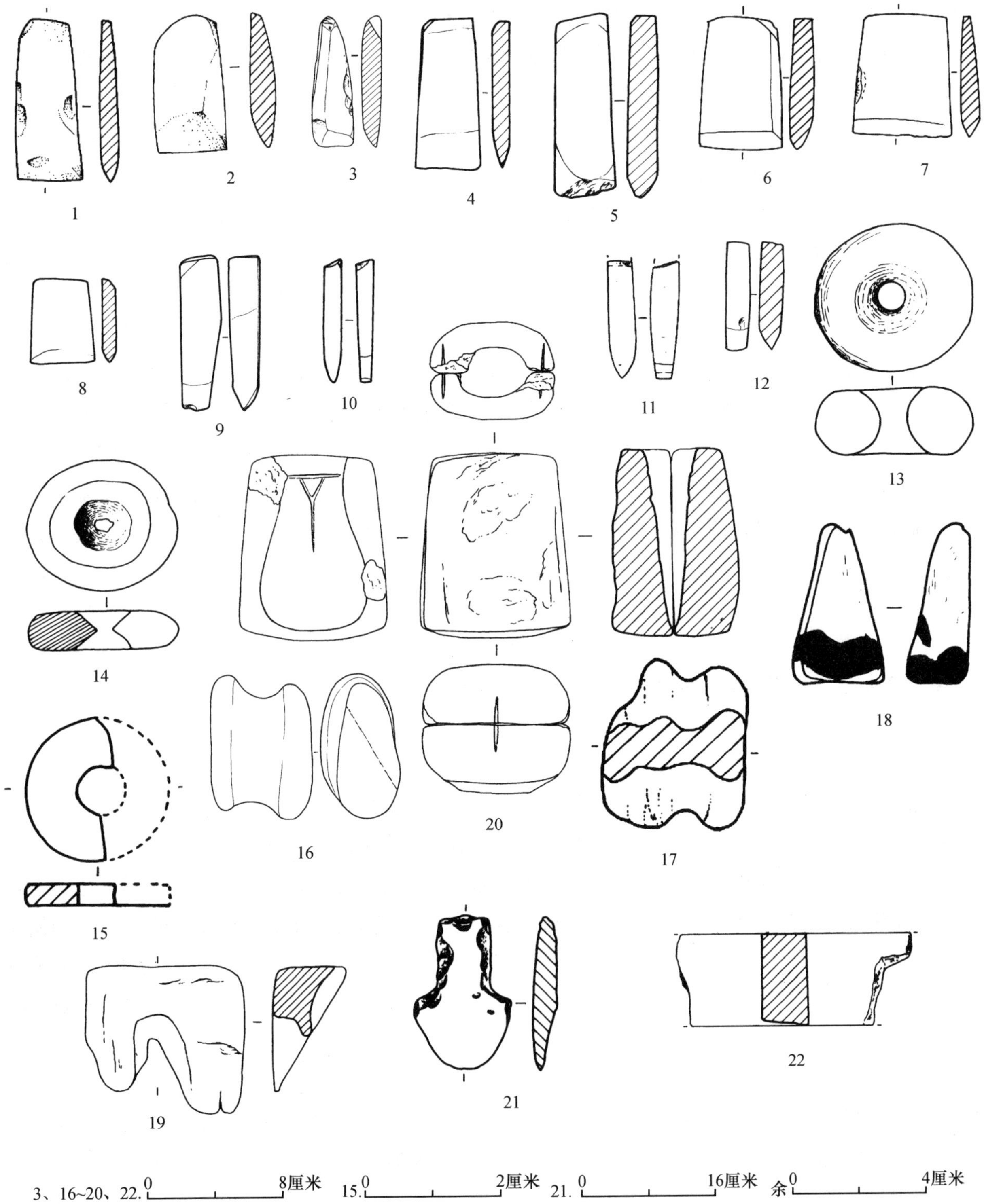

图九四七　澹井沟文化石器

1～3. Aa型凿（98BT0305⑳：3、98BT0305⑯：2、99AT0201㊺A：6）　4、5. Ab型凿（99AT0201㊺A：25、99AT0301㊿A：5）　6～8. B型凿（98BT0305⑱：1、98BT0305⑳：4、99AT0201㊺A：36）　9～11. C型凿（99AT0301(51)A：3、99DT0201㊶：1、00DT0605㉘：1）　12. D型凿（99DT0301㊶：111）　13～15. 纺轮（99AT0201㊶：5、G25：1、F232：1）　16、17. 网坠（99AT0201㊺A：38、98BT0305⑮：2）　18. 杵（F125：2）　19. 锸（99DT0202㉔：8）　20. 范（H413：1）　21. 锄（98BT0104㉜：2）　22. 砺石（SC30：2）

形，顶部窄。尖顶，刃微内弧、有崩疤，偏锋，微残。磨制。长9.1、宽2.8、厚1.3厘米（图九四七，3）。

Ab型　7件。

标本99AT0201㊺A：25，黑色角岩，局部灰。平面长条形。斜顶、一角弧，直刃、有崩疤，偏锋，微残。磨制。长5.3、宽2.3、厚0.6厘米（图九四七，4）。标本99AT0301㊿A：5，黑色砾石。长条形，斜顶，刃残。磨制。残长6.4、宽2.1、厚1.1厘米（图九四七，5）。标本99DT0301㊶：102，青色砾石。平面近长条形，顶部略窄。斜顶、一角圆，弧刃，正锋，微残。磨制。长6.4、宽2.5、厚0.9厘米（图版八六，1）。

B型　10件。

标本98BT0305⑱：1，黑色角岩，多灰白色层理。平面短长方形。圆角弧顶，刃微弧、锋利、少有小崩疤，完整。磨制。长4.6、宽2.9、厚0.8厘米（图九四七，6；图版八六，2）。标本98BT0305⑳：4，黑色角岩。平面短长方形。弧顶，刃较直、多小崩疤，正锋，微残。磨制。长4.3、宽3.5、厚0.6厘米（图九四七，7；图版八六，3）。标本99AT0201㊺A：36，短长方形。刃较直，正锋，完整。磨制。长3、宽2.3、厚0.5厘米（图九四七，8）。

C型　7件。

标本99AT0301㊿A：3，灰色砾石，局部黑。近窄条形，下部略窄。弧顶，弧刃、有崩疤，正锋，微残。磨制。长5.4、宽1.4、厚1.1厘米（图九四七，9；图版八六，4）。标本99DT0201㊶：1，青色砾石。窄条形，残剩下部，直刃，正锋。磨制。残长4.3、宽0.5、厚0.6厘米（图九四七，10）。标本00DT0605㉘：1，青绿色砾石，局部紫红。窄条形，刃较直，正锋，残。磨制。残长4.1、宽1、厚0.9厘米（图九四七，11）。标本F257：1，绿色砾石，局部浅黄。长条形。斜顶，直刃、锋利，正锋，完整。磨制。长3.85、宽1.55、厚0.9厘米（图版八七，1）。

D型　1件。

标本99DT0301㊶：111，灰白色砾石，有绿色层理。近四棱柱形，弧刃，偏锋，上部残。磨制。残长3.8、宽0.8、厚0.8厘米（图九四七，12）。

纺轮　3件。

标本99AT0201㊶：5，褐色细砂岩，局部灰。扁圆形，中部双向钻凿成圆形穿，完整。粗磨。直径5.5、高2.4厘米（图九四七，13）。标本G25：1，红色细砂岩，局部黑。扁圆形，中部双向凿孔，完整。磨制。直径5.2、孔径0.5、高1.4厘米（图九四七，14）。标本F232：1，绿松石，有白、深绿色纹理。圆饼形，中部圆穿，残。磨制。直径2.5、穿径0.8、厚0.4厘米（图九四七，15）。

网坠　3件。

标本99AT0201㊺A：38，褐、灰、暗紫色石英砂岩。平面近椭圆形，束腰，完整。腰部磨制。长径10.1、短径5.5、高7.1厘米（图九四七，16）。标本98BT0305⑮：2，褐色石英砂岩，夹黑、灰色层积岩。平面近长方形，束腰，完整。可能为自然形成。长5.9、宽5.1、厚2.5厘米（图九四七，17）。

杵　2件。

标本F125：2，灰白色石灰岩，下部多朱砂。近三角形，底较平，顶微残。磨制。长6.4、宽4.4、高11.2厘米（图九四七，18）。

铲 1件。标本碎小。

锸 1件。

标本99DT0202㉔：8，黑色砾石。近方形，截面近三角形，中部内凹，完整。磨制。长5.2、宽5.5、顶厚2.3厘米（图九四七，19）。

范 1件。

标本H413：1，红砂岩。钺合范，近圆截锥形，截面略呈梯形，浇口位于上方，上、底部有铆口，微残。两半分别磨制。高12.8、宽10.4、厚7～8.8厘米（图九四七，20）。

锄 1件

标本98BT0104㉜：2，绿灰色石英砂岩。平面近锚形？（锄身舌形、柄近长方形），有肩，弧刃，完整。打制，有使用痕。长21.2、宽13.6、厚3.2厘米（图九四七，21；图版八七，2）。

凹刃器 1件。标本碎小。

砺石 6件。

标本SC30：2，褐色砂岩。长方形，窄侧面有浅凹槽，残。残长16.4、宽6.5、厚3～3.3厘米（图九四七，22）。

3. 兵器

器类很少，只有镞、矛两类。

镞 11件，9件可分型。

A型 7件。

Ⅰ式：1件。

标本99AT0201㊺A：8，青色角岩。平面近梭形，尖部起脊，身中部微凹，刃锋利、有崩疤，残。磨制。残长6.3、宽3、厚0.9厘米（图九四八，1）。

Ⅱ式：6件。

标本99AT0201㊺A：4，青色角岩。平面近梭形，尖部起脊，身扁平，刃锋利，尖、尾部残。磨制。残长4.7、宽2.1、厚0.7厘米（图九四八，2）。标本99AT0201⑰：1，黑色浅变质岩。平面尖叶形，尖部微有脊，身扁平，尾较平，尖残。磨制。残长5、宽2.4、厚0.6厘米（图九四八，3）。标本99DT0202㊻：5，褐色砂岩。尖叶形，半成品。磨制。长3.4、宽1.1、厚0.5厘米（图九四八，4）。

B型 2件。

标本99AT0201㊺A：18，黑色角岩。柳叶形，前部起脊，身扁平，刃锋利，尖、尾部残。磨制。残长5.2、残宽2.3、厚1厘米（图九四八，5）。标本99DT0301㊶：131，灰黑色砾石。矛身略呈三角形，尾部长方形铤，尖部起脊，身扁平，刃锋利、有崩疤，完整。磨制。长7.9、宽2.8、厚0.7厘米（图九四八，6）。

矛 9件，7件可分型。

A型 5件。

Aa型 2件。

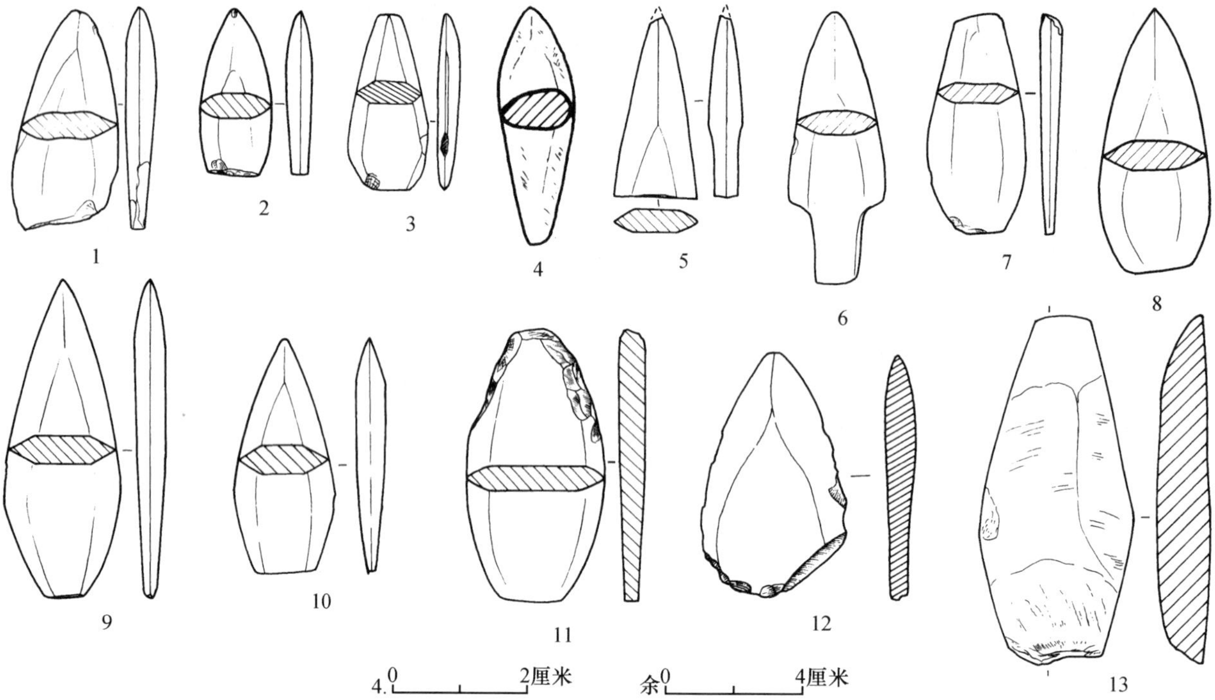

图九四八 瀼井沟文化石器

1. A型Ⅰ式镞（99AT0201㊺A：8） 2～4. A型Ⅱ式镞（99AT0201㊺A：4、99AT0201⑰：1、99DT0202㊻：5） 5、6. B型镞（99AT0201㊺A：18、99DT0301㊶：131） 7. Aa型矛（99AT0201㊹：10） 8～10. Ab型矛（99DT0301㊶：89、99DT0301㊶：107、99DT0301㊶：108） 11、12. B型矛（99AT0201㊺A：30、99AT0201㊶：4） 13. 矛坯（99DT0201㊶：3）

标本99AT0201㊹：10，黑色角岩。近梭形，矛身扁平、中部微凹，尾部微弧，刃锋利、有崩疤，尖部残。磨制。残长6.3、宽2.8、厚0.6厘米（图九四八，7）。标本99DT0301㊶：73，青色砾石。尖叶形，尖部起脊，身中部微内凹，尾凹，刃锋利，完整。磨制。长8.4、宽2.5、厚0.5厘米（图版八七，3）。

Ab型 3件。

标本99DT0301㊶：89，黑色砾石。平面近梭形，前部起脊，身扁平、微较斜直，刃锋利、有小崩疤，完整。长7.5、宽3.2、厚0.8厘米（图九四八，8）。标本99DT0301㊶：107，青绿色砾石。平面近梭形，前部起脊、身扁平、微弧，刃锋利、有小崩疤，完整。磨制。长9.2、宽3.4、厚0.9厘米（图九四八，9）。标本99DT0301㊶：108，黑色砾石。尖叶形，尖部起脊，身扁平，刃锋利、微较平，完整。磨制。长6.7、宽2.9、厚0.8厘米（图九四八，10；图版八七，4）。

B型 2件。

标本99AT0201㊺A：30，黑色角岩。平面近梭形，身扁平，尾部微弧，刃锋利、多崩疤，尖残。磨制。残长7.8、宽4、厚0.8厘米（图九四八，11）。标本99AT0201㊶：4，紫红色角岩，局部黑。平面圆尖形，尖部起脊、略厚，身扁平，刃锋利、多崩疤，残。磨制。残长7、残宽4.1、厚0.9厘米（图九四八，12）。

矛坯 2件。

标本99DT0201㊶：3，黑色砾石。平面近梭形，两侧、两面磨制，半成品。长10、宽4.5、厚1.5厘米（图九四八，13）。

4. 饰品

器类和数量都较少，只有绿松石珠、饰件、管形器等类。

绿松石珠　19件。

标本F262：22，绿松石，泛白。近圆珠形，中有穿孔，完整。磨制。直径0.7、穿径0.2、高0.5厘米（图九四九，1）。标本99DT0202㊻：7，绿松石。矮圆柱形，中有小圆穿孔。完整。磨制。直径0.8、穿径0.2、高0.4厘米（图九四九，2）。

饰件　9件。

标本99DT0202㉘B：1，泛青白玉。玉璧形，完整。磨制。直径0.8、穿径0.1、厚0.15厘米（图九四九，3）。标本99DT0301㊴：7，小扁圆璧形，完整。磨制。直径0.9、穿径0.1、厚0.25厘米（图九四九，4）。

管形器　2件。

标本98BT0504⑱：2，绿松石，多灰白色层理。近圆管形，腰部凸棱，中部圆形穿，完整。磨制。长1.7、最大径1.4厘米（图九四九，5；图版八八，1）。

5. 其他

类别和数量都较少，只有柱形器、球（丸）、石料、石坯、半成品和不明器等。

柱形器　23件，13件可分型。

A型　8件。

Aa型　5件。

标本F181：3，黑色泥岩。近截锥圆柱形，完整。磨制。长2.9、最大径0.9厘米（图九四九，6）。标本99DT0301㉔：35，灰褐色泥岩。近圆柱形，顶部略细，完整。磨制。长3.7、最大径1.2厘米（图九四九，7）。标本99DT0301㉔：36，灰褐色泥岩。近圆柱形，顶部略细，完整。磨制。长3.5、最大径1.1厘米（图九四九，8）。标本99AT0301㉚：7，灰黑色泥岩，局部灰褐。截锥柱形，顶部略细，完整。磨制。长3.2、最大径1厘米（图版八八，2）。

Ab型　3件。

标本H399：1，灰黑色泥岩。圆柱形，完整。磨制。长4.2、直径1.3厘米（图九四九，9；图版八八，3）。标本99DT0202㉑：35，黑褐色泥岩。近圆柱形，顶较平，残。磨制。残长5.6、直径1.2厘米（图九四九，10）。标本99DT0301㉜：4，灰色泥岩。圆顶，截面上部圆形、中部椭圆形，残。磨制。残长3.9厘米（图九四九，11）。

B型　5件。

标本99AT0201㉕：32，黑褐色泥岩。圆角四棱柱形，完整。磨制。长径1.6、短径1.2、高3.7厘米（图九四九，12）。标本99AT0201㊺：34-1，黑色角岩。近四棱柱形，完整。磨制。长4.3、宽0.8、厚0.7厘米（图九四九，13）。标本F181：4，黑色泥岩，局部灰。棱柱形，完整。磨制。长3.7、最大径1厘米（图九四九，14）。标本F184：1，黑色细砂岩。圆顶，底微弧，完整。磨制。直径1.8、高5.1厘米（图九四九，15）。

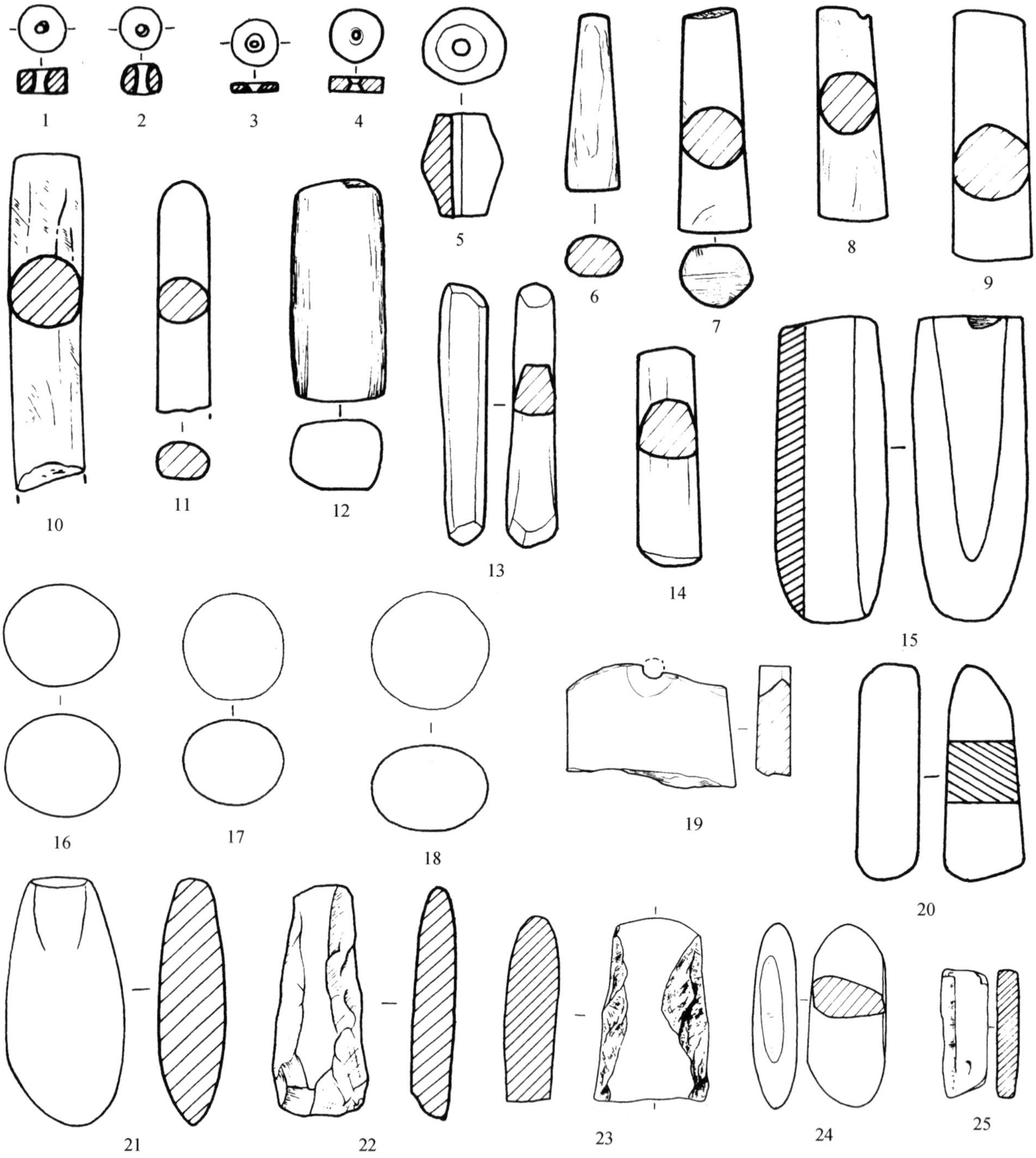

16、17、19、24、25. 0 4厘米　18、21~23. 0 8厘米　余 0 2厘米

图九四九　㽏井沟文化石器

1、2. 绿松石珠（F262：22、99DT0202㊻：7）　3、4. 饰件（99DT0202㉘B：1、99DT0301㊴：7）
5. 管形器（98BT0504⑱：2）　6~8. Aa型柱形器（F181：3、99DT0301㉔：35、99DT0301㉔：36）
9~11. Ab型柱形器（H399：1、99DT0202㉑：35、99DT0301㉜：4）　12~15. B型柱形器（99AT0201㉕：32、99AT0201㊺：34-1、F181：4、F184：1）　16~18. 球（丸）（99DT0201㊲：2、99DT0202⑲：4、99DT0202㉜：1）
19、20. 不明器（99DT0301㊸：1、02BT0101㉑：8）　21. 半成品（00DT0705㉑：2）
22、23. 石坯（99AT0201㉒：1、99DT0202㉒：38）　24、25. 石料（99AT0201㊹：7、00DT0605㉘：4）

球（丸）　7件。

标本99DT0201㊲：2，紫红色砂岩，局部灰白。椭圆球形，完整。粗磨。直径3.5厘米（图九四九，16）。标本99DT0202⑲：4，灰褐色砾石。扁圆球形，完整。磨制。长径3.6、短径2.9厘米（图九四九，17）。标本99DT0202㉜：1，长石砂岩，褐色。扁球形，完整。琢、磨而成。长径8、短径5.8厘米（图九四九，18）。

不明器　15件。

标本99DT0301㊸：1，灰黑色砂岩。残剩中段，中部有双向加工圆形穿。磨制。残长4.2、残宽5.6、厚1.2厘米（图九四九，19）。标本02BT0101㉑：8，黑色砾石，里褐。扁四棱柱锥形，顶略窄，完整。磨制。宽1.3、厚1、高3.6厘米（图九四九，20）。

半成品　2件。

标本00DT0705㉑：2，灰黑色卵石。顶部、两面磨制，石斧半成品。长16.4、宽8、厚4.4厘米（图九四九，21）。

石坯　45件。

标本99AT0201㉒：1，黑色砾石。两侧、刃部打制。长15.6、宽6.6、厚2.9厘米（图九四九，22）。标本99DT0202㉒：38，紫红色砾石。近梯形，打制。长12.2、宽7.6、厚3.5厘米（图九四九，23）。

石料　13件。

标本99AT0201㊹：7，绿色砾石。平面圆端长方形，两侧磨制。长6.1、宽2.6、厚1.6厘米（图九四九，24）。标本00DT0605㉘：4，长条形，有磨痕。长4.3、宽1.6、厚0.7厘米（图九四九，25）。

三、骨　牙　器

参加分类排队的骨牙器362件，器类主要有锥、锛形器、梭形器、尖状器、雕刻器、针、鱼钩、镞、矛、簪、镯、管形器、牙饰、饰件及骨料、卜骨等，可归纳为工具、兵器、饰品与其他四类。

（一）工具

主要有锥、锛、梭形器、尖状器、雕刻器、针、鱼钩等。

锥　47件。

标本98AT0103㉗：1，黄褐色兽骨，局部黄白。锥形，残。磨制。残长7.2厘米（图九五〇，1；图版八九，1）。标本98BT0305⑯：8，黄白色兽骨，局部褐。近三棱形，尖部磨制。完整。长17.3厘米（图九五〇，2）。标本99DT0202⑳：62，黄褐色，局部泛白。近尾部有圆穿孔，部分骨表剥落。尖锥形，端部磨尖，尾部较宽，完整。长14.7厘米（图九五〇，3）。标本99DT0201㊶：2，黄褐色兽骨，局部黄白。圆柱锥形，尾部扁圆，完整。磨制。长

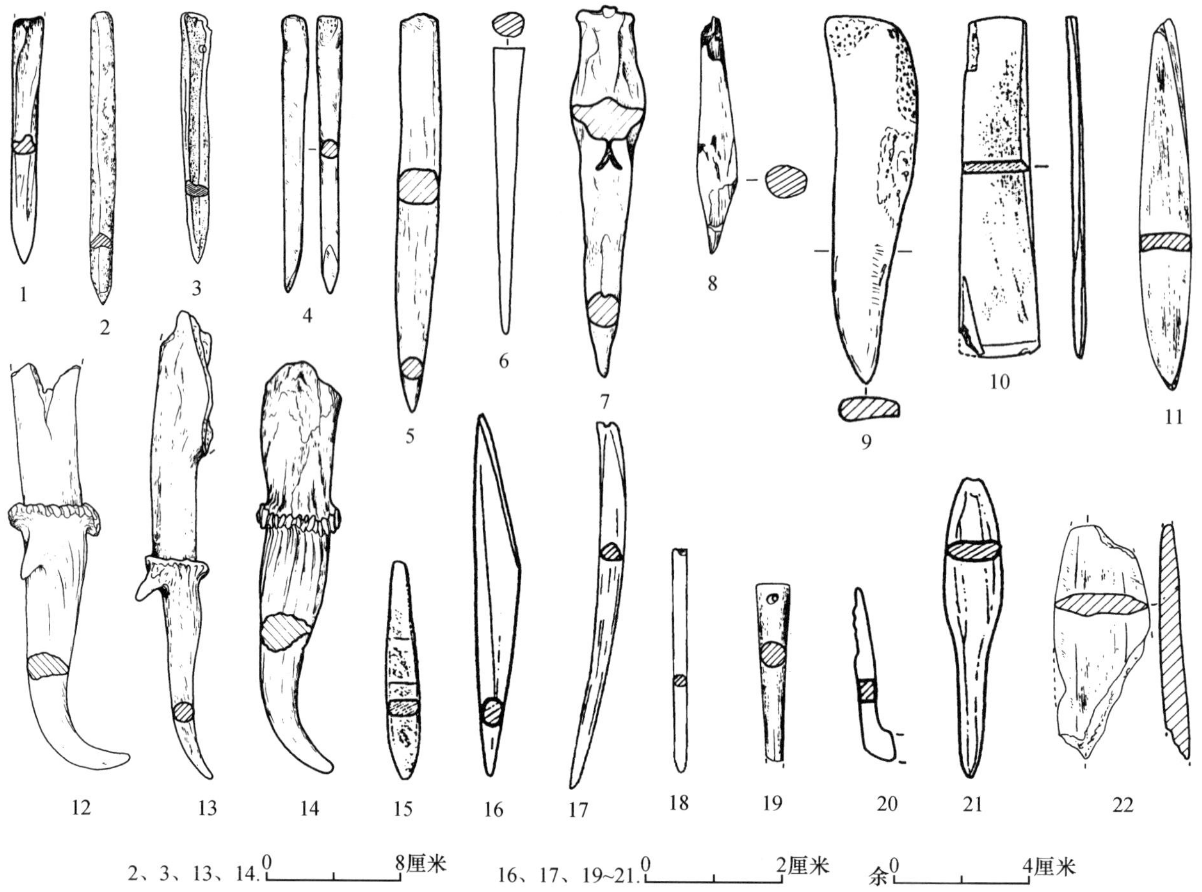

图九五〇　瀼井沟文化骨器

1～9. 锥（98AT0103㉗：1、98BT0305⑯：8、99DT0202⑳：62、99DT0201㊶：2、99AT0301⑳：12、02BT0101⑱：8、99AT0301㉕：1、H376②：1、97DT0403⑲：7）　10. 锛（99DT0202㊼A：21）　11. 梭形器（99DT0202㊺：7）　12～14. 尖状器（F224：1、99AT0201㉘：1、02CT0101㉜：5-2）　15、16. 雕刻器（99DT0202㊹：4、99DT0202㉒：13）　17～19. 针（M17：2、98BT0204㉞：1、99DT0202⑳：41）　20. 鱼钩（99DT0202㊼A：38）　21. 镞（99DT0202⑳：38）　22. 矛（99DT0202㊵：39）

8厘米（图九五〇，4；图版八九，2）。标本99AT0301⑳：12，黄褐色兽骨，质较疏。近圆锥形，完整。顶、尖部磨制。长11.5、最大径1.2厘米（图九五〇，5）。标本02BT0101⑱：8，黄褐色兽骨，局部黄白。近圆锥形，完整。磨制。长8.3、尾部直径约0.9厘米（图九五〇，6）。标本99AT0301㉕：1，黄色兽（鱼）骨，局部褐。近圆锥形，完整。尖部磨制。长10.7厘米（图九五〇，7；图版八九，3）。标本H376②：1，褐色，局部黄白。微曲圆柱锥形，用动物骨骼磨尖而成。残长6.9厘米（图九五〇，8）。标本97DT0403⑲：7，形状不规则，平顶，完整。磨制。长10.8厘米（图九五〇，9）。

锛　1件。

标本99DT0202㊼A：21，黑褐色，部分浅黄褐色。窄长方形，弧刃，正锋，微残。磨制。长10.1、宽2.3、厚0.3厘米（图九五〇，10）。

梭形器　7件。

标本99DT0202㊺：7，浅黄色。长梭形，磨制。长10.9、宽1.5、厚0.5厘米（图九五〇，11）。

尖状器　4件。

标本F224：1，褐色鹿角，局部浅黄、黑。弯钩形，完整。用鹿角磨制而成。长约11.7厘米（图九五〇，12；图版八九，4）。标本99AT0201㉘：1，鹿角。钩尖形，角部磨制。长约27.2厘米（图九五〇，13；图版八九，5）。标本02CT0101㉜：5-2，黄褐色鹿角。尖部弯钩形，完整。尖部磨制。长约11.8厘米（图九五〇，14）。

雕刻器　4件。

标本99DT0202㊹：4，黄褐色，锥身有三道割痕。身较扁平，尾端略呈柱状，较尖，完整。磨制。长6.4、宽1、厚0.6厘米（图九五〇，15）。标本99DT0202㉒：13，浅黄褐色。一端尖锥形，另一端扁尖形，完整。磨制。长5.4厘米（图九五〇，16）。

针　16件。

标本M17：2，鱼刺，尾端穿孔，针头未加工。残长5厘米（图九五〇，17）。标本98BT0204㉞：1，黄褐色兽骨，局部黑褐。细圆柱形，前部圆尖，残。磨制。残长6.3、直径0.4厘米（图九五〇，18）。标本99DT0202⑳：41，浅黄色，局部褐。锥柱形，尾部有针孔，尖部残。磨制。残长5.1厘米（图九五〇，19）。标本99DT0201⑱：11，黄褐色兽骨。近圆柱锥形，尾部呈斗形、截面双圆形、饰圆形戳印纹，尾部有小圆穿，完整。磨制。长7.8厘米（图版八九，6）。

鱼钩　1件。

标本99DT0202㊽A：38，褐色。钩身四棱形，尾部略尖、有线槽，钩部残。残长2.5厘米（图九五〇，20）。

（二）兵器

数量很少，只有镞、矛两类。

镞　2件。

标本99DT0202⑳：38，黄褐色。镞身柳叶形，铤身近圆柱形，尾尖，尖部微残。磨制。残长4.5厘米（图九五〇，21）。

矛　2件。

标本99DT0202⑳：39，浅黄色，局部泛白。梭形，尖、尾部残。磨制。残长7、残宽2.8、厚0.7厘米（图九五〇，22）。标本H536：1，兽骨，黄褐色，局部黑。梭形，刃部局部崩残。磨制。长9.5、宽2.5、厚0.9厘米（图版八九，7）。

（三）饰品

器类和数量稍多，有簪、镯、管形器、牙饰、饰件等。

簪　21件。

标本F207：4，褐色，局部浅黄、黑。圆柱形，圆尖，尾部三角形，修复。磨制。长15.7

厘米（图九五一，1；图版八九，8）。标本99AT0201㊶：1，褐色，局部黄白。身圆柱形，格、柄扁平，残。磨制。残长10.5、径约0.5厘米（图九五一，2）。标本99AT0301㊿A：2，浅黄色兽骨。圆柱形，尾部略呈伞盖形，尖部略细、残。磨制。残长16.3、最大径1厘米（图九五一，3；图版八九，9）。标本99DT0202㊽：8，黄褐色。圆钉柱形，簪帽伞盖形，残。磨制精细。残长5.9、直径0.4厘米（图九五一，4）。标本99DT0202㊻：18，浅黄褐色，局部黑褐。圆柱形，前部尖，残。磨制。残长6.7、直径0.5厘米（图九五一，5）。标本02CT0101㉜：5-1，黄褐色兽骨，局部泛白。圆柱锥形，前部圆，后部略扁，完整。磨制。长13.9、最大径1厘米（图九五一，6）。标本99AT0201㊴：2，黄白色兽骨。头部圆顶形，尾部扁圆锥形，完整。磨制。长12.7、最大长径1.2、短径0.8厘米（图九五一，7）。

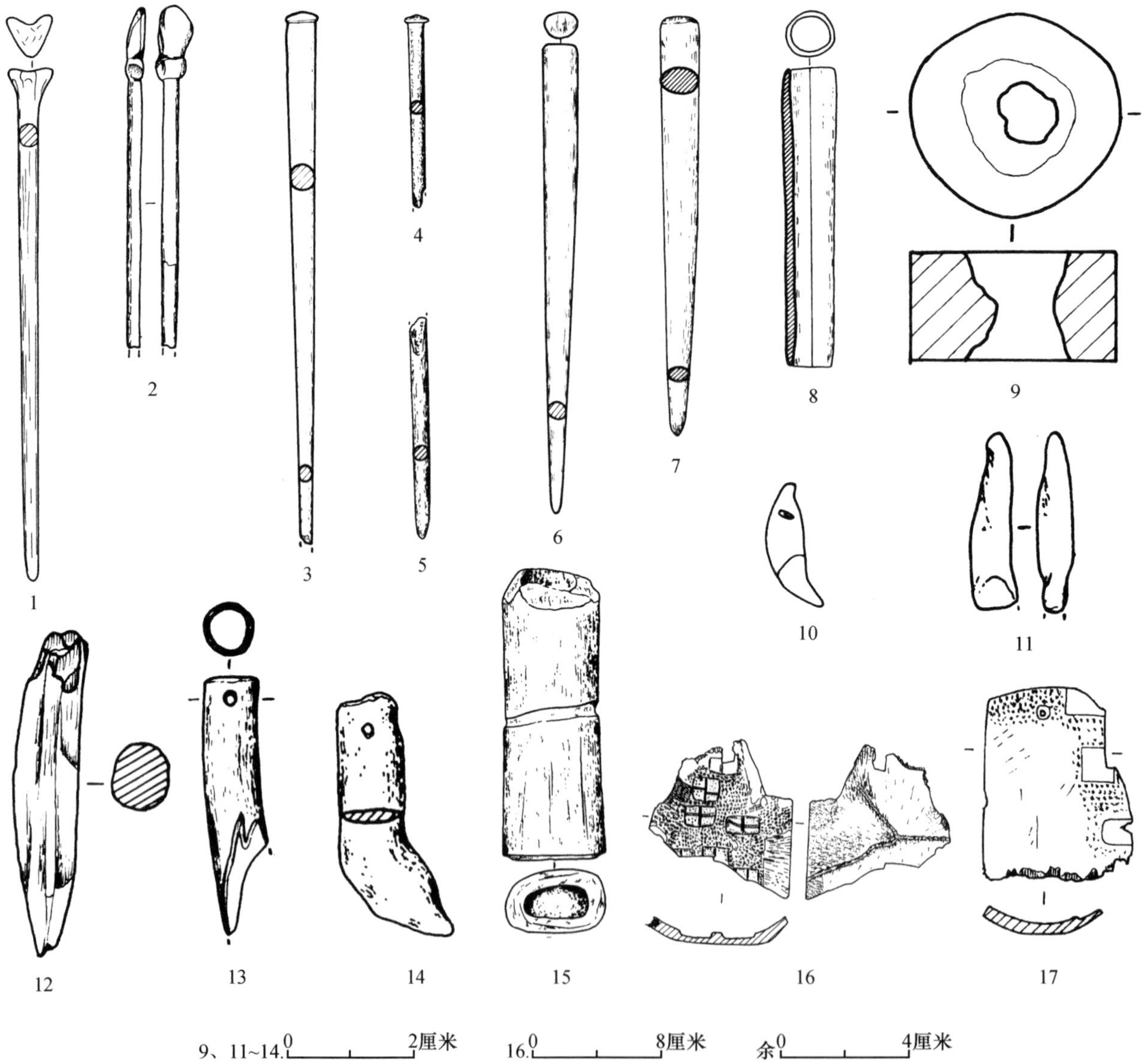

图九五一　獊井沟文化骨牙器

1~7. 簪（F207：4、99AT0201㊶：1、99AT0301㊿A：2、99DT0202㊽：8、99DT0202㊻：18、02CT0101㉜：5-1、99AT0201㊴：2）　8、9. 管形器（99AT0201⑳：2、98BT0205⑧：8）　10~12. 牙饰（M9：1、99DT0202⑳：181、F183：3）　13、14. 饰件（99DT0202㉗：27、99DT0202㊳B：7）　15. 骨料（99DT0202㉒：55）　16、17. 卜骨（97DT0401⑱：7、97DT0503⑱：24）

镯　1件。

标本98BT0305⑳：5，褐色兽骨，局部黄褐，有玻璃光泽。有近对称切割痕。环形，截面近椭圆形，残。磨制。直径5、肉宽0.8、厚0.5厘米（图版九〇，1）。

管形器　2件。

标本99AT0201⑳：2，黄白色兽骨，局部褐。较长管形，中空，完整。磨制。长8.6、最大径1.5、内径1.2厘米（图九五一，8；图版九〇，2）。标本98BT0205⑧：8，黄褐色兽骨，局部黄白。短管形，中空，完整。磨制。直径3.3、高1.7厘米（图九五一，9）。

牙饰　8件。

标本M9：1，动物犬齿。牙根部均双向穿孔，经铜锈沁成通体绿色。长3.9、宽1、孔径0.2～0.4厘米（图九五一，10）。标本99DT0202⑳：181，动物门齿。长2.7、最宽0.6、最厚0.5厘米（图九五一，11）。标本F183：3，褐色动物牙齿。微弧圆柱锥形，残。磨制。残长4.9厘米（图九五一，12）。

饰件　2件。

标本99DT0202㉗：27，浅黄色，局部褐。微弧管形，上部一侧有小穿孔，残。磨制。残长3.9、直径0.8厘米（图九五一，13）。标本99DT0202㊳B：7，浅黄色。略呈曲尺形，尾部穿小圆孔。磨制。长3.8、宽1、厚0.2厘米（图九五一，14）。

（四）其他

种类很少，有骨料、卜骨等。

骨料　8件。

标本99DT0202㉒：55，浅黄色鹿角。近圆柱形，表面磨制，有切割痕，残。残长9、径3.1厘米（图九五一，15）。标本H396：1-3，黄褐色鹿角，带部分头骨。鹿角上有切割痕。残长约27.7厘米（图版九〇，3）

卜骨　236件，少部分可拼接。

标本97DT0401⑱：7，龟骨，正面中部刻划放射状三线条，背面凿方形孔。残长8.5、残宽9.4厘米（图九五一，16）。标本97DT0503⑱：24，牛骨，一端中部钻有一孔，另一端残，正面有裂纹，背面烙成方形孔。残长6、残宽4.6厘米（图九五一，17）。标本99DT0202㉑：70，黄褐色龟腹骨，内壁残存三圆形凿孔，有灼痕，局部多划痕，残（图版九〇，4）。标本99DT0202㉑：80，黄褐色龟腹骨，内壁残存两长方形凿孔，有灼痕，残（图版九〇，5）。标本99DT0202㉑：94，黄褐色龟腹骨，外壁残存一圆两长方形凿孔，有灼痕，残（图版九〇，6）。标本99DT0202㉓：6，黄褐色龟骨，残存部规则圆形凿孔五个，有灼痕，残（图版九一，1）。标本99DT0202㊺：11，黄褐色龟腹骨，内壁残存七个圆形凿孔，多有灼痕，残（图版九一，2）。标本99DT0202㊻：20，黄褐色龟腹骨，内壁残存14个凿孔，多有灼痕，残（图版九一，3）。标本99DT0202㊿：50，黄褐色龟腹骨，外壁残存两个圆形凿孔，灼痕部明显，残（图版九一，4）。

四、铜 器

出土器类和数量较多，参加分类排队的铜器共254件，制法主要是模制，器类主要有镞、钺、剑、矛、弩、鱼钩、叉、削、锥、斧、锲、环、饰件、铃、勺及残片、残条、残块、残渣与残件等。可归纳为兵器、工具、饰品与其他四类。

（一）兵器

种类较少，数量最多，主要有钺、剑、矛、镞、弩等。

钺 5件。分二型。

A型 3件。

Aa型 1件。

标本02BT0201㊾：2，青铜，锈蚀，锈处泛红铜色。似烟荷包形，弧刃锋利、微有翼，銎部近椭圆形，完整。模制。长8、宽9.3厘米（图九五二，1；图版九二，1）。

Ab型 2件。

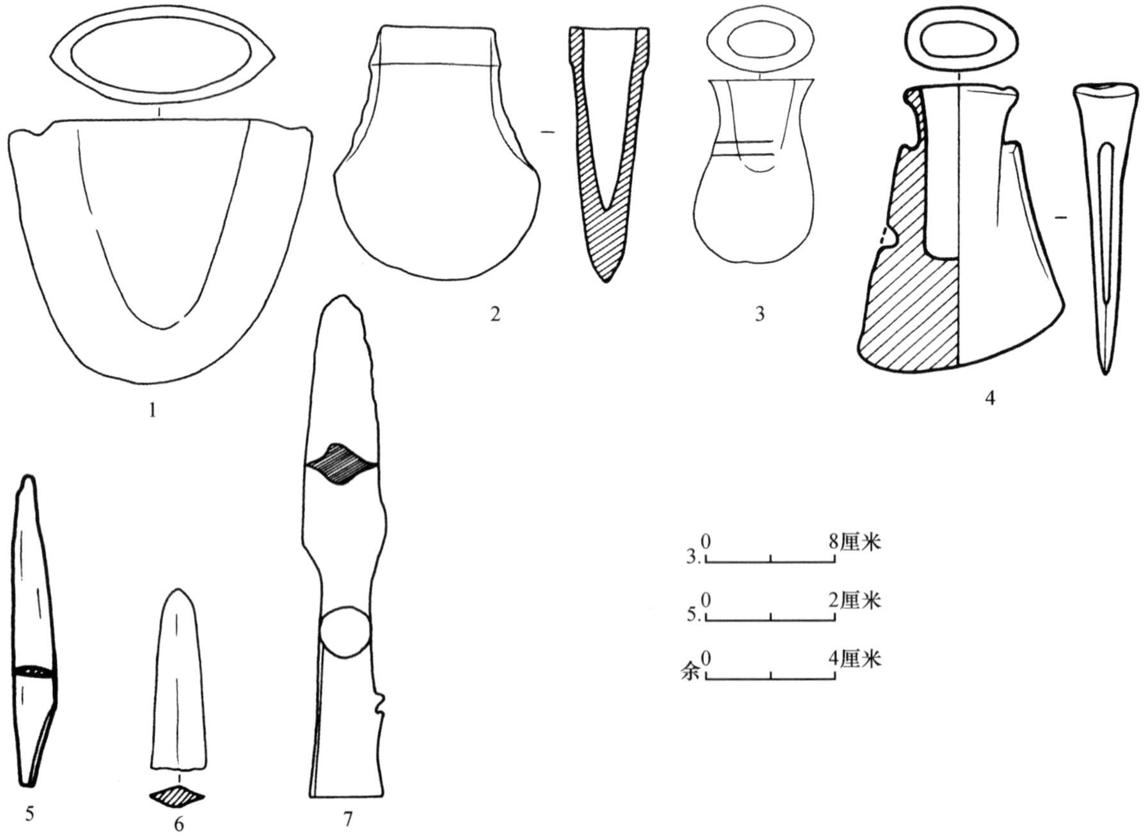

图九五二 澄井沟文化铜器

1. Aa型钺（02BT0201㊾：2） 2、3. Ab型钺（F230：1、98BT0504㉓：1） 4. B型钺（99DT0301㊴：4）
5、6. 剑（98BT0604⑰：1、98BT0605⑰：1） 7. 矛（02BT0201㊾：1）

标本F230：1，青铜，锈蚀。烟荷包形，圆角长方形銎，弧刃，正锋，完整。模制。长7.8、宽6.3、銎厚2.4厘米（图九五二，2；图版九二，2）。标本98BT0504㉓：1，红铜，锈蚀，多绿色锈。身左侧有两道平行浅凸棱。似烟荷包形，束腰，椭圆形銎，弧刃锋利、刃微残，完整。模制。长11.1、宽7.4厘米（图九五二，3；图版九二，3）。

B型 2件。近靴形。

标本99DT0301㊴：4，青铜，锈蚀严重，锈处红铜色。近斧形，椭圆形銎，窄肩，钺身两侧微有棱，斜弧刃，局部残。模制。长8.7、宽6厘米（图九五二，4，图版九二，4）。

剑 2件。

标本98BT0604⑰：1，青铜，锈蚀。扁平柳叶形，两侧刃较锋利，残。模制。残长4.7、宽0.5、厚0.1厘米（图九五二，5；图版九三，1）。标本98BT0605⑰：1，青铜，锈蚀。残剩剑头，中部圆脊，刃锋利，截面菱形，模制。残长5.6、残宽1.7、厚0.6厘米（图九五二，6；图版九三，2）。

矛 2件。

标本02BT0201㊾：1，青铜，锈蚀，锈处泛红铜色。矛身柳叶形，中部圆脊，刃锋利，长骹，一侧有残系，较完整。模制。长15.1厘米（图九五二，7；图版九三，3）。

镞 151件，137件可分型。

A型 14件。

Ⅰ式：9件。

标本G11：4，青铜。近三角形，圆脊，脊旁有凹槽，圆锥形铤，翼残，锈蚀。模制。长4.1厘米（图九五三，1；图版九三，4）。标本99DT0201㊶：4，青铜。近三角形，中部起脊，节状铤，翼短弧，身短铤长，残，锈蚀。模制。长4.2厘米（图九五三，2；图版九三，5）。标本99DT0301㊴：10，青铜。镞身三角形，中部起脊，四棱节状铤较长，尖、翼残，锈蚀。模制。残长5.6厘米（图九五三，3）。标本02CT0101㉜：1，青铜。近三角形，中部起脊、脊中部两侧分布四小椭圆形穿（左上穿锈蚀略呈两穿孔），扁锥尖形铤，翼身锈穿，翼残，锈蚀严重。模制。残长5.9厘米（图九五三，4）。

Ⅱ式：5件。

标本F115：1，青铜。镞身三角形，圆脊，节状四棱锥形铤，残，锈蚀。模制。长5.9厘米（图九五三，5）。标本99DT0201㉞：2，青铜。镞身三角形，中部起脊，翼较短、外侈，节状四棱形铤，微残，锈蚀。模制。长5.7厘米（图九五三，6；图版九三，6）。标本99DT0202㉟A：2，青铜。镞身三角形，中部起脊，翼残，节状四棱形铤，锈蚀。模制。残长4.5厘米（图九五三，7）。标本98BT0603㉑：1，青铜。镞身三角形，身有茎脉纹，节状铤，翼残，锈蚀。模制。长5.7厘米（图九五三，8；图版九四，1）。

B型 101件，45件可分亚型。

Ba型 6件。

标本99AT0301㊶：1，青铜，锈蚀严重。柳叶形，镞身有两排对称小圆孔，中部起脊，圆柱形铤，翼残。模制。残长6.9厘米（图九五三，9；图版九四，2）。标本99DT0201㊱：3，青铜，锈蚀。柳叶形，中部起脊，翼较短、内弧，节状铤，微残。模制。长6.1厘米（图

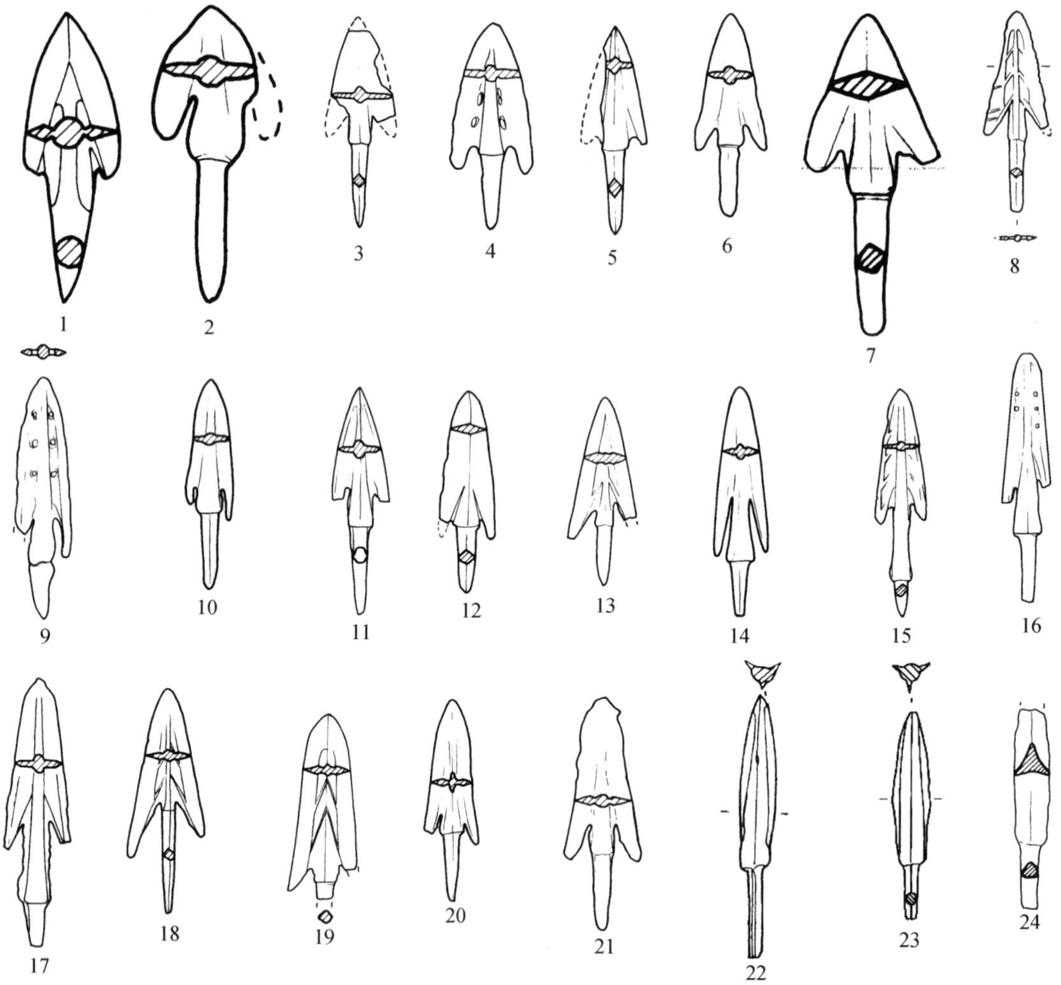

图九五三　瓮井沟文化铜器

1～4. A型Ⅰ式镞（G11：4、99DT0201㊶：4、99DT0301㊴：10、02CT0101㉜：1）　5～8. A型Ⅱ式镞（F115：1、99DT0201㉞：2、99DT0202㉟A：2、98BT0603㉑：1）　9～11. Ba型镞（99AT0301㊶：1、99DT0201㊱：3、99DT0301㊱：2）　12～18. Bb型镞（G11：5、99AT0301㉑：4、99DT0201㊱：4、98BT0603㉖：9、99DT0301㊱：1、F186：2、99AT0301⑲：9）　19～21. Bc型镞（99AT0201㉖：3、99DT0201㊱：2、F216：2）　22～24. C型镞（97DT0503⑱：10、98BT0505㉑：1、99AT0201⑰：7）

九五三，10；图版九四，3）。标本99DT0301㊱：2，青铜，锈蚀。镞身柳叶形，中部起脊，翼残，节状铤。模制。长6.5厘米（图九五三，11）。

Bb型　34件。

标本G11：5，青铜。柳叶形，微有脊，节状铤，翼残，锈蚀。模制。长5.7厘米（图九五三，12）。标本99AT0301㉑：4，青铜。柳叶形，中部起脊、脊侧各有一斜棱，节状铤，翼残，锈蚀。模制。长5.3厘米（图九五三，13；图版九四，4）。标本99DT0201㊱：4，青铜。柳叶形，中部起脊，翼较长，节状铤，完整，锈蚀。模制。长6.5厘米（图九五三，14；图版九四，5）。标本98BT0603㉖：9，青铜。柳叶形，圆脊，脊旁有茎脉纹，节状铤，微残，锈蚀。模制。长6.5厘米（图九五三，15；图版九四，6）。标本99DT0301㊱：1，青铜。窄柳叶形，中部起脊，翼身有小圆气泡、翼尖残，节状铤，锈蚀。模制。长7.1厘米（图九五三，16）。标本F186：2，青铜。柳叶形，中部起脊，节状铤、上部较长，翼微残，锈蚀。模制。长7.6厘米（图九五三，17）。标本99AT0301⑲：9，青铜。柳叶形，中部起脊、两侧叶脉纹，四棱柱铤，翼微残，锈蚀。模制。长6.5厘米（图九五三，18）。

Bc型 5件。

标本99AT0201㉖：3，青铜。柳叶形，身中部起脊，脊侧有斜棱，节状铤，翼、铤残，锈蚀。模制。残长5.2厘米（图九五三，19）。标本99DT0201㊱：2，青铜。近柳叶形，中部起脊，短翼、外侈，节状铤，微残，锈蚀。模制。长5.7厘米（图九五三，20）。F216：2，青铜，锈蚀。蝉翼形，中部起脊，翼尖外侈，节状铤，完整。模制。长6.7厘米（图九五三，21；图版九五，1）。

C型 22件。

标本97DT0503⑱：10，青铜，锈蚀。镞身三棱形，柱状铤，完整。模制。长7.3厘米（图九五三，22）。标本98BT0505㉑：1，青铜，锈蚀。镞身三棱形，刃锋利，圆柱形铤，尖微残。模制。残长5.9厘米（图九五三，23）。标本99AT0201⑰：7，青铜，锈蚀。镞身三棱形，刃锋利，铤近圆柱形，残。模制。残长5.7厘米（图九五三，24）。标本99AT0201㉒：7，青铜，锈蚀。三棱尖形，刃锋利，铤节状三棱形、残。模制。残长6.5厘米（图版九五，2）。

弩 1件。标本碎小。

（二）工具

种类和数量都较少，主要有削、刀、锥、斧、锲和鱼钩、鱼叉等。

削 6件。

标本99AT0201㉙A：2，青铜，锈蚀。身长条形，窄柄，环首，完整。长15.9、刃宽2、背厚0.5厘米（图九五四，1；图版九五，3）。标本99AT0301㉜：3，青铜，锈蚀严重。长条形，残剩柄部、微有削身，背部略厚。模制。残长12厘米（图九五四，2）。

刀 3件。

标本99DT0202⑳：28，青铜，锈蚀严重。长条形，身部稍宽，柄部稍窄，背稍厚，残。模制。残长12.2、宽1.5厘米（图九五四，3）。标本00DT0807㊱：2，青铜，锈蚀严重。长条形，背略厚，刃略薄，尖部斜刃，残。模制。残长13.5、宽1.7、背部厚0.2厘米（图九五四，4）。标本02BT0201㊵：1，青铜，锈蚀。长条形，前部略宽，尾部略窄。直刃、前端刃微弧，尖微上翘，尾略残。模制。长13.3、最宽2.6、厚0.3厘米（图九五四，5；图版九五，4）。

锥 3件。

标本02BT0101㉒：6，青铜，锈蚀。前部缠丝数道。圆锥形，尖、尾部圆柱形，身扁棱柱形，完整。模制。长14.7厘米（图九五四，6；图版九五，5）。

斧 1件。

标本00DT0807㊱：1，青铜，多绿锈，两侧有合范痕，刃部似经火烧、泛白。平面近长方

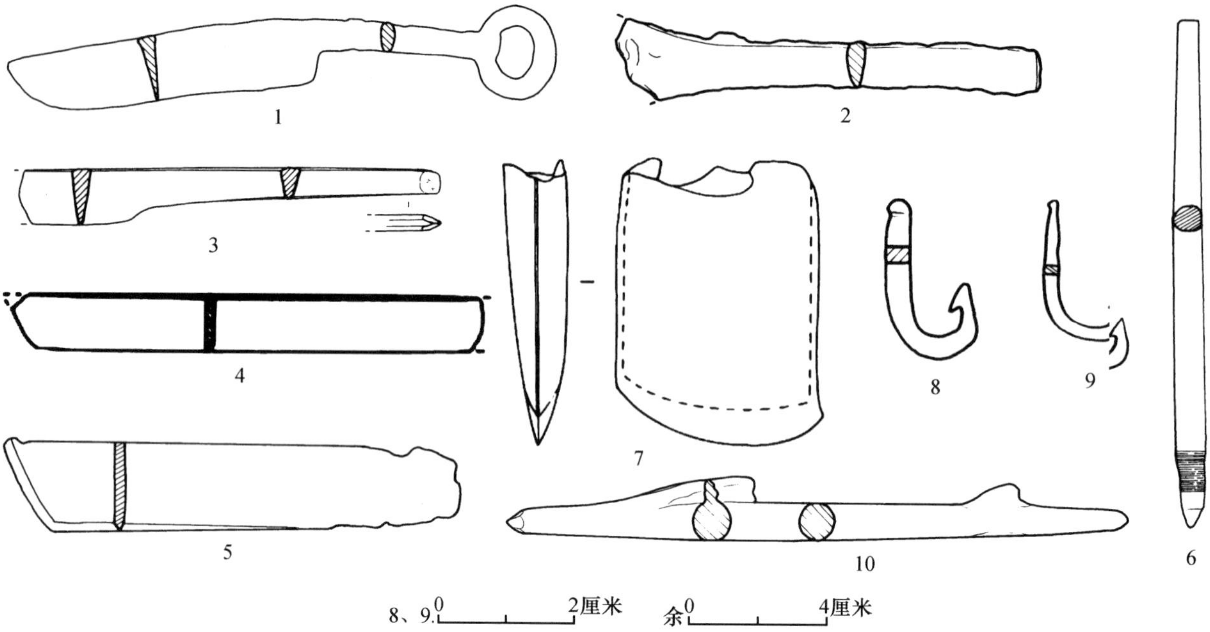

图九五四　㽏井沟文化铜器

1、2. 削（99AT0201㉙A：2、99AT0301㉜：3）　3～5. 刀（99DT0202⑳：28、00DT0807㊱：2、02BT0201㊵：1）　6. 锥（02BT0101㉒：6）　7. 斧（00DT0807㊱：1）　8、9. 鱼钩（99AT0301㊹：2、99DT0202㊴：1）　10. 鱼叉（98BT0404㉔：1）

形，中空，弧刃，偏锋，端部残。范筑。残长8.1、宽5.9、厚1.7厘米（图九五四，7）。

锲　1件。

标本02AT0101⑲：21，青铜，锈蚀严重。

鱼钩　8件。

标本99AT0301㊹：2，青铜，锈蚀。弯钩扁四棱形，尖部有倒须，尾部有系，完整。长2.3厘米（图九五四，8；图版九六，1）。标本99DT0202㊴：1，青铜。钩身扁四棱形，钩尖有倒须，微残。模制。长2.2厘米（图九五四，9）。标本99AT0201㉛：8，青铜。钩身扁四棱形，尖部倒须残，尾部有系，完整。模制。长3.4厘米（图版九六，2）。标本99DT0201㊵：7，青铜，锈蚀。弯钩形，尖部有倒须，身扁四棱形，尾部有系、缺，完整。模制。长3.8厘米（图版九六，3）。

鱼叉　1件。

标本98BT0404㉔：1，青铜，锈蚀。圆柱锥形，头部四面磨尖，身有扁倒齿，完整。长17.8、直径1.1厘米（图九五四，10；图版九六，4）。

凹形器　1件。

标本02BT0201㉚：2，青铜，锈蚀。长条形，器身较宽、内凹，窄柄扁平，残。残长18.4厘米（图版九六，5）。

（三）饰品

仅饰件、铺首、环，数量很少。

饰件　4件。

标本M9：3，青铜。整体形似烟斗，锈蚀。长3.6、宽1.7厘米（图九五五，1）。标本M9：6，青铜。正面似牌饰，侧面牙形，锈蚀。宽、高1.9厘米（图九五五，2）。M9：5，青铜。小圆环形，锈蚀。内径0.2、外径0.6、厚0.3厘米（图九五五，3）。

铺首　1件。

标本00DT0808㉗：2，青铜，含铅量大，呈青绿色，局部有绿锈。有角兽衔环，完整。分制。长约3.4、宽约1.85厘米（图九五五，4；图版九七，1）。

环　2件。

标本99DT0202㊸：7，青铜，锈蚀。环形，环身较扁，残。模制。直径5.2厘米（图

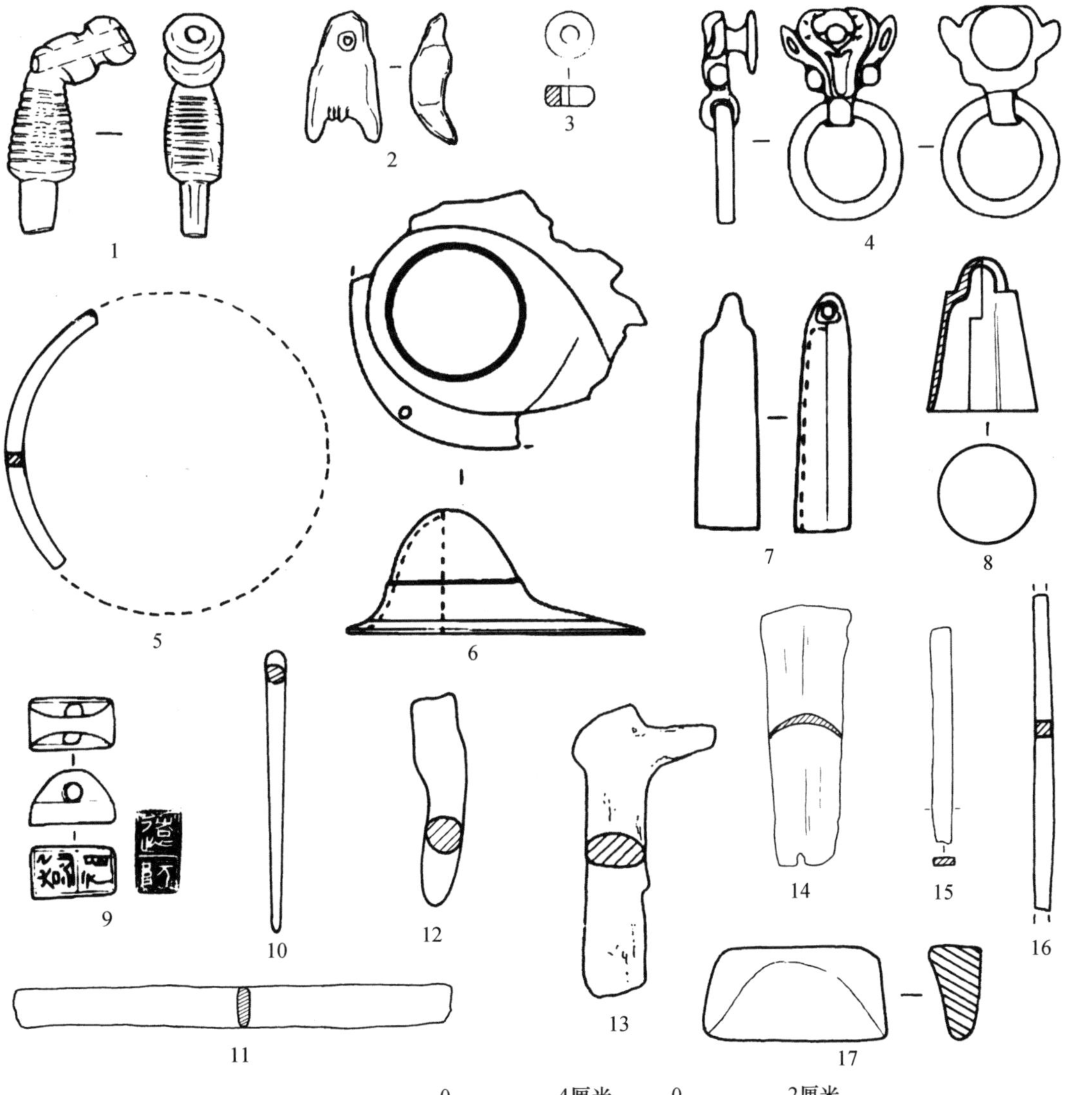

图九五五　淯井沟文化铜器

1～3. 饰件（M9：3、M9：6、M9：5）　4. 铺首（00DT0808㉗：2）　5. 环（99DT0202㊸：7）　6. 扣（00DT0807㉒：1）　7、8. 铃（00DT0807㉒：2、02DT0102㊴：1）　9. 印章（00DT0808㉗：1）　10. 针？（02CT0101⑮：2）　11. 条？（02BT0201⑮：4）　12、13. 残件（99AT0201㉞：1、F213：28）　14. 残片（F143：1）　15、16. 残条（00DT0808㊲：1、99AT0201㉘：4）　17. 残块（SC29：1）

九五五，5）。标本F260：1，青铜，锈蚀。环形，残。模制。外径5.8、内径4.6厘米（图版九七，2）。

（四）其他

种类和数量较多，主要有扣、铃、印章、针？及残片、残条、残块、残渣与残件等。

扣　1件。

标本00DT0807㉒：1，青铜，局部似有鎏金痕，多绿锈。平面略呈圆形、局部呈火焰齿状，近尾部呈龟头状凸起，下有棱，中空，边有对称圆孔，残。浇筑。径约9.6、高4厘米（图九五五，6；图版九六，6）。

铃　2件。

标本00DT0807㉒：2，青铜，局部有绿锈。管状，顶部有纽，口部略大，完整。锈蚀。长3.8、口径约1厘米（图九五五，7；图版九七，3）。标本02DT0102㊴：1，青铜，锈蚀较严重。小纽钟形，扁圆形纽，圆口，尖唇，铃身有竖裂缝，较完整。模制。口径1.8、高2.5厘米（图九五五，8；图版九七，4）。

印章　1件。

标本00DT0808㉗：1，青铜，含铅量大，呈青灰色，局部有绿锈。长方形，印面阴刻篆书“边防”两字，背有小圆穿孔，完整。磨制。长1.5、宽0.8、高0.85厘米（图九五五，9；图版九八，5、6）。

针？　1件。

标本02CT0101⑮：2，青铜，锈蚀。圆柱锥形，完整。长4.5厘米（图九五五，10）。

条？　1件。

标本02BT0201⑮：4，青铜，锈蚀。扁平长条形，残。模制。残长14.3、宽2.3、厚0.4厘米（图九五五，11）。

残件　9件。

标本99AT0201㉞：1，青铜，锈蚀严重。弯曲圆锥柱形，残。残长3.4、径0.7厘米（图九五五，12）。标本F213：28，青铜，锈蚀严重。形状不明，器身扁平，残。残长4.7厘米（图九五五，13）。

残片　10件。

标本F143：1，青铜，锈蚀。平面近长方形，宽端微内卷，窄端有一圆形穿，截面呈月牙形，微残。模制。长8.4、宽1.9～3、厚0.3厘米（图九五五，14；图版九五，6）。标本F223：1，青铜，锈蚀严重。小薄片，长约2.3、宽约0.9厘米。

残条　7件。

标本00DT0808㊲：1，青铜，里呈灰白色，似经火烧。窄条状，残。残长6.9、残宽0.7、厚0.25厘米（图九五五，15）。标本99AT0201㉘：4，青铜，锈蚀。四棱柱形，残。残长5.1、径约0.3厘米（图九五五，16）。

残块　7件。

标本SC29：1，青铜，锈蚀。残剩端部。模制。残宽3.1、残高1.5厘米（图九五五，17）。

残渣　23块。

标本99AT0201㉕：67，青铜，锈蚀。残铜渣一块。标本00DT0806㉑：1，青铜。小铜渣，锈蚀严重。

第四节　动植物考古

从开展动物考古研究的情况看，共出土动物骨骼96115块，其中鱼类72309块、哺乳动物19823块、爬行类1657块、鸟类2326块[①]。从开展植物考古研究的情况看，在61个单位中共检测出：粟467粒，占出土植物总数的43.12%；黍502粒，占出土植物总数的46.35%；稻25粒，占出土植物总数的2.31%；山绿豆32粒，占出土植物总数的2.95%；未知8粒，占出土植物总数的0.74%；块茎49粒，占出土植物总数的4.52%。

第五节　分期与年代

一、分　　期

1. 典型地层、遗迹间叠压打破关系

本时段文化层堆积的典型地层与遗迹间的叠压打破关系多不胜数，请参看介绍地层堆积的相关部分。

2. 分期

本遗址两周遗存出土遗物非常丰富，我们主要介绍分期特征明显的陶器组合与形制变化情况。出土陶器共有缸、瓮、罐、釜、豆、敞口器、喇叭口器、尊形器、甗、甑、簋、盂、壶、鼎、鬲、盆、盘、碗、钵、盏、杯、盒、匜、勺、器盖、器座、拍、网坠、纺轮、瓦、饼、丸、饰件33类近100种器物，将其中有分期意义的列成表一八八。从表中我们可以看出敛口鼓肩瓮、小平底罐等是本遗址夏商时期的典型器物，应从该时期遗存中剔除，其他器物种类为此时段的器物组合。根据典型地层与遗迹间叠压打破关系及不同器物组合与型式的变化的阶段性特征，可将这一时期分为三期八段（图九五六）。

一期　根据器物组合与形制特征的变化及数量多少的增减，可将此期分为早晚两段。

早段　出土器物种类较多，有Ⅰ、Ⅱ、Ⅲ式按唇缸，A型Ⅰ、Ⅱ式和B型辫唇缸，A型Ⅰ、Ⅱ式、Ba型Ⅰ式和Bb型齿唇缸，喇叭口缸，敛口缸，捏边缸，Ⅰ、Ⅱ、Ⅲ式按唇瓮，A型Ⅰ、

① 付罗文、袁靖：《重庆忠县中坝遗址动物遗存的研究》，《考古》2006年第1期。

Ⅱ、Ⅲ式和B型辫唇瓮，A型Ⅰ、Ⅱ式、Ba型Ⅰ式、Bb型齿唇瓮，Ⅰ、Ⅱ、Ⅲ式高领瓮，A、B型中领瓮，Aa型、Ab型Ⅰ、Ⅱ式、B型Ⅰ、Ⅱ式矮领瓮，A型Ⅰ、Ⅱ式、B型敛口瓮，Ⅰ、Ⅱ式盘口瓮，Ⅰ、Ⅱ、Ⅲ式按唇罐，Ⅰ、Ⅱ、Ⅲ式辫唇罐，Aa、Ab、Ac型、Ba型Ⅰ式、Bb型齿唇罐，Aa型Ⅰa、Ⅰb式、C型花边圜底罐，A型Ⅰ、Ⅱ式、B型敛口罐，高领罐，Ⅰ式中领罐，A、B型矮领罐，Ab、B型束领罐，Ⅰ、Ⅱ式立沿罐，侈口罐，波浪唇罐，卷沿罐，子母口罐，Ⅰ、Ⅱ式尖底罐，盘口罐，筒腹罐，折沿罐，圈足罐，小罐，Aa型Ⅰ、Ⅱ式、Ab型Ⅰ、Ⅱ式、B型罐形釜，A、B型敞口器，Ⅰ式喇叭口器，A型Ⅰ式尊形器，甑，Ⅰ式盆，A型Ⅰ、Ⅱ式、B型盘，A型Ⅰ、Ⅱ、Ⅲ式、B型圜底钵，B型平底钵，花边口钵，A型Ⅰ、Ⅱ式、B型Ⅰ式尖底盏，A、B型角杯，A、B型尖底杯，Ⅰ、Ⅱ式炮弹形杯，杯等。

晚段　出土器物也很丰富，多数沿用早段陶器种类和型式，新增加的有Ba型Ⅱ式齿唇缸，Ba型Ⅱ式齿唇瓮，Ba型Ⅱ式齿唇罐，素沿圜底罐，Ⅱ、Ⅲ式中领罐，Ⅰ式圈足罐，A型Ⅱ式尊形器，B型Ⅱ式尖底盏等，消失的器物种类有敛口缸、捏边缸等，而且，在早段出土数量非常多的典型器物角杯、尖底杯和炮弹形杯此时数量急剧减少。

二期　也可分为早晚两段。

早段　出土陶器也很丰富，此段多数沿用一期晚段的器物种类和型式，新增加的有B型平沿瓮，Aa型Ⅱ、Ⅲ式花边圜底罐，Ⅱ式尖底罐，Ⅰ、Ⅱ式钵形釜，A型Ⅲ式、B型尊形器，子母口钵等，按唇缸、按唇罐数量急剧减少，有的几近消失。

晚段　出土陶器也较丰富，此段多沿用早段的器物种类和型式，新增加的有大口缸，Ab型、Ba型Ⅰ式花边圜底罐，Ⅱ式圈足罐，敛口折沿罐，B型盆形釜，A型甗，壶，圈足杯，鼎，鬲等；消失的有尖底罐等。

三期　可分为早、中、晚、末四段。

早段　出土陶器多沿用二期晚段的陶器种类和型式，新增加的有Ba型Ⅱ式、Bb、Bc型和异型花边圜底罐，A型Ⅰ、Ⅱ、Ⅲ式、B型Ⅰ、Ⅱ式束颈圜底罐，A型Ⅰ式、B型Ⅰ式豆，A型平底钵等；消失的有大口缸、按唇瓮、A型Ⅰ式辫唇瓮、敛口折沿罐等。

中段　出土陶器多沿用早段的陶器种类和型式，新增加的有A型Ⅰ式敛口圜底罐、广肩罐、折腹盆等，消失的有A型Ⅰ式辫唇缸、Ⅰ式辫唇罐、Aa型Ⅰa式花边圜底罐、Ⅱ式中领罐、碗形豆、花边口钵、C型尖底盏等。

晚段　出土陶器多沿用中段的陶器种类和型式，新增加的有A型Ⅱ式、B型敛口圜底罐，折腹罐，Ⅲ式盆等。消失的有B型辫唇缸、A型Ⅱ式辫唇瓮、Ⅲ式辫唇罐、Ab型齿唇罐、Ba型Ⅱ式和异型花边圜底罐、Ⅰ式中领罐、Ⅱ式立沿罐、筒腹罐、Ⅰ式圈足罐、A型Ⅰ式尊形器、A型Ⅱ式盘等。

末段　本段单位极少文化层，多为灰坑、墓葬等遗迹单位。出土陶器多沿用晚段的大口缸，Aa型、B型Ⅱ式矮领瓮，A、B型平沿瓮，B型Ⅰ、Ⅱ式束颈圜底罐，A型Ⅰ、Ⅱ式敛口圜底罐，折腹盆，Aa型盆形釜等，新出折腹钵，尤多绳纹板瓦、筒瓦等。

二、年　　代

此前，渝东峡江地区公布的两周时期的测年数据较少，我们先后分四批共做了28个周代^{14}C样品数据检测。

第一批32个样品送北京大学加速器质谱（AMS）实验室检测，其中周代数据20个[①]（表一八九）。

表一八九　99DT0202北京大学加速器质谱实验室^{14}C检测数据

实验室编号	质地	单位	田野编号	检测年代（BP）	树轮校正后年代（BC）（95.4%置信度）
BA01439	骨头	99DT0202㊿③	FCN2842	2730±80	1130～780（95.4%）
BA01437	骨头	99DT0202㊿②A	FCN2699	2680±70	1010～750（95.4%）
BA01434	骨头	99DT0202㊾A	FCN2728	3110±120	1700～1000（95.4%）
BA01433	骨头	99DT0202㊽	FCN2578	2780±60	1080～800（95.4%）
BK2002044	木炭	99DT0202㊻	FCN2505	No Result	N/A
BA01374	骨头	99DT0202㊻	FCN2513-1	2520±70	800～410（95.4%）
BK2002045	木炭	99DT0202㊻	FCN2514	2730±85	1130～760（95.4%）
BA01380	骨头	99DT0202㊻	FCN2527-1	2480±80	790～400（95.4%）
BK2002046	木炭	99DT0202㊻	FCN2528	3025±90	1460～1000（95.4%）
BA01429	骨头	99DT0202㊸	FCN2379	2490±70	790～410（95.4%）
BA01368	骨头	99DT0202㊳B	FCN2219-1	2450±60	770～400（95.4%）
BA01373	骨头	99DT0202㊳B	FCN2275	2540±60	810～480（90.3%）　470～410（5.1%）
BA01424	骨头	99DT0202㊲	FCN2229	2390±70	800～350（95.4%）
BA01420	骨头	99DT0202㉝	FCN2136	2460±60	770～400（95.4%）
BA01419	骨头	99DT0202㉜	FCN2094	2430±60	770～390（95.4%）
BA01362	骨头	99DT0202㉙	FCN0981-1	2640±60	930～750（84.3%）　690～660（3.0%）　650～540（8.1%）
BA01367	骨头	99DT0202㉙	FCN1082	2600±60	900～520（95.4%）
BA01409	骨头	99DT0202㉒	FCN0643	2460±60	770～400（95.4%）
BA01357	骨头	99DT0202⑱	FCN0006	2430±80	790～390（95.4%）
BA01361	骨头	99DT0202⑱	FCN0104-2	2380±70	800～350（93.1%）300～200（2.3%）

第二批5个样品在美国贝塔分析实验室（Beta Analytic）进行了对比检测，有2个检测数据（表一九〇）。

① 吴小红、付罗文、李水城等：《重庆忠县中坝遗址的碳十四年代》，《考古》2007年第7期。

表一九〇 99DT0202美国贝塔分析实验室^{14}C检测数据

实验室编号	质地	单位	田野编号	检测年代（BP）	树轮校正后年代（BC）（68.2%置信度）
Beta181180	骨头	99DT0202㉙	FCN1082	2520±50	800～420（95%）
Beta181179	骨头	99DT0202⑱	FCN0006	2380±40	740～710（16.2%）530～390（79.1%）

第三批9个样品送北京大学加速器质谱实验室检测，周代数据4个①（表一九一）。

表一九一 02DT0102北京大学加速器质谱实验室^{14}C检测数据

实验室编号	质地	单位	实测AMS^{14}C年代（aBP）	校正后年代（68.2%置信度）	校正后年代（95.4%置信度）
BA04418	木炭	㉑	2525±20	790～750BC（22.0%） 690～660BC（11.2%） 640～590BC（24.7%） 580～560BC（10.2%）	800～750BC（24.8%） 700～540BC（70.6%）
BA04419	木炭	㉘-1	2500±20	770～750BC（1.6%） 690～660BC（9.1%） 650～540BC（57.5%）	790～520BC（95.4%）
BA04420	木炭	㉞-2	2810±20	1000～985BC（12.4%） 980～920BC（55.8%）	1005～900BC（95.4%）
BA04421	木炭	㊳-1	2710±30	900～870BC（27.5%） 865～825BC（40.7%）	920～800BC（95.4%）

第四批11个样品送北京大学加速器质谱实验室检测，周代数据2个（表一九二）。

表一九二 1998年度发掘北京大学加速器质谱实验室^{14}C检测数据

实验室编号	品质	单位	检测年代（BP）	校正后年代（68.2%置信度）	校正后年代（95.4%置信度）
BA04415	木炭	F17	2260±40	400BC（29.1%）350BC 290BC（39.1%）230BC	400BC（34.7%）340BC 330BC（60.7%）200BC
BA04416	木炭	M36	2520±40	780BC（15.9%）740BC 690BC（11.6%）660BC 650BC（40.7%）550BC	800BC（95.4%）510BC

将四批检测数据按地层叠压早晚顺序列成表一九三。

表一九三 涪井沟文化^{14}C检测数据

实验室编号	质地	单位	田野编号	检测年代（BP）	树轮校正后年代（BC）（95.4%置信度）
BA01439	骨头	99DT0202㊿	FCN2842	2730±80	1130～780（95.4%）
BA01437	骨头	99DT0202㊾A	FCN2699	2680±70	1010～750
BA01434	骨头	99DT0202㊽A	FCN2728	3110±120	1700～1000

① 朱诚、郑朝贵、马春梅等：《长江三峡库区中坝遗址地层古洪水沉积判别研究》，《科学通报》2005年第50卷第20期。

续表

实验室编号	质地	单位	田野编号	检测年代（BP）	树轮校正后年代（BC）（95.4%置信度）
BA01433	骨头	99DT0202㊽	FCN2578	2780 ± 60	1080 ~ 800
BK2002044	木炭	99DT0202㊻	FCN2505	No Result	N/A
BA01374	骨头	99DT0202㊻	FCN2513-1	2520 ± 70	800 ~ 410
BK2002045	木炭	99DT0202㊻	FCN2514	2730 ± 85	1130 ~ 760
BA01380	骨头	99DT0202㊻	FCN2527-1	2480 ± 80	790 ~ 400
BK2002046	木炭	99DT0202㊻	FCN2528	3025 ± 90	1460 ~ 1000
BA04421	炭屑	02DT0102㊳-1		2710 ± 30	920 ~ 800
BA04420	炭屑	02DT0102㉞-2		2810 ± 20	1005 ~ 900
BA01429	骨头	99DT0202㊸	FCN2379	2490 ± 70	790 ~ 410
BA01368	骨头	99DT0202㊳B	FCN2219-1	2450 ± 60	770 ~ 400
BA01373	骨头	99DT0202㊳B	FCN2275	2540 ± 60	810 ~ 480（90.3%）　470 ~ 410（5.1%）
BA01424	骨头	99DT0202㊲	FCN2229	2390 ± 70	800 ~ 350
BA04419	炭屑	02DT0102㉘-1		2500 ± 20	790 ~ 520
BA01420	骨头	99DT0202㉝	FCN2136	2460 ± 60	770 ~ 400
BA01419	骨头	99DT0202㉜	FCN2094	2430 ± 60	770 ~ 390
BA01362	骨头	99DT0202㉙	FCN0981-1	2640 ± 60	930 ~ 750（84.3%） 690 ~ 660（3.0%） 650 ~ 540（8.1%）
BA01367*	骨头	99DT0202㉙	FCN1082	2600 ± 60	900 ~ 520
Beta181180*	骨头	99DT0202㉙	FCN1082	2520 ± 50	800 ~ 420
BA04418	炭屑	02DT0102㉑		2525 ± 20	800 ~ 750（24.8%） 700 ~ 540（70.6%）
BA01409	骨头	99DT0202㉒	FCN0643	2460 ± 60	770 ~ 400
BA04416	木炭	98AT0103-M36		2520 ± 40	800 ~ 510
BA01357*	骨头	99DT0202⑱	FCN0006	2430 ± 80	790 ~ 390
Beta181179*	骨头	99DT0202⑱	FCN0006	2380 ± 40	740 ~ 710（16.2%） 530 ~ 390（79.1%）
BA01361	骨头	99DT0202⑱	FCN0104-2	2380 ± 70	800 ~ 350（93.1%） 300 ~ 200（2.3%）
BA04415	木炭	97AT0301-F17		2260 ± 40	400 ~ 340（34.7%） 330 ~ 200（60.7%）

注：标“*”者为美国贝塔分析实验室与北京大学加速器质谱实验室对比检测数据。

从表一九三可以看出，我们检测的28个数据中，检测样品26个，骨头17个，木炭9个（其中一个未检测出数据），同层位的骨头、木炭样品有两组，同属99DT0202㊻。

我们通过地层叠压关系和包含物器物组合与分类排队后得出的年代序列中，西周早期文化层有：99DT0202㊸、㊷A、㊾A、㊽、㊻；02DT0102㊳、㉞。其测年样品共10个，分别为99DT0202㊸：1130 ~ 780BC，99DT0202㊷A：1010 ~ 750BC，99DT0202㊾A：

1700～1000BC，99DT0202㊽：1080～800BC，99DT0202㊻：790～400BC、800～410BC、1130～760BC、1460～1000BC，02DT0102㊳：920～800BC，02DT0102㉞：1005～900BC。其中99DT0202㊻的4个数据样品中骨头和木炭各2个，前面2个为骨头样品，测年偏晚，后面2个为木炭样品，与其他样品略同。年代偏早的数据有2个：99DT0202㊾A：1700～1000BC，99DT0202㊻：1460～1000BC，年代在夏代晚期至商末周初与商代早期偏晚至商末周初之间。其他数据除下限略晚外，多数覆盖西周早期年代范围。

西周晚期文化层只有99DT0202㊸，其测年为790～410BC，年代偏晚。

春秋早期文化层：99DT0202㊳B、㊲；02DT0102㉘。其测年样品共4个，分别为99DT0202㊳B：770～400BC、810～480BC，99DT0202㊲：800～350 BC，02DT0102㉘：790～520BC。2个数据下限偏晚，2个数据上限略早，基本落在春秋早期年代范围。

战国早期单位有：99DT0202㉝、㉜；02DT0102㉑；SC32。其测年数据共4个，分别为99DT0202㉝：770～400BC，99DT0202㉜：770～390BC，02DT0102㉑：700～540BC，SC32：800～510BC。2个数据偏早到春秋前期范围，2个数据下限基本在战国早期年代范围。

战国中期文化层有：99DT0202㉙、㉒，测年数据2个，分别为99DT0202㉙：900～520BC，99DT0202㉒：770～400BC。检测年代都偏早。

战国晚期单位有99DT0202⑱、F17，测年数据3个，分别为99DT0202⑱：790～390BC、800～350BC，F17：330～200BC。其中前2个数据年代偏早，F17年代在战国晚期晚段。

从上述检测数据的情况看，与我们分期排队的认识基本上是一致的。